Artemis & Winkler

E. T. A. HOFFMANN

DIE SERAPIONS-BRÜDER

ARTEMIS & WINKLER

Mit einem Nachwort von Walter Müller-Seidel und Anmerkungen von Wulf Segebrecht.

ISBN 3-538-06809-7

Einmalige Sonderausgabe 1993
 Druck und Bindung: Clausen & Bosse, Leck. Gedruckt auf holzfreiem, chlorfrei gebleichtem Werkdruckpapier der Fabrik Gebrüder Buhl, Ettlingen. Printed in Germany

DIE SERAPIONS-BRÜDER

Gesammelte Erzählungen und Märchen

Herausgegeben
von
E. T. A. Hoffmann

ERSTER BAND

VORWORT

Die Aufforderung des Herrn Verlegers, daß der Herausgeber seine in Journalen und Taschenbüchern verstreuten Erzählungen und Märchen sammeln und Neues hinzufügen möge, sowie, daß dieser mit einigen herzgeliebten, seinen Dichtungen geneigten Freunden nach langer Trennung wirklich an einem Serapions-Tage wieder zusammentrat, veranlaßten dies Buch, und die Form in der es erscheint. Eben diese Form wird – muß an Ludwig Tiecks Phantasus erinnern. Wie sehr würde der Herausgeber aber bei dem Vergleich beider Werke verlieren! – Abgesehen davon, daß es ihm wohl nicht beikommen kann, den die ganze Seele ergreifenden Dichtungen des vollendeten Meisters die seinigen an die Seite stellen zu wollen, so enthalten die dort eingeflochtenen Gespräche auch die tiefsten scharfsinnigsten Bemerkungen über Kunst und Literatur; hier soll die Unterhaltung der Freunde, welche die verschiedenen Dichtungen miteinander verknüpft aber mit das treue Bild des Zusammenseins der Gleichgesinnten aufstellen, die sich die Schöpfungen ihres Geistes mitteilen und ihr Urteil darüber aussprechen. Nur die Bedingnisse eines solchen heitern unbefangenen Gesprächs, in dem recht eigentlich ein Wort das andere gibt, können hier zum Maßstabe dienen. Auch fehlen der Gesellschaft die holden Frauen, die im Phantasus ein mannigfaltiges anmutiges Farbenspiel anzuregen wissen.

Den vielgeneigten Leser bittet der Herausgeber daher recht innig, jenen ihm nachteiligen Vergleich *nicht* anzustellen, sondern ohne weitere Ansprüche gemütlich das hinzunehmen, was ihm anspruchslos aus treuem Gemüt dargeboten wird.

ERSTER ABSCHNITT

„Stelle man sich auch an wie man wolle, nicht wegzuleugnen, nicht wegzubannen ist die bittre Überzeugung, daß nimmer – nimmer wiederkehrt, was einmal dagewesen. Eitles Mühen, sich entgegenzustemmen der unbezwinglichen Macht der Zeit, die fort und fort schafft in ewigem Zerstören. Nur die Schattenbilder des in tiefe Nacht versunkenen Lebens bleiben zurück, und walten in unserm Innern, und necken und höhnen uns oft, wie spukhafte Träume. Aber Toren! wähnen wir, das, was unser Gedanke, unser eignes Ich worden, noch außer uns auf der Erde zu finden, blühend in unvergänglicher Jugendfrische. – Die Geliebte, die wir verlassen, der Freund von dem wir uns trennen mußten, verloren sind beide für uns auf immer! – Die, die wir vielleicht nach Jahren wiedersehen, sind nicht mehr dieselben, von denen wir schieden, und sie finden ja auch uns nicht mehr wieder!"

So sprach Lothar, indem er heftig vom Stuhl aufsprang, dicht an den Kamin hinanschritt und die Arme übereinandergeschlagen mit finsterm Blick in das lustig knisternde Feuer hineinstarrte.

„Wenigstens", begann jetzt Theodor, „wenigstens lieber Freund Lothar, bewährst du dich insofern ganz als denselben, von dem ich vor zwölf Jahren schied, als du noch ebenso wie damals geneigt bist, nur im mindesten schmerzlich berührt, dich allem Unmut rücksichtslos hinzugeben. Wahr ist es, und ich, Ottmar und Cyprian, wir alle fühlen es gewiß ebenso lebhaft als du, daß unser erstes Beisammensein nach langer Trennung gar nicht so erfreulich ist, als wir es uns wohl gedacht haben mochten. Wälze die Schuld auf mich, der ich aus einer unserer unendlichen Gassen in die andere lief, der ich nicht abließ, bis ich euch heute abend hier vor meinem Kamin zusammengebracht hatte. Gescheuter wäre es vielleicht gewesen, hätt ich unser Wiedersehn dem günstigen Zufall überlassen, aber unerträglich war mir der Gedanke, daß wir, die wir jahrelang durch herzliche Liebe, durch ein gleiches schönes Streben in Kunst und Wissenschaft innig verbunden zusammenlebten, die nur der wilde Orkan, wie er daherbrauste in der verhängnisvollen

Zeit die wir durchlebt, auseinanderschleudern konnte, daß wir, sage ich, auch nur einen Tag in demselben Hafen geankert haben sollten, ohne uns mit leiblichen Augen zu schauen, wie wir es unterdessen mit geistigen getan. Und nun sitzen wir schon ein paar Stunden zusammen und quälen uns mörderlich ab mit dem Enthusiasmus unserer frischblühenden Freundschaft. Und keiner hat bis zu diesem Augenblick etwas Gescheutes zu Markte gebracht, sondern fades langweiliges Zeug geschwatzt zum Bewundern. Und woher kommt das alles anders, als daß wir insgesamt recht kindische Kinder sind, daß wir glaubten, es werde nun gleich wieder fortgehen in derselben Melodie, die wir vor zwölf Jahren abbrachen. Lothar sollte uns vielleicht wieder zum ersten Male Tiecks Zerbino vorlesen, und ausgelassene, jauchzende, jubelnde Lust uns alle erfassen. Oder Cyprian müßte vielleicht irgendein fantastisches Gedicht oder wohl gar eine ganze überschwengliche Oper mitgebracht haben, und ich sie zur Stelle komponieren, und auf demselben lendenlahmen Pianoforte wie vor zwölf Jahren losdonnern, daß alles an dem armen lebenssatten Instrumente knackt und ächzt. Oder Ottmar müßte erzählen von irgendeiner herrlichen Rarität, die er aufgespürt, von einem auserlesenen Wein, von einem absonderlichen Hasenfuß etc., und uns alle in Feuer und Flamme setzen, und uns aufregen zu allerlei sehr seltsamen Anschlägen, wie wir beides zu genießen und zu verarbeiten gedächten, auserlesenen Wein und absonderlichen Hasenfuß. Und da das alles nun nicht geschehen ist, schmollen wir insgeheim aufeinander, und jeder denkt vom andern: Ei, wie ist der Gute so ganz und gar nicht mehr derselbe, daß *der* sich so ändern könnte, nimmermehr hätt ich das gedacht! – Ja freilich sind wir alle nicht mehr dieselben! Daß wir zwölf Jahre älter worden, daß sich wohl mit jedem Jahr immer mehr und mehr Erde an uns ansetzt, die uns hinabzieht aus der luftigen Region, bis wir am Ende *unter* die Erde kommen, das will ich gar nicht in Anschlag bringen. Aber wen von uns hat indessen nicht der wilde Strudel von Ereignis zu Ereignis, ja von Tat zu Tat fortgerissen? Konnte denn alles Schrecken, alles Entsetzen, alles Ungeheure der Zeit an uns vorübergehen ohne uns gewaltig zu erfassen, ohne tief in unser Inneres hinein seine blutige Spur einzugraben? – Darüber erbleichten die Bilder des früheren Lebens, und fruchtlos bleibt nun das Mühen, sie wieder aufzufrischen! – Mag es aber auch sein, daß manches, was uns damals im Leben ja an und in uns selbst als hoch und herrlich erschien, jetzt merklich den blendenden Glanz verloren, da unsere Augen durch stärkeres Licht verwöhnt, die innere Gesinnung, aus der unsere Liebe entsproßte, ist doch wohl geblieben. Ich meine, ein jeder glaubt doch wohl noch vom andern, daß er was Erkleckliches tauge, und inniger Freundschaft wert sei. Laßt uns also die alte Zeit und alle alte Ansprüche aus ihr her vergessen, und von jener Gesinnung ausgehend, versuchen, wie sich ein neues Band unter uns verknüpft."

„Dem Himmel sei gedankt", unterbrach hier Ottmar den Freund, „dem Himmel sei gedankt, daß Lothar es nicht mehr aushalten konnte in unserm närrischen verzwickten Wesen, und daß du, Theodor, gleich das schadenfrohe Teufelchen festpackst, das uns alle neckt und quält. Mir wollt es die Kehle zuschnüren, dies gezwungene, fatale Freudigtun, und ich fing gerade an mich ganz entsetzlich zu ärgern, als Lothar losfuhr. Aber nun Theodor geradeheraus gesagt hat, woran es liegt, fühle ich mich euch allen um vieles nähergerückt, und es ist mir so als wolle die alte Gemütlichkeit mit der wir uns sonst zusammenfanden, alle unnütze Zweifel wegbannend, wieder die Oberhand gewinnen. Theodor hat recht, mag denn die Zeit auch vieles umgestaltet haben, fest steht doch in unserm Innern der Glaube an uns selbst. Und hiermit erkläre ich die Präliminarien unsers neuen Bundes feierlichst für abgeschlossen, und setze fest, daß wir uns jede Woche an einem bestimmten Tage zusammenfinden wollen, denn sonst verlaufen wir uns in der großen Stadt hierhin, dorthin, und werden auseinandergetrieben noch ärger als bisher."

„Herrlicher Einfall", rief Lothar, „füge doch noch sogleich, lieber Ottmar, gewisse Gesetze hinzu, die bei unsern bestimmten wöchentlichen Zusammenkünften stattfinden sollen. Z.B. daß über dieses oder jenes gesprochen oder nicht gesprochen werden darf, oder daß jeder gehalten sein soll, dreimal witzig zu sein, oder daß wir ganz gewiß jedesmal Sardellen-Salat essen wollen. Auf diese Art bricht dann alle Philisterei auf uns ein, wie sie nur in irgendeinem Klub grünen und blühen mag. Glaubst du denn nicht, Ottmar, daß jede bestimmte Verabredung über unser Beisammensein sogleich einen lästigen Zwang herbeiführt, der mir wenigstens allen Genuß verleidet? Erinnere dich doch nur des tiefen Widerwillens, den wir ehemals gegen alles hegten, was sich nur im mindesten als Klub, Ressource, oder wie sonst solch eine tolle Anstalt heißen mag, in der Langeweile und Überdruß systematisch gehandhabt werden, gestalten wollte, und nun versuchst du selbst das vierblättrige Kleeblatt, das nur natürlich, ohne Zwang des Gärtners emporkeimt, in solch böse Form einzuzwängen!"

„Unser Freund Lothar", begann Theodor, „läßt nicht so leicht ab von seinem Unmut, das wissen wir ja alle ebenso, als daß er in solch böser Stimmung Gespenster sieht, mit denen er wacker herumkämpft, bis er, todmüde, selbst eingestehen muß, daß es nur Gespenster waren, die das eigne liebe Ich schuf. – Wie ist es nur möglich, Lothar, daß du bei Ottmars harmlosem und dabei höchst vernünftigem Vorschlag sogleich an Klubs und Ressourcen denkst, und an alle Philisterei, die damit notwendig verknüpft ist. Aber dabei ist mir ein gar ergötzliches Bild aus unserm frühern Leben aufgegangen. Erinnerst du dich wohl noch der Zeit, als wir das erstemal die Residenz verließen und nach dem kleinen Städtchen P*** zogen? – Anstand und Sitte verlangten es, wir mußten uns sofort in den Klub aufnehmen lassen, den die sogenannten Honoratioren der Stadt bildeten. Wir erhielten in einem feierlichen im strengsten Geschäftsstil abgefaßten Schreiben die Nachricht, daß wir nach geschehener Stimmensammlung wirklich als Mitglieder des Klubs aufgenommen worden, und dabei lag ein wohl funfzehn bis zwanzig Bogen starkes sauber gebundenes Buch, welches die Gesetze des Klubs enthielt. Diese Gesetze hatte ein alter Rat verfaßt, ganz in der Form des preußischen Landrechts, mit der Einteilung in Titel und Paragraphen. Etwas Ergötzlicheres konnte man gar nicht lesen. So war ein Titel überschrieben: Von Weibern und Kindern, und deren Befugnissen und Rechten, worin dann nichts Geringeres sanktioniert wurde, als daß die Frauen der Mitglieder jeden Donnerstag und Sonntag des Abends in dem Lokal des Klubs Tee trinken, zur Winterszeit aber sogar vier- oder sechsmal tanzen durften. Wegen der Kinder waren die Bestimmungen schwieriger und kritischer, da der Jurist die Materie mit ungemeinem Scharfsinn behandelt und unmündige, mündige, minderjährige und unter väterlicher Gewalt stehende Personen sorglich unterschieden hatte. Die unmündigen wurden gar hübsch ihrer moralischen Qualität nach in artige und unartige Kinder eingeteilt, und letzteren der Zutritt in den Klub unbedingt untersagt, als dem Fundamentalgesetz entgegen; der Klub sollte durchaus nur ein artiger sein. Hierauf folgte unmittelbar der merkwürdige Titel von Hunden, Katzen und andern unvernünftigen Kreaturen. Niemand solle, hieß es, irgendein schädliches wildes Tier in den Klub mitbringen. Hatte also ein Klubist sich etwa einen Löwen, Tiger oder Parder als Schoßhund zugelegt, so blieb alles Mühen vergebens, die Bestie in den Klub einzuführen, selbst mit verschnittenen Haaren und Nägeln verwehrten unbedingt die Vorsteher dem tierischen Schismatiker den Eintritt. Waren doch selbst gescheute Pudel und gebildete Möpse für nicht klubfähig erklärt, und durften nur ausnahmsweise zur Sommerzeit, wenn der Klub im Freien speiste, auf den Grund der nach Beratung des Ausschusses erteilten Erlaubniskarte mitgebracht werden. Wir – ich und Lothar, erfanden die herrlichsten Zusätze und Deklarationen zu diesem tiefsinnigen Kodex, die wir in der nächsten Sitzung mit dem feierlichsten Ernst vortrugen, und zu unserer höchsten Lust es dahin brachten, daß das unsinnigste Zeug mit großer Wichtigkeit debattiert wurde. Endlich merkte dieser, jener den heillosen Spaß, man traute uns nicht mehr, doch geschah nicht was wir wollten. Wir glaubten nämlich, daß der förmliche Bann über uns ausgesprochen werden würde." – „Ich erinnere mich der lustigen Zeit gar wohl", sprach Lothar, „und bemerke zu meinem nicht geringen Verdruß, daß dergleichen Mystifikationen mir jetzt schlecht geraten würden. Viel zu schwerfällig bin ich geworden, und sehr geneigt darüber mich zu ärgern, was mich sonst zum Lachen reizte."

„Das glaub ich nun und nimmermehr", fiel Ottmar ein, „überzeugt bin ich vielmehr, Lothar, daß nur der Nachhall irgendeines feindlichen Ereignisses gerade heute in deiner Seele stärker nachtönt als sonst. – Aber ein neues Leben wird bald wie Frühlingshauch dein Innres durchwehen, in ihm verklingt der Mißton, und du bist wieder ganz der alte gemütliche Lothar der du sonst warst vor zwölf Jahren! – Euer Klub in P*** hat mich übrigens an einen andern erinnert, dessen Stifter von dem herrlichsten Humor beseelt gewesen sein muß, und der in der Tat nicht wenig an den prächtigen Narrenorden erinnerte. Denkt euch eine Gesellschaft, die durchaus organisiert ist wie ein Staat! – Ein König, Minister, Staatsräte etc. Die einzige Tendenz, der ganze Zweck dieser Gesellschaft war – gut zu essen und noch besser zu trinken. Deshalb geschahen die Versammlungen in dem Hotel der Stadt, wo die beste Küche und der beste Keller anzutreffen. Hier wurde nun ernst und feierlich verhandelt über das Wohl und Wehe des Staats, das in nichts anderm bestand, als eben in guten Schüsseln und auserlesenem Wein. – So berichtet der Minister der auswärtigen Angelegenheiten: daß in einer entfernteren Handlung der Stadt vorzüglicher Rheinwein angekommen. Sogleich wird eine Sendung dorthin beschlossen! – Männer von vorzüglichem Talent, d. h. mit auserlesener Weinzunge werden gewählt, sie erhalten weitläuftige Instruktionen, und der Minister der Finanzen weiset einen außerordentlichen Fonds an, die Kosten der Gesandtschaft und des Ankaufs bewährt gefundener Ware zu bestreiten. – So gerät alles in Bestürzung, weil ein Ragout mißraten – es werden Memoires gewechselt – harte Reden über das bedrohliche Ungewitter, das über den Staat heraufgezogen. – So tritt der Staatsrat zusammen um zu beschließen, ob und von welchen Weinen heute der kalte Punsch zu bereiten. In tiefes Nachdenken versunken hört der König den Vortrag im Kabinett an; er nickt: das Gesetz vom kalten Punsch wird gegeben, und die Ausführung dem Minister des Innern übertragen. Der Minister des Innern kann aber schwachen Magens halber nicht Zitronensäure vertragen, er schält daher Pomeranzen in das Getränk, und durch ein neues Gesetz wird der kalte Punsch dahin deklariert, daß er Kardinal sei. – So werden Künste und Wissenschaften beschützt, indem der Dichter, der ein neues Trinklied gedichtet, so wie der Sänger, der es komponiert und abgesungen, vom Könige das Ehrenzeichen der roten Hahnenfeder erhält, und beiden die Erlaubnis erteilt wird, eine Flasche Wein mehr zu trinken als gewöhnlich, d. h. auf ihre Kosten! – Übrigens trug der König, repräsentierte er seine Würde, eine ungeheure Krone aus goldnem Pappendeckel geschnitten, so wie Szepter und Reichsapfel; die Großen des Reichs schmückten sich dagegen mit seltsam geformten Mützen. Das Symbol der Gesellschaft bestand in einer silbernen Büchse, auf der ein stattlicher Hahn, die Flügel ausgebreitet, krähend, sich mühte, Eier zu legen. – Rechnet zu dem allen, daß wenigstens zu der Zeit, als mich der Zufall in diese höchst herrliche Gesellschaft brachte, es gar nicht an geistreichen der Rede mächtigen Mitgliedern fehlte, die von der tiefen Ironie des Ganzen ergriffen, ihre Rollen wacker durchführten, so werdet ihr mir's glauben, daß nicht so leicht mich ein Scherz so angeregt, ja so begeistert hat als dieser."

„Ich gebe", sprach Lothar, „der Sache meinen vollsten Beifall, nur begreife ich doch nicht, wie es auf die Länge damit gehen konnte. Der beste Spaß stumpft sich ab, vollends wenn er so dauernd und dabei doch wieder so systematisch getrieben wird, wie es in deiner Gesellschaft, in deiner Loge zum eierlegenden Hahn wirklich geschah. – Ihr habt beide, Theodor und Ottmar, nun erzählt von großen breiten Klubs mit Gesetzen und fortwuchernden Mystifikationen, laßt mich des einfachsten Klubs erwähnen, der wohl auf der Welt existiert haben mag. – In einem kleinen polnischen Grenzstädtchen, das ehemals von den Preußen in Besitz genommen, waren die einzigen deutschen Offizianten ein alter invalider Hauptmann, als Posthalter angestellt, und der Akziseeinnehmer. Beide kamen jeden Abend auf den Schlag fünf Uhr in der einzigen Kneipe, die es an dem Orte gab, und zwar in einem Kämmerchen zusammen, das sonst niemand betreten durfte. Gewöhnlich saß der Akziseeinnehmer schon vor seinem Kruge Bier, die dampfende Pfeife im Munde, wenn der Hauptmann eintrat. *Der* setzte sich mit den Worten: ‚Wie geht's, Herr Gevatter?' dem Einnehmer gegenüber an den Tisch, zündete die schon gestopfte Pfeife an, zog die Zeitungen aus der Tasche, fing an emsig zu lesen, und schob die gelesenen Blätter dem Einnehmer hin, der ebenso emsig las. In tiefem Schweigen bliesen sich beide nun den dicken Tabaksdampf ins Gesicht, bis auf den Glockenschlag acht Uhr der Einnehmer aufstand, die Pfeife ausklopfte, und mit den Worten: ‚Ja so geht's, Herr Gevatter!' die Kneipe verließ. Das nannten denn beide sehr ernsthaft: Unsere Ressource."

„Sehr ergötzlich", rief Theodor, „und wer in diese Ressource als ehrenwertes Mitglied recht hineingetaugt hätte, das ist unser Cyprian. Der hätte gewiß niemals die feierliche Stille unterbrochen durch unzeitiges Schwatzen. Er scheint gleich den Kamaldulenser Mönchen das Gelübde des ewigen Stillschweigens abgelegt zu haben, denn bis jetzt ist auch nicht ein einziges Wörtlein über seine Lippen gekommen."

Cyprian, der in der Tat bis dahin geschwiegen, seufzte auf, wie aus einem Traum erwachend, warf dann den Blick in die Höhe und sprach mit mildem Lächeln: „Ich will es euch gern gestehen, daß ich nun heute durchaus nicht die Erinnerung an ein seltsames Abenteuer loswerden kann, das ich vor mehreren Jahren erlebte, und wohl geschieht es, daß dann, wenn innere Stimmen recht laut und lebendig ertönen, der Mund sich nicht öffnen mag zur Rede. Doch ging nichts an mir vorüber, was bis jetzt zur Sprache kam, und ich kann darüber Rechenschaft geben. Fürs erste hat Theodor ganz recht, daß wir alle kindischerweise glaubten gleich da wieder anfangen zu können, wo wir vor zwölf Jahren stehenblieben, und da dies nicht geschah, nicht geschehen konnte, aufeinander schmollten. Ich behaupte aber, daß, trabten wir wirklich gleich in demselben

Geleise fort, nichts in der Welt uns mehr als eingefleischte Philister kundgetan hätte. Mir fallen dabei jene Philosophen ein – doch, das muß ich fein ordentlich erzählen! – Denkt euch zwei Leute – ich will sie Sebastian und Ptolomäus nennen – denkt euch also, daß diese auf der Universität zu K– mit dem größten Eifer die Kantische Philosophie studieren, und sich beinahe täglich in den heftigsten Disputationen über diesen, jenen Satz erlaben. Eben in einem solchen philosophischen Streit, eben in dem Augenblick, als Sebastian einen kräftigen entscheidenden Schlag geführt, und Ptolomäus sich sammelt ihn wacker zu erwidern, werden sie unterbrochen, und der Zufall will es, daß sie sich nicht mehr in K– zusammentreffen. Der eine geht hierhin, der andere dorthin. Beinahe zwanzig Jahre sind vergangen, da sieht Ptolomäus in B– auf der Straße eine Figur vor sich herwandeln, die er sogleich für seinen Freund Sebastian erkennet. Er stürzt ihm nach, klopft ihm auf die Schulter, und als Sebastian sich umschaut, fängt Ptolomäus sogleich an: Du behauptest also daß – kurz! – er führt den Schlag zu dem er vor zwanzig Jahren ausholte. Sebastian läßt alle Minen springen die er in K– angelegt hatte. Beide disputieren zwei, drei Stunden hindurch straßauf straßab wandelnd. Beide geben sich ganz erhitzt das Wort den Professor selbst zum Schiedsrichter aufzufordern, nicht bedenkend, daß sie in B– sind, daß der alte Immanuel schon seit vielen Jahren im Grabe ruht, trennen sich und finden sich nie mehr wieder. – Diese Geschichte die das Eigentümliche für sich hat, daß sie sich wirklich begeben, trägt für mich wenigstens beinahe etwas Schauerliches in sich. Ohne einiges Entsetzen kann ich nicht diesen tiefen gespenstischen Philistrismus anschauen. Ergötzlicher war mir unser alter Kommissionsrat, den ich auf meiner Herreise besuchte. Er empfing mich zwar recht herzlich, indessen hatte sein Betragen etwas Ängstliches Gedrücktes, das ich mir gar nicht erklären konnte, bis er eines Tages auf einem Spaziergange mich bat, ich möge doch um des Himmels willen mich wieder pudern und einen grauen Hut aufsetzen, sonst könne er nicht an seinen alten Cyprianus glauben. Und dabei wischte er sich den Angstschweiß von der Stirne und flehte mich an, seine Treuherzigkeit doch nur ja nicht übelzunehmen! – Also! – wir wollen keine Philister sein, wir wollen nicht darauf bestehen jenen Faden, an dem wir vor zwölf Jahren spannen, nun fortzuspinnen, wir wollen uns nicht daran stoßen, daß wir andere Röcke tragen und andere Hüte, wir wollen andere sein als damals und doch wieder dieselben, das ist nun ausgemacht. Was Lothar ohne eigentlichen Anlaß über das Unwesen der Klubs und Ressourcen gesagt hat, mag richtig sein und beweisen, wie sehr der arme Mensch geneigt ist sich das letzte Restchen Freiheit zu verdämmen und überall ein künstlich Dach zu bauen, wo er noch allenfalls zum hellen heitern Himmel hinaufschauen könnte. Aber was geht das uns an? – Auch ich gebe meine Stimme zu Ottmars Vorschlag, daß wir uns wöchentlich an einem bestimmten Tage zusammenfinden wollen. Ich denke die Zeit mit ihren wunderbarsten Ereignissen hat dafür gesorgt, daß wir, lag auch wirklich, wie ich indessen gar nicht glauben und zugeben will, einige Anlage dazu in unserm Innern, keine Philister werden konnten. Ist es denn möglich, daß unsere Zusammenkünfte jemals in den Philistrismus eines Klubs ausarten können? – Also es bleibt bei Ottmars Vorschlag."

„Beständig", rief Lothar, „beständig werde ich mich dagegen auflehnen und damit wir nur gleich aus dem ärgerlichen Hin- und Herreden darüber herauskommen, soll uns Cyprian das seltsame Abenteuer erzählen, das ihm heute so in Sinn und Gedanken liegt." „Ich meine", sprach Cyprian, „daß immer mehr und mehr uns eine fröhliche gemütliche Stimmung erfassen wird, zumal wenn es unserm Theodor gefällt jene geheimnisvolle Vase, welche die feinsten aromatischen Düfte verbreitet und aus der berühmten Gesellschaft des eierlegenden Hahns herzustammen scheint, zu öffnen. Nichts in der Welt könnte aber dem frischen Aufkeimen alter Lust mehr hinderlich sein, als eben mein Abenteuer, das ihr, so wie wir jetzt beisammen sind, fremdartig, uninteressant, ja albern und fratzenhaft finden müßt. Dabei trägt es einen düstern Charakter und ich selbst spiele darin eine hinlänglich schlechte Rolle. Ursache genug davon zu schweigen." – „Merkt ihr wohl", rief Theodor, „daß unser Cyprian, unser liebes Sonntagskind, wieder allerlei bedenkliche Geister gesehen hat, die zu erschauen nach seiner Weise, er unsern gänzlich irdischen Augen nicht zutraut! – Doch nur heraus, Cyprian, mit deinem Abenteuer und spielst du darin eine schlechte Rolle, so verspreche ich dir sogleich mich auf eigne Abenteuer zu besinnen und dir aufzutischen worin ich noch viel alberner erscheine als du. Ich leide daran gar keinen Mangel."

„Mag es denn sein", sprach Cyprian und begann, nachdem er ein paar Sekunden nachdenklich vor sich hingeschaut, in folgender Art.

„Ihr wißt, daß ich mich vor mehreren Jahren einige Zeit

hindurch in B***, einem Orte der bekanntlich in der anmutigsten Gegend des südlichen Teutschlands gelegen, aufhielt. Nach meiner Weise pflegte ich allein ohne Wegweiser, dessen ich wohl bedurft, weite Spaziergänge zu wagen und so geschah es, daß ich eines Tages in einen dichten Wald geriet und je emsiger ich zuletzt Weg und Steg suchte, desto mehr jede Spur eines menschlichen Fußtritts verlor. Endlich wurde der Wald etwas lichter, da gewahrte ich unfern von mir einen Mann in brauner Einsiedlerkutte, einen breiten Strohhut auf dem Kopf, mit langem schwarzem verwildertem Bart, der dicht an einer Bergschlucht auf einem Felsstück saß und die Hände gefaltet gedankenvoll in die Ferne schaute. Die ganze Erscheinung hatte etwas Fremdartiges, Seltsames, ich fühlte leise Schauer mich durchgleiten. Solchen Gefühls kann man sich wohl auch kaum erwehren, wenn das, was man nur auf Bildern sah oder nur aus Büchern kannte, plötzlich ins wirkliche Leben tritt. Da saß nun der Anachoret aus der alten Zeit des Christentums in Salvator Rosas wildem Gebürge lebendig mir vor Augen. – Ich besann mich bald, daß ein ambulierender Mönch wohl eben nichts Ungewöhnliches in diesen Gegenden sei und trat keck auf den Mann zu mit der Frage, wie ich mich wohl am leichtesten aus dem Walde herausfinden könne um nach B*** zurückzukehren. Er maß mich mit finsterm Blick und sprach dann mit dumpfer feierlicher Stimme: ‚Du handelst sehr leichtsinnig und unbesonnen, daß du mich in dem Gespräch, das ich mit den würdigen Männern, die um mich versammelt, führe, mit einer einfältigen Frage unterbrichst! – Ich weiß es wohl, daß bloß die Neugierde mich zu sehen und mich sprechen zu hören dich in diese Wüste trieb, aber du siehst, daß ich jetzt keine Zeit habe mit dir zu reden. Mein Freund Ambrosius von Kamaldoli kehrt nach Alexandrien zurück, ziehe mit ihm.‘ Damit stand der Mann auf und stieg hinab in die Bergschlucht. Mir war als läg ich im Traum. Ganz in der Nähe hört ich das Geräusch eines Fuhrwerks, ich arbeitete mich durchs Gebüsch, stand bald auf einem Holzwege und sah vor mir einen Bauer, der auf einem zweirädrigen Karren daherfuhr und den ich schnell ereilte. Er brachte mich bald auf den großen Weg nach B***. Ich erzählte ihm unterweges mein Abenteuer und fragte ihn, wer wohl der wunderliche Mann im Walde sei. ‚Ach lieber Herr‘, erwiderte der Bauer, ‚das ist der würdige Mann der sich Priester Serapion nennt und schon seit vielen Jahren im Walde eine kleine Hütte bewohnt, die er sich selbst erbaut hat. Die Leute sagen, er sei nicht recht richtig im Kopfe, aber er ist ein lieber frommer Herr der niemanden etwas zuleide tut und der uns im Dorfe mit andächtigen Reden recht erbaut und uns guten Rat erteilt wie er nur kann.' Kaum zwei Stunden von B*** hatte ich meinen Anachoreten angetroffen, hier mußte man daher auch mehr von ihm wissen, und so war es auch wirklich der Fall. Doktor S** erklärte mir alles. Dieser Einsiedler war sonst einer der geistreichsten vielseitig ausgebildetsten Köpfe die es in M– gab. Kam noch hinzu, daß er aus glänzender Familie entsprossen, so konnt es nicht fehlen, daß man ihn, kaum hatte er seine Studien vollendet, in ein bedeutendes diplomatisches Geschäft zog, dem er mit Treue und Eifer vorstand. Mit seinen Kenntnissen verband er ein ausgezeichnetes Dichtertalent, alles was er schrieb, war von einer feurigen Fantasie, von einem besondern Geiste, der in die tiefste Tiefe schaute, beseelt. Sein unübertrefflicher Humor machte ihn zum angenehmsten, seine Gemütlichkeit zum liebenswürdigsten Gesellschafter, den es nur geben konnte. Von Stufe zu Stufe gestiegen hatte man ihn eben zu einem wichtigen Gesandtschaftsposten bestimmt, als er auf unbegreifliche Weise aus M– verschwand. Alle Nachforschungen blieben vergebens und jede Vermutung scheiterte an diesem, jenem Umstande, der sich dabei ergab.

Nach einiger Zeit erschien im tiefen Tirolergebürge ein Mensch, der in eine braune Kutte gehüllt in den Dörfern predigte und sich dann in den wildesten Wald zurückzog, wo er einsiedlerisch lebte. Der Zufall wollte es, daß Graf P** diesen Menschen, der sich für den Priester Serapion ausgab, zu Gesicht bekam. Er erkannte augenblicklich in ihm seinen unglücklichen aus M– verschwundenen Neffen. Man bemächtigte sich seiner, er wurde rasend und alle Kunst der berühmtesten Ärzte in M– vermochte nichts in dem fürchterlichen Zustande des Unglücklichen zu ändern. Man brachte ihn nach B*** in die Irrenanstalt und hier gelang es wirklich dem methodischen auf die psychische Kenntnis gegründeten Verfahren des Arztes, der damals dieser Anstalt vorstand, den Unglücklichen wenigstens aus der Tobsucht zu retten, in die er verfallen. Sei es, daß jener Arzt seiner Theorie getreu dem Wahnsinnigen selbst Gelegenheit gab zu entwischen oder daß dieser selbst die Mittel dazu fand, genug er entfloh und blieb eine geraume Zeit hindurch verborgen. Serapion erschien endlich in dem Walde zwei Stunden von B*** und jener Arzt erklärte, daß, habe man wirkliches Mitleiden mit dem Unglücklichen, wolle man ihn nicht aufs neue in Wut und Raserei stürzen, wolle man ihn ruhig und nach seiner Art glücklich sehen, so müsse man ihn im Walde und dabei vollkommene Freiheit lassen nach Willkür zu schalten und zu walten. Er stehe für jede schädliche Wirkung. Der bewährte Ruf des Arztes drang durch, die Polizeibehörde begnügte sich damit den nächsten Dorfgerichten die entfernte unmerkliche Aufsicht über den Unglücklichen zu übertragen und der Erfolg bestätigte, was der Arzt vorhergesagt. Serapion baute sich eine niedliche, ja nach den Umständen bequeme Hütte, er verfertigte sich Tisch und Stuhl, er flocht sich Binsenmatten zum Lager, er legte ein kleines Gärtlein an in dem er Gemüse und Blumen anpflanzte. Bis auf die Idee, daß er der Einsiedler Serapion sei, der unter dem Kaiser Dezius in die Thebaische Wüste floh und in Alexandrien den Märtyrertod litt, und was aus dieser folgte, schien sein Geist gar nicht zerrüttet. Er war imstande die geistreichsten Gespräche zu führen, ja nicht selten traten Spuren jenes scharfen Humors, ja wohl jener Gemütlichkeit hervor, die sonst seine Unterhaltung belebten. Übrigens erklärte ihn aber jener Arzt für gänzlich unheilbar und widerriet auf das ernstlichste jeden Versuch ihn für die Welt und für seine vorigen Verhältnisse wiederzugewinnen. – Ihr könnt euch wohl vorstellen, daß mein Anachoret mir nun nicht aus Sinn und Gedanken kam, daß ich eine unwiderstehliche Sehnsucht empfand ihn wiederzusehen. – Aber nun denkt euch meine Albernheit! – Ich hatte nichts Geringeres im Sinn, als Serapions fixe Idee an der Wurzel anzugreifen! – Ich las den Pinel – den Reil – alle mögliche Bücher über den Wahnsinn, die mir nur zur Hand kamen, ich glaubte, mir, dem fremden Psychologen, dem ärztlichen Laien sei es vielleicht vorbehalten in Serapions verfinsterten Geist einen Lichtstrahl zu werfen. Ich unterließ nicht außer jenem Studium des Wahnsinns mich mit der Geschichte sämtlicher Serapions, deren es in der Geschichte der Heiligen und Märtyrer nicht weniger als acht gibt, bekannt zu machen, und so gerüstet suchte ich an einem schönen hellen Morgen meinen Anachoreten auf. Ich fand ihn in seinem Gärtlein mit Hacke und Spaten arbeitend und ein andächtiges Lied singend. Wilde Tauben, denen er reichliches Futter hingestreut, flatterten und schwirrten um ihn her und ein junges Reh guckte neugierig durch die Blätter des Spaliers. So schien er mit den Tieren des Waldes in vollkommener Eintracht zu leben. Keine Spur des Wahnsinns war in seinem Gesicht zu finden, dessen milde Züge von seltener Ruhe und

Heiterkeit zeugten. Auf diese Weise bestätigte sich das, was mir Doktor S** in B*** gesagt hatte. Er riet mir nämlich, als er meinen Entschluß den Anachoreten zu besuchen, erfuhr, dazu einen heitern Morgen zu wählen, weil Serapion dann am freisten im Geiste und aufgelegt sei, sich mit Fremden zu unterhalten, wogegen er abends alle menschliche Gesellschaft flöhe. Als Serapion mich gewahr wurde, ließ er den Spaten sinken und kam mir freundlich entgegen. Ich sagte, daß ich auf weitem Wege ermüdet, mich nur einige Augenblicke bei ihm auszuruhen wünsche. ‚Seid mir herzlich willkommen', sprach er, ‚das wenige, womit ich Euch erquicken kann, steht Euch zu Diensten.' Damit führte er mich zu einem Moossitz vor seiner Hütte, rückte einen kleinen Tisch heraus, trug Brot, köstliche Trauben und eine Kanne Wein auf und lud mich gastlich ein zu essen und zu trinken, indem er sich mir gegenüber auf einen Schemmel setzte und mit vielem Appetit Brot genoß und einen großen Becher Wasser dazu leerte. In der Tat wußt ich gar nicht wie ich ein Gespräch anknüpfen, wie ich meine psychologische Weisheit an dem ruhigen heitern Mann versuchen sollte. Endlich faßte ich mich zusammen und begann: ‚Sie nennen sich Serapion, ehrwürdiger Herr?' ‚Allerdings', erwiderte er, ‚die Kirche gab mir diesen Namen.' ‚Die ältere Kirchengeschichte', fuhr ich fort, ‚nennt mehrere heilige berühmte Männer dieses Namens. Einen Abt Serapion, der sich durch sein Wohltun auszeichnete, den gelehrten Bischof Serapion, dessen Hieronymus in seinem Buche *de viris illustribus* gedenkt. Auch gab es einen Mönch Serapion. Dieser befahl, wie Heraklides in seinem Paradiese erzählt, als er einst aus der Thebaischen Wüste nach Rom kam, einer Jungfrau, die sich zu ihm gesellte vorgebend, sie habe der Welt entsagt, und ihrer Lust, um dies zu beweisen, mit ihm entkleidet durch die Straßen von Rom zu ziehen und verstieß sie, als sie es verweigerte.' ›Du zeigst‹, sprach der Mönch, ›daß du noch nach der Natur lebst und den Menschen gefallen willst, glaube nicht an deine Größe, rühme dich nicht, du habest die Welt überwunden!‹ – Irr ich nicht ehrwürdiger Herr, so war dieser schmutzige Mönch (so nennt ihn Heraklid selbst) ebenderselbe, welcher unter dem Kaiser Decius das grausamste Märtyrertum erlitt. Man trennte bekanntlich die Junkturen der Glieder und stürzte ihn dann vom hohen Felsen hinab.' ‚So ist es', sprach Serapion, indem er erbleichte und seine Augen in dunklem Feuer aufglühten. ‚So ist es, doch dieser Märtyrer hat nichts gemein mit jenem Mönch, der in aszetischer Wut gegen die Natur selbst ankämpfte. Der Märtyrer Serapion, von dem Sie sprechen, bin ich selbst.' ,Wie', rief ich mit erkünsteltem Erstaunen, ,Sie halten sich für jenen Serapion, der vor vielen hundert Jahren auf die jämmerlichste Weise umkam?' – ,Sie mögen', fuhr Serapion sehr ruhig fort, ,das unglaublich finden und ich gestehe ein, daß es manchem der nicht weiter zu schauen vermag, als eben seine Nase reicht, sehr wunderbar klingen muß, allein es ist nun einmal so. Die Allmacht Gottes hat mich mein Märtyrertum glücklich überstehen lassen weil es in seinem ewigen Ratschluß lag daß ich noch einige Zeit hindurch hier in der Thebaischen Wüste ein ihm gefälliges Leben führen sollte. Ein heftiger Kopfschmerz und ebenso heftiges Ziehen in den Gliedern, nur das allein erinnert mich noch zuweilen an die überstandenen Qualen.' Nun, glaubt ich, sei es an der Zeit mit meiner Kur zu beginnen. Ich holte weit aus und sprach sehr gelehrt über die Krankheit der fixen Ideen die den Menschen zuweilen befalle und nur wie ein einziger Mißton den sonst rein gestimmten Organism verderbe. Ich erwähnte jenes Gelehrten der nicht zu bewegen war vom Stuhle aufzustehen, weil er befürchtete dann sogleich mit seiner Nase dem Nachbar gegenüber die Fensterscheiben einzustoßen; des Abts Molanus der über alles sehr vernünftig sprach und bloß deshalb seine Stube nicht verließ, weil er besorgte sofort von den Hühnern gefressen zu werden, da er sich für ein Gerstenkorn hielt. Ich kam darauf, daß die Vertauschung des eignen Ichs mit irgendeiner geschichtlichen Person gar häufig als fixe Idee sich im Innern gestalte. Nichts Tolleres, nichts Ungereimteres könne es geben, meinte ich ferner, als den kleinen, täglich von Bauern, Jägern, Reisenden, Spaziergängern durchstreiften Wald zwei Stunden von B*** für die Thebaische Wüste, und sich selbst für denselben heiligen Schwärmer zu halten, der vor vielen hundert Jahren den Märtyrertod erlitt. – Serapion hörte mich schweigend an, er schien den Nachdruck meiner Worte zu fühlen und in tiefem Nachdenken mit sich selbst zu kämpfen. Nun glaubt ich den Hauptschlag führen zu müssen, ich sprang auf, ich faßte Serapions beide Hände, ich rief mit starker Stimme: ,Graf P** erwachen Sie aus dem verderblichen Traum der Sie bestrickt, werfen Sie diese gehässigen Kleider ab, geben Sie sich Ihrer Familie, die um Sie trauert, der Welt die die gerechtesten Ansprüche an Sie macht, wieder!' – Serapion schaute mich an mit finsterm durchbohrenden Blick, dann spielte ein sarkastisches Lächeln um Mund und Wange, und er sprach langsam und ruhig: ‚Sie haben, mein Herr, sehr lange und Ihres Bedünkens auch wohl sehr herrlich und weise gesprochen, erlauben Sie, daß ich ihnen jetzt einige Worte erwidere. – Der heilige Antonius, alle Männer der Kirche die sich aus der Welt in die Einsamkeit zurückgezogen, wurden öfters von häßlichen Quälgeistern heimgesucht, die, die innere Zufriedenheit der Gottgeweihten beneidend ihnen hart zusetzten so lange, bis sie überwunden schmählich im Staube lagen. Mir geht es nicht besser. Dann und wann erscheinen mir Leute die vom Teufel angetrieben mir einbilden wollen, ich sei der Graf P** aus M– um mich zu verlocken zur Hoffart und allerlei bösem Wesen. Half nicht Gebet, so nahm ich sie bei den Schultern, warf sie hinaus und verschloß sorgfältig mein Gärtlein. Beinahe möcht ich mit Ihnen, mein Herr verfahren auf gleiche Weise. Doch wird es dessen nicht bedürfen. Sie sind offenbar der ohnmächtigste von allen Widersachern die mir erschienen und ich werde Sie mit Ihren eignen Waffen schlagen, das heißt mit den Waffen der Vernunft. Es ist vom Wahnsinn die Rede, leidet einer von uns an dieser bösen Krankheit, so ist das offenbar bei Ihnen der Fall in viel höherem Grade als bei mir. Sie behaupten, es sei fixe Idee, daß ich mich für den Märtyrer Serapion halte, und ich weiß recht gut, daß viele Leute dasselbe glauben oder vielleicht nur so tun als ob sie es glaubten. Bin ich nun wirklich wahnsinnig, so kann nur ein Verrückter wähnen, daß er imstande sein werde mir die fixe Idee, die der Wahnsinn erzeugt hat, auszureden. Wäre dies möglich so gäb es bald keinen Wahnsinnigen mehr auf der ganzen Erde, denn der Mensch könnte gebieten über die geistige Kraft die nicht sein Eigentum sondern nur anvertrautes Gut der höhern Macht ist, die darüber waltet. Bin ich aber nicht wahnsinnig und wirklich der Märtyrer Serapion, so ist es wieder ein törichtes Unternehmen mir das ausreden und mich erst zu der fixen Idee treiben zu wollen, daß ich der Graf P** aus M– und zu Großem berufen sei. Sie sagen daß der Märtyrer Serapion vor vielen hundert Jahren lebte und daß ich folglich nicht jener Märtyrer sein könne, wahrscheinlich aus dem Grunde, weil Menschen nicht so lange auf Erden zu wandeln vermögen. Fürs erste ist die Zeit ein ebenso relativer Begriff wie die Zahl und ich könnte Ihnen sagen, daß, wie ich den Begriff der Zeit in mir trage, es kaum drei Stunden oder wie Sie sonst den Lauf der Zeit bezeichnen wollen, her sind, als mich der Kaiser Decius hinrichten ließ. Dann aber, davon abgesehen, können Sie mir nur *den* Zweifel entgegenstellen, daß ein solch langes Leben, wie ich geführt haben will beispiellos und der menschlichen Natur entgegen sei. Haben Sie Kenntnis von dem Leben jedes einzelnen Menschen der auf der ganzen weiten Erde existiert hat, daß Sie das Wort beispiellos keck aussprechen können? – Stellen Sie die Allmacht Gottes der armseligen Kunst des Uhrmachers gleich, der die tote Maschine nicht zu retten mag, vor dem Verderben? – Sie sagen, der Ort, wo wir uns befinden sei nicht die Thebaische Wüste, sondern ein kleiner Wald, der zwei Stunden von B*** liege und täglich von Bauern, Jägern und andern Leuten durchstreift werde. Beweisen Sie mir das!‘

Hier glaubte ich meinen Mann fassen zu können. ‚Auf‘, rief ich, ‚kommen Sie mit mir, in zwei Stunden sind wir in B*** und das was ich behauptet, ist bewiesen.‘

‚Armer verblendeter Tor‘, sprach Serapion, ‚welch ein Raum trennt uns von B***! – Aber gesetzten Falls ich folgte Ihnen wirklich nach einer Stadt die Sie B*** nennen, würden Sie mich davon überzeugen können, daß wir wirklich nur zwei Stunden wandelten, daß der Ort, wo wir hingelangten wirklich B*** sei? – Wenn ich nun behauptete, daß eben Sie von einem heillosen Wahnsinn befangen die Thebaische Wüste für ein Wäldchen und das ferne, ferne Alexandrien für die süddeutsche Stadt B*** hielten, was würden Sie sagen können? Der alte Streit würde nie enden und uns beiden verderblich werden. – Und noch eins mögen Sie recht ernstlich bedenken! – Sie müssen es wohl merken, daß der, der mit Ihnen spricht, ein heitres ruhiges mit Gott versöhntes Leben führt. Nur nach überstandenem Märtyrertum geht ein solches Leben im Innern auf. Hat es nun der ewigen Macht gefallen einen Schleier zu werfen über das was vor jenem Märtyrertum geschah, ist es nicht eine grausame heillose Teufelei, an diesem Schleier zu zupfen?‘

Mit all meiner Weisheit stand ich vor diesem Wahnsinnigen verwirrt – beschämt! – Mit der Konsequenz seiner Narrheit hatte er mich gänzlich aus dem Felde geschlagen und ich sah die Torheit meines Unternehmens in vollem Umfange ein. Noch mehr als das, den Vorwurf den seine letzten Worte enthielten fühlte ich ebenso tief als mich das dunkle Bewußtsein des frühern Lebens, das darin wie ein höherer unverletzbarer Geist hervorschimmerte, in Erstaunen setzte.

Serapion schien meine Stimmung recht gut zu bemerken, er schaute mir mit einem Blick, in dem der Ausdruck der reinsten unbefangensten Gemütlichkeit lag, ins Auge und sprach dann: ‚Gleich hielt ich Sie eben für keinen schlimmen Widersacher, und so ist es auch in der Tat. Wohl mag es sein, daß dieser, jener, ja vielleicht der Teufel selbst Sie aufgeregt hat, mich zu versuchen, in Ihrer Gesinnung lag es gewiß nicht; und vielleicht nur, daß Sie mich anders fanden, als Sie sich den Anachoreten Serapion gedacht hatten, bestärkte Sie in den Zweifeln, die Sie mir entgegenwarfen. Ohne im mindesten von jener Frömmigkeit abzuweichen die dem ziemt, der sein ganzes Leben Gott und der Kirche geweiht, ist mir jener aszetische Zynismus fremd, in den viele von meinen Brüdern verfielen und dadurch statt der gerühmten Stärke, innere Ohnmacht, ja offenbare Zerrüttung aller Geisteskräfte bewiesen. Des Wahnsinns hätten Sie mich beschuldigen können, fanden Sie mich in dem heillosen abscheuligen Zustande, den jene besessene Fanatiker sich oft selbst bereiten. Sie glaubten den Mönch Serapion zu finden, jenen zynischen Mönch, blaß, abgemagert, entstellt von Wachen und Hungern, alle Angst, alles Entsetzen der abscheuligen Träume im düstern Blick, die den heiligen Antonius zur Verzweiflung brachten, mit schlotternden Knieen, kaum vermögend aufrecht zu stehen, in schmutziger blutbedeckter Kutte, und treffen auf einen ruhigen heitern Mann. Auch ich überstand diese Qualen von der Hölle selbst in meiner Brust entzündet, aber als ich mit zerrissenen Gliedern, mit zerschelltem Haupt erwachte, erleuchtete der Geist mein Innres und ließ Seele und Körper gesunden. Möge dich, o mein Bruder! der Himmel schon auf Erden die Ruhe, die Heiterkeit genießen lassen, die mich erquickt und stärkt. Fürchte nicht die Schauer der tiefen Einsamkeit, nur in ihr geht dem frommen Gemüt solch ein Leben auf!‘

Serapion, der die letzten Worte mit wahrhaft priesterlicher Salbung gesprochen, schwieg jetzt, und hob den verklärten Blick gen Himmel. War's denn anders möglich, mußte mir nicht ganz unheimlich zumute werden? – Ein wahnsinniger Mensch, der seinen Zustand als eine herrliche Gabe des Himmels preist, nur in ihm Ruhe und Heiterkeit findet und recht aus der innersten Überzeugung mir ein gleiches Schicksal wünscht!

Ich gedachte mich zu entfernen, doch in demselben Augenblick begann Serapion mit verändertem Ton: ‚Sie sollten nicht meinen, daß diese rauhe unwirtbare Wüste mir für meine stille Betrachtungen oft beinahe zu lebhaft wird. Täglich erhalte ich Besuche von den merkwürdigsten Männern der verschiedensten Art. Gestern war Ariost bei mir, dem bald darauf Dante und Petrarch folgten, heute abends erwarte ich den wackern Kirchenlehrer Evagrius und gedenke, so wie gestern über Poesie, heute über die neuesten Angelegenheiten der Kirche zu sprechen. Manchmal steige ich auf die Spitze jenes Berges, von der man bei heitrem Wetter ganz deutlich die Türme von Alexandrien erblickt, und vor meinen Augen begeben sich die wunderbarsten Ereignisse und Taten. Viele haben das auch unglaublich gefunden und gemeint, ich bilde mir nur ein, das vor mir im äußern Leben wirklich sich ereignen zu sehen was sich nur als Geburt meines Geistes, meiner Fantasie gestalte. Ich halte dies nun für eine der spitzfündigsten Albernheiten die es geben kann. Ist es nicht der Geist allein, der das was sich um uns her begibt in Raum und Zeit, zu erfassen vermag? – Ja was hört, was sieht, was fühlt in uns? – vielleicht die toten Maschinen die wir Auge – Ohr – Hand etc. nennen und nicht der Geist? – Gestaltet sich nun etwa der Geist seine in Raum und Zeit bedingte Welt im Innern auf eigne Hand und überläßt jene Funktionen einem andern uns inwohnenden Prinzip? – Wie ungereimt! Ist es nun also der Geist allein, der die Begebenheit vor uns erfaßt, so hat sich das auch wirklich begeben was er dafür anerkennt. – Eben gestern sprach Ariost von den Gebilden seiner Fantasie und meinte, er habe im Innern Gestalten und Begebenheiten geschaffen, die niemals in Raum und Zeit existierten. Ich bestritt, daß dies möglich, und er mußte mir einräumen, daß es nur Mangel höherer Erkenntnis sei, wenn der Dichter alles, was er vermöge seiner besonderen Sehergabe vor sich in vollem Leben erschaue, in den engen Raum seines Gehirns einschachteln wolle. Aber erst nach dem Märtyrertum kommt jene höhere Erkenntnis die genährt wird von dem Leben in tiefer Einsamkeit. – Sie scheinen nicht mit mir einig, Sie begreifen mich vielleicht gar nicht? – Doch freilich, wie sollte ein Kind der Welt, trägt es auch den besten Willen dazu in sich, den Gott geweihten Anachoreten begreifen können in seinem Tun und Treiben! – Lassen sie mich erzählen, was sich heute als die Sonne aufging und ich auf der Spitze jenes Berges stand, vor meinen Augen begab.' –

Serapion erzählte jetzt eine Novelle, angelegt, durchgeführt, wie sie nur der geistreichste, mit der feurigsten Fantasie begabte Dichter anlegen, durchführen kann. Alle Gestalten traten mit einer plastischen Ründung, mit einem glühenden Leben hervor, daß man fortgerissen, bestrickt von magischer Gewalt wie im Traum daran glauben mußte, daß Serapion alles selbst wirklich von seinem Berge erschaut. Dieser Novelle folgte eine andere und wieder eine andere, bis die Sonne hoch im Mittag über uns stand. Da erhob sich Serapion von seinem Sitz und sprach in die Ferne blickend: ‚Dort kommt mein Bruder Hilarion, der in seiner zu großen Strenge immer mit mir zürnt, daß ich mich der Gesellschaft fremder Leute zu sehr hingebe.‘ Ich verstand den Wink, und nahm Abschied, indem ich fragte, ob es mir wohl vergönnt sei, wieder einzukehren. Serapion erwiderte mit mildem Lächeln: ‚Ei, mein Freund! ich dachte, du würdest hinauseilen aus dieser wilden Wüste, die deiner Lebensweise gar nicht zuzusagen scheint. Gefällt es dir aber einige Zeit hindurch deine Wohnung in meiner Nähe aufzuschlagen, so sollst du mir jederzeit willkommen sein in meiner Hütte, in meinem Gärtlein! Vielleicht gelingt es mir den zu bekehren, der zu mir kam als böser Widersacher! – Gehab dich wohl, mein Freund!‘ – Gar nicht vermag ich den Eindruck zu beschreiben, den der Besuch bei dem Unglücklichen auf mich machte. Indem mich sein Zustand, sein methodischer Wahnsinn, in dem er das Heil seines Lebens fand, mit tiefem Schauer erfüllte, setzte mich sein hohes Dichtertalent in Staunen, erweckte seine Gemütlichkeit, sein ganzes Wesen, das die ruhigste Hingebung des reinsten Geistes atmete, in mir die tiefste Rührung. Ich gedachte jener schmerzlichen Worte Opheliens: ‚O welch ein edler Geist ist hier zerstört! Des Hofmanns Auge, des Gelehrten Zunge, des Kriegers Arm, des Staates Blum und Hoffnung, der Sitte Spiegel und der Bildung Muster, das Merkziel der Betrachter, ganz, ganz hin – ich sehe die edle hochgebietende Vernunft, mißtönend wie verstimmte Glocken jetzt; dies hohe Bild, die Züge blühender Jugend, durch Schwärmerei zerrüttet‘ – und doch konnt ich die ewige Macht nicht anklagen, die vielleicht auf diese Weise den Unglücklichen vor bedrohlichen Klippen rettete in den sichern Hafen. Je öfter ich nun meinen Anachoreten besuchte, desto herzlicher gewann ich ihn lieb. Immer fand ich ihn heiter und gesprächig, und ich hütete mich wohl, etwa wieder den psychologischen Arzt machen zu wollen. Es war bewundrungswürdig, mit welchem Scharfsinn, mit welchem durchdringenden Verstande mein Anachoret über das Leben in allen seinen Gestaltungen sprach, höchst merkwürdig aber, aus welchen von jeder aufgestellten Ansicht ganz abweichenden tiefern Motiven er geschichtliche Begebenheiten entwickelte. Nahm ich's mir zuweilen heraus, sosehr mich auch der Scharfsinn seiner Divinationen traf, doch einzuwenden, daß kein historisches Werk der besonderen Umstände erwähne, die er anführe, so versicherte er mit mildem Lächeln, daß wohl freilich kein Historiker in der Welt das alles so genau wissen könne, als er, der es ja aus dem Munde der handelnden Personen selbst hätte, die ihn besucht. – Ich mußte B*** verlassen, und kehrte erst nach drei Jahren wieder zurück. Es war später Herbst in der Mitte des Novembers, wenn ich nicht irre gerade der vierzehnte, als ich hinauslief, um meinen Anachoreten aufzusuchen. Von weitem hörte ich den Ton der kleinen Glocke, die über seiner Hütte angebracht war, und fühlte mich von seltsamen Schauern, von düsterer Ahnung durchbebt. Ich kam endlich an die Hütte, ich trat hinein. Serapion lag ausgestreckt die Hände auf der Brust gefaltet, auf seinen Binsenmatten. Ich glaubte daß er schliefe. Ich trat näher heran, da merkt ich es wohl – er war gestorben!" –

„Und du begrubst ihn mit Hülfe zweier Löwen!" – So unterbrach Ottmar den Freund. „Wie? – was sagst du?" rief Cyprian, ganz erstaunt. „Ja", fuhr Ottmar fort, „es ist nicht anders. Schon im Walde, noch ehe du Serapions Hütte erreicht hattest, begegneten dir seltsame Ungeheuer, mit denen du sprachst. Ein Hirsch brachte dir den Mantel des heiligen Athanasius und bat dich Serapions Leichnam darin einzuwickeln. – Genug, dein letzter Besuch bei deinem wahnsinnigen Anachoreten gemahnt mich an jenen wunderbaren Besuch, den Antonius dem Einsiedler Paulus abstattete, und von dem der heilige Mann so viel fantastisches Zeug erzählt, daß man wohl wahrnimmt, wie es ihm ziemlich stark im Kopf spukte. Du siehst, daß ich mich auch auf die Legenden der Heiligen verstehe! – Nun weiß ich, warum vor einigen Jahren deine ganze Fantasie von Mönchen, Klöstern, Einsiedlern, Heiligen erfüllt war. Ich merkte das aus dem Briefe, den du mir damals schriebst, und in dem ein solch eigner mystischer Ton herrschte, daß ich auf allerlei sonderbare Gedanken geriet. – Irr ich nicht, so dichtetest du damals ein seltsames Buch, das, auf den tiefsten katholischen Mystizismus basiert, so viel Wahnsinniges und Teuflisches enthielt, daß es dich hätte bei sanften hochgescheuten Personen um allen Kredit bringen können. Gewiß spukte damals der höchste Serapionismus in dir." „So ist es", erwiderte Cyprian, „und ich möchte beinahe wünschen, jenes fantastische Buch, das indessen doch als Warnungszeichen den Teufel an der Stirn trägt, vor dem sich ein jeder hüten kann, nicht in die Welt geschickt zu haben. Freilich regte mich der Umgang mit dem Anachoreten dazu an. Ich hätt ihn vielleicht meiden sollen, aber du, Ottmar, ihr alle kennt ja meinen besondern Hang zum Verkehr mit Wahnsinnigen; immer glaubt ich, daß die Natur gerade beim Abnormen Blicke vergönne in ihre schauerlichste Tiefe und in der Tat selbst in dem Grauen, das mich oft bei jenem seltsamen Verkehr befing, gingen mir Ahnungen und Bilder auf, die meinen Geist zum besonderen Aufschwung stärkten und belebten. Mag es sein, daß die von Grund aus Verständigen diesen besondern Aufschwung nur für den Paroxysmus einer gefährlichen Krankheit halten; was tut das, wenn der der Krankheit Angeklagte sich nur selbst kräftig und gesund fühlt."

„Das bist du ganz gewiß, mein lieber Cyprian", nahm Theodor das Wort, „und das beweiset deine robuste Konstitution, um die ich dich beinah beneiden möchte. Du sprichst von dem Blick in die schauerlichste Tiefe der Natur, möge nur jeder sich vor einem solchen Blick hüten, der sich nicht frei weiß von allem Schwindel. – So wie du uns deinen Serapion dargestellt hast, wird wohl niemand leugnen, daß sein gutmütiger stiller Wahnsinn gar nicht in Betracht kommen konnte, da der Umgang mit dem geistreichsten, lebendigsten Dichter kaum mit dem seinigen zu vergleichen. Gestehe aber nur ein, daß vorzüglich da nun Jahre darüber vergangen, als du ihn lebend verließest, du uns seine Gestalt nur in vollem glänzenden Licht, wie sie in deinem Innern lebt, darstellen konntest. Dann aber behaupte ich meinerseits, daß mich wenigstens bei einem Menschen, der eben auf solche Weise wahnsinnig, wie dein Serapion, die innere Angst ja das Entsetzen nie verlassen würde. Schon bei deiner Erzählung, als Serapion seinen Zustand als den glücklichsten pries, als er dich so selig wünschte, als er selbst sich fühlte, standen mir die Haare zu Berge. – Es wäre heillos, wenn der Gedanke dieses glücklichen Zustandes Wurzel fassen im Gemüt, und dadurch den wirklichen Wahnsinn herbeiführen könnte. – Nie hätte ich mich schon deshalb Serapions Umgange hingegeben, und dann ist noch außer der geistigen Gefahr die leibliche zu fürchten, daß, wie der französische Arzt Pinel häufige Fälle anführt, von fixen Ideen Befallene oft plötzlich in Tobsucht geraten, und wie ein wütendes Tier alles um sich her morden."

„Theodor hat recht", sprach Ottmar, „ich tadle, o Cyprian, deinen närrischen Hang zur Narrheit, deine wahnsinnige Lust am Wahnsinn. Es liegt etwas Überspanntes darin, das dir selbst mit der Zeit wohl lästig werden wird. Daß ich Wahnsinnige fliehe wie die Pest, versteht sich wohl, aber schon Menschen von überreizter Fantasie die sich auf diese oder jene Weise spleenisch äußert, sind mir unheimisch und fatal."

„Du", nahm Theodor das Wort: „du, lieber Ottmar, gehst hierin wieder offenbar zu weit, indem, wie ich wohl weiß, du alles, was sich von innen heraus im Äußern auf nicht gewöhnliche etwas seltsame Weise gebärden will, hassest. Das Mißverhältnis des innern Gemüts mit dem äußern Leben, welches der reizbare Mensch fühlt, treibt ihn wohl zu besonderen Grimassen, die die ruhigen Gesichter, über die der Schmerz so wenig Gewalt hat als die Lust, nicht begreifen können, sondern sich nur darüber ärgern. Merkwürdig ist es aber, daß du, mein Ottmar, selbst so leicht verwundlich, geneigt bist, aus allen Schranken zu treten, und schon oft den Vorwurf des vollkommensten Spleens auf dich geladen hast. – Ich denke eben an einen Mann, dessen toller Humor in der Tat bewirkte, daß die halbe Stadt, wo er lebte, ihn für wahnsinnig ausschrie, unerachtet kein Mensch weniger Anlage zum eigentlichen, entschiedenen Wahnsinn haben konnte, als eben er. – Die Art, wie ich seine Bekanntschaft machte, ist ebenso seltsam komisch, als die Lage, in der ich ihn wiederfand, rührend und das innerste Herz ergreifend. Ich möcht euch davon erzählen, um den sanften Übergang vom Wahnsinn durch den Spleen in die völlig gesunde Vernunft zu bewirken. Befürchten muß ich nur, zumal, da von Musik viel die Rede sein dürfte, daß ihr mir denselben Vorwurf machen werdet, den ich unserm Cyprianus entgegenwarf, nämlich, daß ich meinen Gegenstand fantastisch ausschmücke, und viel von dem Meinigen hinzufüge, was denn doch gar nicht der Fall sein wird. – Ich bemerke indessen, daß Lothar sehnsüchtige Blicke nach jener Vase wirft, die Cyprian geheimnisvoll genannt, und sich von ihrem Inhalt viel Ersprießliches versprochen hat. Laßt uns den Zauber lösen!" –

Theodor nahm den Deckel von dem Gefäße herab, und schenkte seinen Gästen ein Getränk ein, das König und Minister der Gesellschaft vom eierlegenden Hahn als übervortrefflich anerkannt und ohne Bedenken im Staat eingeführt haben würden. „Nun", rief Lothar, nachdem er ein paar Gläser geleert hatte, „nun Theodor, erzähle von deinem spleenischen Mann. Sei humoristisch – lustig – rührend – ergreifend – sei alles was du willst, nur erlöse uns von dem vermaledeiten wahnsinnigen Anachoreten, hilf uns heraus aus dem Bedlam, in das uns Cyprianus geschleppt!" –

„Der Mann", begann Theodor, „von dem ich sprechen will, ist niemand anders als der Rat Krespel in H–.

Dieser Rat Krespel war nämlich in der Tat einer der allerwunderlichsten Menschen, die mir jemals im Leben vorgekommen. Als ich nach H– zog, um mich einige Zeit dort aufzuhalten, sprach die ganze Stadt von ihm, weil soeben einer seiner allernärrischten Streiche in voller Blüte stand. Krespel war berühmt als gelehrter gewandter Jurist und als tüchtiger Diplomatiker. Ein nicht eben bedeutender regierender Fürst in Deutschland hatte sich an ihn gewandt, um ein Memorial auszuarbeiten, das die Ausführung seiner rechtsbegründeten Ansprüche auf ein gewisses Territorium zum Gegenstand hatte, und das er dem Kaiserhofe einzureichen gedachte. Das geschah mit dem glücklichsten Erfolg,und da Krespel einmal geklagt hatte, daß er nie eine Wohnung seiner Bequemlichkeit gemäß finden könne, übernahm der Fürst um ihn für jenes Memorial zu lohnen, die Kosten eines Hauses, das Krespel ganz nach seinem Gefallen aufbauen lassen sollte. Auch den Platz dazu wollte der Fürst nach Krespels Wahl ankaufen lassen; das nahm Krespel indessen nicht an, vielmehr blieb er dabei, daß das Haus in seinem vor dem Tor in der schönsten Gegend belegenen Garten erbaut werden solle. Nun kaufte er alle nur mögliche Materialien zusammen und ließ sie herausfahren; dann sah man ihn, wie er tagelang in seinem sonderbaren Kleide (das er übrigens selbst angefertigt nach bestimmten eigenen Prinzipien) den Kalk löschte, den Sand siebte, die Mauersteine in regelmäßige Haufen aufsetzte u.s.w. Mit irgendeinem Baumeister hatte er nicht gesprochen, an irgendeinen Riß nicht gedacht. An einem guten Tage ging er indessen zu einem tüchtigen Mauermeister in H– und bat ihn, sich morgen bei Anbruch des Tages mit sämtlichen Gesellen und Burschen, vielen Handlangern u.s.w. in dem Garten einzufinden, und sein Haus zu bauen. Der Baumeister fragte natürlicherweise nach dem Bauriß, und erstaunte nicht wenig, als Krespel erwiderte, es bedürfe dessen gar nicht, und es werde sich schon alles, wie es sein solle, fügen. Als der Meister anderen Morgens mit seinen Leuten an Ort und Stelle kam, fand er einen im regelmäßigen Viereck gezogenen Graben, und Krespel sprach: ‚Hier soll das Fundament meines Hauses gelegt werden, und dann bitte ich die vier Mauern so lange heraufzuführen, bis ich sage, nun ist's hoch genug.' ‚Ohne Fenster und Türen, ohne Quermauern?' fiel der Meister, wie über Krespels Wahnsinn erschrocken, ein.

‚So wie ich es Ihnen sage, bester Mann', erwiderte Krespel sehr ruhig, ‚das übrige wird sich alles finden.' Nur das Versprechen reicher Belohnung konnte den Meister bewegen, den unsinnigen Bau zu unternehmen; aber nie ist einer lustiger geführt worden, denn unter beständigem Lachen der Arbeiter, die die Arbeitsstätte nie verließen, da es Speis und Trank vollauf gab, stiegen die vier Mauern unglaublich schnell in die Höhe, bis eines Tages Krespel rief: ‚Halt!' Da schwieg Kell und Hammer, die Arbeiter stiegen von den Gerüsten herab, und indem sie den Krespel im Kreise umgaben, sprach es aus jedem lachenden Gesicht: ‚Aber wie nun weiter?' – ‚Platz!' rief Krespel, lief nach einem Ende des Gartens, und schritt dann langsam auf sein Viereck los, dicht an der Mauer schüttelte er unwillig den Kopf, lief nach dem andern Ende des Gartens, schritt wieder auf das Viereck los, und machte es wie zuvor. Noch einige Male wiederholte er das Spiel, bis er endlich mit der spitzen Nase hart an die Mauern anlaufend, laut schrie: ‚Heran, heran ihr Leute, schlagt mir die Tür ein, hier schlagt mir eine Tür ein!' – Er gab Länge und Breite genau nach Fuß und Zoll an, und es geschah, wie er geboten. Nun schritt er hinein in das Haus, und lächelte wohlgefällig, als der Meister bemerkte, die Mauern hätten gerade die Höhe eines tüchtigen zweistöckigen Hauses. Krespel ging in dem innern Raum bedächtig auf und ab, hinter ihm her die Maurer mit Hammer und Hacke, und sowie er rief: ‚Hier ein Fenster sechs Fuß hoch, vier Fuß breit! – dort ein Fensterchen drei Fuß hoch, zwei Fuß breit!' so wurde es flugs eingeschlagen. Gerade während dieser Operation kam ich nach H–, und es war höchst ergötzlich anzusehen, wie Hunderte von Menschen um den Garten herumstanden, und allemal laut aufjubelten, wenn die Steine herausflogen, und wieder ein neues Fenster entstand, da wo man es gar nicht vermutet hatte. Mit dem übrigen Ausbau des Hauses und mit allen Arbeiten, die dazu nötig waren, machte es Krespel auf ebendieselbe Weise, indem sie alles an Ort und Stelle nach seiner augenblicklichen Angabe verfertigen mußten. Die Possierlichkeit des ganzen Unternehmens, die gewonnene Überzeugung, daß alles am Ende sich besser zusammengeschickt als zu erwarten stand, vorzüglich aber Krespels Freigebigkeit, die ihm freilich nichts kostete, erhielt aber alle bei guter Laune. So wurden die Schwierigkeiten, die die abenteuerliche Art zu bauen herbeiführen mußte, überwunden und in kurzer Zeit stand ein völlig eingerichtetes Haus da, welches von der Außenseite den tollsten Anblick gewährte, da kein Fenster dem andern gleich war u. s. w., dessen innere Einrichtung aber eine ganz eigene Wohlbehaglichkeit erregte. Alle die hineinkamen, versicherten dies, und ich selbst fühlte es, als Krespel nach näherer Bekanntschaft mich hineinführte. Bis jetzt hatte ich nämlich mit dem seltsamen Manne noch nicht gesprochen, der Bau beschäftigte ihn so sehr, daß er nicht einmal sich bei dem Professor M*** dienstags, wie er sonst pflegte, zum Mittagsessen einfand, und ihm, als er ihn besonders eingeladen, sagen ließ, vor dem Einweihungsfeste seines Hauses käme er mit keinem Tritt aus der Tür. Alle Freunde und Bekannte verspitzten sich auf ein großes Mahl, Krespel hatte aber niemanden gebeten, als sämtliche Meister, Gesellen, Bursche und Handlanger, die sein Haus erbaut. Er bewirtete sie mit den feinsten Speisen; Maurerbursche fraßen rücksichtslos Rebhuhnpasteten, Tischlerjungen hobelten mit Glück an gebratenen Fasanen, und hungrige Handlanger langten diesmal sich selbst die vortrefflichsten Stücke aus dem Trüffelfrikassee zu. Des Abends kamen die Frauen und Töchter, und es begann ein großer Ball. Krespel walzte etwas weniges mit den Meisterfrauen, setzte sich aber dann zu den Stadtmusikanten, nahm eine Geige und dirigierte die Tanzmusik bis zum hellen Morgen. Den Dienstag nach diesem Feste, welches den Rat Krespel als Volksfreund darstellte, fand ich ihn endlich zu meiner nicht geringen Freude bei dem Professor M***. Verwunderlicheres als Krespels Betragen kann man nicht erfinden. Steif und ungelenk in der Bewegung glaubte man jeden Augenblick, er würde irgendwo anstoßen, irgendeinen Schaden anrichten, das geschah aber nicht, und man wußte es schon, denn die Hausfrau erblaßte nicht im mindesten, als er mit gewaltigem Schritt um den mit den schönsten Tassen besetzten Tisch sich herumschwang, als er gegen den bis zum Boden reichenden Spiegel manövrierte, als er selbst einen Blumentopf von herrlich gemaltem Porzellan ergriff und in der Luft herumschwenkte, als ob er die Farben spielen lassen wolle. Überhaupt besah Krespel vor Tische alles in des Professors Zimmer auf das genaueste, er langte sich auch wohl, auf den gepolsterten Stuhl steigend, ein Bild von der Wand herab, und hing es wieder auf. Dabei sprach er viel und heftig, bald (bei Tische wurde es auffallend) sprang er schnell von einer Sache auf die andere, bald konnte er von einer Idee gar nicht loskommen, immer sie wieder ergreifend, geriet er in allerlei wunderliche Irrgänge, und konnte sich nicht wieder finden, bis ihn etwas anders erfaßte.

Sein Ton war bald rauh und heftig schreiend, bald leise gedehnt, singend, aber immer paßte er nicht zu dem, was Krespel sprach. Es war von Musik die Rede, man rühmte einen neuen Komponisten, da lächelte Krespel, und sprach mit seiner leisen singenden Stimme: ‚Wollt ich doch, daß der schwarzgefiederte Satan den verruchten Tonverdreher zehntausend Millionen Klafter tief in den Abgrund der Hölle schlüge!' – Dann fuhr er heftig und wild heraus: ‚Sie ist ein Engel des Himmels, nichts als reiner Gott geweihter Klang und Ton! – Licht und Sternbild alles Gesanges!' – Und dabei standen ihm Tränen in den Augen. Man mußte sich erinnern, daß vor einer Stunde von einer berühmten Sängerin gesprochen worden. Es wurde ein Hasenbraten verzehrt, ich bemerkte, daß Krespel die Knochen auf seinem Teller vom Fleische sorglich säuberte, und genaue Nachfrage nach den Hasenpfoten hielt, die ihm des Professors fünfjähriges Mädchen mit sehr freundlichem Lächeln brachte. Die Kinder hatten überhaupt den Rat schon während des Essens sehr freundlich angeblickt, jetzt standen sie auf und nahten sich ihm, jedoch in scheuer Ehrfurcht und nur auf drei Schritte. Was soll denn das werden, dachte ich im Innern. Das Dessert wurde aufgetragen; da zog der Rat ein Kistchen aus der Tasche, in dem eine kleine stählerne Drehbank lag, die schrob er sofort an den Tisch fest, und nun drechselte er mit unglaublicher Geschicklichkeit und Schnelligkeit aus den Hasenknochen allerlei winzig kleine Döschen und Büchschen und Kügelchen, die die Kinder jubelnd empfingen. Im Moment des Aufstehens von der Tafel fragte des Professors Nichte: ‚Was macht denn unsere Antonie, lieber Rat?' – Krespel schnitt ein Gesicht, als wenn jemand in eine bittere Pomeranze beißt, und dabei aussehen will, als wenn er Süßes genossen; aber bald verzog sich dies Gesicht zur graulichen Maske, aus der recht bitterer, grimmiger, ja wie es mir schien, recht teuflischer Hohn herauslachte. ‚Unsere? Unsere liebe Antonie?' frug er mit gedehntem, unangenehm singenden Tone. Der Professor kam schnell heran; in dem strafenden Blick, den er der Nichte zuwarf, las ich, daß sie eine Saite berührt hatte, die in Krespels Innerm widrig dissonieren mußte. ‚Wie steht es mit den Violinen', frug der Professor recht lustig, indem er den Rat bei beiden Händen erfaßte. Da heiterte sich Krespels Gesicht auf, und er erwiderte mit seiner starken Stimme: ‚Vortrefflich, Professor, erst heute hab ich die treffliche Geige von Amati, von der ich neulich erzählte, welch ein Glücksfall sie mir in die Hände gespielt, erst heute habe ich sie aufgeschnitten. Ich hoffe, Antonie wird das übrige sorgfältig zerlegt haben.' ,Antonie ist ein gutes Kind', sprach der Professor. ,Ja wahrhaftig, das ist sie!' schrie der Rat, indem er sich schnell umwandte, und mit einem Griff Hut und Stock erfassend, schnell zur Türe hinaussprang. Im Spiegel erblickte ich, daß ihm helle Tränen in den Augen standen.

Sobald der Rat fort war, drang ich in den Professor, mir doch nur gleich zu sagen, was es mit den Violinen und vorzüglich mit Antonien für eine Bewandtnis habe. ,Ach', sprach der Professor, ,wie denn der Rat überhaupt ein ganz wunderlicher Mensch ist, so treibt er auch das Violinbauen auf ganz eigene tolle Weise.' ,Violinbauen?' fragte ich ganz erstaunt. ,Ja', fuhr der Professor fort, ,Krespel verfertigt nach dem Urteil der Kenner die herrlichsten Violinen, die man in neuerer Zeit nur finden kann; sonst ließ er manchmal, war ihm eine besonders gelungen, andere darauf spielen, das ist aber seit einiger Zeit ganz vorbei. Hat Krespel eine Violine gemacht, so spielt er selbst eine oder zwei Stunden darauf, und zwar mit höchster Kraft, mit hinreißendem Ausdruck, dann hängt er sie aber zu den übrigen, ohne sie jemals wieder zu berühren oder von andern berühren zu lassen. Ist nur irgendeine Violine von einem alten vorzüglichen Meister aufzutreiben, so kauft sie der Rat um jeden Preis, den man ihm stellt. Ebenso wie seine Geigen, spielt er sie aber nur ein einziges Mal, dann nimmt er sie auseinander, um ihre innere Struktur genau zu untersuchen, und wirft, findet er nach seiner Einbildung nicht das, was er gerade suchte, die Stücke unmutig in einen großen Kasten, der schon voll Trümmer zerlegter Violinen ist.' ,Wie ist es aber mit Antonien?' frug ich schnell und heftig. ,Das ist nun', fuhr der Professor fort, ,das ist nun eine Sache, die den Rat mich könnte in höchstem Grade verabscheuen lassen, wenn ich nicht überzeugt wäre, daß bei dem im tiefsten Grunde bis zur Weichlichkeit gutmütigen Charakter des Rates es damit eine besondere geheime Bewandtnis haben müsse. Als vor mehreren Jahren der Rat hieher nach H– kam, lebte er anachoretisch mit einer alten Haushälterin in einem finstern Hause auf der – Straße. Bald erregte er durch seine Sonderbarkeiten die Neugierde der Nachbarn, und sogleich als er dies merkte, suchte und fand er Bekanntschaften. Eben wie in meinem Hause gewöhnte man sich überall so an ihn, daß er unentbehrlich wurde. Seines rauhen Äußeren unerachtet, liebten ihn sogar die Kinder, ohne ihn zu belästigen, denn trotz aller Freundlichkeit behielten sie eine gewisse scheue Ehrfurcht, die ihn vor allem Zudringlichen schützte. Wie er die Kinder durch allerlei Künste zu gewinnen weiß, haben Sie heute gesehen. Wir hielten ihn alle für einen Hagestolz, und er widersprach dem nicht. Nachdem er sich einige Zeit hier aufgehalten, reiste er ab, niemand wußte wohin, und kam nach einigen Monaten wieder. Den andern Abend nach seiner Rückkehr waren Krespels Fenster ungewöhnlich erleuchtet, schon dies machte die Nachbarn aufmerksam, bald vernahm man aber die ganz wunderherrliche Stimme eines Frauenzimmers von einem Pianoforte begleitet. Dann wachten die Töne einer Violine auf, und stritten in regem feurigen Kampfe mit der Stimme. Man hörte gleich, daß es der Rat war, der spielte. – Ich selbst mischte mich unter die zahlreiche Menge, die das wundervolle Konzert vor dem Hause des Rates versammelt hatte, und ich muß Ihnen gestehen, daß gegen die Stimme, gegen den ganz eigenen tief in das Innerste dringenden Vortrag der Unbekannten mir der Gesang der berühmtesten Sängerinnen, die ich gehört, matt und ausdruckslos schien. Nie hatte ich eine Ahnung von diesen lang ausgehaltenen Tönen, von diesen Nachtigallwirbeln, von diesem Auf- und Abwogen, von diesem Steigen bis zur Stärke des Orgellautes, von diesem Sinken bis zum leisesten Hauch. Nicht einer war, den der süßeste Zauber nicht umfing, und nur leise Seufzer gingen in der tiefen Stille auf, wenn die Sängerin schwieg. Es mochte schon Mitternacht sein, als man den Rat sehr heftig reden hörte, eine andere männliche Stimme schien, nach dem Tone zu urteilen, ihm Vorwürfe zu machen, dazwischen klagte ein Mädchen in abgebrochenen Reden. Heftiger und heftiger schrie der Rat, bis er endlich in jenen gedehnten singenden Ton fiel, den Sie kennen. Ein lauter Schrei des Mädchens unterbrach ihn, dann wurde es totenstille, bis plötzlich es die Treppe herabpolterte, und ein junger Mensch schluchzend hinausstürzte, der sich in eine nahe stehende Postchaise warf, und rasch davonfuhr. Tags darauf erschien der Rat sehr heiter, und niemand hatte den Mut, ihn nach der Begebenheit der vorigen Nacht zu fragen. Die Haushälterin sagte aber auf Befragen, daß der Rat ein bildhübsches, blutjunges Mädchen mitgebracht, die er Antonie nenne, und die eben so schön gesungen. Auch sei ein junger Mann mitgekommen, der sehr zärtlich mit Antonien getan, und wohl ihr Bräutigam sein müsse. Der habe aber, weil es der Rat durchaus gewollt, schnell abreisen müssen. – In welchem Verhältnis Antonie mit dem Rat stehet, ist bis jetzt ein Geheimnis, aber so viel ist gewiß, daß er das arme Mädchen auf die gehässigste Weise tyrannisiert. Er bewacht sie, wie der Doktor Bartolo im Barbier von Sevilien, seine Mündel; kaum darf sie sich am Fenster blicken lassen. Führt er sie auf inständiges Bitten einmal in Gesellschaft, so verfolgt er sie mit Argusblicken, und leidet durchaus nicht, daß sich irgendein musikalischer Ton hören lasse, viel weniger daß Antonie singe, die übrigens auch in seinem Hause nicht mehr singen darf. Antoniens Gesang in jener Nacht ist daher unter dem Publikum der Stadt zu einer Fantasie und Gemüt aufregenden Sage von einem herrlichen Wunder geworden, und selbst die, welche sie gar nicht hörten, sprechen oft, versucht sich eine Sängerin hier am Orte: ›Was ist denn das für ein gemeines Quinkelieren? – Nur Antonie vermag zu singen.‹' –

Ihr wißt, daß ich auf solche fantastische Dinge ganz versessen bin, und könnt wohl denken, wie notwendig ich es fand, Antoniens Bekanntschaft zu machen. Jene Äußerungen des Publikums über Antoniens Gesang hatte ich selbst schon öfters vernommen, aber ich ahnte nicht, daß die Herrliche am Orte sei, und in den Banden des wahnsinnigen Krespels wie eines tyrannischen Zauberers liege. Natürlicherweise hörte ich auch sogleich in der folgenden Nacht Antoniens wunderbaren Gesang, und da sie mich in einem herrlichen Adagio (lächerlicherweise kam es mir vor, als hätte ich es selbst komponiert) auf das rührendste beschwor sie zu retten, so war ich bald entschlossen, ein zweiter Astolfo in Krespels Haus wie in Alzinens Zauberburg einzudringen, und die Königin des Gesanges aus schmachvollen Banden zu befreien.

Es kam alles anders, wie ich es mir gedacht hatte; denn kaum hatte ich den Rat zwei- bis dreimal gesehen, und mit ihm eifrig über die beste Struktur der Geigen gesprochen, als er mich selbst einlud, ihn in seinem Hause zu besuchen. Ich tat es, und er zeigte mir den Reichtum seiner Violinen. Es hingen deren wohl dreißig in einem Kabinett, unter ihnen zeichnete sich eine durch alle Spuren der hohen Altertümlichkeit (geschnitzten Löwenkopf u.s.w.) aus, und sie schien, höher gehenkt und mit einer darüber angebrachten Blumenkrone, als Königin den andern zu gebieten. ‚Diese Violine', sprach Krespel, nachdem ich ihn darum befragt, ‚diese Violine ist ein sehr merkwürdiges, wunderbares Stück eines unbekannten Meisters, wahrscheinlich aus Tartinis Zeiten. Ganz überzeugt bin ich, daß in der innern Struktur etwas Besonderes liegt, und daß, wenn ich sie zerlegte, sich mir ein Geheimnis erschließen würde, dem ich längst nachspürte, aber – lachen Sie mich nur aus, wenn Sie wollen – dies tote Ding, dem ich selbst doch nur erst Leben und Laut gebe, spricht oft aus sich selbst zu mir auf wunderliche Weise, und es war mir, da ich zum ersten Male darauf spielte, als wär ich nur der Magnetiseur, der die Somnambule zu erregen vermag, daß sie selbsttätig ihre innere Anschauung in Worten verkündet. – Glauben Sie ja nicht, daß ich geckhaft genug bin, von solchen Fantastereien auch nur das mindeste zu halten, aber eigen ist es doch, daß ich es nie über mich erhielt, jenes dumme tote Ding dort aufzuschneiden. Lieb ist es mir jetzt, daß ich es nicht getan, denn seitdem Antonie hier ist, spiele ich ihr zuweilen etwas auf dieser Geige vor. – Antonie hört es gern – gar gern.' Die Worte sprach der Rat mit sichtlicher Rührung, das ermutigte mich zu den Worten: ,O mein bester Herr Rat, wollten Sie das nicht in meiner Gegenwart tun?' Krespel schnitt aber sein süßsaures Gesicht, und sprach mit gedehntem singenden Ton: ,Nein, mein bester Herr Studiosus!' Damit war die Sache abgetan. Nun mußte ich noch mit ihm allerlei zum Teil kindische Raritäten besehen; endlich griff er in ein Kistchen, und holte ein zusammengelegtes Papier heraus, das er mir in die Hand drückte, sehr feierlich sprechend: ,Sie sind ein Freund der Kunst, nehmen Sie dies Geschenk als ein teures Andenken, das Ihnen ewig über alles wert bleiben muß.' Dabei schob er mich bei beiden Schultern sehr sanft nach der Tür zu, und umarmte mich an der Schwelle. Eigentlich wurde ich doch von ihm auf symbolische Weise zur Tür hinausgeworfen. Als ich das Papierchen aufmachte, fand ich ein ungefähr ein Achtel-Zoll langes Stückchen einer Quinte, und dabei geschrieben: ,Von der Quinte, womit der selige Stamitz seine Geige bezogen hatte, als er sein letztes Konzert spielte.' – Die schnöde Abfertigung, als ich Antoniens erwähnte, schien mir zu beweisen, daß ich sie wohl nie zu sehen bekommen würde; dem war aber nicht so, denn als ich den Rat zum zweiten Male besuchte, fand ich Antonien in seinem Zimmer, ihm helfend bei dem Zusammensetzen einer Geige. Antoniens Äußeres machte auf den ersten Anblick keinen starken Eindruck, aber bald konnte man nicht loskommen von dem blauen Auge und den holden Rosenlippen der ungemein zarten lieblichen Gestalt. Sie war sehr blaß, aber wurde etwas Geistreiches und Heiteres gesagt, so flog in süßem Lächeln ein feuriges Inkarnat über die

Wangen hin, das jedoch bald im rötlichen Schimmer erblaßte. Ganz unbefangen sprach ich mit Antonien, und bemerkte durchaus nichts von den Argusblicken Krespels, wie sie der Professor ihm angedichtet hatte, vielmehr blieb er ganz in gewöhnlichem Geleise, ja er schien sogar meiner Unterhaltung mit Antonien Beifall zu geben. So geschah es, daß ich öfter den Rat besuchte, und wechselseitiges Aneinandergewöhnen dem kleinen Kreise von uns dreien eine wunderbare Wohlbehaglichkeit gab, die uns bis ins Innerste hinein erfreute. Der Rat blieb mit seinen höchst seltsamen Skurrilitäten mir sehr ergötzlich; aber doch war es wohl nur Antonie, die mit unwiderstehlichem Zauber mich hinzog, und mich manches ertragen ließ, dem ich sonst ungeduldig, wie ich damals war, entronnen. In das Eigentümliche Seltsame des Rates mischte sich nämlich gar zu oft Abgeschmacktes und Langweiliges, vorzüglich zuwider war es mir aber, daß er, sobald ich das Gespräch auf Musik, insbesondere auf Gesang lenkte, er mit seinem diabolisch lächelnden Gesicht und seinem widrig singenden Tone einfiel, etwas ganz Heterogenes, mehrenteils Gemeines, auf die Bahn bringend. An der tiefen Betrübnis, die dann aus Antoniens Blicken sprach, merkte ich wohl, daß es nur geschah, um irgendeine Aufforderung zum Gesange mir abzuschneiden. Ich ließ nicht nach. Mit den Hindernissen, die mir der Rat entgegenstellte, wuchs mein Mut sie zu übersteigen, ich mußte Antoniens Gesang hören, um nicht in Träumen und Ahnungen dieses Gesanges zu verschwimmen. Eines Abends war Krespel bei besonders guter Laune; er hatte eine alte Cremoneser Geige zerlegt, und gefunden, daß der Stimmstock um eine halbe Linie schräger als sonst gestellt war. Wichtige, die Praxis bereichernde Erfahrung! – Es gelang mir, ihn über die wahre Art des Violinenspielens in Feuer zu setzen. Der großen wahrhaftigen Sängern abgehorchte Vortrag der alten Meister, von dem Krespel sprach, führte von selbst die Bemerkung herbei, daß jetzt gerade umgekehrt der Gesang sich nach den erkünstelten Sprüngen und Läufen der Instrumentalisten verbilde. ‚Was ist unsinniger', rief ich, vom Stuhle aufspringend, hin zum Pianoforte laufend, und es schnell öffnend: ‚Was ist unsinniger als solche vertrackte Manieren, welche, statt Musik zu sein, dem Tone über den Boden hingeschütteter Erbsen gleichen.' Ich sang manche der modernen Fermaten, die hin und her laufen, und schnurren wie ein tüchtig losgeschnürter Kreisel, einzelne schlechte Akkorde dazu anschlagend. Übermäßig lachte Krespel und schrie:

‚Haha! mich dünkt, ich höre unsere deutschen Italiener oder unsere italienischen Deutschen, wie sie sich in einer Arie von Pucitta oder Portogallo oder sonst einem *Maestro di Capella* oder vielmehr *Schiavo d'un primo uomo* übernehmen.' Nun, dachte ich, ist der Zeitpunkt da. ‚Nicht wahr', wandte ich mich zu Antonien, ‚nicht wahr, von dieser Singerei weiß Antonie nichts?' und zugleich intonierte ich ein herrliches, seelenvolles Lied vom alten Leonardo Leo. Da glühten Antoniens Wangen, Himmelsglanz blitzte aus den neubeseelten Augen, sie sprang an das Pianoforte – sie öffnete die Lippen – Aber in demselben Augenblick drängte sie Krespel fort, ergriff mich bei den Schultern, und schrie im kreischenden Tenor – ‚Söhnchen – Söhnchen – Söhnchen.' – Und gleich fuhr er fort, sehr leise singend, und in höflich gebeugter Stellung meine Hand ergreifend: ‚In der Tat, mein höchst verehrungswürdiger Herr Studiosus, in der Tat, gegen alle Lebensart, gegen alle guten Sitten würde es anstoßen, wenn ich laut und lebhaft den Wunsch äußerte, daß Ihnen hier auf der Stelle gleich der höllische Satan mit glühenden Krallenfäusten sanft das Genick abstieße, und Sie auf die Weise gewissermaßen kurz expedierte; aber davon abgesehen müssen Sie eingestehen, Liebwertester! daß es bedeutend dunkelt, und da heute keine Laterne brennt, könnten Sie, würfe ich Sie auch gerade nicht die Treppe herab, doch Schaden leiden an Ihren lieben Gebeinen. Gehen Sie fein zu Hause; und erinnern Sie sich freundschaftlichst Ihres wahren Freundes, wenn Sie ihn etwa nie mehr – verstehen Sie wohl? – nie mehr zu Hause antreffen sollten?' – Damit umarmte er mich, und drehte sich, mich festhaltend, langsam mit mir zur Türe heraus, so daß ich Antonien mit keinem Blick mehr anschauen konnte. Ihr gesteht, daß es in meiner Lage nicht möglich war, den Rat zu prügeln, welches doch eigentlich hätte geschehen müssen. Der Professor lachte mich sehr aus, und versicherte, daß ich es nun mit dem Rat auf immer verdorben hätte. Den schmachtenden ans Fenster heraufblickenden Amoroso, den verliebten Abenteurer zu machen, dazu war Antonie mir zu wert, ich möchte sagen zu heilig. Im Innersten zerrissen verließ ich H– aber wie es zu gehen pflegt, die grellen Farben des Fantasiegebildes verblaßten, und Antoine – ja selbst Antoniens Gesang, den ich nie gehört, leuchtete oft in mein tiefstes Gemüt hinein, wie ein sanfter tröstender Rosenschimmer.

Nach zwei Jahren war ich schon in B** angestellt, als ich eine Reise nach dem südlichen Deutschland unternahm. Im duftigen Abendrot erhoben sich die Türme von H–; so wie ich näher und näher kam ergriff mich ein unbeschreibliches Gefühl der peinlichsten Angst; wie eine schwere Last hatte es sich über meine Brust gelegt, ich konnte nicht atmen; ich mußte heraus aus dem Wagen ins Freie. Aber bis zum physischen Schmerz steigerte sich meine Beklemmung. Mir war es bald als hörte ich die Akkorde eines feierlichen Chorals durch die Lüfte schweben – die Töne wurden deutlicher, ich unterschied Männerstimmen, die einen geistlichen Choral absangen. – ‚Was ist das? – was ist das?' rief ich, indem es wie ein glühender Dolch durch meine Brust fuhr! – ‚Sehen Sie denn nicht', erwiderte der neben mir fahrende Postillion, ‚sehen Sie es denn nicht? da drüben auf dem Kirchhof begraben sie einen!' In der Tat befanden wir uns in der Nähe des Kirchhofes, und ich sah einen Kreis schwarzgekleideter Menschen um ein Grab stehen, das man zuzuschütten im Begriff stand. Die Tränen stürzten mir aus den Augen, es war als begrübe man dort alle Lust, alle Freude des Lebens. Rasch vorwärts von dem Hügel herabgeschritten, konnte ich nicht mehr in den Kirchhof hineinsehen, der Choral schwieg, und ich bemerkte unfern des Tores schwarzgekleidete Menschen, die von dem Begräbnis zurückkamen. Der Professor mit seiner Nichte am Arm, beide in tiefer Trauer schritten dicht bei mir vorüber, ohne mich zu bemerken. Die Nichte hatte das Tuch vor die Augen gedrückt und schluchzte heftig. Es war mir unmöglich in die Stadt hineinzugehen, ich schickte meinen Bedienten mit dem Wagen nach dem gewohnten Gasthofe, und lief in die mir wohlbekannte Gegend heraus, um so eine Stimmung loszuwerden, die vielleicht nur physische Ursachen, Erhitzung auf der Reise u.s.w. haben konnte. Als ich in die Allee kam, welche nach einem Lustorte führt, ging vor mir das sonderbarste Schauspiel auf. Rat Krespel wurde von zwei Trauermännern geführt, denen er durch allerlei seltsame Sprünge entrinnen zu wollen schien. Er war, wie gewöhnlich, in seinem wunderlichen grauen, selbst zugeschnittenen Rock gekleidet, nur hing von dem kleinen dreieckigen Hütchen, das er martialisch auf ein Ohr gedrückt, ein sehr langer schmaler Trauerflor herab, der in der Luft hin und her flatterte. Um den Leib hatte er ein schwarzes Degengehenk geschnallt, doch statt des Degens einen langen Violinbogen hineingesteckt. Eiskalt fuhr es mir durch die Glieder; der ist wahnsinnig, dacht ich, indem ich langsam folgte. Die Männer führten den Rat bis an sein Haus, da umarmte er sie mit lautem Lachen. Sie verließen ihn, und nun fiel sein Blick auf mich, der dicht neben ihm stand. Er sah mich lange starr an, dann rief er dumpf: ‚Willkommen Herr Studiosus! – Sie verstehen es ja auch' – damit packte er mich beim Arm und riß mich fort in das Haus – die Treppe herauf in das Zimmer hinein, wo die Violinen hingen. Alle waren mit schwarzem Flor umhüllt: die Violine des alten Meisters fehlte, an ihrem Platze hing ein Zypressenkranz. – Ich wußte was geschehen – ‚Antonie! ach Antonie!' schrie ich auf in trostlosem Jammer. Der Rat stand wie erstarrt mit übereinandergeschlagenen Armen neben mir. Ich zeigte nach dem Zypressenkranz. ‚Als sie starb', sprach der Rat sehr dumpf und feierlich: ‚als sie starb, zerbrach mit dröhnendem Krachen der Stimmstock in jener Geige, und der Resonanzboden riß sich auseinander. Die Getreue konnte nur mit ihr, in ihr leben; sie liegt bei ihr im Sarge, sie ist mit ihr begraben worden.' – Tief erschüttert sank ich in einen Stuhl, aber der Rat fing an, mit rauhem Ton ein lustig Lied zu singen, und es war recht graulich anzusehen, wie er auf einem Fuße dazu herumsprang, und der Flor (er hatte den Hut auf dem Kopfe) im Zimmer und an den aufgehängten Violinen herumstrich; ja ich konnte mich eines überlauten Schreies nicht erwehren, als der Flor bei einer raschen Wendung des Rates über mich herfuhr; es war mir, als wollte er mich verhüllt herabziehen in den schwarzen entsetzlichen Abgrund des Wahnsinns. Da stand der Rat plötzlich stille, und sprach in seinem singenden Ton: ‚Söhnchen? – Söhnchen? – warum schreist du so; hast du den Totenengel geschaut? – das geht allemal der Zeremonie vorher!' – Nun trat er in die Mitte des Zimmers, riß den Violinbogen aus dem Gehenke, hielt ihn mit beiden Händen über den Kopf, und zerbrach ihn, daß er in viele Stücke zersplitterte. Laut lachend rief Krespel: ‚Nun ist der Stab über mich gebrochen, meinst du Söhnchen? nicht wahr? Mitnichten, mitnichten, nun bin ich frei – frei – frei – Heisa frei! – Nun bau ich keine Geigen mehr – keine Geigen mehr – heisa keine Geigen mehr.' – Das sang der Rat nach einer schauerlich lustigen Melodie, indem er wieder auf einem Fuße herumsprang. Voll Grauen wollte ich schnell zur Türe heraus, aber der Rat hielt mich fest, indem er sehr gelassen sprach: ‚Bleiben Sie, Herr Studiosus, halten Sie diese Ausbrüche des Schmerzes, der mich mit Todesmartern zerreißt, nicht für Wahnsinn, aber es geschieht nur alles deshalb, weil ich mir vor einiger Zeit einen Schlafrock anfertigte, in dem ich aussehen wollte wie das Schicksal oder wie Gott!' – Der Rat schwatzte tolles grauliches Zeug durcheinander, bis er ganz erschöpft zusammensank; auf mein Rufen kam die alte Haushälterin herbei, und ich war froh, als ich mich nur wieder im Freien befand. – Nicht einen Augenblick zweifelte ich daran, daß Krespel wahnsinnig geworden, der Professor behauptete jedoch das Gegenteil. ‚Es gibt Menschen', sprach er, ‚denen die Natur oder ein besonderes Verhängnis die Decke wegzog, unter der wir andern unser tolles Wesen unbemerkter treiben. Sie gleichen dünngehäuteten Insekten, die im regen sichtbaren Muskelspiel mißgestaltet erscheinen, ungeachtet sich alles bald wieder in die gehörige Form fügt. Was bei uns Gedanke bleibt, wird dem Krespel alles zur Tat. – Den bittern Hohn, wie der, in das irdische Tun und Treiben eingeschachtete Geist ihn wohl oft bei der Hand hat, führt Krespel aus in tollen Gebärden und geschickten Hasensprüngen. Das ist aber sein Blitzableiter. Was aus der Erde steigt, gibt er wieder der Erde, aber das Göttliche weiß er zu bewahren; und so steht es mit seinem innern Bewußtsein recht gut glaub ich, unerachtet der scheinbaren nach außen herausspringenden Tollheit. Antoniens plötzlicher Tod mag freilich schwer auf ihn lasten, aber ich wette, daß der Rat schon morgenden Tages seinen Eselstritt im gewöhnlichen Geleise weiter forttrabt.'– Beinahe geschah es so, wie der Professor es vorausgesagt. Der Rat schien andern Tages ganz der vorige, nur erklärte er, daß er niemals mehr Violinen bauen, und auch auf keiner jemals mehr spielen wolle. Das hat er, wie ich später erfuhr, gehalten.

Des Professors Andeutungen bestärkten meine innere Überzeugung, daß das nähere so sorgfältig verschwiegene Verhältnis Antoniens zum Rat, ja daß selbst ihr Tod eine schwer auf ihn lastende nicht abzubüßende Schuld sein könne. Nicht wollte ich H– verlassen, ohne ihm das Verbrechen, welches ich ahnete, vorzuhalten; ich wollte ihn bis ins Innerste hinein erschüttern, und so das offene Geständnis der gräßlichen Tat erzwingen. Je mehr ich der Sache nachdachte, desto klarer wurde es mir, daß Krespel ein Bösewicht sein müsse, und desto feuriger, eindringlicher wurde die Rede, die sich wie von selbst zu einem wahren rhetorischen Meisterstück formte. So gerüstet und ganz erhitzt lief ich zu dem Rat. Ich fand ihn, wie er mit sehr ruhiger lächelnder Miene Spielsachen drechselte. ‚Wie kann nur', fuhr ich auf ihn los, ‚wie kann nur auf einen Augenblick Frieden in Ihre Seele kommen, da der Gedanke an die gräßliche Tat Sie mit Schlangenbissen peinigen muß?' – Der Rat sah mich verwundert an, den Meißel beiseite legend. ,Wieso? mein Bester', fragte er; – ,setzen Sie sich doch gefälligst auf jenen Stuhl!' – Aber eifrig fuhr ich fort, indem ich mich selbst immer mehr erhitzend, ihn geradezu anklagte, Antonien ermordet zu haben, und ihm mit der Rache der ewigen Macht drohte. Ja, als nicht längst eingeweihte Justizperson, erfüllt von meinem Beruf, ging ich so weit, ihn zu versichern, daß ich alles anwenden würde, der Sache auf die Spur zu kommen, und so ihn dem weltlichen Richter schon hienieden in die Hände zu liefern. – Ich wurde in der Tat etwas verlegen, da nach dem Schlusse meiner gewaltigen pomphaften Rede der Rat, ohne ein Wort zu erwidern, mich sehr ruhig anblickte, als erwarte er, ich müsse noch weiter fortfahren. Das versuchte ich auch in der Tat, aber es kam nun alles so schief, ja so albern heraus, daß ich gleich wieder schwieg. Krespel weidete sich an meiner Verlegenheit, ein boshaftes ironisches Lächeln flog über sein Gesicht. Dann wurde er aber sehr ernst, und sprach mit feierlichem Tone: ,Junger Mensch! Du magst mich für närrisch, für wahnsinnig halten, das verzeihe ich dir, da wir beide in demselben Irrenhause eingesperrt sind, und du mich darüber, daß ich Gott der Vater zu sein wähne, nur deshalb schiltst, weil du dich für Gott den Sohn hältst; wie magst du dich aber unterfangen, in ein Leben eindringen zu wollen, seine geheimsten Fäden erfassend, das dir fremd blieb und bleiben muß? – Sie ist dahin, und das Geheimnis gelöst!' – Krespel hielt inne, stand auf und schritt die Stube einige Male auf und ab. Ich wagte die Bitte um Aufklärung; er sah mich starr an, faßte mich bei der Hand, und führte mich an das Fenster, beide Flügel öffnend. Mit aufgestützten Armen legte er sich hinaus, und so in den Garten herabblickend erzählte er mir die Geschichte seines Lebens. – Als er geendet, verließ ich ihn gerührt und beschämt.

Mit Antonien verhielt es sich kürzlich in folgender Art. – Vor zwanzig Jahren trieb die bis zur Leidenschaft gesteigerte Liebhaberei, die besten Geigen alter Meister aufzusuchen und zu kaufen, den Rat nach Italien. Selbst baute er damals noch keine, und unterließ daher auch das Zerlegen jener alten Geigen. In Venedig hörte er die berühmte Sängerin Angela – i, welche damals auf dem *Teatro di S. Benedetto* in den ersten Rollen glänzte. Sein Enthusiasmus galt nicht der Kunst allein, die Signora Angela freilich auf die herrlichste Weise übte, sondern auch wohl ihrer Engelsschönheit. Der Rat suchte Angelas Bekanntschaft, und trotz aller seiner Schroffheit gelang es ihm, vorzüglich durch sein keckes und dabei höchst ausdrucksvolles Violinspiel sie ganz für sich zu gewinnen. – Das engste Verhältnis führte in wenigen Wochen zur Heirat, die deshalb verborgen blieb, weil Angela sich weder vom Theater, noch von dem Namen, der die berühmte Sängerin bezeichnete, trennen oder ihm auch nur das übeltönende ‚Krespel' hinzufügen wollte. – Mit der tollsten Ironie beschrieb Krespel die ganz eigene Art, wie Signora Angela, sobald sie seine Frau worden, ihn marterte und quälte. Aller Eigensinn, alles launische Wesen sämtlicher erster Sängerinnen sei, wie Krespel meinte, in Angelas kleine Figur hineingebannt worden. Wollte er sich einmal in Positur setzen, so schickte ihm Angela ein ganzes Heer von Abbates, Maestros, Akademikos über den Hals, die, unbekannt mit seinem eigentlichen Verhältnis, ihn als den unerträglichsten, unhöflichsten Liebhaber, der sich in die liebenswürdige Laune der Signora nicht zu schicken wisse, ausfilzten. Gerade nach einem solchen stürmischen Auftritt war Krespel auf Angelas Landhaus geflohen, und vergaß, auf seiner Cremoneser Geige fantasierend, die Leiden des Tages. Doch nicht lange dauerte es, als Signora, die dem Rat schnell nachgefahren, in den Saal trat. Sie war gerade in der Laune, die Zärtliche zu spielen, sie umarmte den Rat mit süßen schmachtenden Blikken, sie legte das Köpfchen auf seine Schulter. Aber der Rat, in die Welt seiner Akkorde verstiegen, geigte fort, daß die Wände widerhallten, und es begab sich, daß er mit Arm und Bogen die Signora etwas unsanft berührte. Die sprang aber voller Furie zurück; ‚*bestia tedesca*', schrie sie auf, riß dem Rat die Geige aus der Hand, und zerschlug sie an dem Marmortisch in tausend Stücke. Der Rat blieb erstarrt zur Bildsäule vor ihr stehen, dann aber wie aus dem Traume erwacht, faßte er Signora mit Riesenstärke, warf sie durch das Fenster ihres eigenen Lusthauses, und floh, ohne sich weiter um etwas zu bekümmern, nach Venedig – nach Deutschland zurück. Erst nach einiger Zeit wurde es ihm recht deutlich, was er getan; obschon er wußte, daß die Höhe des Fensters vom Boden kaum fünf Fuß betrug, und ihm die Notwendigkeit, Signora bei obbewandten Umständen durchs Fenster zu werfen, ganz einleuchtete, so fühlte er sich doch von peinlicher Unruhe gequält, um so mehr, da Signora ihm nicht undeutlich zu verstehen gegeben, daß sie guter Hoffnung sei. Er wagte kaum Erkundigungen einzuziehen, und nicht wenig überraschte es ihn, als er nach ungefähr acht Monaten einen gar zärtlichen Brief von der geliebten Gattin erhielt, worin sie jenes Vorganges im Landhause mit keiner Silbe erwähnte, und der Nachricht, daß sie von einem herzallerliebsten Töchterchen entbunden, die herzlichste Bitte hinzufügte, daß der *Marito amato e padre felicissimo* doch nur gleich nach Venedig kommen möge. Das tat Krespel nicht, erkundigte sich vielmehr bei einem vertrauten Freunde nach den näheren Umständen, und erfuhr, daß Signora damals leicht wie ein Vogel in das weiche Gras herabgesunken sei, und der Fall oder Sturz durchaus keine andere als psychische Folgen gehabt habe. Signora sei nämlich nach Krespels heroischer Tat wie umgewandelt; von Launen, närrischen Einfällen, von irgendeiner Quälerei ließe sie durchaus nichts mehr verspüren, und der Maestro, der für das nächste Karneval komponiert, sei der glücklichste Mensch unter der Sonne, weil Signora seine Arien ohne hunderttausend Abänderungen, die er sich sonst gefallen lassen müssen, singen wolle. Übrigens habe man alle Ursache, meinte der Freund, es sorgfältig zu verschweigen, wie Angela kuriert worden, da sonst jedes Tages, Sängerinnen durch die Fenster fliegen würden. Der Rat geriet nicht in geringe Bewegung, er bestellte Pferde, er setzte sich in den Wagen. ‚Halt!' rief er plötzlich. – ‚Wie', murmelte er dann in sich hinein: ‚ist's denn nicht ausgemacht, daß, sobald ich mich blicken lasse, der böse Geist wieder Kraft und Macht erhält über Angela? – Da ich sie schon zum Fenster herausgeworfen, was soll ich nun in gleichem Falle tun? was ist mir noch übrig?' – Er stieg wieder aus dem Wagen, schrieb einen zärtlichen Brief an seine genesene Frau, worin er höflich berührte, wie zart es von ihr sei, ausdrücklich es zu rühmen, daß das Töchterchen gleich ihm ein kleines Mal hinter dem Ohre trage, und – blieb in Deutschland. Der Briefwechsel dauerte sehr lebhaft fort. – Versicherungen der Liebe – Einladungen – Klagen über die Abwesenheit der Geliebten – verfehlte Wünsche – Hoffnungen u.s.w. flogen hin und her von Venedig nach H–, von H– nach Venedig. – Angela kam endlich nach Deutschland, und glänzte, wie bekannt, als Prima Donna auf dem großen Theater in F**. Ungeachtet sie gar nicht mehr jung war, riß sie doch alles hin mit dem unwiderstehlichen Zauber ihres wunderbar herrlichen Gesanges. Ihre Stimme hatte damals nicht im mindesten verloren. Antonie war indessen herangewachsen, und die Mutter konnte nicht genug dem Vater schreiben, wie in Antonien eine Sängerin vom ersten Range aufblühe. In der Tat bestätigten dies die Freunde Krespels in F**, die ihm zusetzten doch nur einmal nach F** zu kommen, um die seltne Erscheinung zwei ganz sublimer Sängerinnen zu bewundern. Sie ahneten nicht, in welchem nahen Verhältnis der Rat mit diesem Paare stand. Krespel hätte gar zu gern die Tochter, die recht in seinem Innersten lebte, und die ihm öfters als Traumbild erschien, mit leiblichen Augen gesehen, aber sowie er an seine Frau dachte, wurde es ihm ganz unheimlich zumute, und er blieb zu Hause unter seinen zerschnittenen Geigen sitzen.

Ihr werdet, von dem hoffnungsvollen jungen Komponisten B.. in F** gehört haben, der plötzlich verscholl, man wußte nicht wie; (oder kanntet ihr ihn vielleicht selbst?) Dieser verliebte sich in Antonien so sehr, daß er, da Antonie seine Liebe recht herzlich erwiderte, die Mutter anlag, doch nur gleich in eine Verbindung zu willigen, die die Kunst heilige. Angela hatte nichts dagegen, und der Rat stimmte um so lieber bei, als des jungen Meisters Kompositionen Gnade gefunden vor seinem strengen Richterstuhl. Krespel glaubte Nachricht von der vollzogenen Heirat zu erhalten, statt derselben kam ein schwarz gesiegelter Brief von fremder Hand überschrieben. Der Doktor R... meldete dem Rat, daß Angela an den Folgen einer Erkältung im Theater heftig erkrankt, und gerade in der Nacht, als am andern Tage Antonie getraut werden sollen, gestorben sei. Ihm, dem Doktor, habe Angela entdeckt, daß sie Krespels Frau, und Antonie seine Tochter sei; er möge daher eilen, sich der Verlassenen anzunehmen. Sosehr auch der Rat von Angelas Hinscheiden erschüttert wurde, war es ihm doch bald, als sei ein störendes unheimliches Prinzip aus seinem Leben gewichen, und er könne nun erst recht frei atmen. Noch denselben Tag reiste er ab nach F**. – Ihr könnt nicht glauben, wie herzzerreißend mir der Rat den Moment schilderte, als er Antonien sah. Selbst in der Bizarrerie seines Ausdrucks lag eine wunderbare Macht der Darstellung, die auch nur anzudeuten ich gar nicht imstande bin. – Alle Liebenswürdigkeit, alle Anmut Angelas wurde Antonien zuteil, der aber die häßliche Kehrseite ganz fehlte. Es gab kein zweideutig Pferdefüßchen, das hin und wieder hervorgucken konnte. Der junge Bräutigam fand sich ein, Antonie mit zartem Sinn den wunderlichen Vater im tiefsten Innern richtig auffassend, sang eine jener Motetten des alten Padre Martini, von denen sie wußte, daß Angela sie dem Rat in der höchsten Blüte ihrer Liebeszeit unaufhörlich vorsingen müssen. Der Rat vergoß Ströme von Tränen, nie hatte er selbst Angela so singen hören. Der Klang von Antoniens Stimme war ganz eigentümlich und seltsam oft dem Hauch der Äolsharfe, oft dem Schmettern der Nachtigall gleichend. Die Töne schienen nicht Raum haben zu können in der menschlichen Brust. Antonie vor Freude und Liebe glühend, sang und sang alle ihre schönsten Lieder und B . . . spielte dazwischen, wie es nur die wonnetrunkene Begeisterung vermag. Krespel schwamm erst in Entzücken, dann wurde er nachdenklich – still – in sich gekehrt. Endlich sprang er auf, drückte Antonien an seine Brust, und bat sehr leise und dumpf: ‚Nicht mehr singen, wenn du mich liebst – es drückt mir das Herz ab – die Angst – die Angst – Nicht mehr singen.' –

‚Nein', sprach der Rat andern Tages zum Doktor R**; ‚als während des Gesanges ihre Röte sich zusammenzog in zwei dunkelrote Flecke auf den blassen Wangen, da war es nicht mehr dumme Familienähnlichkeit, da war es das, was ich gefürchtet.' – Der Doktor, dessen Miene vom Anfang des Gesprächs von tiefer Bekümmernis zeigte, erwiderte: ‚Mag es sein, daß es von zu früher Anstrengung im Singen herrührt, oder hat die Natur es verschuldet, genug Antonie leidet an einem organischen Fehler in der Brust, der eben ihrer Stimme die wundervolle Kraft und den seltsamen, ich möchte sagen über die Sphäre des menschlichen Gesanges hinaustönenden Klang gibt. Aber auch ihr früher Tod ist die Folge davon, denn singt sie fort, so gebe ich ihr noch höchstens sechs Monate Zeit.' Den Rat zerschnitt es im Innern wie mit hundert Schwertern. Es war ihm, als hinge zum ersten Male ein schöner Baum die wunderherrlichen Blüten in sein Leben hinein, und der solle recht an der Wurzel zersägt werden, damit er nie mehr zu grünen und zu blühen vermöge. Sein Entschluß war gefaßt. Er sagte Antonien alles, er stellte ihr die Wahl, ob sie dem Bräutigam folgen und seiner und der Welt Verlockung nachgeben, so aber früh untergehen, oder ob sie dem Vater noch in seinen alten Tagen nie gefühlte Ruhe und Freude bereiten, so aber noch jahrelang leben wolle. Antonie fiel dem Vater schluchzend in die Arme, er wollte, das Zerreißende der kommenden Momente wohl fühlend, nichts Deutlicheres vernehmen. Er sprach mit dem Bräutigam, aber unerachtet dieser versicherte, daß nie ein Ton über Antoniens Lippen gehen solle, so wußte der Rat doch wohl, daß selbst B . . . nicht der Versuchung würde widerstehen können, Antonien singen zu hören, wenigstens von ihm selbst komponierte Arien. Auch die Welt, das musikalische Publikum, mocht es auch unterrichtet sein von Antoniens Leiden, gab gewiß die Ansprüche nicht auf, denn dies Volk ist ja, kommt es auf Genuß an, egoistisch und grausam. Der Rat verschwand mit Antonien aus F** und kam nach H–. Verzweiflungsvoll vernahm B . . . die Abreise. Er verfolgte die Spur, holte den Rat ein, und kam zugleich mit ihm mach H–. – ‚Nur einmal ihn sehen und dann sterben', flehte Antonie. ‚Sterben? – sterben?' rief der Rat in wildem Zorn, eiskalter Schauer durchbebte sein Inneres. – Die Tochter, das einzige Wesen auf der weiten Welt, das nie gekannte Lust in ihm entzündet, das allein ihn mit dem Leben versöhnte, riß sich gewaltsam los von seinem Herzen, und er wollte, daß das Entsetzliche geschehe. – B. . . mußte an den Flügel, Antonie sang, Krespel spielte lustig die Geige, bis sich jene roten Flecke auf Antoniens Wangen zeigten. Da befahl er einzuhalten; als nun aber B . . . Abschied nahm von Antonien, sank sie plötzlich mit einem lauten Schrei zusammen. ‚Ich glaubte' (so erzählte mir Krespel), ‚ich glaubte sie wäre, wie ich es vorausgesehen, nun wirklich tot und blieb, da ich einmal mich selbst auf die höchste Spitze gestellt hatte, sehr gelassen und mit mir einig. Ich faßte den B . . ., der in seiner Erstarrung schafsmäßig und albern anzusehen war, bei den Schultern, und sprach (der Rat fiel in seinen singenden Ton): ›Da Sie, verehrungswürdigster Klaviermeister, wie Sie gewollt und gewünscht, Ihre liebe Braut wirklich ermordet haben, so können Sie nun ruhig abgehen, es wäre denn, Sie wollten so lange gütigst verziehen, bis ich Ihnen den blanken Hischfänger durch das Herz renne, damit so meine Tochter, die, wie Sie sehen, ziemlich verblaßt, einige Couleur bekomme durch Ihr sehr wertes Blut. – Rennen Sie nur geschwind, aber ich könnte Ihnen auch ein flinkes Messerchen nachwerfen!‹ – Ich muß wohl bei diesen Worten etwas graulich ausgesehen haben; denn mit einem Schrei des tiefsten Entsetzens sprang er, sich von mir losreißend, fort durch die Türe, die Treppe herab.' – Wie der Rat nun, nachdem B . . . fortgerannt war, Antonien, die bewußtlos auf der Erde lag, aufrichten wollte, öffnete sie tiefseufzend die Augen, die sich aber bald wieder zum Tode zu schließen schienen. Da brach Krespel aus in lautes, trostloses Jammern. Der von der Haushälterin herbeigerufene Arzt erklärte Antoniens Zustand für einen heftigen aber nicht im mindesten gefährlichen Zufall, und in der Tat erholte sich diese auch schneller, als der Rat es nur zu hoffen gewagt hatte. Sie schmiegte sich nun mit der innigsten kindlichsten

Liebe an Krespel; sie ging ein in seine Lieblingsneigungen – in seine tollen Launen und Einfälle. Sie half ihm alte Geigen auseinanderlegen, und neue zusammenleimen. ‚Ich will nicht mehr singen, aber für dich leben', sprach sie oft sanft lächelnd zum Vater, wenn jemand sie zum Gesange aufgefordert und sie es abgeschlagen hatte. Solche Momente suchte der Rat indessen ihr so viel möglich zu ersparen, und daher kam es, daß er ungern mit ihr in Gesellschaft ging, und alle Musik sorgfältig vermied. Er wußte es ja wohl, wie schmerzlich es Antonien sein mußte, der Kunst, die sie in solch hoher Vollkommenheit geübt, ganz zu entsagen. Als der Rat jene wunderbare Geige, die er mit Antonien begrub, gekauft hatte und zerlegen wollte, blickte ihn Antonie sehr wehmütig an, und sprach leise bittend: ‚Auch diese?' – Der Rat wußte selbst nicht, welche unbekannte Macht ihn nötigte, die Geige unzerschnitten zu lassen, und darauf zu spielen. Kaum hatte er die ersten Töne angestrichen, als Antonie laut und freudig rief: ‚Ach das bin ich ja – ich singe ja wieder.' Wirklich hatten die silberhellen Glockentöne des Instruments etwas ganz Eigenes Wundervolles, sie schienen in der menschlichen Brust erzeugt. Krespel wurde bis in das Innerste gerührt, er spielte wohl herrlicher als jemals, und wenn er in kühnen Gängen mit voller Kraft, mit tiefem Ausdruck auf- und niederstieg, dann schlug Antonie die Hände zusammen, und rief entzückt: ‚Ach das habe ich gut gemacht! das habe ich gut gemacht!' – Seit dieser Zeit kam eine große Ruhe und Heiterkeit in ihr Leben. Oft sprach sie zum Rat: ‚Ich möchte wohl etwas singen, Vater!' Dann nahm Krespel die Geige von der Wand, und spielte Antoniens schönste Lieder, sie war recht aus dem Herzen froh. – Kurz vor meiner Ankunft war es in einer Nacht dem Rat so, als höre er im Nebenzimmer auf seinem Pianoforte spielen, und bald unterschied er deutlich, daß B ... nach gewöhnlicher Art präludiere. Er wollte aufstehen, aber wie eine schwere Last lag es auf ihm, wie mit eisernen Banden gefesselt vermochte er sich nicht zu regen und zu rühren. Nun fiel Antonie ein in leisen hingehauchten Tönen, die immer steigend und steigend zum schmetternden Fortissimo wurden, dann gestalteten sich die wunderbaren Laute zu dem tief ergreifenden Liede, welches B ... einst ganz im frommen Stil der alten Meister für Antonie komponiert hatte. Krespel sagte, unbegreiflich sei der Zustand gewesen, in dem er sich befunden, denn eine entsetzliche Angst habe sich gepaart mit nie gefühlter Wonne. Plötzlich umgab ihn eine blendende Klarheit, und in derselben erblickte er B... und Antonien, die sich umschlungen hielten, und sich voll seligem Entzücken anschauten. Die Töne des Liedes und des begleitenden Pianofortes dauerten fort, ohne daß Antonie sichtbar sang oder B... das Fortepiano berührte. Der Rat fiel nun in eine Art dumpfer Ohnmacht, in der das Bild mit den Tönen versank. Als er erwachte, war ihm noch jene fürchterliche Angst aus dem Traume geblieben. Er sprang in Antoniens Zimmer. Sie lag mit geschlossenen Augen, mit holdselig lächelndem Blick, die Hände fromm gefaltet, auf dem Sofa, als schliefe sie, und träume von Himmelswonne und Freudigkeit. Sie war aber tot." –

Während Theodor dies alles erzählte, bewies Lothar auf mancherlei Weise seine Ungeduld, ja seinen lebhaften Widerwillen. Bald stand er auf und schritt im Zimmer auf und ab, bald setzte er sich wieder hin ein Glas nach dem andern leerend und sich wieder einschenkend, dann trat er an Theodors Schreibtisch, wühlte unter den Papieren und Büchern und holte endlich nichts Geringeres hervor als Theodors großen mit weißem Papier durchschossenen Hauskalender, den er eifrig durchblätterte und endlich mit einer Miene, als habe er das Merkwürdigste Interessanteste darin gefunden, aufgeschlagen vor sich hin auf den Tisch legte.

„Nein das ist nicht auszuhalten", rief nun, als Theodor schwieg, Lothar, „nein das ist nicht auszuhalten! – Du willst nichts zu tun haben mit dem gutmütigen Schwärmer, den uns unser Cyprianus vor Augen führte, du warnst vor Blicken in die schauerliche Tiefe der Natur, du magst von derlei Dingen nicht reden, nicht reden hören, und fällst selbst mit einer Geschichte hinein, die in ihrer kecken Tollheit mir wenigstens das Herz zerschneidet. Was ist der sanfte glückliche Serapion gegen den spleenischen, und in seinem Spleen grauenhaften Krespel! Du wolltest einen sanften Übergang vom Wahnsinn durch den Spleen zur gesunden Vernunft bewirken und stellst Bilder auf, über die man, faßt man sie recht scharf ins Auge, alle gesunde Vernunft verlieren könnte. Mag Cyprianus bei seiner Erzählung unbewußt von dem Seinigen hinzugefügt haben, du tatest das gewiß noch viel mehr, denn ich weiß es ja, sobald nur die Musik im Spiele ist, gerätst du in einen somnambulen Zustand und hast die seltsamsten Erscheinungen. Nach deiner gewöhnlichen

Weise hast du dem Ganzen einen geheimnisvollen Anstrich zu geben gewußt, der wie alles Wunderbare, sei es auch noch so korrupt, unwiderstehlich fortreißt, aber Maß und Ziel muß jedes Ding haben und nicht ins Blaue hinein Verstand und Geist verwirren. Antoniens Zustand, ihre Sympathie mit jenem altertümlichen Instrument Krespels ist rührend, wer wird das nicht gestehen – aber auf eine Weise rührend, daß man heißes Herzblut rinnen fühlt und es liegt im Schluß ein Jammer, eine Trostlosigkeit die durchaus keine Beruhigung zuläßt und das ist abscheulich – abscheulich sage ich und kann das harte Wort nicht zurücknehmen."

„Habe ich denn", sprach Theodor lächelnd, „habe ich denn, lieber Lothar eine fingierte nach der Kunst geformte Erzählung euch vortragen wollen? War nicht bloß von einem seltsamen Mann die Rede an den ich durch den wahnsinnigen Serapion erinnert wurde? – Sprach ich nicht von einer Begebenheit, die ich wirklich erlebt, und sollte dir, lieber Lothar! manches unwahrscheinlich vorgekommen sein, so magst du bedenken daß das was sich wirklich begibt, beinahe immer das Unwahrscheinlichste ist."

„Das alles", erwiderte Lothar, „kann dich nicht entschuldigen, schweigen hättest du sollen von deinem fatalen Krespel, ganz schweigen oder vermöge der besonderen Kunst des Kolorits, die du wohl besitzest, dem barocken Mann aus dem Grauen heraus eine anmutigere Farbe geben. – Doch nur zu viel schon von dem Ruhe verstörenden Baumeister, Diplomatiker und Instrumentenmacher, den wir hiemit der Vergessenheit übergeben wollen. – Aber nun mein Cyprian, ich beuge meine Knie vor dir! – Nicht mehr nenne ich dich einen fantastischen Geisterseher – Du beweisest daß mit es Rückerinnerungen ein ganz eignes geheimnisvolles Ding ist. – Dir kommt heute der arme Serapion nicht aus Sinn und Gedanken. – Ich merke dir's an, daß nun, da du nur von ihm erzählt hast, du freier im Geiste geworden! – Schaue her in dieses merkwürdige Buch, in diesen herrlichen Hauskalender, der Aufschluß gibt über alles! – Haben wir denn nicht heute den vierzehnten November? – War es nicht am vierzehnten November als du deinen einsiedlerischen Freund tot in seiner Hütte fandest? Und wenn du ihn auch nicht, wie Ottmar vorhin meinte, mit Hülfe zweier Löwen begrubst und ebensowenig andere Wunder auf dich zutraten, so wurdest du doch gewiß bei dem Anblick deines sanft entschlafenen Freundes bis ins Innerste getroffen. Der Eindruck blieb unauslöschlich und wohl mag es sein daß der innere Geist mittelst einer geheimnisvollen dir selbst unbewußten Operation das Bild des verlorenen Freundes an seinem Todestage frischer gefärbt vorschiebt als sonst. – Tu mir den Gefallen Cyprianus und füge Serapions Tode noch einige wunderbare Erscheinungen hinzu, damit dem zu einfachen Schluß der Begebenheit etwas aufgeholfen werde."

„Als ich", sprach Cyprian, „tief bewegt, ja erschüttert von dem Anblick des Toten aus der Hütte trat, sprang mir das zahme Reh, dessen ich früher gedachte, entgegen, helle Tränen perlten in seinen Augen und die wilden Tauben umschwirrten mich mit ängstlichem Geschrei, mit banger Todesklage. Da ich aber zum Dorfe hinabstieg, um den Tod des Einsiedlers kundzutun, kamen mir die Bauern schon mit einer Totenbahre entgegen. Sie sagten, an dem Anziehn der Glocke zur ungewöhnlichen Stunde hätten sie gemerkt, daß der fromme Herr sich hingelegt habe zum Sterben und wohl schon wirklich gestorben sei. – Dies ist alles, lieber Lothar, was ich dir auftischen kann, damit du deine Neckerei daran übest."

„Was sprichst du", rief Lothar mit lauter Stimme, indem er sich vom Stuhle erhob, „was sprichst du von Neckerei, was glaubst du von mir, o mein Cyprianus? – Bin ich nicht ein ehrliches Gemüt, ein rechtschaffner Charakter, fern von Lug und Trug – eine treuherzige Seele? – schwärme ich nicht mit den Schwärmern? fantasiere ich nicht mit den Fantasten? weine ich nicht mit den Weinenden, jubiliere ich nicht mit den Jubelnden? – Aber schaue her, o mein Cyprianus, schaue nochmals in dies herrliche Werk voll unumstößlicher Wahrheit, in diesen sehr stattlichen Hauskalender. Bei dem vierzehnten November findest du zwar den schnöden Namen *Levin* verzeichnet, aber werfe deinen Blick in diese katholische Kolonne! – Da steht mit roten Buchstaben: *Serapion* Märtyrer! – Also an dem Tage des Heiligen für den er sich selbst hielt, starb dein Serapion! Heute ist Serapions-Tag! – Auf! – ich leere dieses Glas zum Gedächtnis des Einsiedlers Serapion; tut, meine Freunde! desgleichen!"

„Aus ganzer Seele", rief Cyprian und die Gläser erklangen.

„Überhaupt", fuhr nun Lothar fort, „bin ich jetzt, nachdem ich mich recht besonnen, oder vielmehr, nachdem mich Theodor mit dem häßlichen widrigen Krespel recht in Harnisch gebracht hat, mit Cyprians Serapion ganz ausgesöhnt. Noch mehr als das: ich verehre Serapions Wahnsinn deshalb, weil nur der Geist des vortrefflichsten oder vielmehr des wahren Dichters von ihm ergriffen werden kann. Ich will mich nicht darauf als auf etwas Altes, zum Überdruß Wiederholtes beziehen daß sonst den Dichter und den Seher dasselbe Wort bezeichnete, aber gewiß ist es, daß man oft an der wirklichen Existenz der Dichter ebensosehr zweifeln möchte als an der Existenz verzückter Seher welche die Wunder eines höheren Reichs verkünden! – Woher kommt es denn, daß so manches Dichterwerk das keinesweges schlecht zu nennen, wenn von Form und Ausarbeitung die Rede, doch so ganz wirkungslos bleibt wie ein verbleichtes Bild, daß wir nicht davon hingerissen werden, daß die Pracht der Worte nur dazu dient den inneren Frost, der uns durchgleitet, zu vermehren. Woher kommt es anders, als daß der Dichter nicht das wirklich schaute wovon er spricht, daß die Tat, die Begebenheit vor seinen geistigen Augen sich darstellend mit aller Lust, mit allem Entsetzen, mit allem Jubel, mit allen Schauern, ihn nicht begeisterte, entzündete, so daß nur die inneren Flammen ausströmen durften in feurigen Worten: Vergebens ist das Mühen des Dichters uns dahin zu bringen, daß wir daran glauben sollen, woran er selbst nicht glaubt, nicht glauben kann, weil er es nicht erschaute. Was können die Gestalten eines solchen Dichters der jenem alten Wort zufolge nicht auch wahrhafter Seher ist, anderes sein als trügerische Puppen, mühsam zusammengeleimt aus fremdartigen Stoffen! –

Dein Einsiedler, mein Cyprianus, war ein wahrhafter Dichter, er hatte das wirklich geschaut was er verkündete, und deshalb ergriff seine Rede Herz und Gemüt. – Armer Serapion, worin bestand dein Wahnsinn anders, als daß irgendein feindlicher Stern dir die Erkenntnis der Duplizität geraubt hatte, von der eigentlich allein unser irdisches Sein bedingt ist. Es gibt eine innere Welt, und die geistige Kraft, sie in voller Klarheit, in dem vollendetsten Glanze des regesten Lebens zu schauen, aber es ist unser irdisches Erbteil, daß eben die Außenwelt in der wir eingeschachtet, als der Hebel wirkt, der jene Kraft in Bewegung setzt. Die innern Erscheinungen gehen auf in dem Kreise, den die äußeren um uns bilden und den der Geist nur zu überfliegen vermag in dunklen geheimnisvollen Ahnungen, die sich nie zum deutlichen Bilde gestalten. Aber du, o mein Einsiedler! statuiertest keine Außenwelt, du sahst den versteckten Hebel nicht, die auf dein Inneres einwirkende Kraft; und wenn du mit grauenhaftem Scharfsinn behauptetest, daß es nur der Geist sei, der sehe, höre, fühle, der Tat und Begebenheit fasse, und daß also auch sich wirklich *das* begeben was er dafür anerkenne, so vergaßest du, daß die Außenwelt den in den Körper gebannten Geist zu jenen Funktionen der Wahrnehmung zwingt nach Willkür. Dein Leben, lieber Anachoret, war ein steter Traum, aus dem du in dem Jenseits gewiß nicht schmerzlich erwachtest. – Auch dieses Glas sei noch deinem Gedächtnis dargebracht."

„Findet ihr nicht", sprach nun Ottmar, „daß Lothar seine Miene ganz verändert hat? Dank sei es deinem wohlbereiteten Getränk, Theodor! das alles sauertöpfische Wesen gänzlich niedergekämpft hat."

„Schreibt nur nicht", nahm Lothar wieder das Wort, „mein erheitertes Wesen lediglich dem begeisternden Inhalt jener Vase zu, ihr wißt ja, daß die bessere Stimmung mir kommen muß, ehe ich ein Glas anrühre. Aber in der Tat, erst jetzt fühle ich mich wieder wohl und heimisch unter euch. Die seltsame Spannung, in der ich mich, zugestanden sei es, erst befand, ist vorüber, und da ich unserm Cyprian den wahnsinnigen Serapion verziehen nicht allein, sondern diesen auch in der Tat liebgewonnen habe, so mag auch dem Freunde Theodor sein fataler Krespel hingehen. Aber nun habe ich noch mancherlei zu reden mit euch! – Mich bedünkt, es sei nun ausgemacht, daß, wie schon vorhin Theodor erwähnte, wir alle voneinander glauben, es sei etwas an uns daran, und jeder es wert hält mit dem andern die alte Verbindung zu erneuern. Aber das Gewühl der großen Stadt, die Entfernung unserer Wohnungen, unser verschiedenartiges Geschäft wird uns auseinandertreiben. Bestimmen wir daher heute Tag, Stunde und Ort wo wir uns wöchentlich zusammenfinden wollen. Noch mehr! – Es kann nicht fehlen, daß wir, einer dem andern nach alter Weise manches poetische Produktlein, das wir unter dem Herzen getragen mitteilen werden. Laßt uns nun dabei des Einsiedlers Serapion eingedenk sein! – Jeder prüfe wohl, ob er auch wirklich das geschaut, was er zu verkünden unternommen, ehe er es wagt laut damit zu werden. Wenigstens strebe jeder recht ernstlich darnach, das Bild, das ihm im Innern aufgegangen recht zu erfassen mit allen seinen Gestalten, Farben, Lichtern und Schatten, und dann, wenn er sich recht entzündet davon fühlt, die Darstellung ins äußere Leben [zu] tragen. So muß unser Verein auf tüchtige Grundpfeiler gestützt dauern und für jeden von uns allen sich gar erquicklich gestalten. Der Einsiedler Serapion sei unser Schutzpatron, er lasse seine Sehergabe über uns walten, seiner Regel wollen wir folgen, als getreue Serapions-Brüder!" –

„Ist denn", sprach Cyprian, „ist denn unser Lothar nicht der verwunderlichste von allen verwunderlichen Menschen? – Erst ist *er* es allein der gegen Ottmars ganz vernünftigen Vorschlag, uns wöchentlich an einem bestimmten Tage zusammenzufinden, wütet und tobt, der ohne Ursache in das Kapitel von Klubs und Ressourcen gerät sich über Gebühr ereifernd und nun ist *er* es wieder, der die verworfenen Zusammenkünfte nicht allein nötig und ersprießlich findet, sondern auch schon an die Tendenz unsers Vereins denkt und an seine Regel!"

„Mag es sein", erwiderte Lothar, „daß ich mich erst gegen alles Förmliche oder nur Bestimmte unserer Zusammenkünfte auflehnte, es geschah in mißmütiger Stimmung die vorübergegangen. – Sollte denn bei uns poetischen Gemütern und gemütlichen Poeten jemals eine Art Philistrismus einbrechen können? – Einen gewissen Hang dazu tragen wir wohl in uns, streben wir nur wenigstens nach der sublimsten Sorte; ein kleiner Beischmack davon ist zuweilen nicht ganz übel! – Schweigen wir aber über alles Verfängliche unseres Vereins, das der Teufel schon von selbst hineintragen wird, bei guter Gelegenheit, und sprechen wir von dem Serapionischen Prinzip! Was haltet ihr davon?" –

Theodor, Ottmar und Cyprian waren darin einig, daß ohne alle weitere Abrede sich die literarische Tendenz von selbst bei ihren Zusammenkünften eingefunden haben würde und gaben sich das Wort der Regel des Einsiedlers Serapion, wie sie Lothar sehr richtig angegeben, nachzuleben, wie es nur in ihren Kräften stehe, welches dann, wie Theodor sehr richtig bemerkte, eben nichts weiter heißen wollte, als daß sie übereingekommen sich durchaus niemals mit schlechtem Machwerk zu quälen.

In voller Fröhlichkeit stießen sie die Gläser zusammen und umarmten sich als getreue Serapions-Brüder.

„Die Mitternachtsstunde", sprach nun Ottmar, „ist noch lange, lange nicht herangekommen und es wäre in der Tat ganz hübsch, wenn jemand von uns noch irgend etwas Heiteres auftischen wollte, um all das Trübe ja Grauenhafte das über uns kam, in den Hintergrund zurückzustellen. Eigentlich wär es Theodors Pflicht seinen versprochenen Übergang zur gesunden Vernunft zu vollenden."

„Ist es euch recht", sprach Theodor, „so gebe ich euch eine kleine Erzählung zum besten, die ich vor einiger Zeit aufschrieb und zu der mich ein Bild anregte. Sowie ich nämlich dieses Bild anschaute, wurde mir eine Bedeutung klar an die der Künstler gewiß nicht gedacht hatte, nicht hatte denken können, da Rückerinnerungen aus meinem früheren Leben auf seltsame Weise aufgingen und eben erst jene Bedeutung schufen."

„Ich hoffe", sprach Lothar, „daß kein Wahnsinniger auftritt, dessen ich nun heute ein für allemal überhoben sein will und daß sich deine Erzählung vor unserm Schutzpatron verantworten lassen wird."

„Für das erste stehe ich ein", erwiderte Theodor, „was aber das letzte betrifft, so muß ich es auf das Urteil meiner würdigen Serapions-Brüder ankommen lassen, die ich aber im voraus bitte nicht zu strenge zu sein, da mein Werklein nur auf die Bedingnisse eines leichten, luftigen, scherzhaften Gebildes basiert ist und keine höhere Ansprüche macht als für den Moment zu belustigen."

Die Freunde versprachen um so mehr Nachsicht, als die erst heute eingeführte Regel des Einsiedlers Serapion eigentlich nur auf künftige Produkte bezogen werden könne.

Theodor holte sein Manuskript hervor und begann in folgender Art:

DIE FERMATE

Hummels heitres lebenskräftiges Bild, die Gesellschaft in einer italienischen Lokanda, ist bekannt worden durch die Berliner Kunstausstellung im Herbst 1814, auf der es sich befand, Aug und Gemüt gar vieler erlustigend. – Eine üppig verwachsene Laube – ein mit Wein und Früchten besetzter Tisch – an demselben zwei italienische Frauen einander gegenübersitzend – die eine singt, die andere spielt Chitarra – zwischen beiden hinterwärts stehend ein Abbate, der den Musikdirektor macht. Mit aufgehobener Battuta paßt er auf den Moment, wenn Signora die Kadenz, in der sie mit himmelwärts gerichtetem Blick begriffen, endigen wird im langen Trillo, dann schlägt er nieder und die Chitarristin greift keck den Dominanten-Akkord. – Der Abbate ist voll Bewunderung – voll seligen Genusses – und dabei ängstlich gespannt. – Nicht um der Welt willen möchte er den richtigen Niederschlag verpassen. Kaum wagt er zu atmen. Jedem Bienchen, jedem Mücklein möchte er

Maul und Flügel verbinden, damit nichts sumse. Um so mehr ist ihm der geschäftige Wirt fatal, der den bestellten Wein gerade jetzt im wichtigsten höchsten Moment herbeiträgt. – Aussicht in einen Laubgang, den glänzende Streiflichter durchbrechen. – Dort hält ein Reiter, aus der Lokanda wird ihm ein frischer Trunk aufs Pferd gereicht. –

Vor diesem Bilde standen die beiden Freunde Eduard und Theodor. „Je mehr ich", sprach Eduard, „diese zwar etwas ältliche aber wahrhaft virtuosisch begeisterte Sängerin in ihren bunten Kleidern anschaue, je mehr ich mich an dem ernsten echt römischen Profil, an dem schönen Körperbau der Chitarrspielerin ergötze, je mehr mich der höchst vortreffliche Abbate belustigt, desto freier und stärker tritt mir das Ganze ins wirkliche rege Leben. – Es ist offenbar karikiert im höhern Sinn, aber voll Heiterkeit und Anmut! – Ich möchte nur gleich hineinsteigen in die Laube, und eine von den allerliebsten Korbflaschen öffnen, die mich dort vom Tische herab anlächeln. – Wahrhaftig, mir ist es, als spüre ich schon etwas von dem süßen Duft des edlen Weins. – Nein, diese Anregung darf nicht verhauchen in der kalten nüchternen Luft, die uns hier umweht. – Dem herrlichen Bilde, der Kunst, dem heitern Italia, wo hoch die Lebenslust aufglüht, zu Ehren, laß uns hingehen und eine Flasche italienischen Weins ausstechen." –

Theodor hatte, während Eduard dies in abgebrochenen Sätzen sprach, schweigend und tief in sich gekehrt dagestanden. „Ja, das laß uns tun!" fuhr er jetzt auf, wie aus einem Traum erwachend, aber kaum loskommen konnte er von dem Bilde, und als er, dem Freunde mechanisch folgend, sich schon an der Tür befand, warf er noch sehnsüchtige Blicke zurück, nach den Sängerinnen und nach dem Abbate. Eduards Vorschlag ließ sich leicht ausführen. Sie gingen quer über die Straße, und bald stand in dem blauen Stübchen bei Sala Tarone eine Korbflasche, ganz denen in der Weinlaube ähnlich, vor ihnen. „Es scheint mir aber", sprach Eduard, nachdem schon einige Gläser geleert waren, und Theodor noch immer still und in sich gekehrt blieb, „es scheint mir aber, als habe dich das Bild auf ganz besondere und gar nicht so lustige Weise angeregt, als mich?" „Ich kann versichern", erwiderte Theodor, „daß auch ich alles Heitere und Anmutige des lebendigen Bildes in vollem Maße genossen, aber ganz wunderbar ist es doch, daß das Bild getreu eine Szene aus meinem Leben mit völliger Porträtähnlichkeit der handelnden Personen darstellt. Du wirst mir aber zugestehen, daß auch heitere Erinnerungen dann den Geist gar seltsam zu erschüttern vermögen, wenn sie auf solche ganz unerwartete ungewöhnliche Weise plötzlich wie durch einen Zauberschlag geweckt, hervorspringen. Dies ist jetzt mein Fall." „Aus deinem Leben", fiel Eduard ganz verwundert ein, „eine Szene aus deinem Leben soll das Bild darstellen? Für gut getroffene Porträts habe ich die Sängerinnen und den Abbate gleich gehalten, aber daß sie dir im Leben vorgekommen sein sollten? Nun so erzähle nur gleich wie das alles zusammenhängt, wir bleiben allein, niemand kommt um diese Zeit her." „Ich möchte das wohl tun", sprach Theodor, „aber leider muß ich sehr weit ausholen – von meiner Jugendzeit her." „Erzähle nur getrost", erwiderte Eduard, „ich weiß so noch nicht viel von deinen Jugendjahren. Dauert es lange, so folgt nichts Schlimmeres daraus, als daß wir eine Flasche mehr ausstechen, als wir uns vorgenommen; das nimmt aber kein Mensch übel, weder wir, noch Herr Tarone."

„Daß ich nun endlich", fing Theodor an, „alles andere beiseite geworfen und mich der edlen Musica ganz und gar ergeben, darüber wundere sich niemand, denn schon als Knabe mochte ich ja kaum was anderes treiben, und klimperte Tag und Nacht auf meines Onkels altem, knarrenden, schwirrenden Flügel. Es war an dem kleinen Orte recht schlecht bestellt um die Musik, niemanden gab es, der mich hätte unterrichten können, als einen alten eigensinnigen Organisten, der war aber ein toter Rechenmeister und quälte mich sehr mit finstern übelklingenden Tokkaten und Fugen. Ohne mich dadurch abschrecken zu lassen, hielt ich treulich aus. Manchmal schalt der Alte gar ärgerlich, aber er durfte nur wieder einmal einen wackern Satz in seiner starken Manier spielen, und versöhnt war ich mit ihm und der Kunst. Ganz wunderbar wurde mir dann oft zumute, mancher Satz vorzüglich von dem alten Sebastian Bach glich beinahe einer geisterhaften graulichen Erzählung und mich erfaßten die Schauer, denen man sich so gern hingibt in der fantastischen Jugendzeit. Ein ganzes Eden erschloß sich mir aber, wenn, wie es im Winter zu geschehen pflegte, der Stadtpfeifer mit seinen Gesellen, unterstützt von ein paar schwächlichen Dilettanten, ein Konzert gab und ich in der Symphonie die Pauken schlug, welches mir vergönnt wurde wegen meines richtigen Takts. Wie lächerlich und toll diese Konzerte oft waren, habe ich erst später eingesehen. Gewöhnlich spielte mein Lehrer zwei Flügelkonzerte von Wolf oder Emanuel Bach, ein

Kunstpfeifergesell quälte sich mit Stamitz, und der Akziseeinnehmer blies auf der Flöte gewaltig und übernahm sich im Atem so, daß er beide Lichter am Pult ausblies, die immer wieder angezündet werden mußten. An Gesang war nicht zu denken, das tadelte mein Onkel, ein großer Freund und Verehrer der Tonkunst, sehr. Er gedachte noch mit Entzücken der älteren Zeit, als die vier Kantoren der vier Kirchen des Orts sich verbanden zur Aufführung von Lottchen am Hofe, im Konzertsaal. Vorzüglich pflegte er die Toleranz zu rühmen, womit die Sänger sich zum Kunstwerk vereinigt, da außer der katholischen und evangelischen noch die reformierte Gemeinde sich in zwei Zungen, der deutschen und französischen, spaltete; der französische Kantor ließ sich das Lottchen nicht nehmen, und trug, wie der Onkel versicherte, brillbewaffnet die Partie mit dem anmutigsten Falsett vor, der jemals aus einer menschlichen Kehle herauspfiff. Nun verzehrte aber bei uns (am Orte, mein ich) eine fünfundfunfzigjährige Demoiselle, namens Meibel, die karge Pension, welche sie als jubilierte Hofsängerin aus der Residenz erhielt, und mein Onkel meinte richtig, die Meibel könne für das Geld noch wirklich was weniges jubilieren im Konzerte. Sie tat vornehm, und ließ sich lange bitten, doch gab sie endlich nach, und so kam es im Konzerte auch zu Bravourarien. Es war eine wunderliche Person, diese Demoiselle Meibel. Ich habe die kleine hagere Gestalt noch lebhaft in Gedanken. Sehr feierlich und ernst pflegte sie mit ihrer Partie in der Hand in einem buntstoffnen Kleide vorzutreten, und mit einer sanften Beugung des Oberleibes die Versammlung zu begrüßen. Sie trug einen ganz sonderbaren Kopfputz, an dessen Vorderseite ein Strauß von italienischen Porzellanblumen befestigt war, der, indem sie sang, seltsam zitterte und nickte. Wenn sie geendigt und die Gesellschaft nicht wenig applaudiert hatte, gab sie ihre Partie mit stolzem Blick meinem Lehrer, dem es vergönnt war in die kleine Porzellandose zu greifen, die einen Mops vorstellte und die sie hervorgezogen, um daraus mit vieler Behaglichkeit Tabak zu nehmen. Sie hatte eine garstige quäkende Stimme, machte allerlei skurrile Schnörkel und Koloraturen und du kannst denken, wie dies, verbunden mit dem lächerlichen Eindruck ihrer äußeren Erscheinung auf mich wirken mußte. Mein Onkel ergoß sich in Lobeserhebungen, ich konnte das nicht begreifen und gab mich um so eher meinem Organisten hin, der, überhaupt ein Verächter des Gesanges, in seiner hypochondrischen boshaften

Laune die alte possierliche Demoiselle gar ergötzlich zu parodieren wußte.

Je lebhafter ich jene Verachtung des Gesanges mit meinem Lehrer teilte, desto höher schlug er mein musikalisches Genie an. Mit dem größesten Eifer unterrichtete er mich im Kontrapunkt und bald setzte ich die künstlichsten Fugen und Tokkaten. Eben solch ein künstliches Stück von meiner Arbeit spielte ich einst an meinem Geburtstage, (neunzehn Jahr war ich alt worden) dem Onkel vor, als der Kellner aus unserm vornehmsten Gasthause ins Zimmer trat, zwei ausländische eben gekommene Damen ankündigend. Noch ehe der Onkel den großgeblümten Schlafrock abwerfen und sich ankleiden konnte, traten die Gemeldeten schon hinein. – Du weißt, wie jede fremde Erscheinung auf den in kleinstädtischer Beengtheit Erzogenen elektrisch wirkt; – zumal diese, welche so unerwartet in mein Leben trat, war ganz dazu geeignet mich wie ein Zauberschlag zu treffen. Denke dir zwei schlanke hochgewachsene Italienerinnen, nach der letzten Mode fantastisch bunt gekleidet, recht virtuosisch keck und doch gar anmutig auf meinen Onkel zuschreitend und auf ihn hineinredend mit starker aber wohltönender Stimme. – Was sprechen sie denn für eine sonderbare Sprache? – nur zuweilen klingt es beinahe wie deutsch! – Der Onkel versteht kein Wort – verlegen zurücktretend – ganz verstummt zeigt er nach dem Sofa. Sie nehmen Platz – sie reden untereinander, das tönt wie lauter Musik. – Endlich verständigen sie sich dem Onkel, es sind reisende Sängerinnen, sie wollen Konzert geben am Orte und wenden sich an ihn, der solche musikalische Operationen einzuleiten vermag.

Wie sie miteinander sprachen, hatte ich ihre Vornamen herausgehorcht und es war mir, als könne ich, da zuvor mich die Doppelerscheinung verwirrt, jetzt besser und deutlicher jede einzeln erfassen. Lauretta, anscheinend die ältere, mit strahlenden Augen umherblitzend, sprach mit überwallender Lebhaftigkeit und heftiger Gestikulation auf den ganz verlegenen Onkel hinein. Nicht eben zu groß, war sie üppig gebaut und mein Auge verlor sich in manchen mir noch fremden Reizen. Teresina, größer, schlanker, länglichen ernsten Gesichts, sprach nur wenig, indessen verständlicher dazwischen. Dann und wann lächelte sie ganz seltsam, es war beinahe als ergötze sie sehr der gute Onkel, der sich in seinen seidenen Schlafrock wie in ein Gehäuse einzog, und vergebens suchte ein verräterisches gelbes Band zu verstecken, womit die Nachtjacke zugebunden und das immer wieder ellenlang aus dem Busen hervorwedelte. Endlich standen sie auf, der Onkel versprach für den dritten Tag das Konzert anzuordnen und wurde samt mir, den er als einen jungen Virtuosen vorgestellt, höflichst auf Nachmittag zur *Ciocolata* von den Schwestern eingeladen. Wir stiegen ganz feierlich und schwer die Treppen hinan, es war uns beiden ganz seltsam zumute, als sollten wir irgendein Abenteuer bestehen, dem wir nicht gewachsen. Nachdem der Onkel gehörig dazu vorbereitet, über die Kunst viel Schönes gesprochen, welches niemand verstand, weder er noch wir andern, nachdem ich mit der brühheißen Schokolade mir zweimal die Zunge versengt, aber ein Scävola an stoischem Gleichmut, gelächelt hatte zum wütenden Schmerz, sagte Lauretta, sie wolle uns etwas vorsingen. Teresina nahm die Chitarra, stimmte und griff einige volle Akkorde. Nie hatte ich das Instrument gehört, ganz wunderbar erfaßte mich tief im Innersten der dumpfe geheimnisvolle Klang, in dem die Saiten erbebten. Ganz leise fing Lauretta den Ton an, den sie aushielt bis zum Fortissimo und dann schnell losbrach in eine kecke krause Figur durch anderthalb Oktaven. Noch weiß ich die Worte des Anfangs: ‚*Sento l'amica speme.*' – Mir schnürte es die Brust zusammen, nie hatte ich das geahnet. Aber so wie Lauretta immer kühner und freier des Gesanges Schwingen regte, wie immer feuriger funkelnd der Töne Strahlen mich umfingen, da ward meine innere Musik, so lange tot und starr, entzündet und schlug empor in mächtigen herrlichen Flammen. Ach! – ich hatte ja zum erstenmal in meinem Leben Musik gehört. – Nun sangen beide Schwestern jene ernste tief gehaltene Duetten vom Abbate Steffani. Teresinas volltönender himmlisch reiner Alt drang mir durch die Seele. Nicht zurückhalten konnte ich meine innere Bewegung, mir stürzten die Tränen aus den Augen. Der Onkel räusperte sich, mir mißfällige Blicke zuwerfend, das half nichts, ich war wirklich ganz außer mir. Den Sängerinnen schien das zu gefallen, sie erkundigten sich nach meinen musikalischen Studien, ich schämte mich meines musikalischen Treibens und mit der Dreistigkeit, die die Begeisterung mir gegeben, erklärte ich geradezu heraus: erst heute hätte ich Musik gehört! ‚*Il bon fanciullo*', lispelte Lauretta recht süß und lieblich. Als ich nach Hause gekommen, befiel mich eine Art von Wut, ich ergriff alle Tokkaten und Fugen, die ich zusammengedrechselt, ja sogar fünfundvierzig Variationen über ein kanonisches Thema, die der Organist komponiert und mir verehrt in sauberer Abschrift, warf alles ins Feuer und lachte recht hämisch als der doppelte Kontrapunkt so dampfte und knisterte. Nun setzte ich mich ans Instrument und versuchte erst die Töne der Chitarra nachzuahmen, dann, die Melodien der Schwestern nachzuspielen, ja endlich nachzusingen. ‚Man quäcke nicht so schrecklich und lege sich fein aufs Ohr', rief um Mitternacht endlich der Onkel, löschte mir beide Lichter aus und kehrte in sein Schlafzimmer zurück, aus dem er hervorgetreten. Ich mußte gehorchen. Der Traum brachte mir das Geheimnis des Gesanges – so glaubte ich – denn ich sang vortrefflich ‚*sento l'amica speme*'. – Den andern Morgen hatte der Onkel alles was nur geigen und pfeifen konnte zur Probe bestellt. Stolz wollte er zeigen, wie herrlich unsere Musik beschaffen, es lief indessen höchst unglücklich ab. Lauretta legte eine große Szene auf, aber gleich im Rezitativ tobten sie alle durcheinander, keiner hatte eine Idee vom Akkompagnieren. Lauretta schrie – wütete – weinte vor Zorn und Ungeduld. Der Organist saß am Flügel, über den fiel sie her mit den bittersten Vorwürfen. Er stand auf und ging in stummer Verstocktheit zur Türe hinaus. Der Stadtpfeifer, dem Lauretta ein: ‚*Asino maledetto*', an den Kopf geworfen, hatte die Violine unter den Arm genommen und den Hut trotzig auf den Kopf geworfen. Er bewegte sich ebenfalls nach der Türe, die Gesellen, Bogen in die Saiten gesteckt, Mundstücke abgeschraubt, folgten. Bloß die Dilettanten schauten umher mit weinerlichen Blicken und der Akziseinnehmer rief tragisch: ‚O Gott wie alteriert mich das!' – Alle meine Schüchternheit hatte mich verlassen, ich warf mich dem Stadtpfeifer in den Weg, ich bat, ich flehte, ich versprach ihm in der Angst sechs neue Menuetts mit doppeltem Trio für den Stadtball. – Es gelang mir ihn zu besänftigen. Er kehrte zurück zum Pulte, die Gesellen traten heran, bald war das Orchester hergestellt, nur der Organist fehlte. Langsam wandelte er über den Markt, kein Winken, kein Zurufen lenkte seine Schritte zurück. Teresina hatte alles mit verbissenem Lachen angesehen, Lauretta, so zornig sie erst gewesen, so heiter war sie jetzt. Sie lobte über Gebühr meine Bemühungen, sie fragte mich, ob ich den Flügel spiele und ehe ich mir's versah, saß ich an des Organisten Stelle vor der Partitur. Noch nie hatte ich den Gesang begleitet oder gar ein Orchester dirigiert. Teresina setzte sich mir zur Seite an den Flügel und gab mir jedes Tempo an, ich bekam ein aufmunterndes Bravo nach dem andern von Lauretta, das Orchester fügte sich, es ging immer besser. In der zweiten Probe wurde alles klar und die Wirkung des Gesanges der Schwestern im Konzerte war unbeschreiblich. Es sollten in der Residenz bei der Rückkunft des Fürsten viele Feierlichkeiten stattfinden, die Schwestern waren hinüberberufen um auf dem Theater und im Konzert zu singen; bis zur Zeit, wenn ihre Gegenwart notwendig, hatten sie sich entschlossen in unserm Städtchen zu verweilen und so kam es denn, daß sie noch ein paar Konzerte gaben. Die Bewunderung des Publikums ging über in eine Art Wahnsinn. Nur die alte Meibel nahm bedächtig eine Prise aus dem Porzellan-Mops und meinte: solch impertinentes Geschrei sei kein Gesang, man müsse hübsch *duse* singen. Mein Organist ließ sich gar nicht mehr sehen und ich vermißte ihn auch nicht. Ich war der glückseligste Mensch auf Erden! – Den ganzen Tag saß ich bei den Schwestern, akkompagnierte und schrieb die Stimmen aus den Partituren zum Gebrauch in der Residenz. Lauretta war mein Ideal, alle bösen Launen, die entsetzlich aufbrausende Heftigkeit – die virtuosische Quälerei am Flügel – alles ertrug ich mit Geduld! – Sie, nur sie hatte mir ja die wahre Musik erschlossen. Ich fing an, das Italienische zu studieren und mich in Kanzonetten zu versuchen. Wie schwebte ich im höchsten Himmel, wenn Lauretta meine Komposition sang und sie gar lobte! Oft war es mir, als habe ich das gar nicht gedacht und gesetzt, sondern in Laurettas Gesange strahle erst der Gedanke hervor. An Teresina konnte ich mich nicht recht gewöhnen, sie sang nur selten, schien nicht viel auf mein ganzes Treiben zu geben und zuweilen war es mir sogar, als lache sie mich hinterrücks aus. Endlich kam die Zeit der Abreise heran. Nun erst fühlte ich, was mir Lauretta geworden und die Unmöglichkeit mich von ihr zu trennen. Oft, wenn sie recht *smorfiosa* gewesen, liebkoste sie mich, wiewohl auf ganz unverfängliche Weise, aber mein Blut kochte auf und nur die seltsame Kälte, die sie mir entgegenzusetzen wußte, hielt mich ab, hell auflodernd in toller Liebeswut sie in meine Arme zu fassen. – Ich hatte einen leidlichen Tenor, den ich zwar nie geübt, der sich aber jetzt schnell ausbildete. Häufig sang ich mit Lauretta jene zärtliche italienische *Duettini*, deren Zahl unendlich ist. Eben ein solches Duett sangen wir, die Abreise war nahe – ‚*senza di te ben mio, vivere non poss'io*' – Wer vermochte das zu ertragen! – Ich stürzte zu Laurettas Füßen – ich war in Verzweiflung! Sie hob mich auf, ‚aber mein Freund! dürfen wir uns denn trennen?' – Ich horchte voll Erstaunen hoch auf. Sie schlug mir vor, mit ihr und Teresina nach der Residenz zu gehen, denn aus dem Städtchen heraus müßte ich doch einmal, wenn ich mich der Musik ganz widmen wolle. Denke dir einen, der in den schwärzesten bodenlosen Abgrund stürzt, er verzweifelt am Leben, aber in dem Augenblick, wo er den Schlag, der ihn zerschmettert, zu empfinden glaubt, sitzt er in einer herrlichen hellen Rosenlaube und hundert bunte Lichterchen umhüpfen ihn und rufen: ‚Liebster bis dato leben Sie noch!' – So war mir jetzt zumute. Mit nach der Residenz! das stand fest in meiner Seele! – Nicht ermüden will ich dich damit, wie ich es anfing dem Onkel zu beweisen, daß ich nun durchaus nach der ohnehin nicht sehr entfernten Residenz müßte. Er gab endlich nach, versprach sogar mitzureisen. Welch ein Strich durch die Rechnung! – Meine Absicht mit den Sängerinnen zu reisen, durfte ich ja nicht laut werden lassen. Ein tüchtiger Katarrh, der den Onkel befiel, rettete mich. Mit der Post fuhr ich von dannen, aber nur bis auf die nächste Station, wo ich blieb um meine Göttin zu erwarten. Ein wohlgespickter Beutel setzte mich in den Stand alles gehörig vorzubereiten. Recht romantisch wollte ich die Damen wie ein beschützender Paladin zu Pferde begleiten; ich wußte mir einen nicht besonders schönen, aber nach der Versicherung des Verkäufers geduldigen Gaul zu verschaffen und ritt zur bestimmten Zeit den Sängerinnen entgegen. Bald kam der kleine zweisitzige Wagen langsam heran. Den Hintersitz hatten die Schwestern eingenommen, auf dem kleinen Rücksitz saß ihr Kammermädchen, die kleine dicke Gianna, eine braune Neapolitanerin. Außerdem war noch der Wagen mit allerlei Kisten, Schachteln und Körben, von denen reisende Damen sich nie trennen, vollgepackt. Von Giannas Schoße bellten mir zwei kleine Möpse entgegen, als ich froh die Erwarteten begrüßte. Alles ging glücklich vonstatten, wir waren schon auf der letzten Station, da hatte mein Pferd den besondern Einfall nach der Heimat zurückkehren zu wollen. Das Bewußtsein, in dergleichen Fällen nicht mit sonderlichem Erfolg Strenge brauchen zu können, riet mir alle nur mögliche sanfte Mittel zu versuchen, aber der starrsinnige Gaul blieb ungerührt bei meinem freundlichen Zureden. Ich wollte vorwärts, er rückwärts, alles was ich mit Mühe über ihn erhielt, war, daß, statt rückwärts auszureißen, er sich nur im Kreise drehte. Teresina bog sich zum Wagen heraus und lachte sehr, während Lauretta beide Hände vor dem Gesicht, laut aufschrie, als sei ich in größter Lebensgefahr. Das gab mir den Mut der Verzweiflung, ich drückte beide Sporn dem Gaul in die Rippen, lag aber auch in demselben Augenblick unsanft hinabgeschleudert auf dem Boden. Das Pferd blieb ruhig stehen, und schaute mich mit lang vorgerecktem Halse ordentlich verhöhnend an. Ich vermochte nicht aufzustehen, der Kutscher eilte mir zu helfen, Lauretta war herausgesprungen und weinte und schrie, Teresina lachte unaufhörlich. Ich hatte mir den Fuß verstaucht und konnte nicht wieder aufs Pferd. Wie sollte ich fort? Das Pferd wurde an den Wagen gebunden, in den ich hineinkriechen mußte. Denke dir zwei ziemlich robuste Frauenzimmer, eine dicke Magd, zwei Möpse, ein Dutzend Kisten, Schachteln und Körbe und nun noch mich dazu in einen kleinen zweisitzigen Wagen zusammengepackt – denke dir Laurettas Jammern über den unbequemen Sitz – das Heulen der Möpse – das Geschnatter der Neapolitanerin – Teresinas Schmollen – meinen unsäglichen Schmerz am Fuße, und du wirst das Anmutige meiner Lage ganz empfinden. Teresina konnte es, wie sie sagte, nicht länger aushalten. Man hielt, mit einem Satz war sie aus dem Wagen heraus. Sie band mein Pferd los, setzte sich quer über den Sattel und trabte und kurbettierte vor uns her. Gestehen mußte ich, daß sie sich gar herrlich ausnahm. Die ihr in Gang und Stellung eigene Hoheit und Grazie zeigte sich noch mehr auf dem Pferde. Sie ließ sich die Chitarra hinausreichen und, die Zügel um den Arm geschlungen, sang sie stolze spanische Romanzen, volle Akkorde dazu greifend. Ihr helles seidenes Kleid flatterte, im schimmernden Faltenwurf spielend, und wie in den Tönen kosende Luftgeister, nickten und wehten die weißen Federn auf ihrem Hute. Die ganze Erscheinung war hochromantisch, ich konnte kein Auge von Teresina wenden, unerachtet Lauretta sie eine fantastische Närrin schalt, der die Keckheit übel bekommen würde. Es ging aber glücklich, das Pferd hatte allen Starrsinn verloren oder es war ihm die Sängerin lieber als der Paladin, kurz – erst vor den Toren der Residenz, kroch Teresina wieder ins Wagengehäuse hinein.

Sieh mich jetzt in Konzerten und Opern, sieh mich in aller möglichen Musik schwelgen – sieh mich als fleißigen Correpetitore am Flügel, Arien, Duetten, und was weiß ich sonst einstudieren. Du merkst es dem ganz veränderten Wesen an, daß ein wunderbarer Geist mich durchdringt. Alle kleinstädtische Scheu ist abgeworfen, wie ein Maestro sitze ich am Flügel vor der Partitur, die Szenen meiner Donna dirigierend. – Mein ganzer Sinn – meine Gedanken sind süße Melodie. – Ich schreibe unbekümmert um kontrapunktische Künste, allerlei Kanzonetten und Arien, die Lauretta singt, wiewohl nur im Zimmer. – Warum will sie nie etwas von mir im Konzert singen? – Ich begreife es nicht! – Aber Teresina erscheint mir zuweilen auf stolzem Roß mit der Lyra, wie die Kunst selbst in kühner Romantik – unwillkürlich schreib ich manch hohes ernstes Lied! – Es ist wahr, Lauretta spielt mit den Tönen wie eine launische Feenkönigin. Was darf sie wagen, das ihr nicht glücke? Teresina bringt keine Roulade heraus – ein simpler Vorschlag, ein Mordent höchstens, aber ihr langgehaltener Ton leuchtet durch finstern Nachtgrund und wunderbare Geister werden wach und schauen mit ernsten Augen tief hinein in die Brust. – Ich weiß nicht, wie ich so lange dafür verschlossen sein konnte. –

Das den Schwestern bewilligte Benefiz-Konzert war herangekommen, Lauretta sang mit mir eine lange Szene von Anfossi. Ich saß wie gewöhnlich am Flügel. Die letzte Fermate trat ein. Lauretta bot alle ihre Kunst auf, Nachtigalltöne wirbelten auf und ab – aushaltende Noten – dann bunte krause Rouladen, ein ganzes Solfeggio! In der Tat schien mir das Ding diesmal beinahe zu lang, ich fühlte einen leisen Hauch; Teresina stand hinter mir. In demselben Augenblick holte Lauretta aus, zum anschwellenden Harmonika-Triller, mit ihm wollte sie in das *a tempo* hinein. Der Satan regierte mich, nieder schlug ich mit beiden Händen den Akkord, das Orchester folgte, geschehen war es um Laurettas Triller, um den höchsten Moment der alles in Staunen setzen sollte. Lauretta, mit wütenden Blikken mich durchbohrend, riß die Partie zusammen, warf sie mir an den Kopf, daß die Stücke um mich her flogen und rannte wie rasend durch das Orchester in das Nebengemach. Sowie das *Tutti* geschlossen, eilte ich nach. Sie weinte, sie tobte. ‚Mir aus den Augen Frevler', schrie sie mir entgegen – ‚Teufel, der hämisch mich um alles gebracht – um meinen Ruhm, um meine Ehre – ach um meinen Trillo – Mir aus den Augen verruchter Sohn der Hölle!' – Sie fuhr auf mich los, ich entsprang durch die Türe. Während des Konzerts, das eben jemand vortrug, gelang es endlich Teresinen und dem Kapellmeister die Wütende so weit zu besänftigen, daß sie wieder vorzutreten sich entschloß; ich durfte aber nicht mehr an den Flügel. Im letzten Duett das die Schwestern sangen, brachte Lauretta noch wirklich den anschwellenden Harmonikatriller an, wurde über die Maßen beklatscht und geriet in die beste Stimmung. Ich konnte indessen die üble Behandlung, die ich in Gegenwart so vieler fremder Personen von Lauretta erduldet, nicht verwinden, und war fest entschlossen den andern Morgen nach meiner Vaterstadt zurückzureisen. Eben packte ich meine Sachen zusammen als Teresina in mein Stübchen trat. Mein Beginnen gewahrend rief sie voll Erstaunen: ‚Du willst uns verlassen?‘ ich erklärte, daß, nachdem ich solche Schmach von Lauretta erduldet, ich länger in ihrer Gesellschaft nicht bleiben könne. ‚Also die tolle Aufführung einer Närrin‘, sprach Teresina, ‚die sie schon herzlich bereut, treibt dich fort? Kannst du denn aber besser leben in deiner Kunst als bei uns? Nur auf dich kommt es ja an, durch dein Betragen Lauretta von ähnlichem Beginnen abzuhalten. Du bist zu nachgiebig, zu süß, zu sanft. Überhaupt schlägst du Laurettas Kunst zu hoch an. Sie hat keine üble Stimme und viel Umfang, das ist wahr, aber alle diese sonderbaren wirblichten Schnörkel, die ungemessenen Läufe, diese ewigen Triller, was sind sie anders, als blendende Kunststückchen, die so bewundert werden, wie die waghalsigen Sprünge des Seiltänzers? Kann denn so etwas tief in uns eindringen und das Herz rühren? Den Harmonika-Triller, den du verdorben, kann ich nun gar nicht leiden, es wird mir ängstlich und weh dabei. Und dann dies Hoch-hinauf-Klettern in die Region der drei Striche, ist das nicht ein erzwungenes Übersteigen der natürlichen Stimme, die doch nur allein wahrhaft rührend bleibt? Ich lobe mir die Mittel- und die tiefen Töne. Ein in das Herz dringender Laut, ein wahrhaftes *Portamento di voce* geht mir über alles. Keine unnütze Verzierung, ein fest und stark gehaltener Ton – ein bestimmter Ausdruck, der Seele und Gemüt erfaßt, das ist der wahre Gesang und so singe ich. Magst du Lauretta nicht mehr leiden, so denke an Teresina, die dich so gern hat, weil du nach deiner eigentlichen Art und Weise eben mein Maestro und Compositore werden wirst. – Nimm mir's nicht übel! Alle deine zierlichen Kanzonetten und Arien sind gar nichts wert gegen das einzige.‘ – Teresina sang mit ihrer sonoren vollen Stimme einen einfachen kirchenmäßigen Kanzone, den ich vor wenigen Tagen gesetzt. Nie hatte ich geahnt, daß das so klingen könnte. Die Töne drangen mit wunderbarer Gewalt in mich hinein, die Tränen standen mir in den Augen vor Lust und Entzücken, ich ergriff Teresinas Hand, ich drückte sie tausendmal an den Mund, ich schwur, mich niemals von ihr zu trennen. – Lauretta sah mein Verhältnis mit Teresina mit neidischem verbissenen Ärger an, indessen sie bedurfte meiner, denn trotz ihrer Kunst war sie nicht imstande, Neues ohne

Hülfe einzustudieren, sie las schlecht und war auch nicht taktfest. Teresina las alles vom Blatt, und daneben war ihr Taktgefühl ohnegleichen. Nie ließ Lauretta ihren Eigensinn und ihre Heftigkeit mehr aus als beim Akkompagnieren. Nie war ihr die Begleitung recht – sie behandelte das als ein notwendiges Übel – man sollte den Flügel gar nicht hören, immer *pianissimo* – immer nachgeben und nachgeben – jeder Takt anders, so wie es in ihrem Kopfe sich nun gerade gestaltet hatte im Moment. Jetzt setzte ich mich ihr mit festem Sinn entgegen, ich bekämpfte ihre Unarten, ich bewies ihr, daß ohne Energie keine Begleitung denkbar sei, daß Tragen des Gesanges sich merklich unterscheide von taktloser Zerflossenheit. Teresina unterstützte mich treulich. Ich komponierte nur Kirchensachen und gab alle Soli der tiefen Stimme. Auch Teresina hofmeisterte mich nicht wenig, ich ließ es mir gefallen, denn sie hatte mehr Kenntnis und (so glaubte ich) mehr Sinn für deutschen Ernst als Lauretta.

Wir durchzogen das südliche Deutschland. In einer kleinen Stadt trafen wir auf einen italienischen Tenor, der von Mailand nach Berlin wollte. Meine Damen waren entzückt über den Landsmann; er trennte sich nicht von ihnen, vorzüglich hielt er sich an Teresina, und zu meinem nicht geringen Ärger spielte ich eine ziemlich untergeordnete Rolle. Einst wollte ich mit einer Partitur unter dem Arm gerade ins Zimmer treten, als ich drinnen ein lebhaftes Gespräch zwischen meinen Damen und dem Tenor vernahm. Mein Name wurde genannt – ich stutzte, ich horchte. Das Italienische verstand ich jetzt so gut, daß mir kein Wort entging. Lauretta erzählte eben den tragischen Vorfall im Konzert, wie ich ihr durch unzeitiges Niederschlagen den Triller abgeschnitten. ‚*Asino tedesco*', rief der Tenor – es war mir zumute als müßte ich hinein, und den luftigen Theaterhelden zum Fenster hinauswerfen – ich hielt an mich. Lauretta sprach weiter, daß sie mich gleich fortjagen wollen, indessen sei sie durch mein flehentliches Bitten bewogen worden, mich noch ferner um sich zu dulden aus Mitleid, da ich bei ihr den Gesang studieren wollen. Teresina bestätigte dies zu meinem nicht geringen Erstaunen. ‚Es ist ein gutes Kind', fügte sie hinzu, ‚jetzt ist er in mich verliebt, und setzt alles für den Alt. Einiges Talent ist in ihm, aber er muß sich aus dem Steifen und Ungelenken herausarbeiten, das den Deutschen eigen. Ich hoffe mir aus ihm einen Compositore zu bilden, der mir, da wenig für den Alt geschrieben wird, einige tüchtige Sachen setzt, nachher lasse ich ihn laufen. Er ist mit seinem Liebeln und

Schmachten sehr langweilig, auch quält er mich zu sehr mit seinen leidigen Kompositionen die zur Zeit ganz erbärmlich sind.' ‚Wenigstens bin ich ihn jetzt los', fiel Lauretta ein, ‚was hat mich der Mensch verfolgt mit seinen Arien und Duetten, weißt du wohl noch Teresina?' – Nun fing Lauretta ein Duett an, das ich komponiert, und das sie sonst hoch gerühmt hatte. Teresina nahm die zweite Stimme auf und beide parodierten in Stimme und Vortrag mich auf das grausamste. Der Tenor lachte, daß es im Zimmer schallte, ein Eisstrom goß sich durch meine Glieder – mein Entschluß war gefaßt unwiderruflich. Leise schlich ich mich fort von der Tür in mein Zimmer zurück, dessen Fenster in die Seitenstraße gingen. Gegenüber war die Post gelegen, eben fuhr der Bamberger Postwagen vor, der gepackt werden sollte. Die Passagiere standen schon vor dem Torwege, doch hatte ich noch eine Stunde Zeit. Schnell raffte ich meine Sachen zusammen, bezahlte großmütig die ganze Rechnung im Gasthofe und eilte nach der Post. Als ich durch die breite Straße fuhr, sah ich meine Damen, die mit dem Tenor noch am Fenster standen, und sich auf den Schall des Posthorns herausbückten. Ich drückte mich zurück in den Hintergrund und dachte recht mit Lust an die tötende Wirkung des gallbittern Billetts, das ich für sie im Gasthofe zurückgelassen hatte." –

Mit vieler Behaglichkeit schlürfte Theodor die Neige des glühenden Eleatiko aus, die ihm Eduard eingeschenkt. „Der Teresina", sprach dieser, indem er eine neue Flasche öffnete und geschickt den oben schwimmenden Öltropfen wegschüttete, „der Teresina hätte ich solche Falschheit und Tücke nicht zugetraut. Das anmutige Bild, wie sie zu Pferde, das in zierlichen Kurbetten dahertanzt, spanische Romanzen singt, kommt mir nicht aus den Gedanken." „Das war ihr Kulminationspunkt", fiel Theodor ein. „Noch erinnere ich mich des seltsamen Eindrucks, den die Szene auf mich machte. Ich vergaß meine Schmerzen; Teresina kam mir in der Tat wie ein höheres Wesen vor. Daß solche Momente tief ins Leben greifen und urplötzlich manches eine Form gewinnt, die die Zeit nicht verdüstert, ist nur zu wahr. Ist mir jemals eine kecke Romanze gelungen, so trat gewiß in dem Augenblick des Schaffens Teresinas Bild recht klar und farbicht aus meinem Innern hervor."

„Doch", sprach Eduard, „laß uns auch die kunstreiche Lauretta nicht vergessen, und gleich, allen Groll beiseite gesetzt, auf das Wohl beider Schwestern anstoßen." – Es geschah! –

„Ach“, sprach Theodor: „wie wehen doch aus diesem Wein die holden Düfte Italiens mich an – wie glüht mir doch frisches Leben durch Nerven und Adern! – Ach warum mußte ich doch das herrliche Land so schnell wieder verlassen!“ „Aber“, fiel Eduard ein: „noch fand ich in allem was du erzähltest keinen Zusammenhang mit dem himmlischen Bilde und so, glaube ich, hast du noch mehr von den Schwestern zu sagen. Wohl merke ich, daß die Damen auf dem Bilde keine anderen sind als eben Lauretta und Teresina selbst.“ „So ist es in der Tat“, erwiderte Theodor: „und meine sehnsüchtigen Stoßseufzer nach dem herrlichen Lande leiten sehr gut das ein, was ich noch zu erzählen habe. Kurz vorher, als ich vor zwei Jahren Rom verlassen wollte, machte ich zu Pferde einen kleinen Abstecher. Vor einer Lokanda stand ein recht freundliches Mädchen und es fiel mir ein, wie behaglich es sein müsse, mir von dem niedlichen Kinde einen Trunk edlen Weins reichen zu lassen. Ich hielt vor der Haustüre in dem von glühenden Streiflichtern durchglänzten Laubgange. Mir schallten aus der Ferne Gesang und Chitarratöne entgegen – Ich horchte hoch auf, denn die beiden weiblichen Stimmen wirkten ganz sonderbar auf mich, seltsam gingen dunkle Erinnerungen in mir auf, die sich nicht gestalten wollten. Ich stieg vom Pferde und näherte mich langsam und auf jeden Ton lauschend der Weinlaube, aus der die Musik zu ertönen schien. Die zweite Stimme hatte geschwiegen. Die erste sang allein eine Kanzonetta. Je näher ich kam, desto mehr verlor sich das Bekannte, das mich erst so angeregt hatte. Die Sängerin war in einer bunten krausen Fermate begriffen. Das wirbelte auf und ab – auf und ab – endlich hielt sie einen langen Ton – aber nun brach eine weibliche Stimme plötzlich in tolles Zanken aus – Verwünschungen, Flüche, Schimpfreden! – Ein Mann protestiert, ein anderer lacht. – Eine zweite weibliche Stimme mischt sich in den Streit. Immer toller und toller braust der Zank mit aller italienischen *Rabbia!* – Endlich stehe ich dicht vor der Laube – ein Abbate stürzt heraus und rennt mich beinahe über den Haufen – er sieht sich nach mir um, ich erkenne meinen guten Signor Ludovico, meinen musikalischen Neuigkeitsträger aus Rom! – ‚Was um des Himmels willen‘, rufe ich – ‚Ah Signor Maestro! – Signor Maestro‘, schreit er: ‚retten Sie mich – schützen Sie mich vor dieser Wütenden – vor diesem Krokodil – diesem Tiger – dieser Hyäne – diesem Teufel von Mädchen. – Es ist wahr – es ist wahr – ich gab den Takt zu Anfossis Kanzonetta, und schlug zu unrechter Zeit mitten in der Fermate nieder – ich schnitt ihr den Trillo ab – aber warum sah ich ihr in die Augen, der satanischen Göttin! – Hole der Teufel alle Fermaten – alle Fermaten!' – In ganz besonderer Bewegung trat ich mit dem Abbate rasch in die Weinlaube und erkannte auf den ersten Blick die Schwestern, Lauretta und Teresina. Noch schrie und tobte Lauretta, noch sprach Teresina heftig in sie hinein – der Wirt, die nackten Arme übereinandergeschlagen, schaute lachend zu, während ein Mädchen den Tisch mit neuen Flaschen besetzte. Sowie mich die Sängerinnen erblickten stürzten sie über mich her. ‚Ah Signor Teodoro!' und überhäuften mich mit Liebkosungen. Aller Streit war vergessen. ‚Seht hier', sprach Lauretta zum Abbate: ‚seht hier einen Compositore graziös wie ein Italiener, stark wie ein Deutscher!' – Beide Schwestern, sich mit Heftigkeit ins Wort fallend, erzählten nun von den glücklichen Tagen unsers Beisammenseins, von meinen tiefen musikalischen Kenntnissen schon als Jüngling – von unsern Übungen – von der Vortrefflichkeit meiner Kompositionen – nie hätten sie etwas anderes singen mögen, als was ich gesetzt – Teresina verkündigte mir endlich, daß sie von einem Impresario zum nächsten Karneval als erste tragische Sängerin engagiert worden, sie wolle aber erklären, daß sie nur unter der Bedingung singen werde, wenn mir wenigstens die Komposition einer tragischen Oper übertragen würde. – Das Ernste Tragische sei doch nun einmal mein Fach u. s. w. Lauretta meinte dagegen: Schade sei es, wenn ich nicht meinem Hange zum Zierlichen, Anmutigen, kurz zur *Opera buffa* nachgeben wollte. Für diese sei sie als erste Sängerin engagiert, und daß niemand anders als ich die Oper, in der sie zu singen hätte, komponieren solle, verstehe sich von selbst. Du kannst denken mit welchen besonderen Gefühlen ich zwischen beiden stand. Übrigens siehst du, daß die Gesellschaft zu der ich trat, eben diejenige ist, welche Hummel malte und zwar in dem Moment, als der Abbate eben im Begriff ist in Laurettas Fermate hineinzuschlagen." „Aber dachten sie denn", sprach Eduard: „gar nicht an dein Scheiden, an das gallbittre Billet?" „Auch nicht mit einem Worte", erwiderte Theodor, „und ich ebensowenig, denn längst war aller Groll aus meiner Seele gewichen und mein Abenteuer mit den Schwestern mir spaßhaft geworden. Das einzige was ich mir erlaubte, war, dem Abbate zu erzählen, wie vor mehreren Jahren mir auch in einer Anfossischen Arie ein ganz gleicher Unfall begegnet, wie heute ihm. Ich drängte mein ganzes Beisammensein mit den Schwestern in die tragikomische Szene hinein, und ließ kräftige Seitenhiebe austeilend die Schwestern das Übergewicht fühlen, das die an mancher Lebens- und Kunsterfahrung reichen Jahre mir über sie gegeben hatten. ‚Und gut war es doch', schloß ich, ‚daß ich hineinschlug in die Fermate, denn das Ding war angelegt auf ewige Zeiten und ich glaube, ließ ich die Sängerin gewähren, so säß ich noch am Flügel.' ‚Doch! Signor', erwiderte der Abbate: ‚welcher Maestro darf sich anmaßen der Primadonna Gesetze zu geben, und dann war Ihr Vergehen viel größer als das meinige, im Konzertsaal, und hier in der Laube – eigentlich war ich nur Maestro in der Idee, niemand durfte was darauf geben – und hätte mich dieser himmlischen Augen süßer Feuerblick nicht betört, so wär ich nicht ein Esel gewesen.' Des Abbate letzte Worte waren heilbringend, denn Lauretta, deren Augen während der Abbate sprach, wieder zornig zu funkeln anfingen, wurde dadurch ganz besänftigt.

Wir blieben den Abend über beisammen. Vierzehn Jahre, so lange war es her als ich mich von den Schwestern trennte, ändern viel. Lauretta hatte ziemlich gealtert, indessen war sie noch jetzt nicht ohne Reiz. Teresina hatte sich besser erhalten und ihr schöner Wuchs nicht verloren. Beide gingen ziemlich bunt gekleidet, und ihr ganzer Anstand war wie sonst, also vierzehn Jahre jünger als sie selbst. Teresina sang auf meine Bitte einige der ernsten Lieder, die mich sonst tief ergriffen hatten, aber es war mir als hätten sie anders in meinem Innern widergeklungen und so war auch aus Laurettas Gesang, hatte ihre Stimme auch weder an Stärke und Höhe zu merklich verloren, ganz von dem verschieden, der als der ihrige in meinem Innern lebte. Schon dieses Aufdringen der Vergleichung einer innern Idee mit der nicht eben erfreulichen Wirklichkeit, mußte mich noch mehr verstimmen, als es das Betragen der Schwestern gegen mich, ihre erheuchelte Ekstase, ihre unzarte Bewunderung, die doch sich wie gnädige Protektion gestaltete, schon vorher getan hatte. – Der drollige Abbate, der mit aller nur erdenklichen Süßigkeit den Amoroso von beiden Schwestern machte, der gute Wein reichlich genossen, gaben mir endlich meinen Humor wieder, so daß der Abend recht froh in heller Gemütlichkeit verging. Auf das eifrigste luden mich die Schwestern zu sich ein, um gleich mit ihnen das Nötige über die Partien zu verabreden, die ich für sie setzen sollte. – Ich verließ Rom ohne sie weiter aufzusuchen." –

„Und doch", sprach Eduard: „hast du ihnen das Erwachen deines innern Gesanges zu verdanken." „Allerdings", erwiderte Theodor: „und eine Menge guter Melodien dazu, aber eben deshalb hätte ich sie nie wiedersehen sollen. Jeder Komponist erinnert sich wohl eines mächtigen Eindrucks, den die Zeit nicht vernichtet. Der im Ton lebende Geist sprach und das war das Schöpfungswort, welches urplötzlich den ihm verwandten im Innern ruhenden Geist weckte; mächtig strahlte er hervor und konnte nie mehr untergehen. Gewiß ist es, daß, so angeregt, alle Melodien die aus dem Innern hervorgehen, uns nur der Sängerin zu gehören scheinen, die den ersten Funken in uns warf. Wir hören sie und schreiben es nur auf, was sie gesungen. Es ist aber das Erbteil von uns Schwachen, daß wir, an der Erdscholle klebend, so gern das Überirdische hinabziehen wollen in die irdische ärmliche Beengtheit. So wird die Sängerin unsere Geliebte – wohl gar unsere Frau! – Der Zauber ist vernichtet und die innere Melodie, sonst Herrliches verkündend, wird zur Klage über eine zerbrochene Suppenschüssel oder einen Tintenfleck in neuer Wäsche. – Glücklich ist der Komponist zu preisen, der niemals mehr im irdischen Leben *die* wiederschaut, die mit geheimnisvoller Kraft seine innere Musik zu entzünden wußte. Mag der Jüngling sich heftig bewegen in Liebesqual und Verzweiflung, wenn die holde Zauberin von ihm geschieden, ihre Gestalt wird ein himmelherrlicher Ton und der lebt fort in ewiger Jugendfülle und Schönheit und aus ihm werden die Melodien geboren, die nur sie und wieder sie sind. Was ist sie denn nun aber anders als das höchste Ideal, das aus dem Innern heraus sich in der äußern fremden Gestalt spiegelte."

„Sonderbar aber ziemlich plausibel", sagte Eduard, als die Freunde Arm in Arm aus dem Taronischen Laden hinausschritten ins Freie.

Die Freunde stimmten darin überein, daß wenn auch Theodors Erzählung nicht im eigentlichsten Sinn wie er einmal angenommen, serapiontisch zu nennen, da er Bild und Gestalten die er beschrieben, wohl auch mit leiblichen Augen geschaut, ihr doch eine gewisse frohe und freie Gemütlichkeit nicht abzusprechen und sie daher des Serapion-Klubs nicht ganz unwürdig zu nennen sei. „Du hast", sprach Ottmar, „du hast mein lieber Freund Theodor! mir durch deine Erzählung deine Bestrebungen in der herrlichen Kunst der Musik recht vor Augen gebracht. Ein jeder von uns trachtete dich hin zu verlocken in ein anderes Gebiet. Während Lothar nur Instrumentalsachen von dir hören wollte, bestand ich auf komische Opern und während Cyprian in, wie er jetzt eingestehen wird, gänzlich form- und regellosen Gedichten die du komponieren solltest, dir das Unerhörte zutraute, gefielst du dich nur in ernster Kirchenmusik. So wie die Sachen nun einmal stehen, möchte doch wohl die ernste tragische Oper die höchste Stufe sein die zu ersteigen der Komponist streben muß, und es ist mir unbegreiflich, daß du nicht schon längst ein solches Werk unternommen und etwas Tüchtiges geleistet hast."

„Wer anders", erwiderte Theodor, „wer anders ist denn schuld an meiner Säumnis als du Ottmar ebenso wie Cyprian und Lothar? Hat sich wohl einer von euch entschließen können mir eine Oper zu schreiben alles Bittens, Flehens, Andringens unerachtet?"

„Wunderlicher Mensch", sprach Cyprian, „hab ich nicht genug mit dir über Operntexte gesprochen, verwarfst du nicht die sublimsten Ideen als gänzlich unausführbar? – Verlangtest du nicht zuletzt sonderbarerweise, daß ich förmlich Musik studieren solle um deine Bedürfnisse verstehen und sie befriedigen zu können? – Da mußte mir ja wohl alle Lust zur Poesie der Art vergehen, als du, von dem ich das nimmermehr geglaubt, zeigtest, daß du ebensogut wie alle handwerksmäßige Komponisten, Kapellmeister und Musikdirektoren an der hergebrachten Form klebst und davon auf keine Weise abweichen willst."

„Was aber", nahm Lothar das Wort „was aber gar nicht zu erklären ist. – Sagt, warum in aller Welt schreibt sich Theodor, der des Wortes, des poetischen Ausdrucks mächtig ist, nicht selbst eine Oper? – Warum mutet er uns zu daß wir Musiker werden sollen und unser dichterisches Talent verschwenden nur um ein Ding zu schaffen, dem *er* erst Leben und Regung gibt? Kennt er nicht am besten sein Bedürfnis? – Liegt es nicht bloß an der Imbezillität der mehrsten Komponisten, an ihrer einseitigen Ausbildung, daß sie anderer Hülfe bedürfen zu ihrem Werk? – Ist denn nicht vollkommene Einheit des Textes aus der Musik nur denkbar wenn Dichter und Komponist eine und dieselbe Person ist?"

„Das klingt", sprach Theodor, „das klingt alles ganz erstaunlich plausibel und ist doch so ganz und gar nicht wahr. Es ist, wie ich behaupte unmöglich, daß irgeneiner allein ein Werk schaffe gleich vortrefflich in Wort und Ton."

„Das", fuhr Lothar fort, „das lieber Theodor, bildest du dir nur ein, entweder wegen unbilliger Mutlosigkeit oder wegen – angeborner Faulheit. Der Gedanke, dich erst durch die Verse durcharbeiten zu müssen um zu den Tönen zu gelangen, ist dir so fatal, daß du dich gar nicht darauf einlassen magst, unerachtet ich doch glaube daß dem begeisterten Dichter und Komponisten Ton und Wort in *einem* Moment zuströmt."

„Ganz gewiß", riefen Cyprian und Ottmar.

„Ihr treibt mich in die Enge", sprach Theodor, „erlaubt, daß ich statt aller Widerlegung euch ein Gespräch zweier Freunde über die Bedingnisse der Oper vorlese, das ich vor mehreren Jahren aufschrieb. – Die verhängnisvolle Zeit, die wir erlebt war damals im Beginnen. Ich glaubte meine Existenz in der Kunst gefährdet, ja vernichtet, und mich überfiel eine Mutlosigkeit, die auch wohl in körperlichem Kränkeln ihren Grund haben mochte. – Ich schuf mir damals einen serapiontischen Freund der statt des Kiels das Schwert ergriffen. *Er* richtete mich auf in meinem Schmerz, er stieß mich hinein in das bunteste Gewühl der großen Ereignisse und Taten jener glorreichen Zeit."

Ohne weiteres begann Theodor:

DER DICHTER UND DER KOMPONIST

Der Feind war vor den Toren, das Geschütz donnerte ringsumher, und feuersprühende Granaten durchschnitten zischend die Luft. Die Bürger rannten mit von Angst gebleichten Gesichtern in ihre Wohnungen, und die öden Straßen erhallten von dem Pferdegetrappel der Reiterpatrouillen, die dahersprengten, und fluchend die zurückgebliebenen Soldaten in die Schanzen trieben. Nur Ludwig saß in seinem Hinterstübchen, ganz vertieft und versunken in die herrliche, bunte, fantastische Welt, die ihm vor dem Flügel aufgegangen; er hatte soeben eine Symphonie vollendet, in der er alles das, was in seinem Innersten erklungen, in sichtbarlichen Noten festzuhalten gestrebt, und es sollte das Werk, wie Beethovens Kompositionen der Art, in göttlicher Sprache von den herrlichen Wundern des fernen, romantischen Landes reden, in dem wir in unaussprechlicher

Sehnsucht untergehend leben; ja es sollte selbst, wie eines jener Wunder, in das beengte dürftige Leben treten, und mit holden Sirenenstimmen die sich willig Hingebenden hinauslocken. Da trat die Wirtin ins Zimmer, scheltend, wie er in dieser allgemeinen Angst und Not nur auf dem Flügel spielen könne, und ob er sich denn in seinem Dachstübchen totschießen lassen wolle. Ludwig begriff die Frau eigentlich nicht, bis in dem Augenblick eine daherbrausende Granate ein Stück des Dachs wegriß, und die Fensterscheiben klirrend hineinwarf; da rannte die Wirtin schreiend und jammernd die Treppe hinab, und Ludwig eilte, sein Liebstes, was er nun besaß, nämlich die Partitur der Symphonie, unter dem Arm tragend, ihr nach in den Keller. Hier war die ganze Hausgenossenschaft versammelt. In einem Anfall von Liberalität, die ihm sonst gar nicht eigen, hatte der im untern Stock wohnende Weinwirt ein paar Dutzend Flaschen seines besten Weins preisgegeben, die Frauen brachten, unter Zittern und Zagen, doch, wie immer auf des Leibes Nahrung und Notdurft sorglich bedacht, manches köstliche Stück aus ihrem Küchenvorrat im zierlichen Strickkörbchen herbei; man aß, man trank – man ging aus dem durch Angst und Not exaltierten Zustand bald über in das gemütliche Behagen, wo Nachbar an Nachbar sich schmiegend, Sicherheit sucht und zu finden glaubt, und gleichsam jeder kleinliche künstliche Pas, den die Konvenienz gelehrt, in dem großen Dreher untergeht, zu dem des Schicksals eherne Faust den gewaltigen Takt schlägt. Vergessen war der bedrängte Zustand, ja die augenscheinliche Lebensgefahr, und muntere Gespräche ergossen sich von begeisterten Lippen. Hausbewohner, die, sich auf der Treppe begegnend, kaum den Hut gerückt, saßen Hand in Hand beieinander, ihr Innerstes in wechselseitiger, herzlicher Teilnahme aufschließend. Sparsamer fielen die Schüsse, und mancher sprach schon vom Heraufsteigen, da die Straße sicher zu werden scheine. Ein alter Militär ging weiter, und bewies soeben, nachdem er zuvor über die Befestigungskunst der alten Römer und über die Wirkung der Katapulte ein paar lehrreiche Worte fallen lassen, auch aus neuerer Zeit des Vauban mit Ruhm erwähnt, daß alle Furcht unnütz sei, da das Haus ganz außer der Schußlinie liege – als eine anschlagende Kugel die Ziegelsteine, womit man die Zuglöcher verwahrt, in den Keller schleuderte. Niemand wurde indessen beschädigt, und als der Militär mit dem vollen Glase auf den Tisch sprang, von dem die Ziegelsteine die Flaschen hinabgeworfen, und jeder fernern Kugel Hohn sprach, kehrte allen der Mut wieder. – Dies war indessen auch der letzte Schreck; die Nacht verging ruhig, und am andern Morgen erfuhr man, daß die Armee eine andere Stellung genommen, und dem Feinde freiwillig die Stadt geräumt habe. Als man den Keller verließ, durchstreiften schon feindliche Reiter die Stadt, und ein öffentlicher Anschlag sagte den Einwohnern Ruhe und Sicherheit des Eigentums zu. Ludwig warf sich in die bunte Menge, die, auf das neue Schauspiel begierig, dem feindlichen Heerführer entgegenzog, der unter dem lustigen Klange der Trompeten, umgeben von glänzend gekleideten Garden, eben durch das Tor ritt. – Kaum traute er seinen Augen, als er unter den Adjutanten seinen innig geliebten, akademischen Freund Ferdinand, erblickte, der in einfacher Uniform, den linken Arm in einer Binde tragend, auf einem herrlichen Falben dicht bei ihm vorüberkurbettierte. „Er war es – er war es wahr und wahrhaftig selbst!" rief Ludwig unwillkürlich aus. Vergebens suchte er dem Freunde zu folgen, den das flüchtige Roß schnell davontrug, und gedankenvoll eilte Ludwig in sein Zinmer zurück: aber keine Arbeit wollte vonstatten gehn, die Erscheinung des alten Freundes, den er seit Jahren ganz aus dem Gesichte verloren, erfüllte sein Inneres, und wie in hellem Glanz trat die glückselige Jugendzeit hervor, die er mit dem gemütlichen Ferdinand verlebt. Ferdinand hatte damals keineswegesirgendeine Tendenz zum Soldatenstande gezeigt; er lebte ganz den Musen, und manches geniale Erzeugnis beurkundete seinen Beruf zum Dichter. Um so weniger begreiflich war daher Ludwigen die Umformung seines Freundes, und er brannte vor Begierde, ihn zu sprechen, ohne zu wissen, wie er es anfangen solle ihn aufzufinden. – Immer lebendiger und lebendiger wurde es nun am Orte, ein großer Teil der feindlichen Armeen zog durch, und an ihrer Spitze kamen die verbündeten Fürsten, welche sich daselbst einige Tage Ruhe gönnten. Je größer aber nun das Gedränge im Hauptquartier wurde, desto mehr schwand Ludwigen die Hoffnung, den Freund wiederzusehen, bis dieser endlich in einem entlegenen, wenig besuchten Kaffeehause, wo Ludwig sein frugales Abendbrot zu verzehren pflegte, ihm ganz unerwartet mit einem lauten Ausruf der innigsten Freude in die Arme fiel. Ludwig blieb stumm, denn ein gewisses unbehagliches Gefühl verbitterte ihm den ersehnten Augenblick des Wiederfindens. Es war ihm, wie manchmal im Traume man die Geliebten umarmt, und diese sich nun schnell fremdartig umgestalten, so daß die schönsten Freuden schnell untergehen, im höhnenden Gaukelspiel. – Der sanfte Sohn der Musen, der Dichter manches romantischen Liedes, das Ludwig in Klang und Ton gekleidet hatte, stand vor ihm im hohen Helmbusch, den gewaltigen, klirrenden Säbel an der Seite, und verleugnete selbst seine Stimme im harten, rauhen Ton aufjauchzend! Ludwigs düsterer Blick fiel auf den verwundeten Arm und glitt hinauf zu dem Ehrenorden, den Ferdinand auf der Brust trug. Da umschlang ihn Ferdinand mit dem rechten Arm, und drückte ihn heftig und stark an sein Herz. „Ich weiß", sagte er: „was du jetzo denkst, was du empfindest bei unserm Zusammentreffen! – Das Vaterland rief mich, und ich durfte nicht zögern, dem Rufe zu folgen. Mit der Freude, mit dem glühenden Enthusiasmus, den die heilige Sache entzündet hat in jedes Brust, den die Feigherzigkeit nicht zum Sklaven stempelt, ergriff diese Hand, sonst nur gewohnt den leichten Kiel zu führen, das Schwert! Schon ist mein Blut geflossen, und nur der Zufall, der es wollte, daß ich unter den Augen des Fürsten meine Pflicht tat, erwarb mir den Orden. Aber glaube mir, Ludwig! die Saiten, die so oft in meinem Innern erklungen, und deren Töne so oft zu dir gesprochen, sind noch unverletzt; ja, nach grausamer, blutiger Schlacht, auf einsamen Posten, wenn die Reiter im Biwak um das Wachtfeuer lagen, da dichtete ich in hoher Begeisterung manches Lied, das in meinem herrlichen Beruf, zu streiten für Ehre und Freiheit, mich erhob und stärkte." Ludwig fühlte, wie sein Inneres sich aufschloß bei diesen Worten, und als Ferdinand mit ihm in ein kleines Seitengemach getreten, und Kaskett und Säbel abgelegt, war es ihm, als habe der Freund ihn nur in wunderlicher Verkleidung geneckt, die er jetzt abgeworfen. Als beide Freunde nun das kleine Mahl verzehrten, das ihnen indessen aufgetragen war, und die Gläser aneinandergestoßen lustig erklangen, da erfüllte sie froher Mut und Sinn, die alte, herrliche Zeit umfing sie mit allen ihren bunten Farben und Lichtern, und alle jene holdseligen Erscheinungen, die ihr vereintes Kunststreben wie mit mächtigem Zauber hervorgerufen, kamen wieder in herrlichem Glanze erneuter Jugend. Ferdinand erkundigte sich angelegentlich nach dem, was Ludwig unter der Zeit komponiert habe, und war höchlich verwundert, als dieser ihm gestand, daß er noch immer nicht dazu gekommen sei, eine Oper zu setzen und auf das Theater zu bringen, da ihn bis jetzt durchaus kein Gedicht, was Sujet und Ausarbeitung anbelange, zur Komposition habe begeistern können.

„Ich begreife nicht", sagte Ferdinand, „daß du selbst, dem es bei einer höchst lebendigen Fantasie durchaus nicht an der Erfindung des Stoffs fehlen kann, und dem die Sprache hinlänglich zu Gebote steht, dir nicht längst eine Oper gedichtet hast!"

Ludwig: Ich will dir zugestehen, daß meine Fantasie wohl lebendig genug sein mag, manches gute Opernsujet zu erfinden; ja, daß, zumal, wenn nachts ein leichter Kopfschmerz mich in jenen träumerischen Zustand versetzt, der gleichsam der Kampf zwischen Wachen und Schlafen ist, mir nicht allein recht gute, wahrhaft romantische Opern vorkommen, sondern wirklich vor mir aufgeführt werden mit meiner Musik. Was indessen die Gabe des Festhaltens und Aufschreibens betrifft, so glaube ich daß sie mir fehlt, und es ist uns Komponisten auch in der Tat kaum zuzumuten, daß wir uns jenen mechanischen Handgriff, der in jeder Kunst zum Gelingen des Werks nötig, und den man nur durch steten Fleiß und anhaltende Übung erlangt, aneignen sollen, um unsere Verse selbst zu bauen. Hätte ich aber auch die Fertigkeit erworben, ein gedachtes Sujet richtig und mit Geschmack in Szenen und Verse zu setzen, so würde ich mich doch kaum entschließen können, mir selbst eine Oper zu dichten.

Ferdinand: Aber niemand könnte ja in deine musikalischen Tendenzen so eingehen als du selbst.

Ludwig: Das ist wohl wahr; mir kommt es indessen vor, als müsse dem Komponisten, der sich hinsetzte, ein gedachtes Opernsujet in Verse zu bringen, so zumute werden, wie dem Maler, der von dem Bilde, das er in der Fantasie empfangen, erst einen mühsamen Kupferstich zu verfertigen genötigt würde, ehe man ihm erlaubte, die Malerei mit lebendigen Farben zu beginnen.

Ferdinand: Du meinst, das zum Komponieren nötige Feuer würde verknistern und verdampfen bei der Versifikation?

Ludwig: In der Tat, so ist es! Und am Ende würden mir meine Verse selbst nur armselig vorkommen, wie die papiernen Hülsen der Raketen, die gestern noch in feurigem Leben prasselnd in die Lüfte fuhren. – Im Ernste aber, mir scheint zum Gelingen des Werks es in keiner Kunst so nötig, das Ganze mit allen seinen Teilen bis in das kleinste Detail im ersten, regsten Feuer zu ergreifen, als in der Musik: denn nirgends ist das Feilen und Ändern untauglicher und verderblicher, so wie ich aus Erfahrung weiß, daß die zuerst gleich bei dem Lesen eines Gedichts wie durch einen Zauberschlag erweckte Melodie allemal die beste, ja vielleicht im Sinn des Komponisten die einzig wahre ist. Ganz unmöglich würde es dem Musiker sein, sich nicht gleich bei dem Dichten mit der Musik, die die Situation hervorgerufen, zu beschäftigen. Ganz hingerissen und nur arbeitend in den Melodien, die ihm zuströmten, würde er vergebens nach den Worten ringen, und gelänge es ihm, sich mit Gewalt dazu zu treiben, so würde jener Strom, brauste er auch noch so gewaltig in hohen Wellen daher, gar bald, wie im unfruchtbaren Sande versiegen. Ja, um noch bestimmter meine innere Überzeugung auszusprechen: in dem Augenblick der musikalischen Begeisterung würden ihm alle Worte, alle Phrasen ungenügend – matt – erbärmlich vorkommen, und er müßte von seiner Höhe herabsteigen, um in der untern Region der Worte für das Bedürfnis seiner Existenz betteln zu können. Würde aber hier ihm nicht bald, wie dem eingefangenen Adler, der Fittich gelähmt werden, und er vergebens den Flug zur Sonne versuchen?

Ferdinand: Das läßt sich allerdings hören: aber weißt du wohl, mein Freund, daß du mehr deine Unlust, dir erst durch all die nötigen Szenen, Arien, Duetten etc. den Weg zum musikalischen Schaffen zu bahnen, entschuldigst, als mich überzeugst?

Ludwig: Mag das sein; aber ich erneuere einen alten Vorwurf: Warum hast du schon damals, als gleiches Kunststreben uns so innig verband, nie meinem innigen Wunsche genügen wollen, mir eine Oper zu dichten?

Ferdinand: Weil ich es für die undankbarste Arbeit von der Welt halte. – Du wirst mir eingestehen, daß niemand eigensinniger in seinen Forderungen sein kann, als ihr es seid, ihr Komponisten; und wenn du behauptest, daß es dem Musiker nicht zuzumuten sei, daß er sich den Handgriff, den die mechanische Arbeit der Versifikation erfordert, aneigne, so meine ich dagegen, daß es dem Dichter wohl gar sehr zur Last fallen dürfe, sich so genau um eure Bedürfnisse, um die Struktur eurer Terzetten, Quartetten, Finalen etc. zu bekümmern, um nicht, wie es denn leider uns nur zu oft geschieht, jeden Augenblick gegen die Form, die ihr nun einmal angenommen, mit welchem Recht, mögt ihr selbst wissen, zu sündigen. Haben wir in der höchsten Spannung darnach getrachtet, jede Situation unseres Gedichts in wahrer Poesie zu ergreifen und in den begeistertsten Worten, den geründetsten Versen zu malen, so ist es ja ganz erschrecklich, daß ihr oft unsere schönsten Verse unbarmherzig wegstreichet, und unsere herrlichsten Worte oft durch Verkehren und Umwenden mißhandelt, ja im Gesange ersäufet. – Das will ich nur von der vergeblichen Mühe des sorglichen Ausarbeitens sagen. Aber selbst manches herrliche Sujet, das uns in dichterischer Begeisterung aufgegangen, und mit dem wir stolz, in der Meinung, euch hoch zu beglücken, vor euch treten, verwerft ihr geradezu als untauglich und unwürdig des musikalischen Schmuckes. Das ist denn doch oft purer Eigensinn, oder was weiß ich sonst: denn oft macht ihr euch an Texte, die unter dem Erbärmlichen stehen, und –

Ludwig: Halt, lieber Freund! – Es gibt freilich Komponisten, denen die Musik so fremd ist, wie manchen Versedrechslern die Poesie: *die* haben denn oft jene, wirklich in jeder Hinsicht unter dem Erbärmlichen stehende Texte in Noten gesetzt. Wahrhafte, in der herrlichen, heiligen Musik lebende und webende Komponisten wählten nur poetische Texte.

Ferdinand: Aber Mozart . . . ?

Ludwig: Wählte nur der Musik wahrhaft zusagende Gedichte zu seinen klassischen Opern, so paradox dies manchem scheinen mag. – Doch davon hier jetzt abgesehen, meine ich, daß es sich sehr genau bestimmen ließe, was für ein Sujet für die Oper paßt, so daß der Dichter nie Gefahr laufen könnte, darin zu irren.

Ferdinand: Ich gestehe, nie darüber nachgedacht zu haben, und bei dem Mangel musikalischer Kenntnisse würden mir auch die Prämissen gefehlt haben.

Ludwig: Wenn du unter musikalischen Kenntnissen die sogenannte Schule der Musik verstehst, so bedarf es deren nicht, um richtig über das Bedürfnis der Komponisten zu urteilen: denn ohne diese kann man das Wesen der Musik so erkannt haben, und so in sich tragen, daß man in dieser Hinsicht ein viel besserer Musiker ist, als der, der im Schweiße seines Angesichts die ganze Schule in ihren mannigfachen Irrgängen durcharbeitend, die tote Regel, wie den selbstgeschnitzten Fetisch, als den lebendigen Geist verherrlicht und den dieser Götzendienst um die Seligkeit des höhern Reichs bringt.

Ferdinand: Und du meinst, daß der Dichter in jenes wahre Wesen der Musik eindringe, ohne daß ihm die Schule jene niedrigern Weihen erteilt hat?

Ludwig: Allerdings! – Ja, in jenem fernen Reiche, das uns

oft in seltsamen Ahnungen umfängt, und aus dem wunderbare Stimmen zu uns herabtönen und alle die Laute wecken, die in der beengten Brust schliefen, und die, nun erwacht, wie in feurigen Strahlen freudig und froh heraufschießen, so daß wir der Seligkeit jenes Paradieses teilhaftig werden – da sind Dichter und Musiker die innigst verwandten Glieder *einer* Kirche: denn das Geheimnis des Worts und des Tons ist ein und dasselbe, das ihnen die höchste Weihe erschlossen.

Ferdinand: Ich höre meinen lieben Ludwig, wie er in tiefen Sprüchen das geheimnisvolle Wesen der Kunst zu erfassen strebt, und in der Tat schon jetzt sehe ich den Raum schwinden, der mir sonst den Dichter vom Musiker zu trennen schien.

Ludwig: Laß mich versuchen, meine Meinung über das wahre Wesen der Oper auszusprechen. In kurzen Worten: Eine wahrhafte Oper scheint mir nur die zu sein, in welcher die Musik unmittelbar aus der Dichtung als notwendiges Erzeugnis derselben entspringt.

Ferdinand: Ich gestehe, daß mir das noch nicht ganz eingeht.

Ludwig: Ist nicht die Musik die geheimnisvolle Sprache eines fernen Geisterreichs, deren wunderbare Akzente in unserm Innern widerklingen, und ein höheres, intensives Leben erwekken? Alle Leidenschaften kämpfen schimmernd und glanzvoll gerüstet miteinander, und gehen unter in einer unaussprechlichen Sehnsucht, die unsere Brust erfüllt. Dies ist die unnennbare Wirkung der Instrumentalmusik. Aber nun soll die Musik ganz ins Leben treten, sie soll seine Erscheinungen ergreifen, und Wort und Tat schmückend, von bestimmten Leidenschaften und Handlungen sprechen. Kann man denn vom Gemeinen in herrlichen Worten reden? Kann denn die Musik etwas anderes verkünden, als die Wunder jenes Landes, von dem sie zu uns herübertönt? – Der Dichter rüste sich zum kühnen Fluge in das ferne Reich der Romantik; dort findet er das Wundervolle, das er in das Leben tragen soll, lebendig und in frischen Farben erglänzend, so daß man willig daran glaubt, ja daß man, wie in einem beseligenden Traume, selbst dem dürftigen, alltäglichen Leben entrückt in den Blumengängen des romantischen Landes wandelt, und nur seine Sprache, das in Musik ertönende Wort versteht.

Ferdinand: Du nimmst also ausschließlich die romantische Oper mit ihren Feen, Geistern, Wundern und Verwandlungen in Schutz?

Ludwig: Allerdings halte ich die romantische Oper für die

einzig wahrhafte, denn nur im Reich der Romantik ist die Musik zu Hause. Du wirst mir indessen wohl glauben, daß ich diejenigen armseligen Produkte, in denen läppische, geistlose Geister erscheinen, und ohne Ursache und Wirkung Wunder auf Wunder gehäuft werden, nur um das Auge des müßigen Pöbels zu ergötzen, höchlich verachte. Eine wahrhaft romantische Oper dichtet nur der geniale, begeisterte Dichter: denn nur dieser führt die wunderbaren Erscheinungen des Geisterreichs ins Leben; auf seinem Fittich schwingen wir uns über die Kluft, die uns sonst davon trennte, und einheimisch geworden in dem fremden Lande, glauben wir an die Wunder, die als notwendige Folgen der Einwirkung höherer Naturen auf unser Sein sichtbarlich geschehen, und alle die starken, gewaltsam ergreifenden Situationen entwickeln, welche uns bald mit Grausen und Entsetzen, bald mit der höchsten Wonne erfüllen. Es ist, mit einem Wort die Zauberkraft der poetischen Wahrheit, welche dem, das Wunderbare darstellenden Dichter zu Gebote stehen muß, denn nur diese kann uns hinreißen, und eine bloß grillenhafte Folge zweckloser Feereien, die, wie in manchen Produkten der Art, oft bloß da sind, um den Pagliasso im Knappenkleide zu necken, wird uns als albern und possenhaft immer kalt und ohne Teilnahme lassen. – Also mein Freund, in der Oper soll die Einwirkung höherer Naturen auf uns sichtbarlich geschehen und so vor unsern Augen sich ein romantisches Sein erschließen, in dem auch die Sprache höher potenziert, oder vielmehr jenem fernen Reiche entnommen, d. h. Musik, Gesang ist, ja wo selbst Handlung und Situation in mächtigen Tönen und Klängen schwebend, uns gewaltiger ergreift und hinreißt. Auf diese Art soll, wie ich vorhin behauptete, die Musik unmittelbar und notwendig aus der Dichtung entspringen.

Ferdinand: Jetzt verstehe ich dich ganz, und denke an den Ariost und den Tasso; doch glaube ich, daß es eine schwere Aufgabe sei, nach deinen Bedingnissen das musikalische Drama zu formen.

Ludwig: Es ist das Werk des genialen, wahrhaft romantischen Dichters. – Denke an den herrlichen Gozzi. In seinen dramatischen Märchen hat er das ganz erfüllt, was ich von dem Operndichter verlange, und es ist unbegreiflich, wie diese reiche Fundgrube vortrefflicher Opernsujets bis jetzt nicht mehr benutzt worden ist.

Ferdinand: Ich gestehe, daß mich der Gozzi, als ich ihn vor mehreren Jahren las, auf das lebhafteste ansprach, wiewohl ich ihn von dem Punkte, von dem du ausgehst, natürlicherweise nicht beachtet habe.

Ludwig: Eins seiner schönsten Märchen ist unstreitig der Rabe. – Millo, König von Frattombrosa, kennt kein anderes Vergnügen, als die Jagd. Er erblickt im Walde einen herrlichen Raben, und durchbohrt ihn mit dem Pfeil. Der Rabe stürzt herab auf ein Grabmal vom weißesten Marmor, das unter dem Baume aufgerichtet ist, und bespritzt es, zum Tode erstarrend, mit seinem Blute. Da erbebt der ganze Wald, und aus einer Grotte schreitet ein fürchterliches Ungeheuer hervor, das dem armen Millo den Fluch zudonnert: „Findest du kein Weib, weiß, wie des Grabmals Marmor, rot, wie des Raben Blut, schwarz, wie des Raben Federn, so stirb in wütenden Wahnsinn." – Vergebens sind alle Nachforschungen nach einem solchen Weibe. Da beschließt des Königs Bruder, Jennaro, der ihn auf das zärtlichste liebt, nicht eher zu ruhen und zu rasten, bis er die Schöne, die den Bruder rettet vom verzehrenden Wahnsinn, gefunden. Er durchstreicht Länder und Meere, endlich sieht er, von einem in der Negromantik erfahrnen Greise auf die Spur geleitet, Armilla, die Tochter des mächtigen Zauberers Norand. Ihre Haut ist weiß wie des Grabmals Marmor, rot, wie des Raben Blut, schwarz, wie des Raben Federn sind Haare und Augenbraunen; es gelingt ihm sie zu rauben, und bald sind sie nach ausgestandenem Sturm, in der Nähe von Frattombrosa gelandet. – Ein herrliches Roß, und einen Falken von den seltensten Eigenschaften, spielt ihm, als er kaum ans Ufer getreten, der Zufall in die Hände, und er ist voll Entzücken, nicht allein den Bruder retten, sondern ihn überdem auch mit Geschenken, die ihm so wert sein müssen, erfreuen zu können. Jennaro will in einem Zelt, das man unter einem Baume aufgeschlagen, ausruhen: da setzen sich zwei Tauben in die Zweige und fangen an zu sprechen: „Weh dir, Jennaro, daß du geboren bist! Der Falke wird dem Bruder die Augen auspicken; überreichst du ihn nicht, oder verrätst du was du weißt, so wirst du zu Stein. – Besteigt dein Bruder das Roß, so wird es ihn augenblicklich töten; gibst du es ihm nicht, oder verrätst du was du weißt, so wirst du zu Stein. Vermählt sich Millo mit Armilla, so wird ihn in der Nacht ein Ungeheuer zerfleischen; übergibst du ihm Armilla nicht, oder verrätst du was du weißt, so wirst du zu Stein." – Norand erscheint, und bestätigt den Ausspruch der Tauben, der die Strafe für Armillas Raub enthält. – In dem Augenblick, als Millo Armilla sieht, ist er von dem Wahnsinn, der ihn ergriffen, geheilt. Das Roß und der Falke werden gebracht, und der König ist entzückt über die Liebe des Bruders, der durch herrliche Geschenke seinen Lieblingsneigungen schmeichelt. Jennaro trägt ihm den Falken entgegen, aber als Millo ihn ergreifen will, haut Jennaro dem Falken den Kopf ab, und des Bruders Augen sind gerettet. Ebenso, als Millo schon den Fuß in den Bügel setzt, um das Roß zu besteigen, zieht Jennaro das Schwert, und haut dem Pferde auf einen Streich beide Vorderbeine ab, daß es zusammenstürzt. Millo glaubt nun überzeugt zu sein, daß eine wahnsinnige Liebe den Bruder zu diesem Betragen reize, und Armilla bestätigt die Vermutung, da Jennaros heimliche Seufzer und Tränen, sein zerstreutes ausschweifendes Betragen, in ihr längst den Argwohn erzeugt haben, daß er sie liebe. Sie versichert dem Könige ihre innigste Neigung, die schon früher dadurch entstanden sei, daß Jennaro während der Reise von ihm, dem geliebten Bruder, auf die lebhafteste und rührendste Weise gesprochen. Sie bittet nun ihrerseits, um jeden Verdacht zu entfernen, die Verbindung zu beschleunigen, die denn auch vor sich geht. Jennaro sieht seines Bruders Untergang vor Augen; er ist in Verzweiflung, sich so verkannt zu sehen, und doch droht ihm ein gräßliches Verhängnis, wenn nur ein Wort des fürchterlichen Geheimnisses seinen Lippen entflieht. Da beschließt er, es koste was es wolle, seinen Bruder zu retten, und dringt in der Nacht durch einen unterirdischen Gang in das Schlafzimmer des Königs. Ein fürchterlicher, feuersprühender Drache erscheint, Jennaro fällt ihn an, aber seine Streiche sind fruchtlos. Das Ungeheuer nähert sich dem Schlafzimmer; da faßt er in höchster Verzweiflung das Schwert mit beiden Händen, und der fürchterliche Streich, der das Ungeheuer töten soll, spaltet die Türe. Millo kommt aus dem Schlafzimmer, und da das Ungeheuer verschwunden, sieht er in dem Bruder den Meineidigen, den der Wahnsinn einer verräterischen Liebe zum Brudermorde treibt. Jennaro kann sich nicht entschuldigen; er wird von den herbeigerufenen Wachen entwaffnet und ins Gefängnis geschleppt. Er soll die ihm aufgebürdete Tat mit dem Leben auf dem Richtplatze büßen: aber noch vor dem Tode will er den heißgeliebten Bruder sprechen. Millo gibt ihm Gehör; Jennaro erinnert ihn in den rührendsten Worten an die innige Liebe, die sie seit ihrer Geburt verband: aber als er fragt, ob er ihn wohl für fähig halte, den Bruder zu morden? verlangt Millo Beweise der Unschuld, und nun entdeckt Jennaro unter wütendem Schmerz die verhängnisvollen gräßlichen Prophezeihungen der Tauben und des Negromanten Norand. Aber zum starren Entsetzen Millos steht er nach den letzten Worten in eine Marmorstatue verwandelt da. Nun erkennt Millo Jennaros Bruderliebe, und von den herzzerreißendsten Vorwürfen gemartert, beschließt er die Statue des geliebten Bruders nie mehr zu verlassen, sondern zu ihren Füßen in Reue und Verzweiflung zu sterben. Da erscheint Norand. „In des Schicksals ewigem Gesetzbuch", spricht er, „war des Raben Tod, dein Fluch, Armillens Raub geschrieben. Dem Bruder gibt nur *eine* Tat das Leben wieder, aber diese Tat ist gräßlich. – Durch diesen Dolch sterbe Armilla an der Seite der Statue, und im Leben erglüht der kalte Marmor, von ihrem Blut bespritzt. Hast du Mut, Armilla zu morden: tu es! Jammere, klage, so wie ich!" – Er verschwindet. Armilla entreißt dem unglücklichen Millo das Geheimnis von Norands schrecklichen Worten. Millo verläßt sie in Verzweiflung; und von Grausen und Entsetzen erfüllt, das Leben nicht mehr achtend, durchstößt sich Armilla selbst mit dem Dolch, den Norand hingeworfen. Sowie ihr Blut die Statue bespritzt, kehrt Jennaro in das Leben zurück. Millo kommt – er sieht den Bruder belebt, aber die Geliebte tot daliegend. Verzweiflungsvoll will er sich mit demselben Dolche, der Armilla tötete, ermorden. Da verwandelt sich plötzlich die finstere Gruft in einen weiten glänzenden Saal. Norand erscheint: das große, geheimnisvolle Verhängnis ist erfüllt, alle Trauer geendet, Armilla lebt, von Norand berührt, wieder auf, und alles endet glücklich.

Ferdinand: Ich erinnere mich jetzt ganz genau des herrlichen, fantastischen Stücks, und noch fühle ich den tiefen Eindruck, den es auf mich machte. Du hast recht, das Wunderbare erscheint hier als notwendig, und ist so poetisch wahr, daß man willig daran glaubt. Es ist Millos Tat, der Mord des Raben, die gleichsam an die eherne Pforte des dunklen Geisterreichs anschlägt und nun geht sie klingend auf, und die Geister schreiten hinein in das Leben, und verstricken die Menschen in das wunderbare, geheimnisvolle Verhängnis, das über sie waltet.

Ludwig: So ist es, und nun betrachte die starken, herrlichen Situationen, die der Dichter aus diesem Konflikt mit der Geisterwelt zu ziehen wußte. Jennaros heroische Aufopferung, Armillas Heldentat – es liegt eine Größe darin, von der unsere moralischen Schauspieldichter, in den Armseligkeiten des alltäglichen Lebens, wie in dem Auskehricht, der aus dem Prunksaal in den Schuttkarren geworfen, wühlend, gar keine Idee haben. Wie herrlich sind nun auch die komischen Partieen der Masken eingeflochten.

Ferdinand: Ja wohl! – Nur im wahrhaft Romantischen mischt sich das Komische mit dem Tragischen so gefügig, daß beides zum Totaleffekt in eins verschmilzt, und das Gemüt des Zuhörers auf eine eigne, wunderbare Weise ergreift.

Ludwig: Das haben selbst unsere Opernfabrikanten dunkel gefühlt. Denn daher sind wohl die sogenannten heroisch-komischen Opern entstanden, in denen oft das Heroische wirklich komisch, das Komische aber nur insofern heroisch ist, als es sich mit wahrem Heroismus über alles wegsetzt, was Geschmack, Anstand und Sitte fordern.

Ferdinand: So wie du das Bedingnis des Operngedichts feststellst, haben wir in der Tat sehr wenig wahre Opern.

Ludwig: So ist es! – Die mehrsten sogenannten Opern sind nur leere Schauspiele mit Gesang, und der gänzliche Mangel dramatischer Wirkung, den man bald dem Gedicht, bald der Musik zur Last legt, ist nur der toten Masse aneinandergereihter Szenen, ohne innern poetischen Zusammenhang und ohne poetische Wahrheit zuzuschreiben, die die Musik nicht zum Leben entzünden konnte. Oft hat der Komponist unwillkürlich ganz für sich gearbeitet, und das armselige Gedicht läuft nebenher, ohne in die Musik hineinkommen zu können. Die Musik kann dann in gewissem Sinn recht gut sein, das heißt, ohne durch innere Tiefe mit magischer Gewalt den Zuhörer zu ergreifen, ein gewisses Wohlbehagen erregen, wie ein munteres, glänzendes Farbenspiel. Alsdann ist die Oper ein Konzert, das auf dem Theater mit Kostüm und Dekorationen gegeben wird.

Ferdinand: Da du auf diese Weise nur die, im eigentlichsten Sinne romantischen Opern gelten lässest, wie ist es nun mit den musikalischen Tragödien, und dann vollends mit den komischen Opern im modernen Kostüme? Die mußt du ganz verwerfen?

Ludwig: Keinesweges! – In den mehrsten älteren, tragischen Opern, wie sie leider nun nicht mehr gedichtet und komponiert werden, ist es ja auch das wahrhaft Heroische der Handlung, die innere Stärke der Charaktere und der Situationen, die den Zuschauer so gewaltig ergreift. Die geheimnisvolle dunkle Macht, die über Götter und Menschen waltet, schreitet sichtbarlich vor seinen Augen daher, und er hört, wie in seltsamen, ahnungsvollen Tönen die ewigen, unabänderlichen Ratschlüsse des Schicksals, das selbst die Götter beherrscht, verkündet werden. Von diesen rein tragischen Stoffen ist das eigentlich Fantastische ausgeschlossen: aber in der Verbindung mit den Göttern, die den Menschen zum höheren Leben, ja zu göttlicher Tat erweckt, muß auch eine höhere Sprache in den wundervollen Akzenten der Musik erklingen. Wurden, beiläufig gesagt, nicht schon die antiken Tragödien musikalisch deklamiert? und sprach sich nicht darin das Bedürfnis eines höhern Ausdrucksmittels, als es die gewöhnliche Rede gewähren kann, recht eigentlich aus? – Unsere musikalischen Tragödien haben den genialen Komponisten auf eine ganz eigene Weise zu einem hohen, ich möchte sagen, heiligen Stil begeistert, und es ist, als walle der Mensch in wunderbarer Weihe auf den Tönen, die den goldnen Harfen der Cherubim und Seraphim entklingen, in das Reich des Lichts, wo sich ihm das Geheimnis seines eigenen Seins erschließt. – Ich wollte, Ferdinand, nichts Geringeres andeuten, als die innige Verwandtschaft der Kirchenmusik mit der tragischen Oper, aus der sich die älteren Komponisten einen eigenen herrlichen Stil bildeten, von dem die Neueren keine Idee haben, den in üppiger Fülle überbrausenden Spontini nicht ausgenommen. Des herrlichen Gluck, der wie ein Heros dasteht, mag ich gar nicht erwähnen; um aber zu fühlen, wie auch geringere Talente jenen wahrhaft großen, tragischen Stil erfaßten, so denke an den Chor der Priester der Nacht in Piccinis Dido.

Ferdinand: Es geht mir jetzt ebenso, wie in den früheren, goldnen Tagen unsers Zusammenseins: indem du von deiner Kunst begeistert sprichst, erhebst du mich zu Ansichten, die mir sonst verschlossen waren, und du kannst mir glauben, daß ich mir in dem Augenblick einbilde, recht viel von der Musik zu verstehen. – Ja, ich glaube, kein guter Vers könne in meinem Innern erwachen, ohne in Klang und Sang hervorzugehen.

Ludwig: Ist das nicht die wahre Begeisterung des Operndichters? – Ich behaupte, der muß ebenso gut gleich alles im Innern komponieren, wie der Musiker, und es ist nur das deutliche Bewußtsein bestimmter Melodien, ja bestimmter Töne der mitwirkenden Instrumente, mit einem Worte die bequeme Herrschaft über das innere Reich der Töne, die diesen von jenem unterscheidet. Doch ich bin dir meine Meinung über die *Opera buffa* noch schuldig.

Ferdinand: Du wirst sie, wenigstens im modernen Kostüme, kaum gelten lassen?

Ludwig: Und ich, meinesteils, lieber Ferdinand, gestehe, daß sie mir grade im Kostüme der Zeit nicht allein am liebsten ist, sondern in dieser Art, eben in ihrem Charakter, nach dem Sinn, wie sie die beweglichen reizbaren Italiener schufen, mir nur allein wahr dazustehen scheint. Hier ist es nun das Fantastische, das zum Teil aus dem abenteuerlichen Schwunge einzelner Charaktere, zum Teil aus dem bizarren Spiel des Zufalls entsteht, und das keck in das Alltagsleben hineinfährt, und alles zu oberst und unterst dreht. Man muß zugestehen: Ja, es ist der Herr Nachbar, im bekannten, zimtfarbenen Sonntagskleide, mit goldbesponnenen Knöpfen, und was in aller Welt muß nur in den Mann gefahren sein, daß er sich so närrisch gebärdet? – Denke dir eine ehrbare Gesellschaft von Vettern und Muhmen mit dem schmachtenden Töchterlein, und einige Studenten dazu, die die Augen der Cousine besingen, und vor den Fenstern auf der Gitarre spielen. Unter diese fährt der Geist Droll in neckhaftem Spuk, und nun bewegt in tollen Einbildungen, in allerlei seltsamen Sprüngen und abenteuerlichen Grimassen sich alles durcheinander. Ein besonderer Stern ist aufgegangen, und überall stellt der Zufall seine Schlingen auf, in denen sich die ehrbarsten Leute verfangen, strecken sie die Nase nur was weniges vor. – Eben in diesem Hineinschreiten des Abenteuerlichen in das gewöhnliche Leben, in den daraus entstehenden Widersprüchen liegt, nach meiner Meinung, das Wesen der eigentlichen Opera buffa; und eben dieses Auffassen des sonst fernliegenden Fantastischen, das nun ins Leben gekommen, ist es, was das Spiel der italienischen Komiker so unnachahmlich macht. Sie verstehen die Andeutungen des Dichters, und durch ihr Spiel wird das Skelett, was er nur geben durfte, mit Fleisch und Farben belebt.

Ferdinand: Ich glaube dich ganz verstanden zu haben. – In der Opera buffa wäre es also recht eigentlich das Fantastische, was in die Stelle des Romantischen tritt, das du als unerläßliches Bedingnis der Oper aufstellst, und die Kunst des Dichters müßte darin bestehen, die Personen nicht allein vollkommen geründet, poetisch wahr, sondern recht aus dem gewöhnlichen Leben gegriffen, so individuell auftreten zu lassen, daß man sich augenblicklich selbst sagt: Sieh da! das ist der Nachbar, mit dem ich alle Tage gesprochen! Das ist der Student, der alle Morgen ins Kollegium geht, und vor den Fenstern der Cousine erschrecklich seufzt u.s.w. Und nun soll das Abenteuerliche, was sie, wie in seltsamer Krise begriffen, beginnen, oder was ihnen begegnet, auf uns so wundersam wirken, als gehe ein toller Spuk durchs Leben und treibe uns unwiderstehlich in den Kreis seiner ergötzlichen Neckereien.

Ludwig: Du sprichst meine innigste Meinung aus, und kaum hinzusetzen darf ich, wie sich nun auch, nach meinem Prinzip, die Musik willig der Opera buffa fügt, und wie auch hier ein besonderer Stil, der auf seine Weise das Gemüt der Zuhörer ergreift, von selbst hervorgeht.

Ferdinand: Sollte aber die Musik das Komische in allen seinen Nuancen ausdrücken können?

Ludwig: Davon bin ich auf das innigste überzeugt, und geniale Künstler haben es hundertfältig bewiesen. So kann z. B. in der Musik der Ausdruck der ergötzlichsten Ironie liegen, wie er in Mozarts herrlicher Oper *Così fan tutte* vorwaltet.

Ferdinand: Da dringt sich mir die Bemerkung auf, daß, nach deinem Prinzip, der verachtete Text dieser Oper eben wahrhaft opernmäßig ist.

Ludwig: Und eben daran dachte ich, als ich vorhin behauptete, daß Mozart zu seinen klassischen Opern nur der Oper ganz zusagende Gedichte gewählt habe, wiewohl Figaros Hochzeit mehr Schauspiel mit Gesang, als wahre Oper ist. Der heillose Versuch, das weinerliche Schauspiel auch in die Oper zu übertragen, kann nur mißlingen, und unsere Waisenhäuser, Augenärzte u.s.w. gehen gewiß bald der Vergessenheit entgegen. So war auch nichts erbärmlicher und der wahren Oper widerstrebender, als jene ganze Reihe von Singspielen, wie sie Dittersdorf gab, wogegen ich Opern, wie das Sonntagskind und die Schwestern von Prag, gar sehr in Schutz nehme. Man könnte sie echt deutsche *Opere buffe* nennen.

Ferdinand: Wenigstens haben mich diese Opern, bei guter Darstellung, immer recht innig ergötzt, und mir ist das recht zu Herzen gegangen, was Tieck im gestiefelten Kater den Dichter zum Publikum sprechen läßt: sollten sie daran Gefallen finden, so müßten sie alle ihre etwanige Bildung beiseite setzen, und recht eigentlich zu Kindern werden, um sich kindlich erfreuen und ergötzen zu können.

Ludwig: Leider fielen diese Worte, wie so manche andere der Art, auf einen harten, sterilen Boden, so daß sie nicht eindringen und Wurzel fassen konnten. Aber die *vox populi*, welche in Sachen des Theaters meistens eine wahre *vox Dei* ist, übertäubt die einzelnen Seufzer, welche die superfeinen Naturen über die entsetzlichen Unnatürlichkeiten und Abgeschmacktheiten, die in solchen, nach ihrem Begriff, läppischen Sachen enthalten, ausstoßen, und man hat sogar Beispiele, daß, wie hingerissen, von dem Wahnsinn, der das Volk ergriffen, mancher mitten in seinem Vornehmtun in ein entsetzliches Lachen ausgebrochen, und dabei versichert, er könne sein eigenes Lachen gar nicht begreifen.

Ferdinand: Sollte Tieck nicht der Dichter sein, der, wenn es ihm gefiele, gewiß dem Komponisten romantische Opern, ganz nach den Bedingnissen, die du aufgestellt, schreiben würde?

Ludwig: Ganz zuverlässig, da er ein echt romantischer Dichter ist; und ich erinnere mich wirklich, eine Oper in Händen gehabt zu haben, die wahrhaft romantisch angelegt, aber im Stoff überfüllt und zu ausgedehnt war. Wenn ich nicht irre, hieß sie das Ungeheuer und der bezauberte Wald.

Ferdinand: Du selbst bringst mich auf eine Schwierigkeit, die ihr dem Operndichter entgegenstellt. – Ich meine die unglaubliche Kürze, welche ihr uns vorschreibt. Alle Mühe diese oder jene Situation, den Ausbruch dieser oder jener Leidenschaft, recht in bedeutenden Worten aufzufassen und darzustellen, ist vergebens: denn alles muß in ein paar Versen abgetan sein, die sich noch dazu rücksichtslos nach euerm Gefallen drehen und wenden lassen sollen.

Ludwig: Ich möchte sagen, der Operndichter müsse, dem Dekorationsmaler gleich, das ganze Gemälde nach richtiger Zeichnung, in starken, kräftigen Zügen hinwerfen, und es ist die Musik, die nun das Ganze so in richtiges Licht und gehörige Perspektive stellt, daß alles lebendig hervortritt, und sich einzelne, willkürlich scheinende Pinselstriche zu kühn herausschreitenden Gestalten vereinen.

Ferdinand: Also nur eine Skizze sollen wir geben, statt eines Gedichts?

Ludwig: Keinesweges. Daß der Operndichter, rücksichtlich der Anordnung, der Ökonomie des Ganzen, den aus der Natur der Sache genommenen Regeln des Drama treu bleiben müsse, versteht sich wohl von selbst: aber er hat es wirklich nötig, ganz vorzüglich bemüht zu sein, die Szenen so zu ordnen, daß der Stoff sich klar und deutlich vor den Augen des Zuschauers entwickele. Beinahe ohne ein Wort zu verstehen, muß der Zuschauer sich aus dem, was er geschehen sieht, einen Begriff von der Handlung machen können. Kein dramatisches Gedicht hat diese Deutlichkeit so im höchsten Grade nötig, als die Oper, da, ohne dem, daß man bei dem deutlichsten Gesange die Worte doch immer schwerer versteht, als sonst, auch die Musik gar leicht den Zuhörer in andere Regionen entführt, und nur durch das beständige Hinlenken auf den Punkt, in dem sich der dramatische Effekt konzentrieren soll, gezügelt werden kann. Was nun die Worte betrifft, so sind sie dem Komponisten am liebsten, wenn sie kräftig und bündig die Leidenschaft, die Situation, welche dargestellt werden soll, aussprechen; es bedarf keines besondern Schmuckes, und ganz vorzüglich keiner Bilder.

Ferdinand: Aber der gleichnisreiche Metastasio?

Ludwig: Ja, der hatte wirklich die sonderbare Meinung, daß der Komponist, vorzüglich in der Arie, immer erst durch irgendein poetisches Bild begeistert werden müßte. Daher denn auch seine ewig wiederholten Anfangsstrophen: *Come una tortorella etc., come spuma in tempesta etc.*, und es kam auch wirklich oft, wenigstens im Akkompagnement, das Girren des Täubchens, das schäumende Meer u.s.w. vor.

Ferdinand: Sollen wir uns aber nicht allein des poetischen Schmuckes enthalten, sollen wir auch jedes ferneren Ausmalens interessanter Situationen überhoben sein? z. B. der junge Held zieht in den Kampf und nimmt von dem gebeugten Vater, dem alten Könige, dessen Reich ein siegreicher Tyrann in seinen Grundfesten erschüttert, Abschied, oder ein grausames Verhängnis trennt den liebenden Jüngling von der Geliebten: sollen denn nun beide nichts sagen, als: Lebe wohl?

Ludwig: Mag der erste noch in kurzen Worten von seinem Mut, von seinem Vertrauen auf die gerechte Sache reden, mag der andere noch der Geliebten sagen: daß das Leben ohne sie nur ein langsamer Tod sei: aber auch das einfache Lebewohl wird dem Komponisten, den nicht Worte, sondern Handlung und Situation begeistern müssen, genug sein, in kräftigen Zügen den innern Seelenzustand des jungen Helden oder des scheidenden Geliebten zu malen. Um recht in deinem Beispiel zu bleiben: in welchen, bis tief in das Innerste dringenden Akzenten haben schon unzähligemal die Italiener das Wörtchen Addio gesungen! Welcher tausend und abermal tausend Nuancen ist der musikalische Ausdruck fähig! Und das ist ja eben das wunderbare Geheimnis der Tonkunst, daß sie da, wo die arme Rede versiegt, erst eine unerschöpfliche Quelle der Ausdrucksmittel öffnet!

Ferdinand: Auf diese Weise müßte der Operndichter rücksichtlich der Worte nach der höchsten Einfachheit streben, und es würde hinlänglich sein, die Situation nur auf edle und kräftige Weise anzudeuten.

Ludwig: Allerdings: denn wie gesagt, der Stoff, die Handlung, die Situation, nicht das prunkende Wort, muß den Komponisten begeistern, und außer den sogenannten poetischen Bildern, sind alle und jede Reflexionen für den Musiker eine wahre Mortifikation.

Ferdinand: Glaubst du aber wohl, daß ich es recht lebhaft fühle, wie schwer es ist, nach deinen Bedingnissen eine gute Oper zu schreiben? Vorzüglich jene Einfachheit der Worte –

Ludwig: Mag euch, die ihr so gern mit Worten malt, schwer genug werden. Aber wie Metastasio, meines Bedünkens, durch seine Opern recht gezeigt hat, wie Operntexte *nicht* gedichtet werden müssen, so gibt es auch viele italienische Gedichte, die als wahre Muster recht eigentlicher Gesangtexte aufgestellt werden können. Was kann einfacher sein als Strophen, wie folgende weltbekannte:

Almen se non possio
seguir l'amato bene
affetti del cor mio
seguite lo per me!

Wie liegt in diesen wenigen, einfachen Worten die Andeutung des von Liebe und Schmerz ergriffenen Gemüts, die der Komponist auffassen, und nun in der ganzen Stärke des musikalischen Ausdrucks den innern angedeuteten Seelenzustand darstellen kann. Ja die besondere Situation, in der jene Worte gesungen werden sollen, wird seine Fantasie so anregen, daß er dem Gesange den individuellsten Charakter gibt. Eben daher wirst du auch finden, daß oft die poetischsten Komponisten sogar herzlich schlechte Verse gar herrlich in Musik setzten. Da war es aber der wahrhaft opernmäßige, romantische Stoff, der sie begeisterte. Als Beispiel führe ich dir Mozarts Zauberflöte an.

Ferdinand war im Begriff zu antworten, als auf der Straße dicht vor den Fenstern der Generalmarsch geschlagen wurde. Er schien betroffen, Ludwig drückte tief seufzend des Freundes Hand an seine Brust. „Ach Ferdinand, teurer, innig geliebter Freund!" rief er aus: „was soll aus der Kunst werden in dieser rauhen, stürmischen Zeit? Wird sie nicht, wie eine zarte Pflanze, die vergebens ihr welkes Haupt nach den finstern Wolken wendet, hinter denen die Sonne verschwand, dahinsterben? – Ach Ferdinand, wo ist die goldene Zeit unserer Jünglingsjahre hin. Alles Bessere geht unter in dem reißenden Strom, der die Felder verheerend dahinstürzt; aus seinen schwarzen Wellen blicken blutige Leichname hervor, und in dem Grausen, das uns ergreift, gleiten wir aus – wir haben keine Stütze – unser Angstgeschrei verhallt in der öden Luft – Opfer der unbezähmbaren Wut sinken wir rettungslos hinab!" – Ludwig schwieg, in sich versunken. Ferdinand stand auf; er nahm Säbel und Kaskett; wie der Kriegsgott zum Kampf gerüstet, stand er vor Ludwig, der ihn verwundernd anblickte. Da überflog eine Glut Ferdinands Gesicht; sein Auge erstrahlte in brennendem Feuer, und er sprach mit erhöhter Stimme: „Ludwig, was ist aus dir geworden; hat die Kerkerluft, die du hier so lange eingeatmet haben magst, denn so in dich hineingezehrt, daß du krank und siech nicht mehr den glühenden Frühlingshauch zu fühlen vermagst, der draußen durch die, in goldner Morgenröte erglänzenden Wolken streicht? – In träger Untätigkeit schwelgten die Kinder der Natur, und die schönsten Gaben, die sie ihnen bot, achteten sie nicht, sondern traten sie in einfältigem Mutwillen mit Füßen. Da weckte die zürnende Mutter den Krieg, der im duftenden Blumengarten lange geschlafen. Der trat, wie ein eherner Riese, unter die Verwahrlosten, und vor seiner schrecklichen Stimme, von der die Berge widerhallten, fliehend, suchten sie den Schutz der Mutter, an die sie nicht mehr geglaubt hatten. Aber mit dem Glauben kam auch die Erkenntnis: nur die Kraft bringt das Gedeihen – dem Kampfe entstrahlt das Göttliche, wie dem Tode das Leben! – Ja Ludwig, es ist eine verhängnisvolle Zeit gekommen, und wie in der schauerlichen Tiefe der alten Sagen, die, gleich in ferner Dämmerung wunderbar murmelnden Donnern zu uns herübertönen, vernehmen wir wieder deutlich die Stimme der ewig waltenden Macht – ja sichtbarlich in unser Leben schreitend erweckt sie in uns den Glauben, dem sich das Geheimnis unsers Seins erschließt. – Die Morgenröte bricht an und schon schwingen sich begeisterte Sänger in die duftigen Lüfte und verkünden das Göttliche, es im Gesange lobpreisend. Die goldnen Tore sind geöffnet und in *einem* Strahl entzünden Wissenschaft und Kunst das heilige Streben, das die Menschen zu *einer* Kirche vereinigt. Drum, Freund, den Blick aufwärts gerichtet – Mut – Vertrauen – Glauben!" – Ferdinand drückte den Freund an sich. Dieser nahm das gefüllte Glas: „Ewig verbunden zum höhern Sein im Leben und Tode!" – „Ewig verbunden zum höhern Sein im Leben und Tode!" wiederholte Ferdinand, und in wenigen Minuten trug ihn sein flüchtiges Roß schon zu den Scharen, die in wilder Kampflust hoch jubelnd dem Feinde entgegenzogen.

Die Freunde fühlten sich tief bewegt. Jeder gedachte der Zeit, als der Druck des feindseligsten Verhängnisses auf ihn lastete und aller Lebensmut dahinzusterben, unwiderbringlich verloren zu sein schien. – Wie dann durch die finstern Wolken die ersten Strahlen des schönen Hoffnungssterns brachen, der immer heller und herrlicher aufging erquickend und zum neuen Leben stärkend. – Wie im freudigen Kampf sich alles jauchzend regte und bewegte. – Wie den Mut – den Glauben, der herrlichste Sieg krönte!

„In der Tat", sprach Lothar, „jeder von uns hat wohl in sich selbst hineingesprochen auf dieselbe Weise wie es der serapiontische Ferdinand tat, und wohl uns, daß das bedrohliche Gewitter, das über unsern Häuptern donnerte, statt uns zu vernichten, uns nur gestärkt hat und erkräftigt wie ein tüchtiges Schwefelbad. Es ist mir so, als fühle ich erst jetzt unter euch meine vollkommene Gesundheit und neue Lust, mich nun, da jenes Gewitter sich ganz verzogen, wieder recht zu rühren in Kunst und Wissenschaft. Theodor tut das, wie ich weiß, recht tapfer, er ergibt sich nun wieder ganz und gar der alten Musik wobei er denn doch das Dichten ganz und gar nicht verschmäht, weshalb ich glaube, daß er uns nächstens mit einer trefflichen Oper, die ihm, was Gedicht und Musik betrifft, ganz allein angehört, überraschen wird. Alles, was er sophistischerweise über die Unmöglichkeit selbst eine Oper zu dichten und zu komponieren vorgebracht, mag recht plausibel klingen, es hat mich aber nicht überzeugt."

„Ich bin", sprach Cyprian, „der entgegengesetzten Meinung. Doch lassen wir den unnützen Streit der um so unnützer ist, als Theodor, leuchtet ihm jene Möglichkeit, die er bestreitet, ein, der erste sein wird, der sie mit der Tat beweiset. – Viel besser, wenn Theodor sein Pianoforte öffnet, und, nachdem er uns mit ganz artigen Erzählungen ergötzt, uns auch von seinen neuesten Kompositionen irgend etwas zum besten gibt."

„Öfters", nahm Theodor das Wort, „öfters hat mir Cyprian

vorgeworfen, daß ich zu sehr an der Form hänge, daß ich jedes Gedicht verwerfe welches sich nicht in die gewöhnlichsten Formen der Musik einschachten läßt. Ich bestreite das und will es jetzt dadurch beweisen, daß ich ein Gedicht in Musik zu setzen unternommen, welches auf eine von jeder gewöhnlichen Art, von jeder verbrauchten Form abweichende Behandlung Anspruch macht. Ich meine nichts anders als den Nachtgesang aus der Genoveva des Maler Müller. Alle süße Schwermut, aller Schmerz, alle Sehnsucht, alle geisterhafte Ahnung des von hoffnungsloser Liebe zerrissenen Herzens liegt in den Worten dieses herrlichen Gedichts. Kommt nun noch hinzu daß die Verse einen altertümlichen recht ins Herz dringenden Charakter tragen so glaube ich, daß die Komposition ohne allen Prunk irgendeines begleitenden Instruments bloß für Singstimmen in dem Stil des alten Alessandro Scarlatti oder des spätern Benedetto Marcello gehalten sein müsse. Das ganze Werk ist fertig im Innern, aber nur den Anfang schrieb ich auf, habt ihr nun die Musik, das Singen nicht ganz beiseite gestellt, fühlt ihr noch den Nutzen unserer ergötzlichen Übungen, nach unsichtbaren Noten zu singen und trefft ihr noch wacker, so möchte ich wohl daß wir das, was ich von dem Gedicht aufgeschrieben absängen."

„Ha!" – rief Ottmar, „ich erinnere mich wohl jener Übung, die du meinst mit dem Singen nach unsichtbaren Noten. – Du zeigtest die Akkorde aus den Tasten des Pianofortes ohne sie anzuschlagen und jeder gab den Ton der ihm zugeteilten Stimme an ohne sie vorher auf dem Instrumente zu hören. Denen, die jene Operation des Bezeichnens der Tasten nicht bemerkten, war es unbegreiflich wie wir aus dem Stegreif mehrstimmige Sachen singen konnten und für die, die das Talent haben sich höchlich zu verwundern, ist das Ding auch wirklich eine ergötzliche musikalische Gaukelei. – Ich für mein Teil singe noch immer wie sonst meinen mittelmäßigen knurrigen Bariton und habe ebensowenig das Treffen verlernt als Lothar, der mit seinem Baß noch immer tüchtige Fundamente legt auf denen Tenoristen wie du und Cyprian mit Sicherheit in die Höhe bauen können."

„Für den schönen weichen Tenor meines Cyprian", sprach Theodor, „ist nun mein Werk ganz und gar geeignet, ihm teile ich daher die erste Tenorstimme zu, indem ich selbst die zweite übernehme. Ottmar, der immer die Noten tüchtig traf, mag den ersten, Lothar aber den zweiten Baß singen, doch beileibe nicht donnern sondern die Töne leise und zart tragen wie es der Charakter des Stücks erfordert." – Theodor schlug auf dem Pianoforte einige einleitende Akkorde an, dann begannen die vier Stimmen in langen gehaltenen Tönen den Chor aus dem As Dur:

„Klarer Liebesstern
Du leuchtest fern und fern
Am blauen Himmelsbogen.
Dich rufen wir heut alle an
Wir sind der Liebe zugetan,
Die hat uns ganz und gar zu sich gezogen."

Die beiden Tenore traten nun im Duett F moll ein:

„Still und hehr die Nacht,
Des Himmels Augenpracht
Hat nun den Reihn begangen.
Schweb hoch hinauf wie Glockenklang
Der Liebe sanfter Nachtgesang
Klopf' an die Himmelspfort mit brünstigem
Verlangen."

Der Gesang hatte sich bei den Worten: „Schweb hoch etc." nach Des Dur gewandt, in B moll begannen Lothar und Ottmar:

„Die ihr dort oben brennt
Und keusche Flammen kennt,
Ihr Heiligen mit reinen Zungen
Ach benedeiet unser Herz,
Wir dulden – dulden bittern Schmerz,
Wir haben schon gerungen."

Nun sangen die vier Stimmen in F Dur:

„Klopft sanft mit beiden Flügeln an
Klopft sanft und euch wird aufgetan!" –

Alle, Lothar, Ottmar und Cyprian fühlten sich von Theodors in der Tat wundervoll ganz im einfachen ins Innerste dringenden Stil der alten Meister gehaltner Musik tief ergriffen. Die Tränen standen ihnen in den Augen, sie umarmten den herz- und gemütreichen Tonsetzer, sie drückten ihn an ihre Brust. Die Mitternachtsstunde schlug. – „Gebenedeit", rief Lothar, „sei unser Wiederfinden! – O der herrlichen Serapions-Verwandtschaft, die uns mit einem ewigen Band umschlingt! – Ja du trefflicher Serapions-Klub, grüne und blühe immerdar! – so wie heute, wollen wir uns fortan auf allerlei geistreiche Weise jedem Zwange fremd, erquicken und erheben, zunächst aber über acht Tage uns wieder hier bei unserm Theodor einfinden."

Darauf gaben sich die Freunde, als sie schieden, das Wort.

ZWEITER ABSCHNITT

Es schlug sieben Uhr. Mit Ungeduld erwartete Theodor die Freunde. Endlich trat Ottmar hinein. „Eben", sprach er, „war Leander bei mir, er hielt mich auf bis jetzt. Ich versicherte, wie leid es mir täte, daß mich ein unaufschiebbares Geschäft abrufe. Er wollte mich begleiten bis an den Ort meiner Bestimmung, mit Mühe entschlüpfte ich ihm in der finstern Nacht. Recht gut mocht er wissen, daß ich zu dir ging, seine Absicht war mit herzukommen." „Und", fiel Theodor ein, „und du brachtest ihn nicht zu mir? Er wäre willkommen gewesen." – „Nein", erwiderte Ottmar, „nein mein lieber Freund Theodor, das ging nun ganz und gar nicht an. Fürs erste getraue ich mir nicht ohne die Zustimmung sämtlicher Serapions-Brüder einen Fremden, oder da Leander gerade kein Fremder zu nennen, überhaupt einen Fünften einzuführen. Dann ist es aber auch mit Leander eine mißliche Sache worden durch Lothars Schuld. – Lothar hat mit ihm, nach seiner gewöhnlichen Weise, mit Begeisterung von unserm herrlichen Serapions-Klub gesprochen. Er hat mit vollen Backen die vortreffliche Tendenz, das serapiontische Prinzip gerühmt, und nichts weniger versichert, als daß wir immer jenes Prinzip im Auge, an uns selbst untereinander bildende Hand legen und so uns zu allerlei sublimen Werken entzünden würden. Da fing nun Leander an, längst sei eine solche Verbindung mit literarischen Freunden sein innigster Wunsch gewesen, und er hoffe, wollten wir ihm den Beitritt nicht versagen, sich als höchst würdiger Serapions-Bruder zu beweisen. – Vieles vieles habe er in petto. – Bei diesen Worten machte er eine unwillkürliche Bewegung mit der Hand nach der Rocktasche. Sie war dick aufgeschwollen, und zu meinem nicht geringen Schreck bemerkte ich, daß es mit der andern Tasche derselbe Fall war. Beide strotzten von Manuskripten, ja selbst aus der Busentasche ragten bedrohliche Papiere hervor."

Ottmar wurde durch Lothar unterbrochen der geräuschvoll eintrat und dem Cyprian folgte. „Eben", sprach Theodor, „zog eine kleine Gewitterwolke auf über unsern Serapions-Klub, Ottmar hat sie aber geschickt abgeleitet. Leander wollte uns heimsuchen, er ist dem armen Ottmar nicht von Leibe gegangen, bis dieser sich durch heimliche Flucht in der finstern Nacht gerettet."

„Wie", rief Lothar, „warum hat Ottmar meinen lieben Leander nicht hergebracht? Er ist verständig – geistreich – witzig – wer taugt besser zu uns Serapions-Brüdern?" – „So bist du nun einmal Lothar", nahm Ottmar das Wort. „Du bleibst dir immer gleich, indem du ewig die Meinung wechselnd, immer die Opposition bildest. Hätte ich Leander wirklich hergebracht, von wem hätte ich bittrere Vorwürfe hören müssen, als eben von dir! – Du nennest Leander verständig, geistreich, witzig, er ist das alles, ja noch mehr! – Alles was er produziert, hat eine gewisse Ründe und Vollendung, die von gesunder Kritik, scharfsinnigem Urteil zeigt! – Aber! – Fürs erste, denk ich, kann niemanden weniger unser serapiontisches Prinzip inwohnen als eben unserm Leander. Alles was er schafft, hat er gedacht, reiflich überlegt, erwogen, aber nicht wirklich geschaut. Der Verstand beherrscht nicht die Fantasie, sondern drängt sich an ihre Stelle. Und dabei gefällt er sich in einer weitschichtigen Breite, die wenn auch nicht dem Leser, doch dem Zuhörer unerträglich wird. Werke von ihm denen man Geist und Verstand durchaus nicht absprechen kann, erregen, liest er sie vor, die tödlichste Langeweile."

„Überhaupt", unterbrach Cyprian den Freund, „überhaupt ist es mit dem Vorlesen ein eignes Ding. Ich meine rücksichtlich der Werke die dazu taugen. Es scheint, als ob außer dem lebendigsten Leben durchaus nur ein geringer Umfang des Werks dazu erfordert werde."

„Dies kommt daher", nahm Theodor das Wort, „weil der Vorleser durchaus nicht förmlich deklamieren darf, dies ist nach bekannter Erfahrung unausstehlich, sondern die wechselnden Empfindungen wie sie aus den verschiedenen Momenten der Handlung hervorgehen nur mäßig andeutend im ruhigen Ton bleiben muß, dieser Ton aber wieder auf die Länge eine unwiderstehliche narkotische Kraft übt."

„Meines Bedünkens", sprach Ottmar, „muß die Erzählung, das Gedicht, was im Vorlesen wirken soll, sich ganz dem Dramatischen nähern, oder vielmehr ganz dramatisch sein. Aber wie kommt es denn nun wieder, daß die mehresten Komödien und Tragödien sich durchaus gar nicht vorlesen lassen, ohne Widerwillen zu erregen und gräßliche Langeweile."

„Eben", erwiderte Lothar, „weil sie ganz undramatisch sind,

oder weil auf den persönlichen Vortrag des Schauspielers auf dem Theater gerechnet worden und das Gedicht so kraftlos und schwächlich ist, daß es an und für sich selbst in dem Zuhörer kein farbicht Bild mit lebendigen Figuren hervorzurufen vermag, das ihm Theater und Schauspieler reichlich ersetzt. – Aber wir kommen ab von unserm Leander, von dem ich Ottmars Widerspruch unerachtet noch immer keck behaupte, daß er in unsern Kreis aufgenommen zu werden verdient."

„Recht gut", sprach Ottmar, „aber erinnere dich, liebster Lothar, doch nur gefälligst an alles das was dir schon mit Leander geschehen! – Wie er dich einmal mit einem dicken – dicken dramatischen Gedicht verfolgte und du ihm immer auswichst, bis er dich und mich zu sich einlud und uns bewirtete mit auserlesenen Speisen und köstlichem Wein, um uns nur sein Gedicht beizubringen. Wie ich zwei Akte treulich aushielt und mich rüstete zum dritten, wie du aber ungeduldig auffuhrst und schwurst, dir sei übel und weh, und den armen Leander sitzen ließest mitsamt seinen Speisen und seinem Wein. – Erinnere dich, wie Leander dich besuchte wenn mehrere Freunde zugegen. Wie er dann und wann mit Papieren in der Tasche rauschte und mit schlauen Blicken umhersah, damit nur einer sagen sollte: ‚Ei Sie haben uns gewiß etwas Schönes mitgebracht lieber Herr Leander!' Wie du aber insgeheim uns alle um Gottes willen batest doch nur auf jenes bedrohliche Rauschen nicht zu achten und still zu schweigen. Erinnere dich, wie du den guten Leander, der immer ein Trauerspiel im Busen trug, immer bewaffnet, immer schlagfertig, wie du ihn verglichst mit Meros der zum Tyrannen schleicht, den Dolch im Busen! – Wie er einmal, als du ihn hattest einladen müssen, eintrat mit einem dicken Manuskript in der Hand, daß uns allen Mut und Laune sank. Wie er dann aber mit süßem Lächeln versicherte nur ein Stündchen könnte er bei uns bleiben, da er früher der und der Madam versprochen bei ihr Tee zu trinken und ihr sein neuestes Heldengedicht in zwölf Gesängen vorzulesen. Wie wir alle Atem schöpften einer schweren Last entnommen, wie wir, als er das Zimmer verlassen, einstimmig riefen: ‚Ach die arme Madam! – die arme unglückliche Madam!' "

„Höre auf", rief Lothar, „höre auf Freund Ottmar, alles, dessen du erwähnst, hat sich in der Tat begeben, aber unter uns Serapions-Brüdern kann so etwas nicht geschehen. Bilden wir nicht eine tüchtige Opposition gegen alles was unserm Grundprinzip widerstrebt? – Ich wette, Leander würde sich diesem Prinzip fügen."

„Glaube das ja nicht lieber Lothar", sprach Ottmar. „Leander hat das mit vielen eitlen Dichtern und Schriftstellern gemein, daß er nicht *hören* mag, eben deshalb aber nur allein lesen, nur allein sprechen will. Mit aller Gewalt würde er dahin trachten unsere Abende ganz auszufüllen mit seinen endlosen Werken, jeden Widerstand sehr übel vermerken, so aber alle Gemütlichkeit zerstören die das schönste Band ist, das uns verknüpft. – Er sprach heute sogar von gemeinschaftlicher literarischer Arbeit, die wir zusammen unternehmen wollten! – Damit würd er uns nun vollends ganz entsetzlich plagen! –"

„Überhaupt", nahm Cyprian das Wort, „ist es mit dem gemeinschaftlichen Arbeiten ein mißliches Ding. Vollends unausführbar scheint es, wenn mehrere sich vereinen wollen zu einem und demselben Werk. Gleiche Stimmung der Seele, tiefes Hineinschauen, Auffassen der Ideen wie sie sich aufeinander erzeugen scheint unerläßlich, soll nicht, selbst bei verabredetem Plan verworrenes barockes Zeug herauskommen. Ich denke eben an etwas sehr Lustiges in dieser Art. – Vor einiger Zeit beschlossen vier Freunde zu denen ich auch gehörte, einen Roman zu schreiben zu dem ein jeder nach der Reihe die einzelnen Kapitel liefern sollte. Der eine gab als Samenkorn, aus dem alles hervorschießen und hervorblühen sollte, den Sturz eines Dachdeckers vom Turme herab an, der den Hals bricht. In demselben Augenblick gebärt seine Frau vor Schreck drei Knaben. Das Schicksal dieser Drillinge, sich in Wuchs, Stellung, Gesicht u.s.w. völlig gleich sollte im Roman verhandelt werden. Ein weiterer Plan wurde nicht verabredet. Der andere fing nun an und ließ im ersten Kapitel vor dem einen der Helden des Romans von einer wandernden Schauspielergesellschaft ein Stück aufführen in dem er sehr geschickt und auf herrliche geniale Weise den ganzen Gang, den die Geschichte wohl nehmen könnte, angedeutet hatte. Hieran mußten sich nun alle halten und so wäre jenes Kapitel ein sinnreicher Prolog des Ganzen geworden. Statt dessen erschlug der erste (der Erfinder des Dachdeckers) im zweiten Kapitel die wichtigste Person, die der zweite eingeführt so daß sie wirkungslos ausschied, der dritte schickte die Schauspielergesellschaft nach Polen und der vierte ließ eine wahnsinnige Hexe mit einem weissagenden Raben auftreten und erregte Grauen ohne Not, ohne Beziehung. – Das Ganze blieb nun liegen!"

„Ich kenne", sprach Theodor, „ich kenne ein Buch, das auch von mehreren Freunden unternommen aber nicht vollendet wurde. Es ist mit Unrecht nicht viel in die Welt gekommen, vielleicht weil der Titel nichts versprach oder weil nötige Empfehlung mangelte. Ich meine Carls Versuche und Hindernisse*. Der erste Teil welcher nur ans Licht getreten, ist eins der witzigsten geistreichsten und lebendigsten Bücher die mir jemals vorgekommen. Merkwürdig ist es, daß darin nicht allein mehrere bekannte Schriftsteller, wie z. B. Johannes Müller, Jean Paul u. a. sondern auch von Dichtern geschaffene Personen, wie z. B. Wilhelm Meister nebst seinem Söhnlein u. a. in ihrer eigentümlichsten Eigentümlichkeit auftreten."

„Ich kenne", sprach Cyprian, „ich kenne das Buch von dem du sprichst, es hat mich gar sehr ergötzt und ich erinnere mich noch daraus, daß Jean Paul zu einem dicken Manne, den er auf einem Felde im Schweiß seines Angesichts Erdbeeren pflückend antrifft, spricht: ‚Die Erdbeeren müssen recht süß sein, da Sie es sich so sauer darum werden lassen!' – Doch wie gesagt, das Zusammentreten zu einem Werk bleibt ein gewagtes Ding. Herrlich ist dagegen die wechselseitige Anregung wie sie wohl unter gleichgestimmten poetischen Freunden stattfinden mag und die zu diesem, jenem Werk begeistert."

„Eine solche Anregung", nahm Ottmar das Wort, „verdanke ich unserm Freunde Severin, der, ist er nur erst, wie zu erwarten steht, hier angekommen, ein viel besserer Serapions-Bruder sein wird als Leander. – Mit Severin saß ich im Berliner Tiergarten, als sich das vor unsern Augen zutrug was den Stoff hergab zu der Erzählung die ich unter dem Titel: Ein Fragment aus dem Leben dreier Freunde aufschrieb und die ich mitgebracht habe um sie euch vorzulesen. Als nämlich, wie ihr nachher vernehmen werdet, das schöne Mädchen das ihr heimlich zugesteckte Brieflein mit Tränen in den Augen las, warf mir Severin leuchtende Blicke zu und flüsterte: ‚Das ist etwas für dich Ottmar! – Deine Fantasie muß die Fittiche regen! – schreibe nur gleich hin was es für eine Bewandtnis hat mit dem Mädchen, dem Brieflein und den Tränen!' – Ich tat das!"

Die Freunde setzten sich an den runden Tisch, Ottmar zog ein Manuskript hervor und las:

* Einen Roman der im Jahr 1808 im Verlage der Realschulbuchhandlung zu Berlin erschien.

EIN FRAGMENT AUS DEM LEBEN DREIER FREUNDE

Am zweiten Pfingsttag war das sogenannte Webersche Zelt, ein öffentlicher Ort im Berliner Tiergarten, von Menschen allerlei Art und Gattung, so überfüllt, daß Alexander nur durch unablässiges Rufen und Verfolgen dem verdrießlichen, durch die Menge hin und her gedrängten Kellner einen kleinen Tisch abzutrotzen vermochte, den er unter die schönen Bäume hinten heraus auf den Platz am Wasser stellen ließ und woran er mit seinen beiden Freunden Severin und Marzell, die unterdessen, nicht ohne strategische Künste, Stühle erbeutet, in der gemütlichsten Stimmung von der Welt sich hinsetzte. Erst seit wenigen Tagen hatte jeder sich in Berlin eingefunden, Alexander aus einer entfernten Provinz, um die Erbschaft einer alten Tante, die unverheiratet gestorben, in Empfang zu nehmen, Marzell und Severin, um die Zivilverhältnisse wieder anzuknüpfen, die sie, den eben beendigten Feldzug mitmachend, so lange aufgegeben. Heute wollten sie sich des Wiedersehens und Wiederfindens recht erfreuen, und, wie es zu geschehen pflegt, nicht der ereignisreichen Vergangenheit, nein! des nächsten Augenblicks, des eben bestehenden Tuns und Treibens im Leben wurde zuerst gedacht. „Wahrhaftig", sprach Alexander, indem er die dampfende Kaffeekanne ergriff und den Freunden einschenkte, „wahrhaftig, wenn ihr mich sehen solltet, in der abgelegenen Wohnung der verstorbenen Tante, wie ich morgens in finsterm Schweigen pathetisch die hohen mit düstern Tapeten behängten Zimmer durchwandle, wie dann Jungfer Anne, die Haushälterin der Seligen, ein kleines gespenstisches Wesen, hineinkeucht und hüstelt, die zinnernen Präsentierteller mit dem Frühstück in den zitternden Armen tragend, das sie mit einem seltsamen rückwärts ausgleitenden Knix auf den Tisch stellt, und dann ohne ein Wort zu reden seufzend und auf zu weiten Pantoffeln schlarrend, wie das Bettelweib von Locarno, sich wegbegibt; wie Kater und Mops, mich mit ungewissen Blicken von der Seite anschielend, ihr folgen, wie ich dann allein von einem melancholischen Papagei angeschnurrt, von nickenden Pagoden dumm angelächelt, eine Tasse nach der andern einschlürfe, und kaum wage, das jungfräuliche Gemach, in dem sonst nur Bernstein- und Mastix-Opfer galten, durch schnöden Tabaksqualm zu entweihen – ja wenn ihr mich so sehen solltet, ihr müßtet mich durchaus was weniges für verhext, für eine Art Merlin halten. Ich kann euch sagen, daß nur die leidige

Bequemlichkeit, die ihr schon so oft mir vorwarfet, daran schuld ist, daß ich gleich, ohne mich nach einer andern Wohnung umzusehen, in das öde Haus der Tante zog, das die pedantische Gewissenhaftigkeit des Testamentvollziehers zu einem recht unheimlichen Aufenthalt gemacht hat. So wie die wunderliche Person, die ich kaum gekannt, es verordnete, blieb alles bis zu meiner Ankunft in unverändertem Zustande. Neben dem in schneeweißem Linnen und meergrüner Seide prangenden Bette, steht noch das kleine Taburett, auf dem, wie sonst, das ehrbare Nachtkleid mit der stattlichen vielbebänderten Haube liegt, unten stehen die grandiosen gestickten Pantoffeln und eine silberne hellpolierte Sirene als Henkel irgendeines unentbehrlichen Geschirrs funkelt unter der mit weißen und bunten Blumen bestreuten Bettdecke hervor. Im Wohnzimmer liegt die unvollendete Näherei, die die Selige kurz vor ihrem Hinscheiden unternahm, Arndts wahres Christentum aufgeschlagen daneben; was aber für mich wenigstens das Unheimliche und Grauliche vollendet, ist, daß in eben demselben Zimmer das lebensgroße Bild der Tante hängt, wie sie sich vor fünfunddreißig bis vierzig Jahren in vollem Brautschmuck malen ließ und daß, wie mir die Jungfer Anne unter vielen Tränen erzählt hat, sie in eben diesem vollständigen Brautschmuck begraben worden ist." „Welch eine eigne Idee", sprach Marzell, „die aber sehr nahe liegt", fiel ihm Severin ins Wort, „da verstorbene Jungfrauen Christusbräute sind, und ich hoffe, daß niemand so ruchlos sein wird, diesen auch der bejahrten Jungfrau geziemenden frommen Glauben zu belächeln, wiewohl ich nicht verstehe, warum sich die Tante früher gerade als Braut malen ließ." „So wie mir erzählt worden", nahm Alexander das Wort, „war die Tante einmal wirklich versprochen, ja, der Hochzeittag war da, und sie erwartete in vollem Brautschmuck den Bräutigam, der aber ausblieb, weil er für gut gefunden hatte, mit einem Mädchen, die er früher geliebt, an demselben Tage die Stadt zu verlassen. Die Tante zog sich das sehr zu Gemüte und ohne im mindesten verwirrten Verstandes zu sein, feierte sie von Stund an den Tag des verfehlten Ehestandes auf eigne Weise. Sie legte nämlich frühmorgens den vollständigen Brautstaat an, ließ, wie es damals geschehen, in dem sorgfältig gereinigten Putzzimmer ein kleines, mit vergoldetem Schnitzwerk verziertes Nußbaum-Tischchen stellen, darauf Schokolade, Wein und Gebackenes für zwei Personen servieren und harrte, indem sie seufzend und leise klagend im Zimmer auf und ab ging, bis zehn Uhr abends des Bräutigams. Dann betete sie eifrig, ließ sich entkleiden und ging still in sich gekehrt zu Bette." „Das kann nun", sprach Marzell, „mich bis in das Innerste rühren. Weh dem Treulosen, der der Armen diesen nie zu verwindenden Schmerz bereitete." „Die Sache", erwiderte Alexander, „hat eine Kehrseite. Den Mann, den du treulos schiltst und der es bleibt, mochte er auch Gründe dazu haben wie er wollte, warnte doch wohl zuletzt ein guter Genius, oder wenn du willst, ein besserer Sinn wurde Meister über ihn. Er hatte nur nach der Tante schnödem Mammon getrachtet, denn er wußte, daß sie herrschsüchtig, zänkisch, geizig, kurz ein arger Quälgeist war."

„Mag das sein", sprach Severin, indem er die Pfeife auf den Tisch legte und mit übereinandergeschränkten Armen sehr ernst und nachdenklich vor sich hinschaute, „mag das sein, aber konnte denn die stille rührende Totenfeier, die resignierte, nur ins Innere hineintönende Klage um den Treulosen anders, als aus einem tiefen, zarten Gemüte kommen, dem jene irdischen Gebrechen, wie du sie der armen Tante vorwirfst, fremd sein müssen? Ach! wohl oft mag jene Verbitterung, der wir, hart im Leben angegriffen, kaum zu widerstehen vermögen, wohl oft mag sie mißgestaltet hervorgetreten sein, daß es, auf alles, was die Alte umgab, so verstörend wirkte; aber ein Jahr voll Plage hätte jener wiederkehrende fromme Tag für mich wenigstens gutgemacht." „Ich gebe dir recht, Severin", sprach Marzell; „die alte Tante, der der Herr eine fröhliche Urständ geben möge, kann nicht so böse gewesen sein, wie Alexander, doch nur von Hörensagen, behauptet. Mit im Leben und durch das Leben verbitterten Personen mag ich indessen auch nicht viel zu tun haben; und es ist besser, daß Freund Alexander sich an der Geschichte von der Hochzeits-Totenfeier der Alten erbaut und die gefüllten Kisten und Kasten durchstöbert, oder das reiche Inventarium beäugelt, als daß er die verlassene Braut lebendig im Brautschmuck des Geliebten harrend, um ihren Schokoladentisch wandeln sieht." Heftig setzte Alexander die Tasse Kaffee, die er an den Mund gebracht, ohne zu trinken wieder auf den Tisch, und rief, indem er die Hände zusammenschlug: „Herr des Himmels! bleibe mir weg mit solchen Gedanken und Bildern, es ist mir wahrhaftig hier im lieben hellen Sonnenschein so zumute, als werde mitten aus jener Gruppe von jungen Mädchen dort die alte Tante im Brautschmuck recht gespenstisch hervorgucken." „Dieses grauliche Gefühl", sprach

Severin leise lächelnd, und die kleinen blauen Wölkchen aus der Pfeife, die er wieder genommen, schnell weghauchend, „dieses grauliche Gefühl ist die gerechte Strafe deines Frevels, da du von der Seligen, die dir im Tode Gutes erzeigt, schlecht gesprochen." „Wißt ihr wohl, Leute", fing Alexander wiederum an, „wißt ihr wohl, daß es mir scheint, als wäre die Luft in meiner Wohnung so von dem Geist und Wesen der alten Jungfer imprägniert, daß man nur ein paarmal vierundzwanzig Stunden drin gewesen sein darf, um selbst etwas davon wegzubekommen?" Marzell und Severin schoben in dem Augenblick ihre leere Tassen Alexandern hin, der mit Geschicklichkeit und Umsicht den Zucker in gehörigem Verhältnis verteilte, ebenso mit Kaffee und Milch verfuhr und also weitersprach: „Schon daß mir das, meiner Art und Weise ganz fremde Talent des Kaffee-Einschenkens mit einemmal zugekommen; daß ich, als gält es der Übung meines Berufs, gleich die Kanne ergriff, daß ich des geheimen Verhältnisses der Süße und der Bitterkeit mächtig bin, daß ich kein Tröpfchen vergieße, schon das muß euch, ihr Leute! besonders und geheimnisvoll vorkommen, aber ihr werdet noch mehr erstaunen, wenn ich euch sage, daß sich bei mir ein besonderes Wohlgefallen an blankgescheuertem Zinn und Kupfer, an Linnen, an silberner Gerätschaft, an Porzellan und Gläsern, kurz an einer eingerichteten Wirtschaft, wie sie im Nachlaß der Tante vorhanden, eingefunden hat. Ich schaue das alles mit einer gewissen Behaglichkeit an, und mir ist es plötzlich so, als sei es hübsch, mehr zu besitzen, als ein Bett, einen Tisch, einen Schemel, einen Leuchter und ein Tintenfaß! – Mein Herr Testamentsvollzieher lächelt und meint, ich dürfe nun nachgerade heiraten, ohne mich um etwas anders zu bekümmern, als um die Braut und um den Prediger. Im Herzen meint er denn nun wohl weiter, daß die Braut nicht weit zu suchen sein dürfte. Er hat nämlich selbst ein Töchterlein, ein ganz kleines putziges Ding mit großen Augen, die noch kindlich und kindisch tut, wie Gurli mit naiven Redensarten um sich wirft und herumhüpft, wie eine Bachstelze. Das mag nun vor sechszehn Jahren ihr, vermöge der kleinen Elfenfigur, recht gut gestanden haben, aber jetzt im zweiunddreißigsten Jahre wird einem ganz bange und unheimlich dabei." „Ach", rief Severin, „und doch ist diese verderbliche eigene Mystifikation so natürlich! – Wo ist der Punkt zu finden, in dem ein Mädchen, das sich durch irgendeine Eigentümlichkeit im Leben festgestellt hat, plötzlich sich selbst sagen soll:

‚Ich bin nicht mehr das, was ich war; die Farben, in die ich mich sonst putzte, sind frisch und jugendlich geblieben, aber mein Antlitz ist verbleicht!' Darum – man dulde! – man ertrage! Mir flößt ein solches, doch nur in harmloser Verirrung befangenes Mädchen, Gefühle der tiefsten Wehmut ein, und schon deshalb könnte ich mich tröstend ihr anschmiegen." „Du merkst, Alexander", sprach Marzell, „daß Freund Severin heute in seiner duldsamen Stimmung ist. Erst hat er sich der alten Tante angenommen, jetzt flößt ihm deines Testamentsvollziehers – es ist ja doch wohl der Kriegsrat Falter – ja jetzt flößt ihm Falters zweiunddreißigjähriges Alräunchen, die ich recht gut kenne, wehmütige Gefühle ein, und er wird dir gleich raten, sie zur Frau zu nehmen, um sie nur der unheimlichen Naivität zu entreißen, denn der wird sie, wenigstens hinsichts deiner, gleich nach dem Jawort entsagen. Aber tu es nicht, denn die Erfahrung lehrt, daß kleine naive Personen der Art bisweilen oder vielmehr gar oft etwas kätzlicher Natur sind, und aus dem Samtpfötchen, womit sie dich vor dem Priestersegen streichelten, bald nachher bei schicklicher Gelegenheit gar nicht unebne Krallen hervorspringen lassen." „Herr des Himmels!" unterbrach Alexander den Freund, „Herr des Himmels! welch Geschwätz! Weder Falters naives zweiunddreißigjähriges Alräunchen, noch sonst ein Gegenstand, sei er zehnmal so hübsch und jung und reizend als sie, kann mich verlocken, die goldenen Jahre jugendlicher Freiheit, die ich nun erst, da mir Geld und Gut zugefallen, recht nutzen will, mir selbst mutwillig zu verderben. In der Tat, die alte bräutliche Tante wirkt so spukhaft auf mich ein, daß ich unwillkürlich mit dem Worte *Braut* ein unheimliches, grauliches freudestörendes Wesen verbinde." „Ich bedaure dich", sprach Marzell, „was mich betrifft, so fühle ich, denke ich mir ein bräutlich geschmücktes Mädchen, süße heimliche Schauer mich durchbeben, und sehe ich solch ein Wesen dann wirklich, so ist es mir, als müsse mein Geist sie mit einer höhern Liebe, die nichts gemein hat mit dem Irdischen, umfassen." „O ich weiß es schon", erwiderte Alexander, „du verliebst dich in der Regel in alle Bräute, und oft steht in dem Sanktuario, das du fantastischerweise in deinem Innern angelegt, wohl auch schon die Geliebte eines andern." „Er liebt mit den Liebenden", sprach Severin, „und darum liebe ich ihn so herzlich!" – „Ich werde ihm", rief Alexander lachend, „die alte Tante über den Hals schicken und so mich von einem Spuk befrein, der mir lästig ist. – Ihr schaut mich mit fragenden Blicken an? – Nun ja doch! – die Alte-Jungfern-Natur läßt sich in mir auch dadurch verspüren, daß ich an einer ganz unerträglichen Gespensterfurcht leide, und mich gebärde wie ein kleiner Bube, den die Wartfrau mit irgendeinem Mummel ängstigt. Es passiert mir nämlich nichts Geringeres, als daß ich oft am hellen Tage, vorzüglich in der Mittagsstunde, wenn ich in die großen Kisten und Kasten schaue, dicht neben mir der alten Tante spitze Nase erblicke und ihre langen dürren Finger, wie sie hineinfahren in die Wäsche, in die Kleider und darin wühlen. – Nehme ich wohlgefällig ein Kesselchen herab oder eine Kasserolle, so schütteln sich die übrigen, und ich denke, nun wird die gespenstische Hand mir gleich ein anders Kesselchen oder Kasserollchen präsentieren. Da werfe ich alles beiseite und renne, ohne mich umzuschauen, nach dem Zimmer zurück und singe oder pfeife durchs geöffnete Fenster auf die Straße heraus, worüber sich Jungfer Anne sichtlich ärgert. Daß nun aber die Tante in der Tat jede Nacht Punkt zwölf Uhr umherwandelt, steht fest." Marzell lachte laut auf, Severin blieb ernst und rief: „Erzähle nur; am Ende läuft's auf eine Abgeschmacktheit hinaus, denn wie solltest du bei deiner entsetzlichen Aufklärung zum Geisterseher werden." „Nun Severin", fuhr Alexander fort, „und du Marzell, ihr wißt beide, daß niemand sich mehr gesträubt hat gegen allen Gespensterglauben, als ich. Niemals in meinem Leben, bis jetzt, ist mir das mindeste Außerordentliche begegnet, und selbst die sonderbare, Sinn und Geist in körperlichem Schmerz lähmende Angst, die die Nähe des fremden geistigen Prinzips aus einer andern Welt verursachen soll, blieb mir fremd. Hört aber nur, was mir geschah in der ersten Nacht, als ich eingetroffen." „Erzähle leise", sprach Marzell, „denn mich dünkt, hier unsere Nachbarschaft müht sich zuzuhören und zu verstehen." „Das soll sie", erwiderte Alexander, „um so weniger, als ich eigentlich auch euch meine Gespenstergeschichte verschweigen wollte. Doch – ich will nun einmal erzählen! Also! – Jungfer Anne empfing mich ganz in Schmerz und Trauer aufgelöst. Den silbernen Armleuchter in der zitternden Hand ächzte und keuchte sie vor mir her durch die öden Zimmer bis ins Schlafgemach. Hier mußte der Postknecht meinen Koffer absetzen. Der Kerl, indem er das reichliche Trinkgeld mit einem: ‚Schön Dank', sehr weitläuftig, den breiten Rock zurückschlagend, in die Hosentasche hineinschob, sah sich mit lachendem Gesicht im Zimmer um, bis sein Blick auf das hoch aufgetürmte Bett mit den meergrünen Gardinen fiel, von dem ich schon vorhin sprach. ‚Tausend – tausend!' rief er nun, ‚da wird der Herr schön ruhen, besser wie im Postwagen, und da liegt ja auch schon Schlafrock und Mützchen!' – Der Ruchlose meinte der Tante ehrbares Nachtkleid. Jungfer Anne ließ, wie zusammensinkend, beinahe den silbernen Leuchter fallen, ich ergriff ihn schnell und leuchtete dem Postknecht hinaus, der sich mit einem schelmischen Blick auf die Alte entfernte. Als ich zurückkam, zitterte und bebte Jungfer Anne, sie glaubte, nun würde das Entsetzliche geschehen, nämlich ich würde sie fortschicken, und ohne Umstände das jungfräuliche Bett einnehmen. Sie lebte auf, als ich höflich und bescheiden erklärte, daß ich nicht gewohnt sei, in solch weichen Betten zu schlafen, und daß sie mir, so gut es ginge, ein schlichtes Lager im Wohnzimmer bereiten möge. Das Entsetzliche unterblieb auf diese Weise, doch das Unerhörte geschah, nämlich Jungfer Annas gramverschrumpftes Gesicht heiterte sich auf, wie seitdem nicht mehr, zum holdseligen Lächeln; sie tauchte herab zur Erde mit ihren langen knochendürren Armen, fingerte geschickt die niedergetretenen Hinterteile der Pantoffeln herauf an die spitzen Fußhacken, und trippelte mit einem leisen, halb furchtsamen, halb freudigen: ‚Sehr wohl mein geehrter junger Herr!' zur Tür hinaus. ‚Da ich gedenke einen langen Schlaf zu tun, bitt ich um Kaffee erst zur neunten Stunde.' So beinahe mit Wallensteins Worten entließ ich die Alte. Todmüde, wie ich war, glaubt ich vom Schlaf gleich überwältigt zu werden, doch ihm widerstanden die mannigfaltigen Ideen und Gedanken, die sich in mir zu kreuzen begannen. Erst jetzt trat mich der schnelle Wechsel meiner Lage recht lebendig an. Erst jetzt, das neue Besitztum wirklich besitzend und in ihm verweilend, wurde es mir klar, daß, aus drückender Bedürftigkeit herausgerissen, das Leben sich mir in wohltuender Behaglichkeit erschließe. Des Nachtwächters widrige Pfeife quäkte – eilf – zwölf – ich war so munter, daß ich das Picken meiner Taschenuhr, daß ich das leise Zirpen eines Heimchens vernahm, das sich irgendwo eingenistet haben mußte. Aber mit dem letzten Schlage zwölf einer aus der Ferne dumpf tönenden Turmuhr fing es an, in dem Zimmer mit leisen abgemessenen Tritten auf und ab zu wandeln, und bei jedem Tritt ließ sich ein ängstliches Seufzen und Stöhnen hören, das steigend und steigend den herzzerschneidenden Lauten eines von der Todesnot bedrängten Wesens zu gleichen begann. Dabei schnüffelte und kratzte es an der Tür des Nebenzimmers, und ein Hund winselte und jammerte, wie in menschlichen Tönen. Ich hatte den alten Mops, der Tante Liebling, schon abends vorher bemerkt, seine Klage vernahm ich jetzt unstreitig. Ich fuhr auf von meinem Lager; ich blickte mit offenen starren Augen in das vom Nachtschimmer matt erleuchtete Gemach hinein; alles, was darin stand, sah ich deutlich, nur keine auf und ab wallende Gestalt, und doch vernahm ich die Tritte, und doch seufzte und stöhnte es, wie zuvor, dicht vor meinem Lager vorbei. Da ergriff mich plötzlich jene Angst der Geisternähe, die ich nie gekannt, ich fühlte, wie kalter Schweiß auf der Stirn tropfte und wie in seinem Eise gefroren mein Haar sich emporspießte. Nicht vermögend, ein Glied zu rühren, den Mund zum Schrei des Entsetzens zu öffnen, strömte das Blut rascher in den hüpfenden Pulsen, und erhielt den inneren Sinn wach, der nur nicht über die äußern, wie im Todeskrampf erstarrten Organe zu gebieten vermochte. Plötzlich schwiegen die Tritte, so wie das Stöhnen; dagegen hüstelte es dumpf, die Türe eines Schrankes knarrte auf, es klapperte wie mit silbernen Löffeln; dann war es, als würde eine Flasche geöffnet und in den Schrank gestellt, wie, wenn jemand etwas verschluckt – ein seltsames widriges Räuspern – ein langgedehnter Seufzer. – In dem Augenblick wankte eine lange weiße Gestalt aus der Wand hervor; ich ging unter in dem Eisstrom des tiefsten Entsetzens, mir schwanden die Sinne. –

Ich erwachte mit dem Ruck des aus der Höhe Stürzens; diese gewöhnliche Traumerscheinung kennt ihr alle, aber das eigene Gefühl, das mich nun erfaßte, vermag ich kaum euch zu beschreiben. Ich mußte mich erst darauf besinnen, wo ich mich befand, dann war es mir, als sei etwas Entsetzliches mit mir vorgegangen, dessen Erinnerung ein langer tiefer Todesschlaf weggelöscht hätte. Endlich kam mir alles nach und nach in den Sinn, indessen hielt ich es für einen spukhaften Traum, der mich geneckt. Als ich nun aufstand, fiel mir zuerst das Bild der bräutlich geschmückten Jungfrau, ein lebensgroßes Kniestück ins Auge, und kalter Schauer fröstelte mir den Rücken herab, denn es war mir, als sei diese Gestalt mit lebhaften kennbaren Zügen in der Nacht auf und ab geschritten; doch der Umstand, daß sich in dem ganzen Zimmer kein einziger Schrank befand, bestätigte es mir aufs neue, daß ich nur geträumt habe. Jungfer Anna brachte den Kaffee, sie blickte mir länger und länger ins Gesicht und sprach dann: ‚Ei du lieber Gott, wie sehen Sie doch so krank und blaß aus, es ist Ihnen doch nichts passiert?' – Weit entfernt, der Alten nur das mindeste von meinem Spuk merken zu lassen, gab ich vor, daß ein heftiges Brustdrücken mich nicht habe schlafen lassen. ‚Ei', lispelte die Alte, ‚das ist der Magen, das ist der Magen, ei, ei, dafür wissen wir Rat!' – Und damit schlarrte die Alte auf die Wand zu, öffnete eine von mir nicht bemerkte Tapetentür, und ich sah in einen Schrank, in welchem sich Gläser, kleine Flaschen und ein paar silberne Löffel befanden. Nun nahm die Alte klappernd und klirrend einen Löffel heraus, dann öffnete sie eine Flasche, tröpfelte etwas von dem darin enthaltenen Saft in den Löffel, setzte sie wieder in den Schrank und wankte auf mich zu. Ich schrie auf, vor Entsetzen, denn der vorigen Nacht spukhafte Erscheinungen traten ins Leben. ‚Nun nun', schnarrte die Alte mit seltsam schmunzelndem Gesicht, ‚nun nun, lieber junger Herr! es ist ja nur eine tüchtige Medizin; die selige Mamsell litt auch am Magen und nahm dergleichen öfters!' Ich ermannte mich und schluckte das kräftig brennende Magenelixier hinunter. Mein Blick war starr auf das Bild der Braut gerichtet, das gerade über dem Wandschrank hing. ‚Wen stellt das Bild dort vor', fragte ich die Alte. ‚Ei du mein lieber Gott, das ist ja die selige Mamsell Tante!' erwiderte die Alte, indem ihr die Tränen aus den Augen stürzten. Der Mops fing an zu winseln, wie in der Nacht, und mit Mühe das innere Erbeben beherrschend, mit Mühe Fassung erringend sprach ich: ‚Jungfer Anna, ich glaube, die selige Tante war in voriger Nacht um zwölf Uhr an dem Wandschrank dort und nahm Tropfen?' Die Alte schien gar nicht verwundert, sondern sprach leise, indem eine seltsame Totenbleiche den letzten Lebensfunken aus dem verschrumpften Gesicht weglöschte: ‚Haben wir denn heute wieder Kreuzes-Erfindungs-Tag? Der dritte Mai ist ja längst vorüber!' – Es war mir nicht möglich weiterzufragen; die Alte entfernte sich, ich zog mich schnell an, ließ das Frühstück unberührt stehen und rannte hinaus in das Freie, um nur den grauenhaften träumerischen Zustand, der sich meiner aufs neue bemächtigen wollte, loszuwerden. Ohne daß ich es befohlen, hatte die Alte am Abend mein Bett in ein freundliches Kabinett nach der Straße heraus getragen. Ich habe kein Wort weiter über den Spuk mit der Alten gesprochen, noch viel weniger dem Kriegsrat etwas davon erzählt, tut mir den Gefallen und schweigt auch darüber, sonst gäb es nur ein ärgerliches Geschwätz, ein Erkundigen und Fragen ohn End und Ziel, und wohl gar lästige Nachforschungen geisterkundiger

Dilettanten. Selbst in meinem Kabinett glaub ich jede Nacht Punkt zwölf Uhr die Tritte und das Stöhnen zu hören, doch will ich noch einige Tage dem Grauen widerstehen und dann zusehen, wie ich ohne vielen Rumor das Haus verlassen und eine andere Wohnung finden kann.“

Alexander schwieg, und erst nach einigen Sekunden hob Marzell an: „Das mit der alten spukhaften Tante ist wunderbar und graulich genug, aber sosehr ich daran glaube, daß ein fremdes geistiges Prinzip sich uns auf diese oder jene Weise kundtun kann, so läuft mir doch deine Geschichte zu sehr ins Gemeinmaterielle; die Tritte, das Seufzen und Stöhnen, alles das lasse ich gelten, aber daß die Selige, wie im Leben, Magentropfen zu sich nimmt, das gemahnt mich an jene nach dem Tode wiederkehrende Frau, die, wie ein Kätzchen, am verschlossenen Fenster herumklirrte.“ „Das ist nun“, sprach Severin, „wieder eine uns ganz eigene Mystifikation, daß wir, nachdem wir die mögliche Kundmachung des fremden geistigen Prinzips durch wenigstens scheinbares Einwirken auf unsere äußeren Sinne festgestellt, nun auch gleich diesem Prinzip eine gehörige Edukation geben und es darüber belehren wollen, was ihm anständig sei oder nicht. Nach deiner Theorie, lieber Marzell! darf ein Geist mit Pantoffeln einhergehen, seufzen, stöhnen, nur keine Flaschen öffnen oder gar ein Schlückchen nehmen. Hier ist nun zu bemerken, daß unser Geist im Traum an das höhere, nur in Ahnungen sich gestaltende Sein oft Gemeinplätze des befangenen Lebens hängt, dieses aber dadurch auf bittere Weise zu ironisieren weiß. Kann diese Ironie, die tief in der, ihrer Entartung sich bewußten Natur liegt, nicht auch der entpuppten, der Traumwelt entzogenen Psyche eigen sein, wenn ihr Rückblicke in den verlassenen Körper vergönnt sind? So würde das lebhafte Wollen und Einwirken des fremden geistigen Prinzips, welches den Wachenden im Wachen in die Traumwelt führt, jede Erscheinung bedingen, die er mit äußeren Sinnen wahrzunehmen glaubt, und es wäre doch komisch, wenn wir diesen Erscheinungen irgendeine sittliche Norm nach unserer Art geben wollten. Merkwürdig ist es, daß Nachtwandler, aktive Träumer, oft in den gemeinsten Funktionen des Lebens befangen sind; denkt nur an jenen, der in jeder Vollmondsnacht sein Pferd aus dem Stalle zog, es sattelte, wieder absattelte, in den Stall zurückführte, und dann das verlassene Bett suchte. – Alles was ich sage, sind nur *membra disjecta*, ich meine aber nur –“ „Du glaubst also doch an die alte Tante?“ unterbrach der ziemlich erblaßte Alexander den Freund. „Was wird er nicht glauben“, rief Marzell: „bin ich denn nicht auch ein Gläubiger, wiewohl kein so ausgemachter entschiedener Visionär, wie unser Severin? Nun will ich's auch aber länger nicht verhehlen, daß mich in meiner Wohnung ein beinahe noch ärgerer Spuk, als wie ihn Freund Alexander erfuhr, bis auf den Tod erschreckt hat.“ „Ist es mir denn besser gegangen?“ murmelte Severin. – „Gleich, nachdem ich angekommen“, fuhr Marzell fort, „mietete ich in der Friedrichsstraße ein nettes möbliertes Zimmer; wie Alexander warf ich mich todmüde aufs Lager; doch kaum mochte ich wohl eine Stunde geschlafen haben, als es mir wie ein heller Schein auf die geschlossenen Augenlider brannte. Ich öffne die Augen und – denkt euch mein Entsetzen! dicht vor meinem Bette steht eine lange hagere Figur, mit todbleichem, graulich verzogenem Gesicht, und starrt mich an mit hohlen gespenstischen Augen. Ein weißes Hemde hängt der Gestalt um die Schultern, so daß die Brust ganz entblößt ist, die mir blutig scheint; in der linken Hand trägt sie einen Armleuchter mit zwei angezündeten Kerzen, in der rechten ein großes, mit Wasser gefülltes Glas. – Sprachlos starrte ich das gespenstische Unwesen an, das Leuchter und Glas mit schauerlich winselnden Tönen in großen Kreisen zu schwingen begann. Wie es Alexander beschrieben, so packte auch mich die Gespensterfurcht. – Langsamer und langsamer schwang das Gespenst Leuchter und Glas, bis beides stillstand. Nun war es mir als flüstre ein leiser Gesang durch das Zimmer, da entfernte sich die Gestalt mit seltsam grinsenden Lächeln langsamen Schrittes durch die Türe. Lange dauerte es, bis ich mich ermannte, schnell aufsprang und die Türe, die ich, wie ich nun bemerkte, vor dem Schlafengehen zu verschließen vergessen, abriegelte. Wie oft war es mir im Felde geschehen, daß unvermutet ein fremder Mensch vor meinem Bette stand, wenn ich die Augen aufschloß; nie hatte mich das erschreckt; daß hier also etwas Außerordentliches und zwar Gespenstisches vorwalten müsse, davon war ich fest überzeugt. Am andern Morgen wollte ich zu meiner Wirtin herab, um ihr zu erzählen, welch eine grauliche Erscheinung mir den Schlaf verstört habe. Indem ich zur Stube heraus in den Flur trat, öffnete sich die Tür mir gegenüber, und eine hagere große Gestalt, in einen weiten Schlafrock gewikkelt, kam mir entgegen. Im ersten Augenblicke erkannte ich das totenbleiche Gesicht und die hohlen düstern Augen des

Unholds von der vorigen Nacht her, und unerachtet ich nun wohl wußte, daß das Gespenst bei ähnlicher Gelegenheit geprügelt oder herausgeworfen werden könne, so fühlte ich doch die Schauer der Nacht in mir nachbeben, und ich wollte schnell die Treppe herabschlüpfen. Der Mann vertrat mir aber den Weg, faßte mich sanft bei der Hand und fragte, indem ein gutmütiges Lächeln sein Gesicht überflog, mit leisem freundlichen Ton: ‚O mein sehr werter Herr Nachbar! wie haben Sie doch diese Nacht in der neuen Wohnung zu ruhen beliebt?‘ – Ich stand gar nicht an, ihm mein Abenteuer ausführlich zu erzählen und hinzuzufügen, daß ich glaube, er selbst sei die Gestalt gewesen, und daß ich mich nun freue, ihn nicht, im Wahn eines Überfalls in feindlicher Stadt, woran ich leicht denken können vom Feldzuge her, auf empfindliche Weise verjagt zu haben. In der Zukunft vermöge ich nicht dafür zu stehen. Während meiner Erzählung schüttelte der Mann lächelnd mit dem Kopf und sprach, als ich geendet, sehr sanft: ‚O mein wertester Herr Nachbar, nehmen Sie es doch ja nur nicht übel! – Ei ei! – ja ich dachte gleich, daß es so kommen müßte, und ich wußte ja auch schon heute morgen, daß es so gekommen war, denn ich befand mich so wohl, so im Innersten beruhigt. – Ich bin ein etwas ängstlicher Mann, wie sollte das aber auch anders sein! – Auch sagt man, daß übermorgen‘ – mit dieser Wendung ging er über zu gewöhnlichen Stadtneuigkeiten, denen andere Notizen folgten, die für den Fremden oder Angekommenen von Wert sein mußten, und die er lebendig und oft nicht ohne Würze feiner Ironie vorzutragen wußte. Ich kam, da mich nun der Mann recht zu interessieren anfing, jedoch wieder zurück auf die Begebenheit der Nacht und bat ihn, mir nur ohne weitere Umstände zu sagen, was ihn vermocht haben könne, auf so seltsame unheimliche Weise meinen Schlaf zu verstören. ‚Ach nehmen Sie es doch nur ja nicht übel, wertester Herr Nachbar‘, so fing er aufs neue an, ‚daß ich mich, ohne es einmal recht zu wissen, erdreistet. – Es war nur, um von Dero Gesinnungen gegen mich unterrichtet zu sein, ich bin ein ängstlicher Mann; eine neue Nachbarschaft kann mir hart zusetzen, ehe ich weiß, wie ich daran bin mit ihr.‘ – Ich versicherte dem sonderbaren Menschen, daß ich bis jetzt kein Wort von allem verstehe; da nahm er mich bei der Hand und führte mich in sein Zimmer. ‚Warum soll ich es Ihnen verhehlen, lieber Herr Nachbar‘, sprach er, indem er mit mir in das Fenster trat, ‚warum es ableugnen, welch eine sonderbare Gabe mir inwohnt. Gott ist mächtig in den Schwachen, und so wurde mir armen, jedem Pfeil der Widersacher bloßgestellten Mann, zum Schutz und Trutz, die wunderbare Kraft verliehen, unter gewissen Bedingungen in das Innerste der Menschen zu schauen und ihre geheimsten Gedanken zu erraten. Ich ergreife nämlich dies reine sonnenhelle, mit destilliertem Wasser gefüllte Glas (er nahm einen Pokal von der Fensterbank herab, es war derselbe, den er vorige Nacht in der Hand trug) richte Sinn und Gedanken auf die Person, deren Inneres ich zu erraten strebe, und bewege das Glas in bestimmten, mir nur bewußten Schwingungen hin und her. Alsbald steigen kleine Bläschen im Glase auf und nieder, die sich wie die Folie eines Spiegels formen, und bald ist es, als wenn, indem ich hineinschaue, mein eigener innerer Geist sich vernehmbar und leserlich darin abspiegle, wiewohl ein höheres Bewußtsein Bild und Abspiegelung für jenes fremde Wesen, auf das der Sinn gerichtet war, anerkennt. Oft, wenn mich die Annäherung eines fremden, noch unerforschten Wesens zu sehr ängstigt, kommt es, daß ich zur Nachtzeit operiere, und dies ist wohl in voriger Nacht der Fall gewesen; denn gestehen muß ich offenherzig, daß Sie mir gestern abend nicht wenig Unruhe verursachten.‘ Plötzlich schloß mich der wunderliche Mann in seine Arme, indem er wie begeistert ausrief: ‚Aber welche Freude, daß ich so bald Ihre gütigen Gesinnungen für mich erkannte. O mein bester, wertester Herr Nachbar, sollte ich mich denn irren – nicht wahr? wir verlebten schon glückliche vergnügte Tage auf Ceylon; es kann kaum zweihundert Jahre her sein?‘ – Nun verwickelte sich der Mann in die wunderlichsten Kombinationen, ich wußte zur Gnüge, wen ich vor mir hatte, und war froh, als ich, nicht ohne Mühe, mich von ihm losgewunden. Auf nähere Nachfrage bei der Wirtin erfuhr ich dann, daß mein Nachbar, so lange als vielseitig ausgebildeter Gelehrter und tüchtiger Geschäftsmann geschätzt, vor kurzer Zeit in tiefe Melancholie verfiel, in der er wähnte, daß jeder feindliche Absichten gegen ihn in sich trage, und ihn auf diese oder jene Weise zu verderben suche, bis er mit einem Male das Mittel gefunden zu haben glaubte, seine Feinde zu erkennen und sich gegen sie sicher zu stellen, worauf er in den jetzigen heitern beruhigten Zustand des fixen Wahnsinns überging. Er sitzt beinahe den ganzen Tag am Fenster und experimentiert mit dem Glase; sein ursprünglich guter harmloser Charakter offenbart sich aber darin, daß er beinahe jedesmal gute Gesinnungen zu erkennen glaubt, und daß er, erscheint ihm irgendein Charakter zweifelhaft oder bedenklich, nicht zornig wird, sondern nur in sanfte Traurigkeit gerät. Daher ist sein Wahnsinn auch ganz unschädlich, und sein älterer Bruder, der ihn bevormundet, mag ihn ruhig ohne genauere Aufsicht für sich wohnen lassen, wo es ihm gefällt." „Deine Erscheinung", sprach Severin, „gehört also recht eigentlich in Wagners Gespensterbuch, da sich die Erklärung, wie alles natürlich zugegangen, und wie deine Fantasie das Beste dabei getan hat, sich ebenso wie in den gemeinen Geschichten jenes nüchternsten aller Bücher, langweilig nachschleppt." „Willst du", erwiderte Marzell, „durchaus nur Gespenster, so hast du recht, übrigens ist aber mein Wahnsinniger, mit dem ich jetzt auf dem besten Fuß von der Welt stehe, eine höchst interessante Erscheinung, und nur das einzige gefällt mir nicht, daß er anfängt auch andern fixen Ideen Raum zu geben, z. B. daß er König auf Amboina gewesen, in Gefangenschaft geraten und funfzig Jahre hindurch als Paradiesvogel für Geld gezeigt worden ist. So was kann zur Tollheit führen. Ich erinnere mich eines Menschen, der im ruhigen friedlichen Wahnsinn jede Nacht als Mond schien, sofort aber in Tollheit geriet, als er auch des Tages als Sonne aufgehen wollte." „Aber ihr Leute!" rief Alexander, „was sind das heute für Gespräche hier mitten unter tausend geputzten Feiertagsgästen im hellen Sonnenschein? – Nun fehlte es noch, daß Severin, der mir auch zu düster und nachdenkend aussieht, noch viel Graulicheres, als wir, in diesen Tagen erlebt hätte, und es uns auftischte." „In der Tat", fing Severin an, „Gespenster habe ich nicht gesehen, aber wohl ist mir die unbekannte, unheimliche Macht so nahe getreten, daß ich schmerzlich die Bande gefühlt habe, womit sie mich und uns alle umstrickt hält." „Hab ich's nicht gleich gedacht", sprach Alexander zu Marzell, „daß Severins eigene Stimmung in irgend etwas Besonderem ihren Grund finden müsse?" – „Wir werden sogleich viel Fabelhaftes hören", erwiderte Marzell lachend, worauf Severin bemerkte: „Hat Alexanders selige Tante Magentropfen eingenommen, hat der geheime Sekretär Nettelmann, denn das ist der Wahnsinnige, den ich längst kenne, Marzells gute Gesinnungen in einem Glase Wasser erblickt, so wird es mir doch erlaubt sein, einer seltsamen Ahnung zu erwähnen, die geheimnisvollerweise, als Blumenduft gestaltet, mir ins Leben trat. – Ihr wißt, daß ich in dem entfernteren Teil des Tiergartens dem Hofjäger nahe wohne. Gleich den ersten Tag, als ich angekommen" – – – In dem Augenblick wurde Severin durch einen alten, sehr wohlgekleideten Mann unterbrochen, der höflich bat, ihn doch durch weniges Vorrücken des Stuhls freien Durchgang zu verschaffen. Severin stand auf und der Alte führte freundlich grüßend eine ältliche Dame, die seine Frau schien, vorüber; ihnen folgte ein ungefähr zwölfjähriger Knabe. Severin wollte sich eben wieder hinsetzen, als Alexander leise rief: „Halt, das Mädchen dort scheint noch zur Familie zu gehören!" Die Freunde erblickten eine wunderherrliche Gestalt, die mit zögernden ungewissen Schritten, mit rückwärts gewandtem Kopf sich näherte. Augenscheinlich suchte sie jemanden wiederzufinden, den sie vielleicht vorübergehend bemerkt hatte. Gleich darauf schlüpfte auch ein junger Mann durch die Menge dicht an sie heran und drückte ein Zettelchen ihr in die Hand, das sie schnell im Busen verbarg. Der Alte hatte unterdessen nicht weit von den Freunden einen soeben verlassenen Tisch in Beschlag genommen, und demonstrierte dem flüchtigen Kellner, den er bei der Jacke festhielt, sehr weitläufig, was er alles herbeibringen solle; die Frau klopfte sorglich den Staub von den Stühlen und so gewahrten sie die Zögerung der Tochter nicht, die ohne Severins Artigkeit, der noch immer mit zurückgeschobenem Stuhl stehen geblieben, im mindesten zu beachten jetzt schnell sich zu ihnen gesellte. Sie setzte sich so, daß die Freunde ihr, trotz des tiefen Strohhuts, gerade in das wunderliebliche Gesicht, in die dunkel-sehnsüchtigen Augen blicken konnten. In ihrem ganzen Wesen, in jeder Bewegung lag etwas unendlich Anmutiges Reizendes; sie war nach der letzten Mode sehr geschmackvoll, für den Spaziergang beinahe zu elegant gekleidet, und doch war an irgendeine Ziererei, wie sie sonst sehr geputzten Mädchen wohl eigen, gar nicht zu denken. Die Mutter grüßte eine entfernt sitzende Dame, und beide standen auf, sich annähernd zum Gespräch; der Alte trat unterdessen an die Laterne und zündete sich die Pfeife an. Diesen Augenblick benutzte das Mädchen, das Papierchen aus dem Busen zu ziehen und den Inhalt schnell zu lesen. Da sahen die Freunde, wie das Blut der Armen in das Gesicht stieg, wie große Tränen in den schönen Augen perlten, wie der Busen vor innerer Beklemmung sich hob und senkte. Sie zerriß das kleine Papier in hundert kleine Stücke und gab eins nach dem andern langsam, als sei jedes eine schöne, schwer aufzugebende Hoffnung, dem Winde preis. Die Alten kehrten wieder. Der Vater sah dem Mädchen scharf in die verweinten Augen und schien zu fragen: Was hast du denn? das Mädchen sprach einige sanft klagende Worte, die die Freunde freilich nicht verstehen konnten, da sie aber gleich ein Tuch hervorzog und an die Backe hielt, so mußte sie wohl Zahnschmerzen vorschützen. Eben deshalb kam es aber den Freunden besonders vor, daß der Alte, der überhaupt ein etwas karikiert ironisches Gesicht hatte, possierliche Mienen schnitt und so laut lachte. Keiner, weder Alexander, Marzell noch Severin hatte bis jetzt ein Wort gesprochen, sondern unverwandt das holde Kind, das irgendeinen großen Schmerz erfahren, angeschaut. Der Knabe nahm jetzt auch Platz und die Schwester wechselte den Sitz so, daß sie jetzt den Freunden den Rücken zukehrte. Nun war der Zauber gelöst und Alexander fing an, indem er aufstand und Severin leise auf die Schulter klopfte: „Ei, Freund Severin, wo ist die Geschichte von der in Blumenduft sich gestalteten Ahnung? wo ist der geheime Sekretär Nettelmann – die selige Tante, wo sind unsere tiefen Gespräche geblieben? – Ei was ist uns denn jetzt allen erschienen, das uns die Zunge bindet und unsere Augen so verstarrt?" – „Ich sage so viel", sprach Marzell mit einem dumpfen Seufzer, „daß das Mädchen dort das holdeste, wunderherrlichste Engelskind ist, das ich jemals sah." „Ach!" fiel Severin noch tiefer und schmerzlicher seufzend ein, „ach, und dieses Himmelswesen in irdischem Leiden befangen und duldend!" – „Vielleicht", sprach Marzell, „in diesem Augenblick unzart von roher Faust berührt!" – „Das meine ich auch", versetzte Alexander, „und sehr würde es mich erlustigen und befriedigen, wenn ich jenen großen hasenfüßigen Lümmel prügeln könnte, der ihr den fatalen Zettel gab. Unstreitig war es nämlich der ersehnte Geliebte, der ihr statt der ungezwungenen Annäherung an die Familie irgendeiner abgeschmackten Eifersüchtelei, oder sonstiger dummer Liebesfehde halber, schnöde Worte brieflich einhändigte." „Aber Alexander", fiel Marzell ihm ungeduldig ins Wort, „wie kannst du nur so ohne alle Menschenkenntnis, so ganz erbärmlich beobachten? Deine Prügel würden den seiner Breite halber freilich einladenden Rücken eines höchst unschuldigen harmlosen Briefträgers treffen. Lasest du es denn nicht in dem dümmlich lächelnden Gesicht, sahst du es denn nicht an der ganzen Manier, ja selbst am Gange, daß der junge Mensch nur Überbringer, nicht Briefsteller war? – Man mag es nun anfangen, wie man will, gibt man eigne Worte im eignen Namen ab, so steht der Inhalt leserlich auf dem Gesicht! – Wenigstens ist das Gesicht allemal die kurze Inhaltsanzeige, die den offiziellen Berichten vorgesetzt wird, und die immer sagen muß, worauf es ankommt. Und es müßte dann die heilloseste auch leicht zu erkennende Ironie sein, wie wollte man sonst der Geliebten in solch gebückter Botenstellung ein Briefchen überreichen, wie der junge Mensch es tat. Es scheint gewiß, daß das Mädchen den heimlich Geliebten, den sie nicht sehen darf oder kann, hier anzutreffen hoffte. Er wurde unabwendbar verhindert, oder auch wie Alexander meint, irgendeine dumme Liebesfehde hielt ihn zurück. Er schickte den Freund mit dem Briefchen ab. Mag es nun aber sein,was es will, mir hat die Szene das Herz zerschnitten." „Ach Freund Marzell", nahm Severin das Wort, „und doch gibst du diesem tief in die Brust schneidenden Schmerz, wie ihn die Arme litt, solche gemeine Ursache? – Nein! – sie liebt heimlich – vielleicht wider den Willen des Vaters, alle Hoffnung war auf ein Ereignis gestellt, das heute – heute den Ausschlag geben sollte. Es ist fehlgeschlagen! – Alles vorbei – untergegangen der Hoffnungsstern – begraben alles Glück des Lebens! Saht ihr wohl, mit welchem in das Innerste dringenden Blick der hoffnungslosesten Wehmut das Mädchen den unglückseligen Brief, wie Ophelia die Strohblumen, wie Emilia Galotti die Rose in hundert Stückchen zerpflückte und in die Luft verstreute? – Ach ich hätte blutige Tränen weinen mögen, als, wie im entsetzlich höhnenden Spott, der Wind die Todesworte in luftigen Wellen fortkräuselte! Ist denn kein Trost auf Erden für das holde süße Himmelskind?" – „Nun Severin", rief Alexander, „du bist wieder gut im Zuge. Das Trauerspiel ist fertig! Nein nein! wir wollen der Holden alle Hoffnungen, alles Lebensglück lassen, und ich glaube, sie zweifelt selbst noch nicht daran, da sie mir jetzt sehr gefaßt zu sein scheint. Seht nur, wie sorglich sie die neuen weißen Handschuhe auf das weiße Tuch bettet, und mit wie vieler Behaglichkeit sie den Kuchen in die Teetasse einstippt – wie sie dem Alten freundlich zunickt, der ihr einigen Rum in die Tasse tröpfelt – der Junge beißt recht bengelhaft in das große Butterbrot hinein! – Pump! da liegt es im Tee, der ihm ins Gesicht sprützt – die Alten lachen – seht, seht, wie sich das Mädchen vor Lachen schüttelt." – „Ach", unterbrach Severin den Beobachter, „ach das ist ja eben das Entsetzliche, daß die Arme den tiefen zerstörenden Schmerz im Innern, mit des Lebens gemeiner Außenseite verhüllen muß. Und dann! – ist es, im Innern verstört, nicht leichter zu lachen, als gleichgültig zu scheinen?“ „Ich bitte dich Severin“, sprach Marzell, „schweige, denn wir regen unsere Gefühle, lassen wir das Mädchen nicht aus den Augen, nur auf eine uns verderbliche Weise auf.“ Alexander stimmte der Äußerung Marzells ganz bei, und nun mühten sich die Freunde ein heiteres, von Gegenstand auf Gegenstand launicht springendes Gespräch zu beginnen. Dies gelang ihnen auch insofern, als mit vielem Geräusch die unbedeutendsten Dinge aufs Tapet gebracht und unendlich interessant gefunden wurden. Alles, was jeder sprach, hatte aber wirklich solch besondere Farbe, solch besondern Ton, der niemals zur Sache paßte, so daß die Worte nur ganz was anders bedeutende Chiffern schienen. Sie beschlossen den herrlichen Tag des Wiedersehens mit einem kalten Punsch zu feiern, und fielen schon bei dem dritten Glase einander weinend in die Arme. Das Mädchen stand auf, ging an die Barriere des Wassers und schaute hinübergelehnt mit recht wehmütigen Blicken den fliehenden Wolken nach. „Eilende Wolken, Segler der Lüfte!“ – fing Marzell mit süßlich klagender Stimme an, aber Severin stürzte das Glas hinunter und, es hart auf den Tisch niederstoßend, erzählte er von einem Schlachtfelde, das er im hellen Mondschein durchwandelt, und wie ihn die bleichen Toten mit lebendig funkelnden Augen angestarrt hätten. „Gott behüte und bewahre“, schrie Alexander, „was ficht dich an, Bruder!“ – Das Mädchen setzte sich eben wieder an den Tisch, mit einem Ruck sprangen die drei Freunde auf und hielten eine Art Wettlauf bis an die Barriere; durch einen gewagten Sprung über zwei Stühle kam aber Alexander den Freunden zuvor und lehnte sich richtig gerade an derselben Stelle an, wo das Mädchen gestanden, behauptete auch diesen Platz hartnäckig, unerachtet Marzell von der einen, Severin von der andern Seite, unter dem Vorwande freundschaftlicher Umarmungen, ihn wegzuziehen strebten. Severin sprach nun sehr feierlich und mystisch über die Wolken und ihren Zug, erklärte auch lauter, als gerade nötig, die Bilder, die sich formten; Marzell, ohne auf ihn zu hören, verglich Bellevue mit einer römischen Villa und fand, unerachtet er durch die Schweiz und durch Franken zurückgekommen, die öde Gegend mit den, gleich Kniegalgen hervorragenden Blitzableitern an den Pulverhäusern, die er funkelnde Sterne tragende Masten nannte, üppig reich und romantisch. Alexander begnügte sich damit, den schönen Abend und den reizenden Aufenthalt im Weberschen Zelt zu loben.

Die Familie schien aufbrechen zu wollen, denn der Alte klopfte die Pfeife aus, die Frauenzimmer packten die Strickzeuge ein, und der Knabe suchte und rief nach seiner Mütze, die ihm endlich der muntere Hauspudel, der so lange damit gespielt, dienstfertig apportierte. Die Freunde wurden kleinlauter, die Familie grüßte freundlich, da fuhren sie, sich schnell und heftiger, als nötig, bückend, mit den Köpfen zusammen, daß es merklich krachte. Indem sie sich darüber wundern wollten, war die Familie auf und davon. Nun schlichen sie in mürrischem Schweigen zurück zum kalten Punsch, den sie miserabel fanden. Die bilderreichen Wolken verhauchten im gestaltlosen dunkeln Nebel, Bellevue wurde wieder Bellevue, jeder Blitzableiter ein Blitzableiter, und das Webersche Zelt eine ordinäre Kneipe. Da überdem beinahe kein Mensch mehr da war, eine unangenehme Kühle eintrat, und sogar die Pfeifen nicht mehr recht brennen wollten, schlichen die Freunde in einem Gespräch, das wie ein abgebranntes Licht nur hin und wieder einmal noch aufloderte, fort. Severin trennte sich schon im Tiergarten von ihnen, um seine Wohnung zu suchen, und Marzell ließ auch, in die Friedrichsstraße einbiegend, den Freund allein nach seinem weit entlegenen Hause zur seligen Tante wandeln. Eben dieser Entlegenheit ihrer Wohnungen halber hatten die Freunde einen öffentlichen Ort in der Stadt gewählt, wo sie sich an bestimmten Tagen und Stunden sehen wollten. Es geschah auch so; sie kamen aber mehr um das sich gegebene Wort zu halten, als aus innerm Antriebe. Vergebens blieb alles Mühen, den gemütlichen traulichen Ton, der sonst unter ihnen herrschte wiederzufinden. Es war, als trage jeder etwas im Innern, das alle Lust, alle Freiheit verstöre, und das er, wie ein düsteres verderbliches Geheimnis bewahren müsse. Nach weniger Zeit war Severin plötzlich aus Berlin verschwunden. Alexander klagte kurz darauf mit einer Art von Verzweiflung, daß er vergebens um Verlängerung seines Urlaubs gebeten; daß er, ohne mit der Regulierung der Erbschaft zustande gekommen zu sein, fortreisen und seine herrliche bequeme Wohnung verlassen müsse. „Aber“, fragte Marzell: „mich dünkt, du fandest ja deine Wohnung so unheimlich, ist es dir nicht lieb, wieder ins Freie zu kommen, und wie ist es mit dem alten Spuk der seligen Tante?“ „Ach“, rief Alexander verdrießlich, „die spukt längst nicht mehr. – Ich kann dich versichern, daß ich mich recht nach häuslicher Ruhe sehne, und wahrscheinlich nehme ich bald meinen Abschied, um der Kunst und Literatur ungestört nachhängen zu können.“ Alexander mußte auch in der Tat in wenigen Tagen fort. Bald darauf brach der Krieg aufs neue aus, und plötzlich war Marzell, der, statt den frühern Plan zu verfolgen, wieder Kriegsdienste genommen, auch fort zur Armee. So trennten sich die drei Freunde aufs neue, ehe sie sich noch im eigentlichen Sinne des Worts wiedergefunden hatten.

Zwei Jahre waren vergangen, als gerade am zweiten Pfingstfeiertage Marzell, der abermals den Kriegsdienst verlassen hatte und nach Berlin zurückgekehrt war, im Weberschen Zelt über die Barriere gelehnt, mancherlei Gedanken nachhängend, in die Spree hinabsah. Es klopfte ihm jemand leise auf die Schulter, und als er um sich blickte, standen Alexander und Severin vor ihm. „So muß man die Freunde suchen und finden“, rief Alexander indem er Marzell voll inniger Freude umarmte. „Mir“, fuhr Alexander fort, „mir nichts weniger träumend, als einen von euch gerade heute wiederzusehen, wandelte ich eines Geschäfts halber durch die Linden, dicht vor mir geht eine Gestalt – ich traue meinen Augen nicht – Ja es ist Severin! – Ich rufe, er dreht sich um, der meinigen gleich ist seine Freude, ich lade ihn ein in meine Wohnung, er schlägt es mir rund ab, weil ihn ein unwiderstehlicher Trieb fortjagt nach dem Weberschen Zelt. Was kann ich anders tun, als mein Geschäft aufgeben und gleich mit ihm gehen. Seine Ahnung hat ihn nicht betrogen, er wußte im Geist, daß du hier sein würdest.“ „In der Tat“, fiel Severin ein, „es war mir in der Seele ganz deutlich, daß ich Alexander sowohl, als dich hier treffen müsse, und nicht erwarten konnte ich das freudige Wiedersehen.“ Die Freunde umarmten sich aufs neue. „Findest du nicht, Alexander“, sprach Marzell, „daß Severins kränkliche Blässe ganz verschwunden ist; er sieht wunderbar frisch und gesund aus, und die fatalen finsteren Wolkenschatten liegen gar nicht mehr auf der freien Stirne.“ „Dasselbe“, erwiderte Severin, „möchte ich von dir behaupten, mein lieber Marzellus. Denn sahst du gleich nicht krank aus, wie ich, der ich es wirklich war an Leib und Gemüt, so beherrschte die eigene Verstimmung im Innern dich doch so ganz und gar, daß sie dein jugendliches munteres Gesicht schier in das eines grämlichen Alten verwandelte. Ich glaube, wir sind beide durchs Fegfeuer gegangen, und am Ende auch wohl Alexander. Hatte der nicht auch zuletzt all seine Heiterkeit verloren und machte solch ein verdammtes Arzeneigesicht, auf dem man hätte lesen mögen: Alle Stunde einen Eßlöffel voll? Mag ihn nun die selige Tante so geängstet, oder, wie ich beinahe glaube, etwas anderes geplagt haben, aber so wie wir, ist er erstanden." „Du hast recht", fiel Marzell ein, „aber je mehr ich den Burschen ansehe, desto klarer wird es mir, was Geld und Gut vermag auf dieser Erde. Hat der Mensch jemals solch rote Backen, solch rundliches Kinn gehabt? Glänzt er nicht vor Wohlbehaglichkeit? Sprechen nicht diese süß gezogenen Lippen: Der Rostbeef war delikat und der Burgunder von der feinsten Sorte!" Severin lachte. „Bemerke", fuhr Marzell weiter fort, indem er Alexandern bei beiden Armen erfaßte und sanft herumdrehte, „bemerke gefälligst dies superfeine Tuch des modernen Fracks, diese blendendweiße, sauber gefältelte Wäsche, diese reiche Uhrkette mit siebenhundert goldenen Petschaften! – Nein sage, Junge! wie bist du zu dieser enormen, dir ganz fremden Eleganz gekommen? – Gott weiß, ich glaube gar, der üppige Mensch, von dem wir sonst, wie Falstaff vom Friedensrichter Schaal, sagten, daß er füglich in eine Aalhaut gepackt werden könne, fängt an sich ganz rundlich zu formen. – Sage, was ist mit dir vorgegangen?" „Ei", erwiderte Alexander, indem eine leise Röte sein Gesicht überflog, „ei, was ist an meiner Gestalt weiter Verwunderliches. Seit einem Jahr habe ich dem königlichen Dienst entsagt, und lebe froh und heiter." „Eigentlich", fing Severin, der nicht viel auf Marzell gehört, sondern nachdenklich gestanden, jetzt wie erwachend an: „eigentlich verließen wir uns recht unfreundlich, gar nicht wie es alten Freunden ziemt." „Du vorzüglich", sprach Alexander: „denn du liefst davon ohne einem Menschen etwas zu sagen." „Ach", erwiderte Severin, „ich war damals in großer Narrheit befangen, so wie du und Marzell, denn –" er stockte plötzlich, und die Freunde sahen sich mit funkelndem Blick an, wie Leute, die derselbe Gedanke gleich einem elektrischen Schlage durchblitzt. Sie waren nämlich unter Severins Worten Arm in Arm vorgeschritten und standen gerade an dem Tisch, wo vor zwei Jahren am Pfingstfeiertage das schöne holde Himmelskind saß, das allen die Köpfe verrückte. Hier – hier saß sie, sprach es jedem aus den Augen, es war so, als wenn sie an demselben Tisch Platz nehmen wollten; Marzell rückte schon die Stühle ab, doch gingen sie schweigend weiter, und Alexander ließ einen Tisch gerade an die Stelle setzen, wo sie vor zwei Jahren saßen. Schon war der bestellte Kaffee da und noch sprach keiner ein Wort; Alexander schien der beklommenste von allen. Der Kellner, Zahlung erwartend, blieb stehen, er blickte bald den einen, bald den andern der stummen Gäste verwundert an, er rieb sich die Hände, er hüstelte, endlich frug er mit gedämpfter Stimme: „Befehlen Sie vielleicht Rum meine Herrn?" Da schauten sich die Freunde an, und brachen dann plötzlich in ein unmäßiges Gelächter aus. „Ach du meine Güte, mit denen ist es nicht recht!" rief der Kellner bestürzt zwei Schritte rückwärts springend. Alexander beschwichtigte den Erschrokkenen durch Zahlung, und nachdem er sich wieder hingesetzt, fing Severin an: „Das, was ich erst weiter ausführen wollte, haben wir alle drei mimisch dargestellt, und der beruhigende Schluß nebst Nutzanwendung lag in unsern recht aus dem Innern herausströmenden Lachen! – Heute vor zwei Jahren fingen wir uns in großer Narrheit, wir schämen uns ihrer und sind davon totaliter geheilt." „In der Tat", sprach Marzell, „das freilich wunderhübsche Mädchen hatte uns allen die Köpfe sattsam verrückt." „Wunderhübsch, ja wunderhübsch", lächelte Alexander behaglich. „Aber", fuhr er mit etwas ängstlich beklommenem Ton fort, „du behauptest Severin, daß wir alle von der Narrheit, das heißt, von dem tollen Verliebtsein in jenes uns unbekannt gebliebene Mädchen geheilt sind, aber ich setze den Fall, daß sie ebenso schön, ebenso anmutig im ganzen Wesen in diesem Augenblick wieder hier erschiene und sich dort an jenen Platz setzte, würden wir nicht aufs neue in die alte Torheit verfallen?" „Für mich", nahm Severin das Wort, „kann ich wenigstens einstehen, denn ich bin auf eine sehr empfindliche Weise geheilt worden." „Mir", sprach Marzell, „ist es nicht besser gegangen, denn toller kann niemand in der Welt mystifiziert werden, als ich es wurde bei näherer Bekanntschaft mit der unvergleichlichen Dame." „Unvergleichliche Dame, nähere Bekanntschaft!" – fiel Alexander ihm heftig ins Wort. „Nun ja, leugnen mag ich es nicht", fuhr Marzell fort, „daß jenem Abenteuer hier – beinahe mag ich's so nennen – ein kleiner Roman in einem Bande, eine Posse in einem Akt folgte." „Ist es mir denn besser gegangen", sprach Severin, „hatte aber, o Marzellus! dein Roman einen Band, deine Posse einen Akt, so spielte ich nur ein Duodezbändchen, nur eine Szene durch!" Alexander war blutrot im Gesicht geworden, Schweißtropfen standen ihm auf der Stirne, er holte kurz Atem, wühlte in dem wohlgekräuselten Toupet, kurz aller Merkmale der heftigsten innern Erregung konnte er, sichtlichen Anstrengens unerachtet, so wenig Herr werden, daß Marzell fragte: „Aber sage mir nur, Bruder, was hast du? was geht in dir vor?" „Was wird es anders sein", sprach Severin lachend, „als daß er in die Dame, der wir entsagt, noch bis über die Ohren verliebt ist, und uns nicht traut, oder wohl gar wunder denkt, wie unsere Romane beschaffen waren und plötzlich eifersüchtig wird, ohne im mindesten Ursache dazu zu haben, denn wenigstens ich bin garstig gemißhandelt worden." „Ich auf gewisse Weise ebenfalls", sprach Marzell, „und ich schwöre dir zu, Alexander, daß der Funke, der damals in meine Seele fiel, völlig zum Niewiederaufglimmen verlöscht ist, du kannst also getrost die Dame lieben, soviel du willst." „Meinetwegen auch", setzte Severin hinzu. Alexander, völlig aufgeheitert, lachte nun sehr, indem er sprach: „In gewisser Art habt ihr mich richtig beurteilt, aber dann seid ihr auch wieder auf ganz falschem Wege. Hört also: Leugnen mag ich es gar nicht, daß gedenkend des verhängnisvollen Nachmittags, jenes holde Mädchen in all ihrem wunderbaren Liebreiz mir so lebendig vor Augen stand, daß ich ihre anmutige Stimme zu hören, ihre weiße, zarte, nach mir ausgestreckte Hand erfassen zu können glaubte. Da war es, als könne ich nur *sie* mit der ganzen Gewalt der höchsten, im Innern brennenden Leidenschaft lieben, als könne ich nur in ihrem Besitz glücklich sein – und das wäre denn doch ein großes Unglück." „Wieso? – warum?" riefen Marzell und Severin heftig. „Weil", erwiderte Alexander gelassen, „weil ich seit einem Jahre verheiratet bin!" – „Du? verheiratet? seit einem Jahre?" – so schrieen die Freunde, indem sie die Hände zusammenschlugen und dann hell auflachten. „Wer ist deine Ehehälfte? – ist sie schön? – reich? – arm? – jung? – alt? – wie – wo – wann – was –" „Ich bitte euch", fuhr Alexander kleinlaut fort, indem er, die linke Hand auf den Tisch gestützt, mit der rechten, an deren kleinem Finger neben einem Chrysopras der Trauring blitzte, den Löffel ergriff und den Kaffee, tief in die Tasse guckend, umrührte. – „Ich bitte euch, verschont mich mit allen Fragen, und wollt ihr mir obendrein einen recht herzlichen Gefallen erzeigen, so erzählt mir hübsch, was euch nach jenem Abenteuer mit der Dame geschah." „Ei ei Bruder", sprach Marzell: „mir scheint, als ob du übel angekommen seist. Sollte der Teufel dich geplagt haben, gar Falters goldgelbes Alräunchen –" „Hast du mich lieb", fiel ihm Alexander ins Wort, „so quäle mich nicht mit Fragen, sondern erzähle mir deinen Roman." „Da haben wir den Spuk", rief Severin ganz verdrießlich, „zu seinen Tellern und Schüsseln, Kesseln und Kasserollen hat er eine Frau, gleichviel welche, stellen zu müssen geglaubt, blindlings zugegriffen, und nun sitzt er da, Reue und verbotene Liebe im Herzen – wozu nun freilich sein glaues Aussehen nicht recht passen will. Was sagt denn die selige Tante mit ihren Magentropfen dazu?" „Die ist sehr zufrieden mit mir", sprach Alexander sehr ernsthaft, „aber", fuhr er fort, „wollt ihr mir die Stunde des Wiedersehns nicht auf immer verbittern, wollt ihr mich nicht mit Gewalt von euch forttreiben, so hört auf mit Fragen und erzählt."

Alexanders Betragen kam den Freunden ganz wunderlich vor, doch merkten sie wohl, daß sie den tief Verwundeten nicht mehr reizen dürften, Marzell fing daher den gewünschten Roman ohne weiteres in folgender Art an.

„Es steht fest, daß heute vor zwei Jahren ein hübsches Mädchen auf den ersten Blick uns allen dreien die Köpfe verrückte, daß wir uns wie junge verliebte Hasenfüße betrugen und den Wahnsinn, der uns befangen, nicht loswerden konnten. Nacht und Tag, wo ich ging und stand, verfolgte mich des Mädchens Gestalt, sie schritt mit mir zum Kriegsminister, sie trat mir aus dem Schreibpult des Präsidenten entgegen und verwirrte durch ihren holden Liebesblick meine wohlstudierten Reden, so daß man mitleidig fragte, ob ich noch an meiner Kopfwunde litte. Sie wiederzusehn, war all mein Ziel und rastloses Streben. Ich lief wie ein Briefträger, von Morgen bis Abend durch die Straßen, schaute nach allen Fenstern hübscher Leute, aber umsonst – umsonst. – Jeden Nachmittag war ich im Tiergarten hier im Weberschen Zelt." – „Ich auch! ich auch!" – riefen Severin und Alexander. „Ich habe euch wohl gesehen, aber sorglich vermieden", sprach Marzell. „Geradeso haben wir es auch gemacht", riefen die Freunde und alle drei zusammen im Tutti: „O wir Esel!" – „Alles, alles war vergebens", fuhr Marzell fort, „aber ich hatte keine Rast, keine Ruhe. Gerade die Überzeugung, daß die Unbekannte schon liebe, daß ich in hoffnungslosem Schmerz vergehen werde, wenn ich ihr nähergekommen, mein Unglück recht mit leiblichen Augen schauen würde, nämlich ihren trostlosen Jammer um den Verlornen, ihre Sehnsucht, ihre Treue, gerade das fachte das Feuer in mir erst recht an. Severins tragische Deutung jenes Moments hier im Tiergarten kam mir in den Sinn, und indem ich alles nur mögliche Liebesunglück auf das Mädchen häufte, war ich selbst immer der noch Unglücklichere. In den schlaflosen Nächten, ja selbst auf einsamen Spaziergängen spann ich die seltsamsten verwickeltsten Romane aus, in der natürlicherweise die Unbekannte, der Geliebte und ich die Hauptrollen spielten. Welche Szenen waren zu abenteuerlich, um sie nicht in meinen Roman zu bringen? – Ich gefiel mir erstaunlich als Heros in resignierter Liebesnot! – Wie gesagt, ich durchstrich unsinnigerweise ganz Berlin um sie, die meine Gedanken, mein ganzes Ich beherrschte, wiederzufinden. So bin ich auch eines Vormittags, es mochte schon 12 Uhr sein, in die Neue Grünstraße geraten, die ich in mir vertieft durchwandle, da tritt mir ein junger sauber gekleideter Mann in den Weg und frägt mich höflich den Hut rückend, ob ich nicht wisse, wo hier der Geheime Rat Asling wohne. Ich verneine es, doch der Name Asling fällt mir auf. Asling – Asling! Da fällt es mir mit einemmal schwer aufs Herz, daß ich ganz befangen von meiner romanesken Liebe eines Briefs an den Geheimen Rat Asling ganz vergessen habe, den mir sein im Hospital zu Deutz wundliegender Neffe mitgab, mich aufs dringendste bittend, ihn selbst zu besorgen. Ich beschließe den unverzeihlich verschobenen Auftrag zur Stelle auszurichten, sehe, daß der junge Mann von einem Diener aus dem nahen Laden zurechtgewiesen, in das ansehnliche Haus dicht vor mir hineingeht und folge ihm. Der Bediente führt mich ins Vorzimmer, und bittet mich einen Augenblick zu warten, da der Herr Geheime Rat soeben mit einem fremden Herrn spreche. Er läßt mich allein, ich betrachte gedankenlos die großen Kupferstiche an den Wänden, da öffnet sich die Tür hinter mir, ich drehe mich um und erblicke – sie! – sie selbst! das holde Himmelskind aus dem Tiergarten. Ich mag euch nun gar nicht beschreiben, wie mir zumute wurde, aber so viel ist gewiß, daß mir aller Lebensatem verging – daß ich keines Wortes mächtig war, daß ich glaubte, nun werde ich gleich leblos der Holden zu Füßen sinken." „Ei ei", rief Alexander etwas betreten, „da warst du ja wohl in der Tat gar arg verliebt, Bruder!" „Wenigstens", fuhr Marzell fort, „konnte in diesem Augenblick das Gefühl der wahnsinnigsten Liebe nicht heftiger wirken. Meine Erstarrung muß deutlich auf meinem Gesicht, in meiner ganzen Stellung kennbar gewesen sein, denn Pauline schaute mich betroffen an, und da ich nun keine Silbe hervorbrachte und sie mein Betragen für Dummheit oder Tölpelei halten mußte, fragte sie endlich, indem ein leises ironisches Lächeln ihr

Gesicht überflog: ‚Sie warten gewiß auf meinen Vater?' Mit der tiefen Scham, die ich nun über mich selbst empfand, kam mir volles Bewußtsein wieder. Ich raffte mich mit aller Kraft zusammen, mit höflicher Verbeugung nannte ich meinen Namen und erwähnte des Auftrags, den ich an den Geheimen Rat auszurichten hatte. Da rief Pauline laut und freudig: ‚O mein Gott – mein Gott, Nachrichten vom Vetter! – Sie waren bei ihm, Sie sprachen ihn? – Ich traue seinen Briefen nicht, immer schreibt er von völliger Herstellung! – sagen Sie nur gleich das Schmerzhafteste heraus! Nicht wahr, er bleibt verkrüppelt, der Arme?' Ich versicherte dagegen, wie ich es mit Recht tun konnte, daß die Schußwunde, da beinahe die Kniescheibe zerschmettert, allerdings gefährlich gewesen sei, und man mit Amputation gedroht habe, alle Gefahr sei indessen nicht allein vorüber, sondern auch Hoffnung da, daß der junge vollkräftige Mann in einiger Zeit die Krücke würde wegwerfen können, die er jetzt wohl mehrere Monate hindurch werde brauchen müssen. An Paulinens Anblick, an den Zauber ihrer Nähe gewöhnt, durch das Erzählen jener Tatsachen ermutigt, gelang es mir, dem Bericht von dem Zustande des wunden Neffen, die Erzählung des Gefechts, das ich mit ihm in einem Bataillon dienend bestand, und in welchem er die Wunde erhielt, zuzufügen. Ihr wißt es wohl, daß in solcher Exaltation man der lebensvollsten, farbenreichsten Darstellung mächtig ist, ja wohl selbst mehr als nötig in jenen emphatischen Stil gerät, der seine volle Wirkung auf junge Mädchen niemals verfehlt. Ebenso werdet ihr wohl glauben, daß ich nicht gerade von der Stellung der Truppen, von dem kunstreichen Plan des Manövers, von maskierten Angriffen – versteckten Hinterhalten von Batterien – vom Debouchieren und Entwickeln der Kavalleriemassen u. s. w. sprach, sondern vielmehr all die kleinen, Herz und Gemüt ergreifenden Einzelnheiten, die im Felde so häufig sich darbieten, heraushob. Gestehen muß ich, daß manches Ereignis, das ich kaum beachtet, sich jetzt in der Erzählung als höchst wunderbar und rührend gestaltete, und so geschah es, daß Pauline bald vor Schauer und Schreck verblaßte, bald mild und fromm durch die Tränen, die ihr in den Augen standen, lächelte. ‚Ach', sprach sie endlich, als ich einen Augenblick schwieg, ‚Sie standen so regungslos, so in Gedanken vertieft da, als ich eintrat, gewiß weckte jenes Schlachtstück dort irgendeine sehr schmerzhafte Erinnerung!' – Wie ein glühender Pfeil durchfuhr es mein Inneres, ich muß blutrot geworden sein bei diesen Worten Paulinens. ‚Ich gedachte', sprach ich mit einem wahrscheinlich recht kläglichen Seufzer, ‚ich gedachte eines Augenblicks, der der seligste meines Lebens war, unerachtet ich auf den Tod verwundet wurde.' ‚Aber doch wieder ganz geheilt', fragte Pauline, mit inniger Teilnahme; ‚gewiß traf Sie eine böse Kugel im Augenblick, als der glorreichste Sieg entschieden?' Mir wurde etwas albern zumute, doch unterdrückte ich dies Gefühl, und ohne aufzublicken, sondern zur Erde schauend, wie ein gescholtener Bube, sprach ich sehr leise und dumpf: ‚Ich hatte schon das Glück, Sie zu sehen, mein Fräulein!' Nun ging das Gespräch auf erbauliche Weise weiter, indem Pauline anfing: ‚Ich wüßte doch in der Tat nicht –' ‚Nur wenige Tage sind es her – der herrlichste Frühlingshauch ging über die Erde hin und erquickte Geist und Gemüt, ich feierte mit zwei meiner mir im Innersten verwandten Freunde das Fest des Wiedersehns nach langer Trennung!' – ‚Das muß recht hübsch gewesen sein!' – ‚Ich sah Sie, mein Fräulein!' – ‚In der Tat? – ach! das war gewiß im Tiergarten!' – ‚Am zweiten Pfingstfeiertage im Weberschen Zelt!' – ‚Ja, ja, ganz recht, ich war da mit Vater und Mutter! Es gab viel Leute, ich amüsierte mich recht gut, aber Sie habe ich gar nicht gesehen!' – Die vorige Albernheit kam wieder mit aller Stärke, ihr gemäß war ich im Begriff, etwas sehr Abgeschmacktes zu sagen, als der Geheime Rat hereintrat, dem Pauline in voller Freude gleich verkündete, daß ich Briefe vom Vetter brächte. Der Alte schrie jubelnd auf: ‚Was! Briefe von Leopold! – lebt er? – wie geht's mit der Wunde? – wann kann er reisen?' – Und damit packte er mich bei der Rockklappe und zog mich in sein Zimmer. Pauline folgte, er rief nach Frühstück, er hörte nicht auf mit Fragen. Kurz! zwei volle Stunden mußte ich bleiben, und als ich endlich in steigender Beklommenheit, da Pauline sich dicht neben mir gesetzt und mir fortwährend mit kindlicher Unbefangenheit in die Augen schaute, mich losriß, lud mich der Alte mit herzlicher Umarmung ein, nur so oft hinzukommen – vorzüglich zur Teestunde – als ich wollte. Nun war ich also, wie es oft in der Feldschlacht zu ergehen pflegt, unversehens mitten im Feuer. Wollt ich euch nun meine Qualen schildern, wie ich oft von unwiderstehlichem Zauber befangen nach dem Hause, das mir so verderblich schien, hineilte, wie ich die Klinke, die ich schon in der Hand hatte, wieder fahrenließ und nach Hause lief, wieder zurückkehrte, das Haus umkreiste und dann in einer Art von Verzweiflung hineinstürzte, dem Sommervogel gleich, der nicht lassen kann von der Lichtflamme, die ihm zuletzt den freiwillgen Tod gibt – wahrhaftig ihr würdet lachen, da ihr wohl das Geständnis erwartet, daß ich mich damals auf die ärgste Weise selbst mystifizierte. Beinahe jeden Abend, wenn ich den Geheimen Rat besuchte, fand ich mehrere Gesellschaft da, und ich muß gestehen, daß ich mich nirgends behaglicher gefühlt, als dort, unerachtet ich, mein eigener Dämon, mir geistige Rippenstöße gab und in die Ohren schrie: ‚Du liebst ja unglücklich, du bist ja ein verlorner Mensch!' – Jedesmal kam ich verliebter und unglücklicher nach Hause. Aus Paulinens frohem unbefangenen Betragen merkt ich bald, daß von einem Liebesunglück nicht die Rede sein könne, und manche Anspielungen der Gäste deuteten offenbar dahin, daß sie versprochen sei und bald heiraten werde. Überhaupt herrschte in des Geheimen Rats Zirkel eine gar herrliche gemütliche Lustigkeit, die er selbst, ein lebenskräftiger jovialer Mann auf die ungezwungenste Weise zu entzünden wußte. Oft schienen größer angelegte Späße Stoff zum Lachen zu geben, die nur, da sie vielleicht auf Persönlichkeiten sich beziehend, mich als Fremden nicht ansprechen konnten, verschwiegen wurden. So erinnere ich mich, daß ich einst, als ich nach langem Kampfe sehr spät abends eintrat, den Alten und Paulinen von jungen Mädchen umgeben in der Ecke stehend erblickte. Der Alte las etwas vor, und ein schallendes Gelächter folgte, als er geendet. Zu meiner Verwunderung hatte er eine große weiße, mit einem ungeheuern Nelkenstrauß geschmückte Schlafmütze in der Hand, die setzte er, nachdem er noch einige Worte gesprochen, auf, und nickte seltsam mit dem Kopfe hin und her, worauf alle aufs neue in ein unmäßiges Gelächter ausbrachen." „Teufel – Teufel!" rief hier Severin, indem er sich heftig vor die Stirne schlug. „Was hast du? – was hast du, Herr Bruder", riefen die Freunde besorgt. „Nichts, nichts – nicht das mindeste, fahr nur fort, lieber Bruder! – nachher, nachher! – jetzt nur weiter." Dies erwiderte Severin nicht ohne bitter in sich hineinzulachen, Marzell erzählte weiter. „Sei es nun, daß die Kameradschaft mit dem Neffen, oder daß die aus meiner beständigen Exaltation sich erzeugende besondere Art meines ganzen Wesens, meiner Unterhaltung, mir selbst ein besonderes Interesse gab, kurz, der Alte gewann mich in kurzer Zeit sehr lieb, vorzüglich müßte ich aber ganz verblendet gewesen sein, hätte ich nicht merken sollen, daß Pauline mich vor allen andern jungen Männern, die sie umgaben, ganz besonders auszeichnete." „Wirklich, wirklich", fragte Alexander mit betrübtem Ton. „In der Tat war es so", fuhr Marzell fort, „und ihr mußte ich ja schon deshalb nähergetreten sein, weil sie, wie jedes nur irgend sinnige Mädchen, mit einem feinen Takt aus allem, was ich sprach, was ich tat, den vollstimmigen Hymnus ihres wunderbaren Liebreizes heraushören, die tiefste Adoration ihres ganzen, mit glühender Liebe erfaßten Wesens herausfühlen mußte. – Unbeachtet ließ sie oft ihre Hand minutenlang in der meinigen ruhen, sie erwiderte ihren leisen Druck, ja als einmal in fröhlichem Übermute nach den Tönen eines alten Flügels sich die Mädchen zu drehen anfingen, flog sie in meinen Arm, und ich fühlte ihren Busen glutvoll beben und ihren süßen Liebeshauch an meinen Wangen – Ich war außer mir! – Feuer brannte auf meinen Lippen – ich hatte sie geküßt–" „Donnerwetter!" schrie hier Alexander, wie besessen aufspringend und sich mit beiden Fäusten in die Haare fahrend. „Schäme dich, schäme dich, Ehemann", sprach Severin, indem er ihn auf den Stuhl niederdrückte: „du bist, hol mich der Teufel, noch in Paulinen verliebt, schäme dich, schäme dich, Ehemann – armer, ins Joch gebeugter Ehemann." „So fahre nur fort", sprach Alexander wie trostlos, „es werden noch schöne Dinge kommen, merk ich schon." „Ihr könnt euch, nach diesem allen", sprach Marzell weiter, „meine Stimmung wohl denken. Ich wurde, so glaubt ich, von tausend Qualen zerrissen, ich steigerte mich herauf zum höchsten Heroismus, ich wollte mit einem Zuge den vollen verderblichen Giftbecher leeren und dann fern von der Geliebten mein Leben aushauchen. Das heißt mit andern Worten, ich wollte ihr meine Liebe gestehen und dann sie meiden – wenigstens bis zum Hochzeitstage, da konnt ich denn, wie es geschrieben steht in vielen Büchern, halb versteckt hinter einem Kirchenpfeiler die Trauung mit ansehen und nach dem unglücklichen ‚Ja!' mit vielem Geräusch der Länge lang ohnmächtig zu Boden sinken, von mitleidigen Bürgersleuten herausgetragen werden u. s. w. Von diesen Ideen ganz erfüllt, ganz wahnsinnig lief ich eines Tages früher, als gewöhnlich zum Geheimen Rat. – Ich treffe Paulinen allein im Zimmer – noch ehe sie recht erschrecken kann über mein verstörtes Wesen, stürze ich ihr zu Füßen, ergreife ihre Hände, drücke sie an meine Brust – gestehe ihr, daß ich sie bis zur hellen Raserei liebe, und nenne mich, indem ich einen Strom von Tränen vergieße, den unglücklichsten, dem bittersten Tode geweihten Menschen, da sie nicht mein werden könne, da sie

Herz und Hand dem glücklichen Nebenbuhler früher geschenkt. Pauline ließ mich austoben, hob mich dann auf, nötigte mich mit holdem Lächeln neben sich aufs Sofa und fragte mit rührend sanfter Stimme: ‚Was ficht Sie an? lieber – lieber Marzell! beruhigen Sie sich doch nur, Sie sind in einer Stimmung, die mich ängstet!' – Ich wiederholte, wiewohl besonnener alles, was ich gesagt, da sprach Pauline: ‚Aber wie kommt es Ihnen denn in den Sinn, daß ich schon liebe, ja daß ich schon versprochene Braut sein soll? – Es ist nicht das mindeste davon wahr, ich kann es versichern.' Als ich dagegen behauptete, daß ich schon seit dem ersten Augenblick, als ich sie sah, auf das klarste überzeugt worden sei, daß sie liebe, und sie immer mehr in mich drang, doch mich nur deutlicher zu erklären, so erzählte ich ihr ganz treuherzig unsere ganze famöse Geschichte vom Pfingstfeiertage im Weberschen Zelt. Kaum habe ich geendet, da springt Pauline auf und hüpft mit lautem Gelächter in der Stube umher und ruft: ‚Nein, das ist zu arg! – nein, solche Träume – solche Einbildungen – nein, das ist zu arg!' – Ich bleibe ganz verdutzt sitzen; Pauline kehrt zu mir zurück, faßt meine beiden Hände und schüttelt sie, wie wenn man jemanden aus tiefem Traum wecken will. ‚Nun horchen Sie wohl auf', fängt sie, kaum vermögend das Lachen zu unterdrücken, an: ‚der junge Mensch, den Sie für den Liebesboten hielten, war ein Diener aus dem Bramigkschen Laden, das Billettchen, das er mir brachte, von Herrn Bramigk selbst. Er, der gefälligste, artigste Mann von der Welt, hatte mir versprochen, ein allerliebstes Pariser Hütchen, dessen Modell ich gesehen, zu verschreiben, und mir Nachricht zu geben, wenn es angekommen. Ich wollte es gerade den andern Tag, als Sie mich bei Weber sahen, zu einem Singetee – Sie wissen, daß hier so eine Abendgesellschaft heißt, bei der man Tee trinkt um zu singen und singt um Tee zu trinken – also da wollt ich ihn aufsetzen. Der Hut war wirklich angekommen, aber durch die Schuld des Versenders so übel zugerichtet, daß er ohne gänzliches Umarbeiten nicht getragen werden konnte. Das war die fatale Nachricht, die mir Tränen auspreßte. Ich mocht's dem Vater gar nicht merken lassen, aber er wußte den Grund meines tiefen Kummers bald auszuforschen, und lachte mich derb aus. Daß ich die Gewohnheit habe, in derlei Fällen mein Tuch an die Backe zu bringen, bemerkten Sie längst.' – Pauline lachte aufs neue, aber mir fröstelte es eiskalt durch Mark und Glieder, ein Glutstrom folgte, und es war, als riefe es im Innern: ‚Alberne törichte, widrige Putznärrin!‘“ – „Hoho, das ist zu grob und unwahr“, unterbrach Alexander den Erzähler ganz erzürnt, „doch nur weiter!“ setzte er gelassener hinzu. „Nicht beschreiben“, fuhr Marzell fort, „nicht beschreiben kann ich euch mein Gefühl. Ich war aus dem Traum erwacht, in dem mich ein böser Geist geneckt, ich wußte es, daß niemals ich Paulinen liebte, und daß nur eine unbeschreibliche narrenhafte Täuschung der Spuk war, der mich so toll umhergetrieben. Kaum vermochte ich ein Wort zu sprechen, vor innerm Verdruß zitterte ich am ganzen Leibe, und als Pauline erschrocken fragte, was mir wäre, schützte ich eine plötzliche Kränklichkeit vor, die ich nicht zum Ausbruch kommen lassen dürfte, und rannte wie ein gehetztes Wild von dannen. Als ich über den Gensd'armesplatz kam, stellte sich gerade ein Trupp Freiwilliger zum Abmarsch, da stand es klar vor meiner Seele, was ich tun müsse, mich selbst zu beschwichtigen und die ärgerliche Geschichte zu vergessen. Statt nach Hause zu gehen lief ich augenblicklich zu der Behörde, die meine Wiedereinstellung bewirkte. In zwei Stunden war alles abgemacht, nun lief ich nach Hause, zog meine Uniform an, packte meinen Tornister, nahm mein Seitengewehr und meine Büchse und ging zur Wirtin, um ihr meinen Koffer in Verwahrung zu geben. Indem ich mit ihr sprach, ließ sich ein Geräusch auf der Treppe hören. ‚Ach jetzt werden sie ihn bringen‘, sprach die Wirtin und öffnete die Türe. Da sah ich zwischen zwei Männern den wahnsinnigen Nettelmann herabkommen. Er hatte eine hohe Krone von Goldpapier aufgesetzt und trug ein langes Lineal, auf das er einen vergoldeten Apfel gespießt, als Szepter in der Hand. ‚Er ist nun wieder König von Amboina geworden‘, flüsterte die Wirtin, ‚und machte in der letzten Zeit solche tolle Streiche, daß ihn der Bruder nach der Charité bringen lassen muß.‘ Im Vorübergehen erkannte mich Nettelmann, lächelte mit gnädigem Stolz auf mich herab und sprach: ‚Jetzt, nachdem die Bulgaren durch meinen Feldherrn, den vormaligen Hauptmann Tellheim, geschlagen, kehre ich zurück in meine beruhigte Staaten.‘ Ohne daß ich Miene machte zu sprechen, setzte er mit der Hand abwehrend hinzu: ‚Schon gut – schon gut – ich weiß, was Er sagen will, mein Lieber! – Nichts weiter, ich war mit Ihm zufrieden, ich habe es gern getan! – Nehm Er die Wenigkeit als ein Zeichen meiner Gnade und Affektion!‘ – Mit diesen Worten drückte er mir ein paar Gewürznelken, die er aus der Westentasche hervorgesucht in die Hand. Nun hoben ihn die Männer in den

Wagen, der unterdessen vorgefahren. Als er fortwollte, traten mir die Tränen in die Augen. ‚Kommen Sie gesund, freudig und siegreich in unsere Stadt zurück', rief die Wirtin, mir treuherzig die Hand schüttelnd. Mit mannigfachen schmerzlichen Gefühlen in der aufgeregten Brust rannte ich fort in die Nacht hinein, und erreichte in weniger Zeit den Trupp der lustige Kriegslieder singenden Kameraden." „Also bist du überzeugt, Bruder", fragte Alexander: „daß deine Liebe zu Paulinen nur Selbsttäuschung war?" – „Wie von meinem Leben", erwiderte Marzell, „und wenn du nur ein bißchen Menschenkenntnis zu Rate ziehst, wirst du auch finden, daß die plötzliche Sinnesänderung, als ich erfuhr, daß ich keinen Nebenbuhler hatte, sonst nicht möglich war. – Übrigens liebe ich jetzt ernstlich, und unerachtet ich über deinen Ehestand so gelacht Alexander, weil du mir, nimm's nicht übel, als Paterfamilias gar zu schnakisch vorkommst, so hoffe ich doch bald in einer schönern Gegend als die unsrige ein holdes Mädchen als Braut heimführen zu können." „In der Tat", rief Alexander ganz erfreut, „in der Tat! O du lieber charmanter Bruder!" Er umarmte den Marzell mit Heftigkeit. „Nun seht doch", sprach Severin, „wie er sich freut, daß ein anderer ihm seine tollen Streiche nachmacht. Nein, was mich betrifft, so umfängt mich der Gedanke an den Ehestand mit unheimlichem Grauen. Doch nun will ich euch meine Geschichte mit Fräulein Paulinen auftischen zu eurer Ergötzlichkeit." „Was hast du denn mit Paulinen vorgehabt?" fragte Alexander verdrießlich. „Nicht viel", erwiderte Severin, „gegen Marzells ausführliche, mit psychologischer Ein- und Ansicht vorgetragene Geschichte ist die meinige nur ein dürftiger magerer Schwank. – Ihr wißt, daß ich mich vor zwei Jahren in einer ganz besonderen Stimmung befand. Wohl mochte es meine physische Kränklichkeit sein, die mich ganz und gar zum empfindelnden Geisterseher umschuf. Ich schwamm in einem bodenlosen Meer von Ahnungen und Träumen. Ich glaubte, wie ein persischer Magier, den Gesang der Vögel zu verstehen, ich hörte in dem Rauschen des Waldes bald tröstende, bald warnende Stimmen, ich sah mich selbst in den Wolken wandeln. So geschah es, daß ich einst in einer abgelegenen wilden Partie des Tiergartens, auf einer Moosbank sitzend, in einen Zustand geriet, den ich nur dem wunderbaren Delirieren, das dem Einschlafen vorherzugehen pflegt, vergleichen kann. Mir war es, als würde ich plötzlich von süßem Rosenduft umwallt, indessen erkannte ich bald, daß der Rosenduft ein holdes

Wesen sei, das ich schon längst bewußtlos mit glühender inbrünstiger Liebe umfangen. Ich wollte sie mit leiblichen Augen erschauen, aber da legte es sich wie eine große dunkelrote Nelke über meine Stirn, und ihr Duft, wie mit brennenden Strahlen den Hauch der Rose wegsengend, betäubte meine Sinne, so daß ein bitter schmerzliches Gefühl mich durchdrang, welches laut werden wollte in tief klagenden Akzenten. Wie wenn der Abendwind mit leisem Fittich die Äolsharfe anschlägt und den Zauber löst, von dem bestrickt ihre Töne im Innern schliefen, so klang es durch den Wald, aber nicht meine Klage war das, sondern die Stimme jenes Wesens, das, wie ich, von der Nelke zum Sterben berührt worden. – Erlaßt es mir, mein Traumgesicht zum indischen Mythos zu formen und zu ründen, genug, Ros und Nelke wurden mir Leben und Tod, und all meine Tollheit, die ich heut vor zwei Jahren ausließ, kam hauptsächlich davon her, daß ich in dem Himmelskinde, das dort drüben saß und das sich leiblicherweise jetzt als Fräulein Pauline Asling gestaltet hat, das, ätherischem Rosenduft entkeimte Wesen zu erkennen glaubte, dessen Liebesglut sich mir erschlossen. Ihr erinnert euch, daß ich gleich im Tiergarten euch verließ, um nach meiner Wohnung zu eilen, aber eine ganz deutliche bestimmte Ahnung sagte mir, daß, wenn ich mit Anstrengung fort- und hineinliefe durch das Leipziger Tor und dann nach den Linden, ich die sehr langsam davonschreitende Familie am Ausgang derselben oder in der Nähe des Schlosses antreffen würde. Nun rannte ich fort und zwar nicht da, wo ich glaubte, wohl aber in der Breiten Straße, in die ich unwillkürlich hineingefahren, sah ich die Familie, sah ich das wunderbare Bild vor mir herwandeln. Ich folgte von weitem und erfuhr auf diese Weise noch denselben Abend die Wohnung der Geliebten. Ihr werdet wahrscheinlich sehr lachen, daß ich in der Grünstraße – ich sage in der Grünstraße einen geheimnisvollen Nelken- und Rosenduft zu verspüren glaubte. – Ja! so weit ging mein Wahnsinn! Übrigens gebärdete ich mich jetzt ganz, wie ein verliebter Knabe, der wider die Forstordnung die schönsten Bäume mit dem Einschneiden verschlungener Namenzüge ruiniert, ein verdorrtes Blumenblatt, das der Geliebten entfiel, in sieben Papiere gewickelt auf dem Herzen trägt u.s.w. Das heißt, ich fing, wie es jener allemal tut, damit an, des Tages zwölf-, funfzehn-, zwanzigmal vorbeizulaufen, und, stand sie am Fenster, ohne zu grüßen mit Blicken hinaufzustarren, die seltsam genug gewesen sein müssen. Sie bemerkte mich, und der Himmel mag wissen, wie ich dazu kam, mir einzubilden, daß sie mich verstehe, ja daß sie sich ihres psychischen Einwirkens auf mich in jener Blumenvision bewußt sei, und nun in mir den erkenne, über den die feindselige Nelke dunkle Schleier warf, als er sie, die ihm tief im Innern als Liebesstern aufgegangen, voll inbrünstiger Sehnsucht erfassen wollte. Selbigen Tages setzte ich mich hin und schrieb an sie. Ich erzählte ihr meine Vision, wie ich sie dann im Weberschen Zelt gesehen und als das Traumbild erkannt habe, wie ich wisse, daß sie schon zu lieben vermeine, daß aber in dieser Hinsicht irgend etwas Bedrohliches in ihr Leben getreten sei. Es könne, sagte ich ferner, kein Wahn sein, daß auch sie in gleichem Traumesahnen unsere psychische Verwandtschaft, unsere Liebe erkannt, doch vielleicht habe ihr nun erst meine Vision deutlich erschlossen, was tief in ihrem eigenen Innern geruht. Aber damit das froh und freudig ins Leben trete, damit ich mit freier Brust mich ihr nahen könne, flehe ich sie an, künftigen Tages in der zwölften Stunde am Fenster zu erscheinen, und als deutliches Wahrzeichen unsers Liebesglücks frisch blühende Rosen an der Brust zu tragen. Sei sie aber in feindlicher Täuschung von einem andern Wesen unwiderstehlich verlockt, wäre mein Sehnen hoffnungslos, verwerfe sie mich ganz und gar, so solle sie zur selbigen Stunde, statt die Rosen, Nelken an die Brust stecken. – Der Brief mag ein tolles, unsinniges Stück Arbeit gewesen sein, das kann ich mir jetzt wohl denken. Ich schickte ihn mit solch sicherer Botschaft ab, daß ich überzeugt sein konnte, er werde in die rechten Hände gelangen. – Voll innerer Angst und Beklemmung gehe ich den andern Tag nach der Grünstraße – ich nähere mich dem Hause des Geheimen Rats – ich sehe eine weiße Gestalt am Fenster – das Herz schlägt mir, als wolle es die Brust zersprengen – ich stehe dicht vor dem Hause – da öffnet der Alte – er war die weiße Gestalt – das Fenster – er hat eine hohe, weiße Nachtmütze auf, einen ungeheuren Nelkenstrauß daran befestigt – er nickt sehr freundlich heraus, so daß die Blumen seltsam schwanken und zittern – er wirft mir mit süßlich lächelnder Miene Kußhändchen zu. – In dem Augenblick werde ich auch Paulinen gewahr, wie sie verstohlen hinter der Gardine hervorsieht. – Sie lacht – sie lacht! – wie verzaubert war ich bewegungslos stehengeblieben, aber nun rannte ich fort – fort wie toll! – Nun! Ihr könnt denken! – zweifelt ihr wohl daran, daß ich durch diesen hämischen Spott gänzlich geheilt war? –

Doch die Scham ließ mich nicht rasten. Wie Marzell es später tat, ging ich schon damals zur Armee, und nur ein böses Verhängnis hat es gewollt, daß wir niemals zusammentrafen."

Alexander lachte unmäßig über den humoristischen Alten. „Also diese Geschichte war es", sprach Marzell, „welche der Geheime Rat damals vortrug, und wahrscheinlich war das was er vorlas, dein exzentrischer Brief." „Daran ist gar nicht zu zweifeln", erwiderte Severin; „und unerachtet ich jetzt das Lächerliche meines Beginnens sehr wohl einsehe, unerachtet ich dem Alten recht gebe und ihm für die angewandte schneidende Arzenei danken muß, so erfüllt mich mein Abenteuer doch noch immer mit tiefem Verdruß und ich mag bis jetzt deshalb keine Nelken leiden."

„Nun", sprach Marzell, „wir haben beide hinlänglich für unsere Torheit gebüßt. Alexander, der, wie es scheint, nun erst, da wir's überstanden, in Paulinen verliebt ist, war der Vernünftigste von uns allen, und daher blieb er frei von weiterer Narrheit und hat nichts davon aufzutischen." „Dafür", rief Severin, „kann er uns erzählen, wie er zur Frau kam." „Ach, lieber Bruder", nahm Alexander das Wort, „was kann ich viel mehr von meiner Heiratsgeschichte sagen, als, ich sah sie, verliebte mich und sie wurde meine Braut, meine Frau. Doch das einzige mag vielleicht einigermaßen interessieren, wie die selige Tante sich dabei benahm." „Nun? nun?" – fragten die Freunde voll Neugierde. „Ihr werdet euch erinnern", fuhr Alexander fort, „daß ich damals mit dem größten Widerwillen Berlin, und vorzüglich auch das durch den graulichen Spuk mir unheimlich gewordene Haus verließ. Das hing so zusammen. Einst an einem hellen Morgen, nachdem ich die Nacht wieder durch das Hin- und Hertappen, welches diesmal bis in mein Kabinett hineindringen zu wollen schien, recht arg verstört worden, lieg ich abgemattet und verdrießlich im Fenster, ich sehe gedankenlos die Straße herab, da wird schrägüber in dem großen Hause ein Fenster geöffnet und ein wunderhübsches Mädchen in einem zierlichen Morgenkleide schaut heraus. Sosehr mir Pauline gefallen, so fand ich doch dies Gesichtchen unendlich viel anziehender. Mein Blick blieb starr auf sie geheftet, sie sah endlich herüber, sie mußte mich bemerken, ich grüßte und sie dankte mit unbeschreiblicher Anmut. Durch Jungfer Anne erfuhr ich gleich, wer drüben wohne, und mein Entschluß stand fest, auf irgendeine Weise die Bekanntschaft der Familie zu machen, und so dem holden lieblichen Wesen, das meinen ganzen Sinn gefangen hatte, näherzutreten. Es war eigen, daß, da ich nun all meine Gedanken auf das Mädchen gerichtet hatte, da ich mich in süßen Träumen des schönsten Liebesglücks verlor, der unheimliche Spuk der Tante ausblieb. – Jungfer Anna, der ich so liebreich begegnet, als es nur in meinen Kräften stand, und die alle Scheu abgelegt hatte, erzählte mir oft viel von der Seligen, sie war untröstlich, daß die Verstorbene, die doch ein solch gottseliges frommes Leben geführt, keine Ruhe im Grabe habe, und schob alle Schuld auf den ruchlosen Bräutigam und den unverwindlichen Schmerz jenes unglücklichen Hochzeittages, an dem der Bräutigam ausblieb. Nun verkündigte ich ihr mit vieler Freude, daß ich nichts mehr höre. ‚Ach du lieber Gott', rief sie weinerlich, ‚wenn nur erst Kreuzes-Erfindungs-Tag vorüber wäre.' ‚Was ist das mit dem Kreuzes-Erfindungs-Tag', fragte ich schnell. ‚Ach du lieber Gott', sprach Jungfer Anne weiter, ‚das ist ja eben der unglückliche Hochzeittag. Sie wissen, lieber Herr, daß die selige Mamsell gerade am dritten April dahinschied. Acht Tage darauf wurde sie begraben. Die Stuben wurden bis auf das große Zimmer und das daran stoßende Kabinett versiegelt. So mußte ich dann in diesen Gemächern hausen, unerachtet mir, selbst wußt ich nicht warum, dies ängstlich und graulich war. Kaum brach nun am Kreuzes-Erfindungs-Tage der Morgen an, als mir eine eiskalte Hand über das Gesicht fuhr und ich ganz deutlich der Seligen Stimme vernahm, welche sprach: ›Steh auf, steh auf, Anna! es ist Zeit, daß du mich schmückest, der Bräutigam kommt!‹ Voller Schreck sprang ich aus dem Bette und zog mich rasch an. Es war alles still und nur eine schneidende Zugluft blies durch den Kamin. Mimi winselte und jammerte unaufhörlich, und selbst Hans, wie es sonst gar nicht Katzennatur ist, ächzte vernehmlich und drückte sich scheu in die Ecken. Nun war es, als würden Kommoden und Schränke geöffnet, als rausche es mit seidenen Kleidern, und dabei sang es ein Morgenlied. Ach lieber Herr! – alles hörte ich deutlich und doch sah ich niemanden, die Angst wollte mich ganz übermannen, aber ich kniete in die Ecke des Zimmers und betete eifrig. Nun war es, als würde ein Tischchen gerückt, als würden Gläser und Tassen daraufgesetzt – und es ging im Zimmer auf und ab! – Ich konnte kein Glied rühren, und – was soll ich denn nun noch weiter sagen – wie jedesmal an jenem Unglückstage, hörte ich die selige Mamsell herumgehen und stöhnen und seufzen und beten, bis die Uhr zehn schlug, da vernahm ich wieder ganz deutlich die Worte: ›Geh nur zu Bette, Anne! es ist aus!‹ – Aber da fiel ich auch bewußtlos zur Erde nieder, und so fanden mich am andern Morgen die Leute im Hause, welche, da ich mich gar nicht blicken lassen, glaubten, mir sei etwas zugestoßen und die verschlossene Türe aufbrechen ließen. Niemanden als Ihnen, lieber Herr, habe ich indessen erzählt, was mir an jenem Tage geschehen.‘

Nach dem, was ich erfahren durfte ich gar nicht daran zweifeln, daß alles sich so, wie Jungfer Anne erzählte, zugetragen, und ich war froh, daß ich nicht früher angekommen und so den argen graulichen Spuk mit zu bestehen gehabt hatte. – Gerade jetzt, als ich den Spuk verbannt glaubte, als in der Nachbarschaft mir süße Hoffnungen aufgingen, mußte ich fort, und daher kam die Verstimmung, die ihr an mir bemerktet. –Nicht sechs Monate waren verflossen, als ich meinen Abschied erhalten hatte und wiederkehrte. Es gelang mir sehr bald, die Bekanntschaft jener nachbarlichen Familie zu machen, und ich fand das Mädchen, die mir auf den ersten Blick so reizend, so anmutig erschien, bei näherer Bekanntschaft immer anziehender in allem ihren Wesen und Tun, so daß nur in der innigsten Verbindung mit ihr mein Lebensglück blühen konnte. Ich weiß nicht, wie es kam, daß ich durchaus glaubte, sie liebe schon einen andern, und diese Meinung wurde bestätigt, als einst von einem jungen Mann die Rede war, bei dessen Erwähnung das Mädchen, helle Tränen in den Augen, schnell aufstand und sich entfernte. – Demunerachtet tat ich mir gar keinen Zwang an, sondern ließ ihr, ohne geradezu von Liebe zu sprechen, in vollem Maß die innige Zuneigung merken, die mich an sie fesselte. Es schien, als würde sie mir mit jedem Tage gewogener, mit recht lieblicher Behaglichkeit nahm sie die Huldigungen auf, die sich in tausend kleinen, ihr wohlgefälligen Galanterien aussprachen.“ „Niemals“, fiel hier Marzell dem erzählenden Alexander in die Rede: „niemals hätt ich das alles dem ungeschickten Menschen zugetraut; er ist Geisterseher und eleganter Liebhaber zugleich, aber indem er es erzählt, glaube ich daran, und sehe ihn, wie er alle Laden durchläuft, um irgendeine gewünschte Putzware zu erbeuten, wie er atemlos bei Bouché ankommt, um den schönsten Rosen- oder Nelkenstock –“ „Fort mit den unseligen Blumen“, schrie Severin; und Alexander erzählte also weiter: „Glaubt nicht, daß ich ungeschickterweise mit kostbaren Geschenken anrückte; daß dies in dem Hause nicht angebracht sei, sagte mir bald mein inneres richtiges Gefühl, dagegen knüpfte ich gering scheinende Aufmerksamkeiten an meine Person und erschien niemals ohne ein gewünschtes Stickmuster, ein neues Lied, ein noch nicht gelesenes Taschenbuch u.s.w. in der Tasche zu tragen. Kam ich nicht jeden Vormittag auf ein halbes Stündchen herüber, so wurde ich vermißt. – Kurz, was will ich euch denn mit solcher Umständlichkeit ermüden – mein Verhältnis mit dem Mädchen ging in jene behagliche Vertraulichkeit über, die zum offnen Geständnis der Liebe und zur Heirat führt. – Ich wollte mir den letzten Wolkenschatten vertreiben, sprach daher einst in einer gemütlichen Stunde geradezu von der vorgefaßten Meinung, daß sie schon liebe oder wenigstens geliebt habe, und erwähnte aller Umstände, die diese Meinung genährt hatten, vorzüglich aber gedachte ich jenes jungen Mannes, dessen Andenken ihr Tränen auspreßte. ‚Gestehen will ich's Ihnen', sprach das Mädchen, ‚daß das längere Zusammensein mit jenem Manne, der plötzlich als Fremder in unser Haus eintrat, meiner Ruhe hätte gefährlich werden können, ja daß ich eine heftige Neigung für ihn in mir aufkeimen spürte, und deshalb kann ich noch jetzt nicht ohne tiefes Mitleid, das mir Tränen entlockt, des Unglücks, das ihn auf ewig von mir schied, gedenken.' ‚Des Unglücks, das ihn verbannte?' fragte ich neugierig. ‚Ja', erzählte das Mädchen weiter: ‚nie kannte ich einen Mann der so wie er durch sein ganzes Wesen, durch sein Gespräch, Sinn und Gemüt zu beherrschen wußte, aber nicht leugnen konnte ich, daß er, wie mein Vater fortwährend behauptete, sich beständig in einem besonders exaltierten Zustande befand. Dies schrieb ich dem, durch uns unbekannte Ursachen – vielleicht durch den Krieg, den er mitgemacht, tief erregten Innern, der Vater dagegen dem Genuß geistiger Getränke zu. Ich hatte recht, das lehrte der Erfolg. Er überraschte mich einst allein und offenbarte eine Stimmung, die ich erst für den Ausbruch der leidenschaftlichsten Liebe, dann aber, als er wie von Frost geschüttelt an allen Gliedern zitternd unter unverständlich ausgestoßenen Lauten davonrannte, für Wahnsinn halten mußte. Es war so. Zufällig hatte er einmal Straße und Nummer seiner Wohnung genannt, die ich im Gedächtnis behalten. Als er mehrere Wochen ausgeblieben, schickte der Vater hin; die Wirtin, oder vielmehr der Hausknecht, der die dort möblierte Zimmer Bewohnenden zu bedienen pflegte, und den unser Diener gerade antraf, ließ aber auf die Erkundigung sagen, der sei längst toll und nach der Charité gebracht worden. Er müsse über das Lotteriespiel verrückt geworden sein, denn er habe geglaubt, König von der Ambe zu sein." „Gott im Himmel", schrie Marzell erschreckt, „das war Nettelmann – Ambe – Amboina." – „Es kann", sprach Severin sehr leise und dumpf, „auch eine besondere Verwechslung stattgefunden haben – mir gehn Lichter auf! – Doch nur weiter!" – Alexander blickte den Severin wehmütig lächelnd an und fuhr dann fort: „Ich war beruhigt, und bald kam es denn dahin, daß das holde Mädchen meine Braut und der Hochzeittag anberaumt wurde. Ich wollte das Haus, in dem der Spuk sich dann und wann wieder vernehmen ließ, verkaufen, der Schwiegervater riet mir's ab, und so kam es, daß ich ihm die ganze Geschichte von dem graulichen Umgehn der alten Tante erzählte. – Er wurde, sonst ein gar lebenskräftiger jovialer Mann, sehr nachdenklich, und wie ich es gar nicht erwartet hatte, sprach er: ‚In alter Zeit hatten wir einen frommen schlichten Glauben, wir erkannten das Jenseits, aber auch die Blödigkeit unserer Sinne, dann kam die Aufklärung, die alles so klar machte, daß man vor lauter Klarheit nichts sah, und sich am nächsten Baume im Walde die Nase stieß, jetzt soll das Jenseits erfaßt werden, mit hinübergestreckten Armen von Fleisch und Bein. – Behalten Sie das Haus und lassen Sie mich machen!' – Ich erstaunte, als der Alte die Haustrauung in dem großen Zimmer meiner Wohnung am Kreuz-Erfindungs-Tage, ich erstaunte noch mehr, als er alles in dem Zimmer so anordnete, wie es die selige Tante getan. Jungfer Anna schlich mit vor Angst verstörtem Gesicht leise betend umher. Die geschmückte Braut – der Geistliche kam, nichts Befremdendes ließ sich hören oder blicken. Als aber der Segen gesprochen, da ging es wie ein leiser sanfttönender Hauch durchs Zimmer, und ich, meine Braut, der Geistliche, alle Anwesende hatten nach einstimmiger Aussage in demselben Augenblick ein unbeschreibliches Wohlsein gefühlt, das uns mit elektrischer Wärme durchdrang. – Seit der Zeit habe ich keinen Spuk verspürt, außer heute, da das lebhafte Andenken an die holde Pauline in meine Ehe einen neuen Spuk gebracht." Dies sprach Alexander seltsam lächelnd und sich umschauend. „O du großer Tor", rief Marzell. „Ich wollte nicht, daß sie heute wieder hier erschiene, wer weiß, was mir geschähe." – Es waren unterdessen viele Spaziergänger angelangt und hatten Tische und Stühle eingenommen, nur den Platz nicht, wo vor zwei Jahren die Aslingsche Familie saß. „Eine recht seltsame Ahnung", fing Severin an, „geht durch mein Inneres, indem ich jenen verhängnisvollen Platz dort anschaue, es ist mir als ob –" In dem Augenblick schritt der Geheime Rat Asling, seine Frau am Arme, vorüber, Pauline folgte anmutig und wunderherrlich anzuschauen, wie vor zwei Jahren. So wie damals schien sie mit rückwärts gewandtem Kopf jemanden ausspähen zu wollen. Da fiel ihr Alexander ins Auge, der aufgestanden war. „Ach da bist du ja schon!" rief sie freudig, indem sie auf ihn zusprang. Er faßte sie bei der Hand und sprach zu den Freunden: „Das ist, Herzensbrüder: mein liebes Weiblein Pauline!"

Die Freunde waren mit Ottmars Erzählung zufrieden.

„Du hattest", sprach Theodor, „bestimmten Anlaß die Szene des Stücks nach Berlin zu verlegen und Straßen und Plätze zu nennen. Im allgemeinen ist es aber auch meines Bedünkens gar nicht übel den Schauplatz genau zu bezeichnen. Außerdem daß das Ganze dadurch einen Schein von historischer Wahrheit erhält der einer trägen Fantasie aufhilft, so gewinnt es auch, zumal für den, der mit dem als Schauplatz genannten Orte bekannt ist, ungemein an Lebendigkeit und Frische."

„Seine ironische Tücke", sprach Lothar, „vorzüglich was das junge Mädchen betrifft, hat unser Freund aber doch nicht lassen können. Doch ich verzeihe ihm das gern."

„Ein wenig Salz", erwiderte Ottmar, „ein wenig Salz, mein lieber Lothar zur magern Speise. Denn in der Tat, indem ich meine Erzählung las, fühlte ich es deutlich, daß sie zu wenig fantastisch ist, sich zu sehr in den gewöhnlichsten Kreisen bewegt."

„Findet", nahm Cyprian das Wort, „findet Theodor, daß es gut sei den bestimmten Schauplatz zu nennen, tadelt ferner Ottmar, daß sein Stoff zu wenig fantastisch sei, will endlich Lothar auch *mir* etwas ironische Tücke verzeihen, so darf ich wohl eine Erzählung vortragen, zu der mich Erinnerungen meines Aufenthalts in der edlen Handelsstadt Danzig entzündeten."

Es las:

DER ARTUSHOF

Gewiß hast du, günstiger Leser! schon recht viel von der alten merkwürdigen Handelsstadt Danzig gehört. Vielleicht kennst du all das Sehenswerte, was sich dort befindet, aus mancher Beschreibung; am liebsten sollt es mir aber sein, wenn du selbst einmal in früherer Zeit dort gewesen wärest, und mit eigenen Augen den wunderbaren Saal geschaut hättest, in den ich jetzt dich führen will. Ich meine den Artushof. – In den Mittagsstunden wogte drängend und treibend der Handel den mit Menschen der verschiedensten Nationen gefüllten Saal auf und ab, und ein verwirrtes Getöse betäubte die Ohren. Aber wenn die Börsenstunden vorüber, wenn die Handelsherren bei Tische saßen, und nur einzelne geschäftig durch den Saal, der als Durchgang zwei Straßen verbindet, liefen, dann besuchtest du, günstiger Leser, der du in Danzig warst, den Artushof wohl am liebsten. Nun schlich ein magisches Helldunkel durch die trüben Fenster, all das seltsame Bild- und Schnitzwerk, womit die Wände überreich verziert, wurde rege und lebendig. Hirsche mit ungeheuern Geweihen, andere wunderliche Tiere schauten mit glühenden Augen auf dich herab, du mochtest sie kaum ansehen; auch wurde dir, je mehr die Dämmerung eintrat, das marmorne Königsbild in der Mitte, nur desto schauerlicher. Das große Gemälde, auf dem alle Tugenden und Laster versammelt mit beigeschriebenen Namen, verlor merklich von der Moral, denn schon schwammen die Tugenden unkenntlich hoch im grauen Nebel, und die Laster, gar wunderschöne Frauen in bunten schimmernden Kleidern, traten recht verführerisch hervor und wollten dich verlocken mit süßem Gelispel. Du wandtest den Blick lieber auf den schmalen Streif, der beinahe rings um den Saal geht, und auf dem sehr anmutig lange Züge buntgekleideter Miliz aus alter reichsstädtischer Zeit abgebildet sind. Ehrsame Bürgermeister mit klugen bedeutsamen Gesichtern reiten voran auf mutigen schön geputzten Rossen, und die Trommelschläger, die Pfeifer, die Hellebardierer schreiten so keck und lebendig daher, daß du bald die lustige Soldatenmusik vernimmst, und glaubst, sie werden nun gleich alle zu jenem großen Fenster dort hinaus auf den langen Markt ziehen. – Weil sie denn nun fortziehen wollten, konntest du nicht umhin, günstiger Leser, insofern du nämlich ein rüstiger Zeichner bist, mit Tinte und Feder jenen prächtigen Bürgermeister mit seinem wunderschönen

Pagen abzukonterfeien. Auf den Tischen ringsumher lag ja sonst immer auf öffentliche Kosten Papier, Tinte und Feder bereit, das Material war also bei der Hand und lockte dich unwiderstehlich an. Dir, günstiger Leser! war so etwas erlaubt, aber nicht dem jungen Kaufherrn Traugott, der über ähnlichem Beginnen in tausend Not und Verdruß geriet. – „Avisieren Sie doch sogleich unsern Freund in Hamburg von dem zustande gekommenen Geschäft, lieber Herr Traugott!" – So sprach der Kauf- und Handelsherr Elias Roos, mit dem Traugott nächstens in Kompagnie gehen und dessen einzige Tochter Christina er heiraten sollte. Traugott fand mit Mühe ein Plätzchen an den besetzten Tischen, er nahm ein Blatt, tunkte die Feder ein und wollte eben mit einem kecken kalligraphischen Schnörkel beginnen, als er, nochmals schnell das Geschäft von dem er zu schreiben hatte, überdenkend, die Augen in die Höhe warf. – Nun wollte es der Zufall, daß er gerade vor den in einem Zuge abgebildeten Figuren stand, deren Anblick ihn jedesmal mit seltsamer unbegreiflicher Wehmut befing. – Ein ernster beinahe düsterer Mann mit schwarzem krausem Barte ritt in reichen Kleidern auf einem schwarzen Rosse, dessen Zügel ein wundersamer Jüngling führte, der in seiner Lockenfülle und zierlicher bunter Tracht beinahe weiblich anzusehen war: die Gestalt, das Gesicht des Mannes erregten dem Traugott innern Schauer, aber aus dem Gesichte des holden Jünglings strahlte ihm eine ganze Welt süßer Ahnungen entgegen. Niemals konnte er loskommen von dieser beider Anblick, und so geschah es denn auch jetzt, daß statt den Aviso des Herrn Elias Roos nach Hamburg zu schreiben, er nur das wundersame Bild anschaute und gedankenlos mit der Feder auf dem Papier herumkritzelte. Das mochte schon einige Zeit gedauert haben, als ihn jemand hinterwärts auf die Schulter klopfte, und mit dumpfer Stimme rief: „Gut – recht gut! – so lieb ich's, das kann was werden!" – Traugott kehrte sich aus dem Traume erwachend rasch um, aber es traf ihn wie ein Blitzstrahl – Staunen, Schrecken machten ihn sprachlos, er starrte hinein in das Gesicht des düstern Mannes, der vor ihm abgebildet. Dieser war es der jene Worte sprach, und neben ihm stand der zarte wunderschöne Jüngling und lächelte ihn an wie mit unbeschreiblicher Liebe. Sie sind es ja selbst, so fuhr es dem Traugott durch den Sinn. – Sie sind es ja selbst! – Sie werden nun gleich die häßlichen Mäntel abwerfen und dastehen in glänzender altertümlicher Tracht! – Die Menschen wogten durcheinander, verschwunden im Gewühl waren bald die fremden Gestalten, aber Traugott stand mit seinem Avisobriefe in der Hand, wie zur starren Bildsäule geworden auf derselben Stelle, als die Börsenstunden längst vorüber, und nur noch einzelne durch den Saal liefen. Endlich wurde Traugott Herrn Elias Roos gewahr, der mit zwei fremden Herren auf ihn zuschritt. „Was spintisieren Sie noch in später Mittagszeit, werter Herr Traugott“, rief Elias Roos, „haben Sie den Aviso richtig abgeschickt?“ – Gedankenlos reichte Traugott ihm das Blatt hin, aber da schlug Herr Elias Roos die Fäuste über den Kopf zusammen, stampfte erst ein klein wenig, dann aber sehr stark mit dem rechten Fuße und schrie, daß es im Saale schallte: „Herr Gott! – Herr Gott! Kinderstreiche! – dumme Kinderstreiche! – Verehrter Traugott – korrupter Schwiegersohn – unkluger Associé. – Ew. Edlen sind wohl ganz des Teufels? – Der Aviso – der Aviso o Gott! die Post!“ – Herr Elias Roos wollte ersticken vor Ärger, die fremden Herren lächelten über den wunderlichen Aviso, der freilich nicht recht brauchbar war. Gleich nach den Worten: „Auf Ihr Wertes vom 20sten *hujus* uns beziehend“, hatte nämlich Traugott in zierlichem kecken Umriß jene beiden wundersamen Figuren, den Alten und den Jüngling, gezeichnet. Die fremden Herren suchten den Herrn Elias Roos zu beruhigen, indem sie ihm auf das liebreichste zusprachen; der zupfte aber die runde Perücke hin und her, stieß mit dem Rohrstock auf den Boden, und rief: „Das Satanskind – avisieren soll er, macht Figuren – zehntausend Mark sind – fit!“ – Er blies durch die Finger und weinte dann wieder: „Zehntausend Mark!“ – „Beruhigen Sie sich, lieber Herr Roos“, sprach endlich der ältere von den fremden Herrn: „die Post ist zwar freilich fort, in einer Stunde geht indessen ein Kurier ab, den ich nach Hamburg schicke, dem gebe ich Ihren Aviso mit und so kommt er noch früher an Ort und Stelle, als es durch die Post geschehen sein würde.“ „Unvergleichlichster Mann!“ rief Herr Elias mit vollem Sonnenschein im Blick. Traugott hatte sich von seiner Bestürzung erholt, er wollte schnell an den Tisch, um den Aviso zu schreiben, Herr Elias schob ihn aber weg, indem er mit recht hämischem Blicke zwischen den Zähnen murmelte: „Ist nicht vonnöten, mein Söhnlein!“ – Während Herr Elias gar eifrig schrieb, näherte sich der ältere Herr dem jungen Traugott, der in stummer Beschämung dastand, und sprach: „Sie scheinen nicht an Ihrem Platze zu sein, lieber Herr! Einem wahren Kaufmann würde es nicht eingefallen sein, statt, wie es recht ist, zu avisieren,

Figuren zu zeichnen." – Traugott mußte das für einen nur zu gegründeten Vorwurf halten. Ganz betroffen erwiderte er: „Ach Gott, wie viel vortreffliche Avisos schrieb schon diese Hand, aber nur zuweilen kommen mir solche vertrackte Einfälle!" „Ei mein Lieber", fuhr der Fremde lächelnd fort: „das sollten nun eben keine vertrackte Einfälle sein. Ich glaube in der Tat, daß alle Ihre Avisos nicht so vortrefflich sind, als diese mit fester Hand keck und sauber umrissenen Figuren. Es ist wahrhaftig ein eigener Genius darin." Unter diesen Worten hatte der Fremde den in Figuren übergegangenen Avisobrief dem Traugott aus der Hand genommen, sorgsam zusammengefaltet und eingesteckt. Da stand es ganz fest in Traugotts Seele, daß er etwas viel Herrlicheres gemacht habe, als einen Avisobrief, ein fremder Geist funkelte in ihm auf, und als Herr Elias Roos, der mit dem Schreiben fertig geworden, noch bitterböse ihm zurief: „Um zehntausend Mark hätten mich Ihre Kinderstreiche bringen können", da erwiderte er lauter und bestimmter als jemals: „Gebärden sich Ew. Edlen nur nicht so absonderlich, sonst schreib ich Ihnen in meinem ganzen Leben keinen Avisobrief mehr, und wir sind geschiedene Leute!" – Herr Elias schob mit beiden Händen die Perücke zurecht und stammelte mit starrem Blick: „Liebenswürdiger Associé, holder Sohn! was sind das für stolze Redensarten?" Der alte Herr trat abermals ins Mittel, wenige Worte waren hinlänglich, den vollen Frieden herzustellen, und so schritten sie zum Mittagsmahl in das Haus des Herrn Elias, der die Fremden geladen hatte. Jungfer Christine empfing die Gäste in sorgsam geschniegelten und gebügelten Feierkleidern und schwenkte bald mit geschickter Hand den überschweren silbernen Suppenlöffel. – Wohl könnte ich dir, günstiger Leser! die fünf Personen, während sie bei Tische sitzen, bildlich vor Augen bringen, ich werde aber nur zu flüchtigen Umrissen gelangen, und zwar viel schlechteren als wie sie Traugott in dem ominösen Avisobriefe recht verwegen hinkritzelte, denn bald ist das Mahl geendet, und die wundersame Geschichte des wackern Traugott, die ich für dich, günstiger Leser! aufzuschreiben unternommen, reißt mich fort mit unwiderstehlicher Gewalt! – Daß Herr Elias Roos eine runde Perücke trägt, weißt du günstiger Leser! schon aus obigem, und ich darf auch gar nichts mehr hinzusetzen, denn nach dem was er gesprochen, siehst du jetzt schon den kleinen rundlichen Mann in seinem leberfarbenen Rocke, Weste und Hosen mit goldbesponnenen Knöpfen recht vor

Augen. Von dem Traugott habe ich sehr viel zu sagen, weil es eben seine Geschichte ist, die ich erzähle, er also wirklich darin vorkommt. Ist es aber nun gewiß, daß Gesinnung, Tun und Treiben aus dem Innern heraustretend, so die äußere Gestalt modeln und formen, daß daraus die wunderbare nicht zu erklärende nur zu fühlende Harmonie des Ganzen entsteht, die wir Charakter nennen, so wird dir, günstiger Leser! aus meinen Worten Traugotts Gestalt von selbst recht lebendig hervorgehen. Ist dies nicht der Fall, so taugt all mein Geschwätz gar nichts, und du kannst meine Erzählung nur geradezu für nicht gelesen achten. Die beiden fremden Herrn sind Onkel und Neffe, ehedem Handel, jetzt Geschäfte treibend mit erworbenem Gelde, und Herrn Elias Roos' Freunde, d. h. mit ihm in starkem Geldverkehr. Sie wohnen in Königsberg, tragen sich ganz englisch, führen einen Mahagoni-Stiefelknecht aus London mit sich, haben viel Kunstsinn und sind überhaupt feine ganz gebildete Leute. Der Onkel besitzt ein Kunstkabinett und sammelt Zeichnungen (*videatur* der geraubte Avisobrief). Eigentlich war es mir hauptsächlich nur darum zu tun, dir günstiger Leser, die Christina recht lebhaft darzustellen, denn ihr flüchtiges Bild wird, wie ich merke, bald verschwinden, und so ist es gut, daß ich gleich einige Züge zu Buch bringe. Mag sie dann entfliehen! Denke dir, lieber Leser! ein mittelgroßes wohlgenährtes Frauenzimmer, von etwa zwei- bis dreiundzwanzig Jahren, mit rundem Gesicht, kurzer ein wenig aufgestülpter Nase, freundlichen lichtblauen Augen, aus denen es recht hübsch jedermann anlächelt: Nun heirate ich bald! – Sie hat eine blendendweiße Haut, die Haare sind gerade nicht zu rötlich – recht küssige Lippen – einen zwar etwas weiten Mund, den sie noch dazu seltsam verzieht, aber zwei Reihen Perlenzähne werden dann sichtbar. Sollten etwa aus des Nachbars brennendem Hause die Flammen in ihr Zimmer schlagen, so wird sie nur noch geschwinde den Kanarienvogel füttern und die neue Wäsche verschließen, dann aber ganz gewiß in das Comptoir eilen und dem Herrn Elias Roos zu erkennen geben, daß nunmehro auch sein Haus brenne. Niemals ist ihr eine Mandeltorte mißraten, und die Buttersauce verdickt sich jedesmal gehörig, weil sie niemals links, sondern immer rechts im Kreise mit dem Löffel rührt! – Da Herr Elias Roos schon den letzten Römer alten Franz eingeschenkt, bemerke ich nur noch in der Eile, daß Christinchen den Traugott deshalb ungemein lieb hat, weil er sie heiratet, denn was sollte sie wohl in aller

Welt anfangen, wenn sie niemals Frau würde! – Nach der Mahlzeit schlug Herr Elias Roos den Freunden einen Spaziergang auf den Wällen vor. Wie gern wäre Traugott, in dessen Innerm sich noch nie so viel Verwunderliches geregt hatte, als eben heute, der Gesellschaft entschlüpft, es ging aber nicht; denn wie er eben zur Tür hinauswollte, ohne einmal seiner Braut die Hand geküßt zu haben, erwischte ihn Herr Elias beim Rockschoß, rufend: „Werter Schwiegersohn, holder Associé, Sie wollen uns doch nicht verlassen?“ und so mußte er wohl bleiben. – Jener Professor *physices* meinte: der Weltgeist habe als ein wackrer Experimentalist irgendwo eine tüchtige Elektrisiermaschine gebaut, und von ihr aus liefen gar geheimnisvolle Drähte durchs Leben, die umschlichen und umgingen wir nun bestmöglichst, aber in irgendeinem Moment müßten wir darauftreten, und Blitz und Schlag führen durch unser Inneres, in dem sich nun plötzlich alles anders gestalte. Auf den Draht war wohl Traugott getreten, in dem Moment als er bewußtlos die zeichnete, welche lebendig hinter ihm standen, denn mit Blitzes Gewalt hatte ihn die seltsame Erscheinung der Fremden durchzuckt, und es war ihm, als wisse er nun alles deutlich, was sonst nur Ahnung und Traum gewesen. Die Schüchternheit, die sonst seine Zunge band, sobald das Gespräch sich auf Dinge wandte, die wie ein heiliges Geheimnis tief in seiner Brust verborgen lagen, war verschwunden, und so kam es, daß, als der Onkel die wunderlichen halb gemalten halb geschnitzten Bilder im Artushof als geschmacklos angriff, und vorzüglich die kleinen Soldatengemälde als abenteuerlich verwarf, er dreist behauptete: wie es wohl sein könne, daß das alles sich mit den Regeln des Geschmacks nicht zusammenreime, indessen sei es ihm selbst, wie wohl schon mehreren ergangen; eine wunderbare fantastische Welt habe sich ihm in dem Artushof erschlossen, und einzelne Figuren hätten ihn sogar mit lebensvollen Blicken, ja wie mit deutlichen Worten daran gemahnt, daß er auch ein mächtiger Meister sein, und schaffen und bilden könne wie der, aus dessen geheimnisvoller Werkstatt sie hervorgegangen. – Herr Elias sah in der Tat dümmer aus wie gewöhnlich, als der Jüngling solche hohe Worte sprach, aber der Onkel sagte mit recht hämischer Miene: „Ich behaupte es noch einmal, daß ich nicht begreife, wie Sie Kaufmann sein wollen, und sich nicht lieber der Kunst ganz zugewandt haben.“ – Dem Traugott war der Mann höchst zuwider, und er schloß sich deshalb bei dem Spaziergange an den Neffen, der recht freundlich und zutraulich tat. „O Gott“, sprach dieser, „wie beneide ich Sie um Ihr schönes herrliches Talent! Ach könnte ich so wie Sie zeichnen. – An Genie fehlt es mir gar nicht, ich habe schon recht hübsch Augen und Nasen und Ohren, ja sogar drei bis vier ganze Köpfe gezeichnet, aber lieber Gott, die Geschäfte! die Geschäfte!“ „Ich dächte“, sprach Traugott, „sobald man wahres Genie, wahre Neigung zur Kunst verspüre, solle man kein anderes Geschäft kennen.“ „Sie meinen, Künstler werden“, entgegnete der Neffe. „Ei, wie mögen Sie das sagen! Sehen Sie, mein Wertester, über diese Dinge habe ich denn wohl mehr nachgedacht, als vielleicht mancher, ja, selbst ein so entschiedener Verehrer der Kunst, bin ich tiefer in das eigentliche Wesen der Sache eingedrungen, als ich es nur zu sagen vermag, daher sind mir nur Andeutungen möglich.“ Der Neffe sah bei diesen Worten so gelehrt und tiefsinnig aus, daß Traugott ordentlich einige Ehrfurcht für ihn empfand. „Sie werden mir recht geben“, fuhr der Neffe fort, nachdem er eine Prise genommen und zweimal geniest hatte, „Sie werden mir recht geben, daß die Kunst Blumen in unser Leben flicht – Erheiterung, Erholung vom ernsten Geschäft, das ist der schöne Zweck alles Strebens in der Kunst, der desto vollkommener erreicht wird, je vortrefflicher sich die Produktionen gestalten. Im Leben selbst ist dieser Zweck deutlich ausgesprochen, denn nur der, der nach jener Ansicht die Kunst übt, genießt die Behaglichkeit, die den immer und ewig flieht, welcher der wahren Natur der Sache entgegen, die Kunst als Hauptsache, als höchste Lebenstendenz betrachtet. Deshalb, mein Lieber! nehmen Sie sich das ja nicht zu Herzen, was mein Onkel vorbrachte, um Sie von dem ernsten Geschäft des Lebens abzuleiten in ein Tun und Treiben, das ohne Stütze nur wie ein unbehülflich Kind hin und her wankt.“ Hier hielt der Neffe inne, als erwarte er Traugotts Antwort; der wußte aber gar nicht was er sagen sollte. Alles was der Neffe gesprochen, kam ihm unbeschreiblich albern vor. Er begnügte sich zu fragen: „Was nennen Sie denn nun aber eigentlich ernstes Geschäft des Lebens?“ Der Neffe sah ihn etwas betroffen an. „Nun, mein Gott“, fuhr er endlich heraus, „Sie werden mir doch zugeben, daß man im Leben leben muß, wozu es der bedrängte Künstler von Profession beinahe niemals bringt.“ Er schwatzte nun mit zierlichen Wörtern und gedrechselten Redensarten ins Gelag hinein. Es kam ungefähr darauf hinaus, daß er im Leben leben nichts anderes nannte, als, keine Schulden, sondern viel Geld haben, gut Essen und Trinken, eine schöne Frau und auch wohl artige Kinder, die nie einen Talgfleck ins Sonntagsröckchen bringen, besitzen u.s.w. Dem Traugott schnürte das die Brust zu, und er war froh, als der verständige Neffe von ihm abließ, und er sich allein auf seinem Zimmer befand. „Was führe ich doch", sprach er zu sich selbst, „für ein erbärmlich schlechtes Leben! – An dem schönen Morgen in der herrlichen goldenen Frühlingszeit, wenn selbst durch die finstern Straßen in der Stadt der laue West zieht, und in seinem dumpfen Murmeln und Rauschen von all den Wundern zu erzählen scheint, die draußen in Wald und Flur erblühen, da schleiche ich träge und unmutig in Herrn Elias Roos' räuchrichtes Comptoir. Da sitzen bleiche Gesichter vor großen unförmlichen Pulten, und nur das Geräusch des Blätterns in den großen Büchern, das Klappern des gezählten Geldes, einzelne unverständliche Laute unterbrechen die düstre Stille, in die alles arbeitend versunken. Und was für Arbeit? – Wozu alles Sinnen, alles Schreiben? – Damit sich nur die Goldstücke im Kasten mehren, damit nur des Fafners unheilbringender Hort immer mehr funkle und gleiße! – Wie mag doch solch ein Künstler und Bildner fröhlich hinausziehn und hoch emporgerichteten Hauptes all die erquicklichen Frühlingsstrahlen einatmen, die die innere Welt voll herrlicher Bilder entzünden, so daß sie aufgeht im regen lustigen Leben. Aus den dunkeln Büschen treten dann wunderbare Gestalten hervor, die sein Geist geschaffen und die sein eigen bleiben, denn in ihm wohnt der geheimnisvolle Zauber des Lichts, der Farbe, der Form, und so vermag er, was sein inneres Auge geschaut, festzubannen, indem er es sinnlich darstellt. – Was hält mich ab, mich loszureißen von der verhaßten Lebensweise? – Der alte wunderliche Mann hat es mir bestätigt, daß ich zum Künstler berufen bin, aber noch mehr der schöne holde Jüngling. Ungeachtet der nichts sprach, war es mir ja doch, als sage sein Blick mir das deutlich, was so lange sich nur als leise Ahnung in mir regte, und das niedergedrückt von tausend Zweifeln, nicht emporzustreben vermochte. Kann ich denn nicht, statt meines unseligen Treibens, ein tüchtiger Maler werden?" – Traugott holte alles hervor, was er jemals gezeichnet, und durchschaute es mit prüfenden Blicken. Manches kam ihm heute ganz anders vor als sonst, und zwar besser. Vorzüglich fiel ihm aber aus den kindischen Versuchen seiner frühern Knabenzeit ein Blatt in die Hände, auf dem in freilich verzerrten, jedoch sehr kenntlichen Umrissen, jener alte Bürgermeister mit dem schönen Pagen abgebildet war, und er erinnerte sich recht gut, daß schon damals jene Figuren seltsam auf ihn wirkten, und er einst in der Abenddämmerung wie von einer unwiderstehlichen Gewalt vom Knabenspiele fort in den Artushof gelockt wurde, wo er emsig sich bemühte, das Bild abzuzeichnen. – Traugott wurde, diese Zeichnung anschauend, von der tiefsten wehmütigsten Sehnsucht befangen! – Er sollte, nach gewöhnlicher Weise, noch ein paar Stunden in dem Comptoir arbeiten, das war ihm unmöglich, statt dessen lief er heraus auf den Karlsberg. Da schaute er hinaus ins wogende Meer; in den Wellen, in dem grauen Nebelgewölk, das wunderbar gestaltet sich über Hela gelegt hatte, trachtete er wie in einem Zauberspiegel das Schicksal seiner künftigen Tage zu erspähen. –

Glaubst du nicht, lieber Leser! daß das was aus dem höhern Reich der Liebe in unsre Brust hinabgekommen, sich uns zuerst offenbaren müsse im hoffnungslosen Schmerz? – Das sind die Zweifel die in des Künstlers Gemüt stürmen. – Er schaut das Ideal und fühlt die Ohnmacht es zu erfassen, es entflieht, meint er, unwiederbringlich. – Aber dann kommt ihm wieder ein göttlicher Mut, er kämpft und ringt, und die Verzweiflung löst sich auf in süßes Sehnen, das ihn stärkt und antreibt, immer nachzustreben der Geliebten, die er immer näher und näher erblickt, ohne sie jemals zu erreichen.

Traugott wurde nun eben von jenem hoffnungslosen Schmerz recht gewaltig ergriffen! – Als er am frühen Morgen seine Zeichnungen, die noch auf dem Tische lagen, wieder ansah, kam ihm alles unbedeutend und läppisch vor, und er erinnerte sich jetzt der Worte eines kunstreichen Freundes, der oft sagte: großer Unfug mit mittelmäßigem Treiben der Kunst entstehe daher, daß viele eine lebhafte äußere Anregung für innern wahren Beruf zur Kunst hielten. Traugott war nicht wenig geneigt, den Artushof mit den beiden wunderbaren Figuren des Alten und des Jünglings eben für eine solche äußere Anregung zu halten, verdammte sich selbst zur Rückkehr ins Comptoir, und arbeitete bei dem Herrn Elias Roos, ohne des Ekels zu achten, der ihn oft so übernahm, daß er schnell abbrechen und hinauslaufen mußte ins Freie. Herr Elias Roos schrieb dies mit sorglicher Teilnahme der Kränklichkeit zu, die nach seiner Meinung den todbleichen Jüngling ergriffen haben mußte. – Mehrere Zeit war vergangen, der Dominiks-Markt kam heran, nach dessen Ende Traugott die Christina heiraten und sich als Associé des Herrn Elias Roos der Kaufmannswelt ankündigen sollte. Dieser Zeitpunkt war ihm der traurige Abschied von allen schönen Hoffnungen und Träumen, und schwer fiel es ihm aufs Herz, wenn er Christinchen in voller Tätigkeit erblickte, wie sie in dem mittleren Stock alles scheuern und bohnen ließ, Gardinen eigenhändig fältelte, dem messingenen Geschirr den letzten Glanz gab u.s.w. Im dicksten Gewühl der Fremden im Artushof hörte Traugott einmal eine Stimme dicht hinter sich, deren bekannter Ton ihm durchs Herz drang. „Sollten diese Papiere wirklich so schlecht stehen?“ Traugott drehte sich rasch um und erblickte, wie er es vermutet, den wunderlichen Alten, welcher sich an einen Mäkler gewandt hatte, um ein Papier zu verkaufen, dessen Kurs in dem Augenblick sehr gesunken war. Der schöne Jüngling stand hinter dem Alten und warf einen wehmütig freundlichen Blick auf Traugott. Dieser trat rasch zu dem Alten hin und sprach: „Erlauben Sie, mein Herr, das Papier, welches Sie verkaufen wollen, steht in der Tat nur so hoch, wie Ihnen gesagt worden; der Kurs bessert sich indessen, wie es mit Bestimmtheit vorauszusehen ist, in wenigen Tagen sehr bedeutend. Wollen Sie daher meinen Rat annehmen, so verschieben Sie den Umsatz des Papiers noch einige Zeit.“ – „Ei, mein Herr!“ erwiderte der Alte ziemlich trocken und rauh, „was gehen Sie meine Geschäfte an? Wissen Sie denn, ob mir in diesem Augenblick solch ein einfältig Papier nicht ganz unnütz, bares Geld aber höchst nötig ist?“ Traugott, der nicht wenig betreten darüber war, daß der Alte seine gute Absicht so übel aufnahm, wollte sich schon entfernen, als der Jüngling ihn, wie bittend, mit Tränen im Auge anblickte. „Ich habe es gut gemeint, mein Herr“, erwiderte er schnell dem Alten, „und kann es durchaus noch nicht zugeben, daß Sie bedeutenden Schaden leiden sollen. Verkaufen Sie mir das Papier unter der Bedingung, daß ich Ihnen den höhern Kurs, den es in einigen Tagen haben wird, nachzahle.“ – „Sie sind ein wunderlicher Mann“, sagte der Alte: „mag es darum sein, wiewohl ich nicht begreife, was Sie dazu treibt, mich bereichern zu wollen.“ – Er warf bei diesen Worten einen funkelnden Blick auf den Jüngling, der die schönen blauen Augen beschämt niederschlug. Beide folgten dem Traugott in das Comptoir, wo dem Alten das Geld ausgezahlt wurde, der es mit finstrer Miene einsackte. Währenddessen sagte der Jüngling leise zu Traugott: „Sind

Sie nicht derselbe, der vor mehreren Wochen auf dem Artushof solch hübsche Figuren gezeichnet hatte?" – „Allerdings", erwiderte Traugott, indem er fühlte, wie ihm die Erinnerung an den lächerlichen Auftritt mit dem Avisobrief das Blut ins Gesicht trieb. „O dann", fuhr der Jüngling fort, „nimmt es mich nicht wunder –" Der Alte blickte den Jüngling zornig an, der sogleich schwieg. – Traugott konnte eine gewisse Beklommenheit in Gegenwart der Fremden nicht überwinden, und so gingen sie fort, ohne daß er den Mut gehabt hätte, sich nach ihren nähern Lebensverhältnissen zu erkundigen. Die Erscheinung dieser beiden Gestalten hatte auch in der Tat so etwas Verwunderliches, daß selbst das Personal im Comptoir davon ergriffen wurde. Der grämliche Buchhalter hatte die Feder hinters Ohr gesteckt, und mit beiden Armen über das Haupt gelehnt, starrte er mit grellen Augen den Alten an. „Gott bewahre mich", sprach er, als die Fremden fort waren, „der sah ja aus mit seinem krausen Barte und dem schwarzen Mantel, wie ein altes Bild *de Anno* 1400 in der Pfarrkirche zu St. Johannis!" – Herr Elias hielt ihn aber, seines edeln Anstandes, seines tief ernsten altteutschen Gesichts ungeachtet, schlechtweg für einen polnischen Juden, und rief schmunzelnd: „Dumme Bestie, verkauft jetzt das Papier, und bekommt in acht Tagen wenigstens 10 Prozent mehr." Freilich wußte er nichts von dem verabredeten Zuschusse, den Traugott aus seiner Tasche zu berichtigen gemeint war, welches er auch einige Tage später, als er den Alten mit dem Jünglinge wieder auf dem Artushofe traf, wirklich tat. „Mein Sohn", sagte der Alte, „hat mich daran erinnert, daß Sie auch Künstler sind, und so nehme ich das an, was ich sonst verweigert haben würde." – Sie standen gerade an einer der vier Granitsäulen, die des Saales Wölbung tragen, dicht vor den beiden gemalten Figuren, die Traugott damals in den Avisobrief hineinzeichnete. Ohne Rückhalt sprach er von der großen Ähnlichkeit jener Figuren mit dem Alten und dem Jünglinge. Der Alte lächelte ganz seltsam, legte die Hand auf Traugotts Schulter und sprach leise und bedächtig: „Ihr wißt also nicht, daß ich der deutsche Maler Godofredus Berklinger bin und die Figuren, welche Euch so zu gefallen scheinen, vor sehr langer Zeit, als ich noch ein Schüler der Kunst war, selbst malte? In jenem Bürgermeister habe ich mich selbst Andenkens halber abkonterfeit, und daß der das Pferd führende Page mein Sohn ist, erkennt Ihr wohl sehr leicht, wenn Ihr beider Gesichter und Wuchs anschauet!"

– Traugott verstummte vor Erstaunen; er merkte aber wohl bald, daß der Alte, der sich für den Meister der mehr als zweihundert Jahre alten Gemälde hielt, von einem besondern Wahnwitze befangen sein müsse. „Überhaupt war es doch", fuhr der Alte fort, indem er den Kopf in die Höhe warf und stolz umherblickte, „eine herrliche, grünende, blühende Künstlerzeit, wie ich diesen Saal dem weisen Könige Artus und seiner Reichstafel zu Ehren mit all den bunten Bildern schmückte. Ich glaube wohl, daß es der König Artus selbst war, der in gar edler hoher Gestalt einmal, als ich hier arbeitete, zu mir trat, und mich zur Meisterschaft ermahnte, die mir damals noch nicht worden!" – „Mein Vater", fiel der Jüngling ein, „ist ein Künstler, wie es wenige gibt, mein Herr! und es würde Sie nicht gereuen, wenn er es Ihnen vergönnte, seine Werke zu sehen." Der Alte hatte unterdessen einen Gang durch den schon öde gewordenen Saal gemacht, er forderte jetzt den Jüngling zum Fortgehen auf, da bat Traugott ihm doch seine Gemälde zu zeigen. Der Alte sah ihn lange mit scharfem durchbohrenden Blicke an und sprach endlich sehr ernst: „Ihr seid in der Tat etwas verwegen, daß Ihr schon jetzt darnach trachtet, in das innerste Heiligtum einzutreten, ehe noch Eure Lehrjahre begonnen. Doch! – mag es sein! – Ist Euer Blick noch zu blöde zum Schauen, so werdet Ihr wenigstens ahnen! Kommt morgen in der Frühe zu mir." – Er bezeichnete seine Wohnung und Traugott unterließ nicht, den andern Morgen sich schnell vom Geschäfte loszumachen und nach der entlegenen Straße zu dem wunderlichen Alten hinzueilen. Der Jüngling, ganz altdeutsch gekleidet, öffnete ihm die Tür und führte ihn in ein geräumiges Gemach, wo er den Alten in der Mitte auf einem kleinen Schemel vor einer großen aufgespannten grau grundierten Leinwand sitzend antraf. „Zur glücklichen Stunde", rief der Alte ihm entgegen, „sind Sie mein Herr gekommen, denn soeben habe ich die letzte Hand an das große Bild dort gelegt, welches mich schon über ein Jahr beschäftigt und nicht geringe Mühe gekostet hat. Es ist das Gegenstück zu dem gleich großen Gemälde, das verlorene Paradies darstellend, welches ich voriges Jahr vollendete und das Sie auch bei mir anschauen können. Dies ist nun, wie Sie sehen, das wiedergewonnene Paradies, und es sollte mir um Sie leid sein, wenn Sie irgendeine Allegorie herausklügeln wollten. Allegorische Gemälde machen nur Schwächlinge und Stümper; mein Bild soll nicht *bedeuten* sondern *sein*. Sie finden, daß alle diese reichen Gruppen von Menschen, Tieren, Früchten, Blumen, Steinen sich zum harmonischen Ganzen verbinden, dessen laut und herrlich tönende Musik der himmlisch reine Akkord ewiger Verklärung ist." – Nun fing der Alte an, einzelne Gruppen herauszuheben, er machte Traugott auf die geheimnisvolle Verteilung des Lichts und des Schattens aufmerksam, auf das Funkeln der Blumen und Metalle, auf die wunderbaren Gestalten, die aus Lilienkelchen steigend sich in die klingenden Reigen himmlisch schöner Jünglinge und Mädchen verschlangen, auf die bärtigen Männer, die, kräftige Jugendfülle in Blick und Bewegung mit allerlei seltsamen Tieren zu sprechen schienen. – Immer stärker, aber immer unverständlicher und verworrener wurde des Alten Ausdruck. „Laß immer deine Diamantkrone funkeln, du hoher Greis!" rief er endlich, den glühenden Blick starr auf die Leinwand geheftet, „wirf ab den Isisschleier, den du über dein Haupt warfst, als Unheilige dir nahe traten! – Was schlägst du so sorglich dein finsteres Gewand über die Brust zusammen? – Ich will dein Herz schauen – das ist der Stein der Weisen vor dem sich das Geheimnis offenbart! – Bist du denn nicht ich? – Was trittst du so keck, so gewaltig vor mir auf! – Willst du kämpfen mit deinem Meister? Glaubst du, daß der Rubin, der, dein Herz, herausfunkelt, meine Brust zermalmen könne? – Auf denn! – tritt heraus! – tritt her! – ich habe dich erschaffen – denn ich bin" – Hier sank der Alte plötzlich wie vom Blitze getroffen zusammen. Traugott fing ihn auf, der Jüngling rückte schnell einen kleinen Lehnsessel herbei, sie setzten den Alten hinein, der in einen sanften Schlaf versunken schien.

„Sie wissen nun, lieber Herr!" sprach der Jüngling sanft und leise, „wie es mit meinem guten alten Vater beschaffen ist. Ein rauhes Schicksal hat alle seine Lebensblüten abgestreift, und schon seit mehreren Jahren ist er der Kunst abgestorben, für die er sonst lebte. Er sitzt ganze Tage hindurch vor der aufgespannten grundierten Leinwand, den starren Blick darauf geheftet; das nennt er malen, und in welchen exaltierten Zustand ihn dann die Beschreibung eines solchen Gemäldes versetzt, das haben Sie eben erfahren. Nächstdem verfolgt ihn noch ein unglückseliger Gedanke, der mir ein trübes zerrissenes Leben bereitet, ich trage das aber als ein Verhängnis, welches, in dem Schwunge in dem es ihn ergriffen, auch mich fortreißt. Wollen Sie sich von diesem seltsamen Auftritt erholen, so folgen Sie mir in das Nebenzimmer, wo Sie mehrere

Gemälde aus meines Vaters früherer fruchtbarer Zeit finden." – Wie erstaunte Traugott, als er eine Reihe Bilder fand, die von den berühmtesten niederländischen Meistern gemalt zu sein schienen. Mehrenteils Szenen aus dem Leben, z. B. eine Gesellschaft, die von der Jagd zurückkehrt, die sich mit Gesang und Spiel ergötzt, u. a. dergl. darstellend, atmeten sie doch einen tiefen Sinn, und vorzüglich war der Ausdruck der Köpfe von ganz besonderer ergreifender Lebenskraft. Schon wollte Traugott ins Vorzimmer zurückkehren, als er dicht an der Tür ein Bild wahrnahm, vor dem er wie festgezaubert stehenblieb. Es war eine wunderliebliche Jungfrau in altteutscher Tracht, aber ganz das Gesicht des Jünglings, nur voller und höher gefärbt, auch schien die Gestalt größer. Die Schauer namenlosen Entzückens durchbebten Traugott bei dem Anblick des herrlichen Weibes. An Kraft und Lebensfülle war das Bild den Van Dyckschen völlig gleich. Die dunklen Augen blickten voll Sehnsucht auf Traugott herab, die süßen Lippen schienen halb geöffnet liebliche Worte zu flüstern! – „Mein Gott! – mein Gott!" seufzte Traugott aus tiefster Brust: „wo! – wo ist sie zu finden?" – „Gehen wir", sprach der Jüngling. Da rief Traugott wie von wahnsinniger Lust ergriffen: „Ach sie ist es ja, die Geliebte meiner Seele, die ich so lange im Herzen trug, die ich nur in Ahnungen erkannte! – wo – wo ist sie!" – Dem jungen Berklinger stürzten die Tränen aus den Augen, er schien, wie von jähem Schmerz krampfhaft durchzuckt, sich mit Mühe zusammenzuraffen. „Kommen Sie", sagte er endlich mit festem Ton, „das Porträt stellt meine unglückliche Schwester Felizitas vor. Sie ist hin auf immer! – Sie werden sie niemals schauen!" – Beinahe bewußtlos ließ sich Traugott in das andere Zimmer zurückführen. Der Alte lag noch im Schlaf, aber plötzlich fuhr er auf, blickte Traugott mit zornfunkelnden Augen an und rief: „Was wollen Sie? – Was wollen Sie, mein Herr?" – Da trat der Jüngling vor, und erinnerte ihn daran, daß er soeben dem Traugott ja sein neues Bild gezeigt habe. Berklinger schien sich nun auf alles zu besinnen, er wurde sichtlich weich und sprach mit gedämpfter Stimme: „Verzeihen Sie, lieber Herr! einem alten Mann solche Vergeßlichkeit." – „Euer neues Bild, Meister Berklinger", nahm Traugott nun das Wort, „ist ganz wunderherrlich, und habe ich dergleichen noch niemals geschaut, indessen braucht es wohl vieles Studierens und vieler Arbeit ehe man dahin gelangt so zu malen. Ich spüre großen unwiderstehlichen Trieb zur Kunst in mir, und bitte Euch gar dringend, mein lieber alter Meister! mich zu Eurem fleißigen Schüler anzunehmen." Der Alte wurde ganz freundlich und heiter, er umarmte Traugott und versprach sein treuer Lehrer zu sein. So geschah es denn, daß Traugott tagtäglich zu dem alten Maler ging und in der Kunst gar große Fortschritte machte. Sein Geschäft war ihm nun ganz zuwider, er wurde so nachlässig, daß Herr Elias Roos laut sich beklagte, und am Ende es gern sah, daß Traugott unter dem Vorwande einer schleichenden Kränklichkeit sich von dem Comptoir ganz losmachte, weshalb denn auch, zu nicht geringem Ärger Christinens, die Hochzeit auf unbestimmte Zeit ausgesetzt wurde. „Ihr Herr Traugott", sprach ein Handelsfreund zu Herrn Elias Roos, „scheint an einem innern Verdruß zu laborieren, vielleicht ein alter Herzenssaldo, den er gern löschen möchte vor neuer Heirat. Er sieht ganz blaß und verwirrt aus." – „Ach warum nicht gar", erwiderte Herr Elias. „Sollte ihm", fuhr er nach einer Weile fort, „die schelmische Christina einen Spuk gemacht haben? Der Buchhalter, das ist ein verliebter Esel, der küßt und drückt ihr immer die Hände. Traugott ist ganz des Teufels verliebt in mein Mägdlein, das weiß ich. – Sollte viel leicht einige Eifersucht? – Nun ich will ihm auf den Zahn fühlen, dem jungen Herrn!"

So sorglich er aber auch fühlte, konnte er doch nichts erfühlen, und sprach zum Handelsfreunde: „Das ist ein absonderlicher *Homo* der Traugott, aber man muß ihn gehen lassen nach seiner Weise. Hätte er nicht funfzigtausend Taler in meiner Handlung, ich wüßte was ich täte, da er gar nichts mehr tut."

Traugott hätte nun in der Kunst ein wahres helles Sonnenleben geführt, wenn die glühende Liebe zur schönen Felizitas, die er oft in wunderbaren Träumen sah, ihm nicht die Brust zerrissen hätte. Das Bild war verschwunden. Der Alte hatte es fortgebracht, und Traugott durfte, ohne ihn schwer zu erzürnen, nicht darnach fragen. Übrigens war der alte Berklinger immer zutraulicher geworden, und litt es, daß Traugott, statt des Honorars für den Unterricht, seinen ärmlichen Haushalt auf mannigfache Weise verbesserte. Durch den jungen Berklinger erfuhr Traugott, daß der Alte bei dem Verkauf eines kleinen Kabinetts merklich hintergangen worden, und daß jenes Papier, welches Traugott auswechselte, der Rest der erhaltenen Kaufsumme und ihres baren Vermögens gewesen sei. Nur selten durfte übrigens Traugott mit dem Jüngling vertraut sprechen, der Alte hütete ihn auf ganz besondere Weise, und verwies es ihm gleich recht hart, wenn er frei und heiter sich mit dem Freunde unterhalten wollte. Traugott empfand dies um so schmerzlicher, als er den Jüngling seiner auffallenden Ähnlichkeit mit Felizitas halber aus voller Seele liebte. Ja, oft war es ihm in der Nähe des Jünglings, als stehe lichthell das geliebte Bild neben ihm, als fühle er den süßen Liebeshauch, und er hätte dann den Jüngling, als sei er die geliebte Felizitas selbst, an sein glühendes Herz drücken mögen.

Der Winter war vergangen, der schöne Frühling glänzte und blühte schon in Wald und Flur. Herr Elias Roos riet dem Traugott eine Brunnen- oder Molkenkur an. Christinchen freute sich wiederum auf die Hochzeit, ungeachtet Traugott sich wenig blicken ließ, und noch weniger an das Verhältnis mit ihr dachte.

Eine durchaus nötige Abrechnung hatte einmal den Traugott den ganzen Tag über im Comptoir festgehalten, er mußte seine Malstunden versäumen, und erst in später Abenddämmerung schlich er nach Berklingers entlegener Wohnung. Im Vorzimmer fand er niemand, aus dem Nebengemach ertönten Lautenklänge. Nie hatte er hier noch das Instrument gehört. – Er horchte – wie leise Seufzer schlich ein abgebrochener Gesang durch die Akkorde hin. Er drückte die Tür auf – Himmel! den Rücken ihm zugewendet saß eine weibliche Gestalt, altteutsch gekleidet mit hohem Spitzenkragen, ganz der auf dem Gemälde gleich! – Auf das Geräusch, das Traugott unwillkürlich beim Hereintreten gemacht, erhob sich die Gestalt, legte die Laute auf den Tisch und wandte sich um. Sie war es, sie selbst! – „Felizitas!" schrie Traugott auf voll Entzücken, niederstürzen wollte er vor dem geliebten Himmelsbilde, da fühlte er sich von hinten gewaltig gepackt beim Kragen und mit Riesenkraft herausgeschleppt. „Verruchter! – Bösewicht ohnegleichen!" schrie der alte Berklinger, indem er ihn fortstieß, „das war deine Liebe zur Kunst? – Morden willst du mich!" Und damit riß er ihn zur Tür heraus. Ein Messer blitzte in seiner Hand; Traugott floh die Treppe herab; betäubt, ja halb wahnsinnig vor Lust und Schrecken lief Traugott in seine Wohnung zurück.

Schlaflos wälzte er sich auf seinem Lager. „Felizitas! – Felizitas!" rief er einmal übers andere von Schmerz und Liebesqual zerrissen. „Du bist da – du bist da, und ich soll dich nicht schauen, dich nicht in meine Arme schließen? – Du liebst mich, ach, ich weiß es ja! – In dem Schmerz, der so tötend meine

Brust durchbohrt, fühle ich es, daß du mich liebst." Hell schien die Frühlingssonne in Traugotts Zimmer, da raffte er sich auf und beschloß, es koste was es wolle, das Geheimnis in Berklingers Wohnung zu erforschen. Schnell eilte er hin zum Alten, aber wie ward ihm, als er sah, daß alle Fenster in Berklingers Wohnung geöffnet und Mägde beschäftigt waren die Zimmer zu reinigen. Ihm ahnte was geschehen. Berklinger hatte noch am späten Abend mit seinem Sohn das Haus verlassen und war fortgezogen, niemand wußte wohin. Ein mit zwei Pferden bespannter Wagen hatte die Kiste mit Gemälden und die beiden kleinen Koffer, welche das ganze ärmliche Besitztum Berklingers in sich schlossen, abgeholt. Er selbst war mit seinem Sohn eine halbe Stunde nachher fortgegangen. Alle Nachforschungen, wo sie geblieben, waren vergebens, kein Lohnkutscher hatte an Personen, wie Traugott sie beschrieb, Pferde und Wagen vermietet, selbst an den Toren konnte er nichts Bestimmtes erfahren; kurz Berklinger war verschwunden, als sei er auf dem Mantel des Mephistopheles davongeflogen. Ganz in Verzweiflung rannte Traugott in sein Haus zurück. „Sie ist fort – sie ist fort, die Geliebte meiner Seele – alles, alles verloren!" So schrie er bei Herrn Elias Roos, der sich gerade auf dem Hausflur befand, vorbei nach seinem Zimmer stürzend. „Herr Gott des Himmels und der Erden", rief Herr Elias, indem er an seiner Perücke rückte und zupfte – „Christina! – Christina!" – schrie er dann, daß es weit im Hause schallte. „Christina – abscheuliche Person, mißratene Tochter!" Die Comptoirdiener stürzten heraus mit erschrockenen Gesichtern, der Buchhalter fragte bestürzt: „Aber Herr Roos!" Der schrie indessen immerfort: „Christina! – Christina!" – Mamsell Christina trat zur Haustür hinein und fragte, nachdem sie ihren breiten Strohhut etwas gelüpft hatte, lächelnd, warum denn der Herr Vater so ungemein brülle? „Solches unnützes Weglaufen verbitte ich mir", fuhr Herr Elias auf sie los: „der Schwiegersohn ist ein melancholischer Mensch und in der Eifersucht türkisch gesinnt. Man bleibe fein zu Hause, sonst geschieht noch ein Unglück. Da sitzt nun der Associé drinnen und heult und greint über die vagabondierende Braut." Christina sah verwundert den Buchhalter an, der zeigte aber mit bedeutendem Blick ins Comptoir hinein nach dem Glasschrank, wo Herr Roos das Zimtwasser aufzubewahren pflegte. „Man gehe hinein und tröste den Bräutigam", sagte er davonschreitend. Christina begab sich auf ihr Zimmer, um sich nur ein wenig umzukleiden, die Wäsche herauszugeben, mit der Köchin das Nötige wegen des Sonntagbratens zu verabreden und sich nebenher einige Stadtneuigkeiten erzählen zu lassen, dann wollte sie gleich sehen, was dem Bräutigam denn eigentlich fehle.

Du weißt, lieber Leser! daß wir alle in Traugotts Lage unsere bestimmten Stadien durchmachen müssen, wir können nicht anders. – Auf die Verzweifelung folgt ein dumpfes betäubtes Hinbrüten, in dem die Krisis eintritt, und dann geht es über zu milderem Schmerz, in dem die Natur ihre Heilmittel wirkungsvoll anzubringen weiß.

In diesem Stadium des wehmütigen wohltuenden Schmerzes saß nun Traugott nach einigen Tagen auf dem Karlsberge, und sah wieder in die Meereswellen, in die grauen Nebelwolken, die über Hela lagen. Aber nicht wie damals wollte er seiner künftigen Tage Schicksal erspähen; verschwunden war alles, was er gehofft, was er geahnt. „Ach", sprach er: „bittre, bittre Täuschung war mein Beruf zur Kunst; Felizitas war das Trugbild das mich verlockte zu glauben an dem, das nirgends lebte als in der wahnwitzigen Fantasie eines Fieberkranken. – Es ist aus! – ich gebe mich! – zurück in den Kerker! – es sei beschlossen!" – Traugott arbeitete wieder im Comptoir, und der Hochzeittag mit Christina wurde aufs neue angesetzt. Tages vorher stand Traugott im Artushof und schaute nicht ohne innere herzzerschneidende Wehmut die verhängnisvollen Gestalten des alten Bürgermeisters und seines Pagen an, als ihm der Mäkler, an den Berklinger damals das Papier verkaufen wollte, ins Auge fiel. Ohne sich zu besinnen, beinahe unwillkürlich, schritt er auf ihn zu, fragend: „Kannten Sie wohl den wunderlichen Alten mit schwarzem krausem Bart, der vor einiger Zeit hier mit einem schönen Jüngling zu erscheinen pflegte?" – „Wie wollte ich nicht", antwortete der Mäkler, „das war der alte verrückte Maler Gottfried Berklinger." – „Wissen Sie denn nicht", fragte Traugott weiter, „wo er geblieben ist, wo er sich jetzt aufhält?" – „Wie wollte ich nicht", erwiderte der Mäkler; „der sitzt mit seiner Tochter schon seit geraumer Zeit ruhig in Sorrent." – „Mit seiner Tochter Felizitas?" rief Traugott so heftig und laut, daß alle sich nach ihm umdrehten. „Nun ja", fuhr der Mäkler ruhig fort, „das war ja eben der hübsche Jüngling, der dem Alten beständig folgte. Halb Danzig wußte, daß das ein Mädchen war, ungeachtet der alte verrückte Herr glaubte, kein Mensch würde das vermuten können. Es war ihm prophezeit worden, daß, sowie seine Tochter einen Liebesbund schlösse, er eines schmählichen Todes sterben müsse, darum wollte er, daß niemand etwas von ihr wissen solle, und brachte sie als Sohn in Kurs." – Erstarrt blieb Traugott stehen, dann rannte er durch die Straßen – fort durch das Tor ins Freie, ins Gebüsch hinein, laut klagend: „Ich Unglückseliger! – Sie war es, sie war es selbst, neben ihr habe ich gesessen tausendmal – ihren Atem eingehaucht, ihre zarten Hände gedrückt – in ihr holdes Auge geschaut – ihre süßen Worte gehört! – und nun ist sie verloren! – Nein! – nicht verloren. Ihr nach in das Land der Kunst – ich erkenne den Wink des Schicksals! – Fort – fort nach Sorrent!" – Er lief zurück nach Hause. Herr Elias Roos kam ihm in den Wurf, den packte er und riß ihn fort ins Zimmer. „Ich werde Christinen nimmermehr heiraten", schrie er, „sie sieht der *Voluptas* ähnlich und der *Luxuries*, und hat Haare wie die *Ira* auf dem Bilde im Artushof. – O Felizitas, Felizitas! – holde Geliebte – wie streckst du so sehnend die Arme nach mir aus! – ich komme! – ich komme! – Und daß Sie es nur wissen, Elias", fuhr er fort, indem er den bleichen Kaufherrn aufs neue packte, „niemals sehen Sie mich wieder in Ihrem verdammten Comptoir. Was scheren mich Ihre vermaledeiten Hauptbücher und Strazzen, ich bin ein Maler, und zwar ein tüchtiger, Berklinger ist mein Meister, mein Vater, mein alles, und Sie sind nichts, gar nichts!" – Und damit schüttelte er den Elias; der schrie aber über alle Maßen: „Helft! helft! – herbei ihr Leute – helft! der Schwiegersohn ist toll geworden – der Associé wütet – helft! helft!" – Alles aus dem Comptoir lief herbei; Traugott hatte den Elias losgelassen und war erschöpft auf den Stuhl gesunken. Alle drängten sich um ihn her, als er aber plötzlich aufsprang und mit wildem Blicke rief: „Was wollt ihr?" – da fuhren sie in einer Reihe, Herrn Elias in der Mitte, zur Tür hinaus. Bald darauf raschelte es draußen wie von seidenen Gewändern, und eine Stimme fragte: „Sind Sie wirklich verrückt geworden, lieber Herr Traugott, oder spaßen Sie nur?" Es war Christina. „Keineswegen bin ich toll geworden, lieber Engel", erwiderte Traugott, „aber ebensowenig spaße ich. Begeben Sie sich nur zur Ruhe, Teure, mit der morgenden Hochzeit ist es nichts, heiraten werde ich Sie nun und nimmermehr!" – „Es ist auch gar nicht vonnöten", sagte Christina sehr ruhig, „Sie gefallen mir so nicht sonderlich seit einiger Zeit, und gewisse Leute werden es ganz anders zu schätzen wissen, wenn sie mich, die hübsche reiche Mamsell

Christina Roos, heimführen können als Braut! – Adieu!" Damit rauschte sie fort. „Sie meint den Buchhalter", dachte Traugott. Ruhiger geworden, begab er sich zu Herrn Elias, und setzte es ihm bündig auseinander, daß mit ihm nun einmal weder als Schwiegersohn, noch als Associé etwas anzufangen sei. Herr Elias fügte sich in alles und versicherte herzlich froh im Comptoir einmal übers andere, daß er Gott danke den aberwitzigen Traugott los zu sein, als dieser schon weit – weit von Danzig entfernt war.

Das Leben ging dem Traugott auf in neuem herrlichen Glanze, als er sich endlich in dem ersehnten Lande befand. In Rom nahmen ihn die deutschen Künstler auf in den Kreis ihrer Studien, und so geschah es, daß er dort länger verweilte, als es die Sehnsucht, Felizitas wiederzufinden, von der er bis jetzt rastlos fortgetrieben wurde, zuzulassen schien. Aber milder war diese Sehnsucht geworden, sie gestaltete sich im Innern, wie ein wonnevoller Traum, dessen duftiger Schimmer sein ganzes Leben umfloß, so daß er all sein Tun und Treiben, das Üben seiner Kunst dem höhern überirdischen Reiche seliger Ahnungen zugewandt glaubte. Jede weibliche Gestalt, die er mit wackrer Kunstfertigkeit zu schaffen wußte, hatte die Züge der holden Felizitas. Den jungen Malern fiel das wunderliebliche Gesicht, dessen Original sie vergebens in Rom suchten, nicht wenig auf, sie bestürmten Traugott mit tausend Fragen wo er denn die Holde geschaut. Traugott trug indessen Scheu, seine seltsame Geschichte von Danzig her zu erzählen, bis endlich einmal nach mehreren Monaten ein alter Freund aus Königsberg, namens Matuszewski, der in Rom sich auch der Malerei ganz ergeben hatte, freudig versicherte: er habe das Mädchen, das Traugott in all seinen Bildern abkonterfeie, in Rom erblickt. Man kann sich Traugotts Entzücken denken; länger verhehlte er nicht, was ihn so mächtig zur Kunst, so unwiderstehlich nach Italien getrieben, und man fand Traugotts Abenteuer in Danzig so seltsam und anziehend, daß alle versprachen eifrig der verlorenen Geliebten nachzuforschen. Matuszewskis Bemühungen waren die glücklichsten, er hatte bald des Mädchens Wohnung ausgeforscht und noch überdies erfahren, daß sie wirklich die Tochter eines alten armen Malers sei, der eben jetzt die Wände in der Kirche *Trinità del Monte* anstreiche. Das traf nun alles richtig zu. Traugott eilte sogleich mit Matuszewski nach jener Kirche, und glaubte wirklich in dem Maler, der auf einem sehr hohen Gerüste stand, den alten Berklinger zu erkennen. Von dort eilten die Freunde, ohne von dem Alten bemerkt zu sein, nach seiner Wohnung. „Sie ist es“, rief Traugott, als er des Malers Tochter erblickte, die, mit weiblicher Arbeit beschäftigt, auf dem Balkon stand. „Felizitas! – meine Felizitas!“ so laut aufjauchzend stürzte Traugott ins Zimmer. Das Mädchen blickte ihn ganz erschrocken an. – Sie hatte die Züge der Felizitas, sie war es aber nicht. Wie mit tausend Dolchen durchbohrte die bittre Täuschung des armen Traugotts wunde Brust. – Matuszewski erklärte in wenig Worten dem Mädchen alles. Sie war in holder Verschämtheit mit hochroten Wangen und niedergeschlagenen Augen gar wunderlieblich anzuschauen, und Traugott, der sich schnell erst wieder entfernen wollte, blieb, als er nur noch einen schmerzhaften Blick auf das anmutige Kind geworfen, wie von sanften Banden festgehalten, stehen. Der Freund wußte der hübschen Dorina allerlei Angenehmes zu sagen und so die Spannung zu mildern, in die der wunderliche Auftritt sie versetzt hatte. Dorina zog „ihrer Augen dunklen Fransenvorhang“ auf und schaute die Fremden mit süßem Lächeln an, indem sie sprach: der Vater werde bald von der Arbeit kommen, und sich freuen deutsche Künstler, die er sehr hochachte, bei sich zu finden. Traugott mußte gestehen, daß außer Felizitas kein Mädchen so ihn im Innersten aufgeregt hatte als Dorina. Sie war in der Tat beinahe Felizitas selbst, nur schienen ihm die Züge stärker, bestimmter, sowie das Haar dunkler. Es war dasselbe Bild von Raffael und von Rubens gemalt. – Nicht lange dauerte es, so trat der Alte ein und Traugott sah nun wohl, daß die Höhe des Gerüstes in der Kirche, auf dem der Alte stand, ihn sehr getäuscht hatte. Statt des kräftigen Berklinger war dieser alte Maler ein kleinlicher, magerer, furchtsamer, von Armut gedrückter Mann. Ein trügerischer Schlagschatten hatte in der Kirche seinem glatten Kinn Berklingers schwarzen krausen Bart gegeben. Im Kunstgespräch entwickelte der Alte gar tiefe praktische Kenntnisse, und Traugott beschloß eine Bekanntschaft fortzusetzen, die im ersten Moment so schmerzlich, nun immer wohltuender wurde. Dorina, die Anmut, die kindliche Unbefangenheit selbst, ließ deutlich ihre Neigung zu dem jungen deutschen Maler merken. Traugott erwiderte das herzlich. Er gewöhnte sich so an das holde funfzehnjährige Mädchen, daß er bald ganze Tage bei der kleinen Familie zubrachte, seine Werkstätte in die geräumige Stube, die neben ihrer Wohnung leer stand, verlegte, und endlich sich zu ihrem Hausgenossen machte. So verbesserte er auf zarte Weise ihre ärmliche Lage durch seinen Wohlstand, und der Alte konnte nicht anders denken, als Traugott werde Dorina heiraten, welches er ihm denn unverhohlen äußerte. Traugott erschrak nicht wenig, denn nun erst dachte er deutlich daran, was aus dem Zweck seiner Reise geworden. Felizitas stand ihm wieder lebhaft vor Augen, und doch war es ihm, als könne er Dorina nicht lassen. – Auf wunderbare Weise konnte er sich den Besitz der entschwundenen Geliebten als Frau nicht wohl denken. Felizitas stellte sich ihm dar als ein geistig Bild, das er nie verlieren, nie gewinnen könne. Ewiges geistiges Inwohnen der Geliebten – niemals physisches Haben und Besitzen. – Aber Dorina kam ihm oft in Gedanken als sein liebes Weib, süße Schauer durchbebten ihn, eine sanfte Glut durchströmte seine Adern, und doch dünkte es ihm Verrat an seiner ersten Liebe, wenn er sich mit neuen unauflöslichen Banden fesseln ließe. – So kämpften in Traugotts Innerm die widersprechendsten Gefühle, er konnte sich nicht entscheiden, er wich dem Alten aus. Der glaubte aber, Traugott wolle ihn um sein liebes Kind betrügen. Dazu kam, daß er von Traugotts Heirat schon als von etwas Bestimmtem gesprochen, und daß er nur in dieser Meinung das vertrauliche Verhältnis Dorinas mit Traugott, das sonst das Mädchen in übeln Ruf bringen mußte, geduldet hatte. Das Blut des Italieners wallte auf in ihm, und er erklärte dem Traugott eines Tages bestimmt, daß er entweder Dorina heiraten, oder ihn verlassen müsse, da er auch nicht eine Stunde länger den vertraulichen Umgang dulden werde. Traugott wurde von dem schneidendsten Ärger und Verdruß ergriffen. Der Alte kam ihm vor wie ein gemeiner Kuppler, sein eignes Tun und Treiben erschien ihm verächtlich, daß er jemals von Felizitas gelassen, sündhaft und abscheulich. – Der Abschied von Dorina zerriß ihm das Herz, aber er wand sich gewaltsam los aus den süßen Banden. Er eilte fort nach Neapel, nach Sorrent. –

Ein Jahr verging in den strengsten Nachforschungen nach Berklinger und Felizitas, aber alles blieb vergebens, niemand wußte etwas von ihnen. Eine leise Vermutung, die sich nur auf eine Sage gründete, daß ein alter deutscher Maler sich vor mehreren Jahren in Sorrent blicken lassen, war alles, was er erhaschen konnte. Wie auf einem wogenden Meer hin und her getrieben, blieb Traugott endlich in Neapel, und so wie er wieder die Kunst fleißiger trieb, ging auch die Sehnsucht nach Felizitas linder und milder in seiner Brust auf. Aber kein holdes Mädchen, war sie nur in Gestalt, Gang und Haltung Dorinen im mindesten ähnlich, sah er ohne auf das schmerzlichste den Verlust des süßen lieben Kindes zu fühlen. Beim Malen dachte er niemals an Dorina, wohl aber an Felizitas, die blieb sein stetes Ideal. – Endlich erhielt er Briefe aus der Vaterstadt. Herr Elias Roos hatte, wie der Geschäftsträger meldete, das Zeitliche gesegnet, und Traugotts Gegenwart war nötig, um sich mit dem Buchhalter, der Mamsell Christina geheiratet und die Handlung übernommen hatte, auseinanderzusetzen. Auf dem nächsten Wege eilte Traugott nach Danzig zurück. – Da stand er wieder im Artushof an der Granitsäule dem Bürgermeister und Pagen gegenüber, er gedachte des wunderbaren Abenteuers, das so schmerzlich in sein Leben gegriffen, und von tiefer hoffnungsloser Wehmut befangen starrte er den Jüngling an, der ihn wie mit lebendigen Blicken zu begrüßen und mit holder süßer Stimme zu lispeln schien: „So konntest du doch von mir nicht lassen!“ –

„Seh ich denn recht? sind Ew. Edlen wirklich wieder da und frisch und gesund, gänzlich geheilt von der bösen Melancholie?“ – So quäkte eine Stimme neben Traugott, es war der bekannte Mäkler. „Ich habe sie nicht gefunden“, sprach Traugott unwillkürlich. „Wen denn? wen haben Ew. Edlen nicht gefunden?“ fragte der Mäkler. „Den Maler Godofredus Berklinger und seine Tochter Felizitas“, erwiderte Traugott, „ich habe sie in ganz Italien gesucht, in Sorrent wußte kein Mensch etwas von ihnen.“ Da sah ihn der Mäkler an mit starren Blicken und stammelte: „Wo haben Ew. Edlen den Maler und die Felizitas gesucht? – in Italien? in Neapel? in Sorrent?“ – „Nun ja doch, freilich!“ rief Traugott voll Ärger. Da schlug aber der Mäkler einmal übers andere die Hände zusammen und schrie immer dazwischen: „Ei du meine Güte! ei du meine Güte! aber Herr Traugott, Herr Traugott!“ – „Nun was ist denn da viel sich darüber zu verwundern“, sagte dieser; „gebärden Sie sich nur nicht so närrisch. Um der Geliebten willen reiset man wohl nach Sorrent. Ja, ja! ich liebte die Felizitas und zog ihr nach.“ Aber der Mäkler hüpfte auf einem Beine und schrie immerfort: „Ei du meine Güte! ei du meine Güte!“ bis ihn Traugott festhielt und mit ernstem Blicke fragte: „Nun so sagen Sie doch nur um des Himmels willen, was Sie so seltsam finden?“ „Aber Herr Traugott“, fing endlich der Mäkler an, „wissen Sie denn nicht, daß der Herr Aloysius Brandstetter, unser verehrter Ratsherr und Gildeältester, sein kleines Landhaus dicht am Fuß des Karlsberges, im Tannenwäldchen, nach Conrads Hammer hin, Sorrent genannt hat? Der kaufte dem Berklinger seine Bilder ab und nahm ihn nebst Tochter ins Haus, das heißt, nach Sorrent hinaus. Da haben sie gewohnt Jahre lang, und Sie hätten, verehrter Herr Traugott, standen Sie nur mit ihren beiden lieben Füßen mitten auf dem Karlsberge, in den Garten hineinschauen und die Mamsell Felizitas in wunderlichen altdeutschen Weiberkleidern, wie auf jenen Bildern dort, herumwandeln sehn können, brauchten gar nicht nach Italien zu reisen. Nachher ist der Alte – doch das ist eine traurige Geschichte!" – „Erzählen Sie", sprach Traugott dumpf. „Ja!" fuhr der Mäkler fort, „der junge Brandstetter kam von England zurück, sah die Mamsell Felizitas, und verliebte sich in dieselbe. Er überraschte die Mamsell im Garten, fiel romanhafterweise vor ihr auf beide Kniee, und schwur, daß er sie heiraten und aus der tyrannischen Sklaverei ihres Vaters befreien wolle. Der Alte stand, ohne daß es die jungen Leute bemerkt hatten, dicht hinter ihnen, und in dem Augenblick als Felizitas sprach: ‚Ich will die Ihrige sein', fiel er mit einem dumpfen Schrei nieder und war mausetot. Er soll sehr häßlich ausgesehen haben – ganz blau und blutig, weil ihm, man weiß nicht wie, eine Pulsader gesprungen war. Den jungen Herrn Brandstetter konnte die Mamsell Felizitas nachher gar nicht mehr leiden, und heiratete endlich den Hof- und Kriminalrat Mathesius in Marienwerder. Ew. Edlen können die Frau Kriminalrätin besuchen aus alter Anhänglichkeit. Marienwerder ist doch nicht so weit als das wahrhafte italienische Sorrent. Die liebe Frau soll sich wohl befinden und diverse Kinder in Kurs gesetzt haben." – Stumm und starr eilte Traugott von dannen. Dieser Ausgang seines Abenteuers erfüllte ihn mit Grauen und Entsetzen. „Nein, sie ist es nicht", rief er, „sie ist es nicht – nicht Felizitas, das Himmelsbild, das in meiner Brust ein unendlich Sehnen entzündet, dem ich nachzog in ferne Lande, es vor mir und immer vor mir erblickend, wie meinen in süßer Hoffnung funkelnden flammenden Glückstern! – Felizitas! – Kriminalrätin Mathesius – ha, ha, ha! – Kriminalrätin Mathesius!" – Traugott, von wildem Jammer erfaßt, lachte laut auf und lief wie sonst durchs Olivaer Tor, durch Langfuhr bis auf den Karlsberg. Er schaute hinein in Sorrent, die Tränen stürzten ihm aus den Augen. „Ach", rief er, „wie tief, wie unheilbar tief verletzt dein bittrer Hohn, du ewig waltende Macht, des armen Menschen weiche Brust! Aber nein, nein! was klagt das Kind über heillosen Schmerz, das in die Flamme greift, statt sich zu laben an Licht und Wärme. – Das Geschick erfaßte mich sichtbarlich, aber mein getrübter Blick erkannte nicht das höhere Wesen, und vermessen wähnte ich das, was vom alten Meister geschaffen, wunderbar zum Leben erwacht auf mich zutrat, sei meinesgleichen, und ich könne es herabziehen in die klägliche Existenz des irdischen Augenblicks. Nein, nein, Felizitas, nie habe ich dich verloren, du bleibst mein immerdar, denn du selbst bist ja die schaffende Kunst, die in mir lebt. Nun – nun erst habe ich dich erkannt. Was hast du, was habe ich mit der Kriminalrätin Mathesius zu schaffen! – Ich meine gar nichts!" – „Ich wüßte auch nicht was Sie, verehrter Herr Traugott, mit der zu schaffen haben sollten", fiel hier eine Stimme ein. – Traugott erwachte aus einem Traum. Er befand sich, ohne zu wissen auf welche Weise, wieder im Artushofe an die Granitsäule gelehnt. Der, welcher jene Worte gesprochen, war Christinens Eheherr. Er überreichte dem Traugott einen eben aus Rom angelangten Brief. Matuszewski schrieb:

„Dorina ist hübscher und anmutiger als je, nur bleich vor Sehnsucht nach Dir, geliebter Freund! Sie erwartet Dich stündlich, denn fest steht es in ihrer Seele, daß Du sie nimmer lassen könntest. Sie liebt Dich gar inniglich. Wann sehen wir Dich wieder?"

„Sehr lieb ist es mir", sprach Traugott, nachdem er dies gelesen, zu Christinens Eheherrn, „daß wir heute abgeschlossen haben, denn morgen reise ich nach Rom, wo mich eine geliebte Braut sehnlichst erwartet."

Die Freunde rühmten, als Cyprian geendigt, den heitern gemütlichen Ton, der in dem Ganzen herrsche. Theodor meinte nur daß die Mädchen und Frauen wohl manches auszusetzen finden möchten. Nicht allein die blonde Christine mit ihrem glänzenden Küchengeschirr, sondern auch die Mystifikation des Helden, die Kriminalrätin Mathesius, das ganze Schlußstück in dem eine tiefe Ironie liege, würde ihnen höchlich mißfallen. „Willst du", rief Lothar, „überall den Maßstab darnach, was den Weibern gefällt, anlegen, so mußt du alle Ironie, aus der sich der tiefste ergötzlichste Humor erzeugt, ganz verbannen; denn dafür haben sie, wenigstens in der Regel ganz und gar keinen Sinn." „Welches", erwiderte Theodor, „mir auch sehr wohl gefällt. Du wirst mir eingestehen, daß der Humor, der sich in unserer eigentümlichsten Natur aus den seltsamsten Kontrasten bildet, der weiblichen Natur ganz widerstrebt. Wir fühlen das nur zu lebhaft, sollten wir uns auch niemals ganz klare Rechenschaft darüber geben können. Denn sage mir, magst du auch einige Zeit Gefallen finden an dem Gespräch einer humoristischen Frau, würdest du sie dir als Geliebte oder Gattin wünschen?" – „Gewiß nicht", sprach Lothar, „wiewohl sich über dies weitschichtige Thema, inwiefern der Humor den Weibern anstehe oder nicht, noch gar vieles sagen ließe und ich mir deshalb hiemit ausdrücklich vorbehalte, bei guter Gelegenheit zu meinen würdigen Serapions-Brüdern so tief und weise darüber zu sprechen, als noch jemals irgendein rüstiger Psycholog darüber gesprochen haben mag. Übrigens frage ich dich, o Theodor! ob es denn unumgänglich vonnöten, sich jede vorzügliche Dame mit der man sich in ein vernünftiges Gespräch eingelassen, als seine Geliebte oder Gattin zu denken?" „Ich meine", erwiderte Theodor, „daß jede Annäherung an ein weibliches Wesen nur dann zu interessieren vermag, wenn man vor dem Gedanken, wenn es die Geliebte oder Gattin wäre, wenigstens nicht erschrickt, und daß, je mehr dieser Gedanke behaglichen Raum findet im Innern, um desto höher jenes Interesse steigt."

„Das ist", rief Ottmar lachend, „das ist eine von Theodors gewagtesten Behauptungen, die ich schon lange kenne. Er hat stets darnach gehandelt, und schon mancher Vortrefflichen auf grobe Weise den Rücken gedreht, weil er auch auf ein paar Stunden sich nicht in sie zu verlieben vermochte. Als tanzender Student pflegte er ernsthaft zu versichern, jedem Mädchen mit dem er sich herumschwenke, reiche er sein Herz dar, wenigstens auf die Zeit der Angloise oder Quadrille, und suche in den zierlichsten Pas das auszudrücken wovon sein Mund schweigen müsse, seufze auch sehr, so wie es nur der Atem verstatte."

„Erlaubt", rief Theodor, „daß ich dies unserapiontische Gespräch unterbreche. Es wird spät, und das Herz würde es mir abdrücken, wenn ich euch nicht noch heute eine Erzählung vorlesen sollte die ich gestern endigte. – Mir gab der Geist ein, ein sehr bekanntes und schon bearbeitetes Thema von einem Bergmann zu Falun auszuführen des breiteren, und ihr sollt entscheiden, ob ich wohlgetan der Hingebung zu folgen oder nicht. – Der trübe Ton, den mein Gemälde erhalten mußte, wird vielleicht nicht gut abstechen gegen Cyprians heitres Bild. Verzeiht das und gönnt mir ein geneigtes Ohr!"

Theodor las:

DIE BERGWERKE ZU FALUN

An einem heitern sonnenhellen Juliustage hatte sich alles Volk zu Götaborg auf der Reede versammelt. Ein reicher Ostindienfahrer glücklich heimgekehrt aus dem fernen Lande lag im Klippa-Hafen vor Anker und ließ die langen Wimpel, die schwedischen Flaggen lustig hinauswehen in die azurblaue Luft, während Hunderte von Fahrzeugen, Böten, Kähnen, vollgepfropft mit jubelnden Seeleuten auf den spiegelblanken Wellen der Götaelf hin und her schwammen und die Kanonen von Masthuggetorg ihre weithallenden Grüße hinüberdonnerten in das weite Meer. Die Herren von der ostindischen Kompagnie wandelten am Hafen auf und ab, und berechneten mit lächelnden Gesichtern den reichen Gewinn, der ihnen geworden, und hatten ihre Herzensfreude daran, wie ihr gewagtes Unternehmen nun mit jedem Jahr mehr und mehr gedeihe und das gute Götaborg im schönsten Handelsflor immer frischer und herrlicher emporblühe. Jeder sah auch deshalb die wackern Herrn mit Lust und Vergnügen an und freute sich mit ihnen, denn mit ihrem Gewinn kam ja Saft und Kraft in das rege Leben der ganzen Stadt.

Die Besatzung des Ostindienfahrers, wohl an die hundertundfunfzig Mann stark, landete in vielen Böten die dazu ausgerüstet, und schickte sich an ihren Hönsning zu halten. So ist nämlich das Fest geheißen, das bei derlei Gelegenheit von der Schiffsmannschaft gefeiert wird, und das oft mehrere Tage dauert. Spielleute in wunderlicher bunter Tracht zogen vorauf mit Geigen, Pfeifen, Oboen und Trommeln, die sie wacker rührten, während andere allerlei lustige Lieder dazu absangen. Ihnen folgten die Matrosen zu Paar und Paar. Einige mit bunt bebänderten Jacken und Hüten schwangen flatternde Wimpel, andere tanzten und sprangen und alle jauchzten und jubelten, daß das helle Getöse weit in den Lüften erhallte.

So ging der fröhliche Zug fort über die Werfte – durch die Vorstädte bis nach der Haga-Vorstadt, wo in einem Gästgifvaregard tapfer geschmaust und gezecht werden sollte.

Da floß nun das schönste Öl in Strömen und Bumper auf Bumper wurde geleert. Wie es denn nun bei Seeleuten, die heimkehren von weiter Reise, nicht anders der Fall ist, allerlei schmucke Dirnen gesellten sich alsbald zu ihnen, der Tanz begann und wilder und wilder wurde die Lust und lauter und toller der Jubel.

Nur ein einziger Seemann, ein schlanker hübscher Mensch, kaum mocht er zwanzig Jahr alt sein, hatte sich fortgeschlichen aus dem Getümmel, und draußen einsam hingesetzt auf die Bank, die neben der Tür des Schenkhauses stand.

Ein paar Matrosen traten zu ihm, und einer von ihnen rief laut auflachend: „Elis Fröbom! – Elis Fröbom! – Bist du mal wieder ein recht trauriger Narr worden, und vertrödelst die schöne Zeit mit dummen Gedanken? – Hör Elis, wenn du von unserm Hönsning wegbleibst, so bleib lieber auch ganz weg vom Schiff! – Ein ordentlicher tüchtiger Seemann wird doch so aus dir niemals werden. Mut hast du zwar genug, und tapfer bist du auch in der Gefahr, aber saufen kannst du gar nicht, und behältst lieber die Dukaten in der Tasche, als sie hier gastlich den Landratzen zuzuwerfen. – Trink, Bursche! oder der Seeteufel Näcken – der ganze Troll soll dir über den Hals kommen!"

Elis Fröbom sprang hastig von der Bank auf, schaute den Matrosen an mit glühendem Blick, nahm den mit Branntwein bis an den Rand gefüllten Becher und leerte ihn mit einem Zuge. Dann sprach er: „Du siehst, Joens, daß ich saufen kann wie einer von euch, und ob ich ein tüchtiger Seemann bin mag der Kapitän entscheiden. Aber nun halt dein Lästermaul, und schier dich fort! – Mir ist eure wilde Tollheit zuwider. – Was ich hier draußen treibe, geht dich nichts an!" „Nun, nun", erwiderte Joens, „ich weiß es ja, du bist ein Neriker von Geburt, und die sind alle trübe und traurig, und haben keine rechte Lust am wackern Seemannsleben! – Wart nur, Elis, ich werde dir jemand herausschicken, du sollst bald weggebracht werden von der verhexten Bank, an die dich der Näcken genagelt hat."

Nicht lange dauerte es, so trat ein gar feines schmuckes Mädchen aus der Tür des Gästgifvaregard und setzte sich hin neben dem trübsinnigen Elis, der sich wieder verstummt und in sich gekehrt auf die Bank niedergelassen hatte. Man sah es dem Putz, dem ganzen Wesen der Dirne wohl an, daß sie sich leider böser Lust geopfert, aber noch hatte das wilde Leben nicht seine zerstörende Macht geübt an den wunderlieblichen sanften Zügen ihres holden Antlitzes. Keine Spur von zurückstoßender Frechheit, nein, eine stille sehnsüchtige Trauer lag in dem Blick der dunkeln Augen.

„Elis! – wollt Ihr denn gar keinen Teil nehmen an der Freude Eurer Kameraden? – Regt sich denn gar keine Lust in Euch, da Ihr wieder heimgekommen und der bedrohlichen Gefahr der trügerischen Meereswellen entronnen nun wieder auf vaterländischem Boden steht?"

So sprach die Dirne mit leiser, sanfter Stimme, indem sie den Arm um den Jüngling schlang. Elis Fröbom, wie aus tiefem Traum erwachend, schaute dem Mädchen ins Auge, er faßte ihre Hand, er drückte sie an seine Brust, man merkte wohl, daß der Dirne süß Gelispel recht in sein Inneres hineingeklungen.

„Ach", begann er endlich, wie sich besinnend, „ach, mit meiner Freude, mit meiner Lust ist es nun einmal gar nichts. Wenigstens kann ich durchaus nicht einstimmen in die Toberei meiner Kameraden. Geh nur hinein, mein gutes Kind, juble und jauchze mit den andern, wenn du es vermagst, aber laß den trüben, traurigen Elis hier draußen allein; er würde dir nur alle Lust verderben. – Doch wart! – Du gefällst mir gar wohl, und sollst an mich fein denken, wenn ich wieder auf dem Meere bin."

Damit nahm er zwei blanke Dukaten aus der Tasche, zog ein schönes ostindisches Tuch aus dem Busen, und gab beides der Dirne. *Der* traten aber die hellen Tränen in die Augen, sie stand auf, sie legte die Dukaten auf die Bank, sie sprach: „Ach, behaltet doch nur Eure Dukaten, die machen mich nur traurig, aber das schöne Tuch, das will ich tragen Euch zum teuern Andenken, und Ihr werdet mich wohl übers Jahr nicht mehr finden wenn Ihr Hönsning haltet hier in der Haga."

Damit schlich die Dirne, nicht mehr zurückkehrend in das Schenkhaus, beide Hände vors Gesicht gedrückt, fort über die Straße.

Aufs neue versank Elis Fröbom in seine düstre Träumerei, und rief endlich, als der Jubel in der Schenke recht laut und toll wurde: „Ach läg ich doch nur begraben in dem tiefsten Meeresgrunde! – denn im Leben gibt's keinen Menschen mehr, mit dem ich mich freuen sollte!"

Da sprach eine tiefe rauhe Stimme dicht hinter ihm: „Ihr müßt gar großes Unglück erfahren haben, junger Mensch, daß Ihr Euch schon jetzt, da das Leben Euch erst recht aufgehen sollte, den Tod wünschet."

Elis schaute sich um, und gewahrte einen alten Bergmann, der mit übereinandergeschlagenen Armen an die Plankenwand des Schenkhauses angelehnt stand, und mit ernstem durchdringenden Blick auf ihn herabschaute.

Sowie Elis den Alten länger ansah, wurde es ihm, als trete in tiefer wilder Einsamkeit, in die er sich verloren geglaubt, eine bekannte Gestalt ihm freundlich tröstend entgegen. Er sammelte sich, und erzählte, wie sein Vater ein tüchtiger Steuermann gewesen, aber in demselben Sturme umgekommen, aus dem er gerettet worden auf wunderbare Weise. Seine beiden Brüder wären als Soldaten geblieben in der Schlacht, und er allein habe seine arme verlassene Mutter erhalten mit dem reichen Solde, den er nach jeder Ostindienfahrt empfangen. Denn Seemann habe er doch nun einmal, von Kindesbeinen an dazu bestimmt, bleiben müssen, und da habe es ihm ein großes Glück gedünkt, in den Dienst der ostindischen Kompagnie treten zu können. Reicher als jemals sei diesmal der Gewinn ausgefallen, und jeder Matrose habe noch außer dem Sold ein gut Stück Geld erhalten, so daß er, die Tasche voll Dukaten, in heller Freude hingelaufen sei nach dem kleinen Häuschen, wo seine Mutter gewohnt. Aber fremde Gesichter hätten ihn aus dem Fenster angekuckt, und eine junge Frau, die ihm endlich die Tür geöffnet, und der er sich zu erkennen gegeben, habe ihm mit kaltem rauhem Ton berichtet, daß seine Mutter schon vor drei Monaten gestorben, und daß er die paar Lumpen, die, nachdem die Begräbniskosten berichtigt, noch übriggeblieben, auf dem Rathause in Empfang nehmen könne. Der Tod seiner Mutter zerreiße ihm das Herz, er fühle sich von aller Welt verlassen, einsam wie auf ein ödes Riff verschlagen, hülflos, elend. Sein ganzes Leben auf der See erscheine ihm wie ein irres zweckloses Treiben, ja, wenn er daran denke, daß seine Mutter vielleicht schlecht gepflegt von fremden Leuten, so ohne Trost sterben müssen, komme es ihm ruchlos und abscheulich vor, daß er überhaupt zur See gegangen, und nicht lieber daheim geblieben, seine arme Mutter nährend und pflegend. Die Kameraden hätten ihn mit Gewalt fortgerissen zum Hönsning, und er selbst habe geglaubt, daß der Jubel um ihn her, ja auch wohl das starke Getränk, seinen Schmerz betäuben werde, aber statt dessen sei es ihm bald geworden, als sprängen alle Adern in seiner Brust, und er müsse sich verbluten.

„Ei", sprach der alte Bergmann, „ei, du wirst bald wieder in See stechen, Elis, und dann wird dein Schmerz vorüber sein in weniger Zeit. Alte Leute sterben, das ist nun einmal nicht anders, und deine Mutter hat ja, wie du selbst gestehst, nur ein armes mühseliges Leben verlassen."

„Ach", erwiderte Elis, „ach, daß niemand an meinen Schmerz glaubt, ja daß man mich wohl albern und töricht schilt, das ist es ja eben, was mich hinausstößt aus der Welt. – Auf die See mag ich nicht mehr, das Leben ekelt mich an. Sonst ging mir wohl das Herz auf, wenn das Schiff die Segel wie stattliche Schwingen ausbreitend, über das Meer dahinfuhr, und die Wellen in gar lustiger Musik plätscherten und sausten, und der Wind dazwischen pfiff durch das knätternde Tauwerk. Da jauchzte ich fröhlich mit den Kameraden auf dem Verdeck, und dann – hatte ich in stiller dunkler Nacht die Wache, da gedachte ich der Heimkehr und meiner guten alten Mutter, wie die sich nun wieder freuen würde, wenn Elis zurückgekommen! – Hei! da konnt ich wohl jubeln auf dem Hönsning, wenn ich dem Mütterchen die Dukaten in den Schoß geschüttet, wenn ich ihr die schönen Tücher und wohl noch manch anderes Stück seltner Ware aus dem fernen Lande hingereicht. Wenn ihr dann vor Freude die Augen hell aufleuchteten, wenn sie die Hände einmal über das andere zusammenschlug, ganz erfüllt von Vergnügen und Lust, wenn sie geschäftig hin und her trippelte, und das schönste Aehl herbeiholte, das sie für Elis aufbewahrt. Und saß ich denn nun abends bei der Alten, dann erzählte ich ihr von den seltsamen Leuten, mit denen ich verkehrt, von ihren Sitten und Gebräuchen, von allem Wunderbaren was mir begegnet, auf der langen Reise. Sie hatte ihre große Lust daran, und redete wieder zu mir von den wunderbaren Fahrten meines Vaters im höchsten Norden, und tischte mir dagegen manches schauerliche Seemannsmärlein auf, das ich schon hundertmal gehört, und an dem ich mich doch gar nicht satt hören konnte! – Ach! wer bringt mir diese Freude wieder! – Nein, niemals mehr auf die See. – Was sollt ich unter den Kameraden, die mich nur aushöhnen würden, und wo sollt ich Lust hernehmen zur Arbeit, die mir nur ein mühseliges Treiben um nichts dünken würde!"

„Ich höre Euch", sprach der Alte, als Elis schwieg, „ich höre Euch mit Vergnügen reden, junger Mensch, so wie ich schon seit ein paar Stunden, ohne daß Ihr mich gewahrtet, Euer ganzes Betragen beobachtete, und meine Freude daran hatte. Alles, was Ihr tatet, was Ihr spracht, beweist, daß Ihr ein tiefes in sich selbst gekehrtes, frommes, kindliches Gemüt habt, und eine schönere Gabe konnte Euch der hohe Himmel gar nicht verleihen. Aber zum Seemann habt Ihr Eure Lebetage gar nicht im mindesten getaugt. Wie sollte Euch stillem, wohl gar zum Trübsinn geneigten Neriker (daß Ihr das seid, seh ich an den Zügen Eures Gesichts, an Eurer ganzen Haltung) wie sollte Euch das wilde unstete Leben auf der See zusagen. Ihr tut wohl daran, daß Ihr dies Leben aufgebt für immer. Aber die Hände werdet Ihr doch nicht in den Schoß legen? – Folgt meinem Rat, Elis Fröbom! geht nach Falun, werdet ein Bergmann. Ihr seid jung, rüstig, gewiß bald ein tüchtiger Knappe, dann Hauer, Steiger und immer höher herauf. Ihr habt tüchtige Dukaten in der Tasche, die legt Ihr an, verdient dazu, kommt wohl gar zum Besitz eines Bergmannshemmans, habt Eure eigne Kuxe in der Grube. Folgt meinem Rat, Elis Fröbom, werdet ein Bergmann!"

Elis Fröbom erschrak beinahe über die Worte des Alten. „Wie", rief er, „was ratet Ihr mir? Von der schönen freien Erde, aus dem heitern sonnenhellen Himmel, der mich umgibt, labend, erquickend, soll ich hinaus – hinab in die schauerliche Höllentiefe und dem Maulwurf gleich wühlen und wühlen nach den Erzen und Metallen, schnöden Gewinns halber?"

„So ist", rief der Alte erzürnt, „so ist nun das Volk, es verachtet das, was es nicht zu erkennen vermag. Schnöder Gewinn! Als ob alle grausame Quälerei auf der Oberfläche der Erde, wie sie der Handel herbeiführt, sich edler gestalte als die Arbeit des Bergmanns, dessen Wissenschaft, dessen unverdrossenem Fleiß die Natur ihre geheimsten Schatzkammern erschließt. Du sprichst von schnödem Gewinn, Elis Fröbom! – ei es möchte hier wohl noch Höheres gelten. Wenn der blinde Maulwurf in blindem Instinkt die Erde durchwühlt, so möcht es wohl sein, daß in der tiefsten Teufe bei dem schwachen Schimmer des Grubenlichts des Menschen Auge hellsehender wird, ja daß es endlich sich mehr und mehr erkräftigend, in dem wunderbaren Gestein die Abspieglung dessen zu erkennen vermag, was oben über den Wolken verborgen. Du weißt nichts von dem Bergbau, Elis Fröbom, laß dir davon erzählen."

Mit diesen Worten setzte sich der Alte hin auf die Bank neben Elis, und begann sehr ausführlich zu beschreiben, wie es bei dem Bergbau hergehe, und mühte sich, mit den lebendigsten Farben dem Unwissenden alles recht deutlich vor Augen zu bringen. Er kam auf die Bergwerke von Falun, in denen er, wie er sagte, seit seiner frühen Jugend gearbeitet, er beschrieb die große Tagesöffnung mit den schwarzbraunen Wänden, die dort anzutreffen, er sprach von dem unermeßlichen Reichtum der Erzgrube an dem schönsten Gestein. Immer lebendiger und lebendiger wurde seine Rede, immer glühender sein Blick. Er durchwanderte die Schachten wie die Gänge eines Zaubergartens. Das Gestein lebte auf, die Fossile regten sich, der wunderbare Pyrosmalith, der Almandin blitzten im Schein der Grubenlichter – die Bergkristalle leuchteten und flimmerten durcheinander.

Elis horchte hoch auf; des Alten seltsame Weise von den unterirdischen Wundern zu reden, als stehe er gerade in ihrer Mitte, erfaßte sein ganzes Ich. Er fühlte seine Brust beklemmt, es war ihm, als sei er schon hinabgefahren mit dem Alten in die Tiefe, und ein mächtiger Zauber halte ihn unten fest, so daß er nie mehr das freundliche Licht des Tages schauen werde. Und doch war es ihm wieder, als habe ihm der Alte eine neue unbekannte Welt erschlossen, in die er hineingehöre, und aller Zauber dieser Welt sei ihm schon zur frühsten Knabenzeit in seltsamen geheimnisvollen Ahnungen aufgegangen.

„Ich habe“, sprach endlich der Alte, „ich habe Euch, Elis Fröbom, alle Herrlichkeit eines Standes dargetan, zu dem Euch die Natur recht eigentlich bestimmte. Geht nur mit Euch selbst zu Rate, und tut dann, wie Euer Sinn es Euch eingibt!“

Damit sprang der Alte hastig auf von der Bank, und schritt von dannen, ohne Elis weiter zu grüßen oder sich nach ihm umzuschauen. Bald war er seinem Blick entschwunden.

In dem Schenkhause war es indessen still worden. Die Macht des starken Aehls (Biers), des Branntweins hatte gesiegt. Manche vom Schiffsvolk waren fortgeschlichen mit ihren Dirnen, andere lagen in den Winkeln und schnarchten. Elis, der nicht mehr einkehren konnte in das gewohnte Obdach, erhielt auf sein Bitten ein kleines Kämmerlein zur Schlafstelle.

Kaum hatte er sich müde und matt wie er war, hingestreckt auf sein Lager, als der Traum über ihm seine Fittiche rührte. Es war ihm, als schwämme er in einem schönen Schiff mit vollen Segeln auf dem spiegelblanken Meer, und über ihm wölbe sich ein dunkler Wolkenhimmel. Doch wie er nun in die Wellen hinabschaute, erkannte er bald, daß das, was er für das Meer gehalten, eine feste durchsichtige funkelnde Masse war, in deren Schimmer das ganze Schiff auf wunderbare Weise zerfloß, so daß er auf dem Kristallboden stand, und über sich ein Gewölbe von schwarz flimmerndem Gestein erblickte. Gestein war das nämlich, was er erst für den Wolkenhimmel gehalten. Von unbekannter Macht fortgetrieben, schritt er vorwärts, aber in dem Augenblick regte sich alles um ihn her, und wie kräuselnde Wogen erhoben sich aus dem Boden wunderbare Blumen und Pflanzen von blinkendem Metall, die ihre Blüten und Blätter aus der tiefsten Tiefe emporrankten, und auf anmutige Weise ineinander verschlangen. Der Boden war so klar, daß Elis die Wurzeln der Pflanzen deutlich erkennen konnte, aber bald immer tiefer mit dem Blick eindringend, erblickte er ganz unten – unzählige holde jungfräuliche Gestalten, die sich mit weißen glänzenden Armen umschlungen hielten, und aus ihren Herzen sproßten jene Wurzeln, jene Blumen und Pflanzen empor, und wenn die Jungfrauen lächelten, ging ein süßer Wohllaut durch das weite Gewölbe, und höher und freudiger schossen die wunderbaren Metallblüten empor. Ein unbeschreibliches Gefühl von Schmerz und Wollust ergriff den Jüngling, eine Welt von Liebe, Sehnsucht, brünstigem Verlangen ging auf in seinem Innern. „Hinab – hinab zu euch", rief er, und warf sich mit ausgebreiteten Armen auf den kristallenen Boden nieder. Aber *der* wich unter ihm, und er schwebte wie in schimmerndem Äther. „Nun, Elis Fröbom, wie gefällt es dir in dieser Herrlichkeit?" – So rief eine starke Stimme. Elis gewahrte neben sich den alten Bergmann, aber so wie er ihn mehr und mehr anschaute wurde er zur Riesengestalt aus glühendem Erz gegossen. Elis wollte sich entsetzen, aber in dem Augenblick leuchtete es auf aus der Tiefe wie ein jäher Blitz und das ernste Antlitz einer mächtigen Frau wurde sichtbar. Elis fühlte, wie das Entzücken in seiner Brust immer steigend und steigend zur zermalmenden Angst wurde. Der Alte hatte ihn umfaßt und rief: „Nimm dich in acht, Elis Fröbom, das ist die Königin, noch magst du heraufschauen." – Unwillkürlich drehte er das Haupt, und wurde gewahr wie die Sterne des nächtlichen Himmels durch eine Spalte des Gewölbes leuchteten. Eine sanfte Stimme rief wie in trostlosem Weh seinen Namen. Es war die Stimme seiner Mutter. Er glaubte ihre Gestalt zu schauen oben an der Spalte. Aber es war ein holdes junges Weib die ihre Hand tief hinabstreckte in das Gewölbe und seinen Namen rief. „Trage mich empor", rief er dem Alten zu, „ich gehöre doch der Oberwelt an und ihrem freundlichen Himmel." – „Nimm dich in acht", sprach der Alte dumpf, „nimm dich in acht, Fröbom! – sei treu der Königin der du dich ergeben.“ Sowie nun aber der Jüngling wieder hinabschaute in das starre Antlitz der mächtigen Frau, fühlte er, daß sein Ich zerfloß in dem glänzenden Gestein. Er kreischte auf in namenloser Angst und erwachte aus dem wunderbaren Traum, dessen Wonne und Entsetzen tief in seinem Innern widerklang.

„Es konnte“, sprach Elis, als er sich mit Mühe gesammelt, zu sich selbst, „es konnte wohl nicht anders sein, es mußte mir solch wunderliches Zeug träumen. Hat mir doch der alte Bergmann so viel erzählt von der Herrlichkeit der unterirdischen Welt, daß mein ganzer Kopf davon erfüllt ist, noch in meinem ganzen Leben war mir nicht so zumute als eben jetzt. – Vielleicht träume ich noch fort – Nein nein – ich bin wohl nur krank, hinaus ins Freie, der frische Hauch der Seeluft wird mich heilen!“

Er raffte sich auf und rannte nach dem Klippa-Hafen, wo der Jubel des Hönsnings aufs neue sich erhob. Aber bald gewahrte er, wie alle Lust an ihm vorüberging, wie er keinen Gedanken in der Seele festhalten konnte, wie Ahnungen, Wünsche die er nicht zu nennen vermochte, sein Inneres durchkreuzten. – Er dachte mit tiefer Wehmut an seine verstorbene Mutter, dann war es ihm aber wieder, als sehne er sich nur noch einmal jener Dirne zu begegnen, die ihn gestern so freundlich angesprochen. Und dann fürchtete er wieder, träte auch die Dirne aus dieser oder jener Gasse ihm entgegen, so würd es am Ende der alte Bergmann sein, vor dem er sich, selbst konnte er nicht sagen warum, entsetzen müsse. Und doch hätte er wieder auch von dem Alten sich gern mehr erzählen lassen von den Wundern des Bergbaues.

Von all diesen treibenden Gedanken hin und her geworfen, schaute er hinein in das Wasser. Da wollt es ihm bedünken, als wenn die silbernen Wellen erstarrten zum funkelnden Glimmer, in dem nun die schönen großen Schiffe zerfließen, als wenn die dunklen Wolken, die eben heraufzogen an dem heitern Himmel, sich hinabsenken würden und verdichten zum steinernen Gewölbe. – Er stand wieder in seinem Traum, er schaute wieder das ernste Antlitz der mächtigen Frau, und die verstörende Angst des sehnsüchtigsten Verlangens erfaßte ihn aufs neue. –

Die Kameraden rüttelten ihn auf aus der Träumerei, er mußte ihrem Zuge folgen. Aber nun war es, als flüstre eine unbekannte Stimme ihm unaufhörlich ins Ohr: „Was willst du noch hier? – fort! – fort – in den Bergwerken zu Falun ist deine Heimat. – Da geht alle Herrlichkeit dir auf, von der du geträumt – fort, fort nach Falun!“

Drei Tage trieb sich Elis Fröbom in den Straßen von Götaborg umher, unaufhörlich verfolgt von den wunderlichen Gebilden seines Traums, unaufhörlich gemahnt von der unbekannten Stimme.

Am vierten Tage stand Elis an dem Tore durch welches der Weg nach Gefle führt. Da schritt eben ein großer Mann vor ihm hindurch. Elis glaubte den alten Bergmann erkannt zu haben und eilte unwiderstehlich fortgetrieben ihm nach, ohne ihn zu erreichen.

Rastlos ging es nun fort und weiter fort.

Elis wußte deutlich, daß er sich auf dem Wege nach Falun befinde und eben dies beruhigte ihn auf besondere Weise, denn gewiß war es ihm, daß die Stimme des Verhängnisses durch den alten Bergmann zu ihm gesprochen, der ihn nun auch seiner Bestimmung entgegenführe.

In der Tat sah er auch manchmal, vorzüglich wenn der Weg ihm ungewiß werden wollte, den Alten, wie er aus einer Schlucht, aus dickem Gestripp, aus dunklem Gestein plötzlich hervortrat, und vor ihm ohne sich umzuschauen daherschritt, dann aber schnell wieder verschwand.

Endlich nach manchem mühselig durchwanderten Tage erblickte Elis in der Ferne zwei große Seen, zwischen denen ein dicker Dampf aufstieg. So wie er mehr und mehr die Anhöhe westlich erklimmte, unterschied er in dem Rauch ein paar Türme und schwarze Dächer. Der Alte stand vor ihm riesengroß, zeigte mit ausgestrecktem Arm hin nach dem Dampf und verschwand wieder im Gestein.

„Das ist Falun!“ rief Elis, „das ist Falun, das Ziel meiner Reise!“ – Er hatte recht, denn Leute die ihm hinterher wanderten bestätigten es, daß dort zwischen den Seen Runn und Warpann die Stadt Falun liege, und daß er soeben den Guffrisberg hinansteige wo die große Pinge oder Tagesöffnung der Erzgrube befindlich.

Elis Fröbom schritt guten Mutes vorwärts, als er aber vor dem ungeheuern Höllenschlunde stand, da gefror ihm das Blut in den Adern und er erstarrte bei dem Anblick der fürchterlichen Zerstörung.

Bekanntlich ist die große Tagesöffnung der Erzgrube zu Falun an zwölfhundert Fuß lang, sechshundert Fuß breit und einhundertundachtzig Fuß tief. Die schwarzbraunen Seitenwände gehen anfangs größtenteils senkrecht nieder; dann verflächen sie sich aber gegen die mittlere Tiefe durch ungeheuern Schutt und Trümmerhalden. In diesen und an den Seitenwänden blickt hin und wieder die Zimmerung alter Schächte hervor, die aus starken, dicht aufeinandergelegten und an den Enden ineinandergefugten Stämmen nach Art des gewöhnlichen Blockhäuserbaues aufgeführt sind. Kein Baum, kein Grashalm sproßt in dem kahlen zerbröckelten Steingeklüft und in wunderlichen Gebilden, manchmal riesenhaften versteinerten Tieren, manchmal menschlichen Kolossen ähnlich, ragen die zackigen Felsenmassen ringsumher empor. Im Abgrunde liegen in wilder Zerstörung durcheinander Steine, Schlacken – ausgebranntes Erz, und ein ewiger betäubender Schwefeldunst steigt aus der Tiefe, als würde unten der Höllensud gekocht, dessen Dämpfe alle grüne Lust der Natur vergiften. Man sollte glauben, hier sei Dante herabgestiegen und habe den Inferno geschaut mit all seiner trostlosen Qual, mit all seinem Entsetzen.*

Als nun Elis Fröbom hinabschaute in den ungeheueren Schlund, kam ihm in den Sinn was ihm vor langer Zeit der alte Steuermann seines Schiffs erzählt. Dem war es, als er einmal im Fieber gelegen, plötzlich gewesen, als seien die Wellen des Meeres verströmt, und unter ihm habe sich der unermeßliche Abgrund geöffnet, so daß er die scheußlichen Untiere der Tiefe erblicke die sich zwischen Tausenden von seltsamen Muscheln, Korallenstauden, zwischen wunderlichem Gestein in häßlichen Verschlingungen hin und her wälzten bis sie mit aufgesperrtem Rachen zum Tode erstarrt liegen geblieben. Ein solches Gesicht, meinte der alte Seemann, bedeute den baldigen Tod in den Wellen, und wirklich stürzte er auch bald darauf unversehens von dem Verdeck in das Meer und war rettungslos verschwunden. Daran dachte Elis, denn wohl bedünkte ihm der Abgrund wie der Boden der von den Wellen verlassenen See, und das schwarze Gestein, die blaulichen, roten Schlacken des Erzes schienen ihm abscheuliche Untiere, die ihre häßlichen Polypenarme nach ihm ausstreckten. – Es geschah, daß eben einige Bergleute aus der Teufe emporstiegen, die in ihrer dunklen Grubentracht, mit ihren schwarz verbrannten Gesichtern, wohl anzusehen waren wie häßliche Unholde, die aus der Erde mühsam hervorgekrochen sich den Weg bahnen wollten bis auf die Oberfläche.

* S. die Beschreibung der großen Pinge zu Falun in Hausmanns Reise durch Skandinavien. V. Teil. Seite 96 ff.

Elis fühlte sich von tiefen Schauern durchbebt und was dem Seemann noch niemals geschehen, ihn ergriff der Schwindel; es war ihm als zögen unsichtbare Hände ihn hinab in den Schlund.

Mit geschlossenen Augen rannte er einige Schritte fort, und erst als er weit von der Pinge den Guffrisberg wieder hinabstieg und er hinaufblickte zum heitern sonnenhellen Himmel, war ihm alle Angst jenes schauerlichen Anblicks entnommen. Er atmete wieder frei und rief recht aus tiefer Seele: „O Herr meines Lebens, was sind alle Schauer des Meeres gegen das Entsetzen was dort in dem öden Steingeklüft wohnt! – Mag der Sturm toben, mögen die schwarzen Wolken hinabtauchen in die brausenden Wellen, bald siegt doch wieder die schöne herrliche Sonne und vor ihrem freundlichen Antlitz verstummt das wilde Getöse, aber nie dringt ihr Blick in jene schwarze Höhlen, und kein frischer Frühlingshauch erquickt dort unten jemals die Brust. – Nein, zu euch mag ich mich nicht gesellen, ihr schwarzen Erdwürmer, niemals würd ich mich eingewöhnen können in euer trübes Leben!"

Elis gedachte in Falun zu übernachten und dann mit dem frühesten Morgen seinen Rückweg anzutreten nach Götaborg.

Als er auf den Marktplatz, der Helsingtorget geheißen, kam, fand er eine Menge Volks versammelt.

Ein langer Zug von Bergleuten in vollem Staat mit Grubenlichtern in den Händen, Spielleute vorauf, hielt eben vor einem stattlichen Hause. Ein großer schlanker Mann von mittleren Jahren trat heraus, und schaute mit mildem Lächeln umher. An dem freien Anstande, an der offnen Stirn, an den dunkelblau leuchtenden Augen mußte man den echten Dalkarl erkennen. Die Bergleute schlossen einen Kreis um ihn, jedem schüttelte er treuherzig die Hand, mit jedem sprach er freundliche Worte.

Elis Fröbom erfuhr auf Befragen, daß der Mann Pehrson Dahlsjö sei, Masmeister Altermann und Besitzer einer schönen Bergsfrälse bei Stora-Kopparberg. Bergsfrälse sind in Schweden Ländereien geheißen die für die Kupfer- und Silberbergwerke verliehen wurden. Die Besitzer solcher Frälsen haben Kuxe in den Gruben, für deren Betrieb sie zu sorgen gehalten sind.

Man erzählte dem Elis weiter, daß eben heute der Bergsthing (Gerichtstag) geendigt, und daß dann die Bergleute herumzögen bei dem Bergmeister, dem Hüttenmeister und den Altermännern, überall aber gastlich bewirtet würden.

Betrachtete Elis die schönen stattlichen Leute mit den freien freundlichen Gesichtern, so konnte er nicht mehr an jene Erdwürmer in der großen Pinge denken. Die helle Fröhlichkeit, die, als Pehrson Dahlsjö hinaustrat, wie aufs neue angefacht durch den ganzen Kreis aufloderte, war wohl ganz anderer Art als der wilde tobende Jubel der Seeleute beim Hönsning.

Dem stillen ernsten Elis ging die Art, wie sich diese Bergmänner freuten, recht tief ins Herz. Es wurde ihm unbeschreiblich wohl zumute, aber der Tränen konnt er sich vor Rührung kaum enthalten, als einige der jüngeren Knappen ein altes Lied anstimmten, das in gar einfacher in Seele und Gemüt dringender Melodie den Segen des Bergbaues pries.

Als das Lied geendet, öffnete Pehrson Dahlsjö die Türe seines Hauses und alle Bergleute traten nacheinander hinein. Elis folgte unwillkürlich und blieb an der Schwelle stehen, so daß er den ganzen geräumigen Flur übersehen konnte, in dem die Bergleute auf Bänken Platz nahmen. Ein tüchtiges Mahl stand auf einem Tisch bereitet.

Nun ging die hintere Türe dem Elis gegenüber auf, und eine holde festlich geschmückte Jungfrau trat hinein. Hoch und schlank gewachsen, die dunklen Haare in vielen Zöpfen über der Scheitel aufgeflochten, das nette schmucke Mieder mit reichen Spangen zusammengenestelt ging sie daher in der höchsten Anmut der blühendsten Jugend. Alle Bergleute standen auf und ein leises freudiges Gemurmel lief durch die Reihen: „Ulla Dahlsjö – Ulla Dahlsjö! – Wie hat Gott gesegnet unsern wakkern Altermann mit dem schönen frommen Himmelskinde!‘ – Selbst den ältesten Bergleuten funkelten die Augen, als Ulla ihnen so wie allen übrigen die Hand bot zum freundlichen Gruß. Dann brachte sie schöne silberne Krüge, schenkte treffliches Aehl, wie es denn nun in Falun bereitet wird, ein, und reichte es dar den frohen Gästen, indem aller Himmelsglanz der unschuldvollsten Unbefangenheit ihr holdes Antlitz überstrahlte.

Sowie Elis Fröbom die Jungfrau erblickte, war es ihm, als schlüge ein Blitz durch sein Innres und entflamme alle Himmelslust, allen Liebesschmerz – alle Inbrunst die in ihm verschlossen. – Ulla Dahlsjö war es, die ihm in dem verhängnisvollen Traum die rettende Hand geboten; er glaubte nun die tiefe Deutung jenes Traums zu erraten, und pries, des alten Bergmanns vergessend, das Schicksal, dem er nach Falun gefolgt. –

Aber dann fühlte er sich, auf der Türschwelle stehend, ein unbeachteter Fremdling, elend, trostlos, verlassen und wünschte, er sei gestorben ehe er Ulla Dahlsjö geschaut, da er doch nun vergehen müsse in Liebe und Sehnsucht. Nicht das Auge abzuwenden vermochte er von der holden Jungfrau, und als sie nun bei ihm ganz nahe vorüberstreifte, rief er mit leiser bebender Stimme ihren Namen. Ulla schaute sich um und erblickte den armen Elis, der, glühende Röte im ganzen Gesicht, mit niedergesenktem Blick dastand – erstarrt – keines Wortes mächtig.

Ulla trat auf ihn zu und sprach mit süßem Lächeln: „Ei Ihr seid ja wohl ein Fremdling, lieber Freund! das gewahre ich an Eurer seemännischen Tracht! – Nun! – warum steht Ihr denn so auf der Schwelle. – Kommt doch nur hinein und freut Euch mit uns!“ – Damit nahm sie ihn bei der Hand, zog ihn in den Flur und reichte ihm einen vollen Krug Aehl! „Trinkt“, sprach sie, „trinkt mein lieber Freund auf guten gastlichen Willkommen!“

Dem Elis war es, als läge er in dem wonnigen Paradiese eines herrlichen Traums, aus dem er gleich erwachen und sich unbeschreiblich elend fühlen werde. Mechanisch leerte er den Krug. In dem Augenblick trat Pehrson Dahlsjö an ihn heran und fragte, nachdem er ihm die Hand geschüttelt zum freundlichen Gruß, von wannen er käme und was ihn hingebracht nach Falun.

Elis fühlte die wärmende Kraft des edlen Getränks in allen Adern. Dem wackern Pehrson ins Auge blickend wurde ihm heiter und mutig zu Sinn. Er erzählte, wie er, Sohn eines Seemanns, von Kindesbeinen an auf der See gewesen, wie er eben von Ostindien zurückgekehrt, seine Mutter, die er mit seinem Solde gehegt und gepflegt, nicht mehr am Leben gefunden, wie er sich nun ganz verlassen auf der Welt fühle, wie ihm nun das wilde Leben auf der See ganz und gar zuwider geworden, wie seine innerste Neigung ihn zum Bergbau treibe, und wie er hier in Falun sich mühen werde als Knappe unterzukommen. Das letzte, so sehr allem entgegen was er vor wenigen Augenblicken beschlossen, fuhr ihm ganz unwillkürlich heraus, es war ihm, als hätte er dem Altermann gar nichts anders eröffnen können, ja als wenn er eben seinen innersten Wunsch ausgesprochen, an den er bisher selbst nur nicht geglaubt.

Pehrson Dahlsjö sah den Jüngling mit sehr ernstem Blick an, als wollte er sein Innerstes durchschauen, dann sprach er: „Ich mag nicht vermuten, Elis Fröbom, daß bloßer Leichtsinn Euch von Euerem bisherigen Beruf forttreibt, und daß

Ihr nicht alle Mühseligkeit, alle Beschwerde des Bergbaues vorher reiflich erwägt habt, ehe Ihr den Entschluß gefaßt, sich ihm zu ergeben. Es ist ein alter Glaube bei uns, daß die mächtigen Elemente, in denen der Bergmann kühn waltet, ihn vernichten, strengt er nicht sein ganzes Wesen an, die Herrschaft über sie zu behaupten, gibt er noch andern Gedanken Raum, die die Kraft schwächen, welche er ungeteilt der Arbeit in Erd und Feuer zuwenden soll. Habt Ihr aber Euern innern Beruf genugsam geprüft und ihn bewährt gefunden, so seid Ihr zur guten Stunde gekommen. In meiner Kuxe fehlt es an Arbeitern. Ihr könnt, wenn Ihr wollt, nun gleich bei mir bleiben und morgenden Tages mit dem Steiger anfahren, der Euch die Arbeit schon anweisen wird."

Das Herz ging dem Elis auf bei Pehrson Dahlsjös Rede. Er dachte nicht mehr an die Schrecken des entsetzlichen Höllen schlundes in den er geschaut. Daß er nun die holde Ulla täglich sehen, daß er mit ihr unter einem Dache wohnen werde, das erfüllte ihn mit Wonne und Entzücken; er gab den süßesten Hoffnungen Raum.

Pehrson Dahlsjö tat den Bergleuten kund, wie sich eben ein junger Knappe zum Bergdienst bei ihm gemeldet und stellte ihnen den Elis Fröbom vor.

Alle schauten wohlgefällig auf den rüstigen Jüngling und meinten, mit seinem schlanken kräftigen Gliederbau sei er ganz zum Bergmann geboren, und an Fleiß und Frömmigkeit werd es ihm gewiß auch nicht fehlen.

Einer von den Bergleuten, schon hoch in Jahren, näherte sich und schüttelte ihm treuherzig die Hand, indem er sagte, daß er der Obersteiger in der Kuxe Pehrson Dahlsjös sei, und daß er sich's recht angelegen sein lassen werde ihn sorglich in allem zu unterrichten was ihm zu wissen nötig. Elis mußte sich zu ihm setzen, und sogleich begann der Alte beim Kruge Aehl weitläuftig über die erste Arbeit der Knappen zu sprechen.

Dem Elis kam wieder der alte Bergmann aus Götaborg in den Sinn und auf besondere Weise wußte er beinahe alles, was der ihm gesagt, zu wiederholen. „Ei", rief der Obersteiger voll Erstaunen, „Elis Fröbom, wo habt Ihr denn die schönen Kenntnisse her? – Nun da kann es Euch ja gar nicht fehlen, Ihr müßt in kurzer Zeit der tüchtigste Knappe in der Zeche sein!"

Die schöne Ulla, unter den Gästen auf und ab wandelnd und sie bewirtend, nickte oft freundlich dem Elis zu und munterte ihn auf recht froh zu sein. Nun sei er, sprach sie, ja nicht mehr fremd, sondern gehöre ins Haus und nicht mehr das trügerische Meer, nein! – Falun mit seinen reichen Bergen sei seine Heimat! – Ein ganzer Himmel voll Wonne und Seligkeit tat sich dem Jüngling auf bei Ullas Worten. Man merkte es wohl daß Ulla gern bei ihm weilte, und auch Pehrson Dahlsjö betrachtete ihn in seinem stillen ernsten Wesen mit sichtlichem Wohlgefallen.

Das Herz wollte dem Elis doch mächtig schlagen, als er wieder bei dem rauchenden Höllenschlunde stand und eingehüllt in die Bergmannstracht, die schweren mit Eisen beschlagenen Dalkarlschuhe an den Füßen mit dem Steiger hinabfuhr in den tiefen Schacht. Bald wollten heiße Dämpfe, die sich auf seine Brust legten, ihn ersticken, bald flackerten die Grubenlichter von dem schneidend kalten Luftzuge, der die Abgründe durchströmte. Immer tiefer und tiefer ging es hinab, zuletzt auf kaum ein Fuß breiten eisernen Leitern, und Elis Fröbom merkte wohl, daß alle Geschicklichkeit, die er sich als Seemann im Klettern erworben, ihm hier nichts helfen könne.

Endlich standen sie in der tiefsten Teufe und der Steiger gab dem Elis die Arbeit an die er hier verrichten sollte.

Elis gedachte der holden Ulla, wie ein leuchtender Engel sah er ihre Gestalt über sich schweben und vergaß alle Schrecken des Abgrundes, alle Beschwerden der mühseligen Arbeit. Es stand nun einmal fest in seiner Seele, daß nur dann, wenn er sich bei Pehrson Dahlsjö mit aller Macht des Gemüts, mit aller Anstrengung die nur der Körper dulden wolle, dem Bergbau ergebe, vielleicht dereinst die süßesten Hoffnungen erfüllt werden könnten, und so geschah es, daß er in unglaublich kurzer Zeit es dem geübtesten Bergmann in der Arbeit gleichtat.

Mit jedem Tage gewann der wackre Pehrson Dahlsjö den fleißigen frommen Jüngling mehr lieb und sagte es ihm öfters unverhohlen, daß er in ihm nicht sowohl einen tüchtigen Knappen, als einen geliebten Sohn gewonnen. Auch Ullas innige Zuneigung tat sich immer mehr und mehr kund. Oft, wenn Elis zur Arbeit ging und irgend Gefährliches im Werke war, bat, beschwor sie ihn, die hellen Tränen in den Augen, doch nur ja sich vor jedem Unglück zu hüten. Und wenn er dann zurückkam, sprang sie ihm freudig entgegen, und hatte immer das beste Aehl zur Hand oder sonst ein gut Gericht bereitet ihn zu erquicken.

Das Herz bebte dem Elis vor Freude, als Pehrson Dahlsjö einmal zu ihm sprach, daß, da er ohnedies ein gut Stück Geld mitgebracht, es bei seinem Fleiß, bei seiner Sparsamkeit ihm gar nicht fehlen könne, künftig zum Besitztum eines Berghemmans oder wohl gar einer Bergfrälse zu gelangen, und daß dann wohl kein Bergbesitzer zu Falun ihn abweisen werde, wenn er um die Hand der Tochter werbe. Er hätte nun gleich sagen mögen wie unaussprechlich er Ulla liebe, und wie er alle Hoffnung des Lebens auf ihren Besitz gestellt. Doch unüberwindliche Scheu, mehr aber wohl noch der bange Zweifel, ob Ulla, wie er manchmal ahne, ihn auch wirklich liebe, verschlossen ihm den Mund.

Es begab sich, daß Elis Fröbom einmal in der tiefsten Teufe arbeitete in dicken Schwefeldampf gehüllt, so daß sein Grubenlicht nur schwach durchdämmerte und er die Gänge des Gesteins kaum zu unterscheiden vermochte. Da hörte er, wie aus noch tieferm Schacht ein Klopfen heraustönte als werde mit dem Puchhammer gearbeitet. Da dergleichen Arbeit nun nicht wohl in der Teufe möglich, und Elis wohl wußte, daß außer ihm heute niemand herabgefahren, da der Steiger eben die Leute im Förderschacht anstellte, so wollte ihm das Pochen und Hämmern ganz unheimlich bedünken. Er ließ Handfäustel und Eisen ruhen und horchte zu den hohl anschlagenden Tönen, die immer näher und näher zu kommen schienen. Mit eins gewahrte er dicht neben sich einen schwarzen Schatten und erkannte, da eben ein schneidender Luftstrom den Schwefeldampf verblies, den alten Bergmann von Götaborg, der ihm zur Seite stand. „Glück auf!“ rief der Alte, „Glück auf, Elis Fröbom hier unten im Gestein! – Nun wie gefällt dir das Leben, Kamerad?“ – Elis wollte fragen, auf welche wunderbare Art der Alte in den Schacht gekommen; *der* schlug aber mit seinem Hammer an das Gestein mit solcher Kraft, daß Feuerfunken umherstoben und es wie ferner Donner im Schacht widerhallte und rief dann mit entsetzlicher Stimme: „Das ist hier ein herrlicher Trappgang, aber du schnöder schuftiger Geselle schauest nichts als einen Trum, der kaum eines Strohhalms mächtig. – Hier unten bist du ein blinder Maulwurf, dem der Metallfürst ewig abhold bleiben wird, und oben vermagst du auch nichts zu unternehmen, und stellst vergebens dem Garkönig nach. – Hei! des Pehrson Dahlsjö Tochter Ulla willst du zum Weibe gewinnen, deshalb arbeitest du hier ohne Lieb und Gedanken. – Nimm dich in acht du falscher Gesell, daß der Metallfürst, den du verhöhnst, dich nicht faßt und hinabschleudert, daß deine Glieder zerbröckeln am scharfen Gestein. – Und nimmer wird Ulla dein Weib, das sag ich dir!“

Dem Elis wallte der Zorn auf vor den schnöden Worten des Alten. „Was tust du", rief er, „was tust du hier in dem Schacht meines Herrn Pehrson Dahlsjö, in dem ich arbeite mit aller Kraft und wie es meines Berufs ist? Hebe dich hinweg wie du gekommen oder wir wollen sehen, wer hier unten einer dem andern zuerst das Gehirn einschlägt." – Damit stellte sich Elis Fröbom trotzig vor den Alten hin und schwang sein eisernes Handfäustel, mit dem er gearbeitet, hoch empor. Der Alte lachte höhnisch auf, und Elis sah mit Entsetzen wie er behende gleich einer Eichkatz die schmalen Sprossen der Leiter heraufhüpfte und in dem schwarzen Geklüft verschwand.

Elis fühlte sich wie gelähmt an allen Gliedern, die Arbeit wollte nicht mehr vonstatten gehen, er stieg herauf. Als der alte Obersteiger der eben aus dem Förderschacht gestiegen, ihn gewahrte, rief er: „Um Christus willen, was ist dir widerfahren, Elis, du siehst blaß und verstört aus wie der Tod! – Gelt! – der Schwefeldampf, den du noch nicht gewohnt, hat es dir angetan? – Nun – trink, guter Junge das wird dir wohltun." – Elis nahm einen tüchtigen Schluck Branntwein aus der Flasche die ihm der Obersteiger darbot, und erzählte dann erkräftigt alles was sich unten im Schacht begeben, sowie, auf welche Weise er die Bekanntschaft des alten unheimlichen Bergmanns in Götaborg gemacht.

Der Obersteiger hörte alles ruhig an, dann schüttelte er aber bedenklich den Kopf und sprach: „Elis Fröbom, das ist der alte Torbern gewesen, dem du begegnet, und ich merke nun wohl, daß das mehr als ein Märlein ist, was wir uns hier von ihm erzählen. Vor mehr als hundert Jahren gab es hier in Falun einen Bergmann, namens Torbern. Er soll einer der ersten gewesen sein, der den Bergbau zu Falun recht in Flor gebracht hat, und zu seiner Zeit war die Ausbeute bei weitem reicher als jetzt. Niemand verstand sich damals auf den Bergbau so als Torbern, der in tiefer Wissenschaft erfahren, dem ganzen Bergwesen in Falun vorstand. Als sei er mit besonderer höherer Kraft ausgerüstet, erschlossen sich ihm die reichsten Gänge und kam noch hinzu, daß er ein finstrer tiefsinniger Mann war, der ohne Weib und Kind, ja ohne eigentliches Obdach in Falun zu haben beinahe niemals ans Tageslicht kam, sondern unaufhörlich in den Teufen wühlte, so konnte es nicht fehlen, daß bald von ihm die Sage ging, er stehe mit der geheimen Macht, die im Schoß der Erde waltet und die Metalle kocht, im Bunde. Auf Torberns strenge Ermahnungen nicht achtend, der unaufhörlich Unglück prophezeite, sobald nicht wahre Liebe zum wunderbaren Gestein und Metall den Bergmann zur Arbeit antreibe, weitete man in gewinnsüchtiger Gier die Gruben immer mehr und mehr aus, bis endlich am Johannistage des Jahres eintausendsechshundertundsiebenundachtzig sich der fürchterliche Bergsturz ereignete, der unsere ungeheuere Pinge schuf, und dabei den ganzen Bau dergestalt verwüstete, daß erst nach vielem Mühen und mit vieler Kunst mancher Schacht wieder hergestellt werden konnte. Von Torbern war nichts mehr zu hören und zu sehn, und gewiß schien es, daß er in der Teufe arbeitend durch den Einsturz verschüttet. – Bald darauf, und zwar, als die Arbeit immer besser und besser vonstatten ging, behaupteten die Hauer, sie hätten im Schacht den alten Torbern gesehen, der ihnen allerlei guten Rat erteilt und die schönsten Gänge gezeigt. Andere hatten den Alten oben an der Pinge umherstreichend erblickt, bald wehmütig klagend, bald zornig tobend. Andere Jünglinge kamen so wie du hieher und behaupteten, ein alter Bergmann habe sie ermahnt zum Bergbau und hieher gewiesen. Das geschah allemal wenn es an Arbeitern mangeln wollte, und wohl mochte der alte Torbern auch auf diese Weise für den Bergbau sorgen. – Ist es nun wirklich der alte Torbern gewesen, mit dem du Streit gehabt im Schacht, und hat er von einem herrlichen Trappgange gesprochen, so ist es gewiß daß dort eine reiche Eisenader befindlich, der wir morgen nachspüren wollen. – Du hast nämlich nicht vergessen, daß wir hier die eisengehaltige Ader im Gestein, Trappgang nennen, und daß Trum eine Ader von dem Gange ist, die sich in verschiedene Teile zerschlägt und wohl gänzlich auseinandergeht."

Als Elis Fröbom von mancherlei Gedanken hin und her geworfen eintrat in Pehrson Dahlsjös Haus, kam ihm nicht wie sonst Ulla freundlich entgegen. Mit niedergeschlagenem Blick, und wie Elis zu bemerken glaubte mit verweinten Augen saß Ulla da und neben ihr ein stattlicher junger Mann, der ihre Hand festhielt in der seinigen und sich mühte allerlei Freundliches Scherzhaftes vorzubringen, worauf Ulla aber nicht sonderlich achtete. – Pehrson Dahlsjö zog den Elis, der von trüber Ahnung ergriffen den starren Blick auf das Paar heftete, fort ins andere Gemach und begann: „Nun Elis Fröbom, wirst du bald deine Liebe zu mir, deine Treue beweisen können, denn, habe ich dich schon immer wie meinen Sohn gehalten, so wirst du es nun wirklich werden ganz und gar. Der Mann, den du bei mir siehst, ist der reiche Handelsherr Eric Olawsen geheißen aus Götaborg. Ich geb ihm auf sein Werben meine Tochter zum Weibe; er zieht mit ihr nach Göteborg und du bleibst dann allein bei mir Elis, meine einzige Stütze im Alter. – Nun Elis, du bleibst stumm? – du erbleichst, ich hoffe nicht daß dir mein Entschluß mißfällt, daß du jetzt, da meine Tochter mich verlassen muß, auch von mir willst! – doch ich höre Herrn Olawsen meinen Namen nennen – ich muß hinein!"

Damit ging Pehrson wieder in das Gemach zurück.

Elis fühlte sein Inneres von tausend glühenden Messern zerfleischt – Er hatte keine Worte, keine Tränen. – In wilder Verzweiflung rannte er aus dem Hause fort – fort – bis zur großen Pinge. Bot das ungeheuere Geklüft schon im Tageslicht einen entsetzlichen Anblick dar, so war vollends jetzt, da die Nacht eingebrochen und die Mondesscheibe erst aufdämmerte, das wüste Gestein anzusehen als wühle und wälze unten eine zahllose Schar gräßlicher Untiere, die scheußliche Ausgeburt der Hölle, sich durcheinander am rauchenden Boden und blitze herauf mit Flammenaugen und strecke die riesigen Krallen aus nach dem armen Menschenvolk. –

„Torbern – Torbern!" schrie Elis mit furchtbarer Stimme, daß die öden Schlüfte widerhallten – „Torbern hier bin ich! – Du hattest recht, ich war ein schuftiger Gesell, daß ich alberner Lebenshoffnung auf der Oberfläche der Erde mich hingab! – Unten liegt mein Schatz, mein Leben, mein alles! – Torbern! – steig herab mit mir, zeig mir die reichsten Trappgänge da will ich wühlen und bohren und arbeiten und das Licht des Tages fürder nicht mehr schauen! – Torbern! – Torbern – steig herab mit mir!"

Elis nahm Stahl und Stein aus der Tasche, zündete sein Grubenlicht an und stieg hinab in den Schacht den er gestern befahren, ohne daß sich der Alte sehen ließ. Wie ward ihm, als er in der tiefsten Teufe deutlich und klar den Trappgang erblickte, so daß er seiner Salbänder Streichen und Fallen zu erkennen vermochte.

Doch als er fester und fester den Blick auf die wunderbare Ader im Gestein richtete, war es als ginge ein blendendes Licht durch den ganzen Schacht, und seine Wände wurden durchsichtig wie der reinste Kristall. Jener verhängnisvolle Traum, den er in Götaborg geträumt kam zurück. Er blickte in die paradiesischen Gefilde der herrlichsten Metallbäume und Pflanzen, an denen wie Früchte, Blüten und Blumen feuerstrahlende

Steine hingen. Er sah die Jungfrauen, er schaute das hohe Antlitz der mächtigen Königin. Sie erfaßte ihn, zog ihn hinab, drückte ihn an ihre Brust, da durchzuckte ein glühender Strahl sein Inneres und sein Bewußtsein war nur das Gefühl als schwämme er in den Wogen eines blauen durchsichtig funkelnden Nebels. –

„Elis Fröbom, Elis Fröbom!" – rief eine starke Stimme von oben herab und der Widerschein von Fackeln fiel in den Schacht. Pehrson Dahlsjö selbst war es, der mit dem Steiger hinabkam um den Jüngling den sie wie im hellen Wahnsinn nach der Pinge rennen gesehen zu suchen.

Sie fanden ihn wie erstarrt stehend, das Gesicht gedrückt in das kalte Gestein.

„Was", rief Pehrson ihn an, „was machst du hier unten zur Nachtzeit, unbesonnener junger Mensch! – Nimm deine Kraft zusammen und steige mit uns herauf, wer weiß was du oben Gutes erfahren wirst!"

In tiefem Schweigen stieg Elis herauf, in tiefem Schweigen folgte er dem Pehrson Dahlsjö, der nicht aufhörte ihn tapfer auszuschelten, daß er sich in solche Gefahr begeben.

Der Morgen war hell aufgegangen als sie ins Haus traten. Ulla stürzte mit einem lauten Schrei dem Elis an die Brust, und nannte ihn mit den süßesten Namen. Aber Pehrson Dahlsjö sprach zu Elis: „Du Tor! mußte ich es denn nicht längst wissen, daß du Ulla liebtest, und wohl nur ihretwegen mit so vielem Fleiß und Eifer in der Grube arbeitetest? Mußte ich nicht längst gewahren daß auch Ulla dich liebte recht aus dem tiefsten Herzensgrunde? Konnte ich mir einen bessern Eidam wünschen, als einen tüchtigen fleißigen frommen Bergmann, als eben dich, mein braver Elis? – Aber daß ihr schwiegt, das ärgerte, das kränkte mich." – „Haben wir", unterbrach Ulla den Vater, „haben wir denn selbst gewußt, daß wir uns so unaussprechlich liebten?" – „Mag", fuhr Pehrson Dahlsjö fort, „mag dem sein wie ihm wolle, genug ich ärgerte mich, daß Elis nicht offen und ehrlich von seiner Liebe zu mir sprach und deshalb, und weil ich dein Herz auch prüfen wollte, förderte ich gestern das Märchen mit Herrn Eric Olawsen zutage, worüber du bald zugrunde gegangen wärst. Du toller Mensch! – Herr Eric Olawsen ist ja längst verheiratet und dir, braver Elis Fröbom, gebe ich meine Tochter zum Weibe, denn ich wiederhole es, keinen bessern Schwiegersohn konnt ich mir wünschen."

Dem Elis rannten die Tränen herab vor lauter Wonne und Freude. Alles Lebensglück war so unerwartet auf ihn herabgekommen und es mußte ihm beinahe bedünken, er stehe abermals im süßen Traum! –

Auf Pehrson Dahlsjös Gebot sammelten sich die Bergleute mittags zum frohen Mahl.

Ulla hatte sich in ihren schönsten Schmuck gekleidet und sah anmutiger aus als jemals, so daß alle einmal über das andere riefen: „Ei, welche hochherrliche Braut hat unser wackrer Elis Fröbom erworben! – Nun! – der Himmel segne beide in ihrer Frömmigkeit und Tugend!"

Auf Elis Fröboms bleichem Gesicht lag noch das Entsetzen der Nacht und oft starrte er vor sich hin wie entrückt allem was ihn umgab.

„Was ist dir mein Elis?" fragte Ulla. Elis drückte sie an seine Brust und sprach: „Ja ja! – Du bist wirklich mein und nun ist ja alles gut!"

Mitten in aller Wonne war es dem Elis manchmal als griffe auf einmal eine eiskalte Hand in sein Inneres hinein und eine dunkle Stimme spräche: „Ist es denn nun noch dein Höchstes, daß du Ulla erworben? Du armer Tor! – Hast du nicht das Antlitz der Königin geschaut?"

Er fühlte sich beinahe übermannt von einer unbeschreiblichen Angst, der Gedanke peinigte ihn, es werde nun plötzlich einer von den Bergleuten riesengroß sich vor ihm erheben, und er werde zu seinem Entsetzen den Torbern erkennen, der gekommen ihn fürchterlich zu mahnen an das unterirdische Reich der Steine und Metalle, dem er sich ergeben!

Und doch wußte er wieder gar nicht, warum ihm der gespenstische Alte feindlich sein, was überhaupt sein Bergmannshantieren mit seiner Liebe zu schaffen haben solle.

Pehrson merkte wohl Elis Fröboms verstörtes Wesen und schrieb es dem überstandenen Weh, der nächtlichen Fahrt in den Schacht zu. Nicht so Ulla die von geheimer Ahnung ergriffen in den Geliebten drang, ihr doch nur zu sagen, was ihm denn Entsetzliches begegnet, das ihn ganz von ihr hinwegreiße. Dem Elis wollte die Brust zerspringen. – Vergebens rang er darnach, der Geliebten von dem wunderbaren Gesicht, das sich ihm in der Teufe aufgetan, zu erzählen. Es war als verschlösse ihm eine unbekannte Macht mit Gewalt den Mund, als schaue aus seinem Innern heraus das furchtbare Antlitz der Königin, und nenne er ihren Namen, so würde, wie bei dem Anblick des entsetzlichen Medusenhaupts sich alles um ihn her versteinen zum düstern schwarzen Geklüft! – Alle Herrlichkeit, die ihn unten in der Teufe mit der höchsten Wonne erfüllt, erschien ihm jetzt wie eine Hölle voll trostloser Qual trügerisch ausgeschmückt zur verderblichsten Verlockung!

Pehrson Dahlsjö gebot, daß Elis Fröbom einige Tage hindurch daheim bleiben solle, um sich ganz von der Krankheit zu erholen, in die er gefallen schien. In dieser Zeit verscheuchte Ullas Liebe, die nun hell und klar aus ihrem kindlichen frommen Herzen ausströmte das Andenken an die verhängnisvollen Abenteuer im Schacht. Elis lebte ganz auf in Wonne und Freude und glaubte an sein Glück, das wohl keine böse Macht mehr verstören könne.

Als er wieder hinabfuhr in den Schacht, kam ihm in der Teufe alles ganz anders vor wie sonst. Die herrlichsten Gänge lagen offen ihm vor Augen, er arbeitete mit verdoppeltem Eifer, er vergaß alles, er mußte sich, auf die Oberfläche hinaufgestiegen, auf Pehrson Dahlsjö, ja auf seine Ulla besinnen, er fühlte sich wie in zwei Hälften geteilt, es war ihm, als stiege sein besseres, sein eigentliches Ich hinab in den Mittelpunkt der Erdkugel und ruhe aus in den Armen der Königin, während er in Falun sein düsteres Lager suche. Sprach Ulla mit ihm von ihrer Liebe und wie sie so glücklich miteinander leben würden, so begann er von der Pracht der Teufen zu reden; von den unermeßlich reichen Schätzen die dort verborgen lägen und verwirrte sich dabei in solch wunderliche unverständliche Reden, daß Angst und Beklommenheit das arme Kind ergriff und sie gar nicht wußte, wie Elis sich auf einmal so in seinem ganzen Wesen geändert. – Dem Steiger, Pehrson Dahlsjön selbst verkündete Elis unaufhörlich in voller Lust, wie er die reichhaltigsten Adern, die herrlichsten Trappgänge entdeckt, und wenn sie dann nichts fanden als taubes Gestein, so lachte er höhnisch und meinte, freilich verstehe er nur allein die geheimen Zeichen, die bedeutungsvolle Schrift, die die Hand der Königin selbst hineingrabe in das Steingeklüft, und genug sei es auch eigentlich, diese Zeichen zu verstehen, ohne das, was sie verkündeten, zu Tage zu fördern.

Wehmütig blickte der alte Steiger den Jüngling an, der mit wild funkelndem Blick von dem glanzvollen Paradiese sprach das im tiefen Schoß der Erde aufleuchte.

„Ach Herr", lispelte der Alte Pehrson Dahlsjön leise ins Ohr, „ach Herr! dem armen Jungen hat's der böse Torbern angetan!"

„Glaubt", erwiderte Pehrson Dahlsjö, „glaubt nicht an solche Bergmannsmärlein, Alter! – Dem tiefsinnigen Neriker hat die Liebe den Kopf verrückt, das ist alles. Laßt nur erst die Hochzeit vorüber sein, dann wird's sich schon geben mit den Trappgängen und Schätzen und dem ganzen unterirdischen Paradiese!"

Der von Pehrson Dahlsjö bestimmte Hochzeittag kam endlich heran. Schon einige Tage vorher war Elis Fröbom stiller, ernster, in sich gekehrter gewesen als jemals, aber auch nie hatte er sich so ganz in Liebe der holden Ulla hingegeben als in dieser Zeit. Er mochte sich keinen Augenblick von ihr trennen, deshalb ging er nicht zur Grube; er schien an sein unruhiges Bergmannstreiben gar nicht zu denken, denn kein Wort von dem unterirdischen Reich kam über seine Lippen. Ulla war ganz voll Wonne; alle Angst, wie vielleicht die bedrohlichen Mächte des unterirdischen Geklüfts, von denen sie oft alte Bergleute reden gehört, ihren Elis ins Verderben locken würden, war verschwunden. Auch Pehrson Dahlsjö sprach lächelnd zum alten Steiger: „Seht Ihr wohl, daß Elis Fröbom nur schwindlicht geworden im Kopfe vor Liebe zu meiner Ulla!"

Am frühen Morgen des Hochzeitstages – es war der Johannistag – klopfte Elis an die Kammer seiner Braut. Sie öffnete und fuhr erschrocken zurück, als sie den Elis erblickte schon in den Hochzeitskleidern, todbleich, dunkel sprühendes Feuer in den Augen. „Ich will", sprach er mit leiser schwankender Stimme, „ich will dir nur sagen, meine herzgeliebte Ulla, daß wir dicht an der Spitze des höchsten Glücks stehen, wie es nur dem Menschen hier auf Erden beschieden. Mir ist in dieser Nacht alles entdeckt worden. Unten in der Teufe liegt in Chlorit und Glimmer eingeschlossen der kirschrot funkelnde Almandin, auf den unsere Lebenstafel eingegraben, den mußt du von mir empfangen als Hochzeitsgabe. Er ist schöner als der herrlichste blutrote Karfunkel, und wenn wir in treuer Liebe verbunden hineinblicken in sein strahlendes Licht, können wir es deutlich erschauen, wie unser Inneres verwachsen ist mit dem wunderbaren Gezweige das aus dem Herzen der Königin im Mittelpunkt der Erde emporkeimt. Es ist nur nötig, daß ich diesen Stein hinaufördere zu Tage, und das will ich nunmehro tun. Gehab dich so lange wohl, meine herzgeliebte Ulla! – bald bin ich wieder hier."

Ulla beschwor den Geliebten mit heißen Tränen doch abzustehen von diesem träumerischen Unternehmen, da ihr großes Unglück ahne; doch Elis Fröbom versicherte, daß er ohne jenes Gestein niemals eine ruhige Stunde haben würde, und daß an irgendeine bedrohliche Gefahr gar nicht zu denken sei. Er drückte die Braut innig an seine Brust und schied von dannen.

Schon waren die Gäste versammelt um das Brautpaar nach der Kopparbergs-Kirche wo nach gehaltenem Gottesdienst die Trauung vor sich gehen sollte, zu geleiten. Eine ganze Schar zierlich geschmückter Jungfrauen, die, nach der Sitte des Landes, als Brautmädchen der Braut voranziehen sollten, lachten und scherzten um Ulla her. Die Musikanten stimmten ihre Instrumente und versuchten einen fröhlichen Hochzeitsmarsch. – Schon war es beinahe Mittag, noch immer ließ sich Elis Fröbom nicht sehen. Da stürzten plötzlich Bergleute herbei Angst und Entsetzen in den bleichen Gesichtern, und meldeten, wie eben ein fürchterlicher Bergfall die ganze Grube, in der Dahlsjös Kuxe befindlich, verschüttet.

„Elis – mein Elis du bist hin – hin!" – So schrie Ulla laut auf und fiel wie tot nieder. – Nun erfuhr erst Pehrson Dahlsjö von dem Steiger, daß Elis am frühen Morgen nach der großen Pinge gegangen und hinabgefahren, sonst hatte, da Knappen und Steiger zur Hochzeit geladen, niemand in dem Schacht gearbeitet. Pehrson Dahlsjö, alle Bergleute eilten hinaus, aber alle Nachforschungen, so wie sie nur selbst mit der höchsten Gefahr des Lebens möglich, blieben vergebens. Elis Fröbom wurde nicht gefunden. Gewiß war es, daß der Erdsturz den Unglücklichen im Gestein begraben; und so kam Elend und Jammer über das Haus des wackern Pehrson Dahlsjö, in dem Augenblick, als er Ruhe und Frieden für seine alten Tage sich zu bereiten gedacht.

Längst war der wackre Masmeister Altermann Pehrson Dahlsjö gestorben, längst seine Tochter Ulla verschwunden, niemand in Falun wußte von beiden mehr etwas, da seit Fröboms unglückseligem Hochzeitstage wohl an die funfzig Jahre verflossen. Da geschah es, daß die Bergleute, als sie zwischen zwei Schachten einen Durchschlag versuchten, in einer Teufe von dreihundert Ellen im Vitriolwasser den Leichnam eines jungen Bergmanns fanden, der versteinert schien, als sie ihn zu Tage förderten.

Es war anzusehen als läge der Jüngling in tiefem Schlaf, so frisch, so wohlerhalten waren die Züge seines Antlitzes, so ohne alle Spur der Verwesung seine zierliche Bergmannskleider, ja selbst die Blumen an der Brust. Alles Volk aus der Nähe sammelte sich um den Jüngling, den man heraufgetragen aus der Pinge, aber niemand kannte die Gesichtszüge des Leichnams, und keiner der Bergleute vermochte sich auch zu entsinnen daß irgendeiner der Kameraden verschüttet. Man stand im Begriff den Leichnam weiter fortzubringen nach Falun, als aus der Ferne ein steinaltes eisgraues Mütterchen auf Krücken hinankeuchte. „Dort kommt das Johannismütterchen!" riefen einige von den Bergleuten. Diesen Namen hatten sie der Alten gegeben, die sie schon seit vielen Jahren bemerkt, wie sie jedesmal am Johannistage erschien, in die Tiefe schauend, die Hände ringend, in den wehmütigsten Tönen ächzend und klagend an der Pinge umherschlich und dann wieder verschwand.

Kaum hatte die Alte den erstarrten Jüngling erblickt, als sie beide Krücken fallen ließ, die Arme hoch emporstreckte zum Himmel und mit dem herzzerschneidendsten Ton der tiefsten Klage rief: „O Elis Fröbom – o mein Elis – mein süßer Bräutigam!" Und damit kauerte sie neben dem Leichnam nieder und faßte die erstarrten Hände und drückte sie an ihre im Alter erkaltete Brust, in der noch, wie heiliges Naphthafeuer unter der Eisdecke, ein Herz voll heißer Liebe schlug. „Ach", sprach sie dann, sich im Kreise umschauend, „ach niemand, niemand von euch kennt mehr die arme Ulla Dahlsjö, dieses Jünglings glückliche Braut vor funfzig Jahren! – Als ich mit Gram und Jammer fortzog nach Ornäs, da tröstete mich der alte Torbern und sprach, ich würde meinen Elis, den das Gestein begrub am Hochzeitstage, noch wiedersehen hier auf Erden, und da bin ich jahraus jahrein hergekommen und habe ganz Sehnsucht und treue Liebe hinabgeschaut in die Tiefe. – Und heute ist mir ja wirklich solch seliges Wiedersehen vergönnt! – O mein Elis – mein geliebter Bräutigam!"

Aufs neue schlug sie die dürren Arme um den Jüngling, als wolle sie ihn nimmer lassen, und alle standen tiefbewegt ringsumher.

Leiser und leiser wurden die Seufzer, wurde das Schluchzen der Alten, bis es dumpf vertönte.

Die Bergleute traten hinan, sie wollten die arme Ulla aufrichten, aber sie hatte ihr Leben ausgehaucht auf dem Leichnam des erstarrten Bräutigams. Man bemerkte, daß der Körper des Unglücklichen, der fälschlicherweise für versteinert gehalten, in Staub zu zerfallen begann.

In der Kopparbergs-Kirche, dort wo vor funfzig Jahren das Paar getraut werden sollte, wurde die Asche des Jünglings beigesetzt und mit ihr die Leiche der bis in den bittern Tod getreuen Braut.

„Ich merke", sprach Theodor, als er geendet und die Freunde schweigend vor sich hinblickten, „ich merke es wohl, daß euch meine Erzählung nicht ganz recht ist, oder behagte euch nur in diesem Augenblick vielleicht nicht der düstre wehmütige Stoff?"

„Es ist nicht anders", erwiderte Ottmar, „deine Erzählung läßt einen sehr wehmütigen Eindruck zurück, aber, aufrichtig gestanden, will mir all der Aufwand von schwedischen Bergfrälsebesitzern, Volksfesten, gespenstischen Bergmännern und Visionen gar nicht recht gefallen. Die einfache Beschreibung in Schuberts Ansichten von der Nachtseite der Naturwissenschaft, wie der Jüngling in der Erzgrube zu Falun gefunden wurde, in dem ein altes Mütterchen ihren vor funfzig Jahren verschütteten Bräutigam wiedererkannte, hat viel tiefer auf mich gewirkt."

„Ich flehe", rief Theodor lächelnd, „unsern Patron den Einsiedler Serapion an, daß er mich in Schutz nehme, denn wahrlich, mir ging nun einmal die Geschichte von dem Bergmann mit den lebendigsten Farben gerade so auf wie ich sie erzählt habe."

„Laßt", sprach Lothar, „jedem seine Weise. Aber gut ist es, lieber Theodor, daß du *uns* die Geschichte vorlasest, die wir alle, mein ich, etwas von der Bergmannswissenschaft, so wie von den Bergwerken zu Falun und den schwedischen Sitten und Gebräuchen gehört haben. Andere würden dir mit Recht vorwerfen, daß du durch zu viele bergmännische Ausdrücke oft unverständlich wurdest, und manche würden sogar, da du so oft von dem schönen Öl sprichst womit sich die Leute traktieren, auf den Gedanken geraten, daß die guten Faluner und Götaborger schnödes Baumöl saufen, da jenes Öl doch nichts anders ist als ein schönes, starkes Bier."

„Mir hat", nahm Cyprian das Wort, „Theodors Erzählung doch im ganzen nicht so sehr mißfallen als dir Ottmar. Wie oft stellten Dichter Menschen, welche auf irgendeine entsetzliche Weise untergehen, als im ganzen Leben mit sich entzweit, als von unbekannten finstren Mächten befangen dar. Dies hat

Theodor auch getan, und mich wenigstens spricht dies immer deshalb an, weil ich meine, daß es tief in der Natur begründet ist. Ich habe Menschen gekannt, die sich plötzlich im ganzen Wesen veränderten, die entweder in sich hinein erstarrten oder wie von bösen Mächten rastlos verfolgt, in steter Unruhe umhergetrieben wurden und die bald dieses, bald jenes entsetzliche Ereignis aus dem Leben fortriß." „Halt", rief Lothar – „halt! – lassen wir dem geisterseherischen Cyprian nur was weniges Raum, so geraten wir gleich in ein Labyrinth von Ahnungen und Träumen! – Erlaubt, daß ich unsere trübe Stimmung mit einemmal vernichte, indem ich euch zum Schluß unseres heutigen Klubs ein Kindermärchen mitteile, das ich vor einiger Zeit aufschrieb, und das mir, so glaub ich, der tolle Spukgeist Droll selbst eingegeben hat."

„Ein Kindermärchen – du Lothar ein Kindermärchen!" – So riefen alle.

„Ja", sprach Lothar, „wahnwitzig mag es euch bedünken, daß ich es unternahm, ein Kindermärchen zu schreiben, aber hört mich erst und dann urteilt."

Lothar zog ein sauber geschriebenes Heft hervor und las:

NUSSKNACKER UND MAUSEKÖNIG

Der Weihnachtsabend

Am vierundzwanzigsten Dezember durften die Kinder des Medizinalrats Stahlbaum den ganzen Tag über durchaus nicht in die Mittelstube hinein, viel weniger in das daranstoßende Prunkzimmer. In einem Winkel des Hinterstübchens zusammengekauert, saßen Fritz und Marie, die tiefe Abenddämmerung war eingebrochen und es wurde ihnen recht schaurig zumute, als man, wie es gewöhnlich an dem Tage geschah, kein Licht hereinbrachte. Fritz entdeckte ganz insgeheim wispernd der jüngern Schwester (sie war eben erst sieben Jahr alt worden) wie er schon seit frühmorgens es habe in den verschlossenen Stuben rauschen und rasseln, und leise pochen hören. Auch sei nicht längst ein kleiner dunkler Mann mit einem großen Kasten unter dem Arm über den Flur geschlichen, er wisse aber wohl, daß es niemand anders gewesen als Pate Droßelmeier. Da schlug Marie die kleinen Händchen vor Freude zusammen und rief: „Ach was wird nur Pate Droßelmeier für uns Schönes gemacht haben.“ Der Obergerichtsrat Droßelmeier war gar kein hübscher Mann, nur klein und mager, hatte viele Runzeln im Gesicht, statt des rechten Auges ein großes schwarzes Pflaster und auch gar keine Haare, weshalb er eine sehr schöne weiße Perücke trug, die war aber von Glas und ein künstliches Stück Arbeit. Überhaupt war der Pate selbst auch ein sehr künstlicher Mann, der sich sogar auf Uhren verstand und selbst welche machen konnte. Wenn daher eine von den schönen Uhren in Stahlbaums Hause krank war und nicht singen konnte, dann kam Pate Droßelmeier, nahm die Glasperücke ab, zog sein gelbes Röckchen aus, band eine blaue Schürze um und stach mit spitzigen Instrumenten in die Uhr hinein, so daß es der kleinen Marie ordentlich wehe tat, aber es verursachte der Uhr gar keinen Schaden, sondern sie wurde vielmehr wieder lebendig und fing gleich an recht lustig zu schnurren, zu schlagen und zu singen, worüber denn alles große Freude hatte. Immer trug er, wenn er kam, was Hübsches für die Kinder in der Tasche, bald ein Männlein, das die Augen verdrehte und Komplimente machte, welches komisch anzusehen war, bald eine Dose, aus der ein Vögelchen heraushüpfte, bald was anderes. Aber zu Weihnachten, da hatte er immer ein schönes künstliches Werk verfertigt, das ihm viel Mühe gekostet, weshalb es auch, nachdem es einbeschert worden, sehr sorglich von den Eltern aufbewahrt wurde. – „Ach, was wird nur Pate Droßelmeier für uns Schönes gemacht haben“, rief nun Marie; Fritz meinte aber, es könne wohl diesmal nichts anders sein, als eine Festung, in der allerlei sehr hübsche Soldaten auf und ab marschierten und exerzierten und dann müßten andere Soldaten kommen, die in die Festung hineinwollten, aber nun schössen die Soldaten von innen tapfer heraus mit Kanonen, daß es tüchtig brauste und knallte. „Nein, nein“, unterbrach Marie den Fritz: „Pate Droßelmeier hat mir von einem schönen Garten erzählt, darin ist ein großer See, auf dem schwimmen sehr herrliche Schwäne mit goldnen Halsbändern herum und singen die hübschesten Lieder. Dann kommt ein kleines Mädchen aus dem Garten an den See und lockt die Schwäne heran, und füttert sie mit süßem Marzipan.“ „Schwäne fressen keinen Marzipan“, fiel Fritz etwas rauh ein, „und einen ganzen Garten kann Pate Droßelmeier auch nicht machen. Eigentlich haben wir wenig von seinen Spielsachen; es wird uns ja alles gleich wieder weggenommen, da ist mir denn doch das viel lieber, was uns Papa und Mama einbescheren, wir behalten es fein und können damit machen, was wir wollen.“ Nun rieten die Kinder hin und her, was es wohl diesmal wieder geben könne. Marie meinte, daß Mamsell Trutchen (ihre große Puppe) sich sehr verändere, denn ungeschickter als jemals fiele sie jeden Augenblick auf den Fußboden, welches ohne garstige Zeichen im Gesicht nicht abginge, und dann sei an Reinlichkeit in der Kleidung gar nicht mehr zu denken. Alles tüchtige Ausschelten helfe nichts. Auch habe Mama gelächelt, als sie sich über Gretchens kleinen Sonnenschirm so gefreut. Fritz versicherte dagegen, ein tüchtiger Fuchs fehle seinem Marstall durchaus so wie seinen Truppen gänzlich an Kavallerie, das sei dem Papa recht gut bekannt. – So wußten die Kinder wohl, daß die Eltern ihnen allerlei schöne Gaben eingekauft hatten, die sie nun aufstellten, es war ihnen aber auch gewiß, daß dabei der liebe Heilige Christ mit gar freundlichen frommen Kindesaugen hineinleuchte und daß wie von segensreicher Hand berührt, jede Weihnachtsgabe herrliche Lust bereite wie keine andere. Daran erinnerte die Kinder, die immerfort von den zu erwartenden Geschenken wisperten, ihre ältere Schwester Luise, hinzufügend, daß es nun aber auch der Heilige Christ sei, der durch die Hand der lieben Eltern den Kindern immer das beschere, was ihnen wahre Freude und Lust bereiten könne, das wisse er viel besser als die Kinder selbst, die müßten daher nicht allerlei wünschen und hoffen, sondern still und fromm erwarten, was ihnen beschert worden. Die kleine Marie wurde ganz nachdenklich, aber Fritz murmelte vor sich hin: „Einen Fuchs und Husaren hätt ich nun einmal gern.“

Es war ganz finster geworden. Fritz und Marie fest aneinandergerückt, wagten kein Wort mehr zu reden, es war ihnen als rausche es mit linden Flügeln um sie her und als ließe sich eine ganz ferne, aber sehr herrliche Musik vernehmen. Ein heller Schein streifte an der Wand hin, da wußten die Kinder, daß nun das Christkind auf glänzenden Wolken fortgeflogen zu andern glücklichen Kindern. In dem Augenblick ging es mit silberhellem Ton: Klingling, klingling, die Türen sprangen auf, und solch ein Glanz strahlte aus dem großen Zimmer hinein, daß die Kinder mit lautem Ausruf: „Ach! – Ach!“ wie erstarrt auf der Schwelle stehenblieben. Aber Papa und Mama traten in die Türe, faßten die Kinder bei der Hand und sprachen: „Kommt doch nur, kommt doch nur, ihr lieben Kinder und seht, was euch der Heilige Christ beschert hat.“

Ich wende mich an dich selbst, sehr geneigter Leser oder Zuhörer Fritz – Theodor – Ernst – oder wie du sonst heißen magst und bitte dich, daß du dir deinen letzten mit schönen bunten Gaben reich geschmückten Weihnachtstisch recht lebhaft vor Augen bringen mögest, dann wirst du es dir wohl auch denken können, wie die Kinder mit glänzenden Augen ganz verstummt stehenblieben, wie erst nach einer Weile Marie mit einem tiefen Seufzer rief: „Ach wie schön – ach wie schön“, und Fritz einige Luftsprünge versuchte, die ihm überaus wohl gerieten. Aber die Kinder mußten auch das ganze Jahr über besonders artig und fromm gewesen sein, denn nie war ihnen so viel Schönes, Herrliches einbeschert worden als dieses Mal. Der große Tannenbaum in der Mitte trug viele goldne und silberne Äpfel, und wie Knospen und Blüten keimten Zuckermandeln und bunte Bonbons und was es sonst noch für schönes Naschwerk gibt, aus allen Ästen. Als das Schönste an dem Wunderbaum mußte aber wohl gerühmt werden, daß in seinen dunkeln Zweigen hundert kleine Lichter wie Sternlein funkelten und er selbst in sich hinein- und herausleuchtend die Kinder freundlich einlud seine Blüten und Früchte zu pflücken. Um den Baum umher glänzte alles sehr bunt und herrlich – was es da alles für schöne Sachen gab – ja, wer das zu beschreiben vermöchte! Marie erblickte die zierlichsten Puppen, allerlei saubere kleine Gerätschaften und was vor allem schön anzusehen war, ein seidenes Kleidchen mit bunten Bändern zierlich geschmückt, hing an einem Gestell so der kleinen Marie vor Augen, daß sie es von allen Seiten betrachten konnte und das tat sie denn auch, indem sie ein Mal über das andere ausrief: „Ach das schöne, ach das liebe – liebe Kleidchen: und das werde ich – ganz gewiß – das werde ich wirklich anziehen dürfen!“ – Fritz hatte indessen schon drei- oder viermal um den Tisch herumgaloppierend und -trabend den neuen Fuchs versucht, den er in der Tat am Tische angezäumt gefunden. Wieder absteigend, meinte er: es sei eine wilde Bestie, das täte aber nichts, er wolle ihn schon kriegen, und musterte die neue Schwadron Husaren, die sehr prächtig in Rot und Gold gekleidet waren, lauter silberne Waffen trugen und auf solchen weißglänzenden Pferden ritten, daß man beinahe hätte glauben sollen, auch diese seien von purem Silber. Eben wollten die Kinder, etwas ruhiger geworden, über die Bilderbücher her, die aufgeschlagen waren, daß man allerlei sehr schöne Blumen und bunte Menschen, ja auch allerliebste spielende Kinder, so natürlich gemalt als lebten und sprächen sie wirklich, gleich anschauen konnte. – Ja! eben wollten die Kinder über diese wunderbaren Bücher her, als nochmals geklingelt wurde. Sie wußten, daß nun der Pate Droßelmeier einbescheren würde, und liefen nach dem an der Wand stehenden Tisch. Schnell wurde der Schirm, hinter dem er so lange versteckt gewesen, weggenommen. Was erblickten da die Kinder! – Auf einem grünen mit bunten Blumen geschmückten Rasenplatz stand ein sehr herrliches Schloß mit vielen Spiegelfenstern und goldnen Türmen. Ein Glockenspiel ließ sich hören, Türen und Fenster gingen auf, und man sah, wie sehr kleine aber zierliche Herrn und Damen mit Federhüten und langen Schleppkleidern in den Sälen herumspazierten. In dem Mittelsaal, der ganz in Feuer zu stehen schien – so viel Lichterchen brannten an silbernen Kronleuchtern – tanzten Kinder in kurzen Wämschen und Röckchen nach dem Glokkenspiel. Ein Herr in einem smaragdenen Mantel sah oft durch ein Fenster, winkte heraus und verschwand wieder, so wie auch Pate Droßelmeier selbst, aber kaum viel höher als Papas Daumen zuweilen unten an der Tür des Schlosses stand und wieder hineinging. Fritz hatte mit auf den Tisch gestemmten Armen das schöne Schloß und die tanzenden und spazierenden Figürchen angesehen, dann sprach er: „Pate Droßelmeier! Laß mich mal hineingehen in dein Schloß!“ – Der Obergerichtsrat bedeutete ihn, daß das nun ganz und gar nicht anginge. Er hatte auch recht, denn es war töricht von Fritzen, daß er in ein Schloß gehen wollte, welches überhaupt mitsamt seinen goldnen Türmen nicht so hoch war, als er selbst. Fritz sah das auch ein. Nach einer Weile, als immerfort auf dieselbe Weise die Herrn und Damen hin und her spazierten, die Kinder tanzten, der smaragdne Mann zu demselben Fenster heraussah, Pate Droßelmeier vor die Türe trat, da rief Fritz ungeduldig: „Pate Droßelmeier, nun komm mal zu der andern Tür da drüben heraus.“ „Das geht nicht, liebes Fritzchen“, erwiderte der Obergerichtsrat. „Nun so laß mal“, sprach Fritz weiter, „laß mal den grünen Mann, der so oft herauskuckt, mit den andern herumspazieren.“ „Das geht auch nicht“, erwiderte der Obergerichtsrat aufs neue. „So sollen die Kinder herunterkommen“, rief Fritz, „ich will sie näher besehen.“ „Ei das geht alles nicht“, sprach der Obergerichtsrat verdrießlich, „wie die Mechanik nun einmal gemacht ist, muß sie bleiben.“ „So–o?“ fragte Fritz mit gedehnten Ton, „das geht alles nicht? Hör mal Pate Droßelmeier, wenn deine kleinen geputzten Dinger in dem Schlosse nichts mehr können als immer dasselbe, da taugen sie nicht viel, und ich frage nicht sonderlich nach ihnen. – Nein, da lob ich mir meine Husaren, die müssen manövrieren vorwärts, rückwärts, wie ich's haben will und sind in kein Haus gesperrt." Und damit sprang er fort an den Weihnachtstisch und ließ seine Eskadron auf den silbernen Pferden hin und her trottieren und schwenken und einhauen und feuern nach Herzenslust. Auch Marie hatte sich sachte fortgeschlichen, denn auch sie wurde des Herumgehens und Tanzens der Püppchen im Schlosse bald überdrüssig, und mochte es, da sie sehr artig und gut war, nur nicht so merken lassen, wie Bruder Fritz. Der Obergerichtsrat Droßelmeier sprach ziemlich verdrießlich zu den Eltern: „Für unverständige Kinder ist solch künstliches Werk nicht, ich will nur mein Schloß wieder einpacken"; doch die Mutter trat hinzu, und ließ sich den innern Bau und das wunderbare, sehr künstliche Räderwerk zeigen, wodurch die kleinen Püppchen in Bewegung gesetzt wurden. Der Rat nahm alles auseinander, und setzte es wieder zusammen. Dabei war er wieder ganz heiter geworden, und schenkte den Kindern noch einige schöne braune Männer und Frauen mit goldnen Gesichtern, Händen und Beinen. Sie waren sämtlich aus Thorn, und rochen so süß und angenehm wie Pfefferkuchen, worüber Fritz und Marie sich sehr erfreuten. Schwester Luise hatte, wie es die Mutter gewollt, das schöne Kleid angezogen, welches ihr einbeschert worden, und sah wunderhübsch aus, aber Marie meinte, als sie auch ihr Kleid anziehen sollte, sie möchte es lieber noch ein bißchen so ansehen. Man erlaubte ihr das gern.

Der Schützling

Eigentlich mochte Marie sich deshalb gar nicht von dem Weihnachtstisch trennen, weil sie eben etwas noch nicht Bemerktes entdeckt hatte. Durch das Ausrücken von Fritzens Husaren, die dicht an dem Baum in Parade gehalten, war nämlich ein sehr vortrefflicher kleiner Mann sichtbar geworden, der still und bescheiden dastand, als erwarte er ruhig, wenn die Reihe an ihn kommen werde. Gegen seinen Wuchs wäre freilich vieles einzuwenden gewesen, denn abgesehen davon, daß der etwas lange, starke Oberleib nicht recht zu den kleinen dünnen Beinchen passen wollte, so schien auch der Kopf bei weitem zu groß. Vieles machte die propre Kleidung gut, welche auf einen Mann von Geschmack und Bildung schließen ließ. Er trug nämlich ein sehr schönes violettglänzendes Husarenjäckchen mit vielen weißen Schnüren und Knöpfchen, ebensolche Beinkleider, und die schönsten Stiefelchen, die jemals an die Füße eines Studenten, ja wohl gar eines Offiziers gekommen sind. Sie saßen an den zierlichen Beinchen so knapp angegossen, als wären sie darauf gemalt. Komisch war es zwar, daß er zu dieser Kleidung sich hinten einen schmalen unbeholfenen Mantel, der recht aussah wie von Holz, angehängt, und ein Bergmannsmützchen aufgesetzt hatte, indessen dachte Marie daran, daß Pate Droßelmeier ja auch einen sehr schlechten Matin umhänge, und eine fatale Mütze aufsetze, dabei aber doch ein gar lieber Pate sei. Auch stellte Marie die Betrachtung an, daß Pate Droßelmeier, trüge er sich auch übrigens so zierlich wie der Kleine, doch nicht einmal so hübsch als er aussehen werde. Indem Marie den netten Mann, den sie auf den ersten Blick liebgewonnen, immer mehr und mehr ansah, da wurde sie erst recht inne, welche Gutmütigkeit auf seinem Gesichte lag. Aus den hellgrünen, etwas zu großen hervorstehenden Augen sprach nichts als Freundschaft und Wohlwollen. Es stand dem Manne gut, daß sich um sein Kinn ein wohlfrisierter Bart von weißer Baumwolle legte, denn um so mehr konnte man das süße Lächeln des hochroten Mundes bemerken. „Ach!“ rief Marie endlich aus: „ach lieber Vater, wem gehört denn der allerliebste kleine Mann dort am Baum?“ „Der“, antwortete der Vater, „der, liebes Kind! soll für euch alle tüchtig arbeiten, er soll euch fein die harten Nüsse aufbeißen, und er gehört Luisen ebensogut, als dir und dem Fritz.“ Damit nahm ihn der Vater behutsam vom Tische, und indem er den hölzernen Mantel in die Höhe hob, sperrte das Männlein den Mund weit, weit auf, und zeigte zwei Reihen sehr weißer spitzer Zähnchen. Marie schob auf des Vaters Geheiß eine Nuß hinein, und – knack – hatte sie der Mann zerbissen, daß die Schalen abfielen, und Marie den süßen Kern in die Hand bekam. Nun mußte wohl jeder und auch Marie wissen, daß der zierliche kleine Mann aus dem Geschlecht der Nußknacker abstammte, und die Profession seiner Vorfahren trieb. Sie jauchzte auf vor Freude, da sprach der Vater: „Da dir, liebe Marie, Freund Nußknacker so sehr gefällt, so sollst du ihn auch besonders hüten und schützen, unerachtet, wie ich gesagt, Luise und Fritz ihn mit ebenso vielem Recht brauchen können als du!" – Marie nahm ihn sogleich in den Arm, und ließ ihn Nüsse aufknacken, doch suchte sie die kleinsten aus, damit das Männlein nicht so weit den Mund aufsperren durfte, welches ihm doch im Grunde nicht gut stand. Luise gesellte sich zu ihr, und auch für sie mußte Freund Nußknacker seine Dienste verrichten, welches er gern zu tun schien, da er immerfort sehr freundlich lächelte. Fritz war unterdessen vom vielen Exerzieren und Reiten müde geworden, und da er so lustig Nüsse knacken hörte, sprang er hin zu den Schwestern, und lachte recht von Herzen über den kleinen drolligen Mann, der nun, da Fritz auch Nüsse essen wollte, von Hand zu Hand ging, und gar nicht aufhören konnte mit Auf- und Zuschnappen. Fritz schob immer die größten und härtsten Nüsse hinein, aber mit einem Male ging es – krack – krack – und drei Zähnchen fielen aus des Nußknackers Munde, und sein ganzes Unterkinn war lose und wacklicht. – „Ach mein armer lieber Nußknacker!" schrie Marie laut, und nahm ihn dem Fritz aus den Händen. „Das ist ein einfältiger dummer Bursche", sprach Fritz. „Will Nußknacker sein, und hat kein ordentliches Gebiß – mag wohl auch sein Handwerk gar nicht verstehn. – Gib ihn nur her, Marie! Er soll mir Nüsse zerbeißen, verliert er auch noch die übrigen Zähne, ja das ganze Kinn obendrein, was ist an dem Taugenichts gelegen." „Nein, nein", rief Marie weinend, „du bekommst ihn nicht, meinen lieben Nußknacker, sieh nur her, wie er mich so wehmütig anschaut, und mir sein wundes Mündchen zeigt! – Aber du bist ein hartherziger Mensch – Du schlägst deine Pferde, und läßt wohl gar einen Soldaten totschießen." – „Das muß so sein, das verstehst du nicht", rief Fritz; „aber der Nußknacker gehört ebensogut mir, als dir, gib ihn nur her." – Marie fing an heftig zu weinen, und wickelte den kranken Nußknacker schnell in ihr kleines Taschentuch ein. Die Eltern kamen mit dem Paten Droßelmeier herbei. Dieser nahm zu Mariens Leidwesen Fritzens Partie. Der Vater sagte aber: „Ich habe den Nußknacker ausdrücklich unter Mariens Schutz gestellt, und da, wie ich sehe, er dessen eben jetzt bedarf, so hat sie volle Macht über ihn, ohne daß jemand dreinzureden hat. Übrigens wundert es mich sehr von Fritzen, daß er von einem im Dienst Erkrankten noch fernere Dienste verlangt. Als guter Militär sollte er doch wohl wissen, daß man Verwundete niemals in Reihe und Glied stellt?" – Fritz war sehr beschämt, und schlich, ohne sich weiter um Nüsse und Nußknacker zu bekümmern, fort an die andere Seite des Tisches, wo seine Husaren, nachdem sie gehörige Vorposten ausgestellt hatten, ins Nachtquartier gezogen waren. Marie suchte Nußknackers verlorne Zähnchen zusammen, um das kranke Kinn hatte sie ein hübsches weißes Band, das sie von ihrem Kleidchen abgelöst, gebunden, und dann den armen Kleinen, der sehr blaß und erschrocken aussah, noch sorgfältiger als vorher in ihr Tuch eingewickelt. So hielt sie ihn wie ein kleines Kind wiegend in den Armen, und besah die schönen Bilder des neuen Bilderbuchs, das heute unter den andern vielen Gaben lag. Sie wurde, wie es sonst gar nicht ihre Art war, recht böse, als Pate Droßelmeier so sehr lachte, und immerfort fragte: wie sie denn mit solch einem grundhäßlichen kleinen Kerl so schöntun könne? – Jener sonderbare Vergleich mit Droßelmeier, den sie anstellte, als der Kleine ihr zuerst in die Augen fiel, kam ihr wieder in den Sinn, und sie sprach sehr ernst: „Wer weiß, lieber Pate, ob du denn, putzest du dich auch so heraus wie mein lieber Nußknacker, und hättest du auch solche schöne blanke Stiefelchen an, wer weiß, ob du denn doch so hübsch aussehen würdest, als er!" – Marie wußte gar nicht, warum denn die Eltern so laut auflachten, und warum der Obergerichtsrat solch eine rote Nase bekam, und gar nicht so hell mitlachte, wie zuvor. Es mochte wohl seine besondere Ursache haben.

Wunderdinge

Bei Medizinalrats in der Wohnstube, wenn man zur Türe hineintritt gleich links an der breiten Wand steht ein hoher Glasschrank, in welchem die Kinder all die schönen Sachen, die ihnen jedes Jahr einbeschert worden, aufbewahren. Die Luise war noch ganz klein, als der Vater den Schrank von einem sehr geschickten Tischler machen ließ, der so himmelhelle Scheiben einsetzte, und überhaupt das Ganze so geschickt einzurichten wußte, daß alles drinnen sich beinahe blanker und hübscher ausnahm, als wenn man es in Händen hatte. Im obersten Fache, für Marien und Fritzen unerreichbar, standen des Paten Droßelmeier Kunstwerke, gleich darunter war das Fach für die Bilderbücher, die beiden untersten Fächer durften Marie und Fritz anfüllen wie sie wollten, jedoch geschah es immer, daß Marie das unterste Fach ihren Puppen zur Wohnung einräumte, Fritz dagegen in dem Fache drüber seine Truppen Kantonierungsquartiere beziehen ließ. So war es auch heute gekommen, denn, indem Fritz seine Husaren oben aufgestellt, hatte Marie unten Mamsell Trutchen beiseite gelegt, die neue schön geputzte Puppe in das sehr gut möblierte Zimmer hineingesetzt, und sich auf Zuckerwerk bei ihr eingeladen. Sehr gut möbliert war das Zimmer, habe ich gesagt, und das ist auch wahr, denn ich weiß nicht, ob du, meine aufmerksame Zuhörerin Marie! ebenso wie die kleine Stahlbaum (es ist dir schon bekannt worden, daß sie auch Marie heißt), ja! – ich meine, ob du ebenso wie diese, ein kleines schöngeblümtes Sofa, mehrere allerliebste Stühlchen, einen niedlichen Teetisch, vor allen Dingen aber ein sehr nettes blankes Bettchen besitzest, worin die schönsten Puppen ausruhen? Alles dieses stand in der Ecke des Schranks, dessen Wände hier sogar mit bunten Bilderchen tapeziert waren, und du kannst dir wohl denken, daß in *diesem* Zimmer die neue Puppe, welche, wie Marie noch denselben Abend erfuhr, Mamsell Clärchen hieß, sich sehr wohl befinden mußte.

Es war später Abend geworden, ja Mitternacht im Anzuge, und Pate Droßelmeier längst fortgegangen, als die Kinder noch gar nicht wegkommen konnten von dem Glasschrank, so sehr auch die Mutter mahnte, daß sie doch endlich nun zu Bette gehen möchten. „Es ist wahr", rief endlich Fritz, „die armen Kerls" (seine Husaren meinend) „wollen auch nun Ruhe haben, und solange ich da bin, wagt's keiner, ein bißchen zu nicken, das weiß ich schon!" Damit ging er ab; Marie aber bat gar sehr: „Nur noch ein Weilchen, ein einziges kleines Weilchen laß mich hier, liebe Mutter, hab ich ja doch manches zu besorgen, und ist das geschehen, so will ich ja gleich zu Bette gehen!" Marie war gar ein frommes vernünftiges Kind, und so konnte die gute Mutter wohl ohne Sorgen sie noch bei den Spielsachen allein lassen. Damit aber Marie nicht etwa gar zu sehr verlockt werde von der neuen Puppe und den schönen Spielsachen überhaupt, so aber die Lichter vergäße, die rings um den Wandschrank brennten, löschte die Mutter sie sämtlich aus, so daß nur die Lampe, die in der Mitte des Zimmers von der Decke herabhing, ein sanftes anmutiges Licht verbreitete. „Komm bald hinein, liebe Marie! sonst kannst du ja morgen nicht zu rechter Zeit aufstehen", rief die Mutter, indem sie sich in das Schlafzimmer entfernte. Sobald sich Marie allein befand, schritt sie schnell dazu, was ihr zu tun recht auf dem Herzen lag, und was sie doch nicht, selbst wußte sie nicht warum, der Mutter zu entdecken vermochte. Noch immer hatte sie den kranken Nußknacker eingewickelt in ihr Taschentuch auf dem Arm getragen. Jetzt legte sie ihn behutsam auf den Tisch, wickelte leise, leise das Tuch ab, und sah nach den Wunden. Nußknacker war sehr bleich, aber dabei lächelte er so sehr wehmütig freundlich, daß es Marien recht durch das Herz ging. „Ach, Nußknackerchen", sprach sie sehr leise, „sei nur nicht böse, daß Bruder Fritz dir so wehe getan hat, er hat es auch nicht so schlimm gemeint, er ist nur ein bißchen hartherzig geworden durch das wilde Soldatenwesen, aber sonst ein recht guter Junge, das kann ich dich versichern. Nun will ich dich aber auch recht sorglich so lange pflegen, bis du wieder ganz gesund und fröhlich geworden; dir deine Zähnchen recht fest einsetzen, dir die Schultern einrenken, das soll Pate Droßelmeier, der sich auf solche Dinge versteht." – Aber nicht ausreden konnte Marie, denn indem sie den Namen Droßelmeier nannte, machte Freund Nußknacker ein ganz verdammt schiefes Maul, und aus seinen Augen fuhr es heraus, wie grünfunkelnde Stacheln. In dem Augenblick aber, daß Marie sich recht entsetzen wollte, war es ja wieder des ehrlichen Nußknackers wehmütig lächelndes Gesicht, welches sie anblickte, und sie wußte nun wohl, daß der von der Zugluft berührte, schnell auflodernde Strahl der Lampe im Zimmer Nußknackers Gesicht so entstellt hatte. „Bin ich nicht ein töricht Mädchen, daß ich so leicht erschrecke, so daß ich sogar glaube, das Holzpüppchen da könne mir Gesichter schneiden! Aber lieb ist mir doch Nußknacker gar zu sehr, weil er so komisch ist, und doch so gutmütig, und darum muß er gepflegt werden, wie sich's gehört!" Damit nahm Marie den Freund Nußknacker in den Arm, näherte sich dem Glasschrank, kauerte vor demselben, und sprach also zur neuen Puppe: „Ich bitte dich recht sehr, Mamsell Clärchen, tritt dein Bettchen dem kranken wunden Nußknacker ab, und behelfe dich, so gut wie es geht, mit dem Sofa. Bedenke, daß du sehr gesund, und recht bei Kräften bist, denn sonst würdest du nicht solche dicke dunkelrote Backen haben, und daß sehr wenige der allerschönsten Puppen solche weiche Sofas besitzen."

Mamsell Clärchen sah in vollem glänzenden Weihnachtsputz sehr vornehm und verdrießlich aus, und sagte nicht „Muck!" „Was mache ich aber auch für Umstände", sprach Marie, nahm das Bette hervor, legte sehr leise und sanft Nußknackerchen hinein, wickelte noch ein gar schönes Bändchen, das sie sonst um den Leib getragen, um die wunden Schultern, und bedeckte ihn bis unter die Nase. „Bei der unartigen Cläre darf er aber nicht bleiben", sprach sie weiter, und hob das Bettchen samt dem darinne liegenden Nußknacker heraus in das obere Fach, so daß es dicht neben dem schönen Dorf zu stehen kam, wo Fritzens Husaren kantonierten. Sie verschloß den Schrank und wollte ins Schlafzimmer, da – horcht auf Kinder! – da fing es an leise – leise zu wispern und zu flüstern und zu rascheln ringsherum, hinter dem Ofen, hinter den Stühlen, hinter den Schränken. – Die Wanduhr schnurrte dazwischen lauter und lauter, aber sie konnte nicht schlagen. Marie blickte hin, da hatte die große vergoldete Eule, die darauf saß, ihre Flügel herabgesenkt, so daß sie die ganze Uhr überdeckten und den häßlichen Katzenkopf mit krummen Schnabel weit vorgestreckt. Und stärker schnurrte es mit vernehmlichen Worten: „Uhr, Uhre, Uhre, Uhren, müßt alle nur leise schnurren, leise schnurren. – Mausekönig hat ja wohl ein feines Ohr – purrpurr – pum pum singt nur, singt ihm altes Liedlein vor – purr purr – pum pum schlag an Glöcklein, schlag an, bald ist es um ihn getan!" Und pum pum ging es ganz dumpf und heiser zwölfmal! – Marien fing an sehr zu grauen, und entsetzt wär sie beinahe davongelaufen, als sie Pate Droßelmeier erblickte, der statt der Eule auf der Wanduhr saß und seine gelben Rockschöße von beiden Seiten wie Flügel herabgehängt hatte, aber sie ermannte sich und rief laut und weinerlich: „Pate Droßelmeier, Pate Droßelmeier, was willst du da oben? Komm herunter zu mir und erschrecke mich nicht so, du böser Pate Droßelmeier!" – Aber da ging ein tolles Kichern und Gepfeife los rundumher, und bald trottierte und lief es hinter den Wänden wie mit tausend kleinen Füßchen und tausend kleine Lichterchen blickten aus den Ritzen der Dielen. Aber nicht Lichterchen waren es, nein! kleine funkelnde Augen, und Marie wurde gewahr, daß überall Mäuse hervorguckten und sich hervorarbeiteten. Bald ging es trott – trott – hopp hopp in der Stube umher – immer lichtere und dichtere Haufen Mäuse galoppierten hin und her, und stellten sich endlich in Reihe und Glied, so wie Fritz seine Soldaten zu stellen pflegte, wenn es zur Schlacht gehen sollte. Das kam nun Marien sehr possierlich vor, und da sie nicht, wie manche andere Kinder, einen natürlichen Abscheu gegen Mäuse hatte, wollte ihr eben alles Grauen vergehen, als es mit einemmal so entsetzlich und so schneidend zu pfeifen begann, daß es ihr eiskalt über den Rükken lief! – Ach was erblickte sie jetzt! – Nein, wahrhaftig, geehrter Leser Fritz, ich weiß, daß ebensogut wie dem weisen und mutigen Feldherrn Fritz Stahlbaum dir das Herz auf dem rechten Flecke sitzt, aber, hättest du *das* gesehen, was Marien jetzt vor Augen kam, wahrhaftig du wärst davongelaufen, ich glaube sogar, du wärst schnell ins Bett gesprungen und hättest die Decke viel weiter über die Ohren gezogen als gerade nötig. – Ach! – das konnte die arme Marie ja nicht einmal tun, denn hört nur Kinder! – dicht dicht vor ihren Füßen sprühte es wie von unterirdischer Gewalt getrieben, Sand und Kalk und zerbröckelte Mauersteine hervor und sieben Mäuseköpfe mit sieben hellfunkelnden Kronen erhoben sich recht gräßlich zischend und pfeifend aus dem Boden. Bald arbeitete sich auch der Mausekörper, an dessen Hals die sieben Köpfe angewachsen waren, vollends hervor und der großen mit sieben Diademen geschmückten Maus jauchzte in vollem Chorus dreimal laut aufquiekend das ganze Heer entgegen, das sich nun auf einmal in Bewegung setzte und hott, hott – trott – trott ging es – ach geradezu auf den Schrank – geradezu auf Marien los, die noch dicht an der Glastüre des Schrankes stand. Vor Angst und Grauen hatte Marien das Herz schon so gepocht, daß sie glaubte, es müsse nun gleich aus der Brust herausspringen und dann müßte sie sterben; aber nun war es ihr, als stehe ihr das Blut in den Adern still. Halb ohnmächtig wankte sie zurück, da ging es klirr – klirr – prr und in Scherben fiel die Glasscheibe des Schranks herab, die sie mit dem Ellbogen eingestoßen. Sie fühlte wohl in dem Augenblick einen recht stechenden Schmerz am linken Arm, aber es war ihr auch plötzlich viel leichter ums Herz, sie hörte kein Quieken und Pfeifen mehr, es war alles ganz still geworden, und, obschon sie nicht hinblicken mochte, glaubte sie doch, die Mäuse wären von dem Klirren der Scheibe erschreckt wieder abgezogen in ihre Löcher. – Aber was war denn das wieder? – Dicht hinter Marien fing es an im Schrank auf seltsame Weise zu rumoren und ganz feine Stimmchen fingen an: „Aufgewacht – aufgewacht – wolln zur Schlacht – noch diese Nacht – aufgewacht – auf zur Schlacht.“ – Und dabei klingelte es mit harmonischen Glöcklein gar hübsch und anmutig! „Ach das ist ja mein kleines Glockenspiel“, rief Marie freudig, und sprang schnell zur Seite. Da sah sie wie es im Schrank ganz sonderbar leuchtete und herumwirtschaftete und hantierte. Es waren mehrere Puppen, die durcheinanderliefen und mit den kleinen Armen herumfochten. Mit einemmal erhob sich jetzt Nußknacker, warf die Decke weit von sich und sprang mit beiden Füßen zugleich aus dem Bette, indem er laut rief: „Knack – knack – knack – dummes Mausepack – dummer toller Schnack – Mausepack – Knack – Knack – Mausepack – Krick und Krack – wahrer Schnack." Und damit zog er sein kleines Schwert und schwang es in den Lüften und rief: „Ihr meine lieben Vasallen, Freunde und Brüder, wollt ihr mir beistehen im harten Kampf?" – Sogleich schrien heftig drei Skaramuzze, ein Pantalon, vier Schornsteinfeger, zwei Zitherspielmänner und ein Tambour: „Ja Herr – wir hängen Euch an in standhafter Treue – mit Euch ziehen wir in Tod, Sieg und Kampf!" und stürzten sich nach dem begeisterten Nußknacker, der den gefährlichen Sprung wagte, vom obern Fach herab. Ja! jene hatten gut sich herabstürzen, denn nicht allein daß sie reiche Kleider von Tuch und Seide trugen, so war inwendig im Leibe auch nicht viel anders als Baumwolle und Häcksel, daher plumpten sie auch herab wie Wollsäckchen. Aber der arme Nußknacker, der hätte gewiß Arm und Beine gebrochen, denn, denkt euch, es war beinahe zwei Fuß hoch vom Fache, wo er stand, bis zum untersten, und sein Körper war so spröde als sei er geradezu aus Lindenholz geschnitzt. Ja Nußknacker hätte gewiß Arm und Beine gebrochen, wäre, im Augenblick als er sprang, nicht auch Mamsell Clärchen schnell vom Sofa aufgesprungen und hätte den Helden mit dem gezogenen Schwert in ihren weichen Armen aufgefangen. „Ach du liebes gutes Clärchen!" schluchzte Marie, „wie habe ich dich verkannt, gewiß gabst du Freund Nußknackern dein Bettchen recht gerne her!" Doch Mamsell Clärchen sprach jetzt, indem sie den jungen Helden sanft an ihre seidene Brust drückte: „Wollet Euch, o Herr! krank und wund wie Ihr seid, doch nicht in Kampf und Gefahr begeben, seht wie Eure tapferen Vasallen kampflustig und des Sieges gewiß sich sammeln. Skaramuz, Pantalon, Schornsteinfeger, Zitherspielmann und Tambour sind schon unten und die Devisen-Figuren in meinem Fache rühren und regen sich merklich! Wollet, o Herr! in meinen Armen ausruhen, oder von meinem Federhut herab Euern Sieg anschaun!" So sprach Clärchen, doch Nußknacker tat ganz ungebärdig und strampelte so sehr mit den Beinen, daß Clärchen ihn schnell herab auf den Boden setzen mußte. In dem Augenblick ließ er sich aber sehr artig auf ein Knie nieder und lispelte: „O Dame! stets werd ich Eurer mir bewiesenen Gnade und Huld gedenken in Kampf und Streit!" Da bückte sich Clärchen so tief herab, daß sie ihn beim Ärmchen ergreifen konnte, hob ihn sanft auf, löste schnell ihren mit vielen Flittern gezierten Leibgürtel los und wollte ihn dem Kleinen umhängen, doch der wich zwei Schritte zurück, legte die Hand auf die Brust, und sprach sehr feierlich: „Nicht so wollet o Dame, Eure Gunst an mir verschwenden, denn –" er stockte, seufzte tief auf, riß dann schnell das Bändchen, womit ihn Marie verbunden hatte, von den Schultern, drückte es an die Lippen, hing es wie eine Feldbinde um, und sprang, das blankgezogene Schwertlein mutig schwenkend, schnell und behende wie ein Vögelchen über die Leiste des Schranks auf den Fußboden. – Ihr merkt wohl höchst geneigte und sehr vortreffliche Zuhörer, daß Nußknacker schon früher als er wirklich lebendig worden, alles Liebe und Gute, was ihm Marie erzeigte, recht deutlich fühlte, und daß er nur deshalb, weil er Marien so gar gut worden, auch nicht einmal ein Band von Mamsell Clärchen annehmen und tragen wollte, unerachtet es sehr glänzte und sehr hübsch aussah. Der treue gute Nußknacker putzte sich lieber mit Mariens schlichtem Bändchen. – Aber wie wird es nun weiter werden? – Sowie Nußknacker herabspringt, geht auch das Quieken und Piepen wieder los. Ach! unter dem großen Tische halten ja die fatalen Rotten unzähliger Mäuse und über alle ragt die abscheuliche Maus mit den sieben Köpfen hervor! – Wie wird das nun werden! –

Die Schlacht

„Schlagt den Generalmarsch, getreuer Vasalle Tambour!" schrie Nußknacker sehr laut und sogleich fing der Tambour an, auf die künstlichste Weise zu wirbeln, daß die Fenster des Glasschranks zitterten und dröhnten. Nun krackte und klapperte es drinnen und Marie wurde gewahr, daß die Deckel sämtlicher Schachteln worin Fritzens Armee einquartiert war mit Gewalt auf- und die Soldaten heraus und herab ins unterste Fach sprangen, dort sich aber in blanken Rotten sammelten. Nußknacker lief auf und nieder, begeisterte Worte zu den Truppen sprechend: „Kein Hund von Trompeter regt und rührt sich", schrie Nußknacker erbost, wandte sich aber dann schnell zum Pantalon, der etwas blaß geworden, mit dem langen Kinn sehr wackelte, und sprach feierlich: „General, ich kenne Ihren Mut und Ihre Erfahrung, hier gilt's schnellen Überblick und Benutzung des Moments – ich vertraue Ihnen das Kommando sämtlicher Kavallerie und Artillerie an – ein Pferd brauchen Sie nicht, Sie haben sehr lange Beine und galoppieren damit leidlich. – Tun Sie jetzt was Ihres Berufs ist." Sogleich drückte Pantalon die dürren langen Fingerchen an den Mund und krähte so durchdringend, daß es klang als würden hundert helle Trompetlein lustig geblasen. Da ging es im Schrank an ein Wiehern und Stampfen, und siehe, Fritzens Kürassiere und Dragoner, vor allen Dingen aber die neuen glänzenden Husaren rückten aus, und hielten bald unten auf dem Fußboden. Nun defilierte Regiment auf Regiment mit fliegenden Fahnen und klingendem Spiel bei Nußknacker vorüber und stellte sich in breiter Reihe quer über den Boden des Zimmers. Aber vor ihnen her fuhren rasselnd Fritzens Kanonen auf, von den Kanoniern umgeben, und bald ging es bum – bum und Marie sah wie die Zuckererbsen einschlugen in den dicken Haufen der Mäuse, die davon ganz weiß überpudert wurden und sich sehr schämten. Vorzüglich tat ihnen aber eine schwere Batterie viel Schaden, die auf Mamas Fußbank aufgefahren war und Pum – Pum – Pum, immer hintereinander fort Pfeffernüsse unter die Mäuse schoß, wovon sie umfielen. Die Mäuse kamen aber doch immer näher und überrannten sogar einige Kanonen, aber da ging es Prr – Prr, Prr, und vor Rauch und Staub konnte Marie kaum sehen, was nun geschah. Doch so viel war gewiß, daß jedes Korps sich mit der höchsten Erbitterung schlug, und der Sieg lange hin und her schwankte. Die Mäuse entwickelten immer mehr und mehr Massen, und ihre kleinen silbernen Pillen, die sie sehr geschickt zu schleudern wußten, schlugen schon bis in den Glasschrank hinein. Verzweiflungsvoll liefen Clärchen und Trutchen umher, und rangen sich die Händchen wund. „Soll ich in meiner blühendsten Jugend sterben! – ich die schönste der Puppen!" schrie Clärchen. „Hab ich darum mich so gut konserviert, um hier in meinen vier Wänden umzukommen?" rief Trutchen. Dann fielen sie sich um den Hals, und heulten so sehr, daß man es trotz des tollen Lärms doch hören konnte. Denn von dem Spektakel, der nun losging, habt ihr kaum einen Begriff, werte Zuhörer. – Das ging – Prr – Prr – Puff, Piff – Schnetterdeng – Schnetterdeng – Bum, Burum, Bum – Burum – Bum – durcheinander und dabei quiekten und schrien Mauskönig und Mäuse, und dann hörte man wieder Nußknackers gewaltige Stimme, wie er nützliche Befehle austeilte und sah ihn, wie er über die im Feuer stehenden Bataillone hinwegschritt! – Pantalon hatte einige sehr glänzende Kavallerieangriffe gemacht und sich mit Ruhm bedeckt, aber Fritzens Husaren wurden von der Mäuseartillerie mit häßlichen, übelriechenden Kugeln beworfen, die ganz fatale Flecke in ihren roten Wämsern machten, weshalb sie nicht recht vor wollten. Pantalon ließ sie links abschwenken und in der Begeisterung des Kommandierens machte er es ebenso und seine Kürassiere und Dragoner auch, das heißt, sie schwenkten alle links ab, und gingen nach Hause. Dadurch geriet die auf der Fußbank postierte Batterie in Gefahr, und es dauerte auch gar nicht lange, so kam ein dicker Haufe sehr häßlicher Mäuse und rannte so stark an, daß die ganze Fußbank mitsamt den Kanonieren und Kanonen umfiel. Nußknacker schien sehr bestürzt, und befahl, daß der rechte Flügel eine rückgängige Bewegung machen solle. Du weißt, o mein kriegserfahrner Zuhörer Fritz! daß eine solche Bewegung machen, beinahe so viel heißt als davonlaufen und betrauerst mit mir schon jetzt das Unglück, was über die Armee des kleinen von Marie geliebten Nußknackers kommen sollte! – Wende jedoch dein Auge von diesem Unheil ab, und beschaue den linken Flügel der Nußknakkerischen Armee, wo alles noch sehr gut steht und für Feldherrn und Armee viel zu hoffen ist. Während des hitzigsten Gefechts waren leise leise Mäuse-Kavalleriemassen unter der Kommode herausdebouchiert, und hatten sich unter lautem gräßlichen Gequiek mit Wut auf den linken Flügel der Nußknackerischen Armee geworfen, aber welchen Widerstand fanden sie da! – Langsam, wie es die Schwierigkeit des Terrains nur erlaubte, da die Leiste des Schranks zu passieren, war das Devisen-Korps unter der Anführung zweier chinesischer Kaiser vorgerückt, und hatte sich *en quarré plain* formiert. – Diese wackern, sehr bunten und herrlichen Truppen, die aus vielen Gärtnern, Tirolern, Tungusen, Friseurs, Harlekins, Kupidos, Löwen, Tigern, Meerkatzen und Affen bestanden, fochten mit Fassung, Mut und Ausdauer. Mit spartanischer Tapferkeit hätte dies Bataillon von Eliten dem Feinde den Sieg entrissen, wenn nicht ein verwegener feindlicher Rittmeister tollkühn vordringend einem der chinesischen Kaiser den Kopf abgebissen und dieser im Fallen zwei Tungusen und eine Meerkatze erschlagen hätte. Dadurch entstand eine Lücke, durch die der Feind eindrang und bald war das ganze Bataillon zerbissen. Doch wenig Vorteil hatte der Feind von dieser Untat. Sowie ein

Mäusekavallerist mordlustig einen der tapfern Gegner mittendurch zerbiß, bekam er einen kleinen gedruckten Zettel in den Hals, wovon er augenblicklich starb. – Half dies aber wohl auch der Nußknackerischen Armee, die, einmal rückgängig geworden, immer rückgängiger wurde und immer mehr Leute verlor, so daß der unglückliche Nußknacker nur mit einem gar kleinen Häufchen dicht vor dem Glasschranke hielt? „Die Reserve soll heran! – Pantalon – Skaramuz, Tambour – wo seid ihr?" – So schrie Nußknacker, der noch auf neue Truppen hoffte, die sich aus dem Glasschrank entwickeln sollten. Es kamen auch wirklich einige braune Männer und Frauen aus Thorn mit goldnen Gesichtern, Hüten und Helmen heran, die fochten aber so ungeschickt um sich herum, daß sie keinen der Feinde trafen und bald ihrem Feldherrn Nußknacker selbst die Mütze vom Kopfe heruntergefochten hätten. Die feindlichen Chasseurs bissen ihnen auch bald die Beine ab, so daß sie umstülpten und noch dazu einige von Nußknackers Waffenbrüdern erschlugen. Nun war Nußknacker vom Feinde dicht umringt, in der höchsten Angst und Not. Er wollte über die Leiste des Schranks springen, aber die Beine waren zu kurz, Clärchen und Trutchen lagen in Ohnmacht, sie konnten ihm nicht helfen – Husaren – Dragoner sprangen lustig bei ihm vorbei und hinein, da schrie er auf in heller Verzweiflung: „Ein Pferd – ein Pferd – ein Königreich für ein Pferd!" – In dem Augenblick packten ihn zwei feindliche Tirailleurs bei dem hölzernen Mantel und im Triumph aus sieben Kehlen aufquiekend, sprengte Mausekönig heran. Marie wußte sich nicht mehr zu fassen, „o mein armer Nußknacker – mein armer Nußknakker!" so rief sie schluchzend, faßte, ohne sich deutlich ihres Tuns bewußt zu sein, nach ihrem linken Schuh, und warf ihn mit Gewalt in den dicksten Haufen der Mäuse hinein auf ihren König. In dem Augenblick schien alles verstoben und verflogen, aber Marie empfand am linken Arm einen noch stechendern Schmerz als vorher und sank ohnmächtig zur Erde nieder.

Die Krankheit

Als Marie wie aus tiefem Todesschlaf erwachte, lag sie in ihrem Bettchen und die Sonne schien hell und funkelnd durch die mit Eis belegten Fenster in das Zimmer hinein. Dicht neben ihr saß ein fremder Mann, den sie aber bald für den Chirurgus

Wendelstern erkannte. Der sprach leise: „Nun ist sie aufgewacht!“ Da kam die Mutter herbei und sah sie mit recht ängstlich forschenden Blicken an. „Ach liebe Mutter“, lispelte die kleine Marie: „sind denn nun die häßlichen Mäuse alle fort, und ist denn der gute Nußknacker gerettet?“ „Sprich nicht solch albernes Zeug, liebe Marie“, erwiderte die Mutter, „was haben die Mäuse mit dem Nußknacker zu tun. Aber du böses Kind, hast uns allen recht viel Angst und Sorge gemacht. Das kommt davon her, wenn die Kinder eigenwillig sind und den Eltern nicht folgen. Du spieltest gestern bis in die tiefe Nacht hinein mit deinen Puppen. Du wurdest schläfrig, und mag es sein, daß ein hervorspringendes Mäuschen, deren es doch sonst hier nicht gibt, dich erschreckt hat; genug du stießest mit dem Arm eine Glasscheibe des Schranks ein und schnittest dich so sehr in den Arm, daß Herr Wendelstern, der dir eben die noch in den Wunden steckenden Glasscherbchen herausgenommen hat, meint, du hättest, zerschnitt das Glas eine Ader, einen steifen Arm behalten, oder dich gar verbluten können. Gott sei gedankt, daß ich um Mitternacht erwachend, und dich noch so spät vermissend, aufstand, und in die Wohnstube ging. Da lagst du dicht neben dem Glasschrank ohnmächtig auf der Erde und blutetest sehr. Bald wär ich vor Schreck auch ohnmächtig geworden. Da lagst du nun, und um dich her zerstreut erblickte ich viele von Fritzens bleiernen Soldaten und andere Puppen, zerbrochene Devisen, Pfefferkuchmänner; Nußknacker lag aber auf deinem blutenden Arme und nicht weit von dir dein linker Schuh.“ „Ach Mütterchen, Mütterchen“, fiel Marie ein: „sehen Sie wohl, das waren ja noch die Spuren von der großen Schlacht zwischen den Puppen und Mäusen, und nur darüber bin ich so sehr erschrocken, als die Mäuse den armen Nußknacker, der die Puppenarmee kommandierte, gefangennehmen wollten. Da warf ich meinen Schuh unter die Mäuse und dann weiß ich weiter nicht was vorgegangen.“ Der Chirurgus Wendelstern winkte der Mutter mit den Augen und diese sprach sehr sanft zu Marien: „Laß es nur gut sein, mein liebes Kind! – beruhige dich, die Mäuse sind alle fort und Nußknackerchen steht gesund und lustig im Glasschrank.“ Nun trat der Medizinalrat ins Zimmer und sprach lange mit dem Chirurgus Wendelstern; dann fühlte er Mariens Puls und sie hörte wohl, daß von einem Wundfieber die Rede war. Sie mußte im Bette bleiben und Arzenei nehmen und so dauerte es einige Tage, wiewohl sie außer einigem Schmerz am Arm sich eben nicht krank und unbehaglich fühlte. Sie wußte, daß Nußknackerchen gesund aus der Schlacht sich gerettet hatte, und es kam ihr manchmal wie im Traume vor, daß er ganz vernehmlich, wiewohl mit sehr wehmütiger Stimme sprach: „Marie, teuerste Dame, Ihnen verdanke ich viel, doch noch mehr können Sie für mich tun!" Marie dachte vergebens darüber nach, was das wohl sein könnte, es fiel ihr durchaus nicht ein. – Spielen konnte Marie gar nicht recht, wegen des wunden Arms, und wollte sie lesen, oder in den Bilderbüchern blättern, so flimmerte es ihr seltsam vor den Augen, und sie mußte davon ablassen. So mußte ihr nun wohl die Zeit recht herzlich lang werden, und sie konnte kaum die Dämmerung erwarten, weil dann die Mutter sich an ihr Bett setzte, und ihr sehr viel Schönes vorlas und erzählte. Eben hatte die Mutter die vorzügliche Geschichte vom Prinzen Fakardin vollendet, als die Türe aufging, und der Pate Droßelmeier mit den Worten hineintrat: „Nun muß ich doch wirklich einmal selbst sehen, wie es mit der kranken und wunden Marie zusteht." Sowie Marie den Paten Droßelmeier in seinem gelben Röckchen erblickte, kam ihr das Bild jener Nacht, als Nußknacker die Schlacht wider die Mäuse verlor, gar lebendig vor Augen, und unwillkürlich rief sie laut dem Obergerichtsrat entgegen: „O Pate Droßelmeier, du bist recht häßlich gewesen, ich habe dich wohl gesehen, wie du auf der Uhr saßest, und sie mit deinen Flügeln bedecktest, daß sie nicht laut schlagen sollte, weil sonst die Mäuse verscheucht worden wären – ich habe es wohl gehört, wie du dem Mausekönig riefest! – warum kamst du dem Nußknacker, warum kamst du mir nicht zu Hülfe, du häßlicher Pate Droßelmeier, bist du denn nicht allein schuld, daß ich verwundet und krank im Bette liegen muß?" – Die Mutter fragte ganz erschrocken: „Was ist dir denn, liebe Marie?" Aber der Pate Droßelmeier schnitt sehr seltsame Gesichter, und sprach mit schnarrender, eintöniger Stimme: „Perpendikel mußte schnurren – picken – wollte sich nicht schicken – Uhren – Uhren – Uhrenperpendikel müssen schnurren – leise schnurren – schlagen Glocken laut kling klang – Hink und Honk, und Honk und Hank – Puppenmädel sei nicht bang! – schlagen Glöcklein, ist geschlagen, Mausekönig fortzujagen, kommt die Eul im schnellen Flug – Pak und Pik, und Pik und Puk – Glöcklein bim bim – Uhren – schnurr schnurr – Perpendikel müssen schnurren – picken wollte sich nicht schikken – Schnarr und schnurr, und pirr und purr!" – Marie sah den Paten Droßelmeier starr mit großen Augen an, weil er ganz anders, und noch viel häßlicher aussah, als sonst, und mit dem rechten Arm hin und her schlug, als würd er gleich einer Drahtpuppe gezogen. Es hätte ihr ordentlich grauen können vor dem Paten, wenn die Mutter nicht zugegen gewesen wäre, und wenn nicht endlich Fritz, der sich unterdessen hineingeschlichen, ihn mit lautem Gelächter unterbrochen hätte. „Ei, Pate Droßelmeier“, rief Fritz, „du bist heute wieder auch gar zu possierlich, du gebärdest dich ja wie mein Hampelmann, den ich längst hinter den Ofen geworfen.“ Die Mutter blieb sehr ernsthaft, und sprach: „Lieber Herr Obergerichtsrat, das ist ja ein recht seltsamer Spaß, was meinen Sie denn eigentlich?“ „Mein Himmel!“ erwiderte Droßelmeier lachend, „kennen Sie denn nicht mehr mein hübsches Uhrmacherliedchen? Das pfleg ich immer zu singen bei solchen Patienten wie Marie.“ Damit setzte er sich schnell dicht an Mariens Bette, und sprach: „Sei nur nicht böse, daß ich nicht gleich dem Mausekönig alle vierzehn Augen ausgehackt, aber es konnte nicht sein, ich will dir auch statt dessen eine rechte Freude machen.“ Der Obergerichtsrat langte mit diesen Worten in die Tasche, und was er nun leise, leise hervorzog, war – der Nußknacker, dem er sehr geschickt die verlornen Zähnchen fest eingesetzt, und den lahmen Kinnbacken eingerenkt hatte. Marie jauchzte laut auf vor Freude, aber die Mutter sagte lächelnd: „Siehst du nun wohl, wie gut es Pate Droßelmeier mit deinem Nußknacker meint?“ „Du mußt es aber doch eingestehen, Marie“, unterbrach der Obergerichtsrat die Medizinalrätin, „du mußt es aber doch eingestehen, daß Nußknacker nicht eben zum besten gewachsen, und sein Gesicht nicht eben schön zu nennen ist. Wie sotane Häßlichkeit in seine Familie gekommen und vererbt worden ist, das will ich dir wohl erzählen, wenn du es anhören willst. Oder weißt du vielleicht schon die Geschichte von der Prinzessin Pirlipat, der Hexe Mauserinks und dem künstlichen Uhrmacher?“ „Hör mal“, fiel hier Fritz unversehens ein, „hör mal, Pate Droßelmeier, die Zähne hast du dem Nußknacker richtig eingesetzt, und der Kinnbacken ist auch nicht mehr so wackelig, aber warum fehlt ihm das Schwert, warum hast du ihm kein Schwert umgehängt?“ „Ei“, erwiderte der Obergerichtsrat ganz unwillig, „du mußt an allem mäkeln und tadeln, Junge! – Was geht mich Nußknackers Schwert an, ich habe ihn am Leibe kuriert, mag er sich nun selbst ein Schwert schaffen wie er will.“ „Das ist wahr“, rief Fritz, „ist's ein tüchtiger Kerl, so wird er schon Waffen zu finden wissen.“ „Also

Marie", fuhr der Obergerichtsrat fort, „sage mir, ob du die Geschichte weißt von der Prinzessin Pirlipat?" „Ach nein", erwiderte Marie, „erzähle, lieber Pate Droßelmeier, erzähle!" „Ich hoffe", sprach die Medizinalrätin, „ich hoffe, lieber Herr Obergerichtsrat, daß Ihre Geschichte nicht so graulich sein wird, wie gewöhnlich alles ist, was Sie erzählen?" „Mitnichten, teuerste Frau Medizinalrätin", erwiderte Droßelmeier, „im Gegenteil ist das gar spaßhaft, was ich vorzutragen die Ehre haben werde." „Erzähle, o erzähle, lieber Pate", so riefen die Kinder, und der Obergerichtsrat fing also an:

Das Märchen von der harten Nuß

„Pirlipats Mutter war die Frau eines Königs, mithin eine Königin, und Pirlipat selbst in demselben Augenblick, als sie geboren wurde, eine geborne Prinzessin. Der König war außer sich vor Freude über das schöne Töchterchen, das in der Wiege lag, er jubelte laut auf, er tanzte und schwenkte sich auf einem Beine, und schrie ein Mal über das andere: ‚Heisa! – hat man was Schöneres jemals gesehen, als mein Pirlipatchen?' – Aber alle Minister, Generale und Präsidenten und Stabsoffiziere sprangen, wie der Landesvater, auf einem Beine herum, und schrien sehr: ‚Nein, niemals!' Zu leugnen war es aber auch in der Tat gar nicht, daß wohl, solange die Welt steht, kein schöneres Kind geboren wurde, als eben Prinzessin Pirlipat. Ihr Gesichtchen war wie von zarten lilienweißen und rosenroten Seidenflocken gewebt, die Äugelein lebendige funkelnde Azure, und es stand hübsch, daß die Löckchen sich in lauter glänzenden Goldfaden kräuselten. Dazu hatte Pirlipatchen zwei Reihen kleiner Perlzähnchen auf die Welt gebracht, womit sie zwei Stunden nach der Geburt dem Reichskanzler in den Finger biß, als er die Lineamente näher untersuchen wollte, so daß er laut aufschrie: ‚O jemine!' – Andere behaupten, er habe: ‚Au weh!' geschrien, die Stimmen sind noch heutzutage darüber sehr geteilt. – Kurz, Pirlipatchen biß wirklich dem Reichskanzler in den Finger, und das entzückte Land wußte nun, daß auch Geist, Gemüt und Verstand in Pirlipats kleinem engelschönen Körperchen wohne. – Wie gesagt, alles war vergnügt, nur die Königin war sehr ängstlich und unruhig, niemand wußte warum? Vorzüglich fiel es auf, daß sie Pirlipats Wiege so sorglich bewachen ließ. Außerdem, daß die Türen von Trabanten besetzt waren, mußten, die beiden Wärterinnen dicht an der Wiege abgerechnet, noch sechs andere, Nacht für Nacht ringsumher in der Stube sitzen. Was aber ganz närrisch schien, und was niemand begreifen konnte, jede dieser sechs Wärterinnen mußte einen Kater auf den Schoß nehmen, und ihn die ganze Nacht streicheln, daß er immerfort zu spinnen genötigt wurde. Es ist unmöglich, daß ihr, lieben Kinder, erraten könnt, warum Pirlipats Mutter all diese Anstalten machte, ich weiß es aber, und will es euch gleich sagen. – Es begab sich, daß einmal an dem Hofe von Pirlipats Vater viele vortreffliche Könige und sehr angenehme Prinzen versammelt waren, weshalb es denn sehr glänzend herging, und viel Ritterspiele, Komödien und Hofbälle gegeben wurden. Der König, um recht zu zeigen, daß es ihm an Gold und Silber gar nicht mangle, wollte nun einmal einen recht tüchtigen Griff in den Kronschatz tun, und was Ordentliches daraufgehen lassen. Er ordnete daher, zumal er von dem Oberhofküchenmeister insgeheim erfahren, daß der Hofastronom die Zeit des Einschlachtens angekündigt, einen großen Wurstschmaus an, warf sich in den Wagen, und lud selbst sämtliche Könige und Prinzen – nur auf einen Löffel Suppe ein, um sich der Überraschung mit dem Köstlichen zu erfreuen. Nun sprach er sehr freundlich zur Frau Königin: ‚Dir ist ja schon bekannt, Liebchen! wie ich die Würste gern habe!‘ – Die Königin wußte schon, was er damit sagen wollte, es hieß nämlich nichts anders, als sie selbst sollte sich, wie sie auch sonst schon getan, dem sehr nützlichen Geschäft des Wurstmachens unterziehen. Der Oberschatzmeister mußte sogleich den großen goldnen Wurstkessel und die silbernen Kasserollen zur Küche abliefern; es wurde ein großes Feuer von Sandelholz angemacht, die Königin band ihre damastene Küchenschürze um, und bald dampften aus dem Kessel die süßen Wohlgerüche der Wurstsuppe. Bis in den Staatsrat drang der anmutige Geruch; der König, von innerem Entzükken erfaßt, konnte sich nicht halten. ‚Mit Erlaubnis, meine Herren!‘ rief er, sprang schnell nach der Küche, umarmte die Königin, rührte etwas mit dem goldnen Szepter in dem Kessel, und kehrte dann beruhigt in den Staatsrat zurück. Eben nun war der wichtige Punkt gekommen, daß der Speck in Würfel geschnitten, und auf silbernen Rosten geröstet werden sollte. Die Hofdamen traten ab, weil die Königin dies Geschäft aus treuer Anhänglichkeit und Ehrfurcht vor dem königlichen Gemahl allein unternehmen wollte. Allein sowie der Speck zu braten anfing, ließ sich ein ganz feines wisperndes Stimmchen vernehmen: ‚Von dem Brätlein gib mir auch, Schwester! – will auch schmausen, bin ja auch Königin – gib mir von dem Brätlein!' – Die Königin wußte wohl, daß es Frau Mauserinks war, die also sprach. Frau Mauserinks wohnte schon seit vielen Jahren in des Königs Palast. Sie behauptete, mit der königlichen Familie verwandt und selbst Königin in dem Reiche Mausolien zu sein, deshalb hatte sie auch eine große Hofhaltung unter dem Herde. Die Königin war eine gute mildtätige Frau, wollte sie daher auch sonst Frau Mauserinks nicht gerade als Königin und als ihre Schwester anerkennen, so gönnte sie ihr doch von Herzen an dem festlichen Tage die Schmauserei, und rief: ‚Kommt nur hervor, Frau Mauserinks, Ihr möget immerhin von meinem Speck genießen.' Da kam auch Frau Mauserinks sehr schnell und lustig hervorgehüpft, sprang auf den Herd, und ergriff mit den zierlichen kleinen Pfötchen ein Stückchen Speck nach dem andern, das ihr die Königin hinlangte. Aber nun kamen alle Gevattern und Muhmen der Frau Mauserinks hervorgesprungen, und auch sogar ihre sieben Söhne, recht unartige Schlingel, die machten sich über den Speck her, und nicht wehren konnte ihnen die erschrockene Königin. Zum Glück kam die Oberhofmeisterin dazu, und verjagte die zudringlichen Gäste, so daß noch etwas Speck übrigblieb, welcher, nach Anweisung des herbeigerufenen Hofmathematikers sehr künstlich auf alle Würste verteilt wurde. – Pauken und Trompeten erschallten, alle anwesenden Potentaten und Prinzen zogen in glänzenden Feierkleidern zum Teil auf weißen Zeltern, zum Teil in kristallnen Kutschen zum Wurstschmause. Der König empfing sie mit herzlicher Freundlichkeit und Huld, und setzte sich dann, als Landesherr mit Kron und Szepter angetan, an die Spitze des Tisches. Schon in der Station der Leberwürste sah man, wie der König immer mehr und mehr erblaßte, wie er die Augen gen Himmel hob – leise Seufzer entflohen seiner Brust – ein gewaltiger Schmerz schien in seinem Innern zu wühlen! Doch in der Station der Blutwürste sank er laut schluchzend und ächzend, in den Lehnsessel zurück, er hielt beide Hände vors Gesicht, er jammerte und stöhnte. – Alles sprang auf von der Tafel, der Leibarzt bemühte sich vergebens des unglücklichen Königs Puls zu erfassen, ein tiefer, namenloser Jammer schien ihn zu zerreißen. Endlich, endlich, nach vielem Zureden, nach Anwendung starker Mittel, als da sind, gebrannte Federposen und dergleichen, schien der König etwas zu sich selbst zu kommen, er stammelte kaum hörbar die Worte: ‚Zu wenig Speck.' Da warf sich die Königin trostlos ihm zu Füßen und schluchzte: ‚O mein armer unglücklicher königlicher Gemahl! – o welchen Schmerz mußten Sie dulden! – Aber sehen Sie hier die Schuldige zu Ihren Füßen – strafen, strafen Sie sie hart – ach – Frau Mauserinks mit ihren sieben Söhnen, Gevattern und Muhmen hat den Speck aufgefressen und –' damit fiel die Königin rücklings über in Ohnmacht. Aber der König sprang voller Zorn auf und rief laut: ‚Oberhofmeisterin, wie ging das zu?' Die Oberhofmeisterin erzählte, soviel sie wußte, und der König beschloß Rache zu nehmen an der Frau Mauserinks und ihrer Familie, die ihm den Speck aus der Wurst weggefressen hatten. Der Geheime Staatsrat wurde berufen, man beschloß, der Frau Mauserinks den Prozeß zu machen, und ihre sämtliche Güter einzuziehen; da aber der König meinte, daß sie unterdessen ihm doch noch immer den Speck wegfressen könnte, so wurde die ganze Sache dem Hofuhrmacher und Arkanisten übertragen. Dieser Mann, der ebenso hieß, als ich, nämlich Christian Elias Droßelmeier, versprach durch eine ganz besonders staatskluge Operation die Frau Mauserinks mit ihrer Familie auf ewige Zeiten aus dem Palast zu vertreiben. Er erfand auch wirklich kleine, sehr künstliche Maschinen, in die an einem Fädchen gebratener Speck getan wurde, und die Droßelmeier rings um die Wohnung der Frau Speckfresserin aufstellte. Frau Mauserinks war viel zu weise, um nicht Droßelmeiers List einzusehen, aber alle ihre Warnungen, alle ihre Vorstellungen halfen nichts, von dem süßen Geruch des gebratenen Specks verlockt, gingen alle sieben Söhne und viele, viele Gevattern und Muhmen der Frau Mauserinks in Droßelmeiers Maschinen hinein, und wurden, als sie eben den Speck wegnaschen wollten, durch ein plötzlich vorfallendes Gitter gefangen, dann aber in der Küche selbst schmachvoll hingerichtet. Frau Mauserinks verließ mit ihrem kleinen Häufchen den Ort des Schreckens. Gram, Verzweiflung, Rache erfüllte ihre Brust. Der Hof jubelte sehr, aber die Königin war besorgt, weil sie die Gemütsart der Frau Mauserinks kannte, und wohl wußte, daß sie den Tod ihrer Söhne und Verwandten nicht ungerächt hingehen lassen würde. In der Tat erschien auch Frau Mauserinks, als die Königin eben für den königlichen Gemahl einen Lungenmus bereitete, den er sehr gern aß, und sprach: ‚Meine Söhne – meine Gevattern und Muhmen sind erschlagen, gib wohl acht, Frau Königin, daß Mausekönigin dir nicht dein

Prinzeßchen entzweibeißt – gib wohl acht.' Darauf verschwand sie wieder, und ließ sich nicht mehr sehen, aber die Königin war so erschrocken, daß sie den Lungenmus ins Feuer fallen ließ, und zum zweitenmal verdarb Frau Mauserinks dem Könige eine Lieblingsspeise, worüber er sehr zornig war. – Nun ist's aber genug für heute abend, künftig das übrige."

Sosehr auch Marie, die bei der Geschichte ihre ganz eignen Gedanken hatte, den Pate Droßelmeier bat, doch nur ja weiterzuerzählen, so ließ er sich doch nicht erbitten, sondern sprang auf, sprechend: „Zu viel auf einmal ist ungesund, morgen das übrige." Eben als der Obergerichtsrat im Begriff stand, zur Tür hinauszuschreiten, fragte Fritz: „Aber sag mal, Pate Droßelmeier, ist's denn wirklich wahr, daß du die Mausefallen erfunden hast?" „Wie kann man nur so albern fragen", rief die Mutter, aber der Obergerichtsrat lächelte sehr seltsam, und sprach leise: „Bin ich denn nicht ein künstlicher Uhrmacher, und sollt nicht einmal Mausefallen erfinden können."

Fortsetzung des Märchens von der harten Nuß

„Nun wißt ihr wohl, Kinder", so fuhr der Obergerichtsrat Droßelmeier am nächsten Abende fort, „nun wißt ihr wohl Kinder, warum die Königin das wunderschöne Prinzeßchen Pirlipat so sorglich bewachen ließ. Mußte sie nicht fürchten, daß Frau Mauserinks ihre Drohung erfüllen, wiederkommen, und das Prinzeßchen totbeißen würde? Droßelmeiers Maschinen halfen gegen die kluge und gewitzigte Frau Mauserinks ganz und gar nichts, und nur der Astronom des Hofes, der zugleich Geheimer Oberzeichen- und Sterndeuter war, wollte wissen, daß die Familie des Katers Schnurr imstande sein werde, die Frau Mauserinks von der Wiege abzuhalten; demnach geschah es also, daß jede der Wärterinnen einen der Söhne jener Familie, die übrigens bei Hofe als Geheime Legationsräte angestellt waren, auf dem Schoße halten, und durch schickliches Krauen ihm den beschwerlichen Staatsdienst zu versüßen suchen mußte. Es war einmal schon Mitternacht, als die eine der beiden Geheimen Oberwärterinnen, die dicht an der Wiege saßen, wie aus tiefem Schlafe auffuhr. – Alles rundumher lag vom Schlafe befangen – kein Schnurren – tiefe Totenstille, in der man das Picken des Holzwurms vernahm! – doch wie ward der Geheimen Oberwärterin, als sie dicht vor sich eine große, sehr häßliche Maus erblickte, die auf den Hinterfüßen aufgerichtet stand, und den fatalen Kopf auf das Gesicht der Prinzessin gelegt hatte. Mit einem Schrei des Entsetzens sprang sie auf, alles erwachte, aber in dem Augenblick rannte Frau Mauserinks (niemand anders war die große Maus an Pirlipats Wiege) schnell nach der Ecke des Zimmers. Die Legationsräte stürzten ihr nach, aber zu spät – durch eine Ritze in dem Fußboden des Zimmers war sie verschwunden. Pirlipatchen erwachte von dem Rumor, und weinte sehr kläglich. ‚Dank dem Himmel', riefen die Wärterinnen, ‚sie lebt!' Doch wie groß war ihr Schrecken, als sie hinblickten nach Pirlipatchen, und wahrnahmen, was aus dem schönen zarten Kinde geworden. Statt des weiß und roten goldgelockten Engelsköpfchens saß ein unförmlicher dicker Kopf auf einem winzig kleinen zusammengekrümmten Leibe, die azurblauen Äugelein hatten sich verwandelt in grüne hervorstehende starrblickende Augen, und das Mündchen hatte sich verzogen von einem Ohr zum andern. Die Königin wollte vergehen in Wehklagen und Jammer, und des Königs Studierzimmer mußte mit wattierten Tapeten ausgeschlagen werden, weil er ein Mal über das andere mit dem Kopf gegen die Wand rannte, und dabei mit sehr jämmerlicher Stimme rief: ‚O ich unglückseliger Monarch!' – Er konnte zwar nun einsehen, daß es besser gewesen wäre, die Würste ohne Speck zu essen, und die Frau Mauserinks mit ihrer Sippschaft unter dem Herde in Ruhe zu lassen, daran dachte aber Pirlipats königlicher Vater nicht, sondern er schob einmal alle Schuld auf den Hofuhrmacher und Arkanisten Christian Elias Droßelmeier aus Nürnberg. Deshalb erließ er den weisen Befehl: Droßelmeier habe binnen vier Wochen die Prinzessin Pirlipat in den vorigen Zustand herzustellen, oder wenigstens ein bestimmtes untrügliches Mittel anzugeben, wie dies zu bewerkstelligen sei, widrigenfalls er dem schmachvollen Tode unter dem Beil des Henkers verfallen sein solle. – Droßelmeier erschrak nicht wenig, indessen vertraute er bald seiner Kunst und seinem Glück und schritt sogleich zu der ersten Operation, die ihm nützlich schien. Er nahm Prinzeßchen Pirlipat sehr geschickt auseinander, schrob ihr Händchen und Füßchen ab, und besah sogleich die innere Struktur, aber da fand er leider, daß die Prinzessin, je größer, desto unförmlicher werden würde, und wußte sich nicht zu raten nicht zu helfen. Er setzte die Prinzessin behutsam wieder zusammen, und versank an ihrer Wiege, die er nie verlassen durfte, in Schwermut.

Schon war die vierte Woche angegangen – ja bereits Mittwoch, als der König mit zornfunkelnden Augen hineinblickte, und mit dem Szepter drohend rief: ‚Christian Elias Droßelmeier, kuriere die Prinzessin, oder du mußt sterben!' Droßelmeier fing an bitterlich zu weinen, aber Prinzeßchen Pirlipat knackte vergnügt Nüsse. Zum erstenmal fiel dem Arkanisten Pirlipats ungewöhnlicher Appetit nach Nüssen, und der Umstand auf, daß sie mit Zähnchen zur Welt gekommen. In der Tat hatte sie gleich nach der Verwandlung so lange geschrieen, bis ihr zufällig eine Nuß vorkam, die sie sogleich aufknackte, den Kern aß, und dann ruhig wurde. Seit der Zeit fanden die Wärterinnen nichts geraten, als ihr Nüsse zu bringen. ‚O heiliger Instinkt der Natur, ewig unerforschliche Sympathie aller Wesen', rief Johann Elias Droßelmeier aus: ‚du zeigst mir die Pforte zum Geheimnis, ich will anklopfen, und sie wird sich öffnen!' Er bat sogleich um die Erlaubnis, mit dem Hofastronom sprechen zu können, und wurde mit starker Wache hingeführt. Beide Herren umarmten sich unter vielen Tränen, da sie zärtliche Freunde waren, zogen sich dann in ein geheimes Kabinett zurück, und schlugen viele Bücher nach, die von dem Instinkt, von den Sympathien und Antipathien und andern geheimnisvollen Dingen handelten. Die Nacht brach herein, der Hofastronom sah nach den Sternen, und stellte mit Hülfe des auch hierin sehr geschickten Droßelmeiers das Horoskop der Prinzessin Pirlipat. Das war eine große Mühe, denn die Linien verwirrten sich immer mehr und mehr, endlich aber – welche Freude, endlich lag es klar vor ihnen, daß die Prinzessin Pirlipat, um den Zauber, der sie verhäßlicht, zu lösen, und um wieder so schön zu werden, als vorher, nichts zu tun hätte, als den süßen Kern der Nuß Krakatuk zu genießen.

Die Nuß Krakatuk hatte eine solche harte Schale, daß eine achtundvierzigpfündige Kanone darüber wegfahren konnte, ohne sie zu zerbrechen. Diese harte Nuß mußte aber von einem Manne, der noch nie rasiert worden und der niemals Stiefeln getragen, vor der Prinzessin aufgebissen und ihr von ihm mit geschlossenen Augen der Kern dargereicht werden. Erst nachdem er sieben Schritte rückwärts gegangen, ohne zu stolpern, durfte der junge Mann wieder die Augen erschließen. Drei Tage und drei Nächte hatte Droßelmeier mit dem Astronomen ununterbrochen gearbeitet und es saß gerade des Sonnabends der König bei dem Mittagstisch, als Droßelmeier, der Sonntag in aller Frühe geköpft werden sollte, voller Freude und Jubel hineinstürzte, und das gefundene Mittel, der Prinzessin Pirlipat die verlorene Schönheit wiederzugeben, verkündete. Der König umarmte ihn mit heftigem Wohlwollen, versprach ihm einen diamantenen Degen, vier Orden und zwei neue Sonntagsröcke. ‚Gleich nach Tische', setzte er freundlich hinzu, ‚soll es ans Werk gehen, sorgen Sie, teurer Arkanist, daß der junge unrasierte Mann in Schuhen mit der Nuß Krakatuk gehörig bei der Hand sei, und lassen Sie ihn vorher keinen Wein trinken, damit er nicht stolpert, wenn er sieben Schritte rückwärts geht wie ein Krebs, nachher kann er erklecklich saufen!' Droßelmeier wurde über diese Rede des Königs sehr bestürzt, und nicht ohne Zittern und Zagen brachte er es stammelnd heraus, daß das Mittel zwar gefunden wäre, beides, die Nuß Krakatuk und der junge Mann zum Aufbeißen derselben aber erst gesucht werden müßten, wobei es noch obenein zweifelhaft bliebe, ob Nuß und Nußknacker jemals gefunden werden dürften. Hocherzürnt schwang der König den Szepter über das gekrönte Haupt, und schrie mit einer Löwenstimme: ‚So bleibt es bei dem Köpfen.' Ein Glück war es für den in Angst und Not versetzten Droßelmeier, daß dem Könige das Essen gerade den Tag sehr wohl geschmeckt hatte, er mithin in der guten Laune war, vernünftigen Vorstellungen Gehör zu geben, an denen es die großmütige und von Droßelmeiers Schicksal gerührte Königin nicht mangeln ließ. Droßelmeier faßte Mut und stellte zuletzt vor, daß er doch eigentlich die Aufgabe, das Mittel, wodurch die Prinzessin geheilt werden könne, zu nennen, gelöst, und sein Leben gewonnen habe. Der König nannte das dumme Ausreden und einfältigen Schnickschnack, beschloß aber endlich, nachdem er ein Gläschen Magenwasser zu sich genommen, daß beide, der Uhrmacher und der Astronom, sich auf die Beine machen und nicht anders als mit der Nuß Krakatuk in der Tasche wiederkehren sollten. Der Mann zum Aufbeißen derselben sollte, wie es die Königin vermittelte, durch mehrmaliges Einrücken einer Aufforderung in einheimische und auswärtige Zeitungen und Intelligenz-Blätter herbeigeschafft werden." – Der Obergerichtsrat brach hier wieder ab, und versprach den andern Abend das übrige zu erzählen.

Am andern Abende, sowie kaum die Lichter angesteckt worden, fand sich Pate Droßelmeier wirklich wieder ein, und erzählte also weiter. „Droßelmeier und der Hofastronom waren schon funfzehn Jahre unterwegs, ohne der Nuß Krakatuk auf die Spur gekommen zu sein. Wo sie überall waren, welche sonderbare seltsame Dinge ihnen widerfuhren, davon könnt ich euch, ihr Kinder, vier Wochen lang erzählen, ich will es aber nicht tun, sondern nur gleich sagen, daß Droßelmeier in seiner tiefen Betrübnis zuletzt eine sehr große Sehnsucht nach seiner lieben Vaterstadt Nürnberg empfand. Ganz besonders überfiel ihn diese Sehnsucht, als er gerade einmal mit seinem Freunde mitten in einem großen Walde in Asien ein Pfeifchen Knaster rauchte. ‚O schöne – schöne Vaterstadt Nürnberg – schöne Stadt, wer dich nicht gesehen hat, mag er auch viel gereist sein nach London, Paris und Peterwardein, ist ihm das Herz doch nicht aufgegangen, muß er doch stets nach dir verlangen – nach dir, o Nürnberg, schöne Stadt, die schöne Häuser mit Fenstern hat.' – Als Droßelmeier so sehr wehmütig klagte, wurde der Astronom von tiefem Mitleiden ergriffen und fing so jämmerlich zu heulen an, daß man es weit und breit in Asien hören konnte. Doch faßte er sich wieder, wischte sich die Tränen aus den Augen und fragte: ‚Aber wertgeschätzter Kollege, warum sitzen wir hier und heulen? warum gehen wir nicht nach Nürnberg, ist's denn nicht gänzlich egal, wo und wie wir die fatale Nuß Krakatuk suchen?' ‚Das ist auch wahr', erwiderte Droßelmeier getröstet. Beide standen alsbald auf, klopften die Pfeifen aus, und gingen schnurgerade in einem Strich fort, aus dem Walde mitten in Asien, nach Nürnberg. Kaum waren sie dort angekommen, so lief Droßelmeier schnell zu seinem Vetter, dem Puppendrechsler, Lackierer und Vergolder Christoph Zacharias Droßelmeier, den er in vielen vielen Jahren nicht mehr gesehen. *Dem* erzählte nun der Uhrmacher die ganze Geschichte von der Prinzessin Pirlipat, der Frau Mauserinks, und der Nuß Krakatuk, so daß der ein Mal über das andere die Hände zusammenschlug und voll Erstaunen ausrief: ‚Ei Vetter, Vetter, was sind das für wunderbare Dinge!' Droßelmeier erzählte weiter von den Abenteuern seiner weiten Reise, wie er zwei Jahre bei dem Dattelkönig zugebracht, wie er vom Mandelfürsten schnöde abgewiesen, wie er bei der naturforschenden Gesellschaft in Eichhornshausen vergebens angefragt, kurz wie es ihm überall mißlungen sei, auch nur eine Spur von der Nuß Krakatuk zu erhalten. Während dieser Erzählung hatte Christoph Zacharias oftmals mit den Fingern geschnippt – sich auf einem Fuße herumgedreht – mit der Zunge geschnalzt – dann gerufen – ‚Hm hm – I – Ei – O – das wäre der Teufel!' – Endlich warf er Mütze und Perücke in die Höhe, umhalste den Vetter mit Heftigkeit und rief: ‚Vetter – Vetter! Ihr seid geborgen, geborgen seid Ihr, sag ich, denn alles müßte mich trügen, oder ich besitze selbst die Nuß Krakatuk.' Er holte alsbald eine Schachtel hervor, aus der er eine vergoldete Nuß von mittelmäßiger Größe hervorzog. ‚Seht', sprach er, indem er die Nuß dem Vetter zeigte, ‚seht, mit dieser Nuß hat es folgende Bewandtnis: Vor vielen Jahren kam einst zur Weihnachtszeit ein fremder Mann mit einem Sack voll Nüssen hieher, die er feilbot. Gerade vor meiner Puppenbude geriet er in Streit, und setzte den Sack ab, um sich besser gegen den hiesigen Nußverkäufer, der nicht leiden wollte, daß der Fremde Nüsse verkaufe, und ihn deshalb angriff, zu wehren. In dem Augenblick fuhr ein schwer beladener Lastwagen über den Sack, alle Nüsse wurden zerbrochen bis auf eine, die mir der fremde Mann, seltsam lächelnd, für einen blanken Zwanziger vom Jahre 1720 feilbot. Mir schien das wunderbar, ich fand gerade einen solchen Zwanziger in meiner Tasche, wie ihn der Mann haben wollte, kaufte die Nuß und vergoldete sie, selbst nicht recht wissend, warum ich die Nuß so teuer bezahlte und dann so werthielt.' Jeder Zweifel, daß des Vetters Nuß wirklich die gesuchte Nuß Krakatuk war, wurde augenblicklich gehoben, als der herbeigerufene Hofastronom das Gold sauber abschabte, und in der Rinde der Nuß das Wort Krakatuk mit chinesischen Charakteren eingegraben fand. Die Freude der Reisenden war groß, und der Vetter der glücklichste Mensch unter der Sonne, als Droßelmeier ihm versicherte, daß sein Glück gemacht sei, da er außer einer ansehnlichen Pension hinfüro alles Gold zum Vergolden umsonst erhalten werde. Beide, der Arkanist und der Astronom, hatten schon die Schlafmützen aufgesetzt und wollten zu Bette gehen, als letzterer, nämlich der Astronom, also anhob: ‚Bester Herr Kollege, ein Glück kommt nie allein – Glauben Sie, nicht nur die Nuß Krakatuk, sondern auch den jungen Mann, der sie aufbeißt und den Schönheitskern der Prinzessin darreicht, haben wir gefunden! – Ich meine niemanden anders, als den Sohn Ihres Herrn Vetters! – Nein, nicht schlafen will ich', fuhr er begeistert fort, ,sondern noch in dieser Nacht des Jünglings Horoskop stellen!' – Damit riß er die Nachtmütze vom Kopf und fing gleich an zu observieren. – Des Vetters Sohn war in der Tat ein netter wohlgewachsener Junge, der noch nie rasiert worden und niemals Stiefel getragen. In früher Jugend war er zwar ein paar Weihnachten hindurch ein Hampelmann gewesen, das merkte man ihm aber nicht im mindesten an, so war er durch des Vaters Bemühungen ausgebildet worden. An den Weihnachtstagen trug er einen schönen roten Rock mit Gold, einen Degen, den Hut unter dem Arm und eine vorzügliche Frisur mit einem Haarbeutel. So stand er sehr glänzend in seines Vaters Bude und knackte aus angeborner Galanterie den jungen Mädchen die Nüsse auf, weshalb sie ihn auch schön Nußknackerchen nannten. – Den andern Morgen fiel der Astronom dem Arkanisten entzückt um den Hals und rief: ,Er ist es, wir haben ihn, er ist gefunden; nur zwei Dinge, liebster Kollege, dürfen wir nicht außer acht lassen. Fürs erste müssen Sie Ihrem vortrefflichen Neffen einen robusten hölzernen Zopf flechten, der mit dem untern Kinnbacken so in Verbindung steht, daß dieser dadurch stark angezogen werden kann; dann müssen wir aber, kommen wir nach der Residenz, auch sorgfältig verschweigen, daß wir den jungen Mann, der die Nuß Krakatuk aufbeißt, gleich mitgebracht haben; er muß sich vielmehr lange nach uns einfinden. Ich lese in dem Horoskop, daß der König, zerbeißen sich erst einige die Zähne ohne weitern Erfolg, dem, der die Nuß aufbeißt und der Prinzessin die verlorene Schönheit wiedergibt, Prinzessin und Nachfolge im Reich zum Lohn versprechen wird.' Der Vetter Puppendrechsler war gar höchlich damit zufrieden, daß sein Söhnchen die Prinzessin Pirlipat heiraten und Prinz und König werden sollte, und überließ ihn daher den Gesandten gänzlich. Der Zopf, den Droßelmeier dem jungen hoffnungsvollen Neffen ansetzte, geriet überaus wohl, so daß er mit dem Aufbeißen der härtesten Pfirsichkerne die glänzendsten Versuche anstellte.

Da Droßelmeier und der Astronom das Auffinden der Nuß Krakatuk sogleich nach der Residenz berichtet, so waren dort auch auf der Stelle die nötigen Aufforderungen erlassen worden, und als die Reisenden mit dem Schönheitsmittel ankamen, hatten sich schon viele hübsche Leute, unter denen es sogar Prinzen gab, eingefunden, die ihrem gesunden Gebiß vertrauend, die Entzauberung der Prinzessin versuchen wollten. Die

Gesandten erschraken nicht wenig, als sie die Prinzessin wiedersahen. Der kleine Körper mit den winzigen Händchen und Füßchen konnte kaum den unförmlichen Kopf tragen. Die Häßlichkeit des Gesichts wurde noch durch einen weißen baumwollenen Bart vermehrt, der sich um Mund und Kinn gelegt hatte. Es kam alles so, wie es der Hofastronom im Horoskop gelesen. Ein Milchbart in Schuhen nach dem andern biß sich an der Nuß Krakatuk Zähne und Kinnbacken wund, ohne der Prinzessin im mindesten zu helfen, und wenn er dann von den dazu bestellten Zahnärzten halb ohnmächtig weggetragen wurde, seufzte er: ‚Das war eine harte Nuß!‘ – Als nun der König in der Angst seines Herzens dem, der die Entzauberung vollenden werde, Tochter und Reich versprochen, meldete sich der artige sanfte Jüngling Droßelmeier und bat auch den Versuch beginnen zu dürfen. Keiner als der junge Droßelmeier hatte so sehr der Prinzessin Pirlipat gefallen; sie legte die kleinen Händchen auf das Herz, und seufzte recht innig: ‚Ach wenn es doch *der* wäre, der die Nuß Krakatuk wirklich aufbeißt und mein Mann wird.‘ Nachdem der junge Droßelmeier den König und die Königin, dann aber die Prinzessin Pirlipat, sehr höflich gegrüßt, empfing er aus den Händen des Oberzeremonienmeisters die Nuß Krakatuk, nahm sie ohne weiteres zwischen die Zähne, zog stark den Zopf an, und Krak – Krak zerbröckelte die Schale in viele Stücke. Geschickt reinigte er den Kern von den noch daranhängenden Fasern und überreichte ihn mit einem untertänigen Kratzfuß der Prinzessin, worauf er die Augen verschloß und rückwärts zu schreiten begann. Die Prinzessin verschluckte alsbald den Kern und o Wunder! – verschwunden war die Mißgestalt, und statt ihrer stand ein engelschönes Frauenbild da, das Gesicht wie von lilienweißen und rosaroten Seidenflocken gewebt, die Augen wie glänzende Azure, die vollen Locken wie von Goldfaden gekräuselt. Trompeten und Pauken mischten sich in den lauten Jubel des Volks. Der König, sein ganzer Hof, tanzte wie bei Pirlipats Geburt auf einem Beine, und die Königin mußte mit *Eau de Cologne* bedient werden, weil sie in Ohnmacht gefallen vor Freude und Entzücken. Der große Tumult brachte den jungen Droßelmeier, der noch seine sieben Schritte zu vollenden hatte, nicht wenig aus der Fassung, doch hielt er sich und streckte eben den rechten Fuß aus zum siebenten Schritt, da erhob sich, häßlich piepend und quiekend, Frau Mauserinks aus dem Fußboden, so daß Droßelmeier, als er den Fuß niedersetzen wollte, auf sie trat und dermaßen stolperte, daß er beinahe gefallen wäre. – O Mißgeschick! – urplötzlich war der Jüngling ebenso mißgestaltet, als es vorher Prinzessin Pirlipat gewesen. Der Körper war zusammengeschrumpft und konnte kaum den dicken ungestalteten Kopf mit großen hervorstechenden Augen und dem breiten entsetzlich aufgähnenden Maule tragen. Statt des Zopfes hing ihm hinten ein schmaler hölzerner Mantel herab, mit dem er den untern Kinnbacken regierte. – Uhrmacher und Astronom waren außer sich vor Schreck und Entsetzen, sie sahen aber wie Frau Mauserinks sich blutend auf dem Boden wälzte. Ihre Bosheit war nicht ungerächt geblieben, denn der junge Droßelmeier hatte sie mit dem spitzen Absatz seines Schuhes so derb in den Hals getroffen, daß sie sterben mußte. Aber indem Frau Mauserinks von der Todesnot erfaßt wurde, da piepte und quiekte sie ganz erbärmlich: ‚O Krakatuk, harte Nuß – an der ich nun sterben muß – hi hi – pipi fein Nußknackerlein wirst auch bald des Todes sein – Söhnlein mit den sieben Kronen, wird's dem Nußknacker lohnen, wird die Mutter rächen fein, an dir du klein Nußknakkerlein – o Leben so frisch und rot, von dir scheid ich, o Todesnot! – Quiek –' Mit diesem Schrei starb Frau Mauserinks und wurde von dem königlichen Ofenheizer fortgebracht. – Um den jungen Droßelmeier hatte sich niemand bekümmert, die Prinzessin erinnerte aber den König an sein Versprechen, und sogleich befahl er, daß man den jungen Helden herbeischaffe. Als nun aber der Unglückliche in seiner Mißgestalt hervortrat, da hielt die Prinzessin beide Hände vors Gesicht und schrie: ‚Fort, fort mit dem abscheulichen Nußknacker!' Alsbald ergriff ihn auch der Hofmarschall bei den kleinen Schultern und warf ihn zur Türe heraus. Der König war voller Wut, daß man ihm habe einen Nußknacker als Eidam aufdringen wollen, schob alles auf das Ungeschick des Uhrmachers und des Astronomen, und verwies beide auf ewige Zeiten aus der Residenz. Das hatte nun nicht in dem Horoskop gestanden, welches der Astronom in Nürnberg gestellt, er ließ sich aber nicht abhalten, aufs neue zu observieren und da wollte er in den Sternen lesen, daß der junge Droßelmeier sich in seinem neuen Stande so gut nehmen werde, daß er trotz seiner Ungestalt Prinz und König werden würde. Seine Mißgestalt könne aber nur dann verschwinden, wenn der Sohn der Frau Mauserinks, den sie nach dem Tode ihrer sieben Söhne, mit sieben Köpfen geboren, und welcher Mausekönig geworden, von seiner Hand gefallen seie, und eine Dame ihn, trotz seiner Mißgestalt, liebgewinnen werde. Man soll denn auch wirklich den jungen Droßelmeier in Nürnberg zur Weihnachtszeit in seines Vaters Bude, zwar als Nußknacker, aber doch als Prinzen gesehen haben! – Das ist, ihr Kinder! das Märchen von der harten Nuß, und ihr wißt nun warum die Leute so oft sagen: ‚Das war eine harte Nuß!' und wie es kommt, daß die Nußknacker so häßlich sind."

So schloß der Obergerichtsrat seine Erzählung. Marie meinte, daß die Prinzessin Pirlipat doch eigentlich ein garstiges undankbares Ding sei; Fritz versicherte dagegen, daß, wenn Nußknacker nur sonst ein braver Kerl sein wolle, er mit dem Mausekönig nicht viel Federlesens machen, und seine vorige hübsche Gestalt bald wiedererlangen werde.

Onkel und Neffe

Hat jemand von meinen hochverehrtesten Lesern oder Zuhörern jemals den Zufall erlebt, sich mit Glas zu schneiden, so wird er selbst wissen, wie wehe es tut, und welch schlimmes Ding es überhaupt ist, da es so langsam heilt. Hatte doch Marie beinahe eine ganze Woche im Bett zubringen müssen, weil es ihr immer ganz schwindlicht zumute wurde, sobald sie aufstand. Endlich aber wurde sie ganz gesund, und konnte lustig, wie sonst, in der Stube umherspringen. Im Glasschrank sah es ganz hübsch aus, denn neu und blank standen da, Bäume und Blumen und Häuser, und schöne glänzende Puppen. Vor allen Dingen fand Marie ihren lieben Nußknacker wieder, der, n dem zweiten Fache stehend, mit ganz gesunden Zähnchen sie anlächelte. Als sie nun den Liebling so recht mit Herzenslust anblickte, da fiel es ihr mit einemmal sehr bänglich aufs Herz, daß alles, was Pate Droßelmeier erzählt habe, ja nur die Geschichte des Nußknackers und seines Zwistes mit der Frau Mauserinks und ihrem Sohne gewesen. Nun wußte sie, daß ihr Nußknacker kein anderer sein könne, als der junge Droßelmeier aus Nürnberg, des Pate Droßelmeiers angenehmer, aber leider von der Frau Mauserinks verhexter Neffe. Denn daß der künstliche Uhrmacher am Hofe von Pirlipats Vater niemand anders gewesen, als der Obergerichtsrat Droßelmeier selbst, daran hatte Marie schon bei der Erzählung nicht einen Augenblick gezweifelt. „Aber warum half dir der Onkel denn nicht, warum half er dir nicht", so klagte Marie, als sich es immer lebendiger und lebendiger in ihr gestaltete, daß es in jener Schlacht, die sie mit ansah, Nußknackers Reich und Krone galt. Waren denn nicht alle übrigen Puppen ihm untertan, und war es denn nicht gewiß, daß die Prophezeiung des Hofastronomen eingetroffen, und der junge Droßelmeier König des Puppenreichs geworden? Indem die kluge Marie das alles so recht im Sinn erwägte, glaubte sie auch, daß Nußknacker und seine Vasallen in dem Augenblick, daß sie ihnen Leben und Bewegung zutraute, auch wirklich leben und sich bewegen müßten. Dem war aber nicht so, alles im Schranke blieb vielmehr starr und regungslos, und Marie weit entfernt, ihre innere Überzeugung aufzugeben, schob das nur auf die fortwirkende Verhexung der Frau Mauserinks und ihres siebenköpfigen Sohnes. „Doch", sprach sie laut zum Nußknacker: „wenn Sie auch nicht imstande sind, sich zu bewegen, oder ein Wörtchen mit mir zu sprechen, lieber Herr Droßelmeier! so weiß ich doch, daß Sie mich verstehen, und es wissen, wie gut ich es mit Ihnen meine; rechnen Sie auf meinen Beistand, wenn Sie dessen bedürfen. – Wenigstens will ich den Onkel bitten, daß er Ihnen mit seiner Geschicklichkeit beispringe, wo es nötig ist." Nußknacker blieb still und ruhig, aber Marien war es so, als atme ein leiser Seufzer durch den Glasschrank, wovon die Glasscheiben kaum hörbar, aber wunderlieblich ertönten, und es war, als sänge ein kleines Glockenstimmchen: „Maria klein – Schutzenglein mein – Dein werd ich sein – Maria mein." Marie fühlte in den eiskalten Schauern, die sie überliefen, doch ein seltsames Wohlbehagen. Die Dämmerung war eingebrochen, der Medizinalrat trat mit dem Paten Droßelmeier hinein, und nicht lange dauerte es, so hatte Luise den Teetisch geordnet, und die Familie saß ringsumher, allerlei Lustiges miteinander sprechend. Marie hatte ganz still ihr kleines Lehnstühlchen herbeigeholt, und sich zu den Füßen des Paten Droßelmeier gesetzt. Als nun gerade einmal alle schwiegen, da sah Marie mit ihren großen blauen Augen dem Obergerichtsrat starr ins Gesicht und sprach: „Ich weiß jetzt, lieber Pate Droßelmeier, daß mein Nußknacker dein Neffe, der junge Droßelmeier aus Nürnberg ist; Prinz, oder vielmehr König ist er geworden, das ist richtig eingetroffen, wie es dein Begleiter, der Astronom, vorausgesagt hat; aber du weißt es ja, daß er mit dem Sohne der Frau Mauserinks, mit dem häßlichen Mausekönig, in offnem Kriege steht. Warum hilfst du ihm nicht?" Marie erzählte nun nochmals den ganzen Verlauf der Schlacht, wie sie es angesehen, und wurde oft durch das laute Gelächter der Mutter und Luisens unterbrochen. Nur Fritz und Droßelmeier blieben ernsthaft. „Aber wo kriegt das Mädchen all das tolle Zeug in den Kopf", sagte der Medizinalrat. „Ei nun", erwiderte die Mutter, „hat sie doch eine lebhafte Fantasie – eigentlich sind es nur Träume, die das heftige Wundfieber erzeugte." „Es ist alles nicht wahr", sprach Fritz, „solche Poltrons sind meine roten Husaren nicht, Potz Bassa Manelka, wie würd ich sonst darunterfahren." Seltsam lächelnd nahm aber Pate Droßelmeier die kleine Marie auf den Schoß, und sprach sanfter als je: „Ei, dir liebe Marie ist ja mehr gegeben, als mir und uns allen; du bist, wie Pirlipat, eine geborne Prinzessin, denn du regierst in einem schönen blanken Reich. – Aber viel hast du zu leiden, wenn du dich des armen mißgestalteten Nußknackers annehmen willst, da ihn der Mausekönig auf allen Wegen und Stegen verfolgt. – Doch nicht ich – du du allein kannst ihn retten, sei standhaft und treu." Weder Marie noch irgend jemand wußte, was Droßelmeier mit diesen Worten sagen wollte, vielmehr kam es dem Medizinalrat so sonderbar vor, daß er dem Obergerichtsrat an den Puls fühlte und sagte: „Sie haben, wertester Freund, starke Kongestionen nach dem Kopfe, ich will Ihnen etwas aufschreiben." Nur die Medizinalrätin schüttelte bedächtlich den Kopf, und sprach leise: „Ich ahne wohl, was der Obergerichtsrat meint, doch mit deutlichen Worten sagen kann ich's nicht."

Der Sieg

Nicht lange dauerte es, als Marie in der mondhellen Nacht durch ein seltsames Poltern geweckt wurde, das aus einer Ecke des Zimmers zu kommen schien. Es war, als würden kleine Steine hin und her geworfen und gerollt, und recht widrig pfiff und quiekte es dazwischen. „Ach die Mäuse, die Mäuse kommen wieder", rief Marie erschrocken, und wollte die Mutter wecken, aber jeder Laut stockte, ja sie vermochte kein Glied zu regen, als sie sah, wie der Mausekönig sich durch ein Loch der Mauer hervorarbeitete, und endlich mit funkelnden Augen und Kronen im Zimmer herum, dann aber mit einem gewaltigen Satz auf den kleinen Tisch, der dicht neben Mariens Bette stand, heraufsprang. „Hi – hi – hi – mußt mir deine Zuckererbsen – deinen Marzipan geben, klein Ding – sonst zerbeiß ich deinen Nußknacker – deinen Nußknacker!" –

So pfiff Mausekönig, knapperte und knirschte dabei sehr häßlich mit den Zähnen, und sprang dann schnell wieder fort durch das Mauerloch. Marie war so geängstet von der graulichen Erscheinung, daß sie den andern Morgen ganz blaß aussah, und im Innersten aufgeregt, kaum ein Wort zu reden vermochte. Hundertmal wollte sie der Mutter oder der Luise, oder wenigstens dem Fritz klagen, was ihr geschehen, aber sie dachte: „Glaubt's mir denn einer, und werd ich nicht obendrein tüchtig ausgelacht?" – Das war ihr denn aber wohl klar, daß sie um den Nußknacker zu retten, Zuckererbsen und Marzipan hergeben müsse. So viel sie davon besaß, legte sie daher den andern Abend hin vor der Leiste des Schranks. Am Morgen sagte die Medizinalrätin: „Ich weiß nicht, woher die Mäuse mit einemmal in unser Wohnzimmer kommen, sieh nur, arme Marie! sie haben dir all dein Zuckerwerk aufgefressen." Wirklich war es so. Den gefüllten Marzipan hatte der gefräßige Mausekönig nicht nach seinem Geschmack gefunden, aber mit scharfen Zähnen benagt, so daß er weggeworfen werden mußte. Marie machte sich gar nichts mehr aus dem Zuckerwerk, sondern war vielmehr im Innersten erfreut, da sie ihren Nußknacker gerettet glaubte. Doch wie ward ihr, als in der folgenden Nacht es dicht an ihren Ohren pfiff und quiekte. Ach der Mausekönig war wieder da, und noch abscheulicher, wie in der vorvorigen Nacht, funkelten seine Augen, und noch widriger pfiff er zwischen den Zähnen. „Mußt mir deine Zucker-, deine Dragantpuppen geben, klein Ding, sonst zerbeiß ich deinen Nußknakker, deinen Nußknacker", und damit sprang der grauliche Mausekönig wieder fort – Marie war sehr betrübt, sie ging den andern Morgen an den Schrank, und sah mit den wehmütigsten Blicken ihre Zucker- und Dragantpüppchen an. Aber ihr Schmerz war auch gerecht, denn nicht glauben magst du's, meine aufmerksame Zuhörerin Marie! was für ganz allerliebste Figürchen aus Zucker oder Dragant geformt die kleine Marie Stahlbaum besaß. Nächstdem, daß ein sehr hübscher Schäfer mit seiner Schäferin eine ganze Herde milchweißer Schäflein weidete, und dabei sein muntres Hündchen herumsprang, so traten auch zwei Briefträger mit Briefen in der Hand einher, und vier sehr hübsche Paare, sauber gekleidete Jünglinge mit überaus herrlich geputzten Mädchen schaukelten sich in einer russischen Schaukel. Hinter einigen Tänzern stand noch der Pachter Feldkümmel mit der Jungfrau von Orleans, aus denen sich Marie nicht viel machte, aber ganz im

Winkelchen stand ein rotbäckiges Kindlein, Mariens Liebling, die Tränen stürzten der kleinen Marie aus den Augen. „Ach", rief sie, sich zu dem Nußknacker wendend, „lieber Herr Droßelmeier, was will ich nicht alles tun, um Sie zu retten; aber es ist doch sehr hart!" – Nußknacker sah indessen so weinerlich aus, daß Marie, da es überdem ihr war, als sähe sie Mausekönigs sieben Rachen geöffnet, den unglücklichen Jüngling zu verschlingen, alles aufzuopfern beschloß. Alle Zuckerpüppchen setzte sie daher abends, wie zuvor das Zuckerwerk, an die Leiste des Schranks. Sie küßte den Schäfer, die Schäferin, die Lämmerchen, und holte auch zuletzt ihren Liebling, das kleine rotbäckige Kindlein von Dragant aus dem Winkel, welches sie jedoch ganz hinterwärts stellte. Pachter Feldkümmel und die Jungfrau von Orleans mußten in die erste Reihe. „Nein das ist zu arg", rief die Medizinalrätin am andern Morgen. „Es muß durchaus eine große garstige Maus in dem Glasschrank hausen, denn alle schöne Zuckerpüppchen der armen Marie sind zernagt und zerbissen." Marie konnte sich zwar der Tränen nicht enthalten, sie lächelte aber doch bald wieder, denn sie dachte: „Was tut's, ist doch Nußknacker gerettet." Der Medizinalrat sagte am Abend, als die Mutter dem Obergerichtsrat von dem Unfug erzählte, den eine Maus im Glasschrank der Kinder treibe: „Es ist doch aber abscheulich, daß wir die fatale Maus nicht vertilgen können, die im Glasschrank so ihr Wesen treibt, und der armen Marie alles Zuckerwerk wegfrißt." „Ei", fiel Fritz ganz lustig ein: „der Bäcker unten hat einen ganz vortrefflichen grauen Legationsrat, den will ich heraufholen. Er wird dem Dinge bald ein Ende machen, und der Maus den Kopf abbeißen, ist sie auch die Frau Mauserinks selbst, oder ihr Sohn, der Mausekönig." „Und", fuhr die Medizinalrätin lachend fort, „auf Stühle und Tische herumspringen, und Gläser und Tassen herabwerfen und tausend andern Schaden anrichten." „Ach nein doch", erwiderte Fritz, „Bäckers Legationsrat ist ein geschickter Mann, ich möchte nur so zierlich auf dem spitzen Dach gehen können, wie er." „Nur keinen Kater zu Nachtzeit", bat Luise, die keine Katzen leiden konnte. „Eigentlich", sprach der Medizinalrat, „eigentlich hat Fritz recht, indessen können wir ja auch eine Falle aufstellen; haben wir denn keine?" – „Die kann uns Pate Droßelmeier am besten machen, der hat sie ja erfunden", rief Fritz. Alle lachten, und auf die Versicherung der Medizinalrätin, daß keine Falle im Hause sei, verkündete der Obergerichtsrat, daß er mehrere dergleichen besitze, und ließ wirklich zur Stunde eine ganz vortreffliche Mausfalle von Hause herbeiholen. Dem Fritz und der Marie ging nun des Paten Märchen von der harten Nuß ganz lebendig auf. Als die Köchin den Speck röstete, zitterte und bebte Marie, und sprach ganz erfüllt von dem Märchen und den Wunderdingen darin, zur wohlbekannten Dore: „Ach Frau Königin, hüten Sie sich doch nur vor der Frau Mauserinks und ihrer Familie." Fritz hatte aber seinen Säbel gezogen, und sprach: „Ja die sollten nur kommen, denen wollt ich eins auswischen." Es blieb aber alles unter und auf dem Herde ruhig. Als nun der Obergerichtsrat den Speck an ein feines Fädchen band, und leise, leise die Falle an den Glasschrank setzte, da rief Fritz: „Nimm dich in acht, Pate Uhrmacher, daß dir Mausekönig keinen Possen spielt." – Ach wie ging es der armen Marie in der folgenden Nacht! Eiskalt tupfte es auf ihrem Arm hin und her, und rauh und ekelhaft legte es sich an ihre Wange, und piepte und quiekte ihr ins Ohr. – Der abscheuliche Mauskönig saß auf ihrer Schulter, und blutrot geiferte er aus den sieben geöffneten Rachen, und mit den Zähnen knatternd und knirschend, zischte er der vor Grauen und Schreck erstarrten Marie ins Ohr: „Zisch aus – zisch aus, geh nicht ins Haus – geh nicht zum Schmaus – werd nicht gefangen – zisch aus – gib heraus, gib heraus, deine Bilderbücher all, dein Kleidchen dazu, sonst hast keine Ruh – magst's nur wissen, Nußknackerlein wirst sonst missen, der wird zerbissen – hi hi – pi pi – quiek quiek!" – Nun war Marie voll Jammer und Betrübnis – sie sah ganz blaß und verstört aus, als die Mutter am andern Morgen sagte: „Die böse Maus hat sich noch nicht gefangen", so daß die Mutter in dem Glauben, daß Marie um ihr Zuckerwerk traure, und sich überdem vor der Maus fürchte, hinzufügte: „Aber sei nur ruhig, liebes Kind, die böse Maus wollen wir schon vertreiben. Helfen die Fallen nichts, so soll Fritz seinen grauen Legationsrat herbeibringen." Kaum befand sich Marie im Wohnzimmer allein, als sie vor den Glasschrank trat, und schluchzend also zum Nußknacker sprach: „Ach mein lieber guter Herr Droßelmeier, was kann ich armes unglückliches Mädchen für Sie tun? – Gäb ich nun auch alle meine Bilderbücher, ja selbst mein schönes neues Kleidchen, das mir der Heilige Christ einbeschert hat, dem abscheulichen Mausekönig zum Zerbeißen her, wird er denn nicht doch noch immer mehr verlangen, so daß ich zuletzt nichts mehr haben werde, und er gar mich selbst statt

Ihrer zerbeißen wollen wird? – O ich armes Kind, was soll ich denn nun tun – was soll ich denn nun tun?“ – Als die kleine Marie so jammerte und klagte, bemerkte sie, daß dem Nußknacker von jener Nacht her ein großer Blutfleck am Halse sitzengeblieben war. Seit der Zeit, daß Marie wußte, wie ihr Nußknacker eigentlich der junge Droßelmeier, des Obergerichtsrats Neffe sei, trug sie ihn nicht mehr auf dem Arm, und herzte und küßte ihn nicht mehr, ja sie mochte ihn aus einer gewissen Scheu gar nicht einmal viel anrühren; jetzt nahm sie ihn aber sehr behutsam aus dem Fache, und fing an, den Blutfleck am Halse mit ihrem Schnupftuch abzureiben. Aber wie ward ihr, als sie plötzlich fühlte, daß Nußknackerlein in ihrer Hand erwarmte, und sich zu regen begann. Schnell setzte sie ihn wieder ins Fach, da wackelte das Mündchen hin und her, und mühsam lispelte Nußknackerlein: „Ach, werteste Demoiselle Stahlbaum – vortreffliche Freundin, was verdanke ich Ihnen alles – Nein, kein Bilderbuch, kein Christkleidchen sollen Sie für mich opfern – schaffen Sie nur ein Schwert – ein Schwert, für das übrige will ich sorgen, mag er –“ Hier ging dem Nußknacker die Sprache aus, und seine erst zum Ausdruck der innigsten Wehmut beseelten Augen wurden wieder starr und leblos. Marie empfand gar kein Grauen, vielmehr hüpfte sie vor Freuden, da sie nun ein Mittel wußte, den Nußknacker ohne weitere schmerzhafte Aufopferungen zu retten. Aber wo nun ein Schwert für den Kleinen hernehmen? – Marie beschloß, Fritzen zu Rate zu ziehen, und erzählte ihm abends, als sie, da die Eltern ausgegangen, einsam in der Wohnstube am Glasschrank saßen, alles, was ihr mit dem Nußknacker und dem Mausekönig widerfahren, und worauf es nun ankomme, den Nußknacker zu retten. Über nichts wurde Fritz nachdenklicher, als darüber, daß sich, nach Mariens Bericht, seine Husaren in der Schlacht so schlecht genommen haben sollten. Er frug noch einmal sehr ernst, ob es sich wirklich so verhalte, und nachdem es Marie auf ihr Wort versichert, so ging Fritz schnell nach dem Glasschrank, hielt seinen Husaren eine pathetische Rede, und schnitt dann, zur Strafe ihrer Selbstsucht und Feigheit, einem nach dem andern das Feldzeichen von der Mütze, und untersagte ihnen auch, binnen einem Jahr den Gardehusarenmarsch zu blasen. Nachdem er sein Strafamt vollendet, wandte er sich wieder zu Marien, sprechend: „Was den Säbel betrifft, so kann ich dem Nußknacker helfen, da ich einen alten Obristen von den Kürassiers gestern mit Pension in

Ruhestand versetzt habe, der folglich seinen schönen scharfen Säbel nicht mehr braucht." Besagter Obrister verzehrte die ihm von Fritzen angewiesene Pension in der hintersten Ecke des dritten Faches. Dort wurde er hervorgeholt, ihm der in der Tat schmucke silberne Säbel abgenommen, und dem Nußknacker umgehängt.

Vor bangem Grauen konnte Marie in der folgenden Nacht nicht einschlafen, es war ihr um Mitternacht so, als höre sie im Wohnzimmer ein seltsames Rumoren, Klirren und Rauschen. – Mit einemmal ging es: „Quiek!" – „Der Mausekönig! der Mausekönig!" rief Marie, und sprang voll Entsetzen aus dem Bette. Alles blieb still; aber bald klopfte es leise, leise an die Türe, und ein feines Stimmchen ließ sich vernehmen: „Allerbeste Demoiselle Stahlbaum, machen Sie nur getrost auf – gute fröhliche Botschaft!" Marie erkannte die Stimme des jungen Droßelmeier, warf ihr Röckchen über, und öffnete flugs die Türe. Nußknackerlein stand draußen, das blutige Schwert in der rechten, ein Wachslichtchen in der linken Hand. Sowie er Marien erblickte, ließ er sich auf ein Knie nieder, und sprach also: „Ihr, o Dame! seid es allein, die mich mit Rittermut stählte, und meinem Arme Kraft gab, den Übermütigen zu bekämpfen, der es wagte, Euch zu höhnen. Überwunden liegt der verräterische Mausekönig und wälzt sich in seinem Blute! – Wollet, o Dame! die Zeichen des Sieges aus der Hand Eures Euch bis in den Tod ergebenen Ritters anzunehmen nicht verschmähen!" Damit streifte Nußknackerchen die sieben goldenen Kronen des Mausekönigs, die er auf den linken Arm heraufgestreift hatte, sehr geschickt herunter, und überreichte sie Marien, welche sie voller Freude annahm. Nußknacker stand auf, und fuhr also fort: „Ach meine allerbeste Demoiselle Stahlbaum, was könnte ich in diesem Augenblicke, da ich meinen Feind überwunden, Sie für herrliche Dinge schauen lassen, wenn Sie die Gewogenheit hätten, mir nun ein paar Schrittchen zu folgen! – O tun Sie es – tun Sie es, beste Demoiselle!"

Das Puppenreich

Ich glaube, keins von euch, ihr Kinder, hätte auch nur einen Augenblick angestanden, dem ehrlichen gutmütigen Nußknacker, der nie Böses im Sinn haben konnte, zu folgen.

Marie tat dies um so mehr, da sie wohl wußte, wie sehr sie auf Nußknackers Dankbarkeit Anspruch machen könne, und überzeugt war, daß er Wort halten, und viel Herrliches ihr zeigen werde. Sie sprach daher: „Ich gehe mit Ihnen, Herr Droßelmeier, doch muß es nicht weit sein, und nicht lange dauern, da ich ja noch gar nicht ausgeschlafen habe.“ „Ich wähle deshalb“, erwiderte Nußknacker, „den nächsten, wiewohl etwas beschwerlichen Weg.“ Er schritt voran, Marie ihm nach, bis er vor dem alten mächtigen Kleiderschrank auf dem Hausflur stehenblieb. Marie wurde zu ihrem Erstaunen gewahr, daß die Türen dieses sonst wohl verschlossenen Schranks offenstanden, so daß sie deutlich des Vaters Reisefuchspelz erblickte, der ganz vorne hing. Nußknacker kletterte sehr geschickt an den Leisten und Verzierungen herauf, daß er die große Troddel, die an einer dicken Schnur befestigt, auf dem Rückteile jenes Pelzes hing, erfassen konnte. Sowie Nußknacker diese Troddel stark anzog, ließ sich schnell eine sehr zierliche Treppe von Zedernholz durch den Pelzärmel herab. „Steigen Sie nur gefälligst aufwärts, teuerste Demoiselle“, rief Nußknacker. Marie tat es, aber kaum war sie durch den Ärmel gestiegen, kaum sah sie zum Kragen heraus, als ein blendendes Licht ihr entgegenstrahlte, und sie mit einemmal auf einer herrlich duftenden Wiese stand, von der Millionen Funken, wie blinkende Edelsteine emporstrahlten. „Wir befinden uns auf der Kandiswiese“, sprach Nußknacker, „wollen aber alsbald jenes Tor passieren.“ Nun wurde Marie, indem sie aufblickte, erst das schöne Tor gewahr, welches sich nur wenige Schritte vorwärts auf der Wiese erhob. Es schien ganz von weiß, braun und rosinfarben gesprenkeltem Marmor erbaut zu sein, aber als Marie näher kam, sah sie wohl, daß die ganze Masse aus zusammengebackenen Zuckermandeln und Rosinen bestand, weshalb denn auch, wie Nußknacker versicherte, das Tor, durch welches sie nun durchgingen, das Mandeln- und Rosinentor hieß. Gemeine Leute hießen es sehr unziemlich, die Studentenfutterpforte. Auf einer herausgebauten Galerie dieses Tores, augenscheinlich aus Gerstenzucker, machten sechs in rote Wämserchen gekleidete Äffchen die allerschönste Janitscharenmusik, die man hören konnte, so daß Marie kaum bemerkte, wie sie immer weiter, weiter auf bunten Marmorfliesen, die aber nichts anders waren, als schön gearbeitete Morschellen, fortschritt. Bald umwehten sie die süßesten Gerüche, die aus einem wunderbaren Wäldchen strömten, das sich von beiden Seiten auftat. In dem dunkeln Laube glänzte und funkelte es so hell hervor, daß man deutlich sehen konnte, wie goldene und silberne Früchte an buntgefärbten Stengeln herabhingen, und Stamm und Äste sich mit Bändern und Blumensträußen geschmückt hatten, gleich fröhlichen Brautleuten und lustigen Hochzeitsgästen. Und wenn die Orangendüfte sich wie wallende Zephire rührten, da sauste es in den Zweigen und Blättern, und das Rauschgold knitterte und knatterte, daß es klang wie jubelnde Musik, nach der die funkelnden Lichterchen hüpfen und tanzen müßten. „Ach, wie schön ist es hier", rief Marie ganz selig und entzückt. „Wir sind im Weihnachtswalde, beste Demoiselle", sprach Nußknackerlein. „Ach", fuhr Marie fort, „dürft ich hier nur etwas verweilen, o es ist ja hier gar zu schön." Nußknacker klatschte in die kleinen Händchen und sogleich kamen einige kleine Schäfer und Schäferinnen, Jäger und Jägerinnen herbei, die so zart und weiß waren, daß man hätte glauben sollen, sie wären von purem Zucker und die Marie, unerachtet sie im Walde umherspazierten, noch nicht bemerkt hatte. Sie brachten einen allerliebsten ganz goldenen Lehnsessel herbei, legten ein weißes Kissen von Reglisse darauf, und luden Marien sehr höflich ein, sich darauf niederzulassen. Kaum hatte sie es getan, als Schäfer und Schäferinnen ein sehr artiges Ballett tanzten, wozu die Jäger ganz manierlich bliesen, dann verschwanden sie aber alle in dem Gebüsche. „Verzeihen Sie", sprach Nußknacker, „verzeihen Sie, werteste Demoiselle Stahlbaum, daß der Tanz so miserabel ausfiel, aber die Leute waren alle von unserm Drahtballett, die können nichts anders machen als immer und ewig dasselbe: und daß die Jäger so schläfrig und flau dazu bliesen, das hat auch seine Ursachen. Der Zuckerkorb hängt zwar über ihrer Nase in den Weihnachtsbäumen, aber etwas hoch! – Doch wollen wir nicht was weniges weiterspazieren?" „Ach es war doch alles recht hübsch und mir hat es sehr wohl gefallen!" so sprach Marie, indem sie aufstand und dem voranschreitenden Nußknacker folgte. Sie gingen entlang eines süß rauschenden, flüsternden Baches, aus dem nun eben all die herrlichen Wohlgerüche zu duften schienen, die den ganzen Wald erfüllten. „Es ist der Orangenbach", sprach Nußknacker auf Befragen, „doch seinen schönen Duft ausgenommen, gleicht er nicht an Größe und Schönheit dem Limonadenstrom, der sich gleich ihm in den Mandelmilchsee ergießt." In der Tat vernahm Marie bald ein stärkeres Plätschern und Rauschen und erblickte den breiten

Limonadenstrom, der sich in stolzen isabellfarbenen Wellen zwischen gleich grün glühenden Karfunkeln leuchtendem Gesträuch fortkräuselte. Eine ausnehmend frische, Brust und Herz stärkende Kühlung wogte aus dem herrlichen Wasser. Nicht weit davon schleppte sich mühsam ein dunkelgelbes Wasser fort, das aber ungemein süße Düfte verbreitete und an dessen Ufer allerlei sehr hübsche Kinderchen saßen, welche kleine dicke Fische angelten und sie alsbald verzehrten. Näher gekommen bemerkte Marie, daß diese Fische aussahen wie Lampertsnüsse. In einiger Entfernung lag ein sehr nettes Dörfchen an diesem Strome, Häuser, Kirche, Pfarrhaus, Scheuern, alles war dunkelbraun, jedoch mit goldenen Dächern geschmückt, auch waren viele Mauern so bunt gemalt, als seien Zitronat und Mandelkerne daraufgeklebt. „Das ist Pfefferkuchheim", sagte Nußknacker, „welches am Honigstrome liegt, es wohnen ganz hübsche Leute darin, aber sie sind meistens verdrießlich, weil sie sehr an Zahnschmerzen leiden, wir wollen daher nicht erst hineingehen." In dem Augenblick bemerkte Marie ein Städtchen, das aus lauter bunten durchsichtigen Häusern bestand, und sehr hübsch anzusehen war. Nußknacker ging geradezu darauf los, und nun hörte Marie ein tolles lustiges Getöse und sah wie tausend niedliche kleine Leutchen viele hochbepackte Wagen, die auf dem Markte hielten, untersuchten und abzupacken im Begriff standen. Was sie aber hervorbrachten, war anzusehen wie buntes gefärbtes Papier und wie Schokoladetafeln. „Wir sind in Bonbonshausen", sagte Nußknacker, „eben ist eine Sendung aus dem Papierlande und vom Schokoladenkönige angekommen. Die armen Bonbonshäuser wurden neulich von der Armee des Mückenadmirals hart bedroht, deshalb überziehen sie ihre Häuser mit den Gaben des Papierlandes und führen Schanzen auf, von den tüchtigen Werkstücken, die ihnen der Schokoladenkönig sandte. Aber beste Demoiselle Stahlbaum, nicht alle kleinen Städte und Dörfer dieses Landes wollen wir besuchen – zur Hauptstadt – zur Hauptstadt!" – Rasch eilte Nußknacker vorwärts, und Marie voller Neugierde ihm nach. Nicht lange dauerte es, so stieg ein herrlicher Rosenduft auf und alles war wie von einem sanften hinhauchenden Rosenschimmer umflossen. Marie bemerkte, daß dies der Widerschein eines rosenrot glänzenden Wassers war, das in kleinen rosasilbernen Wellchen vor ihnen her wie in wunderlieblichen Tönen und Melodien plätscherte und rauschte. Auf diesem anmutigen Gewässer, das sich immer mehr und mehr wie ein großer See ausbreitete, schwammen sehr herrliche silberweiße Schwäne mit goldnen Halsbändern, und sangen miteinander um die Wette die hübschesten Lieder, wozu diamantne Fischlein aus den Rosenfluten auf- und niedertauchten wie im lustigen Tanze. „Ach", rief Marie ganz begeistert aus, „ach das ist der See, wie ihn Pate Droßelmeier mir einst machen wollte, wirklich, und ich selbst bin das Mädchen, das mit den lieben Schwänchen kosen wird." Nußknackerlein lächelte so spöttisch, wie es Marie noch niemals an ihm bemerkt hatte, und sprach dann: „So etwas kann denn doch wohl der Onkel niemals zustande bringen; Sie selbst viel eher, liebe Demoiselle Stahlbaum, doch lassen Sie uns darüber nicht grübeln, sondern vielmehr über den Rosensee hinüber nach der Hauptstadt schiffen."

Die Hauptstadt

Nußknackerlein klatschte abermals in die kleinen Händchen, da fing der Rosensee an stärker zu rauschen, die Wellen plätscherten höher auf, und Marie nahm wahr, wie aus der Ferne ein aus lauter bunten, sonnenhell funkelnden Edelsteinen geformter Muschelwagen, von zwei goldschuppigen Delphinen gezogen, sich nahte. Zwölf kleine allerliebste Mohren mit Mützchen und Schürzchen, aus glänzenden Kolibrifedern gewebt, sprangen ans Ufer und trugen erst Marien, dann Nußknackern, sanft über die Wellen gleitend, in den Wagen, der sich alsbald durch den See fortbewegte. Ei wie war das so schön, als Marie im Muschelwagen, von Rosenduft umhaucht, von Rosenwellen umflossen, dahinfuhr. Die beiden goldschuppigen Delphine erhoben ihre Nüstern und spritzten kristallene Strahlen hoch in die Höhe, und wie die in flimmernden und funkelnden Bogen niederfielen, da war es, als sängen zwei holde feine Silberstimmchen: „Wer schwimmt auf rosigem See? – die Fee! Mücklein! bim bim Fischlein, sim sim – Schwäne! Schwa schwa, Goldvogel! trarah, Wellenströme – rührt euch, klinget, singet, wehet, spähet – Feelein, Feelein kommt gezogen; Rosenwogen, wühlet, kühlet, spület – spült hinan – hinan!" – Aber die zwölf kleinen Mohren, die hinten auf den Muschelwagen aufgesprungen waren, schienen das Gesinge der Wasserstrahlen ordentlich übelzunehmen, denn sie schüttelten ihre Sonnenschirme so sehr, daß die Dattelblätter, aus denen sie geformt waren, durcheinander knitterten und knatterten, und dabei stampften sie mit den Füßen einen ganz seltsamen Takt, und sangen: „Klapp und klipp und klipp und klapp, auf und ab – Mohrenreigen darf nicht schweigen; rührt euch Fische – rührt euch Schwäne, dröhne Muschelwagen, dröhne, klapp und klipp und klipp und klapp und auf und ab!" – „Mohren sind gar lustige Leute", sprach Nußknacker etwas betreten, „aber sie werden mir den ganzen See rebellisch machen." In der Tat ging auch bald ein sinnverwirrendes Getöse wunderbarer Stimmen los, die in See und Luft zu schwimmen schienen, doch Marie achtete dessen nicht, sondern sah in die duftenden Rosenwellen, aus deren jeder ihr ein holdes anmutiges Mädchenantlitz entgegenlächelte. „Ach", rief sie freudig, indem sie die kleinen Händchen zusammenschlug: „ach schauen Sie nur, lieber Herr Droßelmeier! Da unten ist die Prinzessin Pirlipat, die lächelt mich an so wunderhold. – Ach schauen Sie doch nur, lieber Herr Droßelmeier!" – Nußknacker seufzte aber fast kläglich und sagte: „O beste Demoiselle Stahlbaum, das ist nicht die Prinzessin Pirlipat, das sind Sie und immer nur Sie selbst, immer nur Ihr eignes holdes Antlitz, das so lieb aus jeder Rosenwelle lächelt." Da fuhr Marie schnell mit dem Kopf zurück, schloß die Augen fest zu und schämte sich sehr. In demselben Augenblick wurde sie auch von den zwölf Mohren aus dem Muschelwagen gehoben und an das Land getragen. Sie befand sich in einem kleinen Gebüsch, das beinahe noch schöner war als der Weihnachtswald, so glänzte und funkelte alles darin, vorzüglich waren aber die seltsamen Früchte zu bewundern, die an allen Bäumen hingen, und nicht allein seltsam gefärbt waren, sondern auch ganz wunderbar dufteten. „Wir sind im Konfitürenhain", sprach Nußknacker, „aber dort ist die Hauptstadt." Was erblickte Marie nun! Wie werd ich es denn anfangen, euch, ihr Kinder die Schönheit und Herrlichkeit der Stadt zu beschreiben, die sich jetzt breit über einen reichen Blumenanger hin vor Mariens Augen auftat. Nicht allein daß Mauern und Türme in den herrlichsten Farben prangten, so war auch wohl, was die Form der Gebäude anlangt, gar nichts Ähnliches auf Erden zu finden. Denn statt der Dächer hatten die Häuser zierlich geflochtene Kronen aufgesetzt, und die Türme sich mit dem zierlichsten buntesten Laubwerk gekränzt, das man nur sehen kann. Als sie durch das Tor, welches so aussah, als sei es von lauter Makronen und überzuckerten Früchten erbaut, gingen, präsentierten silberne Soldaten das Gewehr und ein Männlein in einem brokatnen Schlafrock warf sich dem Nußknacker an den Hals mit den Worten: „Willkommen, bester Prinz, willkommen in Konfektburg!" Marie wunderte sich nicht wenig, als sie merkte, daß der junge Droßelmeier von einem sehr vornehmen Mann als Prinz anerkannt wurde. Nun hörte sie aber so viel feine Stimmchen durcheinandertoben, solche ein Gejuchze und Gelächter, solch ein Spielen und Singen, daß sie an nichts anders denken konnte, sondern nur gleich Nußknackerchen fragte, was denn das zu bedeuten habe? „O beste Demoiselle Stahlbaum", erwiderte Nußknacker: „das ist nichts Besonderes, Konfektburg ist eine volkreiche lustige Stadt, da geht's alle Tage so her, kommen Sie aber nur gefälligst weiter." Kaum waren sie einige Schritte gegangen, als sie auf den großen Marktplatz kamen, der den herrlichsten Anblick gewährte. Alle Häuser ringsumher waren von durchbrochener Zuckerarbeit, Galerie über Galerie getürmt, in der Mitte stand ein hoher überzuckerter Baumkuchen als Obelisk und um ihn her sprützten vier sehr künstliche Fontänen, Orsade, Limonade und andere herrliche süße Getränke in die Lüfte; und in dem Becken sammelte sich lauter Creme, den man gleich hätte auslöffeln mögen. Aber hübscher als alles das, waren die allerliebsten kleinen Leutchen, die sich zu Tausenden Kopf an Kopf durcheinanderdrängten und juchzten und lachten und scherzten und sangen, kurz jenes lustige Getöse erhoben, das Marie schon in der Ferne gehört hatte. Da gab es schöngekleidete Herren und Damen, Armenier und Griechen, Juden und Tiroler, Offiziere und Soldaten, und Prediger und Schäfer und Hanswürste, kurz alle nur mögliche Leute, wie sie in der Welt zu finden sind. An der einen Ecke wurde größer der Tumult, das Volk strömte auseinander, denn eben ließ sich der Großmogul auf einem Palankin vorübertragen, begleitet von dreiundneunzig Großen des Reichs und siebenhundert Sklaven. Es begab sich aber, daß an der andern Ecke die Fischerzunft, an fünfhundert Köpfe stark, ihren Festzug hielt und übel war es auch, daß der türkische Großherr gerade den Einfall hatte, mit dreitausend Janitscharen über den Markt spazierenzureiten, wozu noch der große Zug aus dem unterbrochenen Opferfeste kam, der mit klingendem Spiel und dem Gesange: „Auf danket der mächtigen Sonne", gerade auf den Baumkuchen zuwallte. Das war ein Drängen und Stoßen und Treiben und Gequieke! – Bald gab es auch viel Jammergeschrei, denn ein Fischer hatte im

Gedränge einem Brahmin den Kopf abgestoßen und der Großmogul wäre beinahe von einem Hanswurst überrannt worden. Toller und toller wurde der Lärm und man fing bereits an sich zu stoßen und zu prügeln, als der Mann im brokatnen Schlafrock, der am Tor den Nußknacker als Prinz begrüßt hatte, auf den Baumkuchen kletterte, und nachdem eine sehr hell klingende Glocke dreimal angezogen worden, dreimal laut rief: „Konditor! Konditor! – Konditor!" – Sogleich legte sich der Tumult, ein jeder suchte sich zu behelfen wie er konnte, und nachdem die verwickelten Züge sich entwickelt hatten, der besudelte Großmogul abgebürstet, und dem Brahmin der Kopf wieder aufgesetzt worden, ging das vorige lustige Getöse aufs neue los. „Was bedeutet das mit dem Konditor, guter Herr Droßelmeier", fragte Marie. „Ach beste Demoiselle Stahlbaum", erwiderte Nußknacker, „Konditor wird hier eine unbekannte, aber sehr grauliche Macht genannt, von der man glaubt, daß sie aus dem Menschen machen könne was sie wolle; es ist das Verhängnis, welches über dies kleine lustige Volk regiert, und sie fürchten dieses so sehr, daß durch die bloße Nennung des Namens der größte Tumult gestillt werden kann, wie es eben der Herr Bürgermeister bewiesen hat. Ein jeder denkt dann nicht mehr an Irdisches, an Rippenstöße und Kopfbeulen, sondern geht in sich und spricht: ‚Was ist der Mensch und was kann aus ihm werden?'" – Eines lauten Rufs der Bewunderung, ja des höchsten Erstaunens konnte sich Marie nicht enthalten, als sie jetzt mit einemmal vor einem in rosenrotem Schimmer hell leuchtenden Schlosse mit hundert luftigen Türmen stand. Nur hin und wieder waren reiche Bouquets von Veilchen, Narzissen, Tulpen, Levkojen auf die Mauern gestreut, deren dunkelbrennende Farben nur die blendende, ins Rosa spielende Weiße des Grundes erhöhten. Die große Kuppel des Mittelgebäudes, sowie die pyramidenförmigen Dächer der Türme waren mit tausend golden und silbern funkelnden Sternlein besäet. „Nun sind wir vor dem Marzipanschloß", sprach Nußknacker. Marie war ganz verloren in dem Anblick des Zauberpalastes, doch entging es ihr nicht, daß das Dach eines großen Turmes gänzlich fehlte, welches kleine Männerchen, die auf einem von Zimtstangen erbauten Gerüste standen, wiederherstellen zu wollen schienen. Noch ehe sie den Nußknacker darum befragte, fuhr dieser fort. „Vor kurzer Zeit drohte diesem schönen Schloß arge Verwüstung, wo nicht gänzlicher Untergang. Der Riese Leckermaul kam des Weges gegangen, biß schnell das Dach jenes Turmes herunter und nagte schon an der großen Kuppel, die Konfektbürger brachten ihm aber ein ganzes Stadtviertel, sowie einen ansehnlichen Teil des Konfitürenhains als Tribut, womit er sich abspeisen ließ und weiterging." In dem Augenblick ließ sich eine sehr angenehme sanfte Musik hören, die Tore des Schlosses öffneten sich und es traten zwölf kleine Pagen heraus mit angezündeten Gewürznelkstengeln, die sie wie Fackeln in den kleinen Händchen trugen. Ihre Köpfe bestanden aus einer Perle, die Leiber aus Rubinen und Smaragden und dazu gingen sie auf sehr schön aus purem Gold gearbeiteten Füßchen einher. Ihnen folgten vier Damen, beinahe so groß als Mariens Clärchen, aber so über die Maßen herrlich und glänzend geputzt, daß Marie nicht einen Augenblick in ihnen die gebornen Prinzessinnen verkannte. Sie umarmten den Nußknacker auf das zärtlichste und riefen dabei wehmütig freudig: „O mein Prinz! – mein bester Prinz! – o mein Bruder!" Nußknacker schien sehr gerührt, er wischte sich die sehr häufigen Tränen aus den Augen, ergriff dann Marien bei der Hand und sprach pathetisch „Dies ist die Demoiselle Marie Stahlbaum, die Tochter eines sehr achtungswerten Medizinalrates, und die Retterin meines Lebens! Warf sie nicht den Pantoffel zur rechten Zeit, verschaffte sie mir nicht den Säbel des pensionierten Obristen, so läg ich, zerbissen von dem fluchwürdigen Mausekönig, im Grabe. – Oh! dieser Demoiselle Stahlbaum! gleicht ihr wohl Pirlipat, obschon sie eine geborne Prinzessin ist, an Schönheit, Güte und Tugend? – Nein, sag ich, nein!" Alle Damen riefen: „Nein!" und fielen der Marie um den Hals und riefen schluchzend: „O Sie edle Retterin des geliebten prinzlichen Bruders – vortreffliche Demoiselle Stahlbaum!" – Nun geleiteten die Damen Marien und den Nußknacker in das Innere des Schlosses, und zwar in einen Saal, dessen Wände aus lauter farbig funkelnden Kristallen bestanden. Was aber vor allem übrigen der Marie so wohlgefiel, waren die allerliebsten kleinen Stühle, Tische, Kommoden, Sekretärs u. s. w. die ringsherum standen, und die alle von Zedern- oder Brasilienholz mit daraufgestreuten goldnen Blumen verfertigt waren. Die Prinzessinnen nötigten Marien und den Nußknacker zum Sitzen, und sagten, daß sie sogleich selbst ein Mahl bereiten wollten. Nun holten sie eine Menge kleiner Töpfchen und Schüsselchen von dem feinsten japanischen Porzellan, Löffel, Messer und Gabeln, Reibeisen, Kasserollen und andere Küchenbedürfnisse von Gold und Silber herbei. Dann brachten sie die schönsten Früchte und Zuckerwerk, wie es Marie noch niemals gesehen hatte, und fingen an, auf das zierlichste mit den kleinen schneeweißen Händchen die Früchte auszupressen, das Gewürz zu stoßen, die Zuckermandeln zu reiben, kurz so zu wirtschaften, daß Marie wohl einsehen konnte, wie gut sich die Prinzessinnen auf das Küchenwesen verstanden, und was das für ein köstliches Mahl geben würde. Im lebhaften Gefühl, sich auf dergleichen Dinge ebenfalls recht gut zu verstehen, wünschte sie heimlich, bei dem Geschäft der Prinzessinnen selbst tätig sein zu können. Die schönste von Nußknackers Schwestern, als ob sie Mariens geheimen Wunsch erraten hätte, reichte ihr einen kleinen goldnen Mörser mit den Worten hin: „O süße Freundin, teure Retterin meines Bruders, stoße eine Wenigkeit von diesem Zuckerkandel!" Als Marie nun so wohlgemut in den Mörser stieß, daß er gar anmutig und lieblich, wie ein hübsches Liedlein ertönte, fing Nußknacker an sehr weitläuftig zu erzählen, wie es bei der grausenvollen Schlacht zwischen seinem und des Mausekönigs Heer ergangen, wie er der Feigheit seiner Truppen halber geschlagen worden, wie dann der abscheuliche Mausekönig ihn durchaus zerbeißen wollen, und Marie deshalb mehrere seiner Untertanen, die in ihre Dienste gegangen, aufopfern müssen u.s.w. Marien war es bei dieser Erzählung, als klängen seine Worte, ja selbst ihre Mörserstöße, immer ferner und unvernehmlicher, bald sah sie silberne Flöre wie dünne Nebelwolken aufsteigen, in denen die Prinzessinnen – die Pagen, der Nußknacker, ja sie selbst schwammen – ein seltsames Singen und Schwirren und Summen ließ sich vernehmen, das wie in die Weite hin verrauschte; nun hob sich Marie wie auf steigenden Wellen immer höher und höher – höher und höher – höher und höher –

Beschluß

Prr – Puff ging es! – Marie fiel herab aus unermeßlicher Höhe. – *Das* war ein Ruck! – Aber gleich schlug sie auch die Augen auf, da lag sie in ihrem Bettchen, es war heller Tag, und die Mutter stand vor ihr, sprechend: „Aber wie kann man auch so lange schlafen, längst ist das Frühstück da!" Du merkst es wohl, versammeltes, höchst geehrtes Publikum, daß Marie ganz betäubt von all den Wunderdingen, die sie gesehen, endlich im Saal des Marzipanschlosses eingeschlafen war, und daß die Mohren, oder die Pagen oder gar die Prinzessinnen selbst, sie zu Hause getragen und ins Bett gelegt hatten. „O Mutter, liebe Mutter, wo hat mich der junge Herr Droßelmeier diese Nacht überall hingeführt, was habe ich alles Schönes gesehen!" Nun erzählte sie alles beinahe so genau, wie ich es soeben erzählt habe, und die Mutter sah sie ganz verwundert an. Als Marie geendet, sagte die Mutter: „Du hast einen langen sehr schönen Traum gehabt, liebe Marie, aber schlag dir das alles nur aus dem Sinn." Marie bestand hartnäckig darauf, daß sie nicht geträumt, sondern alles wirklich gesehen habe, da führte die Mutter sie an den Glasschrank, nahm den Nußknacker, der, wie gewöhnlich, im dritten Fache stand, heraus und sprach: „Wie kannst du, du albernes Mädchen nur glauben, daß diese Nürnberger Holzpuppe Leben und Bewegung haben kann." „Aber, lieber Mutter", fiel Marie ein, „ich weiß es ja wohl, daß der kleine Nußknacker der junge Herr Droßelmeier aus Nürnberg, Pate Droßelmeiers Neffe ist." Da brachen beide der Medizinalrat und die Medizinalrätin in ein schallendes Gelächter aus. „Ach", fuhr Marie beinahe weinend fort, „nun lachst du gar meinen Nußknacker aus, lieber Vater! und er hat doch von dir sehr gut gesprochen, denn als wir im Marzipanschloß ankamen, und er mich seinen Schwestern, den Prinzessinnen, vorstellte, sagte er, du seist ein sehr achtungswerter Medizinalrat!" – Noch stärker wurde das Gelächter, in das auch Luise, ja sogar Fritz einstimmte. Da lief Marie ins andere Zimmer, holte schnell aus ihrem kleinen Kästchen die sieben Kronen des Mausekönigs herbei, und überreichte sie der Mutter mit den Worten: „Da sieh nur, liebe Mutter, das sind die sieben Kronen des Mausekönigs, die mir in voriger Nacht der junge Herr Droßelmeier zum Zeichen seines Sieges überreichte." Voll Erstaunen betrachtete die Medizinalrätin die kleinen Krönchen, die von einem ganz unbekannten aber sehr funkelnden Metall so sauber gearbeitet waren, als hätten Menschenhände das unmöglich vollbringen können. Auch der Medizinalrat konnte sich nicht satt sehen an den Krönchen, und beide, Vater und Mutter, drangen sehr ernst in Marien, zu gestehen, wo sie die Krönchen herhabe? Sie konnte ja aber nur bei dem, was sie gesagt, stehenbleiben, und als sie nun der Vater hart anließ, und sie sogar eine kleine Lügnerin schalt, da fing sie an heftig zu weinen, und klagte: „Ach ich armes Kind, ich armes Kind! was soll ich denn nun sagen!" In dem Augenblick ging die Tür auf. Der Obergerichtsrat trat hinein, und rief: „Was ist da – was ist da? mein Patchen Marie weint und schluchzt? – Was ist da – was ist da?“ Der Medizinalrat unterrichtete ihn von allem, was geschehen, indem er ihm die Krönchen zeigte. Kaum hatte der Obergerichtsrat aber diese angesehen, als er lachte, und rief: „Toller Schnack, toller Schnack, das sind ja die Krönchen, die ich vor Jahren an meiner Uhrkette trug, und die ich der kleinen Marie an ihrem Geburtstage, als sie zwei Jahre alt worden, schenkte. Wißt ihr's denn nicht mehr?“ Weder der Medizinalrat noch die Medizinalrätin konnten sich dessen erinnern, als aber Marie wahrnahm, daß die Gesichter der Eltern wieder freundlich geworden, da sprang sie los auf Pate Droßelmeier und rief: „Ach, du weißt ja alles, Pate Droßelmeier, sag es doch nur selbst, daß mein Nußknacker dein Neffe, der junge Herr Droßelmeier aus Nürnberg ist, und daß er mir die Krönchen geschenkt hat!“ – Der Obergerichtsrat machte aber ein sehr finsteres Gesicht und murmelte: „Dummer einfältiger Schnack.“ Darauf nahm der Medizinalrat die kleine Marie vor sich und sprach sehr ernsthaft: „Hör mal, Marie, laß nun einmal die Einbildungen und Possen, und wenn du noch einmal sprichst, daß der einfältige mißgestaltete Nußknacker der Neffe des Herrn Obergerichtsrats sei, so werf ich nicht allein den Nußknacker, sondern auch alle deine übrigen Puppen, Mamsell Clärchen nicht ausgenommen, durchs Fenster.“ – Nun durfte freilich die arme Marie gar nicht mehr davon sprechen, wovon denn doch ihr ganzes Gemüt erfüllt war, denn ihr möget es euch wohl denken, daß man solch Herrliches und Schönes, wie es Marien widerfahren, gar nicht vergessen kann. Selbst – sehr geehrter Leser oder Zuhörer Fritz – selbst dein Kamerad Fritz Stahlbaum drehte der Schwester sogleich den Rücken, wenn sie ihm von dem Wunderreiche, in dem sie so glücklich war, erzählen wollte. Er soll sogar manchmal zwischen den Zähnen gemurmelt haben: „Einfältige Gans!“ doch das kann ich seiner sonst erprobten guten Gemütsart halber nicht glauben, so viel ist aber gewiß, daß, da er nun an nichts mehr, was ihm Marie erzählte, glaubte, er seinen Husaren bei öffentlicher Parade das ihnen geschehene Unrecht förmlich abbat, ihnen statt der verlornen Feldzeichen viel höhere, schönere Büsche von Gänsekielen anheftete, und ihnen auch wieder erlaubte, den Gardehusarenmarsch zu blasen. Nun! – wir wissen am besten, wie es mit dem Mut der Husaren aussah, als sie von den häßlichen Kugeln Flecke auf die roten Wämser kriegten!

Sprechen durfte nun Marie nicht mehr von ihrem Abenteuer, aber die Bilder jenes wunderbaren Feenreichs umgaukelten sie in süßwogendem Rauschen und in holden lieblichen Klängen; sie sah alles noch einmal, sowie sie nur ihren Sinn fest darauf richtete, und so kam es, daß sie, statt zu spielen, wie sonst, starr und still, tief in sich gekehrt, dasitzen konnte, weshalb sie von allen eine kleine Träumerin gescholten wurde. Es begab sich, daß der Obergerichtsrat einmal eine Uhr in dem Hause des Medizinalrats reparierte, Marie saß am Glasschrank, und schaute, in ihre Träume vertieft, den Nußknacker an, da fuhr es ihr wie unwillkürlich heraus: „Ach, lieber Herr Droßelmeier, wenn Sie doch nur wirklich lebten, ich würd's nicht so machen, wie Prinzessin Pirlipat, und Sie verschmähen, weil Sie, um meinetwillen, aufgehört haben, ein hübscher junger Mann zu sein!" In dem Augenblick schrie der Obergerichtsrat: „Hei, hei – toller Schnack." – Aber in dem Augenblick geschah auch ein solcher Knall und Ruck, daß Marie ohnmächtig vom Stuhle sank. Als sie wieder erwachte, war die Mutter um sie beschäftigt, und sprach: „Aber wie kannst du nur vom Stuhle fallen, ein so großes Mädchen! – Hier ist der Neffe des Herrn Obergerichtsrats aus Nürnberg angekommen – sei hübsch artig!" – Sie blickte auf, der Obergerichtsrat hatte wieder seine Glasperücke aufgesetzt, seinen gelben Rock angezogen, und lächelte sehr zufrieden, aber an seiner Hand hielt er einen zwar kleinen, aber sehr wohlgewachsenen jungen Mann. Wie Milch und Blut war sein Gesichtchen, er trug einen herrlichen roten Rock mit Gold, weißseidene Strümpfe und Schuhe, hatte im Jabot ein allerliebstes Blumenbouquet, war sehr zierlich frisiert und gepudert, und hinten über den Rücken hing ihm ein ganz vortrefflicher Zopf herab. Der kleine Degen an seiner Seite schien von lauter Juwelen, so blitzte er, und das Hütlein unterm Arm von Seidenflocken gewebt. Welche angenehme Sitten der junge Mann besaß, bewies er gleich dadurch, daß er Marien eine Menge herrlicher Spielsachen, vorzüglich aber den schönsten Marzipan und dieselben Figuren, welche der Mausekönig zerbissen, dem Fritz aber einen wunderschönen Säbel mitgebracht hatte. Bei Tische knackte der Artige für die ganze Gesellschaft Nüsse auf, die härtesten widerstanden ihm nicht, mit der rechten Hand steckte er sie in den Mund, mit der linken zog er den Zopf an – Krak – zerfiel die Nuß in Stükke! – Marie war glutrot geworden, als sie den jungen artigen Mann erblickte, und noch röter wurde sie, als nach Tische der junge Droßelmeier sie einlud, mit ihm in das Wohnzimmer an den Glasschrank zu gehen. „Spielt nur hübsch miteinander, ihr Kinder, ich habe nun, da alle meine Uhren richtig gehen, nichts dagegen", rief der Obergerichtsrat. Kaum war aber der junge Droßelmeier mit Marien allein, als er sich auf ein Knie niederließ, und also sprach: „O meine allervortrefflichste Demoiselle Stahlbaum sehn Sie hier zu Ihren Füßen den beglückten Droßelmeier, dem Sie an dieser Stelle das Leben retteten! – Sie sprachen es gütigst aus, daß Sie mich nicht wie die garstige Prinzessin Pirlipat verschmähen wollten, wenn ich Ihretwillen häßlich geworden! – sogleich hörte ich auf ein schnöder Nußknacker zu sein, und erhielt meine vorige nicht unangenehme Gestalt wieder. O vortreffliche Demoiselle, beglücken Sie mich mit Ihrer werten Hand, teilen Sie mit mir Reich und Krone, herrschen Sie mit mir auf Marzipanschloß, denn dort bin ich jetzt König!" – Marie hob den Jüngling auf, und sprach leise: „Lieber Herr Droßelmeier! Sie sind ein sanftmütiger guter Mensch, und da Sie dazu noch ein anmutiges Land mit sehr hübschen lustigen Leuten regieren, so nehme ich Sie zum Bräutigam an!" – Hierauf wurde Marie sogleich Droßelmeiers Braut. Nach Jahresfrist hat er sie, wie man sagt, auf einem goldnen von silbernen Pferden gezogenen Wagen abgeholt. Auf der Hochzeit tanzten zweiundzwanzigtausend der glänzendsten mit Perlen und Diamanten geschmückten Figuren, und Marie soll noch zur Stunde Königin eines Landes sein, in dem man überall funkelnde Weihnachtswälder, durchsichtige Marzipanschlösser, kurz, die allerherrlichsten wunderbarsten Dinge erblicken kann, wenn man nur darnach Augen hat.

Das war das Märchen vom Nußknacker und Mausekönig.

„Sage mir", sprach Theodor, „sage mir, lieber Lothar, wie du nur deinen Nußknacker und Mausekönig ein Kindermärchen nennen magst, da es ganz unmöglich ist, daß Kinder die feinen Fäden die sich durch das Ganze ziehen, und in seinen scheinbar völlig heterogenen Teilen zusammenhalten, erkennen können. Sie werden sich höchstens am einzelnen halten, und sich hin und wieder daran ergötzen."

„Und ist dies nicht genug?" erwiderte Lothar. „Es ist", fuhr er fort, „überhaupt meines Bedünkens ein großer Irrtum, wenn man glaubt daß lebhafte fantasiereiche Kinder, von denen hier nur die Rede sein kann, sich mit inhaltsleeren Faseleien, wie sie oft unter dem Namen Märchen vorkommen, begnügen. Ei – sie verlangen wohl was Besseres und es ist zum Erstaunen, wie richtig, wie lebendig sie manches im Geiste auffassen, das manchem grundgescheuten Papa gänzlich entgeht. Erfahrt es und habt Respekt! – Ich las mein Märchen schon Leuten vor die ich allein für meine kompetenten Kunstrichter anerkennen kann, nämlich den Kindern meiner Schwester. Fritz, ein großer Militär, war entzückt über die Armee seines Namensvetters, die Schlacht riß ihn ganz hin – Er machte mir das Prr und Puff und Schnetterdeng und Bum Burum mit gellender Stimme nach, rutschte unruhig auf dem Stuhle hin und her, ja! – blickte nach seinem Säbel hin, als wolle er dem armen Nußknacker zu Hülfe eilen, da dessen Gefahr immer höher und höher stieg. Weder die neueren Kriegsberichte noch den Shakespeare hat aber Neffe Fritz zur Zeit gelesen, wie ich euch versichern kann, was es mit den militärischen Evolutionen jener entsetzlichsten aller Schlachten, so wie, was es mit dem: ‚Ein Pferd – ein Pferd – ein Königreich für ein Pferd –‘ für eine Bewandtnis hat, ist ihm daher gewiß ganz und gar entgangen. Ebenso begriff meine liebe Eugenie von Haus aus in ihrem zarten Gemüt Mariens süße Zuneigung zum kleinen Nußknacker, wurde bis zu Tränen gerührt, als Marie Zuckerwerk – Bilderbücher ja ihr Weihnachtskleidchen opfert, nur um ihren Liebling zu retten, zweifelte nicht einen Augenblick an die schöne herrlich funkelnde Kandis-Wiese, auf die Marie aus dem Kragen des verhängnisvollen Fuchspelzes in ihres Vaters Kleiderschrank hinaussteigt. Das Puppenreich machte die Kinder überglücklich."

„Dieser Teil deines Märchens", nahm Ottmar das Wort, „ist, behält man die Kinder als Leser oder Zuhörer im Auge, auch unbedenklich der gelungenste. Die Einschaltung des Märchens von der harten Nuß, unerachtet wieder darin die Bindungsmittel des Ganzen liegen, halte ich deshalb für fehlerhaft, weil die Sache wenigstens scheinbar sich dadurch verwirrt und die Fäden sich auch zu sehr dehnen und ausbreiten. Du hast uns nun zwar für inkompetente Richter erklärt und dadurch Schweigen geboten, verhehlen kann ich's dir aber nicht, daß, solltest du dein Werk ins große Publikum schicken, viele sehr vernünftige Leute, vorzüglich solche die niemals Kinder gewesen, welches sich bei manchen ereignet, mit Achselzucken und Kopfschütteln zu erkennen geben werden, daß alles tolles, buntscheckiges, aberwitziges Zeug sei, oder wenigstens, daß dir ein tüchtiges Fieber zu Hülfe gekommen sein müsse, da ein gesunder Mensch solch Unding nicht schaffen könne." „Da würd ich", rief Lothar lachend, „da würd ich mein Haupt beugen vor dem vornehmen Kopfschüttler, meine Hand auf die Brust legen und wehmütig versichern, daß es dem armen Autor gar wenig helfe, wenn ihm wie im wirren Traum allerlei Fantastisches aufgehe, sondern daß dergleichen, ohne daß es der ordnende richtende Verstand wohl erwäge, durcharbeite und den Faden zierlich und fest daraus erst spinne, ganz und gar nicht zu brauchen. Zu keinem Werk würd ich ferner sagen, gehöre mehr ein klares ruhiges Gemüt, als zu einem solchen, das wie in regelloser spielender Willkür von allen Seiten ins Blaue hinausblitzend, doch einen festen Kern in sich tragen solle und müsse."

„Wer", sprach Cyprian, „wer vermag dir darin zu widersprechen. Doch bleibt es ein gewagtes Unternehmen das durchaus Fantastische ins gewöhnliche Leben hineinzuspielen und ernsthaften Leuten, Obergerichtsräten, Archivarien und Studenten tolle Zauberkappen überzuwerfen, daß sie wie fabelhafte Spukgeister am hellen lichten Tage durch die lebhaftesten Straßen der bekanntesten Städte schleichen und man irre werden kann an jedem ehrlichen Nachbar. Wahr ist es, daß sich daraus ein gewisser ironisierender Ton von selbst bildet, der den trägen Geist stachelt oder ihn vielmehr ganz unvermerkt mit gutmütiger Miene wie ein böser Schalk hineinverlockt in das fremde Gebiet."

„Dieser ironische Ton", sprach Theodor, „möchte die gefährlichste Klippe sein, da an ihr sehr leicht die Anmut der Erfindung und Darstellung welche wir von jedem Märchen verlangen scheitern, rettungslos zugrunde gehen kann."

„Ist es denn möglich", nahm Lothar das Wort, „die Bedingnisse solcher Dichtungen festzustellen? – Tieck, der herrliche tiefe Meister, der Schöpfer der anmutigsten Märchen, die es geben mag, hat darüber den Personen die im Phantasus auftreten auch nur einzelne geistreiche und belehrende Bemerkungen in den Mund gelegt. Nach diesen soll Bedingnis des Märchens ein still fortschreitender Ton der Erzählung, eine gewisse Unschuld der Darstellung sein, die wie sanft fantasierende Musik ohne Lärm und Geräusch die Seele fesselt. Das Werk der Fantasie soll keinen bittern Nachgeschmack zurücklassen, aber doch ein Nachgenießen, ein Nachtönen. – Doch reicht dies wohl aus, den einzig richtigen Ton dieser Dichtungsart anzugeben? – An meinen Nußknacker will ich nun gar nicht mehr denken, da ich selbst eingestehe, daß ein gewisser unverzeihlicher Übermut darin herrscht, und ich zu sehr an die erwachsenen Leute und ihre Taten gedacht; aber bemerken muß ich, daß das Märchen unsers entfernten Freundes, der goldene Topf benannt, auf das du, Cyprian vorhin anspieltest, vielleicht etwas mehr von dem, was der Meister verlangt, in sich trägt und eben deshalb viel Gnade gefunden hat vor den Stühlen der Kunstrichter. – Übrigens habe ich den kleinen Kunstrichtern in meiner Schwester Kinderstube versprechen müssen, ihnen zum künftigen Weihnachten ein neues Märchen einzubescheren, und ich gelobe euch, weniger in fantastischem Übermut zu luxurieren, frömmer, kindlicher zu sein. – Für heute seid zufrieden, daß ich euch aus der entsetzlichen schauervollen Pinge zu Falun ans Tageslicht gefördert habe und daß ihr so fröhlich und guter Dinge geworden seid, wie es den Serapions-Brüdern ziemt, vorzüglich im Augenblick des Scheidens. Denn eben hör ich die Mitternachtsstunde schlagen."

„Serapion", rief Theodor indem er aufstand und das vollgeschenkte Glas hoch erhob, „Serapion möge uns fernerhin beistehen und uns erkräftigen, das wacker zu erzählen, was wir mit dem Auge unsers Geistes erschaut!"

„Mit dieser Anrufung unseres Heiligen scheiden wir auch heute als würdige Serapions-Brüder!"

So sprach Cyprian und alle ließen noch einmal die Gläser erklingen, sich der Innigkeit und Gemütlichkeit, die ihren schönen Bund immer fester und fester verknüpfte, recht aus dem tiefsten Herzen heraus erfreuend.

Ende des ersten Bandes

DIE SERAPIONS-BRÜDER

Gesammelte Erzählungen und Märchen

Herausgegeben
von
E. T. A. Hoffmann

ZWEITER BAND

DRITTER ABSCHNITT

„Es hat", sprach Lothar, als die Serapions-Brüder aufs neue versammelt waren, „es hat gar keinen Zweifel, daß unserm Cyprian, gerade wie an dem Tage des heiligen Serapion, der uns zum neuen Bunde zusammenführte, auch heute was Besonderes in Sinn und Gedanken liegt. Er sieht blaß aus und verstört, er vernimmt nur mit halbem Ohr unser Gespräch, er scheint, während er doch nun gewiß mit lebendigem gesunden Leibe hier unter uns sitzt, geistig sich ganz woanders zu befinden."

„So mag er", nahm Ottmar das Wort, „denn nun gleich mit dem Wahnsinnigen heranrücken, dessen Namenstag er vielleicht heute feiert."

„Und", setzte Theodor hinzu, „in exzentrischen Funken sein Innres entladen, wie er nur Lust hat. Dann, ich weiß es, wird er wieder fein menschlich gesinnt und kehrt zurück in unsern Kreis, in dem er es sich doch nun einmal gefallen lassen muß."

„Ihr tut mir Unrecht", sprach Cyprian, „statt daß mich irgendein wahnsinniges Prinzip verstören sollte, trage ich eine Nachricht mit mir, die euch alle erfreuen wird. – Wißt, daß unser Freund Sylvester heute von seinem ländlichen Aufenthalt rückkehrend, hier eingetroffen ist."

Die Freunde jauchzten laut auf, denn allen war der stille gemütliche Sylvester, dessen innere Poesie in schönen milden Strahlen gar herrlich herausfunkelte, recht von Herzen lieb und wert.

„Kein würdigerer Serapions-Bruder ist zu finden", sprach Theodor, „als unser Sylvester. Er ist still und in sich gekehrt, es kostet Mühe ihn zum hellen Gespräch zu entzünden, das ist wahr, aber nie ist wohl ein Dichter empfänglicher gewesen für ein Werk des andern, als eben er. Ohne daß er selbst viel Worte machen sollte, liest man auf seinem Gesicht in deutlichen sprechenden Zügen den Eindruck, den die Worte des Freundes auf ihn gemacht und indem seine innige Gemütlichkeit ausströmt in seinen Blicken, in seinem ganzen Wesen, fühle ich mich selbst in seiner Nähe gemütlicher, froher, freier!"

„In der Tat", begann Ottmar, „ist Sylvester deshalb ein seltener Mensch zu nennen. Es scheint, als wenn unsere neuesten Dichter recht geflissentlich über jene Anspruchslosigkeit hinwegstürmten, die doch eben das Eigentümlichste der wahren Dichternatur sein möchte, und selbst die besser Gesinnten sollen sich hüten, nicht, indem sie nur ihr Recht behaupten wollen, das Schwert zu zücken, welches jene gar nicht aus der Hand legen. Sylvester geht umher waffenlos wie ein unschuldiges Kind. – Oft haben wir ihm vorgeworfen, er sei zu lässig, er schaffe vermöge seiner reichen Natur viel zu wenig. Aber muß denn immer und immer geschrieben werden? Setzt sich Sylvester hin, und faßt das innere Gebilde in Worten, so treibt ihn gewiß ein unwiderstehlicher Drang dazu an. Er schreibt gewiß nichts auf, das er nicht wahrhaft im Innern empfunden, geschaut, und schon deshalb muß er unter uns sein als wahrer Serapions-Bruder."

„Ich hasse", sprach Lothar, „die mystische und angenehme Zahl Sieben ausgenommen, alle ungerade Zahlen, und meine, daß fünf Serapions-Brüder unmöglich gedeihen können, sechs dagegen sehr anmutig um diesen runden Tisch sitzen werden. Sylvester ist heute angekommen, und nächstens wirft der unruhige unstete Vinzenz hier wirklich Anker. Wir kennen ihn alle, wir wissen, daß er, die innere Gutmütigkeit abgerechnet, die er mit Sylvester teilt, sonst den schneidendsten Kontrast gegen diesen bildet. Ist Sylvester still und in sich gekehrt, so sprudelt Vinzenz über in witziger schalkischer Keckheit. Er hat das unversiegbare Talent, alles, das Gewöhnlichste und Außerordentlichste, in den bizarresten Bildern darzustellen, und kommt noch hinzu, daß er alles mit hellem beinahe schneidendem Ton und einem höchst drolligen Pathos vorträgt, so gleicht sein Gespräch oft einer Galerie der buntesten Bilder einer magischen Laterne, die in stetem rastlosen Wechsel den Sinn fortreißen, ohne irgendeine ruhige Anschauung zuzulassen."

„Du hast", nahm Theodor das Wort, „unsern Vinzenz sehr treffend geschildert. Zu vergessen ist aber nicht die Sonderbarkeit, daß er bei seinen herrlichen lichtvollen Kenntnissen, bei seinem steten in Brillantfeuer auflodernden Humor an allem Mystischen mit ganzer Seele hängt und es auch reichlich in seine Wissenschaft hineinträgt. Euch ist doch bekannt, daß er sich nun der Arzneikunde ganz hingegeben?"

„Allerdings", erwiderte Ottmar, „und dabei ist er der eifrigste Verfechter des Magnetismus, den es gibt, und gar nicht leugnen mag ich, daß das Scharfsinnigste und Tiefste, was über diese dunkle Materie zu sagen, ich aus seinem Munde vernahm."

„Ho ho!" rief Lothar lachend, „bist du, lieber Ottmar, denn bei allen Magnetiseurs seit Mesmers Zeit in die Schule gegangen, daß du so entscheidend das Scharfsinnigste und Tiefste zu erkennen vermagst, was darüber gesagt werden kann? – Doch gewiß ist es, daß eben unser Vinzenz, kommt es einmal darauf an, Träume und Ahnungen in ein System hineinzubannen, vermöge seines hellen Blicks besser in die Tiefe zu schauen vermag als tausend andre. Und dabei behandelt er die Sache mit einer jovialen Heiterkeit, die mir gar wohl gefällt. – Mich plagte vor einiger Zeit, als Vinzenz auf seinen Streifereien sich gerade mit mir an einem Orte befand, ein unerträglicher nervöser Kopfschmerz. Alle Mittel blieben fruchtlos. Vinzenz trat hinein, ich klagte ihm mein Leid. ‚Was', rief er mit seiner hellen Stimme, ‚was? – du leidest an Kopfschmerz? Nichts mehr als das? – Leichte Sache! Die Kopfschmerzen banne ich dir weg in zehn Minuten, wohin du willst, in die Stuhllehne, ins Tintenfaß, in den Spucknapf – durchs Fenster hinaus.' – Und damit begann er seine magnetischen Striche! – Es half zwar ganz und gar nichts, ich mußte aber herzlich lachen, und Vinzenz rief vergnügt: ‚Siehst du wohl, Freund, wie ich deines Kopfschmerzes Herr worden im Augenblick?' – Ich mußte leider klagen, daß der Kopfschmerz ebenso arg sei als vorher, Vinzenz versicherte aber, der jetzige Schmerz sei nur ein trügerisches Echo das mich täusche. Das böse Echo dauerte aber noch mehrere Tage. Ich bekenne euch bei dieser Gelegenheit, meine würdigen Serapions-Brüder, daß ich an die Heilkraft des sogenannten Magnetismus ganz und gar nicht glaube. Die scharfsinnigen Untersuchungen darüber kommen mir vor, wie die Abhandlungen der englischen Akademiker, denen der König aufgegeben zu erforschen, woher es rühre, daß ein Eimer mit Wasser, in den man einen zehnpfündigen Fisch getan, nicht mehr wiege, als der andere bloß mit Wasser gefüllte. Mehrere hatten das Problem glücklich gelöst und schon wollten sie mit ihrer Weisheit vor den König treten, als einer klugerweise anriet die Sache selbst erst zu versuchen. Da behauptete denn der Fisch sein Recht, er fiel ins Gewicht wie er sollte, und siehe, das Ding selbst, worüber die Weisen mittelst scharfsinnigen Nachdenkens die herrlichsten Resultate herausgebracht, existierte gar nicht."

„Ei ei“, sprach Ottmar, „ungläubiger, unpoetischer Schismatiker! wie kam es, da du gar nicht an den Magnetismus glaubst, wie kam es denn, daß du vor einiger Zeit – doch das muß ich euch, Cyprian und Theodor, ganz umständlich erzählen, damit alle Schmach des schnöden Unglaubens, den Lothar eben geäußert, zurückfalle auf sein eignes Haupt. – Ihr werdet vernommen haben, daß unser Lothar vor einiger Zeit an einer Kränklichkeit litt die hauptsächlich ihren Sitz in den Nerven hatte, ihn unbeschreiblich angriff, und ihm seinen ganzen Humor verdarb, und ihm alle Lebenslust wegzehrte. – Ganz Teilnahme, ganz Mitleid trete ich eines Tages in sein Zimmer. Da sitzt Lothar im Lehnstuhl Nachtmütze über die Ohren gezogen, blaß, übernächtig, Augen zugedrückt und vor ihm, den Gott eben nicht mit besonderer Größe gesegnet, sitzt ein Mann von gleicher kleiner Statur und haucht ihn an und fährt ihm mit den Fingerspitzen über den gekrümmten Rücken und legt ihm die Hand auf die Herzgrube und frägt mit leiser lispelnder Stimme: ‚Wie ist Ihnen nun, bester Lothar!‘ Und Lothar öffnet die Äugelein und lächelt gar weinerlich und seufzt: ‚Besser – viel besser, liebster Doktor!‘ – Kurz, Lothar, der an die Heilkraft des Magnetismus nicht glaubt, der alles für leeres Hirngespinst erklärt – Lothar, der alle Magnetiseurs verhöhnt, der in ihrem Treiben nur leidige Mystifikationen erblickt – Lothar ließ sich *magnetisieren.*“

Cyprian und Theodor lachten herzlich über das etwas groteske Bild das ihnen Ottmar vor Augen gebracht. „O schweige“, sprach Lothar, „o schweige doch von solchen Dingen, Ottmar! – der Mensch ist vermöge seines eigentümlichsten Organismus leider so schwach, das physische Prinzip wirkt so schädlich ein auf das psychische, daß jeder abnorme Zustand, jede Krankheit in ihm eine Angst erzeugt, die, ein momentaner Wahnsinn, ihn zu den abenteuerlichsten Unternehmungen antreibt. Sehr gescheute Männer nahmen, als die Heilmittel der Ärzte nicht nach ihrem Sinn anschlagen wollten, zu alten Weibern ihre Zuflucht und brauchten mit aller Religion sympathetische Mittel und was weiß ich sonst noch! – Daß ich mich damals, in heftigen Nervenzufällen zum Magnetismus hinneigte, beweiset meine Schwäche, sonst nichts weiter.“

„Erlaube“, nahm Cyprian das Wort, „erlaube lieber Lothar, daß ich die Zweifel, die du heute gegen den Magnetismus zu hegen beliebst, nur für das Erzeugnis einer augenblicklichen Stimmung halte. Was ist der Magnetismus, als Heilmittel gedacht, anders als die potenziierte Kraft des psychischen Prinzips, die nun vermag das physische ganz zu beherrschen, es ganz zu erkennen, jeden, auch den leisesten abnormen Zustand darin wahrzunehmen und eben durch die volle Erkenntnis dieses Zustandes ihn zu lösen. Unmöglich kannst du die Macht unseres psychischen Prinzips wegleugnen, unmöglich dein Ohr verschließen wollen den wunderbaren Anklängen die in uns hinein-, aus uns heraustönen, der geheimnisvollen Sphärenmusik, die das große unwandelbare Lebensprinzip der Natur selbst ist."

„Du sprichst", erwiderte Lothar, „nach deiner gewöhnlichen Weise, du gefällst dich in mystischer Schwärmerei. Ich gebe dir zu, daß die Lehre vom Magnetismus, die ganz in das Gebiet des Geisterhaften hineinstreift, den unendlichsten Reiz hat für jeden poetisch Gesinnten. Ich selbst kann gar nicht leugnen, daß mich die dunkle Materie bis in die tiefste Seele hinein angeregt hat und noch anregt, doch höre mein eigentliches Glaubensbekenntnis in kurzen Worten. – Wer mag frevelich und vermessen eindringen wollen in das tiefste Geheimnis der Natur, wer mag erkennen ja nur deutlich ahnen wollen das Wesen jenes geheimnisvollen Bandes, das Geist und Körper verknüpft und auf diese Weise unser Sein bedingt. Auf diese Erkenntnis ist aber doch der Magnetismus ganz eigentlich basiert und solange dieselbe unmöglich, gleicht die aus einzelnen Wahrnehmungen, die oft nur Illusionen sind, hergeleitete Lehre davon, dem unsichern Herumtappen des Blindgebornen. Es ist gewiß, daß es erhöhte Zustände gibt, in denen der Geist den Körper beherrschend, seine Tätigkeit hemmend, mächtig wirkt und in dieser Wirkung die seltsamsten Phänomene erzeugt. Ahnungen, dunkle Vorgefühle gestalten sich deutlich und wir erschauen das mit aller Kraft unseres vollen Fassungsvermögens, was tief in unserer Seele regungslos schlummerte; der Traum, gewiß die wunderbarste Erscheinung im menschlichen Organism, dessen höchste Potenz meines Bedünkens eben der sogenannte Somnambulismus sein dürfte, gehört ganz hieher. Aber gewiß ist es auch, daß solch ein Zustand irgendeine Abnormität in dem Verhältnis des psychischen und physischen Prinzips voraussetzt. Die lebhaftesten stärksten Träume kommen, wenn irgendein krankhaftes Gefühl den Körper angreift. Der Geist nutzt die Ohnmacht seines Mitherrschers und macht ihn, den Thron allein einnehmend, zum dienenden Vasallen. So soll ja auch der

Magnetismus nur durch irgendeinen krankhaften Zustand des Körpers indiziert werden. Mag es ferner sein, daß die Natur oft einen psychischen Dualismus verstattet und daß der geistige Verkehr in doppelter Wechselwirkung die merkwürdigsten Erscheinungen hervorbringt, aber nur die Natur, meine ich, soll eben jenen Dualismus verstatten, und jeder Versuch, ihn ohne jenes Gebot der Königin nach Willkür hervorzurufen, dünkt mir, wo nicht frevelich, doch gewiß ein gefährliches Wagestück. Ich gehe weiter. Ich will, ich kann nicht leugnen, die Erfahrung ist mir entgegen, daß das willkürliche Hervorrufen jenes potenziierten Seelenzustandes, ist er durch irgendeine Abnormität im Organism indiziert, möglich ist, daß ferner das fremde psychische Prinzip auf höchst mysteriöse Weise in irgendein Fluidum, oder wie man es sonst nennen mag – in das vom Magnetiseur ausgehende Agens überhaupt verkörpert und ausströmend (bei der magnetischen Manipulation) die geistige Potenz des Magnetisierten erfassen und jenen Zustand erzeugen kann, der von der Regel alles menschlichen Seins und Lebens abweicht und selbst in seiner hochgerühmten Verzückung alles Entsetzen des fremdartigen Geisterreichs in sich trägt. Ich kann, sage ich, das alles nicht leugnen, aber immer und ewig wird mir dies Verfahren als eine blindlings geübte heillose Gewalt erscheinen, deren Wirkung, allen Theorien zum Trotz nicht zu berechnen bleibt. Irgendwo heißt es, der Magnetismus sei ein schneidendes gefährliches Instrument in der Hand eines Kindes, ich bin mit diesem Ausspruch einverstanden. – Soll der Mensch sich unterfangen, auf das geistige Prinzip des andern nach Willkür wirken zu wollen, so scheint mir die Lehre der Barbarinischen Schule der Spiritualisten, die ohne alle Manipulation nur Willen und Glauben in Anspruch nahm, bei weitem die reinste und unschuldigste. Das Fixieren des festen Willens ist eine bescheidene Frage an die Natur, ob sie den geistigen Dualismus verstatten wolle oder nicht, und sie allein entscheidet. Ebenso möchte das eigne Magnetisieren am Baquet ohne alle Einmischung des Magnetiseurs wenigstens insofern minder gefährlich genannt werden, als dann keine vielleicht feindlich wirkende Kraft eines fremden geistigen Prinzips denkbar. – Aber! – leichtsinnig, ja wohl in arger Selbsttäuschung befangen und nur unwillkürlich in Ostentation geratend, handhaben jetzt so viele jene dunkelste aller dunklen Wissenschaften, darf man überhaupt den Magnetismus eine Wissenschaft nennen. Ein fremder Arzt äußerte, wie

Bartels in seiner Physiologie und Physik des Magnetismus erzählt, seine Verwunderung, daß die deutschen Ärzte die magnetisierten Individuen so willkürlich behandelten und so dreist an ihnen experimentierten, als wenn sie einen physikalischen Apparat vor sich hätten. Leider ist dem so, und deshalb will ich – mag ich – wenigstens an die Heilkraft des Magnetismus lieber gar nicht glauben, als dem Gedanken Raum geben, daß das unheimliche Spiel mit einer fremden Gewalt vielleicht einmal selbst mein eignes Leben rettungslos verstören könnte."

„Aus allem", nahm Theodor das Wort, „aus allem was du nicht ohne Tiefe und Wahrheit über den Magnetismus gesprochen, folgt nun eben nichts anderes als daß du uns vorhin das Geschichtlein von dem zehnpfündigen Fisch wider deine Überzeugung aufgetischt hast, daß du an die Kräfte des Magnetismus wirklich glaubst, daß du aber wenigstens dir aus purem Grauen fest vorgenommen, keinem Magnetiseur in der Welt irgendeine Manipulation auf den Ganglien deines Rückens oder sonst zu gestatten. Übrigens stimme ich, was die Furcht vor fremden psychischen Prinzipien betrifft, mit dir überein, und es sei mir erlaubt deinem Glaubensbekenntnis als Note und erklärendes Beispiel die Erzählung hinzuzufügen, auf welche Weise ich in den Magnetismus hineingeriet. – Ein Universitätsfreund, der Arzeneikunde beflissen, war der erste, der mich mit der geheimnisvollen Lehre von dem Magnetismus bekannt machte. Wie ihr mich in meinem ganzen Wesen kennt, möget ihr euch wohl vorstellen, daß ich von allem, was ich darüber vernahm, in dem tiefsten Gemüt ergriffen wurde. Ich las alles, was ich darüber nur erhaschen konnte, zuletzt auch Kluges bekannten Versuch einer Darstellung des animalischen Magnetismus als Heilmittel. Dies Buch machte zuerst einige Zweifel in mir rege, da es ohne sonderliche wissenschaftliche Erörterung des Gegenstandes sich nur mehrenteils auf Beispiele bezieht und dabei ohne Kritik das Bewährte mit dem völlig Märchenhaften ja mit dem, was sich rein als Märchen dargetan hat, durcheinanderwirft. Mein Freund widerlegte alle Einreden, die ich ihm entgegenstellte und bewies mir zuletzt, daß das bloß theoretische Studium in mir gar nicht den Glauben erwecken könne, der unerläßlich sei, sondern daß sich dieser erst finden werde wenn ich selbst magnetischen Operationen beigewohnt. Dazu fehlte es damals auf der Universität aber an aller Gelegenheit; hätte sich auch ein hoffnungsvoller Magnetiseur finden lassen, so gab es doch durchaus keine Personen, die einige Inklinationen zum Somnambulismus, zur Clairvoyance zeigten.

Ich kam nach der Residenz. Dort stand der Magnetismus eben im höchsten Flor. Alle Welt sprach von nichts anderm, als von den wunderbaren magnetischen Krisen einer vornehmen gebildeten geistreichen Dame, die nach einigen nicht eben bedeutenden Nervenzufällen, beinahe von selbst erst somnambul und dann die merkwürdigste Clairvoyante geworden, die es nach dem Ausspruch aller des Magnetismus eifrigst Beflissenen, jemals gegeben und künftig geben könne. Es gelang mir, die Bekanntschaft des Arztes zu machen, der sie behandelte, und dieser, in mir einen wißbegierigen Schüler erkennend, versprach mich hinzuführen zu der Dame, wenn sie eben in der Krisis befangen. Es geschah so. ‚Kommen Sie', sprach der Arzt eines Tages, ‚um sechs Uhr nachmittags, zu mir, kommen Sie, soeben fiel, ich weiß es, meine Kranke in den magnetischen Schlaf.' – In der gespanntesten Erwartung trat ich hinein in das elegante, ja üppig verzierte Gemach. Die Fenster waren mit rosaseidnen Gardinen dicht verzogen, so daß die durchfallenden Strahlen der Abendsonne alles in rötlichem Schimmer magisch beleuchteten. Die Somnambule lag in ein sehr reizendes Negligé gekleidet ausgestreckt auf dem Sofa mit dicht geschlossenen Augen, leise atmend wie im tiefsten Schlaf.

Um sie her im weiten Kreise waren einige Andächtige versammelt, ein paar Fräulein, die die Augen verdrehten, tief seufzten, die gar zu gern selbst auf der Stelle somnambul geworden wären, zur Erbauung des jungen Offiziers und eines andern jungen wohlgebildeten Mannes, die beide auf diesen wichtigen Moment sehnsuchtsvoll zu hoffen schienen, ein paar ältliche Damen die mit vorgebogenem Haupt, die Hände gefaltet, jeden Atemzug der somnambulen Freundin belauschten.

Man erwartete den eigentlichen höchsten Zustand des Hellsehens. Der Magnetiseur, der sich nicht erst mit seiner Somnambule in Rapport setzen durfte, da dieser Rapport, wie er versicherte, beständig fortdauere, nahte sich ihr und begann mit ihr zu sprechen. Sie nannte ihm die Augenblicke, in denen er heute vorzüglich lebhaft an sie gedacht und erwähnte manches andern Umstandes, der sich heute mit ihm begeben. Endlich bat sie ihn, den Ring, den er in einem roten Maroquin-Futteral bei sich in der Tasche trage und den er sonst nie bei sich gehabt, abzulegen, da das Gold vorzüglich aber der Diamant feindlich auf sie wirke. Mit allen Zeichen des tiefsten Erstaunens trat der Magnetiseur zurück, und zog das beschriebene Futteral mit dem Ringe hervor, den er erst heute nachmittag von dem Juwelier erhalten, dessen Existenz der Somnambule also nur lediglich durch den magnetischen Rapport kund worden. Dies Wunder mit dem Ringe wirkte auf die beiden Fräuleins so stark, daß mit einem tiefen Seufzer jede nach einem Lehnstuhl flüchtete, und mittelst einiger wohlgeführten Striche des Magnetiseurs in magnetischen Schlaf verfiel. Das verhängnisvolle Futteral abgelegt, machte nun der Magnetiseur vorzüglich mir zu Gefallen mit seiner Somnambule einige Kunststücke. Sie nieste wenn er Tabak nahm, sie las einen Brief den er ihr auf die Herzgrube legte u. s. f. Endlich versuchte er mich durch seine Einwirkung in Rapport zu setzen mit der Somnambule. Es gelang vortrefflich. Sie beschrieb mich von Kopf bis zu Fuß und versicherte, daß sie es vorher gewußt, wie der Magnetiseur den Freund, dessen deutliche Ahnung sie schon lange in sich getragen, heute mitbringen werde. Sie schien mit meiner Gegenwart sehr zufrieden zu sein. Plötzlich hörte sie auf zu sprechen, und richtete sich in die Höhe mit halbem Leibe, ich glaubte ein Zittern der Augenlider, ein leises Zucken des Mundes wahrzunehmen. Der Magnetiseur berichtete den wißbegierigen Anwesenden, daß die somnambule Dame in den fünften Grad, in den Zustand der von der äußern Sinnenwelt unabhängigen Selbstanschauung übergehe. Dadurch wurde die Aufmerksamkeit der beiden jungen Männer abgelenkt von den entschlafenen Fräuleins, eben in dem Augenblick, als sie begannen interessant zu werden. Die eine hatte schon wirklich versichert, daß die Frisur des jungen Offiziers, mit dem sie sich in Rapport gesetzt, sehr angenehm leuchte, die andere aber behauptet, daß die Generalin, die den untern Stock des Hauses bewohnte, eben schönen Karawanentee trinke, dessen Aroma sie durch die Stubendecke verspüre, prophezeite auch hellsehend, daß sie in einer Viertelstunde aus dem magnetischen Schlaf erwachen und ebenfalls Tee trinken ja sogar etwas Torte dazu genießen werde. – Die somnambule Dame fing abermals an zu reden, aber mit ganz verändertem seltsam und wie ich gestehen muß, über die Maßen wohlklingendem Organ. Sie sprach indessen in solch mystischen Worten und sonderbaren Redensarten, daß ich gar keinen Sinn herausfinden konnte, der Magnetiseur versicherte indessen, sie sage die herrlichsten, tiefsten, lehrreichsten Dinge über ihren Magen. Das mußte ich nun freilich glauben. Von dem Magen abgekommen, wie wiederum der Magnetiseur erklärte, nahm sie noch einen höhern Schwung. Zuweilen war es mir, als kämen ganze Sätze vor, die ich irgendwo gelesen. Etwa in Novalis' Fragmenten oder in Schellings Weltseele. Dann sank sie erstarrt zurück in die Kissen. Der Magnetiseur hielt ihr Erwachen nicht mehr fern und bat uns, das Zimmer zu verlassen, da es vielleicht feindlich auf sie wirken könne, erwacht sich von mehreren Personen umgeben zu sehen. So wurden wir nach Hause geschickt. Die beiden Fräulein, auf die weiter niemand geachtet, hatten für gut gefunden, schon früher zu erwachen und sich sachte davonzuschleichen. – Ihr könnt gar nicht glauben, wie gar besonders die ganze Szene auf mich wirkte. Abgesehen von den beiden albernen Mädchen, die aus der uninteressanten Stellung als untätige Zuschauerinnen gern hinauswollten, konnte ich mich des Gedankens nicht erwehren, daß die somnambule Dame auf dem Sofa eine vorbereitete, wohldurchdachte, wacker eingeübte Rolle mit vieler Kunst darstelle.

Den Magnetiseur kannte ich als den offensten, redlichsten Mann, der eine Komödie der Art aus der tiefsten Seele verabscheuen mußte, zu genau, um auch nur dem leisesten Argwohn Raum zu geben, daß er seinerseits, auch wohl leidiger Bekehrungssucht halber, eine Täuschung der Art unterstützen solle. War eine solche Täuschung wirklich vorhanden, so mußte sie lediglich das Werk der Dame sein, deren Kunst die Wissenschaft, die Einsicht, die Beobachtungsgabe des Arztes, der vielleicht zu sehr von der neuen Lehre eingenommen, überbot. Nicht fragen durfte ich mich selbst, welchen Zweck eine solche Selbstqual, denn diese bleibt doch jener fingierte gewaltsame Zustand, welchen Zweck sie haben könne. Gab es denn nicht von den vom Teufel besessenen Ursulinerinnen, von jenen miauenden Nonnen, von den in gräßlichen Verrenkungen sich windenden Verzückten bis auf jenes Weib im Würzburger Hospital, die sich, den wütendsten Schmerz nicht achtend, Glasscherben, Nadeln in die Aderlaßwunde bohrte, damit der Arzt über die fremdartigen Dinge in ihrem Körper erstaunen sollte, ja bis auf die berüchtigte Manson in der neuesten Zeit, gab es denn nicht jederzeit eine Menge Weiber, die Gesundheit, Leben, Ehre, Freiheit daransetzten, nur, damit die Welt sie für außerordentliche Wesen halte, von dem Wunder ihrer Erscheinung spreche? – Doch zurück zu meiner somnambulen Dame! –

Ich wagte es dem Arzt wenigstens ganz leise meine Zweifel anzudeuten. Er versicherte aber lächelnd, diese Zweifel wären nur die letzten ohnmächtigen Streiche des Besiegten. Die Dame habe mehrmals geäußert, daß meine Gegenwart wohltätig auf sie wirke, er habe daher gegründete Ursache meine fortgesetzten Besuche zu wünschen, die mich ganz überzeugen würden. – In der Tat fing ich an, da ich die Dame mehrmals besucht, mich mehr zum Glauben hinzuneigen, und dieser Glaube stieg beinahe bis zur Überzeugung, als sie im somnambulen Zustande, nachdem ich durch den Magnetiseur mich mit ihr in Rapport gesetzt, mir auf unbegreifliche Weise Dinge aus meinem eignen Leben erzählte, und vorzüglich einer Nervenkrankheit gedachte, in die ich verfiel, als mir der Tod eine geliebte Schwester entrissen. – Sehr mißfiel es mir aber, daß sich die Zahl der Besucher immer mehrte, und daß der Magnetiseur die Dame zur weissagenden Sibylle emporzuheben sich mühte, da er sie über Gesundheit und Leben fremder Personen, die er mit ihr in Rapport gesetzt, Orakelsprüche tun ließ. – Eines Tages fand ich unter den Anwesenden einen alten berühmten Arzt, der allgemein als der ärgste Zweifler, als der schlimmste Gegner der magnetischen Kur bekannt war. Die Dame hatte, ehe er gekommen, im magnetischen Schlaf vorausgesagt daß dieser Zustand diesmal länger dauern als sonst, und daß sie erst nach zwei vollen Stunden erwachen werde. Bald darauf geriet sie in den höchsten Grad des Hellsehens und begann ihre mystischen Reden. Der Magnetiseur versicherte, daß in diesem höchsten Grad der wahren Verzückung, die Somnambule, ein reingeistiges Wesen, den Körper ganz abgestreift habe und für jeden physischen Schmerz unempfindlich sei. Der alte Arzt meinte, zum Besten der Wissenschaft, zur Überzeugung aller Ungläubigen sei es jetzt an der Zeit, eine durchgreifende Probe zu machen. Er schlage vor, die Dame mit einem glühenden Eisen an der Fußsohle zu brennen und abzuwarten ob sie gefühllos bleiben würde. Der Versuch schiene grausam, wäre es aber nicht, da sogleich lindernde heilende Mittel angewandt werden könnten, und er habe deshalb ein kleines Eisen und die nötigen Heilmittel zur Stelle gebracht. Er zog beides aus der Tasche. Der Magnetiseur versicherte, daß die Dame den Schmerz beim Erwachen gar nicht achten werde, den sie zum Besten der hohen Wissenschaft erleide und rief nach einer Kohlpfanne. Man brachte das Gefäß herbei, der Arzt steckte sein kleines Eisen in die Glut. In dem Augenblick zuckte die Dame wie in heftigem Krampf, seufzte tief auf, erwachte, klagte über Übelbefinden! – Der alte Arzt warf ihr einen durchbohrenden Blick zu, kühlte ohne Umstände sein Eisen ab in magnetisiertem Wasser, das gerade auf dem Tische stand, steckte es in die Tasche, nahm Hut und Stock und schritt von dannen. Mir fielen die Schuppen von den Augen, ich eilte fort, unwillig, erbost über die unwürdige Mystifikation, die die feine Dame ihrem wohlwollenden Magnetiseur, uns allen bereitet.

Daß weder der Magnetiseur noch diejenigen Andächtigen, denen die Besuche bei der Dame als eine Art mystischen Gottesdienstes galten, durch das Verfahren des alten Arztes auch nur im mindesten aufgeklärt wurden versteht sich ebensosehr von selbst, als daß ich meinerseits nun den ganzen Magnetismus als eine chimärische Geisterseherei verwarf und gar nichts mehr davon hören wollte.

Meine Bestimmung führte mich nach B. – Auch dort wurde viel vom Magnetismus gesprochen, irgendeines praktischen Versuchs aber nicht erwähnt. Man behauptete, daß ein würdiger berühmter Arzt, hoch in den Jahren wie jener Arzt in der Residenz, der grausamerweise antisomnambulistische Eisen in der Tasche führte, Direktor des dortigen herrlich eingerichteten Krankenhauses, sich entschieden gegen die magnetische Kur erklärt und den ihm untergeordneten Ärzten geradehin untersagt habe, sie anzuwenden.

Um so mehr mußt ich mich verwundern, als ich nach einiger Zeit vernahm, daß jener Arzt selbst, jedoch ganz insgeheim, den Magnetismus im Krankenhause anwende.

Ich suchte, als ich näher mit dem würdigen Mann bekannt worden, ihn auf den Magnetismus zu bringen. Er wich mir aus. Endlich, als ich nicht nachließ von der dunklen Wissenschaft zu sprechen und mich als ein Sachkundiger bewies, fragte er, wie es mit der Ausübung der magnetischen Kur in der Residenz stehe. Ich nahm gar keinen Anstand ihm die wunderbare Geschichte von der sonnambulen Dame, die plötzlich aus himmlischer Verzückung zurückkehrte auf irdischen Boden, als sie was weniges gebrannt werden sollte, offen und klar zu erzählen. ‚Das ist es eben, das ist es eben‘, rief er, indem Blitze in seinen Augen leuchteten, und brach schnell das Gespräch ab. Endlich, nachdem ich mehr sein wohlwollendes Vertrauen gewonnen, sprach er sich über den Magnetismus in der Art aus, daß er sich von der Existenz dieser geheimnisvollen Naturkraft und von ihrer wohltätigen Wirkung in gewissen Fällen durch die reinsten Erfahrungen überzeugt, daß er aber das Erwecken jener Naturkraft für das gefährlichste Experiment halte das es geben, und das nur Ärzten die in der vollkommensten Ruhe des Geistes über allen leidenschaftlichen Enthusiasmus erhaben, anvertraut werden könne. In keiner Sache sei Selbsttäuschung möglicher, ja leichter, und er halte jeden Versuch schon dann nicht für rein, wenn der Person, die zur magnetischen Kur geeignet, vorher viel von den Wundern des Magnetismus vorgeredet worden und sie Verstand und Bildung genug habe, zu begreifen, worauf es ankomme. Der Reiz in einer höhern Geisterwelt zu existieren, sei für poetische oder von Haus aus exaltierte Gemüter zu verlockend, um mit der heißen Sehnsucht nach diesem Zustande nicht unwillkürlich allerlei Einbildungen Raum zu geben. Sehr lustig sei die geträumte Herrschaft des Magnetiseurs über das fremde psychische Prinzip, wenn er sich ganz hingebe den Fantasien überspannter Personen, statt ihnen als Zaum und Zügel den krassesten Prosaismus über den Hals zu werfen. Übrigens stelle er gar nicht in Abrede, daß er sich in seinem Krankenhause selbst der magnetischen Kuren bediene. Er glaube aber, daß bei der Art, wie er sie aus reiner Überzeugung anwenden lasse, durch besonders dazu erwählte Ärzte unter seiner strengsten Aufsicht, wohl nie ein Mißbrauch möglich, sondern dagegen nur wohltätige Einwirkung auf die Kranken und Bereicherung der Kenntnis dieses geheimnisvollsten aller Heilmittel zu erwarten sei. Aller Regel entgegen wolle er, wenn ich festes Stillschweigen verspräche um den Andrang aller Neugierigen zu verhüten, mich einer magnetischen Kur beiwohnen lassen, sollte sich ein Fall der Art ereignen.

Der Zufall führte mir bald eine der merkwürdigsten Somnambulen unter die Augen. Die Sache verhielt sich in folgender Art.

Der Arzt des Kreises fand in einem Dorfe ungefähr zwanzig Stunden von B. bei einem armen Bauer ein Mädchen von sechszehn Jahren, über deren Zustand sich die Eltern unter bitteren Tränen beklagten. Nicht gesund, sprachen sie, nicht krank sei ihr Kind zu nennen. Sie fühle keinen Schmerz, kein Übelbefinden, sie äße und tränke, sie schliefe oft ganze Tage lang, und dabei magre sie ab, und würde von Tage zu Tage immer matter und kraftloser, so daß an Arbeit seit langer Zeit gar nicht zu denken. Der Arzt überzeugte sich, daß ein tiefes

Nervenübel der Grund des Zustandes war, in dem sich das arme Kind befand und daß die magnetische Kur recht eigentlich indiziert sei. Er erklärte den Eltern, daß die Heilung des Mädchens hier auf dem Dorfe ganz unmöglich, daß sie aber in B. von Grund aus geheilt werden solle, wenn sie sich entschlössen, das Kind dorthin in das Krankenhaus zu schaffen, wo sie auf das beste gepflegt werden und Medizin erhalten solle, ohne daß sie einen Kreuzer dafür bezahlen dürften. Die Eltern taten nach schwerem Kampf wie ihnen geheißen. Noch ehe die magnetische Kur begonnen, begab ich mich mit meinem ärztlichen Freunde in das Krankenhaus um die Kranke zu sehn. Ich fand das Mädchen in einem hohen lichten Zimmer, das mit allen Bequemlichkeiten auf das sorgsamste versehen. Sie war für ihren Stand von sehr zartem Gliederbau und ihr feines Gesicht wäre beinahe schön zu nennen gewesen, hätten es nicht die erloschenen Augen, die Totenbleiche, die farblosen Lippen entstellt. Wohl mochte es sein, daß ihr Übel nachteilig auf ihr Geistesvermögen gewirkt, sie schien von dem beschränktesten Verstande, faßte nur mühsam die an sie gerichteten Fragen und beantwortete sie in dem breiten unverständlichen abscheuligen Jargon den die Bauern in der dortigen Gegend sprechen. Zu ihrem Magnetiseur hatte der Direktor einen jungen kräftigen Eleven der Arzeneikunde gewählt dem die Offenheit und Gutmütigkeit aus allen Zügen leuchtete und von dem er sich überzeugt hatte, daß das Mädchen ihn leiden mochte. Die magnetische Kur begann. Von neugierigen Besuchen, von Kunststücken u. dergl. war nicht die Rede. Niemand war zugegen außer dem Magnetiseur als der Direktor, der mit der gespanntesten Aufmerksamkeit mit sorglicher Beachtung der kleinsten Umstände die Kur leitete, und ich. Anfänglich schien das Kind wenig empfänglich, doch bald stieg sie schnell von Grad zu Grad, bis sie nach drei Wochen in den Zustand des wirklichen Hellsehens geriet. Erlaßt es mir, all der wunderbaren Erscheinungen zu erwähnen die sich nun in jeder Krise darboten, es sei genug euch zu versichern, daß ich hier, wo keine Täuschung möglich, mich im innersten Gemüt von der wirklichen Existenz jenes Zustandes überzeugte, den die Lehrer des Magnetismus als den höchsten Grad des Hellsehens beschreiben. In diesem Zustande ist, wie Kluge sagt, die Verbindung mit dem Magnetiseur so innig, daß der Clairvoyant es nicht bloß augenblicklich weiß, wenn die Gedanken des Magnetiseurs zerstreut und nicht auf des Clairvoyants Zustand gerichtet sind, sondern daß er auch in der Seele des Magnetiseurs dessen Vorstellungen auf das deutlichste zu erkennen vermag. Dagegen tritt der Clairvoyant nun gänzlich unter die Herrschaft des Willens seines Magnetiseurs, durch dessen psychisches Prinzip er nur zu denken, zu sprechen, zu handeln vermag. Ganz in diesem Fall befand sich das somnambule Bauermädchen. – Ich mag euch nicht mit all dem ermüden, was sich in dieser Hinsicht mit der Kranken und ihrem Magnetiseur begab, nur ein und für mich das schneidendste Beispiel! – Das Kind sprach in jenem Zustande den reinen gebildeten Dialekt ihres Magnetiseurs, und drückte sich in den Antworten, die sie ihm mehrenteils anmutig lächelnd gab, gewählt, gebildet, kurz ganz so aus, wie der Magnetiseur zu sprechen pflegte. Und dabei blühten ihre Wangen, ihre Lippen auf in glühendem Purpur und die Züge ihres Antlitzes erschienen veredelt!

Ich mußte erstaunen, aber diese gänzliche Willenlosigkeit der Somnambule, dies gänzliche Aufgeben des eignen Ichs, diese trostlose Abhängigkeit von einem fremden geistigen Prinzip, ja diese durch das fremde Prinzip allein bedingte Existenz erfüllte mich mit Grausen und Entsetzen. Ja ich konnte mich des tiefsten herzzerschneidendsten Mitleids mit der Armen nicht erwehren und dies Gefühl dauerte fort, als ich den wohltätigsten Einfluß der magnetischen Kur bemerken mußte, als die Kleine in der vollsten kräftigsten Gesundheit aufgeblüht, dem Magnetiseur und dem Direktor ja auch mir dankte für alles Gute das sie genossen und dabei ihren Jargon sprach, breiter, unverständlicher als jemals. Der Direktor schien mein Gefühl zu bemerken und es mit mir zu teilen. Verständigt haben wir uns darüber niemals und das wohl aus guten Gründen! – Nie hab ich seitdem mich entschließen können magnetischen Kuren beizuwohnen, was hätte ich weiter für Erfahrungen gemacht nach jenem Beispiel, das bei der vollkommnen Reinheit des Versuchs mich über die wunderbare Kraft des Magnetismus ganz ins klare setzte, zugleich aber an einen Abgrund stellte, in den ich mit tiefem Schauer hinabblickte. – So bin ich denn nun ganz Lothars Meinung worden."

„Und", nahm Ottmar das Wort, „und füge ich noch hinzu, daß auch ich eurer Meinung ganz beipflichte, so sind wir ja alle, rücksichts des wunderbaren Geheimnisses, von dem die Rede, unter einen Hut gebracht. Irgendein tüchtiger Arzt, Verfechter des Magnetismus, wird uns zwar sehr leicht ganz und gar widerlegen, ja uns tüchtig ausschelten, daß wir, ununterrichtete Laien, es wagen, ein dunkles Gefühl der klaren Überzeugung entgegenzustellen, ich glaube indessen, daß wir schwer zu bekehren sein werden. – Doch wollen wir auch nicht vergessen, daß wir dem Magnetismus schon deshalb nicht ganz abhold sein können, weil er uns in unsern serapiontischen Versuchen sehr oft als tüchtiger Hebel dienen kann, unbekannte geheimnisvolle Kräfte in Bewegung zu setzen. Selbst du, lieber Lothar, hast dich dieses Hebels schon oft bedient und verzeih mir, sogar in dem erbaulichen Märchen vom Nußknacker und Mausekönig ist die Marie zuweilen nichts anders als eine kleine Somnambule. – Aber wohin gerieten wir von unserm Vinzenz sprechend!"

„Der Übergang war natürlich", sprach Lothar, „der Weg bahnte sich von selbst. Tritt Vinzenz in unsere Brüderschaft ein, so wird gewiß noch viel von geheimnisvollen Dingen verhandelt werden, auf die er recht eigentlich ganz versessen ist. – Doch Cyprian hat schon seit mehreren Minuten nicht auf unser Gespräch gemerkt, vielmehr ein Manuskript aus der Tasche gezogen und darin geblättert. – Es ist in der Ordnung, daß wir ihm jetzt Raum geben, sein Herz zu erleichtern."

„In der Tat", sprach Cyprian, „war mir euer Gespräch über den Magnetismus langweilig und lästig und ist's euch recht, so lese ich euch eine serapiontische Erzählung vor, zu der mich Wagenseils Nürnberger Chronik entzündet. Vergeßt nicht, daß ich keine antiquarische kritische Abhandlung jenes berühmten Kriegs von der Wartburg habe schreiben wollen, sondern nach meiner Weise jene Sache zur Erzählung, wie mir gerade alles hell in der Seele aufging, nutzte."

Cyprian las:

DER KAMPF DER SÄNGER

Zur Zeit wenn Frühling und Winter am Scheiden stehn, in der Nacht des Äquinoktiums, saß einer im einsamen Gemach und hatte Johann Christoph Wagenseils Buch von der Meistersinger holdseliger Kunst vor sich aufgeschlagen. Der Sturm räumte draußen tosend und brausend die Felder ab, schlug die dicken Regentropfen gegen die klirrenden Fenster und pfiff und heulte des Winters tolles Ade durch die Rauchfänge des Hauses, während die Strahlen des Vollmondes an den Wänden spielten und gaukelten, wie bleiche Gespenster. Das achtete aber jener nicht, sondern schlug das Buch zu und schaute tiefsinnend, ganz befangen von dem Zauberbilde längst vergangener Zeit, das sich ihm dargestellt, in die Flammen, die im Kamin knisterten und sprühten. Da war es, als hinge ein unsichtbares Wesen einen Schleier nach dem andern über sein Haupt, so daß alles um ihn her in immer dichterem und dichterem Nebel verschwamm. Das wilde Brausen des Sturms, das Knistern des Feuers wurde zu lindem harmonischen Säuseln und Flüstern, und eine innere Stimme sprach, das ist der Traum, dessen Flügel so lieblich auf und nieder rauschen, wenn er wie ein frommes Kind sich an die Brust des Menschen legt und mit einem süßen Kuß das innere Auge weckt, daß es vermag die anmutigsten Bilder eines höheren Lebens voll Glanz und Herrlichkeit zu erschauen. – Ein blendendes Licht zuckte empor wie Blitzstrahl, der Verschleierte schlug die Augen auf, aber kein Schleier, keine Nebelwolke verhüllten mehr seinen Blick. Er lag auf blumigen Matten in der dämmernden Nacht eines schönen dichten Waldes. Die Quellen murmelten, die Büsche rauschten wie in heimlichem Liebesgeplauder und dazwischen klagte eine Nachtigall ihr süßes Weh. Der Morgenwind erhob sich und bahnte, das Gewölk vor sich her aufrollend, dem hellen lieblichen Sonnenschein den Weg, der bald auf allen grünen Blättern flimmerte und die schlafenden Vögelein weckte, die in fröhlichem Trillerieren von Zweig zu Zweig flatterten und hüpften. Da erschallte von ferne her lustiges Hörnergetön, das Wild rüttelte sich raschelnd auf aus dem Schlafe, Rehe, Hirsche guckten aus dem Gebüsch *den*, der auf den Matten lag, neugierig an mit klugen Augen und sprangen scheu zurück in das Dickicht. Die Hörner schwiegen, aber nun erhoben sich Harfenklänge und Stimmen so herrlich zusammentönend wie Musik des Himmels. Immer näher und näher kam der liebliche Gesang, Jäger die Jagdspieße in den Händen, die blanken Jagdhörner um die Schulter gehängt, ritten hervor aus der Tiefe des Waldes. Ihnen folgte auf einem schönen goldgelben Roß ein stattlicher Herr im Fürstenmantel nach alter deutscher Art gekleidet, ihm zur Seite ritt auf einem Zelter eine Dame von blendender Schönheit und köstlich geschmückt. Aber nun kamen auf sechs schönen Rossen von verschiedner Farbe sechs Männer, deren Trachten, deren bedeutungsvolle Gesichter auf eine längst verflossene Zeit hinwiesen. *Die* hatten den Pferden die Zügel über den Hals gelegt und spielten auf

Lauten und Harfen und sangen mit wunderbar helltönenden Stimmen, während ihre Rosse gebändigt, gelenkt durch den Zauber der süßen Musik, den Waldweg entlang auf anmutige Weise in kurzen Sprüngen nachtanzten dem fürstlichen Paar. Und wenn mitunter der Gesang einige Sekunden innehielt, stießen die Jäger in die Hörner, und der Rosse Gewieher ertönte wie ein fröhliches Jauchzen in übermütiger Lust. Reichgekleidete Pagen und Diener beschlossen den festlichen Zug, der im tiefen Dickicht des Waldes verschwand.

Der über den seltsamen, wundervollen Anblick in tiefes Staunen Versunkene raffte sich auf von den Matten und rief begeistert: „O Herr des Himmels: ist denn die alte prächtige Zeit erstanden aus ihrem Grabe? – wer waren denn die herrlichen Menschen!“ Da sprach ein tiefe Stimme hinter ihm: „Ei, lieber Herr, solltet Ihr nicht *die* erkennen, die Ihr fest in Sinn und Gedanken traget?“ Er schaute um sich und gewahrte einen ernsten stattlichen Mann mit einer großen schwarzen Lockenperücke auf dem Haupt und ganz schwarz nach der Art gekleidet, wie man sich ums Jahr eintausendsechshundertundachtzig tragen mochte. Er erkannte alsbald den alten gelehrten Professor Johann Christoph Wagenseil, der also weitersprach: „Ihr hättet ja wohl gleich wissen können, daß der stattliche Herr im Fürstenmantel niemand anders war, als der wackere Landgraf Hermann von Thüringen. Neben ihm ritt der Stern des Hofes, die edle Gräfin Mathilde, blutjunge Witwe des in hohen Jahren verstorbenen Grafen Cuno von Falkenstein. Die sechs Männer, welche nachritten singend und die Lauten und Harfen rührend, sind die sechs hohen Meister des Gesanges, welche der edle Landgraf, der holdseligen Singerkunst mit Leib und Seele zugetan, an seinem Hofe versammelt hat. Jetzt geht das lustige Jagen auf, aber dann versammeln sich die Meister auf einem schönen Wiesenplan in der Mitte des Waldes und beginnen ein Wettsingen. Da wollen wir jetzt hinschreiten, damit wir schon dort sind, wenn die Jagd beendigt ist.“ – Sie schritten fort, während der Wald, die fernen Klüfte von den Hörnern, dem Hundegebell, dem Hussah der Jäger widerhallten. Es geschah so wie der Professor Wagenseil es gewollt; kaum waren sie auf dem in goldnem Grün leuchtenden Wiesenplan angekommen, als der Landgraf, die Gräfin, die sechs Meister aus der Ferne sich langsam nahten: „Ich will“, begann Wagenseil, „ich will Euch nun, lieber Herr! jeden der Meister besonders zeigen und mit Namen nennen. Seht Ihr wohl jenen Mann, der so fröhlich um sich schaut, der sein hellbraunes Pferd, den Zügel angezogen, so lustig hertänzeln läßt? – seht wie der Landgraf ihm zunickt – er schlägt eine helle Lache auf. Das ist der muntre Walther von der Vogelweid. Der mit den breiten Schultern, mit dem starken krausen Bart, mit den ritterlichen Waffen, auf dem Tiger im gewichtigen Schritt daherreitend, das ist Reinhard von Zwekhstein. – Ei ei – der dort auf seinem kleinen Schecken, der reitet ja statt hieher waldeinwärts! Er blickt tiefsinnig vor sich her, er lächelt, als stiegen schöne Gebilde vor ihm auf aus der Erde. Das ist der stattliche Professor Heinrich Schreiber. Der ist wohl ganz abwesenden Geistes und gedenkt nicht des Wiesenplans, nicht des Wettsingens, denn seht nur, lieber Herr, wie er in den engen Waldweg hineinschiebt, daß ihm die Zweige um den Kopf schlagen. – Da sprengt Johannes Bitterolff an ihn heran. Ihr seht doch den stattlichen Herrn auf dem Falben mit dem kurzen rötlichen Bart? Er ruft den Professor an. *Der* erwacht aus dem Traume. Sie kehren beide zurück. – Was ist das für ein tolles Gebraus dorten in dem dichten Gebüsch? – Ei fahren denn Windsbräute so niedrig durch den Wald? Hei! – Das ist ja ein wilder Reiter, der sein Pferd so spornt, daß es schäumend in die Lüfte steigt. Seht nur den schönen bleichen Jüngling, wie seine Augen flammen, wie alle Muskeln des Gesichts zucken vor Schmerz, als quäle ihn ein unsichtbares Wesen, das hinter ihm aufgestiegen. – Es ist Heinrich von Ofterdingen. Was mag denn über den gekommen sein? Erst ritt er ja so ruhig daher, mit gar herrlichen Tönen einstimmend in den Gesang der anderen Meister! – O seht doch, seht den prächtigen Reiter auf dem schneeweißen arabischen Pferde. Seht wie er sich hinabschwingt, wie er, die Zügel um den Arm geschlungen, mit gar ritterlicher Courtoisie der Gräfin Mathilde die Hand reicht und sie hinabschweben läßt von dem Zelter. Wie anmutig steht er da, die holde Frau anstrahlend mit seinen hellen blauen Augen. Es ist Wolfframb von Eschinbach! – Aber nun nehmen sie alle Platz, nun beginnt wohl das Wettsingen!“ –

Jeder Meister, einer nach dem andern, sang nun ein herrliches Lied. Leicht war es zu erkennen, daß jeder sich mühte, den zu übertreffen, der vor ihm gesungen. Schien das aber nun auch keinem recht gelingen zu wollen, konnte man gar nicht entscheiden, wer von den Meistern am herrlichsten gesungen: so neigte die Dame Mathilde sich doch zu Wolfframb von Eschinbach hin mit dem Kranz, den sie für den Sieger in den Händen trug. Da sprang Heinrich von Ofterdingen auf von seinem Sitze; wildes Feuer sprühte aus seinen dunklen Augen; so wie er rasch vorschritt bis in die Mitte des Wiesenplans, riß ihm ein Windstoß das Barett vom Kopfe, das freie Haar spießte sich empor auf der totenbleichen Stirn. „Haltet ein", schrie er auf, „haltet ein! Noch ist der Preis nicht gewonnen; *mein* Lied, *mein* Lied muß erst gesungen sein und dann mag der Landgraf entscheiden, wem der Kranz gebührt." Darauf kam, man wußte nicht auf welche Weise, eine Laute von wunderlichem Bau, beinahe anzusehen wie ein erstarrtes unheimliches Tier, in seine Hand. *Die* fing er an zu rühren so gewaltig, daß der ferne Wald davon erdröhnte. Dann sang er drein mit starker Stimme. Das Lied lobte und pries den fremden König, der mächtiger sei als alle andere Fürsten und dem alle Meister demütiglich huldigen müßten, wollten sie nicht in Schande und Schmach geraten. Einige seltsam gellende Laute klangen recht verhöhnend dazwischen. Zornig blickte der Landgraf den wilden Sänger an. Da erhoben sich die anderen Meister und sangen zusammen. Ofterdingens Lied wollte darüber verklingen, stärker und stärker griff er aber in die Saiten, bis sie wie mit einem laut aufheulenden Angstgeschrei zersprangen. Statt der Laute, die Ofterdingen im Arm getragen, stand nun plötzlich eine finstre entsetzliche Gestalt vor ihm und hielt ihn, der zu Boden sinken wollte, umfaßt und hob ihn hoch empor in die Lüfte. Der Gesang der Meister versauste im Widerhall, schwarze Nebel legten sich über Wald und Wiesenplan, und hüllten alles ein in finstre Nacht. Da stieg ein in milchweißem Licht herrlich funkelnder Stern empor aus der Tiefe und wandelte daher auf der Himmelsbahn, und ihm nach zogen die Meister auf glänzenden Wolken singend und ihr Saitenspiel rührend. Ein flimmerndes Leuchten zitterte durch die Flur, die Stimmen des Waldes erwachten aus dumpfer Betäubung und erhoben sich und tönten lieblich hinein in die Gesänge der Meister. –

Du gewahrst es, vielgeliebter Leser! daß der, welchem dieses alles träumte, eben derjenige ist, der im Begriff steht, dich unter die Meister zu führen, mit denen er durch den Professor Johann Christoph Wagenseil bekannt wurde. –

Es begibt sich wohl, daß, sehen wir fremde Gestalten in der dämmernden Ferne daherschreiten, uns das Herz bebt vor Neugier, wer die wohl sein, was sie wohl treiben mögen. Und immer näher und näher kommen sie. Wir erkennen Farbe der Kleidung, Gesicht, wir hören ihr Gespräch, wiewohl die Worte verhallen in den weiten Lüften. Aber nun tauchen sie unter in die blauen Nebel eines tiefen Tals. Dann können wir es kaum erwarten, daß sie nur wieder aufsteigen, daß sie bei uns sich einfinden, damit wir sie erfassen, mit ihnen reden können. Denn gar zu gern möchten wir doch wissen, wie *die* ganz in der Nähe geformt und gestaltet sind, welche in der Ferne sich so verwunderlich ausnahmen. –

Möchte der erzählte Traum in dir, geliebter Leser, ähnliche Empfindungen erregen. Möchtest du es dem Erzähler freundlich vergönnen, daß er dich nun gleich an den Hof des Landgrafen Hermann von Thüringen nach der schönen Wartburg bringe.

Die Meistersänger auf der Wartburg

Es mochte wohl ums Jahr eintausendzweihundertundacht sein, als der edle Landgraf von Thüringen, eifriger Freund, rüstiger Beschützer der holdseligen Sängerkunst, sechs hohe Meister des Gesanges an seinem Hofe versammelt hatte. Es befanden sich allda Wolfframb von Eschinbach, Walther von der Vogelweid, Reinhard von Zwekhstein, Heinrich Schreiber, Johannes Bitterolff, alle ritterlichen Ordens, und Heinrich von Ofterdingen, Bürger zu Eisenach. Wie Priester *einer* Kirche lebten die Meister in frommer Liebe und Eintracht beisammen, und all ihr Streben ging nur dahin, den Gesang, die schönste Gabe des Himmels, womit der Herr den Menschen gesegnet, recht in hohen Ehren zu halten. Jeder hatte nun freilich seine eigne Weise, aber wie jeder Ton eines Akkords anders klingt und doch alle Töne im lieblichsten Wohllaut zusammenklingen, so geschah es auch, daß die verschiedensten Weisen der Meister harmonisch miteinander tönten und Strahlen schienen eines Liebessterns. Daher kam es, daß keiner seine eigne Weise für die beste hielt, vielmehr jede andre hoch ehrte, und wohl meinte, daß seine Weise ja gar nicht so lieblich klingen könne ohne die andern, wie denn der Ton dann erst sich recht freudig erhebt und aufschwingt, wenn der ihm verwandte erwacht und ihn liebend begrüßt.

Waren Walthers von der Vogelweid, des Landherrn, Lieder gar vornehm und zierlich, und dabei voll kecker Lust, so sang Reinhard von Zwekhstein dagegen derb und ritterlich mit gewichtigen Worten. Bewies sich Heinrich Schreiber gelehrt und tiefsinnig, so war Johannes Bitterolff voller Glanz und reich an kunstvollen Gleichnissen und Wendungen. Heinrich von Ofterdingens Lieder gingen durch die innerste Seele, er wußte, selbst ganz aufgelöst in schmerzlichem Sehnen, in jedes Brust die tiefste Wehmut zu entzünden. Aber oft schnitten grelle häßliche Töne dazwischen, die mochten wohl aus dem wunden zerrissenen Gemüt kommen, in dem sich böser Hohn angesiedelt, bohrend und zehrend wie ein giftiges Insekt. Niemand wußte, wie Heinrich von solchem Unwesen befallen. Wolfframb von Eschinbach war in der Schweiz geboren. Seine Lieder voller süßer Anmut und Klarheit glichen dem reinen blauen Himmel seiner Heimat, seine Weisen klangen wie liebliches Glocken- und Schalmeiengetön. Aber dazwischen brausten auch wilde Wasserfälle, dröhnten Donner durch die Bergklüfte. Wunderbar wallte, wenn er sang, jeder mit ihm wie auf den glänzenden Wogen eines schönen Stroms, bald sanft dahergleitend, bald kämpfend mit den sturmbewegten Wellen, bald die Gefahr überwunden, fröhlich hinsteuernd nach dem sichern Port. Seiner Jugend unerachtet mochte Wolfframb von Eschinbach wohl für den erfahrensten von allen andern Meistern gelten, die am Hofe versammelt. Von Kindesbeinen an war er der Sängerkunst ganz und gar ergeben, und zog, sowie er zum Jüngling gereift, ihr nach durch viele Lande, bis er den großen Meister traf, Friedebrand geheißen. Dieser unterwies ihn getreulich in der Kunst und teilte ihm viele Meistergedichte in Schriften mit, die Licht in sein inneres Gemüt hineinströmten, daß er das, was ihm sonst verworren und gestaltlos geschienen, nun deutlich zu erkennen vermochte. Vorzüglich aber zu Siegebrunnen in Schottland brachte ihm Meister Friedebrand etliche Bücher, aus denen er die Geschichten nahm, die er in deutsche Lieder faßte, sonderlich von Gamurret und dessen Sohn Parcivall, von Markgraf Wilhelm von Narben und dem starken Rennewart, welches Gedicht hernach ein anderer Meistersänger, Ulrich von Türkheimb, auf vornehmer Leute Bitten, die Eschinbachs Lieder wohl nicht recht verstehen mochten, in gemeine deutsche Reime brachte und zum dicken Buche ausdehnte. So mußt es wohl kommen, daß Wolfframb wegen seiner herrlichen Kunst weit und breit berühmt wurde und vieler Fürsten und großer Herren Gunst erhielt. Er besuchte viele Höfe und bekam allenthalben stattliche Verehrungen seiner Meisterschaft, bis ihn endlich der hocherleuchtete Landgraf Hermann von Thüringen, der sein großes Lob an allen Enden verkünden hörte, an seinen Hof berief. Nicht allein Wolfframbs große Kunst, sondern auch seine Milde und Demut gewannen ihm in kurzer Zeit des Landgrafs volle Gunst und Liebe, und wohl mocht es sein, daß Heinrich von Ofterdingen, der sonst in dem hellsten Sonnenlicht der fürstlichen Gnade gestanden, ein wenig in den Schatten zurücktreten mußte. Demunerachtet hing keiner von den Meistern dem Wolfframb so mit rechter inniger Liebe an, als eben Heinrich von Ofterdingen. Wolfframb erwiderte dies aus dem tiefsten Grunde seines Gemüts, und so standen beide da, recht in Liebe verschlungen, während die andern Meister sie umgaben wie ein schöner lichter Kranz.

Heinrich von Ofterdingens Geheimnis

Ofterdingens unruhiges zerrissenes Wesen nahm mit jedem Tage mehr überhand. Düstrer und unsteter wurde sein Blick, blässer und blässer sein Antlitz. Statt daß die andern Meister, hatten sie die erhabensten Materien der Heiligen Schrift besungen, ihre freudigen Stimmen erhoben zum Lobe der Damen und ihres wackern Herrn, klagten Ofterdingens Lieder nur die unermeßliche Qual des irdischen Seins und glichen oft dem jammernden Wehlaut des auf den Tod Wunden, der vergebens hofft auf Erlösung im Tode. Alle glaubten, er sei in trostloser Liebe; aber eitel blieb alles Mühen, ihm das Geheimnis zu entlocken. Der Landgraf selbst, dem Jünglinge mit Herz und Seele zugetan, unternahm es, ihn in einer einsamen Stunde um die Ursache seines tiefen Leids zu befragen. Er gab ihm sein fürstliches Wort, daß er alle seine Macht aufbieten wolle, irgendein bedrohliches Übel zu entfernen oder durch die Beförderung irgendeines jetzt ihm hoffnungslos scheinenden Wunsches sein schmerzliches Leiden zu wandeln in fröhliches Hoffen, allein so wenig wie die andern vermochte er den Jüngling, ihm das Innerste seiner Brust aufzutun. „Ach mein hoher Herr“, rief Ofterdingen, indem ihm die heißen Tränen aus den Augen stürzten, „ach mein hoher Herr, weiß ich's denn selbst, welches höllische Ungeheuer mich mit glühenden Krallen gepackt hat und mich emporhält zwischen Himmel und Erde, so daß ich dieser nicht mehr angehöre und vergebens dürste nach den Freuden über mir? Die heidnischen Dichter erzählen von den Schatten Verstorbener, die nicht dem Elysium angehören, nicht dem Orkus. An den Ufern des Acheron schwanken sie umher und die finstern Lüfte, in denen nie ein Hoffnungsstern leuchtet, tönen wider von ihren Angstseufzern, von den entsetzlichen Wehlauten ihrer namenlosen Qual. Ihr Jammern, ihr Flehen ist umsonst, unerbittlich stößt sie der alte Fährmann zurück, wenn sie hinein wollen in den verhängnisvollen Kahn. Der Zustand dieser fürchterlichen Verdammnis ist der meinige."

Bald nachher als Heinrich von Ofterdingen auf diese Weise mit dem Landgrafen gesprochen, verließ er, von wirklicher Krankheit befallen, die Wartburg, und begab sich nach Eisenach. Die Meister klagten, daß solch schöne Blume aus ihrem Kranze so vor der Zeit wie angehaucht von giftigen Dünsten dahinwelken müsse. Wolfframb von Eschinbach gab indessen keinesweges alle Hoffnung auf, sondern meinte sogar, daß eben jetzt, da Ofterdingens Gemütskrankheit sich gewendet in körperliches Leiden, Genesung nahe sein könne. Begäbe es sich denn nicht oft, daß die ahnende Seele im Vorgefühl körperlichen Schmerzes erkranke, und so sei es denn auch wohl mit Ofterdingen geschehen, den er nun getreulich trösten und pflegen wolle.

Wolfframb ging auch alsbald nach Eisenach. Als er eintrat zu Ofterdingen, lag dieser ausgestreckt auf dem Ruhebette, zum Tode matt, mit halbgeschlossenen Augen. Die Laute hing an der Wand ganz verstaubt, mit zum Teil zerrissenen Saiten. Sowie er den Freund gewahrte, richtete er sich ein wenig empor und streckte schmerzlich lächelnd ihm die Hand entgegen. Als nun Wolfframb sich zu ihm gesetzt, die herzigen Grüße von dem Landgraf und den Meistern gebracht und sonst noch viel freundliche Worte gesprochen, fing Heinrich mit matter kranker Stimme also an: „Es ist mir viel Absonderliches begegnet. Wohl mag ich mich bei euch wie ein Wahnsinniger gebärdet haben, wohl mochtet ihr alle glauben, daß irgendein in meiner Brust verschlossenes Geheimnis mich so verderblich hin und her zerre. Ach! mir selbst war ja mein trostloser Zustand ein Geheimnis. Ein wütender Schmerz zerriß meine Brust, aber unerforschlich blieb mir seine Ursache. All mein Treiben schien mir elend und nichtswürdig, die Lieder, die ich sonst gar hoch gehalten, klangen mir falsch, schwach – des schlechtesten Schülers unwert. Und doch brannte ich, von eitlem Wahn betört, dich – alle übrigen Meister zu übertreffen. Ein unbekanntes Glück, des Himmels höchste Wonne stand hoch über mir, wie ein golden funkelnder Stern – zu dem mußt ich mich hinaufschwingen, oder trostlos untergehen. Ich schaute hinauf, ich streckte die Arme sehnsuchtsvoll empor, und dann wehte es mich schaurig an mit eiskalten Flügeln und sprach: ‚Was will all dein Sehnen, all dein Hoffen? Ist dein Auge nicht verblindet, deine Kraft nicht gebrochen, daß du nicht vermagst den Strahl deiner Hoffnung zu ertragen, dein Himmelsglück zu erfassen?‘ – Nun – nun ist mein Geheimnis mir selbst erschlossen. Es gibt mir den Tod, aber im Tode die Seligkeit des höchsten Himmels. – Krank und siech lag ich hier im Bette. Es mochte zur Nachtzeit sein, da ließ der Wahnsinn des Fiebers, der mich tosend und brausend hin und her geworfen, von mir ab. Ich fühlte mich ruhig, eine sanfte wohltuende Wärme glitt durch mein Inneres. Es war mir, als schwämme ich im weiten Himmelsraum daher auf dunklen Wolken. Da fuhr ein funkelnder Blitz durch die Finsternis und ich schrie laut auf: ‚Mathilde!‘ – Ich war erwacht, der Traum verrauscht. Das Herz bebte mir vor seltsamer süßer Angst, vor unbeschreiblicher Wonne. Ich wußte, daß ich laut gerufen: ‚Mathilde!‘ Ich erschrak darüber, denn ich glaubte, daß Flur und Wald, daß alle Berge, alle Klüfte den süßen Namen widertönen, daß tausend Stimmen es ihr selbst sagen würden, wie unaussprechlich bis zum Tode ich sie liebe; daß sie – sie der funkelnde Stern sei, der in mein Innerstes strahlend allen zehrenden Schmerz trostloser Sehnsucht geweckt, ja daß nun die Liebesflammen hoch empor gelodert, und daß meine Seele dürste – schmachte nach ihrer Schönheit und Holdseligkeit! – Du hast nun, Wolfframb, mein Geheimnis und magst es tief in deiner Brust begraben. Du gewahrst, daß ich ruhig bin und heiter, und traust mir wohl, wenn ich dich versichere, daß ich lieber untergehen als in törichtem Treiben mich euch allen verächtlich machen werde. *Dir – dir*, der Mathilden liebt, dem sie mit gleicher Liebe hingeneigt, mußt ich ja eben alles sagen, alles vertrauen. Sowie ich genesen, ziehe ich, die Todeswunde in der blutenden Brust, fort in fremde Lande. Hörst du dann, daß ich geendet, so magst du Mathilden es sagen, daß ich –“

Der Jüngling vermochte nicht weiterzusprechen, er sank wieder in die Kissen und kehrte das Gesicht hin nach der Wand. Sein starkes Schluchzen verriet den Kampf in seinem Innern. Wolfframb von Eschinbach war nicht wenig bestürzt über das, was ihm Heinrich eben entdeckt hatte. Den Blick zur Erde gesenkt saß er da und sann und sann, wie nun der Freund zu retten von dem Wahnsinn törichter Leidenschaft, die ihn ins Verderben stürzen mußte.

Er versuchte allerlei tröstende Worte zu sprechen, ja sogar den kranken Jüngling zu vermögen, daß er nach der Wartburg zurückkehre und, Hoffnung in der Brust, keck hineintrete in den hellen Sonnenglanz, den die edle Dame Mathilde um sich verbreite. Er meinte sogar, daß er selbst sich Mathildens Gunst auf keine andere Weise erfreue als durch seine Lieder, und daß ja ebensogut Ofterdingen sich in schönen Liedern aufschwingen und so um Mathildens Gunst werben könne. Der arme Heinrich schaute ihn aber an mit trübem Blick und sprach: – „Niemals werdet ihr mich wohl auf der Wartburg wiedersehen. Soll ich mich denn in die Flammen stürzen? – Sterb ich denn nicht fern von ihr den schöneren süßeren Tod der Sehnsucht?“ – Wolfframb schied und Ofterdingen blieb in Eisenach.

Was sich weiter mit Heinrich von Ofterdingen begeben

Es geschieht wohl, daß der Liebesschmerz in unserer Brust, die er zu zerreißen drohte, heimisch wird, so daß wir ihn gar hegen und pflegen. Und die schneidenden Jammerlaute, sonst uns von unnennbarer Qual erpreßt, werden zu melodischen Klagen süßen Wehs, die tönen wie ein fernes Echo zurück in unser Inneres und legen sich lindernd und heilend an die blutende Wunde. So geschah es auch mit Heinrich von Ofterdingen. Er blieb in heißer sehnsüchtiger Liebe, aber er schaute nicht mehr in den schwarzen hoffnungslosen Abgrund, sondern er hob den Blick empor zu den schimmernden Frühlingswolken. Dann war es ihm, als blicke ihn die Geliebte aus ferner Höhe an mit ihren holdseligen Augen und entzünde in seiner Brust die herrlichsten Lieder, die er jemals gesungen. Er nahm die Laute herab von der Wand, bespannte sie mit neuen Saiten und trat hinaus in den schönen Frühling, der eben aufgegangen. Da zog es ihn denn nun freilich mit Gewalt hin nach der Gegend der Wartburg. Und wenn er dann in der Ferne die funkelnden Zinnen des Schlosses erblickte und daran dachte, daß er Mathilden niemals wiedersehen, daß sein Lieben nur ein trostloses Sehnen bleiben solle, daß Wolfframb von Eschinbach die Herrliche gewonnen durch die Macht des Gesanges, da gingen all die schönen Hoffnungsgebilde unter in düstere Nacht und alle Todesqualen der Eifersucht und Verzweiflung durchschnitten sein Inneres. Dann floh er wie von bösen Geistern getrieben zurück in sein einsames Zimmer, da vermochte er Lieder zu singen, die ihm süße Träume und in ihnen die Geliebte selbst zuführten.

Lange Zeit hindurch war es ihm gelungen, die Nähe der Wartburg zu vermeiden. Eines Tages geriet er aber doch, selbst wußte er nicht wie, in den Wald, der vor der Wartburg lag und aus dem heraustretend man das Schloß dicht vor Augen hatte. Er war zu dem Platz im Walde gekommen, wo zwischen dichtem Gesträuch und allerlei häßlichem stachlichten Gestrüpp sich seltsam geformtes mit bunten Moosen bewachsenes Gestein erhob. Mühsam kletterte er bis zur Mitte herauf, so daß er durch die Schlucht die Spitzen der Wartburg in der Ferne hervorragen sah. Da setzte er sich hin und verlor sich, alle Qual böser Gedanken bekämpfend, in süßen Hoffnungsträumen.

Längst war die Sonne untergegangen; aus den düstern Nebeln, die sich über die Berge gelagert, stieg in glühendem Rot die Mondesscheibe empor. Durch die hohen Bäume sauste der Nachtwind und von seinem eisigen Atem angehaucht rüttelte und schüttelte sich das Gebüsch wie in Fieberschauern. Die Nachtvögel schwangen sich kreischend auf aus dem Gestein und begannen ihren irren Flug. Stärker rauschten die Waldbäche, rieselten die fernen Quellen. Aber wie nun der Mond lichter durch den Wald funkelte, wogten die Töne eines fernen Gesanges daher. Heinrich fuhr empor. Er gedachte, wie nun die Meister auf der Wartburg ihre frommen Nachtlieder angestimmt. Er sah, wie Mathilde im Davonscheiden noch den geliebten Wolframb anblickte. Alle Liebe und Seligkeit lag in diesem Blick, der den Zauber der süßesten Träume wecken mußte in der Seele des Geliebten. – Heinrich, dem das Herz zerspringen wollte vor Sehnsucht und Verlangen, ergriff die Laute und begann ein Lied, wie er vielleicht noch niemals eins gesungen. Der Nachtwind ruhte, Baum und Gebüsch schwiegen, durch die tiefe Stille des düstern Waldes leuchteten Heinrichs Töne wie mit den Mondesstrahlen verschlungen. Als nun sein Lied in bangen Liebesseufzern dahinsterben wollte, schlug dicht hinter ihm plötzlich ein gellendes schneidendes Gelächter auf. Entsetzt drehte er sich rasch um und erblickte eine große finstere Gestalt, die, ehe er sich noch besinnen konnte, mit recht häßlichem höhnenden Ton also begann: „Ei, habe ich doch hier schon eine ganze Weile herumgesucht, um *den* zu finden, der noch in tiefer Nacht solche herrliche Lieder singt.

Also seid Ihr es, Heinrich von Ofterdingen? – Nun wohl hätte ich das wissen können, denn Ihr seid doch nun einmal der allerschlechteste von all den sogenannten Meistern dort auf der Wartburg, und das tolle Lied ohne Gedanken, ohne Klang, konnte wohl nur aus Euerm Munde kommen." Halb noch in Entsetzen, halb in aufglühendem Zorn rief Heinrich: „Wer seid Ihr denn, daß Ihr mich kennt und glaubt, mich hier mit schnöden Worten necken zu können?" Dabei legte Ofterdingen die Hand an sein Schwert. Aber der Schwarze schlug nochmals ein gellendes Gelächter auf, und dabei fiel ein Strahl in sein leichenblasses Antlitz, daß Ofterdingen die wildfunkelnden Augen, die eingefallnen Wangen, den spitzigen rötlichen Bart, den zum grinsenden Lachen verzogenen Mund, die schwarze reiche Kleidung, das schwarzbefiederte Barett des Fremden recht deutlich gewahren konnte. „Ei", sprach der Fremde: „ei, lieber junger Gesell, Ihr werdet doch keine Mordwaffen gegen mich gebrauchen wollen, weil ich Eure Lieder tadle? – Freilich möget ihr Sänger das nicht wohl leiden und verlanget wohl gar, daß man alles hoch preisen soll, was von euch berühmten Leuten kommt, sei es nun auch von Grund aus schlecht. Aber eben daran, daß ich das nicht achte, sondern Euch geradezu heraus sage, daß Ihr statt ein Meister, höchstens ein mittelmäßiger Schüler der edlen Kunst des Gesanges zu nennen seid, ja eben daran solltet Ihr erkennen, daß ich Euer wahrer Freund bin und es gut mit Euch meine." „Wie könnt Ihr", sprach Ofterdingen, von unheimlichen Schauern erfaßt, „wie könnt Ihr mein Freund sein und es gut mit mir meinen, da ich mich gar nicht erinnere, Euch jemals gesehen zu haben?" – Ohne auf diese Frage zu antworten, fuhr der Fremde fort: „Es ist hier ein wunderlich schöner Platz, die Nacht gar behaglich, ich werde mich im traulichen Mondesschimmer zu Euch setzen, und wir können, da Ihr doch jetzt nicht nach Eisenach zurückkehren werdet, noch ein wenig miteinander plaudern. Horcht auf meine Worte, sie können Euch lehrreich sein." Damit ließ sich der Fremde auf den großen bemoosten Stein dicht neben Ofterdingen nieder. Dieser kämpfte mit den seltsamsten Gefühlen. Furchtlos wie er sonst wohl sein mochte, konnte er sich doch in der öden Einsamkeit der Nacht an diesem schaurigen Orte des tiefen Grauens nicht erwehren, das des Mannes Stimme und sein ganzes Wesen erweckte. Es war ihm, als müsse er ihn den jähen Abhang hinab in den Waldstrom stürzen, der unten brauste. Dann fühlte er sich aber wieder gelähmt an allen Gliedern. – Der Fremde rückte indessen dicht an Ofterdingen heran und sprach leise, beinahe ihm ins Ohr flüsternd: „Ich komme von der Wartburg – ich habe dort oben die gar schlechte schülermäßige Singerei der sogenannten Meister gehört; aber die Dame Mathilde ist von solch holdem und anmutigen Wesen wie vielleicht keine mehr auf Erden." „Mathilde!" rief Ofterdingen mit dem Ton des schneidendsten Wehs. „Hoho!" – lachte der Fremde, „hoho junger Gesell, liegt es Euch daran? Doch laßt uns jetzt von ernsthaften, oder vielmehr von hohen Dingen reden: ich meine von der edlen Kunst des Gesanges. Mag es sein, daß ihr alle dort oben es recht gut meint mit euern Liedern, daß euch das alles so recht schlicht und natürlich herauskommt, aber von der eigentlichen tiefern Kunst des Sängers habt ihr wohl gar keinen Begriff. Ich will Euch nur einiges davon andeuten, dann werdet Ihr wohl selbst einsehen, wie Ihr auf dem Wege, den Ihr wandelt, niemals zu dem Ziel gelangen könnet, das Ihr Euch vorgesteckt habt." Der Schwarze begann nun in ganz absonderlichen Reden, die beinahe anzuhören wie fremde seltsame Lieder, die wahre Kunst des Gesanges zu preisen. Indem der Fremde sprach, ging Bild auf Bild in Heinrichs Seele auf und verschwand wie vom Sturm verhaucht; es war als erschlösse sich ihm eine ganz neue Welt voll üppiger Gestalten. Jedes Wort des Fremden entzündete Blitze, die schnell aufloderten und ebenso schnell wieder erloschen. Nun stand der Vollmond hoch über dem Walde. Beide, der Fremde und Heinrich, saßen in vollstem Licht und dieser bemerkte nun wohl, daß des Fremden Antlitz gar nicht so abscheulich war, als es ihm erst vorgekommen. Funkelte auch aus seinen Augen ein ungewöhnliches Feuer, so spielte doch (wie Heinrich bemerken wollte) um den Mund ein liebliches Lächeln und die große Habichtsnase, die hohe Stirne dienten nur dazu, dem ganzen Gesicht den vollsten Ausdruck tüchtiger Kraft zu geben. „Ich weiß nicht", sprach Ofterdingen, als der Fremde innehielt, „ich weiß nicht, welch ein wunderliches Gefühl Eure Reden in mir erwecken. Es ist mir, als erwache erst jetzt in mir die Ahnung des Gesanges, als wäre das alles, was ich bisher dafür gehalten, ganz schlecht und gemein, und nun erst werde mir die wahre Kunst aufgehen. Ihr seid gewiß selbst ein hoher Meister des Gesanges und werdet mich wohl als Euern fleißigen, wißbegierigen Schüler annehmen, warum ich Euch gar herzlich bitte." Der Fremde schlug wieder seine häßliche Lache auf, erhob sich vom Sitze und stand so riesengroß mit wildverzerrtem Antlitz, vor Heinrich von Ofterdingen, daß diesem jenes Grauen wieder ankam, das er empfunden, als der Fremde auf ihn zutrat. Dieser sprach mit starker Stimme, die weit durch die Klüfte hallte: „Ihr meint, ich sei ein hoher Meister des Gesanges? – Nun zuzeiten mag ich's wohl sein, aber mit Lehrstunden kann ich mich ganz und gar nicht abgeben. Mit gutem Rat diene ich gern solchen wißbegierigen Leuten, wie Ihr einer zu sein scheint. Habt Ihr wohl von dem in aller Wissenschaft tief erfahrnen Meister des Gesanges, Klingsohr geheißen, reden hören? Die Leute sagen, er sei ein großer Negromant und habe sogar Umgang mit jemanden, der nicht überall gern gesehen. Laßt Euch das aber nicht irren, denn was die Leute nicht verstehen und handhaben können, das soll gleich was Übermenschliches sein, was dem Himmel angehört oder der Hölle. Nun! – Meister Klingsohr wird Euch den Weg zeigen, der Euch zum Ziele führt. Er hauset in Siebenbürgen, zieht hin zu ihm. Da werdet Ihr erfahren, wie die Wissenschaft und Kunst dem hohen Meister alles, was es Ergötzliches gibt auf Erden, gespendet hat in hohem Maße: Ehre – Reichtum – Gunst der Frauen. – Ja, junger Gesell! Wäre Klingsohr hier, was gält es, er brächte selbst den zärtlichen Wolfframb von Eschinbach, den seufzenden Schweizerhirten, um die schöne Gräfin Mathilde?" „Warum nennt Ihr den Namen?" – fuhr Heinrich von Ofterdingen zornig auf, „verlaßt mich, Eure Gegenwart erregt mir Schauer!" – „Hoho", lachte der Fremde, „werdet nur nicht böse, kleiner Freund! – An den Schauern, die Euch schütteln, ist die kühle Nacht schuld und Euer dünnes Wams, aber nicht ich. War es Euch denn nicht wohl zumute, als ich erwärmend an Eurer Seite saß? – Was Schauer, was Erstarren! mit Glut und Blut kann ich Euch dienen: – Gräfin Mathilde! – ja ich meinte nur, daß die Gunst der Frauen erlangt wird durch den Gesang, wie ihn Meister Klingsohr zu üben vermag. Ich habe zuvor Eure Lieder verachtet, um Euch selbst auf Eure Stümperei aufmerksam zu machen. Aber daran, daß Ihr gleich das Wahre ahntet, als ich von der eigentlichen Kunst zu Euch sprach, habt Ihr mir Eure guten Anlagen hinlänglich bewiesen. Vielleicht seid Ihr bestimmt, in Meister Klingsohrs Fußtapfen zu treten und dann würdet Ihr Euch wohl mit gutem Glück um Mathildens Gunst bewerben können. Macht Euch auf! – zieht nach Siebenbürgen. – Aber wartet, ich will Euch, könnt Ihr nicht gleich nach Siebenbürgen ziehen, zum fleißigen Studium ein kleines Buch verehren, das Meister Klingsohr verfaßt hat und das nicht allein die Regeln des wahren Gesanges, sondern auch einige treffliche Lieder des Meisters enthält.“

Damit hatte der Fremde ein kleines Buch hervorgeholt, dessen blutroter Deckel hell im Mondenschein flimmerte. Das überreichte er Heinrich von Ofterdingen. Sowie dieser es faßte trat der Fremde zurück und verschwand im Dickicht.

Heinrich versank in Schlaf. Als er erwachte, war die Sonne sehr hoch aufgestiegen. Lag das rote Buch nicht auf seinem Schoße, er hätte die ganze Begebenheit mit dem Fremden für einen lebhaften Traum gehalten.

Von der Gräfin Mathilde. Ereignisse auf der Wartburg

Gewiß, vielgeliebter Leser! befandest du dich einmal in einem Kreise, der, von holden Frauen, sinnvollen Männern gebildet, ein schöner, von den verschiedensten in Duft und Farbenglanz miteinander wetteifernden Blumen geflochtener Kranz zu nennen. Aber wie der süße Wohllaut der Musik über alle hinhauchend in jedes Brust die Freude weckt und das Entzücken, so war es auch die Holdseligkeit *einer* hochherrlichen Frau, die über alle hinstrahlte und die anmutige Harmonie schuf, in der sich alles bewegte. In dem Glanz *ihrer* Schönheit wandelnd, in die Musik *ihrer* Rede einstimmend erschienen die andern Frauen schöner, liebenswürdiger als sonst, und die Männer fühlten ihre Brust erweitert und vermochten mehr als jemals die Begeisterung, die sonst scheu sich im Innern verschloß, auszuströmen in Worten oder Tönen, wie es denn eben die Ordnung der Gesellschaft zuließ. Sosehr die Königin sich mit frommem kindlichen Wesen mühen mochte, ihre Huld jedem zuzuteilen in gleichem Maße, doch gewahrte man, wie ihr Himmelsblick länger ruhte auf jenem Jüngling, der schweigend ihr gegenüberstand und dessen vor süßer Rührung in Tränen glänzende Augen die Seligkeit der Liebe verkündeten, die ihm aufgegangen. Mancher mochte wohl den Glücklichen beneiden, aber keiner konnte ihn darum hassen, ja vielmehr jeder, der sonst mit ihm in Freundschaft verbunden, liebte ihn nun noch inniger, um seiner Liebe willen.

So geschah es, daß an dem Hofe Landgraf Hermanns von Thüringen in dem schönen Kranz der Frauen und Dichter die Gräfin Mathilde, Witwe des in hohem Alter verstorbenen

Grafen Cuno von Falkenstein, die schönste Blume war, welche mit Duft und Glanz alle überstrahlte.

Wolfframb von Eschinbach, von ihrer hohen Anmut und Schönheit tief gerührt, sowie er sie erblickte, kam bald in heiße Liebe. Die andern Meister, wohl auch von der Holdseligkeit der Gräfin begeistert, priesen ihre Schönheit und Milde in vielen anmutigen Liedern. Reinhard von Zwekhstein nannte sie die Dame seiner Gedanken, für die er stehen wolle im Lustturnier und im ernsten Kampf; Walther von der Vogelweid ließ alle kecke Lust ritterlicher Liebe aufflammen, während Heinrich Schreiber und Johannes Bitterolff sich mühten in den wunderbarsten kunstvollsten Gleichnissen und Wendungen die Dame Mathilde zu erheben. Doch Wolfframbs Lieder kamen aus der Tiefe des liebenden Herzens und trafen, gleich funkelnden scharfgespitzten Pfeilen hervorblitzend, Mathildens Brust. Die anderen Meister gewahrten das wohl, aber es war ihnen als umstrahle Wolfframbs Liebesglück sie alle wie ein lieblicher Sonnenschimmer, und gäbe auch ihren Liedern besondere Stärke und Anmut.

Der erste finstre Schatten, der in Wolfframbs glanzvolles Leben fiel, war Ofterdingens unglückliches Geheimnis. Wenn er gedachte, wie die andern Meister ihn liebten, unerachtet gleich ihm auch ihnen Mathildens Schönheit hell aufgegangen, wie nur in Ofterdingens Gemüt sich mit der Liebe zugleich feindseliger Groll eingenistet und ihn fortgebannt in die öde freudenlose Einsamkeit, da konnte er sich des bittern Schmerzes nicht erwehren. Oft war es ihm, als sei Ofterdingen nur von einem verderblichen Wahnsinn befangen, der austoben werde, dann aber fühlte er wieder recht lebhaft, daß er selbst es ja auch nicht würde haben ertragen können, wenn er sich hoffnungslos um Mathildens Gunst beworben. „Und“, sprach er zu sich selbst, „und welche Macht hat denn meinem Anspruch größeres Recht gegeben? Gebührt mir denn irgendein Vorzug vor Ofterdingen? – Bin ich besser, verständiger, liebenswürdiger als er? Wo liegt der Abstand zwischen uns beiden? – Also nur die Macht eines feindlichen Verhängnisses, das mich so gut als ihn hätte treffen können, drückt ihn zu Boden und ich, der treue Freund, gehe unbekümmert vorüber, ohne ihm die Hand zu reichen.“ – Solche Betrachtungen führten ihn endlich zu dem Entschluß, nach Eisenach zu gehen und alles nur Mögliche anzuwenden, Ofterdingen zur Rückkehr nach der Wartburg zu bewegen. Als er indessen nach Eisenach kam, war Heinrich von Ofterdingen verschwunden, niemand wußte, wohin er gegangen. Traurig kehrte Wolframb von Eschinbach zurück nach der Wartburg und verkündete dem Landgrafen und den Meistern Ofterdingens Verlust. Nun erst zeigte sich recht, wie sehr sie ihn alle geliebt trotz seines zerrissenen oft bis zur höhnenden Bitterkeit mürrischen Wesens. Man betrauerte ihn wie einen Toten, und lange Zeit hindurch lag diese Trauer wie ein düstrer Schleier auf allen Gesängen der Meister und nahm ihnen allen Glanz und Klang, bis endlich das Bild des Verlornen immer mehr und mehr entwich in weite Ferne.

Der Frühling war gekommen und mit ihm alle Lust und Heiterkeit des neu erkräftigten Lebens. Auf einem anmutigen von schönen Bäumen eingeschlossenen Platz im Garten des Schlosses waren die Meister versammelt, um das junge Laub, die hervorsprießenden Blüten und Blumen mit freudigen Liedern zu begrüßen. Der Landgraf, Gräfin Mathilde, die andern Damen hatten sich ringsumher auf Sitzen niedergelassen, eben wollte Wolframb von Eschinbach ein Lied beginnen, als ein junger Mann, die Laute in der Hand, hinter den Bäumen hervortrat. Mit freudigem Erschrecken erkannten alle in ihm den verloren geglaubten Heinrich von Ofterdingen. Die Meister gingen auf ihn zu mit freundlichen herzlichen Grüßen. Ohne das aber sonderlich zu beachten nahte er sich dem Landgrafen, vor dem, und dann vor der Gräfin Mathilde, er sich ehrfurchtsvoll neigte. Er sei, sprach er dann, von der bösen Krankheit, die ihn befallen, nun gänzlich genesen und bitte, wolle man ihn vielleicht aus besonderen Gründen nicht mehr in die Zahl der Meister aufnehmen, ihm doch zu erlauben, daß er so gut wie die andern seine Lieder absinge. Der Landgraf meinte dagegen, sei er auch eine Zeitlang abwesend gewesen, so sei er doch deshalb keinesweges aus der Reihe der Meister geschieden und er wisse nicht, wodurch er sich dem schönen Kreise, der hier versammelt, entfremdet glaube. Damit umarmte ihn der Landgraf und wies ihm selbst den Platz zwischen Walther von der Vogelweid und Wolframb von Eschinbach an, wie er ihn sonst gehabt. Man merkte bald, daß Ofterdingens Wesen sich ganz und gar verändert. Statt daß er sonst den Kopf gebeugt, den Blick zu Boden gesenkt daherschlich, trat er jetzt, das Haupt emporgerichtet, starken Schrittes einher. So blaß als zuvor war das Antlitz, aber der Blick, sonst irr umherschweifend, fest und durchbohrend. Statt der tiefen Schwermut lag jetzt ein düstrer stolzer Ernst auf der Stirn und ein seltsames Muskelspiel um Mund und Wange sprach bisweilen recht unheimlichen Hohn aus. Er würdigte die Meister keines Wortes, sondern setzte sich schweigend auf seinen Platz. Während die andern sangen, sah er in die Wolken, schob sich auf dem Sitz hin und her, zählte an den Fingern, gähnte, kurz bezeigte auf alle nur mögliche Weise Unmut und Langeweile. Wolfframb von Eschinbach sang ein Lied zum Lobe des Landgrafen und kam dann auf die Rückkehr des verloren geglaubten Freundes, die er so recht aus dem tiefsten Gemüt schilderte, daß sich alle innig gerührt fühlten. Heinrich von Ofterdingen runzelte aber die Stirn und nahm, sich von Wolfframb abwendend, die Laute, auf ihr einige wunderbare Akkorde anschlagend. Er stellte sich in die Mitte des Kreises und begann ein Lied, dessen Weise so ganz anders als alles, was die andern gesungen, so unerhört war, daß alle in die größte Verwunderung, ja zuletzt in das höchste Erstaunen gerieten. Es war als schlüge er mit seinen gewaltigen Tönen an die dunklen Pforten eines fremden verhängnisvollen Reichs und beschwöre die Geheimnisse der unbekannten dort hausenden Macht herauf. Dann rief er die Gestirne an, und indem seine Lautentöne leiser lispelten, glaubte man der Sphären klingenden Reigen zu vernehmen. Nun rauschten die Akkorde stärker, und glühende Düfte wehten daher und Bilder üppigen Liebesglücks flammten in dem aufgegangenen Eden aller Lust. Jeder fühlte sein Inneres erbeben in seltsamen Schauern. Als Ofterdingen geendet, war alles in tiefem Schweigen verstummt, aber dann brach der jubelnde Beifall stürmisch hervor. Die Dame Mathilde erhob sich schnell von ihrem Sitz, trat auf Ofterdingen zu, und drückte ihm den Kranz auf die Stirne, den sie als Preis des Gesanges in der Hand getragen.

Eine flammende Röte fuhr über Ofterdingens Antlitz, er ließ sich nieder auf die Knie und drückte die Hände der schönen Frau mit Inbrunst an seine Brust. Als er aufstand, traf sein funkelnder stechender Blick den treuen Wolfframb von Eschinbach, der sich ihm nahen wollte, aber wie von einer bösen Macht feindlich berührt zurückwich. Nur ein einziger stimmte nicht ein in den begeisterten Beifall der übrigen und das war der Landgraf, welcher, als Ofterdingen sang, sehr ernst und nachdenklich geworden und kaum vermochte, etwas zum Lobe seines wunderbaren Liedes zu sagen. Ofterdingen schien sichtlich darüber erzürnt. Es begab sich, daß am späten Abend, als schon die tiefe Dämmerung eingebrochen, Wolfframb von Eschinbach den geliebten Freund, den er überall vergebens gesucht, in einem Lustgange des Schloßgartens traf. Er eilte auf ihn zu, er drückte ihn an seine Brust und sprach: „So bist du denn, mein herzlieber Bruder, der erste Meister des Gesanges worden, den es wohl auf Erden geben mag. Wie hast du es denn angefangen, das zu erfassen, was wir alle, was du selbst wohl nicht ahntest? – Welcher Geist stand dir zu Gebot, der dir die wunderbaren Weisen einer andern Welt lehrte? O du herrlicher hoher Meister, laß dich noch einmal umarmen." „Es ist", sprach Heinrich von Ofterdingen, indem er Wolfframbs Umarmung auswich, „es ist gut, daß du es erkennest, wie hoch ich mich über euch sogenannte Meister emporgeschwungen habe, oder vielmehr wie ich allein dort gelandet und heimisch worden, wohin ihr vergebens strebt auf irren Wegen. Du wirst es mir dann nicht verargen, wenn ich euch alle mit eurer schnöden Singerei recht albern und langweilig finde." „So verachtest du uns", erwiderte Wolfframb, „die du sonst hoch in Ehren hieltest, nunmehro ganz und gar, und magst nichts mehr mit uns insgemein haben? – Alle Freundschaft, alle Liebe ist aus deiner Seele gewichen, weil du ein höherer Meister bist als wir es sind! – Auch *mich* – *mich* hältst du deiner Liebe nicht mehr wert, weil ich vielleicht mich nicht so hoch hinaufzuschwingen vermag in meinen Liedern als du? – Ach Heinrich, wenn ich dir sagen sollte, wie es mir bei deinem Gesange ums Herz war." – „Magst mir", sprach Heinrich von Ofterdingen indem er höhnisch lachte, „magst mir das ja nicht verschweigen, es kann für mich lehrreich sein." „Heinrich!" begann Wolfframb mit sehr ernstem und festen Ton, „Heinrich! es ist wahr, dein Lied hatte eine ganz wunderbare unerhörte Weise und die Gedanken stiegen hoch empor, bis über die Wolken, aber mein Inneres sprach, solch ein Gesang könne nicht herausströmen aus dem rein menschlichen Gemüt, sondern müsse das Erzeugnis fremder Kräfte sein, so wie der Negromant die heimische Erde düngt mit allerlei magischen Mitteln, daß sie die fremde Pflanze des fernsten Landes hervorzutreiben vermag. – Heinrich, du bist gewiß ein großer Meister des Gesanges geworden und hast es mit gar hohen Dingen zu tun, aber! – verstehst du noch den süßen Gruß des Abendwindes, wenn du durch des Waldes tiefe Schatten wandelst? Geht dir noch das Herz auf in frohem Mut bei dem Rauschen der Bäume, dem Brausen des Waldstroms? Blicken dich noch die Blumen an mit frommen Kindesaugen? Willst du noch vergehen in Liebesschmerz bei den Klagen der Nachtigall? Wirft dich dann noch ein unendliches Sehnen an die Brust, die sich dir liebend aufgetan? – Ach, Heinrich, es war manches in deinem Liede, wobei mich ein unheimliches Grauen erfaßte. Ich mußte an jenes entsetzliche Bild von den am Ufer des Acheron herumschwankenden Schatten denken, das du einmal dem Landgrafen aufstelltest, als er dich um die Ursache deiner Schwermut befragte. Ich mußte glauben, aller Liebe habest du entsagt, und was du dafür gewonnen, wäre nur der trostlose Schatz des verirrten Wanderers in der Wüste. – Es ist mir – ich muß es dir geradezu heraussagen – es ist mir, als wenn du deine Meisterschaft mit aller Freude des Lebens, die nur dem frommen kindlichen Sinn zuteil wird, erkauft hättest. Eine düstre Ahnung befängt mich. Ich denke daran, was dich von der Wartburg forttrieb, und wie du hier wieder erschienen bist. Es kann dir nun manches gelingen – vielleicht geht der schöne Hoffnungsstern, zu dem ich bis jetzt emporblickte, auf ewig für mich unter – doch Heinrich! – hier! – fasse meine Hand, nie kann irgendein Groll gegen dich in meiner Seele Raum finden! – Alles Glücks unerachtet, das dich überströmt, findest du dich vielleicht einmal plötzlich an dem Rande eines tiefen bodenlosen Abgrundes und die Wirbel des Schwindels erfassen dich und du willst rettungslos hinabstürzen, dann stehe ich festen Mutes hinter dir und halte dich fest mit starken Armen.“

Heinrich von Ofterdingen hatte alles, was Wolfframb von Eschinbach sprach, in tiefem Schweigen angehört. Jetzt verhüllte er sein Gesicht im Mantel und sprang schnell hinein in das Dickicht der Bäume. Wolfframb hörte, wie er leise schluchzend und seufzend sich entfernte.

Der Krieg von Wartburg

Sosehr die andern Meister anfangs die Lieder des stolzen Heinrichs von Ofterdingen bewundert und hoch erhoben hatten, so geschah es doch, daß sie bald von falschen Weisen, von dem eitlen Prunk, ja von der Ruchlosigkeit der Lieder zu sprechen begannen, die Heinrich vorbringe. Nur die Dame Mathilde hatte sich mit ganzer Seele zu dem Sänger gewendet, der ihre Schönheit und Anmut auf eine Weise pries, die alle Meister, Wolfframb von Eschinbach, der sich kein Urteil erlaubte, ausgenommen, für heidnisch und abscheulich erklärten.

Nicht lange währte es, so war die Dame Mathilde in ihrem Wesen ganz und gar verändert. Mit höhnendem Stolz sah sie herab auf die andern Meister, und selbst dem armen Wolfframb von Eschinbach hatte sie ihre Gunst entzogen. Es kam so weit, daß Heinrich von Ofterdingen die Gräfin Mathilde unterrichten mußte in der Kunst des Gesanges, und sie selbst begann Lieder zu dichten, die gerade so klingen sollten, wie die, welche Ofterdingen sang. Seit dieser Zeit war es aber, als schwände von der berückten Frau alle Anmut und Holdseligkeit. Alles vernachlässigend, was zur Zierde holder Frauen dient, sich alles weiblichen Wesens entschlagend, wurde sie zum unheimlichen Zwitterwesen, von den Frauen gehaßt, von den Männern verlacht. Der Landgraf, befürchtend, daß der Wahnsinn der Gräfin wie eine böse Krankheit die andern Damen des Hofes ergreifen könne, erließ einen scharfen Befehl, daß keine Dame bei Strafe der Verbannung sich an das Dichten machen solle, wofür ihm die Männer, denen Mathildens Schicksal Schrecken eingejagt, herzlich dankten. Die Gräfin Mathilde verließ die Wartburg und bezog ein Schloß unfern Eisenach, wohin ihr Heinrich von Ofterdingen gefolgt wäre, hätte der Landgraf ihm nicht befohlen, noch den Kampf auszufechten, den ihm die Meister geboten. „Ihr habt", sprach Landgraf Hermann zu dem übermütigen Sänger, „Ihr habt durch Eure seltsame unheimliche Weise den schönen Kreis, den ich hier versammelt, gar häßlich gestört. Mich konntet Ihr niemals betören, denn von dem ersten Augenblick an habe ich es erkannt, daß Eure Lieder nicht aus der Tiefe eines wackern Sängergemüts kommen, sondern nur die Frucht der Lehren irgendeines falschen Meisters sind. Was hilft aller Prunk, aller Schimmer, aller Glanz, wenn er nur dazu dienen soll, einen toten Leichnam zu umhüllen. Ihr sprecht von hohen Dingen, von den Geheimnissen der Natur, aber nicht wie sie, süße Ahnungen des höhern Lebens, in der Brust des Menschen aufgehen, sondern wie sie der kecke Astrolog begreifen und messen will mit Zirkel und Maßstab. Schämt Euch, Heinrich von Ofterdingen, daß Ihr so geworden seid, daß Euer wackrer Geist sich gebeugt hat unter die Zucht eines unwürdigen Meisters."

„Ich weiß nicht", erwiderte Heinrich von Ofterdingen, „ich weiß nicht, mein hoher Herr, inwiefern ich Euern Zorn, Eure Vorwürfe verdiene. Vielleicht ändert Ihr indessen Eure Meinung, wenn Ihr erfahrt, *welcher* Meister mir dasjenige Reich des Gesanges, welches dessen eigentlichste Heimat ist, erschlossen.

In tiefer Schwermut hatte ich Euern Hof verlassen, und wohl mocht es sein, daß der Schmerz, der mich vernichten wollte, nur das gewaltsame Treiben war, der schönen Blüte, die in meinem Innern verschlossen nach dem befruchtenden Atem der höheren Natur schmachtete. Auf seltsame Weise kam mir ein Büchlein in die Hände, in welchem der höchste Meister des Gesanges auf Erden mit der tiefsten Gelehrsamkeit die Regeln der Kunst entwickelt und selbst einige Lieder hinzugefügt hatte. Je mehr ich nun in diesem Büchlein las, desto klarer wurde es mir, daß es wohl gar dürftig ausfalle, wenn der Sänger nur vermöge, *das* in Worte zu fassen, was er nun gerade im Herzen zu empfinden glaubt. Doch dies nicht genug – ich fühlte nach und nach mich wie verknüpft mit unbekannten Mächten, die oft statt meiner aus mir heraus sangen und doch war und blieb *ich* der Sänger. Meine Sehnsucht, den Meister selbst zu schauen und aus seinem eignen Munde die tiefe Weisheit, den richtenden Verstand ausströmen zu hören, wurde zum unwiderstehlichen Triebe. Ich machte mich auf, und wanderte nach Siebenbürgen. Ja! – vernehmt es, mein hoher Herr! Meister Klingsohr selbst ist es, den ich aufsuchte und dem ich den kühnen überirdischen Schwung meiner Lieder verdanke. Nun werdet Ihr wohl von meinen Bestrebungen günstiger urteilen."

„Der Herzog von Österreich", sprach der Landgraf, „hat mir gar viel zu dem Lobe Eures Meisters gesagt und geschrieben. Meister Klingsohr ist ein in tiefen geheimen Wissenschaften erfahrener Mann. Er berechnet den Lauf der Gestirne und erkennt die wunderbaren Verschlingungen ihres Ganges mit unserer Lebensbahn. Ihm sind die Geheimnisse der Metalle, der Pflanzen, des Gesteins offenbar, und dabei ist er erfahren in den Händeln der Welt, und steht dem Herzog von Österreich zur Seite mit Rat und Tat. Wie das alles aber nun mit dem reinen Gemüt des wahren Sängers bestehen mag, weiß ich nicht und glaube auch wohl, daß eben deshalb Meister Klingsohrs Lieder, so künstlich und wohlausgedacht, so schön geformt sie auch sein mögen, mein Gemüt ganz und gar nicht rühren können. – Nun, Heinrich von Ofterdingen, meine Meister, beinahe erzürnt über dein stolzes hochfahrendes Wesen, wollen mit dir um den Preis singen einige Tage hindurch, das mag denn nun geschehen."

Der Kampf der Meister begann. Sei es aber nun, daß Heinrichs, durch falsche Lehren irre gewordener Geist, sich gar nicht mehr zu fassen vermochte in dem reinen Strahl des wahrhaftigen Gemüts, oder daß besondere Begeisterung die Kraft der andern Meister verdoppelte: – genug! – jeder, wider Ofterdingen singend, jeder ihn besiegend, erhielt den Preis, um den dieser sich vergebens mühte. Ofterdingen ergrimmte über diese Schmach und begann nun Lieder, die, mit verhöhnenden Anspielungen auf den Landgrafen Hermann, den Herzog von Österreich Leopold den Siebenten bis über die Sterne erhoben und ihn die hellfunkelnde Sonne nannten, welche allein aller Kunst aufgegangen. Kam nun noch hinzu, daß er ebenso die Frauen am Hofe mit schnöden Worten angriff und die Schönheit und Holdseligkeit der Dame Mathilde allein auf heidnische ruchlose Art zu preisen fortfuhr, so konnt es nicht fehlen, daß alle Meister, selbst den sanften Wolfframb von Eschinbach nicht ausgenommen, in gerechten Zorn gerieten und in den heftigsten schonungslosesten Liedern seine Meisterschaft zu Boden traten. Heinrich Schreiber und Johannes Bitterolff bewiesen, den falschen Prunk von Ofterdingens Liedern abstreifend, die Elendigkeit der magern Gestalt, die sich dahinter verborgen, aber Walther von der Vogelweid und Reinhard von Zwekhstein gingen weiter. *Die* sagten, Ofterdingens schnödes Beginnen verdiene schwere Rache und die wollten sie an ihm nehmen, mit dem Schwerte in der Hand.

So sah nun Heinrich von Ofterdingen seine Meisterschaft in den Staub getreten und selbst sein Leben bedroht. Voller Wut und Verzweiflung rief er den edelgesinnten Landgrafen Hermann an, sein Leben zu schützen, ja noch mehr, die Entscheidung des Streites über die Meisterschaft des Gesanges dem berühmtesten Sänger der Zeit, dem Meister Klingsohr zu überlassen. „Es ist“, sprach der Landgraf, „es ist nunmehr mit Euch und den Meistern so weit gekommen, daß es noch um anderes gilt als um die Meisterschaft des Gesanges. Ihr habt in Euern wahnsinnigen Liedern mich, Ihr habt die holden Frauen an meinem Hofe schwer beleidigt. Euer Kampf betrifft also nicht mehr die Meisterschaft allein, sondern auch meine Ehre, die Ehre der Damen. Doch soll alles im Wettsingen ausgemacht werden und ich gestatte es, daß Euer Meister Klingsohr selbst entscheide. Einer von meinen Meistern, das Los soll ihn nennen, stellt sich Euch gegenüber und die Materie, worüber zu singen, möget ihr beide dann selbst wählen. – Aber der Henker soll mit entblößtem Schwerte hinter euch stehen und wer verliert, werde augenblicklich hingerichtet. – Gehet – schaffet, daß Meister Klingsohr binnen Jahresfrist nach der

Wartburg komme und den Kampf auf Tod und Leben entscheide." – Heinrich von Ofterdingen machte sich davon und so war zur Zeit die Ruhe auf der Wartburg wieder hergestellt.

Die Lieder, welche die Meister wider Heinrich von Ofterdingen gesungen, waren damals der Krieg von Wartburg geheißen.

Meister Klingsohr kommt nach Eisenach

Beinahe ein Jahr war verflossen, als die Nachricht nach der Wartburg kam, daß Meister Klingsohr wirklich in Eisenach angelangt und bei dem Bürger, Helgrefe geheißen, vor dem St. Georgentore eingezogen sei. Die Meister freuten sich nicht wenig, daß nun wirklich der böse Streit mit Heinrich von Ofterdingen geschlichtet werden solle, keiner war aber so voller Ungeduld, den weltberühmten Mann von Angesicht zu Angesicht zu schauen, als Wolfframb von Eschinbach. „Mag es sein", sprach er zu sich selbst, „mag es sein, daß, wie die Leute sagen, Klingsohr bösen Künsten ergeben ist, daß unheimliche Mächte ihm zu Gebote stehen, ja ihm wohl gar geholfen zur Meisterschaft in allem Wissen; aber wächst nicht der edelste Wein auf der verglühten Lava? Was geht es den dürstenden Wandrer an, daß die Trauben, an denen er sich erlabt, aus der Glut der Hölle selbst emporgekeimt sind? So will ich mich an des Meisters tiefer Wissenschaft und Lehre erfreuen, ohne weiter zu forschen und ohne mehr davon zu bewahren, als was ein reines frommes Gemüt in sich zu tragen vermag."

Wolfframb machte sich alsbald auf nach Eisenach. Als er vor das Haus des Bürgers Helgrefe kam, fand er einen Haufen Leute versammelt, die alle sehnsüchtig nach dem Erker hinaufblickten. Er erkannte unter ihnen viele junge Leute als Schüler des Gesanges, die hörten nicht auf, dieses, jenes, von dem berühmten Meister vorzubringen. Der eine hatte die Worte aufgeschrieben, die Klingsohr gesprochen, als er zu Helgrefe eingetreten, der andere wußte genau, was der Meister zu Mittag gespeiset, der dritte behauptete, daß ihn der Meister wirklich angeblickt und gelächelt, weil er ihn als Sänger erkannt am Barett, das er genauso trage wie Klingsohr, der vierte fing sogar ein Lied an, von dem er behauptete, es sei nach Klingsohrs Weise gedichtet. Genug es war ein unruhiges Treiben hin und her. Wolfframb von Eschinbach drang endlich mit Mühe durch und trat ins Haus. Helgrefe hieß ihn freundlich willkommen und lief herauf, um ihn seinem Begehren gemäß bei dem Meister melden zu lassen. Da hieß es aber, der Meister sei im Studieren begriffen und könne jetzt mit niemanden sprechen. In zwei Stunden solle man wiederum anfragen. Wolfframb mußte sich diesen Aufschub gefallen lassen. Nachdem er nach zwei Stunden wiedergekommen und noch eine Stunde gewartet, durfte Helgrefe ihn hinaufführen. Ein seltsam in bunter Seide gekleideter Diener öffnete die Türe des Gemachs, und Wolfframb trat hinein. Da gewahrte er einen großen stattlichen Mann, in einen langen Talar von dunkelrotem Samt mit weiten Ärmeln, und mit Zobel reich besetzt, gekleidet, der mit langsamen gravitätischen Schritten die Stube entlang hin und her wandelte. Sein Gesicht war beinahe anzusehen, wie die heidnischen Bildner ihren Gott Jupiter darzustellen pflegten, solch ein gebieterischer Ernst lag auf der Stirne, solch drohende Flammen blitzten aus den großen Augen. Um Kinn und Wangen legte sich ein wohlgekräuselter schwarzer Bart und das Haupt bedeckte ein fremdgeformtes Barett oder ein sonderbar verschlungenes Tuch, man konnte das nicht unterscheiden. Der Meister hatte die Arme vor der Brust übereinandergeschlagen und sprach mit hellklingender Stimme im Auf- und Abschreiten Worte, die Wolfframb gar nicht verstand. Sich im Zimmer umschauend, das mit Büchern und allerlei wunderlichen Gerätschaften angefüllt war, erblickte Wolfframb in einer Ecke ein kleines kaum drei Fuß hohes altes blasses Männlein, das auf einem hohen Stuhl vor einem Pulte saß und mit einer silbernen Feder auf einem großen Pergamentblatt emsig alles aufzuschreiben schien, was Meister Klingsohr sprach. Es hatte eine feine Weile gedauert, da fielen endlich des Meisters starre Blicke auf Wolfframb von Eschinbach und mit dem Sprechen innehaltend, blieb er in der Mitte des Zimmers stehen. Wolfframb begrüßte den Meister nun mit anmutigen Versen im schwarzen Ton. Er sagte, wie er gekommen sei, um sich zu erbauen an Klingsohrs hoher Meisterkunst, und bat, er solle nun ihm antworten im gleichen Ton und so seine Kunst hören lassen. Da maß ihn der Meister mit zornigen Blikken von Kopf bis zu Fuß und sprach dann: „Ei wer seid Ihr denn, junger Gesell! daß Ihr es wagt, hier so mit Euren albernen Versen hereinzubrechen und mich sogar herauszufordern, als sollt es ein Wettsingen gelten? Ha! Ihr seid ja wohl Wolfframb von Eschinbach, der allerungeschickteste, ungelehrteste

Laie von allen, die sich dort oben auf der Wartburg Meister des Gesanges nennen? – Nein, mein lieber Knabe, Ihr müßt wohl noch etwas wachsen, ehe Ihr Euch mit mir zu messen Verlangen tragen könnt." Einen solchen Empfang hatte Wolfframb von Eschinbach gar nicht erwartet. Das Blut wallte ihm auf vor Klingsohrs schnöden Worten, er fühlte lebhafter als jemals die ihm inwohnende Kraft, die ihm die Macht des Himmels verliehen. Ernst und fest blickte er dem stolzen Meister ins Auge, und sprach dann: „Ihr tut gar nicht gut, Meister Klingsohr, daß Ihr in solchen bittern, harten Ton fallet, statt mir liebreich und freundlich, wie ich Euch begrüßte, zu antworten. Ich weiß es, daß Ihr mir in aller Wissenschaft und wohl auch in der Kunst des Gesanges weit überlegen seid, aber das berechtigt Euch nicht zu der eitlen Prahlerei, die Ihr als Eurer unwürdig verachten müßtet. Ich sage es Euch frei heraus, Meister Klingsohr! daß ich nunmehr das glaube, was die Welt von Euch behauptet. Die Macht der Hölle sollt Ihr bezwingen, Umgang mit bösen Geistern sollt Ihr haben, mittelst der unheimlichen Wissenschaften, die Ihr getrieben. Daher soll Eure Meisterschaft kommen, weil Ihr aus der Tiefe die schwarzen Geister ins helle Licht heraufbeschworen, vor denen sich der menschliche Geist entsetzt. Und so ist es nur dieses Entsetzen, was Euch den Sieg verschafft, und nicht die tiefe Rührung der Liebe, welche aus dem reinen Gemüt des Sängers strömt in das verwandte Herz, das in süßen Banden gefangen, ihm untertan wird. Daher seid Ihr so stolz, wie kein Sänger es sein kann, der reinen Herzens geblieben." „Hoho", erwiderte Meister Klingsohr, „hoho junger Gesell, versteigt Euch nicht so hoch! – Was meinen Umgang mit unheimlichen Mächten betrifft, davon schweigt, das versteht Ihr nicht. Daß ich *daher* meine Meisterschaft des Gesanges *dem* zu verdanken haben soll, das ist das abgeschmackte Gewäsch einfältiger Kinder. Aber sagt mir doch, woher Euch die Kunst des Gesanges gekommen? Glaubt Ihr, daß ich nicht wußte, wie zu Siegebrunnen in Schottland Meister Friedebrand Euch einige Bücher borgte, die Ihr undankbar nicht zurückgabt, sondern an Euch behieltet, alle Eure Lieder daraus schöpfend? Hei! – hat *mir* der Teufel geholfen, so half Euch Euer undankbares Herz." Wolfframb erschrak beinahe vor diesem häßlichen Vorwurf. Er legte die Hand auf die Brust und sprach: „So wahr mir Gott helfe! – Der Geist der Lüge ist mächtig in Euch, Meister Klingsohr – wie hätte ich denn meinen hohen Meister Friedebrand so schändlich betrügen sollen um seine herrliche Schriften. Wißt, Meister Klingsohr, daß ich diese Schriften nur so lange, wie Friedebrand es wollte, in Händen hielt, daß er sie dann von mir wiedernahm. Habt Ihr denn nie Euch aus den Schriften anderer Meister belehrt?" „Mag", fuhr Meister Klingsohr fort, ohne auf Wolfframbs Rede sonderlich zu achten, „mag dem sein wie ihm wolle, woher möget Ihr denn nun Eure Kunst haben? Was berechtigt Euch, sich mir gleichzustellen? Wißt Ihr nicht, wie ich zu Rom, zu Paris, zu Krakau den Studien fleißig obgelegen, wie ich selbst nach den fernsten Morgenländern gereiset und die Geheimnisse der weisen Araber erforscht, wie ich dann auf allen Singschulen das Beste getan und wider alle, die in den Streit mit mir gegangen, den Preis errungen, wie ich ein Meister der sieben freien Künste worden? – Aber Ihr, der Ihr, entfernt von aller Wissenschaft und Kunst, in dem öden Schweizerlande gehauset, der Ihr ein in aller Schrift unerfahrner Laie geblieben, wie solltet Ihr denn zur Kunst des wahren Gesanges kommen?" Wolfframbs Zorn hatte sich indessen ganz gelegt, welches wohl daher rühren mochte, daß bei Klingsohrs prahlerischen Reden die köstliche Gabe des Gesanges in seinem Innern heller und freudiger hervorleuchtete wie die Sonnenstrahlen schöner funkeln, wenn sie siegend durch die düstern Wolken brechen, die der wilde Sturm herangejagt. Ein mildes anmutiges Lächeln hatte sich über sein ganzes Antlitz gelegt, und er sprach mit ruhigem, gefaßten Ton zu dem zornigen Meister Klingsohr: „Ei, mein lieber Meister, wohl könnt ich Euch entgegnen, daß, hab ich gleich nicht zu Rom und Paris studiert, suchte ich gleich nicht die weisen Araber auf, in ihrer eignen Heimat, ich doch nächst meinem hohen Meister Friedebrand, dem ich nachzog bis ins tiefe Schottland, noch viele gar kunstreiche Sänger vernahm, deren Unterricht mir vielen Nutzen brachte, daß ich an vielen Höfen unserer hohen deutschen Fürsten gleich Euch den Preis des Gesanges gewann. Ich meine aber, daß wohl aller Unterricht, alles Vernehmen der höchsten Meister mir gar nichts geholfen haben würde, wenn die ewige Macht des Himmels nicht den Funken in mein Innres gelegt hätte, der in den schönen Strahlen des Gesanges aufgeglommen, wenn ich nicht mit liebendem Gemüt alles Falsche und Böse von mir fern gehalten und noch hielte, wenn ich nicht mich mühte in reiner Begeisterung, nur das zu singen, was meine Brust mit freudiger, süßer Wehmut ganz und gar erfüllt."

Selbst wußte Wolfframb von Eschinbach nicht wie es geschah, daß er ein herrliches Lied im güldnen Ton begann, das er erst vor kurzem gedichtet.

Meister Klingsohr ging voller Wut auf und ab; dann blieb er vor Wolfframb stehen und blickte ihn an, als wolle er ihn durchbohren mit seinen starren, glühenden Augen. Als Wolfframb geendet, legte Klingsohr beide Hände auf Wolfframbs Schultern und sprach sanft und gelassen: „Nun, Wolfframb, weil Ihr es denn nicht anders wollt, so laßt uns um die Wette singen, in allerlei künstlichen Tönen und Weisen. Doch laßt uns anderswohin gehen, das Gemach taugt zu dergleichen nicht und Ihr sollt überdem einen Becher edlen Weins mit mir genießen.“

In dem Augenblick stürzte das kleine Männlein, das erst geschrieben, hinab von dem Stuhle und gab bei dem harten Fall auf den Boden einen feinen ächzenden Laut von sich. Klingsohr drehte sich rasch um und stieß mit dem Fuße den Kleinen in den unter dem Pulte befindlichen Schrank, den er verschloß. Wolfframb hörte das Männlein leise weinen und schluchzen. Nun schlug Klingsohr die Bücher zu, welche ringsumher offen herumlagen und jedesmal, wenn ein Deckel niederklappte, ging ein seltsamer schauerlicher Ton, wie ein tiefer Todesseufzer, durch die Zimmer. Wunderliche Wurzeln nahm nun Klingsohr in die Hand, die in dem Augenblick anzusehen waren wie fremde unheimliche Kreaturen und mit den Faden und Ästen zappelten, wie mit Armen und Beinen, ja oft zuckte ein kleines verzerrtes Menschengesichtlein hervor, das auf häßliche Weise grinzte und lachte. Und dabei wurd es in den Schränken ringsumher unruhig und ein großer Vogel schwirrte in irrem Fluge umher, mit goldgleißendem Fittich. Die tiefe Abenddämmerung war eingebrochen, Wolfframb fühlte sich von tiefem Grauen erfaßt. Da nahm Klingsohr aus einer Kapsel einen Stein hervor, der sogleich im ganzen Gemach den hellsten Sonnenglanz verbreitete. Alles wurde still und Wolfframb sah und hörte nichts mehr von dem, was ihm erst Entsetzen erregt.

Zwei Diener, so seltsamlich in bunter Seide gekleidet, wie *der*, welcher erst die Türe des Gemachs geöffnet, traten hinein, mit prächtigen Kleidern, die sie dem Meister Klingsohr anlegten.

Beide, Meister Klingsohr und Wolfframb von Eschinbach, gingen nun zusammen nach dem Ratskeller.

Sie hatten auf Versöhnung und Freundschaft getrunken und sangen nun widereinander in den verschiedensten künstlichsten Weisen. Kein Meister war zugegen, der hätte entscheiden können, wer den andern besieget, aber jeder würde den Klingsohr für überwunden gehalten haben, denn sosehr er sich in großer Kunst, in mächtigem Verstande mühte, niemals konnte er nur im mindesten die Stärke und Anmut der einfachen Lieder erreichen, welche Wolframb von Eschinbach vorbrachte.

Wolframb hatte eben ein gar herrliches Lied geendet, als Meister Klingsohr zurückgelehnt in den Polsterstuhl, den Blick niedergeschlagen, mit gedämpfter düstrer Stimme sprach: „Ihr habt mich vorhin übermütig und prahlerisch genannt, Meister Wolframb, aber sehr würdet Ihr irren, wenn Ihr etwa glaubtet, daß mein Blick, verblendet durch einfältige Eitelkeit, nicht sollte die wahre Kunst des Gesanges erkennen können, ich möge sie nun antreffen in der Wildnis, oder in dem Meistersaal. Keiner ist hier, der zwischen uns richten könnte, aber ich sage Euch, Ihr habt mich überwunden, Meister Wolframb, und daß ich Euch das sage, daran möget Ihr auch die Wahrhaftigkeit meiner Kunst erkennen." „Ei, mein lieber Meister Klingsohr", erwiderte Wolframb von Eschinbach, „wohl mocht es sein, daß eine besondere Freudigkeit, die in meiner Brust aufgegangen, meine Lieder mir heute besser gelingen ließ, als sonst, aber ferne sei es von mir, daß ich mich deshalb über Euch stellen sollte. Vielleicht war heute Euer Inneres verschlossen. Pflegt es denn nicht zu geschehen, daß manchmal eine drückende Last auf einem ruht, wie ein düstrer Nebel auf heller Wiese, vor dem die Blumen nicht vermögen, ihre glänzenden Häupter zu erheben. Aber erklärt Ihr Euch *heute* auch für überwunden, so habe ich doch in Euern schönen Liedern gar Herrliches vernommen und es kann sein, daß *morgen Ihr* den Sieg erringet."

Meister Klingsohr sprach: „Wozu hilft Euch Eure fromme Bescheidenheit!" sprang dann schnell vom Stuhle auf, stellte sich, den Rücken Wolframb zugekehrt, unter das hohe Fenster und schaute schweigend in die bleichen Mondesstrahlen, die aus der Höhe hinabfielen.

Das hatte wohl einige Minuten gedauert, da drehte er sich um, ging auf Wolframb los und sprach, indem ihm die Augen vor Zorn funkelten, mit starker Stimme: „Ihr habt recht, Wolframb von Eschinbach, über finstre Mächte gebietet meine Wissenschaft, unser inneres Wesen muß uns entzweien.

Mich habt Ihr überwunden, aber in der Nacht, die dieser folgt, will ich Euch einen schicken, der Nasias geheißen. Mit dem beginnt ein Wettsingen und seht Euch vor, daß *der* Euch nicht überwinde."

Damit stürmte Meister Klingsohr fort zur Türe des Ratskellers hinaus.

Nasias kommt in der Nacht zu Wolfframb von Eschinbach

Wolfframb wohnte in Eisenach dem Brothause gegenüber, bei einem Bürger, Gottschalk geheißen. Das war ein freundlicher frommer Mann, der seinen Gast hoch in Ehren hielt. Es mochte wohl sein, daß, unerachtet Klingsohr und Eschinbach auf dem Ratskeller sich einsam und unbelauscht geglaubt, doch manche, vielleicht von jenen jungen Schülern des Gesanges, die dem berühmten Meister auf Schritt und Tritt folgten und jedes Wort, das von seinen Lippen kam, zu erhaschen suchten, Mittel gefunden hatten, das Wettsingen der Meister zu erhorchen. Durch ganz Eisenach war das Gerücht gedrungen, wie Wolfframb von Eschinbach den großen Meister Klingsohr im Gesange besieget, und so hatte auch Gottschalk es erfahren. Voller Freude lief er herauf zu seinem Gast und fragte, wie das nur habe geschehen können, daß sich der stolze Meister auf dem Ratskeller in ein Wettsingen eingelassen? Wolfframb erzählte getreulich, wie sich alles begeben und verschwieg nicht, wie Meister Klingsohr gedroht, ihm in der Nacht einen auf den Hals zu schicken, der Nasias geheißen und mit dem er um die Wette singen solle. Da erblaßte Gottschalk vor Schreck, schlug die Hände zusammen und rief mit wehmütiger Stimme: „Ach du Gott im Himmel, wißt Ihr's denn nicht, lieber Herr, daß es Meister Klingsohr mit bösen Geistern zu tun hat, die ihm untertan sind und seinen Willen tun müssen. Helgrefe, bei dem Meister Klingsohr Wohnung genommen, hat seinen Nachbarsleuten die wunderlichsten Dinge von seinem Treiben erzählt. Zur Nachtzeit soll es oft sein, als wäre eine große Gesellschaft versammelt, obschon man niemand ins Haus gehen sehen, und dann beginne ein seltsames Singen und tolles Wirtschaften und blendendes Licht strahle durch die Fenster! Ach, vielleicht ist dieser Nasias, mit dem er Euch bedroht, der böse Feind selbst, der Euch ins Verderben stürzen wird! – Zieht fort, lieber Herr, wartet den bedrohlichen Besuch nicht ab; ja ich beschwöre

Euch: zieht fort." – „Ei", erwiderte Wolfframb von Eschinbach, „ei, lieber Hauswirt Gottschalk, wie sollt ich denn scheu dem mir gebotenen Wettsingen ausweichen, das wäre ja gar nicht Meistersängers Art. Mag nun Nasias ein böser Geist sein oder nicht, ich erwarte ihn ruhig. Vielleicht übertönt er mich mit allerlei acherontischen Liedern, aber vergebens wird er versuchen, meinen frommen Sinn zu betören und meiner unsterblichen Seele zu schaden." „Ich weiß es schon", sprach Gottschalk, „ich weiß es schon, Ihr seid ein gar mutiger Herr der eben den Teufel selbst nicht fürchtet. Wollt Ihr denn nun durchaus hier bleiben, so erlaubt wenigstens, daß künftige Nacht mein Knecht Jonas bei Euch bleibe. Das ist ein tüchtiger frommer Mensch mit breiten Schultern, dem das Singen durchaus nicht schadet. Solltet Ihr nun etwa vor dem Teufelsgeplärre schwach und ohnmächtig werden, und Nasias Euch was anhaben wollen, so soll Jonas ein Geschrei erheben und wir rücken dann an mit Weihwasser und geweihten Kerzen. Auch soll der Teufel den Geruch von Bisam nicht vertragen können, den in einem Säckchen ein Kapuziner auf der Brust getragen. Den will ich ebenfalls in Bereitschaft halten, und sobald Jonas geschrien, dermaßen räuchern, daß dem Meister Nasias im Singen der Atem vergehn soll." Wolfframb von Eschinbach lächelte über seines Hauswirts gutmütige Besorglichkeit, und meinte, er sei nun einmal auf alles gefaßt und wolle es schon mit dem Nasias aufnehmen. Jonas, der fromme Mensch mit breiten Schultern und gewappnet gegen alles Singen möge aber immerhin bei ihm bleiben. Die verhängnisvolle Nacht war hereingebrochen. Noch blieb alles still. Da schwirrten und dröhnten die Gewichte der Kirchuhr, es schlug zwölfe. Ein Windstoß brauste durch das Haus, häßliche Stimmen heulten durcheinander und ein wildes krächzendes Angstgeschrei, wie von verscheuchten Nachtvögeln, fuhr auf. Wolfframb von Eschinbach hatte allerlei schönen frommen Dichtergedanken Raum gegeben und des bösen Besuchs beinahe vergessen. Jetzt rannen doch Eisschauer durch sein Innres, er faßte sich aber mit Macht zusammen und trat in die Mitte des Gemachs. Mit einem gewaltigen Schlage, von dem das ganze Haus erdröhnte, sprang die Türe auf und eine große, von rotem Feuerglanze umflossene Gestalt, stand vor ihm und schaute ihn an mit glühenden, tückischen Augen. Die Gestalt war von solch greulichem Ansehen, daß wohl manchem andern aller Mut entflohen, ja daß er, von wildem

Entsetzen erfaßt, zu Boden gesunken, doch Wolfframb hielt sich aufrecht und fragte mit ernstem, nachdrücklichen Ton: „Was habt Ihr des Orts zu tun oder zu suchen?“ Da rief die Gestalt mit widrig gellender Stimme: „Ich bin Nasias und gekommen, mit Euch zu gehen in den Kampf der Sängerkunst.“ Nasias schlug den großen Mantel auseinander und Wolfframb gewahrte, daß er unter den Armen eine Menge Bücher trug, die er nun auf den Tisch fallen ließ, der ihm zur Seite stand. Nasias fing auch alsbald ein wunderliches Lied an, von den sieben Planeten und von der himmlischen Sphären Musik, wie sie in dem Traum des Scipio beschrieben, und wechselte mit den künstlichsten seltsamsten Weisen. Wolfframb hatte sich in seinen großen Polsterstuhl gesetzt, und hörte ruhig mit niedergeschlagenen Blicken alles an, was Nasias vorbrachte. Als der nun sein Lied endlich geschlossen, begann Eschinbach eine schöne fromme Weise, von geistlichen Dingen. Da sprang Nasias hin und her und wollte dazwischenplärren und mit den schweren Büchern, die er mitgebracht, nach dem Sänger werfen, aber je heller und mächtiger Wolfframbs Lied wurde, desto mehr verblaßte Nasias' Feuerglanz, desto mehr schrumpfte seine Gestalt zusammen, so daß er zuletzt eine Spange lang mit seinem roten Mäntelchen und der dicken Halskrause an den Schränken auf und ab kletterte, widrig quäkend und miauend. Wolfframb, nachdem er geendet, wollte ihn ergreifen, da schoß er aber plötzlich auf, so hoch wie er zuvor gewesen, und hauchte zischende Feuerflammen um sich her. „Hei hei“, rief Nasias dann mit hohler entsetzlicher Stimme, „hei hei! spaße nicht mit mir, Geselle! – Ein guter Theologe magst du sein und dich wohl verstehen auf die Spitzfündigkeiten und Lehren Eures dicken Buchs, aber darum bist du noch kein Sänger, der sich messen kann mit mir und meinem Meister. Laßt uns ein schönes Liebeslied singen und du magst dich dann vorsehen mit deiner Meisterschaft.“ Nasias begann nun ein Lied von der schönen Helena und von den überschwenglichen Freuden des Venusberges. In der Tat klang das Lied gar verlockend und es war als wenn die Flammen, die Nasias um sich sprühte, zu lüsterne Begierde und Liebeslust atmenden Düften würden, in denen die süßen Töne auf und nieder wogten, wie gaukelnde Liebesgötter. So wie die vorigen Lieder, hörte Wolfframb auch dieses ruhig mit niedergesenktem Blicke an. Aber bald war es ihm als wandle er in den düstern Gängen eines lieblichen Gartens und die holden Töne einer herrlichen Musik schlüpften über die

Blumenbeete hin und brächen wie flimmerndes Morgenrot durch das dunkle Laub, und das Lied des Bösen versinke in Nacht vor ihnen, wie der scheue Nachtvogel sich krächzend hinabstürzt in die tiefe Schlucht vor dem siegenden Tage. Und als die Töne heller und heller strahlten, bebte ihm die Brust vor süßer Ahnung und unaussprechlicher Sehnsucht. Da trat *sie*, sein einziges Leben, in vollem Glanz aller Schönheit und Holdseligkeit hervor aus dem dichten Gebüsch, und in tausend Liebesseufzern die herrlichste Frau grüßend, rauschten die Blätter und plätscherten die blanken Springbrunnen. Wie auf den Fittichen eines schönen Schwans, schwebte sie daher auf den Flügeln des Gesanges, und sowie ihr Himmelsblick ihn traf, war alle Seligkeit der reinsten, frömmsten Liebe entzündet in seinem Innern. Vergebens rang er nach Worten, nach Tönen. Sowie sie verschwunden, warf er sich voll des seligsten Entzückens hin auf den bunten Rasen. Er rief ihren Namen in die Lüfte hinein, er umschlang in heißer Sehnsucht die hohen Lilien, er küßte die Rosen auf den glühenden Mund und alle Blumen verstanden sein Glück und der Morgenwind, die Quellen, die Büsche sprachen mit ihm von der unnennbaren Lust frommer Liebe! – So gedachte Wolfframb, während daß Nasias fortfuhr mit seinen eitlen Liebesliedern, jenes Augenblicks, als er die Dame Mathilde zum erstenmal erblickte in dem Garten auf der Wartburg, sie selbst stand vor ihm in der Holdseligkeit und Anmut wie damals, sie blickte ihn an wie damals, so fromm und liebend. Wolfframb hatte nichts vernommen von dem Gesange des Bösen; als dieser aber nun schwieg, begann Wolfframb ein Lied, das in den herrlichsten, gewaltigsten Tönen die Himmelsseligkeit der reinen Liebe des frommen Sängers pries.

Unruhiger und unruhiger wurde der Böse, bis er endlich auf garstige Weise zu meckern und herumzuspringen und im Gemach allerlei Unfug zu treiben begann. Da stand Wolfframb auf von seinem Polsterstuhl und befahl dem Bösen, in Christus und der Heiligen Namen, sich davonzupacken. Nasias, heftige Flammen um sich sprühend, raffte seine Bücher zusammen, und rief mit höhnischem Gelächter: „Schnib, Schnab, was bist du mehr denn ein grober Lai, darum gib nur Klingsohr die Meisterschaft!" – Wie der Sturm brauste er fort und ein erstickender Schwefeldampf erfüllte das Gemach.

Wolfframb öffnete die Fenster, die frische Morgenluft strömte hinein und vertilgte die Spur des Bösen. Jonas fuhr auf aus dem tiefen Schlafe, in den er versunken, und wunderte sich nicht wenig, als er vernahm, daß schon alles vorüber. Er rief seinen Herrn herbei. Wolfframb erzählte, wie sich alles begeben und hatte Gottschalk den edlen Wolfframb schon zuvor hoch verehrt, so erschien er ihm jetzt wie ein Heiliger, dessen fromme Weihe die verderblichen Mächte der Hölle besiege. Als nun Gottschalk in dem Gemach zufällig den Blick in die Höhe richtete, da wurde er zu seiner Bestürzung gewahr, daß hoch über der Türe in feuriger Schrift die Worte standen: Schnib, Schnab, was bist du mehr denn ein grober Lai, darum gib nur Klingsohr die Meisterschaft!

So hatte der Böse im Verschwinden die letzten Worte, die er gesprochen, hingeschrieben, wie eine Herausforderung auf ewige Zeiten. „Keine ruhige Stunde", rief Gottschalk, „keine ruhige Stunde kann ich hier verleben, in meinem eignen Hause, solange die abscheuliche Teufelsschrift, meinen lieben Herrn Wolfframb von Eschinbach verhöhnend, dort an der Wand fortbrennt." Er lief auch stracks zu Maurern, die die Schrift übertünchen sollten. Das war aber ein eitles Mühen. Eines Fingers dick strichen sie den Kalk über und doch kam die Schrift wieder zum Vorschein, ja, als sie endlich den Mörtel wegschlugen, brannte die Schrift doch wiederum hervor aus den roten Ziegelsteinen. Gottschalk jammerte sehr und bat Herrn Wolfframb, er möge doch durch ein tüchtiges Lied den Nasias zwingen, daß er selbst die abscheulichen Worte weglösche. Wolfframb sprach lächelnd, daß das vielleicht nicht in seiner Macht stehen möge, Gottschalk solle indessen nur ruhig sein, da die Schrift, wenn er Eisenach verlasse, vielleicht von selbst verschwinden werde.

Es war hoher Mittag, als Wolfframb von Eschinbach frohen Mutes und voll lebendiger Heiterkeit, wie einer, der den herrlichsten Hoffnungsschimmern entgegenziehet, Eisenach verließ. Unfern der Stadt kamen ihm in glänzenden Kleidern, auf schön geschmückten Rossen, begleitet von vieler Dienerschaft, der Graf Meinhard zu Mühlberg und der Schenk Walther von Vargel entgegen. Wolfframb von Eschinbach begrüßte sie und erfuhr, daß der Landgraf Hermann sie nach Eisenach sende, um den berühmten Meister Klingsohr feierlich abzuholen und zu geleiten nach der Wartburg. Klingsohr hatte zur Nachtzeit sich auf einen hohen Erker in Helgrefens Hause begeben und mit großer Mühe und Sorgfalt die Sterne beobachtet. Als er nun seine astrologischen Linien zog, bemerkten ein paar Schüler der Astrologie, die sich zu ihm gefunden, an seinem seltsamen

Blick, an seinem ganzen Wesen, daß irgendein wichtiges Geheimnis, welches er in den Sternen gelesen, in seiner Seele liege. Sie trugen keine Scheu, ihn darum zu befragen. Da stand Klingsohr auf von seinem Sitze und sprach mit feierlicher Stimme: „Wisset, daß in dieser Nacht dem Könige von Ungarn, Andreas dem Zweiten, ein Töchterlein geboren wurde. Die wird aber Elisabeth heißen und ob ihrer Frömmigkeit und Tugend heiliggesprochen werden in künftiger Zeit von dem Papst Gregor dem Neunten. Und die heilige Elisabeth ist erkoren zum Weibe Ludwigs, des Sohnes Eures Herrn Landgrafen Hermann!"

Diese Prophezeiung wurde sogleich dem Landgrafen hinterbracht, der darüber tief bis in das Herz hinein erfreut war. Er änderte auch seine Gesinnung gegen den berühmten Meister, dessen geheimnisvolle Wissenschaft ihm einen solchen schönen Hoffnungsstern aufgehen lassen, und beschloß, ihn mit allem Prunk, als sei er ein Fürst und hoher Herr, nach der Wartburg geleiten zu lassen.

Wolfframb meinte, daß nun wohl gar darüber die Entscheidung des Sängerkampfes auf Tod und Leben unterbleiben werde, zumal Heinrich von Ofterdingen sich noch gar nicht gemeldet. Die Ritter versicherten dagegen, daß der Landgraf schon Nachricht erhalten, wie Heinrich von Ofterdingen angekommen. Der innere Burghof werde zum Kampfplatz eingerichtet und der Scharfrichter Stempel aus Eisenach sei auch schon nach der Wartburg beschieden.

Meister Klingsohr verläßt die Wartburg. Entscheidung des Dichterkampfs

In einem schönen hohen Gemach auf der Wartburg saßen Landgraf Hermann und Meister Klingsohr im traulichen Gespräch beisammen, Klingsohr versicherte nochmals, daß er die Konstellation der vorigen Nacht in die Elisabeths Geburt getreten, ganz und gar erschaut und schloß mit dem Rat, daß Landgraf Hermann sofort eine Gesandtschaft an den König von Ungarn abschicken und für seinen eilfjährigen Sohn Ludwig um die neugeborne Prinzessin werben lassen solle. Dem Landgrafen gefiel dieser Rat sehr wohl, und als er nun des Meisters Wissenschaft rühmte, begann dieser von den Geheimnissen der Natur, von dem Mikrokosmus und Makrokosmus so gelehrt und herrlich zu sprechen, daß der Landgraf, selbst nicht ganz unerfahren in dergleichen Dingen, erfüllt wurde von der tiefsten Bewunderung. „Ei“, sprach der Landgraf, „ei, Meister Klingsohr, ich möchte beständig Eures lehrreichen Umgangs genießen. Verlaßt das unwirtbare Siebenbürgen und zieht an meinen Hof, an dem, wie Ihr es einräumen werdet, Wissenschaft und Kunst höher geachtet werden, als irgendwo. Die Meister des Gesanges werden Euch aufnehmen wie ihren Herrn, denn wohl möget Ihr in dieser Kunst ebenso reich begabt sein, als in der Astrologie und andern tiefen Wissenschaften. Also bleibt immer hier und gedenkt nicht zurückzukehren nach Siebenbürgen.“ „Erlaubt“, erwiderte Meister Klingsohr, „erlaubt, mein hoher Fürst, daß ich noch in dieser Stunde zurückkehren darf nach Eisenach und dann weiter nach Siebenbürgen. Nicht so unwirtbar ist das Land, als Ihr es glauben möget, und dann meinen Studien so recht gelegen. Bedenkt auch weiter, daß ich unmöglich meinem Könige Andreas dem Zweiten zu nahe treten darf, von dem ich ob meiner Bergwerkskunde, die ihm schon manchen an den edelsten Metallen reichen Schacht aufgetan, einen Jahrgehalt von dreitausend Mark Silber genieße, und also lebe in der sorgenlosen Ruhe, die allein Kunst und Wissenschaft gedeihen läßt. Hier würde es nun, sollt ich auch wohl jenen Jahrgehalt entbehren können, nichts als Zank und Streit geben mit Euern Meistern. Meine Kunst beruht auf andern Grundfesten, als die ihrige, und will sich nun auch dann ganz anders gestalten von innen und außen. Mag es doch sein, daß ihr frommer Sinn und ihr reiches Gemüt (wie sie es nennen) ihnen genug ist zum Dichten ihrer Lieder, und daß sie sich wie furchtsame Kinder nicht hinauswagen wollen in ein fremdes Gebiet, ich will sie darum gar nicht eben verachten, aber mich in ihre Reihe zu stellen, das bleibt unmöglich.“ „So werdet Ihr“, sprach der Landgraf, „doch noch dem Streit, der sich zwischen Euerm Schüler Heinrich von Ofterdingen und den andern Meistern entsponnen, als Schiedsrichter beiwohnen?“ „Mitnichten“, erwiderte Klingsohr, „wie könnt ich denn das, und wenn ich es auch könnte, so würde ich es doch nie wollen. Ihr selbst, mein hoher Fürst, entscheidet den Streit, indem Ihr nur die Stimme des Volks bestätigt, die gewißlich laut werden wird. Nennt aber Heinrich von Ofterdingen nicht meinen Schüler. Es schien, als wenn er Mut und Kraft hätte, aber nur an der bittern Schale nagte er, ohne die Süßigkeit des Kerns zu schmecken! – Nun! – bestimmt getrost den Tag des Kampfs, ich werde dafür sorgen, daß Heinrich von Ofterdingen sich pünktlich gestelle."

Die dringendsten Bitten des Landgrafen vermochten nichts über den störrischen Meister. Er blieb bei seinen Entschlüssen und verließ, vom Landgrafen reichlich beschenkt, die Wartburg.

Der verhängnisvolle Tag, an dem der Kampf der Sänger beginnen und enden sollte, war gekommen. In dem Burghofe hatte man Schranken gebauet, beinahe als sollte es ein Turnier geben. Mitten im Kreise befanden sich zwei schwarz behängte Sitze für die kämpfenden Sänger, hinter denselben war ein hohes Schafott errichtet. Der Landgraf hatte zwei edle, des Gesanges kundige Herren vom Hofe, eben dieselben, die den Meister Klingsohr nach der Wartburg geleiteten, den Grafen Meinhard zu Mühlberg und den Schenken Walther von Vargel, zu Schiedsrichtern erwählt. Für diese und den Landgrafen war den Kämpfenden gegenüber ein hohes reichbehängtes Gerüst errichtet, dem sich die Sitze der Damen und der übrigen Zuschauer anschlossen. Nur den Meistern war, den kämpfenden Sängern und dem Schafott zur Seite eine besondere schwarz behängte Bank bestimmt.

Tausende von Zuschauern hatten die Plätze gefüllt, aus allen Fenstern der Wartburg, ja von den Dächern guckte die neugierige Menge herab. Unter dem dumpfen Schall gedämpfter Pauken und Trompeten kam der Landgraf von den Schiedsrichtern begleitet aus dem Tor der Burg und bestieg das Gerüst. Die Meister in feierlichem Zuge, Walther von der Vogelweid an der Spitze, nahmen die für sie bestimmte Bank ein. Auf dem Schafott stand mit zween Knechten der Scharfrichter aus Eisenach, Stempel, ein riesenhafter Kerl von wildem trotzigen Ansehen, in einen weiten blutroten Mantel gewickelt, aus dessen Falten der funkelnde Griff eines ungeheuren Schwerts hervorblickte. Vor dem Schafott nahm Pater Leonhard Platz, des Landgrafen Beichtiger, gesendet, um dem Besiegten beizustehen in der Todesstunde.

Ein ahnungsbanges Schweigen, in dem jeder Seufzer hörbar, ruhte auf der versammelten Menge. Man erwartete mit innerm Entsetzen das Unerhörte, das sich nun begeben sollte. Da trat, mit den Zeichen seiner Würde angetan, des Landgrafen Marschall Herr Franz von Waldstromer, hinein in den Kreis und verlas nochmals die Ursache des Streits und das unwiderrufliche Gebot des Landgrafen Hermann, nach welchem der im Gesange Besiegte hingerichtet werden solle mit dem Schwert. Pater Leonhard erhob das Kruzifix und alle Meister, vor ihrer Bank mit entblößten Häuptern knieend, schworen, sich willig und freudig zu unterwerfen dem Gebot des Landgrafen Hermann. Sodann schwang der Scharfrichter Stempel das breite blitzfunkelnde Schwert dreimal durch die Lüfte und rief mit dröhnender Stimme: Er wolle den, der ihm in die Hand gegeben, richten nach bestem Wissen und Gewissen. Nun erschallten die Trompeten, Hr. Franz von Waldstromer trat in die Mitte des Kreises und rief dreimal stark und nachdrücklich: „Heinrich von Ofterdingen – Heinrich von Ofterdingen – Heinrich von Ofterdingen!“

Und als habe Heinrich unbemerkt dicht an den Schranken auf das Verhallen des letzten Rufs gewartet, so stand er plötzlich bei dem Marschall in der Mitte des Kreises. Er verneigte sich vor dem Landgrafen und sprach mit festem Ton, er sei gekommen nach dem Willen des Landgrafen in den Kampf zu gehen mit *dem* Meister, der sich gegenüberstellen werde, und wolle sich unterwerfen dem Urteil der erwählten Schiedsrichter. Darauf trat der Marschall vor die Meister hin mit einem silbernen Gefäß, aus dem jeder ein Los ziehen mußte. Sowie Wolfframb von Eschinbach sein Los entwickelte, fand er das Zeichen des Meisters, der zum Kampf bestimmt sein sollte. Todesschrecken wollte ihn übermannen, als er gedachte, wie er nun gegen den Freund kämpfen sollte, doch bald war es ihm, als sei es ja eben die gnadenreiche Macht des Himmels, die *ihn* zum Kämpfer erwählt. Besiegt würde er ja gerne sterben, als Sieger aber auch eher selbst in den Tod gehen, als zugeben, daß Heinrich von Ofterdingen unter der Hand des Henkers sterben solle. Freudig mit heitrem Antlitz begab er sich auf den Platz. Als er nun dem Freunde gegenübersaß und ihm ins Antlitz schaute, befiel ihn ein seltsames Grauen. Er sah des Freundes Züge, aber aus dem leichenblassen Gesicht funkelten unheimlich glühende Augen ihn an, er mußte an Nasias denken.

Heinrich von Ofterdingen begann seine Lieder und Wolfframb wollte sich beinah entsetzen, als er dasselbe vernahm, was Nasias in jener verhängnisvollen Nacht gesungen. Er faßte sich jedoch mit Gewalt zusammen und antwortete seinem Gegner mit einem hochherrlichen Liede, daß der Jubel von tausend Zungen in die Lüfte emportönte und das Volk ihm schon den Sieg zuerkennen wollte. Auf den Befehl des Landgrafen mußte jedoch Heinrich von Ofterdingen weitersingen. Heinrich begann nun Lieder, die in den wunderlichsten Weisen solche Lust des Lebens atmeten, daß, wie von dem glutvollen Blütenhauch der Gewächse des fernen Indiens berührt, alle in süße Betäubung versanken. Selbst Wolfframb von Eschinbach fühlte sich entrückt in ein fremdes Gebiet, er konnte sich nicht auf seine Lieder, nicht mehr auf sich selbst besinnen. In dem Augenblick entstand am Eingange des Kreises ein Geräusch, die Zuschauer wichen auseinander. Wolfframb durchbebte ein elektrischer Schlag, er erwachte aus dem träumerischen Hinbrüten, er blickte hin, und o Himmel! eben schritt die Dame Mathilde in aller Holdseligkeit und Anmut, wie zu jener Zeit, als er sie zum erstenmal im Garten auf der Wartburg sah, in den Kreis. Sie warf den seelenvollsten Blick der innigsten Liebe auf ihn. Da schwang sich die Lust des Himmels, das glühendste Entzücken jubelnd empor in demselben Liede, womit er in jener Nacht den Bösen bezwungen. Das Volk erkannte ihm mit stürmischen Getöse den Sieg zu. Der Landgraf erhob sich mit den Schiedsrichtern. Trompeten ertönten, der Marschall nahm den Kranz aus den Händen des Landgrafen, um ihn dem Sänger zu bringen. Stempel rüstete sich sein Amt zu verrichten, aber die Schergen, die den Besiegten fassen wollten, griffen in eine schwarze Rauchwolke, die sich brausend und zischend erhob und schnell in den Lüften verdampfte. Heinrich von Ofterdingen war verschwunden auf unbegreifliche Weise. Verwirrt, Entsetzen auf den bleichen Gesichtern, lief alles durcheinander; man sprach von Teufelsgestalten, von bösem Spuk. Der Landgraf versammelte aber die Meister um sich und redete also zu ihnen: „Ich verstehe wohl jetzt, was Meister Klingsohr eigentlich gemeint hat, wenn er so seltsam und wunderlich über den Kampf der Sänger sprach und durchaus nicht selbst entscheiden wollte, und mag es ihm wohl Dank wissen, daß sich alles so fügte. Ist es nun Heinrich von Ofterdingen selbst gewesen, der sich in den Kampf stellte, oder einer, den Klingsohr sandte, statt des Schülers, das gilt gleich. Der Kampf ist entschieden, euch zugunsten, ihr meine wackern Meister, und laßt uns nun in Ruhe und Einigkeit die herrliche Kunst des Gesanges ehren und nach Kräften fördern!"

Einige Diener des Landgrafen, die die Burgwacht gehabt, sagten aus, wie zur selben Stunde, als Wolfframb von Eschinbach den vermeintlichen Heinrich von Ofterdingen besiegt hatte, eine Gestalt, beinahe anzusehen wie Meister Klingsohr, auf einem schwarzen schnaubenden Rosse durch die Burgpforten davongesprengt sei.

Die Gräfin Mathilde hatte sich indessen nach dem Garten der Wartburg begeben und Wolfframb von Eschinbach war ihr dahin nachgefolgt.

Als er sie nun fand, wie sie unter schönen blühenden Bäumen auf einer blumigen Rasenbank saß, die Hände auf dem Schoß gefaltet, das schöne Haupt in Schwermut niedergesenkt zur Erde, da warf er sich der holden Frau zu Füßen, keines Wortes mächtig. Mathilde umfing voll sehnsüchtigen Verlangens den Geliebten. Beide vergossen heiße Tränen vor süßer Wehmut, vor Liebesschmerz. „Ach Wolfframb", sprach Mathilde endlich, „ach Wolfframb, welch ein böser Traum hat mich berückt, wie habe ich mich, ein unbedachtsames verblendetes Kind, hingegeben dem Bösen, der mir nachstellte? Wie habe ich mich gegen dich vergangen! Wirst du mir denn verzeihen können!"

Wolfframb schloß Mathilden in seine Arme und drückte zum erstenmal brennende Küsse auf den süßen Rosenmund der holdseligsten Frau. Er versicherte, wie sie fortwährend in seinem Herzen gelebt, wie er der bösen Macht zum Trotz ihr treu geblieben, wie nur sie allein, die Dame seiner Gedanken, ihn zu dem Liede begeistert, vor dem der Böse gewichen. „O", sprach Mathilde, „o mein Geliebter, laß es dir nur sagen, auf welche wunderbare Weise du mich errettet hast aus den bösen Schlingen, die mir gelegt. In einer Nacht, nur kurze Zeit ist darüber verstrichen, umfingen mich seltsame, grauenvolle Bilder. Selbst wußt ich nicht, war es Lust oder Qual, was meine Brust so gewaltsam zusammenpreßte, daß ich kaum zu atmen vermochte. Von unwiderstehlichem Drange getrieben, fing ich an, ein Lied aufzuschreiben, ganz nach der Art meines unheimlichen Meisters, aber da betäubte ein wunderliches halb wohllautendes, halb widrigklingendes Getön meine Sinne und es war, als habe ich statt des Liedes die schauerliche Formel aufgeschrieben, deren Bann die finstre Macht gehorchen müsse. Eine wilde entsetzliche Gestalt stieg auf, umfaßte mich mit glühenden Armen und wollte mich hinabreißen in den schwarzen Abgrund. Doch plötzlich leuchtete ein Lied durch die Finsternis, dessen Töne funkelten wie milder Sternenschimmer. Die finstre Gestalt hatte ohnmächtig von mir ablassen müssen, jetzt streckte sie aufs neue grimmig die glühenden Arme nach mir aus, aber nicht mich, nur das Lied, das ich gedichtet, konnte sie erfassen und damit stürzte sie sich kreischend in den Abgrund. *Dein* Lied war es, das Lied, das du heute sangst, das Lied, vor dem der Böse weichen mußte, war es, was mich rettete. Nun bin ich ganz dein, meine Lieder sind nur die treue Liebe zu dir, deren überschwengliche Seligkeit keine Worte zu verkünden vermögen!" – Aufs neue sanken sich die Liebenden in die Arme und konnten nicht aufhören von der überstandnen Qual, von dem süßen Augenblick des Wiederfindens zu reden.

Mathilde hatte aber in derselben Nacht, in welcher Wolfframb den Nasias völlig überwand, im Traum das Lied deutlich gehört und verstanden, welches Wolfframb damals in der höchsten Begeisterung der innigsten frömmsten Liebe sang, und dann auf der Wartburg im Kampf seinen Gegner besiegend wiederholte.

Wolfframb von Eschinbach saß zur späten Abendzeit einsam, auf neue Lieder sinnend, in seinem Gemach. Da trat sein Hauswirt Gottschalk zu ihm hinein und rief freudig: „O mein edler, würdiger Herr, wie habt Ihr mit Eurer hohen Kunst doch den Bösen besiegt. Verlöscht von selbst sind die häßlichen Worte in Eurem Gemach. Tausend Dank sei Euch gezollt. – Aber hier trage ich etwas für Euch bei mir, das in meinem Hause abgegeben worden zur weiteren Förderung." Damit überreichte Gottschalk ihm einen zusammengefalteten, mit Wachs wohlversiegelten Brief.

Wolfframb von Eschinbach schlug den Brief auseinander. Er war von Heinrich von Ofterdingen und lautete also:

„Ich begrüße dich, mein herzlicher Wolfframb! wie einer, der von der bösen Krankheit genesen ist, die ihm den schmerzlichsten Tod drohte. Es ist mir viel Seltsames begegnet, doch – laß mich schweigen über die Unbill einer Zeit, die hinter mir liegt wie ein dunkles, undurchdringliches Geheimnis. Du wirst noch der Worte gedenken, die du sprachst, als ich mich voll törichten Übermuts der innern Kraft rühmte, die mich über dich, über alle Meister erhöbe. Du sagtest damals, vielleicht würde ich mich plötzlich an dem Rande eines tiefen bodenlosen Abgrunds befinden, preisgegeben den Wirbeln des Schwindels und dem Absturz nahe; dann würdest du festen Mutes hinter mir stehen, und mich festhalten mit starken Armen. Wolfframb! es ist geschehen, was deine ahnende Seele damals weissagte. An dem Rande des Abgrundes stand ich und du hieltst mich fest, als schon verderbliche Schwindel mich betäubten.

Dein schöner Sieg ist es, der, indem er deinen Gegner vernichtete, mich dem frohen Leben wiedergab. Ja mein Wolfframb! vor deinem Liede sanken die mächtigen Schleier, die mich umhüllten, und ich schaute wieder zum heitern Himmel empor. Muß ich dich denn deshalb nicht doppelt lieben? – Du hast den Klingsohr als hohen Meister erkannt. Er ist es; aber wehe dem, der nicht begabt mit der eigentümlichen Kraft, die ihm eigen, es wagt ihm gleich entgegenzustreben dem finstern Reich, das er sich erschlossen. – Ich habe dem Meister entsagt, nicht mehr schwanke ich trostlos umher an den Ufern des Höllenflusses, ich bin wiedergegeben der süßen Heimat. – Mathilde! – Nein es war wohl nicht die herrliche Frau, es war ein unheimlicher Spuk, der mich erfüllte mit trügerischen Bildern eitler irdischer Lust! – Vergiß, was ich im Wahnsinn tat. Grüße die Meister und sage ihnen, wie es jetzt mit mir steht. Lebe wohl, mein innig geliebter Wolfframb. Vielleicht wirst du bald von mir hören!"

Einige Zeit war verstrichen, da kam die Nachricht nach der Wartburg, daß Heinrich von Ofterdingen sich am Hofe des Herzogs von Österreich, Leopolds des Siebenten befinde, und viele herrliche Lieder singe. Bald darauf erhielt der Landgraf Hermann eine saubere Abschrift derselben nebst den dabeigesetzten Singweisen. Alle Meister freuten sich herzinniglich, da sie überzeugt wurden, daß Heinrich von Ofterdingen allem Falschen entsagt und trotz aller Versuchung des Bösen doch sein reines frommes Sängergemüt bewahrt hatte.

So war es Wolfframbs von Eschinbach hohe, dem reinsten Gemüt entströmende Kunst des Gesanges, die im glorreichen Siege über den Feind die Geliebte rettete und den Freund vom böslichen Verderben.

Die Freunde urteilten über Cyprians Erzählung auf verschiedene Weise. Theodor verwarf sie ganz und gar. Er behauptete, Cyprian habe ihm das schöne Bild von dem im tiefsten Gemüt begeisterten Heinrich von Ofterdingen, wie es ihm aus dem Novalis aufgegangen, durchaus verdorben. Der herrliche Jüngling erscheine, so wie er ihn dargestellt, unstet, wild, im Innersten zerrissen, ja beinahe ruchlos. Vorzüglich aber tadelte Theodor, daß die Sänger vor lauter Anstalten zum Gesange gar nicht zum Singen kämen. Ottmar pflichtete ihm zwar bei, meinte indessen, daß wenigstens die Vision im Vorbericht serapiontisch zu nennen. Cyprian möge sich nur hüten irgendeine alte Chronik aufzuschlagen, da solche Leserei ihn, wie Figura zeige, sehr leicht in ein fremdes Gebiet verlocke, in dem er, ein nicht heimischer Fremdling und mit keinem sonderlichen Ortsinn begabt, in allen nur möglichen Irrwegen umherschwanke, ohne jemals den richtigen Steg und Weg finden zu können.

Cyprian schnitt ein verdrießliches Gesicht, sprang heftig auf, trat vor den Kamin und war im Begriff sein zusammengerolltes Manuskript in das lodernde Feuer zu werfen.

Da erhob sich Lothar, schritt rasch auf den verstimmten Freund los, drehte ihn bei den Schultern herum, laut auflachend, und sprach dann einen feierlichen Ton annehmend: „Widerstehe, o mein Cyprianus! tapfer dem bösen Dichterhochmuts-Teufel, der dich eben zupft und dir allerlei häßliche Dinge in die Ohren raunt. – Ich will dich anreden mit der Beschwörungsformel des wackern Junkers Tobias von Rülp. ‚Komm, komm! Tuck Tuck! – Mann! es streitet gegen alle Ehrbarkeit mit dem Teufel Knicker zu spielen. Fort mit dem garstigen Schornsteinfeger!' – Ha! Dein Gesicht heitert sich auf – Du lächelst? – Siehst du nun wohl, wie ich Macht habe über den Bösen? – Aber nun will ich heilenden Balsam träufeln auf die Wunden, die dir der Freunde scharfe Reden geschlagen. – Nennt Ottmar den Vorbericht serapiontisch, so möchte ich dasselbe von der Erscheinung Klingsohrs und des feurigen Teufels Nasias behaupten. Auch dünkt mir der kleine wimmernde automatische Sekretär kein zu verwerfender Schnörkel. Tadelt Theodor die Art wie du den Heinrich von Ofterdingen dargestellt, so fandest du wenigstens zu deinem Bilde die Vorzeichnung im Wagenseil. Meinte er aber, daß die Sänger vor lauter Anstalten zum Gesange nicht zum Singen kommen, so weiß ich in der Tat nicht recht, was er damit sagen will. Er weiß es vielleicht selbst nicht. Ich will nämlich nicht hoffen, daß er von dir verlangt, du hättest einige Verslein als die von den Sängern gesungenen Lieder einschieben sollen. Eben daß du das nicht tatest, sondern es der Fantasie des Lesers überließest sich die Gesänge selbst zu dichten, gereicht dir zum großen Lob. – Verslein in einer Erzählung wollen mir nämlich deshalb nicht behagen, weil sie in der Regel matt und lahm dazwischen hinken und das Ganze nur fremdartig unterbrechen. Der Dichter, die Schwäche des Stoffs an irgendeiner Stelle lebhaft fühlend, greift in der Angst nach den metrischen Krücken. Hilft er sich aber damit auch wirklich weiter, so ist solch ein Schreiten im gleichförmig wackelnden Klippklapp doch niemals der starke frische Schritt des Gesunden. Es ist aber wohl überhaupt eine eigne Mystifikation unserer Neueren, daß sie ihr Heil lediglich in dem äußern metrischen Bau suchen, nicht bedenkend, daß nur der wahrhaft poetische Stoff dem metrischen Fittich den Schwung gibt. Der somnambule Rausch, den wohlklingende Verse ohne weitern sonderlichen Inhalt zu bewirken imstande sind, gleicht dem, in den man wohl verfallen mag, bei dem Klappern einer Mühle oder sonst! – Es schläft sich herrlich dabei! – Dies alles im Vorbeigehen gesagt für unsern musikalischen Freund Theodor, den oft der Wohlklang leerer Verse besticht und den oft selbst ein sonettischer Wahnsinn befällt, in dem er ganz verwunderliche automatische Ungeheuerchen schafft. – Nun zurück zu dir o mein Cyprianus! – Brüste dich nicht mit deinem Kampf der Sänger, denn auch mir will das Ding nicht recht gefallen, aber gerade den Feuertod verdient es nicht! – Folge den Gesetzen des Landes, die die Mißgeburt verschonen, welche einen menschlichen Kopf hat. Und nun meine ich sogar, daß dein Kind nicht allein keine Mißgeburt zu nennen, sondern noch dazu nächst dem menschlichen Kopf auch nicht übel geformt ist, nur etwas schwächlich in den Gliederchen!"

Cyprian schob das Manuskript in die Tasche und sprach dann lächelnd: „Aber Freunde! kennt ihr denn nicht meine Art und Weise? Wißt ihr denn nicht, daß, wenn ich mich über etwanigen Tadel meiner Schöpfungen was weniges erbose, dies nur darum geschieht, weil ich ihre Schwäche und die Richtigkeit des Tadels recht lebhaft im Innern fühle! – Doch aber nun kein Wort mehr von meiner Erzählung."

Die Freunde kamen im Gespräch bald auf den mystischen Vinzenz und seinen Wunderglauben zurück. Cyprian meinte, dieser Glauben müsse in jedem wahrhaft poetischen Gemüt wohnen, und eben deshalb habe auch Jean Paul über den Magnetismus solche hochherrliche Worte ausgesprochen, daß eine ganze Welt voll hämischer Zweifel dagegen nicht aufkomme. Nur in der Poesie liege die tiefere Erkenntnis alles Seins. Die poetischen Gemüter wären die Lieblinge der Natur und töricht sei es zu glauben, daß sie zürnen solle, wenn diese Lieblinge darnach trachteten das Geheimnis zu erraten, das sie mit ihren Schleiern bedecke, aber nur wie eine gute Mutter, die das köstliche Geschenk den Kindern verhüllt, damit sie sich desto mehr freuen sollen, wenn, ist ihnen die Enthüllung gelungen, die herrliche Gabe hervorfunkelt. „Doch nun", fuhr Cyprian fort, „vorzüglich dir Ottmar zu Gefallen, ganz praktisch gesprochen: wem, der die Geschichte des Menschengeschlechts mit tieferm Blick durchspäht, kann es entgehen, daß, sowie eine Krankheit gleich einem verheerenden Ungeheuer hervortritt, die Natur selbst auch die Waffen herbeischafft es zu bekämpfen, zu besiegen. Und kaum ist dies besiegt als ein anderes Untier neues Verderben bereitet und auch wieder neue Waffen werden erfunden und so bewährt sich der ewige Kampf der den Lebensprozeß, den Organismus der ganzen Welt bedingt. – Wie wenn in dieser alles vergeistigenden Zeit, in dieser Zeit, da die innige Verwandtschaft, der geheimnisvolle Verkehr des physischen und psychischen Prinzips klarer, bedeutender hervortritt, da jede Krankheit des Körpers sich ausspricht im psychischen Organismus, wie wenn da der Magnetismus die im Geist geschaffene Waffe wäre die uns die Natur selbst darreicht, das im Geist wohnende Übel zu bekämpfen?"

„Halt halt", rief Ottmar, „wo geraten wir hin! – Schon viel zu viel schwatzten wir zuvor von einer Materie die für uns doch ein fremdes Gebiet bleibt, in dem wir nur einige durch Farbe und Aroma verlockende Früchtlein pflücken zum poetischen Verbrauch, oder woraus wir höchstens ein hübsches Bäumchen verpflanzen dürfen in unsern kleinen poetischen Garten. Wie freute ich mich, daß Cyprians Erzählung das ermüdende Gespräch unterbrach, und nun laufen wir Gefahr tiefer hinein zu fallen als vorher. – Von was anderm! – Doch still! – erst geb ich euch einen kleinen Pezzo von unseres Freundes mystischen Bemühungen der euch munden wird. – Die Sache ist kürzlich diese. – Vor geraumer Zeit war ich in einen kleinen Abendzirkel geladen, den unser Freund mit einigen Bekannten gebildet. Geschäfte hielten mich auf, es war sehr spät geworden als ich hinging. Desto mehr wunderte ich mich, daß, als ich vor die Stubentüre trat, drinnen auch nicht das kleinste Geräusch, nicht der leiseste Laut zu vernehmen war. Sollte denn noch niemand sich eingefunden haben? So dacht ich und drückte leise die Türe auf. Da sitzt mein Freund mir gegenüber mit den andern um einen kleinen Tisch herum. Und alle steif und starr wie Bildsäulen schauen totenbleich, im tiefsten Schweigen herauf in die Höhe. – Die Lichter stehen auf einem entfernten Tisch. Man bemerkt mich gar nicht. Voll Erstaunen trete ich näher. Da gewahre ich einen goldnen funkelnden Ring, der sich in den Lüften hin und her schwingt und dann sich im Kreise zu bewegen beginnt. Da murmelt dieser – jener: ,Wunderbar – in der Tat – unerklärlich – seltsam' etc. Nun kann ich mich nicht länger halten, ich rufe laut: ,Aber um des Himmels willen, was habt ihr vor!'

Da fahren sie alle in die Höhe, aber Freund Vinzenz ruft mit seiner gellenden Stimme: ,Abtrünniger! – obskurer Nikodemus, der wie ein Nachtwandler hineinschleicht und die herrlichsten Experimente unterbricht! – Wisse daß sich eben eine Erfahrung, die Ungläubige ohne weiteres in die Kategorie der fabelhaften Wunder stellten, auf das herrlichste bewährt hat. Es kam darauf an, bloß durch den fest fixierten Willen die Pendulschwingungen eines Ringes zu bestimmen. – Ich unternahm es meinen Willen zu fixieren und dachte fest die kreisförmige Schwingung. Lange, lange blieb der an einem seidnen Faden an der Decke befestigte Ring ruhig, doch endlich bewegte er sich in scharfer Diagonale nach mir her und begann eben den Kreis als du uns unterbrachst.' ,Wie', sprach ich, ,wie wär es aber, lieber Vinzenz, wenn nicht dein fester Wille, sondern der Luftzug, der hineinströmte, als ich die Türe öffnete, den halsstarrig still hängenden Ring zur Schwingung vermocht?' – ,O Prosaiker, Prosaiker', rief Vinzenz; aber alle lachten!"

„Ei", sprach Theodor, „die Pendulschwingungen des Ringes haben mich einmal halb wahnsinnig gemacht. So viel ist nämlich gewiß und jeder kann es versuchen, daß die Schwingungen eines goldnen einfachen Ringes, den man an einem feinen Faden über die flache Hand hält, sich ganz entschieden nach dem innern Willen bestimmen. Nicht beschreiben kann ich aber, wie tief, wie spukhaft diese Erfahrung auf mich wirkte. Unermüdlich ließ ich den Ring nach meinem Willen in den verschiedensten Richtungen sich schwingen. Zuletzt ging ich ganz fantastischer Weise so weit, daß ich mir ein förmliches Orakel schuf. Ich dachte nämlich im Innern: Wird dies oder jenes geschehen, so soll der Ring die Diagonale vom kleinen Finger zum Daumen beschreiben, geschieht es nicht, aber die Fläche der Hand quer durchschneiden u. s. w."

„Allerliebst", rief Lothar, „du statuiertest also in deinem eignen Innern ein höheres geistiges Prinzip das auf mystische Weise von dir beschworen sich dir kundtun sollte. Da hast du den wahren *spiritum familiarem*, den Sokratischen Genius. – Nun gibt es nur noch einen ganz kleinen Schritt bis zu den wirklichen Gespenster- und Spukgeschichten, die sehr bequem in der Einwirkung eines fremden psychischen Prinzips ihren Grund finden können."

„Und", nahm Cyprian das Wort, „und diesen Schritt tue ich wirklich, indem ich euch auf der Stelle den wackersten Spuk auftische den es jemals gegeben. – Die Geschichte hat das Eigentümliche, daß sie von glaubhaften Personen verbürgt ist, und daß ich ihr allein die aufgeregte, oder wenn ihr wollt, verstörte Stimmung zuschreiben muß, die Lothar vorhin an mir bemerken wollte."

Cyprian stand auf und ging, wie er zu tun pflegte, wenn irgend etwas so sein ganzes inneres Gemüt erfüllte, daß er die Worte ordnen mußte, um es auszusprechen, im Zimmer einigemal auf und ab.

Die Freunde lächelten sich schweigend an. Man las in ihren Blicken: Was werden wir nur wieder Abenteuerliches hören! –

Cyprian setzte sich und begann:

„Ihr wißt, daß ich mich vor einiger Zeit, und zwar kurz vor dem letzten Feldzuge auf dem Gute des Obristen von P. befand. Der Obriste war ein muntrer jovialer Mann, so wie seine Gemahlin die Ruhe, die Unbefangenheit selbst.

Der Sohn befand sich, als ich dorten war, bei der Armee, so daß die Familie außer dem Ehepaar nur noch aus zwei Töchtern und einer alten Französin bestand, die eine Art von Gouvernante vorzustellen sich mühte, unerachtet die Mädchen schon über die Zeit des Gouvernierens hinaus schienen. Die älteste war ein munteres Ding bis zur Ausgelassenheit lebendig, nicht ohne Geist, aber so wie sie nicht fünf Schritte gehen konnte, ohne wenigstens drei Entrechats zu machen, so sprang sie auch im Gespräch, in all ihrem Tun rastlos von einem Dinge zum andern. Ich hab es erlebt, daß sie in weniger als zehn Minuten stickte – las – zeichnete – sang – tanzte – daß sie in einem Moment weinte um den armen Cousin der in der Schlacht geblieben und die bittern Tränen noch in den Augen in ein hell aufquiekendes Gelächter ausbrach, als die Französin unversehens ihre Tabaksdose über den kleinen Mops ausschüttete, der sofort entsetzlich zu niesen begann, worauf die Alte lamentierte: ‚Ah che fatalità! – ah carino – poverino!' – Sie pflegte nämlich mit besagtem Mops nur in italienischer Zunge zu reden, da er aus Padua gebürtig – und dabei war das Fräulein die lieblichste

Blondine die es geben mag und in allen ihren seltsamen Kapriccios voll Anmut und Liebenswürdigkeit, so daß sie überall einen unwiderstehlichen Zauber übte, ohne es zu wollen.

Das seltsamste Widerspiel bildete die jüngere Schwester, Adelgunde geheißen. Vergebens ringe ich nach Worten euch den ganz eignen wunderbaren Eindruck zu beschreiben den das Mädchen auf mich machte, als ich sie zum ersten Male sah. Denkt euch die schönste Gestalt, das wunderherrlichste Antlitz. Aber eine Totenblässe liegt auf Lipp und Wangen, und die Gestalt bewegt sich leise, langsam, gemessenen Schrittes, und wenn dann ein halblautes Wort von den kaum geöffneten Lippen ertönt und im weiten Saal verklingt, fühlt man sich von gespenstischen Schauern durchbebt. – Ich überwand wohl bald diese Schauer und mußte, als ich das tief in sich gekehrte Mädchen zum Sprechen vermocht, mir selbst gestehen, daß das Seltsame ja Spukhafte dieser Erscheinung nur im Äußern liege, keineswegs sich aber aus dem Innern heraus offenbare. In dem wenigen, was das Mädchen sprach, zeigte sich ein zarter weiblicher Sinn, ein heller Verstand, ein freundliches Gemüt. Keine Spur irgendeiner Überspannung war zu finden, wiewohl das schmerzliche Lächeln, der tränenschwere Blick wenigstens irgendeinen physischen Krankheitszustand, der auch auf das Gemüt des zarten Kindes feindlich einwirken mußte, vermuten ließ. Sehr sonderbar fiel es mir auf, daß die Familie, keinen, selbst die alte Französin nicht, ausgeschlossen, beängstet schien, sowie man mit dem Mädchen sprach und versuchte das Gespräch zu unterbrechen, sich darin manchmal auf gar erzwungene Weise einmischend. Das Seltsamste war aber, daß sowie es abends acht Uhr geworden, das Fräulein erst von der Französin, dann von Mutter, Schwester, Vater gemahnt wurde sich in ihr Zimmer zu begeben, wie man kleine Kinder zu Bette treibt, damit sie nicht übermüden, sondern fein ausschlafen. Die Französin begleitete sie und so kam es, daß beide niemals das Abendessen, welches um neun Uhr angerichtet wurde, abwarten durften. – Die Obristin, meine Verwunderung wohl bemerkend, warf einmal um jeder Frage vorzubeugen, leicht hin, daß Adelgunde viel kränkle, daß sie vorzüglich abends um neun Uhr von Fieberanfällen heimgesucht werde, und daß daher der Arzt geraten sie zu dieser Zeit der unbedingtesten Ruhe zu überlassen. – Ich fühlte, daß es noch eine ganz andere Bewandtnis damit haben müsse, ohne irgend Deutliches ahnen zu können. Erst heute erfuhr ich den wahren entsetzlichen Zusammenhang der Sache und das Ereignis, das den kleinen glücklichen Familienkreis auf furchtbare Weise verstört hat.

Adelgunde war sonst das blühendste munterste Kind, das man nur sehen konnte. Ihr vierzehnter Geburtstag wurde gefeiert, eine Menge Gespielinnen waren dazu eingeladen. – Die sitzen in dem schönen Boskett des Schloßgartens im Kreise umher und scherzen und lachen und kümmern sich nicht darum, daß immer finstrer und finstrer der Abend heraufzieht, da die lauen Juliuslüfte erquickend wehen und erst jetzt ihre Lust recht aufgeht. In der magischen Dämmerung beginnen sie allerlei seltsame Tänze indem sie Elfen und andere flinke Spukgeister vorstellen wollen. ‚Hört', ruft Adelgunde als es im Boskett ganz finster geworden, ‚hört Kinder, nun will ich euch einmal als die weiße Frau erscheinen, von der unser alte verstorbene Gärtner so oft erzählt hat. Aber da müßt ihr mit mir kommen bis ans Ende des Gartens, dorthin, wo das alte Gemäuer steht.' – Und damit wickelt sie sich in ihren weißen Shawl und schwebt leichtfüßig fort durch den Laubgang und die Mädchen laufen ihr nach in vollem Schäkern und Lachen. Aber kaum ist Adelgunde an das alte halb eingefallene Gewölbe gekommen, als sie erstarrt – gelähmt an allen Gliedern stehen bleibt. Die Schloßuhr schlägt neun. ‚Seht ihr nichts', ruft Adelgunde mit dem dumpfen hohlen Ton des tiefsten Entsetzens, ‚seht ihr nichts – die Gestalt – die dicht vor mir steht – Jesus! – sie streckt die Hand nach mir aus – seht ihr denn nichts?' – Die Kinder sehen nicht das mindeste, aber alle erfaßt Angst und Grauen. Sie rennen fort, bis auf eine, die die Beherzteste sich ermutigt, auf Adelgunden zuspringt, sie in die Arme fassen will. Aber in dem Augenblick sinkt Adelgunde todähnlich zu Boden. Auf des Mädchens gellendes Angstgeschrei eilt alles aus dem Schlosse herzu. Man bringt Adelgunde hinein. Sie erwacht endlich aus der Ohnmacht und erzählt an allen Gliedern zitternd, daß, kaum sei sie vor das Gewölbe getreten, dicht vor ihr eine luftige Gestalt, wie in Nebel gehüllt, gestanden und die Hand nach ihr ausgestreckt habe. – Was war natürlicher, als daß man die ganze Erscheinung den wunderbaren Täuschungen des dämmernden Abendlichts zuschrieb. Adelgunde erholte sich in derselben Nacht so ganz und gar von ihrem Schreck, daß man durchaus keine böse Folgen befürchtete, sondern die ganze Sache für völlig abgetan hielt. – Wie ganz anders begab sich alles! – Kaum schlägt es den Abend darauf neun Uhr, als Adelgunde mitten in der Gesellschaft, die sie umgibt, entsetzt aufspringt, und ruft: ‚Da ist es – da ist es – seht ihr denn nichts! – dicht vor mir steht es!' – Genug seit jenem unglückseligen Abende behauptete Adelgunde, sowie es abends neune schlug, daß die Gestalt dicht vor ihr stehe und einige Sekunden weile, ohne daß irgendein Mensch außer ihr auch nur das mindeste wahrnehmen konnte, oder in irgendeiner psychischen Empfindung die Nähe eines unbekannten geistigen Prinzips gespürt haben sollte. Nun wurde die arme Adelgunde für wahnsinnig gehalten und die Familie schämte sich in seltsamer Verkehrtheit dieses Zustandes der Tochter, der Schwester. Daher jene sonderbare Art sie zu behandeln, deren ich erst erwähnte. Es fehlte nicht an Ärzten und an Mitteln die das arme Kind von der fixen Idee, wie man die von ihr behauptete Erscheinung zu nennen beliebte, befreien sollten, aber alles blieb vergebens und sie bat unter vielen Tränen, man möge sie doch nur in Ruhe lassen, da die Gestalt, die in ihren ungewissen unkenntlichen Zügen an und vor sich selbst gar nichts Schreckliches habe, ihr kein Entsetzen mehr errege, wiewohl es jedesmal nach der Erscheinung ihr zumute sei als wäre ihr Innerstes mit allen Gedanken hinausgewendet und schwebe körperlos außer ihr selbst umher, wovon sie krank und matt werde. – Endlich machte der Obrist die Bekanntschaft eines berühmten Arztes, der in dem Ruf stand, Wahnsinnige auf eine überaus pfiffige Weise zu heilen. Als der Obrist diesem entdeckt hatte, wie es sich mit der armen Adelgunde begebe, lachte er laut auf und meinte, nichts sei leichter als diesen Wahnsinn zu heilen, der bloß in der überreizten Einbildungskraft seinen Grund finde. Die Idee der Erscheinung des Gespenstes sei mit dem Ausschlagen der neunten Abendstunde so fest verknüpft, daß die innere Kraft des Geistes sie nicht mehr trennen könne und es käme daher nur darauf an diese Trennung von außen her zu bewirken. Dies könne aber nun wieder sehr leicht dadurch geschehen, daß man das Fräulein in der Zeit täusche und die neunte Stunde vorübergehen lasse, ohne daß sie es wisse. Wäre dann das Gespenst nicht erschienen, so würde sie selbst ihren Wahn einsehen und physische Erkräftigungsmittel würden dann die Kur glücklich vollenden. – Der unselige Rat wurde ausgeführt! – In einer Nacht stellte man sämtliche Uhren im Schlosse, ja selbst die Dorfuhr, deren dumpfe Schläge herabsummten, um eine Stunde zurück, so daß Adelgunde, sowie sie am frühen Morgen erwachte in der Zeit um eine Stunde irren mußte. Der Abend kam heran. Die kleine Familie war wie gewöhnlich in einem heiter verzierten Eckzimmer versammelt, kein Fremder zugegen. Die Obristin mühte sich allerlei Lustiges zu erzählen, der Obrist fing an, wie es seine Art war, wenn er vorzüglich bei Laune, die alte Französin ein wenig aufzuziehen, worin ihm Auguste (das ältere Fräulein) beistand. Man lachte, man war fröhlicher als je. – Da schlägt die Wanduhr achte (es war also die neunte Stunde) und leichenblaß sinkt Adelgunde in den Lehnsessel zurück – das Nähzeug entfällt ihren Händen! Dann erhebt sie sich, alle Schauer des Entsetzens im Antlitz, starrt hin in des Zimmers öden Raum, murmelt dumpf und hohl: ‚Was! – eine Stunde früher? – ha seht ihr's? – seht ihr's? – da steht es dicht vor mir – dicht vor mir!' – Alle fahren auf vom Schrecken erfaßt, aber als niemand auch nur das mindeste gewahrt, ruft der Obrist: ‚Adelgunde! – fasse dich! – es ist nichts, es ist ein Hirngespinst, ein Spiel deiner Einbildungskraft, was dich täuscht, wir sehen nichts, gar nichts und müßten wir, ließe sich wirklich dicht vor dir eine Gestalt erschauen, müßten wir sie nicht ebensogut wahrnehmen als du? – Fasse dich – fasse dich Adelgunde!' – ‚O Gott – o Gott', seufzt Adelgunde, ‚will man mich denn wahnsinnig machen! – Seht da streckt es den weißen Arm lang aus nach mir – es winkt.' – Und wie willenlos, unverwandten starren Blickes, greift nun Adelgunde hinter sich, faßt einen kleinen Teller der zufällig auf dem Tische steht, reicht ihn vor sich hin in die Luft, läßt ihn los – und der Teller, wie von unsichtbarer Hand getragen, schwebt langsam im Kreise der Anwesenden umher und läßt sich dann leise auf den Tisch nieder! – Die Obristin, Auguste lagen in tiefer Ohnmacht, der ein hitziges Nervenfieber folgte. Der Obrist nahm sich mit aller Kraft zusammen, aber man merkte wohl an seinem verstörten Wesen die tiefe feindliche Wirkung jenes unerklärlichen Phänomens.

Die alte Französin hatte, auf die Knie gesunken, das Gesicht zur Erde gebeugt, still gebetet, sie blieb so wie Adelgunde frei von allen bösen Folgen. In kurzer Zeit war die Obristin hingerafft. Auguste überstand die Krankheit, aber wünschenswerter war gewiß ihr Tod, als ihr jetziger Zustand. – Sie, die volle herrliche Jugendlust selbst, wie ich sie erst beschrieben, ist von einem Wahnsinn befallen, der mir wenigstens grauenvoller, entsetzlicher vorkommt als irgendeiner, den jemals eine fixe Idee erzeugte. Sie bildet sich nämlich ein, *sie* sei jenes unsichtbare körperlose Gespenst Adelgundens, flieht daher alle Menschen oder hütet sich wenigstens, sobald ein anderer zugegen, zu reden, sich zu bewegen. Kaum wagt sie es zu atmen, denn fest glaubt sie, daß, verrate sie ihre Gegenwart auf diese, jene Weise, jeder vor Entsetzen des Todes sein müsse. Man öffnet ihr die Türe, man setzt ihr Speisen hin, dann schlüpft sie verstohlen hinein und heraus – ißt ebenso heimlich u. s. w. Kann ein Zustand qualvoller sein? –

Der Obrist ganz Gram und Verzweiflung folgte den Fahnen zum neuen Feldzuge. Er blieb in der siegreichen Schlacht bei W. – Merkwürdig, höchst merkwürdig ist es, daß Adelgunde seit jenem verhängnisvollen Abende von dem Fantom befreit ist. Sie pflegt getreulich die kranke Schwester und ihr steht die alte Französin bei. So wie Sylvester mir heute sagte, ist der Oheim der armen Kinder hier, um mit unserm wackern R– über die Kurmethode, die man allenfalls bei Augusten versuchen könne, zu Rate zu gehen. – Gebe der Himmel daß die unwahrscheinliche Rettung möglich."

Cyprian schwieg und auch die Freunde blieben still indem sie gedankenvoll vor sich hinschauten. Endlich brach Lothar los: „Das ist ja eine ganz verdammte Spukgeschichte! – Aber ich kann's nicht leugnen, mir bebt die Brust, unerachtet mir das ganze Ding mit dem schwebenden Teller kindisch und abgeschmackt bedünken will." „Nicht so rasch", nahm Ottmar das Wort, „nicht so rasch lieber Lothar! – Du weißt, was ich von Spukgeschichten halte, du weißt, daß ich mich gegen alle Visionärs damit brüste, daß die Geisterwelt, unerachtet ich sie oft mit verwogener Keckheit in die Schranken rief, noch niemals sich bemühte mich für meinen Frevel zu züchtigen, aber Cyprians Erzählung gibt einen ganz andern Punkt zu bedenken, als den der bloßen chimärischen Spukerei. – Mag es mit Adelgundens Fantom, mag es mit dem schwebenden Teller dann nun eine Bewandtnis gehabt haben welche es wolle, genug die Tatsache bleibt stehen: daß sich an jenem Abende in dem Kreise der Familie des Obristen von P. etwas zutrug, worüber drei Personen zu gleicher Zeit in einen solchen verstörten Gemütszustand gerieten, der bei einer den Tod, bei der andern Wahnsinn herbeiführte, wollen wir nicht auch, wenigstens *mittelbar*, den Tod des Obristen jenem Ereignis zuschreiben. Denn eben fällt mir ein, von Offizieren gehört zu haben, der Obrist sei beim Angriff plötzlich wie von Furien getrieben ins feindliche Feuer hineingesprengt. Nun ist aber auch die Geschichte mit dem Teller so ohne alle Staffierung gewöhnlicher Spukgeschichten, selbst die Stunde allem spukischen Herkommen entgegen, und das Ganze so ungesucht, so einfach, daß gerade in der Wahrscheinlichkeit die das Unwahrscheinlichste dadurch erhält, für mich das Grauenhafte liegt. Doch, nehmen wir an, daß Adelgundens Einbildung Vater, Mutter, Schwester, mit fortriß, daß der Teller nur innerhalb ihres Gehirns im Kreise umherschwebte, wäre diese Einbildung in einem Moment wie ein elektrischer Schlag drei Personen zum Tode treffend, nicht eben der entsetzlichste Spuk den es geben könnte?"

„Allerdings", sprach Theodor, „und ich teile mit dir Ottmar, das lebhafte Gefühl, daß gerade in der Einfachheit der Geschichte ihre tiefsten Schauer liegen. – Ich kann mir es denken, daß ich den plötzlichen Schreck irgendeiner grauenhaften Erscheinung wohl ertragen könnte, das unheimliche, den äußern Sinn in Anspruch nehmende Treiben eines unsichtbaren Wesens, würde mich dagegen unfehlbar wahnsinnig machen. Es ist das Gefühl der gänzlichen hülflosesten Ohnmacht, das den Geist zermalmen müßte. Ich erinnere mich, daß ich dem tiefsten Grausen kaum widerstehen konnte, daß ich wie ein einfältiges verschüchtertes Kind nicht allein in meinem Zimmer schlafen mochte als ich einst von einem alten Musiker las, den ein entsetzlicher Spuk mehrere Zeit hindurch verfolgte und ihn auch beinahe zum hellen Wahnsinn trieb. Nachts spielte nämlich ein unsichtbares Wesen auf seinem Flügel die wunderbarsten Kompositionen mit der Kraft und Fertigkeit des vollendeten Meisters. Er hörte jeden Ton, er sah wie die Tasten niedergedrückt wurden, wie die Saiten zitterten, aber nicht den leisesten Schimmer einer Gestalt."

„Nein", rief Lothar, „nein es ist nicht auszuhalten, wie das Tolle wieder unter uns lustig fortwuchert! – Ich hab es euch gestanden, daß mir der verdammte Teller das Innerste aufgeregt hat. Ottmar hat recht; hält man sich nur an das Resultat irgendeines Ereignisses das sich wirklich begeben, so ist dies Resultat der gräßlichste Spuk den es geben kann. Ich verzeihe deshalb unserm Cyprian die verstörte Stimmung, die er beim Eintreten merken ließ, die aber jetzt schon ziemlich nachgelassen. Doch jetzt kein Wort mehr von allem gespenstischen Unwesen. – Schon längst bemerke ich, daß Ottmarn ein Manuskript aus der Busentasche hervorkuckt auf Erlösung hoffend. Mag er es denn erlösen!"

„Nein, nein“, sprach Theodor, „der Strom der in krausen Wellen daherbrauste muß sanft abgeleitet werden, und dazu ist ein Fragment sehr tauglich, das ich vor langer Zeit, besonders dazu angeregt, aufschrieb. Es kommt viel Mystisches darin vor, an psychischen Wundern und seltsamen Hypothesen ist auch gar kein Mangel, und doch lenkt es hübsch ein ins gewöhnliche Leben.“

Theodor las:

DIE AUTOMATE

Der redende Türke machte allgemeines Aufsehen, ja er brachte die ganze Stadt in Bewegung, denn jung und alt, vornehm und gering strömte vom Morgen bis in die Nacht hinzu, um die Orakelsprüche zu vernehmen, die von den starren Lippen der wunderlichen lebendigtoten Figur den Neugierigen zugeflüstert wurden. Wirklich war auch die ganze Einrichtung des Automats von der Art, daß jeder das Kunstwerk von allen ähnlichen Tändeleien, wie sie wohl öfters auf Messen und Jahrmärkten gezeigt werden, gar sehr unterscheiden und sich davon angezogen fühlen mußte. In der Mitte eines nicht eben großen nur mit dem notwendigsten Gerät versehenen Zimmers saß die lebensgroße, wohlgestaltete Figur, in reicher geschmackvoller türkischer Kleidung, auf einem niedrigen wie ein Dreifuß geformten Sessel, den der Künstler auf Verlangen wegrückte, um jede Vermutung der Verbindung mit dem Fußboden zu widerlegen, die linke Hand zwanglos auf das Knie, die rechte dagegen auf einen kleinen freistehenden Tisch gelegt. Die ganze Figur war, wie gesagt, in richtigen Verhältnissen wohlgestaltet, allein vorzüglich war der Kopf gelungen; eine wahrhaft orientalisch geistreiche Physiognomie gab dem Ganzen ein Leben, wie man es selten bei Wachsbildern, wenn sie selbst den charaktervollen Gesichtern geistreicher Menschen nachgeformt sind, findet. Ein leichtes Geländer umschloß das Kunstwerk und wehrte den Anwesenden das nahe Hinzutreten, denn nur *der*, welcher sich von der Struktur des Ganzen, soweit es der Künstler sehen lassen konnte, ohne sein Geheimnis zu verraten überzeugen wollte, oder der eben Fragende durfte in das Innere und dicht an die Figur treten. Hatte man, wie es gewöhnlich war, dem Türken die Frage ins rechte Ohr geflüstert, so drehte er erst die Augen, dann aber den ganzen

Kopf nach dem Fragenden hin, und man glaubte an dem Hauch zu fühlen, der aus dem Munde strömte, daß die leise Antwort wirklich aus dem Innern der Figur kam. Jedesmal wenn einige Antworten gegeben worden, setzte der Künstler einen Schlüssel in die linke Seite der Figur ein, und zog mit vielem Geräusch ein Uhrwerk auf. Hier öffnete er auch auf Verlangen eine Klappe, und man erblickte im Innern der Figur ein künstliches Getriebe von vielen Rädern, die nun wohl auf das Sprechen des Automaten durchaus keinen Einfluß hatten, indessen doch augenscheinlich so viel Platz einnahmen, daß sich in dem übrigen Teil der Figur unmöglich ein Mensch, war er auch kleiner, als der berühmte Zwerg Augusts, der aus der Pastete kroch, verbergen konnte. Nächst der Bewegung des Kopfs, die jedesmal vor der Antwort geschah, pflegte der Türke auch zuweilen den rechten Arm zu erheben und entweder mit dem Finger zu drohen, oder mit der ganzen Hand gleichsam die Frage abzuweisen. Geschah dieses, so konnte nur das wiederholte Andringen des Fragers eine mehrenteils zweideutige oder verdrießliche Antwort bewirken, und eben auf diese Bewegungen des Kopfs und Armes mochte sich wohl jenes Räderwerk beziehen, unerachtet auch hier die Rückwirkung eines denkenden Wesens unerläßlich schien. Man erschöpfte sich in Vermutungen über das Medium der wunderbaren Mitteilung, man untersuchte Wände, Nebenzimmer, Gerät, alles vergebens. Die Figur, der Künstler waren von den Argusaugen der geschicktesten Mechaniker umgeben, aber je mehr er sich auf diese Art bewacht merkte, desto unbefangener war sein Betragen. Er sprach und scherzte in den entlegensten Ecken des Zimmers mit den Zuschauern und ließ seine Figur wie ein ganz für sich bestehendes Wesen, das irgendeiner Verbindung mit ihm nicht bedürfe, ihre Bewegungen machen und Antworten erteilen; ja er konnte sich eines gewissen ironischen Lächelns nicht enthalten, wenn der Dreifuß und der Tisch auf allen Seiten herumgedreht und durchgeklopft, ja in die herabgenommene und weiter ans Licht gebrachte Figur mit Brillen und Vergrößerungsgläsern hineingeschaut wurde, und dann die Mechaniker versicherten, der Teufel möge aus dem wunderlichen Räderbau klug werden. Alles blieb vergebens und die Hypothese, daß der Hauch, der aus dem Munde der Figur ströme, leicht durch verborgene Ventile hervorgebracht werden könne, und der Künstler selbst als ein trefflicher Bauchredner die Antworten erteile, wurde gleich dadurch vernichtet, daß der Künstler in demselben Augenblick, als der Türke eben eine Antwort erteilte, mit einem der Zuschauer laut und vernehmlich sprach. Unerachtet der geschmackvollen Einrichtung und des höchst Rätselhaften, Wunderbaren, was in dem ganzen Kunstwerke lag, hätte das Interesse des Publikums daran doch wohl bald nachgelassen, wäre es dem Künstler nicht möglich gewesen, auf eine andere Weise die Zuschauer immer aufs neue an sich zu ziehen. Dieses lag nun in den Antworten selbst, welche der Türke erteilte, und die jedesmal mit tiefem Blick in die Individualität des Fragenden bald trocken, bald ziemlich grob spaßhaft, und dann wieder voll Geist und Scharfsinn und wunderbarerweise bis zum Schmerzhaften treffend waren. Oft überraschte ein mystischer Blick in die Zukunft, der aber nur von dem Standpunkt möglich war, wie ihn sich der Fragende selbst tief im Gemüt gestellt hatte. Hierzu kam, daß der Türke oft, deutsch gefragt, doch in einer fremden Sprache antwortete, die aber eben dem Fragenden ganz geläufig war, und man fand alsdann, daß es kaum möglich war die Antwort so rund, so in wenigen Worten viel umfassend anders zu geben, als eben in der gewählten Sprache. Kurz jeden Tag wußte man von neuen geistreichen, treffenden Antworten des weisen Türken zu erzählen, und ob die geheimnisvolle Verbindung des lebenden menschlichen Wesens mit der Figur, oder nicht vielmehr eben dies Eingehen in die Individualität der Fragenden und überhaupt der seltene Geist der Antworten wunderbarer sei, das wurde in der Abendgesellschaft eifrigst besprochen, in welcher sich gerade die beiden akademischen Freunde Ludwig und Ferdinand befanden. Beide mußten zu ihrer Schande eingestehen, den Türken noch nicht besucht zu haben, ungeachtet es gewissermaßen zum guten Ton gehörte hinzugehen, und die mirakulösen Antworten, die man auf verfängliche Fragen erhalten, überall aufzutischen. „Mir sind", sagte Ludwig, „alle solche Figuren, die dem Menschen nicht sowohl nachgebildet sind, als das Menschliche nachäffen, diese wahren Standbilder eines lebendigen Todes oder eines toten Lebens, im höchsten Grade zuwider. Schon in früher Jugend lief ich weinend davon, als man mich in ein Wachsfigurenkabinett führte, und noch kann ich kein solches Kabinett betreten, ohne von einem unheimlichen grauenhaften Gefühl ergriffen zu werden. Mit Macbeths Worten möchte ich rufen: ‚Was starrst du mich an mit Augen ohne Sehkraft?' wenn ich die stieren, toten, gläsernen Blicke all der Potentaten, berühmten Helden und Mörder und Spitzbuben auf mich gerichtet sehe, und ich bin überzeugt, daß die mehrsten Menschen dies unheimliche Gefühl, wenn auch nicht in dem hohen Grade wie es in mir waltet, mit mir teilen, denn man wird finden, daß im Wachsfigurenkabinett auch die größte Menge Menschen nur ganz leise flüstert, man hört selten ein lautes Wort; aus Ehrfurcht gegen die hohen Häupter geschieht dies nicht, sondern es ist nur der Druck des Unheimlichen, Grauenhaften, der den Zuschauern jenes Pianissimo abnötigt. Vollends sind mir die durch die Mechanik nachgeahmten menschlichen Bewegungen toter Figuren sehr fatal, und ich bin überzeugt, daß euer wunderbarer geistreicher Türke mit seinem Augenverdrehen, Kopfwenden und Armerheben mich wie ein negromantisches Ungetüm vorzüglich in schlaflosen Nächten verfolgen würde. Ich mag deshalb nicht hingehen, und will mir lieber alles Witzige und Scharfsinnige, was er diesem oder jenem gesagt, erzählen lassen."

„Du weißt", nahm Ferdinand das Wort: „daß alles, was du von dem tollen Nachäffen des Menschlichen, von den lebendigtoten Wachsfiguren gesagt hast, mir recht aus der Seele gesprochen ist. Allein bei den mechanischen Automaten kommt es wirklich sehr auf die Art und Weise an, wie der Künstler das Werk ergriffen hat. Einer der vollkommensten Automate, die ich je sah, ist der Enslersche Voltigeur, allein so wie seine kraftvollen Bewegungen wahrhaft imponierten, ebenso hatte sein plötzliches Sitzenbleiben auf dem Seil, sein freundliches Nicken mit dem Kopfe, etwas höchst Skurriles; gewiß hat niemanden jenes grauenhafte Gefühl ergriffen, das solche Figuren vorzüglich bei sehr reizbaren Personen nur zu leicht hervorbringen. Was nun unsern Türken betrifft, so hat es meines Bedünkens mit ihm eine andere Bewandtnis. Seine, nach der Beschreibung aller, die ihn sahen, höchst ansehnliche, ehrwürdige Figur ist etwas ganz Untergeordnetes, und sein Augenverdrehen und Kopfwenden gewiß nur da, um unsere Aufmerksamkeit ganz auf *ihn*, wo gerade der Schlüssel des Geheimnisses *nicht* zu finden ist, hinzulenken. Daß der Hauch aus dem Munde des Türken strömt, ist möglich, oder vielleicht gewiß, da die Erfahrung es beweist; hieraus folgt aber noch nicht, daß jener Hauch wirklich von den gesprochenen Worten erregt wird. Es ist gar kein Zweifel, daß ein menschliches Wesen, vermöge uns verborgener und unbekannter akustischer und optischer Vorrichtungen mit dem Fragenden in solcher Verbindung steht, daß es ihn sieht, ihn hört und ihm wieder

Antworten zuflüstern kann. Daß noch niemand, selbst unter unsern geschickten Mechanikern, auch nur im mindesten auf die Spur gekommen, wie jene Verbindung wohl hergestellt sein kann, zeigt, daß des Künstlers Mittel sehr sinnreich erfunden sein müssen, und so verdient von dieser Seite sein Kunstwerk allerdings die größte Aufmerksamkeit. Was mir aber viel wunderbarer scheint und mich in der Tat recht anzieht, das ist die geistige Macht des unbekannten menschlichen Wesens, vermöge dessen es in die Tiefe des Gemüts des Fragenden zu dringen scheint – es herrscht oft eine Kraft des Scharfsinns und zugleich ein grausenhaftes Helldunkel in den Antworten, wodurch sie zu Orakelsprüchen im strengsten Sinn des Worts werden. Ich habe von mehrern Freunden in dieser Hinsicht Dinge gehört, die mich in das größte Erstaunen setzten, und ich kann nicht länger dem Drange widerstehen, den wundervollen Sehergeist des Unbekannten selbst auf die Probe zu stellen, weshalb ich mich entschlossen, morgen vormittags hinzugehen, und dich hiermit, lieber Ludwig! feierlichst eingeladen haben will, alle Scheu vor lebendigen Puppen abzulegen, und mich zu begleiten."

Sosehr sich Ludwig sträubte, mußte er doch, um nicht für einen Sonderling gehalten zu werden, nachgeben, als mehrere auf ihn einstürmten, ja sich nicht von der belustigenden Partie auszuschließen, und im Verein mit ihnen morgen dem mirakulösen Türken recht auf den Zahn zu fühlen. Ludwig und Ferdinand gingen wirklich mit mehreren muntern Jünglingen, die sich deshalb verabredet, hin. Der Türke, dem man orientalische Grandezza gar nicht absprechen konnte, und dessen Kopf, wie gesagt, so äußerst wohlgelungen war, kam Ludwigen doch im Augenblick des Eintretens höchst possierlich vor, und als nun vollends der Künstler den Schlüssel in die Seite einsetzte und die Räder zu schnurren anfingen, wurde ihm das ganze Ding so abgeschmackt und verbraucht, daß er unwillkürlich ausrief: „Ach, meine Herren! hören Sie doch, wir haben höchstens Braten im Magen, aber die türkische Exzellenz da einen ganzen Bratenwender dazu!" Alle lachten, und der Künstler, dem der Scherz nicht zu gefallen schien, ließ sogleich vom weitern Aufziehen des Räderwerks ab. Sei es nun, daß die joviale Stimmung der Gesellschaft dem weisen Türken mißfiel, oder daß er den Morgen gerade nicht bei Laune war, genug, alle Antworten, die zum Teil durch recht witzige, geistreiche Fragen veranlaßt wurden, blieben nichtsbedeutend und schal, Ludwig hatte vorzüglich das Unglück, beinahe niemals von dem Orakel richtig verstanden zu werden und ganz schiefe Antworten zu erhalten; schon wollte man unbefriedigt das Automat und den sichtlich verstimmten Künstler verlassen, als Ferdinand sprach: „Nicht wahr, meine Herren, Sie sind alle mit dem weisen Türken nicht sonderlich zufrieden, aber vielleicht lag es an uns selbst, an unsern Fragen, die dem Manne nicht gefielen – eben daß er jetzt den Kopf dreht und die Hand aufhebt (die Figur tat dies wirklich) scheint meine Vermutung als wahr zu bestätigen! – ich weiß nicht, wie mir jetzt es in den Sinn kommt, noch eine Frage zu tun, deren Beantwortung, ist sie treffend, die Ehre des Automats mit einem Male retten kann." Ferdinand trat zu der Figur hin und flüsterte ihr einige Worte leise ins Ohr; der Türke erhob den Arm, er wollte nicht antworten, Ferdinand ließ nicht ab, da wandte der Türke den Kopf zu ihm hin. –

Ludwig bemerkte, daß Ferdinand plötzlich erblaßte, nach einigen Sekunden aber aufs neue fragte und gleich die Antwort erhielt. Mit erzwungenem Lächeln sagte Ferdinand zur Gesellschaft: „Meine Herren, ich kann versichern, daß wenigstens für mich der Türke seine Ehre gerettet hat; damit aber das Orakel ein recht geheimnisvolles Orakel bleibe, so erlassen Sie es mir wohl zu sagen, was ich gefragt und was er geantwortet."

Sosehr Ferdinand seine innere Bewegung verbergen wollte, so äußerte sie sich doch nur nur zu deutlich in dem Bemühen, froh und unbefangen zu scheinen, und hätte der Türke die wunderbarsten treffendsten Antworten erteilt, so würde die Gesellschaft nicht von dem sonderbaren, beinahe grauenhaften Gefühl ergriffen worden sein, das eben jetzt Ferdinands sichtliche Spannung hervorbrachte. Die vorige Heiterkeit war verschwunden, statt des sonst fortströmenden Gesprächs fielen nur einzelne abgebrochene Worte, und man trennte sich in gänzlicher Verstimmung.

Kaum war Ferdinand mit Ludwig allein, so fing er an: „Freund! Dir mag ich es nicht verhehlen, daß der Türke in mein Innerstes gegriffen, ja, daß er mein Innerstes verletzt hat, so daß ich den Schmerz wohl nicht verwinden werde, bis mir die Erfüllung des gräßlichen Orakelspruchs den Tod bringt."

Ludwig blickte den Freund voll Verwunderung und Erstaunen an, aber Ferdinand fuhr fort: „Ich sehe nun wohl, daß dem unsichtbaren Wesen, das sich uns durch den Türken auf eine geheimnisvolle Weise mitteilt, Kräfte zu Gebote stehen, die mit magischer Gewalt unsre geheimsten Gedanken beherrschen, und vielleicht erblickt die fremde Macht klar und deutlich den Keim des Zukünftigen, der in uns selbst im mystischen Zusammenhange mit der Außenwelt genährt wird, und weiß so alles, was in fernen Tagen auf uns einbrechen wird, so wie es Menschen gibt mit der unglücklichen Sehergabe, den Tod zur bestimmten Stunde vorauszusagen."

„Du mußt Merkwürdiges gefragt haben", erwiderte Ludwig, „vielleicht legst du aber selbst in die zweideutige Antwort des Orakels das Bedeutende, und was das Spiel des launenhaften Zufalls in seltsamer Zusammenstellung gerade Eingreifendes, Treffendes hervorbrachte, schreibst du der mystischen Kraft des gewiß ganz unbefangenen Menschen zu, der sich durch den Türken vernehmen läßt."

„Du widersprichst", nahm Ferdinand das Wort, „in dem Augenblick dem, was wir sonst einstimmig zu behaupten pflegen, wenn von dem sogenannten Zufall die Rede ist. Damit du alles wissen, damit du es recht fühlen mögest, wie ich heute in meinem Innersten aufgeregt und erschüttert bin, muß ich dir etwas aus meinem frühern Leben vertrauen, wovon ich bis jetzt schwieg. Es sind schon mehrere Jahre her, als ich von den in Ostpreußen gelegenen Gütern meines Vaters nach B. zurückkehrte. In K. traf ich mit einigen jungen Kurländern zusammen, die ebenfalls nach B. wollten, wir reisten zusammen in drei mit Postpferden bespannten Wagen, und du kannst denken, daß bei uns, die wir in den Jahren des ersten, kräftigen Aufbrausens mit wohlgefülltem Beutel so in die Welt hineinreisen konnten, die Lebenslust beinahe bis zur wilden Ausgelassenheit übersprudelte. Die tollsten Einfälle wurden im Jubel ausgeführt, und ich erinnere mich noch, daß wir in M., wo wir gerade am Mittage ankamen, den Dormeusenvorrat der Posthalterin plünderten, und ihrer Protestationen unerachtet mit dem Raube gar ziemlich geschmückt Tabak rauchend vor dem Hause, unter großem Zulauf des Volks, auf und ab spazierten, bis wir wieder unter dem lustigen Hörnerschall der Postillione abfuhren. In der herrlichsten jovialsten Gemütsstimmung kamen wir nach D., wo wir der schönen Gegenden wegen einige Tage verweilen wollten. Jeden Tag gab es lustige Partien; einst waren wir bis zum späten Abend auf dem Karlsberge und in der benachbarten Gegend herumgestreift, und als wir in den Gasthof zurückkehrten, erwartete uns schon der köstliche Punsch, den wir vorher bestellt, und den wir uns, von der Seeluft durchhaucht, wacker schmecken ließen, so daß ohne eigentlich berauscht zu sein, mir doch alle Pulse in den Adern hämmerten und schlugen, und das Blut wie ein Feuerstrom durch die Nerven glühte. Ich warf mich, als ich endlich in mein Zimmer zurückkehren durfte, auf das Bett, aber trotz der Ermüdung war mein Schlaf doch nur mehr ein träumerisches Hinbrüten, in dem ich alles vernahm, was um mich vorging. Es war mir, als würde in dem Nebenzimmer leise gesprochen und endlich unterschied ich deutlich eine männliche Stimme, welche sagte: ‚Nun so schlafe denn wohl und halte dich fertig zur bestimmten Stunde.' Eine Tür wurde geöffnet und wieder geschlossen, und nun trat eine tiefe Stille ein, die aber bald durch einige leise Akkorde eines Fortepianos unterbrochen wurde. Du weißt, Ludwig! welch ein Zauber in den Tönen der Musik liegt, wenn sie durch die stille Nacht hallen. So war es auch jetzt, als spräche in jenen Akkorden eine holde Geisterstimme zu mir; ich gab mich dem wohltätigen Eindruck ganz hin, und glaubte es würde nun wohl etwas Zusammenhängendes, irgendeine Fantasie, oder sonst ein musikalisches Stück folgen, aber wie wurde mir, als die herrliche göttliche Stimme eines Weibes in einer herzergreifenden Melodie die Worte sang:

‚Mio ben ricordati
s'avvien ch'io mora,
quanto quest' anima
fedel t'amò.
Lo se pur amano
le fredde ceneri
nel urna ancora
t'adorerò!'

Wie soll ich es denn anfangen, dir das nie gekannte, nie geahnete Gefühl nur anzudeuten, welches die langen – bald anschwellenden – bald verhallenden Töne in mir aufregten. Wenn die ganz eigentümliche, nie gehörte Melodie – ach es war ja die tiefe, wonnevolle Schwermut der inbrünstigsten Liebe selbst – wenn sie den Gesang in einfachen Melismen bald in die Höhe führte, daß die Töne wie helle Kristallglocken erklangen, bald in die Tiefe hinabsenkte, daß er in den dumpfen Seufzern einer hoffnungslosen Klage zu ersterben schien, dann fühlte ich, wie ein unnennbares Entzücken mein Innerstes durchbebte, wie der Schmerz der unendlichen Sehnsucht meine Brust krampfhaft zusammenzog, wie mein Atem stockte, wie mein Selbst unterging in namenloser, himmlischer Wollust. Ich wagte nicht, mich zu regen, meine ganze Seele, mein ganzes Gemüt war nur Ohr. Schon längst hatten die Töne geschwiegen, als ein Tränenstrom endlich die Überspannung brach, die mich zu vernichten drohte. Der Schlaf mochte mich doch zuletzt übermannt haben, denn als ich von dem gellenden Ton eines Posthorns geweckt auffuhr, schien die helle Morgensonne in mein Zimmer, und ich wurde gewahr, daß ich nur im Traume des höchsten Glücks, der höchsten Seligkeit, die für mich auf der Erde zu finden, teilhaftig worden. – Ein herrliches blühendes Mädchen war in mein Zimmer getreten; es war die Sängerin und sie sprach zu mir mit gar lieblicher, holdseliger Stimme: ‚So konntest du mich dann wiedererkennen, lieber, lieber Ferdinand! aber ich wußte ja wohl, daß ich nur singen durfte, um wieder ganz in dir zu leben; denn jeder Ton ruhte ja in deiner Brust, und mußte in meinem Blick erklingen.' – Welches unnennbare Entzücken durchströmte mich, als ich nun sah, daß es die Geliebte meiner Seele war, die ich schon von früher Kindheit an im Herzen getragen, die mir ein feindliches Geschick nur so lange entrissen, und die ich Hochbeglückter nun wiedergefunden. Aber meine inbrünstige Liebe erklang eben in jener Melodie der tief klagenden Sehnsucht, und unsere Worte, unsere Blicke wurden zu herrlichen anschwellenden Tönen, die wie in einem Feuerstrom zusammenflossen. – Nun ich erwacht war, mußte ich mir's eingestehen, daß durchaus keine Erinnerung aus früher Zeit sich an das holdselige Traumbild knüpfte – ich hatte das herrliche Mädchen zum ersten Male gesehen. Es wurde vor dem Hause laut und heftig gesprochen – mechanisch raffte ich mich auf und eilte ans Fenster; ein ältlicher, wohlgekleideter Mann zankte mit den Postknechten, die etwas an dem zierlichen Reisewagen zerbrochen. Endlich war alles hergestellt, und nun rief der Mann herauf: ‚Jetzt ist alles in Ordnung, wir wollen fort.' Ich wurde gewahr, daß dicht neben mir ein Frauenzimmer zum Fenster herausgesehen, die nun schnell zurückfuhr, so daß ich, da sie einen ziemlich tiefen Reisehut aufgesetzt hatte, das Gesicht nicht erkennen konnte. Als sie aus der Haustüre trat, wandte sie sich um und sah zu mir herauf. – Ludwig! – es war die Sängerin! – es war das Traumbild – der Blick des himmlischen Auges fiel auf mich, und es war mir, als träfe der Strahl eines Kristalltons meine Brust wie ein glühender Dolchstich, daß ich den Schmerz physisch fühlte, daß alle meine Fibern und

Nerven erbebten und ich vor unnennbarer Wonne erstarrte – Schnell war sie im Wagen – der Postillion blies wie im jubelnden Hohn ein munteres Stückchen. – Im Augenblick waren sie um die Straßenecke verschwunden. Wie ein Träumender blieb ich im Fenster, die Kurländer traten ins Zimmer, mich zu einer verabredeten Lustfahrt hinabzuholen – ich sprach kein Wort – man hielt mich für krank – wie hätte ich auch nur das mindeste davon äußern können, was geschehen! Ich unterließ es, mich nach den Fremden, die neben mir gewohnt, im Hause zu erkundigen, denn es war, als entweihe jedes Wort andrer Lippen, das sich auf die Herrliche bezöge das zarte Geheimnis meines Herzens. Getreulich wollte ich es fortan in mir tragen und nie mehr lassen von *der*, die nun die Ewiggeliebte meiner Seele worden, sollte ich sie auch nimmer wieder schauen. Du, mein Herzensfreund! erkennst wohl ganz den Zustand, in den ich mich versetzt fühlte; du tadelst mich daher nicht, daß ich alles und jedes vernachlässigte, mir auch nur eine Spur von der unbekannten Geliebten zu verschaffen. Die lustige Gesellschaft der Kurländer wurde mir in meiner Stimmung höchst zuwider, ehe sie sich's versahen, war ich in einer Nacht auf und davon, und eilte nach B., meiner damaligen Bestimmung zu folgen. Du weißt, daß ich schon seit früher Zeit ziemlich gut zeichnete; in B. legte ich mich unter der Anleitung geschickter Meister auf das Miniaturmalen und brachte es in kurzer Zeit so weit, daß ich den einzigen mir vorgesteckten Zweck, nämlich das höchst ähnliche Bild der Unbekannten würdig zu malen, erfüllen konnte. Heimlich, bei verschlossenen Türen, malte ich das Bild. Kein menschliches Auge hat es jemals gesehen, denn ein anderes Bild gleicher Größe ließ ich fassen, und setzte mit Mühe dann selbst das Bild der Geliebten ein, das ich seit der Zeit auf bloßer Brust trug.

Zum erstenmal in meinem Leben habe ich heute von dem höchsten Moment meines Lebens gesprochen, und du Ludwig! bist der einzige, dem ich mein Geheimnis vertraut! – Aber auch heute ist eine fremde Macht feindselig in mein Inneres gedrungen! – Als ich zu dem Türken hintrat, fragte ich, der Geliebten meines Herzens denkend: ‚Werde ich künftig noch einen Moment erleben, der dem gleicht, wo ich am glücklichsten war?‘ Der Türke wollte, wie du bemerkt haben wirst, durchaus nicht anworten; endlich, als ich nicht nachließ, sprach er: ‚Die Augen schauen in deine Brust, aber das spiegelblanke Gold, das mir zugewendet, verwirrt meinen Blick – wende das

Bild um!' – Habe ich denn Worte für das Gefühl, das mich durchbebte? – Dir wird meine innre Bewegung nicht entgangen sein. Das Bild lag wirklich so auf meiner Brust, wie es der Türke angegeben; ich wandte es unbemerkt um, und wiederholte meine Frage, da sprach die Figur im düstern Ton: ‚Unglücklicher! in dem Augenblick, wenn du sie wiedersiehst, hast du sie verloren!'"

Eben wollte Ludwig es versuchen, den Freund, der in tiefes Nachdenken versunken war, mit tröstenden Worten aufzurichten, als sie durch mehrere Bekannte, die auf sie zuschritten, unterbrochen wurden.

Schon hatte sich das Gerücht von der neuen mysteriösen Antwort, die der weise Türke erteilte, in der Stadt verbreitet, und man erschöpfte sich in Vermutungen, was für eine unglückliche Prophezeiung wohl den vorurteilsfreien Ferdinand so aufgeregt haben könne; man bestürmte die Freunde mit Fragen, und Ludwig wurde genötigt, um seinen Freund aus dem Gedränge zu retten, ein abenteuerliches Geschichtchen aufzutischen, das desto mehr Eingang fand, je weiter es sich von der Wahrheit entfernte. Dieselbe Gesellschaft, in welcher Ferdinand angeregt wurde, den wunderbaren Türken zu besuchen, pflegte sich wöchentlich zu versammeln, und auch in der nächsten Zusammenkunft kam wieder der Türke um so mehr an die Reihe, als man sich immer noch bemühte, recht viel von Ferdinand selbst über ein Abenteuer zu hören, das ihn in die düstre Stimmung versetzt hatte, welche er vergebens zu verbergen suchte. Ludwig fühlte es nur zu lebhaft, wie sein Freund im Innersten erschüttert sein mußte, als er das tief in der Brust treu bewahrte Geheimnis einer fantastischen Liebe von einer fremden grauenvollen Macht durchschaut sah, und auch er war ebensogut wie Ferdinand fest überzeugt, daß dem das Geheimste durchdringenden Blick jener Macht auch wohl der mysteriöse Zusammenhang, vermöge dessen sich das Zukünftige dem Gegenwärtigen anreiht, offenbar sein könne. Ludwig mußte an den Spruch des Orakels glauben, aber das feindselige schonungslose Verraten des bösen Verhängnisses, das dem Freunde drohte, brachte ihn gegen das versteckte Wesen, das sich durch den Türken vernehmen ließ, auf. Er bildete daher standhaft gegen die zahlreichen Bewunderer des Kunstwerks die Opposition, und behauptete, als jemand bemerkte, in den natürlichen Bewegungen des Automats liege etwas ganz besonders Imposantes, wodurch der Eindruck der orakelmäßigen Antworten erhöht werde, gerade das Augenverdrehen und Kopfwenden des ehrbaren Türken habe für ihn was unbeschreiblich Possierliches gehabt, weshalb er auch durch ein Bonmot, das ihm entschlüpft, den Künstler und auch vielleicht das unsichtbar wirkende Wesen in üblen Humor versetzt, welchen letzteres auch durch eine Menge schaler, nichts bedeutender Antworten an den Tag gelegt. „Ich muß gestehen", fuhr Ludwig fort, „daß die Figur gleich beim Eintreten mich lebhaft an einen überaus zierlichen künstlichen Nußknacker erinnerte, den mir einst, als ich noch ein kleiner Knabe war, ein Vetter zum Weihnachten verehrte. Der kleine Mann hatte ein überaus ernsthaft komisches Gesicht und verdrehte jedesmal mittelst einer innern Vorrichtung die großen aus dem Kopfe herausstehenden Augen, wenn er eine harte Nuß knackte, was denn so etwas possierlich Lebendiges in die ganze Figur brachte, daß ich stundenlang damit spielen konnte, und der Zwerg mir unter den Händen zum wahren Alräunchen wurde. Alle noch so vollkommne Marionetten waren mir nachher steif und leblos gegen meinen herrlichen Nußknacker. Von den höchst wunderbaren Automaten im Danziger Arsenal war mir gar viel erzählt worden, und vorzüglich deshalb unterließ ich nicht hineinzugehen, als ich mich gerade vor einigen Jahren in Danzig befand. Bald nachdem ich in den Saal getreten, schritt ein altdeutscher Soldat keck auf mich los und feuerte seine Büchse ab, daß es durch die weiten Gewölbe recht derb knallte – noch mehrere Spielereien der Art, die ich in der Tat wieder vergessen, überraschten hin und wieder, aber endlich führte man mich in den Saal in welchem der Gott des Krieges, der furchtbare Mavors, sich mit seiner ganzen Hofhaltung befand. – Mars selbst saß in ziemlich grotesker Kleidung auf einem mit Waffen aller Art geschmückten Thron, von Trabanten und Kriegern umgeben. Sobald wir vor den Thron getreten, fingen ein paar Trommelschläger an, auf ihren Trommeln zu wirbeln, und Pfeifer bliesen dazu ganz erschrecklich, daß man sich vor dem kakophonischen Getöse hätte die Ohren zuhalten mögen. Ich bemerkte, daß der Gott des Krieges eine durchaus schlechte, seiner Majestät unwürdige Kapelle habe, und man gab mir recht. – Endlich hörte das Trommeln und Pfeifen auf – da fingen an die Trabanten die Köpfe zu drehen und mit den Hellebarden zu stampfen, bis der Gott des Krieges, nachdem er auch mehrmals die Augen verdreht, von seinem Sitz aufsprang und keck auf uns zuschreiten zu wollen schien. Bald aber warf er sich wieder in seinen Thron, und es wurde noch etwas getrommelt und gepfiffen, bis alles wieder in die alte hölzerne Ruhe zurückkehrte. Als ich denn nun alle diese Automate geschaut, sagte ich im Herausgehen zu mir selbst: ‚Mein Nußknacker war mir doch lieber', und jetzt, meine Herren! nachdem ich den weisen Türken geschaut, sage ich abermals: ‚Mein Nußknacker war mir doch lieber!' – Man lachte sehr, meinte aber einstimmig, daß Ludwigs Ansicht von der Sache mehr lustig sei als wahr, denn abgesehen von dem seltenen Geist, der doch mehrenteils in den Antworten des Automats liege, sei doch auch die durchaus nicht zu entdeckende Verbindung des verborgenen Wesens mit dem Türken, das nicht allein durch ihn rede, sondern auch seine von den Fragen motivierte Bewegungen veranlassen müßte, höchst wunderbar und in jedem Fall ein Meisterwerk der Mechanik und Akustik.

Dies mußte nun wohl selbst Ludwig eingestehen, und man pries allgemein den fremden Künstler. Da stand ein ältlicher Mann, der in der Regel wenig sprach, und sich auch dieses Mal noch gar nicht ins Gespräch gemischt hatte, vom Stuhl auf, wie er zu tun pflegte, wenn er auch endlich ein paar Worte, die aber jedesmal ganz zur Sache gehörten, anbringen wollte, und fing nach seiner höflichen Weise an: „Wollen Sie gütigst erlauben – ich bitte gehorsamst, meine Herren! – Sie rühmen mit Recht das seltene Kunstwerk, das nun schon so lange uns anzuziehen weiß; mit Unrecht nennen Sie aber den ordinären Mann, der es zeigt, den Künstler, da er an allem dem, was in der Tat an dem Werk vortrefflich ist, gar keinen Anteil hat, selbiges vielmehr von einem in allen Künsten der Art gar tief erfahrnen Mann herrührt, der sich stets und schon seit vielen Jahren in unsern Mauern befindet, und den wir alle kennen und höchlich verehren." Man geriet in Erstaunen, man stürmte mit Fragen auf den Alten ein, der also fortfuhr: „Ich meine niemanden anders, als den Professor X. – Der Türke war schon zwei Tage hier, ohne daß jemand sonderlich Notiz von ihm genommen hätte, der Professor X. dagegen unterließ nicht, bald hinzugehen, da ihn alles, was nur Automat heißt, auf das höchste interessiert. Kaum hatte er aber von dem Türken ein paar Antworten erhalten, als er den Künstler beiseite zog, und ihm einige Worte ins Ohr sagte. Dieser erblaßte und verschloß das Zimmer, als es von den wenigen Neugierigen, die sich eingefunden, verlassen war; die Anschlagzettel verschwanden von den Straßenecken und man hörte nichts mehr von dem weisen

Türken, bis nach vierzehn Tagen eine neue Ankündigung erschien, und man den Türken mit dem neuen schönen Haupte und die ganze Einrichtung, so wie sie jetzt als ein unauflösliches Rätsel besteht, wiederfand. Seit der Zeit sind auch die Antworten so geistreich und bedeutungsvoll. Daß aber dies alles das Werk des Professor X. ist, unterliegt gar keinem Zweifel, da der Künstler in der Zwischenzeit, als er sein Automat nicht zeigte, täglich bei ihm war, und auch, wie man gewiß weiß, der Professor mehrere Tage hintereinander sich in dem Zimmer des Hotels befand, wo die Figur aufgestellt und noch jetzt steht. Ihnen wird übrigens, meine Herren! doch bekannt sein, daß der Professor selbst sich in dem Besitz der herrlichsten, vorzüglich aber musikalischer Automate befindet, daß er seit langer Zeit mit dem Hofrat B–, mit dem er ununterbrochen über allerlei mechanische und auch wohl magische Künste korrespondiert, darin wetteifert, und daß es nur an ihm liegt, die Welt in das höchste Erstaunen zu setzen? Aber er arbeitet und schafft im Verborgenen, wiewohl er jedem, der wahre Lust und wahres Belieben daran findet, seine seltenen Kunstwerke gar gern zeigt."

Man wußte zwar, daß der Professor X., dessen Hauptwissenschaften Physik und Chemie waren, nächstdem sich auch gern mit mechanischen Kunstwerken beschäftigte, kein einziger von der Gesellschaft hatte aber seinen Einfluß auf den weisen Türken geahnet, und nur von Hörensagen kannte man das Kunstkabinett, von dem der Alte gesprochen. Ferdinand und Ludwig fühlten sich durch des Alten Bericht über den Professor X. und über sein Einwirken auf das fremde Automat gar seltsam angeregt.

„Ich kann dir's nicht verhehlen",– sagte Ferdinand, „mir dämmert eine Hoffnung auf, vielleicht die Spur des Geheimnisses zu finden, das mich jetzt so grauenvoll befängt, wenn ich dem Professor X. näher trete. Ja es ist möglich, daß die Ahnung des wunderbaren Zusammenhanges, in dem der Türke, oder vielmehr die versteckte Person die ihn zum Organ ihrer Orakelsprüche braucht, mit meinem Ich steht, mich vielleicht tröstet, und den Eindruck jener für mich schrecklichen Worte entkräftet. Ich bin entschlossen, unter dem Vorwande, seine Automate zu sehen, die nähere Bekanntschaft des mysteriösen Mannes zu machen, und da seine Kunstwerke, wie wir hörten, musikalisch tind, wird es für dich nicht ohne Interesse sein, mich zu begleiten."

„Als wenn", erwiderte Ludwig, „es nicht für mich genug wäre, daß ich in *deiner* Angelegenheit dir beistehen soll mit Rat und Tat! – Daß mir aber eben heute, als der Alte von der Einwirkung des Professors X. auf die Maschine sprach, ganz besondere Ideen durch den Kopf gegangen sind, kann ich nicht leugnen, wiewohl es möglich ist, daß ich das auf entlegenem Wege suche, was vielleicht uns ganz nahe liegt. – Ist es nämlich, um eben die Auflösung des Rätsels ganz nahe zu suchen, nicht denkbar, daß die unsichtbare Person wußte, daß du ein Bild auf der Brust trägst, und konnte nicht eine glückliche Kombination sie gerade wenigstens das scheinbar Richtige treffen lassen? Vielleicht rächte sie durch die unglückliche Weissagung sich an uns des Mutwillens wegen, in dem wir die Weisheit des Türken höhnten."

„Keine menschliche Seele", erwiderte Ferdinand, „hat, wie ich dir schon vorhin sagte, das Bildnis gesehen, niemanden habe ich jemals jenen auf mein ganzes Leben einwirkenden Vorfall erzählt – auf gewöhnliche Weise kann der Türke unmöglich von dem allen unterrichtet worden sein! – vielleicht nähert sich das, was du auf entlegenem Wege suchst, weit mehr der Wahrheit!"

„So meine ich denn nun", sagte Ludwig: „daß unser Automat, sosehr ich heute auch das Gegenteil zu behaupten schien, wirklich zu den merkwürdigsten Erscheinungen gehört, die man jemals sah, und alles beweiset, daß dem, der als Dirigent über dem ganzen Kunstwerke schwebt, tiefere Kenntnisse zu Gebote stehen, als die wohl glauben, welche nur so etwas leichtsinnig begaffen, und sich über das Wunderbare nur wundern. Die Figur ist nichts weiter als die Form der Mitteilung, aber es ist nicht zu leugnen, daß diese Form geschickt gewählt ist, da das ganze Ansehen und auch die Bewegungen des Automats dazu geeignet sind, die Aufmerksamkeit zugunsten des Geheimnisses zu fesseln, und vorzüglich den Fragenden auf gewisse Weise nach dem Zweck des antwortenden Wesens zu spannen. In der Figur kann kein menschliches Wesen stecken, das ist so gut als erwiesen, daß wir daher die Antworten aus dem Munde des Türken zu empfangen glauben, beruht sicherlich auf einer akustischen Täuschung; wie dies bewerkstelligt ist, wie die Person, welche antwortet, in den Stand gesetzt wird, die Fragenden zu sehen, zu vernehmen und sich ihnen wieder verständlich zu machen, ist und bleibt mir freilich ein Rätsel; allein es setzt nur gute akustische und mechanische

Kenntnisse und einen vorzüglichen Scharfsinn oder auch vielleicht besser gesagt eine konsequente Schlauheit des Künstlers voraus, der kein Mittel unbeachtet ließ, uns zu täuschen, und ich muß gestehen, daß mich die Auflösung *dieses* Geheimnisses weniger interessiert, als es von dem nur allein höchst merkwürdigen Umstande überwogen wird, daß der Türke oft die Seele des Fragenden zu durchschauen, ja, wie du schon, noch ehe es dir selbst bewiesen wurde, bemerktest, in die tiefste Tiefe des Gemüts zu dringen scheint. Wie wenn es dem antwortenden Wesen möglich wäre, sich durch uns unbekannte Mittel einen psychischen Einfluß auf uns zu verschaffen, ja sich mit uns in einen solchen geistigen Rapport zu setzen, daß es unsere Gemütsstimmung, ja unser ganzes inneres Wesen in sich auffaßt, und so, wenn auch nicht das in uns ruhende Geheimnis deutlich ausspricht, doch wie in einer Ekstase, die eben der Rapport mit dem fremden geistigen Prinzip erzeugte, die Andeutungen alles dessen, was in unserer eigenen Brust ruht, wie es hell erleuchtet dem Auge des Geistes offenbar wird, hervorruft. Es ist die psychische Macht, die die Saiten in unserm Innern, welche sonst nur durcheinander rauschten, anschlägt, daß sie vibrieren und ertönen, und wir den reinen Akkord deutlich vernehmen; so sind wir aber es selbst, die wir uns die Antworten erteilen, indem wir die innere Stimme durch ein fremdes geistiges Prinzip geweckt außer uns verständlicher vernehmen und verworrene Ahndungen, in Form und Weise des Gedankens festgebannt, nun zu deutlichen Sprüchen werden; so wie uns oft im Traum eine fremde Stimme über Dinge belehrt, die wir gar nicht wußten, oder über die wir wenigstens in Zweifel waren, unerachtet die Stimme, welche uns fremdes Wissen zuzuführen scheint, doch nur aus unserm eignen Innern kommt und sich in verständlichen Worten ausspricht. – Daß der Türke, worunter ich natürlich jenes versteckte geistige Wesen verstehe, sehr selten nötig haben wird, sich mit dem Fragenden in jenen psychischen Rapport zu setzen, versteht sich wohl von selbst. Hundert Fragende werden ebenso oberflächlich abgefertigt, als es ihre Individualität verdient, und oft genügt ein witziger Einfall, dem der natürliche Scharfsinn oder die geistige Lebendigkeit des antwortenden Wesens die treffende Spitze gibt, wo von irgendeiner Tiefe, in der die Frage aufzufassen ist, nicht die Rede sein kann. Irgendeine exaltierte Gemütsstimmung des Fragenden wird den Türken augenblicklich auf ganz andere Weise ansprechen und dann wendet er die Mittel an, die es ihm möglich machen, den psychischen Rapport hervorzubringen, der ihm die Macht gibt, aus dem tiefsten Innern des Fragenden selbst zu antworten. Die Weigerung des Türken, auf solche tief gestellte Fragen gleich zu antworten, ist vielleicht nur der Aufschub, den er sich gönnt, um für die Anwendung jener geheimnisvollen Mittel Momente zu gewinnen. Dies ist meine innige Herzensmeinung, und du siehst, daß mir das Kunstwerk nicht so verächtlich ist, als ich es euch heute glauben machen wollte – vielleicht nehme ich die Sache zu ernst! – Doch mochte ich dir nichts verhehlen, wiewohl ich einsehe, daß wenn du in meine Idee eingehst, ich dir gerade nichts zur innern Beruhigung gesagt habe!"

„Du irrst, mein geliebter Freund", erwiderte Ferdinand: „gerade, daß deine Ideen ganz mit dem übereinstimmen, was mir gleich dunkel vor der Seele lag, beruhigte mich auf eine wunderbare Weise; ich habe es mit mir selbst allein zu tun, mein liebes Geheimnis blieb unentweiht, denn mein Freund wird es treulich bewahren; wie ein anvertrautes Heiligtum. Doch muß ich jetzt noch eines ganz besondern Umstandes erwähnen, dessen ich bisher noch nicht gedachte. Als der Türke die verhängnisvollen Worte sprach, war es mir, als hörte ich die tiefklagende Melodie: *Mio ben ricordati s'avvien ch'io mora* in einzeln abgebrochenen Lauten – und dann war es wieder als schwebe nur *ein* langgehaltener Ton der göttlichen Stimme, die ich in jener Nacht hörte, an mir vorüber."

„So mag ich es dir auch nicht verschweigen", sagte Ludwig: „daß ich, als du gerade die leise Antwort erhieltest, zufällig die Hand auf das Geländer, welches das Kunstwerk umschließt, gelegt hatte; es dröhnte fühlbar in meiner Hand und auch mir war es als gleite ein musikalischer Ton, Gesang kann ich es nicht nennen, durchs Zimmer. Ich achtete nicht sonderlich darauf, weil, wie du weißt, immer meine ganze Fantasie von Musik erfüllt ist, und ich deshalb schon auf die wunderlichste Weise getäuscht worden bin; nicht wenig erstaunte ich aber im Innern als ich den mysteriösen Zusammenhang jenes tiefklagenden Tons mit der verhängnisvollen Begebenheit in D., die deine Frage an den Türken veranlaßte, erfuhr."

Ferdinand hielt es nur für einen Beweis des psychischen Rapports mit seinem geliebten Freunde, daß auch *dieser* den Ton gehört hatte, und als sie noch tiefer eingingen in die Geheimnisse der psychischen Beziehungen verwandter geistiger Prinzipe, als immer lebendiger wunderbare Resultate sich erzeugten, da war es ihm endlich, als sei die schwere Last, die seit jenem Augenblick, als er die Antwort erhalten, seine Brust gedrückt, ihm wieder entnommen; er fühlte sich ermutigt, jedem Verhängnis keck entgegenzutreten. „Kann ich sie denn verlieren", sagte er: „sie, die ewig in meinem Innern waltet, und so eine intensive Existenz behauptet, die nur mit meinem Sein untergeht?"

Voller Hoffnung, über manche jener Vermutungen, die für beide die größte innere Wahrheit hatten, näheren Aufschluß zu erhalten, gingen sie zum Professor X. Sie fanden an ihm einen hochbejahrten, altfränkisch gekleideten Mann muntern Ansehens, dessen kleine graue Augen unangenehm stechend blickten, und um dessen Mund ein sarkastisches Lächeln schwebte, das eben nicht anzog.

Als sie den Wunsch äußerten, seine Automate zu sehen, sagte er: „Ei! sind Sie doch auch wohl Liebhaber von mechanischen Kunstwerken, vielleicht selbst Kunstdilettanten? Nun Sie finden bei mir was Sie in ganz Europa, ja in der ganzen bekannten Welt vergebens suchen." Des Professors Stimme hatte etwas höchst Widriges, es war ein hoher kreischender dissonierender Tenor, der gerade zu der marktschreierischen Art paßte, womit er seine Kunstwerke ankündigte. Er holte mit vielem Geräusch die Schlüssel und öffnete den geschmackvoll, ja prächtig verzierten Saal, in welchem die Kunstwerke sich befanden. In der Mitte stand auf einer Erhöhung ein großer Flügel, neben demselben rechts eine lebensgroße männliche Figur mit einer Flöte in der Hand, links saß eine weibliche Figur vor einem klavierähnlichen Instrumente, hinter derselben zwei Knaben mit einer großen Trommel und einem Triangel. Im Hintergrunde erblickten die Freunde das ihnen schon bekannte Orchestrion und rings an den Wänden umher mehrere Spieluhren. Der Professor ging nur flüchtig an dem Orchestrion und den Spieluhren vorüber, und berührte kaum merklich die Automate; dann setzte er sich aber an den Flügel und fing pianissimo ein marschmäßiges Andante an; bei der Reprise setzte der Flötenbläser die Flöte an den Mund und spielte das Thema, nun paukte der Knabe richtig im Takte ganz leise auf der Trommel, indem der andere einen Triangel kaum hörbar berührte. Bald darauf fiel das Frauenzimmer mit vollgriffigen Akkorden ein, indem sie durch das Niederdrücken der Tasten einen harmonikaähnlichen Ton hervorbrachte! Aber nun wurde es immer reger und lebendiger im ganzen Saal, die Spieluhren fielen nacheinander mit der größten rhythmischen Genauigkeit ein, der Knabe schlug immer stärker seine Trommel, der Triangel gellte durch das Zimmer und zuletzt trompetete und paukte das Orchestrion im Fortissimo dazu, daß alles zitterte und bebte, bis der Professor mit seinen Maschinen auf einen Schlag im Schlußakkord endete. Die Freunde zollten dem Professor den Beifall, den sein schlau und zufrieden lächelnder Blick zu begehren schien; er war im Begriff noch mehr musikalische Produktionen der Art vorzubereiten, indem er sich den Automaten näherte, aber die Freunde, als hätten sie sich vorher dazu verabredet, schützten einstimmig ein dringendes Geschäft vor, das ihnen nicht erlaube länger zu verweilen und verließen den Mechaniker und seine Maschinen. „Nun, war das nicht alles überaus künstlich und schön?" frug Ferdinand, aber Ludwig brach los wie im lange verhaltenen Zorn: „Ei daß den verdammten Professor der – ei wie sind wir doch so bitter getäuscht worden! wo sind die Aufschlüsse, nach denen wir trachteten, wie blieb es mit der lehrreichen Unterhaltung, in der uns der weise Professor erleuchten sollte, wie die Lehrlinge zu Sais?" „Dafür", sagte Ferdinand, „haben wir aber in der Tat merkwürdige mechanische Kunstwerke gesehen; auch in musikalischer Hinsicht! Der Flötenbläser ist offenbar die berühmte Vaucansonsche Maschine, und derselbe Mechanismus rücksichtlich der Fingerbewegung auch bei der weiblichen Figur angewendet, die auf ihrem Instrumente recht wohllautende Töne hervorbringt: die Verbindung der Maschinen ist wunderbar." „Das alles ist es eben", fiel Ludwig ein, „was mich ganz toll machte! ich bin von all der Maschinenmusik, wozu ich auch des Professors Spiel auf dem Flügel rechne, ordentlich durchgewalkt und durchgeknetet, daß ich es in allen Gliedern fühle und lange nicht verwinden werde.

Schon die Verbindung des Menschen mit toten das Menschliche in Bildung und Bewegung nachäffenden Figuren zu gleichem Tun und Treiben hat für mich etwas Drückendes, Unheimliches, ja Entsetzliches. Ich kann mir es denken, daß es möglich sein müßte, Figuren vermöge eines im Innern verborgenen Getriebes gar künstlich und behende tanzen zu lassen, auch müßten diese mit Menschen gemeinschaftlich einen Tanz aufführen und sich in allerlei Touren wenden und drehen, so daß der lebendige Tänzer die tote hölzerne Tänzerin faßte und sich mit ihr schwenkte, würdest du den Anblick ohne inneres Grauen eine Minute lang ertragen? Aber vollends die

Maschinenmusik ist für mich etwas Heilloses und Greuliches, und eine gute Strumpfmaschine übertrifft nach meiner Meinung an wahrem Wert himmelweit die vollkommenste prächtigste Spieluhr.

Ist es denn nur allein der aus dem Munde strömende Hauch, der dem Blasinstrumente, sind es nur allein die gelenkigen geschmeidigen Finger, die dem Saiteninstrumente Töne entlocken, welche uns mit mächtigen Zauber ergreifen, ja in uns die unbekannten unaussprechlichen Gefühle erregen, welche mit nichts Irdischem hienieden verwandt, die Ahndungen eines fernen Geisterreichs und unsers höhern Seins in demselben hervorrufen? Ist es nicht vielmehr das Gemüt, welches sich nur jener physischen Organe bedient, um das, was in seiner tiefsten Tiefe erklungen, in das rege Leben zu bringen, daß es andern vernehmbar ertönt und die gleichen Anklänge im Innern erweckt, welche dann im harmonischen Widerhall dem Geist das wundervolle Reich erschließen, aus dem jene Töne wie entzündende Strahlen hervordrangen? Durch Ventile, Springfedern, Hebel, Walzen und was noch alles zu dem mechanischen Apparat gehören mag, musikalisch wirken zu wollen, ist der unsinnige Versuch, die Mittel allein das vollbringen zu lassen, was sie nur durch die innere Kraft des Gemüts belebt und von derselben in ihrer geringsten Bewegung geregelt ausführen können. Der größte Vorwurf, den man dem Musiker macht, ist, daß er ohne Ausdruck spiele, da er dadurch eben dem eigentlichen Wesen der Musik schadet, oder vielmehr in der Musik die Musik vernichtet, und doch wird der geist- und empfindungsloseste Spieler noch immer mehr leisten als die vollkommenste Maschine, da es nicht denkbar ist, daß nicht irgend einmal eine augenblickliche Anregung aus dem Innern auf sein Spiel wirken sollte, welches natürlicherweise bei der Maschine nie der Fall sein kann.

Das Streben der Mechaniker, immer mehr und mehr die menschlichen Organe zum Hervorbringen musikalischer Töne nachzuahmen, oder durch mechanische Mittel zu ersetzen, ist mir der erklärte Krieg gegen das geistige Prinzip, dessen Macht nur noch glänzender siegt, je mehr scheinbare Kräfte ihm entgegengesetzt werden; eben darum ist mir gerade die nach mechanischen Begriffen vollkommenste Maschine der Art eben die verächtlichste, und eine einfache Drehorgel, die im Mechanischen nur das Mechanische bezweckt, immer noch lieber als der Vaucansonsche Flötenbläser und die Harmonikaspielerin.“

„Ich muß dir ganz beistimmen", sagte Ferdinand: „denn du hast nur in Worten deutlich ausgesprochen, was ich längst und vorzüglich heute bei dem Professor im Innern lebhaft gefühlt. Ohne so ganz in der Musik zu leben und zu weben, wie du und ohne daher für alle Mißgriffe so gar empfindlich zu sein, ist mir doch das Tote, Starre der Maschinenmusik von jeher zuwider gewesen und ich erinnre mich noch, daß schon als Kind in dem Hause meines Vaters mir eine große Harfenuhr, welche stündlich ihr Stückchen abspielte, ein recht quälendes Mißbehagen erregte. Es ist schade, daß recht geschickte Mechaniker ihre Kunst dieser widrigen Spielerei, und nicht vielmehr der Vervollkommnung der musikalischen Instrumente zuwenden." „Das ist wahr", erwiderte Ludwig: „vorzüglich rücksichtlich der Tasteninstrumente wäre noch manches zu tun, denn gerade diese öffnen dem geschickten Mechaniker ein weites Feld, und wirklich ist es zu bewundern, wie weit z.B. der Flügel, in seiner Struktur, die auf Ton und Behandlungsart den entschiedensten Einfluß hat, vorgerückt ist.

Sollte es aber nicht die höhere musikalische Mechanik sein, welche die eigentümlichsten Laute der Natur belauscht, welche die in den heterogensten Körpern wohnende Töne erforscht und welche dann diese geheimnisvolle Musik in irgendein Organon festzubannen strebt, das sich dem Willen des Menschen fügt und in seiner Berührung erklingt. Alle Versuche, aus metallenen, gläsernen Zylindern, Glasfäden, Glas, ja Marmorstreifen Töne zu ziehen oder Saiten auf ganz andere als die gewöhnliche Weise vibrieren und ertönen zu lassen, scheinen mir daher im höchsten Grade beachtenswert, und dem weitern Vorschreiten dieses Bestrebens in die tiefen akustischen Geheimnisse, wie sie überall in der Natur verborgen, zu dringen, steht es nur im Wege, daß jeder mangelhafte Versuch gleich der Ostentation oder des Geldgewinns wegen, als eine neue schon zur Vollkommenheit gediehene Erfindung angepriesen und vorgezeigt wird. Hierin liegt es, daß in kurzer Zeit so viele neue Instrumente zum Teil unter seltsamen oder prunkenden Namen entstanden und ebenso schnell wieder verschwunden und in Vergessenheit geraten sind." „Deine höhere musikalische Mechanik", sagte Ferdinand, „ist allerdings sehr interessant, wiewohl ich mir eigentlich nicht die Spitze oder das Ziel jener Bestrebungen denken kann."

„Dies ist kein anderes", erwiderte Ludwig, „als die Auffindung des vollkommensten Tons; ich halte aber den musikalischen Ton für desto vollkommner, je näher er den geheimnisvollen Lauten der Natur verwandt ist, die noch nicht ganz von der Erde gewichen." „Mag es sein", sagte Ferdinand, „daß ich nicht so wie du in diese Geheimnisse eingedrungen, aber ich gestehe, daß ich dich nicht ganz fasse." „Laß mich es wenigstens andeuten", fuhr Ludwig fort, „wie mir das alles so in Sinn und Gedanken liegt.

In jener Urzeit des menschlichen Geschlechts, als es, um mich ganz der Worte eines geistreichen Schriftstellers zu bedienen (Schubert in den Ansichten von der Nachtseite der Naturwissenschaft) in der ersten heiligen Harmonie mit der Natur lebte, erfüllt von dem göttlichen Instinkt der Weissagung und Dichtkunst, als der Geist des Menschen nicht die Natur, sondern diese den Geist des Menschen erfaßte, und die Mutter das wunderbare Wesen, das sie geboren, noch aus der Tiefe ihres Daseins nährte, da umfing sie den Menschen wie im Wehen einer ewigen Begeisterung mit heiliger Musik, und wundervolle Laute verkündeten die Geheimnisse ihres ewigen Treibens. Ein Nachhall aus der geheimnisvollen Tiefe dieser Urzeit ist die herrliche Sage von der Sphärenmusik, welche mich schon als Knabe, als ich in Scipios Traum zum erstenmal davon las, mit inbrünstiger Andacht erfüllte, so daß ich oft in stillen mondhellen Nächten lauschte, ob nicht im Säuseln des Windes jene wunderbaren Töne erklingen würden. Aber noch sind jene vernehmlichen Laute der Natur, wie ich schon vorhin sagte, nicht von der Erde gewichen, denn nichts anders ist jene Luftmusik oder Teufelsstimme auf Ceylon, deren eben jener Schriftsteller erwähnt, und die eine so tiefe Wirkung auf das menschliche Gemüt äußert, daß selbst die ruhigsten Beobachter sich eines tiefen Entsetzens, eines zerschneidenden Mitleids mit jenen den menschlichen Jammer so entsetzlich nachahmenden Naturtönen nicht erwehren können. Ja ich habe selbst in früherer Zeit eine ganz ähnliche Naturerscheinung, und zwar in der Nähe des Kurischen Haffs in Ostpreußen erlebt. Es war im tiefen Herbst, als ich mich einige Zeit auf einem dort gelegenen Landgute aufhielt, und in stillen Nächten bei mäßigem Winde deutlich lang gehaltene Töne hörte, die bald gleich einer tiefen gedämpften Orgelpfeife, bald gleich einer vibrierenden dumpfen Glocke erklangen. Oft konnte ich genau das tiefe *F* mit der anschlagenden Quinte *C* unterscheiden, oft erklang sogar die kleine Terz *Es*, so daß der schneidende Septimenakkord in den Tönen der tiefsten Klage meine Brust mit einer das Innerste durchdringenden Wehmut, ja mit Entsetzen erfüllte.

In dem unvermerkten Entstehen, Anschwellen und Verschweben jener Naturlaute liegt etwas, das unser Gemüt unwiderstehlich ergreift, und das Instrument, dem dies zu Gebote steht, wird in eben dem Grade auf uns wirken müssen; mir scheint daher, daß die Harmonika rücksichtlich des Tons sich gewiß jener Vollkommenheit, die ihren Maßstab in der Wirkung auf unser Gemüt findet, am mehrsten nähert, und es ist eben schön, daß gerade dieses Instrument, welches jene Naturlaute so glücklich nachahmt und auf unser Inneres in den tiefsten Beziehungen so wunderbar wirkt, sich dem Leichtsinn und der schalen Ostentation durchaus nicht hingibt, sondern nur in der heiligen Einfachheit ihr eigentümliches Wesen behauptet. Recht viel in dieser Hinsicht wird auch gewiß das neuerfundene sogenannte Harmonichord leisten, welches statt der Glocken, mittelst einer geheimen Mechanik, die durch den Druck der Tasten und den Umschwung einer Walze in Bewegung gesetzt wird, Saiten vibrieren und ertönen läßt. Der Spieler hat das Entstehen, Anschwellen, Verschweben des Tons beinahe noch mehr in der Gewalt, als bei der Harmonika, und nur den wie aus einer andern Welt herabgekommenen Ton dieses Instruments hat das Harmonichord noch nicht im mindesten erreicht." „Ich habe dies Instrument gehört", sagte Ferdinand, „und muß gestehen, daß sein Ton recht in mein Inneres gedrungen, wiewohl es, nach meiner Einsicht, von dem Künstler selbst nicht eben vorteilhaft behandelt wurde. Übrigens fasse ich dich ganz, wiewohl mir die enge Beziehung jener Naturlaute, von denen du sprichst, mit der Musik, die wir durch Instrumente hervorbringen, noch nicht deutlich einleuchtet." „Kann denn", erwiderte Ludwig, „die Musik, die in unserm Innern wohnt, eine andere sein als die, welche in der Natur wie ein tiefes, nur dem höhern Sinn erforschliches Geheimnis verborgen, und die durch das Organ der Instrumente nur wie im Zwange eines mächtigen Zaubers, dessen wir Herr worden, ertönt? Aber im reinpsychischen Wirken des Geistes, im Traume ist der Bann gelöst, und wir hören selbst im Konzert bekannter Instrumente jene Naturlaute, wie sie wunderbar, in der Luft erzeugt, auf uns niederschweben, anschwellen und verhallen." „Ich denke an die Äolsharfe", unterbrach Ferdinand den Freund; „was hältst du von dieser sinnigen Erfindung?" „Die Versuche", erwiderte Ludwig, „der Natur Töne zu entlocken, sind allerdings herrlich und höchst beachtenswert, nur scheint es mir, daß man ihr bis jetzt nur ein kleinliches Spielzeug darbot, das sie mehrenteils wie in gerechtem Unmute zerbrach. Viel größer in der Idee, als alle die Äolsharfen, die nur als musikalische Ableiter der Zugluft zum kindischen Spielwerk geworden, ist die Wetterharfe, von der ich einmal gelesen. Dicke in beträchtlicher Weite im Freien ausgespannte Drähte wurden von der Luft in Vibration gesetzt, und ertönten in mächtigem Klange.

Überhaupt bleibt hier dem sinnigen, von höherem Geiste beseelten Physiker und Mechaniker noch ein weites Feld offen, und ich glaube, daß bei dem Schwunge, den die Naturwissenschaft erhalten, auch tieferes Forschen in das heilige Geheimnis der Natur eindringen, und manches, was nur noch geahnet, in das rege Leben sichtlich und vernehmbar bringen wird."

Plötzlich wehte ein seltsamer Klang durch die Luft, der im stärkern Anschwellen dem Ton einer Harmonika ähnlich wurde. Die Freunde blieben von innerm Schauer ergriffen, wie an den Boden festgebannt, stehen; da wurde der Ton zur tiefklagenden Melodie einer weiblichen Stimme. Ferdinand ergriff des Freundes Hand und drückte sie krampfhaft an seine Brust, aber leise und bebend sprach Ludwig: „*Mio ben ricordati s'avvien ch'io mora.*" Sie befanden sich außerhalb der Stadt, vor dem Eingange eines mit hohen Hecken und Bäumen umschlossenen Gartens; dicht vor ihnen hatte unbemerkt ein kleines niedliches Mädchen, im Grase sitzend, gespielt, das sprang nun schnell auf und sprach: „Ach wie schön singt Schwesterchen wieder, ich muß ihr nur eine Blume bringen, denn ich weiß schon, wenn sie die bunten Nelken sieht, dann singt sie noch schöner und länger." Und damit hüpfte sie, einen großen Blumenstrauß in der Hand, in den Garten, dessen Türe offenstehen blieb, so daß die Freunde hineinschauen konnten. Aber welch ein Erstaunen, ja welch ein inneres Grausen durchdrang sie, als sie den Professor X. erblickten, der mitten im Garten unter einer hohen Esche stand. Statt des zurückschreckenden ironischen Lächelns, mit dem er die Freunde in seinem Hause empfing, ruhte ein tiefer melancholischer Ernst auf seinem Gesicht, und sein himmelwärts gerichteter Blick schien wie in seliger Verklärung das geahnete Jenseits zu schauen, was hinter den Wolken verborgen, und von dem die wunderbaren Klänge Kunde gaben, welche wie ein Hauch des Windes durch die Luft bebten. Er schritt langsam und abgemessen den

Mittelgang auf und nieder, aber in seiner Bewegung wurde alles um ihn her rege und lebendig, und überall flimmerten kristallne Klänge aus den dunklen Büschen und Bäumen empor und strömten vereinigt im wundervollen Konzert wie Feuerflammen durch die Luft ins Innerste des Gemüts eindringend, und es zur höchsten Wonne himmlischer Ahndungen entzündend. Die Dämmerung war eingebrochen, der Professor verschwand in den Hecken, und die Töne erstarben im Pianissimo. Endlich gingen die Freunde im tiefen Schweigen nach der Stadt zurück; aber als Ludwig sich nun von dem Freunde trennen wollte, da drückte ihn Ferdinand fest an sich und sprach: „Sei mir treu! – sei mir treu! – ach ich fühle es ja, daß eine fremde Macht in mein Inneres gedrungen, und alle die im Verborgenen liegenden Saiten ergriffen hat, die nun nach ihrer Willkür erklingen müssen, und sollte ich darüber zugrunde gehen!

War denn nicht die gehässige Ironie, womit uns der Professor in seinem Hause empfing, nur der Ausdruck des feindlichen Prinzips, und hat er uns mit seinen Automaten nicht nur abfertigen wollen, um alle nähere Beziehung mit mir im extensiven Leben von der Hand zu weisen?" – „Du kannst wohl recht haben", erwiderte Ludwig: „denn auch ich ahne es deutlich, daß auf irgendeine Weise, die uns nun freilich wenigstens jetzt ein unauflösliches Rätsel bleibt, der Professor in dein Leben, oder besser gesagt, in das geheimnisvolle psychische Verhältnis, in dem du mit jenem unbekannten weiblichen Wesen stehst, eingreift. Vielleicht verstärkt er selbst wider seinen Willen, als feindliches Prinzip darin verflochten und dagegen ankämpfend, den Rapport, dessen Kraft eben im Kampfe wächst, und es wäre denkbar, daß ihm dein Nähertreten schon deshalb verhaßt sein müßte, weil dein geistiges Prinzip dann wider seinen Willen, oder vielmehr irgendeiner konventionellen Absicht entgegen, alle die Anklänge jenes psychischen Rapports weckt und in neuen lebhafteren Schwung setzt." – Die Freunde beschlossen nun kein Mittel unversucht zu lassen, dem Professor X. näherzutreten und vielleicht endlich das Rätsel zu lösen, das so tief auf Ferdinands Leben wirkte; schon am folgenden Morgen sollte ein zweiter Besuch bei dem Professor das Fernere einleiten, ein Brief, den Ferdinand unvermutet von seinem Vater erhielt, rief ihn aber nach B., er durfte sich nicht den mindesten Aufschub verstatten, und in wenigen Stunden eilte er schon mit Postpferden von dannen, indem er seinem Freunde versicherte, daß ihn nichts abhalten würde, spätestens in vierzehn Tagen wieder in J. zu sein. Merkwürdig war es Ludwigen im höchsten Grade, daß er bald nach Ferdinands Abreise von demselben ältlichen Mann, der zuerst von des Professors X. Einwirkung auf den Türken gesprochen, nun erfuhr, wie des Professors mechanische Kunstwerke nur aus einer untergeordneten Liebhaberei hervorgegangen, und daß tiefes Forschen, tiefes Eindringen in alle Teile der Naturwissenschaft eigentlich der unausgesetzte Zweck alles seines Strebens sei. Vorzüglich rühmte der Mann die Erfindungen des Professors in der Musik, die er aber bis jetzt niemanden mitteile. Sein geheimnisvolles Laboratorium sei ein schöner Garten bei der Stadt, und oft hätten schon Vorübergehende seltsame Klänge und Melodien ertönen gehört, als sei der Garten von Feen und Geistern bewohnt.

Vierzehn Tage vergingen, aber Ferdinand kehrte nicht wieder, endlich nach zwei Monaten erhielt Ludwig einen Brief aus B. des Inhalts:

Lies und erstaune, aber erfahre nur das, was du vielleicht ahntest, nachdem du dem Professor, wie ich hoffe, nähergetreten. Im Dorfe P. werden Pferde gewechselt, ich stehe und schaue recht gedankenlos in die Gegend hinein.

Da fährt ein Wagen vorbei und hält vor der nahen offnen Kirche; ein einfach gekleidetes Frauenzimmer steigt aus, ihr folgt ein junger schöner Mann in russischer Jägeruniform mit Orden geschmückt; zwei Männer steigen aus einem zweiten Wagen. Der Posthalter sagt: „Das ist das fremde Paar, das unser Hr. Pastor heut traut.“ Mechanisch gehe ich in die Kirche und trete ein, als der Geistliche gerade mit dem Segen die Zeremonie endigt. Ich schaue hin, die Braut ist die Sängerin, sie erblickt mich, sie erblaßt, sie sinkt, der hinter ihr stehende Mann fängt sie auf in seine Arme, es ist der Professor X. – Was weiter vorgegangen, weiß ich nicht mehr, auch nicht, wie ich hiehergekommen, du wirst es wohl vom Professor X. erfahren. Jetzt ist eine nie gefühlte Ruhe und Heiterkeit in meine Seele gekommen. Der verhängnisvolle Spruch des Türken war eine verdammte Lüge, erzeugt vom blinden Hintappen mit ungeschickten Fühlhörnern. Habe ich sie denn verloren? ist sie nicht im innern glühenden Leben ewig mein? Du wirst lange nicht von mir hören, denn ich gehe nach K., vielleicht auch in den tiefen Norden nach P.

Ludwig ersah aus seines Freundes Worten nur zu deutlich seinen zerrütteten Seelenzustand, und um so rätselhafter wurde ihm das Ganze, als er erfuhr, daß der Professor X. durchaus die Stadt nicht verlassen habe. Wie, dachte er, wenn es nur die Resultate des Konflikts wunderbarer psychischer Beziehungen, die vielleicht unter mehreren Personen stattfanden, wären, die in das Leben traten, und selbst äußere von ihnen unabhängige Begebenheiten so in ihren Kreis zogen, daß sie der getäuschte innere Sinn für eine aus ihm unbedingt hervorgehende Erscheinung hielt und daran glaubte? – Doch vielleicht tritt künftig die frohe Ahnung ins Leben, die ich in meinem Innern trage, und die meinen Freund trösten soll! Der verhängnisvolle Spruch des Türken ist erfüllt, und vielleicht gerade durch diese Erfüllung der vernichtende Stoß abgewendet, der meinem Freunde drohte.

„Nun“, sprach Ottmar, als Theodor plötzlich schwieg, „nun ist das alles? Wo bleibt die Aufklärung, wie wurd es mit Ferdinand, mit dem Professor X., mit der holden Sängerin, mit dem russischen Offizier?“ – „Habe ich“, erwiderte Theodor, „denn nicht voraus gesagt, daß es nur ein Fragment sei, was ich vortragen wolle? Überdem dünkt mich, daß die merkwürdige Historie vom redenden Türken gerade von Haus aus fragmentarisch angelegt ist. Ich meine, die Fantasie des Lesers oder Hörers soll nur ein paar etwas heftige Rucke erhalten und dann sich selbst beliebig fortschwingen. Willst du, lieber Ottmar, aber durchaus über Ferdinands Schicksal beruhigt sein, so erinnere dich doch nur an das Gespräch über die Oper, das ich vor einiger Zeit vorlas. Es ist derselbe Ferdinand der dort gesund an Leib und Seele mit freudiger Kampflust in das Feld zieht, der hier obschon in einer früheren Periode seines Lebens, aufgetreten, alles muß daher wohl mit der somnambulen Liebschaft sehr gut abgegangen sein.“

„Und nun“, nahm Ottmar das Wort, „ist noch hinzuzufügen, daß unser Theodor sich ehemals sehr wohl darin gefiel in allerlei wunderbaren ja tollen Geschichten mit aller möglichen Kraft die Fantasie anzuregen und dann plötzlich abzubrechen. So wenig er selbst daran denkt, wird ihn jeder wenigstens einer unartigen Mystifikation anklagen müssen. – Aber es gab eine Zeit, wo sein ganzes Tun und Treiben fragmentarisch erschien. Er las damals nur zweite Teile ohne sich um den ersten und letzten zu bekümmern, sah im Schauspiel zweite und dritte Akte u. s. f.“

„Und diese Neigung", sprach Theodor, „habe ich wohl noch. Nichts ist mir mehr zuwider als wenn in einer Erzählung, in einem Roman der Boden, auf dem sich die fantastische Welt bewegt hat, zuletzt mit dem historischen Besen so rein gekehrt wird, daß auch kein Körnchen, kein Stäubchen bleibt, wenn man so ganz abgefunden nach Hause geht, daß man gar keine Sehnsucht empfindet noch einmal hinter die Gardinen zu kucken. Dagegen dringt manches Fragment einer geistreichen Erzählung tief in meine Seele und verschafft mir, da nun die Fantasie die eignen Schwingen regt, einen lange dauernden Genuß. Wem ist es nicht so gegangen mit Goethes nußbraunem Mädchen! – Vor allen hat auf mich aber das Goethesche Fragment jenes allerliebsten Märchens von der kleinen Frau die der Reisende im Kästchen mit sich führt, einen unbeschreiblichen Zauber geübt."

„Genug", unterbrach Lothar den Freund, „genug; wir erfahren nichts mehr von dem redenden Türken und eigentlich war auch die Geschichte gewissermaßen ganz aus. Darum soll nun aber unser Ottmar ohne weiteres zu Worte kommen."

Ottmar zog sein Manuskript hervor und las:

DOGE UND DOGARESSE

Mit diesem Namen war in dem Katalog der Kunstwerke, die die Akademie der Künste zu Berlin im September 1816 aus stellte, ein Bild bezeichnet, das der wackre tüchtige C. Kolbe, Mitglied der Akademie, gemalt hatte und das mit besonderm Zauber jeden anzog, so daß der Platz davor selten leer blieb. Ein Doge in reichen prächtigen Kleidern schreitet, die ebenso reich geschmückte Dogaresse an der Seite, auf einer Balustrade hervor, *er* ein Greis mit grauem Bart, sonderbar gemischte Züge, die bald auf Kraft, bald auf Schwäche, bald auf Stolz und Übermut, bald auf Gutmütigkeit deuten, im braunroten Gesicht; *sie* ein junges Weib, sehnsüchtige Trauer, träumerisches Verlangen im Blick, in der ganzen Haltung. Hinter ihnen eine ältliche Frau und ein Mann, der einen aufgespannten Sonnenschirm hält. Seitwärts an der Balustrade stößt ein junger Mensch in ein muschelförmig gewundenes Horn und vor derselben im Meer liegt eine reich verzierte mit der venezianischen Flagge geschmückte Gondel, auf der zwei Ruderer befindlich. Im Hintergrunde breitet sich das mit hundert und aber hundert Segeln bedeckte Meer aus, und man erblickt die Türme und Paläste des prächtigen Venedig, das aus den Fluten emporsteigt. Links unterscheidet man San Marco, rechts mehr im Vorgrunde San Giorgio Maggiore. In dem goldnen Rahmen des Bildes sind die Worte eingeschnitzt:

Ah senza amare
Andare sul mare
Col sposo del mare
Non può consolare.

Ach! gebricht der Liebe Leben,
Kann auf hohem Meer zu schweben
Mit dem Gatten selbst des Meeres
Doch nicht Trost dem Herzen geben.

Vor diesem Bilde entstand eines Tages ein unnützer Streit darüber, ob der Künstler durch das Bild nur ein Bild, das heißt, die durch die Verse hinlänglich angedeutete augenblickliche Situation eines alten abgelebten Mannes, der mit aller Pracht und Herrlichkeit nicht die Wünsche eines sehnsuchtsvollen Herzens zu befriedigen vermag, oder eine wirkliche geschichtliche Begebenheit habe darstellen wollen. Des Geschwätzes müde verließ einer nach dem andern den Platz, so daß zuletzt nur noch zwei der edlen Malerkunst gar holde Freunde übrigblieben. „Ich weiß nicht", fing der eine an, „wie man sich selbst allen Genuß verderben mag mit dem ewigen Deuteln und Deuteln. Außerdem, daß ich ja genau zu ahnen glaube, was es mit diesem Dogen, mit dieser Dogaressa für eine Bewandtnis hat im Leben, so ergreift mich auch auf ganz besondere Weise der Schimmer des Reichtums und der Macht, der über das Ganze verbreitet ist. Sieh diese Flagge mit dem geflügelten Löwen, wie sie der Welt gebietend in den Lüften flattert – O herrliches Venedig!" Er fing an Turandots Rätsel von dem adriatischen Löwen herzusagen: „*Dimmi, qual sia quella terribil fera*" etc. Kaum hatte er geendet, als eine wohltönende Männerstimme mit Kalafs Auflösung einfiel: „*Tu quadrupede fera*" etc. Von den Freunden unbemerkt hatte sich hinter ihnen ein Mann hingestellt von hohem edlen Ansehn, den grauen Mantel malerisch über die Schulter geworfen, das Bild mit funkelnden Augen betrachtend. – Man geriet ins Gespräch und der Fremde sagte mit beinahe feierlichem Tone: „Es ist ein eignes Geheimnis, daß in dem Gemüt des Künstlers oft ein Bild aufgeht, dessen Gestalten, zuvor unkennbare körperlose im leeren Luftraum treibende Nebel, eben in dem Gemüte des Künstlers erst sich zum Leben zu formen und ihre Heimat zu finden scheinen. Und plötzlich verknüpft sich das Bild mit der Vergangenheit oder auch wohl mit der Zukunft, und stellt nur dar, was wirklich geschah oder geschehen wird. Kolbe mag vielleicht selbst noch nicht wissen, daß er auf dem Bilde dort, niemanden anders darstellte, als den Dogen Marino Falieri und seine Gattin Annunziata.“ – Der Fremde schwieg, aber beide Freunde drangen in ihn, dies Rätsel ihnen so zu lösen, wie das Rätsel vom adriatischen Löwen. Da sprach er: „Habt ihr Geduld, ihr neugierigen Herrn, so will ich euch auf der Stelle mit Falieris Geschichte die Erklärung des Bildes geben. Aber habt ihr auch Geduld? – Ich werde sehr umständlich sein, denn anders mag ich nicht von Dingen reden, die mir so lebendig vor Augen stehen, als habe ich sie selbst erschaut. – Das kann auch wohl der Fall sein, denn jeder Historiker, wie ich nun einmal einer bin, ist ja eine Art redendes Gespenst aus der Vorzeit.“

Die Freunde traten mit dem Fremden in ein entferntes Zimmer, wo er ohne weitere Vorrede in folgender Art begann.

Vor gar langer Zeit und, irr ich nicht, so war's im Monat August des Jahres eintausenddreihundertundvierundfünfzig, als der tapfere genuesische Feldherr, Paganino Doria geheißen, die Venezianer aufs Haupt geschlagen und ihre Stadt Parenzo erstürmt hatte. Im Golf, dicht vor Venedig, kreuzten nun seine wohlbemannten Galeeren hin und her wie hungrige Raubtiere, die in unruhiger Gier auf und nieder rennen, spähend, wo die Beute am sichersten zu haschen; und Todesschrecken erfaßte Volk und Signorie. Alle Mannschaft, jeder der nur vermochte die Arme zu rühren, griff zur Waffe oder zum Ruder. In dem Hafen von San Nicolo sammelte man die Haufen. Schiffe, Bäume wurden versenkt, Kett an Kette geschlossen, um dem Feinde den Eingang zu sperren. Während hier in wildem Getümmel die Waffen klirrten, die Lasten in das schäumende Meer niederdonnerten, sah man auf dem Rialto die Agenten der Signorie, wie sie den kalten Schweiß sich von der bleichen Stirn wegtrocknend, mit verstörtem Gesichte, mit heiserer Stimme Prozente über Prozente boten für bares Geld, denn auch daran mangelte es der bedrohten Republik.

In dem unerforschlichen Ratschlusse der ewigen Macht lag es aber, daß gerade in dieser Zeit der höchsten Kümmernis und Not der bedrängten Herde der treue Hirte entrissen werden sollte. Ganz erdrückt von der Last des Ungemachs starb der Doge Andrea Dandulo, den das Volk sein liebes Gräfchen (*il caro contino*) nannte, weil er immer fromm und freundlich war und niemals über den Marcusplatz schritt, ohne für jeden des Geldes oder des guten Rats Bedürftigen, für diesen Trost im Munde, für jenen Zechinen in der Tasche zu führen. Wie es denn nun geschieht, daß den vom Unglück Entmuteten jeder Schlag, sonst kaum gefühlt, doppelt schmerzlich trifft, so war denn auch das Volk, als die Glocken von San Marco in dumpfen schauerlichen Klängen den Tod des Herzogs verkündeten, ganz außer sich vor Jammer und Betrübnis. Nun sei ihre Stütze, ihre Hoffnung dahin, nun müßten sie die Nacken beugen dem genuesischen Joch, so schrien sie laut, unerachtet, was die eben nötigen kriegerischen Operationen betraf, der Verlust des Dandulo eben nicht so verderblich schien. Das gute Gräfchen lebte gerne in Ruhe und Frieden, es verfolgte lieber den wunderbaren Gang der Gestirne als die rätselhaften Verschlingungen der Staatsklugheit, es verstand sich besser darauf am heiligen Osterfeste die Prozession zu ordnen als ein Kriegsheer zu führen. Nun kam es darauf an einen Doge zu wählen, der gleich begabt mit mutigem Feldherrnsinn und tüchtiger Staatsklugheit das in seinen Grundfesten erschütterte Venedig rette, von der bedrohlichen Gewalt des immer kühneren Feindes. Die Senatoren versammelten sich, aber da sah man nichts als trübe Gesichter, starre Blicke, zu Boden gesenkte in die Hand gestützte Häupter. Wo einen Mann finden, der jetzt mit kräftiger Hand das lose Steuer zu ergreifen und richtig zu lenken vermag? Der älteste Rat, Marino Bodoeri geheißen, erhob endlich seine Stimme. „Hier um uns, unter uns", so sprach er, „hier werdet ihr ihn nicht finden, aber richtet eure Blicke nach Avignon, auf Marino Falieri, den wir hinschickten, um dem Papste Innozenz Glück zu wünschen zu seiner Erhebung, *der* kann jetzt was Besseres tun, der vermag es, wählen wir ihn zum *Doge*, allem Ungemach zu steuern. Ihr werdet einwenden, daß dieser Marino Falieri schon an die achtzig Jahre alt ist, daß Haupthaar und Bart reines Silber geworden, daß sein muntres Ansehen, sein brennendes Auge, das Glührot auf Nase und Wangen, wie Verleumder wollen, mehr dem guten Zyperwein als innerer Kraft zuzuschreiben ist, aber achtet das nicht. Erinnert euch, welche glänzende Tapferkeit dieser Marino Falieri als Proveditor der Flotte auf dem Schwarzen Meere zeigte, bedenkt, welche Verdienste es sein mußten, die die Prokuratoren von San Marco bewegen konnten, diesen Falieri mit der reichen Grafschaft Valdemarino zu belehnen?" – So strich Bodoeri Falieris Verdienste wacker heraus und wußte jedem Einwand im voraus zu begegnen, bis endlich alle Stimmen sich zu Falieris Wahl einten. Mancher sprach zwar noch viel von Falieris aufbrausendem Zorn, von seiner Herrschsucht, seinem Eigenwillen, aber da hieß es: Eben deshalb, weil das alles von dem Greise gewichen, wählen wir den *Greis* und nicht den Jüngling Falieri. Derlei tadelnde Stimmen verhallten nun auch vollends, als das Volk die Wahl des neuen Doge erfuhr und ausbrach in ungemessenen ausgelassenen Jubel. Weiß man nicht, daß in solch gefahrvoller Zeit, in solcher Unruhe und Spannung jeder Entschluß, ist es nur wirklich einer, wie eine Eingebung des Himmels erscheint? – So geschah es, daß das gute Gräfchen mit all seiner Frömmigkeit und Milde rein vergessen war, und daß jeder rief: „Beim heiligen Marcus, dieser Marino hätte längst unser Doge sein sollen und der übermütige Doria säße uns nicht in den Rippen!" – Und verkrüppelte Soldaten streckten mühsam die lahmen Arme hoch aus in die Lüfte und schrien: „Das ist der Falieri, der den Morbassan schlug – der tapfere Heerführer, dessen siegreiche Flaggen im Schwarzen Meere wehten." Und wo das Volk zusammenstand, erzählte einer von des alten Falieri Heldentaten und, als sei Doria schon geschlagen, erhallten die Lüfte von wildem Jubelgeschrei. Hiezu kam, daß Nicolo Pisani, der, mag der Himmel wissen warum, statt dem Doria zu begegnen mit der Flotte, ruhig nach Sardinien gesegelt war, endlich zurückkehrte. Doria verließ den Golf, und was die Annäherung der Flotte des Pisani verursachte, wurde dem furchtbaren Namen: Marino Falieri zugeschrieben. Da ergriff Volk und Signorie eine Art fanatischer Verzückung über die glückliche Wahl und man beschloß, damit das Außerordentliche geschehe, den neuerwählten Dogen wie den Himmelsboten, der Ehre, Sieg, die Fülle des Reichtums bringt, zu empfangen. Zwölf Edle, jeder von zahlreicher glänzender Dienerschaft umgeben, hatte die Signorie bis nach Verona geschickt, wo die Gesandten der Republik dem Falieri, sowie er angekommen, nochmals seine Erhebung zum Oberhaupt des Staats feierlich ankündeten. Fünfzehn reichverzierte Staatsbarken, vom Podesta von Chioggia unter den Befehlen seines eignen Sohnes Taddeo Giustiniani ausgerüstet, nahmen darauf in Chiozza den Dogen mit seinem Gefolge auf, der nun wie im Triumphzuge des mächtigsten siegreichsten Monarchen nach St. Clemens ging, wo ihn der Bucentoro erwartete.

Gerade in diesem Augenblick, als nämlich Marino Falieri den Bucentoro zu besteigen im Begriff stand, und das war am dritten Oktober abends, da schon die Sonne zu sinken begann, lag vor den Säulen der Dogana, auf dem harten Marmorpflaster ausgestreckt, ein armer unglücklicher Mensch. Einige Lumpen gestreifter Leinwand, deren Farbe nicht mehr kenntlich und die sonst einem Schifferkleide, wie das gemeinste Volk der Lastträger und Ruderknechte es trägt, angehört zu haben schienen, hingen um den abgemagerten Körper. Von Hemde war nichts mehr zu sehen, als die eigne Haut des Armen, die überall durchblickte, aber so weiß und zart war, daß sie der Edelsten einer ohne Scheu und Scham hätte tragen können. So zeigte auch die Magerkeit nur desto besser das reinste Ebenmaß der wohlgebauten Glieder und betrachtete man nun vollends die hell-kastanienbraune Locken, die zerzaust und verworren die schönste Stirn umschatteten, die blauen nur von trostlosem Elend verdüsterten Augen, die Adlernase, den feingeformten Mund des Unglücklichen, der höchstens zwanzig Jahre zu zählen schien, so war es gewiß, daß irgendein feindseliges Schicksal den Fremdling von guter Geburt in die unterste Klasse des Volks geschleudert haben mußte.

Wie gesagt, vor den Säulen der Dogana lag der Jüngling und starrte, den Kopf auf den rechten Arm gestützt, mit stierem gedankenlosen Blick ohne Regung und Bewegung hinein in das Meer. Man hätte denken sollen, das Leben sei von ihm gewichen, der Todeskampf habe ihn zur Bildsäule versteinert, hätte er nicht dann und wann tief wie im unsäglichsten Schmerz aufgeseufzt. Das war denn nun wohl der Schmerz des linken Arms, den er ausgestreckt hatte auf dem Pflaster und der mit blutigen Lumpen umwickelt, schwer verwundet zu sein schien.

Alle Arbeit ruhte, das Getöse des Gewerbes schwieg, ganz Venedig schwamm in tausend Barken und Gondeln dem hochgepriesenen Falieri entgegen. So kam es, daß auch der unglückliche junge Mensch in trostloser Hülflosigkeit seinen Schmerz verseufzte. Doch eben als sein mattes Haupt herabsank auf das Pflaster und er der Ohnmacht nahe schien, rief eine heisere Stimme recht kläglich mehrmals hintereinander: „Antonio –

mein lieber Antonio!“ – Antonio erhob sich endlich mühsam mit halbem Leibe, und indem er den Kopf nach den Säulen der Dogana hinter denen die Stimme hervorzukommen schien, hinrichtete, sprach er ganz matt und kaum vernehmbar: „Wer ist's, der mich ruft? – Wer kommt, meinen Leichnam ins Meer zu werfen, denn bald werde ich hier umgekommen sein!“ – Da keuchte und hüstelte sich ein kleines steinaltes Mütterchen am Stabe heran zu dem wunden Jüngling und indem sie neben ihm hinkauerte, brach sie aus in ein widriges Kichern und Lachen. „Töricht Kind“, so lispelte dann die Alte, „töricht Kind, willst hier umkommen – willst hier sterben, weil das goldne Glück dir aufgeht? – Schau nur hin, schau nur hin dort im Abend die lodernden Flammen, das sind Zechinen für dich. – Aber du mußt essen, lieber Antonio, essen und trinken, denn der Hunger nur ist es, der dich zu Boden geworfen hat, hier auf dem kalten Pflaster! – Der Arm ist schon heil, schon wieder heil!“ – Antonio erkannte in dem alten Mütterchen das seltsame Bettelweib, das auf den Stufen der Franziskanerkirche die Andächtigen immer kichernd und lachend, um Almosen anzusprechen pflegte und der er manchmal, von innerm unerklärlichem Hange getrieben, einen sauer verdienten Quattrino, den er selbst nicht übrig, hingeworfen. „Laß mich in Ruhe“, sprach er, „laß mich in Ruhe, altes wahnsinniges Weib, wohl ist es der Hunger mehr als die Wunde, der mich kraftlos und elend macht, seit drei Tagen hab ich keinen Quattrino verdient. Hinüber wollt ich nach dem Kloster und sehen ein paar Löffel Krankensuppe zu erhaschen, aber alle Kameraden sind fort – keiner, der mich aus Barmherzigkeit aufnimmt in die Barke, und da bin ich hier umgesunken und werde wohl niemals wieder aufstehen.“ „Hi hi hi hi“, kicherte die Alte, „warum gleich verzweifeln? warum gleich verzagen, du bist durstig, du bist hungrig, dafür hab ich Rat. Hier sind schöne gedörrte Fischlein, erst heute auf der Zecca eingekauft, hier ist Limoniensaft, hier ein artig weißes Brötlein, iß mein Söhnlein, iß und trinke, mein Söhnlein, dann wollen wir nach dem wunden Arm schauen.“ Die Alte hatte in der Tat aus dem Sack, der ihr wie eine Kapuze auf dem Rücken hing und hoch hinüberragte über das gebückte Haupt, Fische, Brot und Limoniensaft hervorgeholt. Sowie Antonio nur die brennenden verschrumpften Lippen genetzt hatte mit dem kühlen Getränke, erwachte der Hunger mit doppelter Gewalt und er verschlang gierig Fische und Brot. Die Alte war indessen drüber her, ihm die Lumpen von dem wunden

Arm abzuwickeln und da fand es sich denn, daß der Arm zwar hart zerschlagen, die Wunde aber schon in voller Heilung war. Indem nun die Alte eine Salbe, die in einem kleinen Büchschen befindlich und die sie mit dem Hauch des Mundes erwärmt, daraufstrich, frug sie: „Aber wer hat dich denn so arg geschlagen, mein armes Söhnlein?“ Antonio ganz erquickt, von neuem Lebensfeuer durchglüht, hatte sich ganz aufgerichtet; mit blitzenden Augen die geballte Rechte erhoben, rief er: „Ha! – Nicolo der Spitzbube der wollte mich lahm schlagen, weil er mich um jeden elenden Quattrino beneidet, den mir eine wohltätige Hand zuwirft! Du weißt Alte, daß ich mühsam mein Leben dadurch erhielt, daß ich die Lasten aus den Schiffen und Barken in das Kaufhaus der Deutschen, in den sogenannten Fontego, (du kennst es ja wohl das Gebäude), schleppen half.“ – Sowie Antonio das Wort „Fontego“ aussprach, kicherte und lachte die Alte recht abscheulich auf und plapperte immerfort: „Fontego – Fontego – Fontego.“ – „Laß dein tolles Lachen, Alte wenn ich erzählen soll“, rief Antonio erzürnt; da wurde die Alte gleich still und Antonio fuhr fort: „Nun hatte ich einige Quattrinos verdient, mir ein neues Wams gekauft, sah ganz stattlich aus und kam in die Zahl der Gondolieres. Weil ich immer frohen Mutes war, wacker arbeitete und manch schönes Lied wußte, verdiente ich manchen Quattrino mehr als die andern. Aber da erwachte der Neid unter den Kameraden. Sie verschwärzten mich bei meinem Herrn, der mich fortjagte, überall wo ich ging und stand, riefen sie mir nach: ‚Deutscher Hund! verfluchter Ketzer!‘ und vor drei Tagen, als ich bei San Sebastian eine Barke ans Land rollen half, überfielen sie mich mit Steinwürfen und Prügeln. Wacker wehrte ich mich meiner Haut, aber da traf mich der tückische Nicolo mit einem Ruderschlage, der mein Haupt streifend und den Arm schwer verletzend mich zu Boden warf. – Nun, du hast mich satt gemacht, Alte und in der Tat fühle ich, daß deine Salbe meinem wunden Arm auf wunderbare Weise wohltut. Sieh nur, wie ich den Arm schon zu schwingen vermag – nun will ich wieder tapfer rudern!“ Antonio war vom Boden aufgestanden und schwang den wunden Arm kräftig hin und her, aber die Alte kicherte und lachte wieder laut auf, und rief, indem sie ganz wunderlich wie in kurzen Sprüngen tänzelnd hin und her trippelte: „Söhnlein, Söhnlein, mein Söhnlein, rudere tapfer – tapfer – er kommt – er kommt, das Gold glüht in lichten Flammen, rudere tapfer, tapfer! – aber nur noch einmal, nur noch einmal! – dann nicht wieder!“

Antonio achtete nicht auf der Alten Beginnen, denn vor ihm hatte sich das allerherrlichste Schauspiel aufgetan. Von San Clemens her schwamm der Bucentoro, den adriatischen Löwen in der flatternden Flagge, mit tönendem Ruderschlage daher, wie ein kräftigbeschwingter goldner Schwan. Umringt von tausend Barken und Gondeln schien er, sein fürstlich kühnes Haupt erhoben, zu gebieten über ein jubelndes Heer, das mit glänzenden Häuptern aufgetaucht war, aus dem tiefen Meeresgrunde. Die Abendsonne warf ihre glühenden Strahlen über das Meer, über Venedig hin, so, daß alles in lodernden Flammen stand, aber wie Antonio in Vergessenheit alles Kummers ganz entzückt hinschaute, wurde der Schein immer blutiger und blutiger. Ein dumpfes Sausen ging durch die Lüfte und wie ein furchtbares Echo hallte es wider aus der Tiefe des Meers. Der Sturm kam dahergefahren auf schwarzen Wolken und hüllte alles in dicke Finsternis ein, während aus dem brausenden Meere höher und höher die Wellen wie zischende schäumende Ungeheuer emporstiegen und alles zu verschlingen drohten. Gleich zerstäubtem Gefieder sah man Gondeln und Barken hier und dort auf dem Meere treiben. Der Bucentoro, mit seinem flachen Boden unfähig dem Sturme zu widerstehen, schwankte hin und her. Statt des fröhlichen Jubels der Zinken und Trompeten hörte man durch den Sturm das Angstgeschrei der Bedrängten.

Erstarrt schaute Antonio hin, dicht vor ihm rasselte es wie mit Ketten, er schaute hinab, ein kleiner Kahn, der an die Mauer angekettet, wurde von den Wellen geschaukelt, da fiel es wie ein Blitzstrahl in seine Seele. Er sprang in den Kahn, machte ihn frei, ergriff das Ruder, das er darinnen fand und stach kühn und mutvoll hinaus in die See, geradezu auf den Bucentoro. Je näher er kam, desto deutlicher vernahm er das Hülfsgeschrei auf dem Bucentoro: „Hinan! – hinan! – rettet den Doge! rettet den Doge!“ – Es ist bekannt, daß kleine Fischerkähne im Golf, wenn er stürmt, gerade sicherer sind und besser zu handhaben als größere Barken, und so kam es denn, daß dergleichen von allen Seiten herbeieilten, um das teure Haupt des würdigen Marino Falieri zu retten. Aber im Leben geschieht es ja immer, daß die ewige Macht nur *einem* das tüchtige Gelingen einer kühnen Tat als sein Eigen zugeteilt hat, so daß alle andere sich ganz vergebens darum bemühen. So war es diesmal der arme Antonio, dem die Rettung des neuerwählten Doge zugedacht war und deshalb gelang es ihm ganz allein, sich mit seinem kleinen geringen Fischerkahn glücklich hinanzuarbeiten an den Bucentoro. Der alte Marino Falieri, mit solcher Gefahr vertraut, stieg, ohne sich einen Augenblick zu besinnen, rüstig heraus aus dem prächtigen, aber verräterischen Bucentoro und hinein in den kleinen Kahn des armen Antonio, der ihn über die brausenden Wellen leicht weggleitend wie ein Delphin in wenigen Minuten hinüberruderte nach dem Platze des heiligen Marcus. Mit durchnäßten Kleidern, große Meerestropfen im grauen Bart, führte man den Alten in die Kirche, wo der Adel mit verbleichten Gesichtern die Zeremonien des Einzuges beendete. Das Volk ebenso wie die Signorie bestürzt über die Unfälle des Einzuges, zu denen es auch rechnete, daß der Doge in der Eil und Verwirrung durch die zwei Säulen geführt worden, wo gewöhnliche Missetäter hingerichtet zu werden pflegen, verstummte mitten im Jubel und so endete der festlich begonnene Tag traurig und düster.

An den Retter des Doge schien niemand zu denken, und Antonio selbst dachte nicht daran, sondern lag todmüde, halb ohnmächtig von Schmerz den ihm die neuaufgereizte Wunde verursachte, in dem Säulengange des herzoglichen Palastes. Desto verwunderlicher war es ihm, als, da beinahe die Nacht eingebrochen, ein herzoglicher Trabant ihn bei den Schultern packte, und mit den Worten: „Komm guter Freund", in den Palast und in die Zimmer des Doge hineinstieß. Der Alte kam ihm freundlich entgegen und sprach, indem er auf ein paar Beutel wies, die auf dem Tische lagen: „Du hast dich wakker gehalten, mein guter Sohn, hier! – nimm diese dreitausend Zechinen, willst du mehr, so fordere, aber erzeige mir den Gefallen und lasse dich nie mehr vor meinem Angesicht sehen." Bei den letzten Worten blitzten Funken aus den Augen des Alten und die Nasenspitze rötete sich höher. Antonio wußte nicht, was der Alte wollte, ließ sich das auch gar nicht zu Herzen gehn, sondern lastete mit Mühe die Beutel auf, die er mit Fug und Recht verdient zu haben glaubte.

Leuchtend im Glanz der neuerlangten Herrschaft, sah andern Morgens der alte Falieri aus den hohen Bogenfenstern des Palastes herab auf das Volk, das sich unter ihm in allerlei Waffenübungen lustig tummelte. Da trat Bodoeri, seit den Jünglingsjahren in unwandelbarer Freundschaft mit dem Dogen fest verkettet, ins Gemach, und als nun dieser ganz versunken in sich und seine Würde ihn gar nicht zu bemerken schien, schlug er die Hände zusammen und rief laut lachend aus: „Ei Falieri, welche erhabene Gedanken mögen brüten und gedeihen in deinem Kopfe seit dem Augenblicke, daß die krumme Mütze darauf sitzt?" – Falieri, wie aus einem Traum erwachend, kam dem Alten mit erzwungener Freundlichkeit entgegen. Er fühlte, daß es doch eigentlich Bodoeri war, dem er die Mütze zu verdanken und jene Rede schien ihn daran zu mahnen. Da nun aber jede Verpflichtung sein stolzes herrschsüchtiges Gemüt wie eine Last drückte und er den ältesten Rat, den bewährten Freund nicht abfertigen konnte wie den armen Antonio, so zwang er sich einige Worte des Dankes ab und fing dann gleich an, von den Maßregeln zu sprechen die jetzt den überall sich regenden Feinden entgegengestellt werden müßten. „Das", fiel ihm Bodoeri mit schlauem Lächeln in die Rede, „das und alles übrige, was sonst noch der Staat von dir fordert, wollen wir nach ein paar Stunden im versammelten großen Rat reiflich erwägen und überlegen. Nicht darum bin ich so früh gekommen, um mit dir die Mittel aufzufinden, wie man den kecken Doria schlägt oder wie man den ungarischen Ludwig, dem es wieder nach unsern dalmatischen Seestädten gelüstet, zur Vernunft bringt. Nein, Marino, nur an dich selbst hab ich gedacht und zwar, was du vielleicht nicht raten würdest, an deine Vermählung." „Wie konntest du", erwiderte der Doge, indem er ganz verdrießlich aufstand und dem Bodoeri den Rücken gewendet, hinausschaute durch das Fenster – „wie konntest du nur *daran* denken. Noch lange ist's hin bis zum Himmelfahrtstage. Dann, hoff ich, soll der Feind geschlagen, Sieg, Ehre, neuer Reichtum, glänzendere Macht dem meergebornen adriatischen Löwen erworben sein. Die keusche Braut soll den Bräutigam ihrer würdig finden." „Ach", fiel ihm Bodoeri ungeduldig in die Rede, „ach du sprichst von der seltsamen Feierlichkeit am Himmelfahrtstage, wenn du den goldnen Ring vom Bucentoro hinabschleudernd in die Wellen, dich zu vermählen gedenkst mit dem adriatischen Meer. Du Marino, du, dem Meer Verwandter, kennst du denn keine andere Braut, als das kalte, feuchte verräterische Element, dem du zu gebieten wähnst, und das erst gestern gar bedrohlich sich gegen dich auflehnte? – Ei wie magst du liegen wollen in den Armen einer solchen Braut, die ein eigensinnig tolles Ding, gleich, als du auf dem Bucentoro dahergleitend ihr nur die bläulich gefrornen Wangen streicheltest, zankte und tobte. Reicht denn ein ganzer Vesuv voll Glut dazu hin, den eisigen Busen eines falschen Weibes zu erwärmen, die in steter Treulosigkeit immer und immer sich neu vermählend die Ringe nicht empfängt als teures Liebespfand, sondern hinabreißt den Tribut der Sklaven? Nein Marino, ich gedachte, daß du dich vermählen solltest mit dem schönsten Erdenkinde, das nur zu finden." „Du faselst", murmelte Falieri, ohne sich vom Fenster wegzuwenden, „du faselst Alter. Ich, ein achtzigjähriger Greis, belastet mit Mühe und Arbeit, niemals verheiratet gewesen, kaum mehr fähig zu lieben." – „Halt ein", rief Bodoeri, „lästere dich nicht selbst. – Streckt nicht der Winter, so rauh und kalt als er auch sein mag, doch nicht zuletzt voll Sehnsucht die Arme aus nach der holden Göttin, die ihm entgegenzieht von lauen Westwinden getragen? – Und wenn er sie dann an den erstarrten Busen drückt, wenn sanfte Glut seine Adern durchrinnt, wo bleibt da Eis und Schnee! Du sagt, du seist an die achtzig Jahre alt, das ist wahr, aber berechnest du das Greistum denn bloß nach den Jahren? – Trägst du dein Haupt nicht so aufrecht, gehst du nicht mit solchem festen Schritt einher wie vor vierzig Sommern? – Oder fühlst du vielleicht doch daß deine Kraft abgenommen, daß du ein geringeres Schwert tragen mußt, daß du im raschen Gange ermattest, daß du die Treppen des herzoglichen Palastes heraufkeuchst." – „Nein, beim Himmel!" unterbrach Falieri den Freund, indem er mit rascher heftiger Bewegung vom Fenster weg und auf ihn zutrat, „nein, beim Himmel! von dem allem spüre ich nichts." – „Nun dann", fuhr Bodoeri fort, „so genieße als Greis mit allen Zügen alles Erdenglück, was dir noch zugedacht. Erhebe das Weib, das ich für dich wählte, zur Dogaressa, und die Frauen von Venedig werden, was Schönheit und Tugend betrifft, so gut in ihr die Erste anerkennen müssen, als die Venezianer in dir ihr Oberhaupt an Tapferkeit, Geist und Kraft." Bodoeri fing nun an das Bild eines Weibes zu entwerfen und wußte die Farben so geschickt zu mischen und so lebendig aufzutragen, daß des alten Falieri Augen blitzten, daß er im ganzen Gesicht röter und röter wurde, daß die Lippen sich spitzten und schmatzten als genösse er ein Gläslein feurigen Syrakuser nach dem andern. „Ei", sprach er endlich schmunzelnd, „ei was ist denn das für ein Ausbund von Liebreiz, von dem du sprichst?" – „Kein anderes Weib", erwiderte Bodoeri, „kein anderes Weib meine ich, als mein liebes Nichtchen." „Was", fiel ihm Falieri in die Rede, „deine Nichte? Die wurde ja, als ich Podesta von Treviso war, an Bertuccio Nenolo verheiratet?" „Ei", sprach Bodoeri weiter, „du denkst an meine Nichte Franzeska und deren Töchterlein ist es, die ich dir zugedacht. Du weißt, daß den wilden barschen Nenolo der Krieg ins Meer verlockte. Franzeska voller Gram und Schmerz begrub sich in ein römisches Kloster, so ließ ich die kleine Annunziata erziehen in tiefer Einsamkeit auf meiner Villa in Treviso." – „Was", unterbrach Falieri den Alten voller Ungeduld aufs neue, „was, die Tochter deiner Nichte soll ich zu meiner Gemahlin erheben? – Wie lange ist's, daß Nenolo sich vermählte? – Annunziata muß ein Kind sein von höchstens zehn Jahren. Als ich Podesta von Treviso wurde, war an Nenolos Vermählung noch nicht zu denken und das sind" – „25 Jahre her", fiel Bodoeri ihm lachend in die Rede, „ei! wie magst du dich so verrechnen in der Zeit, die dir schnell vergangen. Annunziata ist ein Mädchen von 19 Jahren, schön wie die Sonne, sittsam, demütig, in der Liebe unerfahren, denn sie sah kaum einen Mann. Sie wird dir anhängen mit kindlicher Liebe und anspruchloser Ergebenheit." „Ich will sie sehen, ich will sie sehen", rief der Doge, dem das Bild, das Bodoeri von der schönen Annunziata entworfen, wieder vor Augen kam. Sein Wunsch wurde selbigen Tages erfüllt, denn kaum als er aus dem großen Rat in seine Gemächer zurückgekehrt war führte ihm der schlaue Bodoeri, der mancherlei Ursachen haben mochte seine Nichte als Dogaressa an Falieris Seite zu sehen, die holde Annunziata ganz heimlich zu. Als nun der alte Falieri das Engelskind erblickte, war er ganz bestürzt über das Wunder von Schönheit und vermochte kaum, unverständliche Worte stammelnd, um sie zu werben. Annunziata, wohl von Bodoeri schon unterrichtet, sank, hohe Röte auf den Wangen, nieder vor dem fürstlichen Greise. Sie ergriff seine Hand, die sie an die Lippen drückte und lispelte leise: „O Herr, wollt Ihr mich denn würdigen Euch zur Seite den fürstlichen Thron zu besteigen? – Nun so will ich Euch aus dem Grunde meiner Seele verehren und Eure treue Magd sein bis zum letzten Atemzuge." Der alte Falieri war außer sich vor Wonne und Entzücken. Als Annunziata seine Hand ergriff, fühlt' er es durch alle Glieder zucken und dann begann er dermaßen mit dem Kopfe, mit dem ganzen Leibe zu wackeln und zu zittern, daß er nur ganz geschwinde sich in den großen Lehnstuhl setzen mußte. Es schien als solle Bodoeris gute Meinung von dem kräftigen Alter der achtziger Jahre widerlegt werden. *Der* konnte freilich ein seltsames Lächeln, das um seine Lippen zuckte, nicht unterdrücken, die unschuldige unbefangene Annunziata bemerkte nichts und sonst war zum Glück niemand zugegen. – Mocht es sein, daß der alte Falieri, dacht er daran sich dem Volke als Bräutigam eines neunzehnjährigen Mädchens zu zeigen, das Unbequeme dieser Lage fühlte, daß sogar eine Ahnung in ihm sich regte, daß man die zum Spott geneigten Venezianer dazu eben nicht aufreizen dürfe und daß es besser sei, den kritischen Zeitpunkt des Bräutigamsstandes ganz zu verschweigen, genug mit Bodoeris Übereinstimmung wurde beschlossen, daß die Trauung in der größten Heimlichkeit vollzogen und dann einige Tage darauf die Dogaressa als mit Falieri längst vermählt und als sei sie eben aus Treviso angekommen, wo sie sich während Falieris Sendung nach Avignon aufgehalten, der Signorie und dem Volk vorgestellt werden sollte.

Richten wir unsern Blick auf jenen sauber gekleideten bildschönen Jüngling, der, den Beutel mit Zechinen in der Hand, den Rialto auf und ab geht, mit Juden, Türken, Armeniern, Griechen spricht, die verdüsterte Stirn wieder abwendet, weiterschreitet, stehenbleibt, wieder umkehrt und endlich sich nach dem Marcusplatz gondeln läßt, wo er mit ungewissem zaudernden Schritt, die Arme übereinandergeschlagen, den Blick zur Erde gesenkt, auf und ab wandelt und nicht bemerkt, nicht ahnt, daß manches Flüstern, manches Räuspern aus diesem, jenem Fenster, von diesem, jenem reich behängten Balkon herab, Liebeszeichen sind, die ihm gelten. Wer würde in diesem Jünglinge so leicht den Antonio erkennen, der noch vor wenigen Tagen zerlumpt, arm und elend auf dem Marmorpflaster vor der Dogana lag! „Söhnlein, mein goldnes Söhnlein Antonio, guten Tag! – guten Tag!“ So rief ihm das alte Bettelweib entgegen, die auf den Stufen der Marcuskirche saß und bei der er vorüberschreiten wollte ohne sie zu sehen. Sowie er, sich rasch umwendend, die Alte erblickte, griff er in den Beutel und holte eine Handvoll Zechinen heraus, die er ihr zuwerfen wollte. „O laß doch dein Gold stecken“, kicherte und lachte die Alte, „was soll ich denn mit deinem Golde anfangen, bin ich denn nicht reich genug? – Aber wenn du mir Gutes tun willst, so laß mir eine neue Kapuze machen, denn die, die ich trage, will nicht mehr halten gegen Wind und Wetter! – Ja das tue, mein Söhnlein, mein goldnes Söhnlein – aber bleib weg vom Fontego – vom Fontego –“ Antonio starrte der Alten ins bleichgelbe Antlitz, in dem die tiefen Furchen auf seltsame grauliche Weise zuckten, und als sie nun die dürren Knochenhände klappernd zusammenschlug und mit heulender Stimme und widrigem Kichern immer fortplapperte: „Bleib weg vom Fontego!" da rief Antonio: „Kannst du denn niemals dein tolles wahnsinniges Treiben lassen, du – Hexenweib!" Sowie Antonio dies Wort aussprach, kugelte die Alte, wie vom Blitz getroffen, die hohen Marmorstufen herab. Antonio sprang hinzu, faßte die Alte mit beiden Händen und verhinderte den schweren Fall. „O mein Söhnlein", sprach jetzt die Alte mit leiser kläglicher Stimme, „o mein Söhnlein, was für ein entsetzliches Wort sprachst du aus! O töte mich lieber, als daß du dieses Wort noch einmal wiederholst. – Ach du weißt nicht, wie schwer du mich verletzt hast, mich, die dich ja so getreulich im Herzen trägt – ach du weißt nicht." – Die Alte brach plötzlich ab, verhüllte ihr Haupt mit dem dunkelbraunen Tuchlappen, der ihr wie ein kurzes Mäntelchen um die Schultern hing und seufzte und wimmerte wie in tausend Schmerzen. Antonio fühlte sich im Innersten auf seltsame Weise bewegt, er faßte die Alte und trug sie hinauf bis in das Portal der Marcuskirche, wo er sie auf eine Marmorbank, die dort befindlich, hinsetzte. „Du hast mir Gutes getan, Alte", fing er dann an, nachdem er des Weibes Haupt befreit hatte von dem häßlichen Tuchlappen, „du hast mir Gutes getan, dir hab ich eigentlich meinen ganzen Wohlstand zu verdanken, denn standest du mir nicht bei in der Todesnot, so läge ich längst im Meeresgrunde, ich rettete nicht den alten Dogen, ich erhielt nicht die wackern Zechinen. Aber selbst, hättest du das auch nicht getan, so fühle ich, daß ich doch mit ganz besonderer Neigung dir anhängen müßte mein Lebenlang, unerachtet du mir wieder mit deinem wahnsinnigen Treiben, wenn du so widerlich kicherst und lachst, oft inneres Grauen genug erregst. In der Tat, Alte, als ich noch mit Lasttragen und Rudern mühsam mein Leben fristete, da war mir es ja immer, als müsse ich schärfer arbeiten, nur um dir ein paar Quattrinos abgeben zu können." „O mein Herzenssöhnlein, mein goldner Tonino", rief die Alte, indem sie die verschrumpften Arme hoch emporhob, so daß ihr Stab klappernd auf den Marmor niederfiel und weit fortrollte, „o mein Tonino! ich weiß es ja, ich weiß es ja, daß du mir, stellst du dich auch an wie du nur magst, mit ganzer Seele anhängen mußt, denn – doch still – still – still." – Die Alte bückte sich mühsam herab nach ihrem Stabe; Antonio hob ihn auf und reichte ihn ihr hin. Das spitze Kinn auf den Stab gestützt, den starren Blick auf den Boden gerichtet, sprach die Alte nun mit zurückgehaltener dumpfer Stimme: „Sage mir, mein Kind! magst du dich denn gar nicht der früheren Zeit erinnern, wie es ging, wie es war mit dir, ehe du hier, ein armer elender Mensch, kaum dein Leben fristen konntest?“ Antonio seufzte tief auf, er nahm Platz neben der Alten und fing dann an: „Ach, Mutter, nur zu gut weiß ich, daß ich von Eltern geboren wurde, die in dem blühendsten Wohlstande lebten, aber, wer sie waren, wie ich von ihnen kam, nicht die leiseste Ahnung davon blieb und konnte davon in meiner Seele bleiben. Ich erinnere mich sehr gut eines großen schönen Mannes, der mich oft auf den Arm nahm, mich abherzte und mir Zuckerwerk in den Mund steckte. Ebenso gedenke ich einer freundlichen hübschen Frau, die mich aus- und anzog, mich jeden Abend in ein weiches Bettchen legte und mir überhaupt Gutes tat auf jede Weise. Beide sprachen mit mir in einer fremden volltönenden Sprache und ich selbst lallte manches Wort in dieser Sprache ihnen nach. Als ich noch ruderte, pflegten meine feindlichen Kameraden immer zu sagen, ich müsse meiner Haare, meiner Augen, meines ganzen Körperbaues halber, deutscher Abkunft sein. Das glaub ich auch, jene Sprache meiner Pfleger (der Mann war gewiß mein Vater) war deutsch. Die lebhafteste Erinnerung jener Zeit ist das Schreckbild einer Nacht, in der ich durch ein entsetzliches Jammergeschrei aus tiefem Schlaf geweckt wurde. Man rannte im Hause umher, Türen wurden auf- und zugeschlagen, mir wurde unbeschreiblich bange, laut fing ich an zu weinen. Da stürzte die Frau, die mich pflegte hinein, riß mich aus dem Bette, verstopfte mir den Mund, wickelte mich ein in Tücher und rannte mit mir von dannen. Seit diesem Augenblick schweigt meine Erinnerung. Ich finde mich wieder in einem prächtigen Hause, das in der anmutigsten Gegend lag. Das Bild eines Mannes tritt hervor, den ich ‚Vater‘ nannte, und der ein stattlicher Herr war von edlem und dabei gutmütigem Ansehen. Er, so wie alle im Hause sprachen italienisch. Mehrere Wochen hatte ich den Vater nicht gesehen, da kamen eines Tages fremde Leute von häßlichem Ansehen, die machten vielen Lärm im Hause und stöberten alles durch. Als sie mich erblickten, fragten sie, wer ich denn sei und was ich hier im Hause mache? – ‚Ich bin ja Antonio, der Sohn vom Hause‘; als ich das erwiderte, lachten sie mir ins Gesicht, rissen mir die guten Kleider vom Leibe und stießen mich zum Hause hinaus, mit der Drohung, daß ich, wage ich es mich wieder zu zeigen, fortgeprügelt werden solle. Laut jammernd lief ich von dannen. Kaum hundert Schritte vom Hause, trat mir ein alter Mann entgegen, in dem ich einen Diener meines Pflegevaters erkannte.

‚Komm Antonio', rief er, indem er mich bei der Hand faßte; ‚komm Antonio, armer Junge! für uns beide ist das Haus dort auf immer verschlossen. Wir müssen nun beide zusehen, wo wir ein Stück Brot finden.' Der Alte nahm mich mit hierher. Er war nicht so arm als er seiner schlechten Kleidung nach zu sein schien. Kaum angekommen, sah ich wie er die Zechinen aus dem zertrennten Wams hervorholte und den ganzen Tag sich auf dem Rialto umhertreibend bald den Unterhändler, bald den Handelsmann selbst machte. Ich mußte immer hinter ihm her sein, und er pflegte, hatte er den Handel gemacht, noch immer um eine Kleinigkeit für den *figliuolo* zu bitten. Jeder dem ich recht dreist in die Augen sah, rückte noch gern einige Quattrinos heraus, die er mit vieler Behaglichkeit einsteckte, indem er, mir die Wangen streichelnd versicherte, er sammle das alles für mich zum neuen Wams. Ich befand mich wohl bei dem Alten, den die Leute, ich weiß nicht warum, Väterchen Blaunas nannten. Doch das dauerte nicht lange. Du erinnerst dich, Alte, jener Schreckenzeit, als eines Tages die Erde zu beben begann, als in den Grundfesten erschüttert Türme und Paläste wankten, als wie von unsichtbaren Riesenarmen gezogen die Glocken läuteten. Es sind ja kaum sieben Jahre darüber vergangen. – Glücklich rettete ich mich mit dem Alten aus dem Hause, das hinter uns zusammenstürzte. Alles Geschäft ruhte, auf dem Rialto lag alles in toter Betäubung. Aber mit diesem entsetzlichen Ereignis kündigte sich nur das herannahende Ungeheuer an, das bald seinen giftigen Atem aushauchte über Stadt und Land. Man wußte, daß die Pest aus der Levante zuerst nach Sizilien gedrungen, schon in Toskana wütete. Noch war Venedig davon befreit. Da handelte eines Tages mein Väterchen Blaunas auf dem Rialto mit einem Armenier. Sie wurden handelseinig, und schüttelten sich wacker die Hände. Mein Väterchen hatte einige gute Waren dem Armenier abgelassen um geringen Preis und forderte nun wie gewöhnlich die Kleinigkeit *per il figliuolo*. Der Armenier, ein großer starker Mann mit dickem krausem Bart (noch steht er vor mir) schaute mich an mit freundlichem Blick, dann küßte er mich und drückte mir ein paar Zechinen in die Hand, die ich hastig einsteckte. Wir gondelten nach San Marco. Unterweges forderte Väterchen mir die Zechinen ab und ich weiß selbst nicht, wie ich darauf kam zu behaupten, daß ich sie mir selbst verwahren müsse, da der Armenier es so gewollt. Der Alte wurde verdrießlich, aber indem er mit mir zankte, bemerkte ich, daß sein Gesicht sich mit einer widerlichen erdgelben Farbe überzog, und daß er allerlei tolles unzusammenhängendes Zeug in seine Reden mischte. Auf dem Platz angekommen, taumelte er hin und her wie ein Betrunkener bis er dicht vor dem herzoglichen Palast tot niederstürzte. Mit lautem Jammergeschrei warf ich mich auf den Leichnam. Das Volk rannte zusammen, aber sowie der fürchterliche Ruf: ‚Die Pest – die Pest', erscholl, stäubte alles voll Entsetzen auseinander. In dem Augenblick ergriff mich eine dumpfe Betäubung, mir schwanden die Sinne. Als ich erwachte, fand ich mich in einem geräumigen Zimmer auf einer geringen Matratze mit einem wollenen Tuche bedeckt. Um mich herum lagen auf ähnlichen Matratzen wohl zwanzig bis dreißig elende bleiche Gestalten. So wie ich später erfuhr, hatten mich mitleidige Mönche, die gerade aus San Marco kamen, da sie Leben in mir verspürten, in eine Gondel bringen und nach der Giudecca in das Kloster San Giorgio Maggiore, wo die Benediktiner ein Hospital angelegt hatten, schaffen lassen. – Wie vermag ich dir denn, Alte, diesen Augenblick des Erwachens zu beschreiben! Die Wut der Krankheit hatte mir alle Erinnerung des Vergangenen gänzlich geraubt. Gleich als wäre in die todstarre Bildsäule plötzlich der Lebensfunken gefahren, gab es für mich nur augenblickliches Dasein, das sich an nichts knüpfte. Du kannst es dir denken, Alte! welchen Jammer, welche Trostlosigkeit dies Leben, nur ein im leeren Raum ohne Halt schwimmendes Bewußtsein zu nennen, über mich bringen mußte! – Die Mönche konnten mir nur sagen, daß man mich bei Väterchen Blaunas gefunden, für dessen Sohn ich allgemein gegolten. Nach und nach sammelten sich zwar meine Gedanken und ich besann mich auf mein früheres Leben, aber was ich dir erzählte Alte, das ist alles was ich davon weiß und das sind doch nur einzelne Bilder ohne Zusammenhang. Ach! dieses trostlose Alleinstehen in der Welt, das läßt mich zu keiner Fröhlichkeit kommen, so gut es mir nun auch gehen mag." – „Tonino, mein lieber Tonino", sprach die Alte, „begnüge dich mit dem, was dir die helle Gegenwart schenkt." – „Schweig, Alte", unterbrach sie Antonio, „schweig, noch etwas ist es, was mir mein Leben verkümmert, mich rastlos verfolgt, was mich über kurz oder lang rettungslos verderben wird. Ein unaussprechliches Verlangen, eine mein Innerstes verzehrende Sehnsucht nach einem Etwas, das ich nicht zu nennen, nicht zu denken vermag, hat, seitdem ich im Spital zum Leben erwachte, mein ganzes Wesen erfaßt. Wenn ich als

ein Armer, Elender, ermüdet, zerschlagen von der mühseligen Arbeit nachts auf dem harten Lager ruhte, dann kam der Traum und goß, mir in lindem Säuseln die heiße Stirn fächelnd, alle Seligkeit irgendeines glücklichen Moments, in dem mir die ewige Macht die Wonne des Himmels ahnen ließ und dessen Bewußtsein tief in meiner Seele ruht, in mein Inneres. Jetzt ruhe ich auf weichen Kissen und keine harte Arbeit verzehrt meine Kraft, aber erwache ich aus dem Traum oder kommt mir wachend das Bewußtsein jenes Moments in den Sinn, so fühle ich, daß mein armes verlassenes Dasein mir ja ebenso wie damals eine drückende Bürde ist, die abzuwerfen ich trachten möchte. Alles Sinnen, alles Forschen ist vergebens, ich kann es nicht ergründen, was mir früher im Leben so Hochherrliches geschah, dessen dunkler, ach mir unverständlicher Nachklang mich mit solcher Seligkeit erfüllt, aber wird diese Seligkeit nicht zum brennendsten Schmerz, der mich zu Tode foltert, wenn ich erkennen muß, daß alle Hoffnung verloren ist, jenes unbekannte Eden wiederzufinden, ja es nur zu suchen? Gibt es denn Spuren des spurlos Verschwundenen?"
Antonio hielt inne, indem er aus tiefer Brust schwer aufseufzte. Die Alte hatte sich während seiner Erzählung gebärdet wie einer, der ganz hingerissen von dem Leid des andern alles selbst fühlt, und jede Bewegung, die diesem der Schmerz abnötigt, wie ein Spiegel zurückgibt. „Tonino", fing sie jetzt mit weinerlicher Stimme an, „mein lieber Tonino, darum willst du verzagen, weil dir im Leben etwas Hochherrliches begegnet ist, dessen Erinnerung dir erloschen? – Törichtes Kind, törichtes Kind – merk auf – hi hi hi." – Die Alte begann nach ihrer gewöhnlichen Weise widerlich zu kichern und zu lachen und auf dem Marmorboden herumzuhüpfen. – Leute kamen, die Alte kauerte nieder, man warf ihr Almosen zu. – „Antonio – Antonio, bring mich fort – fort ans Meer!" So kreischte sie auf, Antonio wußte nicht, wie ihm geschah, beinahe willkürlos faßte er die Alte und führte sie über den Marcusplatz langsam fort. Während sie gingen, murmelte die Alte leise und feierlich: „Antonio – siehst du wohl die dunklen Blutflecken hier auf dem Boden? – ja Blut – viel Blut, überall viel Blut! – aber hi – hi – hi! – aus dem Blut entsprießen Rosen, schöne rote Rosen zum Kranze für dich – für dein Liebchen. – O du Herr des Lebens, welcher holde Engel des Lichts ist es denn – der dort so anmutig, so sternenklar lächelnd auf dich zuschreitet? – Die lilienweißen Arme breiten sich aus um dich zu umarmen. O Antonio,

hochbeglücktes Kind – halte dich wacker – halte dich wacker! – Und Myrten kannst du pflücken im süßen Abendrot, Myrten für die Braut, für die jungfräuliche Witwe – hi – hi – hi – Myrten, im Abendrot gepflückt, aber sie blühen erst um Mitternacht – hörst du wohl das Geflüster des Nachtwindes – das sehnsüchtig klagende Sausen des Meeres? – Rudere wacker zu, mein kühner Schiffer, rudere wacker zu" – Antonio fühlte sich von tiefem Grauen erfaßt bei den wunderlichen Reden der Alten, die sie mit ganz seltsamer fremder Stimme unter beständigem Kichern hermurmelte. Sie waren an die Säule gekommen, die den adriatischen Löwen trägt. Die Alte wollte immer weiter fortmurmelnd vorüberschreiten, Antonio, von der Alten Betragen gepeinigt, von den Vorübergehenden ob seiner Dame verwunderlich angegafft, blieb aber stehen und sprach mit barschem Ton: „Hier – auf diese Stufen setz dich hin, Alte, und halt ein mit deinen Reden, die mich toll machen könnten. Es ist wahr, du hast meine Zechinen in den Flammengebilden der Wolken gesehen, aber eben deshalb – was schwatzest du von Engeln des Lichts – von Braut – jungfräulicher Witwe – von Rosen und Myrten? – willst du mich betören, entsetzliches Weib, daß irgendein wahnsinniges Streben mich in den Abgrund schleudert? Eine neue Kapuze sollst du haben, Brot – Zechinen – alles, was du willst, aber laß ab von mir." – Antonio wollte rasch fort, allein die Alte ergriff ihn beim Mantel und rief mit schneidender Stimme: „Tonino – mein Tonino, sieh mich doch nur noch einmal recht an, sonst muß ich ja hin bis an den äußersten Rand des Platzes dort, und mich trostlos hinabstürzen in das Meer." – Antonio, um nicht noch mehr Blicke auf sich zu ziehen als sich auf ihn zu richten begannen, blieb wirklich stehen. „Tonino", fuhr die Alte fort, „setze dich her zu mir, es drückt mir das Herz ab, ich muß dir es sagen – o setze dich her zu mir." Antonio ließ sich auf die Stufen so nieder, daß er der Alten den Rücken zuwandte und zog sein Rechnungsbuch hervor, dessen weiße Blätter von dem Eifer zeugten, mit dem er seine Handelsgeschäfte auf dem Rialto betrieb. „Tonino", lispelte nun die Alte ganz leise, „Tonino, wenn du so in mein verschrumpftes Antlitz schaust, dämmert denn gar keine leise Ahnung in deinem Innern auf, daß du mich wohl in früher, früher Zeit gekannt haben könntest!" „Ich sagte dir schon", erwiderte Antonio ebenso leise und ohne sich umzuwenden, „ich sagte dir schon, Alte, daß ich auf eine mir unerklärliche Weise mich zu dir hingeneigt fühle, aber daran ist dein häßliches, verschrumpftes Gesicht nicht schuld. Schaue ich vielmehr deine seltsamen schwarzen blitzenden Augen, deine spitze Nase, deine blauen Lippen, dein langes Kinn, dein struppiges eisgraues Haar an, hör ich dein widriges Kichern und Lachen – deine verworrenen Reden – ei so möcht ich mit Abscheu mich von dir abwenden und gar glauben, irgend verruchte Mittel stünden dir zu Gebote, mich an dich zu locken." „O Herr des Himmels", heulte die Alte, von unsäglichem Schmerz erfaßt, „o Herr des Himmels, welcher böse höllische Geist gab dir solche entsetzliche Gedanken ein! O Tonino, mein süßer Tonino, das Weib, das dich als Kind so zärtlich hegte und pflegte, das dich in jener Schreckensnacht rettete aus dringender Todesgefahr, das Weib war ich." Im plötzlichen Schreck der Überraschung drehte sich Antonio rasch um, aber wie er nun der Alten in das abscheuliche Gesicht starrte, rief er zornig: „So gedenkst du mich zu betören, altes verruchtes wahnsinniges Weib? – Die wenigen Bilder, die aus meiner Kindheit mir geblieben, sind lebendig und frisch. Jene holde freundliche Frau, die mich pflegte, o ich sehe sie lebhaft vor Augen! – Sie hatte ein volles frisch gefärbtes Gesicht – mild blickende Augen – schönes dunkelbraunes Haupthaar – zierliche Hände – sie mochte kaum dreißig Jahre alt sein – und du? – ein neunzigjähriges Mütterchen –" „O all ihr Heiligen", fiel die Alte ihm schluchzend in die Rede, „o all ihr Heiligen, wie beginn ich es denn, daß mein Tonino an mich, an seine treue Margaretha glaubt." – „Margaretha?" – murmelte Antonio, „Margaretha? – Der Name fällt wie vor langer Zeit gehörte, längst vergessene Musik mir in die Ohren. – Aber es ist nicht möglich – es ist nicht möglich!" – „Wohl war", fuhr die Alte ruhiger fort, indem sie gesenkten Blicks mit dem Stabe auf dem Boden hin und her kritzelte, „wohl war der große schöne Mann, der dich auf den Arm nahm, dich abherzte und dir Zuckerwerk in den Mund steckte, wohl war das dein Vater, Tonino! wohl war es das herrliche volltönende Deutsch was wir miteinander sprachen. Dein Vater war ein angesehener reicher Kaufmann in Augsburg. Sein schönes junges Weib starb ihm, als sie dich gebar. Da zog er, weil er sich selbst nicht dulden konnte an dem Ort, wo sein Liebstes begraben lag, hierher nach Venedig und nahm mich mit, mich deine Amme, deine Pflegerin. In jener Nacht erlag dein Vater einem grausenden Schicksal, das auch dich bedrohte. Es gelang mir dich zu retten. Ein edler Venezianer nahm dich auf. Aller Hülfsmittel beraubt mußt ich in Venedig bleiben. Von Kindheit auf machte mich mein Vater, ein Wundarzt, dem man nachsagte, er treibe nebenher verbotene Wissenschaften, bekannt mit den geheimen Heilkräften der Natur. Von ihm lernte ich, durch Wald und Flur streifend, die Abzeichen manches heilbringenden Krauts, manches unscheinbaren Mooses, wenn es gepflückt, gelesen werden mußte, die verschiedene Mischung der Säfte kennen. Aber dieser Wissenschaft gesellte sich eine besondere Gabe bei, die der Himmel mir verlieh in unerforschlicher Absicht. – Wie in einem fernen dunklen Spiegel erschaue ich oft künftige Ereignisse und beinahe ohne eignen Willen, in mir oft selbst unverständlichen Redensarten das, was ich erschaut, auszusprechen, zwingt mich dann die unbekannte Macht, der ich nicht zu widerstehen vermag. – Als ich nun einsam, von aller Welt verlassen, zurückbleiben mußte, in Venedig, gedachte ich durch meine erprobte Kunst mein Leben zu fristen. Ich heilte die bedenklichsten Übel in kurzer Zeit. Kam nun noch hinzu, daß meine Erscheinung auf die Kranken wohltuend wirkte, daß oft das sanfte Bestreichen mit meiner Hand in wenigen Augenblicken die Krisis löste, so konnt es nicht fehlen, daß mein Ruf bald die Stadt durchdrang und mir die Fülle des Geldes zufloß. Da erwachte der Neid der Ärzte, der Ciarlatani, die auf dem Marcusplatz, auf dem Rialto, auf der Zecca ihre Pillen, ihre Essenzen verkauften und die Kranken vergifteten statt sie zu heilen. Ich stehe mit dem leidigen Satan im Bündnis, das sprengten sie aus, und fanden Glauben bei dem abergläubischen Volk. Bald wurde ich verhaftet und vor das geistliche Gericht gestellt. O mein Tonino, mit welchen gräßlichen Martern suchte man mir das Geständnis des abscheulichsten Bündnisses zu erpressen. Ich blieb standhaft. Meine Haare verbleichten, mein Körper schrumpfte ein zur Mumie – Füße und Hände erlahmten. – Die entsetzlichste Folter, die sinnreichste Erfindung des höllischen Geistes war noch übrig, die entlockte mir ein Geständnis, vor dem ich noch jetzt zusammenschaudre. Ich sollte verbrannt werden, als aber das Erdbeben die Grundmauern der Paläste, des großen Gefängnisses erschütterte, sprangen die Türen des unterirdischen Kerkers, in dem ich gefangen saß, von selbst auf, ich wankte wie aus tiefem Grabe durch Schutt und Trümmer hervor. Ach Tonino, du nanntest mich ein neunzigjähriges Mütterchen, da ich kaum über fünfzig Jahre alt. Dieser knochendürre Leib, dieses abscheulich verzogene Gesicht, dieses eisige Haar – diese erlahmten Füße – nein, nicht Jahre, nur unsägliche

Martern konnten das kräftige Weib in wenigen Monden umwandeln in ein Scheusal. – Und dieses widrige Kichern und Lachen – die letzte Folter, vor der sich noch meine Haare sträuben und mein ganzes Selbst erbrennt wie im glühenden Panzer eingeschlossen, hat mir das ausgepreßt, und seit der Zeit überfällt mich es wie ein steter unbezwingbarer Krampf. Entsetze dich nun nicht mehr vor mir, mein Tonino! – Ach, dein Herz hat es dir ja doch gesagt, daß du, ein kleiner Knabe, an meinem Busen lagst!" – „Weib", sprach Antonio dumpf und in sich gekehrt, „Weib, es ist mir so, als wenn ich dir glauben müßte. Aber wer war mein Vater? wie hieß er? welchem grausigen Schicksal mußte er erliegen in jener Schreckensnacht? – Wer war es, der mich aufnahm? und – was geschah in meinem Leben, das noch jetzt wie ein mächtiger Zauber aus fremder unbekannter Welt mein ganzes Selbst unwiderstehlich beherrscht, so daß alle meine Gedanken sich verlaufen wie in ein düstres nächtiges Meer? – Das alles sollst du mir sagen, du rätselhaftes Weib, dann werde ich dir glauben!" – „Tonino", erwiderte die Alte seufzend, „dir zum Heil muß ich schweigen, aber bald, bald wird es an der Zeit sein. – Der Fontego, der Fontego – bleib weg vom Fontego!" – „Oh", rief Antonio erzürnt, „deiner dunklen Worte bedarf es nicht mehr, mich mit verruchter Kunst zu verlocken. – Mein Inneres ist zerrissen – du mußt sprechen oder –" „Halt ein", unterbrach ihn die Alte, „keine Drohungen – bin ich nicht deine treue Amme, deine Pflegerin." – Ohne abzuwarten, was die Alte weiter sprechen wollte, raffte sich Antonio auf und rannte schnell von dannen. Aus der Ferne rief er dem Weibe zu: „Die neue Kapuze sollst du doch haben, und Zechinen obendrein so viel du willst." – –

Es war in der Tat ein wunderlich Schauspiel, den alten Dogen Marino Falieri zu sehen mit seiner blutjungen Gattin. Er, zwar stark und robust genug, aber mit greisem Bart, tausend Runzeln im braunroten Gesicht, mit mühsam zurückgebogenem Nacken, pathetisch daherschreitend; sie, die Anmut selbst, fromme Engelsmilde im himmlisch schönen Antlitz, unwiderstehlichen Zauber im sehnsüchtigen Blick, Hoheit und Würde auf der offnen lilienweißen von dunklen Locken umschatteten Stirne, süßes Lächeln auf Wang und Lippen – das Köpfchen geneigt in holder Demut, den schlanken Leib leicht tragend – daherschwebend – ein herrliches Frauenbild, heimatlich in anderer höherer Welt. – Nun, ihr kennt wohl solche Engelsgestalten, wie sie die alten Maler zu erfassen und darzustellen wußten. – So war Annunziata. Konnt es denn fehlen, daß jeder, der sie sah, in Erstaunen und Entzücken geriet, daß jeder feurige Jüngling von der Signorie auf loderte in hellen Flammen und den Alten mit spöttischen Blicken messend, im Herzen schwur, der Mars dieses Vulkans zu werden, koste es was es wolle? Annunziata sah sich bald von Anbetern umringt, deren schmeichlerische verführerische Reden sie still und freundlich aufnahm, ohne sich was Besonderes dabei zu denken. Ihr engelreines Gemüt hatte das Verhältnis zu dem alten fürstlichen Gemahl nicht anders begriffen, als daß sie ihn wie ihren hohen Herrn verehren und ihm anhängen müsse mit der unbedingten Treue einer unterwürfigen Magd! Er war freundlich, ja zärtlich gegen sie, er drückte sie an seine eiskalte Brust, er nannte sie sein Liebchen, er beschenkte sie mit allen Kostbarkeiten, die es nur gab; was hatte sie sonst noch für Wünsche, für Rechte an ihn? Auf diese Weise konnte der Gedanke, daß es möglich sei, dem Alten untreu zu werden, sich in keiner Art in ihr gestalten, alles was außer dem engen Kreise jenes beschränkten Verhältnisses lag, war ein fremdes Gebiet, dessen verbotene Grenze im dunklen Nebel lag – ungesehen – ungeahnet von dem frommen Kinde. So kam es, daß alle Bewerbungen fruchtlos blieben. Keiner von allen war aber so heftig in wildem Liebesfeuer entbrannt für die schöne Dogaressa, als Michaele Steno. Seiner Jugend unerachtet, bekleidete er die wichtige einflußreiche Stelle eines Rats der Vierzig. Darauf, so wie auf seine äußere Schönheit bauend, war er seines Sieges gewiß. Er fürchtete den alten Marino Falieri nicht, und in der Tat, dieser schien, sowie er verheiratet, ganz abzulassen von seinem jähen auf brausenden Zorn, von seiner rohen unbezähmbaren Wildheit. An der Seite der schönen Annunziata saß er in den reichsten buntesten Kleidern aufgeschniegelt und geputzt da, schmunzelnd und lächelnd und mit süßem Blick aus den grauen Augen, denen manchmal ein Tränchen enttriefte die andern herausfordernd, ob sich solcher Gemahlin einer rühmen könne. Statt des herrischen rauhen Tons, in dem er sonst zu sprechen pflegte, lispelte er, die Lippen kaum bewegend, nannte jeden seinen Allerliebsten und bewilligte die widersinnigsten Gesuche. Wer hätte in diesem weichlichen verliebten Alten *den* Falieri erkennen sollen, der in Treviso in toller Hitze am Fronleichnamsfeste dem Bischof ins Gesicht schlug, der den tapfern Morbassan besiegte. Diese zunehmende Schwäche feuerte den Michaele Steno an zu den rasendsten

Unternehmungen. Annunziata verstand nicht, was Michaele, sie unaufhörlich mit Blicken und Worten verfolgend, von ihr eigentlich wollte, sie blieb in steter milder Ruhe und Freundlichkeit und das eben, das Trostlose was in diesem unbefangenen stets gleichen Wesen lag, brachte ihn zur Verzweiflung. Er sann auf verruchte Mittel. Es gelang ihm einen Liebeshandel mit Annunziatas vertrautestem Kammermädchen anzuspinnen, die ihm endlich nächtliche Besuche verstattete. So glaubte er den Weg gebahnt zu Annunziatas unentweihtem Gemach, aber die ewige Macht des Himmels wollte, daß solche trügerische Tücke zurückfallen mußte auf das Haupt des boshaften Urhebers. – Es begab sich, daß eines Nachts der Doge, der eben die böse Nachricht von der Schlacht, die Nicolo Pisani bei Portelongo gegen den Doria verloren, erhalten, schlaflos in tiefer Kümmernis und Sorge die Gänge des herzoglichen Palastes durchstrich. Da gewahrte er einen Schatten, der wie aus Annunziatas Gemächern schlüpfend nach den Treppen schlich. Schnell eilte er darauf los, es war Michaele Steno, der von seinem Liebchen kam. Ein entsetzlicher Gedanke durchfuhr den Falieri; mit dem Schrei: „Annunziata!" rannte er ein auf den Steno mit gezogenem Stilett. Aber Steno, kräftiger und gewandter als der Alte, unterlief ihn, warf ihn mit einem tüchtigen Faustschlage zu Boden und stürzte laut auflachend: „Annunziata, Annunziata!" die Treppe herab. Der Alte raffte sich auf, und schlich, brennende Qualen der Hölle im Herzen, nach Annunziatas Gemächern. Alles ruhig – still wie im Grabe. – Er klopfte an, ein fremdes Kammermädchen, nicht die, welche sonst gewohnt neben Annunziatas Gemach zu schlafen, öffnete ihm die Türe. „Was befiehlt mein fürstlicher Gemahl um diese späte ungewohnte Zeit?" – so sprach Annunziata, die unterdessen ein leichtes Nachtgewand umgeworfen und herausgetreten, mit ruhigem engelsmildem Ton. Der Alte starrte sie an, dann hob er beide Hände hoch in die Höhe und rief: „Nein es ist nicht möglich, es ist nicht möglich!" „Was ist nicht möglich, mein fürstlicher Herr!" fragte die über den feierlichen dumpfen Ton des Alten ganz bestürzte Annunziata. Aber Falieri, ohne zu antworten, wandte sich an das Kammermädchen: „Warum schläfst *du*, warum schläft Luigia nicht hier wie gewöhnlich?" „Ach", erwiderte die Kleine, „Luigia wollte durchaus mit mir tauschen diese Nacht, die schläft im Vordergemach dicht neben der Treppe." „Dicht neben der Treppe?" rief Falieri voller Freude und eilte mit raschen Schritten nach dem Vordergemach. Luigia öffnete auf starkes Klopfen, und als sie nun das zornrote Antlitz, die funkensprühenden Augen des fürstlichen Herrn erblickte, fiel sie nieder auf die nackten Knie und bekannte ihre Schmach, über die auch ein Paar zierliche Männerhandschuhe, die auf dem Polsterstuhle lagen, und deren Ambrageruch den stutzerhaften Eigentümer verriet, gar keinen Zweifel ließen. Ganz ergrimmt über Stenos unerhörte Frechheit schrieb der Doge ihm andern Morgens: Bei Strafe der Verbannung aus der Stadt habe er den herzoglichen Palast, jede Nähe des Dogen und der Dogaressa zu vermeiden. Michaele Steno war toll vor Wut über das Mißlingen des wohlangelegten Plans, über die Schmach der Verbannung aus der Nähe seines Abgotts. Als er nun aus der Ferne sehen mußte, wie die Dogaressa mild und freundlich, ihr Wesen war nun einmal so – mit andern Jünglingen von der Signorie sprach, so gab ihm der Neid, die Wut der Leidenschaft den bösen Gedanken ein, daß die Dogaressa wohl nur deshalb ihn verschmäht haben möge, weil andere ihm mit besserem Glück zuvorgekommen, und er unterstand sich davon laut und öffentlich zu sprechen. Sei es nun, daß der alte Falieri Kunde erhielt von solchen unverschämten Reden, oder daß das Bild jener Nacht ihm erschien wie ein warnender Wink des Schicksals, oder daß ihm selbst bei aller Ruhe und Behaglichkeit, bei vollem Vertrauen auf die Frömmigkeit seines Weibes doch die Gefahr des unnatürlichen Mißverhältnisses mit der Gattin, hell vor Augen kam, kurz, er wurde grämlich und mürrisch, alle tausend Eifersuchtsteufel zwickten ihn wund, er sperrte Annunziata ein in die innern Gemächer des herzoglichen Palastes und kein Mensch bekam sie mehr zu sehen. Bodoeri nahm sich seiner Großnichte an und schalt den alten Falieri wacker aus, der aber von der Änderung seines Betragens gar nichts wissen wollte. Dies geschah alles kurz vor dem Giovedi grasso. Es ist Sitte, daß bei den Volksfesten, die an diesem Tage auf dem Marcusplatz stattfinden, die Dogaressa unter dem Thronhimmel, der auf einer dem kleinen Platz gegenüberstehenden Galerie angebracht ist, neben dem Dogen Platz nimmt. Bodoeri erinnerte ihn daran und meinte, daß es sehr abgeschmackt sein und er ganz gewiß von Volk und Signorie ob seiner verkehrten Eifersucht weidlich ausgelacht werden würde, wenn er aller Sitte und Gewohnheit entgegen Annunziata von dieser Ehre ausschlösse. „Glaubst du", erwiderte der alte Falieri, dessen Ehrgeiz auf einmal angeregt wurde, „glaubst du, daß ich, ein alter blödsinniger Tor, mich denn scheue mein kostbarstes Kleinod zu zeigen aus Furcht vor diebischen Händen, denen ich nicht den Raub wehren könnte mit meinem guten Schwerte? – Nein Alter, du irrst, morgenden Tages wandle ich mit Annunziata in feierlich glänzendem Zuge über den Marcusplatz, damit das Volk seine Dogaressa sehe, und am Giovedi grasso empfängt sie den Blumenstrauß von dem kühnen Segler, der sich aus den Lüften zu ihr herabschwingt." Der Doge dachte, indem er diese Worte sprach, an eine uralte Gewohnheit. Am Giovedi grasso fährt nämlich irgendein kühner Mensch aus dem Volke an Seilen, die aus dem Meere steigen und an der Spitze des Marcusturms befestigt sind, in einer Maschine, die einem kleinen Schiffchen gleicht, herauf, und schießt dann von der Spitze des Turms pfeilschnell herab bis zu dem Platz, wo Doge und Dogaressa sitzen, der er den Blumenstrauß, den sonst der Doge, ist er allein, erhält, überreicht. – Andern Tages tat der Doge, wie er verheißen. Annunziata mußte die prächtigsten Kleider anlegen, und von der Signorie umringt, von Edelknaben und Trabanten begleitet, wandelte Falieri über den vom Volk überströmten Marcusplatz. Man stieß und drängte sich halb tot, um die schöne Dogaressa zu sehen, und wem es gelang sie zu erblicken, der glaubte, er habe ins Paradies geschaut und das schönste Engelsbild sei ihm strahlend und herrlich aufgegangen. – Wie die Venezianer nun sind, mitten unter den tollsten Ausbrüchen wahnsinniger Verzückung, hörte man hie und da allerlei spöttische Redensarten und Reime, die derb genug, auf den alten Falieri mit der jungen Frau losfuhren. Falieri schien aber davon nichts zu bemerken, sondern schritt, von aller Eifersucht dasmal verlassen, obgleich er überall Blicke des brennendsten Verlangens auf die schöne Gattin gerichtet sah, schmunzelnd und lächelnd mit dem ganzen Gesicht, so pathetisch als möglich an Annunziatas Seite daher. Vor dem Hauptportal des Palastes hatten die Trabanten das Volk mit Mühe auseinandergetrieben, so daß, als der Doge mit seiner Gemahlin hineinschritt, nur hin und wieder einzelne kleine Haufen besser gekleideter Bürger standen, denen man selbst den Eintritt in den innern Hof des Palastes nicht wohl verwehren konnte. Da geschah es, daß in dem Augenblicke, als die Dogaressa in den Hof trat, ein junger Mensch, der nebst wenigen andern Leuten am Säulengange stand, mit dem lauten Schrei: „O du Gott des Himmels!" entseelt auf das harte Marmorpflaster niederschlug. Alles lief herbei und umringte den Toten, so daß die Dogaressa ihn nicht erblicken konnte, aber sowie der Jüngling niederstürzte, durchfuhr plötzlich ein glühender Dolchstich ihre Brust, sie erbleichte, sie wankte, nur die Riechfläschchen der herbeieilenden Frauen retteten sie von tiefer Ohnmacht. Der alte Falieri, voller Schreck und Bestürzung über den Unfall, wünschte den jungen Menschen mitsamt seinem Schlagfluß zu allen Teufeln und trug, so sauer es ihm auch wurde, seine Annunziata, die das Köpfchen mit geschlossenen Augen über die Brust hing, wie eine kranke Taube, die Treppe hinauf in die inneren Gemächer. –

Unterdessen hatte sich dem Volke, das immer mehr im innern Hofe des Palastes zusammengelaufen, ein wunderlich seltsames Schauspiel eröffnet. Man wollte den jungen Menschen, den man unbedingt für tot hielt, aufheben und forttragen, da hinkte mit lautem Jammergeschrei ein altes häßliches zerlumptes Bettelweib heran, machte sich, die spitzen Ellenbogen in Seiten und Rücken bohrend, im dicksten Haufen Platz und rief, als sie endlich bei dem entseelten Jünglinge stand: „Laßt ihn liegen – Narren! – tolles Volk! – er ist ja nicht tot." Nun kauerte sie nieder, nahm den Kopf des Jünglings auf den Schoß und nannte, seine Stirn sanft streichend und reibend, ihn bei den süßesten Namen. Betrachtete man nun das abscheuliche Fratzengesicht der Alten, wie es herabhing über des Jünglings bildschönem Antlitz, dessen milde Züge im bleichen Tode erstarrt lagen, während auf dem Gesicht der Alten ein widriges Muskelspiel herumhüpfte – betrachtete man, wie die schmutzigen Lumpen hin und her flatterten über die reichen Kleider, die der Jüngling trug – wie die dürren braungelben Arme – die Knochenhände auf der Stirne, auf der offenen Brust des Jünglings zitterten – in der Tat, man mochte sich innern Grauens nicht erwehren. War es denn nicht anzusehen als sei es des Todes grinsende Gestalt selbst, in deren Armen der Jüngling lag? So kam es denn auch, daß die umstehenden Leute, einer nach dem andern still fortschlichen und nur wenige übrigblieben, die den Jüngling, als er mit einem tiefen Seufzer die Augen aufschlug, faßten und auf der Alten Geheiß nach dem großen Kanal trugen, wo eine Gondel beide, die Alte und den Jüngling aufnahm und fortschaffte bis nach dem Hause, das die Alte als die Wohnung des Jünglings bezeichnet hatte. Bedarf es denn noch gesagt zu werden, daß der Jüngling Antonio, die Alte aber das Bettelweib von der Franziskanertreppe war, das durchaus seine Amme sein wollte?

Als Antonio ganz aus seiner Betäubung erwacht war und die Alte an seinem Lager erblickte, die ihm soeben einige stärkende Tropfen eingeflößt hatte, so sprach er, lange den düstern schwermütigen Blick starr auf sie gerichtet, mit dumpfem mühsam gehaltenen Ton: „*Du* bist bei mir, Margaretha! – das ist gut! wo hätt ich denn sonst eine treuere Pflegerin als dich! – Ach, verzeih mir nur, Mutter, daß ich, blödsinniger ohnmächtiger Knabe! nur einen Augenblick daran zweifeln konnte, was du mir entdecktest. Ja du bist *die* Margaretha, die mich nährte, die mich hegte und pflegte, ich wußte es ja schon immer, aber der böse Geist verwirrte mir die Gedanken. – Ich habe sie gesehen – sie ist es – sie ist es. – Hab ich dir nicht gesagt, daß irgendein dunkler Zauber in mir ruhe, der mein Selbst unwiderstehlich beherrsche? Aus der Dunkelheit blitzstrahlend ist er hervorgetreten, um mich in namenlosem Entzücken zu verderben! – Ich weiß jetzt alles – alles! – War nicht Bertuccio Nenolo mein Pflegevater, der mich erzog auf einem Landhause bei Treviso?" – „Ach ja", erwiderte die Alte, „wohl war es Bertuccio Nenolo, der große Seeheld, den das Meer verschlang, als er mit dem Lorbeerkranz sein Haupt zu schmücken gedachte." – „Unterbrich mich nicht", sprach Antonio weiter, „höre mich geduldig an. – Es ging mir gut bei dem Bertuccio Nenolo. Ich trug hübsche Kleider – immer war der Tisch gedeckt, wenn mich hungerte, ich durfte, hatte ich meine drei Gebete ordentlich hergesagt, herumschwärmen nach Gefallen in Wald und Flur. Dicht beim Landhause befand sich ein dunkles kühles Pinienwäldchen voll Duft und Gesang. Da streckte ich müde vom Springen und Laufen an einem Abend, als schon die Sonne zu sinken begann, mich hin unter einen großen Baum und starrte hinauf in den blauen Himmel. Mag es sein, daß der würzige Geruch der blühenden Kräuter, in denen ich lag, mich betäubte, genug meine Augen schlossen sich unwillkürlich und ich versank in träumerisches Hinbrüten, aus dem mich ein Rauschen, gleich als fiele ein Schlag dicht neben mir in das Gras, erweckte. Ich fuhr auf in die Höhe; ein Engelskind mit himmlischem Antlitz stand neben mir, schaute in holder Anmut lächelnd auf mich herab und sprach mit süßer Stimme: ‚Ei mein lieber Knabe, wie schliefst du so schön, so ruhig, und doch war dir der Tod so nahe, der böse Tod.' Dicht neben meiner Brust erblickte ich eine kleine schwarze Schlange mit geborstenem Haupt, das Kind hatte das giftige Tier mit dem Zweige eines Nußbaums erschlagen, in dem Augenblick, als es zu meinem Verderben sich heranringeln wollte. Da erbebte ich in süßem Schauer – ich wußte ja, daß oftmals Engel herabsteigen aus dem hohen Himmel um sichtbarlich den Menschen zu retten vor dem bedrohlichen Angriff irgendeines bösen Feindes – ich sank nieder auf die Knie, ich erhob die gefalteten Hände. ‚Ach du bist ja ein Engel des Lichts, den der Herr sandte mich zu retten vom Tode.' So rief ich, das holde Wesen streckte aber beide Arme nach mir aus und lispelte, indem höheres Rot auf seinen Wangen leuchtete: ‚Ach du lieber Knabe, ich bin ja kein Engel, ein Mädchen, ein Kind wie du!' Da vergingen die Schauer in namenloses Entzücken, das mich mit sanfter Glut durchströmte – ich stand auf – wir schlossen uns in die Arme – wir drückten Lipp auf Lippe – sprachlos – weinend – schluchzend vor süßem unnennbaren Weh! Nun rief eine silberhelle Stimme durch den Wald: ‚Annunziata – Annunziata –' ‚Ich muß nun fort, du herzlieber Knabe, die Mutter ruft', so lispelte das Mädchen, ein unsäglicher Schmerz durchfuhr meine Brust. – ‚Ach ich liebe dich so sehr', schluchzte ich, heiße Tränen, die das Mädchen vergoß, fielen brennend auf meine Wangen. ‚Ich bin dir so herzensgut, du lieber Knabe', rief das Mädchen, indem sie den letzten Kuß mir auf meine Lippen drückte. – ‚Annunziata!' rief es aufs neue, und das Mädchen verschwand im Gebüsch! – Sieh, Margaretha, das war der Augenblick, in dem der mächtige Liebesfunke in meine Seele fiel, der ewig stets neue Flammen entzündend in mir fortglühen wird! – Wenige Tage nachher wurde ich hinausgestoßen aus dem Hause. Vater Blaunas sagte mir, als ich es nicht lassen konnte, von dem Engelskinde zu reden, das mir erschienen und dessen süße Stimme ich zu vernehmen glaubte in dem Rauschen der Bäume, in dem Gelispel der Quellen, in dem ahnungsvollen Sausen des Meers – ja da sagte mir Vater Blaunas, das Mädchen könne niemand anders gewesen sein, als Nenolos Tochter Annunziata, die mit ihrer Mutter Franzeska nach dem Landhause gekommen, andern Tages aber wieder abgereiset sei. – O Mutter – Margaretha. – Hilf Himmel! – Diese Annunziata – es ist die Dogaressa!" – Damit hüllte sich vor unsäglichem Schmerz weinend und schluchzend Antonio in die Kissen ein. „Mein lieber Tonino!" sprach die Alte, „ermanne dich, widerstehe doch nur tapfer dem törichten Schmerz. Ei wer mag denn gleich verzweifeln in Liebesnot, ei wem anders blüht denn das goldene Blümchen Hoffnung als dem Verliebten! Am Abend weiß man nicht, was der Morgen bringt, was man im Traum geschaut, kommt lebendig dahergegangen. Das Schloß, das in den Wolken schwamm, steht mit einemmal blank und herrlich auf der Erde. – Sieh Tonino, du gibst nichts auf meine Reden, aber mein kleiner Finger sagt es mir und wohl noch jemand anders, daß auf dem Meer dir die leuchtende Liebesflagge mit frohem Schwingen entgegenweht – Geduld mein Söhnlein Tonino – Geduld!" – So versuchte es die Alte den armen Antonio zu trösten, denn in der Tat ihre Worte klangen wie liebliche Musik. Er ließ sie gar nicht mehr von sich. Das Bettelweib auf der Franziskanertreppe war verschwunden und statt ihrer sah man die Haushälterin des Herrn Antonio in anständigen Matronenkleidern auf San Marco herumhinken und die Bedürfnisse der Tafel einkaufen.

Der Giovedi grasso war gekommen. Glänzendere Feste als jemals sollten ihn feiern. Mitten auf dem kleinen Platz von San Marco wurde ein hohes Gerüst errichtet für ein besonderes nie gesehenes Kunstfeuer, das ein Grieche, der sich auf solch Geheimnis verstand, abbrennen wollte. Am Abend bestieg der alte Falieri mit seiner schönen Gemahlin, sich spiegelnd in dem Glanze seiner Herrlichkeit, seines Glücks und mit verklärten Blicken alles um sich her auffordernd zum Staunen, zur Bewunderung, die Galerie. Im Begriff, sich auf dem Thron niederzulassen, wurde er aber den Michaele Steno gewahr, der auf derselben Galerie und zwar so Platz genommen hatte, daß er die Dogaressa beständig im Auge behielt und von ihr notwendig bemerkt werden mußte. Ganz entbrannt von wildem Zorn, von toller Eifersucht schrie Falieri mit starker, gebieterischer Stimme, man solle augenblicklich den Steno von der Galerie entfernen. Michaele Steno erhob den Arm gegen den Falieri, in dem Augenblick traten die Trabanten hinzu und nötigten ihn, der vor Wut mit den Zähnen knirschte und in den abscheulichsten Verwünschungen Rache drohte, die Galerie zu verlassen. –

Unterdessen hatte sich Antonio, den der Anblick seiner geliebten Annunziata ganz außer sich selbst gebracht, durch das Volk fortgedrängt und schritt, tausend Qualen im zerrissenen Herzen, einsam in dunkler Nacht am Gestade des Meers hin und her. Er gedachte, ob es nicht besser sei, in den eiskalten Wellen die brennende Glut zu löschen, als langsam totgefoltert zu werden von trostlosem Schmerz. Viel hätte nicht gefehlt, er wäre hineingesprungen in das Meer, schon stand er auf der letzten Stufe, die hinabführt, als eine Stimme aus einer kleinen Barke hinaufrief: „Ei, schönen guten Abend, Herr Antonio!“ Im Widerschein der Erleuchtung des Platzes erkannte Antonio den lustigen Pietro, einen seiner vormaligen Kameraden, welcher in der Barke stand, Federn, Rauschgold auf der blanken Mütze, die neue gestreifte Jacke bunt bebändert, einen großen schönen Strauß duftiger Blumen in der Hand. „Guten Abend, Pietro“, rief Antonio zurück, „welch hohe Herrschaft willst du denn heute noch fahren, daß du dich so schön geputzt hast?“ „Ei“, erwiderte Pietro, indem er hoch aufsprang, daß die Barke schwankte, „ei Herr Antonio, heute verdiene ich meine drei Zechinen, ich mache ja die Fahrt hinauf nach dem Marcusturm und dann hinab, und überreiche diesen Strauß der schönen Dogaressa.“ „Ist denn“, fragte Antonio, „ist denn das nicht ein halsbrechendes Wagestück, Kamerad Pietro!“ „Nun“, erwiderte dieser, „den Hals kann man wohl ein wenig brechen, und dann zumal heute geht's mitten durch, durch das Kunstfeuer. Der Grieche sagt zwar, es sei alles so eingerichtet, daß kein Haar einem angehen solle vom Feuer, aber –“ Pietro schüttelte sich. Antonio war zu ihm hinabgestiegen in die Barke und wurde nun erst gewahr, daß Pietro dicht vor der Maschine an dem Seil stand, das aus dem Meere stieg. Andere Seile mittelst deren die Maschine angezogen wurde, verloren sich in die Nacht. „Höre Pietro“, fing Antonio nach einigem Stillschweigen an, „höre Kamerad Pietro, wenn du heute zehn Zechinen verdienen könntest, ohne dein Leben in Gefahr zu setzen, würde dir das nicht lieber sein?“ „Ei freilich“, lachte Pietro aus vollem Halse. „Nun“, fuhr Antonio fort, „so nimm diese zehn Zechinen, wechsle mit mir die Kleider und überlasse mir deine Stelle. Statt deiner will ich hinauffahren. Tu es mein guter Kamerad Pietro!“ Pietro schüttelte bedächtig den Kopf, und sprach das Gold in der Hand wiegend: „Ihr seid sehr gütig, Herr Antonio, mich armen Teufel noch immer Euern Kameraden zu nennen – und freigebig dazu! – Ums Geld ist's mir freilich zu tun, aber der schönen Dogaressa den Strauß selbst in die Hand zu geben, ihr süßes Stimmchen zu hören – ei das ist's doch eigentlich, warum man sein Leben aufs Spiel setzt – Nun – weil Ihr's seid, Herr Antonio, mag's darum sein.“ Beide warfen schnell die Kleider ab, kaum war Antonio mit dem Ankleiden fertig, als Pietro rief: „Schnell hinein in die Maschine, das Zeichen ist schon gegeben.“ In dem Augenblick leuchtete das Meer auf im flammenden Widerschein von tausend lodernden Blitzen und die Luft, das Gestade erdröhnte von brausenden wirbelnden

Donnern. Mitten durch die knisternden zischenden Flammen des Kunstfeuers fuhr mit des Sturmwindes Schnelle Antonio auf in die Lüfte – unversehrt sank er nieder zur Galerie, schwebte er vor der Dogaressa. – Sie war aufgestanden und vorgetreten, er fühlte ihren Atem an seinen Wangen spielen – er reichte ihr den Strauß; aber in der unsäglichsten Himmelswonne des Augenblicks faßte ihn wie mit glühenden Armen der brennende Schmerz hoffnungsloser Liebe. – Sinnlos – rasend vor Verlangen – Entzücken – Qual, ergriff er die Hand der Dogaressa – drückte er glühende Küsse darauf – rief er mit dem schneidenden Ton des trostlosen Jammers: „Annunziata!“ – Da riß ihn die Maschine, wie das blinde Organ des Schicksals selbst, fort von der Geliebten, hinab ins Meer, wo er ganz betäubt, ganz erschöpft in Pietros Arme sank, der seiner in der Barke wartete.

Unterdessen war auf der Galerie des Doge alles in Aufruhr und Verwirrung geraten. An den Sitz des Doge hatte man ein kleines Zettelchen angeheftet gefunden, auf welchem in gemeiner venezianischer Mundart die Worte standen:

Il Dose Falier della bella muier.
I altri la gode é lui la mantien.

Zwar ist der Doge Falier
Der schönen Dame Eheherr,
Doch hält er nur und hat sie nie,
Und andre, die gewinnen sie.

Der alte Falieri fuhr auf in glühendem Zorn und schwur, daß den, der den boshaften Frevel begangen, die härteste Strafe treffen solle. Indem er seine Blicke umherwarf, fiel ihm auf dem Platze unter der Galerie Michaele Steno ins Auge, der in vollem Kerzenschimmer dastand und sogleich befahl er den Trabanten, ihn festzunehmen, als den Urheber jenes Frevels. Alles schrie auf über den Befehl des Doge, der, indem er sich ganz seinem überwallenden Zorn überließ, beide, Signorie und Volk beleidigte, die Rechte der ersteren kränkend, dem letztern die Freude des Festes verderbend. Die Signorie verließ ihre Plätze und nur den alten Marino Bodoeri sah man, wie er sich unter das Volk mischte, voller Eifer von der schweren Beleidigung sprach, die dem Haupte des Staats widerfahren und allen Haß auf den Michaele Steno zu leiten suchte. Falieri hatte sich nicht geirrt, denn in der Tat war Michaele Steno, als er fortgewiesen wurde von der Galerie des Herzogs, nach Hause gelaufen, hatte jene hämische Worte geschrieben, in dem Augenblicke als aller Augen auf das Kunstfeuer gerichtet waren, das Zettelchen an den Stuhl des Doge angeheftet und dann sich unbemerkt wieder entfernt. Recht tückisch gedachte er den empfindlichen Streich zu führen, der beide, Doge und Dogaressa, recht tief, recht ans Leben dringend verwunden sollte. Michaele Steno gestand ganz freimütig die Tat und schob alle Schuld auf den Doge, der ihn zuerst empfindlich gekränkt habe. Die Signorie war längst unzufrieden mit einem Haupt, das, statt die gerechten Erwartungen des Staats zu erfüllen, täglich bewies, wie der kriegerische zornige Mut in dem erkalteten Herzen des abgelebten Greises nur dem Kunstfeuer gleicht, das aus der Rakete ganz gewaltig emporknistert, aber sogleich in schwarzen toten Flocken wirkungslos dahinschwindet. Hiezu kam, daß das Bündnis mit der jungen schönen Frau (längst wußte man, daß er es vor kurzer Zeit als Doge geschlossen), seine Eifersucht, den alten Falieri nicht mehr als Kriegsheld sondern als *vecchio Pantalone* erscheinen ließ und so mußte es geschehen, daß die Signorie gärendes Gift im Innern nährend, mehr geneigt war, dem Michaele Steno recht zu geben, als dem bitter gekränkten Oberhaupt. Von dem Rate der Zehen wurde die Sache verwiesen an die Quarantie, von der Michaele sonst einer der Häupter war. Michaele Steno habe schon genug gelitten, und eine monatliche Verbannung sei genugsame Rüge des Vergehens, so fiel der Rechtsspruch aus, der den alten Falieri aufs neue und stärker erbitterte gegen eine Signorie, die statt das Haupt zu schützen, ihm widerfahrne Kränkungen nur als Vergehen der leichtesten Art zu bestrafen sich unterstand. –

Wie es denn zu gehen pflegt, daß der Liebende, den ein einziger Strahl des Liebesglücks getroffen, Tage, Wochen, Monate lang von goldenem Schimmer umflossen, Träume des Himmels träumt, so konnte sich Antonio auch gar nicht erholen von der Betäubung des wonnereichsten Augenblicks, kaum aufatmen vor süßem Weh. – Die Alte hatte ihn tüchtig ausgescholten wegen des Wagestücks und murmelte und brummte unaufhörlich von ganz unnötigem Beginnen. Eines Tages kam sie aber so seltsam am Stabe hineingetänzelt und gehüpft, wie sie es in ihrer Art hatte, wenn sie von fremdem Zauber berührt schien. Sie kicherte und lachte, ohne auf Antonios Reden und Fragen zu achten, schürte sie im Kamin ein kleines Feuer an, setzte ein Pfännchen darauf, kochte, aus allerlei bunten Gläsern Ingredienzien hineinwerfend, eine Salbe, tat sie in eine kleine Büchse und hinkte damit laut kichernd und lachend von dannen. Erst am späten Abend kam sie zurück, setzte sich keuchend und hüstelnd in den Lehnstuhl und fing, wie von großer Erschöpfung zu sich selbst gekommen, endlich an: „Tonino, mein Söhnlein, Tonino, von wem komme ich her? – sieh zu, ob du raten kannst? – von wem komme ich her, von wem komme ich her?" – Antonio starrte sie an, von seltsamer Ahnung ergriffen. „Nun", kicherte die Alte, „von ihr selbst komme ich her, von dem lieben Täubchen, von der holden Annunziata!" – „Mache mich nicht wahnsinnig, Alte", schrie Antonio. „Ei was", fuhr die Alte fort, „ich denke immer an dich, mein Tonino! – Heute morgen, als ich unter den Säulengängen des Palastes feilschte um schönes Obst, murmelt das Volk von dem Unglück, das die schöne Dogaressa betroffen. Ich frage und frage, da spricht ein großer ungeschlachter roter Kerl, der gähnend an eine Säule gelehnt Limonien kaut: ‚Ei nun, an der linken Hand der kleine Finger, an dem hat ein Skorpionchen die jungen Zähnchen probiert und das ist ein bißchen ins Blut gegangen – nun, mein Herr der Signor Dottore Giovanni Basseggio ist eben oben, der wird nun wohl schon das Händchen mitsamt dem Finger weggeschnitten haben.' Und in dem Augenblick, daß der Kerl das spricht, entsteht ein großes Geschrei auf der breiten Treppe und ein kleines ganz kleines Männlein kugelt, von Fußstößen der Trabanten wie ein Kegel getrieben, die Stufen herab uns vor die Füße, schreiend und lamentierend. Das Volk sammelt sich um ihn herum, laut lachend, der Kleine zerarbeitet sich und strampelt mit den Beinen, ohne in die Höhe kommen zu können, da springt aber der rote Kerl herbei, rafft sein Doktorchen auf, nimmt ihn in die Arme und rennt mit ihm, der immerfort aus vollem Halse schreit und heult, was die Beine laufen können, fort nach dem Kanal, wo er mit ihm in die Gondel hineinsteigt und davonrudert. – Ich dachte es wohl, daß, sowie der Signor Basseggio das Messer ansetzen wollte an das schöne Händchen, der Doge ihn die Treppe hinabstoßen ließ. Ich dacht aber noch weiter! – Geschwind – ganz geschwind nach Hause – das Sälbchen kochen – hinauf damit in den herzoglichen Palast! – Da stand ich auf der großen Treppe, mein blankes Fläschlein in der Hand. Der alte Falieri kam gerade herab, der blitzte und prustete mich an: ‚Was will das alte Weib hier?' – Aber da machte ich einen Knix tief – tief bis an die Erde, so gut es nur gehen konnte, und sprach, daß ich wohl ein Mittelchen hätte, daß die schöne Dogaressa geheilt sein solle gar bald. Sowie der Alte das hörte, blickte er mich starr an mit recht entsetzlichen Augen und strich sich den grauen Bart zurecht, dann packte er mich bei beiden Schultern und schob mich herauf und hinein in das Gemach, daß ich beinahe der Länge nach hingestürzt wäre. Ach Tonino, da lag das holde Kind hingestreckt auf die Polster, leichenblaß, seufzend und stöhnend vor Schmerz und leise klagend: ‚Ach nun bin ich wohl schon durch und durch vergiftet.' Aber ich machte mich gleich darüber her und nahm das dumme Pflaster des einfältigen Doktors herab. O Herr des Himmels! die niedliche kleine Hand – blutrot – geschwollen. – Nun nun – meine Salbe kühlte – linderte. – ‚Das tut ja wohl, sehr wohl', lispelte die kranke Taube. Da rief der Marino ganz entzückt: ‚Tausend Zechinen sind dein, Alte! wenn du mir die Dogaressa rettest', und verließ das Zimmer. Drei Stunden hatt ich nun da gesessen, die kleine Hand in meiner haltend und sie streichelnd und pflegend. Da erwachte das liebe Weibchen aus leichtem Schlummer in den sie gesunken und fühlte keinen Schmerz mehr. Nachdem ich den neuen Verband gemacht, blickte sie mich an mit vor Freude leuchtenden Augen. Da sprach ich: ‚Ei gnädige Frau Dogaressa, Ihr habt ja auch schon einmal einen Knaben gerettet, da Ihr die kleine Schlange tötetet, die ihn stechen wollte zum Tode als er schlief.' – Tonino! da hättest du sehen sollen wie, als leuchte ein Strahl des Abendrots hinein, das blasse Antlitz sich schnell färbte – wie die Augen funkelndes Feuer blitzten. – ‚Ach ja, Alte', sprach sie, ‚ach ja – ich war noch ein Kind – auf meines Vaters Landhause. – Ach es war ein holder lieber Knabe – o wie gedenk ich noch seiner – es ist mir, als sei seit der Zeit mir gar nichts Glückliches mehr begegnet.' – Nun sprach ich von dir, daß du in Venedig wärst, daß du noch alle Liebe, alle Wonne jenes Augenblicks im Herzen trügest – daß du, nur um noch *einmal* in die Himmelsaugen des rettenden Engels zu schauen, die gefährliche Luftfahrt gewagt, daß *du* ihr den Blumenstrauß gegeben hättest am Giovedi grasso! – Tonino – Tonino! da rief sie wie in Begeisterung: ‚Ich hab es gefühlt – ich hab es gefühlt – als er meine Hand an seine Lippen drückte, als er meinen Namen nannte – ach ich wußt es ja nur nicht, was so seltsam mein Innerstes durchdrang, es war wohl Lust, aber auch zugleich Schmerz! – Bring ihn her – her zu mir – den holden Knaben.'" – Antonio warf sich, als die Alte dies sprach, auf die Knie nieder, und rief wie wahnsinnig: „Herr des Himmels! nur jetzt, nur jetzt laß mich nicht untergehen in irgendeinem ungeheuern Schicksal – nur nicht, bis ich sie geschaut, bis ich sie an meine Brust gedrückt.“ Er wollte, daß die Alte ihn gleich andern Tages hinführen sollte, was sie ihm aber rund abschlug, da der alte Falieri beinahe zu jeder Stunde die kranke Gemahlin zu besuchen pflegte.

Mehrere Tage waren vergangen, die Dogaressa war von der Alten ganz geheilt, aber noch immer blieb es unmöglich, den Antonio hinzuführen. So gut sie es nur vermochte, tröstete die Alte den Ungeduldigen, immer wiederholend, wie sie mit der holden Annunziata von dem Antonio spreche, den sie gerettet und der sie so inbrünstig liebe. Antonio, von tausend Qualen der Sehnsucht, des Verlangens gefoltert, gondelte, lief auf den Plätzen umher. Unwillkürlich lenkten ihn seine Schritte immer und immer wieder nach dem herzoglichen Palast. An der Brücke neben der hintern Seite des Palastes, den Gefängnissen gegenüber, stand Pietro auf ein buntes Ruder gelehnt, im Kanal wogte an Säulen befestigt eine Gondel, die zwar klein, aber mit zierlichem Verdeck, buntem Schnitzwerk, ja mit der venezianischen Flagge geschmückt war, und beinahe dem Bucentoro glich. Sowie Pietro den ehemaligen Kameraden gewahrte, rief er ihm laut zu: „Ei Signor Antonio, seid mir tausendmal gegrüßt! – mit Euern Zechinen ist mir das Glück gekommen!“ Antonio fragte ganz zerstreut, was er für ein Glück meine, erfuhr aber nichts Geringeres als daß Pietro beinahe täglich in den Abendstunden den Dogen mit der Dogaressa hinübergondeln mußte nach der Giudecca, wo unfern von San Giorgio Maggiore der Doge ein artiges Haus besaß. Antonio blickte den Pietro starr an, und fuhr dann schnell heraus: „Kamerad, du kannst wieder zehn Zechinen verdienen und mehr wenn du willst. Laß mich deine Stelle vertreten – ich will den Dogen hinüberrudern“; Pietro meinte, daß das gar nicht anginge, da der Doge ihn kenne und eben nur ihm sich anvertrauen wolle; endlich, als Antonio mit dem wilden Zorn, wie er aus dem von tausend Liebesqualen aufgeregten Gemüt hervorsprudelte, in ihn drang, wie er ganz unsinnig schwur, daß er der Gondel nachspringen und ihn herabreißen werde ins Meer, da rief Pietro lachend: „Ei Signor Antonio! Signor Antonio! wie habt Ihr Euch verguckt in die schönen Augen der Dogaressa!“ und willigte ein, daß Antonio mitkommen solle als sein Gehülfe beim Rudern, er wolle die Schwere des Fahrzeugs sowie kränkliche Schwäche vorschützen bei dem alten Falieri, dem so bei solcher Fahrt das Gondeln immer zu langsam ginge. Antonio rannte fort und kaum war er wieder an der Brücke in schlechten Schifferkleidern, mit gefärbtem Gesicht, einen langen Zwickelbart über die Lippen gehängt, als der Doge herabstieg mit der Dogaressa, beide in herrlichen bunten glänzenden Kleidern. „Wer ist der fremde Mensch dort", fuhr der Doge den Pietro zornig an und nur die heiligsten Versicherungen Pietros, daß er heute eines Gehülfen bedürfe, konnten den Alten endlich bewegen zu erlauben, daß Antonio mitgondle.

Es pflegt wohl zu geschehen, daß gerade im Übermaß alles Entzückens, aller Seligkeit das Gemüt wie gestärkt durch die Macht des Augenblicks, sich selbst bezwingt und den Flammen gebietet die aus dem Innern hervorlodern wollen. So vermochte Antonio, dicht neben der holden Annunziata, berührt von dem Saume ihres Kleides, seine Liebesglut zu verbergen, indem er mit kräftiger Faust das Ruder regierte und größeres Wagstück scheuend, kaum die Geliebte dann und wann flüchtig anblickte. Der alte Falieri schmunzelte und lächelte, küßte und streichelte die kleinen weißen Händchen der holden Annunziata, legte den Arm um ihren schlanken Leib. Mitten auf dem Meere, als der Marcusplatz, das prächtige Venedig mit all seinen stolzen Türmen und Palästen sich vor den Schiffenden ausbreitete, da erhob der alte Falieri das Haupt und sprach, indem er mit stolzen Blicken umherschaute: „Ei mein Liebchen, ist es nicht schön zu schiffen auf dem Meer mit dem Herrn, mit dem Gemahl des Meers? – Ja mein Liebchen, sei nicht eifersüchtig auf die Gattin, die demütig uns auf ihrem Nacken trägt. Hör nur das süße Plätschern der Wellen, sind das nicht Liebesworte, die sie dem Gemahl zuflüstert, der sie beherrscht? – Ja ja Liebchen, du trägst meinen Ring am Finger, aber die da unten bewahrt in ihrem tiefsten Busen den Trauring, den ich ihr zuwarf." „Ach mein fürstlicher Herr", fing Annunziata an, „ach wie sollte denn die kalte böse Flut deine Gemahlin sein, es wird mir gar schauerlich zumute dabei, daß du dich dem stolzen herrischen Element vermähltest." Der alte Falieri lachte, daß Kinn und Bart wackelten. „Ängstige dich nicht, Täubchen", sprach er dann, „besser ruht sich's ja wohl in deinen weichen warmen Armen als in dem eiskalten Schoß der Gattin da unten, aber schön ist's zu schiffen auf dem Meer mit dem Herrn des Meers." In dem Augenblick, als der Doge dies sprach, fing eine ferne Musik zu säuseln an. Über die Meereswellen gleitend, kamen näher die Töne einer sanften Männerstimme, es wurden die Worte gesungen:

Ah! senza amare
Andare sul mare
Col sposo del' mare
Non può consolare.

Andere Stimmen fielen ein und in stetem Wechselgesange wurden jene Worte immer und immer wiederholt, bis der Gesang wie im Hauch des Windes starb. Der alte Falieri schien auf den Gesang gar nicht zu achten, er erzählte der Dogaressa vielmehr sehr weitläuftig, was es mit der Feierlichkeit am Himmelfahrtstage, wenn der Doge von dem Bucentoro den Ring hinabwerfend, sich dem Meer vermähle, für eine Bewandtnis habe.

Er sprach von den Siegen der Republik, wie ehemals Istrien und Dalmatien erobert worden unter der Regentschaft Peter Urseolus des Zweiten, und wie in dieser Eroberung jener Feierlichkeit erster Ursprung liege. Achtete nun der alte Falieri aber nicht auf jenen Gesang, so ging dafür seine Erzählung ganz verloren der Dogaressa. *Die* saß da, den Sinn ganz zugewendet den süßen Tönen, die über das Meer schwammen; sie starrte als der Gesang geendet, mit seltsamem Blick vor sich hin, wie jemand der aus tiefem Traum erwacht, die Bilder noch zu schauen, zu deuten strebt, die ihn umgaukelten. – „*Senza amare – senza amare – non può consolare*", lispelte sie leise und Tränen glänzten wie helle Perlen in den Himmelsaugen und Seufzer entflohen der Brust, die auf- und niederwallte vor innerer Beklemmung. – Noch immer in vollem Schmunzeln und Lächeln forterzählend trat der Alte, die Dogaressa an der Seite, heraus auf die Balustrade vor seinem Hause bei San Giorgio Maggiore und gewahrte nicht, wie von seltsamen dunklen Gefühlen im Innern aufgeregt, Annunziata sprachlos, den tränenschweren Blick in ein fernes Land gerichtet, wie im Traume neben ihm stand. – Ein junger Mensch in Schifferkleidung stieß in ein muschelartig gewundenes Horn, daß die Töne weit über das Meer hin hallten. Auf dies Zeichen näherte sich eine andere Gondel. Unterdessen war ein Mann, der einen Sonnenschirm trug und eine Frau herangetreten, und so begleitet schritt der Doge mit der Dogaressa nach dem Palast. Jene Gondel landete, Marino Bodoeri mit vielen Personen, unter denen sich Kaufleute, Künstler, ja Leute aus der niedrigsten Volksklasse befanden, stieg aus und folgte dem Doge.

Antonio konnte kaum den andern Abend erwarten, weil er auf frohe Botschaft hoffte von seiner geliebten Annunziata. Endlich, endlich hinkte die Alte herein, setzte sich keuchend in den Lehnsessel, schlug die dürren Knochenhände ein Mal über das andere zusammen und rief: „Tonino – ach Tonino, was ist denn geschehen mit unserm armen Täubchen! – Sowie ich heute hineintrete, liegt sie da auf dem Polster mit halbgeschlossenen Augen, das Köpfchen auf den Arm gestützt, nicht schlummernd, nicht wachend, nicht krank, nicht gesund. – Ich nahe mich ihr, ‚ei gnädige Frau Dogaressa', spreche ich, ‚was ist Euch denn Schlimmes begegnet? – schmerzt Euch wohl noch die kaum geheilte Wunde?' – Aber da blickt sie mich an mit Augen – Tonino! – mit Augen, wie ich sie noch gar nicht gesehen und kaum hab ich hineingeschaut in die feuchten Mondesstrahlen, so bergen sie sich hinter die seidnen Wimpern, wie hinter dunkles Gewölk. Und dann seufzt sie aus tiefster Brust, und kehrt das holde blasse Antlitz der Wand zu und lispelt leise, ganz leise, aber so wehmütig, daß es mir gerade ins Herz sticht: ‚*Amare – amare – ah senza amare!*' – Ich hole mir einen kleinen Stuhl, ich setze mich hin zu ihr, ich fange an von dir zu erzählen. – Sie hüllt sich ein in die Polster – die schnelleren und schnelleren Atemzüge werden zu Seufzern. – Ich sag's ihr unverhohlen, daß du verkleidet bei ihr warst in der Gondel, daß ich dich, der vor Liebe und Sehnsucht verschmachtet, nun ungesäumt zu ihr bringen würde. Da fährt sie plötzlich auf von den Polstern und indem ein Strom heißer Tränen aus ihren Augen stürzt, ruft sie heftig: ‚Um Christus, um aller Heiligen willen – nein – nein ich kann ihn nicht sehen – Alte! – ich beschwöre dich, sag ihm, er solle niemals, niemals mehr sich mir nahen – niemals, das sag ihm, er solle Venedig verlassen, schnell verlassen.' – ‚Nun', fall ich ihr ins Wort, ‚nun, so muß denn mein armer Tonino sterben.' Da sinkt sie wie von den unsäglichsten Schmerzen gefaßt in die Polster und schluchzt mit von Tränen erstickter Stimme: ‚Muß ich denn nicht auch sterben des bittersten Todes?' Da trat der alte Herr Falieri ins Gemach und ich mußte mich auf seinen Wink entfernen."
„Sie hat mich verworfen – fort – fort aufs Meer", schrie Antonio auf in heller Verzweiflung. Die Alte kicherte und lachte nach ihrer gewöhnlichen Art und rief: „Du einfältig Kind, du einfältig Kind! – wirst du denn nicht geliebt von der holden Annunziata mit aller Inbrunst, mit aller Liebesqual, die jemals ein weiblich Herz ergriff? – Einfältig Knäblein, morgen am

tiefen Abend schleiche dich in den herzoglichen Palast. In der zweiten Galerie rechts der großen Treppe wirst du mich finden – und dann wollen wir sehen was sich weiter begibt."

Als Antonio bebend vor Sehnsucht am andern Abend die große Treppe hinaufschlich, war es ihm plötzlich als wolle er einen ungeheuern Frevel beginnen. Ganz betäubt vermochte er kaum zitternd und schwankend die Stufen zu ersteigen. Er mußte sich dicht vor der ihm bezeichneten Galerie an eine Säule lehnen. Plötzlich umfloß ihn heller Fackelschein und noch ehe er seinen Platz verlassen konnte, stand der alte Bodoeri dicht vor ihm, von einigen Dienern begleitet, die Fackeln trugen. Bodoeri sah dem Jünglinge starr ins Angesicht und sprach dann: „Ha! du bist Antonio, man hat dich herbestellt, ich weiß es, folge mir nur!" – Antonio, überzeugt, daß die Zusammenkunft mit der Dogaressa verraten, folgte nicht ohne Zagen. Wie erstaunte er, als in ein entferntes Gemach getreten, Bodoeri ihn umarmte und von dem wichtigen Posten sprach, der ihm anvertraut worden und den er noch in dieser Nacht mit Mut und Entschlossenheit behaupten solle. Sein Erstaunen ging aber in Angst über und Entsetzen, da er erfuhr, daß schon seit langer Zeit eine Verschwörung wider die Signorie gereift, an deren Spitze der Doge selbst stehe, daß, wie es in Falieris Hause auf der Giudecca beschlossen, noch in dieser Nacht die Signorie fallen und der alte Marino Falieri als souveräner Herzog von Venedig ausgerufen werden solle. Antonio starrte den Bodoeri sprachlos an, dieser hielt des Jünglings Schweigen für eine Weigerung teilzunehmen an der Ausführung der entsetzlichen Tat, und rief entrüstet: „Feigherziger Tor! aus dem Palast kommst du nun nicht mehr, entweder du stirbst oder ergreifst mit uns die Waffen, aber sprich erst mit diesem!" Aus dem dunklen Hintergrunde des Zimmers trat eine hohe edle Gestalt hervor. Sowie Antonio das Antlitz des Mannes, den er nur erst im Schein der Kerzen bemerken und erkennen konnte, erblickte, stürzte er nieder auf die Knie und rief, ganz außer sich selbst gebracht durch die nicht geahnte Erscheinung: „O heiliger Herr des Himmels! mein Vater Bertuccio Nenolo, mein teurer Pfleger!" – Nenolo hob den Jüngling auf, schloß ihn in seine Arme und sprach dann mit sanfter Stimme: „Wohl bin ich Bertuccio Nenolo, den du vielleicht auch in dem Meeresgrunde begraben glaubtest und der erst seit kurzer Zeit der schmählichen Gefangenschaft des wilden Morbassan entgangen. Bertuccio Nenolo, der dich aufnahm und der nicht ahnen konnte, daß die unvernünftigen Diener, die Bodoeri abschickte, als er das ihm verkaufte Landhaus in Besitz nehmen wollte, dich hinausstoßen würden aus dem Hause. – Verblendeter Jüngling! du stehst an, die Waffen zu ergreifen gegen eine despotische Kaste, deren Grausamkeit dir den Vater raubte? – Ja, gehe hin in den Hof des Fontego, es ist deines Vaters Blut, dessen Spuren du noch schauen kannst auf den Steinen des Bodens. Als die Signorie den deutschen Kaufleuten das Kaufhaus, welches du unter dem Namen des Fontego kennst, übermachte, wurde jedem, dem man Gemächer einräumte, verboten, die Schlüssel bei der Abreise an sich zu behalten, er mußte sie bei dem Fontegaro lassen. Diesem Gesetz hatte dein Vater entgegengehandelt und war schon deshalb schwerer Strafe verfallen. Als nun aber bei der Rückkunft des Vaters die Gemächer geöffnet wurden, fand sich unter seinen Waren eine Kiste venezianischer falsch ausgeprägter Münzen. Vergebens beteuerte er seine Unschuld, es war nur zu gewiß, daß irgendein hämischer Teufel, vielleicht der Fontegaro selbst, die Kiste hineingebracht hatte, um deinen Vater zu verderben. – Die unerbittlichen Richter mit dem Beweise, daß die Kiste in deines Vaters Gemächern gefunden, zufrieden, verurteilten ihn zum Tode! – Auf dem Hofe des Fontego wurde er hingerichtet. – Auch *du* wärst nicht mehr, wenn die treue Margarethe dich nicht rettete. – Ich, deines Vaters treuster Freund, nahm dich auf; damit du dich der Signorie nicht selbst verraten möchtest, verschwieg man dir deines Vaters Namen. – Aber nun, nun Anton Dalbirger, nun ist es Zeit, nun ergreife die Waffen und räche an den Häuptern der Signorie den schmählichen Tod deines Vaters." Antonio, vom Geist der Rache beseelt, gelobte den Verschwornen Treue und unbezwingbaren Mut. – Es ist bekannt, daß der Schimpf, den Bertuccio Nenolo von dem über die Seerüstungen gesetzten Dandulo, der ihm bei einem Streit ins Gesicht schlug, erfahren, ihn bewog, mit dem ehrgeizigen Schwiegersohn sich wider die Signorie zu verschwören. Beide, Nenolo und Bodoeri wünschten dem alten Falieri den Fürstenmantel, um selbst mit ihm zu steigen. – Man wollte (so war der Plan der Verschwornen) die Nachricht ausbreiten, die genuesische Flotte liege vor den Lagunen. In der Nacht sollte dann die große Glocke auf dem Marcusturm gezogen und die Stadt zu erdichteten Verteidigungen gerufen werden. Auf dieses Zeichen sollten die Verschwornen, deren Anzahl beträchtlich und durch ganz Venedig verbreitet war, den Marcusplatz besetzen, sich der

Hauptplätze der Stadt bemächtigen, die Häupter der Signorie ermorden, und den Dogen als souveränen Herzog von Venedig ausrufen. Der Himmel wollte aber nicht, daß dieser Mordanschlag gelingen und die Grundverfassung des bedrängten Staats durch den alten von Stolz und Übermut entflammten Falieri in den Staub getreten werden sollte. Die Versammlungen auf der Giudecca in Falieris Hause waren der Wachsamkeit des Rats der Zehen nicht entgangen, aber unmöglich blieb es, etwas Gewisses zu erfahren. Da rührte einen der Verschwornen, einen Pelzhändler aus Pisa, Bentian geheißen, das Gewissen, er wollte seinen Freund und Gevatter, den Nicolao Leoni, der im Rate der Zehen saß, vom Untergange retten. In der Abenddämmerung begab er sich zu ihm, und beschwor ihn in der Nacht nicht das Haus zu verlassen, es möge auch geschehen was da wolle. Leoni, von Argwohn ergriffen, hielt den Pelzhändler fest und erfuhr, als er in ihn drang, den ganzen Anschlag. In Gemeinschaft mit Giovanni Gradenigo und Marco Cornaro berief er nun den Rat der Zehen nach St. Salvator und von hier aus wurden in weniger als drei Stunden Maßregeln ergriffen, die alle Unternehmungen der Verschwornen im ersten Aufglimmen ersticken mußten.

Dem Antonio war es aufgetragen, mit einem Trupp nach dem Marcusturm zu gehen und die Glocken anziehen zu lassen. Sowie er hinkam, fand er den Turm stark besetzt von Arsenaltruppen, die, als er sich nahen wollte, mit Hellebarden auf ihn eindrangen. Von plötzlichem Todesschreck ergriffen stäubte sein Haufen auseinander, er selbst entwischte in der Dunkelheit der Nacht. Dicht hinter sich hörte er Tritte eines Menschen, der ihm nachsetzte, er fühlte sich ergriffen, schon wollte er den Verfolger niederstoßen, als er bei einem plötzlich aufschimmernden Licht den Pietro erkannte. „Rette dich“, rief dieser, „rette dich Antonio! in meine Gondel, es ist alles verraten – Bodoeri – Nenolo – sind in der Gewalt der Signorie – die Tore des herzoglichen Palastes geschlossen – der Doge eingesperrt in sein Gemach – wie ein Verbrecher bewacht von seinen eignen treulosen Trabanten – fort fort.“ – Halb sinnlos ließ sich Antonio hineinschleppen in die Gondel. – Dumpfe Stimmen – Klirren der Waffen – einzelne Angstrufe – dann trat mit der tiefsten Finsternis der Nacht lautlose schauerliche Stille ein. Am andern Morgen erblickte der von Todesschrecken zermalmte Pöbel das entsetzliche Schauspiel, das jedes Blut in den Adern gerinnen machte. Der Rat der Zehen hatte noch in derselben Nacht das Todesurteil über die Häupter der Verschwornen, die ergriffen worden, gefällt. Erdrosselt wurden sie auf dem kleinen Platze zur Seite des Palastes von der Galerie herabgelassen, wo der Doge sonst den Feierlichkeiten zuzuschauen pflegte – ach! wo Antonio vor der holden Annunziata schwebte, wo sie von ihm den Blumenstrauß empfing. – Unter den Leichnamen befanden sich Marino Bodoeri und Bertuccio Nenolo. Zwei Tage nachher wurde der alte Marino Falieri von dem Rate der Zehen verurteilt und auf der sogenannten Riesentreppe des Palastes hingerichtet. –

Wie bewußtlos war Antonio umhergeschlichen, niemand griff ihn an, denn niemand kannte ihn als einen der Verschwornen. Als er des alten Falieri graues Haupt fallen sah, da fuhr er auf, wie aus schwerem Todestraum. – Mit dem Schrei des wildesten Entsetzens – mit dem Ausruf: „Annunziata!" stürzte er in den Palast, durch die Galerieen. – Niemand hielt ihn auf, die Trabanten starrten ihn an wie betäubt von dem Fürchterlichen, das sich soeben zugetragen. Die Alte hinkte ihm entgegen laut jammernd und klagend, sie ergriff seine Hand, noch einige Schritte und er trat mit ihr in Annunziatas Gemach. Da lag die Arme entseelt auf den Polstern. Antonio stürzte hin zu ihr, er bedeckte ihre Hände mit glühenden Küssen, er rief die Geliebte mit den süßesten, zärtlichsten Namen. Da schlug sie die holden Himmelsaugen langsam auf, sie sah Antonio – erst war es, als müsse sie sich auf ihn besinnen, doch plötzlich raffte sie sich auf, umschlang ihn mit beiden Armen, drückte ihn an ihre Brust – benetzte ihn mit heißen Tränen – küßte seine Wangen – seine Lippen. „Antonio – mein Antonio – ich liebe dich unaussprechlich – ja es gibt noch einen Himmel auf Erden! – Was ist des Vaters – des Oheims – des Gatten Tod gegen die Seligkeit deiner Liebe – o laß uns fliehen – von dieser blutigen Mordstätte!" – So rief Annunziata, zerrissen von dem bittersten Schmerz und der glühendsten Liebe. Unter tausend Küssen, unter tausend Tränen schwuren sich die Liebenden ewige Treue, sie vergaßen die furchtbaren Ereignisse der schrecklichsten Tage, den Blick von der Erde abgewandt schauten sie auf in den Himmel, den ihnen der Geist der Liebe erschlossen. Die Alte riet nach Chiozza zu fliehen, Antonio wollte dann zu Lande in umgekehrter Richtung weiter herauf nach seinem Vaterlande. Freund Pietro verschaffte ihm eine kleine Barke, die an der Brücke bei der hintern Seite des Palastes angelegt wurde. Eingehüllt in tiefe Schleier schlich

Annunziata als es Nacht worden, mit dem Geliebten, von der alten Margaretha, die in der Kapuze reiche Juwelenkästchen trug, begleitet, über die Treppen hinab. Unbemerkt kamen sie an die Brücke, stiegen sie hinein in die Barke. Antonio ergriff das Ruder und fort ging es in schneller rüstiger Fahrt. Wie ein fröhlicher Liebesbote tanzte der helle Mondesschimmer auf den Wellen vor ihnen her. Sie waren auf hoher See. Da begann es seltsam zu pfeifen und zu sausen in hoher Luft – finstere Schatten kamen gezogen und hingen sich wie dunkle Schleier über das leuchtende Antlitz des Mondes. Der tanzende Schimmer, der fröhliche Liebesbote sank herab in die schwarze Tiefe voll dumpfer Donner. Der Sturm erhob sich und jagte die düstern, zusammengeballten Wolken mit zornigem Toben vor sich her. Hoch auf und nieder flog die Barke. „O hilf, o Herr des Himmels!“ schrie die Alte. Antonio, des Ruders nicht mehr mächtig, umschlang die holde Annunziata, die, von seinen glühenden Küssen erweckt, ihn mit der Inbrunst der seligsten Liebe an ihren Busen drückte. „O mein Antonio!“ – „o meine Annunziata!“ So riefen sie des Sturms nicht achtend, der immer entsetzlicher tobte und brauste. Da streckte das Meer, die eifersüchtige Witwe des enthaupteten Falieri, die schäumenden Wellen wie Riesenarme empor, erfaßte die Liebenden und riß sie samt der Alten hinab in den bodenlosen Abgrund! –

Als der Mann im Mantel auf diese Weise seine Erzählung geendet hatte, sprang er schnell auf und verließ mit starken raschen Schritten das Zimmer. Die Freunde sahen ihm stillschweigend und ganz verwundert nach, dann traten sie aufs neue vor das Gemälde. Der alte Doge schmunzelte sie wieder an, in törichtem Prunk und faselnder Eitelkeit, aber als sie nun der Dogaressa recht ins Antlitz schauten, da gewahrten sie wohl, wie die Schatten eines unbekannten, nur geahnten Schmerzes auf der Lilienstirn lagen, wie sehnsüchtige Liebesträume unter den dunklen Wimpern hervorleuchteten und um die süßen Lippen schwebten. Aus dem fernen Meer, aus den duftigen Wolken, die San Marco einhüllten, schien die feindliche Macht Tod und Verderben zu drohen. Die tiefere Bedeutung des anmutigen Bildes ging ihnen klar auf, aber auch alle Wehmut der Liebesgeschichte Antonios und Annunziatas kehrte, sooft sie das Bild auch noch anblicken mochten, wieder und erfüllte ihr innerstes Gemüt mit süßen Schauern.

Die Freunde lobten die Erzählung und waren einstimmig im Urteil, daß Ottmar die wahre Geschichte des ehrsüchtigen, unglücklichen Dogen Marino Falieri auf echt serapiontische Weise benutzt habe.

„Ottmar", sprach Lothar, „ließ es sich aber sauer werden, als er die Erzählung schrieb. Denn außerdem daß ihn das hübsche Bild unseres wackern Kolbe zu dem Ganzen begeistert, lag Le Brets Geschichte von Venedig immer aufgeschlagen auf dem Tische und das ganze Zimmer hatte er mit pittoresken Ansichten von den Straßen und Plätzen Venedigs geschmückt die er Gott weiß wo überall aufgetrieben. Deshalb ist die Erzählung so individuell lokal geworden wie sie sein mußte."

Die Mitternachtsstunde hatte geschlagen, die Freunde schieden in der frohesten Stimmung.

VIERTER ABSCHNITT

Vinzenz und Sylvester hatten sich eingefunden. Lothar hielt ihnen eine lange Rede, worin er auf höchst ergötzliche Weise sehr weitläuftig die Pflichten eines würdigen Serapions-Bruders entwickelte: „Und nun", schloß er, „versprecht mir, teure würdige Novizen, mittelst feierlichen Handschlags der Regel des heiligen Serapion treu zu sein, d.h. euer ganzes Bestreben dahin zu richten, bei den Versammlungen des schönen Bundes euch so geistreich, lebendig, gemütlich, anregbar und witzig zu zeigen, als es nur in euern Kräften steht."

„Ich", nahm Vinzenz das Wort, „ich für mein Teil verspreche das mit voller Seele. Ich will meine ganze Habe an Geist und Gemüt zur Bundeskasse tragen, aus der ihr mich dann ernähren, ja ordentlicherweise mästen könnt. Ich will jedesmal, wenn ich bei euch einzutreten gedenke, wie man im Sprüchwort sagt, vorher meinem Affen reichlichen Zucker darbieten, damit er Lust bekomme zu allerlei zierlichen Kapriolen. Und da euer Schutzpatron allen Ruhm, alle Ehre erworben durch geziemlichen Wahnsinn, will ich mich vorzüglich bemühn ihm nachzueifern, so daß es dem Bunde nie an lobenswerter Tollheit fehlen soll. Ich kann, verlangst du es, mein würdiger Lothar, wünscht ihr es, meine geschätztesten Serapions-Brüder mit den saubersten fixen Ideen wechseln. Ich kann mir wie der Professor Titel einbilden, römischer Kaiser, oder wie der Pater Sgambari, Kardinal zu sein. Ich kann wie jene Frau des Trallianus glauben, das Weltall ruhe auf meinem linken Daumen oder meine Nase sei von Glas und leuchte in den schönsten Farben prismatisch hinauf, an Wand und Decke, oder mich wie der kleine Schotte Donald Monro, für einen Spiegel halten, und alle Blicke, Grimassen, Posituren dessen nachmachen, der mir ins Gesicht schaut. Ja ich kann überzeugt sein, meine *anima sensitiva* habe mir, wie dem Chevalier D'Epernay, den Kopf kahl geschoren und ich flöße euch nur Respekt ein durch die wenigen Haare, die ich noch auf den Zähnen behalten. – Ihr werdet als würdige Serapions-Brüder all diesen Wahnsinn zu ehren wissen! – Tut das Leute! und verfallt nicht etwa darauf mich kurieren und gar Mittel anwenden zu wollen nach der

Methode des Börhave, des Merkurialis, des Antius von Amyda, des Friedrich Kraft, des Herrn Richter, welche sämtlich sattsames Prügeln anraten und sanftes Maulschellieren. Und doch wirken Prügel wohltätig auf Verstand und Herz und beleben den Körper zu den wichtigsten Funktionen. – Was wäre aus uns geworden, hätten wir eine einzige Vokabel in den Kopf gebracht in Quinta ohne nützliches Prügeln? – Ja! ich gedenke noch daß, wie ich in meinem zwölften Jahre Werthers Leiden gelesen hatte, ich mich stracks in ein dreißigjähriges Fräulein verliebte und mich totschießen wollte. Mein Vater heilte glücklich die zu große Reizbarkeit meines Herzens nach Rhases und Valuscus de Taranta, welche eine gute Tracht Schläge auf den H– als ein kräftiges Mittel wider die Liebe empfehlen. Zu gleicher Zeit weinte der Alte heiße Vatertränen vor Freude über die Entdeckung daß sein Söhnlein wirklich kein Esel sei, denn dieses Tier wird nach bekannter Erfahrung desto verliebter, je mehr und besser man es prügelt! – Und was den Körper anlangt und dessen Funktionen! – O ruft euch doch nur jenen venusinischen Prinzen ins Gedächtnis, dessen Campanella erwähnt! – Der gute Fürst konnte nicht anders zu Stuhle gehn als wenn er vorher von einem dazu ausdrücklich besoldeten Mann erklecklich abgeprügelt worden!"

„O aller Fabulanten ergötzlichster Fabulant", rief Theodor, „du ganzes Geschwornengericht des skurrilen Spaßes, wie lustig verführst du deine Kapriolen und Kurbetten! Aber tue das immerhin – Blitze hinein, sollte es manchmal zu still und dunkel unter uns werden mit den absonderlichsten Redensarten und belebe vorzüglich unsern Sylvester, der nach seiner gewöhnlichen Art und Weise bis jetzt noch kein einziges Wort gesprochen."

„Überhaupt", sprach Ottmar, „habe ich mich kaum überzeugen können, daß es wirklich Sylvester ist der dort auf dem Stuhle sitzt und uns so freundlich anlächelt. Denn ganz unmöglich scheint es mir, daß er so bald seinen ländlichen Aufenthalt verlassen konnte, dessen Vorzüge vor unserer Stadt er so hoch pries und ich denke immer, am Ende ist es nur ein hübscher Spuk und Sylvester verschwindet uns plötzlich vor unsern sehenden Augen in den zierlichen Dampfwolken die er aus dem Zigarro bläst!"

„Gott behüte und bewahre", rief Sylvester lachend, „glaubst du denn daß ich friedlicher ruhiger Mann mich umgesetzt habe in einen Hexenkerl, der ehrliche Leute neckt mit seiner werten Person? Glaubst du, daß ich die mindeste Anlage habe zu einem Philadelphia oder Svedenborg? – Beklagst du dich Theodor, über meine Wortkargheit, so wisse, daß ich gerade heute mit Bedacht den Atem spare, weil ich nichts Geringeres im Sinn trage, als euch eine ziemlich lange Erzählung vorzulesen, zu der mich ein sehr hübsches Bild unseres wackern Karl Kolbe entzündete und die ich während meines ländlichen Aufenthalts niederschrieb. – Wunderst du dich darüber, Ottmar, daß ich, unerachtet ich die Muße des Landlebens so hoch stelle, doch wieder hieherkam, so bedenke, daß, ist auch das ewige rastlose Gewühl, die leere Geschäftigkeit der großen Stadt meinem ganzen innern Wesen zuwider, ich doch auch dagegen, will ich als Dichter und Schriftsteller bestehen mancher Anregung bedarf, die ich nur hier finde. Jene Erzählung, die ich für gut halte, wäre nimmermehr entstanden, hätte ich nicht Kolbes Bild auf der Kunstausstellung geschaut, und hätte ich nachher mich nicht der Muße des Landlebens hingegeben."

„Sylvester hat recht", nahm Lothar das Wort, „wenn er als Schauspiel- als Romandichter die Anregungen in dem bunten Gewühl der großen Stadt sucht und dann dem Geist ruhige Muße gönnt das zu schaffen wozu er angeregt worden. Jenes Bild konnte Sylvester auch auf dem Lande schauen, aber nicht die lebendigen Personen, die sich darumher bewegten und in die hinein jene gemalten Personen des Bildes traten. Dichter jener Art dürfen sich nicht zurückziehen in die Einsamkeit, sie müssen in der Welt leben, in der buntesten Welt, um schauen und auffassen zu können ihre unendlich mannigfachen Erscheinungen!"

„Ha!" rief Vinzenz, „wie jauchzt der Herr von Jaques im Shakespeare, als er den Monsieur Probstein im Walde gefunden? – ‚Ein Narr, ein Narr! – Ich traf 'nen Narrn im Walde, 'nen scheckigen Narrn – o jämmerliche Welt.' So jauchze ich: ‚Ein Poet! – ein Poet! – ich traf einen Poeten!' – Der taumelte zu hoher Mittagszeit aus dem Dritten Weinhause, schaute hinauf mit den trunkfeuchten Augen zur Sonne, rief begeistert: ‚O süßes mildes Mondenlicht, wie fallen deine Strahlen in mein Innres hinein und erleuchten sattsam die ganze Welt, die ich darin hege und pflege! – Wandle vor mir her, wackres Gestirn damit ich nach dem Ort hinsteure wo mir Lebenserfahrung, Menschenkenntnis zuströmt in Fülle zum nützlichen Gebrauch – Charakter! – lebendige Zeichnung ohne Studien nicht möglich – Herrliches Getränk, vortrefflicher Eilfer der die Herzen erschließt und die Fantasie entzündet! – Ja er lebt in mir, der dort in jenem Zimmer Salami genießt. Es ist ein großer hagrer Mann, trägt einen blauen Frack mit gelben Knöpfen, englische Stiefel, schnupft Tabak aus einer schwarzlackierten Dose, spricht geläufig Deutsch und ist daher, unerachtet jener Stiefel und der italienischen Wurst ein deutscher herrlicher lebensvoller Charakter für meinen neuesten Roman! – Aber – mehr Menschenkenntnis – mehr Charaktere!‘ – Und damit lief mein Poet mit günstigem Winde ein, in die Bucht des Vierten Weinhauses!“

„Schweige“, rief Lothar, „schweige du Olivarius Textdreher! – So nenne ich dich, weil du mir in der Tat meinen ganzen Text verdrehst! – Ich weiß recht gut, was du mit deinem trunknen Poeten, der Lebenserfahrung in den Weinhäusern sammelt und mit seinem Mann im blauen Frack meinst, und mag über dieses Thema gar nichts mehr sagen. Aber ganz andere Leute glauben ebenfalls, daß sie, haben sie die Persönlichkeit dieses, jenes unbedeutenden Subjekts das ihnen in den Weg kam, genau abgeschrieben, ins Leben greifende Charaktere aufstellten. Mit dem besonderen Zopf, den dieser, jener alte Mann trägt, mit der Farbe, in die sich dieses, jenes Mädchen kleidet, ist es noch gar nicht getan. Es gehört ein eigner Sinn, ein durchdringender Blick dazu, die Gestalten des Lebens in ihrer tieferen Eigentümlichkeit zu erschauen und auch mit diesem Erschauen ist es noch nicht getan. All die aufgefaßten Bilder wie sie im ewigen bunten Wechsel sich ihm zeigten bringt der Geist, der in dem wahren Dichter wohnt, erst auf die Kapelle und wie aus dem Niederschlag des chemischen Prozesses gehen als Substrat die Gestalten hervor, die der Welt, dem Leben in seiner ganzen Extension angehören. Das sind die wunderbaren Personen, die ohne Rücksicht auf Ort, auf Zeit ein jeder kennt, mit denen ein jeder befreundet ist, die fort und fort unter uns lebendig wandeln! – Darf ich wohl des herrlichen Sancho Pansa, des Falstaff erwähnen? – Und weil du, Vinzenz, gerade vom blauen Frack sprachst, es ist wohl ein eigen Ding, daß die Gestalt, die der wahre Dichter auf jene Weise schuf, sich von selbst ganz artig und ihrem Charakter gemäß kleidet“ – „Ei“, sprach Ottmar, „das ist im Leben auch nicht anders. Gewiß haben wir alle bei irgendeiner besondern Erscheinung, die uns in den Weg trat, sehr lebhaft gefühlt, daß der Mann vermöge seines ganzen Wesens nun ganz unmöglich eine andere Mütze, einen andern Hut, einen anderen Rock tragen dürfe als wie er ihn eben trägt. Daß dies geschieht ist eben nicht so wunderbar als daß wir es erkennen."

„Liegt", unterbrach Cyprian den Freund, „liegt es denn aber nicht bloß in unserer Erkenntnis daß es geschieht?" – „O Spitzfündigkeit ohnegleichen", rief Vinzenz. „Und", sprach Sylvester mit lebhafteren Ton als es sonst seine Art war, „und alles was Lothar behauptet ist doch so wahr, so recht aus meiner Seele genommen. – Vergeßt aber nicht, daß nächst unserm erquicklichen Zusammensein ich auch auf dem Lande einen Genuß entbehre, der mein ganzes Wesen, es ganz und gar durchdringend, hoch erhebt. Ich meine nichts anders als die mannigfachen musikalischen Produktionen, die Aufführungen der herrlichsten Meisterwerke des Gesanges. Erst heute hat mich Beethovens Messe, die, wie ihr wißt, in der katholischen Kirche aufgeführt wurde, wahrlich im höchsten Sinn des Worts ergriffen."

„Und das", sprach Cyprian mürrisch, „verwundert mich nur deshalb nicht, weil dir, Sylvester, die Entbehrung dergleichen Dinge im bessern Licht erscheinen läßt. Dem Hungrigen schmeckt die geringere Kost. Denn aufrichtig gesagt, Beethoven hat in seinem Hochamt eine gar hübsche auch wohl geniale Musik geliefert aber nur durchaus kein Hochamt. – Wo ist der strenge Kirchenstil geblieben!"

„Ich weiß es schon", nahm Theodor das Wort, „du Cyprian! statuierst nur die alten Tonsetzer, erschrickst in der Kirchen-Partitur vor allen schwarzen Noten und treibst die Strenge gegen alles Neuere bis zur Ungerechtigkeit."

„Wahr ist es indessen", sprach Lothar, „daß in Beethovens Messe mir vieles zu jubilierend zu irdisch jauchzend klingt. Überhaupt möcht ich wissen worin die völlige miteinander kontrastierende Verschiedenheit des Geistes liegt in dem die Meister die einzelnen Sätze des Hochamts komponiert haben?"

„Ei", rief Sylvester, „das ist es auch, was mir so oft als unerklärlich aufgefallen ist. Man sollte meinen, daß z. B. die Worte: *Benedictus qui venit in nomine domini*, nur auf gleiche fromme ruhige Weise gesetzt werden könnten und doch weiß ich nicht allein, daß diese Worte von den größten Meistern in ganz verschiedenem Charakter komponiert worden sind, sondern auch daß, von den verschiedensten Empfindungen durchdrungen, ich niemals die Komposition dieses, jenes großen Mannes, als verfehlt zu verwerfen vermochte. – Theodor könnte uns hierüber aufklären."

„Das wollte ich wohl", sprach Theodor, „so gut ich's vermag, aber ich müßte euch eine kleine Abhandlung vortragen, die mit ihrem Ernst sonderbar abstechen würde gegen die lustige Weise, in der heute unsere Versammlung begann."

„Ist es", erwiderte Ottmar, „ist es denn nicht eben recht serapionsmäßig, daß Ernst und Scherz wechsele? Sprich dich daher nur getrost aus Theodor, über einen Gegenstand, der uns alle, nehme ich etwa unsern Vinzenz aus, der nichts von der Musik versteht, höchlich interessiert. – Ich bitte auch den neuen Serapions-Bruder Vinzenz, daß er den skurrilen Spaß, der ihm eben auf den Lippen schwebt, verschlucke und unsern Redner nicht unterbreche!"

„O Serapion!" seufzte Vinzenz mit aufwärts gerichtetem Blick; Theodor begann aber ohne weiteres in folgender Art.

„Das Gebet, die Andacht, regt gewiß das Gemüt, nach seiner eigentümlich in ihm herrschenden oder auch augenblicklichen Stimmung, wie sie von physischem oder psychischem Wohlsein, oder von ebensolchem Leiden erzeugt wird auf. Bald ist daher die Andacht, innere Zerknirschung bis zur Selbstverachtung und Schmach, Hinsinken in den Staub vor dem vernichtenden Blitzstrahl des, dem Sünder zürnenden Herrn der Welten, bald kräftige Erhebung zu dem Unendlichen, kindliches Vertrauen auf die göttliche Gnade, Vorgefühl der verheißenen Seligkeit. Die Worte des Hochamts geben in einem Zyklus nur den Anlaß, höchstens den Leitfaden der Erbauung und in jeder Stimmung werden sie den richtigen Anklang in der Seele erwecken. Im Kyrie wird die Barmherzigkeit Gottes angerufen; das Gloria preiset seine Allmacht und Herrlichkeit, das Credo spricht den Glauben aus, auf den die fromme Seele fest bauet und nachdem im Sanctus und Benedictus die Heiligkeit Gottes erhoben und Segen denen verheißen worden, die voll Vertraun sich ihm nahen, wird im Agnus und im Dona noch zum Mittler gefleht, daß er Beruhigung und seinen Frieden schenke der frommen glaubenden, hoffenden Seele. Schon dieser Allgemeinheit wegen, die der tieferen Beziehung, der inneren Bedeutung, welche ein jeder nach seiner individuellen Gemütsstimmung hineinlegt, nicht vorgreift, schmiegt sich der Text der mannigfaltigsten musikalischen Behandlung an und eben deshalb gibt es so ganz, in Charakter und Haltung voneinander abweichende Kyrie, Gloria u.s.w. Man vergleiche nur z.B. die beiden Kyrie in den Messen aus C dur und D Moll von Joseph Haydn und ebenso seine Benedictus. – Schon hieraus folgt, daß der Komponist der, wie es stets sein sollte, von wahrer Andacht begeistert zur Komposition eines Hochamts schreitet, die individuelle religiöse Stimmung seines Gemüts, der sich jedes Wort willig schmiegt, vorherrschen und sich durch das *Miserere*, *Gloria*, *Qui tollis* u.s.w. nicht zum bunten Gemisch des herzzerschneidendsten Jammers der zerknirschten Seele mit jubilierendem Geklingel verleiten lassen wird. Alle Arbeiten dieser letzten Art, wie sie in neuerer Zeit auf höchst frivole Weise *gemacht* wurden, sind Mißgeburten von einem unreinen Gemüt erzeugt, die ich ebenso lebhaft verwerfe als Cyprian. Aber hohe Bewundrung zolle ich den herrlichen Kirchenkompositionen Michael und Joseph Haydns, Hasses, Naumanns u. a. ohne der alten Werke der frommen italienischen Meister (Leo, Durante, Benevoli, Perti u. a.) zu vergessen, deren hohe würdige Einfachheit, deren wunderbare Kunst ohne bunte Ausweichungen eingreifend ins Innerste zu modulieren, in neuerer und neuester Zeit ganz verlorengegangen zu sein scheint. Daß, ohne an den ursprünglichen reinen Kirchenstil schon deshalb festhalten zu wollen, weil das Heilige den bunten Schmuck irdischer Spitzfündigkeiten verschmäht, auch schon jene einfache Musik in der Kirche musikalisch mehr wirkt, ist nicht zu bezweifeln, da die Töne, je schneller sie aufeinander folgen desto mehr im hohen Gewölbe verhallen und das Ganze undeutlich und unverständlich machen. Daher zum Teil die große Wirkung des Chorals in der Kirche. Mit dir Cyprian räume ich auch den erhabenen Kirchengesängen aus der älteren Zeit, schon ihres wahrhaft heiligen immer festgehaltenen Stils halber den Vorzug vor der neueren Kirchenmusik unbedingt ein, indessen bin ich doch der Meinung, daß man mit dem Reichtum den die Musik, was hauptsächlich die Anwendung der Instrumente betrifft, in neuerer Zeit erworben, in der Kirche zwar nicht prunkenden Staat treiben dürfe, ihn doch aber auf edle, würdige Weise anwenden könne. Das gewagte Gleichnis, daß die ältere Kirchenmusik der Italiener sich zu der neueren deutschen verhalte wie die Peterskirche zum Straßburger Münster, möchte ziemlich treffend sein. Die grandiosen Verhältnisse jenes Baues erheben das Gemüt, indem sie kommensurabel bleiben; aber mit einer seltsamen inneren Beunruhigung staunt der Beschauer den Münster an, der sich in den kühnsten Windungen, in den sonderbarsten Verschlingungen bunter fantastischer Figuren und Zieraten hoch in die Lüfte erhebt. Allein selbst diese Unruhe regt ein, das Unbekannte, das Wunderbare ahnendes Gefühl auf und der Geist überläßt sich willig dem Traume, in dem er das Überirdische, das Unendliche zu erkennen glaubt. Nun! und eben dies ist ja der Eindruck des Rein-Romantischen wie es in Mozarts, in Haydns Kompositionen lebt und webt. – Daß es jetzt einem Komponisten nicht so leicht gelingen wird in jenem hohen einfachen Stil der alten Italiener einen Kirchengesang zu setzen ist leicht zu erklären. Nicht daran denken will ich, daß der wahrhafte fromme Glaube, der jenen Meistern die Kraft gab das Heiligste in hohen würdigen Tönen zu verkünden, wohl selten in dem Gemüt des Künstlers aus der neuesten Zeit wohnen dürfte, ich will nur des Unvermögens das der Mangel des wahren Genies herbeiführt und dann ebenso des Mangels an Selbstverleugung erwähnen. Regt nicht in der höchsten Einfachheit der tiefe Genius seine kräftigsten Schwingen? Wer aber läßt auch nicht gern den Reichtum der ihm zu Gebote steht, vor aller Augen glänzen und ist zufrieden mit dem Beifall des *einzelnen* Kenners, dem auch ohne Prunk das *Gediegene*, das Liebste oder vielmehr das einzig Liebe ist? Dadurch daß man anfing sich überall derselben Mittel des Ausdrucks zu bedienen, ist es nun beinahe dahin gekommen, daß es gar keinen Stil mehr gibt. In der komischen Oper hört man oft feierliche gravitätisch daherschreitende Sätze, in der ernsten Oper tändelnde Liedchen und in der Kirche Oratorien und Ämter nach Opernzuschnitt. Aber es gehört auch eine seltene Tiefe des Geistes, ein hoher Genius dazu, selbst bei der Anwendung des figuriertesten Gesanges, des ganzen Reichtums der Instrumente ernst und würdevoll, kurz, kirchenmäßig zu bleiben. Mozart, so galant er in seinen beiden bekannteren Messen aus C Dur ist, hat im Requiem jene Aufgabe herrlich gelöst: es ist dies in Wahrheit eine romantisch heilige Musik, aus dem Innersten des Meisters hervorgegangen. Wie vortrefflich auch Haydn in manchem seiner Ämter von dem Heiligsten und Erhabensten in herrlichen Tönen redet, darf ich wohl nicht erst sagen, obgleich man ihm mit Recht hier und da manche Spielerei vorwerfen mag. – Sowie ich nur vernahm, Beethoven habe ein Amt gesetzt, ehe ich eine Note davon gehört oder gelesen hatte, vermutete ich gleich, daß, was Stil und Haltung betrifft, der Meister sich den alten Joseph zum Vorbilde nehmen würde. Und doch fand ich mich getäuscht in Ansehung dessen wie Beethoven die Worte des Hochamts aufgefaßt hat. Beethovens Genius bewegt sonst gern die Hebel des Schauers, des Entsetzens. So, dachte ich, würde auch die Anschauung des Überirdischen sein Gemüt mit innerem Schauer erfüllen und er dies Gefühl in Tönen aussprechen. Im Gegenteil hat aber das ganze Amt den Ausdruck eines kindlich heitern Gemüts, das auf seine Reinheit bauend, gläubig der Gnade Gottes vertraut und zu ihm fleht wie zu dem Vater, der das Beste seiner Kinder will und ihre Bitten erhört. Nächst diesem allgemeinen Charakter der Komposition ist die innere Struktur, so wie die verständige Instrumentierung, wenn man nur einmal von der Tendenz, wie ich sie erst hinsichts des in der Kirche anzuwendenden musikalischen Reichtums aufstellte, ausgeht, ganz des genialen Meisters würdig."

„Aber eben diese Tendenz", nahm Cyprian das Wort, „ist nach meiner Überzeugung ganz verkehrt und kann zur ruchlosen Entheiligung des Höchsten führen. – Laß mich es sagen wie ich über Kirchenmusik denke, und du wirst finden daß ich wenigstens mit mir selbst darüber ganz im reinen bin. – Keine Kunst, glaube ich, geht so ganz und gar aus der inneren Vergeistigung des Menschen hervor, keine Kunst bedarf nur einzig rein geistiger ätherischer Mittel, als die Musik. Die Ahnung des Höchsten und Heiligsten, der geistigen Macht, die den Lebensfunken in der ganzen Natur entzündet, spricht sich hörbar aus im Ton und so wird Musik, Gesang, der Ausdruck der höchsten Fülle des Daseins – Schöpferlob! – Ihrem innern eigentümlichen Wesen nach ist daher die Musik religiöser Kultus und ihr Ursprung einzig und allein in der Religion, in der Kirche zu suchen und zu finden. Immer reicher und mächtiger ins Leben tretend, schüttete sie ihre unerschöpflichen Schätze aus über den Menschen und auch das Profane durfte sich dann, wie mit kindischer Lust in dem Glanz putzen, mit dem sie nun das Leben selbst in all seinen kleinen und kleinlichen irdischen Beziehungen durchstrahlte. Aber selbst das Profane erschien in diesem Schmuck, wie sich sehnend nach dem göttlichen höheren Reich und strebend einzutreten in seine Erscheinungen. – Eben dieses ihres eigentümlichen Wesens halber konnte die Musik nicht das Eigentum der antiken Welt sein, wo alles auf sinnliche Verleiblichung ausging, sondern mußte dem modernen Zeitalter angehören. Die beiden einander entgegengesetzten Pole des Heidentums und des Christentums sind in der Kunst die Plastik und die Musik. Das Christentum vernichtete jene und schuf diese so wie die ihr zunächst stehende Malerei. In der Malerei kannten die Alten weder Perspektive noch Kolorit, in der Musik weder Melodie noch Harmonie. Melodie nehme ich im höhern Sinn als Ausdruck des inneren Affekts, ohne Rücksicht auf Worte und ihren rhythmischen Verhalt. Aber es ist nicht diese Mangelhaftigkeit, die etwa nur die geringere Stufe auf der damals Musik und Malerei standen, bezeichnet, sondern, wie in unfruchtbarem Boden ruhend, nicht entfalten konnte sich der Keim dieser Künste, der im Christentum herrlich aufging und Blüten und Früchte trug in üppiger Fülle. Beide Künste, Musik und Malerei, behaupteten in der antiken Welt nur scheinbar ihren Platz: sie wurden von der Gewalt der Plastik erdrückt, oder vielmehr in den gewaltigen Massen der Plastik konnten sie keine Gestalt gewinnen; beide Künste waren nicht im mindesten das, was wir jetzt Malerei und Musik nennen, so wie die Plastik durch die, jeder Verleiblichung entgegenstrebende Tendenz der christlichen Welt, gleichsam zum Geistigen verflüchtigt, aus dem körperlichen Leben entwich. Aber selbst der erste Keim der heutigen Musik, in dem das heilige nur der christlichen Welt auflösbare Geheimnis verschlossen, konnte schon der antiken Welt nur nach seiner eigentümlichsten Bestimmung, d. h. zum religiösen Kultus dienen. Denn nichts anders als dieser waren ja selbst in der frühsten Zeit ihre Dramen, welche Festdarstellungen der Leiden und Freuden eines Gottes enthielten. Die Deklamation wurde von Instrumentisten unterstützt und schon dieses beweiset, daß die Musik der Alten rein rhythmisch war, wenn sich nicht auch anderweitig dartun ließe, daß, wie ich schon vorhin sagte, Melodie und Harmonie, die beiden Angeln, in denen sich unsere Musik bewegt, der antiken Welt unbekannt blieben. Mag es daher sein daß Ambrosius und später Gregor um das Jahr fünfhundertundeinundneunzig antike Hymnen den christlichen Hymnen zum Grunde legten und daß wir die Spuren jenes bloß rhythmischen Gesanges noch in dem sogenannten *Canto Fermo*, in den Antiphonien antreffen: so heißt das doch nichts anders, als daß sie den Keim, der ihnen überkommen, benutzten und es bleibt gewiß, daß das tiefere Beachten jener antiken Musik nur für den forschenden Antiquar Interesse haben kann, den ausübenden praktischen Komponisten ging aber die heiligste Tiefe seiner herrlichen echt christlichen Kunst erst da auf, als in Italien das Christentum in seiner höchsten Glorie strahlte und die hohen Meister in der Weihe göttlicher Begeisterung das heiligste Geheimnis der Religion in herrlichen nie gehörten Tönen verkündeten. – Merkwürdig ist es, daß bald nachher, als Guido von Arezzo tiefer in die Geheimnisse der Tonkunst eingedrungen, diese den Unverständigen ein Gegenstand mathematischer Spekulationen und so ihr eigentümliches inneres Wesen, als es kaum begonnen sich zu entfalten, verkannt wurde. Die wunderbaren Laute der Geistersprache waren erwacht und hallten hin über die Erde; schon war es gelungen, sie festzubannen, die Hieroglyphe des Tons in seiner melodischen und harmonischen Verkettung war gefunden. Ich meine die Musikschrift der Noten. Aber nun galt die Bezeichnung für das Bezeichnete selbst; die Meister vertieften sich in harmonische Künsteleien und auf diese Weise hätte die Musik, zur spekulativen Wissenschaft entstellt, aufhören müssen Musik zu sein. Der Kultus wurde, als endlich jene Künsteleien aufs höchste gestiegen waren, durch das, was sie ihm als Musik aufdrang, entweiht, und doch war dem, von der heiligen Kunst durchdrungenen Gemüt nur die Musik wahrer Kultus. So konnte es also nur ein kurzer Kampf sein, der mit dem glorreichen Siege der ewigen Wahrheit über das Unwahre endete. Ausgesöhnt mit der Kunst wurde der Papst Marcellus der Zweite, der im Begriff stand alle Musik aus den Kirchen zu verbannen, so aber dem Kultus den herrlichsten Glanz zu rauben, als der hohe Meister Palestrina ihm die heiligen Wunder der Tonkunst in ihrem eigentümlichsten Wesen erschloß. Auf immer wurde nun die Musik der eigentlichste Kultus der katholischen Kirche und so war damals die tiefste Erkenntnis jenes innern Wesens der Tonkunst in dem frommen Gemüt der Meister aufgegangen und in wahrhaftiger heiliger Begeisterung strömten aus ihrem Innern ihre unsterblichen unnachahmlichen Gesänge. Du weißt Theodor, daß die sechsstimmige Messe, die Palestrina damals (es war ja wohl im Jahr 1555?) komponierte um dem erzürnten Papst wahre Musik hören zu lassen, unter dem Namen *Missa Papae Marcelli* sehr bekannt geworden ist. Mit Palestrina hob unstreitig die herrlichste Periode der Kirchenmusik, mithin der Musik überhaupt an, die sich beinahe zweihundert Jahre bei immer zunehmendem Reichtum in ihrer frommen Würde und Kraft erhielt, wiewohl nicht zu leugnen ist, daß schon in dem ersten Jahrhundert nach Palestrina jene hohe unnachahmliche Einfachheit und Würde sich in eine gewisse Eleganz verlor, um die sich die Komponisten bemühten. Welch ein Meister ist Palestrina! – Ohne allen Schmuck, ohne melodischen Schwung folgen in seinen Werken meistens vollkommen konsonierende Akkorde aufeinander, von deren Stärke und Kühnheit das Gemüt mit unnennbarer Gewalt ergriffen und zum Höchsten erhoben wird. – Die Liebe, der Einklang alles Geistigen in der Natur, wie er dem Christen verheißen, spricht sich aus im Akkord, der daher auch erst im Christentum zum Leben erwachte, und so wird der Akkord, die Harmonie, Bild und Ausdruck der Geistergemeinschaft, der Vereinigung mit dem Ewigen, dem Idealen, das über uns thront und doch uns einschließt. Am reinsten, heiligsten, kirchlichsten muß daher die Musik sein, welche nur als Ausdruck jener Liebe aus dem Innern aufgeht, alles Weltliche nicht beachtend und verschmähend. So sind aber Palestrinas einfache, würdevolle Werke die in der höchsten Kraft der Frömmigkeit und Liebe empfangen das Göttliche verkünden mit Macht und Herrlichkeit. Auf seine Musik paßt eigentlich das, womit die Italiener das Werk manches, gegen ihn seichten, ärmlichen Komponisten bezeichneten; es ist wahrhafte Musik aus der andern Welt – *Musica del' altro mondo*.

Die Folge konsonierender, vollkommener Dreiklänge ist uns jetzt in unserer Verweichlichung so fremd geworden, daß mancher dessen Gemüt dem Heiligen ganz verschlossen, darin nur die Unbehülflichkeit der technischen Struktur erblickt. Indessen auch selbst von jeder höheren Ansicht abgesehen, nur das beachtend, was man im Kreise des Gemeinen Wirkung zu nennen pflegt, liegt es am Tage, daß wie du schon erst bemerktest, Theodor! in der Kirche, in dem großen weithallenden Gebäude, gerade alles Verschmelzen durch Übergänge, durch kleine Zwischennoten, die Kraft des Gesanges bricht. In Palestrinas Musik trifft jeder Akkord den Zuhörer mit der ganzen Gewalt, und die künstlichsten Modulationen werden nie so, wie eben jene kühnen, gewaltigen, wie blendende Strahlen hereinbrechenden Akkorde auf das Gemüt zu wirken vermögen. Palestrina ist einfach, wahrhaft, kindlich fromm, stark und mächtig, echt christlich in seinen Werken wie in der Malerei Pietro von Cortona und unser Albrecht Dürer. Sein Komponieren war Religionsübung. Doch will ich auch nicht der hohen Meister, Caldara, Bernabeï, Scarlatti, Marcello, Lotti, Porpora, Bernardo, Leo, Valotti u. a. vergessen die alle sich einfach würdig und kräftig erhielten. – Lebhaft geht in diesem Augenblick die Erinnerung an die siebenstimmige *alla capella* gesetzte Messe des Alessandro Scarlatti in mir auf, die du einmal Theodor unter deiner Leitung von deinen guten Schülern und Schülerinnen singen ließest. Dies Hochamt ist ein Muster des wahren mächtigen Kirchenstils, unerachtet es schon den melodischen Schwung, den die Musik zu der Zeit (1705) gewonnen, in sich hat."

„Und", sprach Theodor, „des mächtigen Händel, des unnachahmlichen Hasse, des tiefsinnigen Sebastian Bach gedenkst du gar nicht?"

„Ei", erwiderte Cyprian, „diese rechne ich eben noch ganz zu der heiligen Schar, deren Inneres die Kraft des Glaubens stärkte und der Liebe. Eben diese Kraft schuf die Begeisterung in der sie in Gemeinschaft traten mit dem Höheren und entflammt wurden zu den Werken, die nicht weltlicher Absicht dienen, sondern nur Lob und Preis der Religion, des höchsten Wesens, sein sollten. Daher tragen jene Werke das Gepräge der Wahrhaftigkeit und kein ängstliches Streben nach sogenannter Wirkung, keine gesuchte Spielerei und Nachäffung entweiht das rein vom Himmel Empfangene, daher kommt nichts vor von den sogenannten frappierenden Modulationen, von den bunten Figuren, von den weichlichen Melodien, von dem kraftlosen verwirrenden Geräusch der Instrumente, das den Zuhörer betäuben soll, damit er die innere Leere nicht bemerke, und daher wird nur von den Werken dieser Meister und der wenigen die noch in neuerer Zeit treue Diener der von der Erde verschwundenen Kirche blieben, das fromme Gemüt wahrhaft erhoben und erbaut. Ich will auch hier des herrlichen Meisters Fasch gedenken, der der alten frommen Zeit angehört und dessen tiefsinnige Werke nach seinem Tode von der leichtsinnigen Menge so wenig beachtet wurden, daß die Herausgabe seiner sechszehnstimmigen Messe aus Mangel an Unterstützung nicht einmal zustande kam.

Sehr unrecht tust du mir, Theodor! wenn du glaubst, daß mein Sinn verschlossen ist für die neuere Musik. Haydn, Mozart, Beethoven entfalteten in der Tat eine neue Kunst, deren Keim sich wohl eben erst in der Mitte des achtzehnten Jahrhunderts zeigte. Daß der Leichtsinn, der Unverstand mit dem erworbenen Reichtum übel haushaltete, daß endlich Falschmünzer ihrem Rauschgolde das Ansehen der Gediegenheit geben wollten, war nicht die Schuld jener Meister, in denen sich der Geist herrlich offenbarte. Wahr ist es, daß beinahe in eben dem Grade, als die Instrumentalmusik stieg, der Gesang vernachlässigt wurde und daß mit dieser Vernachlässigung, jenes völlige Ausgehn der guten Chöre, das von mancher kirchlichen

Einrichtung (Aufhebung der Klöster u. s. w.) herrührte, gleichen Schritt hielt; daß es unmöglich ist, jetzt zu Palestrinas Einfachheit und Größe zurückzukehren bleibt ausgemacht, inwiefern aber der neu erworbene Reichtum ohne Ostentation in die Kirche getragen werden darf, das fragt sich noch. – Nun! – immer weiter fort und fort treibt der waltende Weltgeist; nie kehren die verschwundenen Gestalten, so wie sie sich in der Lust des Lebens bewegten, wieder: aber ewig, unvergänglich ist das Wahrhaftige, und eine wunderbare Geistergemeinschaft schmiegt ihr geheimnisvolles Band um Vergangenheit, Gegenwart und Zukunft. Noch leben geistig die alten hohen Meister; nicht verklungen sind ihre Gesänge: nur nicht vernommen wurden sie im brausenden tosenden Geräusch des ausgelassenen wilden Treibens, das über uns einbrach. Mag die Zeit der Erfüllung unseres Hoffens nicht mehr fern sein, mag ein frommes Leben in Friede und Freudigkeit beginnen und die Musik frei und kräftig ihre Seraphsschwingen regen, um aufs neue den Flug zu dem Jenseits zu beginnen das ihre Heimat ist und von welchem Trost und Heil in die unruhvolle Brust des Menschen hinabstrahlt!"

Cyprian sprach die letzten Worte mit einer Salbung die deutlich erkennen ließ, daß alles wahrhaft aus seinem Innern strömte. Von seiner Rede tief ergriffen schwiegen die Freunde einige Augenblicke, dann begann Sylvester. „In der Tat, ohne Musiker zu sein wie ihr, Theodor und Cyprian, es seid, habe ich doch alles was ihr über Beethovens Messe und über Kirchenmusik überhaupt gesagt, sehr gut verstanden. So wie du Cyprian aber klagst, daß es beinahe gar keinen eigentlichen Kirchenkomponisten mehr gibt, so möcht ich behaupten, daß jetzt schwer ein Dichter zu finden sein möchte, der einen würdigen Kirchentext schreibt."

„Sehr wahr", nahm Theodor das Wort, „und eben der deutsche Text, den man der Beethovenschen Messe untergelegt hat, beweiset dieses nur zu sehr. Die drei Hauptteile des Hochamts sind bekanntlich das Kyrie, das Credo und das Sanctus. Zwischen dem ersten und zweiten tritt das Graduale (meistens eine Kirchensymphonie) zwischen dem zweiten und dritten das Offertorium (gewöhnlich als Kirchenarie behandelt) ein.

So ist, wahrscheinlich um der herrlichen Musik auch in protestantischen Kirchen ja wohl sogar in Konzertsälen Eingang zu verschaffen, auch in der deutschen Bearbeitung das Ganze in drei Hymnen geteilt. Was aber die Worte betrifft, so mußten sie, um den Sinn, die Bedeutung des Ganzen nicht zu verletzen so einfach als möglich und zwar am besten und kräftigsten rein biblisch sein. Händel ließ bekanntlich dem Bischof, der sich erbot ihm den Text zum Messias zu dichten, sagen, ob die Eminenz denn sich getraue bessere Worte zu ersinnen als er, Händel, sie in der Bibel finde. Richtiger wurde nie die wahre Tendenz der Kirchentexte ausgesprochen. Was ist in der Beethovenschen Messe aus dem einfachen *Kyrie eleison, Christe eleison* geworden? – da heißt es:

Tief im Staub anbeten wir
Dich den ewgen Weltenherrscher,
Dich den Allgewaltigen.
Wer kann dich nennen, wer dich fassen?
Unendlicher! – Ach unermessen,
Unnennbar ist deine Macht!
Wir stammeln nur mit Kindeslallen
Den Namen Gott! –"

„Das ist", rief Sylvester, „modern, gesucht preziös und weitschweifig zu gleicher Zeit. Überhaupt muß ich bekennen, daß mir das innere Wesen der alten lateinischen Hymnen ganz unerreichbar scheint und daß mir selbst die Übersetzungen die vortreffliche Dichter versucht haben, keinesweges gnügen. Die treuste Übersetzung klingt oft wenigstens wunderlich wie z. B. *Ave maris stella*: Meerstern ich dich grüße!"

„Eben daher", sprach Theodor, „würd ich mich nie entschließen können, hab ich es im Sinn Kirchenmusik zu setzen, von jenen alten Hymnen abzulassen."

„Aber nun", rief Vinzenz indem er vom Stuhle aufsprang, „nun verbanne ich, ein zweiter ergrimmter Papst Marcellus, alles fernere Gespräch über Musik aus der Kapelle des heiligen Serapion! – Ihr habt beide sehr schön gesprochen, du sowohl Theodor als du Cyprian, aber dabei laßt es bewenden; kehren wir zur alten Ordnung zurück, auf die eben ich als Neuling ganz erstaunlich halte!"

„Vinzenz", nahm Lothar das Wort, „hat recht. Für musikalische Laien waren eure Abhandlungen eben nicht ganz genießbar und daher ist es gut, daß wir sie abbrechen. Sylvester soll uns nun die Erzählung vorlesen die er uns mitgebracht."

Die Freunde stimmten ein in Lothars Begehren, und Sylvester begann ohne weiteres in folgender Art.

MEISTER MARTIN DER KÜFNER UND SEINE GESELLEN

Wohl mag dir auch, geliebter Leser! das Herz aufgehen in ahnungsvoller Wehmut, wenn du über eine Stätte wandelst, wo die herrlichen Denkmäler altdeutscher Kunst, wie beredte Zeugen, den Glanz, den frommen Fleiß, die Wahrhaftigkeit einer schönen vergangenen Zeit verkünden. Ist es nicht so als trätest du in ein verlassenes Haus? – Noch liegt aufgeschlagen auf dem Tische das fromme Buch, in dem der Hausvater gelesen, noch ist das reiche bunte Gewebe aufgehängt, das die Hausfrau gefertigt; allerlei köstliche Gaben des Kunstfleißes, an Ehrentagen beschert, stehen umher in saubern Schränken. Es ist, als werde nun gleich einer von den Hausgenossen eintreten und mit treuherziger Gastlichkeit dich empfangen. Aber vergebens wartest du auf die, welche das ewig rollende Rad der Zeit fortriß, du magst dich denn überlassen dem süßen Traum, der dir die alten Meister zuführt, die zu dir reden fromm und kräftig, daß es dir recht durch Mark und Bein dringt. Und nun verstehst du erst den tiefen Sinn ihrer Werke, denn du lebst in ihrer Zeit und hast die Zeit begriffen, welche Meister und Werk erzeugen konnte. Doch ach! geschieht es nicht, daß die holde Traumgestalt eben als du sie zu umfangen gedachtest, mit liebenden Armen, auf lichten Morgenwolken scheu entflieht vor dem polternden Treiben des Tages und du, brennende Tränen im Auge, dem immer mehr verbleichenden Schimmer nachschauest? – So erwachst du auch plötzlich hart berührt von dem um dich wogenden Leben, aus dem schönen Traum und nichts bleibt dir zurück, als die tiefe Sehnsucht, welche mit süßen Schauern deine Brust durchbebt.

Solche Empfindungen erfüllten den, der für dich, geliebter Leser! diese Blätter schreibt, jedesmal, wenn ihn sein Weg durch die weltberühmte Stadt Nürnberg führte. Bald vor dem wundervollen Bau des Brunnens am Markte verweilend, bald das Grabmal in St. Sebald, das Sakramenthäuslein in St. Laurenz, bald auf der Burg, auf dem Rathause Albrecht Dürers tiefsinnige Meisterwerke betrachtend, gab er sich ganz hin der süßen Träumerei die ihn mitten in alle Herrlichkeit der alten Reichsstadt versetzte. Er gedachte jener treuherzigen Verse des Paters Rosenblüth:

O Nürnberg, du edler Fleck,
Deiner Ehren Bolz steckt am Zweck,

Den hat die Weisheit daran geschossen,
Die Wahrheit ist in dir entsprossen.

Manches Bild des tüchtigen Bürgerlebens zu jener Zeit, wo Kunst und Handwerk sich in wackerm Treiben die Hände boten, stieg hell empor und prägte sich ein dem Gemüt mit besonderer Lust und Heiterkeit. Laß es dir nun gefallen, geliebter Leser! daß eins dieser Bilder vor dir aufgestellt werde. Vielleicht magst du es mit Behaglichkeit, ja wohl mit gemütlichem Lächeln anschauen, vielleicht wirst du selbst heimisch in Meister Martins Hause und verweilst gern bei seinen Kufen und Kannen. Nun! – dann geschähe ja das wirklich, was der Schreiber dieser Blätter so recht aus Grund des Herzens wünscht.

Wie Herr Martin zum Kerzenmeister erwählt wurde und sich dafür bedankte

Am ersten Mai des Jahres eintausendfünfhundertundachtzig hielt die ehrsame Zunft der Böttcher, Küper oder Küfner in der freien Reichsstadt Nürnberg, alter Sitte und Gewohnheit gemäß, ihre feierliche Gewerksversammlung. Kurze Zeit vorher war einer der Vorsteher oder sogenannten Kerzenmeister zu Grabe getragen worden, deshalb mußte ein neuer gewählt werden. Die Wahl fiel auf den Meister Martin. In der Tat mochte es beinahe keiner ihm gleichtun an festem und zierlichen Bau der Fässer, keiner verstand sich so wie er, auf die Weinwirtschaft im Keller, weshalb er denn die vornehmsten Herren unter seinen Kunden hatte und in dem blühendsten Wohlstande, ja wohl in vollem Reichtum lebte. Deshalb sprach, als Meister Martin gewählt worden, der würdige Ratsherr Jacobus Paumgartner, der der Zunft als Handwerksherr vorstand: „Ihr habt sehr wohl getan, meine Freunde! den Meister Martin zu euerm Vorsteher zu erkiesen, denn in bessern Händen kann sich gar nicht das Amt befinden. Meister Martin ist hochgeachtet von allen, die ihn kennen, ob seiner großen Geschicklichkeit und seiner tiefen Erfahrnis in der Kunst den edlen Wein zu hegen und zu pflegen. Sein wackrer Fleiß, sein frommes Leben, trotz alles Reichtums, den er erworben, mag euch allen zum Vorbilde dienen. So seid denn, mein lieber Meister Martin, viel tausendmal begrüßt, als unser würdiger Vorsteher!" Mit diesen Worten stand Paumgartner von seinem Sitze auf und trat einige Schritte vor mit offnen Armen, erwartend, daß Meister Martin ihm entgegenkommen werde.

Dieser stemmte denn auch alsbald beide Ärme auf die Stuhllehnen und erhob sich langsam und schwerfällig, wie es sein wohlgenährter Körper nur zulassen wollte. Dann schritt er ebenso langsam hinein in Paumgartners herzliche Umarmung, die er kaum erwiderte. „Nun", sprach Paumgartner darob etwas befremdet, „nun Meister Martin, ist's Euch etwa nicht recht, daß wir Euch zu unserm Kerzenmeister erwählet?" – Meister Martin warf, wie es seine Gewohnheit war, den Kopf in den Nacken, fingerte mit beiden Händen auf dem dicken Bauche und schaute mit weit aufgerissenen Augen, die Unterlippe vorgekniffen, in der Versammlung umher. Dann fing er zu Paumgartner gewendet also an: „Ei, mein lieber würdiger Herr, wie sollt es mir denn nicht recht sein, daß ich empfange was mir gebührt. Wer verschmäht es den Lohn zu nehmen für wackere Arbeit, wer weiset den bösen Schuldner von der Schwelle, der endlich kömmt, das Geld zu zahlen, das er seit langer Zeit geborgt. Ei, ihr lieben Männer" (so wandte sich Martin zu den Meistern, die ringsumher saßen) „ei, ihr lieben Männer, ist's euch denn nun endlich eingefallen, daß *ich – ich* der Vorsteher unserer ehrbaren Zunft sein *muß*? – Was verlangt ihr vom Vorsteher? – Soll er der Geschickteste sein im Handwerk? Geht hin und schaut mein zweifudriges Faß ohne Feuer getrieben, mein wackres Meisterstück an, und dann sagt, ob sich einer von euch rühmen darf, was Stärke und Zierlichkeit der Arbeit betrifft, Ähnliches geliefert zu haben. Wollt ihr, daß der Vorsteher Geld und Gut besitze? Kommt in mein Haus, da will ich meine Kisten und Kasten aufschließen und ihr sollt euch erfreuen an dem Glanz des funkelnden Goldes und Silbers. Soll der Vorsteher geehrt sein von Großen und Niedern? – Fragt doch nur unsere ehrsamen Herren des Rats, fragt Fürsten und Herren, rings um unsere gute Stadt Nürnberg her, fragt den hochwürdigen Bischof von Bamberg, fragt was die alle von dem Meister Martin halten. Nun! – ich denke, ihr sollt nichts Arges vernehmen!" – Dabei klopfte sich Herr Martin recht behaglich auf den dicken Bauch, schmunzelte mit halbgeschlossenen Augen und fuhr dann, da alles schwieg und nur hin und wieder ein bedenkliches Räuspern laut wurde, also fort: „Aber ich merk es, ich weiß es wohl, daß ich mich nun noch schönstens bedanken soll dafür, daß der Herr endlich bei der Wahl eure Köpfe erleuchtet hat. – Nun! – wenn ich den Lohn empfange für die Arbeit, wenn der Schuldner mir das geborgte Geld bezahlt, da schreib ich wohl unter die Rechnung, unter den Schein: zu Dank bezahlt, Thomas Martin, Küpermeister allhier! – So seid denn alle von Herzen bedankt dafür, daß ihr mir, indem ihr mich zu euerm Vorsteher und Kerzenherrn wählet, eine alte Schuld abtruget. Übrigens verspreche ich euch, daß ich mein Amt mit aller Treue und Frömmigkeit verwalten werde. Der Zunft, jedem von euch, stehe ich, wenn es not tut, bei, mit Rat und Tat, wie ich es nur vermag mit allen meinen Kräften. Mir soll es recht anliegen, unser berühmtes Gewerk in vollen Ehren und Würden, wie es jetzt besteht, zu erhalten. Ich lade Euch, mein würdiger Handwerksherr, euch alle, ihr lieben Freunde und Meister, zu einem frohen Mahle auf künftigen Sonntag ein. Da laßt uns frohen Muts bei einem tüchtigen Glase Hochheimer, Johannisberger, oder was ihr sonst an edlen Weinen aus meinem reichen Keller trinken möget, überlegen, was jetzt fordersamst zu tun ist für unser aller Bestes! – Seid nochmals alle herzlichst eingeladen."

Die Gesichter der ehrsamen Meister, die sich bei Martins stolzer Rede merklich verfinstert hatten, heiterten sich nun auf, und dem dumpfen Schweigen folgte ein fröhliches Geplapper, worin vieles von Herrn Martins hohen Verdiensten und seinem auserlesenen Keller vorkam. Alle versprachen am Sonntag zu erscheinen und reichten dem neuerwählten Kerzenmeister die Hände, der sie treuherzig schüttelte und auch wohl diesen, jenen Meister ein klein wenig an seinen Bauch drückte, als wollt er ihn umarmen. Man schied fröhlich und guter Dinge.

Was sich darauf weiter in Meister Martins Hause begab

Es traf sich, daß der Ratsherr Jacobus Paumgartner, um zu seiner Behausung zu gelangen, bei Meister Martins Hause vorübergehen mußte. Als beide, Paumgartner und Martin, nun vor der Türe dieses Hauses standen und Paumgartner weiter fortschreiten wollte, zog Meister Martin sein Mützlein vom Kopf und sich ehrfurchtsvoll so tief neigend, als er es nur vermochte, sprach er zu dem Ratsherrn: „O wenn Ihr es doch nicht verschmähen wolltet, in mein schlechtes Haus auf ein Stündchen einzutreten, mein lieber würdiger Herr! – Laßt es Euch gefallen, daß ich mich an Euern weisen Reden ergötze und erbaue." „Ei lieber Meister Martin", erwiderte Paumgartner lächelnd, „gern mag ich bei Euch verweilen, aber warum nennt Ihr Euer Haus ein schlechtes? ich weiß es ja, daß an Schmuck und köstlicher Gerätschaft es keiner der reichsten Bürger Euch zuvortut? habt Ihr nicht erst vor kurzer Zeit den schönen Bau vollendet, der Euer Haus zur Zierde unserer berühmten Reichsstadt macht, und von der inneren Einrichtung mag ich gar nicht reden, denn deren dürft sich ja kein Patrizier schämen."

Der alte Paumgartner hatte recht, denn sowie man die hell gebohnte, mit reichem Messingwerk verzierte Tür geöffnet hatte, war der geräumige Flur mit sauber ausgelegten Fußboden, mit schönen Bildern an den Wänden, mit kunstvoll gearbeiteten Schränken und Stühlen beinahe anzusehen wie ein Prunksaal. Da folgte denn auch jeder gern der Weisung, die alter Sitte gemäß ein Täfelchen, das gleich neben der Türe hing, in den Versen gab:

Wer tretten wil die Stiegen hinein
Dem sollen die Schue fein sauber seyn
Oder vorhero streiffen ab,
Daß man nit drüber zu klagen hab.
Ein Verständiger weiß das vorhin,
Wie er sich halten soll darinn.

Der Tag war heiß, die Luft in den Stuben, jetzt, da die Abenddämmerung einbrach, schwül und dunstig, deshalb führte Meister Martin seinen edlen Gast in die geräumige kühle Prangkuchen. So hieß zu jener Zeit der Platz in den Häusern der reichen Bürger, der zwar wie eine Küche eingerichtet, aber nicht zum Gebrauch, sondern nur zur Schau mit allerlei köstlichen Gerätschaften des Hausbedarfs ausgeschmückt war. Kaum eingetreten, rief Meister Martin mit lauter Stimme: „Rosa – Rosa!" – alsbald öffnete sich denn auch die Tür und Rosa, Meister Martins einzige Tochter, kam hineingegangen. –

Möchtest du, vielgeliebter Leser! in diesem Augenblick doch recht lebhaft dich der Meisterwerke unseres großen Albrecht Dürers erinnern. Möchten dir doch die herrlichen Jungfrauengestalten voll hoher Anmut, voll süßer Milde und Frömmigkeit, wie sie dort zu finden, recht lebendig aufgehen. Denk an den edlen zarten Wuchs, an die schön gewölbte, lilienweiße Stirn, an das Inkarnat, das wie Rosenhauch die Wangen überfliegt, an die feinen kirschrot brennenden Lippen, an das in frommer Sehnsucht hinschauende Auge von dunkler Wimper halb verhängt wie Mondesstrahl von düsterm Laube –

denk an das seidne Haar in zierlichen Flechten kunstreich aufgenestelt – denk an alle Himmelsschönheit jener Jungfrauen und du schauest die holde Rosa. Wie vermöchte auch sonst der Erzähler dieser Geschichte dir das liebe Himmelskind zu schildern? – Doch sei es erlaubt hier noch eines wackern jungen Künstlers zu gedenken, in dessen Brust ein leuchtender Strahl aus jener schönen alten Zeit gedrungen. Es ist der deutsche Maler Cornelius in Rom gemeint. – „Bin weder Fräulein noch schön!" – So wie in Cornelius' Zeichnungen zu Goethes gewaltigem Faust Margarethe anzuschauen ist, als sie diese Worte spricht, so mochte auch wohl Rosa anzusehen sein, wenn sie in frommer züchtiger Scheu übermütigen Bewerbungen auszuweichen sich gedrungen fühlte.

Rosa verneigte sich in kindlicher Demut vor Paumgartner, ergriff seine Hand und drückte sie an ihre Lippen. Die blassen Wangen des alten Herrn färbten sich hochrot und wie der Abendschein im Versinken noch einmal aufflackernd das schwarze Laub plötzlich vergoldet, so blitzte das Feuer längst vergangener Jugend auf in seinen Augen. „Ei", rief er mit heller Stimme, „ei mein lieber Meister Martin, Ihr seid ein wohlhabender, ein reicher Mann, aber die schönste Himmelsgabe, die Euch der Herr beschert hat, ist doch Eure holde Tochter Rosa. Geht uns alten Herren, wie wir alle im Rat sitzen, das Herz auf und können wir nicht die blöden Augen wegwenden, wenn wir das liebe Kind schauen, wer mag's denn den jungen Leuten verargen, daß sie versteinert und erstarrt stehenbleiben, wenn sie auf der Straße Eurer Tochter begegnen, daß sie in der Kirche Eure Tochter sehen, aber nicht den geistlichen Herrn, daß sie auf der Allerwiese, oder wo es sonst ein Fest gibt, zum Verdruß aller Mägdlein, nur hinter Eurer Tochter her sind mit Seufzern, Liebesblicken und honigsüßen Reden. – Nun Meister Martin! Ihr möget Euch Euren Eidam wählen unter unsern jungen Patriziern, oder wo Ihr sonst wollet."

Meister Martins Gesicht verzog sich in finstre Falten, er gebot der Tochter edlen alten Wein herzubringen und sprach, als sie über und über glühend im Gesicht, den Blick zu Boden gesenkt, fortgegangen, zu dem alten Paumgartner: „Ei, mein lieber Herr, es ist zwar in der Wahrheit, daß mein Kind geschmückt ist mit ausnehmender Schönheit und daß auch hierin mich der Himmel reich gemacht hat, aber wie mögt Ihr denn davon sprechen in des Mägdleins Gegenwart, und mit dem Eidam Patrizier ist es nun ganz und gar nichts." „Schweigt", erwiderte Paumgartner lachend, „schweigt Meister Martin, wovon das Herz voll ist, davon geht der Mund über! – glaubt Ihr denn nicht, daß mir auch das träge Blut im alten Herzen zu hüpfen beginnt, wenn ich Rosa sehe, und wenn ich dann treuherzig heraussage, was sie ja selbst recht gut wissen muß, daraus wird kein Arges entstehen."

Rosa brachte den Wein und zwei stattliche Trinkgläser herbei. Martin rückte dagegen den schweren, mit wunderlichem Schnitzwerk verzierten Tisch in die Mitte. Kaum hatten die alten Herren indessen Platz genommen, kaum hatte Meister Martin die Gläser vollgeschenkt, als sich ein Pferdegetrappel vor dem Hause vernehmen ließ. Es war, als hielte ein Reuter an, dessen Stimme im Flur laut wurde: Rosa eilte hinab und kam bald mit der Nachricht zurück, der alte Junker Heinrich von Spangenberg sei da und wünsche bei dem Meister Martin einzusprechen. „Nun", rief Martin, „so ist das heute ein schöner glücklicher Abend, da mein wackerer ältester Kundmann bei mir einkehrt. Gewiß neue Bestellungen, gewiß soll ich neu auflagern." – Und damit eilte er, so schnell als es gehen wollte, dem willkommnen Gast entgegen.

Wie Meister Martin sein Handwerk über alle andere erhob

Der Hochheimer perlte in den schmucken geschliffenen Trinkgläsern und erschloß den drei Alten Zunge und Herz. Zumal wußte der alte Spangenberg, bei hohen Jahren noch von frischem Lebensmut durchdrungen, manchen lustigen Schwank aus froher Jugendzeit aufzutischen, so daß Meister Martins Bauch weidlich wackelte und er vor ausgelassenem Lachen sich ein Mal über das andere die Tränen aus den Augen wischen mußte. Auch Herr Paumgartner vergaß mehr als sonst den ratsherrlichen Ernst und tat sich gütlich mit dem edlen Getränk und dem lustigen Gespräch. Als nun aber Rosa wieder eintrat, den saubern Handkorb unter dem Arm, aus dem sie Tischzeug langte, blendend weiß, wie frischgefallener Schnee; als sie mit häuslicher Geschäftigkeit hin und her trippelnd den Tisch deckte und ihn mit allerlei würzreichen Speisen besetzte, als sie mit holdem Lächeln die Herren einlud, nun auch nicht zu verschmähen, was in der Eil bereitet worden, da schwieg Gespräch und Gelächter. Beide, Paumgartner und Spangenberg wandten die leuchtenden Blicke nicht ab von der lieblichen

Jungfrau und selbst Meister Martin schaute zurückgelehnt in den Sessel, die Hände zusammengefaltet, ihrem wirtlichen Treiben zu mit behaglichem Lächeln. Rosa wollte sich entfernen, da sprang aber der alte Spangenberg rasch auf wie ein Jüngling, faßte das Mädchen bei beiden Schultern und rief, indem die hellen Tränen ihm aus den Augen rannen, ein Mal über das andere: „O du frommes holdes Engelskind – du herziges liebes Mägdlein" – dann küßte er sie zwei- – dreimal auf die Stirne und kehrte wie in tiefem Sinnen auf seinen Platz zurück. Paumgartner brachte Rosas Gesundheit aus. – „Ja", fing Spangenberg an, als Rosa hinausgegangen, „ja Meister Martin, der Himmel hat Euch in Eurer Tochter ein Kleinod beschert, das Ihr gar nicht hoch genug schätzen könnet. Sie bringt Euch noch zu hohen Ehren, *wer*, sei es aus welchem Stande es wolle, möchte nicht Euer Eidam werden." „Seht Ihr wohl", fiel Paumgartner ein, „seht Ihr wohl Meister Martin, daß der edle Herr von Spangenberg ganz so denkt wie ich? – Ich sehe schon meine liebe Rosa als Patrizierbraut mit dem reichen Perlenschmuck in den schönen blonden Haaren." „Liebe Herren", fing Meister Martin ganz verdrießlich an, „liebe Herren, wie möget ihr denn nur immer von einer Sache reden, an die ich zur Zeit noch gar nicht denke. Meine Rosa hat nun das achtzehnte Jahr erreicht und solch ein blutjunges Ding darf noch nicht ausschauen nach dem Bräutigam. Wie es sich künftig fügen mag, überlasse ich ganz dem Willen des Herrn, aber so viel ist gewiß daß weder ein Patrizier, noch ein anderer, meiner Tochter Hand berühren wird, als *der* Küper, der sich mir als den tüchtigsten, geschicktesten Meister bewährt hat. Vorausgesetzt, daß ihn meine Tochter mag, denn zwingen werde ich mein liebes Kind zu nichts in der Welt, am wenigsten zu einer Heirat, die ihr nicht ansteht." Spangenberg und Paumgartner schauten sich an, voll Erstaunen über diesen seltsamen Ausspruch des Meisters. Endlich nach einigem Räuspern fing Spangenberg an: „Also aus Euerm Stande heraus soll Eure Tochter nicht freien?" „Gott soll sie dafür bewahren", erwiderte Martin. „Aber", fuhr Spangenberg fort, „wenn nun ein junger, tüchtiger Meister aus einem edlen Handwerk, vielleicht ein Goldschmied, oder gar ein junger wackrer Künstler, um Eure Rosa freite und ihr ganz ausnehmend gefiele vor allen andern jungen Gesellen, wie dann?" „Zeigt mir", erwiderte Martin, indem er den Kopf in den Nacken warf, „zeigt mir lieber junger Gesell, würde ich sprechen, das schöne zweifudrige Faß, welches Ihr als Meisterstück gebaut habt, und wenn er das nicht könnte, würd ich freundlich die Tür öffnen und ihn höflichst bitten, doch sich anderswo zu versuchen." „Wenn aber", sprach Spangenberg weiter, „wenn aber der junge Gesell spräche, solch einen kleinen Bau kann ich Euch nicht zeigen, aber kommt mit mir auf den Markt, schaut jenes stattliche Haus, das die schlanken Gipfel kühn emporstreckt in die hohen Lüfte – das ist *mein* Meisterbau." – „Ach lieber Herr", unterbrach Meister Martin ungeduldig Spangenbergs Rede, „ach lieber Herr, was gebt Ihr Euch denn für Mühe, mich eines andern zu überzeugen. Aus *meinem* Handwerk soll nun einmal mein Eidam sein, denn mein Handwerk halt ich für das herrlichste, was es auf der Welt geben kann. Glaubt Ihr denn, daß es genug ist die Bände aufzutreiben auf die Dauben, damit das Faß zusammenhalte? Ei, ist es nicht schon herrlich und schön, daß unser Handwerk den Verstand voraussetzt, wie man die schöne Himmelsgabe, den edlen Wein, hegen und pflegen muß, damit er gedeihe und mit aller Kraft und Süßigkeit, wie ein wahrer glühender Lebensgeist uns durchdringe? Aber dann der Bau der Fässer selbst. Müssen wir, soll der Bau gelingen, nicht erst alles fein abzirkeln und abmessen? Wir müssen Rechenmeister und Meßkünstler sein, denn wie möchten wir sonst Proportion und Gehalt der Gefäße einsehen. Ei Herr, mir lacht das Herz im Leibe, wenn ich solch ein tüchtig Faß auf den Endstuhl bringe, nachdem die Stäbe mit dem Klöbeisen und dem Lenkbeil tüchtig bereitet, wenn dann die Gesellen die Schlägel schwingen und klipp, klapp – klipp, klapp es niederfällt auf die Treiber, hei! das ist lustige Musik. Da steht nun das wohlgeratene Gebäude und wohl mag ich ein wenig stolz umschauen, wenn ich den Reißer zur Hand nehme und mein Handwerkszeichen, gekannt und geehrt von allen wackern Weinmeistern, in des Fasses Boden einreiße. – Ihr spracht von Baumeistern lieber Herr! ei nun, solch ein stattliches Haus ist wohl ein herrliches Werk, aber wär ich ein Baumeister, ginge ich vor meinem Werke vorüber und oben vom Erker schaute irgendein unsaubrer Geist, ein nichtsnütziger schuftiger Geselle, der das Haus erworben, auf mich herab, ich würde mich schämen ins Innerste hinein, mir würde vor lauter Ärger und Verdruß die Lust ankommen, mein eignes Werk zu zerstören. Doch so etwas kann mir nicht geschehen mit meinen Gebäuden. Da drinnen wohnt ein für allemal nur der sauberste Geist auf Erden, der edle Wein. – Gott lobe mir mein Handwerk." „Eure Lobrede", sprach Spangenberg, „war recht tüchtig und wacker gemeint. Es macht Euch Ehre, wenn Ihr Euer Handwerk recht hoch haltet, aber werdet nur nicht ungeduldig, wenn ich Euch noch nicht loslassen kann. Wenn nun doch wirklich ein Patrizier käme und um Eure Tochter anhielte? – Wenn das Leben einem so recht auf den Hals tritt, da gestaltet sich denn wohl manches ganz anders, als wie man es geglaubt." – „Ach", rief Meister Martin ziemlich heftig, „ach wie könnt ich denn anders tun, als mich höflich neigen und sprechen: ‚Lieber Herr! wäret Ihr ein tüchtiger Küper, aber so –'" „Hört weiter", fiel ihm Spangenberg in die Rede, „wenn aber nun gar an einem schönen Tage ein schmucker Junker auf stolzem Pferde, mit glänzendem Gefolge, in prächtigen Kleidern angetan, vor Euerm Hause hielte, und begehrte Eure Rosa zur Hausfrau?" „Hei, hei", rief Meister Martin noch heftiger als vorher, „hei, hei, wie würd ich hastig, wie ich nur könnte, rennen und die Haustür versperren mit Schlössern und Riegeln – wie würd ich rufen und schreien: ‚Reitet weiter! reitet weiter, gestrenger Herr Junker, solche Rosen wie die meinige blühen nicht für Euch, ei mein Weinkeller, meine Goldbatzen mögen Euch anstehen, das Mägdlein nehmt Ihr in den Kauf – aber reitet weiter! reitet weiter!'" – Der alte Spangenberg erhob sich blutrot im ganzen Gesicht, er stemmte beide Hände auf den Tisch und schaute vor sich nieder. „Nun", fing er nach einer Weile an, „nun noch die letzte Frage Meister Martin. Wenn der Junker vor Euerm Hause mein eigner Sohn wäre, wenn ich selbst mit ihm vor Euerm Hause hielte, würdet Ihr da auch die Tür verschließen, würdet Ihr da auch glauben, wir wären nur gekommen Eures Weinkellers, Eurer Goldbatzen wegen?" „Mitnichten", erwiderte Meister Martin, „mitnichten mein lieber gnädiger Herr, ich würde Euch freundlich die Tür öffnen, alles in meinem Hause sollte zu Euerm und Euers Herrn Sohns Befehl sein, aber was meine Rosa betrifft, da würde ich sprechen: ‚Möchte es doch der Himmel gefügt haben, daß Euer wackrer Herr Junker ein tüchtiger Küper hätte werden können, keiner auf Erden sollte mir dann solch ein willkommner Eidam sein, als er, aber jetzt!' – Doch lieber würdiger Herr, warum neckt und quält Ihr mich denn mit solchen wunderlichen Fragen. – Seht nur, wie unser lustiges Gespräch ganz und gar ein Ende genommen, wie die Gläser gefüllt stehenbleiben. Lassen wir doch den Eidam und Rosas Hochzeit ganz beiseite, ich bringe Euch die Gesundheit

Euers Junkers zu, der, wie ich höre, ein schmucker Herr sein soll.“ Meister Martin ergriff sein Trinkglas, Paumgartner folgte seinem Beispiel, indem er rief: „Alles verfängliche Gespräch soll ein Ende haben und Euer wackrer Junker hoch leben!“ –Spangenberg stieß an und sprach dann mit erzwungenem Lächeln: „Ihr könnet denken, daß ich im Scherze zu Euch sprach, denn nur frecher Liebeswahnsinn könnte wohl meinen Sohn, der unter den edelsten Geschlechtern seine Hausfrau erkiesen darf, dazu treiben, Rang und Geburt nicht achtend, um Eure Tochter zu freien. Aber etwas freundlicher hättet Ihr mir doch antworten können.“ „Ach, lieber Herr“, erwiderte Meister Martin, „auch im Scherz konnt ich nicht anders reden, als wie ich es tun würde, wenn solch wunderliches Zeug, wie Ihr es fabeltet, wirklich geschähe. Laßt mir übrigens meinen Stolz, denn Ihr selbst müßt mir doch bezeugen, daß ich der tüchtigste Küper bin, auf weit und breit, daß ich mich auf den Wein verstehe, daß ich an unseres in Gott ruhenden Kaisers Maximilian tüchtige Weinordnung fest und getreulich halte, daß ich alle Gottlosigkeit als ein frommer Mann verschmähe, daß ich in mein zweifudriges Faß niemals mehr verdampfe als ein Lötlein lautern Schwefels, welches not tut zur Erhaltung, das alles, ihr lieben würdigen Herrn, werdet ihr wohl genüglich kosten an meinem Wein.“ – Spangenberg versuchte, indem er wieder seinen Platz einnahm, ein heitres Gesicht anzunehmen, und Paumgartner brachte andere Dinge aufs Tapet. Aber wie es geschieht, daß die einmal verstimmten Saiten eines Instruments sich immer wieder verziehn und der Meister sich vergebens müht, die wohltönenden Akkorde, wie sie erst erklangen, aufs neue hervorzurufen, so wollte auch unter den drei Alten nun keine Rede, kein Wort mehr zusammenpassen. Spangenberg rief nach seinen Knechten und verließ ganz mißmutig Meister Martins Haus, in das er fröhlich und guter Dinge getreten.

Die Weissagung der alten Großmutter

Meister Martin war über das unmutige Scheiden seines alten wackern Kundmanns ein wenig betreten, und sprach zu Paumgartner, der eben das letzte Glas ausgetrunken hatte, und nun auch scheiden wollte: „Ich weiß doch nun aber gar nicht, was der alte Herr wollte mit seinen Reden und wie er darüber am Ende noch verdrüßlich werden konnte.“ „Lieber Meister

Martin", begann Paumgartner, „Ihr seid ein tüchtiger frommer Mann, und wohl mag der was halten darauf, was er mit Gottes Hülfe wacker treibt und was ihm Reichtum und Ehre gebracht hat. Nur darf dies nicht ausarten in prahlerischen Stolz, das streitet gegen allen christlichen Sinn. Schon in der Gewerksversammlung heute war es nicht recht von Euch, daß Ihr Euch selbst über alle übrige Meister setztet: möget Ihr doch wirklich mehr verstehen von Eurer Kunst als die anderen, aber daß Ihr das geradezu ihnen an den Hals werfet, das kann ja nur Ärger und Mißmut erregen. Und nun vollends heute abend! – So verblendet konntet Ihr doch wohl nicht sein, in Spangenbergs Reden etwas anders zu suchen als die scherzhafte Prüfung, wie weit Ihr es wohl treiben würdet mit Euerm starrsinnigen Stolz. Schwer mußte es ja den würdigen Herrn verletzen, als Ihr in der Bewerbung jedes Junkers um Eure Tochter nur niedrige Habsucht finden wolltet. Und noch wäre alles gut gegangen, wenn Ihr eingelenkt hättet, als Spangenberg von seinem Sohne zu reden begann. Wie, wenn Ihr spracht: ‚Ja mein lieber würdiger Herr, wenn Ihr selbst kämt als Brautwerber mit Euerm Sohne, ja auf solche hohe Ehre wär ich nimmer gefaßt, da würd ich wanken in meinen festesten Entschlüssen.' Ja! wenn Ihr so spracht, was wäre dann davon anders die Folge gewesen, als daß der alte Spangenberg die vorige Unbill ganz vergessend, heiter gelächelt und guter Dinge geworden wie vorher." „Scheltet mich nur", sprach Meister Martin, „scheltet mich nur wacker aus, ich hab es wohl verdient, aber als der Alte solch abgeschmacktes Zeug redete, es schnürte mir die Kehle zu, ich konnte nicht anders antworten." – „Und dann", fuhr Paumgartner fort, „und dann der tolle Vorsatz selbst, Eure Tochter durchaus nur einem Küper geben zu wollen. Dem Himmel, spracht Ihr, soll Eurer Tochter Schicksal anheimgestellt sein und doch greift Ihr mit irdischer Blödsinnigkeit dem Ratschluß der ewigen Macht vor, indem Ihr eigensinnig vorher festsetzt, aus welchem kleinen Kreise Ihr den Eidam nehmen wollt. Das kann Euch und Eure Rosa ins Verderben stürzen. Laßt ab Meister Martin, laßt ab von solcher unchristlicher kindischer Torheit, laßt die ewige Macht gebieten, die in Eurer Tochter frommes Herz schon den richtigen Ausspruch legen wird." „Ach mein würdiger Herr", sprach Meister Martin ganz kleinmütig, „nun erst sehe ich ein, wie übel ich daran tat, nicht gleich alles herauszusagen. Ihr meint, nur die Hochschätzung meines Handwerks habe mich zu dem unabänderlichen Entschluß gebracht, Rosa nur an einen Küpermeister zu verheiraten, es ist dem aber nicht so, noch ein anderer, gar wunderbarer geheimnisvoller Grund dazu ist vorhanden. – Ich kann Euch nicht fortlassen ohne daß Ihr alles erfahren habt, Ihr sollt nicht über Nacht auf mich grollen. Setzt Euch, ich bitte gar herzlich darum, verweilt noch einige Augenblicke. Seht, hier steht noch eine Flasche des ältesten Weins, den der mißmutige Junker verschmäht hat, laßt es Euch noch bei mir gefallen." Paumgartner erstaunte über Meister Martins zutrauliches Eindringen, das sonst gar nicht in seiner Natur lag, es war als laste dem Mann etwas gar schwer auf dem Herzen, das er los sein wollte. Als nun Paumgartner sich gesetzt und ein Glas Wein getrunken hatte, fing Meister Martin auf folgende Weise an: „Ihr wißt, mein lieber würdiger Herr, daß meine brave Hausfrau bald nachdem Rosa geboren, an den Folgen des schweren Kindbettes starb. Damals lebte meine uralte Großmutter noch, wenn stocktaub und blind, kaum der Sprache fähig, gelähmt an allen Gliedern, im Bette liegen Tag und Nacht, anders leben genannt zu werden verdient. Meine Rosa war getauft worden und die Amme saß mit dem Kinde in der Stube, wo die Großmutter lag. Mir war es so traurig und wenn ich das schöne Kind anblickte, so wunderbar freudig und wehmütig zu Sinn, ich war so tief bewegt, daß ich zu jeder Arbeit mich untauglich fühlte und still, in mich gekehrt, neben dem Bett der alten Großmutter stand, die ich glücklich pries, da ihr schon jetzt aller irdische Schmerz entnommen. Und als ich ihr nun so ins bleiche Antlitz schaue, da fängt sie mit einemmal an seltsam zu lächeln, es ist, als glätteten sich die verschrumpften Züge aus, als färbten sich die blassen Wangen. – Sie richtet sich empor, sie streckt, wie plötzlich beseelt von wunderbarer Kraft die gelähmten Arme aus, wie sie es sonst nicht vermochte, sie ruft vernehmlich mit leiser lieblicher Stimme: ‚Rosa – meine liebe Rosa!' – Die Amme steht auf und bringt ihr das Kind, das sie in den Armen auf und nieder wiegt. Aber nun, mein würdiger Herr, nun denkt Euch mein Erstaunen, ja meinen Schreck, als die Alte mit heller kräftiger Stimme ein Lied in der hohen fröhlichen Lobeweis Herrn Hans Berchlers, Gastgebers zum Geist in Straßburg zu singen beginnt, das also lautet:

‚Mägdlein zart mit roten Wangen,
Rosa, hör das Gebot,
Magst dich wahren vor Not und Bangen.
Halt im Herzen nur Gott,
Treib keinen Spott,
Heg kein töricht Verlangen.
Ein glänzend Häuslein wird er bringen,
Würzige Fluten treiben drin,
Blanke Englein gar lustig singen,
Mit frommen Sinn
Horch treuster Minn
Ha! lieblichem Liebesklingen.
Das Häuslein mit güldnem Prangen,
Der hat's ins Haus getrag'n,
Den wirst du süß umfangen,
Darfst nicht den Vater frag'n,
Ist dein Bräutgam minniglich.
Ins Haus das Häuslein bringt allwegen
Reichtum, Glück, Heil und Hort,
Jungfräulein! – Augen klar!
Öhrlein auf vor treuem Wort,
Magst wohl hinfort,
Blühen in Gottes Segen!‘

Und als sie dies Lied ausgesungen hat, legt sie das Kind leise und behutsam auf das Deckbette nieder, und die welke zitternde Hand auf seine Stirn gelegt, lispelt sie unverständliche Worte, aber das ganz verklärte Antlitz der Alten zeigt wohl, daß sie Gebete spricht. Nun sinkt sie nieder mit dem Kopfe auf die Bettkissen und in dem Augenblick als die Amme das Kind forttträgt, seufzte sie tief auf. Sie ist gestorben!" – „Das ist", sprach Paumgartner, als Meister Martin schwieg, „das ist eine wunderbare Geschichte, aber doch sehe ich gar nicht ein, wie das weissagende Lied der alten Großmutter mit Euerm starrsinnigen Vorsatz, Rosa nur einem Küpermeister geben zu wollen zusammenhängen kann." „Ach", erwiderte Meister Martin, „was kann denn klarer sein, als daß die Alte in dem letzten Augenblick ihres Lebens von dem Herrn ganz besonders erleuchtet, mit weissagender Stimme verkündete, wie es mit Rosa, sollte sie glücklich sein, sich fügen müsse. Der Bräutigam der mit dem blanken Häuslein Reichtum, Glück, Heil und Hort ins Haus bringt: wer kann das anders sein, als der tüchtige Küper, der bei mir sein Meisterstück, sein blankes Häuslein gefertigt hat? In welchem andern Häuslein treiben würzige Fluten als in dem Weinfaß? Und wenn der Wein arbeitet, dann rauscht und summt es wohl auch und plätschert, das sind die lieben Englein, die in den Fluten auf und ab fahren und lustige Liedlein singen. Ja, ja! – keinen andern Bräutigam hat die alte Großmutter gemeint als den Küpermeister, und dabei soll es denn auch bleiben." „Ihr erklärt", sprach Paumgartner, „Ihr erklärt, lieber Meister Martin, die Worte der alten Großmutter nun einmal nach Eurer Weise. *Mir* will Eure Deutung gar nicht recht zu Sinn und ich bleibe dabei, daß Ihr alles der Fügung des Himmels und dem Herzen Eurer Tochter, in dem gewiß der richtige Ausspruch verborgen liegt, lediglich überlassen sollt." „Und ich", fiel Martin ungeduldig ein, „ich bleibe dabei, daß mein Eidam nun ein für allemal kein anderer sein soll, als ein tüchtiger Küper." Paumgartner wäre beinahe zornig geworden über Martins Eigensinn, doch hielt er an sich, und stand auf vom Sitze, indem er sprach: „Es ist spät geworden Meister Martin, laßt uns jetzt aufhören mit Trinken und Reden, beides scheint uns nicht mehr dienlich zu sein." – Als sie nun hinaustraten auf den Flur, stand ein junges Weib da mit fünf Knaben, von denen der älteste kaum acht, der jüngste kaum ein halbes Jahr alt sein mochte. Das Weib jammerte und schluchzte. Rosa eilte den Eintretenden entgegen und sprach: „Ach Gott im Himmel, Valentin ist nun doch gestorben, dort steht sein Weib mit den Kindern." „Was? – Valentin gestorben?" rief Meister Martin ganz bestürzt – „ei über das Unglück – über das Unglück! – Denkt Euch", wandte er sich dann zu Paumgartner, „denkt Euch, mein würdiger Herr! Valentin war der geschickteste Geselle, den ich in der Arbeit hatte, und dabei fleißig und fromm. Vor einiger Zeit verwundete er sich bei dem Bau eines großen Fasses gefährlich mit dem Lenkbeil, die Wunde wurde schlimmer und schlimmer, er verfiel in ein heftiges Fieber und hat nun gar sterben müssen, in seinen blühendsten Jahren." Darauf schritt Meister Martin zu auf das trostlose Weib, die in Tränen gebadet, klagte, daß sie nun wohl verderben werde, in Not und Elend. „Was", sprach Martin, „was denkt Ihr denn von mir, in meiner Arbeit brachte sich Euer Mann die gefährliche Wunde bei, und ich sollte Euch verlassen in Eurer Not? – Nein ihr alle gehört fortan zu meinem Hause. Morgen, oder wenn Ihr wollt, begraben wir Euern armen Mann, und dann zieht Ihr mit Euern Knaben auf meinen Meierhof vor dem Frauentor, wo ich meine schöne offne Werkstatt habe und täglich mit meinen Gesellen arbeite. Da könnt Ihr dann meiner Hauswirtschaft vorstehen, und Eure tüchtigen Knaben will ich erziehen, als wären es meine eigenen Söhne. Und daß Ihr's nur wißt, Euern alten Vater nehme ich auch in mein Haus. Das war sonst ein tüchtiger Küpergeselle, als er noch Kraft in den Ärmen hatte. Nun! – wenn er auch nicht mehr Schlägel, Kimmkeule oder Bandhake regieren, oder auf der Fügbank arbeiten kann, so ist er doch wohl noch des Degsels mächtig, oder schabt mir mit dem Krummesser die Bände aus. Genug, er soll mit euch zusammen in meinem Hause aufgenommen sein." Hätte Meister Martin das Weib nicht erfaßt, sie wäre ihm vor Schmerz und tiefer Rührung beinahe entseelt zu Füßen gesunken. Die ältesten Jungen hingen sich an sein Wams, und die beiden jüngsten, die Rosa auf den Arm genommen, streckten die Händchen nach ihm aus, als hätten sie alles verstanden. Der alte Paumgartner sprach lächelnd, indem ihm die hellen Tränen in den Augen standen: „Meister Martin, man kann Euch nicht gram werden"; und begab sich dann nach seiner Behausung.

Wie die beiden jungen Gesellen, Friedrich und Reinhold, miteinander bekannt wurden

Auf einer schönen grasichten, von hohen Bäumen beschatteten Anhöhe, lag ein junger Gesell von stattlichem Ansehen, Friedrich geheißen. Die Sonne war schon herabgesunken und rosige Flammen leuchteten auf aus dem tiefen Himmelsgrunde. Ganz deutlich konnte man in der Ferne die berühmte Reichsstadt Nürnberg sehen, die sich im Tale ausbreitete und ihre stolzen Türme kühn in das Abendrot hinaufstreckte, das sein Gold ausströmte auf ihre Spitzen. Der junge Gesell hatte den Arm gestützt auf das Reisebündel, das neben ihm lag, und schaute mit sehnsuchtsvollen Blicken herab in das Tal. Dann pflückte er einige Blumen, die um ihn her in dem Grase standen, und warf sie in die Lüfte dem Abendrot zu, dann sah er wieder traurig vor sich hin und heiße Tränen perlten in seinen Augen. Endlich erhob er den Kopf, breitete beide Ärme aus, als wolle er eine geliebte Gestalt umfangen und sang mit heller gar lieblicher Stimme folgendes Lied:

„Schau ich dich wieder,
O Heimat süß,
Nicht von dir ließ
Mein Herz getreu und bieder.
O rosiges Rot, geh mir auf,
Mag nur schauen Rosen,
Blühnde Liebesblüt,
Neig dem Gemüt
Dich zu mit wonnigem Kosen.
Willst du springen o schwellende Brust?
Halt dich fest in Schmerz und süßer Lust.
O goldnes Abendrot!
Schöner Strahl sei mein frommer Bot,
Seufzer – Tränen mußt
Treulich zu ihr tragen.
Und stürb ich nun,
Möchten Röslein dich fragen,
Sprich: – in Lieb verging sein Herz."

Nachdem Friedrich dies Lied gesungen, zog er aus seinem Reisebündel ein Stücklein Wachs hervor, erwärmte es an seiner Brust und begann eine schöne Rose mit hundert feinen Blättern sauber und kunstvoll auszukneten. Während der Arbeit summte er einzelne Strophen aus dem Liede vor sich hin, das er gesungen, und so ganz in sich selbst vertieft, bemerkte er nicht den hübschen Jüngling, der schon lange hinter ihm stand und emsig seiner Arbeit zuschaute. „Ei mein Freund", fing nun der Jüngling an, „ei mein Freund, das ist ein sauberes Stück, was Ihr da formt." Friedrich schaute ganz erschrocken um sich, als er aber dem fremden Jüngling in die dunklen freundlichen Augen sah, war es ihm, als kenne er ihn schon lange; lächelnd erwiderte er: „Ach lieber Herr, wie möget Ihr nur eine Spielerei beachten, die mir zum Zeitvertreibe dient auf der Reise." „Nun", fuhr der fremde Jüngling fort, „nun wenn Ihr die so getreulich nach der Natur zart geformte Blume eine Spielerei nennt, so müßt Ihr ein gar wackrer geübter Bildner sein. Ihr ergötzt mich auf doppelte Art. Erst drang mir Euer Lied, das Ihr nach der zarten Buchstabenweis Martin Häschers so lieblich absanget, recht durch die Brust und jetzt muß ich Eure Kunstfertigkeit im Formen hoch bewundern. Wo gedenkt Ihr denn noch heute hinzuwandern?" „Das Ziel", erwiderte Friedrich, „das Ziel meiner Reise liegt dort uns vor

Augen. Ich will hin nach meiner Heimat, nach der berühmten Reichsstadt Nürnberg. Doch die Sonne ist schon tief hinabgesunken, deshalb will ich unten im Dorfe übernachten, morgen in aller Frühe geht's dann fort, und zu Mittag kann ich in Nürnberg sein." „Ei", rief der Jüngling freudig, „ei wie sich das so schön trifft, wir haben denselben Weg, auch ich will nach Nürnberg. Mit Euch übernachte ich auch hier im Dorfe, und dann ziehen wir morgen weiter. Nun laßt uns noch eins plaudern." Der Jüngling, Reinhold geheißen, warf sich neben Friedrich ins Gras und fuhr dann fort: „Nicht wahr, ich irre mich nicht, Ihr seid ein tüchtiger Gießkünstler, das merk ich an der Art zu modellieren, oder Ihr arbeitet in Gold und Silber ?" Friedrich sah ganz traurig vor sich nieder und fing dann kleinmütig an: „Ach lieber Herr, Ihr haltet mich für etwas viel Besseres und Höheres, als ich wirklich bin. Ich will es Euch nur geradehin sagen, daß ich die Küperprofession erlernt habe und nach Nürnberg zu einem bekannten Meister in die Arbeit gehen will. Ihr werdet mich nun wohl verachten, da ich nicht herrliche Bilder zu modellieren und zu gießen vermag, sondern nur Reife um Fässer und Kufen schlage." Reinhold lachte laut auf und rief: „Nun das ist in der Tat lustig. Ich soll Euch verachten, weil Ihr ein Küper seid, und ich – ich bin ja selbst gar nichts anderes, als das." Friedrich blickte ihn starr an, er wußte nicht was er glauben sollte, denn Reinholds Aufzug paßte freilich zu nichts weniger, als zu einem reisenden Küpergesellen. Das Wams von feinem schwarzen Tuch mit gerissenem Samt besetzt, die zierliche Halskrause, das kurze breite Schwert, das Barett mit einer langen herabhängenden Feder, ließen eher auf einen wohlbegüterten Handelsmann schließen, und doch lag wieder in dem Antlitz, in der ganzen Gestalt des Jünglings ein wunderbares Etwas, das dem Gedanken an den Handelsmann nicht Raum gab. Reinhold merkte Friedrichs Zweifel, er riß sein Reisebündel auf, holte das Küperschurzfell, sein Messerbesteck hervor und rief: „Schau doch her mein Freund, schau doch nur her! – zweifelst du noch daran, daß ich dein Kamerad bin? – Ich weiß, dir ist mein Anzug befremdlich, aber ich komme von Straßburg, da gehen die Küper stattlich einher wie Edelleute. Freilich hatte ich sonst, gleich dir, auch wohl Lust zu etwas anderm, aber nun geht mir das Küperhandwerk über alles, und ich habe manch schöne Lebenshoffnung darauf gestellt. Geht's dir nicht auch so Kamerad? – Aber beinahe scheint es mir, als habe sich unversehens ein düstrer Wolkenschatten in dein heiteres Jugendleben hineingehängt, vor dem du nicht fröhlich um dich zu blicken vermagst. Das Lied, das du vorhin sangst, war voll Liebessehnsucht und Schmerz, aber es kamen Klänge darin vor, die wie aus meiner eignen Brust hervorleuchteten und es ist mir, als wisse ich schon alles, was in dir verschlossen. Um so mehr magst du mir alles vertrauen, werden wir denn nicht ohnedies in Nürnberg wackre Kumpane sein und bleiben?“ Reinhold schlang einen Arm um den Friedrich und sah ihm freundlich ins Auge. Darauf sprach Friedrich: „Je mehr ich dich anschaue frommer Geselle, desto stärker zieht es mich zu dir hin, ich vernehme deutlich die wunderbare Stimme in meinem Innern, die wie ein treues Echo widerklingt vom Ruf des befreundeten Geistes. Ich muß dir alles sagen! – Nicht als ob ich armer Mensch dir wichtige Geheimnisse zu vertrauen hätte, aber weil nur die Brust des treuesten Freundes Raum gibt dem fremden Schmerz und ich in den ersten Augenblicken unsrer jungen Bekanntschaft dich eben für meinen treuesten Freund halte. – Ich bin nun ein Küper worden und darf mich rühmen mein Handwerk zu verstehen, aber einer andern wohl schönern Kunst war mein ganzer Sinn zugewandt von Kindheit auf. Ich wollte ein großer Meister im Bildergießen und in der Silberarbeit werden, wie Peter Vischer oder der italische Benvenuto Cellini. Mit glühendem Eifer arbeitete ich beim Herrn Johannes Holzschuer, dem berühmten Silberarbeiter in meiner Heimat, der ohne gerade selbst Bilder zu gießen mir doch alle Anleitung dazu zu geben wußte. In Herrn Holzschuers Haus kam nicht selten Herr Tobias Martin der Küpermeister mit seiner Tochter, der holdseligen Rosa. Ohne daß ich es selbst ahnete, kam ich in Liebe. Ich verließ die Heimat und ging nach Augsburg, um die Bildergießerei recht zu erlernen, aber nun schlugen erst recht die hellen Liebesflammen in meinem Innern auf. Ich sah und hörte nur Rosa; alles Streben, alles Mühen, das mich nicht zu ihrem Besitz führte, ekelte mich an. Den einzigen Weg dazu schlug ich ein. Meister Martin gibt seine Tochter nur dem Küper, der in seinem Hause das tüchtigste Meisterstück macht und übrigens der Tochter wohl ansteht. Ich warf meine Kunst beiseite und erlernte das Küperhandwerk. Ich will hin nach Nürnberg und bei Meister Martin in Arbeit gehen. Aber nun die Heimat vor mir liegt und Rosas Bild recht in lebendigem Glühen mir vor Augen steht, nun möcht ich vergehen in Zagen, Angst und Not. Nun seh ich klar das Törichte meines Beginnens. Weiß ich's denn, ob

Rosa mich liebt, ob sie mich jemals lieben wird?" – Reinhold hatte Friedrichs Geschichte mit steigender Aufmerksamkeit angehört. Jetzt stützte er den Kopf auf den Arm und indem er die flache Hand vor die Augen hielt, fragte er dumpf und düster: „Hat Rosa Euch denn niemals Zeichen der Liebe gegeben?" „Ach", erwiderte Friedrich, „ach Rosa war, als ich Nürnberg verließ, mehr Kind als Jungfrau. Sie mochte mich zwar gern leiden, sie lächelte mich gar holdselig an, wenn ich in Herrn Holzschuers Garten unermüdlich mit ihr Blumen pflückte und Kränze wand, aber –" „Nun so ist ja noch gar keine Hoffnung verloren", rief auf einmal Reinhold so heftig und mit solch widrig gellender Stimme, daß Friedrich sich fast entsetzte. Dabei raffte er sich auf, das Schwert klirrte an seiner Seite und als er nun hoch aufgerichtet dastand, fielen die tiefen Nachtschatten auf sein verblaßtes Antlitz und verzerrten die milden Züge des Jünglings auf recht häßliche Weise, so daß Friedrich ganz ängstlich rief: „Was ist dir denn nun auf einmal geschehen?" dabei trat er ein paar Schritte zurück, und stieß mit dem Fuß an Reinholds Reisebündel. Da rauschte aber ein Saitenklang auf und Reinhold rief zornig: „Du böser Geselle, zerbrich mir nicht meine Laute." Das Instrument war an dem Reisebündel befestigt, Reinhold schnallte es los und griff stürmisch hinein, als wolle er alle Saiten zersprengen. Bald wurde aber das Spiel sanft und melodisch. „Laß uns", sprach er ganz in dem milden Ton, wie zuvor, „laß uns, lieber Bruder, nun hinabgehen in das Dorf. Hier trage ich ein gutes Mittel in den Händen, die bösen Geister zu bannen, die uns etwa in den Weg treten und vorzüglich mir was anhaben könnten." „Ei lieber Bruder", erwiderte Friedrich, „was sollten uns denn auf unserm Wege böse Geister anhaben. Aber dein Spiel ist gar lieblich, fahr nur damit fort." – Die goldnen Sterne waren hinaufgezogen an des Himmels dunklem Azur. Der Nachtwind strich im dumpfen Gesäusel über die duftenden Wiesen. Lauter murmelten die Bäche, ringsumher rauschten die düstern Bäume des fernen Waldes. Da zogen Friedrich und Reinhold hinab, spielend und singend, und hell und klar wie auf leuchtenden Schwingen wogten die süßen Töne ihrer sehnsüchtigen Lieder durch die Lüfte. Im Nachtlager angekommen, warf Reinhold Laute und Reisebündel schnell ab und drückte Friedrich stürmisch an seine Brust, der auf seinen Wangen die brennenden Tränen fühlte, die Reinhold vergossen.

Wie die beiden jungen Gesellen, Reinhold und Friedrich, in Meister Martins Hause aufgenommen wurden

Als am andern Morgen Friedrich erwachte, vermißte er den neuerworbnen Freund, der ihm zur Seite sich auf das Strohlager geworfen hatte, und da er auch Laute und Reisebündel nicht mehr sah, so glaubte er nicht anders, als daß Reinhold aus ihm unbekannten Ursachen ihn verlassen und einen andern Weg eingeschlagen habe. Kaum trat Friedrich aber zum Hause heraus, als ihm Reinhold, Reisebündel auf dem Rücken, Laute unterm Arm, ganz anders gekleidet als gestern, entgegentrat. Er hatte die Feder vom Barett genommen, das Schwert abgelegt und statt des zierlichen Wamses mit dem Samtbesatz ein schlichtes Bürgerwams von unscheinbarer Farbe angezogen. „Nun", rief er fröhlich lachend dem verwunderten Freunde entgegen, „nun, Bruder, hältst du mich doch gewiß für deinen wahren Kumpan und wackern Kameraden. – Aber höre, für einen, der in Liebe ist, hast du tüchtig genug geschlafen. Sieh nur, wie hoch schon die Sonne steht. Laß uns nur gleich fortwandern." – Friedrich war still und in sich gekehrt, er antwortete kaum auf Reinholds Fragen, achtete kaum auf seine Scherze. Ganz ausgelassen sprang Reinhold hin und her, jauchzte und schwenkte das Barett in den Lüften. Doch auch er wurde stiller und stiller, je näher sie der Stadt kamen. „Ich kann vor Angst, vor Beklommenheit, vor süßem Weh nicht weiter, laß uns hier unter diesen Bäumen ein wenig ruhen." So sprach Friedrich, als sie schon beinahe das Tor von Nürnberg erreicht hatten, und warf sich ganz erschöpft nieder in das Gras. Reinhold setzte sich zu ihm und fing nach einer Weile an: „Ich muß dir, mein herziger Bruder, gestern abend recht verwunderlich vorgekommen sein. Aber als du mir von deiner Liebe erzähltest, als du so trostlos warst, da ging mir allerlei einfältiges Zeug durch den Kopf, welches mich verwirrte und am Ende hätte toll machen können, vertrieb nicht dein schöner Gesang und meine Laute die bösen Geister. Heute als mich der erste Strahl der Morgensonne weckte, war nun vollends, da schon von Abend der schlimme Spuk gewichen, alle Lebenslust in mein Gemüt zurückgekehrt. Ich lief hinaus, und im Gebüsch umherkreuzend, kamen mir allerlei herrliche Dinge in den Sinn. Wie ich dich so gefunden, wie mein ganzes Gemüt sich dir zugewandt! – Eine anmutige Geschichte, die sich vor einiger Zeit in Italien zutrug, eben als ich dort war, fiel mir ein, ich will sie dir erzählen, da sie recht lebendig zeigt, was wahre Freundschaft vermag. Es begab sich, daß ein edler Fürst, eifriger Freund und Beschützer der schönen Künste, einen sehr hohen Preis ausgesetzt hatte, für ein Gemälde, dessen herrlicher, aber gar schwer zu behandelnder Gegenstand genau bestimmt war. Zwei junge Maler, die durch das engste Freundschaftsband verbunden, zusammen zu arbeiten pflegten, beschlossen um den Preis zu ringen. Sie teilten sich ihre Entwürfe mit und sprachen viel darüber, wie die Schwierigkeit des Gegenstandes zu überwinden. Der Ältere, im Zeichnen, im Ordnen der Gruppen erfahrner, hatte bald das Bild erfaßt und entworfen und stand nun bei dem Jüngern, der schon im Entwurf ganz verzagt von dem Bilde abgelassen, hätte der Ältere ihn nicht unablässig ermuntert und guten Rat erteilt. Als sie nun zu malen begannen, wußte der Jüngere, ein Meister in der Kunst der Farbe, dagegen dem Ältern manchen Wink zu geben, den dieser mit tüchtigem Erfolg benutzte, so daß der Jüngere nie ein Bild besser gezeichnet, der Ältere nie ein Bild besser gefärbt hatte. Als die Gemälde vollendet waren, fielen sich beide Meister in die Arme, jeder war innig erfreut – entzückt über die Arbeit des andern, jeder dem andern den wacker verdienten Preis zuerkennend. Es begab sich aber, daß der Jüngere den Preis erhielt, da rief er ganz beschämt: ‚O wie konnte ich denn den Preis erringen, was ist mein Verdienst gegen das meines Freundes, wie hätte ich denn nur ohne seinen Rat, ohne seinen wackern Beistand etwas Tüchtiges hervorbringen können?‘ Da sprach aber der Ältere: ‚Und hast du mir denn nicht auch beigestanden mit tüchtigem Rat? mein Gemälde ist wohl auch nichts Schlechtes, aber du hast den Preis davongetragen, wie sich's gebührt. Nach gleichem Ziel zu streben, wacker und offen, das ist recht Freundes Sache, der Lorbeer, den der Sieger erhält, ehrt auch den Besiegten; ich liebe dich nun noch mehr, da du so tapfer gerungen, und mit deinem Siege mir auch Ruhm und Ehre gebracht hast.‘ – Nicht wahr Friedrich, der Maler hatte recht? – Wacker, ohne allen tückischen Hinterhalt um gleichen Preis ringen, sollte das wahre Freunde nicht noch mehr, recht aus der Tiefe des Herzens einigen, statt sie zu entzweien? sollte in edlen Gemütern wohl kleinlicher Neid oder gar hämischer Haß Raum finden können?“ „Niemals“, erwiderte Friedrich, „gewiß niemals. Wir sind nun recht liebende Brüder geworden, in kurzer Zeit fertigen wir beide wohl das Nürnberger Meisterstück, ein tüchtiges zweifudriges Faß ohne Feuer getrieben, aber der Himmel mag mich davor bewahren, daß ich auch nur den kleinsten Neid spüren sollte, wenn das deinige, lieber Bruder Reinhold, besser gerät, als das meinige." „Ha, ha, ha", lachte Reinhold laut auf, „geh mir mit deinem Meisterstück, das wirst du schon fertigen, zur Lust aller tüchtigen Küper. Und daß du's nur weißt, was das Berechnen der Größe, der Proportion, das Abzirkeln der hübschen Rundung betrifft, da findest du an mir deinen Mann. Und auch in Ansehung des Holzes kannst du dich auf mich verlassen. Stabholz von im Winter gefällten Steineichen, ohne Wurmstich, ohne weiße oder rote Streifen, ohne Flammen, das suchen wir aus, du kannst meinem Auge trauen. Ich steh dir in allem bei mit Rat und Tat. Und darum soll mein Meisterstück nicht geringer ausfallen." „Aber du Herr im Himmelsthrone", unterbrach hier Friedrich den Freund, „was schwatzen wir denn davon, wer das beste Meisterstück machen soll? – Sind wir denn im Streit deshalb? – Das beste Meisterstück – um Rosa zu verdienen! – Wie kommen wir denn darauf! – mir schwindelt's im Kopfe" – „Ei Bruder", rief Reinhold immer noch lachend, „an Rosa war ja gar nicht gedacht. Du bist ein Träumer. Komm nur, daß wir endlich die Stadt erreichen." Friedrich raffte sich auf, und wanderte ganz verwirrten Sinnes weiter. Als sie im Wirtshause sich wuschen und abstäubten, sprach Reinhold zu Friedrich: „Eigentlich weiß ich für mein Teil gar nicht, bei welchem Meister ich in Arbeit gehen soll, es fehlt mir hier an aller Bekanntschaft und da dächt ich, du nähmst mich nur gleich mit zum Meister Martin, lieber Bruder! Vielleicht gelingt es mir bei ihm anzukommen." „Du nimmst mir", erwiderte Friedrich, „eine schwere Last vom Herzen, denn, wenn du bei mir bleibst, wird es mir leichter werden, meine Angst, meine Beklommenheit zu besiegen." So schritten nun beide junge Gesellen rüstig fort nach dem Hause des berühmten Küpers, Meister Martin. – Es war gerade der Sonntag, an dem Meister Martin seinen Kerzenmeister-Schmaus gab, und hohe Mittagszeit. So kam es, daß, als Reinhold und Friedrich in Martins Haus hineintraten, ihnen Gläsergeklirr und das verwirrte Getöse einer lustigen Tischgesellschaft entgegenklang. „Ach", sprach Friedrich ganz kleinmütig, „da sind wir wohl zur unrechten Stunde gekommen." „Ich denke", erwiderte Reinhold, „gerade zur rechten, denn beim frohen Mahl ist Meister Martin gewiß guter Dinge und aufgelegt, unsere Wünsche zu erfüllen." Bald trat auch Meister Martin, dem sie hatten sich ankündigen lassen, in festlichen Kleidern angetan, mit nicht geringer Glut auf Nas und Wange heraus auf den Flur. Sowie er Friedrich gewahrte, rief er laut: „Sieh da Friedrich! guter Junge, bist du wieder heimgekommen? – Das ist brav! – Und hast dich auch zu dem hochherrlichen Küperhandwerk gewandt! – Zwar zieht Herr Holzschuer, wenn von dir die Rede ist, verdammte Gesichter und meint, an dir sei nun gar ein großer Künstler verdorben und du hättest wohl solche hübsche Bildlein und Geländer gießen können, wie sie in St. Sebald und an Fuggers Hause zu Augsburg zu sehen, aber das ist nur dummes Gewäsche, du hast recht getan dich zu dem Rechten zu wenden. Sei mir vieltausendmal willkommen." Und damit faßte ihn Herr Martin bei den Schultern und drückte ihn an sich, wie er es zu tun pflegte, in herzlicher Freude. Friedrich lebte ganz auf bei Meister Martins freundlichem Empfang, alle Beklommenheit war von ihm gewichen, und er trug frei und unverzagt dem Meister nicht allein sein Anliegen vor, sondern empfahl auch Reinhold zur Aufnahme. „Nun", sprach Meister Martin, „nun in der Tat, zu gelegnerer Zeit hättet ihr gar nicht kommen können, als eben jetzt, da sich die Arbeit häuft und es mir an Arbeitern gebricht. Seid mir beide herzlich willkommen. Legt nur eure Reisebündel ab und tretet hinein, die Mahlzeit ist zwar beinahe geendet, aber ihr könnt doch noch Platz nehmen an der Tafel und Rosa soll für euch noch sorgen." Damit ging Herr Martin mit den beiden Gesellen hinein. Da saßen denn nun die ehrsamen Meister, obenan der würdige Handwerksherr Jacobus Paumgartner, mit glühenden Gesichtern. Der Nachtisch war eben aufgetragen und ein edlerer Wein perlte in den großen Trinkgläsern. Es war an dem, daß jeder Meister mit lauter Stimme von etwas anderm sprach und doch alle meinten sich zu verstehen, und daß bald dieser oder jener laut auflachte, er wußte nicht warum. Aber wie nun der Meister Martin, beide Jünglinge an der Hand, laut verkündete, daß soeben sich ganz erwünscht die beiden, mit guten Handwerkszeugnissen versehenen Gesellen bei ihm eingefunden hätten, wurde alles still und jeder betrachtete die schmucken Leute mit behaglichem Wohlgefallen. Reinhold schaute mit hellen Augen beinahe stolz umher, aber Friedrich schlug die Augen nieder und drehte das Barett in den Händen. Meister Martin wies den Jünglingen Plätze an dem untersten Ende der Tafel an, aber das waren wohl gerade die herrlichsten, die es nur gab, denn alsbald erschien Rosa, setzte sich zwischen beiden und bediente sie sorglich mit köstlichen Speisen und edlem Getränk. – Die holde Rosa, in hoher Anmut, in vollem Liebreiz prangend, zwischen den beiden bildschönen Jünglingen, mitten unter den alten bärtigen Meistern – das war gar lieblich anzuschauen, man mußte an ein leuchtendes Morgenwölklein denken, das einzeln am düstern Himmel heraufgezogen, oder es mochten auch wohl schöne Frühlingsblumen sein, die ihre glänzenden Häupter aus trübem, farblosen Grase erhoben. Friedrich vermochte vor lauter Wonne und Seligkeit kaum zu atmen, nur verstohlen blickte er dann und wann nach der, die sein ganzes Gemüt erfüllte: er starrte vor sich hin auf den Teller – wie wär es ihm möglichgewesen, nur einen Bissen herunterzubringen. Reinhold dagegen wandte die Augen, aus denen funkelnde Blitze strahlten, nicht ab von der lieblichen Jungfrau. Er fing an von seinen weiten Reisen zu erzählen auf solch wunderbare Art, wie es Rosa noch niemals gehört hatte. Es war ihr, als wenn alles, wovon Reinhold nur sprach, lebendig aufginge in tausend stets wechselnden Gestalten. Sie war ganz Aug, ganz Ohr, sie wußte nicht wie ihr geschah, wenn Reinhold in vollem Feuer der Rede ihre Hand ergriff und sie an seine Brust drückte. „Aber“, brach Reinhold plötzlich ab, „aber Friedrich, was sitzest du da stumm und starr. Ist dir die Rede vergangen? Komm! – laß uns anstoßen auf das Wohl der lieben holden Jungfrau, die uns so gastlich bewirtet.“ Friedrich ergriff mit zitternder Hand das große Trinkglas, das Reinhold bis an den Rand gefüllt hatte und das er, (Reinhold ließ nicht nach) bis auf den letzten Tropfen leeren mußte. „Nun soll unser brave Meister leben“, rief Reinhold, schenkte wieder ein und abermals mußte Friedrich das Glas austrinken. Da fuhren die Feuergeister des Weins durch sein Inneres und regten das stockende Blut an, daß es siedend in allen Pulsen und Adern hüpfte. „Ach mir ist so unbeschreiblich wohl“, lispelte er, indem glühende Röte in sein Antlitz stieg, „ach so gut ist es mir auch ja noch nicht geworden.“ Rosa, die seine Worte wohl ganz anders deuten mochte, lächelte ihn an mit unbeschreiblicher Milde. Da sprach Friedrich befreit von aller Bangigkeit: „Liebe Rosa, Ihr möget Euch meiner wohl gar nicht mehr erinnern?“ „Ei, lieber Friedrich“, erwiderte Rosa mit niedergeschlagenen Augen, „ei wie wär’s denn möglich, daß ich Euch vergessen haben sollte in so kurzer Zeit. Bei dem alten Herrn Holzschuer – damals war ich zwar noch ein Kind, aber Ihr verschmähtet es nicht, mit mir zu spielen und wußtet immer was Hübsches, was Artiges aufs Tapet zu bringen. Und das kleine allerliebste Körblein von feinem Silberdraht, das Ihr mir damals zu Weihnachten schenktet, das habe ich noch und verwahre es sorglich als ein teures Andenken." Tränen glänzten in den Augen des wonnetrunknen Jünglings, er wollte sprechen, aber, nur wie ein tiefer Seufzer, entquollen der Brust die Worte: „O Rosa – liebe, liebe – Rosa!" – „Immer", fuhr Rosa fort, „immer hab ich recht herzlich gewünscht Euch wiederzusehen, aber daß Ihr zum Küperhandwerk übergehen würdet, das hab ich nimmermehr geglaubt. Ach wenn ich an die schönen Sachen denke, die Ihr damals bei dem Meister Holzschuer verfertigtet, es ist doch schade, daß Ihr nicht bei Eurer Kunst geblieben seid." „Ach Rosa", sprach Friedrich, „nur um Euretwillen wurde ich ja untreu meiner lieben Kunst." – Kaum waren diese Worte heraus, als Friedrich hätte in die Erde sinken mögen vor Angst und Scham! – Das unbesonnenste Geständnis war auf seine Lippen gekommen. Rosa, wie alles ahnend, wandte das Gesicht von ihm weg, er rang vergebens nach Worten. Da schlug Herr Paumgartner mit dem Messer hart auf den Tisch und verkündete der Gesellschaft, daß Herr Vollrad, ein würdiger Meistersinger, ein Lied anstimmen werde. Herr Vollrad stand denn auch alsbald auf, räusperte sich und sang solch ein schönes Lied in der güldnen Tonweis Hanns Vogelgesangs, daß allen das Herz vor Freuden hüpfte und selbst Friedrich sich wieder erholte von seiner schlimmen Bedrängnis. Nachdem Herr Vollrad noch mehrere schöne Lieder in andern herrlichen Weisen, als da ist: der süße Ton, die Krummzinkenweis, die geblümte Paradiesweis, die frisch Pomeranzenweis u. a. gesungen, sprach er, daß, wenn jemand an der Tafel was von der holdseligen Kunst der Meistersinger verstehe, er nun auch ein Lied anstimmen möge. Da stand Reinhold auf und sprach, wenn es ihm erlaubt sei, sich auf italische Weise mit der Laute zu begleiten, so wolle er wohl auch ein Lied anstimmen und dabei die deutsche Weis ganz beibehalten. Er holte, als niemand etwas dagegen hatte, sein Instrument herbei und hub, nachdem er in gar lieblichen Klängen präludiert hatte, folgendes Lied an:

„Wo steht das Brünnelein
Was sprudelt würzigen Wein?
Im tiefen Grund.

Da kunt
Ihr fröhlich schaun
Sein lieblich golden Rinnen,
Das schöne Brünnelein,
Drin sprudelt goldner Wein,
Wer hat's gemacht,
Bedacht
Mit hoher Kunst,
Und wackrem Fleiß daneben?
Das lustge Brünnelein
Mit hoher Kunst gar fein,
Allein
Tät es der Küper machen.
Erglüht von edlem Wein,
Im Herzen Liebe rein,
Jung Küpers Art,
Gar zart
Ist das in allen Sachen."

Das Lied gefiel allen über die Maßen wohl, aber keinem so sehr als dem Meister Martin, dem die Augen vor Freude und Entzücken glänzten. Ohne auf Vollrad zu achten, der beinahe zu viel von der stumpfen Schoßweis Hans Müllers sprach, die der Geselle gut genug getroffen – ohne auf ihn zu achten stand Meister Martin auf von seinem Sitze und schrie, indem er sein Paßglas in die Höhe hob: „Komm her – du wackrer Küper und Meistersinger – komm her, mit mir, mit deinem Meister Martin sollst du dies Glas leeren!" Reinhold mußte tun, wie ihm geboten. Als er zu seinem Platz zurückkehrte, raunte er dem tiefsinnigen Friedrich ins Ohr: „Nun mußt du singen – sing das Lied von gestern abend." „Bist du rasend", erwiderte Friedrich ganz erzürnt. Da sprach Reinhold mit lauter Stimme zur Gesellschaft: „Ihr ehrbaren Herren und Meister! hier mein lieber Bruder Friedrich ist noch viel schönerer Lieder mächtig und hat eine viel lieblichere Stimme als ich, aber die Kehle ist ihm verstaubt von der Reise, und da wird er ein andermal seine Lieder in den herrlichsten Weisen euch auftischen!" – Nun fielen alle mit Lobeserhebungen über Friedrich her, als ob er schon gesungen hätte. Manche Meister meinten sogar endlich, daß seine Stimme in der Tat doch lieblicher sei, als die des Gesellen Reinhold, so wie Herr Vollrad, nachdem er noch ein volles Glas geleert hatte, überzeugt war, daß Friedrich doch die deutschen schönen Weisen besser treffe, als Reinhold, der gar zu viel Italisches an sich habe. Aber Meister Martin warf den Kopf in den Nacken, schlug sich auf den runden Bauch, daß es klatschte, und rief: „Das sind nun *meine* Gesellen – *meine* sag ich, des Küpermeisters Tobias Martin zu Nürnberg, Gesellen!“ – Und alle Meister nickten mit den Häuptern und sprachen, die letzten Tropfen aus den hohen Trinkgläsern nippend: „Ja, ja! – Eure, des Meister Martins brave wackre Gesellen!“ – Man begab sich endlich zur Ruhe. Reinhold und Friedrich, jedem wies Meister Martin eine schmucke helle Kammer in seinem Hause an.

Wie der dritte Gesell zum Meister Martin ins Haus kam, und was sich darauf weiter begab

Als die beiden Gesellen Reinhold und Friedrich einige Wochen hindurch in Meister Martins Werkstatt gearbeitet hatten, bemerkte dieser, daß, was Messung mit Lineal und Zirkel, Berechnung und richtiges Augenmaß betraf, Reinhold wohl seinesgleichen suchte, doch anders war es bei der Arbeit auf der Fügbank, mit dem Lenkbeil, oder mit dem Schlägel. Da ermattete Reinhold sehr bald und das Werk förderte nicht, er mochte sich mühen wie er wollte. Friedrich dagegen hobelte und hämmerte frisch darauf los, ohne sonderlich zu ermüden. Was sie aber miteinander gemein hatten, war ein sittiges Betragen, in das vorzüglich auf Reinholds Anlaß, viel unbefangne Heiterkeit und gemütliche Lust kam. Dazu schonten sie in voller Arbeit, zumal wenn die holde Rosa zugegen war, nicht ihre Kehlen, sondern sangen mit ihren lieblichen Stimmen, die gar anmutig zusammengingen, manches herrliche Lied. Und wollte dann auch Friedrich, indem er hinüberschielte nach Rosen, in den schwermütigen Ton verfallen, so stimmte Reinhold sogleich ein Spottlied an, das er ersonnen und das anfing: „Das Faß ist nicht die Zither, die Zither nicht das Faß“; so daß der alte Herr Martin oft den Degsel, den er schon zum Schlage erhoben, wieder sinken ließ und sich den wackelnden Bauch hielt vor innigem Lachen. Überhaupt hatten die beiden Gesellen, vorzüglich aber Reinhold, sich ganz in Martins Gunst festgenistet, und wohl konnte man bemerken, daß Rosa auch manchen Vorwand suchte, um öfter und länger in der Werkstatt zu verweilen, als sonst wohl geschehen sein mochte.

Eines Tages trat Herr Martin ganz nachdenklich in seine offne Werkstatt vor dem Tore hinein, wo Sommer über gearbeitet wurde. Eben setzten Reinhold und Friedrich ein kleines Faß auf. Da stellte sich Meister Martin vor sie hin, mit übereinandergeschlagenen Armen und sprach: „Ich kann euch gar nicht sagen, ihr lieben Gesellen, wie sehr ich mit euch zufrieden bin, aber nun komme ich doch in große Verlegenheit. Vom Rhein her schreiben sie, daß das heurige Jahr, was den Weinbau betrifft, gesegneter sein werde, als je eins gewesen. Ein weiser Mann hat gesagt, der Komet, der am Himmel heraufgezogen, befruchte mit seinen wunderbaren Strahlen die Erde, so daß sie aus den tiefsten Schachten alle Glut, die die edlen Metalle kocht, herausströmen und ausdunsten werde, in die durstigen Reben, die in üppigem Gedeihen Traub auf Traube hervorarbeiten, und das flüssige Feuer, von dem sie getränkt, hineinsprudeln würden in das Gewächs. Erst nach beinahe dreihundert Jahren werde solch günstige Konstellation wieder eintreten. – Da wird's nun Arbeit geben die Hülle und die Fülle. Und dazu kommt noch, daß auch der hochwürdige Herr Bischof von Bamberg an mich geschrieben und ein großes Faß bei mir bestellt hat. Damit können wir nicht fertig werden und es tut not, daß ich mich noch nach einem tüchtigen Gesellen umschaue. Nun möcht ich aber auch nicht gleich diesen oder jenen von der Straße unter uns aufnehmen und doch brennt mir das Feuer auf den Nägeln. Wenn ihr einen wackern Gesellen irgendwo wißt, den ihr unter euch leiden möchtet, so sagt's nur, ich schaff ihn her und sollt es mir auch ein gut Stück Geld kosten." Kaum hatte Meister Martin dies gesprochen, als ein junger Mensch von hohem kräftigen Bau mit starker Stimme hineinrief: „He da! ist das hier Meister Martins Werkstatt?" „Freilich", erwiderte Meister Martin, indem er auf den jungen Gesellen losschritt, „freilich ist sie das, aber Ihr braucht gar nicht so mörderlich hineinzuschreien und hineinzutappen, so kommt man nicht zu den Leuten." „Ha, ha, ha", lachte der junge Gesell, „Ihr seid wohl Meister Martin selbst, denn so mit dem dicken Bauche, mit dem stattlichen Unterkinn, mit den blinzelnden Augen, mit der roten Nase, gerade so ist er mir beschrieben worden. Seid mir schön gegrüßt Meister Martin." „Nun was wollt Ihr denn vom Meister Martin", fragte dieser ganz unmutig. „Ich bin", antwortete der junge Mensch, „ich bin ein Küpergesell und wollte nur fragen, ob ich bei Euch in Arbeit kommen könnte." Meister Martin trat vor Verwunderung, daß gerade in dem Augenblick, als er gesonnen war einen Gesellen zu suchen, sich einer meldete, ein paar Schritte zurück, und maß den jungen Menschen von Kopf bis zum Fuße. Der schaute ihn aber keck an mit blitzenden Augen. Als nun Meister Martin die breite Brust, den starken Gliederbau, die kräftigen Fäuste des jungen Menschen bemerkte, dachte er bei sich selbst, gerade solch einen tüchtigen Kerl brauche ich ja, und fragte ihn sogleich nach den Handwerkszeugnissen. „Die hab ich nicht zur Hand“, erwiderte der junge Mensch, „aber ich werde sie beschaffen in kurzer Zeit, und geb Euch jetzt mein Ehrenwort, daß ich treu und redlich arbeiten will, das muß Euch gnügen.“ Und damit, ohne Meister Martins Antwort abzuwarten, schritt der junge Gesell zur Werkstatt hinein, warf Barett und Reisebündel ab, zog das Wams herunter, band das Schurzfell vor und sprach: „Sagt nur gleich an Meister Martin, was ich jetzt arbeiten soll.“ Meister Martin, ganz verdutzt über des fremden Jünglings keckes Betragen, mußte sich einen Augenblick besinnen, dann sprach er: „Nun Geselle, beweiset einmal gleich, daß Ihr ein tüchtiger Küper seid, nehmt den Gargelkamm zur Hand und fertigt an dem Faß, das dort auf dem Endstuhl liegt, die Kröse.“ Der fremde Gesell vollführte das, was ihm geheißen, mit besonderer Stärke, Schnelle und Geschicklichkeit und rief dann, indem er hell auflachte: „Nun Meister Martin zweifelt Ihr noch daran, daß ich ein tüchtiger Küper bin? – Aber“, fuhr er fort, indem er in der Werkstatt auf und ab gehend mit den Blicken Handwerkszeug und Holzvorrat musterte, „aber habt Ihr auch tüchtiges Gerät und – was ist denn das für ein Schlägelchen dort, damit spielen wohl Eure Kinder? – und das Lenkbeilchen, hei! das ist wohl für die Lehrburschen –“ Und damit schwang er den großen schweren Schlägel den Reinhold gar nicht regieren konnte und mit dem Friedrich nur mühsam hantierte, das wuchtige Lenkbeil, mit dem Meister Martin selbst arbeitete, hoch in den Lüften. Dann rollte er ein paar große Fässer, wie leichte Bälle beiseite und ergriff eine von den dicken noch nicht ausgearbeiteten Dauben. „Ei“, rief er, „ei Meister, das ist gutes Eichenstabholz, das muß springen wie Glas!“ Und damit schlug er die Daube gegen den Schleifstein, daß sie mit lautem Schall glatt ab in zwei Stücke zerbrach. „O wollt Ihr doch“, sprach Meister Martin, „wollt Ihr doch, lieber Gesell, nicht etwa jenes zweifudrige Faß herausschmeißen oder gar die ganze Werkstatt zusammenschlagen. Zum Schlägel könnt Ihr ja den Balken dort brauchen und damit Ihr auch ein Lenkbeil nach Eurem Sinn bekommt, will ich Euch das drei Ellen lange Rolandsschwert vom Rathause herunterholen." „Das wär mir nun eben recht", rief der junge Mensch, indem ihm die Augen funkelten, aber sogleich schlug er den Blick nieder und sprach mit gesenkter Stimme: „Ich dachte nur, lieber Meister, daß Ihr zu Eurer großen Arbeit recht starke Gesellen nötig hättet und da bin ich wohl mit meiner Leibeskraft etwas zu vorlaut, zu prahlerisch gewesen. Nehmt mich aber immerhin in Arbeit, ich will wacker schaffen, was Ihr von mir begehrt." Meister Martin sah dem Jüngling ins Gesicht und mußte sich gestehen, daß ihm wohl nie edlere und dabei grundehrlichere Züge vorgekommen. Ja es war ihm, als rege sich bei dem Anblick des Jünglings die dunkle Erinnerung irgendeines Mannes auf, den er schon seit langer Zeit geliebt und hochverehrt, doch konnte er diese Erinnerung nicht ins klare bringen, wiewohl er deshalb des Jünglings Verlangen auf der Stelle erfüllte und ihm nur aufgab sich nächstens durch glaubhafte Atteste zum Handwerk gehörig auszuweisen. Reinhold und Friedrich waren indessen mit dem Aufsetzen des Fasses fertig geworden und trieben nun die ersten Bände auf. Dabei pflegten sie immer ein Lied anzustimmen und taten es nun auch, indem sie ein feines Lied in der Stieglitzweis Adam Puschmanns begannen. Da schrie aber Conrad (so war der neue Gesell geheißen) von der Fügbank, an die ihn Meister Martin gestellt, herüber: „Ei was ist denn das für ein Quinkelieren? Kommt es mir doch vor, als wenn die Mäuse pfeifen hier in der Werkstatt. Wollt ihr was singen, so singt so, daß es einem das Herz erfrischt und Lust macht zur Arbeit. Solches mag ich auch wohl bisweilen tun." Und damit begann er ein tolles Jagdlied mit Hallo und Hussa! und dabei ahmte er das Gebell der Hundekoppeln, die gellenden Rufe der Jäger mit solch durchdringender, schmetternder Stimme nach, daß die großen Fässer widerklangen und die ganze Werkstatt erdröhnte. Meister Martin verhielt sich mit beiden Händen die Ohren und der Frau Marthe (Valentins Witwe) Knaben, die in der Werkstatt spielten, verkrochen sich furchtsam unters Stabholz. In dem Augenblick trat Rosa hinein, verwundert, erschrocken über das fürchterliche Geschrei, was gar nicht Singen zu nennen. Sowie Conrad Rosa gewahrte, schwieg er augenblicklich, stand von der Fügbank auf und nahte sich ihr, sie mit dem edelsten Anstande grüßend. Dann sprach er mit sanfter Stimme, leuchtendes Feuer in den hellen braunen Augen: „Mein holdes Fräulein, welch ein süßer Rosenschimmer ging denn auf in dieser schlechten Arbeitshütte, als Ihr eintratet, o wäre ich Euer doch nur früher ansichtig geworden, nicht Eure zarten Ohren hätt ich beleidigt mit meinem wilden Jagdliede!" – „Oh", (so rief er, sich zu Meister Martin und den andern Gesellen wendend) „o hört doch nur auf mit euerm abscheulichen Geklapper! – Solange euch das liebe Fräulein ihres Anblicks würdigt, mögen Schlägel und Treiber ruhn. Nur *ihre* süße Stimme wollen wir hören, und mit gebeugtem Haupt erlauschen, was *sie* gebietet uns demütigen Knechten." Reinhold und Friedrich schauten sich ganz verwundert an, aber Meister Martin lachte hell auf und rief: „Nun Conrad! – nun ist's klar, daß Ihr der allernärrischte Kauz seid, der jemals ein Schurzfell vorgebunden. Erst kommt Ihr her und wollt mir wie ein ungeschlachter Riese alles zerschmeißen, dann brüllt Ihr dermaßen, daß uns allen die Ohren gellen und zum würdigen Schluß aller Tollheit seht Ihr mein Töchterlein Rosa für ein Edelfräulein an, und gebärdet Euch wie ein verliebter Junker!" „Eure holde Tochter", erwiderte Conrad gelassen, „Eure holde Tochter kenne ich gar wohl lieber Meister Martin, aber ich sage Euch, daß sie das hochherrlichste Fräulein ist, das auf Erden wandelt, und mag der Himmel verleihen, daß sie den edelsten Junker würdige in treuer, ritterlicher Liebe ihr Paladin zu sein." Meister Martin hielt sich die Seiten, er wollte ersticken bis er dem Lachen Luft gab, durch Krächzen und Hüsteln. Kaum der Sprache mächtig, stotterte er dann: „Gut – sehr gut, mein allerliebster Junge, magst du meine Rosa immerhin für ein hochadlig Fräulein halten, ich gönn es dir – aber dem unbeschadet – sei so gut und gehe fein zurück an deine Fügbank!" Conrad blieb eingewurzelt stehen mit niedergeschlagenem Blick, rieb sich die Stirn, sprach leise: „Es ist ja wahr", und tat dann wie ihm geheißen. Rosa setzte sich, wie sie immer in der Werkstatt zu tun pflegte, auf ein klein Fäßlein, das Reinhold sorglich abgestäubt und Friedrich herbeigeschoben hatte. Beide fingen, Meister Martin gebot es ihnen, nun aufs neue das schöne Lied an, in dem sie der wilde Conrad unterbrochen, der nun still und ganz in sich versunken, an der Fügbank fortarbeitete.

Als das Lied geendet, sprach Meister Martin: „Euch hat der Himmel eine schöne Gabe verliehn, ihr lieben Gesellen! – ihr glaubt gar nicht, wie hoch ich die holdselige Singekunst achte. Wollt ich doch auch einmal ein Meistersinger werden, aber das ging nun ganz und gar nicht, ich mochte es auch anstellen, wie ich wollte. Mit aller meiner Mühe erntete ich nur Hohn und Spott ein. Beim Freisingen machte ich bald falsche Anhänge, bald Klebsilben, bald ein falsch Gebänd, bald falsche Blumen, oder verfiel ganz und gar in falsche Melodei. – Nun ihr werdet es besser machen und es wird heißen, was der Meister nicht vermag, das tun doch seine Gesellen. Künftigen Sonntag ist zur gewöhnlichen Zeit nach der Mittagspredigt ein Meistersingen in der St. Katharinenkirche, da könnet ihr beide, Reinhold und Friedrich, Lob und Ehre erlangen mit eurer schönen Kunst, denn vor dem Hauptsingen wird ein Freisingen gehalten, woran ihr, so wie jeder Fremde, der der Singekunst mächtig, ungehindert teilnehmen könnet. Nun Gesell Conrad" (so rief Meister Martin herüber zur Fügbank), „nun Gesell Conrad, möcht Ihr nicht auch den Singstuhl besteigen und Euer schönes Jagdlied anstimmen?" „Spottet nicht", erwiderte Conrad ohne aufzublicken, „spottet nicht lieber Meister! jedes an seinem Platze. Während Ihr Euch an dem Meistersingen erbaut, werde ich auf der Allerwiese meinem Vergnügen nachgehn."

Es kam so, wie Meister Martin wohl vermutet. Reinhold bestieg den Singestuhl und sang Lieder in unterschiedlichen Weisen, die alle Meistersinger erfreuten, wiewohl sie meinten, daß dem Sänger zwar kein Fehler, aber eine gewisse ausländische Art, selbst könnten sie nicht sagen, worin die eigentlich bestehe, vorzuwerfen sei. Bald darauf setzte sich Friedrich auf den Singestuhl, zog sein Barett ab und begann, nachdem er einige Sekunden vor sich hingeschaut, dann aber einen Blick in die Versammlung geworfen, der wie ein glühender Pfeil der holden Rosa in die Brust traf, daß sie tief aufseufzen mußte, ein solches herrliches Lied im zarten Ton Heinrich Frauenlobs, daß alle Meister einmütiglich bekannten, keiner unter ihnen vermöge den jungen Gesellen zu übertreffen.

Als der Abend herangekommen und die Singschule geendigt, begab sich Meister Martin, um den Tag recht zu genießen, in heller Fröhlichkeit, mit Rosa nach der Allerwiese. Die beiden Gesellen Reinhold und Friedrich durften mitgehen. Rosa schritt in ihrer Mitte. Friedrich ganz verklärt von dem Lobe der Meister, in seliger Trunkenheit, wagte manches kühne Wort, das Rosa, die Augen verschämt niederschlagend, nicht vernehmen zu wollen schien. Sie wandte sich lieber zu Reinhold, der nach seiner Weise allerlei Lustiges schwatzte und sich nicht scheute, seinen Arm um Rosas Arm zu schlingen. Schon in der Ferne hörten sie das jauchzende Getöse auf der Allerwiese. An den Platz gekommen, wo die Jünglinge sich in allerlei zum Teil ritterlichen Spielen ergötzten, vernahmen sie wie das Volk ein Mal über das andere rief: „Gewonnen, gewonnen – er ist's wieder, der Starke! – ja gegen den kommt niemand auf!" – Meister Martin gewahrte, als er sich durchs Volk gedrängt hatte, daß alles Lob, alles Jauchzen des Volks niemanden anders galt, als seinem Gesellen Conrad. Der hatte im Wettrennen, im Faustkampf, im Wurfspießwerfen alle übrige übertroffen. Als Martin herankam, rief Conrad eben: ob es jemand mit ihm aufnehmen wolle im lustigen Kampfspiel mit stumpfen Schwertern? Mehrere wackre Patrizierjünglinge, solch ritterlichen Spiels gewohnt, ließen sich ein auf die Forderung. Nicht lange dauerte es aber, so hatte Conrad auch hier ohne alle große Mühe und Anstrengung sämtliche Gegner überwunden, so daß des Lobpreisens seiner Gewandtheit und Stärke gar kein Ende war.

Die Sonne war herabgesunken, das Abendrot erlöschte und die Dämmerung stieg mit Macht herauf. Meister Martin, Rosa und die beiden Gesellen hatten sich an einem plätschernden Springquell gelagert. Reinhold erzählte viel Herrliches von dem fernen Italien, aber Friedrich schaute still und selig der holden Rosa in die Augen. Da kam Conrad heran, leisen zögernden Schrittes, wie mit sich selbst uneins, ob er sich zu den andern lagern solle oder nicht. Meister Martin rief ihm entgegen: „Nun Conrad, kommt nur immer heran, Ihr habt Euch tapfer gehalten auf der Wiese, so kann ich's wohl leiden an meinen Gesellen, so ziemt es ihnen auch. Scheut Euch nicht Geselle! setzt Euch zu uns, ich erlaub es Euch!" Conrad warf einen durchbohrenden Blick auf den Meister, der ihm gnädig zunickte, und sprach dann mit dumpfer Stimme: „Vor Euch scheue ich mich nun ganz und gar nicht, hab Euch auch noch gar nicht nach der Erlaubnis gefragt, ob ich mich hier lagern darf oder nicht, komme überhaupt auch gar nicht zu *Euch*. Alle meine Gegner hab ich in den Sand gestreckt im lustigen Ritterspiel, und da wollt ich nur das holde Fräulein fragen, ob sie mir nicht auch wie zum Preis des lustigen Spiels den schönen Strauß verehren wollte, den sie an der Brust trägt." Damit ließ sich Conrad vor Rosa auf ein Knie nieder, schaute mit seinen klaren braunen Augen ihr recht ehrlich ins Antlitz und bat: „Gebt mir immer den schönen Strauß als Siegespreis holde

Rosa, Ihr dürft mir das nun durchaus nicht abschlagen." Rosa nestelte auch gleich den Strauß los und gab ihn Conrad, indem sie lachend sprach: „Ei, ich weiß ja wohl, daß einem solchen tapfern Ritter wie Ihr seid, solch ein Ehrenzeichen von einer Dame gebührt und so nehmt immerhin meine welkgewordenen Blumen." Conrad küßte den ihm dargebotenen Strauß und steckte ihn dann an sein Barett, aber Meister Martin rief, indem er aufstand: „Nun seht mir einer die tollen Possen! – doch laßt uns nach Hause wandeln, die Nacht bricht ein." Herr Martin schritt vorauf, Conrad ergriff mit sittigem, zierlichem Anstande Rosas Arm, Reinhold und Friedrich schritten ganz unmutig hinterher. Die Leute, denen sie begegneten, blieben stehn und schauten ihnen nach, indem sie sprachen: „Ei seht nur, seht, das ist der reiche Küper Thomas Martin, mit seinem holden Töchterlein und seinen wackern Gesellen. Das nenn ich mir hübsche Leute!"

Wie Frau Marthe mit Rosa von den drei Gesellen sprach. Conrads Streit mit dem Meister Martin

Junge Mägdlein pflegen wohl alle Lust des Festtages erst am andern Morgen sich so recht durch Sinn und Gemüt gehen zu lassen und diese Nachfeier dünkt ihnen dann beinahe noch schöner als das Fest selbst. So saß auch die holde Rosa am andern Morgen einsam in ihrem Gemach und ließ, die gefalteten Hände auf dem Schoß, das Köpfchen sinnend vor sich hingeneigt, Spindel und Nähterei ruhen. Wohl mocht es sein, daß sie bald Reinholds und Friedrichs Lieder hörte, bald den gewandten Conrad sah, wie er seine Gegner besiegte, wie er sich von ihr den Preis des Siegers holte, denn bald summte sie ein paar Zeilen irgendeines Liedleins, bald lispelte sie: „Meinen Strauß wollt Ihr?" und dann leuchtete höheres Rot auf ihren Wangen, schimmerten Blitze durch die niedergesenkten Wimpern, stahlen sich leise Seufzer fort aus der innersten Brust. Da trat Frau Marthe hinein und Rosa freute sich nun, recht umständlich erzählen zu können, wie alles sich in der St. Katharinenkirche und auf der Allerwiese begeben. Als Rosa geendet, sprach Frau Marthe lächelnd: „Nun, liebe Rosa, nun werdet Ihr wohl bald unter drei schmucken Freiern wählen können." „Um Gott", fuhr Rosa auf, ganz erschrocken und blutrot im Gesicht bis unter die Augen, „um Gott Frau Marthe, wie meint

Ihr denn das? – ich! – drei Freier?“ – „Tut nur nicht so“, sprach Frau Marthe weiter, „tut nur nicht so liebe Rosa, als ob Ihr gar nichts wissen, nichts ahnen könntet. Man müßte ja wahrhaftig gar keine Augen haben, man müßte ganz verblendet sein, sollte man nicht schauen, daß unsere Gesellen Reinhold, Friedrich und Conrad, ja daß alle drei in der heftigsten Liebe zu Euch sind.“ „Was bildet Ihr Euch ein, Frau Marthe“, lispelte Rosa, indem sie die Hand vor die Augen hielt. „Ei“, fuhr Frau Marthe fort, indem sie sich vor Rosa hinsetzte und sie mit einem Arm umschlang, „ei du holdes, verschämtes Kind, die Hände weg, schau mir recht fest in die Augen und dann leugne, daß du es längst gut gemerkt hast, wie die Gesellen dich in Herz und Sinn tragen, leugne das? – Siehst du wohl daß du das nicht kannst? – nun es wär auch wirklich wunderbar, wenn eines Mägdleins Augen nicht so was gleich erschauen sollten. Wie die Blicke von der Arbeit weg dir zufliegen, wie ein rascherer Takt alles belebt, wenn du in die Werkstatt trittst. Wie Reinhold und Friedrich ihre schönsten Lieder anstimmen, wie selbst der wilde Conrad fromm und freundlich wird, wie jeder sich müht dir zu nahen, wie flammendes Feuer aufflackert im Antlitz dessen, den du eines holden Blicks, eines freundlichen Worts würdigst! Ei, mein Töchterchen, ist es denn nicht schön, daß solche schmucke Leute um dich buhlen? – Ob du überhaupt einen und wen von den dreien du wählen wirst, das kann ich in der Tat gar nicht sagen, denn freundlich und gut bist du gegen alle, wiewohl ich – doch still still davon. Kämst du nun zu mir und sprächst: ‚Ratet mir Frau Marthe, wem von diesen Jünglingen, die sich um mich mühen, soll ich Herz und Hand zuwenden‘, da würd ich denn freilich antworten: ‚Spricht dein Herz nicht ganz laut und vernehmlich: *der* ist es, dann laß sie nur alle drei laufen.‘ Sonst aber gefällt mir Reinhold sehr wohl, auch Friedrich, auch Conrad, und dann hab ich gegen alle drei auch manches einzuwenden. – Ja in der Tat, liebe Rosa, wenn ich die jungen Gesellen so tapfer arbeiten sehe, gedenke ich immer meines lieben armen Valentins und da muß ich doch sagen, so wenig er vielleicht noch bessere Arbeit schaffen mochte, so war doch in allem, was er förderte, solch ein ganz anderer Schwung, eine andere Manier. Man merkte, daß er bei dem Dinge war mit ganzer Seele, aber bei den jungen Gesellen ist es mir immer, als täten sie nur so und hätten ganz andere Sachen im Kopfe als ihre Arbeit, ja als sei diese nur eine Bürde, die sie freiwillig sich aufgelastet und nun mit wackerm Mute trügen. Mit Friedrich kann ich mich nun am besten vertragen, das ist ein gar treues herziges Gemüt. Es ist, als gehöre der am mehrsten zu uns, ich verstehe alles was er spricht, und daß er Euch so still, mit aller Schüchternheit eines frommen Kindes liebt, daß er kaum wagt Euch anzublicken, daß er errötet, sowie Ihr ein Wort mit ihm redet, das ist's, was ich so sehr an dem lieben Jungen rühme." Es war als trete eine Träne in Rosas Auge, als Frau Marthe dies sagte. Sie stand auf und sprach zum Fenster gewendet: „Friedrich ist mir auch recht lieb, aber daß du mir ja nicht den Reinhold verachtest." „Wie könnte ich denn das", erwiderte Frau Marthe, „Reinhold ist nun offenbar der schönste von allen. Was für Augen! nein, wenn er einen so durch und durch blitzt mit den leuchtenden Blicken, man kann es gar nicht ertragen! – Aber dabei ist in seinem ganzen Wesen so etwas Verwunderliches, das mir ordentlich Schauer erregt und mich von ihm zurückschreckt. Ich denke, Herrn Martin müßte, wenn Reinhold in seiner Werkstatt arbeitet und er ihn dieses, jenes fördern heißt, so zumute sein, wie mir es sein würde, wenn jemand in meine Küche ein von Gold und Edelsteinen funkelndes Gerät hingestellt hätte und das solle ich nun brauchen wie gewöhnliches schlechtes Hausgerät, da ich denn doch gar nicht wagen möchte, es nur anzurühren. Er erzählt und spricht und spricht und das alles klingt wie süße Musik und man wird ganz hingerissen davon, aber wenn ich nun ernstlich daran denke, was er gesprochen, so hab ich am Ende kein Wörtlein davon verstanden. Und wenn er denn auch wohl einmal nach unserer Weise scherzt und ich denke, nun ist er denn doch so wie wir, so sieht er mit einemmal so vornehm darein, daß ich ordentlich erschrecke. Und dabei kann ich gar nicht sagen, daß sein Ansehn der Art gliche, wie mancher Junker, mancher Patrizier sich bläht, nein es ist etwas ganz anderes. Mit einem Wort, es kommt mir Gott weiß es so vor, als habe er Umgang mit höheren Geistern, als gehöre er überhaupt einer andern Welt an. Conrad ist ein wilder, übermütiger Geselle und hat dabei in seinem ganzen Wesen auch ganz etwas verdammt Vornehmes, was zum Schurzfell nicht recht passen will. Und dabei tut er so, als wenn nur *er* allein zu gebieten hätte und die andern ihm gehorchen müßten. Hat er es doch in der kurzen Zeit seines Hierseins dahin gebracht, daß Meister Martin von Conrads schallender Stimme angedonnert, sich seinem Willen fügt. Aber dabei ist Conrad wieder so gutmütig und grundehrlich, daß man ihm gar nicht gram werden kann. Vielmehr muß ich sagen, daß er mir trotz seiner Wildheit beinahe lieber ist, als Reinhold, denn zwar spricht er auch oft gewaltig hoch, aber man versteht's doch recht gut. Ich wette, *der* ist einmal, mag er sich auch stellen wie er will, ein Kriegsmann gewesen. Deshalb versteht er sich noch so gut auf die Waffen und hat sogar was vom Ritterwesen angenommen, das ihm gar nicht übel steht. – Nun sagt mir nur ganz unverhohlen liebe Rosa, wer von den drei Gesellen *Euch* am besten gefällt?" „Fragt", erwiderte Rosa, „fragt mich nicht so verfänglich, liebe Frau Marthe. Doch so viel ist gewiß, daß es mir mit Reinhold gar nicht so geht, wie Euch. Zwar ist es richtig, daß er ganz anderer Art ist, als seinesgleichen, daß mir bei seinen Gesprächen zumute wird, als tue sich mir plötzlich ein schöner Garten auf voll herrlicher glänzender Blumen, Blüten und Früchte, wie sie auf Erden gar nicht zu finden, aber ich schaue gern hinein. Seit Reinhold hier ist, kommen mir auch manche Dinge ganz anders vor, und manches, was sonst trübe und gestaltlos in meiner Seele lag, ist nun so hell und klar geworden, daß ich es ganz deutlich zu erkennen vermag." Frau Marthe stand auf und im Davongehen Rosen mit dem Finger drohend, sprach sie: „Ei, ei Rosa, also wird wohl Reinhold dein Auserwählter sein. Das hatte ich nicht vermutet, nicht geahnet." „Ich bitte Euch", erwiderte Rosa, sie zur Türe geleitend, „ich bitte Euch liebe Frau Marthe, vermutet, ahnet gar nichts, sondern überlasset alles den kommenden Tagen. Was *die* bringen, ist Fügung des Himmels, der sich jeder schicken muß in Frömmigkeit und Demut." – In Meister Martins Werkstatt war es indessen sehr lebhaft worden. Um alles Bestellte fördern zu können, hatte er noch Handlanger und Lehrburschen angenommen und nun wurde gehämmert und gepocht, daß man es weit und breit hören konnte. Reinhold war mit der Messung des großen Fasses, das für den Bischof von Bamberg gebaut werden sollte, fertig worden und hatte es mit Friedrich und Conrad so geschickt aufgesetzt, daß dem Meister Martin das Herz im Leibe lachte und er ein Mal über das andere rief: „Das nenn ich mir ein Stück Arbeit, das wird ein Fäßlein, wie ich noch keines gefertigt, mein Meisterstück ausgenommen." – Da standen nun die drei Gesellen und trieben die Bände auf die gefügten Dauben, daß alles vom lauten Getöse der Schlägel widerhallte. Der alte Valentin schabte emsig mit dem Krummmesser und Frau Marthe, die beiden kleinsten Kinder auf dem

Schoße, saß dicht hinter Conrad, während die andern muntern Buben schreiend und lärmend sich mit den Reifen herumtummelten und jagten. Das gab eine lustige Wirtschaft so daß man kaum den alten Herrn Johannes Holzschuer bemerkte, der zur Werkstatt hineintrat. Meister Martin schritt ihm entgegen, und fragte höflich nach seinem Begehren. „Ei", erwiderte Holzschuer, „ich wollte einmal meinen lieben Friedrich wiederschauen, der dort so wacker arbeitet. Aber dann lieber Meister Martin, tut in meinem Weinkeller ein tüchtiges Faß not, um dessen Fertigung ich Euch bitten wollte. – Seht nur, dort wird ja eben solch ein Faß errichtet, wie ich es brauche, das könnt Ihr mir ja überlassen, Ihr dürft mir nur den Preis sagen." Reinhold der ermüdet einige Minuten in der Werkstatt geruht hatte, und nun wieder zum Gerüst heraufsteigen wollte, hörte Holzschuers Worte und sprach, den Kopf nach ihm wendend: „Ei lieber Herr Holzschuer, die Lust nach unserm Fäßlein laßt Euch nur vergehen, *das* arbeiten wir für den hochwürdigen Herrn Bischof von Bamberg!" – Meister Martin die Ärme über den Rücken zusammengeschlagen, den linken Fuß vorgesetzt, den Kopf in den Nacken geworfen, blinzelte nach dem Faß hin und sprach dann mit stolzem Ton: „Mein lieber Meister, schon an dem ausgesuchten Holz, an der Sauberkeit der Arbeit hättet Ihr bemerken können, daß solch ein Meisterstück nur dem fürstlichen Keller ziemt. Mein Geselle Reinhold hat richtig gesprochen, nach solchem Werk laßt Euch die Lust vergehn, wenn die Weinlese vorüber, werd ich Euch ein tüchtiges schlichtes Fäßlein fertigen lassen, wie es sich für Euern Keller schickt." Der alte Holzschuer, aufgebracht über Meister Martins Stolz, meinte dagegen, daß seine Goldstücke geradesoviel wögen, als die des Bischofs von Bamberg, und daß er anderswo auch wohl für sein bares Geld gute Arbeit zu bekommen hoffe. Meister Martin, überwallt von Zorn, hielt mühsam an sich, er durfte den alten, vom Rat, von allen Bürgern hochverehrten Herrn Holzschuer wohl nicht beleidigen. Aber in dem Augenblick schlug Conrad immer gewaltiger mit dem Schlägel zu, daß alles dröhnte und krachte, da sprudelte Meister Martin den innern Zorn aus und schrie mit heftiger Stimme: „Conrad – du Tölpel, was schlägst du so blind und toll zu, willst du mir das Faß zerschlagen?" „Ho, ho", rief Conrad, indem er mit trotzigem Blick sich umschaute, nach dem Meister! „ho, ho du komisches Meisterlein, warum denn nicht?" Und damit schlug er so entsetzlich auf das Faß los, daß klirrend der stärkste

Band des Fasses sprang und den Reinhold hinabwarf vom schmalen Brette des Gerüstes, während man am hohlen Nachklange wohl vernahm, daß auch eine Daube gesprungen sein müßte. Übermannt von Zorn und Wut sprang Meister Martin hinzu, riß dem Valentin den Stab, an dem er schabte, aus der Hand und versetzte, laut schreiend: „Verfluchter Hund!“ dem Conrad einen tüchtigen Schlag über den Rücken. Sowie Conrad den Schlag fühlte, drehte er sich rasch um und stand da einen Augenblick wie sinnlos, dann aber flammten die Augen vor wilder Wut, er knirschte mit den Zähnen, er heulte: „Geschlagen?“ Dann war er mit einem Sprunge herab vom Gerüst, hatte schnell das auf dem Boden liegende Lenkbeil ergriffen und führte einen gewaltigen Schlag gegen den Meister, der ihm den Kopf gespalten haben würde, hätte Friedrich nicht den Meister beiseite gerissen, so daß das Beil nur den Arm streifte, aus dem aber das Blut sogleich hinausströmte. Martin, dick und unbeholfen wie er war, verlor das Gleichgewicht und stürzte über die Fügbank, wo eben der Lehrbursche arbeitete, nieder zur Erde. Alles warf sich nun dem wütenden Conrad entgegen, der das blutige Lenkbeil in den Lüften schwang und mit entsetzlicher Stimme heulte und kreischte: „Zur Hölle muß er fahren – zur Hölle!“ Mit Riesenkraft schleuderte er alle von sich, er holte aus zum zweiten Schlage, der ohne Zweifel dem armen Meister, der auf dem Boden keuchte und stöhnte, das Garaus gemacht haben würde, da erschien aber, vor Schrecken bleich wie der Tod, Rosa in der Türe der Werkstatt. Sowie Conrad Rosa gewahrte, blieb er mit dem hochgeschwungnen Beil stehen, wie zur toten Bildsäule erstarrt. Dann warf er das Beil weit von sich, schlug die beiden Hände zusammen vor der Brust, rief mit einer Stimme, die jedem durch das Innerste drang: „O du gerechter Gott im Himmel, was habe ich denn getan!“ und aus der Werkstatt heraus ins Freie. Niemand gedachte ihn zu verfolgen.

Nun wurde der arme Meister Martin mit vieler Mühe aufgerichtet, es fand sich indessen gleich, daß das Beil nur ins dicke Fleisch des Arms gedrungen und die Wunde durchaus nicht bedeutend zu nennen war. Den alten Herrn Holzschuer, den Martin im Fall niedergerissen, zog man nun auch unter den Holzspänen hervor und beruhigte so viel möglich der Frau Marthe Kinder, die unaufhörlich um den guten Vater Martin schrien und heulten. *Der* war ganz verblüfft und meinte, hätte der Teufel von bösem Gesellen nur nicht das schöne Faß verdorben, aus der Wunde mache er sich nicht so viel.

Man brachte Tragsessel herbei für die alten Herren, denn auch Holzschuer hatte sich im Fall ziemlich zerschlagen. Er schmälte auf ein Handwerk, dem solche Mordinstrumente zu Gebote ständen, und beschwor Friedrich, je eher desto lieber sich wieder zu der schönen Bildgießerei, zu den edlen Metallen zu wenden.

Friedrich und mit ihm Reinhold, den der Reif hart getroffen und der sich an allen Gliedern wie gelähmt fühlte, schlichen, als schon tiefe Dämmerung den Himmel umzog, unmutig nach der Stadt zurück. Da hörten sie hinter einer Hecke ein leises Ächzen und Seufzen. Sie blieben stehen und es erhob sich alsbald eine lange Gestalt vom Boden, die sie augenblicklich für Conrad erkannten und scheu zurückprallten. „Ach ihr lieben Gesellen", rief Conrad mit weinerlicher Stimme, „entsetzet euch doch nur nicht so sehr vor mir! – ihr haltet mich für einen teuflischen Mordhund! – ach ich bin es ja nicht, ich bin es ja nicht – ich konnte nicht anders! ich *mußte* den dicken Meister totschlagen, eigentlich müßt ich mit euch gehen und es *noch* tun, wie es nur möglich wäre! – Aber nein – nein, es ist alles aus, ihr seht mich nicht wieder! – grüßt die holde Rosa, die ich so über die Maßen liebe! – sagt ihr, daß ich ihre Blumen zeitlebens auf dem Herzen tragen, mich damit schmücken werde, wenn ich – doch sie wird vielleicht künftig von mir hören! – lebt wohl, lebt wohl, ihr meine lieben wackern Gesellen!" – Damit rannte Conrad unaufhaltsam fort über das Feld.

Reinhold sprach: „Es ist was Besonderes mit diesem Jüngling, wir können seine Tat gar nicht abwägen oder abmessen nach gewöhnlichem Maßstab. Vielleicht erschließt sich künftig das Geheimnis, das auf seiner Brust lastete."

Reinhold verläßt Meister Martins Haus

So lustig es sonst in Meister Martins Werkstatt herging, so traurig war es jetzt geworden. Reinhold, zur Arbeit unfähig, blieb in seiner Kammer eingeschlossen; Martin, den wunden Arm in der Binde, schimpfte und schmälte unaufhörlich auf den Ungeschick des bösen fremden Gesellen. Rosa, selbst Frau Marthe mit ihren Knaben, scheuten den Tummelplatz des tollen Beginnens und so tönte dumpf und hohl wie im einsamen Walde zur Winterszeit der Holzschlag, Friedrichs Arbeit, der nun das große Faß allein mühsam genug fördern mußte.

Tiefe Traurigkeit erfüllte bald Friedrichs ganzes Gemüt, denn nun glaubte er deutlich zu gewahren, was er längst gefürchtet. Er trug keinen Zweifel, daß Rosa Reinhold liebe. Nicht allein, daß alle Freundlichkeit, manches süße Wort schon sonst Reinhold allein zugewendet wurde, so war es jetzt ja schon Beweises genug, daß Rosa, da Reinhold nicht hinauskonnte zur Werkstatt, ebenfalls nicht mehr daran dachte, herauszugehen und lieber im Hause blieb, wohl gar um den Geliebten recht sorglich zu hegen und zu pflegen. Sonntags, als alles lustig hinauszog, als Meister Martin von seiner Wunde ziemlich genesen, ihn einlud mit ihm und Rosa nach der Allerwiese zu wandeln, da lief er, die Einladung ablehnend, ganz vernichtet von Schmerz und banger Liebesnot einsam heraus nach dem Dorfe, nach dem Hügel, wo er zuerst mit Reinhold zusammengetroffen. Er warf sich nieder in das hohe blumichte Gras und als er gedachte, wie der schöne Hoffnungsstern, der ihm vorgeleuchtet auf seinem ganzen Wege nach der Heimat, nun am Ziel plötzlich in tiefer Nacht verschwunden, wie nun sein ganzes Beginnen dem trostlosen Mühen des Träumers gleiche, der die sehnsüchtigen Arme ausstrecke nach leeren Luftgebilden, da stürzten ihm die Tränen aus den Augen und herab auf die Blumen, die ihre kleinen Häupter neigten, wie klagend um des jungen Gesellen herbes Leid. Selbst wußte Friedrich nicht, wie es geschah, daß die tiefen Seufzer, die der gedrückten Brust entquollen, zu Worten, zu Tönen wurden. Er sang folgendes Lied:

Wo bist du hin
Mein Hoffnungsstern?
Ach mir so fern,
Bist mit süßem Prangen
Andern aufgegangen!
Erhebt euch, rauschende Abendwinde,
Schlagt an die Brust,
Weckt alle tötende Lust,
Allen Todesschmerz,
Daß das Herz,
Getränkt von blutgen Tränen
Brech' in trostlosem Sehnen.
Was lispelt ihr so linde
So traulich ihr dunklen Bäume?
Was blickt ihr goldne Himmelssäume

So freundlich hinab?
Zeigt mir mein Grab!
Das ist mein Hoffnungshafen,
Werd unten ruhig schlafen.

Wie es sich denn wohl begibt, daß die tiefste Traurigkeit, findet sie nur Tränen und Worte, sich auflöst in mildes schmerzliches Weh, ja daß dann wohl ein linder Hoffnungsschimmer durch die Seele leuchtet, so fühlte sich auch Friedrich, als er das Lied gesungen, wunderbar gestärkt und aufgerichtet. Die Abendwinde, die dunklen Bäume, die er im Liede angerufen, rauschten und lispelten wie mit tröstenden Stimmen, und wie süße Träume von ferner Herrlichkeit, von fernem Glück, zogen goldne Streifen herauf am düstern Himmel. Friedrich erhob sich und stieg den Hügel herab nach dem Dorfe zu. Da war es, als schritte Reinhold wie damals, als er ihn zuerst gefunden, neben ihm her. Alle Worte, die Reinhold gesprochen, kamen ihm wieder in den Sinn. Als er nun aber der Erzählung Reinholds von dem Wettkampf der beiden befreundeten Maler gedachte, da fiel es ihm wie Schuppen von den Augen. Es war ja ganz gewiß, daß Reinhold Rosa schon früher gesehen und geliebt haben mußte. Nur diese Liebe trieb ihn nach Nürnberg in Meister Martins Haus, und mit dem Wettstreit der beiden Maler meinte er nichts anders, als beider, Reinholds und Friedrichs, Bewerbung um die schöne Rosa. – Friedrich hörte aufs neue die Worte, die Reinhold damals sprach: „Wacker ohne allen tückischen Hinterhalt um gleichen Preis ringen, muß wahre Freunde recht aus der Tiefe des Herzens einigen, statt sie zu entzweien, in edlen Gemütern kann niemals kleinlicher Neid, hämischer Haß stattfinden.“ – „Ja“, rief Friedrich laut, „ja, du Herzensfreund, an dich selbst will ich mich wenden ohne allen Rückhalt, du selbst sollst mir es sagen, ob jede Hoffnung für mich verschwunden ist.“ – Es war schon hoher Morgen, als Friedrich an Reinholds Kammer klopfte. Da alles still drinnen blieb, drückte er die Tür, die nicht wie sonst verschlossen war, auf und trat hinein. Aber in demselben Augenblick erstarrte er auch zur Bildsäule. Rosa in vollem Glanz aller Anmut, alles Liebreizes, ein herrliches lebensgroßes Bild stand vor ihm aufgerichtet auf der Staffelei, wunderbar beleuchtet von den Strahlen der Morgensonne. Der auf den Tisch geworfene Malerstock, die nassen Farben auf der Palette zeigten, daß eben an dem Bilde gemalt worden. „O Rosa – Rosa – o du

Herr des Himmels", seufzte Friedrich, da klopfte ihm Reinhold, der hinter ihm hineingetreten, auf die Schulter und fragte lächelnd: „Nun Friedrich, was sagst du zu meinem Bilde." Da drückte ihn Friedrich an seine Brust und rief: „O du herrlicher Mensch – du hoher Künstler! ja nun ist mir alles klar! *du*, *du* hast den Preis gewonnen, um den zu ringen ich Ärmster keck genug war! – was bin ich denn gegen dich, was ist meine Kunst gegen die deinige? – Ach ich trug auch wohl manches im Sinn! – lache mich nur nicht aus, lieber Reinhold! – sieh ich dachte, wie herrlich müßt es sein, Rosas liebliche Gestalt zu formen und zu gießen im feinsten Silber, aber das ist ja ein kindisches Beginnen, doch du! – du! – wie sie so hold, so in süßem Prangen aller Schönheit dich anlächelt! – ach Reinhold – Reinhold du überglücklicher Mensch! – ja, wie du damals es aussprachst, so begibt es sich nun wirklich! wir haben beide gerungen, du hast gesiegt, du mußtest siegen, aber ich bleibe dein mit ganzer Seele. Doch verlassen muß ich das Haus, die Heimat, ich kann es ja nicht ertragen, ich müßte ja vergehen, wenn ich nun Rosa wiedersehen sollte. Verzeih das mir, mein lieber, lieber hochherrlicher Freund. Noch heute – in diesem Augenblick fliehe ich fort – fort in die weite Welt, wohin mein Liebesgram, mein trostloses Elend mich treibt!" – Damit wollte Friedrich zur Stube hinaus, aber Reinhold hielt ihn fest, indem er sanft sprach: „Du sollst nicht von hinnen, denn ganz anders, wie du meinst, kann sich alles noch fügen. Es ist nun an der Zeit, daß ich dir alles sage, was ich bis jetzt verschwieg. Daß ich kein Küper, sondern ein Maler bin, wirst du nun wohl wissen, und, wie ich hoffe, an dem Bilde gewahren, daß ich mich nicht zu den geringen Künstlern rechnen darf. In früher Jugend bin ich nach Italien gezogen, dem Lande der Kunst, dort gelang es mir, daß hohe Meister sich meiner annahmen und den Funken, der in mir glühte, nährten mit lebendigem Feuer. So kam es, daß ich mich bald aufschwang, daß meine Bilder berühmt wurden in ganz Italien und der mächtige Herzog von Florenz mich an seinen Hof zog. Damals wollte ich nichts wissen von deutscher Kunst, und schwatzte, ohne eure Bilder gesehen zu haben, viel von der Trockenheit, von der schlechten Zeichnung, von der Härte eurer Dürer, eurer Cranache. Da brachte aber einst ein Bilderhändler ein Madonnenbildchen von dem alten Albrecht in die Galerie des Herzogs, welches auf wunderbare Weise mein Innerstes durchdrang, so daß ich meinen Sinn ganz abwandte von der Üppigkeit der italischen Bilder und zur

Stunde beschloß, in dem heimatlichen Deutschland selbst die Meisterwerke zu schauen, auf die nun mein ganzes Trachten ging. Ich kam hieher nach Nürnberg und als ich Rosa erblickte, war es mir, als wandle jene Maria, die so wunderbar in mein Inneres geleuchtet, leibhaftig auf Erden. Mir ging es so wie dir, lieber Friedrich, mein ganzes Wesen loderte auf in hellen Liebesflammen. Nur Rosa schauen, dachte ich, alles übrige war aus meinem Sinn verschwunden und selbst die Kunst mir nur deshalb was wert, weil ich hundertmal immer wieder und wieder Rosa zeichnen, malen konnte. Ich gedachte mich der Jungfrau zu nahen nach kecker italischer Weise, all mein Mühen deshalb blieb aber vergebens. Es gab kein Mittel sich in Meister Martins Hause bekannt zu machen auf unverfängliche Weise. Ich gedachte endlich geradezu mich um Rosa als Freier zu bewerben, da vernahm ich, daß Meister Martin beschlossen, seine Tochter nur einem tüchtigen Küpermeister zu geben. Da faßte ich den abenteuerlichen Entschluß, in Straßburg das Küperhandwerk zu erlernen und mich dann in Meister Martins Werkstatt zu begeben. Das übrige überließ ich der Fügung des Himmels. Wie ich meinen Entschluß ausgeführt, weißt du, aber erfahren mußt du noch, daß Meister Martin mir vor einigen Tagen gesagt hat: ich würd ein tüchtiger Küper werden, und solle ihm als Eidam recht lieb und wert sein, denn er merke wohl, daß ich mich um Rosas Gunst bemühe und sie mich gern habe." „Kann es denn wohl anders sein", rief Friedrich in heftigem Schmerz, „ja, ja, *dein* wird Rosa werden, wie konnte auch ich Ärmster auf solch ein Glück nur hoffen." „Du vergissest", sprach Reinhold weiter, „du vergissest, mein Bruder, daß Rosa selbst noch gar nicht das bestätigt hat, was der schlaue Meister Martin bemerkt haben will. Es ist wahr, daß Rosa sich bis jetzt gar anmutig und freundlich betrug, aber anders verrät sich ein liebend Herz! – Versprich mir, mein Bruder, dich noch drei Tage ruhig zu verhalten und in der Werkstatt zu arbeiten wie sonst. Ich könnte nun schon auch wieder arbeiten, aber seit ich emsiger an diesem Bilde gemalt, ekelt mich das schnöde Handwerk da draußen unbeschreiblich an. Ich kann fürder keinen Schlägel mehr in die Faust nehmen, mag es auch nun kommen wie es will. Am dritten Tage will ich dir offen sagen, wie es mit mir und Rosa steht. Sollte ich wirklich der Glückliche sein, dem Rosa in Liebe sich zugewandt, so magst du fortziehen und erfahren, daß die Zeit auch die tiefsten Wunden heilt!" – Friedrich versprach sein Schicksal abzuwarten.

Am dritten Tage (sorglich hatte Friedrich Rosas Anblick vermieden) bebte ihm das Herz vor Furcht und banger Erwartung. Er schlich wie träumend in der Werkstatt umher und wohl mochte sein Ungeschick dem Meister Martin gerechten Anlaß geben, mürrisch zu schelten, wie es sonst gar nicht seine Art war. Überhaupt schien dem Meister etwas begegnet zu sein, das ihm alle Lust benommen. Er sprach viel von schnöder List und Undankbarkeit, ohne sich deutlicher zu erklären, was er damit meine. Als es endlich Abend geworden und Friedrich zurückging nach der Stadt, kam ihm unfern des Tors ein Reiter entgegen, den er für Reinhold erkannte. Sowie Reinhold Friedrich ansichtig wurde, rief er: „Ha da treffe ich dich ja wie ich wollte." Darauf sprang er vom Pferde herab, schlang die Zügel um den Arm und faßte den Freund bei der Hand. „Laß uns", sprach er, „laß uns eine Strecke miteinander fortwandeln. Nun kann ich dir sagen, wie es mit meiner Liebe sich gewandt hat." Friedrich bemerkte, daß Reinhold dieselben Kleider, die er beim ersten Zusammentreffen trug, angelegt und das Pferd mit einem Mantelsack bepackt hatte. Er sah blaß und verstört aus. „Glück auf", rief Reinhold etwas wild, „Glück auf, Bruderherz, du kannst nun tüchtig loshämmern auf deine Fässer, ich räume dir den Platz, eben hab ich Abschied genommen von der schönen Rosa und dem würdigen Meister Martin." „Wie", sprach Friedrich, dem es durch alle Glieder fuhr wie ein elektrischer Strahl, „wie, du willst fort, da Martin dich zum Eidam haben will und Rosa dich liebt?" – „Das, lieber Bruder", erwiderte Reinhold, „hat dir deine Eifersucht nur vorgeblendet. Es liegt nun am Tage, daß Rosa mich genommen hätte zum Mann aus lauter Frömmigkeit und Gehorsam, aber kein Funke von Liebe glüht in ihrem eiskalten Herzen. Ha, ha! – ich hätte ein tüchtiger Küper werden können. Wochentags mit den Jungen Bände geschabt und Dauben behobelt, sonntags mit der ehrbaren Hausfrau nach St. Katharina oder St. Sebald und abends auf die Allerwiese gewandelt, jahraus, jahrein." – „Spotte nicht", unterbrach Friedrich den laut auflachenden Reinhold, „spotte nicht über das einfache, harmlose Leben des tüchtigen Bürgers. Liebt dich Rosa wirklich nicht, so ist es ja nicht ihre Schuld, du bist aber so zornig, so wild." –„Du hast recht", sprach Reinhold, „es ist auch nur meine dumme Art, daß ich, fühle ich mich verletzt, lärme wie ein verzogenes Kind. Du kannst denken, daß ich mit Rosa von meiner Liebe und von dem guten Willen des Vaters sprach. Da stürzten ihr die

Tränen aus den Augen, ihre Hand zitterte in der meinigen. Mit abgewandtem Gesicht lispelte sie: ‚Ich muß mich ja in des Vaters Willen fügen!' ich hatte genug. – Mein seltsamer Ärger muß dich lieber Friedrich, recht in mein Inneres blicken lassen, du mußt gewahren, daß das Ringen nach Rosas Besitz eine Täuschung war, die mein irrer Sinn sich bereitet. Als ich Rosas Bild vollendet, ward es in meinem Innern ruhig und oft war freilich auf ganz verwunderliche Art mir so zumute, als sei Rosa nun das Bild, das Bild aber die wirkliche Rosa geworden. Das schnöde Handwerk wurde mir abscheulich, und wie mir das gemeine Leben so recht auf den Hals trat, mit Meisterwerden und Heirat, da kam es mir vor, als solle ich ins Gefängnis gesperrt und an den Block festgekettet werden. Wie kann auch nur das Himmelskind, wie ich es im Herzen trage, mein Weib werden? Nein! in ewiger Jugend, Anmut und Schönheit soll sie in Meisterwerken prangen, die mein reger Geist schaffen wird. Ha wie sehne ich mich darnach! wie konnt ich auch nur der göttlichen Kunst abtrünnig werden! – bald werd ich mich wieder baden in deinen glühenden Düften, herrliches Land, du Heimat aller Kunst!" – Die Freunde waren an den Ort gekommen, wo der Weg, den Reinhold zu nehmen gedachte, links sich abschied. „Hier wollen wir uns trennen", rief Reinhold, drückte Friedrich heftig und lange an seine Brust, schwang sich aufs Pferd und jagte davon. Sprachlos starrte ihm Friedrich nach und schlich dann von den seltsamsten Gefühlen bestürmt, nach Hause.

Wie Friedrich vom Meister Martin aus der Werkstatt fortgejagt wurde

Andern Tages arbeitete Meister Martin in mürrischem Stillschweigen an dem großen Fasse für den Bischof von Bamberg und auch Friedrich, der nun erst Reinholds Scheiden recht bitter fühlte, vermochte kein Wort, viel weniger ein Lied herauszubringen. Endlich warf Martin den Schlägel beiseite, schlug die Ärme übereinander und sprach mit gesenkter Stimme: „Der Reinhold ist nun auch fort – es war ein vornehmer Maler und hat mich zum Narren gehalten mit seiner Küperei. – Hätt ich das nur ahnen können, als er mit dir in mein Haus kam und so anstellig tat, wie hätte ich ihm die Tür weisen wollen. Solch ein offnes ehrliches Gesicht und voll Lug und Trug im Innern! – Nun er ist fort und nun wirst du mit Treue und

Redlichkeit an mir und am Handwerk halten. Wer weiß, auf welche Weise du mir noch näher trittst. Wenn du ein tüchtiger Meister geworden und Rosa dich mag – nun du verstehst mich und darfst dich mühen um Rosas Gunst –" Damit nahm er den Schlägel wieder zur Hand und arbeitete emsig weiter. Selbst wußte Friedrich nicht, wie es kam, daß Martins Worte seine Brust zerschnitten, daß eine seltsame Angst in ihm aufstieg und jeden Hoffnungsschimmer verdüsterte. Rosa erschien nach langer Zeit zum erstenmal wieder in der Werkstatt, aber tief in sich gekehrt und, wie Friedrich zu seinem Gram bemerkte, mit rotverweinten Augen. Sie hat um ihn geweint, sie liebt ihn doch wohl, so sprach es in seinem Innern und er vermochte nicht den Blick aufzuheben zu der, die er so unaussprechlich liebte.

Das große Faß war fertig geworden und nun erst wurde Meister Martin, als er das wohlgelungene Stück Arbeit betrachtete, wieder lustig und guter Dinge. „Ja mein Sohn", sprach er, indem er Friedrich auf die Schulter klopfte, „ja mein Sohn, es bleibt dabei, gelingt es dir Rosas Gunst zu erwerben und fertigst du ein tüchtiges Meisterstück, so wirst du mein Eidam. Und zur edlen Zunft der Meistersinger kannst du dann auch treten und dir große Ehre gewinnen."

Meister Martins Arbeit häufte sich nun über alle Maßen, so daß er zwei Gesellen annehmen mußte, tüchtige Arbeiter, aber rohe Bursche, ganz entartet auf langer Wanderschaft. Statt manches anmutig lustigen Gesprächs, hörte man jetzt in Meister Martins Werkstatt gemeine Späße, statt der lieblichen Gesänge Reinholds und Friedrichs häßliche Zotenlieder. Rosa vermied die Werkstatt, so daß Friedrich sie nur selten und flüchtig sah. Wenn er dann in trüber Sehnsucht sie anschaute, wenn er seufzte: „Ach liebe Rosa, wenn ich doch nur wieder mit Euch reden könnte, wenn Ihr wieder so freundlich wäret, als zu der Zeit, da Reinhold noch bei uns war", da schlug sie verschämt die Augen nieder und lispelte: „Habt Ihr mir denn was zu sagen, lieber Friedrich?" – Starr, keines Wortes mächtig, stand Friedrich dann da und der schöne Augenblick war schnell entflohn, wie ein Blitz, der aufleuchtet im Abendrot und verschwindet als man ihn kaum gewahrt.

Meister Martin bestand nun darauf, daß Friedrich sein Meisterstück beginnen sollte. Er hatte selbst das schönste reinste Eichenholz, ohne die mindesten Adern und Streifen, das schon über fünf Jahre im Holzvorrat gelegen, ausgesucht und niemand sollte Friedrichen bei der Arbeit zur Hand gehen, als der alte Valentin. War indessen dem armen Friedrich durch die Schuld der rohen Gesellen das Handwerk immer mehr und mehr verleidet worden, so schnürte es ihm jetzt die Kehle zu, wenn er daran dachte, daß nun das Meisterstück auf immer über sein Leben entscheiden solle. Jene seltsame Angst, die in ihm aufstieg, als Meister Martin seine treue Anhänglichkeit an das Handwerk rühmte, gestaltete sich nun auf furchtbare Weise immer deutlicher und deutlicher. Er wußte es nun, daß er untergehen werde in Schmach bei einem Handwerk, das seinem von der Kunst ganz erfüllten Gemüt von Grund aus widerstrebte. Reinhold, Rosas Gemälde kam ihm nicht aus dem Sinn. Aber seine Kunst erschien ihm auch wieder in voller Glorie. Oft wenn das zerreißende Gefühl seines erbärmlichen Treibens ihn während der Arbeit übermannen wollte, rannte er, Krankheit vorschützend, fort und hin nach St. Sebald. Da betrachtete er stundenlang Peter Vischers wundervolles Monument und rief dann wie verzückt: „O Gott im Himmel, solch ein Werk zu denken – auszuführen, gibt es denn auf Erden Herrlicheres noch?" Und wenn er nun zurückkehren mußte zu seinen Dauben und Bänden und daran dachte, daß nur *so* Rosa zu erwerben, dann war es als griffen glühende Krallen hinein in sein blutendes Herz und er müsse trostlos vergehen in der ungeheuern Qual. In Träumen kam oft Reinhold und brachte ihm seltsame Zeichnungen zu künstlicher Bildereiarbeit, in der Rosas Gestalt auf wunderbare Weise, bald als Blume, bald als Engel mit Flügelein verflochten war. Aber es fehlte was daran und er erschaute, daß Reinhold in Rosas Gestaltung das Herz vergessen, welches *er* nun hinzuzeichnete. Dann war es als rührten sich alle Blumen und Blätter des Werks singend und süße Düfte aushauchend und die edlen Metalle zeigten ihm in funkelndem Spiegel Rosas Bildnis! als strecke er die Ärme sehnsüchtig aus nach der Geliebten, als verschwände das Bildnis, wie in düstern Nebel, und sie selbst, die holde Rosa, drücke ihn voll seligen Verlangens an die liebende Brust. – Tötender und tötender wurde sein Zustand bei der heillosen Böttcherarbeit, da suchte er Trost und Hülfe bei seinem alten Meister Johannes Holzschuer. Der erlaubte, daß Friedrich in seiner Werkstatt ein Werklein beginnen durfte, das er erdacht und wozu er seit langer Zeit den Lohn des Meister Martin erspart hatte, um das dazu nötige Silber und Gold anschaffen zu können. So geschah es, daß Friedrich, dessen totenbleiches

Gesicht das Vorgeben, wie er von einer zehrenden Krankheit befallen, glaublich machte, beinahe gar nicht in der Werkstatt arbeitete und Monate vergingen, ohne daß er sein Meisterstück, das große zweifudrige Faß nur im mindesten förderte. Meister Martin setzte ihm hart zu, daß er doch wenigstens so viel, als es seine Kräfte erlauben wollten, arbeiten möge und Friedrich war freilich gezwungen, wieder einmal an den verhaßten Haublock zu gehen und das Lenkbeil zur Hand zu nehmen. Indem er arbeitete, trat Meister Martin hinzu, und betrachtete die bearbeiteten Stäbe, da wurde er aber ganz rot im Gesicht und rief: „Was ist das? – Friedrich, welche Arbeit! hat die Stäbe ein Geselle gelenkt, der Meister werden will, oder ein einfältiger Lehrbursche, der vor drei Tagen in die Werkstatt hineingerochen? – Friedrich besinne dich, welch ein Teufel ist in dich gefahren und hudelt dich? – mein schönes Eichenholz, das Meisterstück! ei du ungeschickter, unbesonnener Bursche." Überwältigt von allen Qualen der Hölle, die in ihm brannten, konnte Friedrich nicht länger an sich halten, er warf das Lenkbeil weit von sich und rief: „Meister! – Es ist nun alles aus – nein und wenn es mir das Leben kostet, wenn ich vergehen soll in namenlosem Elend – ich kann nicht mehr – nicht mehr arbeiten im schnöden Handwerk, da es mich hinzieht zu meiner herrlichen Kunst mit unwiderstehlicher Gewalt. Ach ich liebe Eure Rosa unaussprechlich, wie sonst keiner auf Erden es vermag – nur um ihretwillen habe ich ja hier die gehässige Arbeit getrieben – ich habe sie nun verloren, ich weiß es, ich werde auch bald dem Gram um sie erliegen, aber es ist nicht anders, ich kehre zurück zu meiner herrlichen Kunst, zu meinem würdigen alten Meister Johannes Holzschuer, den ich schändlich verlassen." Meister Martins Augen funkelten wie flammende Kerzen. Kaum der Worte mächtig vor Wut, stotterte er: „ – Was? – auch du? – Lug und Trug? *mich* hintergangen – schnödes Handwerk? – Küperei? – fort aus meinen Augen schändlicher Bursche – fort mit dir!" – Und damit packte Meister Martin den armen Friedrich bei den Schultern und warf ihn zur Werkstatt hinaus. Das Hohngelächter der rohen Gesellen und der Lehrburschen folgte ihm nach. Nur der alte Valentin faltete die Hände, sah gedankenvoll vor sich hin und sprach: „Gemerkt hab ich wohl, daß der gute Gesell Höheres im Sinn trug als unsre Fässer." Frau Marthe weinte sehr und ihre Buben schrien und jammerten um Friedrich, der mit ihnen freundlich gespielt und manches gute Stück Backwerk ihnen zugetragen hatte.

So zornig nun auch Meister Martin auf Reinhold und Friedrich sein mochte, gestehen mußte er doch sich selbst, daß mit ihnen alle Freude, alle Lust aus der Werkstatt gewichen. Von den neuen Gesellen erfuhr er täglich nichts als Ärgernis und Verdruß. Um jede Kleinigkeit mußte er sich kümmern und hatte Mühe und Not, daß nur die geringste Arbeit gefördert wurde nach seinem Sinn. Ganz erdrückt von den Sorgen des Tages seufzte er dann oft: „Ach Reinhold, ach Friedrich, hättet ihr doch mich nicht so schändlich hintergangen, wäret ihr doch nur tüchtige Küper geblieben!“ Es kam so weit, daß er oft mit dem Gedanken kämpfte, alle Arbeit gänzlich aufzugeben.

In solch düsterer Stimmung saß er einst am Abend in seinem Hause, als Herr Jacobus Paumgartner und mit ihm Meister Johannes Holzschuer ganz unvermutet eintraten. Er merkte wohl, daß nun von Friedrich die Rede sein würde und in der Tat lenkte Herr Paumgartner sehr bald das Gespräch auf ihn und Meister Holzschuer fing denn nun gleich an den Jüngling auf alle nur mögliche Art zu preisen. Er meinte, gewiß sei es, daß bei solchem Fleiß, bei solchen Gaben Friedrich nicht allein ein trefflicher Goldschmied werden, sondern auch als herrlicher Bildgießer geradezu in Peter Vischers Fußtapfen treten müßte. Nun begann Herr Paumgartner heftig über das unwürdige Betragen zu schelten, das der arme Gesell von Meister Martin erlitten und beide drangen darauf, daß wenn Friedrich ein tüchtiger Goldschmied und Bildgießer geworden, er ihm Rosa, falls nämlich diese dem von Liebe ganz durchdrungenen Friedrich hold sei, zur Hausfrau geben solle. Meister Martin ließ beide ausreden, dann zog er sein Käpplein ab und sprach lächelnd: „Ihr lieben Herren nehmt euch des Gesellen wacker an, der mich auf schändliche Weise hintergangen hat. Doch will ich ihm das verzeihen, verlangt indessen nicht, daß ich um seinetwillen meinen festen Entschluß ändere, mit Rosa ist es nun einmal ganz und gar nichts.“ In diesem Augenblick trat Rosa hinein, leichenblaß mit verweinten Augen und setzte schweigend Trinkgläser und Wein auf den Tisch. „Nun“, begann Herr Holzschuer, „nun so muß ich denn wohl dem armen Friedrich nachgeben, der seine Heimat verlassen will auf immer. Er hat ein schönes Stück Arbeit gemacht bei mir, das will er, wenn Ihr es lieber Meister erlaubt, Eurer Rosa verehren zum Gedächtnis, schaut es nur an.“ Damit holte Meister Holzschuer einen kleinen, überaus künstlich gearbeiteten silbernen Pokal hervor und reichte ihn dem Meister Martin hin, der, großer Freund von köstlicher Gerätschaft, ihn nahm und wohlgefällig von allen Seiten beäugelte. In der Tat konnte man auch kaum herrlichere Silberarbeit sehen, als eben dies kleine Gefäß. Zierliche Ranken von Weinblättern und Rosen schlangen sich ringsherum und aus den Rosen, aus den brechenden Knospen schauten liebliche Engel, so wie inwendig auf dem vergoldeten Boden sich anmutig liebkosende Engel graviert waren. Goß man nun hellen Wein in den Pokal, so war es, als tauchten die Engelein auf und nieder in lieblichem Spiel. „Das Gerät", sprach Meister Martin, „ist in der Tat gar zierlich gearbeitet und ich will es behalten, wenn Friedrich in guten Goldstücken den zwiefachen Wert von mir annimmt." Dies sprechend füllte Meister Martin den Pokal und setzte ihn an den Mund. In demselben Augenblick öffnete sich leise die Tür und Friedrich, den tötenden Schmerz ewiger Trennung von dem Liebsten auf Erden im leichenblassen Antlitz, trat in dieselbe. Sowie Rosa ihn gewahrte, schrie sie laut auf mit schneidenden Ton: „O mein liebster Friedrich" und stürzte ihm halb entseelt an die Brust. Meister Martin setzte den Pokal ab und als er Rosa in Friedrichs Armen erblickte, riß er die Augen weit auf, als säh er Gespenster. Dann nahm er sprachlos den Pokal wieder und schaute hinein. Dann raffte er sich vom Stuhl in die Höhe und rief mit starker Stimme: „Rosa – Rosa liebst du den Friedrich?" „Ach", lispelte Rosa, „ach ich kann es ja nicht länger verhehlen, ich liebe ihn wie mein Leben, das Herz wollte mir ja brechen, als Ihr ihn verstießet." „So umarme deine Braut Friedrich – ja, ja deine Braut", rief Meister Martin. Paumgartner und Holzschuer schauten sich ganz verwirrt vor Erstaunen an, aber Meister Martin sprach weiter, den Pokal in den Händen: „O du Herr des Himmels, ist denn nicht alles so gekommen, wie die Alte es geweissagt? ‚Ein glänzend Häuslein wird er bringen, würzge Fluten treiben drin, blanke Englein gar lustig singen – das Häuslein mit güldnem Prangen, der hat's ins Haus getrag'n, den wirst du süß umfangen, darfst nicht den Vater frag'n, ist dein Bräutgam minniglich', o ich blöder Tor. – Da ist das glänzende Häuslein, die Engel – der Bräutgam – hei, hei ihr Herren, nun ist alles gut, alles gut, der Eidam ist gefunden!" –

Wessen Sinn jemals ein böser Traum verwirrte, daß er glaubte in tiefer schwarzer Grabesnacht zu liegen und nun erwacht er plötzlich im hellen Frühling voll Duft, Sonnenglanz und Gesang und die, die ihm die Liebste auf Erden, ist gekommen und hat ihn umschlungen und er schaut in den Himmel ihres holden Antlitzes, wem das jemals geschah, der begreift es wie Friedrich zumute war, der faßt seine überschwengliche Seligkeit. Keines Worts mächtig hielt er Rosa fest in seinen Armen, als wolle er sie nimmer lassen, bis sie sich sanft von ihm loswand und ihn hinführte zum Vater. Da rief er: „O mein lieber Meister, ist es denn auch wirklich so? – Rosa gebt Ihr mir zur Hausfrau und ich darf zurückkehren zu meiner Kunst?" – „Ja, ja", sprach Meister Martin, „glaube es doch nur, kann ich denn anders tun, da du die Weissagung der alten Großmutter erfüllt hast? – dein Meisterstück bleibt nun liegen." Da lächelte Friedrich ganz verklärt von Wonne und sprach: „Nein lieber Meister, ist es Euch recht, so vollende ich nun mit Lust und Mut mein tüchtiges Faß, als meine letzte Küperarbeit und kehre dann zurück zum Schmelzofen." „O du mein guter braver Sohn", rief Meister Martin, dem die Augen funkelten vor Freude, „ja dein Meisterstück fertige und dann gibt's Hochzeit."

Friedrich hielt redlich sein Wort, er vollendete das zweifudrige Faß und alle Meister erklärten, ein schöneres Stück Arbeit sei nicht leicht gefertigt worden, worüber dann Meister Martin gar innig sich freute und überhaupt meinte, einen trefflicheren Eidam hätte ihm die Fügung des Himmels gar nicht zuführen können.

Der Hochzeitstag war endlich herangekommen, Friedrichs Meisterfaß mit edlem Wein gefüllt und mit Blumen bekränzt, stand auf dem Flur des Hauses aufgerichtet, die Meister des Gewerks, den Ratsherrn Jacobus Paumgartner an der Spitze, fanden sich ein mit ihren Hausfrauen, denen die Meister Goldschmiede folgten. Eben wollte sich der Zug nach der St. Sebalduskirche begeben, wo das Paar getraut werden sollte, als Trompetenschall auf der Straße erklang und vor Martins Hause Pferde wieherten und stampften. Meister Martin eilte an das Erkerfenster. Da hielt vor dem Hause Herr Heinrich von Spangenberg, in glänzenden Festkleidern und einige Schritte hinter ihm auf einem mutigen Rosse ein junger hochherrlicher Ritter, das funkelnde Schwert an der Seite, hohe bunte Federn auf dem mit strahlenden Steinen besetzten Barett. Neben dem Ritter erblickte Herr Martin eine wunderschöne Dame, ebenfalls herrlich gekleidet auf einem Zelter, dessen Farbe frisch gefallner Schnee war. Pagen und Diener in bunten glänzenden Röcken bildeten einen Kreis ringsumher. Die Trompeten schwiegen und der alte Herr von Spangenberg rief herauf: „Hei, hei Meister Martin, nicht Eures Weinkellers, nicht Eurer Goldbatzen halber komme ich her, nur weil Rosas Hochzeit ist; wollt Ihr mich einlassen lieber Meister?" – Meister Martin erinnerte sich wohl seiner Worte, schämte sich ein wenig und eilte herab, den Junker zu empfangen. Der alte Herr stieg vom Pferde und trat grüßend ins Haus. Pagen sprangen herbei, auf deren Armen die Dame herabglitt vom Pferde, der Ritter bot ihr die Hand und folgte dem alten Herrn. Aber sowie Meister Martin den jungen Ritter anblickte, prallte er drei Schritte zurück, schlug die Hände zusammen und rief: „O Herr des Himmels! – Conrad!" – Der Ritter sprach lächelnd: „Ja wohl, lieber Meister, bin ich Euer Geselle Conrad. Verzeiht mir nur die Wunde, die ich Euch beigebracht. Eigentlich, lieber Meister, mußt ich Euch totschlagen, das werdet Ihr wohl einsehen, aber nun hat sich ja alles ganz anders gefügt." Meister Martin erwiderte ganz verwirrt, es sei doch besser, daß er nicht totgeschlagen worden, aus dem bißchen Ritzen mit dem Lenkbeil habe er sich gar nichts gemacht. Als Martin nun mit den neuen Gästen eintrat in das Zimmer, wo die Brautleute mit den übrigen versammelt waren, geriet alles in ein frohes Erstaunen über die schöne Dame, die der holden Braut so auf ein Haar glich, als sei es ihre Zwillingsschwester. Der Ritter nahte sich mit edlem Anstande der Braut und sprach: „Erlaubt holde Rosa, daß Conrad Euerm Ehrentag beiwohnt. Nicht wahr, Ihr zürnt nicht mehr auf den wilden unbesonnenen Gesellen, der Euch beinahe großes Leid bereitet?" Als nun aber Braut und Bräutgam und der Meister Martin sich ganz verwundert und verwirrt anschauten, rief der alte Herr von Spangenberg: „Nun, nun, ich muß euch wohl aus dem Traum helfen. Das ist mein Sohn Conrad, und hier möget ihr seine liebe Hausfrau, so wie die holde Braut, Rosa geheißen, schauen. Erinnert Euch, Meister Martin, unsers Gesprächs. Als ich Euch frug, ob Ihr auch meinem Sohne Eure Rosa verweigern würdet, das hatte wohl einen besonderen Grund. Ganz toll war der Junge in Eure Rosa verliebt, er brachte mich zu dem Entschluß, alle Rücksicht aufzugeben, ich wollte den Freiwerber machen. Als ich ihm aber sagte, wie schnöde Ihr mich abgefertigt, schlich er sich auf ganz unsinnige Weise bei Euch ein als Küper, um Rosas Gunst zu erwerben und sie Euch dann wohl gar zu entführen. Nun! – Ihr habt ihn geheilt, mit dem tüchtigen Hiebe übern Rücken! – Habt Dank dafür, zumal er ein edles Fräulein fand, die wohl am Ende *die* Rosa sein mochte, die eigentlich in seinem Herzen war von Anfang an."

Die Dame hatte unterdessen mit anmutiger Milde die Braut begrüßt und ihr ein reiches Perlenhalsband als Hochzeitsgabe eingehängt. „Sieh liebe Rosa", sprach sie dann, indem sie einen ganz verdorrten Strauß aus den blühenden Blumen, die an ihrer Brust prangten, hervorholte, „sieh liebe Rosa, das sind die Blumen, die du einst meinem Conrad gabst, als Kampfpreis, getreu hat er sie bewahrt, bis er mich sah, da wurd er dir untreu und hat sie mir verehrt, sei deshalb nicht böse!" Rosa, hohes Rot auf den Wangen, verschämt die Augen niederschlagend, sprach: „Ach edle Frau, wie möget Ihr doch so sprechen, konnte denn wohl der Junker jemals mich armes Mägdlein lieben? *Ihr* allein wart seine Liebe und weil ich nun eben auch Rosa heiße und Euch, wie sie hier sagen, etwas ähnlich sehen soll, warb er um mich, doch nur Euch meinend."

Zum zweitenmal wollte sich der Zug in Bewegung setzen, als ein Jüngling eintrat, auf italische Weise, ganz in schwarzen, gerissenen Samt gekleidet, mit zierlichem Spitzenkragen und reiche goldene Ehrenketten um den Hals gehängt. „O Reinhold, mein Reinhold", schrie Friedrich und stürzte dem Jüngling an die Brust. Auch die Braut und Meister Martin riefen und jauchzten: „Reinhold, unser wackrer Reinhold ist gekommen." „Hab ich's dir nicht gesagt", sprach Reinhold, die Umarmung feurig erwidernd, „hab ich's dir nicht gesagt, mein herzlieber Freund, daß sich noch alles gar herrlich für dich fügen könnte? – Laß mich deinen Hochzeitstag mit dir feiern, weit komm ich deshalb her und zum ewigen Gedächtnis häng das Gemälde in deinem Hause auf, das ich für dich gemalt und dir mitgebracht." Damit rief er heraus und zwei Diener brachten ein großes Bild in einem prächtigen goldnen Rahmen hinein, das den Meister Martin in seiner Werkstatt mit seinen Gesellen Reinhold, Friedrich und Conrad darstellte, wie sie an dem großen Faß arbeiten und die holde Rosa eben hineinschreitet. Alles geriet in Erstaunen über die Wahrheit, über die Farbenpracht des Kunstwerks. „Ei", sprach Friedrich lächelnd, „das ist wohl dein Meisterstück als Küper, das meinige liegt dort unten im Flur, aber bald schaff ich ein anderes."

„Ich weiß alles", erwiderte Reinhold, „und preise dich glücklich. Halt nur fest an deiner Kunst, die auch wohl mehr Hauswesen und dergleichen leiden mag, als die meinige." –

Bei dem Hochzeitsmahl saß Friedrich zwischen den beiden Rosen, ihm gegenüber aber Meister Martin, zwischen Conrad und Reinhold. Da füllte Herr Paumgartner Friedrichs Pokal bis an den Rand mit edlem Wein und trank auf das Wohl Meister Martins und seiner wackern Gesellen. Dann ging der Pokal herum und zuerst der edle Junker Heinrich von Spangenberg, nach ihm aber alle ehrsamen Meister, wie sie zu Tische saßen, leerten ihn auf das Wohl Meister Martins und seiner wackern Gesellen.

Die Freunde waren, als Sylvester geendet, darüber einig, daß die Erzählung des Serapions-Klubs würdig sei und rühmten vorzüglich den gemütlichen Ton, der darin herrsche.

„Muß ich", sprach Lothar, „muß ich denn immer mäkeln? Aber es ist nicht anders, ich meine, daß der Meister Martin zu sehr seinen Ursprung verrät, nämlich daß er aus einem Bilde entstanden. Sylvester hat, angeregt durch das Gemälde unseres wackeren Kolbe, eine feine Galerie anderer Gemälde aufgestellt, zwar mit lebhaften Farben, aber es bleiben doch nur Bilder, die niemals Situationen in lebendiger Bewegung werden können, wie sie die Erzählung des Drama verlangt. Conrad mit seiner Rosa, so wie Reinhold kommen zuletzt doch nur lediglich hinzu, damit Friedrichs Hochzeittafel recht anmutig und glänzend anzuschauen sein möge. – Überhaupt, was den Conrad betrifft, würd ich, kennt ich nicht dein unbefangenes Gemüt, Sylvester, hättest du nicht in deiner ganzen Erzählung dich mit gutem Erfolg bemüht, treu und ehrlich zu bleiben – ja! da würd ich glauben, du hättest mit deinem Conrad jene wunderlichen Personen ironieren wollen, die, ein Gemisch von Tölpelei, Galanterie, Barbarei und Empfindsamkeit in manchen von unseren neuen Romanen Hauptrollen spielen. Leute, die sich Ritter nennen, von denen es aber, glaub ich, ebensowenig jemals ein Urbild gegeben als von jenen Bramarbassen, die sonst Veit Weber und seine Nachfolger alles ohne weiteres kurz und klein schlagen ließen." – „Die Berserkerwut", unterbrach Vinzenz den Freund, „hast du, o Sylvester! aber mit vielem Glück eintreten lassen, doch ist und bleibt es unverzeihlich, daß du wirklich einen adlichen Rücken mit einem

Tonnenreif zerbleuen lässest, ohne daß der abgebleuete Ritter dem schnöden Prügelanten den Kopf spaltet. Nachher hätte er den Verwundeten höflich um Verzeihung bitten oder ihn gar mit einem Arkanum bedienen können das den Kopf augenblicklich zusammengezogen, woran er nachher merklichen Verstand gespürt! – Der einzige Mann, auf den du dich einigermaßen berufen kannst, ist der berühmte mannhafte Ritter Don Quixote, der seiner Tapferkeit, Großmut, Galanterie unbeschadet ungemein viel Prügel erhielt."

„Tadelt nur", rief Sylvester lachend, „tadelt nur frisch zu, ich gebe mich ganz in eure Hände, aber daß ihr's nur wißt, Trost finde ich bei den holden Frauen, denen ich meinen Meister Martin mitteilte und die über die ganze Gestaltung recht inniges Wohlgefallen aussprachen und mich mit Lob überhäuften."

„Solches Lob", sprach Ottmar, „von schönen Lippen ist ganz unwiderstehlich und kann manchen Romantiker zu allerlei absonderlichen Torheiten und geschriebenen tollen Sprüngen verleiten. Doch irr ich nicht, so versprach Lothar unseren heutigen Abend mit irgendeinem Erzeugnis seiner fantastischen Träumerei zu beschließen."

„So ist es", erwiderte Lothar. „Erinnert euch, daß ich es unternehmen wollte für die Kinder meiner Schwester ein zweites Märchen zu schreiben und weniger in fantastischem Übermut zu luxurieren, frömmer, kindlicher zu sein als im Nußknacker und Mausekönig. Das Märchen ist fertig, ihr sollt es hören."

Lothar las:

DAS FREMDE KIND

Der Herr von Brakel auf Brakelheim

Es war einmal ein Edelmann der hieß Herr Thaddäus von Brakel und wohnte in dem kleinen Dörfchen Brakelheim, das er von seinem verstorbenen Vater dem alten Herrn von Brakel geerbt hatte, und das mithin sein Eigentum war. Die vier Bauern die außer ihm noch in dem Dörfchen wohnten, nannten ihn den gnädigen Herrn, unerachtet er wie sie, mit schlicht ausgekämmten Haaren einherging und nur sonntags wenn er mit seiner Frau und seinen beiden Kindern Felix und Christlieb geheißen, nach dem benachbarten großen Dorfe zur Kirche fuhr, statt der groben Tuchjacke die er sonst trug, ein feines grünes Kleid und eine rote Weste mit goldenen Tressen anlegte, welches ihm recht gut stand. Eben dieselben Bauern pflegten auch, fragte man sie: „Wo komme ich denn hin zum Herrn von Brakel?“ jedesmal zu antworten: „Nur immer vorwärts durch das Dorf den Hügel herauf wo die Birken stehen, da ist des gnädigen Herrn sein Schloß!“ Nun weiß doch aber jedermann, daß ein Schloß ein großes hohes Gebäude sein muß mit vielen Fenstern und Türen, ja wohl gar mit Türmen und funkelnden Windfahnen, von dem allen war aber auf dem Hügel mit den Birken gar nichts zu spüren, vielmehr stand da nur ein niedriges Häuschen mit wenigen kleinen Fenstern, das man kaum früher als dicht davor angekommen, erblicken konnte. Geschieht es aber wohl, daß man vor dem hohen Tor eines großen Schlosses plötzlich stillsteht und, angehaucht von der herausströmenden eiskalten Luft, angestarrt von den toten Augen der seltsamen Steinbilder die wie grauliche Wächter sich an die Mauer lehnen, alle Lust verliert hineinzugehen, sondern lieber umkehrt, so war das bei dem kleinen Hause des Herrn Thaddäus von Brakel ganz und gar nicht der Fall. Hatten nämlich schon im Wäldchen die schönen schlanken Birken mit ihren belaubten Ästen, wie mit zum Gruß ausgestreckten Armen uns freundlich zugewinkt, hatten sie im frohen Rauschen und Säuseln uns zugewispert: „Willkommen, willkommen unter uns!“ so war es denn nun vollends bei dem Hause, als riefen holde Stimmen aus den spiegelhellen Fenstern, ja überall aus dem dunklen dicken Weinlaube, das die Mauern bis zum Dach herauf bekleidete, süßtönend heraus: „Komm doch nur herein, komm doch nur herein, du lieber müder Wanderer, hier ist es gar hübsch und gastlich!“ Das bestätigten denn auch die Nest hinein Nest hinaus lustig zwitschernden Schwalben und der alte stattliche Storch schaute ernst und klug vom Rauchfange herab und sprach: „Ich wohne nun schon manches liebe Jahr hindurch zur Sommerszeit hier, aber ein besseres Logement finde ich nicht auf Erden, und könnte ich nur die mir angeborne Reiselust bezwingen, wär's nur nicht zur Winterszeit hier so kalt und das Holz so teuer, niemals rührt ich mich von der Stelle.“ – So anmutig und hübsch, wenn auch gleich gar kein Schloß, war das Haus des Herrn von Brakel.

Die Frau von Brakel stand eines Morgens sehr früh auf und buk einen Kuchen, zu dem sie viel mehr Mandeln und Rosinen verbrauchte als selbst zum Osterkuchen, weshalb er auch viel herrlicher geriet als dieser. Währenddessen klopfte und bürstete der Herr von Brakel seinen grünen Rock und seine rote Weste aus und Felix und Christlieb wurden mit den besten Kleidern angetan, die sie nur besaßen. „Ihr dürft", so sprach dann der Herr von Brakel zu den Kindern, „ihr dürft heute nicht herauslaufen in den Wald wie sonst, sondern müßt in der Stube ruhig sitzen bleiben, damit ihr sauber und hübsch ausseht wenn der gnädige Herr Onkel kommt!" – die Sonne war hell und freundlich aufgetaucht aus dem Nebel und strahlte golden hinein in die Fenster, im Wäldchen sauste der Morgenwind und Fink und Zeisig und Nachtigall jubilierten durcheinander und schmetterten die lustigsten Liedchen. Christlieb saß still und in sich gekehrt am Tische: bald zupfte sie die roten Bandschleifen an ihrem Kleidchen zurecht, bald versuchte sie emsig fortzustricken welches heute nicht recht gehen wollte. Felix, dem der Papa ein schönes Bilderbuch in die Hände gegeben, schaute über die Bilder hinweg nach dem schönen Birkenwäldchen in dem er sonst jeden Morgen ein paar Stunden nach Herzenslust herumspringen durfte. „Ach draußen ist's so schön", seufzte er in sich hinein, doch als nun vollends der große Hofhund, Sultan geheißen, klaffend und knurrend vor dem Fenster herumsprang, eine Strecke nach dem Walde hinlief, wieder umkehrte und aufs neue knurrte und bellte als wolle er dem kleinen Felix zurufen: „Kommst du denn nicht heraus in den Wald? was machst du denn in der dumpfigen Stube?" da konnte sich Felix gar nicht lassen vor Ungeduld. „Ach liebe Mama, laß mich doch nur ein paar Schritte hinausgehen!" So rief er laut, aber die Frau von Brakel erwiderte: „Nein nein, bleibe nur fein in der Stube. Ich weiß schon wie es geht, sowie du hinausläufst muß Christlieb hinterdrein und dann husch husch durch Busch und Dorn, hinauf auf die Bäume! Und dann kommt ihr zurück erhitzt und beschmutzt und der Onkel sagt: ‚Was sind das für häßliche Bauernkinder, so dürfen keine Brakels aussehen, weder große noch kleine.'" Felix klappte voll Ungeduld das Bilderbuch zu, und sprach, indem ihm die Tränen in die Augen traten, kleinlaut: „Wenn der gnädige Herr Onkel von häßlichen Bauernkindern redet, so hat er wohl nicht Vollrads Peter oder Hentschels Annliese oder alle unsere Kinder hier im Dorfe gesehen, denn ich wüßte doch nicht, wie es hübschere Kinder geben sollte als diese." „Jawohl", rief Christlieb, wie plötzlich aus einem Traume erwacht, „und ist nicht auch des Schulzen Grete ein hübsches Kind, wiewohl sie lange nicht solche schöne rote Bandschleifen hat als ich?" „Sprecht nicht solch dummes Zeug", rief die Mutter halb erzürnt, „ihr versteht das nicht wie es der gnädige Onkel meint" – Alle weitere Vorstellungen, wie es grade heute gar zu herrlich im Wäldchen sei, halfen nichts, Felix und Christlieb mußten in der Stube bleiben und das war um so peinlicher, als der Gastkuchen, der auf dem Tische stand, die süßesten Gerüche verbreitete und doch nicht früher angeschnitten werden durfte bis der Onkel angekommen. „Ach wenn er doch nur käme, wenn er doch nur endlich käme!" so riefen beide Kinder und weinten beinahe vor Ungeduld. Endlich ließ sich ein starkes Pferdegetrappel vernehmen, und eine Kutsche fuhr vor, die so blank und mit goldenen Zieraten reich geschmückt war, daß die Kinder in das größte Erstaunen gerieten, denn sie hatten dergleichen noch gar nicht gesehen. Ein großer hagerer Mann glitt an den Armen des Jägers, der den Kutschenschlag geöffnet, heraus in die Arme des Herrn von Brakel, an dessen Wange er zweimal sanft die seinige legte und leise lispelte: „*Bon jour* mein lieber Vetter, nur gar keine Umstände, bitte ich." Unterdessen hatte der Jäger noch eine kleine dicke Dame mit sehr roten Backen und zwei Kinder, einen Knaben und ein Mädchen aus der Kutsche zur Erde hinabgleiten lassen, welches er sehr geschickt zu machen wußte, so daß jeder auf die Füße zu stehen kam. Als sie nun alle standen, traten, wie es ihnen von Vater und Mutter eingeschärft worden, Felix und Christlieb hinzu, faßten jeder eine Hand des langen hagern Mannes und sprachen dieselbe küssend: „Sein Sie uns recht schön willkommen, lieber gnädiger Herr Onkel!" dann machten sie es mit den Händen der kleinen dicken Dame ebenso und sprachen: „Sein Sie uns recht schön willkommen, liebe gnädige Frau Tante!" dann traten sie zu den Kindern, blieben aber ganz verblüfft stehen, denn solche Kinder hatten sie noch niemals gesehen. Der Knabe trug lange Pumphosen und ein Jäckchen von scharlachroten Tuch über und über mit goldenen Schnüren und Tressen besetzt und einen kleinen blanken Säbel an der Seite, auf dem Kopf aber eine seltsame rote Mütze mit einer weißen Feder, unter der er mit seinem blaßgelben

Gesichtchen und den trüben schläfrigen Augen blöd und scheu hervorkuckte. Das Mädchen hatte zwar ein weißes Kleidchen an wie Christlieb, aber mit erschrecklich viel Bändern und Spitzen, auch waren ihre Haare ganz seltsam in Zöpfe geflochten und spitz in die Höhe heraufgewunden, oben funkelte aber ein blankes Krönchen. Christlieb faßte sich ein Herz und wollte die Kleine bei der Hand nehmen, die zog aber die Hand schnell zurück und zog solch ein verdrüßliches weinerliches Gesicht, daß Christlieb ordentlich davor erschrak und von ihr abließ. Felix wollte auch nur des Knaben schönen Säbel ein bißchen näher besehen und faßte darnach, aber der Junge fing an zu schreien: „Mein Säbel, mein Säbel, er will mir den Säbel nehmen", und lief zum hagern Mann, hinter den er sich versteckte. Felix wurde darüber rot im Gesicht und sprach ganz erzürnt: „Ich will dir ja deinen Säbel nicht nehmen – dummer Junge!" Die letzten Worte murmelte er nur so zwischen den Zähnen, aber der Herr von Brakel hatte wohl alles gehört und schien sehr verlegen darüber zu sein, denn er knöpfelte an der Weste hin und her und rief: „Ei Felix!" Die dicke Dame sprach: „Adelgundchen, Herrmann, die Kinder tun euch ja nichts, seid doch nicht so blöde"; der hagere Herr lispelte aber: „Sie werden schon Bekanntschaft machen", ergriff die Frau von Brakel bei der Hand und führte sie ins Haus, ihr folgte Herr von Brakel mit der dicken Dame an deren Schleppkleid sich Adelgundchen und Herrmann hingen. Christlieb und Felix gingen hinterdrein. „Jetzt wird der Kuchen angeschnitten", flüsterte Felix der Schwester ins Ohr. „Ach ja, ach ja", erwiderte diese voll Freude, „und dann laufen wir auf und davon in den Wald", fuhr Felix fort, „und bekümmern uns um die fremden blöden Dinger nicht", setzte Christlieb hinzu. Felix machte einen Luftsprung, so kamen sie in die Stube. Adelgunde und Herrmann durften keinen Kuchen essen, weil sie, wie die Eltern sagten, das nicht vertragen könnten, sie erhielten dafür jeder einen kleinen Zwieback, den der Jäger aus einer mitgebrachten Schachtel herausnehmen mußte. Felix und Christlieb, bissen tapfer in das derbe Stück Kuchen, das die gute Mutter jedem gereicht und waren guter Dinge.

Wie es weiter bei dem vornehmen Besuche herging

Der hagere Mann, Cyprianus von Brakel geheißen, war zwar der leibliche Vetter des Herrn Thaddäus von Brakel, indessen weit vornehmer als dieser. Denn außerdem daß er den Grafentitel führte trug er auch auf jedem Rock, ja sogar auf dem Pudermantel, einen großen silbernen Stern. Deshalb hatte, als er schon ein Jahr früher, jedoch ganz allein ohne die dicke Dame, die seine Frau war und ohne die Kinder, bei dem Herrn Thaddäus von Brakel seinem Vetter auf eine Stunde einsprach, Felix ihn auch gefragt: „Hör mal gnädiger Herr Onkel, du bist wohl König geworden?“ Felix hatte nämlich in seinem Bilderbuche einen abgemalten König, der einen dergleichen Stern auf der Brust trug, und so mußte er wohl glauben, daß der Onkel nun auch König geworden sei, weil er das Zeichen trug. Der Onkel hatte damals sehr über die Frage gelacht und geantwortet: „Nein mein Söhnchen, König bin ich nicht aber des Königs treuster Diener und Minister, der über viele Leute regiert. Gehörtest du zu der Gräflich von Brakelschen Linie, so könntest du vielleicht auch künftig solch einen Stern tragen wie ich, aber so bist du freilich nur ein simpler Von, aus dem nicht viel Rechtes werden wird.“ Felix hatte den Onkel gar nicht verstanden und Herr Thaddäus von Brakel meinte, das sei auch gar nicht vonnöten. – Jetzt erzählte der Onkel seiner dikken Frau, wie ihn Felix für den König gehalten, da rief sie: „O süße liebe rührende Unschuld!“ Und nun mußten beide Felix und Christlieb hervor aus dem Winkel wo sie unter Kichern und Lachen den Kuchen verzehrt hatten. Die Mutter säuberte beiden sogleich den Mund von manchen Kuchenkrumen und Rosinenresten und übergab sie so dem gnädigen Onkel und der gnädigen Tante die sie unter lauten Ausrufungen: „O süße liebe Natur! o ländliche Unschuld!“ küßten und ihnen große Tüten in die Hände drückten. Dem Herrn Thaddäus von Brakel und seiner Frau standen die Tränen in den Augen über die Güte der vornehmen Verwandten. Felix hatte indessen die Tüte geöffnet und Bonbons darin gefunden auf die er tapfer zubiß, welches ihm Christlieb sogleich nachmachte. „Söhnchen, mein Söhnchen“, rief der gnädige Onkel, „so geht das nicht, du verdirbst dir ja die Zähne, du mußt fein so lange an dem Zuckerwerke lutschen, bis es im Munde zergeht.“ Da lachte aber Felix beinahe laut auf und sprach: „Ei lieber gnädiger Onkel, glaubst du denn, daß ich ein kleines Wickelkind bin und lutschen muß weil ich noch keine tüchtige Zähne habe zum Beißen?“ Und damit steckte er ein neues Bonbon in den Mund und biß so gewaltig zu, daß es knitterte und knatterte. „O liebliche Naivität“, rief die dicke Dame, der Onkel stimmte ein, aber dem Herrn Thaddäus standen die Schweißtropfen auf der Stirne; er war über Felixens Unart ganz beschämt und die Mutter raunte ihm ins Ohr: „Knirsche nicht so mit den Zähnen unartiger Junge!" Das machte den armen Felix, der nichts Übles zu tun glaubte, ganz bestürzt, er nahm das noch nicht ganz verzehrte Bonbon langsam aus dem Munde, legte es in die Tüte und reichte diese dem Onkel hin, indem er sprach: „Nimm nur deinen Zucker wieder mit, wenn ich ihn nicht essen soll!" Christlieb, gewohnt in allem Felixens Beispiel zu folgen, tat mit ihrer Tüte dasselbe. Das war dem Herrn Thaddäus zu arg, er brach los: „Ach mein geehrtester gnädiger Herr Vetter, halten Sie nur dem einfältigen Jungen die Tölpelei zugute, aber freilich auf dem Lande und in so beschränkten Verhältnissen – Ach wer nur solche gesittete Kinder erziehen könnte wie Sie!" – Der Graf Cyprianus lächelte selbstgefällig und vornehm indem er auf Herrmann und Adelgunden hinblickte. Die hatten längst ihren Zwieback verzehrt und saßen nun stumm und still auf ihren Stühlen ohne eine Miene zu verziehen, ohne sich zu rühren und zu regen. Die dicke Dame lächelte ebenfalls, indem sie lispelte: „Ja lieber Herr Vetter, die Erziehung unserer lieben Kinder liegt uns mehr als alles am Herzen." Sie gab dem Grafen Cyprianus einen Wink, der sich alsbald an Herrmann und Adelgunden wandte und allerlei Fragen an sie richtete, die sie mit der größten Schnelligkeit beantworteten: Da war von vielen Städten, Flüssen und Bergen die Rede, die viele tausend Meilen ins Land hinein liegen sollten und die seltsamsten Namen trugen. Ebenso wußten beide ganz genau zu beschreiben, wie die Tiere aussähen, die in wilden Gegenden der entferntesten Himmelsstriche wohnen sollten. Dann sprachen sie von fremden Gebüschen, Bäumen und Früchten, als ob sie sie selbst gesehn, ja wohl die Früchte selbst gekostet hätten. Herrmann beschrieb ganz genau wie es vor dreihundert Jahren in einer großen Schlacht zugegangen und wußte alle Generale die dabei zugegen gewesen mit Namen zu nennen. Zuletzt sprach Adelgunde sogar von den Sternen und behauptete, am Himmel säßen allerlei seltsame Tiere und andere Figuren. Dem Felix wurde dabei ganz angst und bange, er näherte sich der Frau von Brakel und fragte leise ins Ohr: „Ach Mama! liebe Mama! was ist denn das alles was die dort schwatzen und plappern?" „Halts Maul dummer Junge", raunte ihm die Mutter zu, „das sind die Wissenschaften!" Felix verstummte. „Das ist erstaunlich, das ist unerhört! in dem zarten Alter!“ so rief der Herr von Brakel ein Mal über das andere, die Frau von Brakel aber seufzete: „O mein Herr Jemine! o was sind das für Engel! o was soll denn aus unsern Kleinen werden, hier auf dem öden Lande.“ Als nun der Herr von Brakel in die Klagen der Mutter mit einstimmte, tröstete beide der Graf Cyprianus, indem er versprach, binnen einiger Zeit ihnen einen gelehrten Mann zuzuschicken, der ganz umsonst den Unterricht der Kinder übernehmen werde. Unterdessen war die schöne Kutsche wieder vorgefahren. Der Jäger trat mit zwei großen Schachteln hinein, die nahmen Adelgunde und Herrmann und überreichten sie der Christlieb und dem Felix. „Lieben Sie Spielsachen *mon cher?* hier habe ich Ihnen welche mitgebracht von der feinsten Sorte“, so sprach Herrmann sich zierlich verbeugend. Felix hatte die Ohren hängen lassen, er ward traurig, selbst wußte er nicht warum. Er hielt die Schachtel gedankenlos in den Händen und murmelte: „Ich heiße nicht Mon schär sondern Felix und auch nicht *Sie* sondern *du*.“ – Der Christlieb war auch das Weinen näher als das Lachen unerachtet aus der Schachtel, die sie von Adelgunden erhalten, die süßesten Düfte strömten wie von allerlei schönen Näschereien. An der Türe sprang und bellte nach seiner Gewohnheit Sultan Felixens getreuer Freund und Liebling, Herrmann entsetzte sich aber so sehr vor dem Hunde, daß er schnell in die Stube zurücklief und laut zu weinen anfing. „Er tut dir ja nichts“, sprach Felix, „er tut dir ja nichts, warum heulst und schreist du so? es ist ja nur ein Hund, und du hast ja schon die schrecklichsten Tiere gesehn? Und wenn er auch auf dich zufahren wollte, du hast ja einen Säbel?“ Felixens Zureden half gar nichts, Herrmann schrie immerfort, bis ihn der Jäger auf den Arm nehmen und in die Kutsche tragen mußte, Adelgunde plötzlich von dem Schmerz des Bruders ergriffen oder Gott weiß aus welcher andern Ursache, fing ebenfalls an heftig zu heulen, welches die arme Christlieb so anregte, daß sie auch zu schluchzen und zu weinen begann. Unter diesem Geschrei und Gejammer der drei Kinder fuhr der Graf Cyprianus von Brakel ab von Brakelheim, und so endete der vornehme Besuch.

Die neuen Spielsachen

Sowie die Kutsche mit dem Grafen Cyprianus von Brakel und seiner Familie den Hügel herabgerollt war, warf der Herr

Thaddäus schnell den grünen Rock und die rote Weste ab, und als er ebenso schnell die weite Tuchjacke angezogen und zwei- bis dreimal mit dem breiten Kamm die Haare durchfahren hatte, da holte er tief Atem, dehnte sich und rief: „Gott sei gedankt!" Auch die Kinder zogen schnell ihre Sonntagsröckchen aus und fühlten sich froh und leicht. „In den Wald, in den Wald!" rief Felix, indem er seine höchsten Luftsprünge versuchte. „Wollt ihr denn nicht erst sehen was euch Herrmann und Adelgunde mitgebracht haben?" So sprach die Mutter und Christlieb, die schon während des Ausziehens die Schachteln mit neugierigen Augen betrachtet hatte, meinte, daß das wohl erst geschehen könne, nachher sei es ja wohl noch Zeit genug in den Wald zu laufen. Felix war sehr schwer zu überreden. Er sprach: „Was kann uns denn der alberne pumphosichte Junge mitsamt seiner bebänderten Schwester Großes mitgebracht haben. Was die Wissenschaften betrifft, i nun die plappert er gut genug weg, aber erst schwatzt er von Löw und Bär und weiß wie man die Elefanten fängt und dann fürchtet er sich vor meinem Sultan, hat einen Säbel an der Seite und heult und schreit und kriecht unter den Tisch. Das mag mir ein schöner Jäger sein!" „Ach lieber guter Felix, laß uns doch nur ein ganzes kleines bißchen die Schachteln öffnen!" So bat Christlieb, und da ihr Felix alles nur mögliche zu Gefallen tat, so gab er das in den Wald Laufen vor der Hand auf und setzte sich mit Christlieb geduldig an den Tisch auf dem die Schachteln standen. Sie wurden von der Mutter geöffnet, aber da – Nun, o meine vielgeliebten Leser! Euch allen ist es gewiß schon so gut geworden zur Zeit des fröhlichen Jahrmarkts oder doch gewiß zu Weihnachten von den Eltern oder andern lieben Freunden mit allerlei schmucken Sachen reichlich beschenkt zu werden. Denkt euch, wie ihr vor Freude jauchztet, als blanke Soldaten, Männchen mit Drehorgeln, schön geputzte Puppen, zierliche Gerätschaften, herrliche bunte Bilderbücher u. a. m. um euch lagen und standen! Solche große Freude wie ihr damals, hatten jetzt Felix und Christlieb, denn eine ganz reiche Bescherung der niedlichsten glänzendsten Sachen ging aus den Schachteln hervor, und dabei gab es noch allerlei Naschwerk, so daß die Kinder ein Mal über das andere die Hände zusammenschlugen und ausriefen: „Ei wie schön ist das!" Nur eine Tüte mit Bonbons legte Felix mit Verachtung beiseite, und als Christlieb bat den gläsernen Zukker doch wenigstens nicht zum Fenster herauszuwerfen, wie er es eben tun wollte, ließ er zwar davon ab, öffnete aber die Tüte und warf einige Bonbons dem Sultan hin, der indessen hineingeschwänzelt war. Sultan roch daran und wandte dann unmutig die Schnauze weg. „Siehst du wohl Christlieb“, rief Felix nun triumphierend, „siehst du wohl, nicht einmal Sultan mag das garstige Zeug fressen.“ Übrigens machte dem Felix von den Spielsachen nichts mehr Freude als ein stattlicher Jägersmann, der, wenn man ein kleines Fädchen das hinten unter seiner Jacke hervorragte, anzog, die Büchse anlegte und in ein Ziel schoß, das drei Spannen weit vor ihm angebracht war. Nächstdem schenkte er seine Liebe einem kleinen Männchen, das Komplimente zu machen verstand und auf einer Harfe quinkelierte wenn man an einer Schraube drehte; vor allen Dingen gefiel ihm aber eine Flinte und ein Hirschfänger, beides von Holz und übersilbert, sowie eine stattliche Husarenmütze und eine Patrontasche. Christlieb hatte große Freude an einer sehr schön geputzten Puppe und einem saubern vollständigen Hausrat. Die Kinder vergaßen Wald und Flur und ergötzten sich an den Spielsachen bis in den späten Abend hinein. Dann gingen sie zu Bette.

Was sich mit den neuen Spielsachen im Walde zutrug

Tages darauf fingen die Kinder es wieder da an, wo sie es abends vorher gelassen hatten: das heißt, sie holten die Schachteln herbei, kramten ihre Spielsachen aus und ergötzten sich daran auf mancherlei Weise. Ebenso wie gestern schien die Sonne hell und freundlich in die Fenster hinein, wisperten und lispelten die vom sausenden Morgenwind begrüßten Birken, jubilierten Zeisig, Fink und Nachtigall in den schönsten lustigsten Liedlein. Da wurd es dem Felix bei seinem Jäger, seinem kleinen Männchen, seiner Flinte und Patrontasche ganz enge und wehmütig ums Herz. „Ach“, rief er auf einmal, „ach draußen ist’s doch schöner, komm Christlieb! laß uns in den Wald laufen!“ Christlieb hatte eben die große Puppe ausgezogen und war im Begriff sie wieder anzukleiden, welches ihr viel Vergnügen machte, deshalb wollte sie nicht heraus, sondern bat: „Lieber Felix, wollen wir denn nicht noch hier ein bißchen spielen?“ „Weißt du was, Christlieb“, sprach Felix, „wir nehmen das beste von unsern Spielsachen mit hinaus. Ich schnalle meinen Hirschfänger um, und hänge das Gewehr über die

Schulter, da seh ich aus wie ein Jäger. Der kleine Jäger und Harfenmännlein können mich begleiten, du Christlieb kannst deine große Puppe und das beste von deinen Gerätschaften mitnehmen. Komm nur, komm!" Christlieb zog hurtig die Puppe vollends an und nun liefen beide Kinder mit ihren Spielsachen hinaus in den Wald, wo sie sich auf einem schönen grünen Plätzchen lagerten. Sie hatten eine Weile gespielt und Felix ließ eben das Harfenmännlein sein Stückchen orgeln, als Christlieb anfing: „Weißt du wohl, lieber Felix, daß dein Harfenmann gar nicht hübsch spielt? Hör nur, wie das hier im Walde häßlich klingt, das ewige Ting-Ting-Ping-Ping, die Vögel kucken so neugierig aus den Büschen, ich glaube, sie halten sich ordentlich auf über den albernen Musikanten, der hier zu ihrem Gesange spielen will." Felix drehte stärker und stärker an der Schraube und rief endlich: „Du hast recht, Christlieb! es klingt abscheulich, was der kleine Kerl spielt, was können mir seine Dienerchen helfen – ich schäme mich ordentlich vor dem Finken dort drüben, der mich mit solch schlauen Augen anblinzelt. – Aber der Kerl soll besser spielen – soll besser spielen!" – Und damit drehte Felix so stark an der Schraube, daß Krack-krack – der ganze Kasten in tausend Stücke zerbrach auf dem das Harfenmännlein stand und seine Arme zerbröckelt herabfielen. „Oh – Oh!" rief Felix; „ach das Harfenmännlein!" rief Christlieb. Felix beschaute einen Augenblick das zerbrochene Spielwerk, sprach dann: „Es war ein dummer alberner Kerl, der schlechtes Zeug aufspielte und Gesichter und Diener machte, wie Vetter Pumphose", und warf den Harfenmann weit fort in das tiefste Gebüsch. „Da lob ich mir meinen Jägersmann", sprach er weiter, „der schießt ein Mal über das andere ins Ziel." Nun ließ Felix den kleinen Jäger tüchtig exerzieren. Als das eine Weile gedauert, fing Felix an: „Dumm ist's doch, daß der kleine Kerl immer nur nach dem Ziele schießt, welches, wie Papa sagt, gar keine Sache für einen Jägersmann ist. Der muß im Walde schießen nach Hirschen – Rehen – Hasen, und sie treffen im vollen Lauf. – Der Kerl *soll* nicht mehr nach dem Ziele schießen." Damit brach Felix die Zielscheibe los, die vor dem Jäger angebracht war. „Nun schieß ins Freie", rief er, aber er mochte an dem Fädchen ziehn, soviel als er wollte, schlaff hingen die Arme des kleinen Jägers herab. Er legte nicht mehr die Büchse an, er schoß nicht mehr los. „Ha ha", rief Felix, „nach dem Ziel, in der Stube, da konntest du schießen, aber im Walde, wo des Jägers Heimat ist, da geht's nicht. Fürchtest dich auch wohl vor Hunden und würdest, wenn einer käme, davonlaufen mitsamt deiner Büchse, wie Vetter Pumphose mit seinem Säbel! – Ei du einfältiger nichtsnutziger Bursche", damit schleuderte Felix den Jäger dem Harfenmännlein nach ins tiefe Gebüsch. „Komm! laß uns ein wenig laufen", sprach er dann zu Christlieb. „Ach ja lieber Felix", erwiderte diese, „meine hübsche Puppe soll mitlaufen, das wird ein Spaß sein." Nun faßte jeder, Felix und Christlieb, die Puppe an einem Arm, und so ging's fort in vollem Laufe durchs Gebüsch den Hügel herab, und fort und fort bis an den mit hohem Schilf umkränzten Teich, der noch zu dem Besitztum des Herrn Thaddäus von Brakel gehörte und wo er zuweilen wilde Enten zu schießen pflegte. Hier standen die Kinder still und Felix sprach: „Laß uns ein wenig passen, ich habe ja nun eine Flinte, wer weiß ob ich nicht im Röhricht eine Ente schießen kann, so gut wie der Vater." In dem Augenblick schrie aber Christlieb laut auf: „Ach meine Puppe, was ist aus meiner schönen Puppe geworden!" Freilich sah das arme Ding ganz miserabel aus. Weder Christlieb noch Felix hatten im Laufen die Puppe beachtet und so war es gekommen, daß sie sich an dem Gestripp die Kleider ganz und gar zerrissen, ja beide Beinchen gebrochen hatte. Von dem hübschen Wachsgesichtchen war auch beinahe keine Spur, so zerfetzt und häßlich sah es aus. „Ach meine Puppe, meine schöne Puppe", klagte Christlieb. „Da siehst du nun", sprach Felix, „was für dumme Dinger uns die fremden Kinder mitgebracht haben. Das ist ja eine ungeschickte einfältige Trine, deine Puppe, die nicht einmal mit uns laufen kann, ohne sich gleich alles zu zerreißen und zu zerfetzen – gib sie nur her." Christlieb reichte die verunstaltete Puppe traurig dem Bruder hin und konnte sich eines lauten Schreies: „Ach ach!" nicht enthalten, als der sie ohne weiteres fortschleuderte in den Teich. „Gräme dich nur nicht", tröstete Felix die Schwester, „gräme dich nur ja nicht um das alberne Ding, schieße ich eine Ente, so sollst du die schönsten Federn bekommen die sich nur in den bunten Flügeln finden wollen." Es rauschte im Röhricht, da legte stracks Felix seine hölzerne Flinte an, setzte sie aber in demselben Augenblick wieder ab, und schaute nachdenklich vor sich hin. „Bin ich nicht auch *selbst* ein törichter Junge", fing er dann leise an, „gehört denn nicht zum Schießen Pulver und Blei und habe ich denn beides? – Kann ich denn auch wohl Pulver in eine hölzerne Flinte laden? – Wozu ist überhaupt das dumme hölzerne Ding? – Und der Hirschfänger? – Auch von

Holz! – der schneidet und sticht nicht – des Vetters Säbel war gewiß auch von Holz, deshalb mochte er ihn nicht ausziehn als er sich vor dem Sultan fürchtete. Ich merke schon, Vetter Pumphose hat mich nur zum besten gehabt mit seinen Spielsachen die was vorstellen wollen und nichtsnütziges Zeug sind.“ Damit schleuderte Felix Flinte, Hirschfänger und zuletzt noch die Patrontasche in den Teich. Christlieb war doch betrübt über den Verlust der Puppe, und auch Felix konnte sich des Unmuts nicht erwehren. So schlichen sie nach Hause, und als die Mutter frug: „Kinder wo habt ihr eure Spielsachen“, erzählte Felix ganz treuherzig, wie schlimm er mit dem Jäger, mit dem Harfenmännlein, mit Flinte, Hirschfänger und Patrontasche, wie schlimm Christlieb mit der Puppe angeführt worden. „Ach“, rief die Frau von Brakel halb erzürnt, „ihr einfältigen Kinder, ihr wißt nur nicht mit den schönen zierlichen Sachen umzugehen.“ Der Herr Thaddäus von Brakel, der Felixens Erzählung mit sichtbarem Wohlgefallen angehört hatte, sprach aber: „Lasse die Kinder nur gewähren, im Grunde genommen ist's mir recht lieb, daß sie die fremdartigen Spielsachen die sie nur verwirrten und beängsteten, los sind.“ Weder die Frau von Brakel noch die Kinder wußten, was der Herr von Brakel mit diesen Worten eigentlich sagen wollte.

Das fremde Kind

Felix und Christlieb waren in aller Frühe nach dem Walde gelaufen. Die Mutter hatte es ihnen eingeschärft ja recht bald wiederzukommen, weil sie nun viel mehr in der Stube sitzen, und viel mehr schreiben und lesen müßten als sonst, damit sie sich nicht gar zu sehr zu schämen brauchten vor dem Hofmeister der nun nächstens kommen werde, deshalb sprach Felix: „Laß uns nun das Stündchen über, das wir draußen bleiben dürfen, recht tüchtig springen und laufen!“ Sie begannen auch gleich sich als Hund und Häschen herumzujagen, aber so wie dieses Spiel, erregten auch alle übrigen Spiele die sie anfingen nach wenigen Sekunden ihnen nur Überdruß und Langeweile. Sie wußten selbst gar nicht wie es denn nur kam, daß ihnen gerade heute tausend ärgerliches Zeug geschehen mußte. Bald flatterte Felixens Mütze vom Winde getrieben ins Gebüsch, bald strauchelte er und fiel auf die Nase im besten Rennen, bald blieb Christlieb mit den Kleidern hängen am

Dornstrauch oder stieß sich den Fuß am spitzen Stein, daß sie laut aufschreien mußte. Sie gaben bald alles Spielen auf, und schlichen mißmütig durch den Wald. „Wir wollen nur in die Stube kriechen“, sprach Felix, warf sich aber, statt weiterzugehen, in den Schatten eines schönen Baums. Christlieb folgte seinem Beispiel. Da saßen die Kinder nun voller Unmut und starrten stumm in den Boden hinein. „Ach“, seufzete Christlieb endlich leise, „ach hätten wir doch noch die schönen Spielsachen!“ – „Die würden“, murrte Felix, „die würden uns gar nichts nützen, wir müßten sie doch nur wieder zerbrechen und verderben. Höre Christlieb! – die Mutter hat doch wohl recht – die Spielsachen waren gut, aber wir wußten nur nicht damit umzugehen, und das kommt daher weil uns die Wissenschaften fehlen.“ „Ach lieber Felix“, rief Christlieb, „du hast recht, könnten wir die Wissenschaften so hübsch auswendig, wie der blanke Vetter und die geputzte Muhme, ach da hättest du noch deinen Jäger, dein Harfenmännlein, da läg meine schöne Puppe nicht im Ententeich! – wir ungeschickten Dinger – ach wir haben keine Wissenschaften!“ und damit fing Christlieb an jämmerlich zu schluchzen und zu weinen und Felix stimmte mit ein und beide Kinder heulten und jammerten daß es im Walde widertönte: „Wir armen Kinder wir haben keine Wissenschaften!“ Doch plötzlich hielten sie inne und fragten voll Erstaunen: „Siehst du's Christlieb?“ – „Hörst du's Felix?“ – Aus dem tiefsten Schatten des dunkeln Gebüsches, das den Kindern gegenüber lag, blickte ein wundersamer Schein, der wie sanfter Mondesstrahl über die vor Wonne zitternden Blätter gaukelte und durch das Säuseln des Waldes ging ein süßes Getön, wie wenn der Wind über Harfen hinstreift und im Liebkosen die schlummernden Akkorde weckt. Den Kindern wurde ganz seltsam zumute, aller Gram war von ihnen gewichen, aber die Tränen standen ihnen in den Augen vor süßem nie gekanntem Weh. So wie lichter und lichter der Schein durch das Gebüsch strahlte, so wie lauter und lauter die wundervollen Töne erklangen, klopfte den Kindern höher das Herz, sie starrten hinein in den Glanz und ach! sie gewahrten daß es das von der Sonne hell erleuchtete holde Antlitz des lieblichsten Kindes war, welches ihnen aus dem Gebüsch zulächelte und zuwinkte. „O komm doch nur zu uns – komm doch nur zu uns, du liebes Kind!“ so riefen beide, Christlieb und Felix, indem sie aufsprangen und voll unbeschreiblicher Sehnsucht die Hände nach der holden Gestalt ausstreckten.

„Ich komme – ich komme“, rief es mit süßer Stimme aus dem Gebüsch und leicht wie vom säuselnden Morgenwinde getragen schwebte das fremde Kind herüber zu Felix und Christlieb.

Wie das fremde Kind mit Felix und Christlieb spielte

„Ich hab euch wohl aus der Ferne weinen und klagen gehört“, sprach das fremde Kind, „und da hat es mir recht leid um euch getan, was fehlt euch denn liebe Kinder?“ „Ach wir wußten es selbst nicht recht“, erwiderte Felix, „aber nun ist es mir so, als wenn nur du uns gefehlt hättest.“ – „Das ist wahr“, fiel Christlieb ein, „nun du bei uns bist, sind wir wieder froh! warum bist du aber auch so lange ausgeblieben?“ – Beiden Kindern war es in der Tat so, als ob sie schon lange das fremde Kind gekannt und mit ihm gespielt hätten, und als ob ihr Unmut nur daher gerührt hätte, daß der liebe Spielkamerad sich nicht mehr blicken lassen. „Spielsachen“, sprach Felix weiter, „haben wir nun freilich gar nicht, denn ich einfältiger Junge habe gestern die schönsten, die Vetter Pumphose mir geschenkt hatte, schändlich verdorben und weggeschmissen, aber spielen wollen wir doch wohl.“ „Ei Felix“, sprach das fremde Kind, indem es laut auflachte, „ei wie magst du nur so sprechen. Das Zeug das du weggeworfen hast, das hat gewiß nicht viel getaugt, du so wie Christlieb, ihr seid ja beide ganz umgeben von dem herrlichsten Spielzeuge, das man nur sehen kann.“ „Wo denn? – Wo denn?“ – riefen Christlieb und Felix – „Schaut doch um euch“, sprach das fremde Kind. – Und Felix und Christlieb gewahrten, wie aus dem dicken Grase, aus dem wolligen Moose allerlei herrliche Blumen wie mit glänzenden Augen hervorguckten, und dazwischen funkelten bunte Steine und kristallne Muscheln, und goldene Käferchen tanzten auf und nieder und summten leise Liedchen. – „Nun wollen wir einen Palast bauen, helft mir hübsch die Steine zusammentragen!“ so rief das fremde Kind indem es zur Erde gebückt bunte Steine aufzulesen begann. Christlieb und Felix halfen, und das fremde Kind wußte so geschickt die Steine zu fügen, daß sich bald hohe Säulen erhoben, die in der Sonne funkelten wie poliertes Metall, und darüber wölbte sich ein luftiges goldenes Dach. – Nun küßte das fremde Kind die Blumen die aus dem Boden hervorguckten, da rankten sie im süßen Gelispel in die Höhe und sich in holder Liebe verschlingend bildeten sie duftende Bogengänge in denen die Kinder voll Wonne und Entzücken umhersprangen. Das fremde Kind klatschte in die Hände, da sumste das goldene Dach des Palastes – Goldkäferchen hatten es mit ihren Flügeldecken gewölbt – auseinander und die Säulen zerflossen zum rieselnden Silberbach, an dessen Ufer sich die bunten Blumen lagerten und bald neugierig in seine Wellen kuckten, bald ihre Häupter hin und her wiegend auf sein kindisches Plaudern horchten. Nun pflückte das fremde Kind Grashalme, und brach kleine Ästchen von den Bäumen die es hinstreute vor Felix und Christlieb. Aber aus den Grashalmen wurden bald die schönsten Puppen, die man nur sehen konnte und aus den Ästchen kleine allerliebste Jäger. Die Puppen tanzten um Christlieb herum und ließen sich von ihr auf den Schoß nehmen und lispelten mit feinen Stimmchen: „Sei uns gut, sei uns gut, liebe Christlieb." Die Jäger tummelten sich und klirrten mit den Büchsen und bliesen auf ihren Hörnern und riefen: „Hallo! – Hallo! zur Jagd zur Jagd!" – Da sprangen Häschen aus den Büschen und Hunde ihnen nach, und die Jäger knallten hinterdrein! – Das war eine Lust – Alles verlor sich wieder, Christlieb und Felix riefen: „Wo sind die Puppen, wo sind die Jäger." Das fremde Kind sprach: „Oh! die stehen euch alle zu Gebote, die sind jeden Augenblick bei euch wenn ihr nur wollt, aber möchtet ihr nicht lieber jetzt ein bißchen durch den Wald laufen?" – „Ach ja, ach ja!" riefen beide, Felix und Christlieb. Da faßte das fremde Kind sie bei den Händen und rief: „Kommt, kommt!" und damit ging es fort. Aber das war ja gar kein Laufen zu nennen! – Nein! Die Kinder schwebten im leichten Fluge durch Wald und Flur und die bunten Vögel flatterten laut singend und jubilierend um sie her. Mit einemmal ging es hoch – hoch in die Lüfte. „Guten Morgen Kinder! Guten Morgen Gevatter Felix!" rief der Storch im Vorbeistreifen! „Tut mir nichts, tut mir nichts – ich freß euer Täublein nicht!" kreischte der Geier, sich in banger Scheu vor den Kindern durch die Lüfte schwingend – Felix jauchzte laut, aber der Christlieb wurde bange. „Mir vergeht der Atem – ach ich falle wohl!" so rief sie und in demselben Augenblick ließ sich das fremde Kind mit den Gespielen nieder, und sprach: „Nun singe ich euch das Waldlied zum Abschiede für heute, morgen komm ich wieder." Nun nahm das Kind ein kleines Waldhorn hervor, dessen goldne Windungen beinahe anzusehen waren, wie leuchtende Blumenkränze und begann darauf so herrlich zu blasen, daß der ganze Wald wundersam von den lieblichen Tönen widerhallte, und dazu sangen die Nachtigallen, die wie auf des Waldhorns Ruf herbeiflatterten und sich dicht neben dem Kinde in die Zweige setzten, ihre herrlichsten Lieder. Aber plötzlich verhallten die Töne mehr und mehr und nur ein leises Säuseln quoll aus den Gebüschen, in die das fremde Kind hingeschwunden. „Morgen – morgen kehr ich wieder!" so rief es aus weiter Ferne den Kindern zu, die nicht wußten wie ihnen geschehen, denn solch innere Lust hatten sie nie empfunden. „Ach wenn es doch nur schon wieder *morgen* wäre", so sprachen beide, Felix und Christlieb, indem sie voller Hast zu Hause liefen um den Eltern zu erzählen, was sich im Walde begeben.

Was der Herr von Brakel und die Frau von Brakel zu dem fremden Kinde sagten, und was sich weiter mit demselben begab

„Beinahe möchte ich glauben, daß den Kindern das alles nur geträumt hat!" So sprach der Herr Thaddäus von Brakel zu seiner Gemahlin, als Felix und Christlieb ganz erfüllt von dem fremden Kinde nicht aufhören konnten, sein holdes Wesen, seinen anmutigen Gesang, seine wunderbaren Spiele zu preisen. „Denk ich aber wieder daran", fuhr Herr von Brakel fort, „daß beide doch nicht auf einmal und auf gleiche Weise geträumt haben können, so weiß ich am Ende selbst nicht, was ich von dem allen denken soll." „Zerbrich dir den Kopf nicht, o mein Gemahl!" erwiderte die Frau von Brakel, „ich wette, das fremde Kind ist niemand anders als Schulmeisters Gottlieb aus dem benachbarten Dorfe. Der ist herübergelaufen und hat den Kindern allerlei tolles Zeug in den Kopf gesetzt, aber das soll er künftig bleiben lassen." Herr von Brakel war gar nicht der Meinung seiner Gemahlin, um indessen mehr hinter die eigentliche Bewandtnis der Sache zu kommen, wurden Felix und Christlieb herbeigerufen und aufgefordert genau anzugeben, wie das Kind ausgesehen habe und wie es gekleidet gewesen sei. Rücksichts des Aussehens stimmten beide überein, daß das Kind ein lilienweißes Gesicht, rosenrote Wangen, kirschrote Lippen, blauglänzende Augen und goldgelocktes Haar habe, und so schön sei, wie sie es gar nicht aussprechen könnten; in Ansehung der Kleider wußten sie aber nur so viel, daß das Kind ganz gewiß nicht eine blaugestreifte Jacke, ebensolche Hosen und eine schwarzlederne Mütze trage, wie Schulmeisters Gottlieb. Dagegen klang alles, was sie über den Anzug des Kindes ungefähr zu sagen vermochten, ganz fabelhaft und unklug. Christlieb behauptete nämlich, das Kind trage ein wunderschönes leichtes glänzendes Kleidchen von Rosenblättern; Felix meinte dagegen, das Kleid des Kindes funkle in hellem goldenen Grün wie Frühlingslaub im Sonnenschein. Daß das Kind, fuhr Felix weiter fort, irgendeinem Schulmeister angehören könne, daran sei gar nicht zu denken, denn zu gut verstehe sich der Knabe auf die Jägerei, stamme gewiß aus der Heimat aller Wald- und Jagdlust und werde der tüchtigste Jägersmann werden, den es wohl gebe. „Ei Felix", unterbrach ihn Christlieb, „wie kannst du nur sagen, daß das kleine liebe Mädchen ein Jägersmann werden soll. Auf das Jagen mag sie sich auch wohl verstehen, aber gewiß noch viel besser auf die Wirtschaft im Hause, sonst hätte sie mir nicht so hübsch die Puppen angekleidet und so schöne Schüsseln bereitet!" So hielt Felix das fremde Kind für einen Knaben, Christlieb behauptete dagegen es sei ein Mädchen und beide konnten darüber nicht einig werden. – Die Frau von Brakel sagte: „Es lohnt gar nicht, daß man sich mit den Kindern auf solche Narrheiten einläßt", der Herr von Brakel meinte dagegen: „Ich dürfte ja nur den Kindern nachgehen in den Wald und erlauschen, was denn das für ein seltsames Wunderkind ist, das mit ihnen spielt, aber es ist mir so, als könnte ich den Kindern dadurch eine große Freude verderben und deshalb will ich es nicht tun." Andern Tages, als Felix und Christlieb zu gewöhnlicher Zeit in den Wald liefen, wartete das fremde Kind schon auf sie, und wußte es gestern herrliche Spiele zu beginnen, so schuf es vollends heute die anmutigsten Wunder, so daß Felix und Christlieb ein Mal über das andere vor Freude und Entzücken laut aufjauchzten. Lustig und sehr hübsch zugleich war es, daß das fremde Kind während des Spielens so zierlich und gescheut mit den Bäumen, Gebüschen, Blumen, mit dem Waldbach zu sprechen wußte. Alle antworteten auch so vernehmlich, daß Felix und Christlieb alles verstanden. Das fremde Kind rief ins Erlengebüsch hinein: „Ihr schwatzhaftes Volk, was flüstert und wispert ihr wieder untereinander?" Da schüttelten stärker sich die Zweige und lachten und lispelten: „Ha – ha ha – wir freuen uns über die artigen Dinge, die uns Freund Morgenwind heute zugeraunt hat, als er von den blauen Bergen vor den Sonnenstrahlen daherrauschte. Er brachte uns tausend Grüße und Küsse von der goldnen Königin und einige tüchtige Flügelschläge voll der süßesten Düfte." „O schweigt doch", so unterbrachen die Blumen das Geschwätz der Büsche, „o schweigt doch von dem Flatterhaften der mit den Düften prahlt, die seine falschen Liebkosungen uns entlocken. Laßt die Gebüsche lispeln und säuseln, ihr Kinder, aber schaut uns an, horcht auf uns, wir lieben euch gar zu sehr und putzen uns heraus, mit den schönsten glänzendsten Farben Tag für Tag nur damit wir euch recht gefallen." – „Und lieben wir euch denn nicht auch, ihr holden Blumen?" So sprach das fremde Kind, aber Christlieb kniete zur Erde nieder und streckte beide Ärme weit aus, als wollte sie all die herrlichen Blumen, die um sie her sproßten, umarmen, indem sie rief: „Ach ich lieb euch ja allzumal!" – Felix sprach: „Auch mir gefallt ihr wohl, in euren glänzenden Kleidern, ihr Blumen, aber doch halt ich es mit dem Grün, mit den Büschen, mit den Bäumen, mit dem Walde, er muß euch doch schützen und schirmen, ihr kleinen bunten Kindlein!" Da sauste es in den hohen schwarzen Tannen: „Das ist ein wahres Wort, du tüchtiger Junge, und du mußt dich nicht vor uns fürchten, wenn der Gevatter Sturm dahergezogen kommt und wir ein bißchen ungestüm mit dem groben Kerl zanken." „Ei", rief Felix, „knarrt und stöhnt und sauset nur recht wacker, ihr grünen Riesen, dann geht ja dem tüchtigen Jägersmann erst das Herz recht auf." „Da hast du ganz recht", so rauschte und plätscherte der Waldbach, „da hast du ganz recht, aber wozu immer jagen, immer rennen im Sturm und im wilden Gebraus! – Kommt! setzt euch fein ins Moos und hört mir zu. Von fernen fernen Landen aus tiefem Schacht komm ich her – ich will euch schöne Märchen erzählen und immer was Neues, Well auf Welle und immer fort und fort. Und die schönsten Bilder zeig ich euch, schaut mir nur recht ins blanke Spiegelantlitz – duftiges Himmelblau – goldenes Gewölk – Busch und Blum und Wald – euch selbst, ihr holden Kinder zieh ich liebend hinein tief in meinen Busen!" – „Felix, Christlieb", so sprach das fremde Kind, indem es mit wundersamer Holdseligkeit um sich blickte, „Felix, Christlieb, o hört doch nur, wie alles uns liebt. Aber schon steigt das Abendrot auf hinter den Bergen und Nachtigall ruft mich nach Hause." „O laß uns noch ein bißchen fliegen", bat Felix. „Aber nur nicht so sehr hoch, da schwindelt's mir gar zu sehr", sprach Christlieb. Da faßte wie gestern das fremde Kind beide, Felix und Christlieb, bei den Händen und nun schwebten sie auf im goldenen Purpur des Abendrots und das lustige Volk der bunten Vögel schwärmte und lärmte um sie her – das war ein Jauchzen und Jubeln! – In den glänzenden Wolken, wie in wogenden Flammen erblickte Felix die herrlichsten Schlösser von lauter Rubinen und andern funkelnden Edelsteinen: „Schau o schau doch Christlieb", rief er voll Entzücken, „das sind prächtige, prächtige Häuser, nur tapfer laß uns fliegen, wir kommen gewiß hin." Christlieb gewahrte auch die Schlösser und vergaß alle Furcht, indem sie nicht mehr hinab, sondern unverwandt in die Ferne blickte. „Das sind meine lieben Luftschlösser", sprach das fremde Kind, „aber hin kommen wir heute wohl nicht mehr!" – Felix und Christlieb waren wie im Traume und wußten selbst nicht wie es geschah, daß sie unversehens sich zu Hause bei Vater und Mutter befanden.

Von der Heimat des fremden Kindes

Das fremde Kind hatte auf dem anmutigsten Platz im Walde zwischen säuselndem Gebüsch, dem Bach unfern, ein überaus herrliches Gezelt von hohen schlanken Lilien, glühenden Rosen und bunten Tulipanen erbaut. Unter diesem Gezelt saßen mit dem fremden Kinde Felix und Christlieb und horchten darauf, was der Waldbach allerlei seltsames Zeug durcheinanderplauderte. „Recht verstehe ich doch nicht", fing Felix an, „was der dort unten erzählt und es ist mir so, als wenn du selbst, mein lieber lieber Junge alles, was er nur so unverständlich murmelt, recht hübsch mir sagen könntest. Überhaupt möcht ich dich doch wohl fragen, wo du denn herkommst und wo du immer so schnell hinverschwindest, daß wir selbst niemals wissen wie das geschieht?" – „Weißt du wohl, liebes Mädchen", fiel Christlieb ein, „daß Mutter glaubt, du seist Schulmeisters Gottlieb?" „Schweig doch nur dummes Ding", rief Felix, „Mutter hat den lieben Knaben niemals gesehen, sonst würde sie gar nicht von Schulmeisters Gottlieb gesprochen haben. – Aber nun sage mir geschwind, du lieber Junge, wo du wohnst, damit wir zu dir ins Haus kommen können, zur Winterszeit, wenn es stürmt und schneit und im Walde nicht Steg nicht Weg zu finden ist." „Ach ja!" sprach Christlieb, „nun mußt du uns fein sagen, wo du zu Hause bist, wer deine Eltern sind und hauptsächlich wie du denn eigentlich heißest." Das fremde Kind sah sehr ernst, beinahe traurig vor sich hin und seufzte recht aus tiefer Brust. Dann, nachdem es einige Augenblicke geschwiegen, fing es an: „Ach lieben Kinder, warum fragt ihr nach meiner Heimat? Ist es denn nicht genug, daß ich tagtäglich zu euch komme und mit euch spiele? – Ich könnte euch sagen, daß ich dort hinter den blauen Bergen, die wie krauses, zackiges Nebelgewölk anzusehen sind, zu Hause bin, aber wenn ihr tagelang und immer fort und fort laufen wolltet, bis ihr auf den Bergen stündet, so würdet ihr wieder ebenso fern ein neues Gebürge schauen, hinter dem ihr meine Heimat suchen müßtet, und wenn ihr auch dieses Gebürge erreicht hättet, würdet ihr wiederum ein neues erblicken, und so würde es euch immer fort und fort gehen und ihr würdet niemals meine Heimat erreichen." „Ach", rief Christlieb weinerlich aus, „ach so wohnst du wohl viele hundert hundert Meilen von uns und bist nur zum Besuch in unserer Gegend?" „Sieh nur, liebe Christlieb!" fuhr das fremde Kind fort, „wenn du dich recht herzlich nach mir sehnst, so bin ich gleich bei dir und bringe dir alle Spiele, alle Wunder aus meiner Heimat mit, und ist denn das nicht ebenso gut als ob wir in meiner Heimat selbst zusammen säßen und miteinander spielten?" „Das nun wohl eben nicht", sprach Felix, „denn ich glaube, daß deine Heimat ein gar herrlicher Ort sein muß, ganz voll von den herrlichen Dingen, die du uns mitbringst. Du magst mir nun die Reise dahin so schwürig vorstellen wie du willst, so wie ich es nur vermag, mache ich mich doch auf den Weg. So durch Wälder streichen und auf ganz wilden verwachsenen Pfaden, Gebürge erklettern, durch Bäche waten, über schroffes Gestein und dornicht Gestrüpp, das ist so recht Weidmanns Sache – ich werd's schon durchführen." „Das wirst du auch", rief das fremde Kind, indem es freudig lachte, „und wenn du es dir so recht fest vornimmst, dann ist es so gut als hättest du es schon wirklich ausgeführt. Das Land, in dem ich wohne ist in der Tat so schön und herrlich, wie ich es gar nicht zu beschreiben vermag. Meine Mutter ist es, die als Königin über dieses Reich voller Glanz und Pracht herrscht." – „So bist du ja ein Prinz" – „So bist du ja eine Prinzessin" – riefen zu gleicher Zeit verwundert, ja beinahe erschrocken, Felix und Christlieb. „Allerdings", sprach das fremde Kind. „So wohnst du wohl in einem schönen Palast!" fragte Felix weiter. „Jawohl", erwiderte das fremde Kind, „noch viel schöner ist der Palast meiner Mutter, als die glänzenden Schlösser die du in den Wolken geschaut hast, denn seine schlanken Säulen aus purem Kristall erheben sich hoch – hoch hinein in das Himmelsblau das auf ihnen ruht wie ein weites Gewölbe. Unter dem segelt glänzendes Gewölk mit goldnen Schwingen hin und her und das purpurne Morgen- und Abendrot steigt auf und nieder und in klingenden Kreisen tanzen die funkelnden Sterne. – Ihr habt, meine lieben Gespielen, ja wohl schon von Feen gehört, die, wie es sonst kein Mensch vermag, die herrlichsten Wunder hervorrufen können, und ihr werdet es auch wohl schon gemerkt haben, daß meine Mutter nichts anders ist, als eine Fee. Ja! das ist sie wirklich und zwar die mächtigste die es gibt. Alles was auf der Erde webt und lebt hält sie mit treuer Liebe umfangen doch zu ihrem innigen Schmerz wollen viele Menschen gar nichts von ihr wissen. Vor allen liebt meine Mutter aber die Kinder und daher kommt es, daß die Feste, die sie in ihrem Reiche den Kindern bereitet, die schönsten und herrlichsten sind. Da geschieht es denn wohl, daß schmucke Geister aus dem Hofstaate meiner Mutter keck sich durch die Wolken schwingen und von einem Ende des Palastes bis zum andern einen in den schönsten Farben schimmernden Regenbogen spannen. Unter dem bauen sie den Thron meiner Mutter aus lauter Diamanten, die aber so anzusehen sind und so herrlich duften wie Lilien Nelken und Rosen. Sowie meine Mutter den Thron besteigt, rühren die Geister ihre goldnen Harfen, ihre kristallenen Zimbeln und dazu singen die Kammersänger meiner Mutter mit solch wunderbaren Stimmen, daß man vergehen möchte vor süßer Lust. Diese Sänger sind aber schöne Vögel, größer noch als Adler, mit ganz purpurnem Gefieder, wie ihr sie wohl noch nie gesehen habt. Aber sowie die Musik losgegangen, wird alles im Palast, im Walde, im Garten laut und lebendig. Viele tausend blank geputzte Kinder tummeln sich im Jauchzen und Jubeln umher. Bald jagen sie sich durchs Gebüsch und werfen sich neckend mit Blumen, bald klettern sie auf schlanke Bäumchen und lassen sich vom Winde hin und her schaukeln, bald pflücken sie goldglänzende Früchte, die so süß und herrlich schmecken wie sonst nichts auf der Erde, bald spielen sie mit zahmen Rehen – mit andern schmucken Tieren, die ihnen aus dem Gebüsch entgegenspringen; bald rennen sie keck den Regenbogen auf und nieder oder besteigen gar als kühne Reuter die schönen Goldfasanen, die sich mit ihnen durch die glänzenden Wolken schwingen." „Ach das muß herrlich sein, ach nimm uns mit in deine Heimat, wir wollen immer dort bleiben!" – So riefen Felix und Christlieb voll Entzücken, das fremde Kind sprach aber: „Mitnehmen nach meiner Heimat kann ich euch in der Tat nicht, es ist zu weit, ihr müßtet so gut und unermüdlich fliegen können wie ich selbst." Felix und Christlieb wurden ganz traurig und blickten schweigend zur Erde nieder.

Von dem bösen Minister am Hofe der Feenkönigin

„Überhaupt", fuhr das fremde Kind fort, „überhaupt möchtet ihr euch in meiner Heimat vielleicht gar nicht so gut befinden, als ihr es euch nach meiner Erzählung vorstellt. Ja der Aufenthalt könnte euch sogar verderblich sein. Manche Kinder vermögen nicht den Gesang der purpurroten Vögel, so herrlich er auch ist, zu ertragen, so daß er ihnen das Herz zerreißt, und sie augenblicklich sterben müssen. Andere, die gar zu keck auf den Regenbogen rennen, gleiten aus und stürzen herab, und manche sind sogar albern genug im besten Fliegen dem Goldfasan der sie trägt weh zu tun. Das nimmt denn der sonst friedliche Vogel dem dummen Kinde übel und reißt ihm mit seinem scharfen Schnabel die Brust auf, so daß es blutend aus den Wolken herabfällt. Meine Mutter härmt sich gar sehr ab, wenn Kinder auf solche Weise, freilich durch ihre eigne Schuld, verunglücken. Gar zu gern wollte sie, daß alle Kinder auf der ganzen Welt die Lust ihres Reichs genießen möchten, aber wenn viele auch tüchtig fliegen können, so sind sie nachher doch entweder zu keck oder zu furchtsam und verursachen ihr nur Sorge und Angst. Eben deshalb erlaubt sie mir, daß ich hinausfliegen aus meiner Heimat und tüchtigen Kindern allerlei schöne Spielsachen daraus mitbringen darf, wie ich es denn auch mit euch gemacht habe." „Ach", rief Christlieb, „ich könnte gewiß keinem schönen Vogel Leides tun, aber auf dem Regenbogen rennen möchte ich doch nicht." „Das wäre" – fiel ihr Felix ins Wort – „das wäre nun gerade meine Sache und eben deshalb möchte ich zu deiner Mutter Königin. Kannst du nicht einmal den Regenbogen mitbringen?" „Nein", erwiderte das fremde Kind, „das geht nicht an, und ich muß dir überhaupt sagen, daß ich mich nur ganz heimlich zu euch stehlen darf. Sonst war ich überall sicher als sei ich bei meiner Mutter, und es war überhaupt so, als sei überall ihr schönes Reich ausgebreitet, seit der Zeit aber daß ein arger Feind meiner Mutter, den sie aus ihrem Reiche verbannt hat, wild umherschwärmt, bin ich vor arger Nachstellung nicht geschützt." „Nun", rief Felix indem er aufsprang und den Dornenstock, den er sich geschnitzt, in der Luft schwenkte, „nun den wollt ich denn doch sehen, der dir hier Leides zufügen sollte. Fürs erste hätt er es mit mir zu tun und denn rief ich Papa zu Hülfe, der ließe den Kerl einfangen und in den Turm sperren." „Ach", erwiderte das fremde Kind, „sowenig der arge Feind in meiner Heimat mir etwas antun kann, so gefährlich ist er mir außerhalb derselben, er ist gar mächtig und wider ihn hilft nicht Stock nicht Turm." „Was ist denn das für ein garstig Ding, das dich so bange machen kann?" fragte Christlieb. „Ich habe euch gesagt", fing das fremde Kind an, „daß meine Mutter eine mächtige Königin ist, und ihr wißt, daß Königinnen so wie Könige einen Hofstaat und Minister, um sich haben." „Jawohl", sprach Felix, „der Onkel Graf ist selbst solch ein Minister, und trägt einen Stern auf der Brust. Deiner Mutter Minister tragen auch wohl recht funkelnde Sterne?" „Nein", erwiderte das fremde Kind, „nein das eben nicht, denn die mehrsten sind selbst ganz und gar funkelnde Sterne und andere tragen gar keine Röcke worauf sich so etwas anbringen ließe. Daß ich's nur sage, alle Minister meiner Mutter sind mächtige Geister, die teils in der Luft schweben, teils in Feuerflammen, teils in den Gewässern wohnen, und überall das ausführen was meine Mutter ihnen gebietet. Es fand sich vor langer Zeit ein fremder Geist bei uns ein, der nannte sich Pepasilio und behauptete, er sei ein großer Gelehrter, er wisse mehr und würde größere Dinge bewirken als alle übrige. Meine Mutter nahm ihn in die Reihe ihrer Minister auf, aber bald entwickelte sich immer mehr seine innere Tücke. Außerdem daß er alles was die übrigen Minister taten, zu vernichten strebte, so hatte er es vorzüglich darauf abgesehen, die frohen Feste der Kinder recht hämisch zu verderben. Er hatte der Königin vorgespiegelt, daß er die Kinder erst recht lustig und gescheut machen wollte, statt dessen hing er sich zentnerschwer an den Schweif der Fasanen, so daß sie sich nicht aufschwingen konnten, zog er die Kinder wenn sie auf Rosenbüschen hinaufgeklettert, bei den Beinen herab, daß sie sich die Nasen blutig schlugen, zwang er die, welche lustig laufen und springen wollten, auf allen vieren mit zur Erde gebeugtem Haupte herumzukriechen. Den Sängern stopfte er allerlei schädliches Zeug in die Schnäbel, damit sie nur nicht singen sollten, denn Gesang konnte er nicht ausstehen und die armen zahmen Tierchen wollte er statt mit ihnen zu spielen auffressen, denn nur dazu, meinte er, wären sie da. Das Abscheulichste war aber wohl, daß er mit Hülfe seiner Gesellen die schönen funkelnden Edelsteine des Palastes, die bunt schimmernden Blumen, die Rosen und Lilienbüsche, ja selbst den glänzenden Regenbogen mit einem ekelhaften schwarzen Saft zu überziehn wußte, so daß alle Pracht verschwunden und alles tot und traurig anzusehen war. Und wie er dies vollbracht, erhob er ein schallendes Gelächter und schrie, nun sei erst alles so wie es sein solle, denn er habe es beschrieben. Als er nun vollends erklärte, daß er meine Mutter nicht als Königin anerkenne, sondern daß ihm allein die Herrschaft gebühre, und sich in der Gestalt einer ungeheuren Fliege mit blitzenden Augen und vorgestrecktem scharfen Rüssel emporschwang in abscheulichem Summen und Brausen auf den Thron meiner Mutter, da erkannte sie so wie alle, daß der hämische Minister, der sich unter dem schönen Namen Pepasilio eingeschlichen, niemand anders war, als der finstere mürrische Gnomenkönig Pepser. Der Törichte hatte aber die Kraft sowie die Tapferkeit seiner Gesellen viel zu hoch in Anschlag gebracht. Die Minister des Luftdepartements umgaben die Königin und fächelten ihr süße Düfte zu, indem die Minister des Feuerdepartements in Flammenwogen auf und nieder rauschten und die Sänger, deren Schnäbel gereinigt, die volltönendsten Gesänge anstimmten, so, daß die Königin den häßlichen Pepser weder sah noch hörte noch seinen vergifteten übelriechenden Atem spürte. In dem Augenblick auch faßte der Fasanenfürst den bösen Pepser mit dem leuchtenden Schnabel und drückte ihn so gewaltig zusammen, daß er vor Wut und Schmerz laut aufkreischte, dann ließ er ihn aus der Höhe von dreitausend Ellen zur Erde niederfallen. Er konnte sich nicht regen noch bewegen, bis auf sein wildes Geschrei seine Muhme, die große blaue Kröte herbeikroch, ihn auf den Rücken nahm und nach Hause schleppte. Fünfhundert lustige kecke Kinder erhielten tüchtige Fliegenklatschen, mit denen sie Pepsers häßliche Gesellen, die noch umherschwärmten und die schönen Blumen verderben wollten, totschlugen. Sowie nun Pepser fort war, zerfloß der schwarze Saft womit er alles überzogen, von selbst und bald blühete und glänzte und strahlte alles so herrlich und schön wie zuvor. Ihr könnt denken, daß der garstige Pepser nun in meiner Mutter Reich nichts mehr vermag, aber er weiß, daß ich mich oft hinauswage und verfolgt mich rastlos unter allerlei Gestalten, so daß ich ärmstes Kind oft auf der Flucht nicht weiß, wo ich mich hin verbergen soll, und darum, ihr lieben Gespielen, entfliehe ich oft so schnell, daß ihr nicht spürt wo ich hingekommen. Dabei muß es denn auch bleiben und wohl kann ich euch sagen, daß, sollte ich es auch unternehmen, mich mit euch in meine Heimat zu schwingen, Pepser uns gewiß aufpassen und uns totmachen würde." Christlieb weinte bitterlich über die Gefahr in der das fremde Kind immer schweben mußte. Felix meinte aber: „Ist der garstige Pepser weiter nichts als eine große Fliege, so will ich ihm mit Papas großer Fliegenklatsche schon zu Leibe gehn, und habe ich ihm eins tüchtig auf die Nase versetzt, so mag Muhme Kröte zusehen wie sie ihn nach Hause schleppt."

Wie der Hofmeister angekommen war und die Kinder sich vor ihm fürchteten

In vollem Sprunge eilten Felix und Christlieb nach Hause, indem sie unaufhörlich riefen: „Ach das fremde Kind ist ein schöner Prinz! – Ach das fremde Kind ist eine schöne Prinzessin!" Sie wollten das jauchzend den Eltern verkünden, aber wie zur Bildsäule erstarrt blieben sie in der Haustüre stehen, als ihnen Herr Thaddäus von Brakel entgegentrat und an seiner Seite einen fremden verwunderlichen Mann hatte, der halb vernehmlich in sich hineinbrummte: „Das sind mir saubere Rangen!" – „Das ist der Herr Hofmeister", sprach Herr von Brakel indem er den Mann bei der Hand ergriff, „das ist der Herr Hofmeister, den euch der gnädige Onkel geschickt hat. Grüßt ihn fein artig!" – Aber die Kinder sahen den Mann von der Seite an und konnten sich nicht regen und bewegen. Das kam daher, weil sie solch eine wunderliche Gestalt noch niemals geschaut. Der Mann mochte kaum mehr als einen halben Kopf höher sein als Felix, dabei war er aber untersetzt; nur stachen gegen den sehr starken breiten Leib die kleinen ganz dünnen Spinnenbeinchen seltsam ab. Der unförmliche Kopf war beinahe viereckig zu nennen, und das Gesicht fast gar zu häßlich, denn außerdem, daß zu den dicken braunroten Backen und dem breiten Maule die viel zu lange spitze Nase gar nicht passen wollte, so glänzten auch die kleinen hervorstehenden Glasaugen so graulich, daß man ihn gar nicht gern ansehen mochte. Übrigens hatte der Mann eine pechschwarze Perücke auf den viereckichten Kopf gestülpt, war auch von Kopf bis zu Fuß pechschwarz gekleidet und hieß: Magister Tinte. Als nun die Kinder sich nicht rückten und rührten, wurde die Frau von Brakel böse und rief: „Potztausend ihr Kinder, was ist denn das? der Herr Magister wird euch für ganz ungeschliffene Bauernkinder halten müssen. – Fort! gebt dem Herrn Magister fein die Hand!" Die Kinder ermannten sich, und taten was die Mutter befohlen, sprangen aber, als der Magister ihre Hände faßte, mit dem lauten Schrei: „O weh o weh!" zurück. Der Magister lachte hell auf und zeigte eine heimlich in der Hand versteckte Nadel vor, womit er die Kinder, als sie ihm die Hände reichten, gestochen. Christlieb weinte, Felix aber grollte den Magister von der Seite an: „Versuche das nur noch einmal kleiner Dickbauch." – „Warum taten Sie das lieber Herr Magister Tinte", fragte etwas mißmütig der Herr von Brakel. Der Magister erwiderte: „Das ist nun einmal so meine Art, ich kann davon gar nicht lassen." Und dabei stemmte er beide Hände in die Seite und lachte immer fort, welches aber zuletzt so widerlich klang wie der Ton einer verdorbenen Schnarre. „Sie scheinen ein spaßhafter Mann zu sein, lieber Herr Magister Tinte", sprach der Herr von Brakel, aber ihm sowohl als der Frau von Brakel, vorzüglich den Kindern, wurde ganz unheimlich zumute. „Nun nun", rief der Magister, „wie steht's denn mit den kleinen Krabben, schon tüchtig in den Wissenschaften vorgerückt? – Wollen doch gleich sehen." Damit fing er an, den Felix und die Christlieb so zu fragen, wie es der Onkel Graf mit seinen Kindern getan. Als nun aber beide versicherten, daß sie die Wissenschaften noch gar nicht auswendig wüßten, da schlug der Magister Tinte die Hände über den Kopf zusammen daß es klatschte, und schrie wie besessen: „Das ist was Schönes! – keine Wissenschaften. – Das wird Arbeit geben! Wollen's aber schon kriegen!" Felix, so wie Christlieb, beide schrieben eine saubere Handschrift, und wußten aus manchen alten Büchern die ihnen der Herr von Brakel in die Hände gab und die sie emsig lasen, manche schöne Geschichte zu erzählen, das achtete aber der Magister Tinte für gar nichts, sondern meinte, das alles wäre nur dummes Zeug. – Ach! nun war an kein in den Wald Laufen mehr zu denken! – Statt dessen mußten die Kinder beinahe den ganzen Tag zwischen den vier Wänden sitzen und dem Magister Tinte Dinge nachplappern die sie nicht verstanden. Es war ein wahres Herzeleid! – Mit welchen sehnsuchtsvollen Blicken schauten sie nach dem Walde! Oft war es ihnen, als hörten sie mitten unter den lustigen Liedern der Vögel, im Rauschen der Bäume, des fremden Kindes süße Stimme rufen: „Wo seid ihr denn, Felix – Christlieb – ihr lieben Kinder! wo seid ihr denn! wollt ihr nicht mehr mit mir spielen! – Kommt doch nur! – ich habe euch einen schönen

Blumenpalast gebaut – da setzen wir uns hinein und ich schenk euch die herrlichsten buntesten Steine – und dann schwingen wir uns auf in die Wolken und bauen selbst funkelnde Luftschlösser! – Kommt doch! Kommt doch nur!“ Darüber wurden die Kinder mit allen ihren Gedanken ganz hingezogen nach dem Walde, und sahen und hörten nicht mehr auf den Magister. Der wurde aber denn ganz zornig, schlug mit beiden Fäusten auf den Tisch und brummte und summte und schnarrte und knarrte: „Pim – Sim – Prr – Srrr – Knurr – Krrr – Was ist das! aufgepaßt!“ Felix hielt das aber nicht lange aus, er sprang auf und rief: „Laß mich los mit deinem dummen Zeuge, Herr Magister Tinte, fort will ich in den Wald – such dir den Vetter Pumphose, das ist was für den! – Komm Christlieb, das fremde Kind wartet schon auf uns.“ – Damit ging es fort, aber der Magister Tinte sprang mit ungemeiner Behendigkeit hinterher und erfaßte die Kinder dicht vor der Haustüre. Felix wehrte sich tapfer und der Magister Tinte war im Begriff zu unterliegen, da dem Felix der treue Sultan zu Hülfe geeilt war. Sultan, sonst ein frommer gesitteter Hund, hatte gleich vom ersten Augenblick an einen entschiedenen Abscheu gegen den Magister Tinte bewiesen. Sowie dieser ihm nur nahe kam, knurrte er, und schlug mit dem Schweif so heftig um sich, daß er den Magister, den er geschickt an die dünnen Beinchen zu treffen wußte, beinahe umgeschmissen hätte. Sultan sprang hinzu und packte den Magister, der Felix bei beiden Schultern hielt, ohne Umstände beim Rockkragen. Der Magister Tinte erhob ein klägliches Geschrei, auf das Herr Thaddäus von Brakel schnell hinzueilte. Der Magister ließ ab von Felix, Sultan von dem Magister. „Ach wir sollen nicht mehr in den Wald“, klagte Christlieb, indem sie bitterlich weinte. Sosehr auch der Herr von Brakel den Felix ausschalt, taten ihm doch die Kinder leid, die nicht mehr in Flur und Hain herumschwärmen sollten. Der Magister Tinte mußte sich dazu verstehen, täglich mit den Kindern den Wald zu besuchen. Es ging ihm schwer ein. „Hätten Sie nur, Herr von Brakel“, sprach er, „einen vernünftigen Garten mit Buchsbaum und Staketen am Hause, so könnte man in der Mittagsstunde mit den Kindern spazierengehen, was in aller Welt sollen wir aber in dem wilden Walde?“ – Die Kinder waren auch ganz unzufrieden und die sprachen nun wieder: „Was soll uns der Magister Tinte in unserm lieben Walde?“

Wie die Kinder mit dem Herrn Magister Tinte im Walde spazierengingen und was sich dabei zutrug

„Nun? – gefällt es dir nicht in unserm Walde Herr Magister?" So fragte Felix den Magister Tinte, als sie daherzogen durch das rauschende Gebüsch. Der Magister Tinte zog aber ein saures Gesicht und rief: „Dummes Zeug, hier ist kein ordentlicher Steg und Weg, man zerreißt sich nur die Strümpfe und kann vor dem häßlichen Gekreisch der dummen Vögel gar kein vernünftiges Wort sprechen." „Haha, Herr Magister", sprach Felix, „ich merk es schon, du verstehst dich nicht auf den Gesang und hörst es auch wohl gar nicht einmal, wenn der Morgenwind mit den Büschen plaudert und der alte Waldbach schöne Märchen erzählt." „Und", fiel Christlieb dem Felix ins Wort, „sag es nur Herr Magister, du liebst auch wohl nicht die Blumen?" Da wurde der Herr Magister noch kirschbrauner im Antlitz als er schon von Natur war, er schlug mit den Händen um sich und schrie ganz erbost: „Was sprecht ihr da für tolles albernes Zeug? – wer hat euch die Narrheiten in den Kopf gesetzt? das fehlte noch, daß Wälder und Bäche dreist genug wären sich in vernünftige Gespräche zu mischen und mit dem Gesange der Vögel ist es auch nichts; Blumen lieb ich wohl wenn sie fein in Töpfe gesteckt sind und in der Stube stehen, dann duften sie und man erspart das Räucherwerk. Doch im Walde wachsen ja gar keine Blumen." „Aber Herr Magister", rief Christlieb, „siehst du denn nicht die lieben Maiblümchen die dich recht mit hellen freundlichen Augen ankucken?" „Was was", schrie der Magister – „Blumen? Augen? – ha ha ha – schöne Augen – schöne Augen! Die nichtsnutzigen Dinger riechen nicht einmal!" – Und damit bückte sich der Magister Tinte zur Erde nieder, riß einen ganzen Strauß Maiblümchen samt den Wurzeln heraus und warf ihn fort ins Gebüsch. Den Kindern war es, als ginge in dem Augenblick ein wehmütiger Klagelaut durch den Wald; Christlieb mußte bitterlich weinen, Felix biß unmutig die Zähne zusammen. Da geschah es daß ein kleiner Zeisig dem Magister Tinte dicht bei der Nase vorbeiflatterte, sich dann auf einen Zweig setzte und ein lustiges Liedchen anstimmte. „Ich glaube gar", sprach der Magister, „ich glaube gar das ist ein Spottvogel?" Und damit nahm er einen Stein von der Erde auf, warf ihn nach dem Zeisig und traf den armen Vogel, daß er zum Tode verstummt von dem grünen Zweige herabfiel. Nun konnte Felix sich gar nicht mehr halten.

„Ei du abscheulicher Herr Magister Tinte", rief er ganz erbost, „ was hat dir der arme Vogel getan daß du ihn totschmeißest? – O wo bist du denn, du holdes fremdes Kind, o komm doch nur, laß uns weit weit fortfliegen, ich mag nicht mehr bei dem garstigen Menschen sein; ich will fort nach deiner Heimat!" – Und mit vollem Schluchzen und Weinen stimmte Christlieb ein: „O du liebes holdes Kind, komm doch nur, komm doch nur zu uns. Ach! Ach! – rette uns – rette uns, der Herr Magister Tinte macht uns ja tot wie die Blumen und Vögel!" – „Was ist das mit dem fremden Kinde", rief der Magister. Aber in dem Augenblick säuselte es stärker im Gebüsch und in dem Säuseln erklangen wehmütige herzzerschneidende Töne, wie von dumpfen in weiter Ferne angeschlagenen Glocken. – In einem leuchtenden Gewölk das sich herabließ wurde das holde Antlitz des fremden Kindes sichtbar – dann schwebte es ganz hervor, aber es rang die kleinen Händchen, und Tränen rannen wie glänzende Perlen aus den holden Augen über die rosichten Wangen. „Ach", jammerte das fremde Kind, „ach ihr lieben Gespielen, ich kann nicht mehr zu euch kommen – ihr werdet mich nicht wiedersehen – lebt wohl! lebt wohl! – Der Gnome Pepser hat sich eurer bemächtigt, o ihr armen Kinder, lebt wohl – lebt wohl!" – Und damit schwang sich das fremde Kind hoch in die Lüfte. Aber hinter den Kindern brummte und summte und knarrte und schnarrte es auf entsetzliche grausige Weise. Der Magister Tinte hatte sich umgestaltet in eine große scheußliche Fliege, und recht abscheulich war es, daß er dabei doch noch ein menschliches Gesicht, und sogar auch einige Kleidungsstücke behalten. Er schwebte langsam und schwerfällig auf, offenbar um das fremde Kind zu verfolgen. Von Entsetzen und Graus erfaßt rannte Felix und Christlieb fort aus dem Walde. Erst auf der Wiese wagten sie emporzuschauen. Sie wurden einen glänzenden Punkt in den Wolken gewahr, der wie ein Stern funkelte und herabzuschweben schien. „Das ist das fremde Kind", rief Christlieb. Immer größer wurde der Stern und dabei hörten sie ein Klingen wie von schmetternden Trompeten. Bald konnten sie nun erkennen, daß der Stern ein schöner in gleißendem Goldgefieder prangender Vogel war, der, die mächtigen Flügel schüttelnd und laut singend, sich auf den Wald herabsenkte. „Ha", schrie Felix, „das ist der Fasanenfürst, der beißt den Herrn Magister Tinte tot – ha ha, das fremde Kind ist geborgen und wir sind es auch! – Komm Christlieb – schnell laß uns nach Hause laufen und dem Papa erzählen was sich zugetragen."

Der Herr von Brakel und die Frau von Brakel beide saßen vor der Türe ihres kleinen Hauses, und schauten in das Abendrot, das schon hinter den blauen Bergen in goldenen Strahlen aufzuschimmern begann. Vor ihnen stand auf einem kleinen Tisch das Abendessen aufgetragen, das aus nichts anderem als einem tüchtigen Napf voll herrlicher Milch und einer Schüssel mit Butterbröten bestand. „Ich weiß nicht", fing der Herr von Brakel an, „ich weiß nicht, wo der Magister Tinte so lange mit den Kindern ausbleibt. Erst hat er sich gesperrt und durchaus nicht in den Wald gehen wollen, und jetzt kommt er gar nicht wieder heraus. Überhaupt ist das ein ganz wunderlicher Mann der Herr Magister Tinte und es ist mir beinahe so, als sei es besser gewesen, er wäre ganz davongeblieben. Daß er gleich anfangs die Kinder so heimtückisch stach, das hat mir gar nicht gefallen, und mit seinen Wissenschaften mag es auch nicht weit her sein, denn allerlei seltsame Wörter und unverständliches Zeug plappert er her und weiß was der Großmogul für Kamaschen trägt; kommt er aber heraus, so vermag er nicht die Linde vom Kastanienbaum zu unterscheiden und hat sich überhaupt ganz albern und abgeschmackt. Die Kinder können unmöglich Respekt vor ihm haben." „Mir geht es", erwiderte die Frau von Brakel, „mir geht es ganz wie dir lieber Mann! So sehr es mich freute, daß der Herr Vetter sich unserer Kinder annehmen wollte, so sehr bin ich jetzt davon überzeugt, daß das auf andere und bessere Weise hätte geschehen können, als daß er uns den Herrn Magister Tinte über den Hals schickte. Wie es mit seinen Wissenschaften stehen mag, das weiß ich nicht, aber so viel ist gewiß, daß das kleine schwarze dicke Männlein mit den kleinen dünnen Beinchen mir immer mehr und mehr zuwider wird. Vorzüglich ist es garstig, daß der Magister so entsetzlich naschhaftig ist. Keine Neige Bier oder Milch kann er stehen sehen, ohne sich darüber herzumachen, merkt er nun vollends den geöffneten Zuckerkasten, so ist er gleich bei der Hand und schnuppert und nascht so lange an dem Zucker, bis ich ihm den Deckel vor der Nase zuschlage; dann ist er auf und davon, und ärgert sich und brummt und summt ganz seltsam und fatal." Der Herr von Brakel wollte fortfahren im Gespräch, als Felix und Christlieb in vollem Rennen durch die Birken kamen. „Heisa! – heisa!" – schrie Felix unaufhörlich, „heisa heisa! der Fasanenfürst hat den Herrn Magister Tinte totgebissen!"

„Ach – Ach Mama", rief Christlieb atemlos, „ach! – der Herr Magister Tinte ist kein Herr Magister, das ist der Gnomenkönig Pepser, eigentlich aber eine abscheuliche große Fliege, die eine Perücke trägt, und Schuhe und Strümpfe." Die Eltern staunten die Kinder an, die nun ganz aufgeregt und erhitzt durcheinander von dem fremden Kinde, von seiner Mutter der Feenkönigin, von dem Gnomenkönig Pepser und von dem Kampf des Fasanenfürsten mit ihm erzählten. „Wer hat euch denn die tollen Dinge in den Kopf gesetzt, habt ihr geträumt oder was geschah sonst mit euch?" So fragte Herr von Brakel ein Mal über das andere; aber die Kinder blieben dabei, daß sich alles so zugetragen wie sie es erzählten, und daß der häßliche Pepser der sich für den Herrn Magister Tinte fälschlich ausgegeben, tot im Walde liegen müsse. Die Frau von Brakel schlug die Hände über den Kopf zusammen und rief ganz traurig: „Ach Kinder, Kinder, was soll aus euch werden, wenn euch solche entsetzliche Dinge in den Sinn kommen und ihr euch davon nichts ausreden lassen wollt!" – Aber der Herr von Brakel wurde sehr nachdenklich und ernsthaft. „Felix du bist nun schon ein ganz verständiger Junge, und ich kann es dir wohl sagen, daß auch mir der Herr Magister Tinte von Anfang an ganz seltsam und verwunderlich vorgekommen ist. Ja es schien mir oft, als habe es mit ihm eine besondere Bewandtnis und er sei gar nicht so wie andere Magister. Noch mehr! – ich sowohl als die Mutter, beide sind wir mit dem Herrn Magister Tinte nicht ganz zufrieden, die Mutter vorzüglich, weil er ein Naschmaul ist, alle Süßigkeiten beschnuppert und dabei so häßlich brummt und summt, er wird daher auch wohl nicht lange bei uns bleiben können. Aber nun, lieber Junge, besinne dich einmal, gesetzt auch, es gebe solche garstige Dinger wie Gnomen sein sollen wirklich in der Welt, besinne dich einmal ob ein Herr Magister wohl eine Fliege sein kann?" – Felix schaute dem Herrn von Brakel mit seinen blauen klaren Augen ernsthaft ins Gesicht. Der Herr von Brakel wiederholte die Frage: „Sag mein Junge! kann wohl ein Herr Magister eine Fliege sein?" Da sprach Felix: „Ich habe sonst nie daran gedacht, und hätte es auch wohl nicht geglaubt wenn mir es nicht das fremde Kind gesagt, und ich es mit eigenen Augen gesehen hätte, daß Pepser eine garstige Fliege ist und sich nur für den Magister Tinte ausgegeben hat. – Und Vater", fuhr Felix weiter fort, als Herr von Brakel wie einer, der vor Verwunderung gar nicht weiß was er sagen soll, stillschweigend den Kopf schüttelte, „und Vater, sage, hat dir der Herr Magister Tinte selbst nicht einmal entdeckt daß er eine Fliege sei? – habe ich's denn nicht selbst gehört, daß er dir hier vor der Türe sagte, er sei auf der Schule eine muntre Fliege gewesen? Nun was man einmal ist, das muß man, denk ich, auch bleiben. Und daß der Herr Magister, wie die Mutter zugesteht so ein Naschmaul ist und an allem Süßen schnuppert, nun Vater! wie machen's denn die Fliegen anders? und das häßliche Summen und Brummen." „Schweig", rief der Herr von Brakel ganz erzürnt, „mag der Herr Magister Tinte sein was er will, aber so viel ist gewiß, daß der Fasanenfürst ihn nicht totgebissen hat, denn dort kommt er eben aus dem Walde!" Auf dieses Wort schrien die Kinder laut auf und flüchteten ins Haus hinein. In der Tat kam der Magister Tinte den Birkengang herauf, aber ganz verwildert mit funkelnden Augen, zerzauster Perücke im abscheulichen Sumsen und Brummen sprang er von einer Seite zur andern hoch auf und prallte mit dem Kopf gegen die Bäume an, daß man es krachen hörte. So herangekommen, stürzte er sich sofort in den Napf, daß die Milch überströmte die er einschlürfte mit widrigem Rauschen. „Aber um tausend Gotteswillen, Herr Magister Tinte, was treiben Sie?" rief die Frau von Brakel. „Sind Sie toll geworden, Herr Magister, plagt Sie der böse Feind?" schrie der Herr von Brakel. Aber alles nicht achtend schwang sich der Magister aus dem Milchnapf, setzte sich auf die Butterbröte hin, schüttelte die Rockschöße und wußte mit den dünnen Beinchen geschickt darüber hinzufahren und sie glatt zu streichen und zu fälteln. Dann stärker summend schwang er sich gegen die Türe, aber er konnte nicht hineinfinden ins Haus, sondern schwankte wie betrunken hin und her und schlug gegen die Fenstern an, daß es klirrte und schwirrte. „Ha Patron", rief der Herr von Brakel, „das sind dumme unnütze Streiche, wart das soll dir übel bekommen." Er suchte den Magister bei dem Rockschoß zu haschen, der wußte ihm aber geschickt zu entgehen. Da sprang Felix aus dem Hause mit der großen Fliegenklatsche in der Hand, die er dem Vater gab. „Nimm Vater, nimm", rief er, „schlag ihn tot den häßlichen Pepser." Der Herr von Brakel ergriff auch wirklich die Fliegenklatsche, und nun ging es her hinter dem Herrn Magister. Felix, Christlieb, die Frau von Brakel hatten die Servietten vom Tische genommen und schwangen sie, den Magister hin und her treibend, in den Lüften, während Herr von Brakel unaufhörlich Schläge gegen ihn führte die leider nicht trafen, weil der Magister sich hütete auch nur einen

Augenblick zu ruhen. Und wilder und wilder wurde die tolle Jagd – Summ – Summ – Simm – Simm – Trrr – Trrr – stürmte der Magister auf und nieder – und Klipp – Klapp fielen hageldichter des Herrn von Brakels Schläge und huß – huß – hetzten Felix, Christlieb und die Frau von Brakel den Feind. Endlich gelang es dem Herrn von Brakel den Magister am Rockschoß zu treffen. Ächzend stürzte er zu Boden aber in dem Augenblick, daß der Herr von Brakel ihn mit einem zweiten Schlage treffen wollte, schwang er sich mit erneuter doppelter Kraft in die Höhe, stürmte sausend und brausend nach den Birken hin und ließ sich nicht wieder sehen. „Gut daß wir den fatalen Herrn Magister Tinte los sind“, sprach der Herr von Brakel, „über meine Schwelle soll er nicht wieder kommen.“ „Nein das soll er nicht“, fiel die Frau von Brakel ein, „Hofmeister mit solchen abscheulichen Sitten können nur Unheil stiften, da wo sie Gutes wirken sollen. – Prahlt mit den Wissenschaften und springt in den Milchnapf! – Das nenne ich mir einen schönen Magister!“ – Aber die Kinder jauchzten und jubelten und riefen: „Heisa – Papa hat dem Herrn Magister Tinte mit der Fliegenklatsche eins auf die Nase versetzt und da hat er Reißaus genommen! – Heisa – heisa!“

Was sich weiter im Walde begab, nachdem der Magister Tinte fortgejagt worden

Felix und Christlieb atmeten frei auf, als sei ihnen eine schwere drückende Last vom Herzen genommen. Vor allem dachten sie aber daran, daß nun, da der häßliche Pepser von dannen geflohen, das fremde Kind gewiß wiederkehren und so wie sonst mit ihnen spielen würde. Ganz erfüllt von freudiger Hoffnung gingen sie in den Wald; aber es war alles still und wie verödet drin, kein lustiges Lied von Fink und Zeisig ließ sich hören und statt des fröhlichen Rauschens der Gebüsche, statt des frohen tönenden Wogens der Waldbäche wehten angstvolle Seufzer durch die Lüfte. Nur bleiche Strahlen warf die Sonne durch den dunstigen Himmel. Bald türmte sich ein schwarzes Gewölk auf, der Sturm heulte, der Donner begann in der Ferne zürnend zu murmeln, die hohen Tannen dröhnten und krachten. Christlieb schloß sich zitternd und zagend an Felix an; der sprach aber: „Was fürchtest du dich so, Christlieb, es zieht ein Wetter auf, wir müssen machen, daß wir nach Hause kommen.“ Sie fingen an zu laufen, doch wußten sie selbst nicht wie es geschah, daß sie statt aus dem Walde herauszukommen immer tiefer hineingerieten. Es wurde finsterer und finsterer, dicke Regentropfen fielen herab und Blitze fuhren zischend hin und her! – Die Kinder standen an einem dicken dichten Gestrüpp, „Christlieb", sprach Felix, „laß uns hier ein bißchen unterducken, nicht lange kann das Wetter dauern." Christlieb weinte vor Angst, tat aber doch was Felix geheißen. Aber kaum hatten sie sich hingesetzt in das dicke Gebüsch, als es dicht hinter ihnen mit häßlich knarrenden Stimmen sprach: „Dumme Dinger! – einfältig Volk – habt uns verachtet – habt nicht gewußt was ihr mit uns anfangen sollt, nun könnt ihr sitzen ohne Spielsachen ihr einfältigen Dinger!" Felix schaute sich um und es wurde ihm ganz unheimlich zumute, wie er den Jäger und den Harfenmann erblickte, die sich aus dem Gestrüpp, wo er sie hineingeworfen, erhoben, ihn mit toten Augen anstarrten und mit den kleinen Händchen herumfochten und hantierten. Dazu griff der Harfenmann in die Saiten, daß es widrig zwitscherte und klirrte, und der Jägersmann legte gar die kleine Flinte auf Felix an. Dazu krächzten beide: „Wart – wart du Junge, du Mädel, wir sind die gehorsamen Zöglinge des Herrn Magister Tinte, gleich wird er hier sein und da wollen wir euch euren Trotz schon eintränken!" – Entsetzt, des Regens der nun herabströmte, der krachenden Donnerschläge, des Sturms der mit dumpfen Brausen durch die Tannen fuhr, nicht achtend, rannten die Kinder von dannen und gerieten an das Ufer des großen Teichs der den Wald begrenzte. Aber kaum waren sie hier, als sich aus dem Schilf Christliebs große Puppe, die Felix hineingeworfen, erhob und mit häßlicher Stimme quäkte: „Dumme Dinger, einfältig Volk – habt mich verachtet – habt nicht gewußt was ihr mit mir anfangen sollt, nun könnt ihr sitzen ohne Spielsachen, ihr einfältigen Dinger; wart wart du Junge, du Mädel ich bin der gehorsame Zögling des Herrn Magister Tinte, gleich wird er hier sein und da werden wir euch euren Trotz schon eintränken!" – Und dann spritzte die häßliche Puppe den armen Kindern, die schon vom Regen ganz durchnäßt waren, ganze Ströme Wasser ins Gesicht. Felix konnte diesen entsetzlichen Spuk nicht vertragen, die arme Christlieb war halb tot, aufs neue rannten sie davon, aber bald mitten im Walde sanken sie vor Angst und Erschöpfung nieder. Da summte und brauste es hinter ihnen. „Der Magister Tinte kommt", schrie Felix, aber in dem Augenblick vergingen ihm auch so wie der armen Christlieb die Sinne. Als sie wie aus tiefem Schlafe erwachten, befanden sie sich auf einem weichen Moossitz. Das Wetter war vorüber, die Sonne schien hell und freundlich und die Regentropfen hingen wie funkelnde Edelsteine an den glänzenden Büschen und Bäumen. Hoch verwunderten sich die Kinder darüber, daß ihre Kleider ganz trocken waren und sie gar nichts von der Kälte und Nässe spürten. „Ach", rief Felix indem er beide Ärme hoch in die Lüfte emporstreckte: „ach das fremde Kind hat uns beschützt!" Und nun riefen beide, Felix und Christlieb, laut, daß es im Walde widertönte: „Ach du liebes Kind, komme doch nur wieder zu uns, wir sehnen uns ja so herzlich nach dir, wir können ja ohne dich gar nicht leben!" – Es schien auch, als wenn ein heller Strahl durch die Gebüsche funkelte von dem berührt die Blumen ihre Häupter erhoben; aber riefen auch wehmütiger und wehmütiger die Kinder nach dem holden Gespielen, nichts ließ sich weiter sehen. Traurig schlichen sie nach Hause, wo die Eltern, nicht wenig wegen des Ungewitters um sie bekümmert, sie mit voller Freude empfingen. Der Herr von Brakel sprach: „Es ist nur gut, daß ihr da seid, ich muß gestehen, daß ich fürchtete, der Herr Magister Tinte schwärme noch im Walde umher, und sei euch auf der Spur." Felix erzählte alles, was sich im Walde begeben. „Das sind tolle Einbildungen", rief die Frau von Brakel, „wenn euch draußen im Walde solch verrücktes Zeug träumt sollt ihr gar nicht mehr hingehen, sondern im Hause bleiben." Das geschah denn nun freilich nicht, denn wenn die Kinder baten: „Liebe Mutter laß uns ein bißchen in den Wald laufen", so sprach die Frau von Brakel: „Geht nur, geht und kommt hübsch verständig zurück." Es geschah aber, daß die Kinder in kurzer Zeit selbst gar nicht mehr in den Wald gehen mochten. Ach! – das fremde Kind ließ sich nicht sehen und sowie Felix und Christlieb sich nur tiefer ins Gebüsch wagten oder sich dem Ententeich nahten, so wurden sie von dem Jäger, dem Harfenmännlein, der Puppe ausgehöhnt: „Dumme Dinger, einfältig Volk nun könnt ihr sitzen ohne Spielzeug – habt nichts mit uns artigen gebildeten Leuten anzufangen gewußt – dumme Dinger, einfältig Volk!" – Das war gar nicht auszuhalten, die Kinder blieben lieber im Hause.

„Ich weiß nicht“, sprach der Herr Thaddäus von Brakel eines Tages zu der Frau von Brakel, „ich weiß nicht, wie mir seit einigen Tagen so seltsam und wunderlich zumute ist. Beinahe möchte ich glauben, daß der böse Magister Tinte mir es angetan hat, denn seit dem Augenblick, als ich ihm eins mit der Fliegenklatsche versetzte und ihn forttrieb, liegt es mir in allen Gliedern wie Blei.“ In der Tat wurde auch der Herr von Brakel mit jedem Tage matter und blässer. Er durchstrich nicht mehr wie sonst die Flur, er polterte und wirtschaftete nicht mehr im Hause umher, sondern saß stundenlang in tiefe Gedanken versenkt und dann ließ er sich von Felix und Christlieb erzählen wie es sich mit dem fremden Kinde begeben. Sprachen die denn nun recht mit vollem Eifer von den herrlichen Wundern des fremden Kindes, von dem prächtigen glänzenden Reiche, wo es zu Hause, dann lächelte er wehmütig und die Tränen traten ihm in die Augen. Darüber konnten sich Felix und Christlieb aber gar nicht zufriedengeben, daß das fremde Kind nun davonbleibe und sie der Quälerei der häßlichen Puppen im Gebüsch und im Ententeiche bloßstelle, weshalb sie gar nicht mehr sich in den Wald wagen möchten. „Kommt, meine Kinder, wir wollen zusammen in den Wald gehen, die bösen Zöglinge des Herrn Magister Tinte sollen euch keinen Schaden tun!“ So sprach an einem schönen hellen Morgen der Herr von Brakel zu Felix und Christlieb, nahm sie bei der Hand und ging mit ihnen in den Wald, der heute mehr als jemals voller Glanz, Wohlgeruch und Gesang war. Als sie sich ins weiche Gras unter duftenden Blumen gelagert hatten, fing der Herr von Brakel in folgender Art an: „Ihr lieben Kinder, es liegt mir recht am Herzen und ich kann es nun gar nicht mehr aufschieben euch zu sagen, daß ich ebensogut wie ihr das holde fremde Kind, das euch hier im Walde so viel Herrliches schauen ließ, kannte. Als ich so alt war wie ihr, hat es mich so wie euch besucht und die wunderbarsten Spiele gespielt. Wie es mich dann verlassen hat, darauf kann ich mich gar nicht besinnen und es ist mir ganz unerklärlich, wie ich das holde Kind so ganz und gar vergessen konnte, daß ich, als ihr mir von seiner Erscheinung erzähltet, gar nicht daran glaubte; wiewohl ich oftmals die Wahrheit davon leise ahnte. Seit einigen Tagen gedenke ich aber so lebhaft meiner schönen Jugendzeit wie ich es seit vielen Jahren gar nicht vermochte. Da ist denn auch das holde Zauberkind so glänzend und herrlich wie ihr es geschaut habt, mir in den Sinn gekommen und dieselbe Sehnsucht von der ihr ergriffen, erfüllt meine Brust, aber sie wird mir das Herz zerreißen! – Ich fühl es, daß ich zum letztenmal hier unter diesen schönen Bäumen und Büschen sitze, ich werde euch bald verlassen ihr Kinder! – Haltet, wenn ich tot bin, nur recht fest an dem holden Kinde!" – Felix und Christlieb waren außer sich vor Schmerz, sie weinten und jammerten und riefen laut: „Nein Vater – nein Vater, du wirst nicht sterben, du wirst nicht sterben, du wirst noch lange lange bei uns bleiben und so wie wir mit dem fremden Kinde spielen!" – Aber Tages darauf lag der Herr von Brakel schon krank im Bette. Es erschien ein langer hagerer Mann der dem Herrn von Brakel an den Puls fühlte und darauf sprach: „Das wird sich geben!" Es gab sich aber nicht, sondern der Herr von Brakel war am dritten Tage tot. Ach wie jammerte die Frau von Brakel, wie rangen die Kinder die Hände, wie schrien sie laut: „Ach unser Vater – unser lieber Vater!" – Bald darauf als die vier Bauern von Brakelheim ihren Herrn zu Grabe getragen hatten, erschienen ein paar häßliche Männer im Hause, die beinahe aussahen wie der Magister Tinte. Die erklärten der Frau von Brakel, daß sie das ganze Gütchen und alles im Hause in Beschlag nehmen müßten, weil der verstorbene Herr Thaddäus von Brakel das alles und noch viel mehr dem Herrn Grafen Cyprianus von Brakel schuldig geworden sei, der nun das Seinige zurückverlange. So war denn nun die Frau von Brakel bettelarm geworden und mußte das schöne Dörfchen Brakelheim verlassen. Sie wollte zu einem Verwandten hin der nicht fern wohnte, und schnürte daher ein kleines Bündelchen mit der wenigen Wäsche und den geringen Kleidungsstücken die man ihr gelassen, Felix und Christlieb mußten ein gleiches tun, und so zogen sie unter vielen Tränen fort aus dem Hause. Schon hörten sie das ungestüme Rauschen des Waldstroms über dessen Brücke sie wollten, als die Frau von Brakel vor bitterm Schmerz ohnmächtig zu Boden sank. Da fielen Felix und Christlieb auf die Knie nieder und schluchzten und jammerten: „O wir armen unglücklichen Kinder! nimmt sich denn keiner, keiner unsers Elends an?" In dem Augenblick war es, als werde das ferne Rauschen des Waldstroms zu lieblicher Musik, das Gebüsch rührte sich in ahnungsvollem Säuseln – und bald strahlte der ganze Wald in wunderbarem funkelnden Feuer. Das fremde Kind trat aus dem süßduftenden Laube hervor, aber von solchem blendenden Glanz umflossen, daß Felix und Christlieb die Augen schließen mußten. Da fühlten sie sich sanft berührt und des fremden Kindes holde Stimme sprach: „O klagt nicht so, ihr meine lieben Gespielen! Lieb ich euch denn nicht mehr? Kann ich euch denn wohl verlassen? Nein! – seht ihr mich auch nicht mit leiblichen Augen, so umschwebe ich euch doch beständig und helfe euch mit meiner Macht, daß ihr froh und glücklich werden sollet immerdar. Behaltet mich nur treu im Herzen, wie ihr es bis jetzt getan, dann vermag der böse Pepser und kein anderer Widersacher etwas über euch! – liebt mich nur stets recht treulich!" „O das wollen wir, das wollen wir!" riefen Felix und Christlieb, „wir lieben dich ja mit ganzer Seele." Als sie die Augen wieder aufzuschlagen vermochten, war das fremde Kind verschwunden, aber aller Schmerz war von ihnen gewichen und sie empfanden die Wonne des Himmels, die in ihrem Innersten aufgegangen. Die Frau von Brakel richtete sich nun auch langsam empor und sprach: „Kinder! ich habe euch im Traum gesehen, wie ihr wie in lauter funkelndem Golde standet und dieser Anblick hat mich auf wunderbare Weise erfreut und getröstet." Das Entzücken strahlte in der Kinder Augen, glänzte auf ihren hochroten Wangen. Sie erzählten wie eben das fremde Kind bei ihnen gewesen sei und sie getröstet habe; da sprach die Mutter: „Ich weiß nicht, warum ich heute an euer Märchen glauben muß, und warum dabei so aller Schmerz, alle Sorgen von mir weichen. Laßt uns nun getrost weitergehen." Sie wurden von dem Verwandten freundlich aufgenommen, dann kam es wie das fremde Kind es verheißen. Alles was Felix und Christlieb unternahmen, geriet so überaus wohl, daß sie samt ihrer Mutter froh und glücklich wurden und noch in später Zeit spielten sie in süßen Träumen mit dem fremden Kinde, das nicht aufhörte, ihnen die lieblichsten Wunder seiner Heimat mitzubringen.

„Es ist wahr", sprach Ottmar, als Lothar geendet hatte, „es ist wahr, dein fremdes Kind ist ein reineres Kindermärchen als dein Nußknacker, aber verzeih mir, einige verdammte Schnörkel, deren tieferen Sinn das Kind nicht zu ahnen vermag, hast du doch nicht weglassen können."

„Das kleine Teufelchen", rief Sylvester, „das wie ein zahmes Eichhörnlein unserm Lothar auf der Schulter sitzt, kenne ich noch von alters her. Er kann sein Ohr doch nun einmal nicht verschließen den seltsamen Sachen die das Ding ihm zuraunt!"

„Wenigstens", nahm Cyprian das Wort, „sollte Lothar, unternimmt er es, Märchen zu schreiben, doch sich nur ja des Titels: Kindermärchen enthalten! – Vielleicht: Märchen für kleine und große Kinder!"

„Oder", nahm Vinzenz das Wort, „Märchen für Kinder und für die, die es nicht sind, so kann die ganze Welt ungescheut sich mit dem Buche abgeben und jeder dabei denken was er will." – Alle lachten und Lothar schwur in komischen Zorn, daß da die Freunde ihn nun einmal verloren gäben, er sich im nächsten Märchen rücksichtslos aller fantastischen Tollheit überlassen wolle.

Die Mitternachtsstunde hatte geschlagen. Die Freunde wechselseitig angeregt durch allen Ernst, durch allen Scherz, der heute vorgekommen, schieden in der gemütlichsten Stimmung.

Ende des zweiten Bandes

DIE SERAPIONS-BRÜDER

Gesammelte Erzählungen und Märchen

Herausgegeben
von
E.T.A. Hoffmann

DRITTER BAND

FÜNFTER ABSCHNITT

Aufs neue hatte das Leben in seiner stets wechselnden Gestaltung die Freunde auseinandergeworfen. Sylvester war zurückgegangen aufs Land, Ottmar in Geschäften verreiset, Cyprian desgleichen, Vinzenz zwar am Orte, aber wieder einmal nach seiner gewöhnlichen Weise im Gewühl verschwunden und nicht aufzufinden. Nur Lothar pflegte den kranken Theodor, den ein lange bekämpftes Übel doch zuletzt auf das Lager gebracht, das er nun so bald nicht wieder verlassen durfte.

Mehrere Monate waren vergangen, da kehrte Ottmar, der eigentlich durch seine schnelle unerwartete Abreise die Zerstörung des Klubs begonnen, zurück und fand, statt wie er gehofft, die Serapions-Brüderschaft in vollem Flor anzutreffen, einen kaum genesenen Freund, der die Spuren harter Krankheit noch im bleichen Antlitz trug und den die Brüder verlassen, bis auf einen, der ihm mit allen Ergießungen einer mürrischen Laune gar hart zusetzte.

Lothar befand sich nämlich wieder in der seltsamen Seelenstimmung, in der er überzeugt war, das ganze Leben werde schal und ungenießbar durch die ewigen moralischen Foppereien des feindlichen Dämons, den die Natur dem Menschen, den sie behandle wie ein unmündiges Kind, zur Seite gestellt als pedantischen Hofmeister, und der nun wie dieser die süßen Makronen versetze mit bittrer Arzenei, damit der Junker einen Ekel davor empfinde, nicht mehr davon genieße und so den guten Magen konserviere.

„Was für eine heillose Idee", so rief Lothar, als Ottmar ihn bei Theodor traf, im höchsten Unmut aus, „was für eine heillose Idee war es, uns, jede Kluft, die die Zeit geschaffen, schnell überspringend, so nahe wieder aneinander, ineinander, möcht ich sagen, zu rücken. Dem Cyprian verdanken wir den Grundstein des heiligen Serapion, auf den wir ein Gebäude stützten, das für das Leben gebaut schien und zusammenstürzte in wenig Monden. Man soll sein Herz an nichts hängen, sein Gemüt nicht hingeben dem Eindruck fremder Erregung, und ich war ein Narr, daß ich es tat. Denn gestehen muß ich euch, daß die

Art, wie wir an unsern Serapions-Abenden zusammenkamen, mein ganzes Innres, mein ganzes Wesen so in Anspruch genommen hatte, daß, als die würdigen Brüder sich so plötzlich zerstreut in alle Welt, mir wirklich das Leben ohne unsere Brüderschaft ebenso erschien wie dem melancholischen Prinzen Hamlet, nämlich ekel, schal und oberflächlich!"

„Da", nahm Ottmar lachend das Wort, „da kein Geist aus dem Grabe gestiegen ist und dich in mitternächtlicher Weile zur Rache gemahnt hat, da du keine Geliebte ins Kloster schikken, keinen meuchelmörderischen König mit einem vergifteten Rapier niederstoßen darfst, so magst du auch die Melancholie des Prinzen Hamlet aufgeben und bedenken, daß es der gröbste Egoismus sein würde, jedem Bunde, den in Herz und Gemüt gleichgestimmte Seelen schließen, deshalb zu entsagen, weil der Sturm des Lebens ihn zerstören kann. Der Mensch darf nicht bei jeder leisesten unsanften Berührung die Fühlhörner einziehen, wie ein schüchternes überempfindliches Käferlein. Und gilt dir die Erinnerung an in froher herrlicher Gemütlichkeit verlebte Stunden denn für gar nichts? Stets auf meiner ganzen Reise habe ich an euch gedacht. An den Abenden des Serapions-Klubs, den ich in vollem Flor glaubte, habe ich mich unter euch versetzt, allerlei buntes Ergötzliches vernommen und euch auch wohl mit manchem erfreut, was mir gerade der Geist gegeben. – Doch was schwatze ich! – was schwatze ich! – Ist denn wohl in Lothars Seele nur das mindeste von dem, was der augenblickliche Unmut aus ihm spricht? – Sagt er nicht selbst, daß nur unsere Trennung ihn verstimmt hat?"

„Theodors Krankheit", fiel Lothar dem Ottmar ins Wort, „die ihn dem Grabe nahe brachte, war eben auch nicht dazu geeignet, mich in eine fröhliche Stimmung zu versetzen."

„Nun", sprach Ottmar, „Theodor ist genesen, und was den Serapions-Klub betrifft, so weiß ich gar nicht, warum er nicht für schön und vollständig geachtet werden sollte, wenn drei würdige Brüder sich versammeln und so die Brüderschaft aufrechterhalten?"

„Ottmar", sprach Theodor, „hat vollkommen recht, es ist ganz unumgänglich notwendig, daß wir nächstens uns versammeln auf serapiontische Weise. Was gilt's, dem wackern Keim, den wir bilden, entkeimt wieder ein lebensfrischer Baum mit Blüten und Früchten. Ich meine, der Zugvogel Cyprian kehrt wieder heim, dem Sylvester wird es draußen bange und er sehnt sich, wenn die Nachtigallen schweigen, nach anderer Musik, und Vinzenz taucht auch wohl wieder auf aus den Wogen und gackert sein Liedchen!"

„Tut", sprach Lothar etwas sanfter als zuvor, „tut was ihr wollt, nur verlangt nicht, daß ich etwas damit zu schaffen haben soll. Dabei will ich aber sein, wenn ihr euch serapiontisch versammelt, und ich schlage vor, daß, da Freund Theodor so viel als möglich in der freien Luft sein soll, dies im Freien geschehe."

Die Freunde bestimmten den letzten Mai, der in wenigen Tagen einfiel, als die Zeit, einen schönen beinahe gar nicht besuchten Gastgarten aber, als den Ort ihrer nächsten serapiontischen Zusammenkunft.

Ein Gewitter hatte, schnell vorüberziehend und Baum und Gebüsch nur mit einigen schweren Tropfen Himmelsbalsams besprengend, die drückende Schwüle des Tages abgekühlt. Im herrlichsten Glanz stand der schöne Garten, den der liebliche Wohlgeruch des Laubes, der Blumen durchströmte und fröhlich zwitschernd und trillerierend rauschten die bunten Vögel durch die Büsche und badeten sich in den benetzten Zweigen.

„Wie", rief Theodor, nachdem er mit den Freunden in dem Schatten dickbelaubter Linden Platz genommen, „wie fühle ich mich so durch und durch erquickt, jede Spur des leisesten Übelbefindens ist verschwunden, es ist als sei mir ein doppeltes Leben aufgegangen, das in reger Wechselwirkung sich selbst erst recht faßt und empfindet. In der Tat man muß so krank gewesen sein als ich, um dieses Gefühls fähig zu werden, das Geist und Gemüt stärkend die eigentliche Lebensarzenei scheint, welche die ewige Macht, der waltende Weltgeist uns selbst unmittelbar spendet. – Aus meiner eigenen Brust weht der belebende Hauch der Natur, es ist mir, als schwämme ich, aller Last entnommen, in dem herrlichen Himmelsblau, das über uns sich wölbt!" – „Diese Begeisterung", nahm Ottmar das Wort, „zeigt, daß du vollkommen genesen bist, mein lieber teurer Freund, und Dank der ewigen Macht, die dich mit einem Organism ausstattete, stark genug, dergleichen Krankheit, wie sie dich überfiel, zu überstehen. Schon daß du überhaupt genesen, ist zu verwundern, noch mehr aber, daß dies so schnell geschah."

„Was mich betrifft", sprach Lothar, „so verwundere ich mich über Theodors schnelle Herstellung ganz und gar nicht, da ich auch nicht einen Augenblick daran gezweifelt. Du kannst es mir glauben, Ottmar, so erbärmlich es auch mit Theodors physischem Zustande aussehen mochte, psychisch ist er niemals recht krank gewesen und solange der Geist sich aufrecht erhält – nun es war eigentlich zum Totärgern, daß der kranke Theodor sich immer in viel besserer Stimmung befand, als ich kerngesunder Mensch, und daß er oft, war nur der Schmerz vorüber, sich in tollen Späßen erlustigte, wie er denn auch die seltene geistige Kraft besaß, sich manchmal seiner Fieberfantasien zu erinnern. – Viel zu sprechen, das hatte ihm der Arzt verboten; wollt ich ihm aber dieses, jenes erzählen in ruhigen Stunden, so winkte er mir Stillschweigen zu, meinte auch wohl, ich solle ihn seinen Gedanken überlassen, er arbeite an einer großen Komposition oder sonst."

„Ja", rief Theodor lachend, „ja mit Lothars Erzählen, da hatte es eine ganz besondere Bewandtnis! – Daß Lothar gleich, nachdem die Serapions-Brüder sich zerstreut hatten, von dem Dämon der bösen Laune gepackt wurde, weißt du, unmöglich kannst du aber erraten, welchen besonderen Gedanken er in dieser Zeit des Unmuts faßte? – Eines Tages trat er an mein Bett (ich lag schon darnieder) und sprach: ‚Die schönsten reichsten Fundgruben für Erzählungen, Märchen, Novellen, Dramen, sind alte Chroniken. Cyprian hat das längst gesagt, und er hat recht.' – Gleich den andern Tag bemerkte ich, unerachtet mir die Krankheit hart zusetzte, doch sehr gut, daß Lothar dasaß, in einen alten Folianten vertieft. Genug, er lief jeden Tag nach der öffentlichen Bibliothek, und schleppte alle Chroniken zusammen, deren er nur habhaft werden konnte. Mochte das nun sein, aber seine ganze Fantasie wurde erfüllt von den seltsamen tollen Mären jener verjährten Bücher, und ich bekam, mühte er sich mir in ruhigeren Stunden aufheiternde Dinge zu erzählen, von nichts anderm zu hören, als von Krieg und Pestilenz, von Mißgeburten, Stürmen, Kometen, Feuer und Wassersnot, Hexen-Autodafés, Zaubereien, Wundern, vorzüglich aber von den mannigfachen Taten des Gottseibeiuns! der bekanntlich in allen alten Chroniken eine starke bedeutende Rolle spielt, so daß man gar nicht begreifen kann, warum er sich jetzt so still verhält, hat er vielleicht nicht ein anderes Kostüm angelegt, das ihn zur Zeit unkenntlich macht. Nun sage mir, Ottmar, sind solche Gespräche wohl für einen Kranken meiner Art geeignet?"

„Ihr möget", nahm Lothar das Wort, „ihr möget mich nicht ungehört verdammen. Wahr ist es und keck zu behaupten, daß in alten Chroniken viel Herrliches steckt für schreiblustige Novellisten, aber ihr wißt es, niemals hab ich mich darum sonderlich bekümmert und am wenigsten um Teufeleien nebst ihrem

Anhang, ohne die eine kurze Zeit hindurch kein Novellist fertig werden konnte. Nun geriet ich aber mit Cyprian den Abend vorher, ehe er uns verließ, in großen Streit darüber, daß er es eben zu viel mit dem Teufel und seiner Familie zu tun habe, und gestand ihm offenherzig, daß ich seine Erzählung, der Kampf der Sänger, die ich damals, als er sie uns vorlas, mit allerlei Scheingründen schützte, für ein durchaus verfehltes Machwerk halte. Da fuhr er aber auf mich los, machte den wahrhaftigen *Advocatum diaboli* und erzählte mir so viel aus alten Chroniken und andern verschollenen Büchern, daß ich ganz wirr wurde im Kopf. Als nun Theodor erkrankte, als mich gerechter bittrer Unmut ergriff, da kam mir, selbst weiß ich nicht wie es geschah, Cyprians Kampf der Sänger wieder in den Sinn, ja der Teufel selbst erschien mir in schlafloser Nacht, und indem mir entsetzlich vor dem bösen Kerl graute, konnt ich ihm doch als stets bereitem *Aide de Camp* hülfsbedürftiger Novellisten meine Achtung nicht versagen. Ich beschloß euch allen zum Tort im Grauenhaften und Entsetzlichen unsern Cyprianus noch zu überbieten."

„Du", rief Ottmar lachend, „du Lothar wolltest grauenhaft sein und entsetzlich? – Du, dessen grelle skurrile Fantasie nur den Jokusstab zu schwingen vermag?"

„Ja", erwiderte Lothar, „so hatt ich es im Sinn, und der erste Schritt, den ich dazu tat, war, daß ich den alten Chroniken nachstöberte, die Cyprian als wahre Schatzkästlein der Teufelei gepriesen. Aber, ich will euch's nur gestehen, daß mir unter der Hand alles ganz anders wurde, als ich es gewollt, gedacht." – „Das kann", rief Theodor lebhaft, „das kann ich bezeugen. O es ist herrlich wie der Teufel, wie der greulichste Hexenprozeß sich gefügt hat der Laune des Schöpfers von Nußknacker und Mausekönig! – Vernimm, o mein Ottmar, wie ich zu einem kleinen Teufelsprobestücklein unseres wackern Lothar gekommen! – Lothar hatte mich eines Tages eben verlassen, als ich, der ich schon ziemlich bei Kräften in der Stube auf und ab zu wandeln vermochte, auf seinem Schreibtisch das in der Tat sehr merkwürdige Buch: *Hafftitii Microchronicon berolinense*, und gerade das Blatt aufgeschlagen fand, auf dem unter andern steht:

In diesem Jahr wandelte auch der Deuvel öffentlich auf den Straßen von Berlin, folgte den Leichenbegängnissen und gebärdete sich traurig etc.

Du wirst glauben, mein Ottmar, daß mich diese kurze erbauliche

Nachricht sehr erfreute, noch mehr aber zogen mich einige von Lothars Hand beschriebene Blätter an, die daneben lagen, und in denen Lothar, wie ich mich bei schneller Durchsicht überzeugte, jene seltsame Laune des Teufels oder Deuvels mit einer greulichen Mißgeburt und einem noch greulicheren Hexenprozeß in die angenehmste artigste Verbindung gesetzt hat. Hier sind diese Blätter, ich habe sie mitgebracht, dir, mein Ottmar, zur Ergötzlichkeit."

Theodor zog ein paar Blätter aus der Seitentasche und reichte sie Ottmarn hin.

„Was", rief Lothar heftig, „was, die Nachricht aus dem Leben eines bekannten Mannes, die ich längst vernichtet glaubte als mißlungenes Produkt einer schillernden Laune, die hast du mir maliziöser Weise entwendet und aufbewahrt, um mich in Mißkredit zu setzen bei verständigen Leuten von Bildung und Geschmack? – Her damit! – her mit dem unseligen Geschreibsel, damit ich es in hunderttausend kleine Stückchen zerreiße und preisgebe dem Spiel der Winde!"

„Mitnichten", sprach Theodor, „vielmehr sollst du mir, den du in böser Krankheit hinlänglich gequält mit dem Teufelsspuk deiner Chroniken, zu einiger Genugtuung, deine Nachricht unserm Ottmar vorlesen, indem ich dagegen diesem aufgebe, nichts anders darin zu suchen und zu finden als einen tollen Schwank."

„Kann ich dir", sprach Lothar, indem ein seltsames Lächeln auf seinem Gesicht vibrierte, „kann ich dir denn etwas abschlagen, o mein Theodor? Du willst, daß ich mich vor diesem ungemein ernsten und sittsamen Mann was weniges blamiere. – Wohlan, es geschehe also!"

Lothar nahm die Blätter und las.

„Im Jahr eintausendfünfhundertundeinundfünfzig ließ sich, zumal in der Abenddämmerung und des Nachts, auf den Gassen von Berlin ein Mann blicken, von feinem stattlichen Ansehen. Er trug ein schönes Wams mit Zobel verbrämt, weite Pluderhosen und geschlitzte Schuhe, auf dem Kopf aber ein bauschichtes Samtbarett mit einer roten Feder. Seine Gebärden waren angenehm und sittig, er grüßte höflich jedermann, vorzüglich aber die Frauen und Mädchen, pflegte auch wohl diese mit verbindlichen wohlgesetzten Reden auf anmutige Weise anzusprechen. ‚Donna, gebietet doch nur über Euern untertänigen Diener, wenn Ihr in Euerm Herzen einen Wunsch traget, damit er seine geringen Kräfte dazu verwende, Euch ganz zu Willen zu sein!‘ So sprach er zu den vornehmen Weibern. Und dann zu den Jungfrauen: ‚Der Himmel möge Euch doch einen Eheliebsten bescheren, der Eurer Schönheit und Tugend ganz würdig!‘ Ebenso artig bezeigte er sich gegen die Männer, und so war es kein Wunder, daß jeder den Fremden liebgewann und ihm gern zu Hülfe kam, wenn er verlegen an einer breiten Gosse stand und nicht wußte, wie hinüberkommen. Denn unerachtet er sonst groß und schön gewachsen, hatte er doch einen lahmen Fuß und mußte sich auf einen Krückstock stützen. Reichte ihm nun einer die Hand, so sprang er mit ihm wohl an die sechs Ellen hoch in die Luft, und kam über die Gosse hinweg zwölf Schritte davon auf die Erde nieder. Das verwunderte denn die Leute wohl ein wenig und mancher verstauchte sich hin und wieder auch wohl das Bein, der Fremde entschuldigte sich aber damit, daß er sonst, als noch sein Fuß nicht lahm, an dem Hofe des Königs von Ungarn Vortänzer gewesen, daß ihm daher, verhelfe man ihm nur zu einigem Springen, gleich die alte arge Lust anwandle, und daß er wider seinen Willen dann erklecklich in die Luft fahren müsse, als tanze er noch zu selbiger Zeit. Dabei beruhigten sich die Leute und ergötzten sich zuletzt daran, wenn bald ein Ratsherr, bald ein Pfaff, bald ein anderer ehrenwerter Mann mit dem Fremden hopste. So lustig und guter Laune aber auch der Fremde schien, so änderte sich doch sein Betragen manchmal auf ganz verwunderliche Weise. Denn es begab sich, daß er nachts umherging auf den Gassen und an die Türen klopfte. Und öffneten die Leute, so stand er vor ihnen in weißen Totenkleidern und erhob ein jämmerliches Geheul und Geschrei, worüber sie sich gar sehr entsetzten. Andern Tages entschuldigte er sich aber, und versicherte, er sei genötigt, das zu tun, um sich und die guten Bürger an den sterblichen Leib zu erinnern und an ihre unsterbliche Seele, zu deren Besten sie auf ihrer Hut sein müßten. Dabei pflegte er ein wenig zu weinen, welches die Leute ungemein rührte. Bei jedem Begräbnis fand sich der Fremde ein, folgte der Leiche mit ehrbaren Schritten und gebärdete sich gar traurig, so daß er vor lauter Wehklagen und Schluchzen nicht vermochte, in die geistlichen Lieder einzustimmen. So wie er sich aber bei solcher Gelegenheit ganz dem Mitleiden überließ und dem Gram, so war er auch ganz Vergnügen und Lust bei den Hochzeiten der Bürger, die damals gar stattlich auf dem Rathause ausgerichtet wurden. Da sang er mit lauter anmutiger Stimme die unterschiedlichsten Weisen, spielte auf der Zither, tanzte wohl stundenlang mit der Braut und den Jungfrauen auf dem gesunden Beine, das lahme geschickt an sich ziehend, und betrug sich dabei sehr ehrbar und sittig. Das beste und weshalb die Brautleute den Fremden gar gern sahen, war aber, daß er bei jeder Hochzeit dem Brautpaar die schönsten Verehrungen machte, von güldenen Ketten und Spangen und anderm köstlichen Gerät. Es konnte nicht fehlen, daß die Frömmigkeit, Tugend, Freigebigkeit, Sittlichkeit des Fremden in der ganzen Stadt Berlin bekannt wurde, und selbst dem Kurfürsten zu Ohren kam. Der meinte, ein solcher ehrenwerter Mann, wie der Fremde, müsse seinen Hof gar sehr schmücken, und ließ ihn fragen, ob er nicht eine Hofbedienung annehmen wolle. Der Fremde schrieb aber mit zinnoberroten Buchstaben auf einem Pergamentblättlein von anderthalb Ellen in der Breite und ebenso viel in der Länge zurück, er danke unterwürfig für die ihm angebotene Ehre, bitte aber den Hochwürdigen Durchlauchtigsten Herrn, ihn das ruhige Bürgerleben, welches seinem Gemüt ganz und gar zusage, in Frieden genießen zu lassen. Berlin habe er vor vielen andern Städten zu seinem Aufenthalt gewählt, weil er nirgends so liebe Menschen gefunden und so viel Treue und Aufrichtigkeit, so viel Sinn für feine anmutige Sitten, wie sie ganz in seiner eignen Art und Weise lägen. Der Kurfürst und mit ihm der ganze Hof bewunderte höchlich die schönen Redensarten, in denen das Schreiben des Fremden verfaßt, und dabei behielt es sein Bewenden.

Es begab sich, daß zur selben Zeit des Ratsherrn Walther Lütkens Ehefrau zum erstenmal gesegneten Leibes war. Die alte Wehmutter Barbara Roloffin prophezeite, daß die hübsche gesunde Frau gewiß eines holden Knäbleins genesen würde, und so war Herr Walther Lütkens ganz Freude und Hoffnung.

Der Fremde, der auf Herrn Lütkens Hochzeit gewesen, pflegte dann und wann bei ihm einzusprechen, und so kam es denn, daß er einmal in der Abenddämmerung unvermutet eintrat, als eben die Barbara Roloffin zugegen.

Sowie die alte Barbara den Fremden erblickte, erhob sie ein lautes helles Freudengeschrei, und es war, als wenn plötzlich die tiefen Runzeln ihres Angesichts sich ausglätteten, als wenn die weißen Lippen und Wangen sich röteten, kurz als wenn Jugend und Schönheit, der sie längst Valet gegeben, noch einmal wiederkehren wolle. ,Ach, ach, Herr Junker, seh ich Euch denn wirklich hier zur Stelle? Ei! – seid mir doch schönstens gegrüßt!' – so rief die Barbara Roloffin und wäre beinahe dem Fremden zu Füßen gesunken. Der fuhr sie aber an mit zornigen Worten, indem Feuerflammen aus seinen Augen sprühten. Doch niemand verstand, was er mit der Alten sprach, die bleich und runzlicht, wie vorher, sich leise wimmernd in ein Winkelchen zurückzog.

‚Lieber Herr Lütkens', sprach nun der Fremde zu dem Ratsherrn, ‚seht Euch wohl vor, daß in Eurem Hause nichts Böses geschehe, und daß zumal bei der Niederkunft Eurer lieben Hausfrau alles glücklich vonstatten gehe. Die alte Barbara Roloffin ist in ihrer Kunst gar nicht so geschickt, wie Ihr wohl vermeinen möget. Ich kenne sie schon lange und weiß es wohl, daß sie schon manchmal Wöchnerin und Kind verwahrloste.' Beiden, dem Herrn Lütkens und seiner Hausfrau, war bei dem ganzen Vorgange sehr ängstlich und unheimlich zumute geworden, und schöpften sie gegen die Barbara Roloffin, zumal wenn sie daran dachten, wie die Alte sich in Gegenwart des Fremden so seltsamlich verwandelt, nicht geringen Verdacht, daß sie wohl gar böse Künste treibe. Deshalb verboten sie ihr, wieder über die Schwelle des Hauses zu kommen, und sahen sich nach einer andern Wehmutter um.

Als dies geschah, wurde die alte Barbara Roloffin sehr zornig und rief: Herr Lütkens und seine Hausfrau sollten das Unrecht, das sie ihr antäten, noch schwer bereuen.

Alle Freude und Hoffnung des Herrn Lütkens wurde aber verwandelt in bittres Herzeleid und tiefen Gram, als seine Hausfrau statt des holden Knäbleins, das die Barbara Roloffin prophezeit, einen abscheulichen Wechselbalg zur Welt brachte. Das Ding war ganz kastanienbraun, hatte zwei Hörner, dicke große Augen, keine Nase, ein weites Maul, eine weiße verkehrte Zunge und keinen Hals. Der Kopf stand ihm zwischen den Schultern, der Leib war runzlicht und geschwollen, die Arme hingen an den Lenden, und es hatte lange dünne Schenkel.

Herr Lütkens klagte und lamentierte gar sehr. ‚O du gerechter Himmel', rief er, ‚was soll denn daraus werden! Kann mein Kleines wohl jemals in des Vaters würdige Fußstapfen treten? Hat man jemals einen kastanienbraunen Ratsherrn gesehen mit zwei Hörnern auf dem Kopfe?'

Der Fremde tröstete den armen Herrn Lütkens, so gut es gehen wollte. Eine gute Erziehung, meinte er, vermöge viel. Unerachtet, was Form und Gestaltung beträfe, der neugeborne

Knabe ein arger Schismatiker zu nennen, getraue er sich doch zu behaupten, daß er mit seinen dicken großen Augen gar verständig umherblicke, und auf der Stirn zwischen den Hörnern habe viel Weisheit geräumigen Platz. Wenn auch nicht Ratsherr, so könne doch der Junge ein großer Gelehrter werden, denen oft absonderliche Garstigkeit sehr wohl anstehe und ihnen tiefe Verehrung erwerbe.

Es konnte wohl nicht anders sein, Herr Lütkens mußte im Herzen sein Unglück der alten Barbara Roloffin zuschreiben, zumal als er vernahm, daß sie während der Niederkunft seiner Hausfrau vor der Türe auf der Schwelle gesessen, und Frau Lütkens unter vielen Tränen versicherte, daß sie während den Geburtsschmerzen das häßliche Gesicht der alten Barbara stets vor Augen gehabt und solches nicht loswerden können.

Zur gerichtlichen Anklage wollte zwar der Verdacht des Herrn Lütkens nicht hinreichen, der Himmel fügte es jedoch, daß bald darauf alle Schandtaten der alten Barbara Roloffin an das helle Tageslicht kamen.

Es begab sich nämlich, daß nach einiger Zeit sich um die Mittagsstunde ein grausames Wetter und ungestümer Wind erhob. Und die Leute auf den Straßen sahen, wie die Barbara Roloffin, die eben zu einer Kindbetterin gehen wollen, brausend durch die Lüfte über die Hausdächer und Türme hinweg geführt und auf einer Wiese vor Berlin unversehrt niedergesetzt wurde.

Nun war an den bösen Höllenkünsten der alten Barbara Roloffin nicht mehr zu zweifeln, Herr Lütkens trat mit seiner Anklage hervor und die Alte wurde zur gefänglichen Haft gebracht.

Sie leugnete hartnäckig alles, bis man mit der scharfen Frage wider sie verfuhr. Da vermochte sie nicht, die Schmerzen zu erdulden und gestand, daß sie im Bündnis mit dem leidigen Satan schon seit langer Zeit allerlei heillose Zauberkünste treibe. Sie hätte allerdings die arme Frau Lütkens verhext, und ihr die abscheuliche Mißgeburt untergeschoben, außerdem aber mit zwei andern Hexen aus Blumberg, denen vor einiger Zeit der teuflische Galan den Hals umgedreht, viele Christenkinder geschlachtet und gekocht, um Teurung im Lande zu erregen.

Nach dem Urteilsspruch, der bald erfolgte, sollte das alte Hexenweib auf dem Neumarkt lebendig verbrannt werden.

Als nun der Tag der Hinrichtung herangekommen, wurde die alte Barbara unter dem Zulauf einer unzähligen Menge

Volks auf den Neumarkt und auf das daselbst erbaute Gerüst geführt. Man befahl ihr, den schönen Pelz, den sie angetan, abzulegen, das wollte sie aber durchaus nicht tun, sondern bestand darauf, daß die Henkersknechte sie, gekleidet wie sie war, an den Pfahl binden sollten, welches denn auch geschah.

Schon brannte der Scheiterhaufen an allen vier Ecken, da gewahrte man den Fremden, der riesengroß unter dem Volke hervorragte und mit funkelnden Blicken hinstarrte nach der Alten.

Hoch wirbelten die schwarzen Rauchwolken auf, die prasselnden Flammen ergriffen die Kleider des Weibes, da schrie sie mit gellender entsetzlicher Stimme: ‚Satan – Satan! hältst du so den Pakt, den du mit mir geschlossen! – Hilf, Satan, hilf! meine Zeit ist noch nicht aus!‘

Und plötzlich war der Fremde verschwunden, und von dem Ort, wo er gestanden, rauschte eine große schwarze Fledermaus auf, fuhr in die Flammen hinein, erhob sich kreischend mit dem Pelz der Alten in die Lüfte, und krachend fiel der Scheiterhaufen in sich zusammen und verlöschte.

Grausen und Entsetzen hatte alles Volk erfaßt. Jeder wurde nun wohl inne, daß der stattliche Fremde kein anderer gewesen, als der Teufel selbst, der Arges gegen die guten Berliner im Schilde geführt haben mußte, da er sich so lange Zeit hindurch fromm und freundlich gebärdet, und mit höllischer Arglist den Ratsherrn Walther Lütkens und viele andere weise Männer und kluge Frauen betrogen.

So groß ist die Macht des Teufels, vor dessen Arglist uns alle der Himmel in Gnaden bewahren wolle!“

Als Lothar geendet, schaute er dem Ottmar ins Gesicht mit dem unbeschreiblich komischen süßsauern Blick, der ihm zu Gebote stand in reger Selbstironie.

„Nun was sagst du“, rief Theodor, als Ottmar schwieg, „nun was sagst du, Ottmar, zu Lothars artiger Teufelei, an der das Beste ist, daß sie sich nicht zu breit macht?“

Ottmar hatte, während Lothar las, recht aus dem Innern gelächelt, bei dem Schluß war er ganz still und ernst geworden. „Ich gestehe“, sprach er jetzt, „daß in Lothars Erzählung – Schwank – ich weiß nicht, wie ich das Ding nennen soll – ein hin und wieder nicht ganz verfehltes Streben nach einer gewissen drolligen Naivetät vorherrscht, die eigentlich dem Charakter des deutschen

Teufels ganz angemessen ist, daß ferner bei dem Hopsen des Teufels mit ehrenwerten Männern über die Gosse, bei dem kastanienbraunen Schismatiker, der nicht ein schöner glauer Ratsherr, wohl aber ein garstiger Gelehrter werden kann, u.s.w. dasselbe Pferdlein Kapriolen macht, das der würdige Lothar ritt, als er den Nußknacker schrieb, doch eben ein anders Pferdlein, mein ich, hätte er reiten sollen, und selbst kann ich nicht sagen, worin es liegt, daß immer mehr und mehr der gemütlich komische Eindruck, den vielleicht die ersten Zeilen hervorbringen könnten, hinschwindet in nichts, und aus diesem Nichts sich dann zuletzt etwas ganz Ungemütliches, Unbehagliches entwickelt, das die Schlußworte, welche wiederum zu jener Naivetät zurückführen sollen, nicht zu vertilgen vermögen."

„O du aller weisen Kritiker allerweisester", rief Lothar, „der du dem Unbedeutendsten, das ich jemals schrieb, die Ehre antust, es Brill auf der Nase sorglich zu sezieren, vernimm daß es mir selbst längst zum anatomischen Präparat gedient hat! – Nannte ich denn nicht selbst mein kleines Machwerk das Produkt einer schillernden Laune, habe ich nicht selbst das Anathem darüber ausgesprochen? – Doch es ist gut, daß ich es euch vorlas, denn es gibt mir Gelegenheit, über Geschichten der Art mich recht auszusprechen und ich hoffe euern Beifall einzuernten, ihr guten Serapions-Brüder! – Zuvörderst will ich dir also, geliebter Ottmar, recht genau den Keim des unbehaglichen oder besser unheimlichen Gefühls entwickeln, das dich ergriff, als du dich erst ergötzen wolltest daran, was du drollige Naivetät zu nennen beliebst. – Mag der ehrliche alte Hafftitz Anlaß gehabt haben, jenes seltsame Ereignis wie der Teufel in Berlin ein bürgerliches Leben geführt, anzumerken, welchen er will, genug, die Sache bleibt für uns rein fantastisch, und selbst das Unheimliche Spukhafte, das sonst dem ‚furchtbar verneinenden Prinzip der Schöpfung' beiwohnt, kann, durch den komischen Kontrast in dem es erscheint, nur jenes seltsame Gefühl hervorbringen, das, eine eigentümliche Mischung des Grauenhaften und Ironischen, uns auf gar nicht unangenehme Weise spannt. Anders verhält es sich mit den leidigen Hexengeschichten. Hier tritt das wirkliche Leben ein mit allen seinen Schrecken. Mir war's als ich von der Hinrichtung der Barbara Roloffin las, als säh ich noch den Scheiterhaufen auf dem Neumarkt dampfen und alle Greuel der fürchterlichen Hexenprozesse traten mir vor die Seele. Ein paar rot funkelnde Augen, ein struppiges schwarzes oder graues Haar, ein ausgedörrter Knochenleib, das reichte hin, ein altes armes Weib für eine Hexe zu erklären, alles Unheil ihren Teufelskünsten zuzuschreiben, ihr in aller juristischen Form zu Leibe zu gehen und sie auf den Scheiterhaufen zu bringen. Die scharfe Frage (Tortur) bestätigte die unsinnigsten Anklagen und entschied alles."

„Merkwürdig", unterbrach Theodor den Lothar, „höchst merkwürdig bleibt es aber doch, daß viele angebliche Hexen ganz freimütig ohne allen Zwang ihr Bündnis mit dem Bösen eingestanden. Vor ein paar Jahren fielen mir über Hexerei verhandelte Originalakten in die Hände, und ich traute meinen Augen kaum als ich Geständnisse las, vor denen mir die Haut schauderte. Da war von Salben, deren Gebrauch den menschlichen Körper in irgendein Tier verwandelt, von Ritten auf dem Besenstiel, kurz von allen den Teufelskünsten, wie sie in alten Mären vorkommen, die Rede. Vorzüglich hatten aber immer die angeklagten Weiber ganz frei und frech das unzüchtige Verhältnis mit dem unsaubern höllischen Galan, zuweilen sogar unaufgefordert eingestanden. Sagt, wie konnte das geschehen?"

„Mit", erwiderte Lothar, „mit dem Glauben an das teuflische Bündnis kam das Bündnis selbst."

„Wie? – was sagst du?" riefen beide, Ottmar und Theodor.

„Versteht", fuhr Lothar fort, „versteht mich nur recht. Gewiß ist es, daß in jener Zeit, als niemand an der unmittelbaren Einwirkung des Teufels, an seiner sichtbaren Erscheinung zweifelte, auch jene unglücklichen Wesen, die man so grausam mit Feuer und Schwert verfolgte, an allem dem wirklich glaubten, dessen man sie beschuldigte. Ja daß manche in bösem Sinn durch allerlei vermeintliche Hexenkünste nach dem Bündnisse mit dem Satan trachteten, Gewinstes halber oder um Unheil anzurichten, und dann im Zustande des Wahnsinns, den sinnverstörende Tränke, entsetzliche Beschwörungen erzeugt, den Bösen erblickten und jenes Bündnis wirklich schlossen, das ihnen übermenschliche Macht geben sollte, ist ebenso gewiß. Die tollsten Hirngespinste, wie sie jene Geständnisse enthalten, die auf innerer Überzeugung beruhten, erscheinen nicht zu toll, wenn man bedenkt, welche seltsame Einbildungen, ja welche grauenhafte Betörungen schon der Hysterismus der Weiber hervorzubringen vermag. So büßten jene vermeintlichen Hexen ihren boshaften Sinn, wiewohl zu hart, mit dem grausamsten Tode. Es ist unmöglich, jenen alten Hexenprozessen den Glauben abzusprechen, insofern sie durch Zeugen oder sonst ganz ins klare gesetzte Tatsachen enthalten, und da findet sich denn auch häufig, daß manche der Zauberei Angeklagte wirklich todeswürdige Verbrechen begingen. Erinnert euch der schauderhaften Erzählung unseres herrlichen Tieck, Liebeszauber benannt. Die grauenhafte fürchterliche Tat des entsetzlichen Weibes, die das unschuldige liebliche Kind schlachtet, kommt auch in jenen gerichtlichen Verhandlungen zur Sprache, und so war oft der Feuertod nur die gerechte Strafe des grausamsten Mordes."

„Mir steigt", nahm Theodor das Wort, „die Erinnerung auf an einen Moment, in dem mir eine solche fluchwürdige Tat recht dicht vor Augen gerückt wurde und mich mit dem tiefsten Entsetzen erfüllte! – Während meines Aufenthalts in W. besuchte ich das reizende Lustschloß L., von dem es irgendwo mit Recht heißt, es schwimme in dem spiegelhellen See, wie ein herrlicher stolzer Schwan. Man hatte mir schon erzählt, daß nach einem dunklen Gerücht der unglückliche Besitzer desselben, der nicht vor gar zu langer Zeit starb, mit Hülfe eines alten Weibes allerlei Zauberkünste getrieben haben solle, und daß der alte Kastellan, verstehe man sein Vertrauen zu gewinnen, manches darüber andeute. Gleich beim Eintritt war mir dieser Alte höchst merkwürdig. Denkt euch einen eisgrauen Mann, die Spuren des tiefsten Grams im Antlitz, ärmlich nach Art des gemeinen Volks gekleidet, dabei im Betragen ungewöhnliche Bildung verratend, denkt euch, daß dieser Mann, den ihr auf den ersten Blick für einen gemeinen Diener hieltet, mit euch, die ihr die Landessprache nicht versteht, wie ihr wollt, entweder das reinste eleganteste Französisch, oder ebenso italienisch redet! – Es gelang mir, da ich mit ihm allein die Säle durchwanderte, dadurch, daß ich der verworrenen Schicksale seines Herrn gedachte, und mich dabei in die Geschichte jener Zeit eingeweiht zeigte, ihn zu beleben. Er erklärte mir den tieferen Sinn mancher Gemälde, mancher Verzierung, die dem Nichteingeweihten nur als Schmuck erscheinen, und wurde immer wärmer und zutraulicher. Endlich schloß er ein kleines Kabinett auf, dessen Fußboden aus weißen Marmortafeln bestand und in dem nichts weiter als ein einfach gearbeiteter Kessel von Bronze befindlich. Die Wände schienen ihres vormaligen Schmuckes beraubt. Ich wußte, daß ich mich an dem Orte befand, wo der unglückliche Herr des Schlosses verblendet, betört durch die Lust an den üppigen Genüssen des Lebens, sich herabgewürdigt haben sollte zu höllischen Versuchen. Als ich einige Worte darüber fallen ließ, blickte der Alte mit dem Ausdruck der schmerzlichsten Wehmut gen Himmel, und sprach dann tief aufseufzend: ‚O heilige Jungfrau, hast du denn verziehen?' – Dann wies er schweigend auf eine größere Marmorplatte, die in der Mitte des Fußbodens eingefugt lag. Ich betrachtete die Platte genau und wurde gewahr, daß sich einige rötliche Adern durch den Stein zogen. Als ich aber immer schärfer und schärfer hinblickte, hilf Himmel, da traten, wie aus einem deformierten Gemälde, dessen verstreute Lineamente sich nur einen, wenn man es durch ein besonders vorbereitetes Glas betrachtet, die Züge eines menschlichen Antlitzes hervor. Es war das Antlitz eines Kindes, das mich mit dem herzzerschneidenden Jammer des Todeskampfes aus dem Stein anschaute. Aus der Brust quollen Blutstropfen, der übrige Teil des Körpers verlor sich wie in ein Gewässer hinein. Mit Mühe überwand ich das Grauen, das Entsetzen, das mich übermannen wollte. Ich war keines Wortes mächtig, schweigend verließen wir den schauerlichen verhängnisvollen Ort. – Erst im Park lustwandelnd überwand ich das unheimliche Gefühl, das mir beinahe das ganze kleine Paradies verleidet hätte. Aus manchen Worten des alten Kastellans konnt ich schließen, daß jenes verruchte Wesen, das sich dem sonst großherzigen gemütvollen Herrn anzudrängen wußte, ihm den schönsten seiner Wünsche, unfehlbares dauerndes Glück in der Liebe, ewige Liebeslust zu erfüllen verhieß, mittelst schwarzer Künste, und ihn dadurch verlockte zum Entsetzlichen."

„Das ist", rief Ottmar, „das ist etwas für unsern Cyprian, der würde sich erfreuen an dem blutigen Kinde in Marmor gebildet, und nebenher den alten Kastellan sehr liebgewinnen."

„Mag", fuhr Theodor fort, „mag alles auf törichter Einbildung beruhen, mag alles eine im Volk verstreute Fabel sein, mag der besonders geaderte Stein das Kind so darstellen, wie eine lebendige Fantasie aus buntem Marmor allerlei Figuren und Bilder herausfindet, irgend etwas Unheimliches muß sich doch wirklich begeben haben, da sonst der alte treue Diener unmöglich die Schuld des Herrn so tief in der Seele getragen, ja jenem wunderbaren Stein solch eine gräßliche Bedeutung gegeben hätte."

„Wir wollen", sprach Ottmar, „wir wollen gelegentlich den heiligen Serapion darüber befragen, was es eigentlich für eine Bewandtnis mit der Sache hat, für jetzt aber die Hexen Hexen sein lassen, und uns nur noch einmal zum teutschen Teufel wenden, über den ich noch einiges beizubringen gedenke. –

Ich meine nämlich, daß die wahrhafte teutsche Gemütlichkeit sich recht in der Art ausspricht, wie der leidige Satan dargestellt wird im menschlichen Leben hantierend. Er versteht sich auf alles Unheil, Grauen und Entsetzen, auf alle Verführungskünste, er vergißt nicht den frommen Seelen nachzustellen, um so viele als möglich für sein Reich zu gewinnen; aber dabei ist er doch ein ganz ehrlicher Mann, denn auf das genaueste, pünktlichste hält er sich an den geschlossenen Kontrakt, und so kommt es denn, daß er gar oft überlistet wird und wirklich als dummer Teufel erscheint, woher denn auch die Redensart kommen mag: das ist ein dummer Teufel! – Aber noch mehr, der Charakter des teutschen Satans hat eine wunderbare Beimischung des Burlesken, durch die das eigentlich sinnverstörende Grauen, das Entsetzen, das die Seele zermalmt, aufgelöst, verquickt wird. Die Kunst, den Teufel ganz auf diese deutsch gemütliche Weise darzustellen, scheint aber verloren, denn in den neuen Teufelsspukgeschichten ist jene Mischung niemals geraten. Entweder wird der Teufel zum gemeinen Hanswurst, oder das Grauenhafte, Unheimliche, zerreißt das Gemüt."

„Du vergissest", unterbrach Lothar den Ottmar, „du vergissest eine neue Erzählung, in der jene Mischung des wunderbar Gemütlichen, das wenigstens an das Komische anstreift, mit dem Grauenhaften gar herrlich geraten ist, und die Wirkung jener einfachen altertümlichen Teufelsspukgeschichten in ganzem Maß hervorbringt. Ich meine Fouqués meisterhafte Erzählung: Das Galgenmännlein, für dessen Brüderlein, könnt es noch geboren werden, ich gern einige Harnischmänner eintauschen möchte. Trotz des kleinen grauenhaft muntern Kerls in der Flasche, der in der Nacht herauswächst und sich rauhhaarig an die Backe des von fürchterlichen Träumen geängsteten Herrn legt, trotz des entsetzlichen Mannes in der Bergschlucht, dessen mächtiger Rappe wie eine Fliege die steile Felsenwand hinanklimmt, trotz alles Unheimlichen, das in der Geschichte gar reichlich vorhanden, ist die Spannung, die sie im Gemüt erzeugt, nichts weniger als verstörend. Die Wirkung gleicht der eines starken Getränks, das die Sinne heftig aufreizt, zugleich aber im Innern eine wohltuende Wärme verbreitet. In dem durchaus gehaltenen Ton, in der Lebenskraft der einzelnen Bilder liegt es, daß, ist man beim Schluß selbst von der Wonne des armen Teufels, der sich glücklich aus den Klauen des bösen Teufels gerettet, durchdrungen, nochmals all die Szenen, die in das Gebiet des gemütlich Komischen streifen,

z. B. die Geschichte vom Halbheller, hell aufleuchten. Ich erinnere mich kaum, daß irgendeine Teufelsgeschichte mich auf so seltsam wohltuende Weise gespannt, aufgeregt hätte, als eben Fouqués Galgenmännlein."

„Es ist", nahm Theodor das Wort, „es ist gar nicht zu bezweifeln, daß Fouqué den Stoff seines Galgenmännleins aus irgendeinem alten Buch, aus irgendeiner alten Chronik entnommen."

„Ich will", erwiderte Lothar, „ich will nicht glauben, daß du, sollte das wirklich der Fall sein, deshalb das Verdienst des Dichters auch nur im mindesten geschmälert achtest, und so mit gewöhnlichen Rezensenten gleichen Sinnes bist, deren ganz eigentliche Praxis es erfordert gleich nachzuspüren, wo etwa der Grundstoff zu diesem und jenem poetischen Werk liegen könne. Den Fund verkündigen sie dann mit vielem Pomp, stolz auf den armen Dichter hinabsehend, der nichts tat, als die Figur kneten aus einem Teig, der schon vorhanden war. Als ob es darauf ankommen könnte, daß der Dichter den Keim, den er irgendwo fand, in sein Inneres aufnahm, als ob die Gestaltung des Stoffs nicht eben den wahrhaften Dichter bewähren müsse! – Doch wir wollen uns an unsern Schutzpatron, den heiligen Serapion erinnern, der selbst Geschichtliches so aus seinem Innern herauserzählte, wie er alles selbst mit eignen Augen lebendig erschaut und nicht wie er es gelesen."

„Du tust", sprach Theodor, „du tust mir großes Unrecht, Lothar, wenn du glaubst, ich sei andrer Meinung. Wie ein Stoff bearbeitet oder vielmehr lebendig gestaltet werden kann, hat niemand herrlicher bewiesen als Heinrich Kleist in seiner vortrefflichen klassisch gediegenen Erzählung von dem Roßhändler Kohlhaas."

„Und", unterbrach Lothar den Freund, „und um so mehr gehört der Kohlhaas ganz dem herrlichen Dichter, den ein düstres Verhängnis uns viel zu früh entriß, als die Nachrichten von jenem furchtbaren Menschen, so wie sie im Hafftitz stehen, ganz mager und ungenügend sind. Doch weil ich eben des Hafftitz gedenke, so will ich euch nur gleich eine Erzählung vorlesen, zu der ich manche Grundzüge eben aus dem *Microchronicon* entnahm, und die ich in dem Anfall einer durchaus bizarren Laune, der mehrere Tage anhielt, aufschrieb. Magst du, o mein Ottmar, daraus entnehmen, daß es mit dem Spleen, den mir Theodor andichten will, eben nicht so arg ist, als man wohl meinen möchte."

Lothar zog ein Manuskript hervor und las.

DIE BRAUTWAHL

eine Geschichte in der mehrere ganz unwahrscheinliche Abenteuer vorkommen

Erstes Kapitel

Welches von Bräuten, Hochzeiten, Geheimen Kanzleisekretären, Turnieren, Hexenprozessen, Zauberteufeln und andern angenehmen Dingen handelt

In der Nacht des Herbst-Äquinoktiums kehrte der Geheime Kanzleisekretär Tusmann aus dem Kaffeehause, wo er regelmäßig jeden Abend ein paar Stunden zuzubringen pflegte, nach seiner Wohnung zurück, die in der Spandauerstraße gelegen. In allem, was er tat, war der Geheime Kanzleisekretär pünktlich und genau. Er hatte sich daran gewöhnt, gerade während es auf den Türmen der Marien- und Nikolai-Kirchen eilf Uhr schlug, mit dem Rock- und Stiefelnausziehen fertig zu werden, so daß er, in die geräumigen Pantoffeln gefahren, mit dem letzten dröhnenden Glockenschlage sich die Nachtmütze über die Ohren zog.

Um das heute nicht zu versäumen, da die Uhren sich schon zum Eilfschlagen anschickten, wollte er eben mit einem raschen Schritt (beinahe war es ein behender Sprung zu nennen) aus der Königsstraße in die Spandauerstraße hineinbiegen, als ein seltsames Klopfen, das sich dicht neben ihm hören ließ, ihn an den Boden festwurzelte.

Unten an dem Turm des alten Rathauses wurde er in dem hellen Schimmer der Reverberen eine lange hagere, in einen dunkeln Mantel gehüllte Gestalt gewahr, die an die verschlossene Ladentüre des Kaufmanns Warnatz, der dort bekanntlich seine Eisenwaren feilhält, stark und stärker pochte, zurücktrat, tief seufzte, hinaufblickte nach den verfallenen Fenstern des Turms.

„Mein bester Herr", wandte sich der Geheime Kanzleisekretär gutmütig zu dem Mann, „mein bester Herr, Sie irren sich, dort oben in dem Turm wohnt keine menschliche Seele, ja, nehme ich wenige Ratten und Mäuse und ein paar kleine Eulen aus, kein lebendiges Wesen. Wollen Sie von dem Herrn Warnatz einiges Vortreffliche in Eisen oder Stahl erstehen, so müssen Sie sich morgen wieder herbemühen."

„Verehrter Herr Tusmann" – „Geheimer Kanzleisekretär seit mehreren Jahren", fiel Tusmann dem Fremden unwillkürlich ins Wort, ungeachtet er etwas verdutzt darüber war, von dem Fremden gekannt zu sein. *Der* achtete darauf aber gar nicht im mindesten, sondern begann von neuem: „Verehrter Herr Tusmann, Sie belieben sich in meinem Beginnen hier ganz und gar zu irren. Weder der Eisen- noch der Stahlwaren bin ich bedürftig, habe es auch gar nicht mit dem Herrn Warnatz zu tun. Es ist heute das Herbst-Äquinoktium und da will ich die Braut schauen. Sie hat schon mein sehnsüchtiges Pochen, meine Liebesseufzer vernommen, und wird gleich oben am Fenster erscheinen."

Der dumpfe Ton, in dem der Mann diese Worte sprach, hatte etwas seltsam Feierliches, ja Gespenstisches, so daß es dem Geheimen Kanzleisekretär eiskalt durch alle Glieder rieselte. Der erste Schlag der eilften Stunde dröhnte von dem Marienkirchturm herab, in dem Augenblicke klirrte und rauschte es an dem verfallenen Fenster des Rathausturms und eine weibliche Gestalt wurde sichtbar. Sowie der volle Laternenglanz ihr ins Antlitz fiel, wimmerte Tusmann ganz kläglich: „O du gerechter Gott im Himmel, o all ihr himmlischen Heerscharen, was ist denn das!"

Mit dem letzten Schlage, und also im selbigen Augenblick, wo Tusmann, wie sonst, die Schlafmütze aufzusetzen gedachte, war auch die Gestalt verschwunden.

Es war, als hätt die verwunderliche Erscheinung den Geheimen Kanzleisekretär ganz außer sich selbst gebracht. Er seufzte, stöhnte, starrte hinauf nach dem Fenster, lispelte in sich hinein: „Tusmann – Tusmann, Geheimer Kanzleisekretär! – besinne dich doch nur! werde nicht verrückt, mein Herz! – Laß dich vom Teufel nicht blenden, gute Seele!"

„Sie scheinen", begann der Fremde, „von dem, was Sie sahen, sehr ergriffen worden sein, bester Herr Tusmann? – Ich habe bloß die Braut schauen wollen, und Ihnen selbst, Verehrter, muß dabei noch anderes aufgegangen sein."

„Bitte, bitte", wimmerte Tusmann, „wollen Sie mir nicht meinen schlichten Titel vergönnen, ich bin Geheimer Kanzleisekretär, und zwar in diesem Augenblick ein höchst alterierter, ja wie ganz von Sinnen gekommener. Bitte ergebenst, mein wertester Herr, gebe ich Ihnen selbst nicht den gebührenden Rang, so geschieht das lediglich aus völliger Unbekanntschaft mit Ihrer werten Person; aber ich will Sie Herr Geheimer Rat nennen, denn deren gibt es in unserm lieben Berlin so gar absonderlich viele, daß man mit diesem würdigen Titel selten irrt.

Bitte also, Herr Geheimer Rat mögen es mir nicht länger verhehlen, was für eine Braut Sie hier zu der unheimlichen Stunde zu schauen gedachten!"

„Sie sind", sprach der Fremde mit erhöhter Stimme, „Sie sind ein besonderer Mann mit Ihren Titeln, mit Ihrem Rang. Ist man dann Geheimer Rat, wenn man sich auf manches Geheimnis versteht und auch wohl nebenher guten Rat zu erteilen vermag, so kann ich wohl billigen Fugs mich so nennen. Mich nimmt es wunder, daß ein so in alten Schriften und seltenen Manuskripten belesener Mann wie Sie, wertester Herr Geheimer Kanzleisekretär, es nicht weiß, daß wenn ein Kundiger – verstehen Sie wohl! – ein Kundiger, zur eilften Stunde in der Nacht des Äquinoktiums hier unten an die Türe oder auch nur an die Mauer des Turms klopft, ihm oben am Fenster dasjenige Mädchen erscheint, das bis zum Frühlings-Äquinoktium die glücklichste Braut in Berlin wird."

„Herr Geheimer Rat", rief Tusmann wie plötzlich begeistert von Freude und Entzücken, „verehrungswürdigster Herr Geheimer Rat, sollte das wirklich der Fall sein?"

„Es ist nicht anders", erwiderte der Fremde, „aber was stehen wir hier länger auf der Straße. Sie haben Ihre Schlafstunde bereits versäumt, wir wollen uns stracks in das neue Weinstübchen auf dem Alexanderplatz begeben. Es ist nur darum, daß Sie mehr von mir über die Braut erfahren, wenn Sie wollen, und wieder in die Gemütsruhe kommen, aus der Sie, selbst weiß ich nicht recht warum, ganz und gar herausgebracht zu sein scheinen."

Der Geheime Kanzleisekretär war ein höchst mäßiger Mann. Seine einzige Erholung bestand, wie schon erwähnt wurde, darin, daß er jeden Abend ein paar Stunden in einem Kaffeehause zubrachte, und politische Blätter, Flugschriften durchlaufend, ja auch in mitgebrachten Büchern emsig lesend ein Glas gutes Bier genoß. Wein trank er beinahe gar nicht, nur sonntags nach der Predigt pflegte er in einem Weinkeller ein Gläschen Malaga mit etwas Zwieback zu sich zu nehmen. Des Nachts zu schwärmen war ihm sonst ein Greuel; unbegreiflich schien es daher, daß er sich ohne Widerstand, ja ohne auch nur ein einziges Wort zu sagen, von dem Fremden fortziehen ließ, der mit starken durch die Nacht dröhnenden Schritten forteilte nach dem Alexanderplatz.

Als sie in die Weinstube eintraten, saß nur noch ein einziger Mann einsam an einem Tisch und hatte ein großes Glas mit

Rheinwein gefüllt vor sich stehen. Die tief eingefurchten Züge seines Antlitzes zeugten von sehr hohem Alter. Sein Blick war scharf und stechend, und nur der stattliche Bart verriet den Juden, der alter Sitte und Gewohnheit treu geblieben. Dabei war er sehr altfränkisch, ungefähr wie man sich ums Jahr eintausendsiebenhundertundzwanzig bis dreißig trug, gekleidet, und daher mocht es wohl kommen, daß er aus längst vergangener Zeit zurückgekehrt schien.

Noch seltsamer war aber wohl der Fremde anzuschauen, auf den Tusmann getroffen.

Ein großer, hagerer, dabei kräftiger, in Gliedern und Muskeln stark gebauter Mann, scheinbar in den funfziger Jahren. Sein Antlitz mochte sonst für schön gegolten haben, noch blitzten die großen Augen unter den schwarzen buschichten Augenbrauen mit jugendlichem Feuer hervor – eine freie offene Stirn – eine stark gebogene Adlersnase – ein fein geschlitzter Mund – ein gewölbtes Kinn – das alles hätte den Mann vor hundert andern eben nicht ausgezeichnet; während aber Rock und Unterkleid nach Art der neuesten Zeit zugeschnitten waren, gehörten Kragen, Mantel und Barett dem Ende des sechszehnten Jahrhunderts an; vorzüglich mocht es aber wohl der eigne, wie aus tiefer schauerlicher Nacht hinausstrahlende Blick des Fremden, der dumpfe Ton seiner Stimme, sein ganzes Wesen, das durchaus gegen jede Form der jetzigen Zeit grell abstach, vorzüglich mochte es das alles sein, was in seiner Nähe jedem ein seltsames beinahe unheimliches Gefühl einflößen mußte.

Der Fremde nickte dem Alten, der am Tische saß, zu, wie einem alten Bekannten.

„Seh ich Euch einmal wieder nach langer Zeit“, rief er, „seid Ihr noch immer wohlauf?“

„Wie Ihr mich findet“, erwiderte der Alte mürrisch, „wohl und gesund und noch zur rechten Zeit auf den Beinen, und munter und tätig, wenn es darauf ankommt!“

„Das fragt sich, das fragt sich“, rief der Fremde laut lachend und bestellte bei dem aufwartenden Burschen eine Flasche des ältesten Franzweins, der im Keller vorhanden.

„Mein bester, verehrungswürdigster Herr Geheimer Rat!“ – begann Tusmann deprezierend.

Aber der Fremde fiel ihm schnell in die Rede: „Lassen wir doch jetzt alle Titel, bester Herr Tusmann. Ich bin weder Geheimer Rat noch Geheimer Kanzleisekretär, sondern nichts mehr und nichts weniger als ein Künstler, der in edlen Metallen und köstlichem Gestein arbeitet, und heiße mit Namen Leonhard."

„Also ein Goldschmied, ein Juwelier", murmelte Tusmann vor sich hin. Er besann sich nun auch, daß er bei dem ersten Anblick des Fremden in der erleuchteten Weinstube es hätte wohl einsehen müssen, wie der Fremde unmöglich ein ordentlicher Geheimer Rat sein könne, da er in altdeutschem Mantel, Kragen und Barett angetan, wie solches bei Geheimen Räten nicht üblich.

Beide, Leonhard und Tusmann, setzten sich nun hin zu dem Alten, der sie mit einem grinsenden Lächeln begrüßte.

Nachdem Tusmann auf vieles Nötigen Leonhards ein paar Gläser des gehaltigen Weins getrunken, trat Röte auf seine blassen Wangen; vor sich hinblickend, den Wein gemütlich einschlürfend, lächelte und schmunzelte er überaus freundlich, als gingen die angenehmsten Bilder in seinem Inneren auf.

„Und nun", begann Leonhard, „und nun sagen Sie mir unverhohlen, bester Herr Tusmann, warum Sie so gar besonders sich gebärdeten, als die Braut im Fenster des Turms erschien, und was jetzt so ganz und gar Ihr Inneres erfüllt? Wir sind, Sie mögen das nun glauben oder nicht, alte Freunde und Bekannte, und vor diesem guten Mann brauchen Sie sich gar nicht zu genieren."

„O Gott", erwiderte der Geheime Kanzleisekretär, „o Gott, mein verehrtester Herr Professor – lassen Sie mich Ihnen diesen Titel geben; denn da Sie, wie ich überzeugt bin, ein sehr wackrer Künstler sind, könnten Sie mit Fug und Recht Professor bei der Akademie der Künste sein – Also! mein verehrtester Herr Professor – vermag ich denn zu schweigen? Wovon das Herz voll ist, davon geht der Mund über! – Erfahren Sie es! – Ich gehe, wie man sprüchwörtlich zu sagen pflegt, auf Freiers Füßen, und gedenke zum Frühlings-Äquinoktium ein glückliches Bräutlein heimzuführen. Konnt es denn nun wohl fehlen, daß es mir durch alle Adern fuhr, als Sie, verehrtester Herr Professor, beliebten, mir eine glückliche Braut zu zeigen?"

„Was", unterbrach der Alte den Geheimen Kanzleisekretär mit kreischender, krächzender Stimme, „was? – Sie wollen heiraten? Sie sind ja viel zu alt dazu, und häßlich wie ein Pavian."

Tusmann erschrak über die entsetzliche Grobheit des jüdischen Alten so sehr, daß er kein Wort herauszubringen vermochte.

„Nehmen Sie", sprach Leonhard, „dem Alten da das harte Wort nicht übel, lieber Herr Tusmann, er meint es nicht so böse als es wohl den Anschein haben möchte. Aufrichtig gesagt muß ich aber auch selbst gestehen, wie es mich bedünken will, daß Sie etwas spät sich zur Heirat entschlossen haben, da Sie mir beinahe ein Funfziger zu sein scheinen."

„Auf den 9ten Oktober am Tage des heiligen Dionysius erreiche ich mein achtundvierzigstes Jahr", fiel Tusmann etwas empfindlich ein. „Dem sei, wie ihm wolle", fuhr Leonhard fort, „es ist auch nicht das Alter allein, das Ihnen entgegensteht. Sie haben bisher ein einfaches, einsames Junggesellenleben geführt, Sie kennen das weibliche Geschlecht nicht, Sie werden sich nicht zu raten, nicht zu helfen wissen."

„Was raten, was helfen", unterbrach Tusmann den Goldschmied, „ei bester Herr Professor. Sie müssen mich für ungemein leichtsinnig und unverständig halten, wenn Sie glauben, daß ich blindlings ohne Rat und Überlegung zu handeln imstande wäre. Jeden Schritt, den ich tue, erwäge und bedenke ich weislich, und als ich mich in der Tat von dem Liebespfeil des losen Gottes, den die Alten Cupido nannten, getroffen fühlte, sollte da nicht all mein Dichten und Trachten dahin gegangen sein, mich für diesen Zustand gehörig auszubilden? – Wird jemand, der ein schweres Examen zu überstehen gedenkt, nicht emsig alle Wissenschaften studieren, aus denen er befragt werden soll? – Nun, verehrtester Herr Professor, meine Heirat ist ein Examen, zu dem ich mich gehörig vorbereite, und wohl zu bestehen glaube. Sehen Sie, bester Mann, dieses kleine Buch, das ich, seit ich mich zu lieben und zu heiraten entschlossen, beständig bei mir trage, und unaufhörlich studiere, sehen Sie es an, und überzeugen Sie sich, daß ich die Sache gründlich und gescheut beginne, und keinesweges als ein Unerfahrner erscheinen werde, ungeachtet mir, wie ich gestehen will, das ganze weibliche Geschlecht bis dato fremd geblieben."

Mit diesen Worten hatte der Geheime Kanzleisekretär ein kleines in Pergament gebundenes Buch aus der Tasche gezogen und den Titel aufgeschlagen, welcher folgendermaßen lautete:

Kurzer Entwurff der politischen Klugheit, sich selbst und andern in allen Menschlichen Gesellschafften wohl zu rathen und zu einer gescheiden *Conduite* zu gelangen; Allen Menschen, die sich klug zu seyn dünken, oder noch klug werden wollen, zu höchst nöthiger Bedürfniß und ungemeinem Nutzen, aus dem Lateinischen des Herrn *Thomasii* übersetzt. Nebst einem ausführlichen Register. Frankfurt und Leipzig. In Verlag Johann Großens Erben. 1710.

„Bemerken Sie", sprach Tusmann mit süßem Lächeln, „bemerken Sie, wie der würdige Autor im siebenten Kapitel, das lediglich vom Heiraten und von der Klugheit eines Hausvaters handelt, § 6 ausdrücklich sagt:

Zum wenigsten soll man damit nicht eilen. Wer bei vollkommenem männlichem Alter heirathet, wird so viel klüger, weil er so viel weiser wird. Frühzeitige Heirathen machen unverschämte oder arglistige Leute, und werffen sowohl des Leibes, als des Gemüths Kräffte übern Hauffen. Das männliche Alter ist zwar nicht ein Anfang der Jugend, dieselbe aber soll nicht eher, als mit demselben zugleich sich enden.

Und dann, was die Wahl des Gegenstandes betrifft, den man zu lieben und zu heiraten gesonnen, so sagt der vortreffliche Thomasius § 9:

Die Mittelstraße ist die sicherste, man nehme keine allzu Schöne noch Häßliche, keine sehr Reiche noch sehr Arme, keine Vornehmere noch Geringere, sondern, die mit uns gleichen Standes ist, und so wird auch bey den meisten übrigen Eigenschafften die Mittelstraße zu treffen das Beste seyn.

Dem bin ich denn auch gefolgt, und habe mit der anmutigen Person, die ich erwählet, nach dem Rat, den Herr Thomasius im § 17 erteilet, nicht nur einmal Konversation gepfleget, weil man durch Verstellung der Fehler und Annehmung von allerhand Scheintugenden leicht hintergangen werden kann, sondern zum öftern, da es denn unmöglich ist, sich gänzlich in die Länge zu bergen."

„Aber", sprach der Goldschmied, „aber mein werter Herr Tusmann, eben dieser Umgang, oder wie Sie es zu nennen belieben, diese Konversation mit den Weibern scheint mir, soll man nicht getäuscht werden auf schnöde Weise, langer Erfahrung und Übung zu bedürfen."

„Auch hierin", erwiderte Tusmann, „steht der große Thomasius zur Seite, indem er sattsam lehrt, wie eine vernünftige angenehme Konversation einzurichten und wie vorzüglich, konversiert man mit Frauenzimmern, dabei einiger Scherz auf liebliche Art einzumischen. Aber Scherzreden, sagt mein Autor im fünften Kapitel, soll man sich bedienen, wie ein Koch des Salzes, ja selbst der spitzigen Redensarten wie eines Gewehrs, nicht andere damit anzutasten, sondern zu unserer Beschützung, ebenmäßig als ein Igel seine Stacheln zu brauchen pfleget. Und soll man dabei als ein kluger Mann auf die Gebärden fast noch mehr, als auf die Worte regardieren, indem öfters das, was einer in Diskursen verbirget, durch Gebärden hervorbricht, und die Worte gemeiniglich nicht so viel als die übrige Aufführung zu Erweckung Freund- oder Feindschaft vermögen."

„Ich merk es schon", nahm der Goldschmied das Wort, „man kommt Ihnen auf keine Weise bei, Sie sind gegen alles gewappnet und gerüstet. Wetten will ich daher auch, daß Sie durch Ihr Betragen die Liebe der von Ihnen erkornen Dame ganz und gar gewonnen."

„Ich befleißige mich", sprach Tusmann, „nach Thomasii Rat einer ehrerbietigen und freundlichen Gefälligkeit, denn diese ist sowohl das natürlichste Merkmal der Liebe, als der natürlichste Zug zur Erweckung der Gegenliebe, gleich wie das Hojanen oder Gähnen eine ganze Gesellschaft zur Nachahmung antreibt. Doch gehe ich in der allzu großen Ehrerbietung nicht zu weit, denn ich bedenke wohl, daß, wie Thomasius lehrt, die Weiber weder gute noch böse Engel, sondern bloße Menschen, und zwar, den Leibes- und Gemütskräften nach, schwächere Kreaturen sind, als wir, welches der Unterschied des Geschlechts sattsam anzeiget."

„Ein schwarz Jahr", rief der Alte ergrimmt, „komme über Euch, daß Ihr läppisches Zeug schwatzt ohne Aufhören und mir die gute Stunde verderbt, in der ich hier mich zu erlaben gedachte nach vollbrachtem großen Werk!"

„Schweigt nur Alter", sprach der Goldschmied mit erhöhter Stimme, „seid froh, daß wir Euch hier leiden; denn mit Euerm brutalen Wesen seid Ihr ein unangenehmer Gast, den man eigentlich hinauswerfen sollte. – Lassen Sie sich, wertester Herr Tusmann, durch den Alten nicht irren. Sie sind der alten Zeit hold, Sie lieben den Thomasius; was mich betrifft, so gehe ich noch viel weiter zurück, da ich nur auf *die* Zeit etwas gebe, der, wie Sie sehen, zum Teil meine Kleidung angehört. Ja, Verehrter, jene Zeit war wohl herrlicher, als die jetzige, und aus ihr stammt noch jener schöne Zauber her, den Sie heute am alten Rathausturm geschaut haben."

„Wie das, wertester Herr Professor?" fragte der Geheime Kanzleisekretär.

„Ei“, fuhr der Goldschmied fort, „damals gab es gar öfters fröhliche Hochzeit auf dem Rathause, und solche Hochzeiten sahen ein wenig anders aus, als die jetzigen. – Nun! manche glückliche Braut blickte damals zum Fenster heraus, und so ist es ein anmutiger Spuk, wenn noch jetzt ein luftiges Gebilde das, was sich jetzt begeben wird, weissagt aus dem was vor langer Zeit geschehen. Überhaupt muß ich bekennen, daß damals unser Berlin bei weitem lustiger und bunter sich ausnahm, als jetzt, wo alles auf einerlei Weise ausgeprägt wird, und man in der Langeweile selbst die Lust sucht und findet, sich zu langweilen. Da gab's Feste, andere Feste, als man sie jetzt ersinnen mag. Ich will nur daran denken, wie im Jahr eintausendfünfhundertundeinundachtzig zu Okuli in der Fasten der Kurfürst Augustus zu Sachsen mit seinem Gemahl und Sohne Christian von allen anwesenden Herrn herrlich und prächtig zu Cölln eingeholt wurde mit etlichen hundert Pferden. Und die Bürger beider Städte, Berlin und Cölln samt den Spandauischen, standen zu beiden Seiten vom Köpenicker Tore bis zum Schlosse in vollständiger Rüstung. Tages darauf gab es ein stattliches Ringrennen, bei dem der Kurfürst zu Sachsen und Graf Jost zu Barby mit mehreren vom Adel aufzogen in goldener Kleidung, hohen goldnen Stirnhauben, an Schultern, Ellenbogen und Knien mit goldenen Löwenköpfen, sonst an Armen und Beinen mit fleischfarbener Seide, als wären sie bloß gewesen, angetan, wie man die heidnischen Kämpfer zu malen pflegt. Sänger und Instrumentisten saßen verborgen in einer goldenen Arche Noahs, und darauf ein kleiner Knabe mit fleischfarbener Seide bekleidet, mit Flügeln, Bogen, Köcher und mit verbundenen Augen, wie der Cupido gemalt wird. Zwei andere Knaben mit schönen weißen Straußfedern bekleidet, goldenen Augen und Schnäbeln wie Täubelein führten die Arche, in welcher, wenn der Fürst gerannt und getroffen, die Musik ertönte. Darauf ließ man etliche Tauben aus der Arche, von denen sich eine auf die spitze Zobelmütze unsers gnädigen Herrn Kurfürsten setzte, mit den Flügeln schlug und eine welsche Arie zu singen begann, gar lieblich und viel schöner, als siebenzig Jahre später unser Hofsänger Bernhard Pasquino Grosso aus Mantua zu singen pflegte, wiewohl nicht so anmutig, als zu jetziger Zeit unsere Theatersängerinnen, die freilich, zeigen sie ihre Kunst, besser placiert sind, als jenes Täubelein. Dann gab es ein Fußturnier, zu dem zog der Kurfürst von Sachsen mit dem Grafen von Barby in einem Schiffe auf, das war mit gelbem und schwarzem Zeuge bekleidet, und hatte ein Segel von goldenem Zindel. Und es saß hinter dem Herrn der kleine Knabe, der Tages zuvor Cupido gewesen, mit einem langen bunten Rocke und spitzigem Hute von gelbem und schwarzem Zeuge und langem grauen Barte. Sänger und Instrumentisten waren ebenso gekleidet. Aber rings um das Schiff tanzten und sprangen viele Herren vom Adel her, mit Köpfen und Schwänzen von Lachsen, Heringen und andern lustigen Fischen angetan, welches sich gar anmutig ausnahm. Am Abend um die zehnte Stunde wurde ein schönes Feuerwerk angezündet, welches einige tausend Schüsse hatte, in der Gestalt einer viereckigen Festung mit Landsknechten besetzt, die alle voller Schüsse waren, und trieben die Büchsenmeister viel merkliche Possen mit Stechen und Fechten, und ließen feurige Rosse und Männer, seltsame Vögel und andere Tiere in die Höhe fahren mit schrecklichem Gerassel und Geprassel. Das Feuerwerk dauerte an die zwei Stunden." – Während der Goldschmied dies alles erzählte, gab der Geheime Kanzleisekretär alle Zeichen der innigsten Teilnahme, des höchsten Wohlgefallens von sich. Er rief mit feiner Stimme: „Ei – Oh – Ach –" dazwischen, schmunzelte, rieb sich die Hände, rutschte auf dem Stuhle hin und her, und schlürfte dabei ein Glas Wein nach dem andern hinunter.

„Mein verehrtester Herr Professor", rief er endlich im Falsett, den ihm die höchste Freude abzunötigen pflegte, „mein teuerster, verehrtester Herr Professor, was sind das für herrliche Dinge, von denen Sie so lebhaft zu erzählen belieben, als wären Sie selbst persönlich dabei gewesen."

„Ei", erwiderte der Goldschmied, „soll ich denn vielleicht nicht dabei gewesen sein?"

Tusmann wollte, den Sinn dieser verwunderlichen Rede nicht fassend, eben weiter fragen, als der Alte mürrisch zum Goldschmied sprach: „Vergeßt doch die schönsten Feste nicht, an denen sich die Berliner ergötzten in jener Zeit, die Ihr so hoch erhebt. Wie auf dem Neumarkt die Scheiterhaufen dampften, und das Blut floß der unglücklichen Schlachtopfer, die auf die entsetzlichste Weise gemartert alles gestanden, was der tollste Wahn, der plumpste Aberglaube nur sich erträumen konnte."

„Ach", nahm der Geheime Kanzleisekretär das Wort, „ach, Sie meinen gewiß die schnöden Hexen- und Zauberprozesse, wie sie in alter Zeit stattfanden, mein bester Herr! – Ja, das war freilich ein schlimmes Ding, dem unsere schöne Aufklärung ein Ende gemacht hat."

Der Goldschmied warf seltsame Blicke auf den Alten und auf Tusmann, und fragte endlich mit geheimnisvollem Lächeln diesen: „Kennen Sie die Geschichte vom Münzjuden Lippold, wie sie sich im Jahr eintausendfünfhundertundzweiundsiebenzig zutrug?"

Noch ehe Tusmann antworten konnte, fuhr der Goldschmied weiter fort: „Großen Betruges und arger Schelmerei war der Münzjude Lippold angeklagt, der sonst das Vertrauen des Kurfürsten besaß, dem ganzen Münzwesen im Lande vorstand, und allemal, wenn es not tat, gleich mit bedeutenden Summen bei der Hand war. Sei es aber nun, daß er sich gut auszureden wußte, oder daß ihm andere Mittel zu Gebote standen, sich vor den Augen des Kurfürsten rein zu waschen von aller Schuld, oder daß, wie man damals sich auszudrücken pflegte, etzliche, die beim Herrn Tun und Lassen waren, mit der silbernen Büchse geschossen; genug, es war an dem, daß er als unschuldig loskommen sollte; er wurde nur noch in seinem kleinen in der Stralauer Straße belegenen Hause von Bürgern bewacht. Da trug es sich zu, daß er sich mit seinem Weibe erzürnte, und daß diese in zornigem Mute sprach: ‚Wenn der gnädige Herr Kurfürst nur wüßte, was du für ein böser Schelm bist, und was für Bubenstücke du mit deinem Zauberbuche kannst zuwege bringen, würdest du lange kalt sein.' Das wurde dem Kurfürsten berichtet, der ließ strenge nachforschen in Lippolds Hause nach dem Zauberbuche, das man endlich fand, und das, als es Leute, die dessen Verstand hatten, lasen, seine Schelmerei klar an den Tag brachte. Böse Künste hatte er getrieben, um den Herrn sich ganz zu eigen zu machen, und das ganze Land zu beherrschen, und nur des Kurfürsten Gottseligkeit hatte dem satanischen Zauber widerstanden. Lippold wurde auf dem Neumarkt hingerichtet, als aber die Flammen seinen Körper und das Zauberbuch verzehrten, kam unter dem Gerüst eine große Maus hervor, und lief ins Feuer. Viele Leute hielten die Maus für Lippolds Zauberteufel."

Während der Goldschmied dies erzählte, hatte der Alte beide Arme auf den Tisch gestützt, die Hände vors Gesicht gehalten, und gestöhnt und geächzt, wie einer, der große unerträgliche Schmerzen leidet.

Der Geheime Kanzleisekretär schien dagegen nicht sonderlich auf des Goldschmieds Worte zu achten. Er war über die Maßen freundlich, und in dem Augenblick von ganz andern Gedanken und Bildern erfüllt. Als nämlich der Goldschmied geendet, fragte er schmunzelnd mit süß lispelnder Stimme: „Aber sagen Sie mir nur, mein allerwertester hochverehrtester Herr Professor, war denn das wirklich die Demoiselle Albertine Voßwinkel, die aus dem verfallenen Fenster des Rathausturmes mit ihren schönen Augen auf uns herniederblickte?"

„Was", fuhr ihn der Goldschmied wild an, „was haben Sie mit der Albertine Voßwinkel?"

„Nun", erwiderte Tusmann kleinlaut, „nun du mein lieber Himmel, das ist ja eben diejenige holde Dame, die ich zu lieben und zu heiraten unternommen."

„Herr", rief nun der Goldschmied blutrot im ganzen Gesicht und glühenden Zorn in den feuersprühenden Augen, „Herr, ich glaube, Sie sind vom Teufel besessen oder total wahnsinnig? Sie wollen die schöne blutjunge Albertine Voßwinkel heiraten? Sie alter abgelebter armseliger Pedant? Sie, der Sie mit all Ihrer Schulgelehrsamkeit, mitsamt Ihrer aus dem Thomasius geschöpften politischen Klugheit nicht drei Schritt über Ihre eigne Nase wegsehen können? – Solche Gedanken lassen Sie sich nur vergehen, sonst könnte Ihnen noch in dieser Äquinoktial-Nacht das Genick gebrochen werden."

Der Geheime Kanzleisekretär war sonst ein sanfter friedfertiger, ja furchtsamer Mann, der niemanden, wurde er auch angegriffen, ein hartes Wort sagen konnte. Zu schnöde waren aber wohl des Goldschmieds Worte, und kam noch hinzu, daß Tusmann mehr starken Wein als er gewohnt, getrunken hatte, so konnt es nicht fehlen, daß er, wie sonst niemals, zornig auffuhr, und mit gellender Stimme rief: „Ich weiß gar nicht, wie Sie mir vorkommen, mein unbekannter Herr Goldschmied, was Sie berechtigt, mir so zu begegnen? – Ich glaube gar, Sie wollen mich äffen durch allerhand kindische Künste, und vermessen sich, die Demoiselle Albertine Voßwinkel selbst lieben zu wollen, und haben die Dame porträtiert auf Glas und mir mittelst einer Laterna magica, die Sie unter dem Mantel verborgen, das angenehme Bildnis gezeigt am Rathausturm! – O mein Herr, auch ich verstehe mich auf solche Dinge, und Sie verfehlen den Weg, wenn Sie glauben, mich durch Ihre Künste, durch Ihre groben Redensarten einzuschüchtern!"

„Nehmen Sie sich in acht", sprach nun der Goldschmied gelassen und sonderbar lächelnd, „nehmen Sie sich in acht, Tusmann, Sie haben es hier mit kuriosen Leuten zu tun."

Aber in dem Augenblick grinzte, statt des Goldschmieds, ein abscheuliches Fuchsgesicht den Geheimen Kanzleisekretär an, der, von dem tiefsten Entsetzen erfaßt, zurücksank in den Sessel.

Der Alte schien sich über des Goldschmieds Verwandlung weiter gar nicht zu verwundern, vielmehr hatte er auf einmal sein mürrisches Wesen ganz verloren, und rief lachend: „Sehen Sie doch, welch hübscher Spaß; – aber das sind brotlose Künste, da weiß ich Besseres, und vermag Dinge, die dir stets zu hoch geblieben sind, Leonhard."

„Laß doch sehen", sprach der Goldschmied, der nun wieder sein menschliches Gesicht angenommen, sich ruhig an den Tisch setzend, „laß doch sehen, was du kannst."

Der Alte holte einen großen schwarzen Rettich aus der Tasche, putzte und schälte ihn mit einem kleinen Messer, das er ebenfalls hervorgezogen, sauber ab, zerschnitt ihn in dünne Scheiben, und legte diese auf den Tisch.

Aber sowie er mit geballter Faust auf eine Rettichscheibe schlug, sprang klappernd ein schön ausgeprägtes flimmerndes Goldstück hervor, das er faßte, und dem Goldschmied zuwarf. Doch, sowie dieser das Goldstück auffing, zerstäubte es in tausend knisternde Funken. Das schien den Alten zu ärgern, immer rascher und stärker prägte er die Rettichscheiben aus, immer prasselnder zersprangen sie in des Goldschmieds Hand.

Der Geheime Kanzleisekretär war ganz außer sich – betäubt von Entsetzen und Angst; endlich raffte er sich mit Gewalt auf aus der Ohnmacht, der er nahe war, und sprach mit bebender Stimme: „Da will ich mich doch den hochzuverehrenden Herren lieber ganz gehorsamst empfehlen"; sprang alsbald, nachdem er Hut und Stock ergriffen, schnell zur Türe heraus.

Auf der Straße hörte er, wie die beiden Unheimlichen hinter ihm her eine gellende Lache aufschlugen, vor der ihm das Blut in den Adern gefror.

Zweites Kapitel

Worin erzählt wird, wie eines Zigarros halber, der nicht brennen wollte, sich ein Liebesverständnis erschloß, nachdem die Verliebten schon früher mit den Köpfen aneinandergerannt

Auf weniger verfängliche Weise, als der Geheime Kanzleisekretär Tusmann, hatte der junge Maler Edmund Lehsen die Bekanntschaft des alten wunderlichen Goldschmieds Leonhard gemacht.

Edmund entwarf gerade an einer einsamen Stelle des Tiergartens eine schöne Baumgruppe nach der Natur, als Leonhard zu ihm trat, und ohne Umstände ihm über die Schulter ins Blatt hineinsah. Edmund ließ sich gar nicht stören, sondern zeichnete emsig fort, bis der Goldschmied rief: „Das ist ja eine ganz sonderbare Zeichnung, lieber junger Mann, das werden ja am Ende keine Bäume, das wird ja ganz etwas anders."

„Merken Sie etwas, mein Herr?" sprach Edmund mit leuchtenden Blicken. „Nun", fuhr der Goldschmied fort, „ich meine, aus den dicken Blättern da kuckten allerlei Gestalten heraus im buntesten Wechsel, bald Genien, bald seltsame Tiere, bald Jungfrauen, bald Blumen. Und doch sollte das Ganze wohl nur sich zu jener Baumgruppe uns gegenüber gestalten, durch die Strahlen der Abendsonne so lieblich funkeln."

„Ei, mein Herr", rief Edmund, „Sie haben entweder einen gar tiefen Sinn, ein durchschauendes Auge für dergleichen, oder ich war in diesen Augenblicken glücklicher im Darstellen meiner innersten Empfindung, als jemals. Ist es Ihnen nicht auch so, wenn Sie sich in der Natur ganz Ihrem sehnsüchtigen Gefühl überlassen, als schauten durch die Bäume, durch das Gebüsch, allerlei wunderbare Gestalten Sie mit holden Augen an? – Das war es, was ich in dieser Zeichnung recht versinnlichen wollte, und ich merke, es ist mir gelungen."

„Ich verstehe", sprach Leonhard etwas kalt und trocken, „Sie wollten frei von allem eigentlichen Studium sich Rast geben, und in einem anmutigen Spiel Ihrer Fantasie sich erheitern und erkräftigen."

„Keinesweges, mein Herr!" erwiderte Edmund, „gerade diese Art nach der Natur zu zeichnen, halte ich für mein bestes, nutzenvollstes Studieren. Aus solchen Studien trag ich das wahrhaft Poetische, Fantastische in die Landschaft. Dichter muß der Landschaftsmaler ebensogut sein, als der Geschichtsmaler, sonst bleibt er ewig ein Stümper."

„Hilf Himmel", rief Leonhard, „auch Sie, lieber Edmund Lehsen."

„Wie", unterbrach Edmund den Goldschmied, „wie, Sie kennen mich, mein Herr!"

„Warum", erwiderte Leonhard, „soll ich Sie denn nicht kennen? – Ich machte Ihre erste werte Bekanntschaft in einem Augenblick, auf den Sie sich wahrscheinlich nicht sehr deutlich besinnen werden, nämlich, als Sie soeben geboren waren. Für die wenige Welterfahrung, die Sie damals besitzen konnten, hatten Sie sich überaus sittig und klug betragen, Ihrer Frau Mama ungemein wenig Mühe gemacht, und sogleich ein sehr wohlklingendes Freudengeschrei erhoben, auch heftig ans Tageslicht verlangt, das man Ihnen nach meinem Rat nicht verweigern durfte, da nach dem Ausspruch der neuesten Ärzte dieses den neugebornen Kindern nicht nur keinesweges schadet, sondern vielmehr wohltätig auf ihren Verstand, auf ihre physischen Kräfte überhaupt wirkt. Ihr Herr Papa war auch dermaßen fröhlich, daß er auf einem Beine im Zimmer herumhopste, und aus der Zauberflöte sang: ‚Bei Männern, welche Liebe fühlen' etc. Nachher gab er mir Ihre kleine Person in die Hände und bat mich, Ihr Horoskop zu stellen, welches ich auch tat. Dann kam ich noch öfters in Ihres Vaters Haus und Sie verschmähten nicht, manche Tüte Rosinen und Mandeln aufzunaschen, die ich Ihnen mitbrachte. Nachher ging ich auf Reisen, Sie mochten damals sechs oder acht Jahr alt sein. Dann kam ich hieher nach Berlin, sah Sie und vernahm mit Vergnügen, daß Ihr Vater Sie aus Müncheberg hieher geschickt, um die edle Malerkunst zu studieren, für welches Studium in Müncheberg eben nicht sonderlicher Fond vorhanden an Bildern, Marmorn, Bronzen, Gemmen und andern bedeutenden Kunstschätzen. Ihre gute Vaterstadt kann sich darin nicht mit Rom, Florenz oder Dresden messen, wie vielleicht künftig Berlin, wenn funkelnagelneue Antiken aus der Tiber gefischt und hieher transportiert werden."

„Mein Gott", sprach Edmund, „jetzt gehen mir alle Erinnerungen aus meiner frühesten Jugend lebhaft auf. Sind Sie nicht Herr Leonhard?"

„Allerdings", erwiderte der Goldschmied, „heiße ich Leonhard und nicht anders, indessen möcht es mich doch wundern, wenn Sie sich aus so früher Zeit meiner noch erinnern sollten."

„Und doch", fuhr Edmund fort, „ist es der Fall. Ich weiß, daß ich mich jedesmal, wenn Sie in meines Vaters Hause erschienen, sehr freute, weil Sie mir immer allerlei Näschereien mitbrachten, und sich überhaupt viel mit mir abgaben, und dabei verließ mich nicht eine scheue Ehrfurcht, ja eine gewisse Angst und Beklommenheit, die oft noch fortdauerte, wenn Sie schon weggegangen waren. Aber noch mehr sind es die Erzählungen meines Vaters von Ihnen, die Ihr Andenken in meiner Seele frisch erhalten haben. Er rühmte sich Ihrer Freundschaft, da Sie ihn mit besonderer Gewandtheit aus allerlei verdrießlichen Vorfällen und Verwickelungen, wie sie im Leben wohl vorkommen, glücklich gerettet hatten. Mit Begeisterung sprach er aber davon, wie Sie in die tiefen geheimen Wissenschaften eingedrungen, über manche verborgene Naturkraft geböten nach Willkür, und manchmal – verzeihen Sie – gab er nicht undeutlich zu verstehen, Sie wären wohl am Ende, das Ding bei Lichte besehen, Ahasverus, der ewige Jude!"

„Warum nicht gar der Rattenfänger von Hameln, oder der Alte Überall und Nirgends, oder das Petermännchen, oder sonst ein Kobold", unterbrach der Goldschmied den Jüngling; „aber wahr mag es sein und ich will es gar nicht leugnen, daß es mit mir eine gewisse eigene Bewandtnis hat, von der ich nicht sprechen darf, ohne Ärgernis zu erregen. Ihrem Herrn Papa habe ich in der Tat viel Gutes erzeigt durch meine geheimen Künste; vorzüglich erfreute ihn gar sehr das Horoskop, das ich Ihnen stellte nach Ihrer Geburt."

„Nun", sprach der Jüngling, indem hohe Röte seine Wangen überflog, „nun, mit dem Horoskop war es eben nicht so sehr erfreulich. Mein Vater hat es mir oft wiederholt, Ihr Ausspruch sei gewesen, es würde was Großes aus mir werden, entweder ein großer Künstler, oder ein großer Narr. – Wenigstens hab ich aber diesem Ausspruch zu verdanken, daß mein Vater meiner Neigung zur Kunst freien Lauf ließ, und glauben Sie nicht, daß Ihr Horoskop zutreffen wird?"

„O ganz gewiß", erwiderte der Goldschmied sehr kalt und gelassen, „es ist gar nicht daran zu zweifeln, denn Sie sind eben jetzt auf dem schönsten Wege, ein großer Narr zu werden."

„Wie, mein Herr", rief Edmund betroffen, „wie mein Herr, Sie sagen mir das so geradezu ins Gesicht? Sie –"

„Es liegt", fiel ihm der Goldschmied ins Wort, „nun gänzlich an dir, der schlimmen Alternative meines Horoskops zu entgehen und ein tüchtiger Künstler zu werden. Deine Zeichnungen, deine Entwürfe, verraten eine reiche lebendige Fantasie, eine rege Kraft des Ausdrucks, eine kecke Gewandtheit der Darstellung; auf diese Fundamente läßt sich ein wackeres Gebäude aufführen. Laß ab von aller modischen Überspanntheit, und gibt dich ganz hin dem ernsten Studium. Ich rühm es, daß du nach der Würde und Einfachheit der alten deutschen Maler trachtest, aber auch hier magst du sorglich die Klippe vermeiden, an der so viele scheitern. Es gehört wohl ein tiefes Gemüt, eine Seelenkraft, die der Erschlaffung der modernen Kunst zu widerstehen vermag, dazu, ganz aufzufassen den wahren Geist der alten deutschen Meister, ganz einzudringen in den

Sinn ihrer Gebilde. Nur dann wird sich aus dem Innersten heraus der Funke entzünden, und die wahre Begeisterung Werke schaffen, die ohne blinde Nachahmerei eines besseren Zeitalters würdig sind. Aber jetzt meinen die jungen Leute, wenn sie irgendein biblisches Bild mit klapperdürren Figuren, ellenlangen Gesichtern, steifen eckichten Gewändern und falscher Perspektive zusammenstoppeln, sie hätten gemalt in der Manier der alten deutschen hohen Meister. Solche geistestote Nachähmler mögen dem Bauerjungen zu vergleichen sein, der in der Kirche bei dem Vaterunser den Hut vor die Nase hielt, ohne es auswendig beten zu können, angebend, wisse er auch das Gebet nicht, so kenne er doch die Melodie davon."

Der Goldschmied sprach noch viel Wahres und Schönes über die edle Kunst der Malerei, und gab dem künstlerischen Edmund weise vortreffliche Lehren, so daß dieser, ganz durchdrungen, zuletzt fragte, wie es möglich sei, daß Leonhard so viel Kenntnis habe erwerben können, ohne selbst Maler zu sein, und daß er so im Verborgenen lebe, ohne sich Einfluß zu verschaffen auf die Kunstbestrebungen aller Art?

„Ich habe", erwiderte der Goldschmied mit sehr mildem ernsten Ton, „ich habe dir schon gesagt, daß eine lange, ja in der Tat sehr wunderbar lange Erfahrung meinen Blick, mein Urteil geschärft hat. Was aber meine Verborgenheit betrifft, so bin ich mir bewußt, daß ich überall etwas seltsam auftreten würde, wie es nun einmal nicht nur meine ganze Organisation, sondern auch das Gefühl einer gewissen mir inwohnenden Macht gebietet, und dies könnte mein ganzes ruhiges Leben hier in Berlin verstören. Ich gedenke noch eines Mannes, der in gewisser Hinsicht mein Ahnherr sein könnte, und der mir so in Geist und Fleisch gewachsen ist, daß ich zuweilen im seltsamen Wahn glaube, ich sei es eben selbst. Niemanden anders meine ich, als jenen Schweizer Leonhard Turnhäuser zum Thurm, der ums Jahr eintausendfünfhundertundzweiundachtzig hier in Berlin am Hofe des Kurfürsten Johann George lebte. Damals war, wie du wissen wirst, jeder Chemiker ein Alchimist, und jeder Astronom ein Astrolog genannt, und so mochte Turnhäuser auch beides sein. So viel ist indessen gewiß, daß Turnhäuser die merkwürdigsten Dinge zustande brachte, und außerdem sich als tüchtiger Arzt bewies. Er hatte indessen den Fehler, seine Wissenschaft überall geltend machen zu wollen, sich in alles zu mischen, überall mit Rat und Tat bei der Hand zu sein. Das zog ihm Haß und Neid zu, wie der Reiche, der mit seinem Reichtum, ist er auch wohlerworben, eitlen Prunk treibt, sich am ersten Feinde auf den Hals zieht. Nun begab es sich, daß man dem Kurfürsten eingeredet hatte, Turnhäuser vermöge Gold zu machen, und daß dieser, sei es nun, weil er sich wirklich nicht darauf verstand, oder weil andere Gründe ihn dazu trieben, hartnäckig verweigerte, zu laborieren. Da kamen Turnhäusers Feinde, und redeten zum Kurfürsten: ‚Seht Ihr wohl, was das für ein verschmitzter unverschämter Geselle ist? Er prahlt mit Kenntnissen, die er nicht besitzt, und treibt allerlei zauberische Possen und jüdische Händel, die er büßen sollte, mit schmachvollem Tode, wie der Jude Lippold.‘ Turnhäuser war sonst wirklich ein Goldschmied gewesen, das kam heraus, und nun bestritt man ihm vollends alle Wissenschaft, die er doch sattsam an den Tag gelegt. Man behauptete sogar, daß er all die scharfsinnigen Schriften, die bedeutungsvollen Prognostica, die er herausgegeben, nicht selbst verfertigt, sondern sich habe machen lassen von andern Leuten um bares Geld. Genug, Haß, Neid, Verleumdung, brachten es dahin, daß er, um dem Schicksal des Juden Lippold zu entgehen, in aller Stille Berlin und die Mark verlassen mußte. Da schrien die Widersacher, er habe sich zum päpstischen Haufen begeben, das ist aber nicht wahr. Er ging nach Sachsen und trieb sein Goldschmiedshandwerk, ohne der Wissenschaft zu entsagen.“

Edmund fühlte sich auf wunderbare Weise zu dem alten Goldschmied hingezogen, und dieser lohnte ihm das ehrfurchtsvolle Vertrauen, wie er es gegen ihn äußerte, dadurch, daß er nicht allein in seinem Kunststudium sein strenger, aber tief belehrender Kritiker blieb, sondern ihm auch in Ansehung der Bereitung und Mischung der Farben gewisse Geheimnisse, die den alten Malern zu Gebote standen, entdeckte, welche sich in der Ausführung auf das herrlichste bewährten.

So bildete sich nun zwischen Edmund und dem alten Leonhard das Verhältnis, in dem der hoffnungsvolle geliebte Zögling mit dem väterlichen Lehrer und Freunde steht.

Bald darauf begab es sich, daß an einem schönen Sommerabende bei dem Hofjäger im Tiergarten dem Kommissionsrat Herrn Melchior Voßwinkel kein einziger von den mitgebrachten Zigarren brennen wollte. Sie hatten sämtlich keine Luft. Mit steigendem Unwillen warf der Kommissionsrat einen nach dem andern an die Erde, und rief zuletzt: „O Gott, hab ich darum mit vieler Mühe und nicht unbedeutenden Kosten Zigarren direkte aus Hamburg verschrieben, damit mich die schmählichen Dinger in meiner besten Lust stören sollten? – Kann ich jetzt wohl auf vernünftige Weise die schöne Natur genießen, und einen nützlichen Diskurs führen? – Es ist doch entsetzlich!"

Er hatte diese Worte gewissermaßen an Edmund Lehsen gerichtet, der neben ihm stand, und dessen Zigarro ganz fröhlich dampfte.

Edmund, ohne den Kommissionsrat weiter zu kennen, zog sogleich seine gefüllte Zigarrenbüchse hervor und reichte sie freundlich dem Verzweifelnden hin, mit der Bitte, zuzulangen, da er für die Güte und Brennbarkeit der Zigarren einstehe, ungeachtet er sie nicht direkte von Hamburg bekommen, sondern aus einem Laden in der Friedrichsstraße erkauft habe.

Der Kommissionsrat, ganz Freude und Fröhlichkeit, langte mit einem: „Bitt ganz ergebenst", wirklich zu, und als nur kaum mit dem brennenden Fidibus berührt die feinen lichtgrauen Wolken aus dem angenehmen Glimmstengel oder Tabaksröhrlein, wie die Puristen den Zigarro benannt haben wollen, sich emporkräuselten, rief der Mann ganz entzückt: „O mein wertester Herr, Sie reißen mich wirklich aus arger Verlegenheit! – Tausend Dank dafür, und beinahe möcht ich unverschämt genug sein, Sie, wenn dieser Zigarro verraucht, um einen zweiten zu bitten."

Edmund versicherte, daß er über seine Zigarrenbüchse gebieten könne, und beide trennten sich dann.

Als nun aber, da es schon ein wenig zu dämmern begann, Edmund den Entwurf eines Bildes im Kopfe, mithin ziemlich abwesend und die bunte Gesellschaft nicht beachtend, sich durch Tische und Stühle drängte, um ins Freie zu kommen, stand plötzlich der Kommissionsrat wieder vor ihm und fragte sehr freundlich, ob er nicht an seinem Tisch Platz nehmen wolle. Im Begriff, es auszuschlagen, weil er sich hinaussehnte in den Wald, fiel ihm ein Mädchen ins Auge, das die Jugend, Anmut, der Liebreiz selbst, an dem Tische saß, von dem der Kommissionsrat aufgestanden war.

„Meine Tochter Albertine", sprach der Kommissionsrat zu Edmund, der regungslos das Mädchen anstarrte und beinahe vergaß, sie zu begrüßen. Er erkannte auf den ersten Blick in Albertinen das bildschöne mit der höchsten Eleganz gekleidete Frauenzimmer wieder, das er in der vorjährigen Kunstausstellung vor einer von seinen Zeichnungen antraf. Sie erklärte mit Scharfsinn der ältern Frau und den beiden jungen Mädchen, die mit ihr gekommen, den Sinn des fantastischen Gebildes, sie ging ein auf Zeichnung, Gruppierung, sie rühmte den Meister, der das Werk geschaffen, und bemerkte, daß es ein sehr junger hoffnungsvoller Künstler sein solle, den sie wohl kennenzulernen wünsche. Edmund stand dicht hinter ihr, und sog begierig das Lob ein, das von den schönsten Lippen floß. Vor lauter süßer Angst und bangem Herzklopfen vermochte er es nicht über sich, hervorzutreten als Schöpfer des Bildes. – Da läßt Albertine den Handschuh, den sie eben von der Hand gezogen, auf die Erde fallen; schnell bückt sich Edmund ihn aufzuheben, Albertine ebenfalls, beide fahren mit den Köpfen zusammen, daß es knackt und kracht! – „Herr Gott im Himmel", ruft Albertine vor Schmerz sich den Kopf haltend.

Entsetzt prallt Edmund zurück, tritt bei dem ersten Schritt den kleinen Mops der alten Dame wund, daß er laut aufquiekt, bei dem zweiten einem podagrischen Professor auf die Füße, der ein furchtbares Gebrülle erhebt und den unglücklichen Edmund zu allen tausend Teufeln in die flammende Hölle wünscht. Und aus allen Sälen laufen die Menschen herbei und alle Lorgnetten sind auf den armen Edmund gerichtet, der unter dem trostlosen Wimmern des wunden Mopses, unter dem Fluchen des Professors, unter dem Schelten der alten Dame, unter dem Kickern und Lachen der Mädchen über und über glühend vor Scham, ganz verzweifelt herausstürzt, während mehrere Frauenzimmer ihre Riechfläschchen öffnen und Albertinen die hoch aufgelaufene Stirn mit starkem Wasser reiben.

Schon damals, in dem kritischen Augenblick des lächerlichen Auftritts, war Edmund, ohne doch dessen sich selbst deutlich bewußt zu sein, in Liebe gekommen, und nur das schmerzliche Gefühl seiner Tölpelei hielt ihn zurück, das Mädchen an allen Ecken und Enden der Stadt aufzusuchen. Er konnte sich Albertinen nicht anders denken, als mit roter wunder Stirn und den bittersten Vorwurf, den entschiedensten Zorn im Gesicht, im ganzen Wesen.

Davon war aber heute nicht die mindeste Spur anzutreffen. Zwar errötete Albertine über und über, als sie den Jüngling erblickte, und schien ebensosehr außer Fassung; als aber der Kommissionsrat ihn um Stand und Namen fragte, fiel sie holdlächelnd mit süßer Stimme ein, daß sie sehr irren müßte, wenn sie nicht Herrn Lehsen vor sich sähe, den vortrefflichen Künstler, dessen Zeichnungen, dessen Gemälde ihr tiefstes Gemüt ergriffen.

Man kann denken, daß diese Worte Edmunds Inneres zündend durchfuhren wie ein elektrischer Schlag. Begeistert wollte er ausbrechen in die vortrefflichsten Redensarten, der Kommissionsrat ließ es aber nicht dazu kommen, sondern drückte den Jüngling stürmisch an die Brust und sprach: „Bester! um den versprochenen Zigarro!“ – Und dann weiter, während er den Zigarro, den ihm Edmund darbot, geschickt mit dem Brennstoff, der noch in der Asche des eben verrauchten enthalten, anzündete: „Also ein Maler sind Sie, und zwar ein vortrefflicher, wie meine Tochter Albertine behauptet, die sich auf dergleichen Dinge genau versteht. – Nun das freut mich außerordentlich, ich liebe die Malerei, oder um mit meiner Tochter Albertine zu reden, die Kunst überhaupt ganz ungemein, ich habe einen wahren Narren daran gefressen! – bin auch Kenner – ja wahrhaftig ein tüchtiger Kenner von Gemälden, mir kann ebensowenig, als meiner Tochter Albertine, jemand ein X vor ein U machen, wir haben Augen – wir haben Augen! – Sagen Sie mir, teurer Maler, sagen Sie mir's ehrlich ohne Scheu, nicht wahr, Sie sind der wackre Künstler, vor dessen Gemälden ich täglich vorbeigehe und jedesmal stehenbleibe wohl einige Minuten lang, weil ich vor lauter Freude über die schönen Farben gar nicht loskommen kann?“

Edmund begriff nicht recht, wie es der Kommissionsrat anstellen sollte, täglich bei seinen Gemälden vorüberzugehen, da er sich nicht erinnern konnte, jemals Aushängeschilder gemalt zu haben. Nach einigem Hin- und Herfragen kam es aber heraus, daß Melchior Voßwinkel nichts anders meinte, als die lackierten Teebretter, Ofenschirme und dergleichen in dem Stobwasserschen Laden unter den Linden, die er in der Tat jeden Morgen um eilf Uhr, wenn er bei Sala Tarone vier Sardellen gegessen und ein Gläschen Danziger genommen, mit wahrem Entzücken betrachtete. Diese Kunstfabrikate galten ihm für das Höchste, was jemals die Kunst geleistet. – Das verschnupfte den Edmund nicht wenig, er verwünschte den Kommissionsrat, der mit seinem faden Wortschwall ihm jede Annäherung an Albertinen unmöglich machte.

Endlich erschien ein Bekannter des Kommissionsrats, der ihn in ein Gespräch zog. Diesen Moment nutzte Edmund und setzte sich hin dicht neben Albertinen, die das gar gern zu sehen schien.

Jeder, der die Demoiselle Albertine Voßwinkel kennt, weiß, daß sie, wie gesagt die Jugend, Schönheit und Anmut selbst ist, daß sie sich, wie die Berliner Mädchen überhaupt, nach der besten Mode sehr geschmackvoll zu kleiden weiß, daß sie in der Zelterschen Akademie singt, von Herrn Lauska Unterricht auf dem Fortepiano erhält, in den niedlichsten Sprüngen der Ersten Tänzerin nachtanzt, schon eine schön gestickte Tulpe nebst diversen Vergißmeinnicht und Veilchen zur Kunstausstellung geliefert hat, und, von Natur heitern aufgeweckten Temperaments, doch, zumal beim Tee, genügende Empfindsamkeit an den Tag legen kann. Jeder weiß auch endlich, daß sie mit niedlicher, sauberer Perlschrift Gedichte und Sentenzen, die ihr in Goethes, Jean Pauls und anderer geistreicher Männer und Frauen Schriften vorzüglich wohlgefallen, in ein Büchlein mit einem goldverzierten Maroquindeckel einträgt, und das Mir und Mich, Sie und Ihnen niemals verwechselt.

Wohl war es natürlich, daß Albertine an der Seite des jungen Malers, dem das Entzücken der scheuen Liebe aus dem Herzen strömte, in noch höhere als in die gewöhnliche Tee- und Vorlese-Empfindsamkeit geraten mußte, und daß sie daher von Kindlichkeit, poetischem Gemüt, Lebenstiefe u. d. g. auf die artigste Weise melodisch lispelnd sprach.

Der Abendwind hatte sich erhoben und wehete süße Blütendüfte vor sich her, und im dichten dunkelm Gebüsch duettierten zwei Nachtigallen in den zärtlichsten Liebesklagen.

Da begann Albertine aus Fouqués Gedichten:

„Ein Flüstern, Rauschen, Klingen,
Geht durch den Frühlingshain,
Fängt wie mit Liebesschlingen
Geist, Sinn und Leben ein!“

Kühner geworden in der tiefen Dämmerung, die nun eingebrochen, faßte Edmund Albertinens Hand, drückte sie an seine Brust und sprach weiter:

„Säng ich es nach, was leise
Solch stilles Leben spricht,
So schien aus meiner Weise
Das ewge Liebeslicht.“ –

Albertine entzog ihm ihre Hand, aber nur, um sie von dem feinen Glacéhandschuh zu befreien, und dann dem Glücklichen wieder zu überlassen, der sie eben feurig küssen wollte, als der Kommissionsrat dazwischenfuhr: „Potztausend, das wird kühl! – Ich wollte, ich hätt einen Mantel oder einen

Überrock zu mir gesteckt, oder mit mir genommen, will ich vielmehr sagen. Hülle dich in deinen Shawl, Tinchen – es ist ein türkischer, bester Maler, und kostet 50 bare Dukaten. – Hülle dich wohl ein, sag ich, Tinchen, wir wollen uns auf den Weg machen. Leben Sie wohl, mein Bester."

Von einem richtigen Takt getrieben, griff in diesem Augenblick Edmund nach der Zigarrenbüchse und bot dem Kommissionsrat den dritten Glimmstengel an.

„O ich bitte ganz gehorsamst", rief Voßwinkel, „Sie sind ja ein überaus artiger gefälliger Mann. Die Polizei will nicht erlauben, daß man im Tiergarten wandelnd rauche, damit man das schöne Gras nicht versenge; aber deshalb schmeckt ein Pfeifchen oder ein Zigarro nur desto schöner."

In dem Augenblick, als der Kommissionsrat sich der Laterne nahte, um den Zigarro anzuzünden, bat Edmund leise und scheu, Albertinen nach Hause begleiten zu dürfen. Sie nahm seinen Arm, beide schritten vor, und der Kommissionsrat schien, als er hinantrat, es vorausgesetzt zu haben, daß Edmund mit ihnen nach der Stadt gehen würde.

Jeder, der jung war und verliebt, oder beides noch ist (manchem passiert das niemals) wird es sich einbilden können, daß es dem Edmund an Albertinens Seite dünkte, er gehe nicht durch den Wald, sondern schwebe hoch über den Bäumen im schimmernden Gewölk mit der Schönsten daher.

Nach Rosalindens Ausspruch in Shakespeares: Wie es euch gefällt, sind die Kennzeichen eines Verliebten: Eingefallene Wangen, Augen mit blauen Rändern, ein gleichgültiger Sinn, ein verwilderter Bart, lose hängende Kniegürtel, eine ungebundene Mütze, aufgeknüpfte Ärmel, nicht zugeschnürte Schuhe und eine nachlässige Trostlosigkeit in allem Tun und Lassen. Dies alles traf nun zwar bei Edmund ebensowenig zu, als bei dem verliebten Orlando, aber so wie dieser die junge Baumzucht ruinierte, indem er den Namen Rosalinde in alle Rinden grub, Oden an Weißdornen hing und Elegien an die Brombeersträuche; so verdarb Edmund eine Menge Papier, Pergament, Leinwand und Farben, seine Geliebte in hinlänglich schlechten Versen zu besingen und sie zu zeichnen, zu malen, ohne sie jemals zu treffen, da seine Fantasie seine Kunstfertigkeit überflügelte. Kam nun noch der seltsam somnambule Blick des Liebeskranken und ein erkleckliches Seufzen zu jeder Zeit und Stunde hinzu, so konnte es nicht fehlen, daß der alte Goldschmied den Zustand seines jungen Freundes sehr bald erriet.

Als er ihn darüber befragte, nahm Edmund gar keinen Anstand, ihm sein ganzes Herz zu erschließen.

„Ei“, rief Leonhard, als Edmund geendet, „ei du denkst wohl nicht daran, daß es ein schlimmes Ding ist, sich in eine Braut zu verlieben: Albertine Voßwinkel ist so gut wie versprochen an den Geheimen Kanzleisekretär Tusmann.“

Edmund geriet über diese entsetzliche Nachricht sogleich in ganz ungemeine Verzweiflung. Leonhard wartete sehr ruhig den ersten Paroxismus ab und fragte dann, ob er wirklich die Demoiselle Albertine Voßwinkel zu heiraten gedenke? Edmund versicherte, daß die Verbindung mit Albertinen der höchste Wunsch seines Lebens sei, und beschwor den Alten, ihm beizustehen mit aller Kraft, um den Geheimen Kanzleisekretär aus dem Felde zu schlagen, und die Schönste für sich zu gewinnen.

Der Goldschmied meinte, verlieben könne ein blutjunger Künstler sich wohl, aber ganz unersprießlich sei es für denselben, wenn er gleich ans Heiraten dächte. Eben deshalb habe auch der junge Sternbald zur Heirat sich durchaus nicht bequemen wollen, und er sei, soviel er wisse, bis dato unverheiratet geblieben.

Der Stich traf; denn Tiecks Sternbald war Edmunds Lieblingsbuch, und er wäre gar zu gern selbst der Held des Romans gewesen. Daher kam es denn, daß er ein gar betrübtes Gesicht schnitt, und beinahe ausgebrochen wäre in herbe Tränen.

„Nun“, sprach der Goldschmied, „mag es kommen wie es will, den Geheimen Kanzleisekretär schaff ich dir vom Halse; in das Haus des Kommissionsrats auf diese oder jene Weise zu dringen und dich Albertinen mehr und mehr anzunähern, das ist deine Sache. Übrigens können meine Operationen gegen den Geheimen Kanzleisekretär erst in der Äquinoktial-Nacht beginnen.“

Edmund war über des Goldschmieds Zusicherung außer sich vor Freuden, denn er wußte, daß der Alte Wort hielt, wenn er etwas versprach.

Auf welche Weise der Goldschmied seine Operationen gegen den Geheimen Kanzleisekretär begann, hat der geneigte Leser bereits im ersten Kapitel erfahren.

Drittes Kapitel

Enthält das Signalement des Geheimen Kanzleisekretärs Tusmann, sowie die Ursache, warum derselbe vom Pferde des Großen Kurfürsten herabsteigen mußte, nebst andern lesenswerten Dingen

Eben aus dem allen, was du, mein sehr günstiger Leser! über den Geheimen Kanzleisekretär Tusmann bereits erfahren, magst du den Mann wohl ganz und gar vor Augen haben nach seinem ganzen Sinn und Wesen. Doch will ich, was sein Äußeres betrifft, noch nachbringen, daß er von kleiner Statur war, kahlköpfig, etwas krummbeinig und ziemlich grotesk im Anzuge. Zu einem altväterisch zugeschnittenen Rock mit unendlich langen Schößen und einem überlangen Gilet trug er lange weite Beinkleider und Schuhe, die aber im Gehen den Klang von Kurierstiefeln von sich gaben, wobei zu bemerken, daß er nie gemessenen Schrittes über die Straße ging, vielmehr in großen unregelmäßigen Sprüngen mit unglaublicher Schnelligkeit forthüpfte, so daß oben besagte Schöße vom Winde erfaßt sich ausbreiteten wie ein Paar Flügel. Ungeachtet in seinem Gesicht etwas unbeschreiblich Drolliges lag, so mußte das sehr gutmütige Lächeln, das um seinen Mund spielte, doch jeden für ihn einnehmen, so daß man ihn liebgewann, während man über seine Pedanterie, über sein linkisches Benehmen, das ihn der Welt entfremdete, von Herzen lachte. Seine Hauptleidenschaft war – Lesen! – Er ging nie aus, ohne beide Rocktaschen voll Bücher gestopft zu haben. Er las wo er ging und stand, auf dem Spaziergange, in der Kirche, in dem Kaffeehause, er las ohne Auswahl alles was ihm vorkam, wiewohl nur aus der ältern Zeit, da ihm das Neue verhaßt war. So studierte er heute auf dem Kaffeehause ein algebraisches Buch, morgen das Kavallerie-Reglement Friedrich Wilhelms des Ersten, und dann das merkwürdige Buch: Cicero, als großer Windbeutel und Rabulist dargestellt in zehn Reden, aus dem Jahre 1720. Dabei war Tusmann mit einem ungeheuren Gedächtnisvermögen begabt. Er pflegte alles, was ihm bei dem Lesen eines Buchs auffiel, zu zeichnen und dann das Gezeichnete wieder zu durchlaufen, welches er nun nie wieder vergaß. Daher kam es, daß Tusmann ein Polyhistor, ein lebendiges Konversationslexikon wurde, das man aufschlug, wenn es auf irgendeine historische oder wissenschaftliche Notiz ankam. Traf es sich ja etwa einmal, daß er eine solche Notiz nicht auf der Stelle zu geben vermochte, so stöberte er so lange unermüdet in allen Bibliotheken umher, bis er das, was man zu wissen verlangte, aufgefunden, und rückte dann mit der verlangten Auskunft ganz fröhlich heran. Merkwürdig war es, daß er in Gesellschaft lesend und scheinbar ganz in sein Buch vertieft, doch alles vernahm was man sprach. Oft fuhr er mit einer Bemerkung dazwischen, die ganz an ihrem Orte stand, und wurde irgend etwas Witziges, Humoristisches vorgebracht, gab er, ohne von dem Buche aufzublicken, durch eine kurze Lache im höchsten Tenor seinen Beifall zu erkennen.

Der Kommissionsrat Voßwinkel war mit dem Geheimen Kanzleisekretär zusammen auf der Schule im grauen Kloster gewesen, und von dieser Schulkameradschaft schrieb sich die enge Verbindung her, in welcher sie geblieben. Tusmann sah Albertinen aufwachsen und hatte ihr wirklich an ihrem zwölften Geburtstage, nachdem er ihr ein duftendes Blumenbouquet, das der berühmteste Kunstgärtner in Berlin selbst mit Geschmack geordnet, überreicht, zum erstenmal die Hand geküßt mit einem Anstande, mit einer Galanterie, die man ihm gar nicht hätte zutrauen sollen. Von diesem Augenblick an entstand bei dem Kommissionsrat der Gedanke, daß sein Schulfreund wohl Albertinen heiraten könne. Er meinte, so würde Albertinens Verheiratung, die er wünschte, am wenigsten Umstände machen und der genügsame Tusmann sich auch mit einem geringen Heiratsgut abfinden lassen. Der Kommissionsrat war über die Maßen bequem, fürchtete sich vor jeder neuen Bekanntschaft und hielt dabei als Kommissionsrat das Geld viel mehr zu Rate als nötig. An Albertinens achtzehntem Geburtstage eröffnete er diesen Plan, den er so lange für sich behalten, dem Geheimen Kanzleisekretär. *Der* erschrak erst darüber gewaltig. Er vermochte den kühnen Gedanken zur Ehe zu schreiten, und noch dazu mit einem blutjungen bildschönen Mädchen gar nicht zu ertragen. Nach und nach gewöhnte er sich daran, und als ihm eines Tages auf des Kommissionsrats Veranlassung Albertine eine kleine Börse, die sie selbst in den anmutigsten Farben gestrickt, überreichte und ihn dabei mit: „Lieber Herr Geheimer Kanzleisekretär" anredete, entzündete sich sein Inneres ganz und gar in Liebe zu der Holden. Er erklärte sofort insgeheim dem Kommissionsrat, daß er Albertinen zu heiraten gesonnen, und da dieser ihn als seinen Schwiegersohn umarmte, sah er sich als Albertinens Bräutigam an, wiewohl der kleine Umstand vielleicht noch zu berücksichtigen gewesen wäre, daß Albertine von dem ganzen Handel zur Zeit auch nicht ein

Sterbenswörtchen wußte, ja wohl nicht gut eine Ahnung davon haben konnte.

Am frühsten Morgen, als in der Nacht vorher sich das seltsame Abenteuer am Rathausturme und in der Weinstube auf dem Alexanderplatz begeben, stürzte der Geheime Kanzleisekretär bleich und entstellt in des Kommissionsrats Zimmer. Der Kommissionsrat erschrak nicht wenig, da Tusmann noch niemals ihn um diese Zeit besucht hatte, und sein ganzes Wesen irgendein unglückliches Ereignis zu verkünden schien.

„Geheimer!“ (so pflegte der Kommissionsrat den Geheimen Kanzleisekretär abgekürzt zu benennen) „Geheimer! wo kommst du her? wie siehst du aus? was ist geschehen?“

So rief der Kommissionsrat, aber Tusmann warf sich erschöpft in den Lehnsessel, und erst, nachdem er ein paar Minuten Atem geschöpft, begann er mit fein wimmernder Stimme:

„Kommissionsrat, wie du mich hier siehst in diesen Kleidern, mit der politischen Klugheit in der Tasche, komme ich her aus der Spandauer Straße, wo ich die ganze Nacht auf und ab gerannt seit gestern Punkt zwölf Uhr! – Nicht mit einem Schritt bin ich in mein Haus gekommen, kein Bette habe ich gesehen, kein Auge zugetan!“

Und nun erzählte Tusmann dem Kommissionsrat genau, wie sich in der abgewichenen Nacht alles begeben von dem ersten Zusammentreffen mit dem fabelhaften Goldschmied an, bis zu dem Augenblick, als er entsetzt über das tolle Treiben der unheimlichen Schwarzkünstler aus dem Weinhause herausstürzte.

„Geheimer“, rief der Kommissionsrat, „du hast deiner Gewohnheit zuwider starkes Getränk zu dir genommen am späten Abend und verfielst nachher in wunderliche Träume.“

„Was sprichst du“, erwiderte der Geheime Kanzleisekretär, „was sprichst du Kommissionsrat? – Geschlafen, geträumt sollt ich haben? Meinst du, daß ich nicht wohl unterrichtet bin über den Schlaf und den Traum? Ich will dir's aus Nudows Theorie des Schlafes beweisen, was Schlaf heißt, und daß man schlafen kann ohne zu träumen, weshalb denn auch der Prinz Hamlet sagt: Schlafen, *vielleicht* auch träumen. Und was es mit dem Traume für eine Bewandtnis hat, würdest du ebensogut wissen als ich, wenn du das *Somnium Scipionis* gelesen hättest und Artemidori berühmtes Werk von Träumen, und das Frankfurter Traumbüchlein. Aber du liesest nichts und daher schießest du fehl überall auf schnöde Weise.“

„Nun, nun Geheimer“, nahm der Kommissionsrat das Wort,

„ereifre dich nur nicht; ich will dir's schon glauben, daß du gestern dich bereden ließest, etwas über die Schnur zu hauen und unter schadenfrohe Taschenspieler gerietest, die Unfug mit dir trieben, als der Wein dir zu sehr geschmeckt hatte. Aber sage mir Geheimer, als du nun glücklich zur Türe heraus warest, warum in aller Welt gingst du nicht geradezu nach Hause, warum triebst du dich auf der Straße umher?"

„O Kommissionsrat", lamentierte der Geheime Kanzleisekretär, „o teurer Kommissionsrat, getreuer Schulkamerad aus dem grauen Kloster! – Insultiere mich nicht mit schnöden Zweifeln, sondern vernimm ruhig, daß der tolle unselige Teufelsspuk erst recht losging, da ich mich auf der Straße befand. Als ich nämlich an das Rathaus komme, bricht durch alle Fenster helles blendendes Kerzenlicht und eine lustige Tanzmusik mit der Janitscharen-, oder richtiger gesprochen, Jenjitscherik-Trommel schallt herab. Ich weiß selbst nicht wie es geschah, daß, ungeachtet ich mich nicht einer sonderlichen Größe erfreue, ich doch auf den Zehen mich so hoch aufzurichten vermochte, daß ich in die Fenster hineinschauen konnte. Was sehe ich! – O du gerechter Schöpfer im Himmel! – wen erblicke ich! – niemanden anders als deine Tochter, die Demoiselle Albertine Voßwinkel, welche im saubersten Brautschmuck mit einem jungen Menschen unmäßig walzt. Ich klopfe ans Fenster, ich rufe: ‚Werteste Demoiselle Albertine Voßwinkel, was tun Sie, was beginnen Sie hier in später Nacht!' – Aber da kommt eine niederträchtige Menschenseele die Königsstraße herab, reißt mir im Vorbeigehen beide Beine unterm Leibe weg, und rennt damit laut lachend spornstreichs fort. Ich armer Geheimer Kanzleisekretär plumpe nieder in den schnöden Gassenkot, ich schreie: ‚Nachtwächter – hochlöbliche Polizei – verehrbare Patrouille – – lauft herbei – lauft herbei – haltet den Dieb, haltet den Dieb! er hat mir meine Beine gestohlen!' Aber oben im Rathause ist alles plötzlich still und finster geworden und meine Stimme verhallt unvernommen in den Lüften! – Schon will ich verzweifeln, als der Mensch zurückkehrt, und wie rasend vorbeilaufend mir meine Beine ins Gesicht wirft. Nun raffe ich mich, so schnell es in der totalen Bestürzung gehen will, vom Boden auf, renne in die Spandauer Straße hinein. Aber sowie ich, den herausgezogenen Hausschlüssel in der Hand, an meine Haustür gelange, stehe ich – ja ich selbst – schon vor derselben und schaue mich wild an mit denselben großen schwarzen Augen, wie sie in meinem Kopf befindlich. Entsetzt pralle ich zurück und auf einen Mann zu, der mich mit starken Armen umfaßt. An dem Spieß, den er in der Hand trägt, gewahre ich, daß es der Nachtwächter ist. Getröstet spreche ich: ,Teurer Nachtwächter, Herzensmann, treiben Sie mir doch gefälligst den Filou von Geheimen Kanzleisekretär Tusmann dort von der Türe weg, damit der ehrliche Kanzleisekretär Tusmann, der ich selbst bin, in seine Wohnung hinein kann.' ,Ich glaube, Ihr seid besessen, Tusmann!' So schnarcht mich der Mann an mit hohler Stimme und ich merke, daß es nicht der Nachtwächter, nein, daß es der furchtbare Goldschmied ist, der mich umfaßt hält. Da übernimmt mich die Angst, die kalten Schweißtropfen stehen mir auf der Stirne, ich spreche: ,Mein verehrungswürdiger Herr Professor, verübeln Sie es mir doch nur ja nicht, daß ich Sie in der Finsternis für den Nachtwächter gehalten. O Gott! nennen Sie mich wie Sie wollen, nennen Sie mich auf die schnödeste Weise – Monsieur Tusmann oder gar, mein Lieber, traktieren Sie mich barbarisch per Ihr, wie Sie es soeben zu tun belieben, alles, alles will ich mir gefallen lassen, nur befreien Sie mich von diesem entsetzlichen Spuk, welches ganz in Ihrer Macht steht.' ,Tusmann', beginnt der schnöde Schwarzkünstler, mit seiner fatalen hohlen Stimme, ,Tusmann, Ihr sollt fortan unangetastet bleiben, wenn Ihr hier auf der Stelle schwört, an die Heirat mit der Albertine Voßwinkel gar nicht mehr zu denken.' Kommissionsrat, du kannst es dir vorstellen, wie mir zumute wurde bei dieser abscheulichen Proposition. ,Allerliebster Herr Professor', bitte ich, ,Sie greifen mir ans Herz, daß es blutet. Das Walzen ist ein häßlicher, unanständiger Tanz, und eben walzte die Demoiselle Albertine Voßwinkel, und noch dazu als meine Braut, mit einem jungen Menschen auf eine Weise, daß mir Hören und Sehen verging; doch kann ich indessen von der Schönsten nicht lassen, nein ich kann nicht von ihr lassen.' Kaum habe ich aber diese Worte ausgesprochen, als mir der verruchte Goldschmied einen Stoß gibt, daß ich mich sofort zu drehen beginne. Und wie von unwiderstehlicher Gewalt gehetzt, walze ich die Spandauer Straße auf und ab, und halte in meinen Armen statt der Dame einen garstigen Besenstiel, der mir das Gesicht zerkratzt, während unsichtbare Hände mir den Rücken zerbleuen, und um mich her wimmelt es von Geheimen Kanzleisekretären Tusmanns, die mit Besenstielen walzen. Endlich sinke ich erschöpft, ohnmächtig nieder. Der Morgen dämmert mir in die Augen, ich schlage sie auf und – Kommissionsrat, entsetze dich mit mir, fall in Ohnmacht,

Schulkamerad! und finde mich wieder sitzend hoch oben auf dem Pferde vor dem Großen Kurfürsten, mein Haupt an seine kalte eherne Brust gelehnt. Zum Glück schien die Schildwache eingeschlafen, so daß ich unbemerkt mit Lebensgefahr hinabklettern und mich davonmachen konnte. Ich rannte nach der Spandauer Straße, aber mich überfiel aufs neue unsinnige Angst, die mich dann endlich zu dir trieb."

„Geheimer", nahm nun der Kommissionsrat das Wort, „Geheimer, und du vermeinest, daß ich all das tolle abgeschmackte Zeug glauben soll, was du da vorbringst? – Hat man jemals von solchen Zauberpossen gehört, die sich hier in unserm guten aufgeklärten Berlin ereignet haben sollten?"

„Siehst du", erwiderte der Geheime Kanzleisekretär, „siehst du nun wohl Kommissionsrat, in welche Irrtümer dich der Mangel aller Lektüre stürzt? Hättest du wie ich *Haftitii*, des Rektors beider Schulen zu Berlin und Cölln an der Spree, *Microchronicon marchicum* gelesen, so würdest du wissen, daß sich sonst noch ganz andere Dinge begeben haben. – Kommissionsrat, am Ende glaube ich schier, daß der *Goldschmied* der verruchte Satan selbst ist, der mich foppt und neckt."

„Ich bitte dich", sprach der Kommissionsrat, „ich bitte dich, Geheimer, bleibe mir vom Leibe mit den dummen abergläubischen Possen. Besinne dich! – nicht wahr, du hattest dich berauscht und stiegst im Übermut der Betrunkenheit zum Großen Kurfürsten hinauf?"

Dem Geheimen Kanzleisekretär traten die Tränen in die Augen über Voßwinkels Verdacht, den er sich bemühte, mit aller Kraft zu widerlegen.

Der Kommissionsrat wurde ernster und ernster. Endlich als der Geheime Kanzleisekretär nicht aufhörte zu beteuern, daß sich wirklich alles so begeben wie er es erzählt, begann er: „Hör einmal, Geheimer, je mehr ich darüber nachdenke, wie du mir den *Goldschmied* und den alten Juden, mit denen du ganz deiner sonst sittigen und frugalen Lebensart zuwider, in später Nacht zechtest, beschrieben, desto klarer wird es mir, daß der Jude unbezweifelt mein alter Manasse ist, und daß der schwarzkünstlerische *Goldschmied* niemand anders sein kann, als der Goldschmied Leonhard, der sich zuweilen in Berlin sehen läßt. Nun habe ich zwar nicht so viel Bücher gelesen als du Geheimer, dessen bedarf es aber auch nicht, um zu wissen, daß beide, Manasse und Leonhard, einfache ehrliche Leute sind und nichts weniger als Schwarzkünstler. Es wundert mich ganz ungemein, daß du, Geheimer, der du doch in den Gesetzen erfahren sein solltest, nicht weißt, daß der Aberglaube auf das strengste verboten ist und ein Schwarzkünstler nimmermehr von der Regierung einen Gewerbschein erhalten würde, auf dessen Grund er seine Kunst treiben dürfte. – Höre, Geheimer, ich will nicht hoffen, daß der Verdacht gegründet ist, der in mir aufsteigt! – Ja! – ich will nicht hoffen, daß du die Lust verloren hast zur Heirat mit meiner Tochter? – daß du nun dich hinter allerlei tolles Zeug verbergen, mir seltsame Dinge vorfabeln, daß du sagen willst: ‚Kommissionsrat, wir sind geschiedene Leute, denn heirate ich deine Tochter, so stiehlt mir der Teufel die Beine weg und zerbleut mir den Rücken!' Geheimer, es wäre arg, wenn du so mit Lug und Trug umgehen solltest."

Der Geheime Kanzleisekretär geriet ganz außer sich über des Kommissionsrates schlimmen Verdacht. Er beteuerte ein Mal übers andere, daß er die Demoiselle Albertine ganz ungemessen liebe, daß er ein zweiter Leander, ein zweiter Troilus in den Tod gehen für sie und sich daher als ein unschuldiger Märtyrer vom leidigen Satan sattsam zerbleuen lassen wolle, ohne seiner Liebe zu entsagen.

Während dieser Beteurungen des Geheimen Kanzleisekretärs klopfte es stark an die Tür und hinein trat der alte Manasse, von dem der Kommissionsrat vorher gesprochen.

Sowie Tusmann den Alten erblickte, rief er: „O du Herr des Himmels, das ist ja der alte Jude, der gestern aus dem Rettich Goldstücke prägte und dem Goldschmied ins Gesicht warf! – Nun wird auch wohl gleich der alte verruchte Schwarzkünstler hereintreten!"

Er wollte schnell zur Türe hinaus, der Kommissionsrat hielt ihn aber fest, indem er sprach: „Nun werden wir ja gleich hören."

Dann wandte der Kommissionsrat sich zu dem alten Manasse und erzählte, was Tusmann von ihm behauptet und was sich zur Nachtzeit in der Weinstube auf dem Alexanderplatz zugetragen haben sollte.

Manasse lächelte den Geheimen Kanzleisekretär von der Seite hämisch an und sprach: „Ich weiß nicht, was der Herr will, der Herr kam gestern ins Weinhaus mit dem Goldschmied Leonhard, eben als ich mich erquickte mit einem Glase Wein nach mühseligem Geschäft, das bis beinahe Mitternacht gedauert. Der Herr trank über den Durst, konnte nicht auf den Füßen stehn und taumelte hinaus auf die Straße."

„Siehst du wohl“, rief der Kommissionsrat, „siehst du wohl, Geheimer, ich hab es gleich gedacht. Das kommt von dem abscheulichen Saufen, das du lassen mußt ganz und gar, wenn du meine Tochter heiratest.“

Der Geheime Kanzleisekretär, ganz vernichtet von dem unverdienten Vorwurf, sank atemlos in den Lehnsessel, schloß die Augen und quäkte auf unverständliche Weise.

„Da haben wir's“, sprach der Kommissionsrat, „erst die Nacht durchschwärmt und dann matt und elend.“

Aller Protestationen ungeachtet mußte Tusman es leiden, daß der Kommissionsrat ein weißes Tuch um sein Haupt band und ihn in eine herbeigerufene Droschke packte, in der er fortrollte nach der Spandauer Straße.

„Was bringen Sie Neues, Manasse“, fragte der Kommissionsrat nun den Alten.

Manasse schmunzelte freundlich und meinte, daß der Kommissionsrat wohl nicht ahnen werde, welches Glück er ihm zu verkünden gekommen.

Als der Kommissionsrat eifrig weiter forschte, eröffnete ihm Manasse, daß sein Neffe Benjamin Dümmerl, der schöne junge Mann, der Besitzer von beinahe einer Million, den man seiner unglaublichen Verdienste halber in Wien baronisiert, der nicht längst aus Italien zurückgekehrt – ja! daß dieser Neffe sich plötzlich in die Demoiselle Albertine sterblich verliebt habe und sie zur Frau begehre.

Den jungen Baron Dümmerl sieht man häufig im Theater, wo er sich in einer Loge des ersten Rangs brüstet, noch häufiger in allen nur möglichen Konzerten; jeder weiß daher, daß er lang und mager ist wie eine Bohnenstange, daß er im schwarzgelben Gesicht von pechschwarzen krausen Haaren und Backenbart beschattet, im ganzen Wesen den ausgesprochensten Charakter des Volks aus dem Orient trägt, daß er nach der letzten bizarrsten Mode der englischen Stutzer gekleidet geht, verschiedene Sprachen in gleichem Dialekt unserer Leute spricht, die Violine kratzt, auch wohl das Piano hämmert, miserable Verse zusammenstoppelt, ohne Kenntnis und Geschmack den ästhetischen Kunstrichter spielt und den literarischen Mäzen gern spielen möchte, ohne Geist witzig und ohne Witz geistreich sein will, dummdreist, vorlaut, zudringlich, kurz, nach dem derben Ausdruck derjenigen verständigen Leute, denen er gar zu gern sich annähern möchte – ein unausstehlicher Bengel ist. Kommt nun noch hinzu, daß trotz seines vielen Geldes aus allem was er beginnt, Geldsucht und eine schmutzige Kleinlichkeit hervorblickt, so kann es nicht anders geschehen, als daß selbst niedere Seelen, die sonst vor dem Mammon sich beugen, ihn bald einsam stehen lassen.

Dem Kommissionsrat fuhr nun freilich in dem Augenblick, wo Manasse ihm die Absicht seines liebenswürdigen Neffen kund tat, sehr lebhaft der Gedanke an die halbe Million, die Benschchen wirklich besaß, durch den Kopf, aber auch zugleich kam ihm das Hindernis ein, welches seiner Meinung nach die Sache ganz unmöglich machen müßte.

„Lieber Manasse", begann er, „Sie bedenken nicht, daß Ihr werter Herr Neveu von altem Glauben ist und –" „Ei", unterbrach ihn Manasse, „ei Herr Kommissionsrat, was tut das? – Mein Neffe ist nun einmal verliebt in Ihre Demoiselle Tochter und will sie glücklich machen, auf ein paar Tropfen Wasser wird es ihm daher wohl nicht ankommen, er bleibt ja doch derselbe. Überlegen Sie sich die Sache, Herr Kommissionsrat, in ein paar Tagen komm ich wieder mit meinem kleinen Baron und hole mir Bescheid."

Damit ging Manasse von dannen.

Der Kommissionsrat fing sofort an zu überlegen. Trotz seiner grenzenlosen Habsucht, seiner Charakter- und Gewissenlosigkeit, empörte sich doch sein Inneres, wenn er sich lebhaft Albertinens Verbindung mit dem widerwärtigen Bensch vorstellte. In einem Anfall von Rechtlichkeit beschloß er dem alten Schulkameraden Wort zu halten.

Viertes Kapitel

Handelt von Porträts, grünen Gesichtern, springenden Mäusen und jüdischen Flüchen

Bald, nachdem sie bei dem Hofjäger mit Edmund Lehsen bekannt geworden, fand Albertine, daß des Vaters großes, in Öl gemaltes Bildnis, welches in ihrem Zimmer hing, durchaus unähnlich und auf unausstehliche Weise geklext sei. Sie bewies dem Kommissionsrat, daß, ungeachtet mehrere Jahre darüber vergangen, als er gemalt worden, er doch noch in diesem Augenblicke viel jünger und hübscher aussehe, als ihn der Maler damals aufgefaßt, und tadelte vorzüglich den finstern, mürrischen Blick des Bildes, sowie die altfränkische Tracht und das unnatürliche Rosenbouquet, welches der Kommissionsrat auf dem

Bilde sehr zierlich zwischen zwei Fingern hielt, an denen stattliche Brillantringe prangten.

Albertine sprach so viel und so lange über das Bild, daß der Kommissionsrat zuletzt selbst fand, das Gemälde sei abscheulich und nicht begreifen konnte, wie der ungeschickte Maler seine liebenswürdige Person in solch ein häßliches Zerrbild habe umwandeln können. Und je länger er das Porträt anblickte, desto mehr ereiferte er sich über die fatale Sudelei; er beschloß das Bild herunterzunehmen und in die Polterkammer zu werfen.

Da meinte nun Albertine, das schlechte Bild verdiene dies wohl, indessen habe sie sich so daran gewöhnt, Väterchens Bildnis in ihrem Zimmer zu haben, daß die leere Wand sie gänzlich stören würde in all ihrem Tun. Kein anderer Rat sei vorhanden, Väterchen müsse sich noch einmal malen lassen von einem geschickten, im genauen Treffen glücklichen Künstler und dieser dürfe kein anderer sein, als der junge Edmund Lehsen, der schon die schönsten, wohlgetroffensten Bildnisse gemalt.

„Tochter", fuhr der Kommissionsrat auf, „Tochter, was verlangst du! Die jungen Künstler kennen sich nicht vor Stolz und Übermut, wissen gar nicht, was sie für ihre geringen Arbeiten an Geld fordern sollen, sprechen von nichts anderm als blanken Friedrichsdoren, sind mit dem schönsten Kurant, sollten es sogar neue Talerstücke sein, nicht zufrieden!"

Albertine versicherte dagegen, daß Lehsen, da er die Malerei mehr aus Neigung als aus Bedürfnis treibe, gewiß sich sehr billig finden lassen würde, und mahnte den Kommissionsrat so lange, bis er sich entschloß, zu Lehsen hinzugehen, und mit ihm über das Gemälde zu sprechen.

Man kann denken, mit welcher Freude Edmund sich bereit erklärte, den Kommissionsrat zu malen, und zum hohen Entzücken stieg diese Freude, als er vernahm, daß Albertine den Kommissionsrat auf den Gedanken gebracht, sich von ihm malen zu lassen. Er ahnte richtig, daß Albertine auf diese Weise ihm die Annäherung an sie verstatten wollen. Ganz natürlich war es auch, daß Edmund, als der Kommissionsrat etwas ängstlich von dem zu bezahlenden Preise des Gemäldes sprach, versicherte, daß er durchaus gar kein Honorar nehmen werde, sondern sich glücklich schätze, durch seine Kunst Eingang zu finden in das Haus eines so vortrefflichen Mannes als der Kommissionsrat sei.

„Gott!" begann der Kommissionsrat im tiefsten Erstaunen, „was höre ich? – bester Herr Lehsen – gar kein Geld, gar keine

Friedrichsdore für Ihr Bemühen? – nicht einmal eine Entschädigung für verbrauchte Leinwand und Farben in gutem Kurant?"

Edmund meinte lächelnd, diese Auslage sei zu unbedeutend, als daß davon nur im mindesten die Rede sein könne.

„Aber", fiel der Kommissionsrat kleinlaut ein, „aber Sie wissen vielleicht nicht, daß hier von einem Kniestück in Lebensgröße –" Das sei alles gleich, erwiderte Lehsen.

Da drückte ihn der Kommissionsrat stürmisch an die Brust und rief, indem ihm die Tränen vor inniger Rührung in die Augen traten: „O Gott im Himmel! – gibt es denn auf dieser im Argen liegenden Welt noch solche erhabene uneigennützige Menschenseelen! – Erst die Zigarren, dann das Gemälde! – Sie sind ein vortrefflicher Mann oder Jüngling, vielmehr, bester Herr Lehsen, in Ihnen wohnt deutsche Tugend und Biederkeit, von der, wie sie zu unserer Zeit aufgeblüht sein soll, in mehreren Schriften viel Angenehmes zu lesen. Doch glauben Sie mir, ungeachtet ich Kommissionsrat bin und mich durchaus französisch kleide, dennoch hege ich gleichen Sinn, weiß Ihren Edelmut zu schätzen, und bin uneigennützig und gastfrei wie einer."

Die schlaue Albertine hatte die Art, wie sich Edmund bei des Kommissionsrates Antrag nehmen würde, vorausgesehen. Ihre Absicht war erreicht. Der Kommissionsrat strömte über vom Lobe des vortrefflichen Jünglings, der entfernt sei von jeder gehässigen Habsucht, und schloß damit, daß, da junge Leute, vorzüglich Maler, immer etwas Fantastisches, Romanhaftes in sich trügen, viel auf verwelkte Blumen, Bänder, die an ein hübsches Mädchen geheftet gewesen, hielten, über irgendein von schönen Händen verfertigtes Fabrikat aber ganz außer sich geraten könnten, Albertine dem Edmund ja ein Geldbeutelchen häkeln möchte, und, sei es ihr nicht unangenehm, sogar eine Locke von ihrem schönen kastanienbraunen Haar hineintun, so aber jede etwanige Verpflichtung gegen Lehsen quitt machen könne. Er erlaube das ausdrücklich und wolle es schon bei dem Geheimen Kanzleisekretär Tusmann verantworten.

Albertine, noch immer nicht von des Kommissionsrats Absichten und Plänen unterrichtet, verstand nicht, was er mit dem Tusmann wollte, und fragte auch weiter nicht darnach.

Noch denselben Abend ließ Edmund seine Malergerätschaften ins Haus des Kommissionsrates tragen, und am andern Morgen fand er sich ein zur ersten Sitzung.

Er bat den Kommissionsrat, sich im Geist in den heitersten, frohsten Moment seines Lebens zu versetzen, etwa wie ihm seine verstorbene Gattin zum erstenmal ihre Liebe versichert, oder wie ihm Albertine geboren, oder wie er vielleicht einen verloren geglaubten Freund unvermutet wiedergesehen.

„Halt“, rief der Kommissionsrat, „halt Herr Lehsen, vor ungefähr drei Monaten erhielt ich den Aviso aus Hamburg, daß ich in der dortigen Lotterie einen bedeutenden Gewinst gemacht. – Mit dem offnen Briefe in der Hand lief ich zu meiner Tochter! – Einen froheren Augenblick habe ich in meinem Leben nicht gehabt; *wählen* wir also denselben, und damit mir und Ihnen alles besser vor Augen komme, will ich den Brief holen und ihn wie damals offen in der Hand halten.“

Edmund mußte den Kommissionsrat wirklich in dieser Stellung malen, auf den offnen Brief aber ganz deutlich und leserlich dessen Inhalt hinschreiben:

Ew. Wohlgeb. habe ich die Ehre zu avertieren u. s. w.

Auf einem kleinen Tisch daneben mußte (so wollt es der Kommissionsrat) das geöffnete Kuvert liegen, so daß man die Aufschrift:

Des Herrn Kommissionsrats, Stadtverordneten und Feuerherrn Melchior Voßwinkel, Wohlgeboren
zu
Berlin

deutlich lesen konnte und auch das Postzeichen: Hamburg, durfte Edmund nicht vergessen nach dem Leben zu kopieren. Edmund malte übrigens einen sehr hübschen, freundlichen, stattlich gekleideten Mann, der in der Tat einige entfernte Züge von dem Kommissionsrat im Gesichte trug, so daß jeder, der jenes Briefkuvert las, unmöglich in der Person irren konnte, welche das Bild vorstellen sollte.

Der Kommissionsrat war ganz entzückt über das Bild. Da sehe man, sprach er, wie ein geschickter Maler die anmutigen Züge eines hübschen Mannes, sei er auch schon etwas in die Jahre gekommen, aufzufassen wisse, und nun erst merke er, was der Professor gemeint, den er einmal in der Humanitäts-Gesellschaft behaupten gehört, daß ein gutes Porträt zugleich ein tüchtiges historisches Bild sein müsse. Blicke er nämlich sein Bildnis an, so falle ihm jedesmal die angenehme Historie von dem gewonnenen Lotterielos ein und er verstehe das liebenswürdige Lächeln seines Ichs, das sich auf seinem eigenen Gesicht dann abspiegle.

Noch ehe Albertine ausführen konnte, was weiter in ihrem Plane lag, kam der Kommissionsrat ihren Wünschen zuvor, indem er Edmund bat, nun auch seine Tochter zu malen.

Edmund begann sogleich das Werk. Indessen schien es mit Albertinens Bildnis gar nicht so leicht, so glücklich vonstatten gehen zu wollen, als es bei des Kommissionsrats Porträt der Fall gewesen.

Er zeichnete, löschte aus, zeichnete wieder, fing an zu malen, verwarf das Ganze, begann von neuem, veränderte die Stellung, bald war es ihm zu hell im Zimmer, bald zu dunkel etc., bis der Kommissionsrat, der so lange den Sitzungen beigewohnt, die Geduld verlor und davonblieb.

Edmund kam nun vormittags und nachmittags und rückte auch das Bild auf der Staffelei nicht sonderlich vor, so geschah dies doch mit dem innigen Liebesverständnis, das sich zwischen Edmund und Albertinen immer fester und fester knüpfte.

Du wirst es, vielgeneigter Leser! ganz gewiß selbst erfahren haben, daß, ist man verliebt, es oftmals durchaus nötig wird, um allen Beteurungen, allen süßen, schmachtenden Worten und Redensarten, allen sehnsüchtigen Wünschen die gehörige Kraft zu geben, so daß sie eindringen mit unwiderstehlicher Gewalt ins tiefste Herz, die Hand der Geliebten zu fassen, zu drücken, zu küssen, und daß dann im Liebkosen, wie vermöge eines elektrischen Prinzips, unvermutet Lipp an Lippe schlägt und dies Prinzip sich entladet im glühenden Feuerstrom des süßesten Kusses. Nicht allein, daß Edmund deshalb oft das Malen ganz lassen mußte, er wurde auch oft sogar gezwungen, von der Staffelei aufzustehen.

So kam es denn, daß er an einem Vormittage mit Albertinen an dem mit weißen Gardinen verzogenen Fenster stand und um, wie gesagt, seinen Beteurungen mehr Kraft zu geben, Albertinen umfaßt hielt und ihre Hand unaufhörlich an den Mund drückte.

Zu selbiger Stunde und zu selbigem Augenblick ging der Geheime Kanzleisekretär Tusmann mit der politischen Klugheit und andern pergamentnen Büchern, worin das Angenehme mit dem Nützlichen verbunden, in der Tasche, vor dem Hause des Kommissionsrates vorüber. Ungeachtet er scharf zusprang, da gerade die Uhr auf dem Punkt stand die Stunde zu schlagen, mit der er in das Bureau einzutreten gewohnt war, hielt er doch einen Augenblick an und warf den schmunzelnden Blick hinauf nach dem Fenster seiner vermeintlichen Braut.

Da gewahrte er wie im Nebel Albertinen mit Edmund, und ungeachtet er durchaus nichts deutlich zu erkennen vermochte, schlug ihm doch das Herz, er wußte selbst nicht warum. Eine seltsame Angst trieb ihn an, das Unerhörte zu beginnen, nämlich zu ganz ungewöhnlicher Stunde hinauf und geradezu nach Albertinens Zimmer zu steigen.

Als er hineintrat, sprach Albertine soeben sehr vernehmlich: „Ja, Edmund! ewig, ewig werd ich dich lieben!“ Und damit drückte sie Edmund an seine Brust und ein ganzes Feuerwerk von elektrischen Schlägen, wie sie oben beschrieben, begann zu rauschen und zu knistern.

Der Geheime Kanzleisekretär schritt unwillkürlich vor und blieb dann starr, sprachlos, wie von der Katalepsie befallen, in der Mitte des Zimmers stehen.

Im Taumel des höchsten Entzückens hatten die Liebenden den eisenschweren Tritt der Stiefelschuhe des Geheimen Kanzleisekretärs nicht vernommen, nicht gehört, wie er die Tür öffnete, wie er ins Zimmer trat, bis in dessen Mitte vorschritt.

Nun quäkte er plötzlich im höchsten Falsett: „Aber Demoiselle Albertine Voßwinkel!“ –

Erschrocken fuhren die Liebenden auseinander, Edmund an die Staffelei, Albertine auf den Stuhl, wo sie behufs des Malens sitzen sollte.

„Aber“, begann der Geheime Kanzleisekretär nach einer kleinen Pause, in der er Atem geschöpft, „aber Demoiselle Albertine Voßwinkel, was tun Sie, was beginnen Sie? Erst walzen Sie mit dem jungen Herrn da, den ich zu kennen nicht die Ehre habe, auf dem Rathause in tiefer Mitternacht, daß mir armen Geheimen Kanzleisekretär und geschlagenen Bräutigam Hören und Sehen vergeht, und nun am hellen lichten Tage hier am Fenster hinter den Gardinen – o Gerechter! – Ist das ein ziemliches, sittiges Betragen für eine Demoiselle Braut?“ „Wer ist Braut“, fuhr Albertine auf, „wer ist Braut? – von wem sprechen Sie, Herr Geheimer Kanzleisekretär, reden Sie!“

„O du mein Schöpfer im Himmelsthrone“, lamentierte der Geheime Kanzleisekretär, „Sie fragen noch, werteste Demoiselle, wer Braut ist, von wem ich spreche? – Von wem anders kann ich denn hier jetzt reden als von Ihnen. Sind Sie denn nicht meine verehrte, im stillen angebetete Braut? Hat nicht

Ihr wertester Herr Papa mir Ihre liebe, weiße, küssenswürdige Hand zugesagt schon seit langer Zeit?"

„Herr Geheimer Kanzleisekretär", rief Albertine ganz außer sich, „Herr Geheimer Kanzleisekretär, entweder sind Sie schon am Vormittage in die Weinstube geraten, die Sie, wie mein Vater sagt, jetzt zu häufig besuchen sollen, oder von einem seltsamen Wahnsinn heimgesucht. Mein Vater hat, kann nicht daran gedacht haben, Ihnen meine Hand zuzusagen."

„Allerliebste Demoiselle Voßwinkel", fiel der Geheime Kanzleisekretär ein, „bedenken Sie doch nur! – Sie kennen mich ja schon seit so vielen Jahren, bin ich denn nicht jederzeit ein mäßiger, besonnener Mann gewesen und soll jetzt auf einmal mich dem schnöden Weintrinken und ungeziemlicher Verrücktheit hingeben? Beste Demoiselle, ein Auge will ich zudrücken, schweigen soll mein Mund darüber, was hier soeben geschehen! – Alles vergeben und vergessen! – Aber besinnen Sie sich doch, angebetete Braut, daß Sie mir ja schon Ihr Jawort gaben, aus dem Fenster des Rathausturms zur mitternächtlichen Stunde, und wenn Sie daher auch im Brautschmuck mit diesem jungen Herrn da stark walzten, so –"

„Sehn Sie wohl", unterbrach Albertine den Geheimen Kanzleisekretär, „sehn Sie wohl, merken Sie wohl, daß Sie unsinniges Zeug durcheinanderschwatzen, wie ein der Charité Entsprungener? – Gehen Sie – es wird mir bange in Ihrer Gegenwart – gehen Sie, sag ich, verlassen Sie mich!"

Die Tränen stürzten dem armen Tusmann aus den Augen. „O Gerechter", schluchzte er, „solche schnöde Behandlung von der verehrtesten Demoiselle Braut! – Nein, ich gehe nicht, ich bleibe so lange, bis Sie, werteste Demoiselle Voßwinkel, was meine geringe Person betrifft, zu besserer Überzeugung gekommen sind."

„Gehen Sie!" sprach Albertine mit halb erstickter Stimme, indem sie das Schnupftuch vor die Augen gedrückt in eine Ecke des Zimmers flüchtete.

„Nein", erwiderte der Geheime Kanzleisekretär, „nein, werteste Demoiselle Braut, nach Thomasii politisch klugem Rat muß ich bleiben, ich gehe nun durchaus nicht eher bis –" Er machte Miene Albertinen zu verfolgen.

Edmund hatte kochend vor Wut indessen an dem dunkelgrünen Hintergrunde des Gemäldes hin und her gestrichen. Nun konnte er sich nicht länger halten. „Verrückter, überlästiger Satan!" – So schrie er ganz außer sich, sprang los auf Tusmann, fuhr ihm mit dem dicken, in jene dunkelgrüne Farbe getunkten Pinsel drei-, viermal übers Gesicht, faßte ihn, gab ihm, nachdem er die Tür geöffnet, solch einen derben Stoß, daß er hinausflog wie ein abgeschossener Pfeil.

Entsetzt prallte der Kommissionsrat, der eben aus der Tür gegenüber heraustreten wollte, zurück, als der grüne Schulkamerad in seine Arme stürzte.

„Geheimer", rief er aus, „Geheimer, um des Himmels willen, wie siehst du aus?"

Der Geheime Kanzleisekretär, beinahe von Sinnen über alles, was sich eben zugetragen, erzählte in kurzen, abgebrochenen Sätzen, wie Albertine ihn behandelt, was er von Edmund erlitten.

Der Kommissionsrat, ganz Ärger und Zorn, nahm ihn bei der Hand, ging mit ihm zurück in Albertinens Zimmer, fuhr los auf das Mädchen: „Was muß ich hören, was muß ich vernehmen? Führt man sich so auf, behandelt man so den Bräutigam?"

„Bräutigam?" schrie Albertine auf im jähsten Schreck.

„Nun ja", sprach der Kommissionsrat, „Bräutigam freilich. Ich weiß gar nicht, was du dich alterierst über eine Sache, die ja längst beschlossen. Mein lieber Geheimer ist dein Bräutigam und in wenigen Wochen feiern wir die vergnügte Hochzeit."

„Nimmermehr", rief Albertine, „nimmermehr heirate ich den Geheimen Kanzleisekretär. Wie sollt ich ihn denn lieben können den alten Mann – nein –"

„Was lieben, was alter Mann", fiel ihr der Kommissionsrat ins Wort, „von Lieben ist gar nicht die Rede, sondern von Heiraten. Freilich ist mein lieber Geheimer kein leichtsinniger Jüngling mehr, aber so wie ich, eben in den Jahren, die man mit Recht die besten nennt und dabei ein rechtschaffener, gescheuter, belesener, liebenswürdiger Mann und mein Schulkamerad."

„Nein", sprach Albertine in der heftigsten Bewegung, indem ihr die Tränen aus den Augen stürzten, „nein, ich kann ihn nicht leiden, er ist mir unausstehlich, ich hasse, ich verabscheue ihn! – O mein Edmund –"

Und damit fiel das Mädchen ganz außer sich, beinahe ohnmächtig dem Edmund in die Arme, der sie mit Heftigkeit an seine Brust drückte.

Der Kommissionsrat, ganz erstarrt, riß die Augen weit auf, als säh er Gespenster, dann brach er los: „Was ist das, was gewahre ich –"

„Ja", fiel der Geheime Kanzleisekretär mit kläglicher Stimme ein, „ja die Demoiselle Albertine scheinen ganz und gar nichts von mir wissen zu wollen, scheinen eine ungemeine Inklination zu dem jungen Herrn Maler zu hegen, da sie ihn ohne Scheu küssen, mir Ärmsten aber kaum die liebe Hand reichen wollen, da ich doch bald den Trauring an dero angenehmen Goldfinger zu stecken gedenke."

„Heda – Heda, auseinander sage ich", schrie der Kommissionsrat und riß Albertinen aus Edmunds Armen. *Der* rief aber, daß er Albertinen nicht lassen werde und solle es ihm das Leben kosten. – „So?" sprach der Kommissionsrat mit spottendem Ton, „seht doch, eine saubere Liebesgeschichte hinter meinem Rücken! – Schön, herrlich, mein junger Herr Lehsen, darum Ihre Uneigennützigkeit, darum die Zigarren und die Bilder. – Sich in mein Haus einzuschleichen, mit losen Künsten meine Tochter zu verführen. Feiner Gedanke, daß ich meine Tochter an den Hals hängen soll einem dürftigen, armseligen, nichtswürdigen Farbenkleckser!" –

Außer sich vor Wut über des Kommissionsrats Schimpfreden, ergriff Edmund den Malerstock, hob ihn in die Höhe; da rief mit donnernder Stimme der zur Türe hereinbrechende Leonhard: „Halt Edmund! Keine Übereilung, Voßwinkel ist ein alberner Narr und wird sich besinnen."

Der Kommissionsrat, erschrocken über Leonhards unvermutete Erscheinung, rief aus dem Winkel, in den er zurückgeprallt: „Ich weiß gar nicht, Herr Leonhard, wie Sie sich unterfangen können –"

Aber der Geheime Kanzleisekretär war schnurstracks hinter den Sofa geflüchtet, sowie er den Goldschmied erblickt, hatte sich tief niedergeduckt und quäkte mit ängstlicher, weinerlicher Stimme: „O du Gott im Himmel! – Kommissionsrat sieh dich vor – schweige – halt das Maul, geliebter Schulkamerad. – O du Gott im Himmel, das sind ja der Herr Professor – der grausame Ball-Entrepreneur aus der Spandauer Straße –"

„Kommt nur hervor", sprach der Goldschmied lachend, „kommt nur hervor, Tusmann, fürchtet Euch nicht, Euch soll nichts mehr angetan werden, Ihr seid ja schon bestraft genug für Eure alberne Heiratslust, da Ihr nun Euer Lebelang ein grünes Gesicht behaltet."

„O Gott", schrie der Geheime Kanzleisekretär ganz außer sich, „o Gott, ein grünes Gesicht immerdar! – Was werden die Leute, was wird Se. Exzellenz der Herr Minister sagen? Werden Se. Exzellenz nicht glauben, ich hätte mir aus purer, schnöder, weltlicher Eitelkeit das Gesicht grün gefärbt? – Ich bin ein geschlagener Mann, ich komme um meinen Dienst, denn nicht dulden kann der Staat Geheime Kanzleisekretärs mit grünen Gesichtern – O ich Ärmster –"

„Nun, nun", unterbrach der Goldschmied Tusmanns Klagen, „nun, nun, Tusmann, lamentiert nur nicht so sehr, es kann doch wohl noch Rat geben für Euch, wenn Ihr gescheut seid und dem tollen Gedanken, Albertinen zu heiraten, entsagt."

„Das kann ich nicht – das soll er nicht", so riefen beide durcheinander, der Kommissionsrat und der Geheime Kanzleisekretär.

Der Goldschmied sah beide an mit funkelndem, durchbohrendem Blick; doch eben als er losbrechen wollte, öffnete sich die Tür und hinein trat der alte Manasse mit seinem Neffen, dem Baron Benjamin Dümmerl aus Wien. – Bensch ging gerade los auf Albertinen, die ihn zum erstenmal in ihrem Leben sah und sprach in schnarrendem Ton, indem er ihre Hand faßte: „Ha, bestes Mädchen, da bin ich nun selbst, um mich Ihnen zu Füßen zu werfen. – Verstehen Sie! das ist nur solch eine Redensart, der Baron Dümmerl wirft sich niemanden zu Füßen, auch nicht Sr. Majestät dem Kaiser. Ich meine, Sie sollen mir einen Kuß geben." – Damit trat er noch näher an Albertinen heran und beugte sich nieder, doch in demselben Moment geschah etwas, worüber sich alle, den Goldschmied ausgenommen, tief entsetzten.

Benschs ansehnliche Nase schoß plötzlich zu einer solchen Länge hervor, daß sie dicht bei Albertinens Gesicht vorbeifahrend mit einem lauten Knack hart anstieß an die gegenüberstehende Wand. Bensch prallte einige Schritte zurück, sogleich zog sich die Nase wieder ein. Er näherte sich Albertinen, dasselbe Ereignis; kurz hinaus, hinein schob sich die Nase wie eine Baßposaune.

„Verruchter Schwarzkünstler", brüllte Manasse, und indem er einen verschlungenen Strick aus der Tasche zog und ihn dem Kommissionsrat zuwarf, rief er: „Ohne Umstände, werfen Sie dem Kerl die Schlinge über den Hals, dem Goldschmied, mein ich, dann ziehen wir ihn ohne Widerstand zur Tür hinaus und alles ist in Ordnung." – Der Kommissionsrat ergriff den Strick, statt aber dem Goldschmied, warf er dem alten Juden den Strick über den Hals, und sogleich prallten beide auf in die

Höhe bis an die Stubendecke und wieder herab, und so immerfort herauf und herab, während Bensch sein Nasenkonzert fortsetzte und Tusmann wie wahnsinnig lachte und plapperte, bis der Kommissionsrat ohnmächtig, ganz erschöpft in den Lehnsessel niedersank.

„Nun ist's Zeit, nun ist's Zeit", schrie Manasse, schlug an die Tasche und mit einem Satze sprang eine übergroße abscheuliche Maus hervor und gerade los auf den Goldschmied. Aber noch im Sprunge durchstach sie der Goldschmied mit einer spitzen, goldnen Nadel, worauf sie mit einem gellenden Schrei verschwand, man wußte nicht wohin.

Da ballte Manasse die Fäuste gegen den ohnmächtigen Kommissionsrat und rief, indem Zorn und Wut aus seinen feuerroten Augen sprühten: „Ha, Melchior Voßwinkel, du hast dich gegen mich verschworen, du bist im Bunde mit dem verruchten Schwarzkünstler, den du in dein Haus gelockt; aber verflucht, verflucht sollst du sein, du und dein ganzes Geschlecht hinweggenommen wie die hülflose Brut eines Vogels. Gras soll vor deiner Tür wachsen und alles, was du unternimmst, soll gleichen dem Tun des Hungernden, der sich im Traum ersättigen will an erdichteten Speisen und der Dales soll sich einlagern in dein Haus und wegzehren deine Habe, und du sollst betteln in zerrissenen Kleidern vor den Türen des verachteten Volks Gottes, das dich verstößt wie einen räudigen Hund. Und du sollst sein wie ein verachteter Zweig zur Erde geworfen und statt des Klanges der Harfen Motten deine Gesellschaft! – Verflucht, verflucht, verflucht du Kommissionsrat Melchior Voßwinkel!" – Damit faßte der wütende Manasse den Neffen und stürmte mit ihm zur Türe hinaus.

Albertine hatte im Grausen und Entsetzen ihr Gesicht verborgen an Edmunds Brust, der sie umschlungen hielt mit Mühe Fassung erringend.

Der Goldschmied trat nun hin zu dem Paar und sprach lächelnd mit sanfter Stimme: „Laßt euch nur durch alle diese Narrenstreiche nicht irren. Es wird alles gut werden, ich stehe euch dafür. Aber nun ist es nötig, daß ihr euch trennt, ehe Voßwinkel und Tusmann aus ihrer Schreckenserstarrung erwachen."

Darauf verließ er mit Edmund Voßwinkels Haus.

Fünftes Kapitel

Worin der geneigte Leser erfährt, wer der Dales ist, auf welche Weise aber der Goldschmied den Geheimen Kanzleisekretär Tusmann rettet vom schmachvollen Tode und den verzweifelnden Kommissionsrat tröstet

Der Kommissionsrat war durch und durch erschüttert von Manasses Fluch, mehr als von dem tollen Spuk, den, wie er wohl einsah, der Goldschmied getrieben. Jener Fluch war auch in der Tat gräßlich genug, da er dem Kommissionsrat den Dales über den Hals geschickt.

Ich weiß nicht, ob du sehr geneigter Leser die Bewandtnis kennst, die es mit diesem Dales der Juden hat?

Das Weib eines armen Juden (so erzählt ein Talmudist) fand, als sie eines Tages auf den Boden ihres kleinen Hauses stieg, daselbst einen dürren, ganz ausgemergelten, nackten Menschen, der sie bat, ihm Obdach zu gönnen, ihn zu nähren mit Speis und Trank. Erschrocken lief das Weib herab und sprach wehklagend zu ihrem Mann: „Ein nackter, ausgehungerter Mensch ist in unser Haus gekommen und verlangt von uns Obdach und Nahrung. Wie sollen wir aber den Fremden nähren, da wir selbst kaum unser mühseliges Leben von Tag zu Tag durchfristen." „Ich will", erwiderte der Mann, „hinaufsteigen zu dem fremden Menschen und sehen wie ich ihn hinausschaffe aus unserm Hause." „Warum", sprach er dann zu dem fremden Menschen, „warum bist du geflüchtet in mein Haus, der ich arm bin und nicht vermag dich zu ernähren? Hebe dich fort und gehe in das Haus des Reichtums, wo die Schlachttiere längst gemästet und die Gäste geladen sind zum Gastmahl." „Wie kannst du", erwiderte der Mensch, „mich forttreiben wollen aus dem Obdach, das ich gefunden? Du siehst, daß ich nackt bin und bloß, wie kann ich fortziehen in das Haus des Reichtums? Doch laß mir ein Kleid machen, das mir paßt und ich will dich verlassen." – „Besser ist es", dachte der Jude, „daß ich mein Letztes daran wende, den Menschen bald fortzuschaffen, als daß er bliebe und verzehre, was ich mit Not zu erwerben vermag." Er schlachtete sein letztes Kalb, wovon er mit seinem Weibe viele Tage hindurch sich zu nähren gedachte, verkaufte das Fleisch und schaffte von dem gelösten Gelde ein gutes Kleid an für den fremden Menschen. Als er aber hinaufging mit dem Kleide, war der Mensch, der erst klein und dürr gewesen, groß geworden und stark, so daß das Kleid ihm überall zu kurz war und zu enge. Darüber entsetzte sich der arme

Jude gar sehr, aber der fremde Mensch sprach: „Laß ab von der Torheit mich fortschaffen zu wollen aus deinem Hause, denn wisse ich bin der Dales." Da rang der arme Jude die Hände und jammerte und schrie: „Gott meiner Väter, so bin ich gezüchtigt mit der Rute des Zorns und elend immerdar, denn bist du der Dales, so wirst du nicht weichen, sondern all unser Hab und Gut wegzehrend, immer größer und stärker werden." Der Dales ist aber die Armut, die, wo sie sich einmal eingenistet, niemals wieder weicht und immer mehr zunimmt. –

Entsetzte sich nun der Kommissionsrat darüber, daß ihm Manasse in der Wut die Armut an den Hals geflucht, so fürchtete er dagegen auch den alten Leonhard, der, die seltsamen Zauberkünste abgerechnet, die ihm zu Gebote standen, auch außerdem in seinem ganzen Wesen etwas hatte, was wohl eine scheue Ehrfurcht erwecken mußte. Gegen beide, das fühlte er, konnte er nichts Sonderliches ausrichten; sein ganzer Zorn fiel daher auf Edmund Lehsen, dem er alles Unheil, was ihm widerfahren, in die Schuhe schob. Kam noch hinzu, daß Albertine ganz unverhohlen und mit entschiedener Festigkeit erklärte, wie sie Edmund über die Maßen liebe und niemals weder den alten, pedantischen Geheimen Kanzleisekretär, noch den unausstehlichen Baron Bensch heiraten werde, so konnt es gar nicht fehlen, daß der Kommissionsrat sich über die Gebühr erboste und den Edmund fort wünschte, dahin, wo der Pfeffer wächst. Da er aber diesen Wunsch nicht so verwirklichen konnte, wie es unter der vorigen französischen Regierung geschah, welche Leute, die sie los sein wollte, in der Tat fortschickte nach dem Ort, wo der Pfeffer wächst, so begnügte er sich damit, dem Edmund ein angenehmes Billett zu schreiben, worin er all sein Gift, all seine Galle ergoß und damit endete, daß er sich nicht unterfangen solle, jemals die Schwelle seines Hauses zu betreten.

Man kann denken, daß Edmund über diese grausame Trennung von Albertinen sofort in die gehörige Verzweiflung geriet, in welcher ihn denn Leonhard fand, als er ihn seiner Gewohnheit gemäß in der Abenddämmerung besuchte.

„Was habe ich", rief Edmund dem Goldschmied entgegen, „was habe ich nun von Euerm Schutz, von Euerm Mühen, mir die gehässigen Nebenbuhler vom Leibe zu schaffen? Durch Eure unheimlichen Taschenspielerkünste verwirrt und entsetzt Ihr alle, selbst mein holdes Mädchen, und Euer Treiben ist es allein, das mir als ein unübersteigliches Hindernis in den Weg tritt. Ich fliehe, ich fliehe den Dolch im Herzen fort nach Rom!"

„Nun", sprach der Goldschmied, „nun dann tätest du ja wirklich das, was ich recht von Herzen wünsche. Erinnere dich, daß ich schon damals, als du zum ersten Male von deiner Liebe zu Albertinen sprachst, dir versicherte, daß meiner Meinung nach ein junger Künstler sich wohl verlieben könne, aber nicht gleich ans Heiraten denken müsse, da dies ganz unersprießlich sei. Ich rückte dir damals halb im Scherz das Beispiel des jungen Sternbald vor Augen, aber ganz ernsthaft sage ich dir jetzt, daß, gedenkst du ein tüchtiger Künstler zu werden, du durchaus alle Heiratsgedanken dir aus dem Kopf schlagen mußt. Frei und froh ziehe in das Vaterland der Kunst, studiere in voller Begeisterung ihr innerstes Wesen und dann erst wird dir die technische Fertigkeit, die du vielleicht auch hier erlangen kannst, etwas nützen."

„Ha", rief Edmund, „was für ein Tor war ich, Euch meine Liebe anzuvertrauen! Nun sehe ich es wohl ein, daß gerade Ihr, von dem ich Beistand erwarten durfte mit Rat und Tat, daß gerade Ihr, sage ich, absichtlich mir entgegen handelt und meine schönsten Hoffnungen mit hämischer Schadenfreude zerstört."

„Hoho", erwiderte der Goldschmied, „hoho junger Herr! mäßigt Euch in Euren Ausdrücken, seid weniger heftig und bedenkt, daß Ihr viel zu unerfahren seid, um mich zu durchschauen. Aber ich will Euern irren Zorn Eurer wahnsinnigen Verliebtheit zugute halten –"

„Und", fuhr Edmund fort, „und was die Kunst betrifft, so sehe ich gar nicht ein, warum ich, da es mir dazu, wie Ihr wißt, gar nicht an Mitteln fehlt, der innigen Verbindung mit Albertinen unbeschadet, nicht nach Rom gehen und dort die Kunst studieren sollte. Ja, ich gedachte gerade dann, wenn ich Albertinens Besitz gewiß sein konnte, nach Italien zu wandern und dort ein ganzes Jahr hindurch zu verweilen, dann aber bereichert mit wahrer Kunstkenntnis zurückzukehren in die Arme meiner Braut."

„Wie", rief der Goldschmied, „wie Edmund, war das in der Tat dein wirklicher, ernsthafter Vorsatz?"

„Allerdings", erwiderte der Jüngling, „sosehr mein Inneres entbrannt ist in Liebe zu der holden Albertine, so sehr erfüllt mich doch die Sehnsucht nach dem Lande, das die Heimat meiner Kunst ist."

„Könnet", fuhr der Goldschmied fort, „könnet Ihr Euer

treues Wort mir darauf geben, daß, wird Albertine Euer, Ihr sogleich die Reise nach Italien antreten wollt?"

„Warum sollte ich das nicht", erwiderte der Jüngling, „da es mein fester Entschluß war und es bleiben würde, sollte das geschehen, woran ich verzweifeln muß."

„Nun", rief der Goldschmied lebhaft, „nun Edmund, so sei guten Mutes, diese feste Gesinnung erwirbt dir die Geliebte. Ich gebe dir mein Wort, daß in wenigen Tagen Albertine deine Braut sein soll. Daß ich das zu bewirken verstehen werde, daran magst du nicht zweifeln."

Die Freude, das Entzücken strahlte aus Edmunds Augen. Der rätselhafte Goldschmied überließ, schnell davoneilend, den Jüngling all den süßen Hoffnungen und Träumen, die er in seinem Innern aufgeregt. –

In einem abgelegenen Teil des Tiergartens, unter einem großen Baum, lag, um mit Celia in Wie es euch gefällt zu reden, wie eine abgefallene Eichel, oder wie ein verwundeter Ritter der Geheime Kanzleisekretär Tusmann und klagte sein tiefes Herzeleid den treulosen Herbstwinden.

„O Gott gerechter!" lamentierte er, „unglücklicher, bedauernswürdiger Geheimer Kanzleisekretär, womit hast du all diese Schmach verdient, die dir über den Hals gekommen. Sagt denn nicht Thomasius, daß der Ehestand an Erlangung der Weisheit keinesweges hindern solle und doch hast du schon jetzt, da du nur den Ehestand zu intendieren begonnen, beinahe deinen ganzen angenehmen Verstand verloren. Woher der entsetzliche Widerwille der werten Demoiselle Albertine Voßwinkel gegen deine geringe, aber mit löblichen Eigenschaften sattsam ausgestattete Person? Bist du etwa ein Politikus, der keine Frau haben, oder gar ein Rechtsgelehrter, der nach der Lehre des Cleobolus seine Frau, sobald sie unartig, was weniges prügeln soll, daß die Schönste deshalb einige Scheu tragen könnte, dich zu ehelichen? O Gerechter, welchem Jammer gehst du entgegen! – Warum mußt du, o geliebter Geheimer Kanzleisekretär, in offne Fehde geraten mit schnöden Schwarzkünstlern und malerischen Wütrichen, die dein zartes Gesicht für ein aufgespanntes Pergament halten und mit frechem Pinsel einen wilden Salvator Rosa daraufschmeißen, ohne Geschick, Haltung und Manier! Ja, das ist das ärgste! Alle meine Hoffnung hatte ich auf meinen intimen Freund gesetzt, auf den Herrn Streccius, der in der Chemie wohlerfahren ist und in jedem Malheur zu helfen weiß, aber es ist alles vergebens. Je mehr ich mich mit dem Wasser wasche, das er mir angeraten, desto grüner werde ich, wiewohl das Grün sich in den verschiedensten Nuancen und Schattierungen ändert, so daß es bereits Frühling, Sommer und Herbst auf meinem Antlitz gewesen! – Ja, dieses Grün ist es, was mich ins Verderben stürzt, und erlange ich nicht den weißen Winter wieder, welcher die schicklichste Jahreszeit für mein Gesicht, so gerate ich in Desperation, stürze mich hier in den schnöden Froschlaich und sterbe einen grünen Tod!" –

Tusmann hatte wohl recht, so bittre Klagen auszustoßen, denn in der Tat war es arg mit der grünen Farbe seines Antlitzes, die gar nicht gewöhnliche Ölfarbe, sondern irgendeine künstlich zusammengesetzte Tinktur zu sein schien, die, in die Haut eingedrungen, durchaus nicht verschwinden wollte. Zur Tageszeit durfte der arme Geheime Kanzleisekretär gar nicht anders ausgehen, als mit tief in die Augen gedrücktem Hut und vorgehaltenem Schnupftuch, und selbst wenn die Dämmerung eingebrochen, wagte er es nur in gestrecktem Galopp durch die entlegenen Gassen zu rennen. Teils fürchtete er den Hohn der Straßenbuben, teils mußte er sich ängstigen, irgend jemanden aus dem Bureau, in dem er arbeitete, zu begegnen, da er sich krank melden lassen.

Es geschieht wohl, daß wir das Ungemach, welches uns getroffen, stärker und tötender fühlen in der stillen, schwarzen Nacht, als am geräuschvollen Tage. So kam es auch, daß, so wie immer dunkler und dunkler die Wolken heraufzogen, wie schwärzer und schwärzer die Schatten des Waldes sich ausbreiteten, wie recht schauerlich verhöhnend der rauhe Herbstwind durch Bäume und Gebüsche pfiff, Tusmann sein ganzes Elend bedenkend in vollkommene Trostlosigkeit geriet.

Der entsetzliche Gedanke, in den grünen Froschlaich zu springen und so ein verstörtes Leben zu enden, trat dem Geheimen Kanzleisekretär so lebendig in die Seele, daß er ihn für einen entscheidenden Wink des Schicksals hielt, dem er folgen müsse.

„Ja", rief er mit gellender Stimme, indem er hastig aufsprang vom Boden, wo er sich hingelagert, „ja, Geheimer Kanzleisekretär, mit dir ist es aus! – Verzweifle guter Tusmann! – Kein Thomasius kann dich retten, fort mit dir in den grünen Tod! – Leben Sie wohl, grausame Demoiselle Albertine Voßwinkel! – Sie sehen Ihren Bräutigam, den Sie verschmäht auf schnöde Weise, niemals wieder! – Er wird sogleich in den Froschlaich springen!"

Wie rasend rannte er fort nach dem nahe gelegenen Bassin, das in der tiefen Dämmerung anzusehen war wie ein breiter, schön bewachsener Weg und blieb dicht am Rande stehen.

Der Gedanke an den nahen Tod mochte wohl seine Sinne zerrütten, denn er sang mit hoher, durchdringender Stimme das englische Volkslied, dessen Refrain lautet: „Grün sind die Wiesen, grün sind die Wiesen", warf dann die politische Klugheit, das Handbuch für Hof und Staat, sowie Hufelands Kunst das Leben zu verlängern, in das Wasser und war eben im Begriff, mit einem tüchtigen Ansatz nachzuspringen, als er sich von hinten her mit starken Armen umfaßt fühlte.

Zugleich vernahm er die ihm wohlbekannte Stimme des schwarzkünstlerischen Goldschmieds: „Tusmann, was habt Ihr vor? Ich bitte Euch, seid doch kein Esel und macht doch nicht tolle Streiche!"

Der Geheime Kanzleisekretär bot alle Kraft auf, sich aus des Goldschmieds Armen loszuwinden, indem er, kaum der Sprache mehr mächtig, krächzte: „Herr Professor, ich bin in der Desperation und da hören alle Rücksichten auf, Herr Professor, nehmen Sie es einem desperaten Geheimen Kanzleisekretär, der sonst wohl weiß, was Anstand und Sitte heischt, nicht übel, aber Herr Professor – ich sag es unverhohlen, ich wünschte, daß Sie der Teufel hole samt Ihren Hexenkünsten, samt Ihrer Grobheit, samt Ihrem verdammten Ihr – Ihr – Ihr und Tusmann!"

Der Goldschmied ließ den Geheimen Kanzleisekretär los und alsbald taumelte er erschöpft nieder in das hohe durch und durch feuchte Gras.

Wähnend, er liege im Bassin, rief er: „O kalter Tod, o grüne Wiese – Adieu! – Mich ganz gehorsamst zu empfehlen, werteste Demoiselle Albertine Voßwinkel – Lebe wohl, wackrer Kommissionsrat – Der unglückliche Bräutigam liegt bei den Fröschen, die den Herrn loben zur Sommerszeit!"

„Seht Ihr wohl", sprach der Goldschmied mit starker Stimme, „seht Ihr wohl Tusmann, daß Ihr von Sinnen seid, und matt und elend dazu! – Zum Teufel wollt Ihr mich schicken, wie wenn ich nun selbst der Teufel wäre und Euch den Hals umdrehte hier auf der Stelle, wo Ihr wähnt im Bassin zu liegen?"

Tusmann ächzte, stöhnte, schüttelte sich wie im stärksten Fieberfrost.

„Aber", fuhr der Goldschmied fort, „aber ich mein es gut mit Euch, Tusmann, und vergebe Eurer Desperation alles, richtet Euch auf, kommt mit mir."

Der Goldschmied half dem armen Geheimen Kanzleisekretär auf die Beine. Ganz vernichtet lispelte er: „Ich bin in Ihrer Gewalt, verehrtester Herr Professor, machen Sie mit meinem geringen sterblichen Leichnam was Sie wollen, aber meine unsterbliche Seele bitte ich ganz gehorsamst gütigst verschonen zu wollen.“

„Schwatzt nicht solch aberwitziges Zeug, sondern kommt rasch fort“, rief der Goldschmied, faßte den Geheimen Kanzleisekretär unterm Arm und schritt mit ihm von dannen. Doch mitten in dem Wege, der quer durch den Tiergarten nach den Zelten führt, hielt er inne und sprach: „Halt Tusmann! Ihr seid ganz naß und seht abscheulich aus, ich will Euch wenigstens das Gesicht abtrocknen.“

Damit holte der Goldschmied ein blendend weißes Tuch aus der Tasche, und tat, wie er verheißen.

Als nun schon die hellen Laternen des Weberschen Zeltes durch die Gebüsche funkelten, rief Tusmann plötzlich ganz erschrocken: „Um tausend Gotteswillen, verehrtester Herr Professor, wo führen Sie mich denn hin? – Nicht nach der Stadt? Nicht nach meiner Wohnung? – Doch nicht etwa in Gesellschaft? unter Menschen? – Gerechter! Ich kann mich ja gar nicht blicken lassen – Ich errege ja Ärgernis – ein Skandalum –“

„Ich weiß nicht“, erwiderte der Goldschmied, „ich weiß nicht Tusmann, was Ihr wollt mit Euerm menschenscheuen Wesen, seid doch kein Hase! Ihr müßt durchaus etwas Starkes genießen. – Vielleicht ein Glas warmen Punsch, sonst bekommt Ihr das Fieber vor Erkältung. Kommt nur mit!“

Der Geheime Kanzleisekretär lamentierte, sprach unaufhörlich von seinem grünen Gesicht, von seinem schnöden Salvator Rosa im Antlitz, der Goldschmied achtete aber nicht im mindesten darauf, sondern zog ihn fort mit unwiderstehlicher Gewalt.

Als sie nun in den erleuchteten Saal traten, bedeckte Tusmann mit dem Schnupftuch sein ganzes Gesicht, da noch ein paar Gäste an der langen Tafel speisten.

„Was habt Ihr denn“, sprach der Goldschmied dem Geheimen Sekretär ins Ohr, „was habt Ihr denn, Tusmann, daß Ihr Euer rechtschaffenes Antlitz so verhüllen wollt und verbergen?“

„Ach Gott“, stöhnte der Geheime Kanzleisekretär, „ach Gott, verehrtester Herr Professor, Sie wissen es ja, mein Gesicht, das der jähzornige junge Herr Maler mit grüner Farbe überstrichen –“

„Possen“, rief der Goldschmied aus, indem er den Geheimen Kanzleisekretär mit gewaltiger Faust packte und hinstellte vor den großen Spiegel am Ende des Saals und hinleuchtete mit der Kerze, die er ergriffen.

Tusmann schaute unwillkürlich hinein und konnte sich eines lauten „Ach!“ nicht erwehren.

Nicht allein, daß die häßliche grüne Farbe gänzlich verschwunden war, Tusmanns Gesicht hatte überdies noch ein lebhafteres Kolorit erhalten als jemals, so daß er in der Tat um einige Jahre jünger aussah, als sonst. Im Übermaß des Entzükkens sprang der Geheime Kanzleisekretär mit beiden Füßen zugleich in die Höhe und sprach dann mit süßweinerlicher Stimme: „O Gerechter, was sehe, was erblicke ich! – Wertester, ungemein verehrter Herr Professor, das Glück habe ich gewiß Ihnen allein zu verdanken! – Ja! – nun wird die Demoiselle Albertine Voßwinkel, um derentwillen ich beinahe hinabgesprungen in den Abgrund zu den Fröschen, gewiß keinen Anstand nehmen, mich zu ihrem Gemahl zu erkiesen! – Ja, wertester Herr Professor, Sie haben mich geborgen aus tiefem Elend! – Ich fühlte sogleich eine gewisse Behaglichkeit, als Sie über mein geringes Antlitz mit Dero schneeweißem Schnupftuch zu fahren beliebten. – O sprechen Sie, gewiß waren Sie mein Wohltäter?“

„Nicht leugnen“, erwiderte der Goldschmied, „nicht leugnen will ich, Tusmann, daß ich es war, der Euch die grüne Farbe wegwusch und Ihr könnt daraus abnehmen, daß ich gar nicht so feindlich wider Euch gesinnt bin, als Ihr es wohl vermeinen möget. Bloß Eure alberne Faselei, daß Ihr Euch von dem Kommissionsrat überreden lasset, Ihr könntet Euch noch mit einem blutjungen, hübschen Mädchen, welche aufsprudelt vor Lebenslust, verheiraten, bloß diese Faselei, sage ich, kann ich an Euch gar nicht leiden und möchte Euch, da Ihr selbst jetzt, kaum den Schabernack los, den man Euch antat, wiederum gleich ans Heiraten denkt, den Appetit dazu auf nachdrückliche Weise vertreiben, welches ganz und gar in meiner Macht steht. Doch will ich das nicht tun, sondern Euch raten, ruhig zu sein bis zum künftigen Sonntag in der Mittagsstunde, da werdet Ihr denn das Weitere hören. Wagt Ihr es, früher Albertinen zu sehen, so laß ich Euch vor ihren Augen erst tanzen, daß Euch Sinn und Atem vergeht, verwandle Euch dann in den grünsten Frosch und schmeiße Euch hier im Tiergarten in das Bassin oder gar in die Spree, wo Ihr quaken könnet bis an

Euer Lebensende! – Gehabt Euch wohl! Ich habe heute noch etwas vor, das mich nach der Stadt eilen heißt. Ihr würdet meinen Schritten nicht folgen können. Gehabt Euch wohl!"

Der Goldschmied hatte recht, daß wohl keiner so leicht ihm hätte folgen können, denn als hätte er Schlemihls berühmte Siebenmeilenstiefel an den Füßen, war er mit einem einzigen Schritt, den er zur Saaltür hinaus machte, dem bestürzten Geheimen Kanzleisekretär aus den Augen verschwunden. –

So mochte es denn auch geschehen, daß er schon in der nächsten Minute wie ein Gespenst plötzlich in dem Zimmer des Kommissionsrates stand und ihm mit ziemlich rauher Stimme einen guten Abend bot.

Der Kommissionsrat erschrak heftig, faßte sich jedoch bald zusammen und fragte den Goldschmied ungestüm, was er so spät in der Nacht noch wolle, er möge sich fortscheren und ihn in Ruhe lassen mit den albernen Taschenspielerstückchen, die ihm vorzugaukeln er vielleicht im Sinne habe.

„So sind", erwiderte der Goldschmied sehr gelassen, „so sind nun die Menschen und vorzüglich die Kommissionsräte. Gerade diejenigen Personen, die sich Ihnen wohlwollend nähern, denen Sie sich zutrauensvoll in die Arme werfen sollten, gerade diese Personen stoßen Sie von sich; – Sie sind, bester Kommissionsrat, ein armer, unglücklicher, bedauernswürdiger Mann, ich komme – renne her noch in tiefer Nacht, um mich mit Ihnen zu beraten, wie vielleicht noch der tötende Schlag abzuwenden ist, der Sie eben treffen will und Sie –"

„O Gott", schrie der Kommissionsrat ganz außer sich, „o Gott, gewiß schon wieder ein Falliment in Hamburg, Bremen oder London, das mich vollends zu ruinieren droht, o ich geschlagener Kommissionsrat – das fehlte noch –"

„Nein", unterbrach der Goldschmied Voßwinkels Klagen, „nein, es ist hier noch von etwas anderm die Rede. Sie wollen also Albertinens Hand durchaus nicht dem jungen Edmund Lehsen geben?"

„Wie kommen Sie", rief der Kommissionsrat, „auf diesen albernen, ärgerlichen Schnack? Ich! meine Tochter dem armseligen Pinsler!"

„Nun", sprach der Goldschmied, „er hat doch Sie und Albertinen recht wacker gemalt."

„Hoho!" erwiderte der Kommissionsrat, „das wäre ein schöner Kauf, meine Tochter für ein paar bunte Bilder! – Ich habe ihm die Dinger ins Haus zurückgeschickt."

„Edmund", fuhr der Goldschmied fort, „Edmund wird, versagen Sie ihm Albertinen, sich rächen."

„Nun", rief der Kommissionsrat, „nun das möcht ich doch wissen, welche Rache der Schlucker, der Kiek-in-die-Welt an dem Kommissionsrat Melchior Voßwinkel zu nehmen vermöchte!"

„Das will", erwiderte der Goldschmied, „das will ich Ihnen gleich sagen, mein sehr wackrer Herr Kommissionsrat. Edmund ist eben im Begriff, Ihr liebes Bild auf würdige Weise zu retuschieren. Das fröhliche, lächelnde Antlitz verkehrt er in ein bittergrämliches, mit heraufgezogenen Brauen, trüben Augen, herunterhängenden Lippen. Stärker markiert er die Runzeln auf Stirn und Wangen, vergißt nicht die vielen grauen Haare, die der Puder verbergen soll, hinlänglich anzudeuten durch gehörige Färbung. Statt der freudigen Botschaft von dem Lotteriegewinst schreibt er die höchst betrübte Nachricht in den Brief, die Sie vorgestern erhielten, nämlich: daß das Haus Campbell et Compagnie in London falliert und auf dem Kuvert steht: An den verfehlten Stadt- und Kommissionsrat u.s.f., denn er weiß, daß Sie vor einem halben Jahre vergebens darnach trachteten, Stadtrat zu werden. Aus den zerrissenen Westentaschen fallen Dukaten, Taler und Tresorscheine heraus, den Verlust andeutend, den Sie erlitten. So wird das Bild dann ausgehängt bei dem Bilderhändler am Bankgebäude in der Jägerstraße."

„Der Satan", schrie der Kommissionsrat, „der Halunke, nein, das soll er nicht unternehmen! – Polizei, Justiz rufe ich zu Hülfe –"

„Haben", fuhr der Goldschmied gelassen fort, „haben nur funfzig Menschen eine Viertelstunde hindurch das Bild gesehen, dann dringt die Kunde davon mit tausend stärkeren Nuancen, die dieser, jener Witzbold hinzufügt, durch die ganze Stadt. Alles Lächerliche, alles Alberne, das man von Ihnen erzählt hat und noch erzählt, wird aufgefrischt mit neuen, glänzenden Farben, jeder, dem Sie begegnen, lacht Ihnen ins Gesicht und was das schlimmste ist, man spricht dabei unaufhörlich von dem Verlust, den Sie durch Campbells Fall erlitten und Ihr Kredit ist hin."

„O Gott", rief der Kommissionsrat, „o Gott! – Aber er muß mir das Bild herausgeben, der Bösewicht, ja das muß er morgen mit dem frühsten Tage."

„Und", sprach der Goldschmied weiter, „und täte er das

wirklich, woran ich sehr zweifle, was würd es Ihnen helfen? Er radiert Ihre werte Person, wie ich es erst beschrieben, auf eine Kupferplatte, besorgt viele hundert Abdrücke, illuminiert sie selbst recht *con amore* und schickt sie in die ganze Welt, nach Hamburg, Bremen, Lübeck, Stettin, ja nach London –"

„Halten Sie ein", unterbrach der Kommissionsrat den Goldschmied, „halten Sie ein! – Gehen Sie hin zu dem entsetzlichen Menschen, bieten Sie ihm funfzig – ja – bieten Sie ihm hundert Taler, wenn er die Sache mit meinem Bilde ganz unterläßt –"

„Ha ha ha!" lachte der Goldschmied, „Sie vergessen, daß sich Lehsen ganz und gar nichts macht aus dem Gelde, daß seine Eltern wohlhabend sind, daß seine Großtante, die Demoiselle Lehsen, die in der Breiten Straße wohnt, ihm längst ihr ganzes Vermögen vermacht hat, das nicht weniger als bare achtzigtausend Taler beträgt!"

„Was", rief der Kommissionsrat erbleicht vor plötzlichem Erstaunen, „was sagen Sie – achtzig – Hören Sie, Herr Leonhard, ich glaube, Albertinchen ist ganz vernarrt in den jungen Lehsen – Ich bin nun einmal ein guter Kerl – ein weichmütiger Vater – kann keinen Tränen, keinen Bitten widerstehen – Zudem gefällt mir der junge Mensch. Er ist ein tüchtiger Künstler – Sie wissen, was die Kunst betrifft, da bin ich ein rechter Narr mit meiner Vorliebe – Er hat hübsche Eigenschaften, der liebe, gute Lehsen – Achtzig – Nun, wissen Sie was, Leonhard, aus purer Herzensgüte geb ich ihm meine Tochter, dem artigen Jungen!"

„Hm", sprach der Goldschmied, „ich muß Ihnen doch etwas Spaßhaftes erzählen. Soeben komme ich aus dem Tiergarten. Dicht an dem großen Bassin fand ich Ihren alten Freund und Schulkameraden, den Geheimen Kanzleisekretär Tusmann, der darüber, daß ihn Albertine verschmäht, in wilde Verzweiflung geraten, sich ins Wasser stürzen wollte. Nur mit Mühe gelang es mir, ihn von der Ausführung seines schrecklichen Entschlusses abzuhalten, indem ich ihm vorstellte, daß Sie, mein wackrer Kommissionsrat, gewiß Ihr treugegebenes Wort halten und durch väterliche Ermahnungen Albertinen dahin bringen würden, ihm unverweigerlich die Hand zu reichen. Geschieht dies nun nicht, geben Sie Albertinens Hand dem jungen Lehsen, so springt Ihr Geheimer in das Bassin, das ist so gut wie gewiß. Denken Sie, was dieser entsetzliche Selbstmord des soliden Mannes für Aufsehn erregen würde? – Jeder klagt Sie – Sie allein als Tusmanns Mörder an und begegnet Ihnen mit tiefer

Verachtung. Sie werden nirgends mehr zur Tafel geladen und finden Sie sich auf irgendeinem Kaffeehause ein, um Neues zu erwischen, so wirft man Sie zur Tür hinaus – die Treppe hinunter. Aber noch mehr! – Der Geheime Kanzleisekretär ist hochgeachtet von allen seinen Vorgesetzten, sein Ruf als tüchtiger Geschäftsmann hat alle Bureaus durchdrungen. Haben Sie nun durch Ihren Wankelmut, durch Ihre Falschheit den Ärmsten zum Selbstmorde gebracht, so ist gar nicht daran zu denken, daß Sie jemals in Ihrem ganzen Leben noch einen Geheimen Legations-, einen Geheimen Oberfinanzrat zu Hause finden sollten, die Wirklichen am allerwenigsten. Keine Behörde, deren Geneigtheit Ihr Geschäft bedarf, nimmt sich hinfort Ihrer mehr im mindesten an. Von simplen Kommerzienräten werden Sie verhöhnt, Expedienten verfolgen Sie mit Mordwaffen und Kanzleiboten drücken, Ihnen begegnend, die Hüte fester auf den Kopf. Man nimmt Ihnen den Titel als Kommissionsrat, Stoß erfolgt auf Stoß, Ihr Kredit ist hin, Ihr Vermögen gerät in Verfall, schlechter und schlechter geht's, bis Sie zuletzt in Verachtung, Armut und Elend –"

„Hören Sie auf", schrie der Kommissionsrat, „Sie martern mich! – Wer hätte denken sollen, daß der Geheime noch in seinen Jahren solch ein verliebter Affe sein würde! – Aber Sie haben recht. – Mag es nun gehen, wie es in der Welt will, ich muß dem Geheimen Wort halten, sonst bin ich ein ruinierter Mann. – Ja, es ist beschlossen, der Geheime erhält Albertinens Hand."

„Sie vergessen", sprach der Goldschmied, „die Bewerbung des Barons Dümmerl. Sie vergessen den fürchterlichen Fluch des alten Manasse! – An diesem haben Sie, wird Bensch verschmäht, den fürchterlichsten Feind. In allen Ihren Spekulationen tritt Ihnen Manasse entgegen. Er scheut kein Mittel, Ihren Kredit zu schmälern, er benutzt jede Gelegenheit Ihnen zu schaden, er ruht nicht, bis er Sie in Schimpf und Schande heruntergebracht hat, bis der Dales, den er Ihnen auf den Hals geflucht hat, wirklich eingekehrt ist in Ihr Haus. – Genug, Sie mögen nun Albertinens Hand diesem oder jenem der drei Freier geben, immer geraten Sie in Not und eben deshalb nannte ich Sie vorhin einen armen, bedauernswürdigen Mann."

Der Kommissionsrat rannte wie unsinnig im Zimmer auf und ab, rief ein Mal über das andere: „Ich bin verloren – ein unglücklicher Mensch, ein ruinierter Kommissionsrat – Hätt ich nur das Mädchen gar nicht auf dem Halse. Möge sie alle der

Satan davonführen, den Lehsen, den Bensch und – meinen Geheimen dazu –"

„Nun, nun", begann der Goldschmied, „noch gibt es wohl ein Mittel, Sie aus aller Verlegenheit zu reißen."

„Welches", sprach der Kommissionsrat, indem er plötzlich stillstand und den Goldschmied starr anblickte, „welches? Ich gehe alles ein."

„Haben Sie", fragte der Goldschmied, „haben Sie in dem Theater den Kaufmann von Venedig gesehen?"

„Das ist", erwiderte der Kommissionsrat, „das ist das Stück, in welchem Herr Devrient einen mordsüchtigen Juden spielt, namens Shylock, dem es gelüstet nach frischem Negoziantenfleisch. – Allerdings habe ich dies Stück gesehen, aber was sollen jetzt die Possen?"

„Kennen Sie", fuhr der Goldschmied fort, „den Kaufmann von Venedig, so werden Sie sich erinnern, daß darin ein gewisses reiches Fräulein Porzia vorkommt, deren Vater vermöge testamentlicher Verfügung die Hand seiner Tochter zum Gewinst in einer Art von Lotterie gemacht hatte. Drei Kästchen werden hingestellt, unter denen die Bewerber eins wählen und öffnen müssen. Derjenige von den Bewerbern erhält Porzias Hand, der in dem Kästchen, das er gewählt, ihr Porträt eingeschlossen findet. Machen Sie es, Kommissionsrat, als lebendiger Vater wie Porzias verstorbener. Sagen Sie den drei Freiern, daß, da Ihnen einer so lieb wäre als der andere, Sie die Entscheidung dem Zufall überlassen wollten. Drei verschlossene Kästchen werden hingestellt den Freiern zur Wahl und der, der Albertinens Bildnis gefunden, erhält ihre Hand."

„Welch ein abenteuerlicher Vorschlag", rief der Kommissionsrat. „Und ginge ich wirklich darauf ein, glauben Sie denn, werter Herr Leonhard, daß mir das im mindesten etwas helfen, daß ich mir nicht, hat auch der Zufall entschieden, den Zorn und Haß derjenigen auf den Hals laden würde, die das Porträt nicht getroffen, hinfolglich abziehen müssen?"

„Halt", sprach der Goldschmied, „das ist eben der wichtigste Punkt! – Sehn Sie Kommissionsrat, ich verspreche Ihnen hiermit feierlichst, die Sache mit den Kästchen so einzurichten, daß sich alles glücklich und friedlich enden soll. Die beiden, welche fehlgegriffen, werden in ihren Kästchen keinesweges, wie die Prinzen von Marokko und Aragon, eine schnöde Abfertigung finden, vielmehr etwas erhalten, welches sie dermaßen befriedigt, daß sie an die Heirat mit Albertinen gar nicht mehr denken, und noch dazu Sie, Kommissionsrat, für den Schöpfer eines gar nicht geahnten Glücks halten."

„Wäre das möglich!" rief der Kommissionsrat.

„Nicht allein möglich", erwiderte der Goldschmied, „es wird, es muß so kommen, wie ich es Ihnen sage, mein festes Wort darauf."

Nun nahm der Kommissionsrat keinen Anstand mehr einzugehen in des Goldschmieds Plan und beide kamen darin überein, daß in der Mittagsstunde des nächsten Sonntags die Wahl vor sich gehen solle.

Die drei Kästchen versprach der Goldschmied herbeizuschaffen.

Sechstes Kapitel

Worin von der Art, wie die Brautwahl vor sich ging, gehandelt, dann aber die Geschichte geschlossen wird

Man kann denken, daß Albertine ganz und gar in Verzweiflung geriet, als der Kommissionsrat sie mit der unglückseligen Lotterie, in der ihre Hand gewonnen werden sollte, bekannt machte, als alles Bitten, alles Flehen, alles trostlose Weinen nicht vermochte, ihn von dem einmal gefaßten Entschluß abzubringen. Dazu kam, daß Lehsen ihr so gleichgültig, so indolent schien, wie es keiner sein kann, der wirklich liebt, da er nicht das mindeste versuchte, sie heimlich zu sehen, oder ihr wenigstens eine Liebesbotschaft zuzustecken. Am Sonnabend vor dem verhängnisvollen Sonntage, der ihr Schicksal entscheiden sollte, saß, als schon tiefe Abenddämmerung eingebrochen, Albertine einsam in ihrem Zimmer. Ganz erfüllt von dem Gedanken an das Unglück, von dem sie bedroht, kam es ihr ein, ob es nicht besser sei, einen raschen Entschluß zu fassen, schnell aus dem väterlichen Hause zu entfliehen, als das Fürchterlichste abzuwarten, zur Heirat gezwungen zu werden mit dem alten, pedantischen Geheimen Kanzleisekretär, oder gar mit dem ekelhaften Baron Bensch. Da kam ihr aber auch plötzlich der rätselhafte Goldschmied in den Sinn und die seltsame zauberische Art, wie er den zudringlichen Bensch ihr vom Leibe gehalten. Es war ihr nur zu gewiß, daß er dem Lehsen beigestanden und so dämmerte in ihr die Hoffnung auf, daß es eben der Goldschmied sein müsse, von dem Hülfe zu hoffen in dem kritischen Moment. Sie empfand den lebhaften Wunsch, den Goldschmied zu sprechen und war im Innern überzeugt, daß sie sich nicht im mindesten entsetzen würde, sollte der Goldschmied sich ihr auch im Augenblick offenbaren auf gespenstige Weise.

Es geschah auch wirklich, daß Albertine nicht im mindesten erschrak, als sie gewahrte, daß das, was sie für den Ofen gehalten, eigentlich der Goldschmied Leonhard war, der sich ihr näherte und mit sanfter, sonorer Stimme folgendermaßen begann:

„Laß, mein liebes Kind! all deine Traurigkeit, all dein Herzeleid fahren. Wisse, daß Edmund Lehsen, den du wenigstens jetzt zu lieben vermeinst, wisse, daß er mein Schützling ist, dem ich mit aller Macht beistehe. Wisse ferner, daß ich es bin, der deinen Vater auf den Gedanken der Lotterie gebracht, daß ich es bin, der die verhängnisvollen Kästchen besorgt hat und nun kannst du es dir doch wohl denken, daß niemand anders dein Bild finden wird, als eben Edmund." – Albertine wollte aufjauchzen vor Entzücken; der Goldschmied fuhr fort:

„Edmund deine Hand zu verschaffen, wäre mir auch auf andere Weise gelungen; es war mir aber daran gelegen, zu gleicher Zeit die Mitbewerber, den Geheimen Kanzleisekretär Tusmann und den Baron Bensch ganz und gar zufriedenzustellen. Auch das wird geschehen, und ihr beide, du und dein Vater, werdet vor jeder Anfechtung der verschmähten Freier sicher sein."

Albertine strömte über in heißen Dank. Sie wäre dem alten Goldschmied beinahe zu Füßen gesunken, sie drückte seine Hand an ihre Brust, sie versicherte, daß sie trotz aller Zauberkünste, die er treibe, ja selbst bei der gespenstigen Art, wie er auch heute abend plötzlich in ihrem Zimmer erschienen, durchaus nichts Unheimliches in seiner Nähe fühle und schloß mit der naiven Frage, was es denn eigentlich für eine Bewandtnis mit ihm habe, wer er denn eigentlich sei?

„Ei, mein liebes Kind", begann der Goldschmied lächelnd, „sehr schwer wird es mir zu sagen, wer ich eigentlich bin. Mir geht es so wie vielen, die weit besser wissen, wofür sie die Leute halten, als was sie eigentlich sind! – Erfahre also, mein liebes Kind, daß manche mich für niemand anders halten, als für jenen Goldschmied Leonhard Turnhäuser, der in den funfzehnhundertundachtziger Jahren am Hofe des Kurfürsten Johann George ein solch großem Ansehen stand, und der, als Neid und Bosheit ihn zu verderben trachteten, verschwunden war, man wußte nicht wie und wohin. Geben mich nun solche Leute, die man Romantiker oder Fantasten zu nennen pflegt, für jenen Turnhäuser, mithin für einen gespenstischen Mann aus, so kannst du dir denken, welchen Verdruß ich von den soliden, aufgeklärten Leuten, die als tüchtige Bürger und Geschäftsmänner den Teufel was nach Romantik und Poesie fragen, auszustehen habe. Ja selbst handfeste Ästhetiker wollen mir zu Leibe, verfolgen mich wie die Doktoren und Schriftgelehrten zu Johann Georgs Zeiten, und suchen mir das bißchen Existenz, das ich mir anmaße, zu verbittern und zu verkümmern, wie sie nur können.

Ach, mein liebes Kind, ich merk es schon, ungeachtet ich mich des jungen Edmund Lehsen und deiner so sorglich annehme und überall wie ein echter *Deus ex machina* erscheine; so werden doch viele, die mit jenen Ästhetikern gleichen Sinnes sind, mich in der Geschichte gar nicht leiden wollen, da sie an meine wirkliche Existenz nun einmal durchaus nicht glauben können! – Um mich nur einigermaßen sicherzustellen, habe ich niemals geradehin zugestehen mögen, daß ich der schweizerische Goldschmied Leonhard Turnhäuser aus dem sechzehnten Jahrhundert bin. Jenen Leuten bleibt es daher vergönnt anzunehmen, ich sei ein geschickter Taschenspieler und die Erklärung aller Spukereien, wie sie vorgekommen, in Wieglebs natürlicher Magie oder sonst aufzusuchen. Freilich habe ich in diesem Augenblick noch ein Kunststück vor, das mir kein Philidor, kein Philadelphia, kein Cagliostro nachmacht, und das als durchaus unerklärlich jenen Leuten ein ewiger Anstoß bleiben wird; indessen kann ich davon deshalb keinesweges abstehen, da es zur Vollendung der Berlinischen Geschichte, welche von der Brautwahl dreier bekannten Personen, die sich um die Hand der hübschen Demoiselle Albertine Voßwinkel bewerben, handelt, unumgänglich nötig ist. – Nun also Mut gefaßt, mein liebes Kind, stehe morgen fein früh auf, ziehe das Kleid an, das du am liebsten trägst, weil es dir am besten steht, flechte dein Haar auf in den zierlichsten Zöpfen und erwarte das übrige, wie es sich dann begeben mag, ruhig und in bescheidener Geduld."

Hierauf verschwand der Goldschmied wie er gekommen.

Sonntags um die bestimmte Stunde, d. h. Punkt eilf Uhr, fanden sich ein der alte Manasse mit seinem hoffnungsvollen Neffen, der Geheime Kanzleisekretär Tusmann und Edmund Lehsen mit dem Goldschmied. Die Freier, den Baron Bensch nicht ausgenommen, erschraken beinahe, als sie Albertinen erblickten, denn noch niemals war sie ihnen so überaus schön und anmutig vorgekommen. Jedem Mädchen, jeder Dame, die etwas hält auf geschmackvollen Anzug und zierlichen Schmuck, (und wo wäre diejenige hier in Berlin zu finden, die das nicht täte) kann ich aber auch versichern, daß die Garnitur des Kleides, welches Albertine trug, von ausnehmender Eleganz, das Kleid aber gerade kurz genug war, um den niedlichen, weiß beschuhten Fuß zu zeigen, daß die kurzen Ärmel, so wie der Busenstreif aus den kostbarsten Spitzen bestanden, daß die weißen französischen Glacéhandschuhe nur was weniges über die Ellbogen heraufgestreift, den schönsten Oberarm sehen ließen, daß der Kopfputz in nichts weiter, als in einem zierlichen, goldenen, mit Steinen besetzten Kamm bestand, kurz, daß zu dem bräutlichen Schmuck nichts weiter fehlte, als die Myrtenkrone in den dunkeln Flechten. Warum aber Albertine eigentlich viel reizender aussah als sonst, kam wohl daher, daß Liebe und Hoffnung in den Augen strahlten, auf den Wangen blühten.

In einem Anfall von Gastlichkeit hatte der Kommissionsrat ein Gabelfrühstück bereiten lassen. Mit hämischen, scheelen Blicken betrachtete der alte Manasse den gedeckten Tisch, und da der Kommissionsrat ihn einlud, zuzulangen, las man auf seinem Antlitz jene Antwort Shylocks: „Ja, um Schinken zu riechen, von der Behausung zu essen, wo euer Prophet, der Nazarener, den Teufel hineinbeschwor. Ich will mit euch handeln und wandeln, mit euch stehen und gehen und was dergleichen mehr ist; aber ich will nicht mit euch essen, mit euch trinken, noch mit euch beten!“

Baron Bensch war weniger gewissenhaft, denn er aß viel mehr Beefsteaks als ziemlich, und schwatzte dabei sehr läppisches Zeug wie es in seiner Art lag.

Der Kommissionsrat verleugnete in der verhängnisvollen Stunde ganz und gar seine Natur; denn außerdem, daß er rücksichtlos Madera und Portwein einschenkte, ja sogar verriet, daß er hundertjährigen Malaga im Keller habe, machte er auch, nachdem das Frühstück beendet, den Freiern die Art, wie über die Hand seiner Tochter entschieden werden sollte, in einer solchen wohlgesetzten Rede bekannt, wie man es ihm gar nicht hätte zutrauen sollen. Die Freier mußten es sich einprägen, daß nur *der* Albertinens Besitz errungen, der das Kästchen, worin ihr Bild befindlich, gewählt.

Mit dem Glockenschlage zwölf ging die Türe des Saals auf und man erblickte in der Mitte desselben einen mit einem reichen Teppich behängten Tisch, auf welchem drei kleine Kästchen standen.

Das eine von gleißendem Gold hatte auf dem Deckel einen Kranz von funkelnden Dukaten, in dessen Mitte die Worte standen:

Wer mich erwählt, Glück ihm nach seines Sinnes Art!

Das zweite Kästchen war sehr zierlich in Silber gearbeitet. Auf dem Deckel standen zwischen mancherlei Schriftzügen fremder Sprachen die Worte:

Wer mich erwählt, bekömmt viel mehr als er gehofft!

Das dritte Kästchen, sauber aus Elfenbein geschnitzt, trug die Aufschrift:

Wer mich erwählt, dem wird geträumte Seligkeit!

Albertine nahm Platz auf einem Lehnsessel hinter dem Tisch, ihr zur Seite stellte sich der Kommissionsrat; Manasse und der Goldschmied zogen sich zurück in den Hintergrund des Zimmers.

Als das Los entschieden, daß der Geheime Kanzleisekretär Tusmann zuerst wählen sollte, mußten Bensch und Lehsen abtreten ins Nebenzimmer.

Der Geheime Kanzleisekretär trat bedächtig an den Tisch, betrachtete mit Sorgfalt die Kästchen, las ein Mal über das andere die Inschriften. Bald fühlte er sich aber durch die schönen verschlungenen Schriftzüge, die auf dem silbernen Kästchen befindlich, unwiderstehlich angezogen. „Gerechter", rief er begeistert aus, „welch schöne Schrift, wie angenehm paart sich hier das Arabische mit römischer Fraktur! Und ‚wer mich erwählt, bekömmt viel mehr als er gehofft.' – Habe ich denn noch gehofft, daß Demoiselle Albertine Voßwinkel mich mit ihrer werten Hand jemals beglücken werde? Bin ich nicht vielmehr in totale Verzweiflung geraten? Habe ich mich nicht – im Bassin – Nun! hier ist Trost, hier ist mein Glück! – Kommissionsrat! – Demoiselle Albertine – ich wähle das silberne Kästchen!"

Albertine stand auf und reichte dem Geheimen Kanzleisekretär einen kleinen Schlüssel, mit dem er sofort das Kästchen öffnete. Doch wie erschrak er, als er keinesweges Albertinens Bild, wohl aber ein kleines, in Pergament gebundenes Buch vorfand, das, als er es aufschlug, nur leere, weiße Blätter enthielt.

Dabei lag ein Zettel mit den Worten:

War dein Treiben auch verkehrt,
Großes Heil dir widerfährt.
Was du findest, ist bewährt,
Ignorantiam macht's gelehrt,
Sapientiam dir's beschert!

„Gerechter", stammelte der Geheime Kanzleisekretär, „ein Buch – nein kein Buch – gebundenes Papier statt des Bildes – alle Hoffnung zerstört. – O geschlagener Geheimer Kanzleisekretär! mit dir ist es aus, rein aus! – fort in den Froschteich!"

Tusmann wollte davon, da vertrat ihm aber der Goldschmied den Weg und sprach: „Tusmann, Ihr seid nicht gescheut, kein Schatz kann Euch ersprießlicher sein, als der, den Ihr gefunden! Die Verse hätten Euch schon darauf aufmerksam machen sollen. Tut mir den Gefallen und steckt das Buch, das Ihr aus dem Kästchen nahmt, in die Tasche." – Tusmann tat es.

„Nun", fuhr der Goldschmied fort, „nun denkt Euch ein Buch, das Ihr gern in diesem Augenblick bei Euch tragen möchtet."

„O Gott", sprach der Geheime Kanzleisekretär verdutzt, „o Gott, unbesonnener, unchristlicher Weise warf ich Thomasii kurzen Entwurf der politischen Klugheit in den Froschteich!"

„Faßt in die Tasche, zieht das Buch hervor", rief der Goldschmied.

Tusmann tat, wie ihm geheißen und siehe – das Buch war eben kein anderes, als Thomasii Entwurf.

„Ha, was ist das", rief der Geheime Kanzleisekretär ganz außer sich, „o Gott, mein lieber Thomasius gerettet vor den feindlichen Rachen schnöder Frösche, die doch nimmermehr daraus Conduite gelernt!"

„Still", unterbrach ihn der Goldschmied, „steckt das Buch wieder in die Tasche." – Tusmann tat es.

„Denkt", fuhr der Goldschmied fort, „denkt Euch jetzt irgendein seltnes Werk, dem Ihr vielleicht lange vergebens nachgetrachtet, das Ihr aus keiner Bibliothek erhalten konntet."

„O Gott", sprach der Geheime Kanzleisekretär beinahe wehmütig, „o Gott, da ich nun auch zu meiner Erheiterung bisweilen die Oper zu besuchen gesonnen, wollte ich mich vorher etwas in der edlen *Musica* feststellen und trachtete bis jetzt vergebens, ein kleines Büchlein zu erhalten, das allegorischerweise die ganze Kunst des Komponisten und Virtuosen darlegt.

Ich meine nichts anders, als Johannes Beers musikalischen Krieg oder die Beschreibung des Haupttreffens zwischen beiden Heroinen, als der Komposition und Harmonie, wie diese gegeneinander zu Felde gezogen, gescharmutzieret und endlich nach blutigem Treffen wieder verglichen worden."

„Faßt in die Tasche", rief der Goldschmied, und vor Freude jauchzte der Geheime Kanzleisekretär laut auf, als er das Buch aufschlug, das nun eben wieder Johannes Beers musikalischen Krieg enthielt.

„Seht Ihr wohl", sprach nun der Goldschmied, „mittelst des Buchs, das Ihr in dem Kästchen gefunden, habt Ihr die reichste, vollständigste Bibliothek erlangt, die jemals einer besessen und die Ihr noch dazu beständig bei Euch tragen könnt. Denn habt Ihr dieses merkwürdige Buch in der Tasche, so wird es, zieht Ihr es hervor, jedesmal das Werk sein, das Ihr eben zu lesen wünscht."

Ohne auf Albertine, ohne auf den Kommissionsrat zu achten, sprang der Geheime Kanzleisekretär schnell in die Ecke des Zimmers, warf sich in einen Lehnsessel, steckte das Buch in die Tasche, zog es wieder hervor, und man sah an dem Entzücken, das in seinen Augen strahlte, wie herrlich eintraf, was der Goldschmied verheißen.

Nun kam die Reihe der Wahl an den Baron Bensch. Er trat hinein, schritt nach seiner läppischen tölpelhaften Manier geradezu los auf den Tisch, beschaute mit der Lorgnette die Kästchen und murmelte die Inschriften her. Aber bald fesselte ihn ein natürlicher unwiderstehlicher Instinkt an das goldene Kästchen mit den blinkenden Dukaten auf dem Deckel. „Wer mich erwählt, Glück ihm nach seines Sinnes Art – Nun ja Dukaten, die sind nach meinem Sinn, und Albertine, die ist auch nach meinem Sinn, was ist da lange zu wählen und zu überlegen!" So sprach Bensch, griff nach dem goldenen Kästchen, empfing von Albertinen den Schlüssel, öffnete und fand – eine kleine saubere englische Feile! Dabei lag ein Zettel mit den Versen:

Hast gewonnen was dein Herz
Wünschen konnt mit wehem Schmerz.
Alles andre ist nur Scherz,
Immer vor, niemals rückwärts
Geht ein blühendes Kommerz.

„He", rief er erbost, „was tu ich mit der Feile? – ist die Feile ein Porträt, ist die Feile Albertinens Porträt? Ich nehm das

Kästchen und schenk es Albertinen als Brautgabe – Kommen Sie, mein Mädchen –“

Damit wollt er los auf Albertinen, aber der Goldschmied hielt ihn bei den Schultern zurück, indem er sprach: „Halt mein Herr, das ist wider die Abrede. Sie müssen mit der Feile zufrieden sein und werden es unbezweifelt sein, sobald Sie den Wert, den unschätzbaren Wert des köstlichen Kleinods, das Sie erhalten, erkannt haben, den schon die Verse andeuten. – Haben Sie einen schönen rändigen Dukaten in der Tasche?“

„Nun ja“, erwiderte Bensch verdrießlich, „nun ja, was soll's?“

„Nehmen Sie“, fuhr der Goldschmied fort, „einen solchen Dukaten aus der Tasche und feilen Sie den Rand ab.“

Bensch tat es mit einer Geschicklichkeit, die von langer Übung zeugte. Und siehe – noch schöner kam der Rand des Dukatens zum Vorschein und so ging es mit dem zweiten, dritten Dukaten, je mehr Bensch feilte, desto rändiger wurden sie.

Manasse hatte bis jetzt ruhig alles, was sich begeben, mit angesehen, doch jetzt sprang er mit wildfunkelnden Augen los auf den Neffen und schrie mit hohler entsetzlicher Stimme: „Gott meiner Väter – was ist das – mir her die Feile – mir her die Feile – es ist das Zauberstück, für das ich meine Seele verkauft vor mehr als dreihundert Jahren. – Gott meiner Väter – her mit der Feile.“

Damit wollte er die Feile dem Bensch entreißen, der stieß ihn aber zurück und schrie: „Weg von mir alter Narr, ich habe die Feile gefunden, nicht du –“

Darauf Manasse in voller Wut: „Natter – wurmstichige Frucht meines Stammes, her mit der Feile! – Alle Teufel über dich, verfluchter Dieb!“

Unter einem Strom hebräischer Schimpfwörter krallte sich Manasse nun fest an den Baron und strengte knirschend und schäumend alle seine Kraft an, ihm die Feile zu entwinden. Bensch verteidigte aber das Kleinod wie die Löwin ihr Junges, bis zuletzt Manasse schwach ward. Da packte der Neffe den lieben Onkel mit derben Fäusten, warf ihn zur Türe hinaus, daß ihm die Glieder knackten, kehrte pfeilschnell zurück, schob einen kleinen Tisch in die Ecke des Zimmers dem Geheimen Kanzleisekretär gegenüber, schüttete eine ganze Handvoll Dukaten aus und fing mit Eifer an zu feilen.

„Nun“, sprach der Goldschmied, „nun sind wir den entsetzlichen Menschen, den alten Manasse auf immer los. Man will behaupten, er sei ein zweiter Ahasverus, und spuke seit dem

Jahre eintausendfünfhundertundzweiundsiebzig umher. Damals wurde er unter dem Namen des Münzjuden Lippold wegen teuflischer Zauberei hingerichtet. – Aber der Teufel rettete ihn vom Tode um den Preis seiner unsterblichen Seele. Viele Leute, die sich auf so etwas verstehen, haben ihn hier in Berlin unter verschiedenen Gestalten bemerkt, woher denn die Sage entsteht, daß es noch zur Zeit nicht einen, sondern viele, viele Lippolds gäbe. – Nun! – ich habe ihm, da ich auch einige Erfahrung in geheimnisvollen Dingen besitze, den Garaus gemacht!"

Es würde dich, sehr geliebter Leser, ungemein langweilen müssen, wenn ich nun noch weitläuftig erzählen wollte, was du, da es sich von selbst versteht, schon längst weißt. Ich meine, daß Edmund Lehsen das elfenbeinerne Kästchen mit der Aufschrift:

Wer mich erwählt, dem wird geträumte Seligkeit,

wählte und darin Albertinens wohlgetroffenes Miniaturbild mit den Versen fand:

Ja du trafst es, lies dein Glück
In der Schönsten Liebesblick.
Was da war, kommt nie zurück,
So will's irdisches Geschick.
Was dein Traum dir schaffen muß
Lehrt dich der Geliebten Kuß.

Daß ferner Edmund dem Bassanio gleich der Anweisung der letzten Worte folgte, und die in glühendem Purpur errötende Geliebte an sein Herz drückte – küßte und daß der Kommissionsrat ganz vergnügt war und glücklich über den fröhlichen Ausgang der verwickeltsten aller Heiratsangelegenheiten.

Der Baron Bensch hatte ebenso emsig fortgefeilt als der Geheime Kanzleisekretär fortgelesen. Beide nahmen von dem, was sich eben begeben, nicht eher Notiz, als bis der Kommissionsrat laut verkündete, daß Edmund Lehsen das Kästchen, worin Albertinens Porträt befindlich, gewählt, folglich ihre Hand erhalte. Der Geheime Kanzleisekretär schien darüber außer sich vor Freuden, indem er nach der Art, wie er sein Vergnügen zu äußern pflegte, sich die Hände rieb, zwei-, dreimal etwas weniges in die Höhe sprang und eine feine Lache aufschlug. Den Baron Bensch schien die Heirat gar nicht weiter zu interessieren; dafür umarmte er aber den Kommissionsrat, nannte ihn einen vortrefflichen Gentleman, der ihn durch das solide

Geschenk der Feile ganz und gar glücklich gemacht habe und versicherte, daß er in jedem Geschäft auf ihn rechnen könne. Dann entfernte er sich schnell.

Ebenso dankte der Geheime Kanzleisekretär dem Kommissionsrat unter vielen Tränen der innigsten Rührung, daß er ihn durch das seltenste aller Bücher, welches er ihm aus seiner Bibliothek verehrt habe, zum glücklichsten aller Menschen gemacht und folgte, nachdem er sich noch in galanter Höflichkeit gegen Albertine, Edmund und den alten Goldschmied erschöpft, dem Baron eiligst nach.

Bensch quälte von nun an nicht mehr die literarische Welt mit ästhetischen Mißgeburten wie er sonst getan, sondern verwandte lieber die Zeit Dukaten abzufeilen. Tusmann fiel dagegen nicht mehr den Bibliothekaren zur Last, die ihm sonst tagelang alte längst vergessene Bücher herbeischaffen mußten.

Nach einigen Wochen des Entzückens und der Freude ging in des Kommissionsrats Hause aber schreckliches Herzeleid los. Der Goldschmied hatte nämlich den jungen Edmund dringend ermahnt seiner Kunst, sich selbst zur Ehre, sein gegebenes Wort zu halten und nach Italien zu gehen.

Edmund, so schmerzlich ihm die Trennung von der Geliebten werden mußte, fühlte doch den dringenden Trieb zu wallfahrten nach dem Lande der Kunst und auch Albertine dachte, während sie die bittersten Tränen vergoß, daran, wie interessant es sein würde, in diesem, jenem Tee, Briefe, die sie aus Rom erhalten, aus dem Strickkörbchen hervorzuziehen.

Edmund ist nun schon länger als ein Jahr in Rom und man will behaupten, daß der Briefwechsel mit Albertinen immer seltener und kälter werde. Wer weiß, ob am Ende einmal gar aus der Heirat der beiden jungen Leute etwas wird. Ledig bleibt Albertine auf keinen Fall, dazu ist sie viel zu hübsch, viel zu reich. Überdies bemerkt man auch, daß der Referendarius Gloxin, ein hübscher junger Mann, mit schmaler engeingeschnürter Taille, zwei Westen und auf englische Art geknüpftem Halstuch, die Demoiselle Albertine Voßwinkel, mit der er den Winter hindurch auf den Bällen die angenehmsten Françoisen getanzt, häufig nach dem Tiergarten führt und daß der Kommissionsrat dem Pärchen nachtrippelt mit der Miene des zufriedenen Vaters. Zudem hat der Referendarius Gloxin schon das zweite Examen bei dem Kammergericht gemacht und ist nach der Aussage der Examinatoren, die ihn in der frühsten Morgenstunde sattsam gequält, oder wie man zu sagen pflegt, auf den

Zahn gefühlt haben, welches weh tut, vorzüglich wenn der Zahn hohl, vortrefflich bestanden. Eben aus diesem Examen soll sich denn auch ergeben haben, daß der Referendarius offenbar Heiratsgedanken im Kopfe hat, da er in der Lehre von gewagten Geschäften ganz vorzüglich bewandert.

Vielleicht heiratet Albertine gar den artigen Referendarius, wenn er einen guten Posten erschwungen. – Nun! man muß abwarten, was geschieht!

„Das ist", sprach Ottmar, als Lothar geendet hatte, „das ist ein wunderlich tolles Ding, was du da aufgeschrieben hast. Mir will deine sogenannte Geschichte mit den unwahrscheinlichen Abenteuern vorkommen, wie eine aus allerlei bunten Steinen willkürlich zusammengefügte Mosaik, die das Auge verwirrt, so daß es keine bestimmte Figur zu erfassen vermag." „Was mich betrifft", nahm Theodor das Wort, „so leugne ich nicht, daß ich manches in Lothars Erzählung ergötzlich genug finde und es ist sogar möglich, daß das Ganze hätte ziemlich gut geraten können, wenn Lothar nicht unvorsichtigerweise den Hafftitz las. Die beiden spukhaften Männer aus jener Zeit, der Goldschmied und der Münzjude, mußten nun einmal hinein in die Brautwahl, es half nichts und nun erscheinen die beiden unglückseligen Revenants als fremdartige Prinzipe, die mit ihren Zauberkräften nur auf gezwungene Weise einwirken in die Handlung. Es ist gut, daß deine Erzählung nicht gedruckt wird, Lothar, sonst würdest du schlecht wegkommen vor dem strengen Richterstuhl der Kritik."

„Könnte", sprach Lothar nach seiner skurrilen Art lächelnd, „könnte meine angenehme Geschichte von den seltsamen Drangsalen des Geheimen Kanzleisekretärs Tusmann nicht wenigstens einen Berliner Almanach zieren? Ich würde nicht unterlassen, die Lokalität noch lokaler zu machen, einige zelebre Namen hinzuzufügen und mir so den Beifall, wenigstens des literarisch-ästhetischen Theaterpublikums erwerben*. Doch

* Diese Äußerung Lothars zeigt, was er schon damals im Sinne trug. Seine Erzählung, die Brautwahl erschien nämlich in der Tat abgedruckt in dem Berliner Taschenbuch für das Jahr 1820, und es sind wirklich zelebre Namen aus der Berliner Kunstwelt genannt und manche Lokalitäten hinzugefügt. Wie gerecht aber der Tadel der Freunde, beweiset der Umstand, daß die Redaktion jenes Taschenbuchs den Verfasser dringend bat, sich künftig doch im Gebiet der Möglichkeit zu halten.

D.H. [Hoffmann]

nun im Ernste gesprochen, Leute! Habt ihr nicht, während ich las, manchmal recht herzlich gelacht und sollte das nicht die Strenge eurer Kritik beugen? – Vergleichst du, Ottmar, meine Geschichte mit einer bunten willkürlich zusammengefügten Mosaik, so sei wenigstens nachgiebig genug, dem Dinge, das du wunderlich toll nennst, eine kaleidoskopische Natur einzuräumen, nach welcher die heterogensten Stoffe willkürlich durcheinandergeschüttelt, doch zuletzt artige Figuren bilden. Wenigstens für artig sollt ihr nämlich manche Figur in meiner Brautwahl erkennen und an die Spitze dieser artigen Personen stelle ich den liebenswürdigen Baron Bensch, der durchaus der Familie des Münzjuden Lippold entsprossen sein muß. – Doch schon viel zu viel von meinem Machwerk, das euch nur als ein bizarrer Scherz für den Augenblick aufregen sollte. Übrigens gewahrt ihr, daß ich meinem Hange das Märchenhafte in die Gegenwart, in das wirkliche Leben zu versetzen, wiederum treulich gefolgt bin."

„Und diesen Hang", begann Theodor, „nehme ich gar sehr in Schutz. Sonst war es üblich, ja Regel, alles was nur Märchen hieß, ins Morgenland zu verlegen und dabei die Märchen der Dschehezerade zum Muster zu nehmen. Die Sitten des Morgenlandes nur eben berührend, schuf man sich eine Welt, die haltlos in den Lüften schwebte und vor unsern Augen verschwamm. Deshalb gerieten aber jene Märchen meistens frostig, gleichgültig und vermochten nicht den innern Geist zu entzünden und die Fantasie aufzuregen. Ich meine, daß die Basis der Himmelsleiter, auf der man hinaufsteigen will in höhere Regionen, befestigt sein müsse im Leben, so daß jeder nachzusteigen vermag. Befindet er sich dann immer höher und höher hinaufgeklettert, in einem fantastischen Zauberreich, so wird er glauben, dies Reich gehöre auch noch in sein Leben hinein, und sei eigentlich der wunderbar herrlichste Teil desselben. Es ist ihm der schöne prächtige Blumengarten vor dem Tore, in dem er zu seinem hohen Ergötzen lustwandeln kann, hat er sich nur entschlossen, die düstern Mauern der Stadt zu verlassen."

„Vergiß", sprach Ottmar, „vergiß aber nicht, Freund Theodor! daß mancher gar nicht die Leiter besteigen mag, weil das Klettern einem verständigen gesetzten Manne nicht ziemt, mancher schon auf der dritten Sprosse schwindlicht wird, mancher aber auch wohl die auf der breiten Straße des Lebens befestigte Leiter, bei der er täglich, ja stündlich vorübergeht, gar nicht bemerkt! – Was aber die Märchen der Tausendundeinen Nacht betrifft, so ist es seltsam genug, daß die mehrsten Nachahmer gerade das übersehen, was ihnen Leben und Wahrheit gibt und was eben auf Lothars Prinzip hinausläuft. All die Schuster, Schneider, Lastträger, Derwische, Kaufleute etc., wie sie in jenen Märchen vorkommen, sind Gestalten, wie man sie täglich auf den Straßen sah und da nun das eigentliche Leben nicht von Zeit und Sitte abhängt, sondern in der tieferen Bedingung ewig dasselbe bleibt und bleiben muß, so kommt es, daß wir glauben, jene Leute, denen sich mitten in der Alltäglichkeit der wunderbarste Zauber erschloß, wandelten noch unter uns. So groß ist die Macht der Darstellung in jenem ewigen Buch."

Der Abend wurde kühler und kühler. Des kaum genesenen Theodors halber fanden es daher die Freunde geraten in den Gartensaal zu treten und statt jedes starken nervenreizenden Getränks in aller Demut und Milde Tee zu genießen.

Als die Teemaschine auf dem Tische stand und wie gewöhnlich ihr Liedchen zischte und summte, sprach Ottmar: „Wahrhaftig, keinen bessern Anlaß hätte ich finden können, euch eine Erzählung vorzulesen, die ich schon vor langer Zeit aufschrieb und die gerade mit einem Tee beginnt. Zum voraus bemerke ich, daß sie in Cyprians Manier abgefaßt ist."

Ottmar las:

DER UNHEIMLICHE GAST

Der Sturm brauste durch die Lüfte, den heranziehenden Winter verkündigend, und trieb die schwarzen Wolken vor sich her, die zischende, prasselnde Ströme von Regen und Hagel hinabschleuderten.

„Wir werden", sprach, als die Wanduhr sieben schlug, die Obristin von G. zu ihrer Tochter, Angelika geheißen, „wir werden heute allein bleiben, das böse Wetter verscheucht die Freunde. Ich wollte nur, daß mein Mann heimkehrte." In dem Augenblick trat der Rittmeister Moritz von R. hinein. Ihm folgte der junge Rechtsgelehrte, der durch seinen geistreichen, unerschöpflichen Humor den Zirkel belebte, der sich jeden Donnerstag im Hause des Obristen zu versammeln pflegte, und so war, wie Angelika bemerkte, ein einheimischer Kreis beisammen, der die größere Gesellschaft gern vermissen ließ. – Es war kalt im Saal, die Obristin ließ Feuer im Kamin anschüren und den Teetisch hinanrücken: „Euch beiden Männern", sprach sie nun, „euch beiden Männern, die ihr mit wahrhaft ritterlichem Heroismus durch Sturm und Braus zu uns gekommen, kann ich wohl gar nicht zumuten, daß ihr vorliebnehmen sollt mit unserm nüchternen, weichlichen Tee, darum soll euch Mademoiselle Marguerite das gute nordische Getränk bereiten, das allem bösen Wetter widersteht."

Marguerite, Französin, der Sprache, anderer weiblicher Kunstfertigkeiten halber, Gesellschafterin des Fräuleins Angelika, dem sie an Jahren kaum überlegen, erschien und tat, wie ihr geheißen.

Der Punsch dampfte, das Feuer knisterte im Kamin, man setzte sich enge beisammen an den kleinen Tisch. Da fröstelten und schauerten alle, und so munter und laut man erst im Saal auf und nieder gehend gesprochen, entstand jetzt eine augenblickliche Stille, in der die wunderlichen Stimmen, die der Sturm in den Rauchfängen aufgestört hatte, recht vernehmbar pfiffen und heulten.

„Es ist", fing Dagobert, der junge Rechtsgelehrte, endlich an, „es ist nun einmal ausgemacht, daß Herbst, Sturmwind, Kaminfeuer und Punsch ganz eigentlich zusammengehören, um die heimlichsten Schauer in unserm Innern aufzuregen." – „Die aber gar angenehm sind", fiel ihm Angelika in die Rede. „Ich meinesteils kenne keine hübschere Empfindung, als das leise Frösteln, das durch alle Glieder fährt, und indem man, der Himmel weiß wie, mit offnen Augen einen jähen Blick in die seltsamste Traumwelt hineinwirft." „Ganz recht", fuhr Dagobert fort, „ganz recht. Dieses angenehme Frösteln überfiel uns eben jetzt alle, und bei dem Blick, den wir dabei unwillkürlich in die Traumwelt werfen mußten, wurden wir ein wenig stille. Wohl uns, daß das vorüber ist, und daß wir so bald aus der Traumwelt zurückgekehrt sind in die schöne Wirklichkeit, die uns dies herrliche Getränk darbietet!" Damit stand er auf und leerte, sich anmutig gegen die Obristin verneigend, das vor ihm stehende Glas. „Ei", sprach nun Moritz, „ei, wenn du, so wie das Fräulein, so wie ich selbst, alle Süßigkeit jener Schauer, jenes träumerischen Zustandes empfindest, warum nicht gerne darin verweilen?" – „Erlaube", nahm Dagobert das Wort, „erlaube, mein Freund, zu bemerken, daß hier von jener Träumerei, in welcher der Geist sich in wunderlichem wirrem Spiel selbst erlustigt, gar nicht die Rede ist. Die echten Sturmwind-, Kamin- und Punschschauer sind nichts anders, als der erste

Anfall jenes unbegreiflichen geheimnisvollen Zustandes, der tief in der menschlichen Natur begründet ist, gegen den der Geist sich vergebens auflehnt, und vor dem man sich wohl hüten muß. Ich meine das Grauen – die Gespensterfurcht. Wir wissen alle, daß das unheimliche Volk der Spukgeister nur des Nachts, vorzüglich gern aber bei bösem Unwetter der dunklen Heimat entsteigt und seine irre Wanderung beginnt; billig ist's daher, daß wir zu solcher Zeit irgendeines grauenhaften Besuchs gewärtig sind." „Sie scherzen", sprach die Obristin, „Sie scherzen Dagobert, und auch das darf ich Ihnen nicht einräumen, daß das kindische Grauen, von dem wir manchmal befallen, ganz unbedingt in unserer Natur begründet sein sollte, vielmehr rechne ich es den Ammenmärchen und tollen Spukgeschichten zu, mit denen uns in der frühesten Jugend unsere Wärterinnen überschütteten."

„Nein", rief Dagobert lebhaft, „nein, gnädige Frau! Nie würden jene Geschichten, die uns als Kinder doch die allerliebsten waren, so tief und ewig in unserer Seele widerhallen, wenn nicht die widertönenden Saiten in unserm eignen Innern lägen. Nicht wegzuleugnen ist die geheimnisvolle Geisterwelt, die uns umgibt, und die oft in seltsamen Klängen, ja in wunderbaren Visionen sich uns offenbart. Die Schauer der Furcht, des Entsetzens mögen nur herrühren von dem Drange des irdischen Organismus. Es ist das Weh des eingekerkerten Geistes, das sich darin ausspricht." „Sie sind", sprach die Obristin, „ein Geisterseher wie alle Menschen von reger Fantasie. Gehe ich aber auch wirklich ein in Ihre Ideen, glaube ich wirklich, daß es einer unbekannten Geisterwelt erlaubt sei, in vernehmbaren Tönen, ja in Visionen sich uns zu offenbaren, so sehe ich doch nicht ein, warum die Natur die Vasallen jenes geheimnisvollen Reichs so feindselig uns gegenübergestellt haben sollte, daß sie nur Grauen, zerstörendes Entsetzen über uns zu bringen vermögen." „Vielleicht", fuhr Dagobert fort, „vielleicht liegt darin die Strafe der Mutter, deren Pflege, deren Zucht wir entartete Kinder entflohen. Ich meine, daß in jener goldnen Zeit, als unser Geschlecht noch im innigsten Einklange mit der ganzen Natur lebte, kein Grauen, kein Entsetzen uns verstörte, eben weil es in dem tiefsten Frieden, in der seligsten Harmonie alles Seins keinen Feind gab, der dergleichen über uns bringen konnte. Ich sprach von seltsamen Geisterstimmen, aber wie kommt es denn, daß alle Naturlaute, deren Ursprung wir genau anzugeben wissen, uns wie der schneidendste Jammer tönen und unsere Brust mit dem tiefsten Entsetzen erfüllen? – Der merkwürdigste jener Naturtöne ist die Luftmusik oder sogenannte Teufelsstimme auf Ceylon und in den benachbarten Ländern, deren Schubert in seinen Ansichten von der Nachtseite der Naturwissenschaft gedenkt. Diese Naturstimme läßt sich in stillen heitern Nächten, den Tönen einer tiefklagenden Menschenstimme ähnlich, bald wie aus weiter – weiter Ferne daherschwebend, bald ganz in der Nähe schallend, vernehmen. Sie äußert eine solche tiefe Wirkung auf das menschliche Gemüt, daß die ruhigsten, verständigsten Beobachter sich eben des tiefsten Entsetzens nicht erwehren können." „So ist es", unterbrach hier Moritz den Freund, „so ist es in der Tat. Nie war ich auf Ceylon, noch in den benachbarten Ländern, und doch hörte ich jenen entsetzlichen Naturlaut, und nicht ich allein, jeder, der ihn vernahm, fühlte die Wirkung, wie sie Dagobert beschrieben." „So wirst du", erwiderte Dagobert, „mich recht erfreuen und am besten die Frau Obristin überzeugen, wenn du erzählst, wie sich alles begeben."

„Sie wissen", begann Moritz, „daß ich in Spanien unter Wellington wider die Franzosen focht. Mit einer Abteilung spanischer und englischer Kavallerie biwakierte ich vor der Schlacht bei Viktoria zur Nachtzeit auf offenem Felde. Ich war von dem Marsch am gestrigen Tage, bis zum Tode ermüdet, fest eingeschlafen, da weckte mich ein schneidender Jammerlaut. Ich fuhr auf, ich glaubte nichts anders, als daß sich dicht neben mir ein Verwundeter gelagert, dessen Todesseufzer ich vernommen, doch schnarchten die Kameraden um mich her, und nichts ließ sich weiter hören. Die ersten Strahlen des Frührots brachen durch die dicke Finsternis, ich stand auf und schritt über die Schläfer wegsteigend weiter vor, um vielleicht den Verwundeten oder Sterbenden zu finden. Es war eine stille Nacht, nur leise, leise fing sich der Morgenwind an zu regen und das Laub zu schütteln. Da ging zum zweitenmal ein langer Klagelaut durch die Lüfte und verhallte dumpf in tiefer Ferne. Es war, als schwängen sich die Geister der Erschlagenen von den Schlachtfeldern empor und riefen ihr entsetzliches Weh durch des Himmels weiten Raum. Meine Brust erbebte, mich erfaßte ein tiefes namenloses Grauen. – Was war aller Jammer, den ich jemals aus menschlicher Kehle ertönen gehört, gegen diesen herzzerschneidenden Laut! Die Kameraden rappelten sich nun auf aus dem Schlafe. Zum drittenmal erfüllte stärker und gräßlicher der Jammerlaut die Lüfte. Wir erstarrten im tiefsten

Entsetzen, selbst die Pferde wurden unruhig und schnaubten und stampften. Mehrere von den Spaniern sanken auf die Knie nieder und beteten laut. Ein englischer Offizier versicherte, daß er dies Phänomen, das sich in der Atmosphäre erzeuge, und elektrischen Ursprungs sei, schon öfters in südlichen Gegenden bemerkt habe, und daß wahrscheinlich die Witterung sich ändern werde. Die Spanier, zum Glauben an das Wunderbare geneigt, hörten die gewaltigen Geisterstimmen überirdischer Wesen, die das Ungeheure verkündeten, das sich nun begeben werde. Sie fanden ihren Glauben bestätigt, als folgenden Tages die Schlacht mit all ihren Schrecken daherdonnerte."

„Dürfen wir", sprach Dagobert, „dürfen wir denn nach Ceylon gehen oder nach Spanien, um die wunderbaren Klagetöne der Natur zu vernehmen? Kann uns das dumpfe Geheul des Sturmwinds, das Geprassel des herabstürzenden Hagels, das Ächzen und Krächzen der Windfahnen nicht ebensogut, wie jener Ton mit tiefem Grausen erfüllen? – Ei! gönnen wir doch nur ein geneigtes Ohr der tollen Musik, die hundert abscheuliche Stimmen hier im Kamin aborgeln, oder horchen wir doch nur was weniges auf das gespenstische Liedlein, das eben jetzt die Teemaschine zu singen beginnt!"

„O herrlich!" rief die Obristin, „o überaus herrlich! – Sogar in die Teemaschine bannt unser Dagobert Gespenster, die sich uns in grausigen Klagelauten offenbaren sollen!" „Ganz unrecht", nahm Angelika das Wort, „ganz unrecht, liebe Mutter, hat unser Freund doch nicht. Das wunderliche Pfeifen und Knattern und Zischen im Kamin könnte mir wirklich Schauer erregen, und das Liedchen, was die Teemaschine so tiefklagend absingt, ist mir so unheimlich, daß ich nur gleich die Lampe auslöschen will, damit es schnell ende."

Angelika stand auf, ihr entfiel das Tuch, Moritz bückte sich schnell darnach und überreichte es dem Fräulein. Sie ließ den seelenvollen Blick ihrer Himmelsaugen auf ihn ruhen, er ergriff ihre Hand und drückte sie mit Inbrunst an die Lippen.

In demselben Augenblicke zitterte Marguerite, wie berührt von einem elektrischen Schlag, heftig zusammen, und ließ das Glas Punsch, das sie soeben eingeschenkt und Dagobert darreichen wollte, auf den Boden fallen, daß es in tausend Stücke zerklirrte. Laut schluchzend warf sie sich der Obristin zu Füßen, nannte sich ein dummes ungeschicktes Ding, und bat sie, zu vergönnen, daß sie sich in ihr Zimmer entferne. Alles was eben jetzt erzählt worden, habe ihr, unerachtet sie es keinesweges ganz verstanden, innerlichen Schauer erregt; ihre Angst hier am Kamin sei unbeschreiblich, sie fühle sich krank, sie wolle sich ins Bett legen. – Und dabei küßte sie der Obristin die Hände, und benetzte sie mit den heißen Tränen, die ihr aus den Augen stürzten.

Dagobert fühlte das Peinliche des ganzen Auftritts und die Notwendigkeit, der Sache einen andern Schwung zu geben. Auch er stürzte plötzlich der Obristin zu Füßen und flehte mit der weinerlichsten Stimme, die ihm nur zu Gebote stand, um Gnade für die Verbrecherin, die sich unterfangen, das köstlichste Getränk zu verschütten, das je eines Rechtsgelehrten Zunge genetzt und sein frostiges Herz erwärmt. Was den Punschfleck auf dem gebohnten Fußboden betreffe, so schwöre er morgenden Tages sich Wachsbürsten unter die Füße zu schrauben und in den göttlichsten Touren, die jemals in eines Hoftanzmeisters Kopf und Beine gekommen, eine ganze Stunde hindurch den Saal zu durchrutschen.

Die Obristin, die erst sehr finster Marguerite angeblickt, erheiterte sich bei Dagoberts klugem Beginnen. Sie reichte lachend beiden die Hände und sprach: „Steht auf, und trocknet eure Tränen, ihr habt Gnade gefunden vor meinem strengen Richterstuhl! – Du, Marguerite, hast es allein deinem geschickten Anwalt und seiner heroischen Aufopferung rücksichts des Punschflecks zu verdanken, daß ich dein ungeheures Verbrechen nicht schwer ahnde. Aber ganz erlassen kann ich dir die Strafe nicht. Ich befehle daher, daß du ohne an Kränkelei zu denken, fein im Saal bleibest, unsern Gästen fleißiger als bisher Punsch einschenkest, vor allen Dingen aber deinem Retter zum Zeichen der innigsten Dankbarkeit einen Kuß gibst!"

„So bleibt die Tugend nicht unbelohnt", rief Dagobert mit komischem Pathos, indem er Margueritens Hand ergriff. „Glauben Sie", sprach er dann, „glauben Sie nur, Holde! daß es noch auf der Erde heroische Juriskonsulten gibt, die sich rücksichtslos aufopfern für Unschuld und Recht! – Doch! – geben wir nun unserer strengen Richterin nach – vollziehen wir ihr Urteil, von dem keine Appellation möglich." Damit drückte er einen flüchtigen Kuß auf Margueritens Lippen, und führte sie sehr feierlich auf den Platz zurück, den sie vorher eingenommen. Marguerite über und über rot, lachte laut auf, indem ihr noch die hellen Tränen in den Augen standen. „Alberne Törin", rief sie auf französisch, „alberne Törin, die ich bin! – muß ich denn nicht alles tun, was die Frau Obristin befiehlt? Ich werde ruhig sein, ich werde Punsch einschenken und von Gespenstern sprechen hören, ohne mich zu fürchten.“ „Bravo“, nahm Dagobert das Wort, „bravo englisches Kind, mein Heroismus hat dich begeistert, und mich die Süßigkeit deiner holden Lippen! – Meine Fantasie ist neu beschwingt und ich fühle mich aufgelegt, das Schauerlichste aus dem *regno di pianto* aufzutischen zu unserer Ergötzlichkeit.“ „Ich dächte“, sprach die Obristin, „ich dächte, wir schwiegen von dem fatalen unheimlichen Zeuge.“ „Bitte“, fiel ihr Angelika ins Wort, „bitte, liebe Mutter, lassen Sie unsern Freund Dagobert gewähren. Gestehen will ich's nur, daß ich recht kindisch bin, daß ich nichts lieber hören mag, als hübsche Spukgeschichten, die so recht durch alle Glieder frösteln.“ „O wie mich das freut“, rief Dagobert, „o wie mich das freut! Nichts ist liebenswürdiger bei jungen Mädchen, als wenn sie recht graulich sind, und ich möchte um alles in der Welt keine Frau heiraten, die sich nicht vor Gespenstern recht tüchtig ängstigt.“ „Du behauptetest“, sprach Moritz, „du behauptetest, lieber Freund Dagobert, vorhin, daß man sich vor jedem träumerischen Schauer, als dem ersten Anfall der Gespensterfurcht, wohl hüten müsse, und bist uns die nähere Erklärung weshalb? noch schuldig.“ „Es bleibt“, erwiderte Dagobert, „sind nur die Umstände darnach, niemals bei jenen angenehmen träumerischen Schauern, die der erste Anfall herbeiführt. Ihnen folgt bald Todesangst, haarsträubendes Entsetzen und so scheint jenes angenehme Gefühl nur die Verlokkung zu sein, mit der uns die unheimliche Geisterwelt bestrickt. Wir sprachen erst von uns erklärlichen Naturtönen und ihrer gräßlichen Wirkung auf unsere Sinne. Zuweilen vernehmen wir aber seltsamere Laute, deren Ursache uns durchaus unerforschlich ist, und die in uns ein tiefes Grauen erregen. Alle beschwichtigende Gedanken, daß irgendein verstecktes Tier, die Zugluft oder sonst etwas jenen Ton auf ganz natürliche Art hervorbringen könne, hilft durchaus nichts. Jeder hat es wohl erfahren, daß in der Nacht das kleinste Geräusch, was in abgemessenen Pausen wiederkehrt, allen Schlaf verjagt, und die innerliche Angst steigert und steigert bis zur Verstörtheit aller Sinne. – Vor einiger Zeit stieg ich auf der Reise in einem Gasthof ab, dessen Wirt mir ein hohes, freundliches Zimmer einräumte. Mitten in der Nacht erwachte ich plötzlich aus dem Schlafe. Der Mond warf seine hellen Strahlen durch die unverhüllten Fenster, so daß ich alle Möbeln, auch den kleinsten Gegenstand im Zimmer deutlich erkennen konnte. Da gab es einen

Ton, wie wenn ein Regentropfen hinabfiele in ein metallnes Becken. Ich horchte auf! – In abgemessenen Pausen kehrte der Ton wieder. Mein Hund, der sich unter dem Bette gelagert, kroch hervor und schnupperte winselnd und ächzend im Zimmer umher und kratzte bald an den Wänden, bald an dem Boden. Ich fühlte, wie Eisströme mich durchglitten, wie kalte Schweißtropfen auf meiner Stirne hervortröpfelten. Doch, mich mit Gewalt ermannend, rief ich erst laut, sprang dann aus dem Bette und schritt vor bis in die Mitte des Zimmers. Da fiel der Tropfe dicht vor mir, ja wie durch mein Inneres nieder in das Metall, das in gellendem Laut erdröhnte. Übermannt von dem tiefsten Entsetzen taumelte ich nach dem Bett, und barg mich halb ohnmächtig unter der Decke. Da war es, als wenn der immer noch in gemessenen Pausen zurückkehrende Ton leiser und immer leiser hallend in den Lüften verschwebe. Ich fiel in tiefen Schlaf, aus dem ich erst am hellen Morgen erwachte, der Hund hatte sich dicht an mich geschmiegt, und sprang erst, als ich mich aufrichtete, herab vom Bette lustig blaffend, als sei auch ihm jetzt erst alle Angst entnommen. Mir kam der Gedanke, daß vielleicht *mir* nur die ganz natürliche Ursache jenes wunderbaren Klangs verborgen geblieben sein könne, und ich erzählte dem Wirt mein wichtiges Abenteuer, dessen Grausen ich in allen Gliedern fühlte. Er werde, schloß ich, gewiß mir alles erklären können und habe unrecht getan, mich nicht darauf vorzubereiten. Der Wirt erblaßte, und bat mich um des Himmels willen, doch niemanden mitzuteilen, was sich in jenem Zimmer begeben, da er sonst Gefahr laufe, seine Nahrung zu verlieren. Mehrere Reisende, erzählte er, hätten schon vormals über jenen Ton, den sie in mondhellen Nächten vernommen, geklagt. Er habe alles auf das genaueste untersucht, ja selbst die Dielen in diesem Zimmer und den anstoßenden Zimmern aufreißen lassen, so wie in der Nachbarschaft emsig nachgeforscht, ohne auch im mindesten der Ursache jenes grauenvollen Klangs auf die Spur kommen zu können. Schon seit beinahe Jahresfrist sei es still geblieben, und er habe geglaubt, von dem bösen Spuk befreit zu sein, der nun, wie er zu seinem großen Schrecken vernehmen müsse, sein unheimliches Wesen aufs neue treibe. Unter keiner Bedingung werde er mehr irgendeinen Gast in jenem verrufenen Zimmer beherbergen!“

„Ach“, sprach Angelika, indem sie sich wie im Fieberfrost schüttelte, „das ist schauerlich, das ist sehr schauerlich, nein ich wäre gestorben, wenn mir dergleichen begegnet. Oft ist es mir aber schon geschehen, daß ich aus dem Schlaf plötzlich erwachend eine unbeschreibliche innere Angst empfand, als habe ich irgend etwas Entsetzliches erfahren. Und doch hatte ich auch nicht die leiseste Ahnung davon, ja nicht einmal die Erinnerung irgendeines fürchterlichen Traumes, vielmehr war es mir, als erwache ich aus einem völlig bewußtlosen todähnlichen Zustande."

„Diese Erscheinung kenne ich wohl", fuhr Dagobert fort. „Vielleicht deutet gerade das auf die Macht fremder psychischer Einflüsse, denen wir uns willkürlos hingeben müssen. So wie die Somnambule sich durchaus nicht ihres somnambulen Zustandes erinnert und dessen, was sich in demselben mit ihr begeben, so kann vielleicht jene grauenhafte Angst, deren Ursache uns verborgen bleibt, der Nachhall irgendeines gewaltigen Zaubers sein, der uns uns selbst entrückte."

„Ich erinnere mich", sprach Angelika, „noch sehr lebhaft, wie ich, es mögen wohl vier Jahre her sein, in der Nacht meines vierzehnten Geburtstages in einem solchen Zustande erwachte, dessen Grauen mich einige Tage hindurch lähmte. Vergebens rang ich aber darnach, mich auf den Traum zu besinnen, der mich so entsetzt hatte. Deutlich bin ich mir bewußt, daß ich eben auch im Traum jenen schrecklichen Traum diesem, jenem, vor allen aber meiner guten Mutter öfters erzählt habe, aber nur, daß ich jenen Traum erzählt hatte, ohne mich auf seinen Inhalt besinnen zu können, war mir beim Erwachen erinnerlich." „Dieses wunderbare psychische Phänomen", erwiderte Dagobert, „hängt genau mit dem magnetischen Prinzip zusammen." „Immer ärger", rief die Obristin, „immer ärger wird es mit unserm Gespräch, wir verlieren uns in Dinge, an die nur zu denken mir unerträglich ist. Ich fordere Sie auf, Moritz, sogleich etwas recht Lustiges, Tolles zu erzählen, damit es nur mit den unheimlichen Spukgeschichten einmal ende."

„Wie gern", sprach Moritz, „wie gern will ich mich Ihrem Befehl, Frau Obristin, fügen, wenn es mir erlaubt ist, nur noch einer einzigen schauerlichen Begebenheit zu gedenken, die mir schon lange auf den Lippen schwebt. Sie erfüllt in diesem Augenblick mein Inneres so ganz und gar, daß es ein vergebliches Mühen sein würde, von andern heitern Dingen zu sprechen."

„So entladen Sie sich denn", erwiderte die Obristin, „alles Schauerlichen, von dem Sie nun einmal befangen. Mein Mann muß bald heimkehren, und dann will ich in der Tat recht gern irgendein Gefecht noch einmal mit euch durchkämpfen, oder mit verliebtem Enthusiasmus von schönen Pferden sprechen hören, um nur aus der Spannung zu kommen, in die mich das spukhafte Zeug versetzt, wie ich nicht leugnen mag."

„In dem letzten Feldzuge", begann Moritz, „machte ich die Bekanntschaft eines russischen Obristlieutenants, Livländers von Geburt, kaum dreißig Jahre alt, die, da der Zufall es wollte, daß wir längere Zeit hindurch vereint dem Feinde gegenüberstanden, sehr bald zur engsten Freundschaft wurde. *Bogislav*, so war der Obristlieutenant mit Vornamen geheißen, hatte alle Eigenschaften, um sich überall die höchste Achtung, die innigste Liebe zu erwerben. Er war von hoher, edler Gestalt, geistreichem, männlich schönem Antlitz, seltner Ausbildung, die Gutmütigkeit selbst, und dabei tapfer wie ein Löwe. Er konnte vorzüglich bei der Flasche sehr heiter sein, aber oft übermannte ihn plötzlich der Gedanke an irgend etwas Entsetzliches, das ihm begegnet sein mußte, und das die Spuren des tiefsten Grams auf seinem Gesicht zurückgelassen hatte. Er wurde dann still, verließ die Gesellschaft und streifte einsam umher. Im Felde pflegte er nachts rastlos von Vorposten zu Vorposten zu reiten, nur nach der erschöpfendsten Anstrengung überließ er sich dem Schlaf. Kam nun noch hinzu, daß er oft ohne dringende Not sich der drohendsten Gefahr aussetzte, und den Tod in der Schlacht zu suchen schien, der ihn floh, da im härtsten Handgemenge ihn keine Kugel, kein Schwertstreich traf, so war es wohl gewiß, daß irgendein unersetzlicher Verlust, ja wohl gar eine rasche Tat sein Leben verstört hatte.

Wir nahmen auf französischem Gebiet ein befestigtes Schloß mit Sturm, und harrten dort ein paar Tage, um den erschöpften Truppen Erholung zu gönnen. Die Zimmer, in denen sich Bogislav einquartiert hatte, lagen nur ein paar Schritte von dem meinigen entfernt. In der Nacht weckte mich ein leises Pochen an meine Stubentüre. Ich forschte, man rief meinen Namen, ich erkannte Bogislavs Stimme, stand auf und öffnete. Da stand Bogislav vor mir im Nachtgewande, den Leuchter mit der brennenden Kerze in der Hand, entstellt – bleich wie der Tod – bebend an allen Gliedern – keines Wortes mächtig! – ‚Um des Himmels willen – was ist geschehen – was ist dir, mein teuerster Bogislav!' So rief ich, führte den Ohnmächtigen zum Lehnstuhl, schenke ihm zwei – drei – Gläser von dem starken Wein ein, der gerade auf dem Tische stand, hielt seine Hand in der meinigen fest, sprach tröstende Worte, wie ich nur konnte, ohne die Ursache seines entsetzlichen Zustandes zu wissen.

Bogislav erholte sich nach und nach, seufzte tief auf und begann mit leiser, hohler Stimme: ‚Nein! – Nein! – Ich werde wahnsinnig, faßt mich nicht der Tod, dem ich mich sehnend in die Arme werfe! – Dir, mein treuer Moritz, vertraue ich mein entsetzliches Geheimnis. – Ich sagte dir schon, daß ich mich vor mehreren Jahren in Neapel befand. Dort sah ich die Tochter eines der angesehensten Häuser und kam in glühende Liebe. Das Engelsbild gab sich mir ganz hin, und von den Eltern begünstigt wurde der Bund geschlossen, von dem ich alle Seligkeit des Himmels hoffte. Schon war der Hochzeittag bestimmt, da erschien ein sizilianischer Graf, und drängte sich zwischen uns mit eifrigen Bewerbungen um meine Braut. Ich stellte ihn zur Rede, er verhöhnte mich. Wir schlugen uns, ich stieß ihm den Degen durch den Leib. Nun eilte ich zu meiner Braut. Ich fand sie in Tränen gebadet, sie nannte mich den verruchten Mörder ihres Geliebten, stieß mich von sich mit allen Zeichen des Abscheus, schrie auf in trostlosem Jammer, sank ohnmächtig nieder wie vom giftigen Skorpion berührt, als ich ihre Hand faßte! – Wer schildert mein Entsetzen! Den Eltern war die Sinnesänderung ihrer Tochter ganz unerklärlich. Nie hatte sie den Bewerbungen des Grafen Gehör gegeben. Der Vater versteckte mich in seinem Palast, und sorgte mit großmütigem Eifer dafür, daß ich unentdeckt Neapel verlassen konnte. Von allen Furien gepeitscht, floh ich in einem Strich fort bis nach Petersburg! – Nicht die Untreue meiner Geliebten, nein! – ein furchtbares Geheimnis ist es, das mein Leben verstört! – Seit jenem unglücklichen Tage in Neapel verfolgt mich das Grauen, das Entsetzen der Hölle! – Oft bei Tage, doch öfter zur Nachtzeit vernehme ich bald aus der Ferne, bald dicht neben mir ein tiefes Todesächzen. Es ist die Stimme des getöteten Grafen, die mein Innerstes mit dem tiefsten Grausen durchbebt. Durch den stärksten Kanonendonner, durch das prasselnde Musketenfeuer der Bataillone, vernehme ich dicht vor meinen Ohren den gräßlichen Jammerton, und alle Wut, alle Verzweiflung des Wahnsinns erwacht in meinem Busen! – Eben in dieser Nacht‘ – Bogislav hielt inne und mich, wie ihn, faßte das Entsetzen, denn ein lang ausgehaltener herzzerschneidender Jammerton ließ sich, wie vom Gange herkommend, vernehmen. Dann war es, als raffe sich jemand ächzend und stöhnend mühsam vom Boden empor, und nahe sich schweren, unsichern Trittes. Da erhob sich Bogislav plötzlich von aller Kraft beseelt vom Lehnstuhl und rief, wilde Glut in den Augen, mit donnernder Stimme: ‚Erscheine mir, Verruchter! wenn du es vermagst – ich nehm es auf mit dir und mit allen Geistern der Hölle, die dir zu Gebote stehn –‘ Nun geschah ein gewaltiger Schlag.“ –

In dem Augenblick sprang die Türe des Saals auf mit dröhnendem Gerassel.

– Sowie Ottmar diese Worte las, sprang auch die Türe des Gartensaals wirklich dröhnend auf und die Freunde erblickten eine dunkle verhüllte Gestalt, die sich langsam mit unhörbaren Geisterschritten nahte. Alle starrten etwas entsetzt hin, jedem stockte der Atem.

„Ist es recht“, schrie endlich Lothar, als der volle Schein der Lichter der Gestalt ins Gesicht fiel und den Freund Cyprianus erkennen ließ, „ist es recht, ehrbare Leute foppen zu wollen mit schnöder Geisterspielerei? – Doch ich weiß es, Cyprian, du begnügst dich nicht mit Geistern und allerlei seltsamen Visionen und tollem Spuk zu hantieren, du möchtest selbst gern manchmal ein Spuk, ein Gespenst sein. Aber sage, wo kamst du so plötzlich her, wie hast du uns hier auffinden können?“

„Ja! das sage, das sage!“ wiederholten Ottmar und Lothar.

„Ich komme“, begann Cyprian, „heute von meiner Reise zurück, ich laufe zu Theodor, zu Lothar, zu Ottmar, keinen treffe ich an! In vollem Unmut renne ich heraus ins Freie und der Zufall will, daß ich, nach der Stadt zurückkehrend, den Weg einschlage, der bei dem Gartenhause dicht vorbeiführt. Es ist mir, als höre ich eine wohlbekannte Stimme, ich gucke durchs Fenster und erblicke meine würdigen Serapions-Brüder und höre meinen Ottmar den unheimlichen Gast vorlesen.“

„Wie“, unterbrach Ottmar den Freund, „wie du kennst schon meine Geschichte?“

„Du vergissest“, fuhr Cyprian fort, „daß du die Ingredienzien zu dieser Erzählung von mir selbst empfingest. Ich bin es, der dich mit der Teufelsstimme, mit der Luftmusik bekannt machte, der dir sogar die Idee der Erscheinung des unheimlichen Gastes gab, und ich bin begierig, wie du mein Thema ausgeführt hast. Übrigens werdet ihr finden, daß als Ottmar die Türe des Saals aufspringen ließ, ich notwendig ein Gleiches tun und euch erscheinen mußte.“

„Doch“, nahm Theodor das Wort, „doch gewiß nicht als

unheimlicher Gast, sondern als treuer Serapions-Bruder, der, unerachtet er mich, wie ich gern gestehen will, nicht wenig erschreckt hat, mir tausendmal willkommen sein soll."

„Und wenn", sprach Lothar, „er durchaus heute ein Geist sein will, so soll er wenigstens nicht zu den unruhigen Geistern gehören, sondern sich niederlassen Tee trinkend, ohne zu sehr mit der Tasse zu klappern, dem Freunde Ottmar zuhorchen, auf dessen Geschichte ich um so begieriger bin, da er diesmal ein ihm gegebenes fremdes Thema bearbeitet hat."

Auf Theodor, der von seiner Krankheit her noch sehr reizbar, hatte der Scherz des Freundes in der Tat mehr gewirkt als dienlich. Er war totenbleich und man gewahrte, daß er sich einige Gewalt antun mußte, um heiter zu scheinen.

Cyprian bemerkte dies und war nun über das, was er begonnen, nicht wenig betreten. „In der Tat", sprach er, „ich dachte nicht daran, daß mein teurer Freund kaum von einer bösen Krankheit erstanden. Ich handelte gegen meinen eignen Grundsatz, welcher total verbietet, dergleichen Scherz zu treiben, da es sich oft schon begeben, daß der fürchterliche Ernst der Geisterwelt eingriff in diesen Scherz und das Entsetzliche gebar. Ich erinnere mich zum Beispiel –"

„Halt, halt", rief Lothar, „ich leide durchaus keine längere Unterbrechung. Cyprian steht im Begriff, uns nach seiner gewöhnlichen Weise zu entführen in seinen einheimischen schwarzen Zauberwald. Ich bitte dich, Ottmar, fahre fort."

Ottmar las weiter:

Hinein trat ein Mann von Kopf bis zu Fuß schwarz gekleidet, bleichen Antlitzes, ernsten, festen Blickes. Er nahte sich mit dem edelsten Anstande der vornehmen Welt der Obristin, und bat in gewählten Ausdrücken um Verzeihung, daß er früher geladen, so spät komme, ein Besuch, den er nicht loswerden können, habe ihn zu seinem Verdruß aufgehalten. – Die Obristin, nicht fähig, sich von dem jähen Schreck zu erholen, stammelte einige unvernehmliche Worte, die ungefähr andeuten sollten, der Fremde möge Platz nehmen. Er rückte einen Stuhl dicht neben der Obristin, Angelika gegenüber, hin, setzte sich, ließ seinen Blick den Kreis durchlaufen. Keiner vermochte, wie gelähmt, ein Wort hervorzubringen. Da begann der Fremde: doppelt müsse er sich entschuldigen, einmal daß er in so später Stunde, und dann daß er mit so vielem Ungestüm eingetreten sei. Nicht seine Schuld sei aber auch das letzte, da nicht *er*, sondern der Diener, den er auf dem Vorsaal getroffen, die Türe so heftig aufgestoßen. Die Obristin, mit Mühe das unheimliche Gefühl, von dem sie ergriffen, bekämpfend, fragte, wen sie bei sich zu sehen das Vergnügen habe. Der Fremde schien die Frage zu überhören auf Margueriten achtend, die, in ihrem ganzen Wesen plötzlich verändert, laut auflachte, dicht an den Fremden hinantänzelte, und immerfort kichernd auf französisch erzählte, daß man sich eben in den schönsten Spukgeschichten erlustigt, und daß nach dem Willen des Herrn Rittmeisters eben ein böses Gespenst erscheinen sollen, als er, der Fremde, hineingetreten. Die Obristin, das Unschickliche fühlend, den Fremden, der sich als eingeladen angekündigt, nach Stand und Namen zu fragen, mehr aber noch von seiner Gegenwart beängstigt, wiederholte nicht ihre Frage, verwies Margueriten nicht ein Betragen, das beinahe den Anstand verletzte. Der Fremde machte Margueritens Geschwätz ein Ende, indem er sich zur Obristin, dann zu den übrigen wendend von irgendeiner gleichgültigen Begebenheit zu sprechen begann, die sich gerade am Orte zugetragen. Die Obristin antwortete, Dagobert versuchte sich ins Gespräch zu mischen, das endlich in einzelnen abgebrochenen Reden mühsam fortschlich. Und dazwischen trillerte Marguerite einzelne Couplets französischer Chansons und figurierte, als besönne sie sich auf die neuesten Touren einer Gavotte, während die andern sich nicht zu regen vermochten. Jeder fühlte seine Brust beengt, jeden drückte wie eine Gewitterschwüle die Gegenwart des Fremden, jedem erstarb das Wort auf den Lippen, wenn er in das todbleiche Antlitz des unheimlichen Gastes schaute. Und doch hatte dieser in Ton und Gebärde durchaus nichts Ungewöhnliches, vielmehr zeigte sein ganzes Betragen den vielerfahrnen gebildeten Weltmann. Der fremde scharfe Akzent, mit dem er deutsch und französisch sprach, ließ mit Recht schließen, daß er weder ein Deutscher, noch ein Franzose sein konnte.

Auf atmete die Obristin, als endlich Reuter vor dem Hause hielten, und die Stimme des Obristen sich vernehmen ließ.

Bald darauf trat der Obrist in den Saal. Sowie er den Fremden erblickte, eilte er auf ihn zu und rief: „Herzlich willkommen in meinem Hause, lieber Graf! – Auf das herzlichste willkommen.“ Dann sich zur Obristin wendend: „Graf S—i, ein teurer, treuer Freund, den ich mir im tiefen Norden erwarb, und im Süden wiederfand.“

Die Obristin, der nun erst alle Bangigkeit entnommen, versicherte dem Grafen mit anmutigem Lächeln, nur der Schuld ihres Mannes, der unterlassen, sie auf seinen Besuch vorzubereiten, habe er es beizumessen, wenn er vielleicht etwas seltsam und gar nicht auf die Weise, wie es dem vertrauten Freunde gebühre, empfangen worden. Dann erzählte sie dem Obristen, wie den ganzen Abend über von nichts anderm, als von Spukereien und unheimlichem Wesen die Rede gewesen sei, wie Moritz eine schauerliche Geschichte erzählt, die ihm und einem seiner Freunde begegnet, wie eben in dem Augenblick, als Moritz gesprochen: „Nun geschah ein entsetzlicher Schlag", die Türe des Saals aufgesprungen und der Graf eingetreten sei.

„Allerliebst!" rief der Obrist laut lachend, „allerliebst, man hat Sie, lieber Graf, für ein Gespenst gehalten! In der Tat mir scheint, als wenn meine Angelika noch einige Spuren des Schrecks im Gesicht trüge, als wenn der Rittmeister sich noch nicht ganz von den Schauern seiner Geschichte erholen könnte, ja als wenn sogar Dagobert seine Munterkeit verloren. Sagen Sie, Graf! ist es nicht arg, Sie für einen Spuk, für einen schnöden Revenant zu nehmen?"

„Sollte ich", erwiderte der Graf mit seltsamen Blick, „sollte ich vielleicht etwas Gespenstisches an mir tragen? – Man spricht ja jetzt viel von Menschen, die auf andere vermöge eines besondern psychischen Zaubers einzuwirken vermögen, daß ihnen ganz unheimlich zumute werden soll. Vielleicht bin ich gar solchen Zaubers mächtig."

„Sie scherzen, lieber Graf", nahm die Obristin das Wort, „aber wahr ist es, daß man jetzt wieder Jagd macht auf die wunderlichsten Geheimnisse."

„So wie", erwiderte der Graf, „so wie man überhaupt wieder an Ammenmärchen und wunderlichen Einbildungen kränkelt. Ein jeder hüte sich vor dieser sonderbaren Epidemie. – Doch ich unterbrach den Herrn Rittmeister bei dem spannendsten Punkt seiner Erzählung und bitte ihn, da niemand von seinen Zuhörern den Schluß – die Auflösung gern missen würde, fortzufahren."

Dem Rittmeister war der fremde Graf nicht nur unheimlich, sondern recht im Grunde der Seele zuwider. Er fand in seinen Worten, zumal da er recht fatal dabei lächelte, etwas Verhöhnendes und erwiderte mit flammendem Blick und scharfem Ton, daß er befürchten müsse, durch sein Ammenmärchen die

Heiterkeit, die der Graf in den düster gestimmten Zirkel gebracht, zu verstören, er wolle daher lieber schweigen.

Der Graf schien nicht sonderlich des Rittmeisters Worte zu beachten. Mit der goldenen Dose, die er zur Hand genommen, spielend, wandte er sich an den Obristen mit der Frage, ob die aufgeweckte Dame nicht eine geborne Französin sei?

Er meinte Margueriten, die immerfort trällernd im Saal herumhüpfte. Der Obrist trat an sie heran und fragte halblaut, ob sie wahnsinnig geworden? Marguerite schlich erschrocken an den Teetisch, und setzte sich still hin.

Der Graf nahm nun das Wort und erzählte auf anziehende Weise von diesem, jenem, was sich in kurzer Zeit begeben. – Dagobert vermochte kaum ein Wort herauszubringen. Moritz stand da über und über rot, mit blitzenden Augen, wie das Zeichen zum Angriff erwartend. Angelika schien ganz in die weibliche Arbeit vertieft, die sie begonnen, sie schlug kein Auge auf! – Man schied in vollem Mißmut auseinander.

„Du bist ein glücklicher Mensch“, rief Dagobert, als er sich mit Moritz allein befand, „zweifle nicht länger, daß Angelika dich innig liebt. Tief habe ich es heute in ihren Blicken erschaut, daß sie ganz und gar in Liebe ist zu dir. Aber der Teufel ist immer geschäftig und säet sein giftiges Unkraut unter den schön blühenden Weizen. Marguerite ist entbrannt in toller Leidenschaft. Sie liebt dich mit allem wütenden Schmerz, wie er nur ein brünstiges Gemüt zerreißen kann. Ihr heutiges wahnsinniges Beginnen war der nicht niederzukämpfende Ausbruch der rasendsten Eifersucht. Als Angelika das Tuch fallen ließ, als du es ihr reichtest, als du ihre Hand küßtest, kamen die Furien der Hölle über die arme Marguerite. Und daran bist du schuld. Du bemühtest dich sonst mit aller möglichen Galanterie um die bildhübsche Französin. Ich weiß, daß du immer nur Angelika meintest, daß alle Huldigungen, die du an Margueriten verschwendetest, nur ihr galten, aber die falsch gerichteten Blitze trafen und zündeten. – Nun ist das Unheil da und ich weiß in der Tat nicht, wie das Ding enden soll ohne schrecklichen Tumult und gräßlichen Wirrwarr!“

„Geh doch nur“, erwiderte der Rittmeister, „geh doch nur mit Margueriten. Liebt mich Angelika wirklich – ach! woran ich wohl noch zweifle – so bin ich glücklich und selig, und frage nichts nach allen Margueriten in der Welt mitsamt ihrer Tollheit! Aber eine andere Furcht ist in mein Gemüt gekommen! Dieser fremde unheimliche Graf, der wie ein dunkles düstres Geheimnis eintrat, der uns alle verstörte, scheint er nicht sich recht feindlich zwischen uns zu stellen? – Es ist mir, als träte aus dem tiefsten Hintergrunde eine Erinnerung – fast möcht ich sagen – ein Traum hervor, der mir diesen Grafen darstellt unter grauenvollen Umständen! Es ist mir, als müsse da, wo er sich hinwendet, irgendein entsetzliches Unheil von ihm beschworen aus dunkler Nacht vernichtend hervorblitzen. – Hast du wohl bemerkt, wie oft sein Blick auf Angelika ruhte, und wie dann ein fahles Rot seine bleichen Wangen färbte, und schnell wieder verschwand? Auf meine Liebe hat es der Unhold abgesehen, darum klangen die Worte, die er an mich richtete, so höhnend, aber ich stelle mich ihm entgegen auf den Tod!"

Dagobert nannte den Grafen einen gespenstischen Patron, dem man aber keck unter die Augen treten müsse, doch vielleicht sei auch, meinte er, viel weniger dahinter, als man glaube und alles unheimliche Gefühl nur der besondern Spannung zuzuschreiben, in der man sich befand, als der Graf eintrat. „Laß uns", so schloß Dagobert, „allem verstörenden Wesen mit festem Gemüt, mit unwandelbarem Vertrauen auf das Leben begegnen. Keine finstere Macht wird das Haupt beugen, was sich kräftig und mit heiterm Mut emporhebt!" –

Längere Zeit war vergangen. Der Graf hatte sich, immer öfter und öfter das Haus des Obristen besuchend, beinahe unentbehrlich gemacht. Man war darüber einig, daß der Vorwurf des unheimlichen Wesens auf die zurückfalle, die ihm diesen Vorwurf gemacht. „Konnte", sprach die Obristin, „konnte der Graf nicht mit Recht uns selbst mit unsern blassen Gesichtern, mit unserm seltsamen Betragen unheimliche Leute nennen?" – Der Graf entwickelte in jedem Gespräch einen Schatz der reichhaltigsten Kenntnisse, und sprach er, Italiener von Geburt, zwar im fremden Akzent, so war er doch des geübtesten Vortrags vollkommen mächtig. Seine Erzählungen rissen in lebendigem Feuer unwiderstehlich hin, so daß selbst Moritz und Dagobert, so feindlich sie gegen den Fremden gesinnt, wenn er sprach und über sein blasses, aber schön geformtes ausdrucksvolles Gesicht ein anmutiges Lächeln flog, allen Groll vergaßen, und wie Angelika, wie alle übrige, an seinen Lippen hingen.

Des Obristen Freundschaft mit dem Grafen war auf eine Weise entstanden, die diesen als den edelmütigsten Mann darstellte. Im tiefen Norden führte beide der Zufall zusammen, und hier half der Graf den Obristen auf die uneigennützigste Weise aus einer Verlegenheit, die was Geld und Gut, ja was den guten Ruf und die Ehre betrifft, die verdrüßlichsten Folgen hätte haben können. Der Obrist, tief fühlend was er dem Grafen verdankte, hing an ihm mit ganzer Seele.

‚Es ist", sprach der Obrist eines Tages zu der Obristin, als sie sich eben allein befanden, „es ist nun an der Zeit, daß ich dir sage, was es mit dem Hiersein des Grafen für eine tiefere Bewandtnis hat. – Du weißt, daß wir, ich und der Graf in P., wo ich mich vor vier Jahren befand, uns immer enger und enger aneinander geschlossen, so daß wir zuletzt zusammen in aneinanderstoßenden Zimmern wohnten. Da geschah es, daß der Graf mich einst an einem frühen Morgen besuchte, und auf meinem Schreibtisch das kleine Miniaturbild Angelikas gewahrte, das ich mitgenommen. Sowie er es schärfer anblickte, geriet er auf seltsame Weise außer aller Fassung. Nicht vermögend, mir zu antworten, starrte er es an, er konnte den Blick nicht mehr davon abwenden, er rief begeistert aus: Nie habe er ein schöneres, herrlicheres Weib gesehen, nie habe er gefühlt, was Liebe sei, die erst jetzt tief in seinem Herzen in lichten Flammen aufgelodert. Ich scherzte über die wunderbare Wirkung des Bildes, ich nannte den Grafen einen neuen Kalaf und wünschte ihm Glück, daß meine gute Angelika wenigstens keine Turandot sei. Endlich gab ich ihm nicht undeutlich zu verstehen, daß in seinen Jahren, da er, wenn auch nicht gerade im Alter vorgerückt, doch kein Jüngling mehr zu nennen, mich diese romantische Art, sich urplötzlich in ein Bild zu verlieben, ein wenig befremde. Nun schwor er aber mit Heftigkeit, ja mit allen Zeichen des leidenschaftlichen Wahnsinns, wie er seiner Nation eigen, daß er Angelika unaussprechlich liebe und daß ich, solle er nicht in den tiefsten Abgrund der Verzweiflung stürzen, ihm erlauben müsse, sich um Angelikas Liebe, um ihre Hand zu bewerben. Deshalb ist nun der Graf hieher und in unser Haus gekommen. Er glaubt der Zuneigung Angelikas gewiß zu sein, und hat gestern seine Bewerbung förmlich bei mir angebracht. Was hältst du von der Sache?"

Die Obristin wußte selbst nicht, warum des Obristen letzte Worte sie wie ein jäher Schreck durchbebten. „Um des Himmels willen", rief sie, „der fremde Graf unsere Angelika?"

„Fremd", erwiderte der Obriste mit verdüsterter Stirn, „der Graf *fremd*, dem ich Ehre, Freiheit, ja vielleicht das Leben selbst verdanke? – Ich gestehe ein, daß er im hohen Mannesalter, vielleicht rücksichts der Jahre, nicht ganz für unser blutjunges Täubchen paßt, aber er ist ein edler Mensch, und dabei reich – sehr reich –"

„Und ohne Angelika zu fragen?" fiel ihm die Obristin ins Wort, „und ohne Angelika zu fragen, die vielleicht gar nicht solche Neigung zu ihm hegt, als er sich in verliebter Torheit einbildet."

„Habe ich", rief der Obrist, indem er vom Stuhle aufsprang, und sich mit glühenden Augen vor die Obristin hinstellte, „habe ich dir jemals Anlaß gegeben, zu glauben, daß ich, ein toller, tyrannischer Vater, mein liebes Kind auf schnöde Weise verkuppeln könnte? – Aber mit euren romanhaften Empfindeleien und euren Zartheiten bleibt mir vom Halse. Es ist gar nichts Überschwengliches, das tausend fantastische Dinge voraussetzt, wenn sich ein Paar heiratet! – Angelika ist ganz Ohr, wenn der Graf spricht, sie blickt ihn an mit der freundlichsten Güte, sie errötet, wenn er die Hand, die sie gern in der seinigen läßt, an die Lippen drückt. So spricht sich bei einem unbefangenen Mädchen die Zuneigung aus, die den Mann wahrhaft beglückt. Es bedarf keiner romanesker Liebe, die manchmal auf recht verstörende Weise in euren Köpfen spukt!"

„Ich glaube", nahm die Obristin das Wort, „ich glaube, daß Angelikas Herz nicht mehr so frei ist, als sie vielleicht noch selbst wähnen mag."

„Was?" – rief der Obrist erzürnt, und wollte eben heftig losbrechen, in dem Augenblick ging die Türe auf, und Angelika trat ein mit dem holdseligsten Himmelslächeln der unbefangensten Unschuld.

Der Obrist, plötzlich von allem Unmut, von allem Zorn verlassen, ging auf sie zu, küßte sie auf die Stirn, faßte ihre Hand, führte sie in den Sessel, setzte sich traulich hin dicht neben das liebe süße Kind. Nun sprach er von dem Grafen, rühmte seine edle Gestalt, seinen Verstand, seine Sinnesart, und fragte dann, ob Angelika ihn wohl leiden möge? Angelika erwiderte, daß der Graf anfangs ihr gar fremd und unheimlich erschienen sei, daß sie dies Gefühl aber ganz überwunden und ihn jetzt recht gern sähe!

„Nun", rief der Obrist voller Freude, „nun, dem Himmel sei es gedankt, so mußt es kommen zu meinem Trost, zu meinem Heil! – Graf S–i, der edle Mann liebt dich, mein holdes Kind, aus dem tiefsten Grunde seiner Seele, er bewirbt sich um deine Hand, du wirst sie ihm nicht verweigern –" kaum sprach aber der Obrist diese Worte, als Angelika mit einem tiefen

Seufzer wie ohnmächtig zurücksank. Die Obristin faßte sie in ihre Arme, indem sie einen bedeutenden Blick auf den Obristen warf, der verstummt das arme todbleiche Kind anstarrte. – Angelika erholte sich, ein Tränenstrom stürzte ihr aus den Augen, sie rief mit herzzerschneidender Stimme: „Der Graf – der schreckliche Graf! – Nein, nein – nimmermehr!"

Mit aller Sanftmut fragte der Obrist ein Mal über das andere, warum in aller Welt der Graf ihr so schrecklich sei? Da gestand Angelika, in dem Augenblick, als der Obrist es ausgesprochen, daß der Graf sie liebe, sei ihr mit vollem Leben der fürchterliche Traum in die Seele gekommen, den sie vor vier Jahren in der Nacht ihres vierzehnten Geburtstages geträumt und aus dem sie in entsetzlicher Todesangst erwacht, ohne sich auf seine Bilder auch nur im mindesten besinnen zu können. „Es war mir", sprach Angelika, „als durchwandle ich einen sehr anmutigen Garten, in dem fremdartige Büsche und Blumen standen. Plötzlich stand ich vor einem wunderbaren Baum mit dunklen Blättern und großen, seltsam duftenden Blüten beinahe dem Holunder ähnlich. Der rauschte mit seinen Zweigen so lieblich, und winkte mir zu, wie mich einladend in seine Schatten. Von unsichtbarer Kraft unwiderstehlich hingezogen, sank ich hin auf die Rasen unter dem Baume. Da war es, als gingen seltsame Klagelaute durch die Lüfte und berührten, wie Windeshauch, den Baum, der in bangen Seufzern aufstöhnte. Mich befing ein unbeschreibliches Weh, ein tiefes Mitleid regte sich in meiner Brust, selbst wußte ich nicht weshalb. Da fuhr plötzlich ein brennender Strahl in mein Herz, wie es zerspaltend! – Der Schrei, den ich ausstoßen wollte, konnte sich nicht der, mit namenloser Angst belasteten Brust entwinden, er wurde zum dumpfen Seufzer. Der Strahl, der mein Herz durchbohrt, war aber der Blick eines menschlichen Augenpaars, das mich aus dem dunklen Gebüsch anstarrte. In dem Augenblick standen die Augen dicht vor mir, und eine schneeweiße Hand wurde sichtbar, die Kreise um mich her beschrieb. Und immer enger und enger wurden die Kreise und umspannen mich mit Feuerfaden, daß ich zuletzt in dem dichten Gespinst mich nicht regen und bewegen konnte. Und dabei war es, als erfasse nun der furchtbare Blick der entsetzlichen Augen mein innerstes Wesen und bemächtige sich meines ganzen Seins; der Gedanke, an dem es nur noch, wie an einer schwachen Faser, hing, war mir marternde Todesangst. Der Baum neigte seine Blüten tief zu mir herab und aus ihnen sprach die liebliche Stimme eines Jünglings: ‚Angelika, ich rette dich – ich rette dich!' – Aber –"

Angelika wurde unterbrochen; man meldete den Rittmeister von R., der den Obristen in Geschäften sprechen wollte. Sowie Angelika des Rittmeisters Namen nennen hörte, rief sie, indem ihr aufs neue die Tränen aus den Augen strömten, mit dem Ausdruck des schneidendsten Wehs, mit der Stimme, die nur aus der vom tiefsten Liebesschmerz wunden Brust stöhnt: „Moritz – ach Moritz!"

Der Rittmeister hatte eintretend diese Worte gehört. Er erblickte Angelika, in Tränen gebadet, die Arme nach ihm ausstreckend. Wie außer sich stieß er das Kaskett vom Haupte, daß es klirrend zu Boden fiel, stürzte Angelika zu Füßen, faßte sie, als sie von Wonne und Schmerz übermannt niedersank, in seine Arme, drückte sie mit Inbrunst an seine Brust. – Der Obrist betrachtete sprachlos vor Erstaunen die Gruppe. „Ich habe geahnet", lispelte die Obristin leise, „ich habe es geahnet, daß sie sich lieben, aber ich wußte kein Wort davon."

„Rittmeister von R.", fuhr nun der Obrist zornig heraus, „was haben Sie mit meiner Tochter?"

Moritz, schnell zu sich selbst kommend, ließ die halbtote Angelika sanft in den Lehnstuhl nieder, dann raffte er das Kaskett vom Boden auf, trat glutrot im Antlitz mit niedergesenktem Blick vor den Obristen hin, und versicherte auf Ehre, daß er Angelika unaussprechlich, aus der Tiefe seines Herzens liebe, daß aber auch bis zu diesem Augenblick nicht das leiseste Wort, das einem Geständnisse seines Gefühls gleiche, über seine Lippen gekommen sei. Nur zu sehr habe er gezweifelt, daß Angelika sein Gefühl erwidern könne. Erst dieser Moment, dessen Anlaß er nicht zu ahnen vermöge, habe ihm alle Seligkeit des Himmels erschlossen, und er hoffe nicht von dem edelmütigsten Mann, von dem zärtlichsten Vater zurückgestoßen zu werden, wenn er ihn anflehe, einen Bund zu segnen, den die reinste, innigste Liebe geschlossen.

Der Obrist maß den Rittmeister, maß Angelika mit finstern Blicken, dann schritt er, die Arme übereinandergeschlagen, im Zimmer schweigend auf und ab, wie einer, der ringt, irgendeinen Entschluß zu fassen. Er blieb stehen vor der Obristin, die Angelika in die Arme genommen und ihr tröstend zuredete. „Was für einen Bezug", sprach er dumpf mit zurückgehaltenem Zorn, „was für einen Bezug hat dein alberner Traum auf den Grafen?"

Da warf sich Angelika ihm zu Füßen, küßte seine Hände, benetzte sie mit Tränen, sprach mit halb erstickter Stimme: „Ach mein Vater! – mein geliebtester Vater, jene entsetzlichen Augen, die mein Innerstes erfaßten, es waren die Augen des Grafen, *seine* gespenstische Hand umwob mich mit dem Feuergespinst! – Aber die tröstende Jünglingsstimme, die mir zurief aus den duftenden Blüten des wunderbaren Baums – das war Moritz – mein Moritz!"

„*Dein* Moritz?" rief der Obrist, indem er sich rasch umwandte, so daß Angelika beinahe zu Boden gestürzt. Dann sprach er dumpf vor sich hin: „Also kindischen Einbildungen, verstohlner Liebe wird der weise Beschluß des Vaters, die Bewerbung eines edlen Mannes geopfert!" – Wie zuvor schritt er nun schweigend im Zimmer auf und ab. Endlich zu Moritz: „Rittmeister von R., Sie wissen, wie hoch ich Sie achte, keinen liebern Eidam, als eben Sie, hätte ich mir gewünscht, aber ich gab mein Wort dem Grafen von S–i, dem ich verpflichtet bin, wie es nur ein Mensch sein kann dem andern. Doch glauben Sie ja nicht, daß ich den eigensinnigen tyrannischen Vater spielen werde. Ich eile hin zum Grafen, ich entdecke ihm alles. Ihre Liebe wird mir eine blutige Fehde, vielleicht das Leben kosten, doch es sei nun einmal so – ich gebe mich! – Erwarten Sie hier meine Zurückkunft!"

Der Rittmeister versicherte mit Begeisterung, daß er lieber hundertmal in den Tod gehen, als dulden werde, daß der Obrist sich auch nur der mindesten Gefahr aussetze. Ohne ihm zu antworten, eilte der Obrist von dannen.

Kaum hatte der Obrist das Zimmer verlassen, als die Liebenden im Übermaß des Entzückens sich in die Arme fielen, und sich ewige unwandelbare Treue schworen. Dann versicherte Angelika, erst in dem Augenblick, als der Obrist sie mit der Bewerbung des Grafen bekannt gemacht, habe sie es in der tiefsten Seele gefühlt, wie unaussprechlich sie Moritz liebe, und daß sie lieber sterben, als eines andern Gattin werden könne. Es sei ihr gewesen, als wisse sie ja längst, daß auch Moritz sie ebensosehr liebe. Nun erinnerten sich beide jedes Augenblicks, in dem sie ihre Liebe verraten, und waren entzückt, alles Widerspruchs, alles Zorns des Obristen vergessend, und jauchzten wie frohe selige Kinder. Die Obristin, die die aufkeimende Liebe längst bemerkt und mit vollem Herzen Angelikas Neigung billigte, gab tief gerührt ihr Wort, ihrerseits alles aufzubieten, daß der Obrist abstehe von einer

Verbindung, die sie, selbst wisse sie nicht warum, verabscheue.

Es mochte eine Stunde vergangen sein, als die Türe aufging, und zum Erstaunen aller, der Graf S–i eintrat. Ihm folgte der Obrist mit leuchtenden Blicken. Der Graf näherte sich Angeliken, ergriff ihre Hand, blickte sie mit bitterm schmerzlichem Lächeln an. Angelika bebte zusammen und murmelte kaum hörbar einer Ohnmacht nahe: „Ach – diese Augen!"

„Sie verblassen", begann nun der Graf, „Sie verblassen, mein Fräulein, wie damals, als ich zum erstenmal in diesen Kreis trat. – Bin ich Ihnen denn wirklich ein grauenhaftes Gespenst? – Nein! – entsetzen Sie sich nicht, Angelika! fürchten Sie nichts von einem harmlosen Mann, der Sie mit allem Feuer, mit aller Inbrunst des Jünglings liebte, der nicht wußte, daß Sie Ihr Herz verschenkt, der töricht genug war, sich um Ihre Hand zu bewerben. – Nein! – selbst das Wort des Vaters gibt mir nicht das kleinste Recht auf eine Seligkeit, die *Sie* nur zu spenden vermögen. Sie sind frei, mein Fräulein! – Selbst mein Anblick soll Sie nicht mehr an die trüben Augenblicke erinnern, die ich Ihnen bereitet. Bald, vielleicht morgen schon kehre ich zurück in mein Vaterland!" – „Moritz – mein Moritz", rief Angelika im Jubel der höchsten Wonne, und warf sich dem Geliebten an die Brust. Durch alle Glieder zuckte es dem Grafen, seine Augen glühten auf in ungewöhnlichem Feuer, seine Lippen bebten, er stieß einen leisen unartikulierten Laut aus. Sich schnell zur Obristin mit einer gleichgültigen Frage wendend, gelang es ihm, sein aufwallendes Gefühl niederzukämpfen.

Aber der Obrist rief ein Mal über das andere: „Welch ein Edelmut! – welch hoher Sinn! wer gleicht diesem herrlichen Mann! – meinem Herzensfreunde immerdar!" – Dann drückte er den Rittmeister, Angelika, die Obristin an sein Herz, und versicherte lachend, er wolle nun von dem garstigen Komplott, das sie im Augenblick gegen ihn geschmiedet, nichts weiter wissen, und hoffe übrigens, daß Angelika fürder nicht mehr Leid erfahren werde von gespenstischen Augen.

Es war hoher Mittag worden, der Obrist lud den Rittmeister, den Grafen ein, das Mahl bei ihm einzunehmen. Man schickte hin nach Dagobert, der sich bald in voller Freude und Fröhlichkeit einstellte.

Als man sich zu Tische setzen wollte, fehlte Marguerite. Es hieß, daß sie sich in ihr Zimmer eingeschlossen und erklärt habe, sie fühle sich krank und sei unfähig in der Gesellschaft zu erscheinen. „Ich weiß nicht", sprach die Obristin, „was sich mit Margueriten seit einiger Zeit begibt, sie ist voll der eigensinnigsten Launen, sie weint und lacht ohne Ursache, ja voller seltsamer Einbildung kann sie es oft bis zum Unerträglichen treiben." „Dein Glück", lispelte Dagobert dem Rittmeister leise ins Ohr, „dein Glück ist Margueritens Tod!" „Geisterseher", erwiderte der Rittmeister ebenso leise, „Geisterseher, störe mir nicht meinen Frieden."

Nie war der Obrist froher gewesen, nie hatte auch die Obristin, manchmal wohl um ihr liebes Kind besorgt und nun dieser Sorge entnommen, sich so in tiefer Seele glücklich gefühlt. Kam nun noch hinzu, daß Dagobert in heller Fröhlichkeit schwelgte, daß der Graf, den Schmerz der ihm geschlagenen Wunde vergessend, das vollste Leben seines vielgewandten Geistes herausstrahlen ließ, so konnt es nicht fehlen, daß alle sich um das selige Paar schlossen, wie ein heitrer, herrlich blühender Kranz.

Die Dämmerung war eingebrochen, der edelste Wein perlte in den Gläsern, man trank jubelnd und jauchzend auf das Wohl des Brautpaars. Da ging die Türe des Vorsaals leise auf und hinein schwankte Marguerite, im weißen Nachtkleide, mit herabhängenden Haaren, bleich, entstellt wie der Tod. „Marguerite, was für Streiche", rief der Obrist, doch ohne auf ihn zu achten, schritt Marguerite langsam gerade los auf den Rittmeister, legte ihre eiskalte Hand auf seine Brust, drückte einen leisen Kuß auf seine Stirne, murmelte dumpf und hohl: „Der Kuß der Sterbenden bringt Heil dem frohen Bräutigam!" und sank hin auf den Boden.

„Da haben wir das Unheil", sprach Dagobert leise zu dem Grafen, „die Törin ist verliebt in den Rittmeister." „Ich weiß es", erwiderte der Graf, „wahrscheinlich hat sie die Narrheit so weit getrieben, Gift zu nehmen." „Um Gottes willen!" schrie Dagobert entsetzt, sprang auf und eilte hin zu dem Lehnsessel, in den man die Arme hineingetragen. Angelika und die Obristin waren um sie beschäftigt, sie besprengend, ihr die Stirn reibend mit geistigen Wassern. Als Dagobert hinzutrat, schlug sie gerade die Augen auf. Die Obristin sprach: „Ruhig, mein liebes Kind, du bist krank, es wird vorübergehen!" Da erwiderte Marguerite mit dumpfer hohler Stimme: „Ja! bald ist es vorüber – ich habe Gift!" – Angelika, die Obristin schrien laut auf, der Obrist rief wild: „Tausend Teufel, die Wahnsinnige! – Man renne nach dem Arzt – fort! den ersten besten, der aufzutreiben ist, hergebracht zur Stelle!" – Die Bedienten, Dagobert selbst wollten forteilen. – „Halt!" – rief der Graf, der bisher ruhig geblieben war, und mit Behaglichkeit den mit seinem Lieblingswein, dem feurigen Syrakuser, gefüllten Pokal geleert hatte, „halt! – Hat Marguerite Gift genommen, so bedarf es keines Arztes, denn ich bin in diesem Fall der beste, den es geben kann. Man lasse mich gewähren." Er trat zu Marguerite, die in tiefer Ohnmacht lag und nur zuweilen krampfhaft zuckte. Er bückte sich über sie hin, man bemerkte, daß er ein kleines Futteral aus der Tasche zog, etwas heraus und zwischen die Finger nahm, und leise hinstrich über Margueritens Nacken und Herzgrube. Dann sprach der Graf, indem er von ihr abließ, zu den übrigen: „Sie hat Opium genommen, doch ist sie zu retten durch besondere Mittel, die mir zu Gebote stehen." Marguerite wurde auf des Grafen Geheiß in ihr Zimmer heraufgebracht, er blieb allein bei ihr. – Die Kammerfrau der Obristin hatte indessen in Margueritens Gemach das Fläschchen gefunden, in dem die Opiumtropfen, die der Obristin vor einiger Zeit verschrieben, enthalten waren, und das die Unglückliche ganz geleert hatte.

„Der Graf", sprach Dagobert mit etwas ironischem Ton, „der Graf ist wahrhaftig ein Wundermann. Er hat alles erraten. Wie er Margueriten nur erschaute, wußte er gleich, daß sie Gift genommen, und dann erkannte er gar von welcher Sorte und Farbe."

Nach einer halben Stunde trat der Graf in den Saal und versicherte, daß alle Gefahr für Margueritens Leben vorüber sei. Mit einem Seitenblick auf Moritz setzte er hinzu, daß er auch hoffe, den Grund alles Übels aus ihrem Innern wegzubannen. Er wünsche, daß die Kammerfrau bei Margueriten wache, er selbst werde die Nacht über in dem anstoßenden Zimmer bleiben, um so bei jedem Zufall, der sich noch etwa ereignen sollte, gleich bei der Hand sein zu können. Zu dieser ärztlichen Hülfe wünschte er sich aber noch durch ein paar Gläser edlen Weins zu stärken.

Damit setzte er sich zu den Männern an den Tisch, während Angelika und die Obristin im Innersten ergriffen von dem Vorgang sich entfernten.

Der Obrist ärgerte sich über den verfluchten Narrenstreich, wie er Margueritens Beginnen nannte, Moritz, Dagobert fühlten sich auf unheimliche Weise verstört. Je verstimmter aber diese waren, desto mehr ließ der Graf eine Lustigkeit ausströmen, die man sonst gar nicht an ihm bemerkt hatte, und die in der Tat etwas Grauenhaftes in sich trug.

„Dieser Graf", sprach Dagobert zu seinem Freunde, als sie nach Hause gingen, „bleibt mir unheimlich auf seltsame Weise. Es ist, als wenn es irgendeine geheimnisvolle Bewandtnis mit ihm habe."

„Ach!" erwiderte Moritz, „zentnerschwer liegt es mir auf der Brust – die finstre Ahnung irgendeines Unheils, das meiner Liebe droht, erfüllt mein Innres!"

Noch in derselben Nacht wurde der Obrist durch einen Kurier aus der Residenz geweckt. Andern Morgens trat er etwas bleich zur Obristin: „Wir werden", sprach er mit erzwungener Ruhe, „wir werden abermals getrennt, mein liebes Kind! – Der Krieg beginnt nach kurzer Ruhe von neuem. In der Nacht erhielt ich die Ordre. Sobald als es nur möglich ist, vielleicht schon in künftiger Nacht, breche ich auf mit dem Regiment." Die Obristin erschrak heftig, sie brach in Tränen aus. Der Obrist sprach tröstend, daß er überzeugt sei, wie dieser Feldzug ebenso glorreich enden werde, als der frühere, daß der frohe Mut im Herzen ihn an kein Unheil denken lasse, das ihm widerfahren könne. „Du magst", setzte er dann hinzu, „du magst indessen, bis wir den Feind aufs neue gedemütigt und der Friede geschlossen, mit Angelika auf unsere Güter gehen. Ich gebe euch einen Begleiter mit, der euch alle Einsamkeit, alle Abgeschiedenheit eures Aufenthalts vergessen lassen wird. Der Graf S–i geht mit euch!" – „Wie", rief die Obristin, „um des Himmels willen! Der Graf soll mit uns gehen? Der verschmähte Bräutigam? – der ränkesüchtige Italiener, der tief im Innersten seinen Groll zu verschließen weiß, um ihn bei der besten Gelegenheit mit aller Macht ausströmen zu lassen? Dieser Graf, der mir in seinem ganzen Wesen, selbst weiß ich nicht warum, seit gestern wieder aufs neue widerwärtiger geworden ist, als jemals!" – „Nein", fiel der Obrist ihr ins Wort, „nein, es ist nicht auszuhalten mit den Einbildungen, mit den tollen Träumen der Weiber! – Sie begreifen nicht die Seelengröße eines Mannes von festem Sinn! – Der Graf ist die ganze Nacht, so wie er sich vorgesetzt, in dem Nebenzimmer bei Margueriten geblieben. Er war der erste, dem ich die Nachricht brachte vom neuen Feldzuge. Seine Rückkehr ins Vaterland ist nun kaum möglich. Er war darüber betreten. Ich bot ihm den Aufenthalt auf meinen Gütern an. Nach vieler Weigerung entschloß er sich dazu und gab mir sein Ehrenwort, alles aufzubieten, euch zu beschirmen, euch die Zeit der Trennung zu verkürzen, wie es nur in seiner Macht stehe. Du weißt, was ich dem Grafen schuldig, meine Güter sind ihm jetzt eine Freistatt, darf ich *die* versagen?" – Die Obristin konnte – durfte hierauf nichts mehr erwidern. – Der Obrist hielt Wort. Schon in der folgenden Nacht wurde zum Aufbruch geblasen, und aller namenlose Schmerz und herzzerschneidende Jammer der Trennung kam über die Liebenden.

Wenige Tage darauf, als Marguerite völlig genesen, reiste die Obristin mit ihr und Angelika nach den Gütern. Der Graf folgte mit mehrerer Dienerschaft.

Mit der schonendsten Zartheit ließ sich der Graf in der ersten Zeit nur bei den Frauen sehen, wenn sie es ausdrücklich wünschten, sonst blieb er in seinem Zimmer, oder machte einsame Spaziergänge.

Der Feldzug schien erst dem Feinde günstig zu sein, bald wurden aber glorreiche Siege erfochten. Da war nun der Graf immer der erste, der die Siegesbotschaften erhielt, ja der die genauesten Nachrichten über die Schicksale des Regiments hatte, das der Obrist führte. In den blutigsten Kämpfen hatte weder den Obristen, noch den Rittmeister eine Kugel, ein Schwertstreich getroffen; die sichersten Briefe aus dem Hauptquartier bestätigten das.

So erschien der Graf bei den Frauen immer wie ein Himmelsbote des Sieges und des Glücks. Dazu kam, daß sein ganzes Betragen die innigste reinste Zuneigung aussprach, die er für Angelika hegte, daß er sich wie der zärtlichste, um ihr Glück besorgteste Vater zeigte. Beide, die Obristin und Angelika, mußten sich gestehen, daß der Obrist wohl den bewährten Freund richtig beurteilt hatte, und daß jenes Vorurteil gegen ihn die lächerlichste Einbildung gewesen. Auch Marguerite schien von ihrer törichten Leidenschaft geheilt, sie war wieder ganz die muntere gesprächige Französin.

Ein Brief des Obristen an die Obristin, dem ein Brief vom Rittmeister an Angelika beilag, verscheuchte den letzten Rest der Besorgnis. Die Hauptstadt des Feindes war genommen, der Waffenstillstand geschlossen.

Angelika schwamm in Wonne und Seligkeit, und immer war es der Graf, der mit hinreißender Lebendigkeit von den kühnen Waffentaten des braven Moritz, von dem Glück sprach, das der holden Braut entgegenblühe. Dann ergriff er Angelikas Hand, und drückte sie an seine Brust und fragte, ob er ihr denn noch so verhaßt sei, als ehemals? Vor Scham hoch errötend, Tränen im Auge versicherte Angelika, sie armes Kind habe ja niemals gehaßt, aber zu innig, zu sehr mit ganzer Seele ihren Moritz geliebt, um sich nicht vor jeder andern Bewerbung zu entsetzen. Sehr ernst und feierlich sprach dann der Graf: „Sieh mich an, Angelika, für deinen treuen väterlichen Freund", und hauchte einen leisen Kuß auf ihre Stirne, welches sie, ein frommes Kind, gern litt, da es ihr war, als sei es ihr Vater selbst, der sie auf diese Weise zu küssen pflegte.

Man konnte beinahe hoffen, der Obrist werde wenigstens auf kurze Zeit in das Vaterland zurückkehren, als ein Brief von ihm anlangte, der das Gräßlichste enthielt. Der Rittmeister war, als er mit seinem Reitknecht ein Dorf passierte, von bewaffneten Bauern angefallen worden, die ihn an der Seite des braven Reuters, dem es gelang sich durchzuschlagen, niederschossen und fortschleppten. – So wurde die Freude, die das ganze Haus beseelte, plötzlich in Entsetzen, in tiefes Leid, in trostlosen Jammer verkehrt.

Das ganze Haus des Obristen war in geräuschvoller Bewegung. Treppauf treppab liefen die in reicher Staatsliverei geputzten Diener, rasselnd fuhren die Wagen auf den Schloßhof mit den geladenen Gästen, die der Obrist, die neuen Ehrenzeichen auf der Brust, die ihm der letzte Feldzug erworben, feierlich empfing.

Oben im einsamen Zimmer saß Angelika bräutlich geschmückt in der vollendetsten Schönheit üppiger Jugendblüte prangend, neben ihr die Obristin.

„Du hast", sprach die Obristin, „du hast mein liebes Kind, in voller Freiheit den Grafen S–i zu deinem Gatten gewählt. So sehr ehemals dein Vater diese Verbindung wünschte, so wenig hat er jetzt nach dem Tode des unglücklichen Moritz darauf bestanden. Ja, es ist mir jetzt, als teile er mit mir dasselbe schmerzliche Gefühl, das ich dir nicht verhehlen darf. – Es bleibt mir unbegreiflich, daß du so bald deinen Moritz vergessen konntest. – Die entscheidendste Stunde naht. – Du gibst deine Hand dem Grafen – prüfe wohl dein Herz – noch ist es Zeit! – Möge nie das Andenken an den Vergessenen wie ein finstrer Schatten dein heitres Leben vertrüben!"

„Niemals!" rief Angelika, indem Tränen wie Tautropfen in ihren Augen perlten, „niemals werde ich meinen Moritz vergessen, ach niemals mehr lieben, wie ich ihn geliebt. Das Gefühl, was ich für den Grafen hege, mag wohl ein ganz anderes sein! – Ich weiß nicht, wie der Graf meine innigste Zuneigung so ganz und gar gewonnen! Nein! – ich liebe ihn nicht, ich kann ihn nicht lieben, wie ich Moritz liebte, aber es ist mir, als könne ich ohne ihn gar nicht leben, ja nur durch ihn denken – empfinden! Eine Geisterstimme sagt es mir unaufhörlich, daß ich mich ihm als Gattin anschließen muß, daß sonst es kein Leben mehr hienieden für mich gibt – Ich folge dieser Stimme, die ich für die geheimnisvolle Sprache der Vorsehung halte –"

Die Kammerfrau trat herein mit der Nachricht, daß man Margueriten, die seit dem frühen Morgen vermißt worden, noch immer nicht gefunden, doch habe der Gärtner soeben ein kleines Briefchen an die Obristin gebracht, das er von Margueriten erhalten mit der Anweisung, es abzugeben, wenn er seine Geschäfte verrichtet und die letzten Blumen nach dem Schlosse getragen.

In dem Billett, das die Obristin öffnete, stand:

Sie werden mich nie wiedersehen. – Ein düstres Verhängnis treibt mich fort aus Ihrem Hause. Ich flehe Sie an, Sie, die mir sonst eine teure Mutter waren, lassen Sie mich nicht verfolgen, mich nicht zurückbringen mit Gewalt. Der zweite Versuch, mir den Tod zu geben, würde besser gelingen als der erste. – Möge Angelika das Glück genießen, in vollen Zügen, das mir das Herz durchbohrt. Leben Sie wohl auf ewig – Vergessen Sie die unglückliche

Marguerite.

„Was ist das", rief die Obristin heftig, „was ist das? Hat es die Wahnsinnige darauf abgesehen, unsere Ruhe zu verstören? – Tritt sie immer feindselig dazwischen, wenn du die Hand reichen willst dem geliebten Gatten? – Möge sie hinziehen, die undankbare Törin, die ich wie meine Tochter gehegt und gepflegt, möge sie hinziehen, nie werd ich mich um sie kümmern."

Angelika brach in laute Klagen aus um die verlorne Schwester, die Obristin bat sie um des Himmels willen, nicht Raum zu geben dem Andenken an eine Wahnsinnige in diesen wichtigen entscheidenden Stunden. – Die Gesellschaft war im Saal versammelt, um, da eben die bestimmte Stunde schlug, nach der kleinen Kapelle zu ziehen, wo ein katholischer Geistlicher das Paar trauen sollte. Der Obrist führte die Braut herein, alles erstaunte über ihre Schönheit, die noch erhöht wurde durch die einfache Pracht des Anzuges. Man erwartete den Grafen. Eine

Viertelstunde verging nach der andern, er ließ sich nicht blikken. Der Obrist begab sich nach seinem Zimmer. Er traf auf den Kammerdiener, welcher berichtete, der Graf habe sich, nachdem er völlig angekleidet, plötzlich unwohl gefühlt und einen Gang nach dem Park gemacht, um sich in freier Luft zu erholen, ihm, dem Kammerdiener, aber zu folgen verboten.

Selbst wußte er nicht, warum ihm des Grafen Beginnen so schwer aufs Herz fiel, warum ihm der Gedanke kam, irgend etwas Entsetzliches könne dem Grafen begegnen.

Er ließ hineinsagen, der Graf würde in weniger Zeit erscheinen, und den berühmten Arzt, der sich in der Gesellschaft befand, insgeheim herausrufen. Mit diesem und dem Kammerdiener ging er nun in den Park, um den Grafen aufzusuchen. Aus der Hauptallee ausbiegend, gingen sie nach einem von dichtem Gebüsch umgebenen Platz, der, wie sich der Obrist erinnerte, der Lieblingsaufenthalt des Grafen war. Da saß der Graf ganz schwarz gekleidet, den funkelnden Ordensstern auf der Brust, mit gefalteten Händen auf einer Rasenbank, den Rücken an den Stamm eines blühenden Holunderbaums gelehnt, und starrte sie regungslos an. Sie erbebten vor dem gräßlichen Anblick, denn des Grafen hohle, düster funkelnde Augen schienen ohne Sehkraft. „Graf S–i! – was ist geschehen!" rief der Obrist, aber keine Antwort, keine Bewegung, kein leiser Atemzug! – Da sprang der Arzt hinzu, riß dem Grafen die Weste auf, die Halsbinde, den Rock herab, rieb ihm die Stirne – Er wandte sich zum Obristen mit den dumpfen Worten: „Hier ist menschliche Hülfe nutzlos – er ist tot – der Nervenschlag hat ihn getroffen in diesem Augenblick" – der Kammerdiener brach in lauten Jammer aus. Der Obrist, mit aller Manneskraft sein tiefes Entsetzen niederkämpfend, gebot ihm Ruhe. „Wir töten Angelika auf der Stelle, wenn wir nicht mit Vorsicht handeln." So sprach der Obrist, packte die Leiche an, trug sie auf einsamen Nebenwegen zu einem entfernten Pavillon, dessen Schlüssel er bei sich hatte, ließ sie dort unter Acht des Kammerdieners, begab sich mit dem Arzt nach dem Schlosse zurück. Von Entschluß zu Entschluß wankend, wußte er nicht, ob er der armen Angelika das Entsetzliche, was geschehen, verschweigen, ob er es wagen sollte, ihr alles mit ruhiger Fassung zu sagen.

Als er in den Saal trat, fand er alles in größter Angst und Bestürzung. Mitten im heitern Gespräch hatte Angelika plötzlich die Augen geschlossen, und war in tiefer Ohnmacht niedergesunken. Sie lag in einem Nebenzimmer auf dem Sofa. – Nicht bleich – nicht entstellt, nein höher, frischer als je blühten die Rosen ihrer Wangen, eine unbeschreibliche Anmut, ja die Verklärung des Himmels war auf ihrem ganzen Gesicht verbreitet. Sie schien von der höchsten Wonne durchdrungen. – Der Arzt, nachdem er sie lange mit gespannter Aufmerksamkeit betrachtet, versicherte, es sei hier nicht die mindeste Gefahr vorhanden, das Fräulein befinde sich, freilich auf eine unbegreifliche Weise, in einem magnetischen Zustande. Sie gewaltsam zu erwecken, getraue er sich nicht, sie werde bald von selbst erwachen.

Indessen entstand unter den Gästen ein geheimnisvolles Flüstern. Der jähe Tod des Grafen mochte auf irgendeine Weise bekannt geworden sein. Alle entfernten sich nach und nach still und düster, man hörte die Wagen fortrollen.

Die Obristin, über Angelika hingebeugt, fing jeden ihrer Atemzüge auf. Es war, als lispele sie leise Worte, die niemanden verständlich. Der Arzt litt nicht, daß man Angelika entkleide, ja daß man sie auch nur von den Handschuhen befreie, jede Berührung könne ihr schädlich sein.

Plötzlich schlug Angelika die Augen auf, fuhr in die Höhe, sprang mit dem gellenden Ruf: „Er ist da – er ist da!“ – vom Sofa, rannte in voller Furie zur Türe heraus – durch den Vorsaal – die Stiegen herab – „Sie ist wahnsinnig“, schrie die Obristin entsetzt, „o Herr des Himmels, sie ist wahnsinnig!“ – „Nein, nein“, tröstete der Arzt, „das ist nicht Wahnsinn, aber irgend etwas Unerhörtes mag sich begeben!“ Und damit stürzte er dem Fräulein nach!

Er sah wie Angelika durch das Tor des Schlosses auf dem breiten Landweg mit hoch emporgestreckten Armen pfeilschnell fortlief, daß das reiche Spitzengewand in den Lüften flatterte und das Haar sich losnestelte, ein Spiel der Winde.

Ein Reuter sprengte ihr entgegen, warf sich herab vom Pferde, als er sie erreicht, schloß sie in seine Arme. Zwei andere Reuter folgten, hielten und stiegen ab.

Der Obrist, der in voller Hast dem Arzte gefolgt, stand in sprachlosem Erstaunen vor der Gruppe, rieb sich die Stirne, als mühe er sich die Gedanken festzuhalten!

Moritz war es, der Angelika fest gedrückt hielt an seiner Brust; bei ihm standen Dagobert und ein junger schöner Mann in reicher russischer Generalsuniform.

„Nein“, rief Angelika ein Mal über das andere, indem sie

den Geliebten umklammerte, „nein! niemals war ich dir untreu, mein geliebter, teurer Moritz!“ Und Moritz: „Ach ich weiß es ja! – ich weiß es ja! Du mein holdes Engelsbild. Er hat dich verlockt durch satanische Künste!“

Und damit trug mehr, als führte er Angelika nach dem Schlosse, während die andern schweigend folgten. Erst im Tor des Schlosses seufzte der Obrist tief auf, als gewänne er nun erst seine Besinnung wieder, und rief sich mit fragenden Blicken umschauend: „Was für Erscheinungen, was für Wunder!“

„Alles wird sich aufklären“, sprach Dagobert und stellte dem Obristen den Fremden vor als den russischen General Bogislav von S–en, des Rittmeisters vertrautesten innigsten Freund.

In den Zimmern des Schlosses angekommen, fragte Moritz, ohne der Obristin schreckhaftes Staunen zu beachten, mit wildem Blick: „Wo ist der Graf S–i?“ „Bei den Toten!“ erwiderte der Obrist dumpf, „vor einer Stunde traf ihn der Nervenschlag!“ – Angelika bebte zusammen. „Ja“, sprach sie, „ich weiß es, in demselben Augenblick, als er starb, war es mir, als bräche in meinem Innern ein Kristall klingend zusammen – ich fiel in einen sonderbaren Zustand – ich mag wohl jenen entsetzlichen Traum fortgeträumt haben, denn als ich mich wieder besann, hatten die furchtbaren Augen keine Macht mehr über mich, das Feuergespinst zerriß – ich fühlte mich frei – Himmelsseligkeit umfing mich – ich sah Moritz – meinen Moritz – er kam – ich flog ihm entgegen!“ – Und damit umklammerte sie den Geliebten, als fürchte sie, ihn aufs neue zu verlieren.

„Gelobt sei Gott“, sprach die Obristin mit zum Himmel gerichteten Blick, „nun ist mir die Last vom Herzen genommen, die mich beinahe erdrückte, ich bin frei von der unaussprechlichen Angst, die mich überfiel in dem Augenblick, als Angelika ihre Hand dem unseligen Grafen reichen sollte. Immer war es mir, als würde mein Herzenskind mit dem Trauringe unheimlichen Mächten geweiht.“

Der General von S–en verlangte die Leiche zu sehen, man führte ihn hin. Als man die Decke, womit der Leichnam verhüllt, hinabzog und der General das zum Tode erstarrte Antlitz des Grafen schaute, bebte er zurück, indem er laut ausrief: „Er ist es! – Bei Gott im Himmel, er ist es!“ – In des Rittmeisters Arme war Angelika in sanften Schlaf gesunken. Man brachte sie zur Ruhe. Der Arzt meinte, daß nichts wohltätiger über sie kommen könne, als dieser Schlaf, der die bis zur

Überspannung gereizten Lebensgeister wieder beruhige. So entgehe sie gewiß bedrohlicher Krankheit.

Keiner von den Gästen war mehr im Schlosse. „Nun ist es“, rief der Obrist, „nun ist es einmal Zeit, die wunderbaren Geheimnisse zu lösen. Sage, Moritz, welch ein Engel des Himmels rief dich wieder ins Leben.“

„Sie wissen“, begann Moritz, „auf welche meuchelmörderische Weise ich, als schon der Waffenstillstand geschlossen, in der Gegend von S. überfallen wurde. Von einem Schuß getroffen, sank ich entseelt vom Pferde. Wie lange ich in tiefer Todesohnmacht gelegen haben mag, weiß ich nicht. Im ersten Erwachen des dunklen Bewußtseins hatte ich die Empfindung des Fahrens. Es war finstre Nacht. Mehrere Stimmen flüsterten leise um mich her. Es war Französisch, was sie sprachen. Also schwer verwundet und in der Gewalt des Feindes! – Der Gedanke faßte mich mit allen Schrecken, und ich versank abermals in tiefe Ohnmacht. Nun folgte ein Zustand, der mir nur einzelne Momente des heftigsten Kopfschmerzes als Erinnerung zurückgelassen hat. Eines Morgens erwachte ich zum hellsten Bewußtsein. Ich befand mich in einem saubern, beinahe prächtigen Bette mit seidenen Gardinen und großen Quasten und Troddeln verziert. So war auch das hohe Zimmer mit seidenen Tapeten und schwer vergoldeten Tischen und Stühlen auf altfränkische Weise ausstaffiert. Ein fremder Mensch schaute mir, ganz hingebeugt, ins Gesicht und sprang dann an eine Klingelschnur, die er stark anzog. Wenige Minuten hatte es gewährt, als die Türe aufging und zwei Männer hineintraten, von denen der bejahrtere ein altmodisch gesticktes Kleid und das Ludwigskreuz trug. Der jüngere trat auf mich zu, fühlte meinen Puls und sprach zu dem ältern auf französisch: ‚Alle Gefahr ist vorüber – er ist gerettet!‘

Nun kündigte sich mir der Ältere als den Chevalier von T. an, in dessen Schloß ich mich befände. Auf einer Reise begriffen, so erzählte er, kam er durch das Dorf gerade in dem Augenblick, als die meuchelmörderischen Bauern mich niedergegestreckt hatten und mich auszuplündern im Begriff standen. Es gelang ihm, mich zu befreien. Er ließ mich auf einen Wagen packen und nach seinem Schloß, das weit entfernt aus aller Kommunikation mit den Militärstraßen lag, bringen. Hier unterzog sich sein geschickter Haus-Chirurgus mit Erfolg der schwierigen Kur meiner bedeutenden Kopfwunde. Er liebe, beschloß er, meine Nation, die ihm einst in der verworrenen bedrohlichen Zeit der Revolution Gutes erzeigt, und freue sich, daß er mir nützlich sein könne. Alles, was zu meiner Bequemlichkeit, zu meinem Trost gereichen könne, stehe mir in seinem Schloß zu Diensten, und dulden werde er unter keiner Bedingung, daß ich ihn früher verlasse, als bis alle Gefahr, die meine Wunde sowohl, als die fortdauernde Unsicherheit der Straßen herbeiführe, vorüber sei. Er bedauerte übrigens die Unmöglichkeit, meinen Freunden zur Zeit Nachricht von meinem Aufenthalt zu geben.

Der Chevalier war Witwer, seine Söhne abwesend, so daß nur er allein mit dem Chirurgus und zahlreicher Dienerschaft das Schloß bewohnte. Ermüden könnt es nur, wenn ich weitläuftig erzählen wollte, wie ich unter den Händen des grundgeschickten Chirurgus immer mehr und mehr gesundete, wie der Chevalier alles aufbot, mir das einsiedlerische Leben angenehm zu machen. Seine Unterhaltung war geistreicher und sein Blick tiefer, als man es sonst bei seiner Nation findet. Er sprach über Kunst und Wissenschaft, vermied aber so wie es nur möglich war, sich über die neuen Ereignisse auszulassen. Darf ich's denn versichern, daß mein einziger Gedanke Angelika war, daß es in meiner Seele brannte, sie in Schmerz versunken zu wissen über meinen Tod! – Ich lag dem Chevalier unaufhörlich an, Briefe von mir zu besorgen nach dem Hauptquartier. Er wies das von der Hand, indem er für die Richtigkeit der Besorgung nicht einstehen könne, zumal der neue Feldzug so gut als gewiß sei. Er vertröstete mich, daß er, sowie ich nur ganz genesen, dafür sorgen werde, mich, geschehe auch was da wolle, wohlbehalten in mein Vaterland zurückzubringen. Aus seinen Äußerungen mußt ich beinahe schließen, daß der Krieg wirklich aufs neue begonnen und zwar zum Nachteil der Verbündeten, was er mir aus Zartgefühl verschwiege.

Doch nur der Erwähnung einzelner Momente bedarf es, um die seltsamen Vermutungen zu rechtfertigen, die Dagobert in sich trägt.

Beinahe fieberfrei war ich schon, als ich auf einmal zur Nachtzeit in einen unbegreiflichen träumerischen Zustand verfiel, vor dem ich noch erbebe, unerachtet mir nur die dunkle Erinnerung daran blieb. Ich sah Angelika, aber es war, als verginge die Gestalt in zitternden Schimmer, und vergebens ränge ich darnach sie festzuhalten. Ein anderes Wesen drängte sich dazwischen und legte sich an meine Brust, und erfaßte in meinem Innersten mein Herz, und in der glühendsten Qual untergehend, wurde ich durchdrungen von einem fremden wunderbaren Wonnegefühl. – Andern Morgens fiel mein erster Blick auf ein Bild, das dem Bette gegenüber hing, und das ich dort niemals bemerkt. Ich erschrak bis in tiefster Seele, denn es war Marguerite, die mich mit ihren schwarzen, lebendigen Augen anstrahlte. Ich fragte den Bedienten, wo das Bild herkomme und wen es vorstelle? Er versicherte, es sei des Chevaliers Nichte, die Marquise von T. und das Bild habe immer da gehangen, nur sei es von mir bisher nicht bemerkt worden, weil es erst gestern vom Staube gereinigt. Der Chevalier bestätigte dies. Sowie ich nun Angelika, wachend, träumend erschauen wollte, stand Marguerite vor mir. Mein eignes Ich schien mir entfremdet, eine fremde Macht gebot über mein Sein, und in dem tiefen Entsetzen, das mich erfaßte, war es mir, als könne ich Margueriten nicht lassen. Nie vergesse ich die Qual dieses grauenhaften Zustandes.

Eines Morgens liege ich im Fenster, mich erlabend in den süßen Düften, die der Morgenwind mir zuweht; da erschallen in der Ferne Trompetenklänge. – Ich erkenne den fröhlichen Marsch russischer Reuterei, mein ganzes Herz geht mir auf in heller Lust, es ist, als wenn auf den Tönen freundliche Geister zu mir wallen und zu mir sprechen mit lieblichen tröstenden Stimmen, als wenn das wiedergewonnene Leben mir die Hände reicht, mich aufzurichten aus dem Sarge, in dem mich eine feindliche Macht verschlossen! – Mit Blitzesschnelle sprengen einzelne Reuter daher – auf den Schloßhof! – Ich schaue herab – ‚Bogislav! – mein Bogislav!' schrie ich auf im Übermaß des höchsten Entzückens! – Der Chevalier tritt ein, bleich – verstört – von unverhoffter Einquartierung – ganz fataler Unruhe stammelnd! – Ohne auf ihn zu achten, stürze ich herab und liege meinem Bogislav in den Armen!

Zu meinem Erstaunen erfuhr ich nun, daß der Friede schon längst geschlossen und der größte Teil der Truppen in vollem Rückmarsch begriffen. Alles das hatte mir der Chevalier verschwiegen und mich auf dem Schlosse wie seinen Gefangenen gehalten. Keiner, weder ich noch Bogislav konnten irgendein Motiv dieser Handlungsweise ahnen, aber jeder fühlte dunkel, daß hier irgend Unlauteres im Spiel sein müsse. Der Chevalier war von Stund an nicht mehr derselbe, bis zur Unart mürrisch, langweilte er uns mit Eigensinn und Kleinigkeitskrämerei, ja, als ich im reinsten Gefühl der Dankbarkeit mit Enthusiasmus davon sprach, wie er mir das Leben gerettet, lächelte er recht hämisch dazwischen und gebärdete sich, wie ein launischer Grillenfänger.

Nach achtundvierzigstündiger Rast brach Bogislav auf, ich schloß mich ihm an. Wir waren froh, als wir die altväterische Burg, die mir nun vorkam, wie ein düstres unheimliches Gefängnis, im Rücken hatten. – Aber nun fahre du fort, Dagobert, denn recht eigentlich ist nun an dir die Reihe, die seltsamen Ereignisse, die uns betroffen, fortzuspinnen."

„Wie mag", begann Dagobert, „wie mag man doch nur das wunderbare Ahnungsvermögen bezweifeln, das tief in der menschlichen Natur liegt. Nie habe ich an meines Freundes Tod geglaubt. Der Geist, der in Träumen verständlich aus dem Innern zu uns spricht, sagte es mir, daß Moritz lebe, und daß die geheimnisvollsten Bande ihn irgendwo umstrickt hielten. Angelikas Verbindung mit dem Grafen zerschnitt mir das Herz. – Als ich vor einiger Zeit herkam, als ich Angelika in einer Stimmung fand, die mir, ich gestehe es, ein inneres Entsetzen erregte, weil ich, wie in einem magischen Spiegel, ein fürchterliches Geheimnis zu erblicken glaubte – ja! da reifte in mir der Entschluß, das fremde Land so lange zu durchpilgern, bis ich meinen Moritz gefunden. – Kein Wort von der Seligkeit, von dem Entzücken, als ich schon in A. auf deutschem Grund und Boden meinen Moritz wiederfand und mit ihm den General von S–en.

Alle Furien der Hölle erwachten in meines Freundes Brust, als er Angelikas Verbindung mit dem Grafen vernahm. Aber alle Verwünschungen, alle herzzerschneidende Klagen, daß Angelika ihm untreu worden, schwiegen, als ich ihm gewisse Vermutungen mitteilte, als ich ihm versicherte, daß es in seiner Macht stehe, alles Unwesen auf einmal zu zerstören. Der General S–en bebte zusammen, als ich den Namen des Grafen nannte, und als ich auf sein Geheiß, sein Antlitz, seine Figur beschrieben, rief er aus: ‚Ja, kein Zweifel mehr, er ist es, er ist es selbst.' "

„Vernehmen Sie", unterbrach hier der General den Redner, „vernehmen Sie mit Erstaunen, daß Graf S–i mir vor mehreren Jahren in Neapel eine teure Geliebte raubte durch satanische Künste, die ihm zu Gebote standen. Ja, in dem Augenblick, als ich ihm den Degen durch den Leib stieß, erfaßte sie und mich ein Höllenblendwerk, das uns auf ewig trennte! – Längst wußte ich, daß die Wunde, die ich ihm beigebracht, nicht einmal gefährlich gewesen, daß er sich um meiner Geliebten Hand beworben, ach! – daß sie an demselben Tage, als sie getraut werden sollte, vom Nervenschlag getroffen, niedersank!"

„Gerechter Gott", rief die Obristin, „drohte denn nicht wohl gleiches Schicksal meinem Herzenskinde? – Doch wie komme ich denn darauf, dies zu ahnen?"

„Es ist", sprach Dagobert, „es ist die Stimme des ahnenden Geistes, Frau Obristin, die wahrhaft zu Ihnen spricht."

„Und die gräßliche Erscheinung", fuhr die Obristin fort, „von der uns Moritz erzählte an jenem Abende, als der Graf so unheimlich bei uns eintrat?"

„Es fiel", nahm Moritz das Wort, „es fiel, so erzählte ich damals, ein entsetzlicher Schlag, ein eiskalter Todeshauch wehte mich an, und es war als rausche eine bleiche Gestalt in zitternden, kaum kenntlichen Umrissen durch das Zimmer. Mit aller Kraft des Geistes bezwang ich mein Entsetzen. Ich behielt die Besinnung, mein Bogislav war erstarrt zum Tode. Als er nach vielem Mühen zu sich selbst gebracht wurde vom herbeigerufenen Arzt, reichte er mir wehmütig die Hand und sprach: ‚Bald – morgen schon enden meine Leiden!' – Es geschah, wie er vorausgesetzt, aber wie die ewige Macht des Himmels es beschlossen, auf ganz andere Weise, als er es wohl gemeint. Im dicksten wütendsten Gefecht am andern Morgen traf ihn eine matte Kartätschenkugel auf die Brust, und warf ihn vom Pferde. Die wohltätige Kugel hatte das Bild der Ungetreuen, das er noch immer auf der Brust trug, in tausend Stücken zersplittert. Leicht war die Kontusion geheilt, und seit der Zeit hat mein Bogislav niemals etwas Unheimliches verspürt, das verstörend in sein Leben getreten sein sollte."

„So ist es", sprach der General, „und selbst das Andenken an die verlorne Geliebte erfüllt mich nur mit dem milden Schmerz, der dem innern Geist so wohl tut. – Doch mag unser Freund Dagobert nur erzählen, wie es sich weiter mit uns begab."

„Wir eilten", nahm Dagobert das Wort, „wir eilten fort von A. Heute in der frühesten Morgendämmerung trafen wir ein in dem kleinen Städtchen P., das sechs Meilen von hier entfernt. Wir gedachten einige Stunden zu rasten, und dann weiterzureisen geradesweges hieher. Wie ward uns, meinem Moritz und mir, als aus einem Zimmer des Gasthofes uns Marguerite entgegenstürzte, den Wahnsinn im bleichen Antlitz. Sie fiel dem Rittmeister zu Füßen, umschlang heulend seine Knie, nannte sich die schwärzeste Verbrecherin, die hundertmal den Tod verdient, flehte ihn an, sie auf der Stelle zu ermorden. Moritz stieß sie mit dem tiefsten Abscheu von sich und rannte fort." – „Ja!" fiel der Rittmeister dem Freunde ins Wort, „ja, als ich Marguerite zu meinen Füßen erblickte, kamen alle Qualen jenes entsetzlichen Zustandes, den ich im Schlosse des Chevaliers erlitten, über mich und entzündeten eine nie gekannte Wut in mir. Ich war im Begriff Margueriten den Degen durch die Brust zu stoßen, als ich mich mit Gewalt bezähmend, davonrannte."

„Ich hob", fuhr Dagobert fort, „ich hob Margueriten von der Erde auf, ich trug sie in das Zimmer, es gelang mir, sie zu beruhigen und in abgerissenen Reden von ihr zu erfahren, was ich geahnet. Sie gab mir einen Brief, den sie von dem Grafen gestern um Mitternacht erhalten. Hier ist er!"

Dagobert zog einen Brief hervor, schlug ihn auseinander und las:

„Fliehen Sie, Marguerite! – Alles ist verloren! – Er naht der Verhaßte. Alle meine Wissenschaft reicht nicht hin gegen das dunkle Verhängnis, das mich erfaßt am höchsten Ziel meines Seins. – Marguerite! ich habe Sie in Geheimnisse eingeweiht, die das gewöhnliche Weib, das darnach strebte, vernichtet haben würden. Aber mit besonderer geistiger Kraft, mit festem starkem Willen ausgerüstet, waren Sie eine würdige Schülerin des tief erfahrnen Meisters. Sie haben mir beigestanden. Durch Sie herrschte ich über Angelikas Gemüt, über ihr ganzes inneres Wesen. Dafür wollt ich Ihnen das Glück des Lebens bereiten, wie es in Ihrer Seele lag, und betrat die geheimnisvollsten gefährlichsten Kreise, begann Operationen, vor denen ich oft mich selbst entsetzte. Umsonst! – fliehen Sie, sonst ist Ihr Untergang gewiß – Bis zum höchsten Moment trete ich kühn der feindlichen Macht entgegen. Aber ich fühl es, dieser Moment gibt mir den jähen Tod! – Ich werde einsam sterben. Sowie der Augenblick gekommen, wandre ich zu jenem wunderbaren Baum, unter dessen Schatten ich oft von den wunderbaren Geheimnissen zu Ihnen sprach, die mir zu Gebote stehen. Marguerite! – entsagen Sie für immer diesen Geheimnissen. Die Natur, die grausame Mutter, die abhold geworden den entarteten Kindern, wirft den vorwitzigen Spähern, die mit kecker Hand an ihrem Schleier zupfen, ein glänzendes Spielzeug hin, das sie verlockt und seine verderbliche Kraft gegen sie selbst richtet. – Ich erschlug einst ein Weib, in dem Augenblick, als ich wähnte, es in der höchsten Inbrunst aller Liebe zu umfangen. Das lähmte meine Kraft, und doch hoffte ich wahnsinniger Tor, noch auf irdisches Glück! – Leben Sie wohl, Marguerite! – Gehen Sie in Ihr Vaterland zurück. – Gehen Sie nach S. Der Chevalier von T. wird für Ihr Glück sorgen – Leben Sie wohl!“

Als Dagobert den Brief gelesen, fühlten sich alle von innerm Schauer durchbebt.

„So muß ich“, begann endlich die Obristin leise, „so muß ich an Dinge glauben, gegen die sich mein innerstes Gemüt sträubt. Aber gewiß ist es, daß es mir ganz unbegreiflich blieb, wie Angelika so bald ihren Moritz vergessen und sich ganz dem Grafen zuwenden konnte. Nicht entgangen ist mir indessen, daß sie sich fast beständig in einem exaltierten Zustande befand, und eben dies erfüllte mich mit den quälendsten Besorgnissen. Ich erinnere mich, daß sich Angelikas Neigung zum Grafen zuerst äußerte auf besondere Weise. Sie vertraute mir nämlich, wie sie beinahe in jeder Nacht von dem Grafen sehr lebhaft und angenehm träume.“

„Ganz recht“, nahm Dagobert das Wort, „Marguerite gestand mir ein, daß sie auf des Grafen Geheiß Nächte über bei Angelika zugebracht und leise, leise, mit lieblicher Stimme ihr des Grafen Namen ins Ohr gehaucht. Ja, der Graf selbst sei manchmal um Mitternacht in die Türe getreten, habe minutenlang den starren Blick auf die schlafende Angelika gerichtet, und sich dann wieder entfernt. – Doch bedarf es jetzt, da ich des Grafen bedeutungsvollen Brief vorgelesen, wohl noch eines Kommentars? – Gewiß ist es, daß er darauf ausging, durch allerlei geheime Künste auf das innere Gemüt psychisch zu wirken, und daß ihm dies vermöge besonderer Naturkraft gelang. Er stand mit dem Chevalier von T. in Verbindung, und gehörte zu jener unsichtbaren Schule, die in Frankreich und Italien einzelne Glieder zählt, und aus der alten P–schen Schule entstanden sein soll. – Auf seinen Anlaß hielt der Chevalier den Rittmeister fest in seinem Schlosse, und übte an ihm allerlei bösen Liebeszauber. – Ich könnte weiter eingehen in die geheimnisvollen Mittel, vermöge der der Graf wußte, sich des fremden psychischen Prinzips zu bemeistern, wie sie Marguerite mir entdeckte, ich könnte manches erklären aus einer Wissenschaft, die mir nicht unbekannt, deren Namen ich aber nicht nennen mag, aus Furcht mißverstanden zu werden – doch man erlasse mir dieses wenigstens für heute.“ – „O für immer“, rief die Obristin mit Begeisterung, „nichts mehr von dem finstern unbekannten Reich, wo das Grauen wohnt und das Entsetzen! – Dank der ewigen Macht des Himmels, die mein liebes Herzenskind gerettet, die uns befreit hat von dem unheimlichen Gast, der so verstörend in unser Haus trat.“ – Man beschloß andern Tages nach der Stadt zurückzukehren. Nur der Obrist und Dagobert blieben, um die Beerdigung des Grafen zu besorgen.

Längst war Angelika des Rittmeisters glückliche Gattin. Da geschah es, daß an einem stürmischen Novemberabend die Familie mit Dagobert in demselben Saal am lodernden Kaminfeuer saß wie damals, als Graf S–i so gespenstisch durch die Türe hineinschritt. Wie damals heulten und pfiffen wunderliche Stimmen durcheinander, die der Sturmwind in den Rauchfängen aus dem Schlafe aufgestört. „Wißt ihr wohl noch“, fragte die Obristin mit leuchtenden Blicken – „erinnert ihr euch noch?“ – „Nur keine Gespenstergeschichten!“ rief der Obrist, aber Angelika und Moritz sprachen davon, was sie an jenem Abende empfunden, und wie sie schon damals sich über alle Maßen geliebt, und konnten nicht aufhören, des kleinsten Umstandes zu erwähnen, der sich damals begeben, wie in allem nur der reine Strahl ihrer Liebe sich abgespiegelt, und wie selbst die süßen Schauer des Grauens sich nur aus liebender sehnsüchtiger Brust erhoben, und wie nur der unheimliche Gast, von den gespenstischen Unkenstimmen verkündigt, alles Entsetzen über sie gebracht. „Ist es“, sprach Angelika, „ist es mein Herzens-Moritz, denn nicht so, als wenn die seltsamen Töne des Sturmwindes, die sich eben jetzt hören lassen, gar freundlich zu uns von unserer Liebe sprächen?“ „Ganz recht“, nahm Dagobert das Wort, „ganz recht, und selbst das Pfeifen und Zirpen und Zischen der Teemaschine klingt gar nicht im mindesten mehr graulich, sondern, wie mich dünkt, ungefähr so, als besänne sich das darin verschlossene artige Hausgeistlein auf ein hübsches Wiegenlied.“

Da barg Angelika das in hellen Rosenflammen aufglühende Antlitz, im Busen des überglücklichen Moritz. *Der* schlang aber den Arm um die holde Gattin und lispelte leise: „Gibt es denn noch hienieden eine höhere Seligkeit als diese?“

„Ich merk es wohl“, sprach Ottmar, als er die Erzählung geendet hatte und die Freunde in mürrischem Stillschweigen verharrten, „ich merk es wohl, ihr seid von meinem Geschichtlein eben nicht sonderlich erbaut. Wir wollen daher nicht weiter viel darüber reden, sondern es der Vergessenheit hingeben."

„Das beste, was wir tun können", erwiderte Lothar.

„Und doch", nahm Cyprian das Wort, „und doch muß ich meinen Freund in Schutz nehmen. Zwar könntet ihr sagen, daß ich in gewisser Art Partei bin, da Ottmar zu seinem Gericht manches Gewürz von mir empfing und diesmal ganz eigentlich in meiner Küche kochte, mir also gar kein Urteil anmaßen darf, indessen werdet ihr doch selbst, wollt ihr nicht echte Radamanthen, alles schonungslos verdammen, zugestehen müssen, daß manches in Ottmars Erzählung für serapiontisch gelten kann, wie zum Beispiel gleich der Anfang –"

„Ganz recht", unterbrach Theodor den Freund, „die Gesellschaft bei der Teemaschine mag für lebendig gelten, so wie manches andere im Verlauf der Geschichte, aber aufrichtig gestanden, mit dergleichen gespenstischen unheimlichen Gestalten, wie der fremde Graf, sind wir schon ein wenig stark geschoren worden, und es möchte schwerfallen, ihnen noch fürder Neuheit und Originalität zu geben. Der fremde Graf gleicht dem Alban in dem Magnetiseur (ihr kennt die Geschichte), so wie überhaupt diese Erzählung mit Ottmars seiner eigentlich dieselbe Basis hat. Ich möchte daher sowohl unsern Ottmar als dich mein Cyprianus bitten, dergleichen Unholde künftig ganz aus dem Spiel zu lassen. Ottmarn wird das möglich sein, dir Cyprian aber, glaub ich niemals. Dir werden wir daher wohl erlauben müssen, dann und wann solch einen Spuk aufzustellen, und nur die Bedingung machen können, daß er wahrhaft serapiontisch, das heißt, recht aus der Tiefe deiner Fantasie hervorgegangen sei. Außerdem aber *scheint* der Magnetiseur rhapsodisch, der unheimliche Gast ist es aber in der Tat."

„Auch hier", sprach Cyprian, „muß ich meinen Freund in Schutz nehmen. – Wißt, daß unlängst hier ganz in der Nähe sich wirklich eine Begebenheit zutrug, die Ähnliches hat mit dem Inhalt des unheimlichen Gastes. In einen stillen gemütlichen Familienkreis trat, als eben allerlei Gespenstergeschichten aufgetischt wurden, plötzlich ein Fremder, der allen unheimlich und grauenhaft erschien, seiner scheinbaren Flachheit und Alltäglichkeit unerachtet. Dieser Fremde verstörte aber durch sein Erscheinen nicht nur den frohen Abend, sondern dann das Glück, die Ruhe der ganzen Familie auf lange Zeit. Ein glückliches Weib ergreifen noch heute Todesschauer, wenn sie an die

Arglist und Bosheit denkt, mit der jener Fremde sie in sein Netz verlocken wollte. Diese Begebenheit erzählte ich nun damals Ottmarn und nichts wirkte auf ihn mehr, als der Moment, wie der Fremde plötzlich gespenstisch hineintritt und mit dem jähen Schreck, zu dem das aufgeregte Gemüt geneigt, die Ahnung des feindlichen Prinzips alle ergreift. Dieser Moment ging lebendig auf in Ottmars Innern und schuf die ganze Erzählung."

„Da aber", unterbrach Ottmar lächelnd den Freund, „ein einzelner Moment, eine Situation noch lange keine Erzählung ist, vielmehr diese in ihrem ganzen Umfange mit allen Einzelnheiten, Beziehungen u.s. fix und fertig hervorspringen muß wie Minerva aus Jupiters Haupt, so konnte das Ganze nicht besonders geraten und es half mir wenig, daß ich einzelne Züge aus der Wirklichkeit nutzte und doch vielleicht nicht ohne alles Geschick in das Fantastische hineinschob."

„Ja", sprach Lothar, „du hast recht, mein Freund! Ein einzelner frappanter Moment ist noch lange keine Erzählung, so wie eine einzelne glücklich erfundene dramatische Situation noch lange kein Theaterstück. Mir fällt dabei die Art ein, wie ein Theaterdichter, der nicht mehr auf der Erde wandelt und dessen Schauer und Entsetzen erregender Tod wohl seine ärgsten Widersacher versöhnt, sein Schuldbuch vertilgt haben mag, wie *der* seine Theaterstücke zu fabrizieren pflegte. In einer Gesellschaft, der ich selbst beiwohnte, gestand er ohne Hehl, daß er irgendeine gute dramatische Situation, die ihm aufgegangen, erfasse, und dann dieser allein zu Gefallen irgendeinen Kanevas zusammenleime, gleichsam *so drum herum* hinge. – Seine eigenen Worte! – Diese Erklärung gab mir den vollständigsten Aufschluß über das innerste Wesen, den eigentümlichsten Charakter der Stücke jenes Dichters, vorzüglich aus der letzten Zeit. Keinem derselben fehlt es an irgendeiner sehr glücklich, ja oft genial erfundenen Situation. Um diese herum sind aber die Szenen, welche einen magern alltäglichen Stoff mühsam fortschleppen, gewoben wie ein lockres loses Gespinst, jedoch ist die im Technischen vielgeübte Hand des Webers niemals zu verkennen."

„Niemals?" sprach Theodor, „ich dächte doch jedesmal da, wo der nur Gemeinplätzen und alltäglicher Erbärmlichkeit huldigende Dichter sich ins Romantische, wahrhaft Poetische versteigen wollte. Das merkwürdigste traurigste Beispiel davon gibt das sogenannte romantische Schauspiel Deodata, ein kurioser Wechselbalg, an dem ein wackrer Komponist nicht gute Musik hätte verschwenden sollen. Es gibt kein naiveres Bekenntnis des gänzlichen Mangels an innerer Poesie, des gänzlichen Nichtahnens höheren dramatischen Lebens, als wenn der Dichter der Deodata in dem Vorwort die Oper deshalb verwirft, weil es unnatürlich sei, daß die Leute auf dem Theater sängen und dann versichert, er habe sich bemüht in folgendem romantischem Schauspiel den Gesang, den er eingemischt, natürlich herbeizuführen."

„Laß ruhn, laß ruhn die Toten", rief Cyprian.

„Und das", sprach Lothar, „und das um so mehr, als wie mich dünkt, schon die Mitternachtsstunde naht, die der selige Mann nutzen könnte, uns wie er es im Leben seinen Rezensenten anzutun pflegte, einige Ohrfeigen zuzuteilen mit unsichtbarer Krallenfaust." In dem Augenblick rollte der Wagen heran, den Lothar des noch entkräfteten Theodors halber herausbestellt hatte und in dem die Freunde zurückkehrten nach der Stadt.

SECHSTER ABSCHNITT

Den Sylvester, den sonst nichts in der Welt zu bewegen vermochte, zur schönen Jahreszeit das Land zu verlassen, hatte doch eine unwiderstehliche psychische Gewalt nach der Stadt gezogen. Es sollte nämlich ein kleines Theaterstück, das er unlängst gedichtet, aufgeführt werden, und es scheint unmöglich, daß ein Dichter die erste Darstellung seines Werks versäume, hat er auch dabei mit vieler Angst und Not zu kämpfen.

Auch Vinzenz hatte sich wieder aus dem Gewühl hervorgefunden, so war aber der Serapions-Klub wenigstens für den Augenblick wieder hergestellt und die Brüder versammelten sich in demselben freundlichen Gastgarten, in dem sie ihre letzte Zusammenkunft gehalten.

Sylvester schien nicht derselbe, er war heitrer, gesprächiger als jemals und schien überhaupt wie einer, dem ein großes Glück widerfahren.

„War es", sprach Lothar, „war es nicht vernünftig, daß wir unsere Zusammenkunft aufschoben, bis unseres Freundes Stück aufgeführt worden? – Wir hätten unsern guten Serapions-Bruder zerstreut, teilnahmlos, ja wie von einer schweren Last gedrückt gefunden. Immer hätte ihn sein eignes Werk wie ein böser Popanz geneckt und gefoppt, aber nun nachdem es eigentlich erst entpuppt und als schöner Schmetterling emporgeflattert, der um mannigfache Gunst nicht umsonst gebuhlt hat, nun ist alles klar und hell in seinem Gemüt. Er steht verklärt in dem Glanz des verdienten, ihm reichlich gespendeten Beifalls, und wir wollen es ihm nicht einen Augenblick verdenken, wenn er heute etwas stolz auf uns herabsieht, da keiner imstande, es ihm nachzumachen und sechs- oder achthundert Menschen mit einem Schlage zu elektrisieren. – Aber jedem das Seine, dein kleines Stück ist gut, Sylvester, aber du mußt es gestehen, daß die vortreffliche Aufführung dem Werk erst recht tüchtige Flügel ansetzte. Du bist gewiß mit den Schauspielern im höchsten Grade zufrieden."

„Allerdings", erwiderte Sylvester, „wiewohl es sehr schwer ist, daß ein Theaterdichter mit der Aufführung seines Werks zufrieden sein solle. Ist er nicht selbst jede Person seines Stücks, deren eigentümlichste Charakteristik mit allen ihren Bedingungen sich in seinem eignen Innern erzeugt hat, und scheint es nicht unmöglich, daß ein anderer sich jenen innersten Gedanken, der die Person geboren, so aneigne oder vielmehr so ganz in sich aufnehme, um ihn rein und unverstört zum regen Leben herauszufördern? – Aber der störrische Dichter will, daß dies geschehe und je lebendiger die Person des Stücks in ihm aufgegangen, desto unzufriedener wird er mit der geringsten Abweichung sein, die er in der Gestaltung, in dem Spiel des Schauspielers findet. Gewiß ist es, daß daher der Dichter an einer Befangenheit leidet, die ihm den Genuß seines Werks verdirbt und daß nur dann, wenn er sich dieser Befangenheit zu entschwingen, wenn er seine Dichtung, seine Personen als losgelöst von seinem Innern, objektiv zu betrachten vermag, sein Werk ihn nach Umständen erfreuen kann."

„Aber", nahm Ottmar das Wort, „aller Ärger, den ein Theaterdichter empfinden mag, wenn er statt seiner, andere und noch dazu den seinen ganz unähnliche Personen auftreten sieht, wird reichlich aufgewogen durch den Beifall des Publikums, für den sich kein Künstler verschließen kann und soll."

„Allerdings", sprach Sylvester weiter, „allerdings, und da der Beifall zunächst dem darstellenden Künstler gezollt wird, so überzeugt sich der Dichter, der auf seinem entfernten Plätzchen mit Zittern und Zagen, ja oft mit Ärger und Unmut zuschaut, zuletzt: auch die fremde Person, die auf den Brettern der seinigen wenigstens die Worte nachspricht, sei gar nicht so übel, wie man denken solle. Gewiß ist es auch, und kein humaner, nicht in sich selbst ganz versessener Dichter wird es leugnen, daß mancher geniale Schauspieler, dem die Person des Stücks in wahrer Lebensfarbe aufgegangen, dem Dichter eine Charakteristik zu erschließen vermag, an die er selbst, wenigstens nicht deutlich dachte, und dennoch für wahr anerkennen muß. Der Dichter schaut eine Person, die aus seinen innersten Elementen geboren, jedoch in ihm fremdartiger Gestaltung, aber eben diese Gestaltung entspricht jenen Elementen, ja es scheint unmöglich, daß sie anders sein könne, und er gerät über das, was ohne sein zu scheinen, doch sein ist, in ein freudiges Erstaunen, als ob er im engen Stüblein plötzlich einen Schatz gefunden, dessen Existenz er nicht geahnet."

„Da", nahm Ottmar das Wort, „da höre ich meinen lieben gutmütigen Sylvester, dem jene Eitelkeit völlig fremd ist, an der manches große wahrhafte Talent den Erstickungstod stirbt.

Irgendein Theaterdichter hat einmal unverhohlen geäußert, daß es durchaus keine Schauspieler gebe, die imstande sein sollten, den ihm inwohnenden Geist zu erkennen, und die Personen, die er schaffe, darzustellen. – Wie so ganz anders war es mit unserm großen herrlichen Schiller! Der geriet einmal wirklich in jenes freudige Erstaunen, von dem Sylvester spricht, als er den Wallenstein darstellen sah, und versicherte, nun erst stehe sein Held ihm recht lebendig in Fleisch und Blut vor Augen. Der den Wallenstein darstellte, war aber *Fleck*, der ewig unvergeßliche Heros unsrer Bühne."

„Überhaupt", sprach Lothar, „bin ich überzeugt, und das Beispiel, welches Ottmar soeben anführt, gibt den besten Beweis davon, daß der Dichter, dem in der Tiefe des Gemüts die wahrhaftige Erkenntnis der Kunst und mit ihr auch die Andacht aufgegangen, die den schaffenden Geist im Universum anbetet, sich nicht herabzuwürdigen vermag zu dem schnöden Götzendienst, der nichts verehrt als sein eignes Ich, als einzig alles Vortreffliche gebärenden Fetisch. – Sehr leicht wird ein großes Talent für ein wahrhaftes Genie geachtet, aber die Zeit vernichtet jede Täuschung, indem das Talent ihren Angriffen erliegt, während sie über das wahrhafte Genie, das in unverletzlicher Schönheit und Stärke fortlebt, nichts vermag! – Um aber wieder auf unsern Sylvester und sein Theaterstück zurückzukommen, so muß ich euch bekennen, daß ich gar nicht zu begreifen vermag, wie jemand zu dem heroischen Entschluß kommen kann, ein Opus, das er seiner regen Fantasie und glücklichen schöpferischen Augenblicken verdankt, vor sich auf den schlüpfrigen schwankenden Brettern des Theaters heragieren zu lassen!"

Die Freunde lachten und meinten, daß Lothar nach seiner gewöhnlichen Art und Weise wieder mit einer ganz absonderlichen Meinung hervortreten würde.

„Bin ich", sprach Lothar, „bin ich denn solch ein absonderlicher Mensch, der manchmal meint, was kein anderer zu meinen gerade aufgelegt ist? – Nun mag es dem sein wie ihm wolle, ich wiederhole, daß wenn ein ordentlicher Dichter mit treuem wahrhaftem Gemüt wie unser Sylvester, ein Stück aufs Theater bringt, es mich bedünken will, als entschlösse er sich auf gut Glück durchs Fenster zu springen aus dem dritten Stock des Hauses! – Ich will es euch nur gestehen! – Als ich euch versicherte, ich sei, da Sylvesters Stück gegeben wurde, gar nicht im Theater gewesen, sondern urteile nur von Hörensagen, so habe ich euch mit eurer gütigen Erlaubnis belogen! – Allerdings saß ich auf einem entfernten Plätzchen, ein zweiter Sylvester, ein zweiter Dichter des Stücks. Denn unmöglich war bei ihm selbst die Spannung, das seltsame aus Lust und Unmut, aus beinahe bis zur Angst gesteigerter Befangenheit zusammengesetzte Gefühl stärker als bei mir. Jedes Wort des Schauspielers, jede seiner Bewegungen, die mir nicht richtig schien, versetzte mir den Atem und ich dachte: O du mein Himmel, kann das wirken, kann das gefallen? – und ist denn der Dichter daran schuld?"

„Du machst", nahm Sylvester das Wort, „das Ding zu arg. Auch mir versetzt, vorzüglich fängt das Stück an, eine schlimme Beklommenheit den Atem, die sich, geht das Ding gut vonstatten, äußert sich das Publikum gnädig, aber immer mehr und mehr verliert und einem sehr angenehmen Gefühl Platz macht, woran freilich das egoistische Wohlgefallen an der eignen Schöpfung den größten Anteil haben mag."

„O ihr Theaterdichter", rief Vinzenz, „ihr seid die eitelsten, die es gibt, euch ist der Beifall der Menge der wahre Honig von Hybla, den ihr genießt mit süßen Mienen! – Doch ich will den *Advocatum diaboli* machen und beibringen, daß euch eure Angst, eure Beklommenheit, die mancher bloß für den Krampf der Eitelkeit, der Gefallsucht halten möchte, ebensowenig zu verdenken ist, als jedem, der ein hohes gewagtes Spiel spielt. Ihr setzt euer Ich ein, und Beifall ist der Gewinn, der Verlust aber nicht allein verwundender Tadel, sondern noch, steigt dieser bis zu unverhohlner öffentlicher Äußerung, jener Makel des Lächerlichen, der das ärgste und wenigstens nach der Meinung der Franzosen die fürchterlichste Verdammnis ist, die ein Mensch hienieden dulden kann. – Tugendhafte Franzmänner wollen daher ja auch viel lieber für ausgemachte Schurken gelten, als lächerlich erscheinen. – Ganz gewiß ist es, daß den ausgepochten Theaterdichter immer der Fluch des Lächerlichen trifft, den er oft Zeit seines Lebens nicht abschüttelt. Selbst nachheriger Beifall bleibt zweideutig, und schon mancher, dem dergleichen geschah, ist verzweiflungsvoll in die triste Einöde jener Dichtungen geflohen, die sich wie Schauspiele gebärden, indessen wie der Autor auf das heiligste versichert, durchaus nicht für das Theater bestimmt sind."

„Ich gebe", sprach Theodor, „euch beiden, Lothar und Vinzenz, aus tiefer Überzeugung vollkommen recht, daß es für einen Dichter, zumal aber einen Komponisten, ein gar gewagtes Spiel ist, ein Werk auf das Theater zu bringen. Es heiß sein Eigentum preisgeben dem Winde und den Wellen. Bedenkt man nämlich, von welchen tausend Zufälligkeiten die Wirkung eines Stücks abhängt, wie oft der gedachte und wohlberechnete Effekt irgendeiner Stelle an dem Ungeschick eines einzigen Sängers, eines einzigen Instrumentalisten scheitert, wie oft –"

„Hört! hört!" unterbrach Vinzenz den Freund, „hört! hört! rufe ich wie die edlen Lords im englischen Parlement, wenn ein edler Lord im Begriff steht, recht aus der Schule zu schwatzen. Theodor hat eben nichts im Sinn als die Oper, die er vor ein paar Jahren auf das Theater brachte! ‚Da ich nun', sprach er, ‚ein Dutzend mißlungene Proben angeschaut habe, da noch selbst in der letzten Hauptprobe der *Maestro* mit meiner Partitur nicht ganz im reinen war, so wie mit dem Verständnis des ganzen Werks überhaupt, so bin ich über die Zweideutigkeit des Schicksals, das gleich einer schwarzen Wolke über meiner Dichtung hängt, ganz beruhigt. Fällt mein Werk, so falle es denn! mir ist alle Besorgnis deshalb benommen, ich bin hinweg über alle Angst und Beklommenheit des Autors –' und was dergleichen schöne Redensarten noch mehr waren. Genug, als ich am Tage der Aufführung meinen Freund sah, und die Zeit da war, nach dem Theater zu gehen, wurde er plötzlich leichenblaß, lachte aber dabei ungemein, niemand wußte recht worüber, versicherte sehr heftig, beinahe habe er vergessen, daß seine Oper heute gegeben würde, wollte durchaus, als er den Überrock anzuziehen unternahm, den rechten Arm in den linken Ärmel stecken, so daß ihm meine Beihülfe nötig, rannte dann, ohne ein Wort zu sprechen, wie besessen über die Straße, und fiel, als in dem Augenblick, da er in die Loge treten wollte, der erste Akkord der Ouvertüre losschlug, dem erschrockenen Logenschließer in die Arme, dann aber –"

„Still! still!" rief Theodor, „was meine Oper und deren Aufführung betrifft, so will ich euch, sollt es euch einmal wieder gemütlich sein über Musik zu sprechen, manches darüber sagen, aber heute kein Wort davon, kein einziges Wörtchen –"

„Schon viel zu viel", nahm Lothar das Wort, „haben wir überdem über ein und dasselbe geschwatzt und zum Schluß will ich nur noch bemerken, daß mir das Anekdötchen von Voltaire sehr wohl gefällt, der einmal als ein Trauerspiel – irr ich nicht, so war es Zaire – gegeben werden sollte, über das Schicksal seines Werks in solch schrecklicher Angst war, daß er es gar nicht wagte, in das Theater zu gehen. Auf dem ganzen Wege von dem Theater bis zu seiner Wohnung waren aber Boten ausgestellt, die von Moment zu Moment ihm telegraphische Nachrichten von dem Gange des Stücks zubringen mußten, so daß er auf seiner Stube im Schlafrock alle Qualen, alle Lust des Autors gemächlich zu empfinden imstande war."

„Sollte", sprach Sylvester, „sollte dies Anekdötlein nicht eine gute Theaterszene geben, und zugleich eine tüchtige Aufgabe für einen Schauspieler sein, der die sogenannten Charakterrollen spielt? – Man denke sich Voltaire auf der Bühne – er empfängt die Nachrichten – ‚das Publikum ist unruhig! –' ‚Ha', ruft er, ‚ist es möglich, deine Teilnahme zu erregen, leichtsinniges Volk! –' Das Publikum applaudiert, schreit vor Entzücken! – ‚Ha! wackre Franzosen, ihr versteht euern Voltaire und habt ihn –' das Publikum zischt, auch lassen sich Pfeiflein hören! – ‚Verräter, treulose! – das *mir*, das *mir* –'"

„Halt, halt", rief Ottmar, „Sylvester macht uns hier in der Begeisterung des Beifalls, den er errungen, auf der Stelle ein ganzes Lustspiel, statt daß er als ein würdiger Serapions-Bruder für uns sorgen und die Erzählung vorlesen soll, deren sehr anziehenden Stoff er mir vor einiger Zeit brieflich mitteilte und die er, wie ich weiß, ausgearbeitet und mitgebracht hat."

„Wir haben", sprach Sylvester, „soeben an Voltaire gedacht, ihr möget daher, meine teuren Serapions-Brüder, an sein *Siècle de Louis XIV.* und an dies Zeitalter überhaupt selbst denken, aus dem ich die Erzählung entnommen, die ich demütigst eurer gütigen Aufnahme empfehle."

Sylvester las:

DAS FRÄULEIN VON SCUDERI

Erzählung aus dem Zeitalter Ludwig des Vierzehnten

In der Straße St. Honoré war das kleine Haus gelegen, welches Magdaleine von Scuderi, bekannt durch ihre anmutigen Verse, durch die Gunst Ludwig des XIV. und der Maintenon, bewohnte.

Spät um Mitternacht – es mochte im Herbste des Jahres 1680 sein – wurde an dieses Haus hart und heftig angeschlagen, daß es im ganzen Flur laut widerhallte. – Baptiste, der in des Fräuleins kleinem Haushalt Koch, Bedienten und Türsteher zugleich vorstellte, war mit Erlaubnis seiner Herrschaft über Land gegangen zur Hochzeit seiner Schwester, und so kam es, daß die Martiniere, des Fräuleins Kammerfrau, allein im Hause noch wachte. Sie hörte die wiederholten Schläge, es fiel ihr ein, daß Baptiste fortgegangen, und sie mit dem Fräulein ohne weitern Schutz im Hause geblieben sei; aller Frevel von Einbruch, Diebstahl und Mord, wie er jemals in Paris verübt worden, kam ihr in den Sinn, es wurde ihr gewiß, daß irgendein Haufen Meuter, von der Einsamkeit des Hauses unterrichtet, da draußen tobe, und eingelassen ein böses Vorhaben gegen die Herrschaft ausführen wolle, und so blieb sie in ihrem Zimmer zitternd und zagend, und den Baptiste verwünschend samt seiner Schwester Hochzeit. Unterdessen donnerten die Schläge immer fort, und es war ihr, als rufe eine Stimme dazwischen: „So macht doch nur auf um Christus willen, so macht doch nur auf!" Endlich in steigender Angst ergriff die Martiniere schnell den Leuchter mit der brennenden Kerze, und rannte hinaus auf den Flur; da vernahm sie ganz deutlich die Stimme des Anpochenden: „Um Christus willen, so macht doch nur auf!" „In der Tat", dachte die Martiniere, „so spricht doch wohl kein Räuber; wer weiß, ob nicht gar ein Verfolgter Zuflucht sucht bei meiner Herrschaft, die ja geneigt ist zu jeder Wohltat. Aber laßt uns vorsichtig sein!" – Sie öffnete ein Fenster und rief hinab, wer denn da unten in später Nacht so an der Haustür tobe, und alles aus dem Schlafe wecke, indem sie ihrer tiefen Stimme so viel Männliches zu geben sich bemühte, als nur möglich. In dem Schimmer der Mondesstrahlen, die eben durch die finstern Wolken brachen, gewahrte sie eine lange, in einen hellgrauen Mantel gewickelte Gestalt, die den breiten Hut tief in die Augen gedrückt hatte. Sie rief nun mit lauter Stimme, so, daß es der unten vernehmen konnte: „Baptiste, Claude, Pierre, steht auf, und seht einmal zu, welcher Taugenichts uns das Haus einschlagen will!" Da sprach es aber mit sanfter, beinahe klagender Stimme von unten herauf: „Ach! la Martiniere, ich weiß ja, daß Ihr es seid, liebe Frau, so sehr Ihr Eure Stimme zu verstellen trachtet, ich weiß ja, daß Baptiste über Land gegangen ist, und Ihr mit Eurer Herrschaft allein im Hause seid. Macht mir nur getrost auf, befürchtet nichts. Ich muß durchaus mit Eurem Fräulein sprechen, noch in dieser Minute." „Wo denkt Ihr hin", erwiderte die Martiniere, „mein Fräulein wollt Ihr sprechen mitten in der Nacht? Wißt Ihr denn nicht, daß sie längst schläft, und daß ich sie um keinen Preis wecken werde aus dem ersten süßesten Schlummer, dessen sie in ihren Jahren wohl bedarf." „Ich weiß", sprach der Untenstehende, „ich weiß, daß Euer Fräulein soeben das Manuskript ihres Romans, Clelia geheißen, an dem sie rastlos arbeitet, beiseite gelegt hat, und jetzt noch einige Verse aufschreibt, die sie morgen bei der Marquise de Maintenon vorzulesen gedenkt. Ich beschwöre Euch, Frau Martiniere, habt die Barmherzigkeit, und öffnet mir die Türe. Wißt, daß es darauf ankommt, einen Unglücklichen vom Verderben zu retten, wißt, daß Ehre, Freiheit, ja das Leben eines Menschen abhängt von diesem Augenblick, in dem ich Euer Fräulein sprechen muß. Bedenkt, daß Eurer Gebieterin Zorn ewig auf Euch lasten würde, wenn sie erführe, daß Ihr es waret, die den Unglücklichen, welcher kam, ihre Hülfe zu erflehen, hartherzig von der Türe wieset." „Aber warum sprecht Ihr denn meines Fräuleins Mitleid an in dieser ungewöhnlichen Stunde, kommt morgen zu guter Zeit wieder", so sprach die Martiniere herab; da erwiderte der unten: „Kehrt sich denn das Schicksal, wenn es verderbend wie der tötende Blitz einschlägt, an Zeit und Stunde? Darf, wenn nur ein Augenblick Rettung noch möglich ist, die Hülfe aufgeschoben werden? Öffnet mir die Türe, fürchtet doch nur nichts von einem Elenden, der schutzlos, verlassen von aller Welt, verfolgt, bedrängt von einem ungeheuern Geschick Euer Fräulein um Rettung anflehen will aus drohender Gefahr!" Die Martiniere vernahm, wie der Untenstehende bei diesen Worten vor tiefem Schmerz stöhnte und schluchzte; dabei war der Ton von seiner Stimme der eines Jünglings, sanft und eindringend tief in die Brust. Sie fühlte sich im Innersten bewegt, ohne sich weiter lange zu besinnen, holte sie die Schlüssel herbei.

Sowie sie die Türe kaum geöffnet, drängte sich ungestüm die im Mantel gehüllte Gestalt hinein und rief, der Martiniere vorbeischreitend in den Flur, mit wilder Stimme: „Führt mich zu Euerm Fräulein!" Erschrocken hob die Martiniere den Leuchter in die Höhe, und der Kerzenschimmer fiel in ein todbleiches, furchtbar entstelltes Jünglingsantlitz. Vor Schrecken hätte die Martiniere zu Boden sinken mögen, als nun der Mensch den Mantel auseinanderschlug, und der blanke Griff eines Stiletts aus dem Brustlatz hervorragte. Es blitzte der Mensch sie an mit funkelnden Augen und rief noch wilder als zuvor: „Führt mich zu Euerm Fräulein, sage ich Euch!" Nun sah die Martiniere ihr Fräulein in der dringendsten Gefahr, alle Liebe zu der teuren Herrschaft, in der sie zugleich die fromme, treue Mutter ehrte, flammte stärker auf im Innern, und erzeugte einen Mut, dessen sie wohl selbst sich nicht fähig geglaubt hätte. Sie warf die Türe ihres Gemachs, die sie offen gelassen, schnell zu, trat vor dieselbe und sprach stark und fest: „In der Tat, Euer tolles Betragen hier im Hause paßt schlecht zu Euern kläglichen Worten da draußen, die, wie ich nun wohl merke, mein Mitleiden sehr zu unrechter Zeit erweckt haben. Mein Fräulein sollt und werdet Ihr jetzt nicht sprechen. Habt Ihr nichts Böses im Sinn, dürft Ihr den Tag nicht scheuen, so kommt morgen wieder, und bringt Eure Sache an! – jetzt schert Euch aus dem Hause!" Der Mensch stieß einen dumpfen Seufzer aus, blickte die Martiniere starr an mit entsetzlichem Blick, und griff nach dem Stilett. Die Martiniere befahl im stillen ihre Seele dem Herrn, doch blieb sie standhaft, und sah dem Menschen keck ins Auge, indem sie sich fester an die Türe des Gemachs drückte, durch welches der Mensch gehen mußte, um zu dem Fräulein zu gelangen. „Laßt mich zu Euerm Fräulein, sage ich Euch", rief der Mensch nochmals. „Tut was Ihr wollt", erwiderte die Martiniere, „ich weiche nicht von diesem Platz, vollendet nur die böse Tat, die Ihr begonnen, auch Ihr werdet den schmachvollen Tod finden auf dem Greveplatz, wie Eure verruchten Spießgesellen." „Ha", schrie der Mensch auf, „Ihr habt recht, la Martiniere! ich sehe aus, ich bin bewaffnet wie ein verruchter Räuber und Mörder, aber meine Spießgesellen sind nicht gerichtet, sind nicht gerichtet!" – Und damit zog er, giftige Blicke schießend, auf die zum Tode geängstete Frau, das Stilett heraus. „Jesus!" rief sie, den Todesstoß erwartend, aber in dem Augenblick ließ sich auf der Straße das Geklirr von Waffen, der Huftritt von Pferden hören. „Die Marechaussee – die Marechaussee. Hülfe, Hülfe!" schrie die Martiniere. „Entsetzliches Weib, du willst mein Verderben – nun ist alles aus, alles aus! nimm! – nimm; gib das dem Fräulein heute noch – morgen wenn du willst –" dies leise murmelnd hatte der Mensch der Martiniere den Leuchter weggerissen, die Kerzen verlöscht und ihr ein Kästchen in die Hände gedrückt. „Um deiner Seligkeit willen, gib das Kästchen dem Fräulein", rief der Mensch und sprang zum Hause hinaus. Die Martiniere war zu Boden gesunken, mit Mühe stand sie auf, und tappte sich in der Finsternis zurück in ihr Gemach, wo sie ganz erschöpft, keines Lautes mächtig, in den Lehnstuhl sank. Nun hörte sie die Schlüssel klirren, die sie im Schloß der Haustüre hatte stecken lassen. Das Haus wurde zugeschlossen und leise unsichere Tritte nahten sich dem Gemach. Festgebannt, ohne Kraft sich zu regen, erwartete sie das Gräßliche; doch wie geschah ihr, als die Türe aufging und sie bei dem Scheine der Nachtlampe auf den ersten Blick den ehrlichen Baptiste erkannte; der sah leichenblaß aus und ganz verstört. „Um aller Heiligen willen", fing er an, „um aller Heiligen willen, sagt mir Frau Martiniere, was ist geschehen? Ach die Angst! die Angst! – Ich weiß nicht was es war, aber fortgetrieben hat es mich von der Hochzeit gestern abend mit Gewalt! – Und nun komme ich in die Straße. Frau Martiniere, denk ich, hat einen leisen Schlaf, die wird's wohl hören, wenn ich leise und säuberlich anpoche an die Haustüre, und mich hineinlassen. Da kommt mir eine starke Patrouille entgegen, Reuter, Fußvolk bis an die Zähne bewaffnet, und hält mich an und will mich nicht fortlassen. Aber zum Glück ist Desgrais dabei, der Marechaussee-Lieutnant, der mich recht gut kennt; der spricht, als sie mir die Laterne unter die Nase halten: ‚Ei Baptiste, wo kommst du her des Wegs in der Nacht? Du mußt fein im Hause bleiben und es hüten. Hier ist es nicht geheuer, wir denken noch in dieser Nacht einen guten Fang zu machen.' Ihr glaubt gar nicht, Frau Martiniere, wie mir diese Worte aufs Herz fielen. Und nun trete ich auf die Schwelle, und da stürzt ein verhüllter Mensch aus dem Hause, das blanke Stilett in der Faust, und rennt mich um und um – das Haus ist offen, die Schlüssel stecken im Schlosse – sagt, was hat das alles zu bedeuten?" Die Martiniere, von ihrer Todesangst befreit, erzählte, wie sich alles begeben. Beide, sie und Baptiste, gingen in den Hausflur, sie fanden den Leuchter auf dem Boden, wo der fremde Mensch ihn im Entfliehen hingeworfen. „Es ist nur zu gewiß", sprach Baptiste, „daß unser Fräulein beraubt und wohl gar ermordet werden sollte. Der Mensch wußte, wie Ihr erzählt, daß Ihr allein wart mit dem Fräulein, ja sogar, daß sie noch wachte bei ihren Schriften; gewiß war es einer von den verfluchten Gaunern und Spitzbuben, die bis ins Innere der Häuser dringen, alles listig auskundschaftend, was ihnen zur Ausführung ihrer teuflischen Anschläge dienlich. Und das kleine Kästchen, Frau Martiniere, das, denk ich, werfen wir in die Seine, wo sie am tiefsten ist. Wer steht uns dafür, daß nicht irgendein verruchter Unhold unserm guten Fräulein nach dem Leben trachtet, daß sie, das Kästchen öffnend, nicht tot niedersinkt, wie der alte Marquis von Tournay, als er den Brief aufmachte, den er von unbekannter Hand erhalten! –" Lange ratschlagend, beschlossen die Getreuen endlich, dem Fräulein am andern Morgen alles zu erzählen und ihr auch das geheimnisvolle Kästchen einzuhändigen, das ja mit gehöriger Vorsicht geöffnet werden könne. Beide, erwägten sie genau jeden Umstand der Erscheinung des verdächtigen Fremden, meinten, daß wohl ein besonderes Geheimnis im Spiele sein könne, über das sie eigenmächtig nicht schalten dürften, sondern die Enthüllung ihrer Herrschaft überlassen müßten. –

Baptistes Besorgnisse hatten ihren guten Grund. Gerade zu der Zeit war Paris der Schauplatz der verruchtesten Greueltaten, gerade zu der Zeit bot die teuflischste Erfindung der Hölle die leichtesten Mittel dazu dar.

Glaser, ein teutscher Apotheker, der beste Chemiker seiner Zeit, beschäftigte sich, wie es bei Leuten von seiner Wissenschaft wohl zu geschehen pflegt, mit alchimistischen Versuchen. Er hatte es darauf abgesehen, den Stein der Weisen zu finden. Ihm gesellte sich ein Italiener zu, namens *Exili*. Diesem diente aber die Goldmacherkunst nur zum Vorwande. Nur das Mischen, Kochen, Sublimieren der Giftstoffe, in denen Glaser sein Heil zu finden hoffte, wollt er erlernen, und es gelang ihm endlich, jenes feine Gift zu bereiten, das ohne Geruch, ohne Geschmack, entweder auf der Stelle oder langsam tötend, durchaus keine Spur im menschlichen Körper zurückläßt, und alle Kunst, alle Wissenschaft der Ärzte täuscht, die, den Giftmord nicht ahnend, den Tod einer natürlichen Ursache zuschreiben müssen. So vorsichtig Exili auch zu Werke ging, so kam er doch in den Verdacht des Giftverkaufs, und wurde nach der Bastille gebracht. In dasselbe Zimmer sperrte man bald darauf den Hauptmann Godin de Sainte Croix ein. Dieser hatte mit der Marquise de Brinvillier lange Zeit in einem Verhältnisse gelebt, welches Schande über die ganze Familie brachte, und endlich, da der Marquis unempfindlich blieb für die Verbrechen seiner Gemahlin, ihren Vater, Dreux d'Aubray, Zivil-Lieutnant zu Paris, nötigte, das verbrecherische Paar durch einen Verhaftsbefehl zu trennen, den er wider den Hauptmann auswirkte. Leidenschaftlich, ohne Charakter, Frömmigkeit heuchelnd und zu Lastern aller Art geneigt von Jugend auf, eifersüchtig, rachsüchtig bis zur Wut, konnte dem Hauptmann nichts willkommner sein als Exilis teuflisches Geheimnis, das ihm die Macht gab, alle seine Feinde zu vernichten. Er wurde Exilis eifriger Schüler, und tat es bald seinem Meister gleich, so daß er, aus der Bastille entlassen, allein fortzuarbeiten imstande war.

Die Brinvillier war ein entartetes Weib, durch Sainte Croix wurde sie zum Ungeheuer. Er vermochte sie nach und nach, erst ihren eignen Vater, bei dem sie sich befand, ihn mit verruchter Heuchelei im Alter pflegend, dann ihre beiden Brüder, und endlich ihre Schwester zu vergiften; den Vater aus Rache, die andern der reichen Erbschaft wegen. Die Geschichte mehrerer Giftmörder gibt das entsetzliche Beispiel, daß Verbrechen der Art zur unwiderstehlichen Leidenschaft werden. Ohne weitern Zweck, aus reiner Lust daran, wie der Chemiker Experimente macht zu seinem Vergnügen, haben oft Giftmörder Personen gemordet, deren Leben oder Tod ihnen völlig gleich sein konnte. Das plötzliche Hinsterben mehrerer Armen im Hotel Dieu erregte später den Verdacht, daß die Brote, welche die Brinvillier dort wöchentlich auszuteilen pflegte, um als Muster der Frömmigkeit und des Wohltuns zu gelten, vergiftet waren. Gewiß ist es aber, daß sie Taubenpasteten vergiftete, und sie den Gästen, die sie geladen, vorsetzte. Der Chevalier du Guet und mehrere andere Personen fielen als Opfer dieser höllischen Mahlzeiten. Sainte Croix, sein Gehülfe la Chaussee, die Brinvillier wußten lange Zeit hindurch ihre gräßliche Untaten in undurchdringliche Schleier zu hüllen; doch welche verruchte List verworfener Menschen vermag zu bestehen, hat die ewige Macht des Himmels beschlossen, schon hier auf Erden die Frevler zu richten! – Die Gifte, welche Sainte Croix bereitete, waren so fein, daß, lag das Pulver (*poudre de succession* nannten es die Pariser) bei der Bereitung offen, ein einziger Atemzug hinreichte, sich augenblicklich den Tod zu geben. Sainte Croix trug deshalb bei seinen Operationen eine Maske von feinem Glase. Diese fiel eines Tags, als er eben ein fertiges Giftpulver in eine Phiole schütten wollte, herab, und er sank, den feinen Staub des Giftes einatmend, augenblicklich tot nieder. Da er ohne Erben verstorben, eilten die Gerichte herbei, um den Nachlaß unter Siegel zu nehmen. Da fand sich in einer Kiste verschlossen das ganze höllische Arsenal des Giftmords, das dem verruchten Sainte Croix zu Gebote gestanden, aber auch die Briefe der Brinvillier wurden aufgefunden, die über ihre Untaten keinen Zweifel ließen. Sie floh nach Lüttich in ein Kloster. Desgrais, ein Beamter der Marechaussee, wurde ihr nachgesendet. Als Geistlicher verkleidet, erschien er in dem Kloster, wo sie sich verborgen. Es gelang ihm, mit dem entsetzlichen Weibe einen Liebeshandel anzuknüpfen, und sie zu einer heimlichen Zusammenkunft in einem einsamen Garten vor der Stadt zu verlocken. Kaum dort angekommen, wurde sie aber von Desgrais' Häschern umringt, der geistliche Liebhaber verwandelte sich plötzlich in den Beamten der Mareschaussee, und nötigte sie in den Wagen zu steigen, der vor dem Garten bereit stand, und von den Häschern umringt, geradeswegs nach Paris abfuhr. La Chaussee war schon früher enthauptet worden, die Brinvillier litt denselben Tod, ihr Körper wurde nach der Hinrichtung verbrannt, und die Asche in die Lüfte zerstreut.

Die Pariser atmeten auf, als das Ungeheuer von der Welt war, das die heimliche mörderische Waffe ungestraft richten konnte gegen Feind und Freund. Doch bald tat es sich kund, daß des verruchten La Croix entsetzliche Kunst sich fortvererbt hatte. Wie ein unsichtbares tückisches Gespenst schlich der Mord sich ein in die engsten Kreise, wie sie Verwandtschaft – Liebe – Freundschaft nur bilden können, und erfaßte sicher und schnell die unglücklichen Opfer. Der, den man heute in blühender Gesundheit gesehen, wankte morgen krank und siech umher, und keine Kunst der Ärzte konnte ihn vor dem Tode retten. Reichtum – ein einträgliches Amt – ein schönes, vielleicht zu jugendliches Weib – das genügte zur Verfolgung auf den Tod. Das grausamste Mißtrauen trennte die heiligsten Bande. Der Gatte zitterte vor der Gattin – der Vater vor dem Sohn – die Schwester vor dem Bruder. – Unberührt blieben die Speisen, blieb der Wein bei dem Mahl, das der Freund den Freunden gab, und wo sonst Lust und Scherz gewaltet, spähten verwilderte Blicke nach dem verkappten Mörder. Man sah Familienväter ängstlich in entfernten Gegenden Lebensmittel einkaufen, und in dieser, jener schmutzigen Garküche selbst bereiten, in ihrem eigenen Hause teuflischen Verrat fürchtend. Und doch war manchmal die größte, bedachteste Vorsicht vergebens.

Der König, dem Unwesen, das immer mehr überhand nahm, zu steuern, ernannte einen eigenen Gerichtshof, dem er ausschließlich die Untersuchung und Bestrafung dieser heimlichen Verbrechen übertrug. Das war die sogenannte *Chambre ardente*, die ihre Sitzungen unfern der Bastille hielt, und welcher la Regnie als Präsident vorstand. Mehrere Zeit hindurch blieben Regnies Bemühungen, so eifrig sie auch sein mochten, fruchtlos, dem verschlagenen Desgrais war es vorbehalten, den geheimsten Schlupfwinkel des Verbrechens zu entdecken. – In der Vorstadt Saint Germain wohnte ein altes Weib, la Voisin geheißen, die sich mit Wahrsagen und Geisterbeschwören abgab, und mit Hülfe ihrer Spießgesellen, le Sage und le Vigoureux, auch selbst Personen, die eben nicht schwach und leichtgläubig zu nennen, in Furcht und Erstaunen zu setzen wußte. Aber sie tat mehr als dieses. Exilis Schülerin wie la Croix, bereitete sie wie dieser, das feine, spurlose Gift, und half auf diese Weise ruchlosen Söhnen zur frühen Erbschaft, entarteten Weibern zum andern jüngern Gemahl. Desgrais drang in ihr Geheimnis ein, sie gestand alles, die *Chambre ardente* verurteilte sie zum Feuertode, den sie auf dem Greveplatz erlitt. Man fand bei ihr eine Liste aller Personen, die sich ihrer Hülfe bedient hatten; und so kam es, daß nicht allein Hinrichtung auf Hinrichtung folgte, sondern auch schwerer Verdacht selbst auf Personen von hohem Ansehen lastete. So glaubte man, daß der Kardinal Bonzy bei der la Voisin das Mittel gefunden, alle Personen, denen er als Erzbischof von Narbonne Pensionen bezahlen mußte, in kurzer Zeit hinsterben zu lassen. So wurden die Herzogin von Bouillon, die Gräfin von Soissons, deren Namen man auf der Liste gefunden, der Verbindung mit dem teuflischen Weibe angeklagt, und selbst François Henri de Montmonrenci, Boudebelle, Herzog von Luxemburg, Pair und Marschall des Reichs, blieb nicht verschont. Auch ihn verfolgte die furchtbare *Chambre ardente*. Er stellte sich selbst zum Gefängnis in der Bastille, wo ihn Louvois und la Regnies Haß in ein sechs Fuß langes Loch einsperren ließ. Monate vergingen, ehe es sich vollkommen ausmittelte, daß des Herzogs Verbrechen keine Rüge verdienen konnte. Er hatte sich einmal von le Sage das Horoskop stellen lassen.

Gewiß ist es, daß blinder Eifer den Präsidenten la Regnie zu Gewaltstreichen und Grausamkeiten verleitete. Das Tribunal nahm ganz den Charakter der Inquisition an, der geringfügigste Verdacht reichte hin zu strenger Einkerkerung, und oft war es dem Zufall überlassen, die Unschuld des auf den Tod Angeklagten darzutun. Dabei war Regnie von garstigem Ansehen und heimtückischem Wesen, so daß er bald den Haß derer auf sich lud, deren Rächer oder Schützer zu sein er berufen wurde. Die Herzogin von Bouillon, von ihm im Verhöre gefragt, ob sie den Teufel gesehen? erwiderte: „Mich dünkt, ich sehe ihn in diesem Augenblick!"

Während nun auf dem Greveplatz das Blut Schuldiger und Verdächtiger in Strömen floß, und endlich der heimliche Giftmord seltner und seltner wurde, zeigte sich ein Unheil andrer Art, welches neue Bestürzung verbreitete. Eine Gaunerbande schien es darauf angelegt zu haben, alle Juwelen in ihren Besitz zu bringen. Der reiche Schmuck, kaum gekauft, verschwand auf unbegreifliche Weise, mochte er verwahrt sein wie er wollte. Noch viel ärger war es aber, daß jeder, der es wagte, zur Abendzeit Juwelen bei sich zu tragen, auf offener Straße oder in finstern Gängen der Häuser beraubt, ja wohl gar ermordet wurde. Die mit dem Leben davongekommen, sagten aus, ein Faustschlag auf den Kopf habe sie wie ein Wetterstrahl niedergestürzt, und aus der Betäubung erwacht, hätten sie sich beraubt, und am ganz andern Orte als da, wo sie der Schlag getroffen, wiedergefunden. Die Ermordeten, wie sie beinahe jeden Morgen auf der Straße oder in den Häusern lagen, hatten alle dieselbe tödliche Wunde. Einen Dolchstich ins Herz, nach dem Urteil der Ärzte so schnell und sicher tötend, daß der Verwundete keines Lautes mächtig zu Boden sinken mußte. Wer war an dem üppigen Hofe Ludwig des XIV., der nicht in einen geheimen Liebeshandel verstrickt, spät zur Geliebten schlich, und manchmal ein reiches Geschenk bei sich trug? – Als stünden die Gauner mit Geistern im Bunde, wußten sie genau, wenn sich so etwas zutragen sollte. Oft erreichte der Unglückliche nicht das Haus, wo er Liebesglück zu genießen dachte, oft fiel er auf der Schwelle, ja vor dem Zimmer der Geliebten, die mit Entsetzen den blutigen Leichnam fand.

Vergebens ließ Argenson, der Polizeiminister, alles aufgreifen in Paris, was von dem Volk nur irgend verdächtig schien, vergebens wütete la Regnie, und suchte Geständnisse zu erpressen, vergebens wurden Wachen, Patrouillen verstärkt, die Spur der Täter war nicht zu finden. Nur die Vorsicht, sich bis an die Zähne zu bewaffnen, und sich eine Leuchte vortragen zu lassen, half einigermaßen, und doch fanden sich Beispiele, daß der Diener mit Steinwürfen geängstet, und der Herr in demselben Augenblick ermordet und beraubt wurde.

Merkwürdig war es, daß aller Nachforschungen auf allen Plätzen, wo Juwelenhandel nur möglich war, unerachtet nicht das mindeste von den geraubten Kleinodien zum Vorschein kam, und also auch hier keine Spur sich zeigte, die hätte verfolgt werden können.

Desgrais schäumte vor Wut, daß selbst seiner List die Spitzbuben zu entgehen wußten. Das Viertel der Stadt, in dem er sich gerade befand, blieb verschont, während in dem andern, wo keiner Böses geahnt, der Raubmord seine reichen Opfer erspähte.

Desgrais besann sich auf das Kunststück, mehrere Desgrais zu schaffen, sich untereinander so ähnlich an Gang, Stellung, Sprache, Figur, Gesicht, daß selbst die Häscher nicht wußten, wo der rechte Desgrais stecke. Unterdessen lauschte er, sein Leben wagend, allein in den geheimsten Schlupfwinkeln, und folgte von weitem diesem oder jenem, der auf seinen Anlaß einen reichen Schmuck bei sich trug. *Der* blieb unangefochten; also auch von *dieser* Maßregel waren die Gauner unterrichtet. Desgrais geriet in Verzweiflung.

Eines Morgens kommt Desgrais zu dem Präsidenten la Regnie, blaß, entstellt, außer sich. – „Was habt Ihr, was für Nachrichten? – Fandet Ihr die Spur?“ ruft ihm der Präsident entgegen. „Ha – gnädiger Herr“, fängt Desgrais an, vor Wut stammelnd, „ha gnädiger Herr – gestern in der Nacht – unfern des Louvres ist der Marquis de la Fare angefallen worden in meiner Gegenwart.“ „Himmel und Erde“, jauchzt la Regnie auf vor Freude – „wir haben sie!“ – „O hört nur“, fällt Desgrais mit bitterm Lächeln ein, „o hört nur erst, wie sich alles begeben. – Am Louvre steh ich also, und passe, die ganze Hölle in der Brust, auf die Teufel, die meiner spotten. Da kommt mit unsicherm Schritt immer hinter sich schauend eine Gestalt dicht bei mir vorüber, ohne mich zu sehen. Im Mondesschimmer erkenne ich den Marquis de la Fare. Ich konnt ihn da erwarten, ich wußte, wo er hinschlich. Kaum ist er zehn – zwölf Schritte bei mir vorüber, da springt wie aus der Erde herauf eine Figur, schmettert ihn nieder und fällt über ihn her. Unbesonnen, überrascht von dem Augenblick, der den Mörder in meine Hand liefern konnte, schrie ich laut auf, und will mit einem gewaltigen Sprunge aus meinem Schlupfwinkel heraus auf ihn zusetzen; da verwickle ich mich in den Mantel und falle hin. Ich sehe den Menschen wie auf den Flügeln des Windes forteilen, ich rapple mich auf, ich renne ihm nach – laufend stoße ich in mein Horn – aus der Ferne antworten die Pfeifen der Häscher – es wird lebendig – Waffengeklirr, Pferdegetrappel von allen Seiten. – ‚Hierher – hierher – Desgrais – Desgrais!‘ schreie ich, daß es durch die Straßen hallt. – Immer sehe ich den Menschen vor mir im hellen Mondschein, wie er, mich zu täuschen, da – dort – einbiegt; wir kommen in die Straße Nicaise, da scheinen seine Kräfte zu sinken, ich strenge die meinigen doppelt an – noch funfzehn Schritte höchstens hat er Vorsprung –“ „Ihr holt ihn ein – Ihr packt ihn, die Häscher kommen“, ruft la Regnie mit blitzenden Augen, indem er Desgrais beim Arm ergreift, als sei *der*

der fliehende Mörder selbst. – „Funfzehn Schritte", fährt Desgrais mit dumpfer Stimme und mühsam atmend fort, „funfzehn Schritte vor mir springt der Mensch auf die Seite in den Schatten und verschwindet durch die Mauer." „Verschwindet? – durch die Mauer! – Seid Ihr rasend", ruft la Regnie, indem er zwei Schritte zurücktritt und die Hände zusammenschlägt. „Nennt mich", fährt Desgrais fort, sich die Stirne reibend wie einer, den böse Gedanken plagen, „nennt mich, gnädiger Herr, immerhin einen Rasenden, einen törichten Geisterseher, aber es ist nicht anders, als wie ich es Euch erzähle. Erstarrt stehe ich vor der Mauer, als mehrere Häscher atemlos herbeikommen; mit ihnen der Marquis de la Fare, der sich aufgerafft, den bloßen Degen in der Hand. Wir zünden die Fackeln an, wir tappen an der Mauer hin und her; keine Spur einer Türe, eines Fensters, einer Öffnung. Es ist eine starke steinerne Hofmauer, die sich an ein Haus lehnt, in dem Leute wohnen, gegen die auch nicht der leiseste Verdacht aufkommt. Noch heute habe ich alles in genauen Augenschein genommen. – Der Teufel selbst ist es, der uns foppt." Desgrais' Geschichte wurde in Paris bekannt. Die Köpfe waren erfüllt von den Zaubereien, Geisterbeschwörungen, Teufelsbündnissen der Voisin, des Vigoureux, des berüchtigten Priesters le Sage; und wie es denn nun in unserer ewigen Natur liegt, daß der Hang zum Übernatürlichen, zum Wunderbaren alle Vernunft überbietet, so glaubte man bald nichts Geringeres, als daß, wie Desgrais nur im Unmut gesagt, wirklich der Teufel selbst die Verruchten schütze, die ihm ihre Seelen verkauft. Man kann es sich denken, daß Desgrais' Geschichte mancherlei tollen Schmuck erhielt. Die Erzählung davon mit einem Holzschnitt darüber, eine gräßliche Teufelsgestalt vorstellend, die vor dem erschrokkenen Desgrais in die Erde versinkt, wurde gedruckt und an allen Ecken verkauft. Genug, das Volk einzuschüchtern, und selbst den Häschern allen Mut zu nehmen, die nun zur Nachtzeit mit Zittern und Zagen die Straßen durchirrten, mit Amuletten behängt, und eingeweicht in Weihwasser.

Argenson sah die Bemühungen der *Chambre ardente* scheitern, und ging den König an, für das neue Verbrechen einen Gerichtshof zu ernennen, der mit noch ausgedehnterer Macht den Tätern nachspüre und sie strafe. Der König, überzeugt, schon der *Chambre ardente* zu viel Gewalt gegeben zu haben, erschüttert von dem Greuel unzähliger Hinrichtungen, die der blutgierige la Regnie veranlaßt, wies den Vorschlag gänzlich von der Hand.

Man wählte ein anderes Mittel, den König für die Sache zu beleben.

In den Zimmern der Maintenon, wo sich der König nachmittags aufzuhalten, und wohl auch mit seinen Ministern bis in die späte Nacht hinein zu arbeiten pflegte, wurde ihm ein Gedicht überreicht im Namen der gefährdeten Liebhaber, welche klagten, daß, gebiete ihnen die Galanterie, der Geliebten ein reiches Geschenk zu bringen, sie allemal ihr Leben daransetzen müßten. Ehre und Lust sei es, im ritterlichen Kampf sein Blut für die Geliebte zu verspritzen; anders verhalte es sich aber mit dem heimtückischen Anfall des Mörders, wider den man sich nicht wappnen könne. Ludwig, der leuchtende Polarstern aller Liebe und Galanterie, der möge hellaufstrahlend die finstre Nacht zerstreuen, und so das schwarze Geheimnis, das darin verborgen, enthüllen. Der göttliche Held, der seine Feinde niedergeschmettert, werde nun auch sein siegreich funkelndes Schwert zücken, und wie Herkules die Lernäische Schlange, wie Theseus den Minotaur, das bedrohliche Ungeheuer bekämpfen, das alle Liebeslust wegzehre, und alle Freude verdüstre in tiefes Leid, in trostlose Trauer.

So ernst die Sache auch war, so fehlte es diesem Gedicht doch nicht, vorzüglich in der Schilderung, wie die Liebhaber auf dem heimlichen Schleichwege zur Geliebten sich ängstigen müßten, wie die Angst schon alle Liebeslust, jedes schöne Abenteuer der Galanterie im Aufkeimen töte, an geistreichwitzigen Wendungen. Kam nun noch hinzu, daß beim Schluß alles in einen hochtrabenden Panegyrikus auf Ludwig den XIV. ausging, so konnte es nicht fehlen, daß der König das Gedicht mit sichtlichem Wohlgefallen durchlas. Damit zustande gekommen, drehte er sich, die Augen nicht wegwendend von dem Papier, rasch um zur Maintenon, las das Gedicht noch einmal mit lauter Stimme ab, und fragte dann anmutig lächelnd, was sie von den Wünschen der gefährdeten Liebhaber halte? Die Maintenon, ihrem ernsten Sinne treu und immer in der Farbe einer gewissen Frömmigkeit, erwiderte, daß geheime verbotene Wege eben keines besondern Schutzes würdig, die entsetzlichen Verbrecher aber wohl besonderer Maßregeln zu ihrer Vertilgung wert wären. Der König, mit dieser schwankenden Antwort unzufrieden, schlug das Papier zusammen, und wollte zurück zu dem Staatssekretär, der in dem andern Zimmer arbeitete, als ihm bei einem Blick, den er seitwärts warf, die Scuderi ins Auge fiel, die zugegen war, und eben unfern der Maintenon auf einem kleinen Lehnsessel Platz genommen hatte. Auf diese schritt er nun los; das anmutige Lächeln, das erst um Mund und Wangen spielte, und das verschwunden, gewann wieder Oberhand, und dicht vor dem Fräulein stehend, und das Gedicht wieder auseinanderfaltend, sprach er sanft: „Die Marquise mag nun einmal von den Galanterien unserer verliebten Herren nichts wissen, und weicht mir aus auf Wegen, die nichts weniger als verboten sind. Aber Ihr, mein Fräulein, was haltet Ihr von dieser dichterischen Supplik?" – Die Scuderi stand ehrerbietig auf von ihrem Lehnsessel, ein flüchtiges Rot überflog wie Abendpurpur die blassen Wangen der alten würdigen Dame, sie sprach, sich leise verneigend, mit niedergeschlagenen Augen:

„Un amant qui craint les voleurs
n'est point digne d'amour."

Der König, ganz erstaunt über den ritterlichen Geist dieser wenigen Worte, die das ganze Gedicht mit seinen ellenlangen Tiraden zu Boden schlugen, rief mit blitzenden Augen: „Beim heiligen Dionys, Ihr habt recht, Fräulein! Keine blinde Maßregel, die den Unschuldigen trifft mit dem Schuldigen, soll die Feigheit schützen; mögen Argenson und la Regnie das Ihrige tun!"

Alle die Greuel der Zeit schilderte nun die Martiniere mit den lebhaftesten Farben, als sie am andern Morgen ihrem Fräulein erzählte, was sich in voriger Nacht zugetragen, und übergab ihr zitternd und zagend das geheimnisvolle Kästchen. Sowohl sie als Baptiste, der ganz verblaßt in der Ecke stand, und vor Angst und Beklommenheit die Nachtmütze in den Händen knetend, kaum sprechen konnte, baten das Fräulein auf das wehmütigste um aller Heiligen willen, doch nur mit möglichster Behutsamkeit das Kästchen zu öffnen. Die Scuderi, das verschlossene Geheimnis in der Hand wiegend und prüfend, sprach lächelnd: „Ihr seht beide Gespenster! – Daß ich nicht reich bin, daß bei mir keine Schätze, eines Mordes wert, zu holen sind, das wissen die verruchten Meuchelmörder da draußen, die, wie ihr selbst sagt, das Innerste der Häuser erspähen, wohl ebensogut als ich und ihr. Auf mein Leben soll es abgesehen sein? Wem kann was an dem Tode liegen einer Person von dreiundsiebzig Jahren, die niemals andere verfolgte als die Bösewichter und Friedenstörer in den Romanen, die sie selbst schuf, die mittelmäßige Verse macht, welche niemandes Neid erregen können, die nichts hinterlassen wird, als den Staat des alten Fräuleins, das bisweilen an den Hof ging, und ein paar Dutzend gut eingebundener Bücher mit vergoldetem Schnitt! Und du, Martiniere! du magst nun die Erscheinung des fremden Menschen so schreckhaft beschreiben wie du willst, doch kann ich nicht glauben, daß er Böses im Sinne getragen.

Also! –"

Die Martiniere prallte drei Schritte zurück, Baptiste sank mit einem dumpfen „Ach!" halb in die Knie, als das Fräulein nun an einen hervorragenden stählernen Knopf drückte, und der Deckel des Kästchens mit Geräusch aufsprang.

Wie erstaunte das Fräulein, als ihr aus dem Kästchen ein Paar goldne, reich mit Juwelen besetzte Armbänder, und eben ein solcher Halsschmuck entgegenfunkelten. Sie nahm das Geschmeide heraus, und indem sie die wundervolle Arbeit des Halsschmucks lobte, beäugelte die Martiniere die reichen Armbänder, und rief ein Mal über das andere, daß ja selbst die eitle Montespan nicht solchen Schmuck besitze. „Aber was soll das, was hat das zu bedeuten", sprach die Scuderi. In dem Augenblick gewahrte sie auf dem Boden des Kästchens einen kleinen zusammengefalteten Zettel. Mit Recht hoffte sie den Aufschluß des Geheimnisses darin zu finden. Der Zettel, kaum hatte sie, was er enthielt, gelesen, entfiel ihren zitternden Händen. Sie warf einen sprechenden Blick zum Himmel, und sank dann wie halb ohnmächtig in den Lehnsessel zurück. Erschrocken sprang die Martiniere, sprang Baptiste ihr bei. „Oh", rief sie nun mit von Tränen halb erstickter Stimme, „o der Kränkung, o der tiefen Beschämung! Muß mir das noch geschehen im hohen Alter! Hab ich denn im törichten Leichtsinn gefrevelt, wie ein junges, unbesonnenes Ding? – O Gott, sind Worte, halb im Scherz hingeworfen, solcher gräßlichen Deutung fähig! – Darf dann mich, die ich der Tugend getreu und der Frömmigkeit tadellos blieb von Kindheit an, darf dann mich das Verbrechen des teuflischen Bündnisses zeihen?"

Das Fräulein hielt das Schnupftuch vor die Augen und weinte und schluchzte heftig, so daß die Martiniere und Baptiste ganz verwirrt und beklommen nicht wußten, wie ihrer guten Herrschaft beistehen in ihrem großen Schmerz.

Die Martiniere hatte den verhängnisvollen Zettel von der Erde aufgehoben. Auf demselben stand:

Un amant qui craint les voleurs
n'est point digne d'amour.

Euer scharfsinniger Geist, hochgeehrte Dame, hat uns, die wir an der Schwäche und Feigheit das Recht des Stärkern üben, und uns Schätze zueignen, die auf unwürdige Weise vergeudet werden sollten, von großer Verfolgung errettet. Als einen Beweis unserer Dankbarkeit nehmet gütig diesen Schmuck an. Es ist das Kostbarste, was wir seit langer Zeit haben auftreiben können, wiewohl Euch, würdige Dame! viel schöneres Geschmeide zieren sollte, als dieses nun eben ist. Wir bitten, daß Ihr uns Eure Freundschaft und Euer huldvolles Andenken nicht entziehen möget.

Die Unsichtbaren.

„Ist es möglich", rief die Scuderi, als sie sich einigermaßen erholt hatte, „ist es möglich, daß man die schamlose Frechheit, den verruchten Hohn so weit treiben kann?" – Die Sonne schien hell durch die Fenstergardinen von hochroter Seide, und so kam es, daß die Brillanten, welche auf dem Tische neben dem offenen Kästchen lagen, in rötlichem Schimmer aufblitzten. Hinblickend verhüllte die Scuderi voll Entsetzen das Gesicht, und befahl der Martiniere, das fürchterliche Geschmeide, an dem das Blut der Ermordeten klebe, augenblicklich fortzuschaffen. Die Martiniere, nachdem sie Halsschmuck und Armbänder sogleich in das Kästchen verschlossen, meinte, daß es wohl am geratensten sein würde, die Juwelen dem Polizeiminister zu übergeben, und ihm zu vertrauen, wie sich alles mit der beängstigenden Erscheinung des jungen Menschen und der Einhändigung des Kästchens zugetragen.

Die Scuderi stand auf und schritt schweigend langsam im Zimmer auf und nieder, als sinne sie erst nach, was nun zu tun sei. Dann befahl sie dem Baptiste, einen Tragsessel zu holen, der Martiniere aber, sie anzukleiden, weil sie auf der Stelle hin wolle zur Marquise de Maintenon.

Sie ließ sich hintragen zur Marquise gerade zu der Stunde, wenn diese, wie die Scuderi wußte, sich allein in ihren Gemächern befand. Das Kästchen mit den Juwelen nahm sie mit sich.

Wohl mußte die Marquise sich hoch verwundern, als sie das Fräulein, sonst die Würde, ja trotz ihrer hohen Jahre, die Liebenswürdigkeit, die Anmut selbst, eintreten sah blaß, entstellt, mit wankenden Schritten. „Was um aller Heiligen willen ist Euch widerfahren?“ rief sie der armen, beängsteten Dame entgegen, die, ganz außer sich selbst, kaum imstande, sich aufrecht zu erhalten, nur schnell den Lehnsessel zu erreichen suchte, den ihr die Marquise hinschob. Endlich des Wortes wieder mächtig, erzählte das Fräulein, welche tiefe, nicht zu verschmerzende Kränkung ihr jener unbedachtsame Scherz, mit dem sie die Supplik der gefährdeten Liebhaber beantwortet, zugezogen habe. Die Marquise, nachdem sie alles von Moment zu Moment erfahren, urteilte, daß die Scuderi sich das sonderbare Ereignis viel zu sehr zu Herzen nehme, daß der Hohn verruchten Gesindels nie ein frommes, edles Gemüt treffen könne, und verlangte zuletzt den Schmuck zu sehen.

Die Scuderi gab ihr das geöffnete Kästchen, und die Marquise konnte sich, als sie das köstliche Geschmeide erblickte, des lauten Ausrufs der Verwunderung nicht erwehren. Sie nahm den Halsschmuck, die Armbänder heraus und trat damit an das Fenster, wo sie bald die Juwelen an der Sonne spielen ließ, bald die zierliche Goldarbeit ganz nahe vor die Augen hielt, um nur recht zu erschauen, mit welcher wundervollen Kunstj edes kleine Häkchen der verschlungenen Ketten gearbeitet war.

Auf einmal wandte sich die Marquise rasch um nach dem Fräulein und rief: „Wißt Ihr wohl, Fräulein! daß diese Armbänder, diesen Halsschmuck niemand anders gearbeitet haben kann, als René Cardillac?“ – René Cardillac war damals der geschickteste Goldarbeiter in Paris, einer der kunstreichsten und zugleich sonderbarsten Menschen seiner Zeit. Eher klein als groß, aber breitschultrig und von starkem, muskulösem Körperbau hatte Cardillac, hoch in die funfziger Jahre vorgerückt, noch die Kraft, die Beweglichkeit des Jünglings. Von dieser Kraft, die ungewöhnlich zu nennen, zeugte auch das dicke, krause, rötliche Haupthaar und das gedrungene, gleißende Antlitz. Wäre Cardillac nicht in ganz Paris als der rechtlichste Ehrenmann, uneigennützig, offen, ohne Hinterhalt, stets zu helfen bereit, bekannt gewesen, sein ganz besonderer Blick aus kleinen, tiefliegenden, grün funkelnden Augen hätte ihn in den Verdacht heimlicher Tücke und Bosheit bringen können. Wie gesagt, Cardillac war in seiner Kunst der Geschickteste nicht sowohl in Paris, als vielleicht überhaupt seiner Zeit. Innig vertraut mit der Natur der Edelsteine, wußte er sie auf eine Art zu behandeln und zu fassen, daß der Schmuck, der erst für unscheinbar gegolten, aus Cardillacs Werkstatt hervorging in glänzender Pracht. Jeden Auftrag übernahm er mit brennender Begierde und machte einen Preis, der, so geringe war er, mit der Arbeit in keinem Verhältnis zu stehen schien. Dann ließ ihm das Werk keine Ruhe, Tag und Nacht hörte man ihn in seiner Werkstatt hämmern und oft, war die Arbeit beinahe vollendet, mißfiel ihm plötzlich die Form, er zweifelte an der Zierlichkeit irgendeiner Fassung der Juwelen, irgendeines kleinen Häkchens – Anlaß genug, die ganze Arbeit wieder in den Schmelztiegel zu werfen und von neuem anzufangen. So wurde jede Arbeit ein reines, unübertreffliches Meisterwerk, das den Besteller in Erstaunen setzte. Aber nun war es kaum möglich, die fertige Arbeit von ihm zu erhalten. Unter tausend Vorwänden hielt er den Besteller hin von Woche zu Woche, von Monat zu Monat. Vergebens bot man ihm das Doppelte für die Arbeit, nicht einen Louis mehr als den bedungenen Preis wollte er nehmen. Mußte er dann endlich dem Andringen des Bestellers weichen, und den Schmuck herausgeben, so konnte er sich aller Zeichen des tiefsten Verdrusses, ja einer innern Wut, die in ihm kochte, nicht erwehren. Hatte er ein bedeutenderes, vorzüglich reiches Werk, vielleicht viele Tausende an Wert, bei der Kostbarkeit der Juwelen, bei der überzierlichen Goldarbeit abliefern müssen, so war er imstande, wie unsinnig umherzulaufen, sich, seine Arbeit, alles um sich her verwünschend. Aber sowie einer hinter ihm herrannte und laut schrie: „René Cardillac, möchtet Ihr nicht einen schönen Halsschmuck machen für meine Braut – Armbänder für mein Mädchen u. s. w.", dann stand er plötzlich still, blitzte den an mit seinen kleinen Augen und fragte, die Hände reibend: „Was habt Ihr denn?" Der zieht nun ein Schächtelchen hervor und spricht: „Hier sind Juwelen, viel Sonderliches ist es nicht, gemeines Zeug, doch unter Euern Händen –" Cardillac läßt ihn nicht ausreden, reißt ihm das Schächtelchen aus den Händen, nimmt die Juwelen heraus, die wirklich nicht viel wert sind, hält sie gegen das Licht und ruft voll Entzücken: „Ho ho – gemeines Zeug? – mitnichten! – hübsche Steine – herrliche Steine, laßt mich nur machen! – und wenn es Euch auf eine Handvoll Louis nicht ankommt, so will ich noch ein paar Steinchen hineinbringen, die Euch in die Augen funkeln sollen wie die liebe Sonne selbst –" Der spricht: „Ich überlasse Euch alles, Meister René, und zahle, was Ihr wollt!" Ohne Unterschied, mag er nun ein reicher Bürgersmann oder ein vornehmer Herr vom Hofe sein, wirft sich Cardillac ungestüm an seinen Hals, und drückt und küßt ihn und spricht, nun sei er wieder ganz glücklich und in acht Tagen werde die Arbeit fertig sein. Er rennt über Hals und Kopf nach Hause, hinein in die Werkstatt, und hämmert darauflos, und in acht Tagen ist ein Meisterwerk zustande gebracht. Aber sowie der, der es bestellte, kommt, mit Freuden die geforderte geringe Summe bezahlen, und den fertigen Schmuck mitnehmen will, wird Cardillac verdrüßlich, grob, trotzig. – „Aber Meister Cardillac, bedenkt, morgen ist meine Hochzeit.“ „Was schert mich Eure Hochzeit, fragt in vierzehn Tagen wieder nach.“ – „Der Schmuck ist fertig, hier liegt das Geld, ich muß ihn haben.“ – „Und *ich* sage Euch, daß ich noch manches an dem Schmuck ändern muß, und ihn heute nicht herausgeben werde.“ – „Und *ich* sage Euch, daß wenn Ihr mir den Schmuck, den ich Euch allenfalls doppelt bezahlen will, nicht herausgebt im guten, Ihr mich gleich mit Argensons dienstbaren Trabanten anrücken sehen sollt.“ „Nun so quäle Euch der Satan mit hundert glühenden Kneipzangen, und hänge drei Zentner an den Halsschmuck, damit er Eure Braut erdroßle!“ – Und damit steckt Cardillac dem Bräutigam den Schmuck in die Busentasche, ergreift ihn beim Arm, wirft ihn zur Stubentür hinaus, daß er die ganze Treppe hinabpoltert, und lacht wie der Teufel zum Fenster hinaus, wenn er sieht, wie der arme junge Mensch, das Schnupftuch vor der blutigen Nase, aus dem Hause hinaushinkt. – Gar nicht zu erklären war es auch, daß Cardillac oft, wenn er mit Enthusiasmus eine Arbeit übernahm, plötzlich den Besteller mit allen Zeichen des im Innersten aufgeregten Gemüts, mit den erschütterndsten Beteurungen, ja unter Schluchzen und Tränen, bei der Jungfrau und allen Heiligen beschwor, ihm das unternommene Werk zu erlassen. Manche der von dem Könige, von dem Volke hochgeachtetsten Personen hatten vergebens große Summen geboten, um nur das kleinste Werk von Cardillac zu erhalten. Er warf sich dem Könige zu Füßen und flehte um die Huld, nichts für ihn arbeiten zu dürfen. Ebenso verweigerte er der Maintenon jede Bestellung, ja mit dem Ausdruck des Abscheues und Entsetzens verwarf er den Antrag derselben, einen kleinen, mit den Emblemen der Kunst verzierten Ring zu fertigen, den Racine von ihr erhalten sollte.

„Ich wette“, sprach daher die Maintenon, „ich wette, daß Cardillac, schicke ich auch hin zu ihm, um wenigstens zu erfahren, für wen er diesen Schmuck fertigte, sich weigert herzukommen, weil er vielleicht eine Bestellung fürchtet und doch durchaus nichts für mich arbeiten will. Wiewohl er seit einiger Zeit abzulassen scheint von seinem starren Eigensinn, denn wie ich höre, arbeitet er jetzt fleißiger als je, und liefert seine Arbeit ab auf der Stelle, jedoch noch immer mit tiefem Verdruß und weggewandtem Gesicht." Die Scuderi, der auch viel daran gelegen, daß, sei es noch möglich, der Schmuck bald in die Hände des rechtmäßigen Eigentümers komme, meinte, daß man dem Meister Sonderling ja gleich sagen lassen könne, wie man keine Arbeit, sondern nur sein Urteil über Juwelen verlange. Das billigte die Marquise. Es wurde nach Cardillac geschickt, und, als sei er schon auf dem Wege gewesen, trat er nach Verlauf weniger Zeit in das Zimmer.

Er schien, als er die Scuderi erblickte, betreten und wie einer, der, von dem Unerwarteten plötzlich getroffen, die Ansprüche des Schicklichen, wie sie der Augenblick darbietet, vergißt, neigte er sich zuerst tief und ehrfurchtsvoll vor dieser ehrwürdigen Dame, und wandte sich dann erst zur Marquise. *Die* frug ihn hastig, indem sie auf das Geschmeide wies, das auf dem dunkelgrün behängten Tisch funkelte, ob das seine Arbeit sei? Cardillac warf kaum einen Blick darauf und packte, der Marquise ins Gesicht starrend, Armbänder und Halsschmuck schnell ein in das Kästchen, das daneben stand, und das er mit Heftigkeit von sich wegschob. Nun sprach er, indem ein häßliches Lächeln auf seinem roten Antlitze gleißte: „In der Tat, Frau Marquise, man muß René Cardillacs Arbeit schlecht kennen, um nur einen Augenblick zu glauben, daß irgendein anderer Goldschmied in der Welt solchen Schmuck fassen könne. Freilich ist das meine Arbeit." „So sagt denn", fuhr die Marquise fort, „für wen Ihr diesen Schmuck gefertigt habt." „Für mich ganz allein", erwiderte Cardillac, „ja Ihr möget", fuhr er fort, als beide, die Maintenon und die Scuderi ihn ganz verwundert anblickten, jene voll Mißtrauen, diese voll banger Erwartung, wie sich nun die Sache wenden würde, „ja Ihr möget das nun seltsam finden, Frau Marquise, aber es ist dem so. Bloß der schönen Arbeit willen suchte ich meine besten Steine zusammen, und arbeitete aus Freude daran fleißiger und sorgfältiger als jemals. Vor weniger Zeit verschwand der Schmuck aus meiner Werkstatt auf unbegreifliche Weise." „Dem Himmel sei es gedankt", rief die Scuderi, indem ihr die Augen vor Freude funkelten, und sie rasch und behende wie ein junges Mädchen von ihrem Lehnsessel aufsprang, auf den Cardillac losschritt, und beide Hände auf seine Schultern legte, „empfangt", sprach sie dann, „empfangt, Meister René, das Eigentum, das Euch verruchte Spitzbuben raubten, wieder zurück." Nun erzählte sie ausführlich, wie sie zu dem Schmuck gekommen. Cardillac hörte alles schweigend mit niedergeschlagenen Augen an. Nur mitunter stieß er ein unvernehmliches „Hm! – So! – Ei! – Hoho!" – aus und warf bald die Hände auf den Rücken, bald streichelte er leise Kinn und Wange. Als nun die Scuderi geendet, war es, als kämpfe Cardillac mit ganz besondern Gedanken, die währenddessen ihm gekommen, und als wolle irgendein Entschluß sich nicht fügen und fördern. Er rieb sich die Stirne, er seufzte, er fuhr mit der Hand über die Augen, wohl gar um hervorbrechenden Tränen zu steuern. Endlich ergriff er das Kästchen, das ihm die Scuderi darbot, ließ sich auf ein Knie langsam nieder und sprach: „Euch, edles, würdiges Fräulein! hat das Verhängnis diesen Schmuck bestimmt. Ja nun weiß ich es erst, daß ich während der Arbeit an Euch dachte, ja für Euch arbeitete. Verschmäht es nicht, diesen Schmuck als das Beste, was ich wohl seit langer Zeit gemacht, von mir anzunehmen und zu tragen." „Ei, ei", erwiderte die Scuderi anmutig scherzend, „wo denkt Ihr hin, Meister René, steht es mir denn an, in meinen Jahren mich noch so herauszuputzen mit blanken Steinen? – Und wie kömmt Ihr denn dazu, mich so überreich zu beschenken? Geht, geht, Meister René, wär ich schön wie die Marquise de Fontange und reich, in der Tat, ich ließe den Schmuck nicht aus den Händen, aber was soll diesen welken Armen die eitle Pracht, was soll diesem verhüllten Hals der glänzende Putz?" Cardillac hatte sich indessen erhoben und sprach, wie außer sich, mit verwildertem Blick, indem er fortwährend das Kästchen der Scuderi hinhielt: „Tut mir die Barmherzigkeit, Fräulein, und nehmt den Schmuck. Ihr glaubt es nicht, welche tiefe Verehrung ich für Eure Tugend, für Eure hohe Verdienste im Herzen trage! Nehmt doch mein geringes Geschenk nur für das Bestreben an, Euch recht meine innerste Gesinnung zu beweisen." – Als nun die Scuderi immer noch zögerte und zögerte, nahm die Maintenon das Kästchen aus Cardillacs Händen, sprechend: „Nun beim Himmel, Fräulein, immer redet Ihr von Euern hohen Jahren, was haben wir, ich und Ihr mit den Jahren zu schaffen und ihrer Last! – Und tut Ihr denn nicht eben wie ein junges verschämtes Ding, das gern zulangen möchte nach der dargebotnen süßen Frucht, könnte das nur geschehen ohne Hand und ohne Finger. – Schlagt dem wackern Meister René nicht ab, das freiwillig als Geschenk zu empfangen, was tausend andere nicht erhalten können, alles Goldes, alles Bittens und Flehens unerachtet."

Die Maintenon hatte der Scuderi das Kästchen währenddessen aufgedrungen und nun stürzte Cardillac nieder auf die Knie – küßte der Scuderi den Rock – die Hände – stöhnte – seufzte – weinte – schluchzte – sprang auf – rannte wie unsinnig, Sessel – Tische umstürzend, daß Porzellan, Gläser zusammenklirrten, in toller Hast von dannen. –

Ganz erschrocken rief die Scuderi: „Um aller Heiligen willen, was widerfährt dem Menschen!" Doch die Marquise, in besonderer heiterer Laune bis zu sonst ihr ganz fremdem Mutwillen, schlug eine helle Lache auf und sprach: „Da haben wir's Fräulein, Meister René ist in Euch sterblich verliebt, und beginnt nach richtigem Brauch und bewährter Sitte echter Galanterie Euer Herz zu bestürmen mit reichen Geschenken." Die Maintenon führte diesen Scherz weiter aus, indem sie die Scuderi ermahnte, nicht zu grausam zu sein gegen den verzweifelten Liebhaber, und diese wurde, Raum gebend angeborner Laune, hingerissen in den sprudelnden Strom tausend lustiger Einfälle. Sie meinte, daß sie, stünden die Sachen nun einmal so, endlich besiegt wohl nicht werde umhin können, der Welt das unerhörte Beispiel einer dreiundsiebzigjährigen Goldschmiedsbraut von untadelichem Adel aufzustellen. Die Maintenon erbot sich, die Brautkrone zu flechten und sie über die Pflichten einer guten Hausfrau zu belehren, wovon freilich so ein kleiner Kiek-in-die-Welt von Mädchen nicht viel wissen könne.

Da nun endlich die Scuderi aufstand, um die Marquise zu verlassen, wurde sie alles lachenden Scherzes ungeachtet doch wieder sehr ernst, als ihr das Schmuckkästchen zur Hand kam. Sie sprach: „Doch, Frau Marquise! werde ich mich dieses Schmuckes niemals bedienen können. Er ist, mag es sich nun zugetragen haben wie es will, einmal in den Händen jener höllischen Gesellen gewesen, die mit der Frechheit des Teufels, ja wohl gar in verdammtem Bündnis mit ihm, rauben und morden. Mir graust vor dem Blute, das an dem funkelnden Geschmeide zu kleben scheint. – Und nun hat selbst Cardillacs Betragen, ich muß es gestehen, für mich etwas sonderbar Ängstliches und Unheimliches. Nicht erwehren kann ich mir einer dunklen Ahnung, daß hinter diesem allem irgendein grauenvolles, entsetzliches Geheimnis verborgen, und bringe ich mir die ganze Sache recht deutlich vor Augen mit jedem Umstande, so kann ich doch wieder gar nicht auch nur ahnen, worin das Geheimnis bestehe, und wie überhaupt der ehrliche, wackere Meister René, das Vorbild eines guten, frommen Bürgers, mit irgend etwas Bösem, Verdammlichem zu tun haben soll. So viel ist aber gewiß, daß ich niemals mich unterstehen werde, den Schmuck anzulegen."

Die Marquise meinte, das hieße die Skrupel zu weit treiben; als nun aber die Scuderi sie auf ihr Gewissen fragte, was sie in ihrer, der Scuderi Lage, wohl tun würde, antwortete sie ernst und fest: „Weit eher den Schmuck in die Seine werfen, als ihn jemals tragen."

Den Auftritt mit dem Meister René brachte die Scuderi in gar anmutige Verse, die sie den folgenden Abend in den Gemächern der Maintenon dem Könige vorlas. Wohl mag es sein, daß sie auf Kosten Meister Renés, alle Schauer unheimlicher Ahnung besiegend, das ergötzliche Bild der dreiundsiebzigjährigen Goldschmiedsbraut von uraltem Adel mit lebendigen Farben darzustellen gewußt. Genug, der König lachte bis ins Innerste hinein und schwur, daß Boileau Despréaux seinen Meister gefunden, weshalb der Scuderi Gedicht für das Witzigste galt, das jemals geschrieben.

Mehrere Monate waren vergangen, als der Zufall es wollte, daß die Scuderi in der Glaskutsche der Herzogin von Montansier über den Pontneuf fuhr. Noch war die Erfindung der zierlichen Glaskutschen so neu, daß das neugierige Volk sich zudrängte, wenn ein Fuhrwerk der Art auf den Straßen erschien. So kam es denn auch, daß der gaffende Pöbel auf dem Pontneuf die Kutsche der Montansier umringte, beinahe den Schritt der Pferde hemmend. Da vernahm die Scuderi plötzlich ein Geschimpfe und Gefluche und gewahrte, wie ein Mensch mit Faustschlägen und Rippenstößen sich Platz machte durch die dickste Masse. Und wie er näher kam, trafen sie die durchbohrenden Blicke eines todbleichen, gramverstörten Jünglingsantlitzes. Unverwandt schaute der junge Mensch sie an, während er mit Ellbogen und Fäusten rüstig vor sich wegarbeitete, bis er an den Schlag des Wagens kam, den er mit stürmender Hastigkeit aufriß, der Scuderi einen Zettel in den Schoß warf, und Stöße, Faustschläge austeilend und empfangend, verschwand wie er gekommen. Mit einem Schrei des Entsetzens war, sowie der Mensch am Kutschenschlage erschien, die Martiniere, die sich bei der Scuderi befand, entseelt in die Wagenkissen zurückgesunken. Vergebens riß die Scuderi an der Schnur, rief dem Kutscher zu, *der*, wie vom bösen Geiste getrieben, peitschte auf die Pferde los, die den Schaum von den Mäulern wegspritzend, um sich schlugen, sich bäumten, endlich in scharfem Trab fortdonnerten über die Brücke. Die Scuderi goß ihr Riechfläschchen über die ohnmächtige Frau aus, die endlich die Augen aufschlug und zitternd und bebend, sich krampfhaft festklammernd an die Herrschaft, Angst und Entsetzen im bleichen Antlitz, mühsam stöhnte: „Um der heiligen Jungfrau willen! was wollte der fürchterliche Mensch? – Ach! er war es ja, er war es, derselbe, der Euch in jener schauervollen Nacht das Kästchen brachte!“ – Die Scuderi beruhigte die Arme, indem sie ihr vorstellte, daß ja durchaus nichts Böses geschehen, und daß es nur darauf ankomme, zu wissen, was der Zettel enthalte. Sie schlug das Blättchen auseinander und fand die Worte:

Ein böses Verhängnis, das Ihr abwenden konntet, stößt mich in den Abgrund! – Ich beschwöre Euch, wie der Sohn die Mutter, von der er nicht lassen kann, in der vollsten Glut kindlicher Liebe, den Halsschmuck und die Armbänder, die Ihr durch mich erhieltet, unter irgendeinem Vorwand – um irgend etwas daran bessern – ändern zu lassen, zum Meister René Cardillac zu schaffen; Euer Wohl, Euer Leben hängt davon ab. Tut Ihr es nicht bis übermorgen, so dringe ich in Eure Wohnung und ermorde mich vor Euern Augen!

„Nun ist es gewiß“, sprach die Scuderi, als sie dies gelesen, „daß, mag der geheimnisvolle Mensch auch wirklich zu der Bande verruchter Diebe und Mörder gehören, er doch gegen mich nichts Böses im Schilde führt. Wäre es ihm gelungen, mich in jener Nacht zu sprechen, wer weiß, welches sonderbare Ereignis, welch dunkles Verhältnis der Dinge mir klar worden, von dem ich jetzt auch nur die leiseste Ahnung vergebens in meiner Seele suche. Mag aber auch die Sache sich nun verhalten, wie sie will, das was mir in diesem Blatt geboten wird, werde ich tun, und geschähe es auch nur, um den unseligen Schmuck loszuwerden, der mir ein höllischer Talisman des Bösen selbst dünkt. Cardillac wird ihn doch wohl nun, seiner alten Sitte getreu, nicht so leicht wieder aus den Händen geben wollen.“

Schon andern Tages gedachte die Scuderi, sich mit dem Schmuck zu dem Goldschmied zu begeben. Doch war es, als hätten alle schönen Geister von ganz Paris sich verabredet, gerade an dem Morgen das Fräulein mit Versen, Schauspielen, Anekdoten zu bestürmen. Kaum hatte la Chapelle die Szene eines Trauerspiels geendet, und schlau versichert, daß er nun wohl Racine zu schlagen gedenke, als dieser selbst eintrat, und ihn mit irgendeines Königs pathetischer Rede zu Boden schlug, bis Boileau seine Leuchtkugeln in den schwarzen tragischen Himmel steigen ließ, um nur nicht ewig von der Kolonnade des Louvre schwatzen zu hören, in die ihn der architektische Doktor Perrault hineingeengt.

Hoher Mittag war geworden, die Scuderi mußte zur Herzogin Montansier, und so blieb der Besuch bei Meister René Cardillac bis zum andern Morgen verschoben.

Die Scuderi fühlte sich von einer besondern Unruhe gepeinigt. Beständig vor Augen stand ihr der Jüngling und aus dem tiefsten Innern wollte sich eine dunkle Erinnerung aufregen, als habe sie dies Antlitz, diese Züge schon gesehen. Den leisesten Schlummer störten ängstliche Träume, es war ihr, als habe sie leichtsinnig, ja strafwürdig versäumt, die Hand hülfreich zu erfassen, die der Unglückliche, in den Abgrund versinkend, nach ihr emporgestreckt, ja als sei es an ihr gewesen, irgendeinem verderblichen Ereignis, einem heillosen Verbrechen zu steuern! – Sowie es nur hoher Morgen, ließ sie sich ankleiden, und fuhr, mit dem Schmuckkästchen versehen, zu dem Goldschmied hin.

Nach der Straße Nicaise, dorthin, wo Cardillac wohnte, strömte das Volk, sammelte sich vor der Haustüre – schrie, lärmte, tobte – wollte stürmend hinein, mit Mühe abgehalten von der Marechaussee, die das Haus umstellt. Im wilden, verwirrten Getöse riefen zornige Stimmen: „Zerreißt, zermalmt den verfluchten Mörder!" – Endlich erscheint Desgrais mit zahlreicher Mannschaft, *die* bildet durch den dicksten Haufen eine Gasse. Die Haustüre springt auf, ein Mensch mit Ketten belastet, wird hinausgebracht und unter den greulichsten Verwünschungen des wütenden Pöbels fortgeschleppt. – In dem Augenblick, als die Scuderi halb entseelt vor Schreck und furchtbarer Ahnung dies gewahrt, dringt ein gellendes Jammergeschrei ihr in die Ohren. „Vor! – weiter vor!" ruft sie ganz außer sich dem Kutscher zu, der mit einer geschickten, raschen Wendung den dicken Haufen auseinanderstäubt und dicht vor Cardillacs Haustüre hält. Da sieht die Scuderi Desgrais und zu seinen Füßen ein junges Mädchen, schön wie der Tag, mit aufgelösten Haaren, halb entkleidet, wilde Angst, trostlose

Verzweiflung im Antlitz, die hält seine Knie umschlungen und ruft mit dem Ton des entsetzlichsten, schneidendsten Todesschmerzes: „Er ist ja unschuldig! – er ist unschuldig!" Vergebens sind Desgrais', vergebens seiner Leute Bemühungen, sie loszureißen, sie vom Boden aufzurichten. Ein starker, ungeschlachter Kerl ergreift endlich mit plumpen Fäusten die Arme, zerrt sie mit Gewalt weg von Desgrais, strauchelt ungeschickt, läßt das Mädchen fahren, die hinabschlägt die steinernen Stufen, und lautlos – tot auf der Straße liegen bleibt. Länger kann die Scuderi sich nicht halten. „In Christus Namen, was ist geschehen, was geht hier vor?" ruft sie, öffnet rasch den Schlag, steigt aus. – Ehrerbietig weicht das Volk der würdigen Dame, die, als sie sieht, wie ein paar mitleidige Weiber das Mädchen aufgehoben, auf die Stufen gesetzt haben, ihr die Stirne mit starkem Wasser reiben, sich dem Desgrais nähert, und mit Heftigkeit ihre Frage wiederholt. „Es ist das Entsetzliche geschehen", spricht Desgrais, „René Cardillac wurde heute morgen durch einen Dolchstich ermordet gefunden. Sein Geselle Olivier Brusson ist der Mörder. Eben wurde er fortgeführt ins Gefängnis." „Und das Mädchen?" ruft die Scuderi, „ist", fällt Desgrais ein, „ist Madelon, Cardillacs Tochter. Der verruchte Mensch war ihr Geliebter. Nun weint und heult sie, und schreit ein Mal übers andere, daß Olivier unschuldig sei, ganz unschuldig. Am Ende weiß sie von der Tat und ich muß sie auch nach der Conciergerie bringen lassen." Desgrais warf, als er dies sprach, einen tückischen, schadenfrohen Blick auf das Mädchen, vor dem die Scuderi erbebte. Eben begann das Mädchen leise zu atmen, doch keines Lauts, keiner Bewegung mächtig, mit geschlossenen Augen lag sie da, und man wußte nicht, was zu tun, sie ins Haus bringen, oder ihr noch länger beistehen bis zum Erwachen. Tief bewegt, Tränen in den Augen, blickte die Scuderi den unschuldsvollen Engel an, ihr graute vor Desgrais und seinen Gesellen. Da polterte es dumpf die Treppe herab, man brachte Cardillacs Leichnam. Schnell entschlossen rief die Scuderi laut: „Ich nehme das Mädchen mit mir, Ihr möget für das übrige sorgen, Desgrais!" Ein dumpfes Murmeln des Beifalls lief durch das Volk. Die Weiber hoben das Mädchen in die Höhe, alles drängte sich hinzu, hundert Hände mühten sich, ihnen beizustehen, und wie in den Lüften schwebend wurde das Mädchen in die Kutsche getragen, indem Segnungen der würdigen Dame, die die Unschuld dem Blutgericht entrissen, von allen Lippen strömten.

Serons, des berühmtesten Arztes in Paris, Bemühungen gelang es endlich, Madelon, die stundenlang in starrer Bewußtlosigkeit gelegen, wieder zu sich selbst zu bringen. Die Scuderi vollendete, was der Arzt begonnen, indem sie manchen milden Hoffnungsstrahl leuchten ließ in des Mädchens Seele, bis ein heftiger Tränenstrom, der ihr aus den Augen stürzte, ihr Luft machte. Sie vermochte, indem nur dann und wann die Übermacht des durchbohrendsten Schmerzes die Worte in tiefem Schluchzen erstickte, zu erzählen, wie sich alles begeben.

Um Mitternacht war sie durch leises Klopfen an ihrer Stubentüre geweckt worden, und hatte Oliviers Stimme vernommen, der sie beschworen, doch nur gleich aufzustehen, weil der Vater im Sterben liege. Entsetzt sei sie aufgesprungen und habe die Tür geöffnet. Olivier, bleich und entstellt, von Schweiß triefend, sei, das Licht in der Hand, mit wankenden Schritten nach der Werkstatt gegangen, sie ihm gefolgt. Da habe der Vater gelegen mit starren Augen und geröchelt im Todeskampfe. Jammernd habe sie sich auf ihn gestürzt, und nun erst sein blutiges Hemde bemerkt. Olivier habe sie sanft weggezogen und sich dann bemüht, eine Wunde auf der linken Brust des Vaters mit Wundbalsam zu waschen und zu verbinden. Währenddessen sei des Vaters Besinnung zurückgekehrt, er habe zu röcheln aufgehört, und sie, dann aber Olivier mit seelenvollem Blick angeschaut, ihre Hand ergriffen, sie in Oliviers Hand gelegt und beide heftig gedrückt. Beide, Olivier und sie, wären bei dem Lager des Vaters auf die Knie gefallen, er habe sich mit einem schneidenden Laut in die Höhe gerichtet, sei aber gleich wieder zurückgesunken und mit einem tiefen Seufzer verschieden. Nun hätten sie beide laut gejammert und geklagt. Olivier habe erzählt, wie der Meister auf einem Gange, den er mit ihm auf sein Geheiß in der Nacht habe machen müssen, in seiner Gegenwart ermordet worden, und wie er mit der größten Anstrengung den schweren Mann, den er nicht auf den Tod verwundet gehalten, nach Hause getragen. Sowie der Morgen angebrochen, wären die Hausleute, denen das Gepolter, das laute Weinen und Jammern in der Nacht aufgefallen, heraufgekommen und hätten sie noch ganz trostlos bei der Leiche des Vaters knieend gefunden. Nun sei Lärm entstanden; die Marechaussee eingedrungen und Olivier als Mörder seines Meisters ins Gefängnis geschleppt worden. Madelon fügte nun die rührendste Schilderung von der Tugend, der Frömmigkeit, der Treue ihres geliebten Oliviers hinzu. Wie er den Meister, als sei er sein eigener Vater, hoch in Ehren gehalten, wie dieser seine Liebe in vollem Maß erwidert, wie er ihn trotz seiner Armut zum Eidam erkoren, weil seine Geschicklichkeit seiner Treue, seinem edlen Gemüt gleichgekommen. Das alles erzählte Madelon aus dem innersten Herzen heraus und schloß damit, daß, wenn Olivier in ihrem Beisein dem Vater den Dolch in die Brust gestoßen hätte, sie dies eher für ein Blendwerk des Satans halten, als daran glauben würde, daß Olivier eines solchen entsetzlichen, grauenvollen Verbrechens fähig sein könne.

Die Scuderi, von Madelons namenlosen Leiden auf das tiefste gerührt und ganz geneigt, den armen Olivier für unschuldig zu halten, zog Erkundigungen ein, und fand alles bestätigt, was Madelon über das häusliche Verhältnis des Meisters mit seinem Gesellen erzählt hatte. Die Hausleute, die Nachbaren rühmten einstimmig den Olivier als das Muster eines sittigen, frommen, treuen, fleißigen Betragens, niemand wußte Böses von ihm, und doch, war von der gräßlichen Tat die Rede, zuckte jeder die Achseln und meinte, darin liege etwas Unbegreifliches.

Olivier, vor die *Chambre ardente* gestellt, leugnete, wie die Scuderi vernahm, mit der größten Standhaftigkeit, mit dem hellsten Freimut die ihm angeschuldigte Tat, und behauptete, daß sein Meister in seiner Gegenwart auf der Straße angefallen und niedergestoßen worden, daß er ihn aber noch lebendig nach Hause geschleppt, wo er sehr bald verschieden sei. Auch dies stimmte also mit Madelons Erzählung überein.

Immer und immer wieder ließ sich die Scuderi die kleinsten Umstände des schrecklichen Ereignisses wiederholen. Sie forschte genau, ob jemals ein Streit zwischen Meister und Gesellen vorgefallen, ob vielleicht Olivier nicht ganz frei von jenem Jähzorn sei, der oft wie ein blinder Wahnsinn die gutmütigsten Menschen überfällt und zu Taten verleitet, die alle Willkür des Handelns auszuschließen scheinen. Doch je begeisterter Madelon von dem ruhigen häuslichen Glück sprach, in dem die drei Menschen in innigster Liebe verbunden lebten, desto mehr verschwand jeder Schatten des Verdachts wider den auf den Tod angeklagten Olivier. Genau alles prüfend, davon ausgehend, daß Olivier unerachtet alles dessen, was laut für seine Unschuld spräche, dennoch Cardillacs Mörder gewesen, fand die Scuderi im Reich der Möglichkeit keinen Beweggrund zu der entsetzlichen Tat, die in jedem Fall Oliviers

Glück zerstören mußte. – Er ist arm, aber geschickt. – Es gelingt ihm, die Zuneigung des berühmtesten Meisters zu gewinnen, er liebt die Tochter, der Meister begünstigt seine Liebe, Glück, Wohlstand für sein ganzes Leben wird ihm erschlossen! – Sei es aber nun, daß, Gott weiß, auf welche Weise gereizt, Olivier vom Zorn übermannt, seinen Wohltäter, seinen Vater mörderisch anfiel, welche teuflische Heuchelei gehört dazu, nach der Tat sich so zu betragen, als es wirklich geschah! – Mit der festen Überzeugung von Oliviers Unschuld faßte die Scuderi den Entschluß, den unschuldigen Jüngling zu retten, koste es, was es wolle.

Es schien ihr, ehe sie die Huld des Königs selbst vielleicht anrufe, am geratensten, sich an den Präsidenten la Regnie zu wenden, ihn auf alle Umstände, die für Oliviers Unschuld sprechen mußten, aufmerksam zu machen, und so vielleicht in des Präsidenten Seele eine innere, dem Angeklagten günstige Überzeugung zu erwecken, die sich wohltätig den Richtern mitteilen sollte.

La Regnie empfing die Scuderi mit der hohen Achtung, auf die die würdige Dame, von dem Könige selbst hoch geehrt, gerechten Anspruch machen konnte. Er hörte ruhig alles an, was sie über die entsetzliche Tat, über Oliviers Verhältnisse, über seinen Charakter vorbrachte. Ein feines, beinahe hämisches Lächeln war indessen alles, womit er bewies, daß die Beteurungen, die von häufigen Tränen begleiteten Ermahnungen, wie jeder Richter nicht der Feind des Angeklagten sein, sondern auch auf alles achten müsse, was zu seinen Gunsten spräche, nicht an gänzlich tauben Ohren vorüberglitten. Als das Fräulein nun endlich ganz erschöpft, die Tränen von den Augen wegtrocknend, schwieg, fing Regnie an: „Es ist ganz Eures vortrefflichen Herzens würdig, mein Fräulein, daß Ihr, gerührt von den Tränen eines jungen, verliebten Mädchens, alles glaubt, was sie vorbringt, ja daß Ihr nicht fähig seid, den Gedanken einer entsetzlichen Untat zu fassen, aber anders ist es mit dem Richter, der gewohnt ist, frecher Heuchelei die Larve abzureißen. Wohl mag es nicht meines Amts sein, jedem, der mich frägt, den Gang eines Kriminalprozesses zu entwickeln. Fräulein! ich tue meine Pflicht, wenig kümmert mich das Urteil der Welt. Zittern sollen die Bösewichter vor der *Chambre ardente*, die keine Strafe kennt als Blut und Feuer. Aber vor Euch, mein würdiges Fräulein, möcht ich nicht für ein Ungeheuer gehalten werden an Härte und Grausamkeit, darum vergönnt mir, daß ich Euch mit wenigen Worten die Blutschuld des jungen Bösewichts, der, dem Himmel sei es gedankt! der Rache verfallen ist, klar vor Augen lege. Euer scharfsinniger Geist wird dann selbst die Gutmütigkeit verschmähen, die Euch Ehre macht, mir aber gar nicht anstehen würde. – Also! – Am Morgen wird René Cardillac durch einen Dolchstoß ermordet gefunden. Niemand ist bei ihm, als sein Geselle Olivier Brusson und die Tochter. In Oliviers Kammer, unter andern, findet man einen Dolch von frischem Blute gefärbt, der genau in die Wunde paßt. ‚Cardillac ist', spricht Olivier, ‚in der Nacht vor meinen Augen niedergestoßen worden.' – ‚Man wollte ihn berauben?' ‚Das weiß ich nicht!' – ‚Du gingst mit ihm, und es war dir nicht möglich, dem Mörder zu wehren? – ihn festzuhalten? um Hülfe zu rufen?' ‚Funfzehn, wohl zwanzig Schritte vor mir ging der Meister, ich folgte ihm.' ‚Warum in aller Welt so entfernt?' – ‚Der Meister wollt es so.' ‚Was hatte überhaupt Meister Cardillac so spät auf der Straße zu tun?' – ‚Das kann ich nicht sagen.' ‚Sonst ist er aber doch niemals nach neun Uhr abends aus dem Hause gekommen?' – Hier stockt Olivier, er ist bestürzt, er seufzt, er vergießt Tränen, er beteuert bei allem, was heilig, daß Cardillac wirklich in jener Nacht ausgegangen sei, und seinen Tod gefunden habe. Nun merkt aber wohl auf, mein Fräulein. Erwiesen ist es bis zur vollkommensten Gewißheit, daß Cardillac in jener Nacht das Haus nicht verließ, mithin ist Oliviers Behauptung, er sei mit ihm wirklich ausgegangen, eine freche Lüge. Die Haustüre ist mit einem schweren Schloß versehen, welches bei dem Auf- und Zuschließen ein durchdringendes Geräusch macht, dann aber bewegt sich der Türflügel widrig knarrend und heulend in den Angeln, so daß, wie es angestellte Versuche bewährt haben, selbst im obersten Stock des Hauses das Getöse widerhallt. Nun wohnt in dem untersten Stock, also dicht neben der Haustüre, der alte Meister Claude Padru mit seiner Aufwärterin, einer Person von beinahe achtzig Jahren, aber noch munter und rührig. Diese beiden Personen hörten, wie Cardillac nach seiner gewöhnlichen Weise an jenem Abend Punkt neun Uhr die Treppe hinabkam, die Türe mit vielem Geräusch verschloß und verrammelte, dann wieder hinaufstieg, den Abendsegen laut las und dann, wie man es an dem Zuschlagen der Türe vernehmen konnte, in sein Schlafzimmer ging. Meister Claude leidet an Schlaflosigkeit, wie es alten Leuten wohl zu gehen pflegt. Auch in jener Nacht konnte er kein Auge zutun. Die Aufwärterin schlug daher, es mochte halb zehn Uhr sein, in der Küche, in die sie über den Hausflur gehend gelangt, Licht an und setzte sich zum Meister Claude an den Tisch mit einer alten Chronik, in der sie las, während der Alte seinen Gedanken nachhängend bald sich in den Lehnstuhl setzte, bald wieder aufstand, und um Müdigkeit und Schlaf zu gewinnen, im Zimmer leise und langsam auf und ab schritt. Es blieb alles still und ruhig bis nach Mitternacht. Da hörte sie über sich scharfe Tritte, einen harten Fall, als stürze eine schwere Last zu Boden, und gleich darauf ein dumpfes Stöhnen. In beide kam eine seltsame Angst und Beklommenheit. Die Schauer der entsetzlichen Tat, die eben begangen, gingen bei ihnen vorüber. – Mit dem hellen Morgen trat dann ans Licht, was in der Finsternis begonnen." – „Aber", fiel die Scuderi ein, „aber um aller Heiligen willen, könnt Ihr bei allen Umständen, die ich erst weitläuftig erzählte, Euch denn irgendeinen Anlaß zu dieser Tat der Hölle denken?" – „Hm", erwiderte la Regnie, „Cardillac war nicht arm – im Besitz vortrefflicher Steine." „Bekam", fuhr die Scuderi fort, „bekam denn nicht alles die Tochter? – Ihr vergeßt, daß Olivier Cardillacs Schwiegersohn werden sollte." „Er mußte vielleicht teilen oder gar nur für andere morden", sprach la Regnie. „Teilen, für andere morden?" fragte die Scuderi in vollem Erstaunen. „Wißt", fuhr der Präsident fort, „wißt mein Fräulein! daß Olivier schon längst geblutet hätte auf dem Greveplatz, stünde seine Tat nicht in Beziehung mit dem dicht verschleierten Geheimnis, das bisher so bedrohlich über ganz Paris waltete. Olivier gehört offenbar zu jener verruchten Bande, die alle Aufmerksamkeit, alle Mühe, alles Forschen der Gerichtshöfe verspottend ihre Streiche sicher und ungestraft zu führen wußte. Durch ihn wird – muß alles klar werden. Die Wunde Cardillacs ist denen ganz ähnlich, die alle auf der Straße, in den Häusern Ermordete und Beraubte trugen. Dann aber das Entscheidendste, seit der Zeit, daß Olivier Brusson verhaftet ist, haben alle Mordtaten, alle Beraubungen aufgehört. Sicher sind die Straßen zur Nachtzeit wie am Tage. Beweis genug, daß Olivier vielleicht an der Spitze jener Mordbande stand. Noch will er nicht bekennen, aber es gibt Mittel, ihn sprechen zu machen wider seinen Willen." „Und Madelon", rief die Scuderi, „und Madelon, die treue, unschuldige Taube." – „Ei", sprach la Regnie mit einem giftigen Lächeln, „ei wer steht mir dafür, daß sie nicht mit im Komplott ist. Was ist ihr an dem Vater gelegen, nur dem Mordbuben gelten ihre Tränen." „Was sagt

Ihr", schrie die Scuderi, „es ist nicht möglich; den Vater! dieses Mädchen!" – „Oh!" fuhr la Regnie fort, „oh! denkt doch nur an die Brinvillier! Ihr möget es mir verzeihen, wenn ich mich vielleicht bald genötigt sehe, Euch Euern Schützling zu entreißen und in die Conciergerie werfen zu lassen." – Der Scuderi ging ein Grausen an bei diesem entsetzlichen Verdacht. Es war ihr, als könne vor diesem schrecklichen Manne keine Treue, keine Tugend bestehen, als spähe er in den tiefsten, geheimsten Gedanken Mord und Blutschuld. Sie stand auf. „Seid menschlich", das war alles, was sie beklommen, mühsam atmend hervorbringen konnte. Schon im Begriff, die Treppe hinabzusteigen, bis zu der der Präsident sie mit zeremoniöser Artigkeit begleitet hatte, kam ihr, selbst wußte sie nicht wie, ein seltsamer Gedanke. „Würd es mir wohl erlaubt sein, den unglücklichen Olivier Brusson zu sehen?" So fragte sie den Präsidenten sich rasch umwendend. Dieser schaute sie mit bedenklicher Miene an, dann verzog sich sein Gesicht in jenes widrige Lächeln, das ihm eigen. „Gewiß", sprach er, „gewiß wollt Ihr nun, mein würdiges Fräulein, Euerm Gefühl, der innern Stimme mehr vertrauend als dem, was vor unsern Augen geschehen, selbst Oliviers Schuld oder Unschuld prüfen. Scheut Ihr nicht den düstern Aufenthalt des Verbrechens, ist es Euch nicht gehässig, die Bilder der Verworfenheit in allen Abstufungen zu sehen, so sollen für Euch in zwei Stunden die Tore der Conciergerie offen sein. Man wird Euch diesen Olivier, dessen Schicksal Eure Teilnahme erregt, vorstellen."

In der Tat konnte sich die Scuderi von der Schuld des jungen Menschen nicht überzeugen. Alles sprach wider ihn, ja kein Richter in der Welt hätte anders gehandelt, wie la Regnie, bei solch entscheidenden Tatsachen. Aber das Bild häuslichen Glücks, wie es Madelon mit den lebendigsten Zügen der Scuderi vor Augen gestellt, überstrahlte jeden bösen Verdacht, und so mochte sie lieber ein unerklärliches Geheimnis annehmen, als daran glauben, wogegen ihr ganzes Inneres sich empörte.

Sie gedachte, sich von Olivier noch einmal alles, wie es sich in jener verhängnisvollen Nacht begeben, erzählen zu lassen, und so viel möglich in ein Geheimnis zu dringen, das vielleicht den Richtern verschlossen geblieben, weil es wertlos schien, sich weiter darum zu bekümmern.

In der Conciergerie angekommen, führte man die Scuderi in ein großes, helles Gemach. Nicht lange darauf vernahm sie Kettengerassel. Olivier Brusson wurde gebracht. Doch sowie er in die Türe trat, sank auch die Scuderi ohnmächtig nieder. Als sie sich erholt hatte, war Olivier verschwunden. Sie verlangte mit Heftigkeit, daß man sie nach dem Wagen bringe, fort, augenblicklich fort wollte sie aus den Gemächern der frevelnden Verruchtheit. Ach! – auf den ersten Blick hatte sie in Olivier Brusson den jungen Menschen erkannt, der auf dem Pontneuf jenes Blatt ihr in den Wagen geworfen, der ihr das Kästchen mit den Juwelen gebracht hatte. – Nun war ja jeder Zweifel gehoben, la Regnies schreckliche Vermutung ganz bestätigt. Olivier Brusson gehört zu der fürchterlichen Mordbande, gewiß ermordete er auch den Meister! – Und Madelon? – So bitter noch nie vom innern Gefühl getäuscht, auf den Tod angepackt von der höllischen Macht auf Erden, an deren Dasein sie nicht geglaubt, verzweifelte die Scuderi an aller Wahrheit. Sie gab Raum dem entsetzlichen Verdacht, daß Madelon mitverschworen sein und teilhaben könne an der gräßlichen Blutschuld. Wie es denn geschieht, daß der menschliche Geist, ist ihm ein Bild aufgegangen, emsig Farben sucht und findet, es greller und greller auszumalen, so fand auch die Scuderi, jeden Umstand der Tat, Madelons Betragen in den kleinsten Zügen erwägend, gar vieles, jenen Verdacht zu nähren. So wurde manches, was ihr bisher als Beweis der Unschuld und Reinheit gegolten, sicheres Merkmal frevelicher Bosheit, studierter Heuchelei. Jener herzzerreißende Jammer, die blutigen Tränen konnten wohl erpreßt sein von der Todesangst, nicht den Geliebten bluten zu sehen, nein – selbst zu fallen unter der Hand des Henkers. Gleich sich die Schlange, die sie im Busen nähre, vom Halse zu schaffen; mit diesem Entschluß stieg die Scuderi aus dem Wagen. In ihr Gemach eingetreten, warf Madelon sich ihr zu Füßen. Die Himmelsaugen, ein Engel Gottes hat sie nicht treuer, zu ihr emporgerichtet, die Hände vor der wallenden Brust zusammengefaltet, jammerte und flehte sie laut um Hülfe und Trost. Die Scuderi sich mühsam zusammenfassend, sprach, indem sie dem Ton ihrer Stimme so viel Ernst und Ruhe zu geben suchte, als ihr möglich: „Geh – geh – tröste dich nur über den Mörder, den die gerechte Strafe seiner Schandtaten erwartet – Die heilige Jungfrau möge verhüten, daß nicht auf dir selbst eine Blutschuld schwer laste.“ „Ach nun ist alles verloren!“ – Mit diesem gellenden Ausruf stürzte Madelon ohnmächtig zu Boden. Die Scuderi überließ die Sorge um das Mädchen der Martiniere und entfernte sich in ein anderes Gemach.

Ganz zerrissen im Innern, entzweit mit allem Irdischen wünschte die Scuderi, nicht mehr in einer Welt voll höllischen Truges zu leben. Sie klagte das Verhängnis an, das in bitterm Hohn ihr so viele Jahre vergönnt, ihren Glauben an Tugend und Treue zu stärken, und nun in ihrem Alter das schöne Bild vernichte, welches ihr im Leben geleuchtet.

Sie vernahm, wie die Martiniere Madelon fortbrachte, die leise seufzte und jammerte: „Ach! – auch *sie* – auch *sie* haben die Grausamen betört. – Ich Elende – armer, unglücklicher Olivier!“ – Die Töne drangen der Scuderi ins Herz, und aufs neue regte sich aus dem tiefsten Innern heraus die Ahnung eines Geheimnisses, der Glaube an Oliviers Unschuld. Bedrängt von den widersprechendsten Gefühlen, ganz außer sich rief die Scuderi: „Welcher Geist der Hölle hat mich in die entsetzliche Geschichte verwickelt, die mir das Leben kosten wird!“ – In dem Augenblick trat Baptiste hinein, bleich und erschrocken, mit der Nachricht, daß Desgrais draußen sei. Seit dem abscheulichen Prozeß der la Voisin war Desgrais' Erscheinung in einem Hause der gewisse Vorbote irgendeiner peinlichen Anklage, daher kam Baptistes Schreck, deshalb fragte ihn das Fräulein mit mildem Lächeln: „Was ist dir, Baptiste? – Nicht wahr! – der Name Scuderi befand sich auf der Liste der la Voisin?“ „Ach um Christus willen“, erwiderte Baptiste, am ganzen Leibe zitternd, „wie möget Ihr nur so etwas aussprechen, aber Desgrais – der entsetzliche Desgrais, tut so geheimnisvoll, so dringend, er scheint es gar nicht erwarten zu können, Euch zu sehen!“ – „Nun“, sprach die Scuderi, „nun Baptiste, so führt ihn nur gleich herein den Menschen, der Euch so fürchterlich ist, und der *mir* wenigstens keine Besorgnis erregen kann.“ – „Der Präsident“, sprach Desgrais, als er ins Gemach getreten, „der Präsident la Regnie schickt mich zu Euch, mein Fräulein, mit einer Bitte, auf deren Erfüllung er gar nicht hoffen würde, kennte er nicht Euere Tugend, Euern Mut, läge nicht das letzte Mittel, eine böse Blutschuld an den Tag zu bringen, in Euern Händen, hättet Ihr nicht selbst schon teilgenommen an dem bösen Prozeß, der die *Chambre ardente*, uns alle in Atem hält. Olivier Brusson, seitdem er Euch gesehen hat, ist halb rasend. Sosehr er schon zum Bekenntnis sich zu neigen schien, so schwört er doch jetzt aufs neue bei Christus und allen Heiligen, daß er an dem Morde Cardillacs ganz unschuldig sei, wiewohl er den Tod gern leiden wolle, den er verdient habe. Bemerkt, mein Fräulein, daß der letzte Zusatz offenbar auf andere Verbrechen deutet, die auf ihm lasten. Doch vergebens ist alle Mühe, nur ein Wort weiter herauszubringen, selbst die Drohung mit der Tortur hat nichts gefruchtet. Er fleht, er beschwört uns, ihm eine Unterredung mit Euch zu verschaffen, *Euch* nur, *Euch* allein will er alles gestehen. Laßt Euch herab, mein Fräulein, Brussons Bekenntnis zu hören." „Wie!" rief die Scuderi ganz entrüstet, „soll ich dem Blutgericht zum Organ dienen, soll ich das Vertrauen des unglücklichen Menschen mißbrauchen, ihn aufs Blutgerüst zu bringen? – Nein Desgrais! mag Brusson auch ein verruchter Mörder sein, nie wär es mir doch möglich, ihn so spitzbübisch zu hintergehen. Nichts mag ich von seinen Geheimnissen erfahren, die wie eine heilige Beichte in meiner Brust verschlossen bleiben würden." „Vielleicht", versetzte Desgrais mit einem feinen Lächeln, „vielleicht, mein Fräulein, ändert sich Eure Gesinnung, wenn Ihr Brusson gehört habt. Batet Ihr den Präsident nicht selbst, er sollte menschlich sein? Er tut es, indem er dem törichten Verlangen Brussons nachgibt, und so das letzte Mittel versucht, ehe er die Tortur verhängt, zu der Brusson längst reif ist." Die Scuderi schrak unwillkürlich zusammen. „Seht", fuhr Desgrais fort, „seht, würdige Dame, man wird Euch keineswegs zumuten, noch einmal in jene finstere Gemächer zu treten, die Euch mit Grausen und Abscheu erfüllen. In der Stille der Nacht, ohne alles Aufsehen bringt man Olivier Brusson wie einen freien Menschen zu Euch in Euer Haus. Nicht einmal belauscht, doch wohl bewacht, mag er Euch dann zwanglos alles bekennen. Daß Ihr für Euch selbst nichts von dem Elenden zu fürchten habt, dafür stehe ich Euch mit meinem Leben ein. Er spricht von Euch mit inbrünstiger Verehrung. Er schwört, daß nur das düstre Verhängnis, welches ihm verwehrt habe, Euch früher zu sehen, ihn in den Tod gestürzt. Und dann steht es ja bei Euch, von dem, was Euch Brusson entdeckt, so viel zu sagen, als Euch beliebt. Kann man Euch zu mehrerem zwingen?"

Die Scuderi sah tief sinnend vor sich nieder. Es war ihr, als müsse sie der höheren Macht gehorchen, die den Aufschluß irgendeines entsetzlichen Geheimnisses von ihr verlange, als könne sie sich nicht mehr den wunderbaren Verschlingungen entziehen, in die sie willenlos geraten. Plötzlich entschlossen sprach sie mit Würde: „Gott wird mir Fassung und Standhaftigkeit geben; führt den Brusson her, ich will ihn sprechen."

So wie damals, als Brusson das Kästchen brachte, wurde um Mitternacht an die Haustüre der Scuderi gepocht. Baptiste, von dem nächtlichen Besuch unterrichtet, öffnete. Eiskalter Schauer überlief die Scuderi, als sie an den leisen Tritten, an dem dumpfen Gemurmel wahrnahm, daß die Wächter, die den Brusson gebracht, sich in den Gängen des Hauses verteilten.

Endlich ging leise die Türe des Gemachs auf. Desgrais trat herein, hinter ihm Olivier Brusson, fesselfrei, in anständigen Kleidern. „Hier ist“, sprach Desgrais, sich ehrerbietig verneigend, „hier ist Brusson, mein würdiges Fräulein!“ und verließ das Zimmer.

Brusson sank vor der Scuderi nieder auf beide Knie, flehend erhob er die gefalteten Hände, indem häufige Tränen ihm aus den Augen rannen.

Die Scuderi schaute erblaßt, keines Wortes mächtig, auf ihn herab. Selbst bei den entstellten, ja durch Gram, durch grimmen Schmerz verzerrten Zügen strahlte der reine Ausdruck des treusten Gemüts aus dem Jünglingsantlitz. Je länger die Scuderi ihre Augen auf Brussons Gesicht ruhen ließ, desto lebhafter trat die Erinnerung an irgendeine geliebte Person hervor, auf die sie sich nur nicht deutlich zu besinnen vermochte. Alle Schauer wichen von ihr, sie vergaß, daß Cardillacs Mörder vor ihr kniee, sie sprach mit dem anmutigen Tone des ruhigen Wohlwollens, der ihr eigen: „Nun Brusson, was habt Ihr mir zu sagen?“ Dieser, noch immer knieend, seufzte auf vor tiefer, inbrünstiger Wehmut und sprach dann: „O mein würdiges, mein hochverehrtes Fräulein, ist denn jede Spur der Erinnerung an mich verflogen?“ Die Scuderi, ihn noch aufmerksamer betrachtend, erwiderte, daß sie allerdings in seinen Zügen die Ähnlichkeit mit einer von ihr geliebten Person gefunden, und daß er nur dieser Ähnlichkeit es verdanke, wenn sie den tiefen Abscheu vor dem Mörder überwinde und ihn ruhig anhöre. Brusson, schwer verletzt durch diese Worte, erhob sich schnell und trat, den finstern Blick zu Boden gesenkt, einen Schritt zurück. Dann sprach er mit dumpfer Stimme: „Habt Ihr denn Anne Guiot ganz vergessen? – ihr Sohn Olivier – der Knabe, den Ihr oft auf Euern Knien schaukeltet, ist es, der vor Euch steht.“ „O um aller Heiligen willen!“ rief die Scuderi, indem sie mit beiden Händen das Gesicht bedeckend in die Polster zurücksank. Das Fräulein hatte wohl Ursache genug, sich auf diese Weise zu entsetzen. Anne Guiot, die Tochter eines verarmten Bürgers, war von klein auf bei der Scuderi, die sie, wie die Mutter das liebe Kind, erzog mit aller Treue und Sorgfalt. Als sie nun herangewachsen, fand sich ein hübscher sittiger Jüngling,

Claude Brusson geheißen, ein, der um das Mädchen warb. Da er nun ein grundgeschickter Uhrmacher war, der sein reichliches Brot in Paris finden mußte, Anne ihn auch herzlich liebgewonnen hatte, so trug die Scuderi gar kein Bedenken, in die Heirat ihrer Pflegetochter zu willigen. Die jungen Leute richteten sich ein, lebten in stiller, glücklicher Häuslichkeit, und was den Liebesbund noch fester knüpfte, war die Geburt eines wunderschönen Knaben, der holden Mutter treues Ebenbild.

Einen Abgott machte die Scuderi aus dem kleinen Olivier, den sie stunden-, tagelang der Mutter entriß, um ihn zu liebkosen, zu hätscheln. Daher kam es, daß der Junge sich ganz an sie gewöhnte, und ebenso gern bei ihr war, als bei der Mutter. Drei Jahre waren vorüber, als der Brotneid der Kunstgenossen Brussons es dahin brachte, daß seine Arbeit mit jedem Tage abnahm, so daß er zuletzt kaum sich kümmerlich ernähren konnte. Dazu kam die Sehnsucht nach seinem schönen heimatlichen Genf, und so geschah es, daß die kleine Familie dorthin zog, des Widerstrebens der Scuderi, die alle nur mögliche Unterstützung versprach, unerachtet. Noch ein paarmal schrieb Anne an ihre Pflegmutter, dann schwieg sie, und diese mußte glauben, daß das glückliche Leben in Brussons Heimat das Andenken an die früher verlebten Tage nicht mehr aufkommen lasse.

Es waren jetzt gerade dreiundzwanzig Jahre her, als Brusson mit seinem Weibe und Kinde Paris verlassen und nach Genf gezogen.

„O entsetzlich", rief die Scuderi, als sie sich einigermaßen wieder erholt hatte, „o entsetzlich! – Olivier bist du? – der Sohn meiner Anne! – Und jetzt!" – „Wohl", versetzte Olivier ruhig und gefaßt, „wohl, mein würdiges Fräulein, hättet Ihr nimmermehr ahnen können, daß der Knabe, den Ihr wie die zärtlichste Mutter hätscheltet, dem Ihr, auf Euerm Schoß ihn schaukelnd, Näscherei auf Näscherei in den Mund stecktet, dem Ihr die süßesten Namen gabt, zum Jünglinge gereift dereinst vor Euch stehen würde, gräßlicher Blutschuld angeklagt! – Ich bin nicht vorwurfsfrei, die *Chambre ardente* kann mich mit Recht eines Verbrechens zeihen; aber, so wahr ich selig zu sterben hoffe, sei es auch durch des Henkers Hand, rein bin ich von jeder Blutschuld, nicht durch mich, nicht durch mein Verschulden fiel der unglückliche Cardillac!" – Olivier geriet bei diesen Worten in ein Zittern und Schwanken. Stillschweigend wies die Scuderi auf einen kleinen Sessel, der Olivier zur Seite stand. Er ließ sich langsam nieder.

„Ich hatte Zeit genug", fing er an, „mich auf die Unterredung mit Euch, die ich als die letzte Gunst des versöhnten Himmels betrachte, vorzubereiten, und so viel Ruhe und Fassung zu gewinnen als nötig, Euch die Geschichte meines entsetzlichen, unerhörten Mißgeschicks zu erzählen. Erzeigt mir die Barmherzigkeit, mich ruhig anzuhören, sosehr Euch auch die Entdeckung eines Geheimnisses, das Ihr gewiß nicht geahnet, überraschen, ja mit Grausen erfüllen mag. – Hätte mein armer Vater Paris doch niemals verlassen! – Soweit meine Erinnerung an Genf reicht, finde ich mich wieder, von den trostlosen Eltern mit Tränen benetzt, von ihren Klagen, die ich nicht verstand, selbst zu Tränen gebracht. Später kam mir das deutliche Gefühl, das volle Bewußtsein des drückendsten Mangels, des tiefen Elends, in dem meine Eltern lebten. Mein Vater fand sich in allen seinen Hoffnungen getäuscht. Von tiefem Gram niedergebeugt, erdrückt, starb er in dem Augenblick, als es ihm gelungen war, mich bei einem Goldschmied als Lehrjunge unterzubringen. Meine Mutter sprach viel von Euch, sie wollte Euch alles klagen, aber dann überfiel sie die Mutlosigkeit, welche vom Elend erzeugt wird. *Das* und auch wohl falsche Scham, die oft an dem todwunden Gemüte nagt, hielt sie von ihrem Entschluß zurück. Wenige Monden nach dem Tode meines Vaters folgte ihm meine Mutter ins Grab." „Arme Anne! arme Anne!" rief die Scuderi von Schmerz überwältigt. „Dank und Preis der ewigen Macht des Himmels, daß sie hinüber ist, und nicht fallen sieht den geliebten Sohn unter der Hand des Henkers, mit Schande gebrandmarkt." So schrie Olivier laut auf, indem er einen wilden, entsetzlichen Blick in die Höhe warf. Es wurde draußen unruhig, man ging hin und her. „Ho ho", sprach Olivier mit einem bittern Lächeln, „Desgrais weckt seine Spießgesellen, als ob ich *hier* entfliehen könnte. – Doch weiter! – Ich wurde von meinem Meister hart gehalten, unerachtet ich bald am besten arbeitete, ja wohl endlich den Meister weit übertraf. Es begab sich, daß einst ein Fremder in unsere Werkstatt kam, um einiges Geschmeide zu kaufen. Als der nun einen schönen Halsschmuck sah, den ich gearbeitet, klopfte er mir mit freundlicher Miene auf die Schultern, indem er, den Schmuck beäugelnd, sprach: ‚Ei, ei! mein junger Freund, das ist ja ganz vortreffliche Arbeit. Ich wüßte in der Tat nicht, wer Euch noch anders übertreffen sollte, als René Cardillac, der freilich der erste Goldschmied ist, den es auf der Welt gibt. Zu dem solltet Ihr hingehen; mit Freuden nimmt er

Euch in seine Werkstatt, denn nur *Ihr* könnt ihm beistehen in seiner kunstvollen Arbeit, und nur von ihm allein könnt Ihr dagegen noch lernen.' Die Worte des Fremden waren tief in meine Seele gefallen. Ich hatte keine Ruhe mehr in Genf, mich zog es fort mit Gewalt. Endlich gelang es mir, mich von meinem Meister loszumachen. Ich kam nach Paris. René Cardillac empfing mich kalt und barsch. Ich ließ nicht nach, er mußte mir Arbeit geben, so geringfügig sie auch sein mochte. Ich sollte einen kleinen Ring fertigen. Als ich ihm die Arbeit brachte, sah er mich starr an mit seinen funkelnden Augen, als wollt er hineinschauen in mein Innerstes. Dann sprach er: ‚Du bist ein tüchtiger, wackerer Geselle, du kannst zu mir ziehen und mir helfen in der Werkstatt. Ich zahle dir gut, du wirst mit mir zufrieden sein.' Cardillac hielt Wort. Schon mehrere Wochen war ich bei ihm, ohne Madelon gesehen zu haben, die, irr ich nicht, auf dem Lande bei irgendeiner Muhme Cardillacs damals sich aufhielt. Endlich kam sie. O du ewige Macht des Himmels, wie geschah mir, als ich das Engelsbild sah! – Hat je ein Mensch so geliebt als ich! Und nun! – O Madelon!"

Olivier konnte vor Wehmut nicht weitersprechen. Er hielt beide Hände vors Gesicht und schluchzte heftig. Endlich mit Gewalt den wilden Schmerz, der ihn erfaßt, niederkämpfend sprach er weiter.

„Madelon blickte mich an mit freundlichen Augen. Sie kam öfter und öfter in die Werkstatt. Mit Entzücken gewahrte ich ihre Liebe. So streng der Vater uns bewachte, mancher verstohlne Händedruck galt als Zeichen des geschlossenen Bundes, Cardillac schien nichts zu merken. Ich gedachte, hätte ich erst seine Gunst gewonnen, und konnte ich die Meisterschaft erlangen, um Madelon zu werben. Eines Morgens, als ich meine Arbeit beginnen wollte, trat Cardillac vor mich hin, Zorn und Verachtung im finstern Blick. ‚Ich bedarf deiner Arbeit nicht mehr', fing er an, ‚fort aus dem Hause noch in dieser Stunde, und laß dich nie mehr vor meinen Augen sehen. Warum ich dich hier nicht mehr dulden kann, brauche ich dir nicht zu sagen. Für dich armen Schlucker hängt die süße Frucht zu hoch, nach der du trachtest!' Ich wollte reden, er packte mich aber mit starker Faust und warf mich zur Türe hinaus, daß ich niederstürzte und mich hart verwundete an Kopf und Arm. – Empört, zerrissen vom grimmen Schmerz verließ ich das Haus, und fand endlich am äußersten Ende der Vorstadt St. Martin einen gutmütigen Bekannten, der mich aufnahm in seine Bodenkammer.

Ich hatte keine Ruhe, keine Rast. Zur Nachtzeit umschlich ich Cardillacs Haus, wähnend, daß Madelon meine Seufzer, meine Klage vernehmen, daß es ihr vielleicht gelingen werde, mich vom Fenster herab unbelauscht zu sprechen. Allerlei verwogene Pläne kreuzten in meinem Gehirn, zu deren Ausführung ich sie zu bereden hoffte. An Cardillacs Haus in der Straße Nicaise schließt sich eine hohe Mauer mit Blenden und alten, halb zerstückelten Steinbildern darin. Dicht bei einem solchen Steinbilde stehe ich in einer Nacht und sehe hinauf nach den Fenstern des Hauses, die in den Hof gehen, den die Mauer einschließt. Da gewahre ich plötzlich Licht in Cardillacs Werkstatt. Es ist Mitternacht, nie war sonst Cardillac zu dieser Stunde wach, er pflegte sich auf den Schlag neun Uhr zur Ruhe zu begeben. Mir pocht das Herz vor banger Ahnung, ich denke an irgendein Ereignis, das mir vielleicht den Eingang bahnt. Doch gleich verschwindet das Licht wieder. Ich drücke mich an das Steinbild, in die Blende hinein, doch entsetzt pralle ich zurück, als ich einen Gegendruck fühle, als sei das Bild lebendig worden. In dem dämmernden Schimmer der Nacht gewahre ich nun, daß der Stein sich langsam dreht, und hinter demselben eine finstere Gestalt hervorschlüpft, die leisen Trittes die Straße hinabgeht. Ich springe an das Steinbild hinan, es steht wie zuvor dicht an der Mauer. Unwillkürlich, wie von einer innern Macht getrieben, schleiche ich hinter der Gestalt her. Gerade bei einem Marienbilde schaut die Gestalt sich um, der volle Schein der hellen Lampe, die vor dem Bilde brennt, fällt ihr ins Antlitz. Es ist Cardillac! Eine unbegreifliche Angst, ein unheimliches Grauen überfällt mich. Wie durch Zauber festgebannt muß ich fort – nach – dem gespenstischen Nachtwanderer. Dafür halte ich den Meister, unerachtet nicht die Zeit des Vollmonds ist, in der solcher Spuk die Schlafenden betört. Endlich verschwindet Cardillac seitwärts in den tiefen Schatten. An einem kleinen, wiewohl bekannten Räuspern gewahre ich indessen, daß er in die Einfahrt eines Hauses getreten ist. Was bedeutet das, was wird er beginnen? – So frage ich mich selbst voll Erstaunen, und drücke mich dicht an die Häuser. Nicht lange dauert's, so kommt singend und trillerierend ein Mann daher mit leuchtendem Federbusch und klirrenden Sporen. Wie ein Tiger auf seinen Raub, stürzt sich Cardillac aus seinem Schlupfwinkel auf den Mann, der in demselben Augenblick röchelnd zu Boden sinkt. Mit einem Schrei des Entsetzens springe ich heran, Cardillac ist über den Mann, der zu Boden liegt, her. ‚Meister Cardillac, was tut Ihr', rufe ich laut. ‚Vermaledeiter!' brüllt Cardillac, rennt mit Blitzesschnelle bei mir vorbei und verschwindet. Ganz außer mir, kaum der Schritte mächtig, nähere ich mich dem Niedergeworfenen. Ich knie bei ihm nieder, vielleicht, denk ich, ist er noch zu retten, aber keine Spur des Lebens ist mehr in ihm. In meiner Todesangst gewahre ich kaum, daß mich die Marechaussee umringt hat. ‚Schon wieder einer von den Teufeln niedergestreckt – he he – junger Mensch, was machst du da – bist einer von der Bande? – fort mit dir!' So schrien sie durcheinander und packen mich an. Kaum vermag ich zu stammeln, daß ich solche gräßliche Untat ja gar nicht hätte begehen können, und daß sie mich im Frieden ziehen lassen möchten. Da leuchtet mir einer ins Gesicht und ruft lachend: ‚Das ist Olivier Brusson, der Goldschmiedsgeselle, der bei unserm ehrlichen, braven Meister René Cardillac arbeitet! – ja – *der* wird die Leute auf der Straße morden! – sieht mir recht darnach aus – ist recht nach der Art der Mordbuben, daß sie beim Leichnam lamentieren und sich fangen lassen werden. – Wie war's Junge? – erzähle dreist.' ‚Dicht vor mir', sprach ich, ‚sprang ein Mensch auf den dort los, stieß ihn nieder und rannte blitzschnell davon, als ich laut aufschrie. Ich wollt doch sehen, ob der Niedergeworfene noch zu retten wäre.' ‚Nein, mein Sohn', ruft einer von denen, die den Leichnam aufgehoben, ‚der ist hin, durchs Herz, wie gewöhnlich, geht der Dolchstich.' ‚Teufel', spricht ein anderer, ‚kamen wir doch wieder zu spät wie vorgestern'; damit entfernen sie sich mit dem Leichnam.

Wie mir zumute war, kann ich gar nicht sagen; ich fühlte mich an, ob nicht ein böser Traum mich necke, es war mir, als müßt ich nun gleich erwachen und mich wundern über das tolle Trugbild. – Cardillac – der Vater meiner Madelon, ein verruchter Mörder! – Ich war kraftlos auf die steinernen Stufen eines Hauses gesunken. Immer mehr und mehr dämmerte der Morgen herauf, ein Offizierhut, reich mit Federn geschmückt, lag vor mir auf dem Pflaster. Cardillacs blutige Tat, auf der Stelle begangen, wo ich saß, ging vor mir hell auf. Entsetzt rannte ich von dannen.

Ganz verwirrt, beinahe besinnungslos sitze ich in meiner Dachkammer, da geht die Tür auf und René Cardillac tritt herein. ‚Um Christus willen! was wollt Ihr?' schrie ich ihm entgegen. Er, das gar nicht achtend, kommt auf mich zu und lächelt mich an mit einer Ruhe und Leutseligkeit, die meinen innern Abscheu vermehrt. Er rückt einen alten, gebrechlichen Schemel heran und setzt sich zu mir, der ich nicht vermag, mich von dem Strohlager zu erheben, auf das ich mich geworfen. ‚Nun Olivier', fängt er an, ‚wie geht es dir, armer Junge? Ich habe mich in der Tat garstig übereilt, als ich dich aus dem Hause stieß, du fehlst mir an allen Ecken und Enden. Eben jetzt habe ich ein Werk vor, das ich ohne deine Hülfe gar nicht vollenden kann. Wie wär's, wenn du wieder in meiner Werkstatt arbeitetest? – Du schweigst? – Ja ich weiß, ich habe dich beleidigt. Nicht verhehlen wollt ich's dir, daß ich auf dich zornig war, wegen der Liebelei mit meiner Madelon. Doch recht überlegt habe ich mir das Ding nachher, und gefunden, daß bei deiner Geschicklichkeit, deinem Fleiß, deiner Treue ich mir keinen bessern Eidam wünschen kann als eben dich. Komm also mit mir und siehe zu, wie du Madelon zur Frau gewinnen magst.'

Cardillacs Worte durchschnitten mir das Herz, ich erbebte vor seiner Bosheit, ich konnte kein Wort hervorbringen. ‚Du zauderst', fuhr er nun fort mit scharfem Ton, indem seine funkelnden Augen mich durchbohren, ‚du zauderst? – du kannst vielleicht heute noch nicht mit mir kommen, du hast andere Dinge vor! – du willst vielleicht Desgrais besuchen, oder dich gar einführen lassen bei d'Argenson oder la Regnie. Nimm dich in acht, Bursche, daß die Krallen, die du hervorlocken willst zu anderer Leute Verderben, dich nicht selbst fassen und zerreißen.' Da macht sich mein tief empörtes Gemüt plötzlich Luft. ‚Mögen die', rufe ich, ‚mögen die, die sich gräßlicher Untat bewußt sind, jene Namen fühlen, die Ihr eben nanntet, ich darf das nicht – ich habe nichts mit ihnen zu schaffen.' ‚Eigentlich', spricht Cardillac weiter, ‚eigentlich, Olivier, macht es dir Ehre, wenn du bei mir arbeitest, bei mir, dem berühmtesten Meister seiner Zeit, überall hochgeachtet wegen seiner Treue und Rechtschaffenheit, so daß jede böse Verleumdung schwer zurückfallen würde auf das Haupt des Verleumders. – Was nun Madelon betrifft, so muß ich dir nur gestehen, daß du meine Nachgiebigkeit ihr allein verdankest. Sie liebt dich mit einer Heftigkeit, die ich dem zarten Kinde gar nicht zutrauen konnte. Gleich als du fort warst, fiel sie mir zu Füßen, umschlang meine Knie und gestand unter tausend Tränen, daß sie ohne dich nicht leben könne. Ich dachte, sie bilde sich das nur ein, wie es denn bei jungen verliebten Dingern zu geschehen pflegt, daß sie gleich sterben wollen, wenn das erste Milchgesicht sie freundlich angeblickt. Aber in der Tat, meine Madelon wurde siech und krank, und wie ich ihr denn das tolle Zeug ausreden wollte, rief sie hundertmal deinen Namen. Was konnt ich endlich tun, wollt ich sie nicht verzweifeln lassen. Gestern abend sagt ich ihr, ich willige in alles und werde dich heute holen. Da ist sie über Nacht aufgeblüht wie eine Rose, und harrt nun auf dich ganz außer sich vor Liebessehnsucht.' – Mag es mir die ewige Macht des Himmels verzeihen, aber selbst weiß ich nicht, wie es geschah, daß ich plötzlich in Cardillacs Hause stand, daß Madelon laut aufjauchzend: ‚Olivier – mein Olivier – mein Geliebter – mein Gatte', auf mich gestürzt, mich mit beiden Armen umschlang, mich fest an ihre Brust drückte, daß ich im Übermaß des höchsten Entzückens bei der Jungfrau und allen Heiligen schwor, sie nimmer, nimmer zu verlassen!"

Erschüttert von dem Andenken an diesen entscheidenden Augenblick mußte Olivier innehalten. Die Scuderi, von Grausen erfüllt über die Untat eines Mannes, den sie für die Tugend, die Rechtschaffenheit selbst gehalten, rief: „Entsetzlich! – René Cardillac gehört zu der Mordbande, die unsere gute Stadt so lange zur Räuberhöhle machte?" „Was sagt Ihr, mein Fräulein", sprach Olivier, „zur *Bande*? Nie hat es eine solche Bande gegeben. Cardillac *allein* war es, der mit verruchter Tätigkeit in der ganzen Stadt seine Schlachtopfer suchte und fand. Daß er es *allein* war, darin liegt die Sicherheit, womit er seine Streiche führte, die unüberwundene Schwierigkeit, dem Mörder auf die Spur zu kommen. – Doch laßt mich fortfahren, der Verfolg wird Euch die Geheimnisse des verruchtesten und zugleich unglücklichsten aller Menschen aufklären. – Die Lage, in der ich mich nun bei dem Meister befand, jeder mag *die* sich leicht denken. Der Schritt war geschehen, ich konnte nicht mehr zurück. Zuweilen war es mir, als sei ich selbst Cardillacs Mordgehülfe geworden, nur in Madelons Liebe vergaß ich die innere Pein, die mich quälte, nur bei ihr konnt es mir gelingen, jede äußere Spur namenlosen Grams wegzutilgen. Arbeitete ich mit dem Alten in der Werkstatt, nicht ins Antlitz vermochte ich ihm zu schauen, kaum ein Wort zu reden vor dem Grausen, das mich durchbebte in der Nähe des entsetzlichen Menschen, der alle Tugenden des treuen, zärtlichen Vaters, des guten Bürgers erfüllte, während die Nacht seine Untaten verschleierte. Madelon, das fromme, engelsreine Kind, hing an ihm mit abgöttischer Liebe. Das Herz durchbohrt' es mir, wenn ich daran dachte, daß, träfe einmal die Rache den verlarvten Bösewicht, sie ja, mit aller höllischen List des Satans getäuscht, der gräßlichsten Verzweiflung unterliegen müsse. Schon das verschloß mir den Mund, und hätt ich den Tod des Verbrechers darum dulden müssen. Unerachtet ich aus den Reden der Marechaussee genug entnehmen konnte, waren mir Cardillacs Untaten, ihr Motiv, die Art, sie auszuführen, ein Rätsel: die Aufklärung blieb nicht lange aus. Eines Tages war Cardillac, der sonst meinen Abscheu erregend, bei der Arbeit in der heitersten Laune, scherzte und lachte, sehr ernst und sich in gekehrt. Plötzlich warf er das Geschmeide, woran er eben arbeitete, beiseite, daß Stein und Perlen auseinander rollten, stand heftig auf und sprach: ‚Olivier! – es kann zwischen uns beiden nicht so bleiben, dies Verhältnis ist mir unerträglich. – Was der feinsten Schlauigkeit Desgrais' und seiner Spießgesellen nicht gelang zu entdecken, das spielte dir der Zufall in die Hände. Du hast mich geschaut in der nächtlichen Arbeit, zu der mich mein böser Stern treibt, kein Widerstand ist möglich. – Auch dein böser Stern war es, der dich mir folgen ließ, der dich in undurchdringliche Schleier hüllte, der deinem Fußtritt die Leichtigkeit gab, daß du unhörbar wandeltest wie das kleinste Tier, so daß ich, der ich in der tiefsten Nacht klar schaue wie der Tiger, der ich Straßen weit das kleinste Geräusch, das Sumsen der Mücke vernehme, dich nicht bemerkte. Dein böser Stern hat dich, meinen Gefährten, mir zugeführt. An Verrat ist, so wie du jetzt stehst, nicht mehr zu denken. Darum magst du alles wissen.‘ ‚Nimmermehr werd ich dein Gefährte sein, heuchlerischer Bösewicht.‘ So wollt ich aufschreien, aber das innere Entsetzen, das mich bei Cardillacs Worten erfaßt, schnürte mir die Kehle zu. Statt der Worte vermochte ich nur einen unverständigen Laut auszustoßen. Cardillac setzte sich wieder in seinen Arbeitsstuhl. Er trocknete sich den Schweiß von der Stirne. Er schien, von der Erinnerung des Vergangenen hart berührt, sich mühsam zu fassen. Endlich fing er an: ‚Weise Männer sprechen viel von den seltsamen Eindrücken, deren Frauen in guter Hoffnung fähig sind, von dem wunderbaren Einfluß solch lebhaften, willenlosen Eindrucks von außen her auf das Kind. Von meiner Mutter erzählte man mir eine wunderliche Geschichte. Als *die* mit mir im ersten Monat schwanger ging, schaute sie mit andern Weibern einem glänzenden Hoffest zu, das in Trianon gegeben wurde. Da fiel ihr Blick auf einen Kavalier in spanischer Kleidung mit einer blitzenden Juwelenkette um den Hals, von der sie die Augen gar nicht mehr abwenden konnte. Ihr ganzes Wesen war

Begierde nach den funkelnden Steinen, die ihr ein überirdisches Gut dünkten. Derselbe Kavalier hatte vor mehreren Jahren, als meine Mutter noch nicht verheiratet, ihrer Tugend nachgestellt, war aber mit Abscheu zurückgewiesen worden. Meine Mutter erkannte ihn wieder, aber jetzt war es ihr, als sei er im Glanz der strahlenden Diamanten ein Wesen höherer Art, der Inbegriff aller Schönheit. Der Kavalier bemerkte die sehnsuchtsvollen, feurigen Blicke meiner Mutter. Er glaubte jetzt glücklicher zu sein als vormals. Er wußte sich ihr zu nähern, noch mehr, sie von ihren Bekannten fort an einen einsamen Ort zu locken. Dort schloß er sie brünstig in seine Arme, meine Mutter faßte nach der schönen Kette, aber in demselben Augenblick sank er nieder und riß meine Mutter mit sich zu Boden. Sei es, daß ihn der Schlag plötzlich getroffen, oder aus einer andern Ursache; genug, er war tot. Vergebens war das Mühen meiner Mutter, sich den im Todeskrampf erstarrten Armen des Leichnams zu entwinden. Die hohlen Augen, deren Sehkraft erloschen, auf sie gerichtet, wälzte der Tote sich mit ihr auf dem Boden. Ihr gellendes Hülfsgeschrei drang endlich bis zu in der Ferne Vorübergehenden, die herbeieilten und sie retteten aus den Armen des grausigen Liebhabers. Das Entsetzen warf meine Mutter auf ein schweres Krankenlager. Man gab sie, mich verloren, doch sie gesundete und die Entbindung war glücklicher, als man je hatte hoffen können. Aber die Schrecken jenes fürchterlichen Augenblicks hatten *mich* getroffen. Mein böser Stern war aufgegangen und hatte den Funken hinabgeschossen, der in mir eine der seltsamsten und verderblichsten Leidenschaften entzündet. Schon in der frühesten Kindheit gingen mir glänzende Diamanten, goldenes Geschmeide über alles. Man hielt das für gewöhnliche kindische Neigung. Aber es zeigte sich anders, denn als Knabe stahl ich Gold und Juwelen, wo ich sie habhaft werden konnte. Wie der geübteste Kenner unterschied ich aus Instinkt unechtes Geschmeide von echtem. Nur dieses lockte mich, unechtes sowie geprägtes Gold ließ ich unbeachtet liegen. Den grausamsten Züchtigungen des Vaters mußte die angeborne Begierde weichen. Um nur mit Gold und edlen Steinen hantieren zu können, wandte ich mich zur Goldschmiedsprofession. Ich arbeitete mit Leidenschaft und wurde bald der erste Meister dieser Art. Nun begann eine Periode, in der der angeborne Trieb, so lange niedergedrückt, mit Gewalt empordrang und mit Macht wuchs, alles um sich her wegzehrend. Sowie ich ein Geschmeide gefertigt und abgeliefert, fiel ich in eine Unruhe, in eine Trostlosigkeit, die mir Schlaf, Gesundheit – Lebensmut raubte. – Wie ein Gespenst stand Tag und Nacht die Person, für die ich gearbeitet, mir vor Augen, geschmückt mit meinem Geschmeide, und eine Stimme raunte mir in die Ohren: ›Es ist ja dein – es ist ja dein – nimm es doch – was sollen die Diamanten dem Toten!‹ – Da legt ich mich endlich auf Diebeskünste. Ich hatte Zutritt in den Häusern der Großen, ich nützte schnell jede Gelegenheit, kein Schloß widerstand meinem Geschick und bald war der Schmuck, den ich gearbeitet, wieder in meinen Händen. – Aber nun vertrieb selbst das nicht meine Unruhe. Jene unheimliche Stimme ließ sich dennoch vernehmen und höhnte mich und rief: ›Ho ho, dein Geschmeide trägt ein Toter!‹ – Selbst wußte ich nicht, wie es kam, daß ich einen unaussprechlichen Haß auf die warf, denen ich Schmuck gefertigt. Ja! im tiefsten Innern regte sich eine Mordlust gegen sie, vor der ich selbst erbebte. – In dieser Zeit kaufte ich dieses Haus. Ich war mit dem Besitzer handelseinig geworden, hier in diesem Gemach saßen wir erfreut über das geschlossene Geschäft beisammen, und tranken eine Flasche Wein. Es war Nacht worden, ich wollte aufbrechen, da sprach mein Verkäufer: ›Hört, Meister René, ehe Ihr fortgeht, muß ich Euch mit einem Geheimnis dieses Hauses bekannt machen.‹ Darauf schloß er jenen in die Mauer eingeführten Schrank auf, schob die Hinterwand fort, trat in ein kleines Gemach, bückte sich nieder, hob eine Falltür auf. Eine steile, schmale Treppe stiegen wir hinab, kamen an ein schmales Pförtchen, das er aufschloß, traten hinaus in den freien Hof. Nun schritt der alte Herr, mein Verkäufer, hinan an die Mauer, schob an einem nur wenig hervorragenden Eisen, und alsbald drehte sich ein Stück Mauer los, so daß ein Mensch bequem durch die Öffnung schlüpfen und auf die Straße gelangen konnte. Du magst einmal das Kunststück sehen, Olivier, das wahrscheinlich schlaue Mönche des Klosters, welches ehemals hier lag, fertigen ließen, um heimlich aus- und einschlüpfen zu können. Es ist ein Stück Holz, nur von außen gemörtelt und getüncht, in das von außenher eine Bildsäule, auch nur von Holz, doch ganz wie Stein, eingefügt ist, welches sich mitsamt der Bildsäule auf verborgenen Angeln dreht. – Dunkle Gedanken stiegen in mir auf, als ich diese Einrichtung sah, es war mir, als sei vorgearbeitet solchen Taten, die mir selbst noch Geheimnis blieben. Eben hatt ich einem Herrn vom Hofe einen reichen Schmuck abgeliefert, der, ich weiß es, einer Operntänzerin bestimmt war. Die Todesfolter blieb nicht aus – das Gespenst hing sich an meine Schritte – der lispelnde Satan an mein Ohr! – Ich zog ein in das Haus. In blutigem Angstschweiß gebadet, wälzte ich mich schlaflos auf dem Lager! Ich seh im Geiste den Menschen zu der Tänzerin schleichen mit meinem Schmuck. Voller Wut springe ich auf – werfe den Mantel um – steige herab die geheime Treppe – fort durch die Mauer nach der Straße Nicaise. – Er kommt, ich falle über ihn her, er schreit auf, doch von hinten festgepackt stoße ich ihm den Dolch ins Herz – der Schmuck ist mein! – Dies getan fühlte ich eine Ruhe, eine Zufriedenheit in meiner Seele, wie sonst niemals. Das Gespenst war verschwunden, die Stimme des Satans schwieg. Nun wußte ich, was mein böser Stern wollte, ich mußt ihm nachgeben oder untergehen! – Du begreifst jetzt mein ganzes Tun und Treiben, Olivier! – Glaube nicht, daß ich darum, weil ich tun muß, was ich nicht lassen kann, jenem Gefühl des Mitleids, des Erbarmens, was in der Natur des Menschen bedingt sein soll, rein entsagt habe. Du weißt, wie schwer es mir wird, einen Schmuck abzuliefern; wie ich für manche, deren Tod ich nicht will, gar nicht arbeite, ja wie ich sogar, weiß ich, daß am morgenden Tage Blut mein Gespenst verbannen wird, heute es bei einem tüchtigen Faustschlage bewenden lasse, der den Besitzer meines Kleinods zu Boden streckt, und mir dieses in die Hand liefert.' – Dies alles gesprochen, führte mich Cardillac in das geheime Gewölbe und gönnte mir den Anblick seines Juwelenkabinetts. Der König besitzt es nicht reicher. Bei jedem Schmuck war auf einem kleinen, daran gehängten Zettel genau bemerkt, für wen es gearbeitet, wann es durch Diebstahl, Raub oder Mord genommen worden. ‚An deinem Hochzeitstage', sprach Cardillac dumpf und feierlich, ‚an deinem Hochzeitstage, Olivier, wirst du mir, die Hand gelegt auf des gekreuzigten Christus Bild, einen heiligen Eid schwören, sowie ich gestorben, alle diese Reichtümer in Staub zu vernichten durch Mittel, die ich dir dann bekannt machen werde. Ich will nicht, daß irgendein menschlich Wesen, und am wenigsten Madelon und du, in den Besitz des mit Blut erkauften Horts komme.' Gefangen in diesem Labyrinth des Verbrechens, zerrissen von Liebe und Abscheu, von Wonne und Entsetzen, war ich dem Verdammten zu vergleichen, dem ein holder Engel mild lächelnd hinaufwinkt, aber mit glühenden Krallen festgepackt hält ihn der Satan, und des frommen Engels Liebeslächeln, in dem sich alle Seligkeit des hohen Himmels abspiegelt, wird ihm zur grimmigsten seiner Qualen. – Ich dachte an Flucht – ja an Selbstmord – aber Madelon! – Tadelt mich, tadelt mich, mein würdiges Fräulein, daß ich zu schwach war, mit Gewalt eine Leidenschaft niederzukämpfen, die mich an das Verbrechen fesselte; aber büße ich nicht dafür mit schmachvollem Tode? – Eines Tages kam Cardillac nach Hause ungewöhnlich heiter. Er liebkoste Madelon, warf mir die freundlichsten Blicke zu, trank bei Tische eine Flasche edlen Weins, wie er es nur an hohen Fest- und Feiertagen zu tun pflegte, sang und jubilierte. Madelon hatte uns verlassen, ich wollte in die Werkstatt: ‚Bleib sitzen, Junge', rief Cardillac, ‚heut keine Arbeit mehr, laß uns noch eins trinken auf das Wohl der allerwürdigsten, vortrefflichsten Dame in Paris.' Nachdem ich mit ihm angestoßen und er ein volles Glas geleert hatte, sprach er: ‚Sag an, Olivier! wie gefallen dir die Verse:

Un amant qui craint les voleurs
n'est point digne d'amour!'

Er erzählte nun, was sich in den Gemächern der Maintenon mit Euch und dem Könige begeben und fügte hinzu, daß er Euch von jeher verehrt habe, wie sonst kein menschliches Wesen, und daß Ihr, mit solch hoher Tugend begabt, vor der der böse Stern kraftlos erbleiche, selbst den schönsten von ihm gefertigten Schmuck tragend, niemals ein böses Gespenst, Mordgedanken in ihm erregen würdet. ‚Höre, Olivier', sprach er, ‚wozu ich entschlossen. Vor langer Zeit sollt ich Halsschmuck und Armbänder fertigen für Henriette von England und selbst die Steine dazu liefern. Die Arbeit gelang mir wie keine andere, aber es zerriß mir die Brust, wenn ich daran dachte, mich von dem Schmuck, der mein Herzenskleinod geworden, trennen zu müssen. Du weißt der Prinzessin unglücklichen Tod durch Meuchelmord. Ich behielt den Schmuck und will ihn nun als ein Zeichen meiner Ehrfurcht, meiner Dankbarkeit dem Fräulein von Scuderi senden im Namen der verfolgten Bande. – Außerdem, daß die Scuderi das sprechende Zeichen ihres Triumphs erhält, verhöhne ich auch Desgrais und seine Gesellen, wie sie es verdienen. – Du sollst ihr den Schmuck hintragen.' Sowie Cardillac Euern Namen nannte, Fräulein, war es, als würden schwarze Schleier weggezogen, und das schöne, lichte Bild meiner glücklichen frühen Kinderzeit ginge wieder auf in bunten, glänzenden Farben. Es kam ein wunderbarer Trost in meine Seele, ein Hoffnungsstrahl, vor dem die finstern Geister schwanden. Cardillac mochte den Eindruck, den seine Worte auf mich gemacht, wahrnehmen und nach seiner Art deuten. ‚Dir scheint', sprach er, ‚mein Vorhaben zu behagen. Gestehen kann ich wohl, daß eine tief innere Stimme, sehr verschieden von der, welche Blutopfer verlangt wie ein gefräßiges Raubtier, mir befohlen hat, daß ich solches tue. – Manchmal wird mir wunderlich im Gemüte – eine innere Angst, die Furcht vor irgend etwas Entsetzlichem, dessen Schauer aus einem fernen Jenseits herüberwehen in die Zeit, ergreift mich gewaltsam. Es ist mir dann sogar, als ob das, was der böse Stern begonnen durch mich, meiner unsterblichen Seele, die daran keinen Teil hat, zugerechnet werden könne. In solcher Stimmung beschloß ich, für die Heilige Jungfrau in der Kirche St. Eustache eine schöne Diamantenkrone zu fertigen. Aber jene unbegreifliche Angst überfiel mich stärker, sooft ich die Arbeit beginnen wollte, da unterließ ich's ganz. Jetzt ist es mir, als wenn ich der Tugend und Frömmigkeit selbst demutsvoll ein Opfer bringe und wirksame Fürsprache erflehe, indem ich der Scuderi den schönsten Schmuck sende, den ich jemals gearbeitet. –' Cardillac, mit Eurer ganzen Lebensweise, mein Fräulein, auf das genaueste bekannt, gab mir nun Art und Weise sowie die Stunde an, wie und wann ich den Schmuck, den er in ein sauberes Kästchen schloß, abliefern solle. Mein ganzes Wesen war Entzücken, denn der Himmel selbst zeigte mir durch den freventlichen Cardillac den Weg, mich zu retten aus der Hölle, in der ich, ein verstoßener Sünder, schmachte. So dacht ich. Ganz gegen Cardillacs Willen wollt ich bis zu Euch dringen. Als Anne Brussons Sohn, als Euer Pflegling gedacht ich, mich Euch zu Füßen zu werfen und Euch alles – alles zu entdecken. Ihr hättet, gerührt von dem namenlosen Elend, das der armen, unschuldigen Madelon drohte bei der Entdeckung, das Geheimnis beachtet, aber Euer hoher, scharfsinniger Geist fand gewiß sichre Mittel, ohne jene Entdeckung der verruchten Bosheit Cardillacs zu steuern. Fragt mich nicht, worin diese Mittel hätten bestehen sollen, ich weiß es nicht – aber daß Ihr Madelon und mich retten würdet, davon lag die Überzeugung fest in meiner Seele, wie der Glaube an die trostreiche Hülfe der Heiligen Jungfrau. – Ihr wißt, Fräulein, daß meine Absicht in jener Nacht fehlschlug. Ich verlor nicht die Hoffnung, ein andermal glücklicher zu sein. Da geschah es, daß Cardillac plötzlich alle Munterkeit verlor. Er schlich trübe umher, starrte vor sich hin, murmelte unverständliche Worte, focht mit den Händen, Feindliches von sich abwehrend, sein Geist schien gequält von bösen Gedanken. So hatte er es einen ganzen Morgen getrieben. Endlich setzte er sich an den Werktisch, sprang unmutig wieder auf, schaute durchs Fenster, sprach ernst und düster: ‚Ich wollte doch, Henriette von England hätte meinen Schmuck getragen!' – Die Worte erfüllten mich mit Entsetzen. Nun wußt ich, daß sein irrer Geist wieder erfaßt war von dem abscheulichen Mordgespenst, daß des Satans Stimme wieder laut worden vor seinen Ohren. Ich sah Euer Leben bedroht von dem verruchten Mordteufel. Hatte Cardillac nur seinen Schmuck wieder in Händen, so wart Ihr gerettet. Mit jedem Augenblick wuchs die Gefahr. Da begegnete ich Euch auf dem Pontneuf, drängte mich an Eure Kutsche, warf Euch jenen Zettel zu, der Euch beschwor, doch nur gleich den erhaltenen Schmuck in Cardillacs Hände zu bringen. Ihr kamt nicht. Meine Angst stieg bis zur Verzweiflung, als andern Tages Cardillac von nichts anderm sprach, als von dem köstlichen Schmuck, der ihm in der Nacht vor Augen gekommen. Ich konnte das nur auf Euern Schmuck deuten, und es wurde mir gewiß, daß er über irgendeinen Mordanschlag brüte, den er gewiß schon in der Nacht auszuführen sich vorgenommen. Euch retten mußt ich, und sollt es Cardillacs Leben kosten. Sowie Cardillac nach dem Abendgebet sich wie gewöhnlich eingeschlossen, stieg ich durch ein Fenster in den Hof, schlüpfte durch die Öffnung in der Mauer und stellte mich unfern in den tiefen Schatten. Nicht lange dauerte es, so kam Cardillac heraus und schlich leise durch die Straße fort. Ich hinter ihm her. Es ging nach der Straße St. Honoré, mir bebte das Herz. Cardillac war mit einemmal mir entschwunden. Ich beschloß, mich an Eure Haustüre zu stellen. Da kommt singend und trillernd, wie damals, als der Zufall mich zum Zuschauer von Cardillacs Mordtat machte, ein Offizier bei mir vorüber, ohne mich zu gewahren. Aber in demselben Augenblick springt eine schwarze Gestalt hervor und fällt über ihn her. Es ist Cardillac. Diesen Mord will ich hindern, mit einem lauten Schrei bin ich in zwei – drei Sätzen zur Stelle – Nicht der Offizier – Cardillac sinkt zum Tode getroffen röchelnd zu Boden. Der Offizier läßt den Dolch fallen, reißt den Degen aus der Scheide, stellt sich, wähnend ich sei des Mörders Geselle, kampffertig mir entgegen, eilt aber schnell davon, als er gewahrt, daß ich, ohne mich um ihn zu kümmern, nur den Leichnam untersuche. Cardillac lebte noch. Ich lud ihn, nachdem ich den Dolch, den der Offizier hatte fallen lassen, zu mir gesteckt, auf die Schultern und schleppte ihn mühsam fort nach Hause, und durch den geheimen Gang hinauf in die Werkstatt. – Das übrige ist Euch bekannt. Ihr seht, mein würdiges Fräulein, daß mein einziges Verbrechen nur darin besteht, daß ich Madelons Vater nicht den Gerichten verriet und so seinen Untaten ein Ende machte. Rein bin ich von jeder Blutschuld. – Keine Marter wird mir das Geheimnis von Cardillacs Untaten abzwingen. Ich will nicht, daß der ewigen Macht, die der tugendhaften Tochter des Vaters gräßliche Blutschuld verschleierte, zum Trotz, das ganze Elend der Vergangenheit, ihres ganzen Seins noch jetzt tötend auf sie einbreche, daß noch jetzt die weltliche Rache den Leichnam aufwühle aus der Erde, die ihn deckt, daß noch jetzt der Henker die vermoderten Gebeine mit Schande brandmarke. – Nein! – mich wird die Geliebte meiner Seele beweinen als den unschuldig Gefallenen, die Zeit wird ihren Schmerz lindern, aber unüberwindlich würde der Jammer sein über des geliebten Vaters entsetzliche Taten der Hölle!"

Olivier schwieg, aber nun stürzte plötzlich ein Tränenstrom aus seinen Augen, er warf sich der Scuderi zu Füßen und flehte: „Ihr seid von meiner Unschuld überzeugt – gewiß Ihr seid es! – Habt Erbarmen mit mir, sagt, wie steht es um Madelon? –" Die Scuderi rief der Martiniere, und nach wenigen Augenblikken flog Madelon an Oliviers Hals. „Nun ist alles gut, da du hier bist – ich wußt es ja, daß die edelmütigste Dame dich retten würde!" So rief Madelon ein Mal über das andere, und Olivier vergaß sein Schicksal, alles was ihm drohte, er war frei und selig. Auf das rührendste klagten beide sich, was sie um einander gelitten, und umarmten sich dann aufs neue und weinten vor Entzücken, daß sie sich wiedergefunden.

Wäre die Scuderi nicht von Oliviers Unschuld schon überzeugt gewesen, der Glaube daran müßte ihr jetzt gekommen sein, da sie die beiden betrachtete, die in der Seligkeit des innigsten Liebesbündnisses die Welt vergaßen und ihr Elend und ihr namenloses Leiden. „Nein", rief sie, „solch seliger Vergessenheit ist nur ein reines Herz fähig."

Die hellen Strahlen des Morgens brachen durch die Fenster. Desgrais klopfte leise an die Türe des Gemachs und erinnerte, daß es Zeit sei, Olivier Brusson fortzuschaffen, da ohne Aufsehen zu erregen das später nicht geschehen könne. Die Liebenden mußten sich trennen. –

Die dunklen Ahnungen, von denen der Scuderi Gemüt befangen seit Brussons erstem Eintritt in ihr Haus, hatten sich nun zum Leben gestaltet auf furchtbare Weise. Den Sohn ihrer geliebten Anne sah sie schuldlos verstrickt auf eine Art, daß ihn vom schmachvollen Tod zu retten kaum denkbar schien. Sie ehrte des Jünglings Heldensinn, der lieber schuldbeladen sterben, als ein Geheimnis verraten wollte, das seiner Madelon den Tod bringen mußte. Im ganzen Reiche der Möglichkeit fand sie kein Mittel, den Ärmsten dem grausamen Gerichtshofe zu entreißen. Und doch stand es fest in ihrer Seele, daß sie kein Opfer scheuen müsse, das himmelschreiende Unrecht abzuwenden, das man zu begehen im Begriffe war. – Sie quälte sich ab mit allerlei Entwürfen und Plänen, die bis an das Abenteuerliche streiften, und die sie ebenso schnell verwarf als auffaßte. Immer mehr verschwand jeder Hoffnungsschimmer, so daß sie verzweifeln wollte. Aber Madelons unbedingtes, frommes kindliches Vertrauen, die Verklärung, mit der sie von dem Geliebten sprach, der nun bald, freigesprochen von jeder Schuld, sie als Gattin umarmen werde, richtete die Scuderi in eben dem Grad wieder auf, als sie davon bis tief ins Herz gerührt wurde.

Um nun endlich etwas zu tun, schrieb die Scuderi an la Regnie einen langen Brief, worin sie ihm sagte, daß Olivier Brusson ihr auf die glaubwürdigste Weise seine völlige Unschuld an Cardillacs Tode dargetan habe, und daß nur der heldenmütige Entschluß, ein Geheimnis in das Grab zu nehmen, dessen Enthüllung die Unschuld und Tugend selbst verderben würde, ihn zurückhalte, dem Gericht ein Geständnis abzulegen, das ihn von dem entsetzlichen Verdacht nicht allein, daß er Cardillac ermordet, sondern daß er auch zur Bande verruchter Mörder gehöre, befreien müsse. Alles was glühender Eifer, was geistvolle Beredsamkeit vermag, hatte die Scuderi aufgeboten, la Regnies hartes Herz zu erweichen. Nach wenigen Stunden antwortete la Regnie, wie es ihn herzlich freue, wenn Olivier Brusson sich bei seiner hohen, würdigen Gönnerin gänzlich gerechtfertigt habe. Was Oliviers heldenmütigen Entschluß betreffe, ein Geheimnis, das sich auf die Tat beziehe, mit ins Grab nehmen zu wollen, so tue es ihm leid, daß die *Chambre ardente* dergleichen Heldenmut nicht ehren könne, denselben vielmehr durch die kräftigsten Mittel zu brechen suchen müsse. Nach drei Tagen hoffe er in dem Besitz des seltsamen Geheimnisses zu sein, das wahrscheinlich geschehene Wunder an den Tag bringen werde.

Nur zu gut wußte die Scuderi, was der fürchterliche la Regnie mit jenen Mitteln, die Brussons Heldenmut brechen sollen, meinte. Nun war es gewiß, daß die Tortur über den Unglücklichen verhängt war. In der Todesangst fiel der Scuderi endlich ein, daß, um nur Aufschub zu erlangen, der Rat eines Rechtsverständigen dienlich sein könne. Pierre Arnaud d'Andilly war damals der berühmteste Advokat in Paris. Seiner tiefen Wissenschaft, seinem umfassenden Verstande war seine Rechtschaffenheit, seine Tugend gleich. Zu dem begab sich die Scuderi und sagte ihm alles, soweit es möglich war, ohne Brussons Geheimnis zu verletzen. Sie glaubte, daß d'Andilly mit Eifer sich des Unschuldigen annehmen werde, ihre Hoffnung wurde aber auf das bitterste getäuscht. D'Andilly hatte ruhig alles angehört und erwiderte dann lächelnd mit Boileaus Worten: „*Le vrai peut quelque fois n'être pas vraisemblable.*" – Er bewies der Scuderi, daß die auffallendsten Verdachtsgründe wider Brusson sprächen, daß la Regnies Verfahren keineswegs grausam und übereilt zu nennen, vielmehr ganz gesetzlich sei, ja daß er nicht anders handeln könne, ohne die Pflichten des Richters zu verletzen. Er, d'Andilly, selbst getraue sich nicht durch die geschickteste Verteidigung Brusson von der Tortur zu retten. Nur Brusson selbst könne das entweder durch aufrichtiges Geständnis oder wenigstens durch die genaueste Erzählung der Umstände bei dem Morde Cardillacs, die dann vielleicht erst zu neuen Ausmittelungen Anlaß geben würden. „So werfe ich mich dem Könige zu Füßen, und flehe um Gnade", sprach die Scuderi ganz außer sich mit von Tränen halb erstickter Stimme. „Tut das", rief d'Andilly, „tut das um des Himmels willen nicht, mein Fräulein! – Spart Euch dieses letzte Hülfsmittel auf, das, schlug es einmal fehl, Euch für immer verloren ist. Der König wird nimmer einen Verbrecher *der* Art begnadigen, der bitterste Vorwurf des gefährdeten Volks würde ihn treffen. Möglich ist es, daß Brusson durch Entdeckung seines Geheimnisses oder sonst Mittel findet, den wider ihn streitenden Verdacht aufzuheben. Dann ist es Zeit, des Königs Gnade zu erflehen, der nicht darnach fragen, was vor Gericht bewiesen ist, oder nicht, sondern seine innere Überzeugung zu Rate ziehen wird." – Die Scuderi mußte dem tief erfahrnen d'Andilly notgedrungen beipflichten. – In tiefen Kummer versenkt, sinnend und sinnend, was um der Jungfrau und aller Heiligen willen sie nun anfangen solle, um den unglücklichen Brusson zu retten, saß sie am späten Abend in ihrem Gemach, als die Martiniere eintrat und den Grafen von Miossens, Obristen von der Garde des Königs, meldete, der dringend wünsche, das Fräulein zu sprechen.

„Verzeiht“, sprach Miossens, indem er sich mit soldatischem Anstande verbeugte, „verzeiht, mein Fräulein, wenn ich Euch so spät, so zu ungelegener Zeit überlaufe. Wir Soldaten machen es nicht anders, und zudem bin ich mit zwei Worten entschuldigt. – Olivier Brusson führt mich zu Euch.“ Die Scuderi, hochgespannt, was sie jetzt wieder erfahren werde, rief laut: „Olivier Brusson? der Unglücklichste aller Menschen? – was habt Ihr mit dem?“ – „Dacht ich's doch“, sprach Miossens lächelnd weiter, „daß Eures Schützlings Namen hinreichen würde, mir bei Euch ein geneigtes Ohr zu verschaffen. Die ganze Welt ist von Brussons Schuld überzeugt. Ich weiß, daß Ihr eine andere Meinung hegt, die sich freilich nur auf die Beteurungen des Angeklagten stützen soll, wie man gesagt hat. Mit mir ist es anders. Niemand als ich kann besser überzeugt sein von Brussons Unschuld an dem Tode Cardillacs.“ „Redet, o redet“, rief die Scuderi, indem ihr die Augen glänzten vor Entzücken. „Ich“, sprach Miossens mit Nachdruck, „ich war es selbst, der den alten Goldschmied niederstieß in der Straße St. Honoré unfern Eurem Hause.“ „Um aller Heiligen willen, Ihr – Ihr!“ rief die Scuderi. „Und“, fuhr Miossens fort, „und ich schwöre es Euch, mein Fräulein, daß ich stolz bin auf meine Tat. Wisset, daß Cardillac der verruchteste, heuchlerischte Bösewicht, daß er es war, der in der Nacht heimtückisch mordete und raubte, und so lange allen Schlingen entging. Ich weiß selbst nicht, wie es kam, daß ein innerer Verdacht sich in mir gegen den alten Bösewicht regte, als er voll sichtlicher Unruhe den Schmuck brachte, den ich bestellt, als er sich genau erkundigte, für wen ich den Schmuck bestimmt, und als er auf recht listige Art meinen Kammerdiener ausgefragt hatte, wenn ich eine gewisse Dame zu besuchen pflege. – Längst war es mir aufgefallen, daß die unglücklichen Schlachtopfer der abscheulichsten Raubgier alle dieselbe Todeswunde trugen. Es war mir gewiß, daß der Mörder auf den Stoß, der augenblicklich töten mußte, eingeübt war und darauf rechnete. Schlug der fehl, so galt es den gleichen Kampf. Dies ließ mich eine Vorsichtsmaßregel brauchen, die so einfach ist, daß ich nicht begreife, wie andere nicht längst darauf fielen und sich retteten von dem bedrohlichen Mordwesen. Ich trug einen leichten Brustharnisch unter der Weste. Cardillac fiel mich von hinten an. Er umfaßte mich mit

Riesenkraft, aber der sicher geführte Stoß glitt ab an dem Eisen. In demselben Augenblick entwand ich mich ihm, und stieß ihm den Dolch, den ich in Bereitschaft hatte, in die Brust." „Und Ihr schwiegt", fragte die Scuderi, „Ihr zeigtet den Gerichten nicht an, was geschehen?" „Erlaubt", sprach Miossens weiter, „erlaubt, mein Fräulein, zu bemerken, daß eine solche Anzeige mich, wo nicht geradezu ins Verderben, doch in den abscheulichsten Prozeß verwickeln konnte. Hätte la Regnie, überall Verbrechen witternd, mir's denn geradehin geglaubt, wenn ich den rechtschaffenen Cardillac, das Muster aller Frömmigkeit und Tugend, des versuchten Mordes angeklagt? Wie wenn das Schwert der Gerechtigkeit seine Spitze wider mich selbst gewandt?" „Das war nicht möglich", rief die Scuderi, „Eure Geburt – Euer Stand –" „Oh", fuhr Miossens fort, „denkt doch an den Marschall von Luxemburg, den der Einfall, sich von le Sage das Horoskop stellen zu lassen, in den Verdacht des Giftmordes und in die Bastille brachte. Nein, beim St. Dionys, nicht eine Stunde Freiheit, nicht meinen Ohrzipfel geb ich preis dem rasenden la Regnie, der sein Messer gern an unserer aller Kehlen setzte." „Aber so bringt Ihr ja den unschuldigen Brusson aufs Schafott?" fiel ihm die Scuderi ins Wort. „Unschuldig", erwiderte Miossens, „unschuldig, mein Fräulein, nennt Ihr des verruchten Cardillacs Spießgesellen? – der ihm beistand in seinen Taten? der den Tod hundertmal verdient hat? – Nein in der Tat, *der* blutet mit Recht, und daß ich Euch, mein hochverehrtes Fräulein, den wahren Zusammenhang der Sache entdeckte, geschah in der Voraussetzung, daß Ihr, ohne mich in die Hände der *Chambre ardente* zu liefern, doch mein Geheimnis auf irgendeine Weise für Euren Schützling zu nützen verstehen würdet."

Die Scuderi, im Innersten entzückt, ihre Überzeugung von Brussons Unschuld auf solch entscheidende Weise bestätigt zu sehen, nahm gar keinen Anstand, dem Grafen, der Cardillacs Verbrechen ja schon kannte, alles zu entdecken und ihn aufzufordern, sich mit ihr zu d'Andilly zu begeben. *Dem* sollte unter dem Siegel der Verschwiegenheit alles entdeckt werden, *der* solle dann Rat erteilen, was nun zu beginnen.

D'Andilly, nachdem die Scuderi ihm alles auf das genaueste erzählt hatte, erkundigte sich nochmals nach den geringfügigsten Umständen. Insbesondere fragte er den Grafen Miossens, ob er auch die feste Überzeugung habe, daß er von Cardillac angefallen, und ob er Olivier Brusson als denjenigen würde wiedererkennen können, der den Leichnam fortgetragen. „Außerdem", erwiderte Miossens, „daß ich in der mondhellen Nacht den Goldschmied recht gut erkannte, habe ich auch bei la Regnie selbst den Dolch gesehen, mit dem Cardillac niedergestoßen wurde. Es ist der meinige, ausgezeichnet durch die zierliche Arbeit des Griffs. Nur einen Schritt von ihm stehend gewahrte ich alle Züge des Jünglings, dem der Hut vom Kopf gefallen, und würde ihn allerdings wiedererkennen können."

D'Andilly sah schweigend einige Augenblicke vor sich nieder, dann sprach er: „Auf gewöhnlichem Wege ist Brusson aus den Händen der Justiz nun ganz und gar nicht zu retten. Er will Madelons halber Cardillac nicht als Mordräuber nennen. Das mag er tun, denn selbst, wenn es ihm gelingen müßte, durch Entdeckung des heimlichen Ausgangs, des zusammengeraubten Schatzes dies nachzuweisen, würde ihn doch als Mitverbundenen der Tod treffen. Dasselbe Verhältnis bleibt stehen, wenn der Graf Miossens die Begebenheit mit dem Goldschmied, wie sie wirklich sich zutrug, den Richtern entdecken sollte. *Aufschub* ist das einzige, wornach getrachtet werden muß. Graf Miossens begibt sich nach der Conciergerie, läßt sich Olivier Brusson vorstellen und erkennt ihn für den, der den Leichnam Cardillacs fortschaffte. Er eilt zu la Regnie und sagt: ‚In der Straße St. Honoré sah ich einen Menschen niederstoßen, ich stand dicht neben dem Leichnam, als ein anderer hinzusprang, sich zum Leichnam niederbückte, ihn, da er noch Leben spürte, auf die Schultern lud und forttrug. In Olivier Brusson habe ich diesen Menschen erkannt.' Diese Aussage veranlaßt Brussons nochmalige Vernehmung, Zusammenstellung mit dem Grafen Miossens. Genug, die Tortur unterbleibt und man forscht weiter nach. Dann ist es Zeit, sich an den König selbst zu wenden. Euerm Scharfsinn, mein Fräulein! bleibt es überlassen, dies auf die geschickteste Weise zu tun. Nach meinem Dafürhalten würd es gut sein, dem Könige das ganze Geheimnis zu entdekken. Durch diese Aussage des Grafen Miossens werden Brussons Geständnisse unterstützt. Dasselbe geschieht vielleicht durch geheime Nachforschungen in Cardillacs Hause. Keinen Rechtsspruch, aber des Königs Entscheidung, auf inneres Gefühl, das da, wo der Richter strafen muß, Gnade ausspricht, gestützt, kann das alles begründen. –" Graf Miossens befolgte genau, was d'Andilly geraten, und es geschah wirklich, was dieser vorhergesehen.

Nun kam es darauf an, den König anzugehen, und dies war der schwierigste Punkt, da er gegen Brusson, den er allein für den entsetzlichen Raubmörder hielt, welcher so lange Zeit hindurch ganz Paris in Angst und Schrecken gesetzt hatte, solchen Abscheu hegte, daß er, nur leise erinnert an den berüchtigten Prozeß, in den heftigsten Zorn geriet. Die Maintenon, ihrem Grundsatz, dem Könige nie von unangenehmen Dingen zu reden, getreu, verwarf jede Vermittlung, und so war Brussons Schicksal ganz in die Hand der Scuderi gelegt. Nach langem Sinnen faßte sie einen Entschluß ebenso schnell als sie ihn ausführte. Sie kleidete sich in eine schwarze Robe von schwerem Seidenzeug, schmückte sich mit Cardillacs köstlichem Geschmeide, hing einen langen, schwarzen Schleier über, und erschien so in den Gemächern der Maintenon zur Stunde, da eben der König zugegen. Die edle Gestalt des ehrwürdigen Fräuleins in diesem feierlichen Anzuge hatte eine Majestät, die tiefe Ehrfurcht erwecken mußte selbst bei dem losen Volk, das gewohnt ist, in den Vorzimmern sein leichtsinnig nichts beachtendes Wesen zu treiben. Alles wich scheu zur Seite, und als sie nun eintrat, stand selbst der König ganz verwundert auf und kam ihr entgegen. Da blitzten ihm die köstlichen Diamanten des Halsbands, der Armbänder ins Auge und er rief: „Beim Himmel, das ist Cardillacs Geschmeide!“ Und dann sich zur Maintenon wendend, fügte er mit anmutigem Lächeln hinzu: „Seht Frau Marquise, wie unsere schöne Braut um ihren Bräutigam trauert.“ „Ei gnädiger Herr“, fiel die Scuderi wie den Scherz fortsetzend ein, „wie würd es ziemen einer schmerzerfüllten Braut, sich so glanzvoll zu schmücken? Nein, ich habe mich ganz losgesagt von diesem Goldschmied, und dächte nicht mehr an ihn, träte mir nicht manchmal das abscheuliche Bild, wie er ermordet dicht bei mir vorübergetragen wurde, vor Augen.“ „Wie“, fragte der König, „wie! Ihr habt ihn gesehen, den armen Teufel?“ Die Scuderi erzählte nun mit kurzen Worten, wie sie der Zufall (noch erwähnte sie nicht der Einmischung Brussons) vor Cardillacs Haus gebracht, als eben der Mord entdeckt worden. Sie schilderte Madelons wilden Schmerz, den tiefen Eindruck, den das Himmelskind auf sie gemacht, die Art, wie sie die Arme unter Zujauchzen des Volks aus Desgrais' Händen gerettet. Mit immer steigendem und steigendem Interesse begannen nun die Szenen mit la Regnie – mit Desgrais – mit Olivier Brusson selbst. Der König, hingerissen von der Gewalt des lebendigsten Lebens, das in der Scuderi Rede glühte, gewahrte nicht, daß von dem gehässigen Prozeß des ihm abscheulichen Brussons die Rede war, vermochte nicht ein

Wort hervorzubringen, konnte nur dann und wann mit einem Ausruf Luft machen der innern Bewegung. Ehe er sich's versah, ganz außer sich über das Unerhörte, was er erfahren und noch nicht vermögend alles zu ordnen, lag die Scuderi schon zu seinen Füßen und flehte um Gnade für Olivier Brusson. „Was tut Ihr", brach der König los, indem er sie bei beiden Händen faßte und in den Sessel nötigte, „was tut Ihr, mein Fräulein! – Ihr überrascht mich auf seltsame Weise! – Das ist ja eine entsetzliche Geschichte! – Wer bürgt für die Wahrheit der abenteuerlichen Erzählung Brussons?" Darauf die Scuderi: „Miossens Aussage – die Untersuchung in Cardillacs Hause – innere Überzeugung – ach! Madelons tugendhaftes Herz, das gleiche Tugend in dem unglücklichen Brusson erkannte!" – Der König, im Begriff, etwas zu erwidern, wandte sich auf ein Geräusch um, das an der Türe entstand. Louvois, der eben im andern Gemach arbeitete, sah hinein mit besorglicher Miene. Der König stand auf und verließ, Louvois folgend, das Zimmer. Beide, die Scuderi, die Maintenon hielten diese Unterbrechung für gefährlich, denn einmal überrascht, mochte der König sich hüten, in die gestellte Falle zum zweitenmal zu gehen. Doch nach einigen Minuten trat der König wieder hinein, schritt rasch ein paarmal im Zimmer auf und ab, stellte sich dann, die Hände über den Rücken geschlagen, dicht vor der Scuderi hin und sprach, ohne sie anzublicken, halb leise: „Wohl möcht ich Eure Madelon sehen!" – Darauf die Scuderi: „O mein gnädiger Herr, welches hohen – hohen Glücks würdigt Ihr das arme, unglückliche Kind – ach, nur Eures Winks bedurft es ja, die Kleine zu Euren Füßen zu sehen." Und trippelte dann, so schnell sie es in den schweren Kleidern vermochte, nach der Tür und rief hinaus, der König wolle Madelon Cardillac vor sich lassen, und kam zurück und weinte und schluchzte vor Entzücken und Rührung. Die Scuderi hatte solche Gunst geahnet, und daher Madelon mitgenommen, die bei der Marquise Kammerfrau wartete mit einer kurzen Bittschrift in den Händen, die ihr d'Andilly aufgesetzt. In wenig Augenblicken lag sie sprachlos dem Könige zu Füßen. Angst – Bestürzung – scheue Ehrfurcht – Liebe und Schmerz – trieben der Armen rascher und rascher das siedende Blut durch alle Adern. Ihre Wangen glühten in hohem Purpur – die Augen glänzten von hellen Tränenperlen, die dann und wann hinabfielen durch die seidenen Wimpern auf den schönen Lilienbusen. Der König schien betroffen über die wunderbare Schönheit des

Engelskinds. Er hob das Mädchen sanft auf, dann machte er eine Bewegung, als wolle er ihre Hand, die er gefaßt, küssen. Er ließ sie wieder und schaute das holde Kind an mit tränenfeuchtem Blick, der von der tiefsten innern Rührung zeugte. Leise lispelte die Maintenon der Scuderi zu: „Sieht sie nicht der la Valliere ähnlich auf ein Haar, das kleine Ding? – Der König schwelgt in den süßesten Erinnerungen. Euer Spiel ist gewonnen.“ – So leise dies auch die Maintenon sprach, doch schien es der König vernommen zu haben. Eine Röte überflog sein Gesicht, sein Blick streifte bei der Maintenon vorüber, er las die Supplik, die Madelon ihm überreicht, und sprach dann mild und gütig: „Ich will's wohl glauben, daß du, mein liebes Kind, von deines Geliebten Unschuld überzeugt bist, aber hören wir, was die *Chambre ardente* dazu sagt!“ – Eine sanfte Bewegung mit der Hand verabschiedete die Kleine, die in Tränen verschwimmen wollte. – Die Scuderi gewahrte zu ihrem Schreck, daß die Erinnerung an die Valliere, so ersprießlich sie anfangs geschienen, des Königs Sinn geändert hatte, sowie die Maintenon den Namen genannt. Mocht es sein, daß der König sich auf unzarte Weise daran erinnert fühlte, daß er im Begriff stehe, das strenge Recht der Schönheit aufzuopfern, oder vielleicht ging es dem Könige wie dem Träumer, dem, hart angerufen, die schönen Zauberbilder, die er zu umfassen gedachte, schnell verschwinden. Vielleicht sah er nun nicht mehr seine Valliere vor sich, sondern dachte nur an die *Soeur Louise de la miséricorde* (der Valliere Klostername bei den Karmeliternonnen), die ihn peinigte mit ihrer Frömmigkeit und Buße. – Was war jetzt anders zu tun, als des Königs Beschlüsse ruhig abzuwarten.

Des Grafen Miossens Aussage vor der *Chambre ardente* war indessen bekannt geworden, und wie es zu geschehen pflegt, daß das Volk leicht getrieben wird von einem Extrem zum andern, so wurde derselbe, den man erst als den verruchtesten Mörder verfluchte und den man zu zerreißen drohte, noch ehe er die Blutbühne bestiegen, als unschuldiges Opfer einer barbarischen Justiz beklagt. Nun erst erinnerten sich die Nachbarsleute seines tugendhaften Wandels, der großen Liebe zu Madelon, der Treue, der Ergebenheit mit Leib und Seele, die er zu dem alten Goldschmied gehegt. – Ganze Züge des Volks erschienen oft auf bedrohliche Weise vor la Regnies Palast und schrien: „Gib uns Olivier Brusson heraus, er ist unschuldig“, und warfen wohl gar Steine nach den Fenstern, so daß la Regnie genötigt war, bei der Marechaussee Schutz zu suchen vor dem erzürnten Pöbel.

Mehrere Tage vergingen, ohne daß der Scuderi von Olivier Brussons Prozeß nur das mindeste bekannt wurde. Ganz trostlos begab sie sich zur Maintenon, die aber versicherte, daß der König über die Sache schweige, und es gar nicht geraten scheine, ihn daran zu erinnern. Fragte sie nun noch mit sonderbarem Lächeln, was denn die kleine Valliere mache? so überzeugte sich die Scuderi, daß tief im Innern der stolzen Frau sich ein Verdruß über eine Angelegenheit regte, die den reizbaren König in ein Gebiet locken konnte, auf dessen Zauber sie sich nicht verstand. Von der Maintenon konnte sie daher gar nichts hoffen.

Endlich mit d'Andillys Hülfe gelang es der Scuderi, auszukundschaften, daß der König eine lange geheime Unterredung mit dem Grafen Miossens gehabt. Ferner, daß Bontems, des Königs vertrautester Kammerdiener und Geschäftsträger in der Conciergerie gewesen, und mit Brusson gesprochen, daß endlich in einer Nacht eben derselbe Bontems mit mehreren Leuten in Cardillacs Hause gewesen und sich lange darin aufgehalten. Claude Patru, der Bewohner des untern Stocks, versicherte, die ganze Nacht habe es über seinem Kopfe gepoltert, und gewiß sei Olivier dabeigewesen, denn er habe seine Stimme genau erkannt. So viel war also gewiß, daß der König selbst dem wahren Zusammenhange der Sache nachforschen ließ, unbegreiflich blieb aber die lange Verzögerung des Beschlusses. La Regnie mochte alles aufbieten, das Opfer, das ihm entrissen werden sollte, zwischen den Zähnen festzuhalten. Das verdarb jede Hoffnung im Aufkeimen.

Beinahe ein Monat war vergangen, da ließ die Maintenon der Scuderi sagen, der König wünsche sie heute abend in ihren, der Maintenon, Gemächern zu sehen.

Das Herz schlug der Scuderi hochauf, sie wußte, daß Brussons Sache sich nun entscheiden würde. Sie sagte es der armen Madelon, die zur Jungfrau, zu allen Heiligen inbrünstig betete, daß sie doch nur in dem König die Überzeugung von Brussons Unschuld erwecken möchten.

Und doch schien es, als habe der König die ganze Sache vergessen, denn wie sonst, weilend in anmutigen Gesprächen mit der Maintenon und der Scuderi, gedachte er nicht mit einer Silbe des armen Brussons. Endlich erschien Bontems, näherte sich dem Könige und sprach einige Worte so leise, daß beide Damen nichts davon verstanden. – Die Scuderi erbebte im Innern. Da stand der König auf, schritt auf die Scuderi zu und sprach mit leuchtenden Blicken: „Ich wünsche Euch Glück, mein Fräulein! – Euer Schützling, Olivier Brusson, ist frei!" – Die Scuderi, der die Tränen aus den Augen stürzten, keines Wortes mächtig, wollte sich dem Könige zu Füßen werfen. *Der* hinderte sie daran, sprechend: „Geht, geht! Fräulein, Ihr solltet Parlamentsadvokat sein und meine Rechtshändel ausfechten, denn, beim heiligen Dionys, Eurer Beredsamkeit widersteht niemand auf Erden. – Doch", fügte er ernster hinzu, „doch, wen die Tugend selbst in Schutz nimmt, mag der nicht sicher sein vor jeder bösen Anklage, vor der *Chambre ardente* und allen Gerichtshöfen in der Welt!" – Die Scuderi fand nun Worte, die sich in den glühendsten Dank ergossen. Der König unterbrach sie, ihr ankündigend, daß in ihrem Hause sie selbst viel feurigerer Dank erwarte, als er von ihr fordern könne, denn wahrscheinlich umarme in diesem Augenblick der glückliche Olivier schon seine Madelon. „Bontems", so schloß der König, „Bontems soll Euch tausend Louis auszahlen, die gebt in meinem Namen der Kleinen als Brautschatz. Mag sie ihren Brusson, der solch ein Glück gar nicht verdient, heiraten, aber dann sollen beide fort aus Paris. Das ist mein Wille."

Die Martiniere kam der Scuderi entgegen mit raschen Schritten, hinter ihr her Baptiste, beide mit vor Freude glänzenden Gesichtern, beide jauchzend, schreiend: „Er ist hier – er ist frei! – o die lieben jungen Leute!" Das selige Paar stürzte der Scuderi zu Füßen. „O ich habe es ja gewußt, daß Ihr, Ihr allein mir den Gatten retten würdet", rief Madelon. „Ach der Glaube an Euch, meine Mutter, stand ja fest in meiner Seele", rief Olivier, und beide küßten der würdigen Dame die Hände und vergossen tausend heiße Tränen. Und dann umarmten sie sich wieder und beteuerten, daß die überirdische Seligkeit dieses Augenblicks alle namenlose Leiden der vergangenen Tage aufwiege; und schworen, nicht voneinander zu lassen bis in den Tod.

Nach wenigen Tagen wurden sie verbunden durch den Segen des Priesters. Wäre es auch nicht des Königs Wille gewesen, Brusson hätte doch nicht in Paris bleiben können, wo ihn alles an jene entsetzliche Zeit der Untaten Cardillacs erinnerte, wo irgendein Zufall das böse Geheimnis, nun noch mehreren Personen bekannt worden, feindselig enthüllen und sein friedliches Leben auf immer verstören konnte. Gleich nach der Hochzeit zog er, von den Segnungen der Scuderi begleitet, mit seinem jungen Weibe nach Genf. Reich ausgestattet durch Madelons Brautschatz, begabt mit seltner Geschicklichkeit in seinem Handwerk, mit jeder bürgerlichen Tugend, ward ihm dort ein glückliches, sorgenfreies Leben. Ihm wurden die Hoffnungen erfüllt, die den Vater getäuscht hatten bis in das Grab hinein.

Ein Jahr war vergangen seit der Abreise Brussons, als eine öffentliche Bekanntmachung erschien, gezeichnet von Harloy de Chauvalon, Erzbischof von Paris, und von dem Parlamentsadvokaten Pierre Arnaud d'Andilly, des Inhalts, daß ein reuiger Sünder unter dem Siegel der Beichte, der Kirche einen reichen geraubten Schatz an Juwelen und Geschmeide übergeben. Jeder, dem etwa bis zum Endc des Jahres 1680 vorzüglich durch mörderischen Anfall auf öffentlicher Straße ein Schmuck geraubt worden, solle sich bei d'Andilly melden, und werde, treffe die Beschreibung des ihm geraubten Schmucks mit irgendeinem vorgefundenen Kleinod genau überein, und finde sonst kein Zweifel gegen die Rechtmäßigkeit des Anspruchs statt, den Schmuck wiedererhalten. – Viele, die in Cardillacs Liste als nicht ermordet, sondern bloß durch einen Faustschlag betäubt aufgeführt waren, fanden sich nach und nach bei dem Parlamentsadvokaten ein, und erhielten zu ihrem nicht geringen Erstaunen das ihnen geraubte Geschmeide zurück. Das übrige fiel dem Schatz der Kirche zu St. Eustache anheim.

Sylvesters Erzählung erhielt den vollen Beifall der Freunde. Man nannte sie deshalb wahrhaft serapiontisch, weil sie auf geschichtlichen Grund gebaut, doch hinaufsteige ins Fantastische.

„Es ist", sprach Lothar, „unserm Sylvester in der Tat ein mißliches Wagestück gut genug gelungen. Für ein solches halte ich nämlich die Schilderung eines alten gelehrten Fräuleins, die in der Straße St. Honoré eine Art von *Bureau d'Esprit* aufgeschlagen, in das uns Sylvester blicken lassen. Unsere Schriftstellerinnen, denen ich übrigens, sind sie zu hohen Jahren gekommen, alle Liebenswürdigkeit, Würde und Anmut der alten Dame in der schwarzen Robe recht herzlich wünsche, würden gewiß mit dir, o mein Sylvester, hätten sie deine Geschichte angehört, zufrieden sein und dir auch allenfalls den etwas gräßlichen und grausigen Cardillac verzeihen, den du wahrscheinlich ganz und gar fantastischer Inspiration verdankest."

„Doch", nahm Ottmar das Wort, „doch erinnere ich mich

irgendwo von einem alten Schuster zu Venedig gelesen zu haben, den die ganze Stadt für einen fleißigen frommen Mann hielt und der der verruchteste Mörder und Räuber war. So wie Cardillac, schlich er sich zur Nachtzeit fort aus seiner Wohnung und hinein in die Paläste der Reichen. In der tiefsten Finsternis traf sein sicher geführter Dolchstoß den, den er berauben wollte, ins Herz, so daß er auf der Stelle lautlos niedersank. Vergebens blieb alles Mühen der schlausten und tätigsten Polizei, den Mörder, vor dem zuletzt ganz Venedig erbebte, zu erspähen, bis endlich ein Umstand die Aufmerksamkeit der Polizei erregte und den Verdacht auf den Schuster leitete. Der Schuster erkrankte nämlich und sonderbar schien es, daß solange er sein Lager nicht verlassen konnte, die Mordtaten aufhörten, sowie er gesundet, aber wieder begannen. Unter irgendeinem Vorwande warf man ihn ins Gefängnis und das Vermutete traf ein. Solange der Schuster verhaftet, blieben die Paläste sicher, sowie man ihn, da es an jedem Beweise seiner Untaten mangelte, losgelassen, fielen die unglücklichen Opfer verruchter Raubsucht aufs neue. Endlich erpreßte ihm die Folter das Geständnis und er wurde hingerichtet. Merkwürdig genug war es, daß er von dem geraubten Gut, das man unter dem Fußboden seines Zimmers fand, durchaus keinen Gebrauch gemacht hatte. Sehr naiv versicherte der Kerl, er habe dem Schutzpatron seines Handwerks, dem heiligen Rochus gelobt, nur ein gewisses rundes Sümmchen zusammenzurauben, dann aber einzuhalten, und schade sei es nur, daß man ihn ergriffen, ehe er es zu jenem Sümmchen gebracht."

„Von dem venezianischen Schuster", sprach Sylvester, „weiß ich nichts, soll ich euch aber treu und ehrlich die Quellen angeben, aus denen ich schöpfte, so muß ich euch sagen, daß die Worte der Scuderi: *Un amant qui craint etc.* wirklich von ihr und zwar beinahe auf denselben Anlaß, wie ich es erzählt, gesprochen worden sind. Auch ist die Sache mit dem Geschenk von Räuberhänden durchaus keine Geburt des von günstiger Luft befruchteten Dichters. Die Nachricht davon findet ihr in einem Buche, wo ihr sie gewiß nicht suchen würdet, nämlich in Wagenseils Chronik von Nürnberg. Der alte Herr erzählt nämlich von einem Besuch, den er während seines Aufenthalts in Paris bei dem Fräulein von Scuderi abgestattet, und ist es mir gelungen, das Fräulein würdig und anmutig darzustellen, so habe ich das lediglich der angenehmen Courtoisie zu verdanken, mit der Wagenseilius von der alten geistreichen Dame spricht."

„Wahrhaftig", rief Theodor lächelnd, „wahrhaftig, in einer Nürnberger Chronik das Fräulein von Scuderi anzutreffen, dazu gehört ein Dichterglück, wie es unserm Sylvester beschieden. Überleuchtet er uns heute nicht in seiner Zweiheit als Theaterdichter und Erzähler wie das Gestirn der Dioskuren?"

„Das ist", sprach Vinzenz, „das ist das, was ich eben impertinent finde. Der, der ein gutes Stück geschrieben, muß sich auch nicht noch herausnehmen wollen, gut zu erzählen."

„Seltsam", nahm Cyprian das Wort, „seltsam ist es aber doch, daß Schriftsteller, die lebendig erzählen, die Charakter und Situation gut zu halten wissen, oft an dem Dramatischen gänzlich scheitern."

„Sind", sprach Lothar, „sind die Bedingnisse des Dramas und der Erzählung aber nicht in ihren Grundelementen so voneinander verschieden, daß selbst der Versuch, den Stoff einer Erzählung zu einem Drama zu verarbeiten, oft mißlingt und mißlingen muß? – Ihr versteht mich, daß ich von der eigentlichen Erzählung spreche und alles Novellenartige ausschließe, das oft den Keim in sich trägt, aus dem das wahre Drama hervorsprießt, wie ein schöner herrlicher Baum."

„Was haltet", begann Vinzenz, „was haltet ihr von der angenehmen Idee, aus einem Schauspiel eine Erzählung zu machen? – Vor mehreren Jahren las ich Ifflands Jäger als Erzählung bearbeitet, und ihr könnt gar nicht glauben, wie ungemein allerliebst und rührend sich das Antonchen mit dem blanken Hirschfänger und das Riekchen mit dem verlornen Schuh ausnahmen. Sehr herrlich war es auch, daß der Verfasser oder Bearbeiter ganze Szenen beibehalten und nur das: ‚sprach er – erwiderte sie' – zwischen die verschiedenen Reden gesetzt hatte. Ich versichere euch, daß ich erst dann, als ich diese Erzählung gelesen, die wahrhafte poetische Schwärmerei, das Tiefgefühlte und großartig Rührende von Ifflands Jägern eingesehen. Nebenher ist mir aber auch die wissenschaftliche Tendenz dieses Dramas aufgegangen und ich kann es nicht tadeln, daß in jener Bibliothek unter der Rubrik: Forstwissenschaft, sich auch Ifflands Jäger befanden."

„Schweige", rief Lothar, „schweige Skurrilität, und gönne mit uns ein gütiges Ohr dem würdigen Serapions-Bruder, der, wie ich bemerke, soeben ein Manuskript aus der Tasche gezogen hat."

„Ich habe", sprach Theodor, „mich diesmal in ein anderes

Feld gewagt, und bitte im voraus um eure Nachsicht. Übrigens liegt meiner Erzählung eine wirkliche Begebenheit zum Grunde, die mir indessen durch kein Buch, sondern durch Tradition zugekommen."

Theodor las:

SPIELERGLÜCK

Mehr als jemals war im Sommer 18 . . Pyrmont besucht. Von Tage zu Tage mehrte sich der Zufluß vornehmer reicher Fremden und machte den Wetteifer der Spekulanten jeder Art rege. So kam es denn auch, daß die Unternehmer der Farobank dafür sorgten, ihr gleißendes Gold in größern Massen aufzuhäufen als sonst, damit die Lockspeise sich bewähre auch bei dem edelsten Wilde, das sie, gute geübte Jäger, anzukörnen gedachten.

Wer weiß es nicht, daß, zumal zur Badezeit an Badeörtern, wo jeder, aus seinem gewöhnlichen Verhältnis getreten, sich mit Vorbedacht hingibt freier Muße, sinnzerstreuendem Vergnügen, der anziehende Zauber des Spiels unwiderstehlich wird. Man sieht Personen, die sonst keine Karte anrühren, an der Bank als die eifrigsten Spieler, und überdem will es auch, wenigstens in der vornehmeren Welt, der gute Ton, daß man jeden Abend bei der Bank sich einfinde und einiges Geld verspiele.

Von diesem unwiderstehlichen Zauber, von dieser Regel des guten Tons schien allein ein junger deutscher Baron – wir wollen ihn Siegfried nennen – keine Notiz zu nehmen. Eilte alles an den Spieltisch, wurde ihm jedes Mittel, jede Aussicht sich geistreich zu unterhalten, wie er es liebte, abgeschnitten, so zog er es vor, entweder auf einsamen Spaziergängen sich dem Spiel seiner Fantasie zu überlassen, oder auf dem Zimmer dieses, jenes Buch zur Hand zu nehmen, ja wohl sich selbst im Dichten – Schriftstellen zu versuchen.

Siegfried war jung, unabhängig, reich, von edler Gestalt, anmutigem Wesen, und so konnte es nicht fehlen, daß man ihn hochschätzte, liebte, daß sein Glück bei den Weibern entschieden war. Aber auch in allem, was er nur beginnen, unternehmen mochte, schien ein besonderer Glücksstern über ihn zu walten. Man sprach von allerlei abenteuerlichen Liebeshändeln, die sich ihm aufgedrungen und die, so verderblich sie allem Anschein nach jedem andern gewesen sein würden, sich auf unglaubliche Weise leicht und glücklich auflösten. Vorzüglich pflegten aber die alten Herrn aus des Barons Bekanntschaft, wurde von ihm, von seinem Glück gesprochen, einer Geschichte von einer Uhr zu erwähnen, die sich in seinen ersten Jünglingsjahren zugetragen. Es begab sich nämlich, daß Siegfried, als er noch unter Vormundschaft stand, auf einer Reise ganz unerwartet in solch dringende Geldnot geriet, daß er, um nur weiter fortzukommen, seine goldne mit Brillanten reichbesetzte Uhr verkaufen mußte. Er war darauf gefaßt, die kostbare Uhr um geringes Geld zu verschleudern; da es sich aber traf, daß in demselben Hotel, wo er eingekehrt, gerade ein junger Fürst solch ein Kleinod suchte, so erhielt er mehr, als der eigentliche Wert betrug. Über ein Jahr war vergangen, Siegfried schon sein eigner Herr worden, als er an einem andern Ort in den öffentlichen Blättern las, daß eine Uhr ausgespielt werden solle. Er nahm ein Los, das eine Kleinigkeit kostete und – gewann die goldne mit Brillanten besetzte Uhr, die er verkauft. Nicht lange darauf vertauschte er diese Uhr gegen einen kostbaren Ring. Er kam bei dem Fürsten von G. auf kurze Zeit in Dienste und dieser schickte ihm bei seiner Entlassung als ein Andenken seines Wohlwollens – dieselbe goldne mit Brillanten besetzte Uhr mit reicher Kette!

Von dieser Geschichte kam man denn auf Siegfrieds Eigensinn, durchaus keine Karte anrühren zu wollen, wozu er bei seinem entschiedenen Glück um so mehr Anlaß habe, und war bald darüber einig, daß der Baron bei seinen übrigen glänzenden Eigenschaften ein Knicker sei, viel zu ängstlich, viel zu engherzig, um sich auch nur dem geringsten Verlust auszusetzen. Darauf, daß das Betragen des Barons jedem Verdacht des Geizes ganz entschieden widersprach, wurde nicht geachtet und wie es denn nun zu geschehen pflegt, daß die mehrsten recht darauf erpicht sind, dem Ruhm irgendeines hochbegabten Mannes ein bedenkliches Aber hinzufügen zu können und dies Aber irgendwo aufzufinden wissen, sollte es auch in ihrer eignen Einbildung ruhen, so war man mit jener Deutung von Siegfrieds Widerwillen gegen das Spiel gar höchlich zufrieden.

Siegfried erfuhr sehr bald, was man von ihm behauptete, und da er, hochherzig und liberal wie er war, nichts mehr haßte, verabscheute, als Knickerei, so beschloß er, um die Verleumder zu schlagen, sosehr ihn auch das Spiel anekeln mochte, sich mit ein paar hundert Louisdor und auch wohl mehr loszukaufen von dem schlimmen Verdacht. – Er fand sich bei der Bank ein mit dem festen Vorsatz, die bedeutende Summe, die er eingesteckt, zu verlieren; aber auch im Spiel wurde ihm das Glück, das ihm in allem, was er unternahm, zur Seite stand, nicht untreu. Jede Karte, die er wählte, gewann. Die kabbalistischen Berechnungen alter geübter Spieler scheiterten an dem Spiel des Barons. Er mochte die Karten wechseln, er mochte dieselbe fortsetzen, gleichviel, immer war sein der Gewinn. Der Baron gab das seltene Schauspiel eines Ponteurs, der darüber außer sich geraten will, weil die Karten ihm zuschlagen, und so nahe die Erklärung dieses Benehmens lag, schaute man sich doch an mit bedenklichen Gesichtern und gab nicht undeutlich zu verstehen, der Baron könne, von dem Hange zum Sonderbaren fortgerissen, zuletzt in einigen Wahnsinn verfallen, denn wahnsinnig müßte doch der Spieler sein, der sich über sein Glück entsetze.

Eben der Umstand, daß er eine bedeutende Summe gewonnen, nötigte den Baron fortzuspielen und so, da aller Wahrscheinlichkeit gemäß dem bedeutenden Gewinn ein noch bedeutenderer Verlust folgen mußte, das durchzusetzen, was er sich vorgenommen. Aber keinesweges traf das ein, was man vermuten konnte, denn sich ganz gleich blieb das entschiedene Glück des Barons.

Ohne daß er es selbst bemerkte, regte sich in dem Innern des Barons die Lust an dem Farospiel, das in seiner Einfachheit das verhängnisvollste ist, mehr und mehr auf.

Er war nicht mehr unzufrieden mit seinem Glück, das Spiel fesselte seine Aufmerksamkeit und hielt ihn fest ganze Nächte hindurch, so daß er, da nicht der Gewinn, sondern recht eigentlich das Spiel ihn anzog, notgedrungen an den besondern Zauber, von dem sonst seine Freunde gesprochen und den er durchaus nicht statuieren wollen, glauben mußte.

Als er in einer Nacht, da der Bankier gerade eine Taille geendet, die Augen aufschlug, gewahrte er einen ältlichen Mann, der sich ihm gegenüber hingestellt hatte und den wehmütig ernsten Blick fest und unverwandt auf ihn richtete. Und jedesmal, wenn der Baron während des Spiels aufschaute, traf sein Blick das düstre Auge des Fremden, so daß er sich eines drükkenden unheimlichen Gefühls nicht erwehren konnte. Erst als das Spiel beendet, verließ der Fremde den Saal. In der folgenden Nacht stand er wieder dem Baron gegenüber und starrte ihn an unverwandt mit düstren gespenstischen Augen. Noch hielt der Baron an sich; als aber in der dritten Nacht der Fremde sich wieder eingefunden und zehrendes Feuer im Auge den

Baron anstarrte, fuhr dieser los: „Mein Herr, ich muß Sie bitten, sich einen andern Platz zu wählen. Sie genieren mein Spiel."

Der Fremde verbeugte sich schmerzlich lächelnd und verließ, ohne ein Wort zu sagen, den Spieltisch und den Saal.

Und in der folgenden Nacht stand doch der Fremde wieder dem Baron gegenüber, mit dem düster glühenden Blick ihn durchbohrend.

Da fuhr noch zorniger als in der vorigen Nacht der Baron auf: „Mein Herr, wenn es Ihnen Spaß macht, mich anzugaffen, so bitte ich eine andere Zeit und einen andern Ort dazu zu wählen, in diesem Augenblick aber sich –"

Eine Bewegung mit der Hand nach der Türe diente statt des harten Worts, das der Baron eben ausstoßen wollte.

Und wie in der vorigen Nacht, mit demselben schmerzlichen Lächeln sich leicht verbeugend, verließ der Fremde den Saal.

Vom Spiel, vom Wein, den er genossen, ja selbst von dem Auftritt mit dem Fremden aufgeregt, konnte Siegfried nicht schlafen. Der Morgen dämmerte schon herauf, als die ganze Gestalt des Fremden vor seine Augen trat. Er erblickte das bedeutende scharf gezeichnete gramverstörte Gesicht, die tiefliegenden düstern Augen, die ihn anstarrten, er bemerkte, wie trotz der ärmlichen Kleidung der edle Anstand den Mann von feiner Erziehung verriet. – Und nun die Art, wie der Fremde mit schmerzhafter Resignation die harten Worte aufnahm und sich, das bitterste Gefühl mit Gewalt niederkämpfend, aus dem Saal entfernte! – „Nein", rief Siegfried, „ich tat ihm Unrecht – schweres Unrecht! – Liegt es denn in meinem Wesen, wie ein roher Bursche in gemeiner Unart aufzubrausen, Menschen zu beleidigen ohne den mindesten Anlaß?" – Der Baron kam dahin, sich zu überzeugen, daß der Mann ihn so angestarrt habe in dem erdrückendsten Gefühl des schneidenden Kontrastes, daß in dem Augenblick, als er vielleicht mit der bittersten Not kämpfe, er, der Baron, im übermütigen Spiel Gold über Gold aufgehäuft. Er beschloß, gleich den andern Morgen den Fremden aufzusuchen und die Sache auszugleichen.

Der Zufall fügte es, daß gerade die erste Person, der der Baron in der Allee lustwandelnd begegnete, eben der Fremde war.

Der Baron redete ihn an, entschuldigte eindringlich sein Benehmen in der gestrigen Nacht und schloß damit, den Fremden in aller Form um Verzeihung zu bitten. Der Fremde meinte, er habe gar nichts zu verzeihen, da man dem im eifrigen Spiel begriffenen Spieler vieles zugute halten müsse, überdem er aber allein sich auch dadurch, daß er hartnäckig auf dem Platze geblieben, wo er den Baron genieren müssen, die harten Worte zugezogen.

Der Baron ging weiter, er sprach davon, daß es oft im Leben augenblickliche Verlegenheiten gäbe, die den Mann von Bildung auf das empfindlichste niederdrückten, und gab nicht undeutlich zu verstehen, daß er bereit sei, das Geld, das er gewonnen oder auch noch mehr, herzugeben, wenn dadurch vielleicht dem Fremden geholfen werden könnte.

„Mein Herr", erwiderte der Fremde, „Sie halten mich für bedürftig, das bin ich gerade nicht, denn mehr arm als reich habe ich doch so viel als meine einfache Weise zu leben fordert. Zudem werden Sie selbst erachten, daß ich, glauben Sie mich beleidigt zu haben und wollen es durch ein gut Stück Geld abmachen, dies unmöglich als ein Mann von Ehre würde annehmen können, wäre ich auch nicht Kavalier."

„Ich glaube", erwiderte der Baron betreten, „ich glaube Sie zu verstehen, und bin bereit, Ihnen Genugtuung zu geben, wie Sie es verlangen."

„O Himmel", fuhr der Fremde fort, „o Himmel, wie ungleich würde der Zweikampf zwischen uns beiden sein! Ich bin überzeugt, daß Sie ebenso wie ich den Zweikampf nicht für eine kindische Raserei halten und keinesweges glauben, daß ein paar Tropfen Blut, vielleicht dem geritzten Finger entquollen, die befleckte Ehre rein waschen können. Es gibt mancherlei Fälle, die es zweien Menschen unmöglich machen können, auf dieser Erde nebeneinander zu existieren, und lebe der eine am Kaukasus und der andere an der Tiber, es gibt keine Trennung, solange der Gedanke die Existenz des Gehaßten erreicht. Hier wird der Zweikampf, welcher darüber entscheidet, wer dem andern den Platz auf dieser Erde räumen soll, notwendig. – Zwischen uns beiden würde, wie ich eben gesagt, der Zweikampf ungleich sein, da mein Leben keinesweges so hoch zu stellen als das Ihrige. Stoße ich Sie nieder, so töte ich eine ganze Welt der schönsten Hoffnungen, bleibe ich, so haben Sie ein kümmerliches von den bittersten qualvollsten Erinnerungen verstörtes Dasein geendet! – Doch die Hauptsache bleibt, daß ich mich durchaus nicht für beleidigt halte. – Sie hießen mich gehen und ich ging!"

Die letzten Worte sprach der Fremde mit einem Ton, der die innere Kränkung verriet. Grund genug für den Baron, nochmals sich vorzüglich damit zu entschuldigen, daß, selbst wisse er nicht warum, ihm der Blick des Fremden bis ins Innerste gedrungen sei, daß er ihn zuletzt gar nicht habe ertragen können.

„Möchte", sprach der Fremde, „möchte doch mein Blick in Ihrem Innersten, drang er wirklich hinein, den Gedanken an die bedrohliche Gefahr aufgeregt haben, in der Sie schweben. Mit frohem Mute, mit jugendlicher Unbefangenheit stehen Sie am Rande des Abgrundes, ein einziger Stoß und Sie stürzen rettungslos hinab. – Mit einem Wort – Sie sind im Begriff, ein leidenschaftlicher Spieler zu werden und sich zu verderben."

Der Baron versicherte, daß der Fremde sich ganz und gar irre. Er erzählte umständlich, wie er an den Spieltisch geraten und behauptete, daß ihm der eigentliche Spielsinn ganz abgehe, daß er gerade den Verlust von ein paar hundert Louisdor wünsche, und wenn er dies erreicht, aufhören werde zu pontieren. Bis jetzt habe er aber das entschiedenste Glück gehabt.

„Ach", rief der Fremde, „ach eben dieses Glück ist die entsetzlichste hämischste Verlockung der feindlichen Macht! – eben dieses Glück, womit Sie spielen, Baron! die ganze Art, wie Sie zum Spiel gekommen sind, ja selbst Ihr ganzes Wesen beim Spiel, welches nur zu deutlich verrät, wie immer mehr und mehr Ihr Interesse daran steigt – alles – alles erinnert mich nur zu lebhaft an das entsetzliche Schicksal eines Unglücklichen, welcher, Ihnen in vieler Hinsicht ähnlich, ebenso begann als Sie. Deshalb geschah es, daß ich mein Auge nicht verwenden konnte von Ihnen, daß ich mich kaum zurückzuhalten vermochte, mit Worten das zu sagen, was mein Blick Sie erraten lassen sollte! – ‚O sieh doch nur die Dämonen ihre Krallenfäuste ausstrecken, dich hinabzureißen in den Orkus!' – So hätt ich rufen mögen. – Ich wünschte Ihre Bekanntschaft zu machen, das ist mir wenigstens gelungen. – Erfahren Sie die Geschichte jenes Unglücklichen, dessen ich erwähnte, vielleicht überzeugen Sie sich dann, daß es kein leeres Hirngespinst ist, wenn ich Sie in der dringendsten Gefahr erblicke und Sie warne."

Beide, der Fremde und der Baron, nahmen Platz auf einer einsam stehenden Bank, dann begann der Fremde in folgender Art.

„Dieselben glänzenden Eigenschaften, die Sie, Herr Baron! auszeichnen, erwarben dem Chevalier Menars die Achtung und Bewunderung der Männer, machten ihn zum Liebling der

Weiber. Nur, was den Reichtum betrifft, hatte das Glück ihn nicht so begünstigt wie Sie. Er war beinahe dürftig und nur durch die geregeltste Lebensart wurde es ihm möglich, mit dem Anstande zu erscheinen, wie es seine Stellung als Abkömmling einer bedeutenden Familie erforderte. Schon deshalb, da ihm der kleinste Verlust empfindlich sein, seine ganze Lebensweise verstören mußte, durfte er sich auf kein Spiel einlassen, zudem fehlte es ihm auch an allem Sinn dafür, und er brachte daher, wenn er das Spiel vermied, kein Opfer. Sonst gelang ihm alles, was er unternahm, auf besondere Weise, so daß das Glück des Chevalier Menars zum Sprüchwort wurde.

Wider seine Gewohnheit hatte er sich in einer Nacht überreden lassen, ein Spielhaus zu besuchen. Die Freunde, die mit ihm gegangen, waren bald ins Spiel verwickelt.

Ohne Teilnahme, in ganz andere Gedanken vertieft, schritt der Chevalier bald den Saal auf und ab, starrte bald hin auf den Spieltisch, wo dem Bankier von allen Seiten Gold über Gold zuströmte. Da gewahrte plötzlich ein alter Obrister den Chevalier und rief laut: ‚Alle Teufel! Da ist der Chevalier Menars unter uns und sein Glück, und wir können nichts gewinnen, da er sich weder für den Bankier noch für die Ponteurs erklärt hat, aber das soll nicht länger so bleiben, er soll gleich für mich pontieren!'

Der Chevalier mochte sich mit seiner Ungeschicklichkeit, mit seinem Mangel an jeder Erfahrung, entschuldigen wie er wollte, der Obrist ließ nicht nach, der Chevalier mußte heran an den Spieltisch.

Gerade wie Ihnen, Herr Baron, ging es dem Chevalier, jede Karte schlug ihm zu, so daß er bald eine bedeutende Summe für den Obristen gewonnen hatte, der sich gar nicht genug über den herrlichen Einfall freuen konnte, daß er das bewährte Glück des Chevalier Menars in Anspruch genommen.

Auf den Chevalier selbst machte sein Glück, das alle übrigen in Erstaunen setzte, nicht den mindesten Eindruck; ja er wußte selbst nicht wie es geschah, daß sein Widerwillen gegen das Spiel sich noch vermehrte, so daß er am andern Morgen, als er die Folgen der mit Anstrengung durchwachten Nacht in der geistigen und körperlichen Erschlaffung fühlte, sich auf das ernstlichste vornahm, unter keiner Bedingung jemals wieder ein Spielhaus zu besuchen.

Noch bestärkt wurde dieser Vorsatz durch das Betragen des alten Obristen, der, sowie er nur eine Karte in die Hand nahm, das entschiedenste Unglück hatte, und dies Unglück nun in seltsamer Betörtheit dem Chevalier auf den Hals schob. Auf zudringliche Weise verlangte er, der Chevalier solle für ihn pontieren oder ihm, wenn er spiele, wenigstens zur Seite stehen, um durch seine Gegenwart den bösen Dämon, der ihm die Karten in die Hand schob, die niemals trafen, wegzubannen. – Man weiß, daß nirgends mehr abgeschmackter Aberglaube herrscht als unter den Spielern. – Nur mit dem größten Ernst, ja mit der Erklärung, daß er sich lieber mit ihm schlagen als für ihn spielen wollte, konnte sich der Chevalier den Obristen, der eben kein Freund von Duellen war, vom Leibe halten. – Der Chevalier verwünschte seine Nachgiebigkeit gegen den alten Toren.

Übrigens konnt es nicht fehlen, daß die Geschichte von dem wunderbar glücklichen Spiel des Chevaliers von Mund zu Mund lief, und daß noch allerlei rätselhafte geheimnisvolle Umstände hinzugedichtet wurden, die den Chevalier als einen Mann, der mit den höheren Mächten im Bunde, darstellten. Daß aber der Chevalier seines Glücks unerachtet keine Karte berührte, mußte den höchsten Begriff von der Festigkeit seines Charakters geben, und die Achtung, in der er stand, noch um vieles vermehren.

Ein Jahr mochte vergangen sein, als der Chevalier durch das unerwartete Ausbleiben der kleinen Summe, von der er seinen Lebensunterhalt bestritt, in die drückendste peinlichste Verlegenheit gesetzt wurde. Er war genötigt, sich seinem treuesten Freunde zu entdecken, der ohne Anstand ihm mit dem, was er bedurfte, aushalf, zugleich ihn aber den ärgsten Sonderling schalt, den es wohl jemals gegeben.

‚Das Schicksal', sprach er, ‚gibt uns Winke, auf welchem Wege wir unser Heil suchen sollen und finden, nur in unsrer Indolenz liegt es, wenn wir diese Winke nicht beachten, nicht verstehen. Dir hat die höhere Macht, die über uns gebietet, sehr deutlich ins Ohr geraunt: ›Willst du Geld und Gut erwerben, so geh hin und spiele, sonst bleibst du arm, dürftig, abhängig immerdar.‹'

Nun erst trat der Gedanke, wie wunderbar das Glück ihn an der Farobank begünstigt hatte, lebendig vor seine Seele und träumend und wachend sah er Karten, hörte er das eintönige – *gagne – perd* des Bankiers, das Klirren der Goldstücke!

‚Es ist wahr', sprach er zu sich selbst, ‚eine einzige Nacht, wie jene, reißt mich aus der Not, überhebt mich der drückenden Verlegenheit, meinen Freunden beschwerlich zu fallen; es ist Pflicht, dem Winke des Schicksals zu folgen.'

Eben der Freund, der ihm zum Spiel geraten, begleitete ihn ins Spielhaus, gab ihm, damit er sorglos das Spiel beginnen könne, noch zwanzig Louisdor.

Hatte der Chevalier damals, als er für den alten Obristen pontierte, glänzend gespielt, so war dies jetzt doppelt der Fall. Blindlings, ohne Wahl zog er die Karten, die er setzte, aber nicht er, die unsichtbare Hand der höhern Macht, die mit dem Zufall vertraut oder vielmehr das selbst ist, was wir Zufall nennen, schien sein Spiel zu ordnen. Als das Spiel geendet, hatte er tausend Louisdor gewonnen.

In einer Art von Betäubung erwachte er am andern Morgen. Die gewonnenen Goldstücke lagen aufgeschüttet neben ihm auf dem Tische. Er glaubte im ersten Moment zu träumen, er rieb sich die Augen, er erfaßte den Tisch, rückte ihn näher heran. Als er sich nun aber besann, was geschehen, als er in den Goldstücken wühlte, als er sie wohlgefällig zählte und wieder durchzählte, da ging zum erstenmal wie ein verderblicher Gifthauch die Lust an dem schnöden Mammon durch sein ganzes Wesen, da war es geschehen um die Reinheit der Gesinnung, die er so lange bewahrt!

Er konnte kaum die Nacht erwarten, um an den Spieltisch zu kommen. Sein Glück blieb sich gleich, so daß er in wenigen Wochen, während welcher er beinahe jede Nacht gespielt, eine bedeutende Summe gewonnen hatte.

Es gibt zweierlei Arten von Spieler. Manchen gewährt, ohne Rücksicht auf Gewinn, das Spiel selbst als Spiel eine unbeschreibliche geheimnisvolle Lust. Die sonderbaren Verkettungen des Zufalls wechseln in dem seltsamsten Spiel, das Regiment der höhern Macht tritt klarer hervor, und eben dieses ist es, was unsern Geist anregt, die Fittiche zu rühren und zu versuchen, ob er sich nicht hineinschwingen kann in das dunkle Reich, in die verhängnisvolle Werkstatt jener Macht, um ihre Arbeiten zu belauschen. – Ich habe einen Mann gekannt, der tage-, nächtelang einsam in seinem Zimmer Bank machte und gegen sich selbst pontierte, der war meines Bedünkens ein echter Spieler. – Andere haben nur den Gewinst vor Augen und betrachten das Spiel als ein Mittel, sich schnell zu bereichern. Zu dieser Klasse schlug sich der Chevalier und bewährte dadurch den Satz, daß der eigentliche tiefere Spielsinn in der individuellen Natur liegen, angeboren sein muß.

Eben daher war ihm der Kreis, in dem sich der Ponteur bewegt, bald zu enge. Mit der sehr beträchtlichen Summe, die er sich erspielt, etablierte er eine Bank, und auch hier begünstigte ihn das Glück dergestalt, daß in kurzer Zeit seine Bank die reichste war in ganz Paris. Wie es in der Natur der Sache liegt, strömten ihm, dem reichsten, glücklichsten Bankier, auch die mehrsten Spieler zu.

Das wilde wüste Leben des Spielers vertilgte bald alle die geistigen und körperlichen Vorzüge, die dem Chevalier sonst Liebe und Achtung erworben hatten. Er hörte auf ein treuer Freund, ein unbefangener heitrer Gesellschafter, ein ritterlich galanter Verehrer der Damen zu sein. Erloschen war sein Sinn für Wissenschaft und Kunst, dahin all sein Streben, in tüchtiger Erkenntnis vorzuschreiten. Auf seinem todbleichen Gesicht, in seinen düstern, dunkles Feuer sprühenden Augen lag der volle Ausdruck der verderblichsten Leidenschaft, die ihn umstrickt hielt – Nicht Spielsucht, nein, der gehässigste Geldgeiz war es, den der Satan selbst in seinem Innern entzündet! – Mit einem Wort, es war der vollendetste Bankier, wie es nur einen geben kann!

In einer Nacht war dem Chevalier, ohne daß er gerade bedeutenden Verlust erlitten, doch das Glück weniger günstig gewesen als sonst. Da trat ein kleiner, alter, dürrer Mann, dürftig gekleidet, von beinahe garstigem Ansehen an den Spieltisch, nahm mit zitternder Hand eine Karte und besetzte sie mit einem Goldstück. Mehrere von den Spielern blickten den Alten an mit tiefem Erstaunen, behandelten ihn aber dann mit auffallender Verachtung, ohne daß der Alte auch nur eine Miene verzog, viel weniger mit einem Wort sich darüber beschwerte.

Der Alte verlor – verlor einen Satz nach dem andern, aber je höher sein Verlust stieg, desto mehr freuten sich die andern Spieler. Ja, als der Alte, der seine Sätze immerfort doublierte, einmal fünfhundert Louisdor auf eine Karte gesetzt und diese in demselben Augenblick umschlug, rief einer laut lachend: ‚Glück zu, Signor Vertua, Glück zu, verliert den Mut nicht, setzt immerhin weiter fort, Ihr seht mir so aus, als würdet Ihr doch noch am Ende die Bank sprengen durch ungeheuern Gewinst!‘

Der Alte warf einen Basiliskenblick auf den Spötter und rannte schnell von dannen, aber nur um in einer halben Stunde wiederzukehren, die Taschen mit Gold gefüllt. In der letzten Taille mußte indessen der Alte aufhören, da er wiederum alles Gold verspielt, das er zur Stelle gebracht.

Dem Chevalier, der, aller Verruchtheit seines Treibens unerachtet, doch auf einen gewissen Anstand hielt, der bei seiner

Bank beobachtet werden mußte, hatte der Hohn, die Verachtung, womit man den Alten behandelt, im höchsten Grade mißfallen. Grund genug nach beendetem Spiel, als der Alte sich entfernt hatte, darüber jenen Spötter sowie ein paar andere Spieler, deren verächtliches Betragen gegen den Alten am mehrsten aufgefallen und die vom Chevalier dazu aufgefordert, noch dageblieben, sehr ernstlich zur Rede zu stellen.

‚Ei', rief der eine, ‚Ihr kennt den alten Francesco Vertua nicht, Chevalier! sonst würdet Ihr Euch über uns und unser Betragen gar nicht beklagen, es vielmehr ganz und gar gutheißen. Erfahrt, daß dieser Vertua, Neapolitaner von Geburt, seit funfzehn Jahren in Paris, der niedrigste, schmutzigste, bösartigste Geizhals und Wucherer ist, den es geben mag. Jedes menschliche Gefühl ist ihm fremd, er könnte seinen eignen Bruder im Todeskrampf sich zu seinen Füßen krümmen sehen und vergebens würd es bleiben, ihm, wenn auch dadurch der Bruder gerettet werden könnte, auch nur einen einzigen Louisdor entlocken zu wollen. Die Flüche und Verwünschungen einer Menge Menschen, ja ganzer Familien, die durch seine satanischen Spekulationen ins tiefste Verderben gestürzt wurden, lasten schwer auf ihm. Er ist bitter gehaßt von allen, die ihn kennen, jeder wünscht, daß die Rache für alles Böse, das er tat, ihn erfassen und sein schuldbeflecktes Leben enden möge. Gespielt hat er, wenigstens solange er in Paris ist niemals und Ihr dürft Euch nach alledem über das tiefe Erstaunen gar nicht verwundern, in das wir gerieten, als der alte Geizhals an den Spieltisch trat. Ebenso mußten wir uns wohl über seinen bedeutenden Verlust freuen, denn arg, ganz arg würde es doch gewesen sein, wenn das Glück den Bösewicht begünstigt hätte. Es ist nur zu gewiß, daß der Reichtum Eurer Bank, Chevalier! den alten Toren verblendet hat. Er gedachte *Euch* zu rupfen und verlor selbst die Federn. Unbegreiflich bleibt es mir aber doch, wie Vertua, dem eigentlichen Charakter des Geizhalses entgegen, sich entschließen konnte zu solch hohem Spiel. Nun! er wird wohl nicht wiederkommen, wir sind ihn los!'

Diese Vermutung traf jedoch keinesweges ein, denn schon in der folgenden Nacht stand Vertua wiederum an der Bank des Chevaliers, und setzte und verlor viel bedeutender als gestern. Dabei blieb er ruhig, ja er lächelte zuweilen mit einer bittern Ironie, als wisse er im voraus, wie bald sich alles ganz anders begeben würde. Aber wie eine Lawine wuchs schneller und schneller in jeder der folgenden Nächte der Verlust des

Alten, so daß man zuletzt nachrechnen wollte, er habe an dreißigtausend Louisdor zur Bank bezahlt. Da kam er einst, als schon längst das Spiel begonnen, totenbleich mit verstörtem Blick in den Saal und stellte sich fern von dem Spieltisch hin, das Auge starr auf die Karten gerichtet, die der Chevalier abzog. Endlich als der Chevalier die Karten gemischt hatte, abheben ließ und eben die Taille beginnen wollte, rief der Alte mit kreischendem Ton: ‚Halt!' daß alle beinahe entsetzt sich umschauten. Da drängte sich der Alte durch bis dicht an den Chevalier hinan und sprach ihm mit dumpfer Stimme ins Ohr: ‚Chevalier! mein Haus in der Straße St. Honoré nebst der ganzen Einrichtung und meiner Habe an Silber, Gold und Juwelen ist geschätzt auf achtzigtausend Franken, wollt Ihr den Satz halten?' ‚Gut', erwiderte der Chevalier kalt, ohne sich umzusehen nach dem Alten, und begann die Taille.

‚Die Dame', sprach der Alte und in dem nächsten Abzug hatte die Dame verloren! – Der Alte prallte zurück und lehnte sich an die Wand regungs- und bewegungslos, der starren Bildsäule ähnlich. Niemand kümmerte sich weiter um ihn.

Das Spiel war geendet, die Spieler verloren sich, der Chevalier packte mit seinen Croupiers das gewonnene Gold in die Kassette; da wankte wie ein Gespenst der alte Vertua aus dem Winkel hervor auf den Chevalier zu und sprach mit hohler dumpfer Stimme: ‚Noch ein Wort, Chevalier! ein einziges Wort!'

‚Nun was gibt's?' erwiderte der Chevalier, indem er den Schlüssel abzog von der Kassette und dann den Alten verächtlich maß von Kopf bis zu Fuß.

‚Mein ganzes Vermögen', fuhr der Alte fort, ‚verlor ich an Eure Bank, Chevalier, nichts, nichts blieb mir übrig, ich weiß nicht, wo ich morgen mein Haupt hinlegen, wovon ich meinen Hunger stillen soll. Zu Euch, Chevalier, nehme ich meine Zuflucht. Borgt mir von der Summe, die Ihr von mir gewonnen, den zehnten Teil, damit ich mein Geschäft wieder beginne und mich emporschwinge aus der tiefsten Not.'

‚Wo denkt Ihr hin', erwiderte der Chevalier, ‚wo denkt Ihr hin, Signor Vertua, wißt Ihr nicht, daß ein Bankier niemals Geld wegborgen darf von seinem Gewinst? Das läuft gegen die alte Regel, von der ich nicht abweiche.'

‚Ihr habt recht', sprach Vertua weiter, ‚Ihr habt recht, Chevalier, meine Forderung war unsinnig – übertrieben! – den zehnten Teil! – nein! den zwanzigsten Teil borgt mir!' – ‚Ich sage Euch ja', antwortete der Chevalier verdrießlich, ,daß ich von meinem Gewinst durchaus nichts verborge!'

,Es ist wahr', sprach Vertua, indem sein Antlitz immer mehr erbleichte, immer stierer und starrer sein Blick wurde, ,es ist wahr, Ihr dürft nichts verborgen – ich tat es ja auch sonst nicht! – Aber dem Bettler gebt ein Almosen – gebt ihm von dem Reichtum, den Euch heute das blinde Glück zuwarf, hundert Louisdor.'

,Nun in Wahrheit', fuhr der Chevalier zornig auf, ,Ihr versteht es, die Leute zu quälen, Signor Vertua! Ich sage Euch, nicht hundert, nicht funfzig – nicht zwanzig – nicht einen einzigen Louisdor erhaltet Ihr von mir. Rasend müßt ich sein, Euch auch nur im mindesten Vorschub zu leisten, damit Ihr Euer schändliches Gewerbe wieder von neuem beginnen könntet. Das Schicksal hat Euch niedergetreten in den Staub wie einen giftigen Wurm, und es wäre ruchlos, Euch wieder emporzurichten. Geht hin und verderbt, wie Ihr es verdient!'

Beide Hände vors Gesicht gedrückt, sank mit einem dumpfen Seufzer Vertua zusammen. Der Chevalier befahl den Bedienten, die Kassette in den Wagen hinabzubringen und rief dann mit starker Stimme: ,Wann übergebt Ihr mir Euer Haus, Eure Effekten, Signor Vertua?'

Da raffte sich Vertua auf vom Boden und sprach mit fester Stimme: ,Jetzt gleich – in diesem Augenblick, Chevalier! kommt mit mir!'

,Gut', erwiderte der Chevalier, ,Ihr könnt mit mir fahren nach Eurem Hause, das Ihr dann am Morgen auf immer verlassen möget.'

Den ganzen Weg über sprach keiner, weder Vertua noch der Chevalier, ein einziges Wort. – Vor dem Hause in der Straße St. Honoré angekommen, zog Vertua die Schelle. Ein altes Mütterchen öffnete und rief, als sie Vertua gewahrte: ,O Heiland der Welt, seid Ihr es endlich, Signor Vertua! Halb tot hat sich Angela geängstet Euerthalben!'

,Schweige', erwiderte Vertua, ,gebe der Himmel, daß Angela die unglückliche Glocke nicht gehört hat! Sie soll nicht wissen, daß ich gekommen bin.'

Und damit nahm er der ganz versteinerten Alten den Leuchter mit den brennenden Kerzen aus der Hand und leuchtete dem Chevalier voraus ins Zimmer.

,Ich bin', sprach Vertua, ,auf alles gefaßt. Ihr haßt, Ihr verachtet mich, Chevalier! Ihr verderbt mich, Euch und andern zur Lust, aber Ihr kennt mich nicht. Vernehmt denn, daß ich ehemals ein Spieler war wie Ihr, daß mir das launenhafte Glück ebenso günstig war als Euch, daß ich halb Europa durchreiste, überall verweilte, wo hohes Spiel, die Hoffnung großen Gewinstes mich anlockte, daß sich das Gold in meiner Bank unaufhörlich häufte wie in der Eurigen. Ich hatte ein schönes treues Weib, die ich vernachlässigte, die elend war mitten im glänzendsten Reichtum. Da begab es sich, daß, als ich einmal in Genua meine Bank aufgeschlagen, ein junger Römer sein ganzes reiches Erbe an meine Bank verspielte. So wie ich heute Euch, bat er mich, ihm Geld zu leihen, um wenigstens nach Rom zurückreisen zu können. Ich schlug es ihm mit Hohngelächter ab und er stieß mir in der wahnsinnigen Wut der Verzweiflung das Stilett, welches er bei sich trug, tief in die Brust. Mit Mühe gelang es den Ärzten, mich zu retten, aber mein Krankenlager war langwierig und schmerzhaft. Da pflegte mich mein Weib, tröstete mich, hielt mich aufrecht, wenn ich erliegen wollte der Qual, und mit der Genesung dämmerte ein Gefühl in mir auf und wurde mächtiger und mächtiger, das ich noch nie gekannt. Aller menschlichen Regung wird entfremdet der Spieler, so kam es, daß ich nicht wußte, was Liebe, treue Anhänglichkeit eines Weibes heißt. Tief in der Seele brannte es mir, was mein undankbares Herz gegen die Gattin verschuldet und welchem frevelichen Beginnen ich sie geopfert. Wie quälende Geister der Rache erschienen mir alle die, deren Lebensglück, deren ganze Existenz ich mit verruchter Gleichgültigkeit gemordet, und ich hörte ihre dumpfen heisern Grabesstimmen, die mir vorwarfen alle Schuld, alle Verbrechen, deren Keim ich gepflanzt! Nur mein Weib vermochte den namenlosen Jammer, das Entsetzen zu bannen, das mich dann erfaßte! – Ein Gelübde tat ich, nie mehr eine Karte zu berühren. Ich zog mich zurück, ich riß mich los von den Banden, die mich festhielten, ich widerstand den Lockungen meiner Croupiers, die mich und mein Glück nicht entbehren wollten. Ein kleines Landhaus bei Rom, das ich erstand, war der Ort, wohin ich, als ich vollkommen genesen, hinflüchtete mit meinem Weibe. Ach! nur ein einziges Jahr wurde mir eine Ruhe, ein Glück, eine Zufriedenheit zuteil, die ich nie geahnet! Mein Weib gebar mir eine Tochter, und starb wenige Wochen darauf. Ich war in Verzweiflung, ich klagte den Himmel an und verwünschte dann wieder mich selbst, mein verruchtes Leben, das die ewige Macht rächte, da sie mir mein Weib nahm, das mich vom Verderben gerettet, das einzige Wesen, das mir Trost gab und Hoffnung. Wie den Verbrecher, der das Grauen der Einsamkeit fürchtet, trieb es mich fort von meinem Landhause hieher nach Paris. Angela blühte auf, das holde Ebenbild ihrer Mutter, an ihr hing mein ganzes Herz, für sie ließ ich es mir angelegen sein, ein bedeutendes Vermögen nicht nur zu erhalten, sondern zu vermehren. Es ist wahr, ich lieh Geld aus auf hohe Zinsen, schändliche Verleumdung ist es aber, wenn man mich des betrügerischen Wuchers anklagt. Und wer sind diese Ankläger? Leichtsinnige Leute, die mich rastlos quälen, bis ich ihnen Geld borge, das sie wie ein Ding ohne Wert verprassen und dann außer sich geraten wollen, wenn ich das Geld, welches nicht mir, nein, meiner Tochter gehört, für deren Vermögensverwalter ich mich nur ansehe, mit unerbittlicher Strenge eintreibe. Nicht lange ist es her, als ich einen jungen Menschen der Schande, dem Verderben entriß, dadurch daß ich ihm eine bedeutende Summe vorstreckte. Nicht mit einer Silbe gedachte ich, da er, wie ich wußte, blutarm war, der Forderung, bis er eine sehr reiche Erbschaft gemacht. Da trat ich ihn an wegen der Schuld. – Glaubt Ihr wohl, Chevalier, daß der leichtsinnige Bösewicht, der mir seine Existenz zu verdanken hatte, die Schuld ableugnen wollte, daß er mich einen niederträchtigen Geizhals schalt, als er mir, durch die Gerichte dazu angehalten, die Schuld bezahlen mußte? – Ich könnte Euch mehr dergleichen Vorfälle erzählen, die mich hart gemacht haben und gefühllos da, wo mir der Leichtsinn, die Schlechtigkeit entgegentritt. Noch mehr! – ich könnte Euch sagen, daß ich schon manche bittre Träne trocknete, daß manches Gebet für mich und für meine Angela zum Himmel stieg, doch Ihr würdet das für falsche Prahlerei halten und ohnedem nichts darauf geben, da Ihr ein Spieler seid! – Ich glaubte, daß die ewige Macht gesühnt sei – es war nur Wahn! denn freigegeben wurd es dem Satan, mich zu verblenden auf entsetzlichere Weise als jemals. – Ich hörte von Euerm Glück, Chevalier! Jeden Tag vernahm ich, daß dieser, jener an Eurer Bank sich zum Bettler herabpontiert, da kam mir der Gedanke, daß ich bestimmt sei, mein Spielerglück, das mich noch niemals verlassen, gegen das Eure zu setzen, daß es in meine Hand gelegt sei, Eurem Treiben ein Ende zu machen, und dieser Gedanke, den nur ein seltsamer Wahnsinn erzeugen konnte, ließ mir fürder keine Ruhe, keine Rast. So geriet ich an Eure Bank, so verließ mich nicht eher meine entsetzliche Betörung, bis meine – meiner Angela Habe Euer war! – Es ist nun aus! – Ihr werdet doch erlauben, daß meine Tochter ihre Kleidungsstücke mit sich nehme?‘

‚Die Garderobe Eurer Tochter‘, erwiderte der Chevalier, ‚geht mich nichts an. Auch könnt Ihr Betten und notwendiges Hausgerät mitnehmen. Was soll ich mit dem Rumpelzeuge, doch seht Euch vor, daß nichts von einigem Wert mit unterlaufe, das mir zugefallen.‘

Der alte Vertua starrte den Chevalier ein paar Sekunden sprachlos an, dann aber stürzte ein Tränenstrom aus seinen Augen, ganz vernichtet, ganz Jammer und Verzweiflung sank er nieder vor dem Chevalier und schrie mit aufgehobenen Händen: ‚Chevalier, habt Ihr noch menschliches Gefühl in Eurer Brust – seid barmherzig – barmherzig! – Nicht mich, meine Tochter, meine Angela, das unschuldige Engelskind stürzt Ihr ins Verderben! – o seid gegen *diese* barmherzig, leiht *ihr*, *ihr*, meiner Angela, den zwanzigsten Teil ihres Vermögens, das Ihr geraubt! – O ich weiß es, Ihr laßt Euch erflehen – O Angela, meine Tochter!‘

Und damit schluchzte – jammerte – stöhnte der Alte und rief mit herzzerschneidendem Ton den Namen seines Kindes.

‚Die abgeschmackte Theaterszene fängt an mich zu langweilen‘, sprach der Chevalier gleichgültig und verdrießlich, aber in demselben Augenblick sprang die Tür auf und hinein stürzte ein Mädchen im weißen Nachtgewande, mit aufgelösten Haaren, den Tod im Antlitz, stürzte hin auf den alten Vertua, hob ihn auf, faßte ihn in die Arme und rief: ‚O mein Vater – mein Vater – ich hörte – ich weiß alles – Habt Ihr denn alles verloren? alles? – Habt Ihr nicht Eure Angela? Was bedarf es Geld und Gut, wird Angela Euch nicht nähren, pflegen? – O Vater, erniedriget Euch nicht länger vor diesem verächtlichen Unmenschen. – Nicht *wir* sind es, *er* ist es, der arm und elend bleibt im vollen schnöden Reichtum, denn verlassen in grauenvoller trostloser Einsamkeit steht er da, kein liebend Herz gibt es auf der weiten Erde, das sich anschmiegt an seine Brust, das sich ihm aufschließt, wenn er verzweifeln will an dem Leben, an sich selbst! – Kommt mein Vater – verlaßt dies Haus mit mir, kommt, eilen wir hinweg, damit der entsetzliche Mensch sich nicht weide an Eurem Jammer!‘

Vertua sank halb ohnmächtig in einen Lehnsessel, Angela kniete vor ihm nieder, faßte seine Hände, küßte, streichelte sie, zählte mit kindlicher Geschwätzigkeit alle die Talente, alle die Kenntnisse auf, die ihr zu Gebote standen und womit sie den

Vater reichlich ernähren wolle, beschwor ihn unter heißen Tränen, doch nur ja allem Gram zu entsagen, da nun das Leben, wenn sie nicht zur Lust, nein, für ihren Vater sticke, nähe, singe, Gitarre spiele, erst rechten Wert für sie haben werde.

Wer, welcher verstockte Sünder hätte gleichgültig bleiben können bei dem Anblick der in voller Himmelsschönheit strahlenden Angela, wie sie mit süßer holder Stimme den alten Vater tröstete, wie aus dem tiefsten Herzen die reinste Liebe ausströmte und die kindlichste Tugend.

Noch anders ging es dem Chevalier. Eine ganze Hölle voll Qual und Gewissensangst wurde wach in seinem Innern. Angela erschien ihm der strafende Engel Gottes, vor dessen Glanz die Nebelschleier frevelicher Betörtheit dahinschwanden, so daß er mit Entsetzen sein elendvolles Ich in widriger Nacktheit erblickte.

Und mitten durch diese Hölle, deren Flammen in des Chevaliers Innerm wüteten, fuhr ein göttlich reiner Strahl, dessen Leuchten die süßeste Wonne war und die Seligkeit des Himmels, aber bei dem Leuchten dieses Strahls wurde nur entsetzlicher die namenlose Qual!

Der Chevalier hatte noch nie geliebt. Als er Angela erblickte, das war der Moment, in dem er von der heftigsten Leidenschaft und zugleich von dem vernichtenden Schmerz gänzlicher Hoffnungslosigkeit erfaßt werden sollte. Denn hoffen konnte der Mann wohl nicht, der dem reinen Himmelskinde, der holden Angela so erschien, wie der Chevalier.

Der Chevalier wollte sprechen, er vermochte es nicht, es war als lähme ein Krampf seine Zunge. Endlich nahm er sich mit Gewalt zusammen und stotterte mit bebender Stimme: ‚Signor Vertua – hört mich! – Ich habe nichts von Euch gewonnen, gar nichts – da steht meine Kassette – die ist Euer – nein! – ich muß Euch noch mehr zahlen – ich bin Euer Schuldner – nehmt – nehmt –‘

‚O meine Tochter‘, rief Vertua, aber Angela erhob sich, trat hin vor den Chevalier, strahlte ihn an mit stolzem Blick, sprach ernst und gefaßt: ‚Chevalier, erfahrt, daß es Höheres gibt als Geld und Gut, Gesinnungen, die Euch fremd sind, die uns, indem sie unsere Seele mit dem Trost des Himmels erfüllen, Euer Geschenk, Eure Gnade mit Verachtung zurückweisen lassen! – Behaltet den Mammon, auf dem der Fluch lastet, der Euch verfolgt, den herzlosen verworfenen Spieler!‘

,Ja!' – rief der Chevalier ganz außer sich mit wildem Blick, mit entsetzlicher Stimme, ,ja verflucht – verflucht will ich sein, hinabgeschleudert in die tiefste Hölle, wenn jemals wieder diese Hand eine Karte berührt! – Und wenn Ihr mich dann von Euch stoßt, Angela! so seid Ihr es, die rettungsloses Verderben über mich bringt – o Ihr wißt nicht – Ihr versteht mich nicht – wahnsinnig müßt Ihr mich nennen – aber Ihr werdet es fühlen, alles wissen, wenn ich vor Euch liege mit zerschmettertem Gehirn – Angela! Tod oder Leben gilt es! – Lebt wohl!'

Damit stürzte der Chevalier fort in voller Verzweiflung. Vertua durchblickte ihn ganz, er wußte, was in ihm vorgegangen, und suchte der holden Angela begreiflich zu machen, daß gewisse Verhältnisse eintreten könnten, die die Notwendigkeit herbeiführen müßten, des Chevaliers Geschenk anzunehmen. Angela entsetzte sich, den Vater zu verstehen. Sie sah nicht ein, wie es möglich sein könnte, dem Chevalier jemals anders als mit Verachtung zu begegnen. Das Verhängnis, welches sich oft aus der tiefsten Tiefe des menschlichen Herzens, ihm selbst unbewußt, gestaltet, ließ das nicht Gedachte, das nicht Geahndete geschehen.

Dem Chevalier war es, als sei er plötzlich aus einem fürchterlichen Traum erwacht, er erblickte sich nun am Rande des Höllenabgrundes und streckte vergebens die Arme aus nach der glänzenden Lichtgestalt, die ihm erschienen, nicht ihn zu retten – nein! – ihn zu mahnen an seine Verdammnis.

Zum Erstaunen von ganz Paris verschwand die Bank des Chevalier Menars aus dem Spielhause, man sah ihn selbst nicht mehr und so kam es, daß sich die verschiedensten abenteuerlichsten Gerüchte verbreiteten, von denen eins lügenhafter war als das andere. Der Chevalier vermied alle Gesellschaft, seine Liebe sprach sich aus in dem tiefsten unverwindlichsten Gram. Da geschah es, daß ihm in den einsamen finstern Gängen des Gartens von Malmaison plötzlich der alte Vertua in den Weg trat mit seiner Tochter. –

Angela, welche geglaubt, den Chevalier nicht anders anblikken zu können, als mit Abscheu und Verachtung, fühlte sich auf seltsame Weise bewegt, als sie den Chevalier vor sich sah, totenbleich, ganz verstört, in scheuer Ehrfurcht kaum sich ermutigend, die Augen aufzuschlagen. Sie wußte recht gut, daß der Chevalier seit jener verhängnisvollen Nacht das Spiel ganz aufgegeben, daß er seine ganze Lebensweise geändert. *Sie*, sie allein hatte dies alles bewirkt, sie hatte den Chevalier gerettet aus dem Verderben, konnte etwas wohl mehr der Eitelkeit des Weibes schmeicheln?

So geschah es, daß, als Vertua mit dem Chevalier die gewöhnlichen Höflichkeitsbezeugungen gewechselt, Angela mit dem Ton des sanften wohltuenden Mitleids fragte: ‚Was ist Euch, Chevalier Menars, Ihr seht krank, verstört aus? In Wahrheit, Ihr solltet Euch dem Arzt vertrauen.‘

Man kann denken, daß Angelas Worte den Chevalier mit tröstender Hoffnung durchstrahlten. In dem Moment war er nicht mehr derselbe. Er erhob sein Haupt, er vermochte jene aus dem tiefsten Gemüt hervorquellende Sprache zu sprechen, die ihm sonst alle Herzen erschloß. Vertua erinnerte ihn daran, das Haus, das er gewonnen, in Besitz zu nehmen.

‚Ja‘, rief der Chevalier begeistert, ‚ja Signor Vertua, das will ich! – Morgen komme ich zu Euch, aber erlaubt, daß wir über die Bedingungen uns recht sorglich beraten, und sollte das auch monatelang dauern.‘

‚Mag das geschehen, Chevalier‘, erwiderte Vertua lächelnd, ‚mich dünkt, es könnte mit der Zeit dabei allerlei zur Sprache kommen, woran wir zur Zeit noch nicht denken mögen.‘ – Es konnte nicht fehlen, daß der Chevalier im Innern getröstet, von neuem auflebte in aller Liebenswürdigkeit, wie sie ihm sonst eigen, ehe ihn die wirre, verderbliche Leidenschaft fortriß. Immer häufiger wurden seine Besuche bei dem alten Signor Vertua, immer geneigter wurde Angela dem, dessen rettender Schutzgeist sie gewesen, bis sie endlich glaubte, ihn recht mit ganzem Herzen zu lieben, und ihm ihre Hand zu geben versprach, zur großen Freude des alten Vertua, der nun erst die Sache wegen seiner Habe, die er an den Chevalier verloren, als völlig ausgeglichen ansah.

Angela, des Chevalier Menars glückliche Braut, saß eines Tages in allerlei Gedanken von Liebeswonne und Seligkeit, wie sie wohl Bräute zu haben pflegen, vertieft am Fenster. Da zog unter lustigem Trompetenschall ein Jägerregiment vorüber, bestimmt zum Feldzug nach Spanien. Angela betrachtete mit Teilnahme die Leute, die dem Tode geweiht waren in dem bösen Kriege, da schaute ein blutjunger Mensch, indem er das Pferd rasch zur Seite wandte, herauf zu Angela, und ohnmächtig sank sie zurück in den Sessel.

Ach niemand anders war der Jäger, der dem blutigen Tod entgegenzog, als der junge Duvernet, der Sohn des Nachbars, mit dem sie aufgewachsen, der beinahe täglich in dem Hause gewesen und der erst ausgeblieben, seitdem der Chevalier sich eingefunden.

In dem vorwurfsschweren Blick des Jünglings, der bittre Tod selbst lag in ihm, erkannte Angela nun erst, nicht allein wie unaussprechlich er sie geliebt – nein wie grenzenlos sie selbst ihn liebe, ohne sich dessen bewußt zu sein, nur betört, verblendet von dem Glanze, den der Chevalier immer mehr um sich verbreitet. Nun erst verstand sie des Jünglings bange Seufzer, seine stillen anspruchslosen Bewerbungen, nun erst verstand sie ihr eignes befangenes Herz, wußte sie, was ihre unruhige Brust bewegt, wenn Duvernet kam, wenn sie seine Stimme hörte.

‚Es ist zu spät – er ist für mich verloren!' – so sprach es in Angelas Innerm. Sie hatte den Mut, das trostlose Gefühl, das ihr Inneres zerreißen wollte, niederzukämpfen, und eben deshalb, weil sie den Mut dazu hatte, gelang es ihr auch.

Daß irgend etwas Verstörendes vorgegangen sein müsse, konnte desungeachtet dem Scharfblick des Chevaliers nicht entgehen, er dachte indessen zart genug, ein Geheimnis nicht zu enträtseln, das Angela ihm verbergen zu müssen glaubte, sondern begnügte sich damit, um jedem bedrohlichen Feinde alle Macht zu nehmen, die Hochzeit zu beschleunigen, deren Feier er mit feinem Takt, mit tiefem Sinn für Lage und Stimmung der holden Braut einzurichten wußte, so daß diese schon deshalb aufs neue die hohe Liebenswürdigkeit des Gatten anerkannte.

Der Chevalier betrug sich gegen Angela mit der Aufmerksamkeit für den kleinsten ihrer Wünsche, mit der ungeheuchelten Hochschätzung, wie sie aus der reinsten Liebe entspringt, und so mußte Duvernets Andenken in ihrer Seele bald ganz und gar erlöschen. Der erste Wolkenschatten, der in ihr helles Leben trat, war die Krankheit und der Tod des alten Vertua.

Seit jener Nacht, als er sein ganzes Vermögen an des Chevaliers Bank verlor, hatte er nicht wieder eine Karte berührt, aber in den letzten Augenblicken des Lebens schien das Spiel seine Seele zu erfüllen ganz und gar. Während der Priester, der gekommen, den Trost der Kirche ihm zu geben im Dahinscheiden, von geistlichen Dingen zu ihm sprach, lag er da mit geschlossenen Augen, murmelte zwischen den Zähnen: – *perd – gagne* – machte mit den im Todeskampf zitternden Händen die Bewegungen des Taillierens, des Ziehens der Karten. Vergebens beugte Angela, der Chevalier sich über ihn her, rief ihn mit den zärtlichsten Namen, er schien beide nicht mehr zu kennen, nicht mehr zu gewahren. Mit dem innern Seufzer – *gagne* – gab er den Geist auf.

In dem tiefsten Schmerz konnte sich Angela eines unheimlichen Grauens über die Art, wie der Alte dahinschied, nicht erwehren. Das Bild jener entsetzlichen Nacht, in der sie den Chevalier zum erstenmal als den abgehärtetsten, verruchtesten Spieler erblickte, trat wieder lebhaft ihr vor Augen und der fürchterliche Gedanke in ihre Seele, daß der Chevalier die Maske des Engels abwerfen und in ursprünglicher Teufelsgestalt sie verhöhnend, sein altes Leben wieder beginnen könne.

Nur zu wahr sollte bald Angelas schreckliche Ahnung werden.

Solche Schauer auch der Chevalier bei dem Dahinscheiden des alten Francesco Vertua, der den Trost der Kirche verschmähend in der letzten Todesnot nicht ablassen konnte von dem Gedanken an ein früheres sündhaftes Leben, solche Schauer er auch dabei empfand, so war doch dadurch, selbst wußte er nicht wie das geschah, das Spiel lebhafter als jemals wieder ihm in den Sinn gekommen, so daß er allnächtlich im Traume an der Bank saß und neue Reichtümer aufhäufte.

In dem Grade, als Angela, von jenem Andenken, wie der Chevalier ihr sonst erschienen, erfaßt, befangener, als es ihr unmöglich wurde, jenes liebevolle zutrauliche Wesen, mit dem sie ihm sonst begegnet, beizubehalten, in eben dem Grade kam Mißtrauen in des Chevaliers Seele gegen Angela, deren Befangenheit er jenem Geheimnis zuschrieb, das einst Angelas Gemütsruhe verstörte und das ihm unenthüllt geblieben. Dies Mißtrauen gebar Mißbehagen und Unmut, den er ausließ in allerlei Äußerungen, die Angela verletzten. In seltsamer psychischer Wechselwirkung frischte sich in Angelas Innerm das Andenken auf an den unglücklichen Duvernet und mit ihm das trostlose Gefühl der auf ewig zerstörten Liebe, die, die schönste Blüte, aufgekeimt im jugendlichen Herzen. Immer höher stieg die Verstimmung der Ehegatten, bis es so weit kam, daß der Chevalier sein ganzes einfaches Leben langweilig, abgeschmackt fand und sich mit aller Gewalt hinaussehnte in die Welt.

Des Chevaliers Unstern fing an zu walten. Was inneres Mißbehagen, tiefer Unmut begannen, vollendete ein verruchter Mensch, der sonst Croupier an des Chevaliers Bank gewesen und der es durch allerlei arglistige Reden dahin brachte, daß der Chevalier sein Beginnen kindisch und lächerlich fand. Er konnte nicht begreifen, wie er eines Weibes halber eine Welt verlassen können, die ihm allein des Lebens wert schien.

Nicht lange dauerte es, so glänzte die reiche Goldbank des Chevalier Menars prächtiger als jemals. Das Glück hatte ihn nicht verlassen, Schlachtopfer auf Schlachtopfer fielen und Reichtümer wurden aufgehäuft. Aber zerstört, auf furchtbare Weise zerstört war Angelas Glück, das einem kurzen schönen Traum zu vergleichen. Der Chevalier behandelte sie mit Gleichgültigkeit, ja mit Verachtung! Oft sah sie ihn wochen-, monatelang gar nicht, ein alter Hausverweser besorgte die häuslichen Geschäfte, die Dienerschaft wechselte nach der Laune des Chevaliers, so daß Angela selbst im eignen Hause fremd nirgends Trost fand. Oft wenn sie in schlaflosen Nächten vernahm, wie des Chevaliers Wagen vor dem Hause hielt, wie die schwere Kassette heraufgeschleppt wurde, wie der Chevalier mit einsilbigen rauhen Worten um sich warf und dann die Türe des entfernten Zimmers klirrend zugeschlagen wurde, dann brach ein Strom bittrer Tränen aus ihren Augen, im tiefsten herzzerschneidendsten Jammer rief sie hundertmal den Namen Duvernet, flehte, daß die ewige Macht enden möge ihr elendes gramverstörtes Leben! –

Es geschah, daß ein Jüngling von gutem Hause sich, nachdem er sein ganzes Vermögen an der Bank des Chevaliers verloren, im Spielhause und zwar in demselben Zimmer, wo des Chevaliers Bank etabliert war, eine Kugel durch den Kopf jagte, so daß Blut und Hirn die Spieler bespritzte, die entsetzt auseinanderfuhren. Nur der Chevalier blieb gleichgültig und fragte, als alles sich entfernen wollte, ob es Regel und Sitte wäre eines Narren halber, der keine Konduite im Spiel besessen, die Bank vor der bestimmten Stunde zu verlassen.

Der Vorfall machte großes Aufsehn. Die versuchtesten abgehärtetsten Spieler waren indigniert von des Chevaliers beispiellosem Betragen. Alles regte sich wider ihn. Die Polizei hob die Bank des Chevaliers auf. Man beschuldigte ihn überdem des falschen Spiels, sein unerhörtes Glück sprach für die Wahrheit der Anklage. Er konnte sich nicht reinigen, die Geldstrafe, die er erlegen mußte, raubte ihm einen bedeutenden Teil seines Reichtums. Er sah sich beschimpft, verachtet – da kehrte er zurück in die Arme seines Weibes, die er mißhandelt und die ihn, den Reuigen, gern aufnahm, da das Andenken an den Vater, der auch noch zurückkam von dem wirren Spielerleben, ihr einen Schimmer von Hoffnung aufdämmern ließ, daß des

Chevaliers Änderung nun, da er älter worden, wirklich von Bestand sein könne.

Der Chevalier verließ mit seiner Gattin Paris und begab sich nach Genua, Angelas Geburtsort.

Hier lebte der Chevalier in der ersten Zeit ziemlich zurückgezogen. Vergebens blieb es aber, jenes Verhältnis der ruhigen Häuslichkeit mit Angela, das sein böser Dämon zerstört hatte, wieder herzustellen. Nicht lange dauerte es, so erwachte sein innerer Unmut und trieb ihn fort aus dem Hause in rastloser Unstetigkeit. Sein böser Ruf war ihm gefolgt von Paris nach Genua, er durfte es gar nicht wagen, eine Bank zu etablieren, ungeachtet es ihn dazu hintrieb mit unwiderstehlicher Gewalt. –

Zu der Zeit hielt ein französischer Obrister, durch bedeutende Wunden zum Kriegsdienst untauglich geworden, die reichste Bank in Genua. Mit Neid und tiefem Haß im Herzen trat der Chevalier an diese Bank, gedenkend, daß sein gewohntes Glück ihm bald beistehen werde, den Nebenbuhler zu verderben. Der Obrist rief dem Chevalier mit einem lustigen Humor, der ihm sonst gar nicht eigen, zu, daß nun erst das Spiel was wert, da der Chevalier Menars mit seinem Glück hinangetreten, denn jetzt gelte es den Kampf, der allein das Spiel interessant mache.

In der Tat schlugen dem Chevalier in den ersten Taillen die Karten zu wie sonst. Als er aber vertrauend auf sein unbezwingbares Glück endlich: ‚*Va banque*‘ rief, hatte er mit einem Schlage eine bedeutende Summe verloren.

Der Obrist, sonst sich im Glück und Unglück gleich, strich das Geld ein mit allen lebhaften Zeichen der äußersten Freude. Von diesem Augenblick an hatte sich das Glück von dem Chevalier abgewendet ganz und gar.

Er spielte jede Nacht, verlor jede Nacht, bis seine Habe geschmolzen war auf die Summe von ein paar tausend Dukaten, die er noch in Papieren bewahrte.

Den ganzen Tag war der Chevalier umhergelaufen, hatte jene Papiere in bares Geld umgesetzt und kam erst am späten Abend nach Hause. Mit Einbruch der Nacht wollte er, die letzten Goldstücke in der Tasche, fort, da trat ihm Angela, welche wohl ahnte was vorging, in den Weg, warf sich, indem ein Tränenstrom aus ihren Augen stürzte, ihm zu Füßen, beschwor ihn bei der Jungfrau und allen Heiligen abzulassen von bösem Beginnen, sie nicht in Not und Elend zu stürzen.

Der Chevalier hob sie auf, drückte sie mit schmerzlicher Inbrunst an seine Brust und sprach mit dumpfer Stimme: ‚Angela, meine süße liebe Angela! es ist nun einmal nicht anders, ich muß tun, was ich nicht zu lassen vermag. Aber morgen – morgen ist all deine Sorge aus, denn bei dem ewigen Verhängnis, das über uns waltet, schwör ich's, ich spiele heut zum letztenmal! – Sei ruhig, mein holdes Kind – schlafe – träume von glückseligen Tagen, von einem bessern Leben, dem du entgegengehst, das wird mir Glück bringen!‘

Damit küßte der Chevalier sein Weib und rannte unaufhaltsam von dannen.

Zwei Taillen und der Chevalier hatte alles – alles verloren!

Regungslos blieb er stehen neben dem Obristen und starrte in dumpfer Sinnlosigkeit hin auf den Spieltisch.

‚Ihr pontiert nicht mehr, Chevalier?‘ sprach der Obrist, indem er die Karten melierte zur neuen Taille. ‚Ich habe alles verloren‘, erwiderte der Chevalier mit gewaltsam erzwungener Ruhe.

‚Habt Ihr denn gar nichts mehr?‘ fragte der Obrist bei der nächsten Taille.

‚Ich bin ein Bettler!‘ rief der Chevalier mit vor Wut und Schmerz zitternder Stimme, immerfort hinstarrend auf den Spieltisch und nicht bemerkend, daß die Spieler immer mehr Vorteil ersiegten über den Bankier.

Der Obrist spielte ruhig weiter.

‚Ihr habt ja aber ein schönes Weib‘, sprach der Obrist leise, ohne den Chevalier anzusehen, die Karten melierend zur folgenden Taille.

‚Was wollt Ihr damit sagen?‘ fuhr der Chevalier zornig heraus. Der Obrist zog ab, ohne dem Chevalier zu antworten.

‚Zehntausend Dukaten oder – Angela‘, sprach der Obrist halb umgewendet, indem er die Karten kupieren ließ.

‚Ihr seid rasend!‘ rief der Chevalier, der nun aber, mehr zu sich selbst gekommen, zu gewahren begann, daß der Obrist fortwährend verlor und verlor.

‚Zwanzigtausend Dukaten gegen Angela‘, sprach der Obrist leise, indem er mit dem Melieren der Karten einen Augenblick innehielt.

Der Chevalier schwieg, der Obrist spielte weiter und beinahe alle Karten schlugen den Spielern zu.

‚Es gilt‘, sprach der Chevalier dem Obristen ins Ohr, als die neue Taille begann und schob die Dame auf den Spieltisch. –

Im nächsten Abzug hatte die Dame verloren.

Zähneknirschend zog sich der Chevalier zurück und lehnte Verzweiflung und Tod im bleichen Antlitz sich ins Fenster.

Das Spiel war geendet, mit einem höhnischen: ‚Nun wie wird's weiter?' trat der Obrist hin vor den Chevalier.

‚Ha', rief der Chevalier, ganz außer sich, ‚Ihr habt mich zum Bettler gemacht, aber wahnsinnig müßt Ihr sein, Euch einzubilden, daß Ihr mein Weib gewinnen konntet. Sind wir auf den Inseln, ist mein Weib eine Sklavin, schnöder Willkür des verruchten Mannes preisgegeben, daß er sie zu verhandeln, zu verspielen vermag? Aber es ist wahr, zwanzigtausend Dukaten mußtet Ihr zahlen, wenn die Dame gewann, und so habe ich das Recht jedes Einspruchs verspielt, wenn mein Weib mich verlassen und Euch folgen will. – Kommt mit mir und verzweifelt, wenn mein Weib mit Abscheu den zurückstößt, dem sie folgen soll als ehrlose Mätresse!'

‚Verzweifelt selbst', erwiderte der Obrist hohnlachend, ‚verzweifelt selbst, Chevalier, wenn Angela Euch – Euch, den verruchten Sünder, der sie elend machte, verabscheuen und mit Wonne und Entzücken mir in die Arme stürzen wird – verzweifelt selbst, wenn Ihr erfahrt, daß der Segen der Kirche uns verbunden, daß das Glück unsere schönsten Wünsche krönt! – Ihr nennt mich wahnsinnig! – Ho ho! nur das Recht des Einspruchs wollt ich gewinnen, Euer Weib war mir gewiß! – Ho ho, Chevalier, vernehmt, daß *mich* mich Euer Weib, ich weiß es, unaussprechlich liebt – vernehmt, daß ich jener Duvernet bin, des Nachbars Sohn, mit Angela erzogen, in heißer Liebe mit ihr verbunden, den Ihr mit Euern Teufelskünsten vertriebt! – Ach! erst als ich fort mußte in den Krieg, erkannte Angela, was ich ihr war, ich weiß alles. Es war zu spät! – Der finstre Geist gab mir ein, im Spiel könnte ich Euch verderben, deshalb ergab ich mich dem Spiel – folgte Euch nach Genua – es ist mir gelungen! – Fort nun zu Euerm Weibe!' –

Vernichtet stand der Chevalier, von tausend glühenden Blitzen getroffen. Offen lag vor ihm jenes verhängnisvolle Geheimnis, nun erst sah er das volle Maß des Unglücks ein, das er über die arme Angela gebracht.

‚Angela, mein Weib, mag entscheiden', sprach er mit dumpfer Stimme und folgte dem Obristen, welcher fortstürmte.

Als ins Haus gekommen der Obrist die Klinke von Angelas Zimmer erfaßte, drängte der Chevalier ihn zurück und sprach: ‚Mein Weib schläft, wollt Ihr sie aufstören aus süßem Schlafe?' – ‚Hm', erwiderte der Obrist, ‚hat Angela wohl jemals gelegen in süßem Schlaf, seit ihr von Euch namenloses Elend bereitet wurde?‘

Der Obrist wollte ins Zimmer, da stürzte der Chevalier ihm zu Füßen, und schrie in heller Verzweiflung: ‚Seid barmherzig! – Laßt mir, den Ihr zum Bettler gemacht, laßt mir mein Weib!‘

‚So lag der alte Vertua vor Euch, dem gefühllosen Bösewicht, und vermochte Euer steinhartes Herz nicht zu erweichen, dafür die Rache des Himmels über Euch!‘

So sprach der Obrist und schritt aufs neue nach Angelas Zimmer!

Der Chevalier sprang nach der Tür, riß sie auf, stürzte hin zu dem Bette, in dem die Gattin lag, zog die Vorhänge auseinander, rief: ‚Angela, Angela!‘ – beugte sich hin über sie, faßte ihre Hand – bebte wie im plötzlichen Todeskrampf zusammen, rief dann mit fürchterlicher Stimme: ‚Schaut hin! – den Leichnam meines Weibes habt Ihr gewonnen!‘

Entsetzt trat der Obrist an das Bette – keine Spur des Lebens – Angela war tot – tot.

Da ballte der Obrist die Faust gen Himmel, heulte dumpf auf, stürzte fort. – Man hat nie mehr etwas von ihm vernommen!“

So hatte der Fremde geendet und verließ nun schnell die Bank, ehe der tief erschütterte Baron etwas zu sagen vermochte.

Wenige Tage darauf fand man den Fremden vom Nervenschlag getroffen in seinem Zimmer. Er blieb sprachlos bis zu seinem Tode, der nach wenigen Stunden erfolgte, seine Papiere zeigten, daß er, der sich Baudasson schlechthin nannte, niemand anders gewesen als eben jener unglückliche Chevalier Menars.

Der Baron erkannte die Warnung des Himmels, der ihm, als er eben sich dem Abgrund näherte, den Chevalier Menars in den Weg führte zu seiner Rettung, und gelobte, allen Verlokkungen des täuschenden Spielerglücks zu widerstehen.

Bis jetzt hat er getreulich Wort gehalten.

„Sollte“, sprach Lothar, als Theodor geendet, „sollte man nicht glauben, du verstündest dich recht ordentlich auf das Spiel, wärst selbst wohl gar ein tüchtiger Spieler, dem nur zuweilen die Moral in den Nacken schlägt und doch weiß ich, daß du keine Karte anrührst.“ „So ist es“, erwiderte Theodor, „und dennoch half mir bei der Erzählung ein merkwürdiges Ereignis aus meinem eignen Leben." – „Den besten", nahm Ottmar das Wort, „den besten Nachklang des Erzählten könntest du daher wohl tönen lassen, wenn du uns dies Ereignis noch mitteiltest."

„Ihr wißt", begann Theodor, „daß ich mich, um meine Studien zu vollenden, eine Zeitlang in G. bei einem alten Onkel aufhielt. Ein Freund dieses Onkels fand der Ungleichheit unserer Jahre unerachtet großes Wohlgefallen an mir und zwar wohl vorzüglich deshalb, weil mich damals eine stets frohe, oft bis zum Mutwillen steigende Laune beseelte. Der Mann war in der Tat eine der sonderbarsten Personen, die mir jemals aufgestoßen sind. Kleinlich in allen Angelegenheiten des Lebens, mürrisch, verdrießlich, mit großem Hange zum Geiz, war er doch im höchsten Grade empfänglich für jeden Scherz, für jede Ironie. Um mich eines französischen Ausdrucks zu bedienen – der Mann war durchaus amusable, ohne im mindesten amusant zu sein. Dabei trieb er, hoch an Jahren, eine Eitelkeit, die sich vorzüglich in seiner nach den Bedingnissen der letzten Mode sorglich gewählten Kleidung aussprach, beinahe bis zum Lächerlichen und eben diese Lächerlichkeit traf ihn, wenn man sah, wie er im Schweiß seines Angesichts jedem Genuß nachjagte und mit komischer Gier so viel davon auf einmal einzuschnappen strebte, als nur möglich. Zu lebhaft gehen mir in diesem Augenblick zwei drollige Züge dieser Eitelkeit, dieser Genußgier auf, als daß ich sie euch nicht mitteilen sollte. – Denkt euch, daß mein Mann, als er während seines Aufenthalts an einem Gebirgsort von einer Gesellschaft, in der sich freilich auch Damen befanden, aufgefordert wurde, eine Fußwanderung zu machen, um die nahe liegenden Wasserfälle zu schauen, sich in einen noch gar nicht getragenen seidenen Rock warf mit schönen blinkenden Stahlknöpfen, daß er weißseidene Strümpfe anzog, Schuhe mit Stahlschnallen und die schönsten Ringe an die Finger steckte. In dem dicksten Tannenwalde, der zu passieren, wurde die Gesellschaft von einem heftigen Gewitter überfallen. Der Regen strömte herab, die Waldbäche schwollen an und brausten in die Wege hinein und ihr möget euch wohl vorstellen, in welchen Zustand mein armer Freund während weniger Augenblicke geraten war. – Es begab sich ferner, daß zur Nachtzeit der Blitz in den Turm der Dominikanerkirche zu G. einschlug. Mein Freund war entzückt über den herrlichen Anblick der Feuersäule, die sich erhob in den schwarzen Himmel und alles ringsumher magisch beleuchtete, fand aber bald, daß das Tableau erst von einem gewissen Hügel vor der Stadt angeschaut, die gehörige malerische Wirkung tun müsse. Alsbald kleidete er sich so schnell an, als es bei der nie zu verleugnenden Sorglichkeit geschehen konnte, vergaß nicht eine Tüte Makronen und ein Fläschchen Wein in die Tasche zu stecken, nahm einen schönen Blumenstrauß in die Hand, einen leichten Feldstuhl aber unter den Arm und wanderte getrost heraus vor das Tor, auf den Hügel. Da setzte er sich hin und betrachtete, indem er bald an den Blumen roch, bald ein Makrönchen naschte, bald ein Gläschen Wein nippte, in voller Gemütlichkeit das malerische Schauspiel. Überhaupt war dieser Mann –"

„Halt, halt", rief Lothar, „du wolltest uns das Ereignis erzählen, das dir bei deinem Spielerglück half, und kommst nicht los von einem Mann, der ebenso possierlich gewesen sein muß als widerwärtig."

„Du kannst", erwiderte Theodor, „du kannst es mir nicht verdenken, daß ich bei einer Figur verweilte, die mir eben so lebendig entgegentrat. – Doch zur Sache! – Der Mann, den ich euch geschildert, forderte mich auf, ihn auf einer Reise nach einem Badeort zu begleiten, und unerachtet ich wohl einsah, daß ich seinen Besänftiger, Aufheiterer, *Maître de plaisir* spielen sollte, war es mir doch gelegen, die anziehende Reise durch das Gebirge zu machen, ohne allen Aufwand an Kosten. – An dem Badeort fand damals ein sehr bedeutendes Spiel statt, da die Bank mehrere tausend Friedrichsdor betrug. Mein Mann betrachtete mit gierigem Schmunzeln das aufgehäufte Gold, ging auf und ab im Saal, umkreiste dann wieder näher und näher den Spieltisch, griff in die Tasche, hielt einen Friedrichsdor zwischen den Fingern, steckte ihn wieder ein – genug, ihn gelüstete es nach dem Golde. Gar zu gern hätte er sich ein Sümmchen erpontiert von dem aufgeschütteten Reichtum und doch mißtraute er seinem Glücksstern. Endlich machte er dem drolligen Kampf zwischen Wollen und Fürchten, der ihm Schweißtropfen auspreßte, dadurch ein Ende, daß er mich aufforderte, für ihn zu pontieren und mir zu dem Behuf fünf – sechs Stück Friedrichsdor in die Hand steckte. Erst dann, als er mich versichert, daß er meinem Glück durchaus nicht vertrauen, sondern das Gold, das er mir gegeben, für verloren achten wolle, verstand ich mich zum Pontieren. Was ich gar nicht gedacht, das geschah. Mir, dem ungeübten, unerfahrnen Spieler, war das Glück günstig, ich gewann in kurzer Zeit für meinen Freund etwa dreißig Stück Friedrichsdor, die er sehr vergnügt einsteckte. Am andern Abend bat er mich wiederum, für ihn zu pontieren. Bis zur heutigen Stunde weiß ich aber nicht, wie es mir herausfuhr, daß ich nun mein Glück für mich selbst versuchen wolle. Nicht in den Sinn war es mir gekommen, zu spielen, vielmehr stand ich eben im Begriff, aus dem Saal ins Freie zu laufen, als mein Freund mich anging mit seiner Bitte. Erst, als ich erklärt, heute für mich selbst zu pontieren, trat ich auch entschlossen an die Bank und holte aus der engen Tasche meines Gilets, die beiden einzigen Friedrichsdor hervor, die ich besaß. War mir das Glück gestern günstig, so schien es heute, als sei ein mächtiger Geist mit mir im Bunde, der dem Zufall gebiete. Ich mochte Karten nehmen, pontieren, biegen wie ich wollte, kein Blatt schlug mir um, kurz – mir geschah ganz dasselbe, was ich von dem Baron Siegfried gleich im Anfange meines Spielerglücks erzählt. – Mir taumelten die Sinne; oft wenn mir neues Gold zuströmte, war es mir, als läg ich im Traum und würde nun gleich, indem ich das Gold einzustecken gewähnt, erwachen. – Mit dem Schlage zwei Uhr wurde wie gewöhnlich das Spiel geendet. – In dem Augenblick, als ich den Saal verlassen wollte, faßte mich ein alter Offizier bei der Schulter und sprach, mich mit ernstem strengen Blick durchbohrend: ‚Junger Mann! verstanden Sie es, so hätten Sie die Bank gesprengt. Aber wenn Sie das verstehen werden, wird Sie auch wohl der Teufel holen wie alle übrigen.‘ Damit verließ er mich, ohne abzuwarten, was ich wohl darauf erwidern werde. Der Morgen war schon heraufgedämmert, als ich auf mein Zimmer kam und aus allen Taschen das Gold ausschüttete auf dem Tisch. – Denkt euch die Empfindung eines Jünglings, der in voller Abhängigkeit auf ein kärgliches Taschengeld beschränkt ist, das er zu seinem Vergnügen verwenden darf, und der plötzlich wie durch einen Zauberschlag sich in dem Besitz einer Summe befindet, die bedeutend genug ist, um wenigstens von ihm in dem Augenblick für einen großen Reichtum gehalten zu werden! – Indem ich aber nun den Goldhaufen anschaute, wurde plötzlich mein ganzes Gemüt von einer Bangigkeit, von einer seltsamen Angst erfaßt, die mir kalten Todesschweiß auspreßte. Die Worte des alten Offiziers gingen mir nun erst auf in der entsetzlichsten Bedeutung. Mir war es, als sei das Gold, das auf dem Tische blinkte, das Handgeld, womit die finstre Macht meine Seele erkauft, die nun nicht mehr dem Verderben entrinnen könne. Meines Lebens Blüte schien mir angenagt von einem giftigen

Wurm, und ich geriet in vernichtende Trostlosigkeit. – Da flammte das Morgenrot höher auf hinter den Bergen, ich legte mich ins Fenster, ich schaute mit inbrünstiger Sehnsucht der Sonne entgegen, vor der die finstern Geister der Nacht fliehen mußten. Sowie nun Flur und Wald aufleuchteten in den goldnen Strahlen, wurd es auch wieder Tag in meiner Seele. Mir kam das beseligende Gefühl der Kraft jeder Verlockung zu widerstehen und mein Leben zu bewahren vor jenem dämonischen Treiben, in dem es, sei es wie und wenn es wolle, rettungslos untergeht! – Ich gelobte mir selbst auf das heiligste, nie mehr eine Karte zu berühren, und habe dies Gelübde streng gehalten. – Der erste Gebrauch, den ich übrigens von meinem reichen Gewinst machte, bestand darin, daß ich mich von meinem Freunde zu seinem nicht geringen Erstaunen trennte, und jene Reise nach Dresden, Prag und Wien unternahm, von der ich euch schon oft erzählt."

„Wohl", nahm Sylvester das Wort, „wohl kann ich es mir denken, welchen Eindruck das unerwartete zweideutige Glück auf dein jugendliches Gemüt machen mußte. Daß du der Verlockung widerstandest, daß du eben in jenem Glück die bedrohliche Gefahr erkanntest, es bringt dir Ehre, aber verzeih, deine eigene Erzählung, die Art wie du darin die wahren Spieler sehr richtig charakterisiert hast, muß dir selbst dartun, daß du doch niemals den eigentlichen Sinn fürs Spiel in dir getragen, da dir sonst die bewiesene Tapferkeit sehr schwer, vielleicht unmöglich geworden. – Vinzenz, der sich, wie ich glaube, von uns allen noch am besten auf das Spiel versteht, wird mir darin beistimmen."

„Was", erwiderte Vinzenz, „mich betrifft, so habe ich gar nicht einmal recht darauf gehört, was Theodor von seinem Glück am Spieltisch erzählt hat, denn ich denke immer nur an den höchst vortrefflichen Mann, der in seidenen Strümpfen durch die Berge streicht, und mit Wein, Makronen und Blumen Feuersbrünste betrachtet wie schöne Gemälde. – In der Tat, ich war froh aus dem schauerlichen Hintergrunde unserer heutigen Erzählungen doch einmal eine ergötzliche Gestalt hervorspringen zu sehen, und hätte gewünscht, den Mann als Helden irgendeines drolligen Schauspiels zu erblicken."

„Konnte", sprach Lothar, „konnte uns denn nicht das Bild des vortrefflichen Mannes genügen? – Überhaupt sollten wir Serapions-Brüder es uns vergönnen, einander einzelne Charaktere, wie sie uns wohl im Leben vorkamen, aufzustellen zur gemeinsamen Ergötzlichkeit und Erholung von der den Sinn anstrengenden Erzählung."

„Guter Vorschlag", nahm Vinzenz das Wort, „guter Vorschlag, dem ich ganz beipflichte. Diese einzelnen hingeworfenen Zeichnungen mögen als Studium betrachtet werden zu größeren Gemälden, die denn jeder herauspinseln kann nach seiner Art und Weise. Auch mögen sie als milde Beiträge gelten zur gemeinsamen Serapions-Fantasie-Kasse. Und damit ihr einseht, wie ernstlich ich es mit diesen Beiträgen meine, will ich nur gleich vorfahren mit einem gar närrischen Kauz, den ich auf meiner Reise durch das südliche Deutschland traf. Es begab sich, daß ich während meines Aufenthalts in B. durch ein nahgelegenes Wäldchen lustwandelnd auf eine Anzahl Bauern stieß, die beschäftigt waren ein dichtes Gestripp zu durchhauen und den Bäumen von beiden Seiten die Äste wegzusägen. Ich weiß selbst nicht, warum ich eben fragte, ob hier etwa ein neuer Weg angelegt werden solle, da lachten aber die Leute und meinten: ich möge nur meinen Weg weiter verfolgen, vor dem Walde auf einer Anhöhe stehe ein Herr, der würde mir Bescheid geben. Wirklich stieß ich auf einen kleinen ältlichen Mann blassen Antlitzes, im Oberrock, eine Reisemütze auf dem Kopf, einen Büchsensack umgeschnallt, der durch ein Fernrohr unverwandt nach dem Orte hinblickte, wo die Leute arbeiteten. Sowie er meine Nähe gewahrte, schob er schnell das Fernrohr zusammen und fragte hastig: ‚Sie kommen aus dem Walde, mein Herr, wie steht es mit der Arbeit?' – Ich berichtete, was ich gesehen. ‚Das ist gut', sprach er, ‚das ist gut. Schon seit drei Uhr morgens' (es mochte etwa sechs Uhr abends sein) ‚stehe ich hier und glaubte schon, die Esel, die ich doch teuer genug bezahle, würden mich im Stiche lassen. Aber nun hoffe ich, daß sich die Aussicht noch im rechten Augenblick öffnen wird.' Er schob das Fernrohr auseinander und schaute wiederum unverwandt hin nach dem Walde. Ein paar Minuten währte es, da fiel starkes Buschwerk nieder, und wie auf einen Zauberschlag, öffnete sich die Durchsicht nach dem fernen Gebürge und den Ruinen eines Bergschlosses, die im Feuer der Abendsonne wirklich einen herrlichen magischen Anblick gewährten. – In einzelnen abgebrochenen Lauten gab der Mann sein höchstes Entzücken zu erkennen. Nachdem er aber sich ungefähr eine starke Viertelstunde an der Aussicht geweidet, steckte er das Fernrohr ein und lief, ohne mich zu grüßen, ohne meiner im mindesten zu achten, hastig als wolle er gefährlichen Verfolgern entrinnen, von dannen. – Später sagte man mir, der Mann sei niemand anders gewesen als der Baron von R., einer der wunderlichsten Kauze, der sich wie der bekannte Baron Grotthus schon seit mehreren Jahren auf einer ununterbrochenen Fußwanderung befinde, und mit einer Art von Wut Jagd mache auf schöne Aussichten. Komme er nun in eine Gegend, wo er, um sich solch eine schöne Aussicht zu verschaffen, es für nötig halte, Bäume fällen, einen Wald durchhauen zu lassen, so scheue er keine Kosten, sich mit dem Eigentümer abzufinden und Arbeiter zu bezahlen. – Ja er habe es schon einmal mit aller Gewalt durchsetzen wollen, einen ganzen Meierhof, der seiner Meinung nach die Gegend verunstaltet und die ferne Aussicht gehemmt, niederbrennen zu lassen, welches ihm denn freilich nicht gelungen. Habe er aber wirklich seinen Zweck erreicht, so schaue er höchstens eine halbe Stunde in die Gegend hinein, laufe aber dann unaufhaltsam weiter und komme niemals mehr wieder an denselben Ort."

Die Freunde waren darin einig, daß nichts so toll und wunderlich zu ersinnen, als was sich von selbst im Leben darbiete. „Recht artig", nahm Cyprian das Wort, „recht artig und hübsch ist es aber doch, daß ich den beiden wunderlichen Leuten noch einen dritten Mann hinzuzufügen vermag, von dem ich vor einiger Zeit Kunde erhielt durch einen uns allen hinlänglich bekannten Virtuosen. Mein dritter Mann ist kein anderer als der Baron von B., der sich in den Jahren 1789 oder 1790 in Berlin aufhielt und offenbar zu den seltsamsten, merkwürdigsten Erscheinungen gehörte, die es jemals in der musikalischen Welt gegeben. – Ich werde der größeren Lebendigkeit halber in der ersten Person erzählen, als sei ich selbst der Virtuose, dem alles geschehen und hoffe, daß mein würdiger Serapions-Bruder Theodor es nicht übel deuten wird, wenn ich ganz in sein Gebiet hineinzustreifen genötigt bin.

Ich war (so erzählte der Virtuose) damals, als der Baron von B. sich in Berlin befand, noch sehr jung, kaum sechzehn Jahre alt und im eifrigsten Studium meines Instruments begriffen, dem ich mich mit ganzer Seele, mit aller Kraft, wie sie nur in mir lebte, hingab. Der Konzertmeister Haak, mein würdiger, aber sehr strenger Lehrer, wurde immer zufriedener und zufriedener mit mir. Er rühmte die Fertigkeit meines Strichs, die Reinheit meiner Intonation, er ließ mich endlich in der Oper, ja sogar in den königlichen Kammerkonzerten mitgeigen. Bei dieser Gelegenheit hörte ich oft, daß Haak mit dem jüngern Duport, mit Ritter und anderen großen Meistern aus der Kapelle von den musikalischen Unterhaltungen sprach, die der Baron von B. in seinem Hause mit Einsicht und Geschmack anordne, so daß der König selbst nicht verschmähe, öfters daran teilzunehmen. Sie erwähnten der herrlichen Kompositionen alter, beinahe vergessener Meister, die man sonst nirgends zu hören bekomme, als bei dem Baron von B., der, was vorzüglich Musik für die Geige betreffe, wohl die vollständigste Sammlung von Kompositionen jeder Art, aus der ältesten bis zur neuesten Zeit, besitze, die irgendwo zu finden. Sie kamen dann auf die splendide Bewirtung in dem Hause des Barons, auf die würdige Art, auf die unglaubliche Liberalität, mit der der Baron die Künstler behandle, und waren zuletzt darin ganz einig, daß der Baron in Wahrheit ein leuchtender Stern zu nennen, der an dem musikalischen Himmel von Berlin aufgegangen.

Alles dieses machte meine Neugierde rege, noch mehr spannte es mich aber, wenn dann in solchem Gespräch die Meister näher zusammentraten, und ich in dem geheimnisvollen Geflüster nur den Namen des Barons unterscheiden und aus einzelnen abgebrochenen Worten erraten konnte, daß vom Unterricht in der Musik – von Stundengeben die Rede. Es schien mir, als wenn dann vorzüglich auf Duports Gesicht ein sarkastisches Lächeln rege würde, und als wenn alle mit irgendeiner Neckerei wider den Konzertmeister zu Felde zögen, der seinerseits sich nur schwach verteidigend, auch das Lachen kaum unterdrücken konnte, bis er zuletzt sich schnell wegwendend und die Geige ergreifend zum Einstimmen laut rief: ‚Es ist und bleibt doch ein herrlicher Mann!‘

Ich konnt es nicht lassen: der Gefahr unerachtet auf ziemlich derbe Weise abgefertigt zu werden, bat ich den Konzertmeister, mich doch, wenn's nur irgend möglich, bei dem Baron von B. einzuführen und mich mitzunehmen in seine Konzerte.

Haak maß mich mit großen Augen, ich fürchtete schon, ein kleines Donnerwetter werde losbrechen, statt dessen ging jedoch sein Ernst in ein seltsames Lächeln über und er sprach: ‚Nun! – Du magst wohl recht haben mit deiner Bitte, du kannst viel lernen bei dem Baron. Ich will mit ihm von dir reden und glaube wohl, daß er dir den Zutritt verstatten wird, da er gar gern es mit jungen Zöglingen der Musik zu tun hat.‘

Nicht lange darauf hatte ich eben mit Haak einige sehr schwere

Violinduetten gespielt. Da sprach er, die Geige aus der Hand legend: ‚Nun Carl! heute abend ziehe deinen Sonntagsrock an und seidene Strümpfe. Komm dann zu mir, wir wollen zusammen hingehen zum Baron von B. Es sind nur wenige Leute da und das gibt gute Gelegenheit, dich vorzustellen.' – Das Herz bebte mir vor Freude, denn ich hoffte, selbst wußt ich nicht warum, Außerordentliches, Unerhörtes zu erfahren.

Wir gingen hin. Der Baron, ein nicht zu großer Mann, hoch in den Jahren, im altfränkisch buntgestickten Galakleide kam uns, als wir in das Zimmer traten, entgegen und schüttelte meinem Lehrer treuherzig die Hand.

Nie hatt ich bei dem Anblick irgendeines vornehmen Mannes mehr wahre Ehrfurcht, mehr inneres wohltuendes Hinneigen empfunden. Auf dem Gesicht des Barons lag der volle Ausdruck der herzlichsten Gutmütigkeit, während aus seinen Augen jenes dunkle Feuer blitzte, das so oft den von der Kunst wahrhaft durchdrungenen Künstler verrät. Alle Scheu, mit der ich sonst wohl als ein unerfahrener Jüngling zu kämpfen hatte, wich im Augenblick von mir.

‚Wie geht es Euch', begann der Baron mit heller wohlklingender Stimme, ‚wie geht es Euch, mein guter Haak, habt Ihr wohl mein Konzert wacker geübt? – Nun! – wir werden ja morgen hören! – Ha! das ist wohl der junge Mensch, der kleine wackre Virtuose, von dem Ihr mit mir spracht?'

Ich schlug beschämt die Augen nieder, ich fühlte, daß ich über und über errötete.

Haak nannte meinen Namen, rühmte meine Anlagen, so wie die schnellen Fortschritte, die ich in kurzer Zeit gemacht.

‚Also', wandte sich der Baron zu mir, ‚also die Geige hast du zu deinem Instrument gewählt, mein Söhnchen? – Hast du auch wohl bedacht, daß die Geige das allerschwerste Instrument ist, das jemals erfunden? ja, daß dies Instrument, in dürftig scheinender Einfachheit den üppigsten Reichtum des Tons verschließend, ein wunderbares Geheimnis ist, das sich nur wenigen, von der Natur besonders dazu ausersehenen, Menschen erschließt? Weißt du gewiß, sagt es dir dein Geist mit Bestimmtheit, daß du Herr werden wirst des wunderbaren Geheimnisses? – Das haben schon viele geglaubt und sind erbärmliche Stümper geblieben ihr Leben lang. Ich wollte nicht, mein Söhnchen, daß du die Anzahl dieser Miserablen vermehrtest. – Nun: du magst immerhin mir etwas vorspielen, ich werde dir dann sagen, wie es mit dir steht und du wirst meinem Rat folgen. Es kann dir so gehen, wie dem Karl Stamitz, der wunder glaubte, was für ein entsetzlicher Virtuos auf der Violin aus ihm werden würde. Als ich *dem* das Verständnis eröffnet, warf er geschwinde, geschwinde die Geige hinter den Ofen, nahm dafür Bratsche und Viol d'Amour zur Hand und tat wohl daran. Auf diesen Instrumenten konnte er herumgreifen mit seinen breitgespannten Fingern und spielte ganz passabel. Nun – ich werde dich hören, mein Söhnchen!'

Über diese erste, etwas besondere Anrede des Barons mußte ich wohl betreten werden. Seine Worte drangen mir tief in die Seele und ich fühlte mit innerm Unmut, daß ich, trotz meines Enthusiasmus vielleicht, indem ich mein Leben dem schwersten, geheimnisvollsten aller Instrumente zugewandt, ein Wagestück unternommen, dem ich gar nicht gewachsen.

Man schickte nun sich an, die drei neuen Quartetten von Haydn, welche damals gerade im Stich erschienen, durchzuspielen.

Mein Meister nahm die Geige aus dem Kasten; kaum strich er aber Stimmens halber die Saiten an, als der Baron sich beide Ohren mit den Händen zuhielt und wie außer sich schrie: ‚Haak, Haak! – ich bitte Euch um Gottes willen, wie könnt Ihr nur mit Eurer erbärmlichen schnarrenden, knarrenden Strohfiedel Euer ganzes Spiel verderben!'

Nun hatte aber der Konzertmeister eine der allerherrlichsten Geigen, die ich jemals gesehen und gehört, einen echten Antonio Stradivari, und nichts konnte ihn mehr entrüsten, als wenn irgend jemand seinem Liebling nicht die gehörige Ehre erwies. Wie nahm es mich daher wunder, als er lächelnd sogleich die Geige wieder einschloß. Er mochte schon wissen, wie es sich nun zutragen würde: Er zog eben den Schlüssel aus dem Schlosse des Violinkastens, als der Baron, der sich aus dem Zimmer entfernt, wieder eintrat, einen mit scharlachrotem Samt und goldnen Tressen überzogenen Kasten auf beiden Armen, wie ein Hochzeits-Carmen, oder einem Täufling, vor sich hertragend.

‚Ich will', rief er, ‚ich will Euch eine Ehre antun, Haak! Ihr sollt heute auf meiner ältesten schönsten Violine spielen. Es ist ein wahrhafter Granuelo und gegen *den* alten Meister ist sein Schüler, Euer Stradivari, nur ein Lump. Tartini mochte auf keinen andern Geigen spielen, als auf Granuelos. Nehmt Euch nur zusammen, damit der Granuelo sich willig finden läßt, alle seine Pracht aus dem Innern heraus aufzutun.'

Der Baron öffnete den Kasten und ich erblickte ein Instrument, dessen Form von hohem Alter zeugte. Daneben lag aber solch ein ganz wunderlicher Bogen, der mit seiner übermäßigen Krümmung mehr dazu geeignet schien, Pfeile darauf abzuschießen, als damit zu geigen. Der Baron nahm mit feierlicher Behutsamkeit das Instrument aus dem Kasten und reichte es dem Konzertmeister hin, der es ebenso feierlich in die Hände nahm.

‚Den Bogen', sprach der Baron, indem er anmutig lächelnd den Meister auf die Schulter klopfte, ‚den Bogen geb ich Euch nicht, denn den versteht Ihr doch nun einmal nicht zu führen, und werdet daher auch in Eurem Leben zu keiner ordentlichen wahren Strichart gelangen.

Solchen Bogen', fuhr der Baron fort, den Bogen herausnehmend und ihn mit glänzendem verklärten Blick betrachtend, ‚solchen Bogen führte der große unsterbliche Tartini und nach ihm gibt es auf der ganzen weiten Erde nur noch zwei seiner Schüler, denen es glückte, in das Geheimnis jener markichten, tonvollen, das ganze Gemüt ergreifenden Strichart zu dringen, die nur mit einem solchen Bogen möglich. Der eine ist Nardini, jetzt ein siebzigjähriger Greis, nur noch innerer Musik mächtig, der andere, wie Sie, meine Herren, wohl schon wissen werden, bin ich selbst. Ich bin also nun der einzige, in dem die Kunst des wahrhaften Violinspielers fortlebt, und an meinen eifrigen Bestrebungen fehlt es gewiß nicht, jene Kunst, die in Tartini ihren Schöpfer fand, fortzupflanzen. – Doch! – fangen wir an, meine Herren!'

Die Haydnschen Quartetten wurden nun durchgespielt und, wie man es wohl denken kann, mit solch hoher Vollkommenheit, daß gar nichts zu wünschen übrigblieb.

Der Baron saß da, mit geschlossenen Augen sich hin und her wiegend. Dann sprang er auf, schritt näher heran an die Spieler, kuckte in die Notenblätter mit gerunzelter Stirn, dann trat er leise, leise wieder zurück, ließ sich nieder auf den Stuhl, stützte den Kopf in die Hand – stöhnte – ächzte! – ‚Halt!' rief er plötzlich bei irgendeiner gesangreichen Stelle im Adagio! – ‚Halt! bei den Göttern, das war Tartinischer Gesang, aber ihr habt ihn nicht verstanden. Noch einmal bitt ich!'

Und die Meister wiederholten lächelnd die Stelle mit gezognerem Strich und der Baron schluchzte und weinte, wie ein Kind!

Als die Quartetten geendigt, sprach der Baron: ‚Ein göttlicher Mensch, der Haydn, er weiß das Gemüt zu ergreifen, aber für die Violine versteht er nicht zu schreiben. Er will das vielleicht auch gar nicht, denn tät er es wirklich und schrieb er in der einzigen wahren Manier, wie Tartini, so würdet ihr es doch nicht spielen können.‘

Nun mußte ich einige Variationen vortragen, die Haak für mich aufgesetzt.

Der Baron stellte sich dicht neben mir hin und schaute in die Noten. Man kann denken, mit welcher Beklommenheit ich, den strengen Kritiker zur Seite, begann. Doch bald riß mich ein tüchtiger Allegrosatz ganz hin. Ich vergaß den Baron und vermochte, mich frei zu bewegen in dem Kreise aller Kraft, die mir damals zu Gebote stand.

Als ich geendet, klopfte mir der Baron auf die Achsel und sprach lächelnd: ‚Du kannst bei der Violine bleiben, Söhnchen, aber von Strich und Vortrag verstehst du noch gar nichts, welches wohl daher kommen mag, daß es dir bis jetzt an einem tüchtigen Lehrer gemangelt.‘

Man ging zu Tische. In einem andern Zimmer war ein Mahl bereitet, das, besonders rücksichts der mannigfachen feinen Weine, die gespendet wurden, beinahe schwelgerisch zu nennen. Die Meister ließen es sich wacker schmecken. Das Gespräch, immer heller und heller aufsteigend, betraf ausschließlich die Musik. Der Baron entwickelte einen Schatz der herrlichsten Kenntnisse. Sein Urteil, scharf und durchgreifend, zeigte nicht nur den gebildetsten Kenner, nein, den vollendeten, geistreichen, geschmackvollen Künstler selbst. Vorzüglich merkwürdig war mir die Galerie der Violinspieler, die er aufstellte. – So viel ich davon noch weiß, will ich zusammenfassen.

‚Corelli‘ (so sprach der Baron) ‚bahnte zuerst den Weg. Seine Kompositionen können nur auf Tartinische Weise gespielt werden, und das ist hinlänglich, zu beweisen, wie er das Wesen des Violinspielens erkannt. Pugnani ist ein passabler Geiger. Er hat Ton und viel Verstand, doch ist sein Strich zu weichlich bei ziemlichem Appoggiamento. Was hatte man mir alles von Geminiani gesagt! Als ich ihn vor dreißig Jahren zum letztenmal in Paris hörte, spielte er wie ein Nachtwandler, der im Traume herumsteigt, und es wurde einem selbst zumute, als läg man im Traume. Lauter *tempo rubato* ohne Stil und Haltung. Das verdammte ewige *tempo rubato* verdirbt die besten Geiger, denn sie vernachlässigen darüber den Strich. Ich spielte ihm meine Sonaten vor, er sah seinen Irrtum ein und wollte Unterricht bei mir nehmen, wozu ich mich willig verstand. Doch der Knabe war schon zu vertieft in seine Methode, zu alt darüber worden. Er zählte damals einundneunzig Jahre. – Gott möge es dem Giardini verzeihen und es ihm nicht entgelten lassen in der Ewigkeit, aber er war es, der zuerst den Apfel vom Baum des Erkenntnisses fraß und alle nachfolgende Violinspieler zu sündigen Menschen machte. Er ist der erste Schwebler und Schnörkler. Er ist nur bedacht auf die linke Hand und auf die springfertigen Finger und weiß nichts davon, daß die Seele des Gesanges in der rechten Hand liegt, daß in ihren Pulsen alle Empfindungen, wie sie in der Brust erwacht sind, alle Herzschläge ausströmen. Jedem Schnörkler wünsch ich einen tapfern Jomelli zur Seite, der ihn aus seinem Wahnsinn weckt durch eine tüchtige Ohrfeige, wie es denn Jomelli wirklich tat, als Giardini in seiner Gegenwart einen herrlichen Gesang verdarb durch seine Sprünge, Läufe, närrische Triller und Mordenten. Ganz verrückt gebärdet sich Lolli. Der Kerl ist ein fataler Luftspringer, kann kein Adagio spielen und seine Fertigkeit ist allein das, weshalb ihn unwissende Maulaufsperrer ohne Gefühl und Verstand bewundern. Ich sage es, mit Nardini und mir stirbt die wahrhafte Kunst der Geiger aus. Der junge Viotti ist ein herrlicher Mensch voll Anlagen. Was er weiß, hat er mir zu verdanken, denn er war mein fleißiger Schüler. Doch was hilft's! Keine Ausdauer, keine Geduld! – Er lief mir aus der Schule. Den Kreuzer hoff ich noch anzuziehen. Er hat meinen Unterricht fleißig genützt und wird ihn nützen, wenn ich zurückgekehrt sein werde nach Paris. Mein Konzert, das Ihr jetzt mit mir einübt, Haak, spielte er neulich gar nicht übel. Doch zu meinem Bogen fehlt ihm immer noch die Faust. – Der Giarnovichi soll mir nicht mehr über die Schwelle, das ist ein unverständiger Hasenfuß, der sich erfrecht, über den großen Tartini, über den Meister aller Meister die Nase zu rümpfen und meinen Unterricht zu verschmähen. – Mich soll nur verlangen, was aus dem Knaben, aus dem Rhode werden wird, wenn er meinen Unterricht genossen. Er verspricht viel und es ist möglich, daß er Herr wird meines Bogens.

Er ist' (der Baron wandte sich zu mir) ‚in deinem Alter, mein Söhnchen, aber ernsterer, tiefsinnigerer Natur. – Du scheinst mir, nimm's nicht übel, ein kleiner Springinsfeld zu sein. – Nun, das gibt sich. – Von Euch, mein lieber Haak! hoffe ich nun gar viel! Seit ich Euch unterrichte, seid Ihr schon ein ganz andrer worden. Fahrt nur fort in Eurem rastlosen Eifer und Fleiß, und versäumt ja keine Stunde: Ihr wißt, daß mich das ärgert.'

Ich war erstarrt vor Verwunderung über alles das, was ich gehört. Nicht die Zeit konnte ich erwarten, den Konzertmeister zu fragen, ob es denn wahr sei, ob denn der Baron wirklich die größten Violonisten der Zeit ausgebildet, ob er, der Meister selbst, denn wirklich Unterricht nehme bei ihm!

Allerdings, erwiderte Haak, versäume er nicht, den wohltätigen Unterricht zu genießen, den ihm der Baron angeboten und ich würde sehr wohltun, an einem guten Morgen zu ihm hinzugehen und ihn anzuflehen, daß er auch *mich* seines Unterrichts würdige.

Auf alles, was ich noch sonst über den Baron und über sein Kunsttalent erfragen wollte, ließ Haak sich gar nicht ein, sondern wiederholte nur, daß ich tun möge, was er mir geheißen und das übrige denn wohl erfahren werde.

Mir entging das seltsame Lächeln nicht, das dabei Haaks Gesicht überflog und das, ohne den Grund davon nur zu ahnen, meine Neugierde im höchsten Grade reizte.

Als ich denn nun gar demütig dem Baron meinen Wunsch vortrug, als ich versicherte, daß der regste Eifer, ja der glühendste Enthusiasmus mich beseele für meine Kunst, sah er mich erst starr an, bald aber gewann sein ernster Blick den Ausdruck der wohltuendsten Gemütlichkeit. ‚Söhnchen, Söhnchen', sprach er, ‚daß du dich an mich, an den einzigen Violinspieler, den es noch gibt, wendest, das beweiset, wie in dir der echte Künstlertrieb rege worden, wie in deiner Seele das Ideal des wahrhaften Violinspielers aufgegangen. Wie gern wollt ich dir aufhelfen, aber wo Zeit hernehmen, wo Zeit hernehmen! – Der Haak macht mir viel zu schaffen und da ist jetzt der junge Mensch hier, der Durand, der will sich öffentlich hören lassen, und hat wohl eingesehen, daß das ganz und gar nicht angeht, bevor er nicht bei mir einen tüchtigen Kursus gemacht. – Nun! – warte, warte – zwischen Frühstück und Mittag, oder beim Frühstück – ja, da hab ich noch eine Stunde übrig! – Söhnchen, komme zu mir Punkt zwölf Uhr alle Tage, da geige ich mit dir bis ein Uhr; dann kommt Durand!'

Sie können sich's vorstellen, wie ich schon andern Tages um die bestimmte Stunde hineilte zum Baron mit klopfendem Herzen.

Er litt nicht, daß ich auch nur einen einzigen Ton anstrich auf meiner Geige, die ich mitgebracht. Er gab mir ein uraltes Instrument von Antonio Amati in die Hände. Nie hatte ich auf einer solchen Geige gespielt. Der himmlische Ton, der den

Saiten entquoll, begeisterte mich. Ich verlor mich in kunstreichen Passagen, ließ den Strom der Töne stärker aufsteigen in brausenden Wellen, verrauschen im murmelnden Geplätscher! – Ich glaube, ich spielte ganz gut, besser, als manchmal nachher. Der Baron schüttelte unmutig den Kopf und sprach, als ich endlich nachließ: ‚Söhnchen, Söhnchen, das mußt du alles vergessen. Fürs erste hältst du den Bogen ganz miserabel.' – Er wies mir praktisch, wie man nach Tartinis Art den Bogen halten müßte. Ich glaubte auf diese Weise keinen Ton herausbringen zu können. Doch nicht gering war mein Erstaunen, als ich, auf Geheiß des Barons meine Passagen wiederholend, in einigen Sekunden den großen Vorteil einsah, den mir die Art den Bogen zu führen gewährte.

‚Nun', sprach der Baron, ‚wollen wir den Unterricht beginnen. Streiche, mein Söhnchen, einmal das eingestrichene g an und halte den Ton aus, so lange du kannst. Spare den Bogen, spare den Bogen. Was der Atem dem Sänger, das ist der Bogen dem Violinspieler.'

Ich tat wie mir geheißen, und freute mich selbst, daß es mir glückte, den Ton kraftvoll herauszuziehen, ihn vom *Pianissimo* zum *Fortissimo* steigen und wieder abnehmen zu lassen, mit gar langem, langem Bogen. ‚Siehst du wohl, siehst du wohl, Söhnchen!' rief der Baron, ‚schöne Passagen kannst du machen, Läufe, Sprünge und neumodische, einfältige Triller und Zieraten, aber keinen Ton ordentlich aushalten, wie es sich ziemt. Nun will ich dir zeigen, was es heißt, den Ton aushalten auf der Geige!' – Er nahm mir das Instrument aus der Hand, setzte den Bogen dicht am Frosch an! – Nein! – hier fehlen mir wahrlich die Worte, es auszusprechen, wie es sich nun begab.

Dicht am Stege rutschte er mit dem zitternden Bogen hinauf, schnarrend, pfeifend, quäkend, miauend – der Ton war dem zu vergleichen, wenn ein altes Weib, die Brille auf der Nase, sich abquält, den Ton irgendeines Liedes zu fassen.

Und dabei schaute er himmelwärts, wie in seliger Verzükkung, und als er endlich aufhörte, mit dem Bogen auf den Saiten hin und her zu fahren und das Instrument aus der Hand legte, glänzten ihm die Augen und er sprach tief bewegt: ‚Das ist Ton – das ist Ton!'

Mir war ganz wunderlich zumute. Wollte sich auch der innere Trieb zum Lachen regen, so verschwand er wieder bei dem Anblick des ehrwürdigen Antlitzes, das die Begeisterung verklärte. Und dabei wirkte überdem das Ganze auf mich wie ein unheimlicher Spuk, so daß ich meine Brust bewegt fühlte und kein Wort herauszubringen vermochte.

‚Nicht wahr', begann der Baron, ‚nicht wahr, mein Söhnchen, das ging hinein in dein Inneres, das stelltest du dir nicht vor, daß solche zauberische Gewalt hinaufbeschworen werden könne aus dem kleinen Dinge da mit vier armseligen Saiten. Nun – trinke, trinke, mein Söhnchen!'

Der Baron schenkte mir ein Glas Madera ein. Ich mußte trinken und von dem Backwerk genießen, das auf dem Tische stand. In dem Augenblick schlug es ein Uhr.

‚Für heute mag's genug sein', rief der Baron, ‚geh, geh, mein Söhnchen, komme bald wieder. – Da! – nimm, nimm!'

Der Baron steckte mir ein Papierchen zu, in dem ich einen blanken, schön geränderten, holländischen Dukaten fand.

Ganz bestürzt rannte ich hin zum Konzertmeister und erzählte ihm, wie sich alles begeben. Der lachte aber laut auf und rief: ‚Siehst du nun wohl, wie es mit unserm Baron beschaffen und mit seinem Unterricht? – Dich hält er für einen Anfänger, deshalb erhältst du nur einen Dukaten für die Stunde. So wie, nach des Barons Idee, die Meisterschaft steigt, erhöht er auch das Honorar. Ich bekomme jetzt einen Louis und Durand, wenn ich nicht irre, gar zwei Dukaten.'

Nicht umhin konnte ich zu äußern, daß es doch ein eignes Ding sei, den guten alten Baron auf diese Weise zu mystifizieren, und ihm die Dukaten aus der Tasche zu ziehen.

‚Du mußt wissen', erwiderte der Konzertmeister, ‚du mußt wissen, daß des Barons ganze Glückseligkeit darin besteht, auf die Weise, die du nun kennst, Unterricht zu geben; daß er mich und andere Meister, wollten sie seinen Unterricht verschmähen, in der ganzen Welt, für die er kompetenter Kunstrichter ist und bleibt, als erbärmliche, unwissende Stümper ausschreien würde, daß endlich, den Wahn des Violinspiels abgerechnet, der Baron ein Mann ist, dessen kunstverständiges Urteil auch den Meister über manches zu seinem großen Nutzen aufklären kann. Urteile nun selbst, ob ich unrecht tue, mich trotz seiner Torheit an ihn zu halten und mir zuweilen meinen Louis zu holen. – Besuche ihn fleißig, höre nicht auf die alberne Gaukelei des Wahnsinnigen, sondern nur auf die verständigen Worte des mit dem innern Sinn die Kunst beherrschenden Mannes. Es wird dir wohltun!'

Ich folgte dem Rat des Meisters. Manchmal wurde es mir doch schwer, das Lachen zu unterdrücken, wenn der Baron mit den Fingern, statt auf dem Griffbrett, auf dem Violindeckel herumtapste und dabei mit dem Bogen auf den Saiten querüber fuhr, versichernd, er spiele jetzt Tartinis allerherrlichstes Solo und er sei nun der einzige auf der Welt, der dieses Solo vorzutragen imstande.

Aber dann legte er die Geige aus der Hand und ergoß sich in Gesprächen, die mich mit tiefer Kenntnis bereicherten und meine Brust entflammten für die hochherrliche Kunst.

Spielte ich dann in einem seiner Konzerte mit allem Eifer und gelang mir dieses – jenes vorzüglich gut, so blickte der Baron stolz lächelnd umher und sprach: ‚Das hat der Junge *mir* zu verdanken, mir, dem Schüler des großen Tartini!‘

So gewährten mir Nutzen und Freude des Barons Lehrstunden und auch wohl seine – geränderten holländischen Dukaten."

„Nun", sprach Theodor lachend, „nun in der Tat, ich sollte meinen, daß mancher unserer jetzigen Virtuosen, der sich weit erhaben über jegliche Lehre dünken möchte, sich doch noch einen Unterricht gefallen lassen würde auf die Weise, wie ihn der Baron von B. zu erteilen pflegte."

„Dem Himmel sei es gedankt", nahm Vinzenz das Wort, „daß unser Klub doch noch, was ich gar nicht mehr erwartete, heiter schließt und ich will hiemit meine würdigen Brüder ermahnt haben, künftig fein dafür zu sorgen, daß das Schauerliche mit dem Heitern wechsle, welches heute ganz und gar nicht geschehen."

„Deine Ermahnung", sprach Ottmar, „mag sehr gut sein, indessen lag es lediglich an dir, den Fehler, in den wir heute verfielen, gutzumachen, und uns etwas von dir mitzuteilen, das deiner humoristischen Laune würdig."

„Überhaupt", sprach Lothar weiter, „bist du mein vortrefflicher, wiewohl schreibefauler Vinzenz, das Aufnahmegeld in die Serapions-Brüderschaft, das eben in einer serapiontischen Erzählung bestehen mußte, noch schuldig."

„Still, still", erwiderte Vinzenz, „ihr wißt nicht, was meiner Brust entglommen und vorläufig in dieser Brusttasche verborgen ruhet! – Ein gar seltsames Ding von Märchen, das ich insbesondere der Gunst unseres Lothar empfehle, hätte ich euch schon heute mitgeteilt, aber habt ihr nicht des Wirts bleiches Antlitz gesehen, das durch das Fenster schon öfters mahnend hineinblickte, wie in Fouqués Undine der Spukgeist Kühleborn durch das Fenster in die Fischerhütte kuckt? Habt ihr nicht das verdrießliche O-Jemines-Gesicht des Kellners bemerkt? Stand, wenn er uns die Lichter putzte, auf seiner Stirn nicht deutlich geschrieben: ‚Werden sie denn hier ewig sitzen, und nicht endlich einmal einem ehrlichen Menschen die Ruhe gönnen?‘ – Die Leute haben recht, Mitternacht ist vorüber, unsere Scheidestunde hat geschlagen.“

Die Freunde gaben sich das Wort, in weniger Zeit sich wieder serapiontisch zu versammeln und brachen dann auf.

Ende des dritten Bandes

DIE SERAPIONS-BRÜDER

Gesammelte Erzählungen und Märchen

Herausgegeben
von
E. T. A. Hoffmann

VIERTER BAND

SIEBENTER ABSCHNITT

Der trübe Spätherbst war längst eingebrochen, als Theodor in seinem Zimmer beim knisternden Kaminfeuer der würdigen Serapions-Brüder harrte, die sich dann zur gewöhnlichen Stunde nach und nach einfanden.

„Welch abscheuliches Wetter", sprach der zuletzt eintretende Cyprian, „trotz meines Mantels bin ich beinahe ganz durchnäßt und nicht viel fehlte, so hätte ein tüchtiger Windstoß mir den Hut entführt."

„Und das", nahm Ottmar das Wort, „und das wird lange so währen, denn unser Meteorolog, der, wie ihr wißt, in meiner Straße wohnt, hat einen hellen freundlichen Spätherbst verkündigt."

„Recht", sprach Vinzenz, „ganz recht hast du mein Freund Ottmar. Wenn unser vortreffliche Prophet seine Nachbaren damit tröstet, daß der Winter durchaus nicht strenge Kälte bringen, sondern ganz südlicher Natur sein würde, so läuft jeder erschrocken hin und kauft so viel Holz als er nur beherbergen kann. So ist aber der meteorologische Seher ein weiser hochbegabter Mann, auf den man sich verlassen darf, wenn man nur jedesmal das Gegenteil von dem voraussetzt was er verkündigt."

„Mich", sprach Sylvester, „mich machen diese Herbststürme, diese Herbstregen immer ganz unmutig, matt und krank und dir, Freund Theodor, glaube ich, geht es ebenso?" „Allerdings", erwiderte Theodor. „Diese Witterung –"

„Herrliches", schrie Lothar dazwischen, „herrliches geistreiches Beginnen unseres Serapion-Klubs! Vom Wetter sprechen wir wie die alten Muhmen am Kaffeetisch!"

„Ich weiß nicht", nahm Ottmar das Wort, „warum wir nicht vom Wetter sprechen sollen? Du kannst das nur tadeln, weil solcher Anfang des Gesprächs als ein verjährter Schlendrian erscheint, den das Bedürfnis zu sprechen bei sterilem Geist, beim gänzlichen Mangel an Stoff herbeigeführt hat. Ich meine aber, daß ein kurzes Gespräch über Wind und Wetter auf recht gemütliche Weise vorangeschickt werden darf, um alles nur mögliche einzuleiten und daß eben die Allgemeinheit solcher

Einleitung von ihrer Natürlichkeit zeugt." „Überhaupt", sprach Theodor, „möcht es wohl ziemlich gleichgültig sein auf welche Weise sich ein Gespräch anspinnt. Gewiß ist es aber, daß die Begierde recht geistreich zu beginnen, schon im voraus alle Freiheit tötet, die die Seele jedes Gesprächs zu nennen. – Ich kenne einen jungen Mann – ich glaube, ihr kennt ihn alle – dem es gar nicht an jenem leicht beweglichen Geist fehlt, der zum Sprechen, so recht zum Konversieren nötig. Den quält in der Gesellschaft, vorzüglich sind Frauen zugegen, jene Begierde gleich mit dem ersten Wort funkelnd hineinzublitzen dermaßen, daß er unruhig umherläuft, von innerer Qual gefoltert die seltsamsten Gesichter schneidet, die Lippen bewegt und – keine Silbe herausbringt!"

„Halt ein, Unglücklicher", rief Cyprian mit komischem Pathos, „reiße nicht mit mörderischer Hand Wunden auf, die kaum verharscht sind. – Er spricht", fuhr er dann lächelnd fort, „er spricht von mir, das müßt ihr ja bemerken, und bedenkt nicht, daß vor wenigen Wochen, als ich jener Begierde, die ich als lächerlich anerkennen will, widerstehen und ein Gespräch in recht gewöhnlicher Art anknüpfen wollte, ich dafür büßte mit gänzlicher Vernichtung! – Ich will es euch lieber nur gleich selbst erzählen wie es sich begab, damit es nicht Ottmar tut und allerlei feine Anmerkungen beifügt. – Bei dem Tee, den wir, Ottmar und ich besuchten, war die gewisse hübsche geistreiche Frau zugegen, von der ihr behauptet, sie interessiere mich manchmal mehr als gut und dienlich. – Es zog mich zu ihr hin und gestehen will ich's, ich war um das erste Wort verlegen so wie sie boshaft genug mir mit freundlich fragendem Blick stumm in die Augen zu schauen. ‚Der Mondwechsel hat uns in der Tat recht angenehme Witterung gebracht.' So fuhr es mir heraus, da erwiderte die Dame sehr mild: ‚Sie schreiben wohl dieses Jahr den Kalender?'"

Die Freunde lachten sehr.

„Dagegen", fuhr Ottmar fort, „kenne ich einen andern jungen Mann und ihr kennt ihn alle, der, vorzüglich bei Frauen, niemals um das erste Wort verlegen ist. Ja es will mich bedünken daß, was die Unterhaltung mit Frauen betrifft, er sich ganz im stillen ein lebenskluges System gebaut hat, das ihn so leicht nicht im Stiche läßt. So pflegt er z. B. die Schönste, die es kaum wagt etwas Zuckerbrot in den Tee einzustippen, die höchstens der Nachbarin ins Ohr flüstert: ‚Es ist recht heiß, meine Liebe', worauf diese ebenso leise ins Ohr erwidert: ‚Recht heiß, meine Gute!‘, deren Rede nicht hinausgehen will über ein süßes ‚Ja ja!‘ und ‚Nein, nein‘, künstlich zu erschrecken und dadurch ihr Inneres plötzlich zu revolutionieren, so daß sie nicht mehr dieselbe scheint. ‚Mein Gott, Sie sehn so blaß!‘ fährt er neulich auf ein hübsches kirchhofstilles Fräulein los, die eben den Silberfaden einhäkelt zum künstlichen Gestrick eines Beutels. Das Fräulein läßt vor Schreck das Gestrick auf den Schoß fallen, gesteht, daß sie heute ein wenig gefiebert, Fieber – ja Fieber, darauf versteht sich eben mein Freund; er weiß geistreich und anziehend davon zu sprechen, frägt sorglich nach allen Erscheinungen, ratet, warnt und siehe ein ganz anmutiges munteres Gespräch spinnt sich fort.“

„Ich danke dir“, rief Theodor, „daß du mein Talent gehörig beobachtest und würdigst.“ Die Freunde lachten aufs neue.

„Es hat“, nahm jetzt Sylvester das Wort, „es hat mit der gesellschaftlichen Unterhaltung wohl eine ganz eigne Bewandtnis. Die Franzosen werfen uns vor, daß eine gewisse Schwerfälligkeit des Charakters uns niemals den Takt, den Ton, der dazu nötig, treffen lasse und sie mögen einigermaßen darin recht haben. Gestehen muß ich indessen, daß mich die gerühmte Lebendigkeit der französischen Zirkel betäubt und unmutig macht und daß ich ihre Bonmots, ihre Calembours, die sich machen lassen auf den Kauf, auch nicht einmal für solchen gesellschaftlichen Witz halten kann, aus dem wahres frisches Leben der Unterhaltung sprüht. Überhaupt ist mir der eigentlich echt französische Witz im höchsten Grade fatal.“

„Diese Meinung“, sprach Cyprian, „kommt recht tief aus deinem stillen freundlichen Gemüt, mein herzenslieber Sylvester. Du hast aber noch vergessen, daß außer den größtenteils höchst nüchternen Bonmots der Gesellschaftswitz der Franzosen auf eine gegenseitige Verhöhnung basiert ist, die wir mit dem Worte ‚Aufziehen‘ bezeichnen und die, leicht die Grenzen der Zartheit überschreitend, unserer Unterhaltung sehr bald alles wahrhaft Erfreuliche rauben würde. Dafür haben die Franzosen auch nicht den mindesten Sinn für den Witz, dessen Grundlage der echte Humor ist und es ist kaum zu begreifen wie ihnen manchmal die Spitze irgendeines gar nicht etwa tiefen, sondern oberflächlich drolligen Geschichtleins entgeht.“

„Vergiß nicht“, sprach Ottmar, „daß eben eine solche Spitze oft ganz unübersetzbar ist.“

„Oder“, fuhr Vinzenz fort, „ungeschickt übersetzt wird. –

Nun mir fällt dabei ein gar lustiges Ding ein, das sich vor wenigen Tagen zutrug und das ich euch auftischen will, wenn ihr zu hören geneigt seid."

„Erzähle, erzähle, teurer Anekdotist, ergötzlicher Fabulant!" So riefen die Freunde.

„Ein junger Mensch", erzählte Vinzenz, „den die Natur mit einer tüchtigen kräftigen Baßstimme begabt und der zum Theater gegangen, sollte gleich das erstemal als Sarastro auftreten. Im Begriff in den Wagen zu steigen, überfiel ihn aber eine solche fürchterliche Angst, daß er zitterte und bebte, ja daß er als er herausgefahren werden sollte, ganz in sich zusammensank und alle Ermahnungen des Direktors doch sich zu ermutigen und wenigstens aufrecht im Wagen zu stehen, blieben vergebens. Da begab es sich daß das eine Rad des Wagens den weit überhängenden Mantel Sarastros faßte und den Ehrwürdigen, je weiter es vorwärts ging, desto mehr rücklings überzog, wogegen er sich im Wagen festfußend sträubte, so daß er in der Mitte des Theaters dastand mit vorwärts gedrängtem Unterteil und rückwärts gedrängtem Oberteil des Körpers. Und alle Welt war entzückt über den königlichen Anstand des unerfahrnen Jünglings, und hocherfreut schloß der Direktor mit ihm einen günstigen Kontrakt. Dies einfache Anekdötlein wurde neulich in einer Gesellschaft erzählt, der eine Französin beiwohnte, die keines deutschen Wortes mächtig. Als nun beim Schluß alles lachte, so verlangte die Französin zu wissen, worüber man lache; und unser ehrliche D., der, spricht er französisch, mit dem echtesten Akzent, mit der treuesten Nachbildung von Ton und Gebärde den Franzosen herrlich spielt, dem aber jeden Augenblick Worte fehlen, übernahm es den Dolmetscher zu machen. Als er nun auf das Rad kam, das den Mantel Sarastros gefaßt und diesen zur majestätischen Stellung genötigt, sprach er: ‚le rat' statt ‚la roue'. Das Gesicht der Französin verfinsterte sich, die Augenbraunen zogen sich zusammen und in ihren Blicken las man das Entsetzen, das ihr die Erzählung verursachte, wozu noch freilich beitrug, daß unser gute D. alle Register des tragikomischen Muskelpiels auf seinem Gesicht angezogen hatte. Als wir beim Schluß alle noch stärker über das seltsame Mißverständnis, das zu heben sich jeder wohl hütete, lachten, lispelte die Französin: ‚Ah! – les barbares!' – Für Barbaren mußte die Gute uns wohl halten, wenn wir es so überaus belachenswert fanden, daß ein abscheuliches ratzenhaftes Untier den armen Jüngling, in dem verhängnisvollsten Augenblick des beginnenden Theaterlebens seinen Mantel erfassend, halb zu Tode geängstigt."

„Wir wollen", sprach, als die Freunde sich satt gelacht, Vinzenz weiter, „wir wollen aber nun die französische Konversation mit all ihren Bonmots, Calembours und sonstigen Bestandteilen und Ingredienzien ruhen lassen und gestehen, daß es wohl hohe Lust zu nennen, wenn unter geistreichen von echtem Humor beseelten Deutschen das Gespräch wie ein nie erlöschendes Feuerwerk aufstrahlt in tausend knisternden Leuchtkugeln, Schwärmern und Raketen."

„Wohl zu merken", nahm Theodor das Wort, „wohl zu merken ist aber, daß eine solche Lust nur dann stattfinden kann, wenn die Freunde nicht allein geistreich und humoristisch sind, sondern auch das Talent haben, nicht allein zu sprechen, sondern auch zu hören. Dies Talent bildet das Hauptprinzip jeder Unterhaltung."

„Ganz gewiß", fuhr Lothar fort, „die Wortführer töten jede Unterhaltung. Ganz auf niedriger Stufe stehen aber jene Witzbolde, die mit Anekdoten, allerlei schalen Redensarten vollgestopft von Gesellschaft zu Gesellschaft laufen und den unberufenen Pagliasso machen. Ich kannte einen Mann, der als geistreich und witzig geltend und dabei ein gewaltiger Vielsprecher überall eingeladen wurde, mit dem Anspruch, die Gesellschaft zu belustigen, so daß, schon wenn er eintrat, jeder ihm ins Gesicht blickend, wartete, was für ein Witzwort er von sich geben würde. Der Arme war genötigt sich abzuquälen, um nur, gleichviel auf welche Weise, seinen Beruf zu erfüllen und so konnte es nicht fehlen, daß er bald matt und stumpf wurde, und man ihn beiseite warf wie ein verbrauchtes Möbel. Jetzt schleicht er trübe und unmutig umher und kommt mir vor wie jener Stutzer in Rabeners Traum von abgeschiedenen Seelen, der sosehr er im Leben geglänzt, nun im Jenseits traurig und wertlos dasteht, weil er die goldne mit Spaniol gefüllte Dose, einen integrierenden Teil seines innern Selbst, bei der schnellen unvermuteten Abfahrt stehenlassen."

„Es gibt", sprach Ottmar, „es gibt ferner gar wunderliche Leute, die, wenigstens wenn sie Gäste bewirten, das Wort führen nicht aus Arroganz, sondern in seltsam falscher Gutmütigkeit von der Angst getrieben, daß man sich nicht unterhalten werde; die beständig fragen, ob man auch vergnügt sei u. s. und die eben deshalb jede Heiterkeit, jede Lust im Aufkeimen töten."

„Diese Methode", sagte Theodor, „diese Methode zu langweilen, ist die sicherste und ich habe sie einmal von meinem alten humoristischen Onkel, den ihr, glaub ich aus meinen Gesprächen schon kennt, mit dem glänzendsten Erfolg anwenden gesehn. – Es hatte sich nämlich ein alter Schulfreund eingefunden, der, ganz unausstehlich in allem was er sprach, in seinem ganzen Benehmen, den Onkel jeden Morgen besuchte, ihn in seinen Geschäften störte, auf das ärgste langweilte, und dann ungebeten sich mit zu Tische setzte. Der Onkel war mürrisch, verdrießlich, in sich gekehrt, gab dem Überlästigen nur zu deutlich zu verstehen, daß seine Besuche ihm eben nicht erfreulich wären, aber alles wollte nichts helfen. Ich meinte endlich, als der Alte einmal nach seiner Art kräftig genug auf den Schulfreund schimpfte, er solle dem Unverschämten geradehin die Türe weisen. ‚Das geht nicht, Vetterchen', erwiderte der Alte, freundlich schmunzelnd, ‚er ist einmal mein Schulfreund, aber es gibt noch ein anderes Mittel ihn loszuwerden, das will ich anwenden, das wird helfen!' Nicht wenig verwundert war ich, als am andern Morgen mein Alter den Schulfreund mit offnen Armen empfing, als er alles beiseite warf und nun unablässig auf ihn hineinsprach, wie es ihn freue den treuen Bruder zu sehen und sich der alten Zeit zu erinnern. Alle Geschichten aus der Jugendzeit, die der Schulfreund bis zum höchsten Überdruß ewig und ewig zu wiederholen pflegte, gingen nun über des Onkels Lippen wie ein unaufhaltsamer Strom, so daß der Schulfreund alles Mühens unerachtet zu keiner Silbe kommen konnte. Und dazwischen fragte der Onkel beständig: ‚Aber du bist heute nicht vergnügt? – Du bist so einsilbig? – Sei doch heiter, laß uns heute recht schwelgen in Rückerinnerungen!' Aber sowie der Schulfreund nur den Mund öffnen wollte, schnitt ihm der Onkel das Wort ab mit einer neuen endlosen Geschichte. Endlich wurde ihm das Ding zu arg, er wollte fort, da lud ihn aber der Onkel so dringend zu Tische daß er, nicht fähig der Verlockung guter Schüsseln und noch bessern Weins zu widerstehen, wirklich blieb. Kaum hatte der Schulfreund aber ein paar Löffel Suppe genossen, als der Onkel ganz ergrimmt rief: ‚Was zum Teufel ist das für eine verdammte Wassersuppe? – Iß nicht Bruder, ich bitte dich, iß nicht, es kommt was Besseres – Johann, die Teller weg!' – Und wie ein Blitz war dem Schulfreund der Teller vor der Nase weg verschwunden! – So ging es aber bei allen Gerichten, die mitunter lecker genug waren, um den Appetit auf das stärkste zu reizen, bis das Bessere was noch kommen sollte, in Chesterkäse bestand, gegen den so wie gegen Käse überhaupt der Schulfreund einen Abscheu hegte. Vor lauter anscheinender Sorge den Schulfreund recht üppig zu bewirten, hatte dieser nicht zwei Bissen verschlucken dürfen, und ebenso war es mit dem Wein. Kaum hatte der Schulfreund das erste Glas an die Lippen gebracht, als der Onkel rief: ‚Bruder, du ziehst ein saures Gesicht? – Du hast recht, der Wein taugt nichts – Johann eine höhere Sorte!' – Und eine Sorte nach der andern kam – französische Weine – Rheinweine und immer hieß es: ‚Bruder, der Wein schmeckt dir nicht' etc., bis bei dem Chesterkäse der Schulfreund ungeduldig aufsprang. Da sprach der Onkel im gutmütigsten Ton: ‚Bruder, du bist heute gar nicht vergnügt, gar nicht wie sonst? – Nun! – weil wir einmal so fröhlich beieinander sind, so laß uns eine Flasche alten Sorgenbrechers ausstechen!' – Der Schulfreund plumpte in den Sessel nieder. Der hundertjährige Rheinwein perlte herrlich und klar in den beiden Gläsern, die der Onkel einschenkte. ‚Teufel!' sprach der Onkel aber, nun ein Glas gegen das Licht haltend, ‚Teufel! der Wein ist mir trübe geworden, nein Bruder, den kann ich dir nicht vorsetzen', und schlürfte mit sichtlichem Wohlgefallen beide Gläser hinunter. – Der Schulfreund fuhr in die Höhe, plumpte aber aufs neue in den Sessel nieder, als der Onkel rief: ‚Johann! Tokaier!' – Der Tokaier kam, der Onkel schenkte ein und reichte dem Schulfreunde das Glas hin, indem er sprach: ‚Nun alter Junge, wirst du wohl endlich einmal vergnügt werden, wenn du den Nektar eingeschlürft!' – Kaum setzte aber der Schulfreund das Glas an die Lippen, als der Onkel schrie: ‚Donner! – da ist eine große Kreuzspinne in der Flasche gewesen!' – Da schleuderte der Schulfreund in voller Wut das Glas gegen die Wand, daß es in tausend Scherben zersplitterte, rannte wie besessen von dannen und kam niemals wieder." – –

„Die Ironie deines alten Onkels in Ehren", sprach Sylvester, „aber mich will bedünken, daß doch etwas konsequente Bosheit dazu gehört, sich einen Überlästigen auf diese Art vom Halse zu schaffen. Ich hätte dem langweiligen Schulfreunde lieber geradehin die Türe gewiesen, wiewohl ich zugestehen will, daß es gerade in deines Onkels humoristischem Charakter lag, statt des vielleicht ärgerlichen Auftritts, den es gegeben, sich eine skurrile Theaterszene zu bereiten. Denn dafür erkläre ich den ominösen Mittag, wie du ihn geschildert. Lebhaft kann ich mir den alten Parasit denken, wie er die Qualen des Tantalus duldet, wie der Onkel immer neue Hoffnungen zu erregen und in demselben Augenblick zu vernichten weiß, wie endlich ihn die Verzweiflung ergreift –"

„Du kannst", erwiderte Theodor, „im nächsten Lustspiel Gebrauch machen von dieser artigen Szene."

„Die", fuhr Vinzenz fort, „mich übrigens lebhaft an jenes herrliche Mahl in Katzenbergers Badereise und an den armen Gevatter Einnehmer erinnert, der an den Bissen, die über die Trompetenmuskel glitten, beinahe ersticken mußte. Wiewohl diese Szene unserm Sylvester für ein neues Lustspiel eben nicht dienlich sein dürfte."

„Den vortrefflichen Katzenberger, den nur seiner robusten Zynik halber die Frauen nicht mögen", sprach Theodor, „habe ich übrigens persönlich gekannt. Er war ein Intimus meines alten Onkels und ich kann künftig manches Ergötzliche von ihm beibringen." – Cyprian hatte in tiefen Gedanken gesessen und schien kaum gehört zu haben, was Theodor und die übrigen gesprochen – Theodor munterte die Freunde auf, von dem warmen Punsch zu genießen, den er bereitet, weil dies Getränk das beste Gegengift gegen den bösen Einfluß der Witterung sei.

„Allerdings", sprach nun Cyprian, wie plötzlich aus dem Traum erwachend, „allerdings ist auch dieses der Keim des Wahnsinns, wo nicht schon Wahnsinn selbst." – Die Freunde schauten sich bedenklich an.

„Ha", fuhr Cyprian fort, indem er von seinem Sitz aufstand und lächelnd rund umherblickte, „ha ich merke, daß ich den Schlußsatz laut werden ließ von dem, was ich still im Innern dachte. – Nachdem ich dieses Glas Punsch geleert und Theodors geheimnisvolle Kunst dies Getränk nach seinen mystischen Verhältnissen der Stärke, Süße und Säure zu bereiten gehörig gelobt, will ich nur beibringen, daß einiger Wahnsinn, einige Narrheit so tief in der menschlichen Natur bedingt ist, daß man diese gar nicht besser erkennen kann als durch sorgfältiges Studium der Wahnsinnigen und Narren, die wir gar nicht in den Tollhäusern aufsuchen dürfen, sondern die uns täglich in den Weg laufen, ja am besten durch das Studium unseres eigenen Ichs, in dem jener Niederschlag aus dem chemischen Prozeß des Lebens genugsam vorhanden."

„Sage", rief Lothar verdrießlich, „sage, wie kamst du schon wieder auf Wahnsinn und Wahnsinnige?"

„Erzürne", erwiderte Cyprian, „erzürne dich nicht, lieber

Lothar. Wir sprachen über das Talent des gesellschaftlichen Gesprächs und da dachte ich an zwei sich einander entgegengesetzte Charaktere, die so häufig jede gesellschaftliche Unterhaltung töten. – Es gibt nämlich Personen, die von der Idee, von der Vorstellung, die sie erfaßt, sich durchaus nicht wieder trennen können, die stundenlang, ohne Rücksicht wie sich das Gespräch gewandt hat, immer dasselbe und wieder dasselbe wiederholen. Alles Mühen sie mit dem Strom des Gesprächs fortzureißen, bleibt umsonst, glaubt man endlich ihre Teilnahme an dem, was der fortschreitende Austausch der Ideen schafft, gewonnen zu haben, so kommen sie plötzlich, ehe man sich's versieht, um an den Bürgermeister in jenem Lustspiel zu erinnern, auf besagten Hammel zurück, und verdämmen so jenen schönen rauschenden Strom. Ihnen entgegengesetzt sind solche, die in der nächsten Sekunde vergessen, was sie in der vorigen gesprochen, welche fragen und ohne die Antwort abzuwarten, das davon Heterogenste vorbringen, denen bei jedem Anlaß alles, mithin eigentlich nichts einfällt, das in die Form des Gesprächs taugt, die in wenigen Worten einen bunten Plunderkram von Ideen zusammenwerfen, aus dem sich nichts, das nur einigermaßen deutlich, herausfinden läßt. Auch diese töten jede gemütliche Unterhaltung und bringen zur Verzweiflung, wenn jene die ärgste Langeweile, ja wahrhaften Überdruß erregen. Aber sagt, liegt in solchen Leuten nicht der Keim dort des fixen Wahns, hier der Narrheit, deren Charakter eben das ist, was die psychologischen Ärzte *Ideenflucht* nennen?"

„Wohl", nahm Theodor das Wort, „wohl möcht ich noch manches sagen von der in der Tat geheimnisvollen Kunst in Gesellschaft gut zu erzählen, die von Ort, Zeit, individuellen Verhältnissen abhängig, sich schwer in feste Prinzipe einfugen lassen würde, mich dünkt aber es möchte uns zu weit führen, und so der eigentlichen Tendenz des würdigen Serapions-Klubs entgegen sein."

„Ganz gewiß", sprach Lothar, „wir wollen uns dabei beruhigen, daß wir weder von dem Wahnsinn noch von der Narrheit, deren unser Freund Cyprianus erwähnt hat, behaftet, daß wir vielmehr untereinander höchst vortreffliche Gesellschafter sind, die nicht allein zu sprechen, sondern auch zu hören verstehen. Ja noch mehr! – Jeder von uns hört sogar ordentlich zu, wenn der andere vorlieset, und das will viel heißen. Freund Ottmar sagte mir vor einigen Tagen, daß er eine Novelle aufgeschrieben, in welcher der berühmte dichterische Maler Salvator

Rosa die Hauptrolle spiele. Mag er uns diese Novelle jetzt vorlesen."

„Nicht ohne Furcht", sprach Ottmar, indem er ein Manuskript aus der Tasche zog, „nicht ohne Furcht bin ich, daß ihr meine Novelle nicht serapiontisch finden werdet. Ich hatte im Sinn, jene gemächliche aber anmutige Breite nachzuahmen, die in den Novellen der alten Italiener, vorzüglich des Boccaccio, herrscht und über dieses Mühen bin ich, wie ich nur lieber gleich selbst gestehen will, weitschweifig geworden. Auch werdet ihr mir mit Recht vorwerfen, daß ich den eigentlichen Novellenton nur hin und wieder, vielleicht gar nur in den Überschriften der Kapitel getroffen. Bei diesen freien Selbstgeständnissen eines edlen Gemüts werdet ihr gewiß nicht zu strenge mit mir verfahren, sondern euch an das halten, was euch doch etwa ergötzlich und lebendig vorkommen möchte."

„Was für Vorreden", rief Lothar, „was für eine unnütze *Captatio benevolentiae*! Lies nur deine Novelle, mein guter Freund Ottmar, und gelingt es dir uns recht lebendig anzuregen, daß wir deinen Salvator Rosa recht wahrhaft vor uns erschauen, so wollen wir dich als einen würdigen Serapions-Bruder anerkennen, und das übrige mürrischen, tadelsüchtigen Kunstrichtern überlassen. Nicht wahr, meine vortrefflichen Serapions-Brüder?"

Die Freunde stimmten Lothar bei und Ottmar begann:

SIGNOR FORMICA

Eine Novelle

Der berühmte Maler Salvator Rosa kommt nach Rom und wird von einer gefährlichen Krankheit befallen. Was ihm in dieser Krankheit begegnet.

Berühmten Leuten wird gemeiniglich viel Böses nachgesagt, gleichviel ob aus wahrhaftigem Grunde, oder nicht. – So erging es auch dem wackern Maler Salvator Rosa, dessen lebendige Bilder du, geliebter Leser, gewiß nie ohne gar besondere, herzinnigliche Lust angeschaut haben wirst.

Als Salvators Ruf, Neapel, Rom, Toskana, ja ganz Italien durchdrang, als die Maler, wollten sie gefallen, seinen absonderlichen Stil nachzuahmen streben mußten, gerade zu der Zeit trugen sich hämische Neider mit allerlei bösen Gerüchten, die in die herrliche Glorie seines Künstlerruhms häßliche Schattenflecke werfen sollten. Sie behaupteten, Salvator habe in einer früheren Zeit seines Lebens sich zu einer Räuberbande geschlagen, und diesem ruchlosen Verkehr all die wilden, trotzigen, abenteuerlich gekleideten Gestalten zu verdanken, die er auf seinen Gemälden angebracht, so wie er auch die düstern, grauenvollen Einöden, diese *selve selvagge*, um mit Dante zu reden, wo er sich verbergen müssen, getreulich in seiner Landschafterei nachgebildet. Am schlimmsten war es, daß man ihm auf den Kopf zusagte, er sei in die heillose, blutige Verschwörung verwickelt gewesen, die der berüchtigte Mas'Aniello in Neapel anzettelte. Man erzählte, wie das zugegangen, mit den kleinsten Umständen.

Aniello Falcone, der Bataillenmaler (so hieß es) einer der besten Lehrmeister Salvators, entbrannte in Wut und blutdürstige Rache, als die spanischen Soldaten in einem Handgemenge einen seiner Verwandten getötet hatten. Zur Stelle rottete er einen Haufen junger verwegener Leute, mehrenteils Maler, zusammen, gab ihnen Waffen und nannte sie die Kompanie des Todes. In der Tat verbreitete dieser Haufe alle Schauer, alles Entsetzen, das schon sein fürchterlicher Name verkündete. Truppweise durchstreiften den ganzen Tag die Jünglinge Neapel, und stießen ohne Gnade jeden Spanier nieder, den sie antrafen. Noch mehr! – Sie drangen ein in die geheiligten Freistätten, und mordeten auch da schonungslos den unglücklichen Gegner, der von der Todesangst getrieben, sich dorthin geflüchtet. Nachts begaben sie sich zu ihrem Haupt, dem blutgierigen, wahnsinnigen Mas'Aniello, den sie bei dem Schein angezündeter Fackeln abmalten, so daß in kurzer Zeit Hunderte dieser Abbildungen in Neapel und der Gegend umher ausgestreut wurden.

Bei diesem mörderischen Haufen soll nun Salvator Rosa gewesen sein und tages tüchtig gemetzelt, nachts aber ebenso tüchtig gemalt haben. Wahr ist es, was ein berühmter Kunstrichter, ich glaube Taillasson, von unserm Meister sagt. Seine Werke tragen den Charakter eines wilden Stolzes, einer bizarren Energie der Gedanken und ihrer Ausführung. Nicht in der lieblichen Anmut grüner Wiesen, blühender Felder, duftender Haine, murmelnder Quellen, nein, in den Schauern gigantisch aufgetürmter Felsen, oder Meeresstrände, wilder unwirtbarer Forsten tut sich ihm die Natur auf, und nicht das Flüstern des Abendwindes, das rauschende Säuseln der Blätter, nein, das Brausen des Orkans, der Donner der Katarakte ist die Stimme, die er vernimmt. Betrachtet man seine Einöden, und die Männer von fremdem, wilden Ansehn, die bald einzeln, bald truppweise umherschleichen, so kommen von selbst die unheimlichen Gedanken. Hier geschah ein gräßlicher Mord, dorten wurde der blutende Leichnam in den Abgrund geschleudert u. s. w.

Mag das alles nun sein, mag Taillasson sogar recht haben, wenn er behauptet, Salvators Platon, ja selbst sein heiliger Johannes, der in der Wüste die Geburt des Heilands verkündet, sähe ein klein wenig aus wie ein Straßenräuber; mag das alles nun sein, sage ich, unrecht bliebe es doch, von den Werken auf den Meister selbst zu schließen, und zu wähnen, er, der das Wilde, Entsetzliche in vollem Leben dargestellt, müsse auch selbst ein wilder entsetzlicher Mensch gewesen sein. Wer viel von dem Schwerte spricht, führt es oft am schlechtesten; wer tief in der Seele alle Schrecknisse blutiger Greuel fühlt, daß er sie, Palette, Pinsel oder Feder in der Hand, in das Leben zu rufen vermag, ist sie zu üben am wenigsten fähig! – Genug! – ich glaube von allen bösen Gerüchten, die den wackern Salvator einen ruchlosen Räuber und Mörder schelten, durchaus nicht ein Wörtlein, und wünsche, daß du, geliebter Leser, gleichen Sinnes mit mir sein mögest. Außerdem würde ich befürchten müssen, daß du vielleicht gegen alles, was ich von dem Meister dir zu erzählen, eben im Begriff stehe, einige Zweifel hegen könntest, da dir mein Salvator, wie ich gedenke, als ein Mann erscheinen soll, in Feuer und Leben glühend und sprühend, aber dabei mit dem treusten, herrlichsten Gemüt begabt, das oft selbst die bittre Ironie zu beherrschen weiß, die sich, wie bei allen Menschen tiefen Geistes, aus der klarsten Anschauung des Lebens gestaltet. Übrigens ist es ja wohl bekannt, daß Salvator ein ebenso guter Dichter und Tonkünstler, als Maler war. Sein innerer Genius tat sich kund in herrlicher Strahlenbrechung. – Noch einmal, ich glaube nicht daran, daß Salvator teilgehabt an Mas'Aniellos blutigen Greueln, ich denke vielmehr, daß die Schrecken der entsetzlichen Zeit ihn forttrieben von Neapel nach Rom, wo er, ein armer bedürftiger Flüchtling gerade zu der Zeit ankam, als Mas'Aniello gefallen.

Eben nicht sonderlich gekleidet, ein schmales Beutelchen mit ein paar blassen Zechinen in der Tasche, schlich er durch das Tor, als die Nacht schon eingebrochen. Er geriet, selbst wußte er nicht wie, auf den Platz Navona. Dort hatte er sonst zu guter Zeit in einem schönen Hause, dicht neben dem Palast Pamfili gewohnt. Unmutig schaute er hinauf nach den großen

Spiegelfenstern, die im Glanz der Mondesstrahlen funkelten und blitzten: „Hm!“ rief er mürrisch, „das wird bunte Leinwand kosten, ehe ich dort oben wieder meine Werkstatt aufschlage!“ – Aber da fühlte er sich auf einmal wie an allen Gliedern gelähmt, und dabei kraft- und mutlos, wie noch niemals in seinem Leben. „Werd ich wohl“, murmelte er zwischen den Zähnen, indem er sich niederließ auf die steinernen Stufen vor der Türe des Hauses; „werde ich denn aber wohl bunte Leinwand genug fördern können, wie sie die Narren wollen? – Hm! – mich will's bedünken, es wär damit am Ende! –“

Ein kalter schneidender Nachtwind durchstrich die Straßen. Salvator fühlte die Notwendigkeit, ein Obdach zu suchen. Er stand mühsam auf, wankte fort, kam nach dem Korso, bog ein in die Straße Bergognona. Da stand er still vor einem kleinen, nur zwei Fenster breiten Hause, das eine arme Witwe mit ihren beiden Töchtern bewohnte. Die hatte ihn aufgenommen für geringes Geld, als er zum erstenmal nach Rom kam, von niemanden gekannt und geachtet, und bei dieser Witwe gedachte er wohl wieder ein Unterkommen zu finden, wie es nun gerade seiner schlimmen Lage angemessen.

Er klopfte getrost an die Tür, und rief mehrmals seinen Namen hinein. Endlich hörte er, wie die Alte sich mühsam aus dem Schlafe ermunterte. Sie pantoffelte hinan ans Fenster und schalt heftig, welcher Schelm sie mitten in der Nacht turbiere, ihr Haus sei keine Schenke u. s. w. Da kostete es viel Hin- und Herreden, bis sie ihren alten Hausgenossen an der Stimme wiedererkannte; und als nun Salvator klagte, wie er von Neapel fortgeflüchtet, und in Rom kein Obdach finden könne, da rief die Alte: „Ach um Christus und aller Heiligen willen! – Seid Ihr es Signor Salvator? – Nun! Euer Stübchen oben nach dem Hofe heraus steht noch leer und der alte Feigenbaum hat nun ganz und gar seine Zweige und Blätter in die Fenster hineingehängt, so daß Ihr sitzen und arbeiten könnt wie in einer schönen kühlen Laube! – Ei, was werden sich meine Töchter freuen, daß Ihr wieder da seid Signor Salvator. – Aber wißt Ihr wohl, daß die Margerita recht groß und schön geworden ist? – Die werdet Ihr nicht mehr auf dem Knie schaukeln! – Euer Kätzchen, denkt Euch, ist vor drei Monaten an einer Fischgräte erstickt. Nun das Grab ist unser aller Erbteil. Aber wißt Ihr wohl, daß die dicke Nachbarin, über die Ihr so oft gelacht, die Ihr so oft gar possierlich abgezeichnet; wißt Ihr wohl, daß sie doch noch den jungen Menschen, den Signor Luigi, heiratet? Nun! *nozze e magistrati sono da Dio destinati*! – Ehen werden im Himmel geschlossen, sage ich."

„Aber", unterbrach Salvator die Alte, „aber Signora Caterina, ich bitte Euch um aller Heiligen willen, laßt mich doch nur erst hinein, und erzählt mir dann von Euerm Feigenbaum, von Euern Töchtern, vom Kätzchen und der dicken Nachbarin! – Ich vergehe vor Müdigkeit und Frost."

„Nun seht mir die Ungeduld", rief die Alte. „*Chi va piano, va sano, chi va presto, more lesto* – Eile mit Weile, sage ich! Doch Ihr seid müde, Ihr friert; also rasch die Schlüssel, rasch die Schlüssel!"

Aber nun mußte die Alte erst die Töchter wecken, dann langsam, langsam Feuer anschlagen! – Endlich öffnete sie dem armen Salvator die Tür; doch kaum war der in die Hausflur getreten, als er von Ermattung und Krankheit überwältigt, wie tot zu Boden niederstürzte. Zum Glück war der Sohn der Witwe, der sonst in Tivoli wohnte, gerade bei ihr eingekehrt. Der wurde nun auch aus dem Bette geholt, das er gar gern dem kranken Hausfreund einräumte.

Die Alte liebte den Salvator gar sehr, setzte ihn, was seine Kunst betraf, über alle Maler in der Welt und hatte überhaupt an allem, was er begann, die herzlichste Freude. Ganz außer sich war sie daher über seinen bejammernswerten Zustand, und wollte gleich fortrennen nach dem nahe gelegenen Kloster und ihren Beichtvater holen, daß er komme und mit geweihten Kerzen, oder irgendeinem tüchtigen Amulett die feindliche Macht bekämpfe. Der Sohn meinte dagegen, es sei beinahe besser, sich gleich nach einem tüchtigen Arzt umzusehen, und sprang auf der Stelle fort nach dem spanischen Platz, wo, wie er wußte, der berühmte Doktor Splendiano Accoramboni wohnte. Sowie *der* hörte, daß der Maler Salvator Rosa in der Straße Bergognona krank darniederläge, war er sogleich bereit, sich bald bei dem Patienten einzufinden.

Salvator lag besinnungslos im stärksten Fieber. Die Alte hatte ein paar Heiligenbilder über dem Bette aufgehängt und betete eifrig. Die Töchter, in Tränen schwimmend, mühten sich, dem Kranken dann und wann einige Tropfen von der kühlenden Limonade einzuflößen, die sie bereitet, während der Sohn, der am Kopfende Platz genommen, ihm den kalten Schweiß von der Stirne trocknete. So war der Morgen herangekommen, als die Tür mit vielem Geräusch aufging, und der berühmte Doktor Signor Splendiano Accoramboni eintrat.

Wäre nur Salvator nicht so auf den Tod krank, und darüber so gar großes Herzeleid gewesen, die beiden Dirnen, mein ich, hätten, mutwillig und lustig, wie sie sonst waren, laut aufgelacht über des Doktors verwunderliches Ansehn, statt daß sie sich jetzt ganz erschrocken, scheu in die Ecke zurückzogen. Es ist der Mühe wert zu sagen, wie das Männlein aussah, das in der Morgendämmerung bei der Frau Caterina in der Straße Bergognona erschien. Aller Anlagen zum vortrefflichsten Wachstum unerachtet, hatte es der Herr Doktor Splendiano Accoramboni doch nicht ganz bis zu der ansehnlichen Größe von vier Schuh bringen können. Dabei war er aber in seinen jungen Jahren von dem zierlichsten Gliederbau, und ehe der von Haus aus etwas unförmliche Kopf durch die dicken Backen und das stattliche Doppelkinn zu viel Anwuchs gewonnen, ehe die Nase durch überreichliche Spaniol-Atzung sich zu sehr in die Breite gemästet, ehe das Bäuchlein sich durch Makkaroni-Futter zu sehr in die Spitze hinausgetrieben, stand ihm die Abbaten-Kleidung, die er damals trug, allerliebst. Er war mit Recht ein niedliches Männlein zu nennen, und die römischen Damen hießen ihn deshalb auch in der Tat ihren *caro puppazetto*, ihren lieben Püppling.

Jetzt war das nun freilich vorüber, und ein deutscher Maler meinte, als er den Herrn Doktor Splendiano über den spanischen Platz wandeln sah, nicht ganz mit Unrecht, der Mann sähe aus, als sei ein baumstarker, sechs Fuß hoher Kerl unter seinem eignen Kopf davongelaufen, und *der* sei auf den Körper eines kleinen Marionetten-Pulcinells gefallen, der ihn nun wie seinen eignen herumtragen müsse. – Diese kleine absonderliche Figur hatte sich in eine unbillige Menge großgeblümten venezianischen Damastes, die zu einem Schlafrock verschnitten, gesteckt, dicht unter der Brust einen breiten ledernen Gurt umgeschnallt, an dem ein drei Ellen langer Stoßdegen hing, und auf der schneeweißen Perücke eine hohe spitze Mütze, die dem Obelisk auf dem Petersplatz nicht unähnlich, aufgerichtet. Da besagte Perücke, einem wirren, zerzausten Gewebe gleich, dick und breit über den ganzen Rücken herabbauschte, so konnte sie füglich für den Kokon gelten, aus dem der schöne Seidenwurm hervorgekrochen.

Der würdige Splendiano Accoramboni glotzte durch seine großen funkelnden Brillengläser erst den kranken Salvator, dann die Frau Caterina an, und rief diese beiseite. „Da liegt", schnarrte er halbleise, „da liegt nun der tüchtige Maler Salvator

Rosa todkrank bei Euch, Frau Caterina, und er ist verloren, wenn ihn nicht meine Kunst rettet! – Sagt mir doch, seit wann ist er bei Euch eingekehrt? – Hat er viel schöne große Bilder mitgebracht?"

„Ach, lieber Herr Doktor", erwiderte Frau Caterina, „erst in dieser Nacht kehrte mein armer Sohn bei mir ein, und was die Bilder betrifft, so weiß ich noch nichts davon; aber unten steht eine große Kiste, die bat mich Salvator, ehe er so besinnungslos wurde, wie Ihr ihn jetzt seht, wohl und sorgfältig zu bewahren. Es ist wohl ein gar schönes Gemälde dareingepackt, das er in Neapel gemalt."

Das war nun eine Lüge, die Frau Caterina vorbrachte; aber wir werden schon erfahren, welchen guten Grund sie dazu hatte, dem Herrn Doktor dergleichen aufzubinden.

„So so", sprach der Doktor, strich sich schmunzelnd den Bart, näherte sich so gravitätisch, als es der lange Stoßdegen, mit dem er überall an Stühlen und Tischen hängenblieb, nur zulassen wollte, dem Kranken, faßte seine Hand, befühlte seinen Puls, indem er dabei ächzte und schnaufte, welches in der andächtigen Todesstille, in die alle versunken, wunderlich genug klang. Dann nannte er einhundertundzwanzig Krankheiten auf lateinisch und griechisch, die Salvator nicht habe, dann beinahe ebensoviel, von denen er hätte befallen werden können, und schloß damit, daß er die Krankheit Salvators zwar vor der Hand nicht zu nennen wisse, binnen einiger Zeit aber schon einen passenden Namen dafür, und mit diesem auch die gehörigen Mittel dagegen finden werde. – Dann ging er ebenso gravitätisch ab, wie er gekommen, und ließ alle in Angst und Besorgnis zurück.

Unten verlangte der Doktor Salvators Kiste zu sehen. Frau Caterina zeigte ihm wirklich eine, in der ein paar abgelegte Mäntel ihres seligen Eheherrn, nebst einigem zerrissenen Schuhwerk wohl eingepackt lagen. Der Doktor klopfte lächelnd auf der Kiste hin und her und sprach zufrieden: „Wir werden sehen, wir werden sehen!" – Nach einigen Stunden kehrte der Doktor zurück mit einem sehr schönen Namen für Salvators Krankheit und einigen großen Flaschen eines übelriechenden Tranks, den er dem Kranken unaufhörlich einzuflößen befahl. Das kostete Mühe, denn der Kranke gab seinen größten Widerwillen, ja seinen höchsten Abscheu gegen die Arzenei zu erkennen, die aus dem Acheron selbst geschöpft schien. Sei es aber, daß Salvators Krankheit nun, da sie einen Namen erhalten, und also wirklich was vorstellte, sich erst recht herrisch bewies, oder daß Splendianos Trank zu kräftig in den Eingeweiden tobte, genug, mit jedem Tage, ja mit jeder Stunde wurde der arme Salvator schwächer und schwächer, so, daß unerachtet der Doktor Splendiano Accoramboni versicherte, wie nach dem gänzlichen Stillstehen des Lebensprozesses er der Maschine, gleich dem Perpendikel einer Uhr, einen Stoß zu neuer Schwungkraft geben werde, alle an Salvators Aufkommen zweifelten, und meinten, der Herr Doktor möge vielleicht dem Perpendikel schon einen solchen unziemlichen Stoß gegeben haben, daß er gänzlich erlahmt sei.

Eines Tages begab es sich, daß Salvator, der kaum ein Glied zu rühren fähig schien, plötzlich in brennende Fieberglut geriet, erkräftigt aus dem Bette sprang, die vollen Arzneiflaschen ergriff, und sie wütend durch das Fenster schleuderte. Der Doktor Splendiano Accoramboni wollte gerade ins Haus treten, und so geschah es, daß ein paar Flaschen ihn treffend auf seinem Kopfe zerklirrten, und der braune Trank sich in reichen Strömen über Gesicht, Perücke und Halskrause ergoß. Der Doktor sprang schnell ins Haus und schrie wie besessen: „Signor Salvator ist toll geworden, in Raserei gefallen, keine Kunst kann ihn retten, er ist tot in zehn Minuten. Her mit dem Bilde Frau Caterina, her mit dem Bilde, das ist mein, der geringe Lohn meiner Mühe! – Her mit dem Bilde, sag ich!“

Als nun aber Frau Caterina die Kiste öffnete, und der Doktor Splendiano die alten Mäntel und das zerrissene Schuhwerk zu Gesichte bekam, rollten seine Augen wie ein Paar Feuerräder im Kopfe; er knirschte mit den Zähnen, stampfte mit den Füßen, übergab den armen Salvator, die Witwe, das ganze Haus, allen Teufeln der Hölle, und stürzte pfeilschnell, wie aus der Mündung einer Kanone geschossen, fort zum Hause hinaus.

Salvator fiel, da der wütende Paroxysmus des heftigsten Fiebers vorüber, aufs neue in einen todähnlichen Zustand. Frau Caterina glaubte nicht anders, als Salvators Ende sei nun wirklich herangekommen; rannte daher schnell nach dem Kloster und holte den Pater Bonifacio, daß er dem Sterbenden das Sakrament reiche. Als Pater Bonifaz den Kranken erblickte, meinte er, die gar besondern Züge, die der Tod auf des Menschen Antlitz zeichne, wenn er ihn erfassen wolle, kenne er gar gut; bei dem ohnmächtigen Salvator sei zur Zeit nichts davon zu spüren, und Hülfe noch möglich, die er ihm gleich verschaffen wolle, nur dürfe der Herr Doktor Splendiano

Accoramboni mit seinen griechischen Namen und höllischen Flaschen nicht mehr über die Schwelle. Der gute Pater machte sich sogleich auf den Weg und wir werden erfahren, daß er, was die versprochene Hülfe betraf, Wort hielt. –

Salvator erwachte aus seiner Ohnmacht, und da dünkte es ihm, er läge in einer schönen duftigen Laube, denn über ihm rankten sich grüne Zweige und Blätter. Er fühlte, wie eine wohltätige Lebenswärme ihn durchströmte, nur war es ihm, als sei sein linker Arm gefesselt. – „Wo bin ich“, rief er mit matter Stimme; – da stürzte ein junger Mensch von hübschem Ansehn, der an seinem Bette gestanden, und den er jetzt erst gewahrte, nieder auf die Knie, ergriff seine rechte Hand, küßte sie, benetzte sie mit heißen Tränen, rief ein Mal über das andere: „O mein bester Herr! – mein hoher Meister! – nun ist alles gut – Ihr seid gerettet, Ihr werdet gesunden!“

„Aber sagt mir nur“, fing Salvator an – doch der junge Mensch bat ihn, sich ja in seiner großen Mattigkeit nicht durch Reden anzustrengen, er wolle erzählen, wie es sich mit ihm begeben. „Seht“, begann der junge Mensch, „seht mein lieber hoher Meister, Ihr wart wohl sehr krank, als Ihr von Neapel hier ankamt; aber so zum Tode gefährlich mochte doch wohl Euer Zustand nicht sein und geringe Mittel angewandt, hätte Euch Eure starke Natur in kurzer Zeit wieder auf die Beine geholfen, wäret Ihr nicht durch Karlos gutgemeintes Ungeschick, der gleich nach dem nächsten Arzte rannte, dem unseligen Pyramiden-Doktor in die Hände geraten, der alle Anstalten machte, Euch unter die Erde zu bringen.“

„Was“, rief Salvator und lachte, so matt wie er war, recht herzlich, „was sagt Ihr? – dem Pyramiden-Doktor? – Ja ja, trotz meiner Krankheit habe ich es wohl gesehen, der kleine damastne Kerl, der mich zu dem abscheulichen ekelhaften Höllengesöff verdammte, trug den Obelisk vom Petersplatz auf dem Kopfe, und darum heißt Ihr ihn den Pyramiden-Doktor!“

„O heiliger Gott“, sprach der junge Mensch, indem er ebenfalls laut auflachte, „da ist Euch der Doktor Splendiano Accoramboni in seiner spitzen verhängnisvollen Nachtmütze erschienen, in der er, wie ein unheilbringendes Meteor, jeden Morgen auf dem spanischen Platz zum Fenster hinausleuchtet. Aber dieser Mütze wegen heißt er keinesweges der Pyramiden-Doktor, vielmehr hat es damit eine ganz andere Bewandtnis. – Der Doktor Splendiano ist ein großer Liebhaber von Gemälden, und besitzt auch in der Tat eine ganz auserlesene Gemäldesammlung, die er sich durch eine besondere Praktik erworben. Er stellt nämlich den Malern und ihren Krankheiten mit Schlauigkeit und Eifer nach. Vorzüglich fremde Meister, haben sie nur einmal ein paar Makkaroni zu viel gegessen, oder ein Glas Syrakuser mehr als dienlich getrunken, weiß er in sein Garn zu locken, und hängt ihnen bald diese, bald jene Krankheit an, die er mit einem ungeheuern Namen tauft und darauflos kuriert. Für die Kur läßt er sich ein Gemälde versprechen, das er, da nur besonders hartnäckige Naturen seinen kräftigen Mitteln widerstehen, gewöhnlich aus dem Nachlaß des armen fremden Malers holt, den sie nach der Pyramide des Cestius getragen und eingescharrt. Daß Signor Splendiano dann immer das Beste wählt, was der Maler gefertigt, und dann noch manches andere Bild mitgehen heißt, versteht sich von selbst. Der Begräbnisplatz bei der Pyramide des Cestius ist das Saatfeld des Doktors Splendiano Accoramboni, das er fleißig bestellt, und deshalb wird er der Pyramiden-Doktor genannt. Zum Überfluß hatte Frau Caterina, freilich in guter Absicht, dem Doktor eingebildet, Ihr hättet ein schönes Gemälde mitgebracht, und nun könnt Ihr denken, mit welchem Eifer er für Euch seine Tränke kochte. – Euer Glück, daß Ihr im Fieberparoxysmus dem Doktor seine Flaschen auf den Kopf warft, ein Glück, daß er zornig Euch verließ, ein Glück, daß Frau Caterina den Pater Bonifacio holte, Euch, den sie in Todesnöten glaubte, mit dem Sakrament zu versehen. Pater Bonifacio versteht sich etwas auf die Heilkunde, er beurteilte Euern Zustand ganz richtig, er holte mich."

„Also seid Ihr auch ein Doktor?" fragte Salvator mit matter weinerlicher Stimme.

„Nein", erwiderte der Jüngling, indem ihm hohe Röte ins Gesicht stieg, „nein mein lieber, hoher Meister, ich bin keinesweges ein Doktor wie Signor Splendiano Accoramboni, aber wohl ein Wundarzt. Ich dachte, ich müsse in die Erde versinken vor Schreck – vor Freude, als Pater Bonifacio mir sagte, Salvator Rosa liege todkrank in der Straße Bergognona und bedürfe meiner Hülfe. Ich eilte her, ich schlug Euch eine Ader am linken Arm; Ihr wart gerettet! – Wir brachten Euch hieher in das kühle luftige Zimmer, das Ihr sonst bewohntet. Schaut um Euch, dort steht noch die Staffelei, die Ihr zurückließet; dort liegen noch ein paar Handzeichnungen, die Frau Caterina aufbewahrt hat, wie ein Heiligtum. – Eure Krankheit ist gebrochen;

einfache Mittel, die Euch Pater Bonifacio bereitet, und gute Pflege werden Euch bald ganz erkräftigen. – Und nun erlaubt, daß ich noch einmal diese Hand küsse, diese schöpferische Hand, die die verborgensten Geheimnisse der Natur ins rege Leben zaubert! – Erlaubt, daß der arme Antonio Scacciati sein ganzes Herz ausströmen lasse in Entzücken und feurigen Dank, daß der Himmel es ihm verstattete, dem hohen, herrlichen Meister Salvator Rosa das Leben zu retten." – Und damit stürzte der Jüngling aufs neue nieder auf die Knie, ergriff Salvators Hand, küßte sie, und benetzte sie mit heißen Tränen, wie zuvor.

„Ich weiß nicht", sprach Salvator, indem er sich mühsam etwas in die Höhe richtete, „ich weiß nicht, lieber Antonio, welcher besondere Geist Euch treibt, daß Ihr mir so gar große Verehrung beweiset. Ihr seid, wie Ihr sagt, ein Wundarzt, und dies Gewerbe pflegt sich doch sonst mit der Kunst schwer zu paaren?"

„Wenn Ihr", erwiderte der Jüngling mit niedergeschlagenen Augen, „wenn Ihr, mein lieber Meister, wieder mehr bei Kräften seid, so werde ich Euch manches sagen, was mir jetzt schwer auf dem Herzen liegt."

„Tut das", sprach Salvator, „faßt volles Vertrauen zu mir. Ihr könnt das; denn ich wüßte nicht, welches Menschen Anblick mir mehr ins treue Gemüt gedrungen, als der Eurige. – Je mehr ich Euch anschaue, desto klarer geht es mir auf, daß Euer Antlitz Spuren trägt einer Ähnlichkeit mit dem göttlichen Jüngling – ich meine den Sanzio!" – Antonios Augen leuchteten hoch auf in blitzendem Feuer – er schien vergebens nach Worten zu ringen.

In dem Augenblick trat Frau Caterina mit dem Pater Bonifacio herein, der dem Salvator ein Getränk brachte, das er kunstverständig zubereitet, und das dem Kranken besser mundete und bekam, als das acherontische Wasser des Pyramiden-Doktors Splendiano Accoramboni.

Antonio Scacciati kommt durch Salvator Rosas Vermittlung zu hohen Ehren. Er entdeckt die Ursache seiner fortdauernden Betrübnis dem Salvator, der ihn tröstet und zu helfen verspricht.

Es kam so, wie Antonio vorausgesagt. Die einfachen, heilbringenden Mittel des Pater Bonifacio, die sorgsame Pflege der guten Frau Caterina und ihrer Töchter, die milde Jahreszeit, die eben eintrat, alles schlug bei dem von Natur kräftigen Salvator so gut an, daß er sich bald gesund genug fühlte, an seine Kunst zu denken, und fürs erste tüchtige Handzeichnungen entwarf, die er künftig auszuführen gedachte.

Antonio verließ beinahe gar nicht Salvators Zimmer, er war ganz Aug, wenn Salvator seine Skizzen entwarf; und sein Urteil über manches zeigte, daß er eingeweiht sein mußte in die Geheimnisse der Kunst.

„Hört", sprach Salvator eines Tages zu ihm, „hört Antonio, Ihr versteht Euch so gut auf die Kunst, daß ich glaube, Ihr habt nicht allein vieles mit richtigem Verstande angeschaut, sondern wohl gar selbst den Pinsel in der Hand gehabt."

„Erinnert", erwiderte Antonio, „erinnert Euch, mein lieber Meister, daß ich schon damals, als Ihr aus tiefer Ohnmacht zur Genesung erwachtet, Euch sagte, schwer läge manches auf meinem Herzen. Nun ist es wohl an der Zeit, daß ich mein Inneres Euch ganz und gar offenbare! – Seht, so wie ich der Wundarzt Antonio Scacciati bin, der Euch die Ader schlug, so gehöre ich doch ganz und gar der Kunst an, der ich mich nun auch ganz ergeben will, das verhaßte Handwerk beiseite werfend!"

„Hoho", rief Salvator, „hoho Antonio, bedenkt, was Ihr tut. Ihr seid ein geschickter Wundarzt, und werdet vielleicht ein stümperhafter Maler werden und bleiben; denn verzeiht, so jung Ihr noch an Jahren sein möget, so seid Ihr doch schon zu alt, um jetzt noch die Kohle zur Hand zu nehmen. Reicht doch kaum ein Menschenalter hin, um nur zu einiger Erkenntnis des Wahrhaftigen – und noch mehr zur praktischen Fähigkeit es darzustellen, zu gelangen!"

„Ei", erwiderte Antonio mild lächelnd, „ei, mein lieber Meister, wie sollte mir der wahnsinnige Gedanke kommen, jetzt mich zur schweren Malerkunst zu wenden, hätt ich nicht, wie ich nur konnte, schon von Kindesbeinen an die Kunst getrieben, hätt es nicht der Himmel gewollt, daß ich, durch meines Vaters Starrsinn von allem zurückgehalten, was Kunst heißt, doch in die Nähe berühmter Meister kam. Wißt, daß der große Annibal sich des verlaßnen Knaben annahm, wißt, daß ich mich wohl recht eigentlich Guido Renis Schüler nennen darf."

„Nun", sprach Salvator etwas scharf, wie es zuweilen in seiner Art lag, „nun wackerer Antonio, so habt Ihr ja gar große Lehrer gehabt, und so kann es gar nicht fehlen, daß Ihr,

Eurer Wundarzneikunst unbeschadet, auch ein großer Schüler sein müßt. – Nur begreife ich nicht, wie Ihr, ein treuer Anhänger des sanften, zierlichen Guido, den Ihr vielleicht – die Schüler tun ja das wohl im Enthusiasmus – in Euern Gemälden noch überzierlicht, wie Ihr da einiges Wohlgefallen an meinen Bildern finden, wie Ihr mich wirklich für einen Meister der Kunst halten könnt."

Dem Jüngling stieg hohe Glut ins Gesicht bei diesen Worten Salvators, die auch wohl beinahe klangen wie verhöhnender Spott.

„Laßt", sprach er, „laßt mich jetzt alle Scheu, die sonst mir den Mund verschließt, beiseite setzen, laßt mich alles frei heraussagen, wie ich es in mir trage. – Seht, Salvator, niemals habe ich einen Meister so aus dem tiefsten Grunde meiner Seele verehrt, als eben Euch. Es ist die oft übermenschliche Größe der Gedanken, die ich in Euren Werken anstaune. Ihr erfaßt die tiefsten Geheimnisse der Natur, Ihr erschaut die wunderbaren Hieroglyphen ihrer Felsen, ihrer Bäume, ihrer Wasserfälle, Ihr vernehmt ihre heilige Stimme, Ihr versteht ihre Sprache, und habt die Macht, es aufzuschreiben, was sie zu Euch gesprochen. – Ja ein *Aufschreiben* möcht ich Euer kekkes, kühnes Malen nennen. – Der Mensch allein mit seinem Treiben genügt Euch nicht, Ihr schaut den Menschen nur in dem Kreise der Natur, und insofern sein innerstes Wesen durch ihre Erscheinungen bedingt ist; deshalb, Salvator, seid Ihr auch nur wahrhaft groß in Euern wunderbar staffierten Landschaften. Das historische Bild setzt Euch Grenzen, die Euern Flug hemmen zum Nachteil der Darstellung –"

„Das", unterbrach Salvator den Jüngling, „das redet Ihr den neidischen Historienmalern nach, Antonio, die mir die Landschaft hinwerfen, wie einen guten Bissen, an dem ich kauen und ihr eigenes Fleisch verschonen soll! – Ob ich mich wohl auf menschliche Figuren, und auf alles, was dem anhängig, verstehe? – Aber das tolle Nachreden –"

„Werdet", fuhr Antonio fort, „werdet nicht ungehalten, mein lieber Meister, ich rede niemanden etwas blindlings nach, und am wenigsten darf ich jetzt dem Urteil unserer Meister hier in Rom trauen! – Wer wird die kühne Zeichnung, den wunderbaren Ausdruck, vorzüglich aber die lebendige Bewegung Eurer Figuren nicht hoch bewundern! – Man merkt es, daß Ihr nicht nach dem steifen, ungelenken Modell, oder gar nach der toten Gliederpuppe arbeitet; man merkt es, daß Ihr selbst Euer reges lebendiges Modell seid, indem Ihr, wann Ihr zeichnet oder malt, vor einem großen Spiegel die Figur darstellt, die Ihr auf die Leinwand zu bringen im Sinne habt!"

„Der Tausend! Antonio", rief Salvator lachend, „ich glaube, Ihr habt schon öfters, ohne daß ich es eben gewahr worden, in meine Werkstatt geguckt, da Ihr so genau wisset, wie es darin hergeht?"

„Könnte das nicht sein?" erwiderte Antonio, „doch laßt mich weitersprechen! – Die Bilder, die Euch Euer mächtiger Geist eingibt, möcht ich gar nicht so ängstlich in ein Fach stellen, wie die pedantischen Meister zu tun sich mühen. In der Tat, was man gewöhnlich Landschaft nennt, paßt schlecht auf Eure Gemälde, die ich lieber historische Darstellungen im tiefern Sinne nennen möchte. Scheint oft dieser, jener Felsen, dieser, jener Baum, wie ein riesiger Mensch mit ernstem Blick uns anzuschauen, so gleicht diese, jene Gruppe seltsam gekleideter Menschen wiederum einem wunderbaren, lebendig gewordnen Gestein; die ganze Natur im harmonischen Einklang sich regend, spricht den erhabenen Gedanken aus, der in Euch aufglühte. So hab ich Eure Gemälde betrachtet, und auf diese Weise verdanke ich ihnen, Euch, mein hoher, herrlicher Meister, allein das tiefere Verständnis der Kunst. – Glaubt deshalb nicht, daß ich in kindische Nachahmerei verfallen. – Sosehr ich mir die Freiheit, die Keckheit Eures Pinsels wünsche, so muß ich doch gestehen, daß mir die Färbung in der Natur anders erscheint, als ich sie auf Euern Gemälden erblicke. Ist es, meine ich, auch der Praktik wegen, dem Schüler heilsam, den Stil dieses oder jenes Meisters nachzuahmen, so muß er, steht er nur einigermaßen auf eigenen Füßen, doch darnach ringen, die Natur so darzustellen, wie *er* sie erschaut! – Dieses wahrhafte Schauen, diese Einigkeit mit sich selbst, kann ja nur allein Charakter und Wahrheit erzeugen. – Guido war dieser Meinung, und der unruhige Preti, den sie, wie Euch bekannt ist, den Calabrese nennen, ein Maler, der gewiß, wie kein andrer über seine Kunst nachgedacht hat, warnte mich ebenso vor aller Nachahmerei! – Nun wißt Ihr, Salvator, warum ich Euch so überaus verehre, ohne Euer Nachahmer zu sein."

Salvator hatte dem Jüngling, während er sprach, starr in die Augen geschaut, jetzt riß er ihn stürmisch an die Brust.

„Antonio", sprach er dann, „Ihr habt in diesem Augenblick gar weise tiefsinnige Worte gesagt – So jung Ihr an Jahren seid, so möget Ihr es doch, was das wahre Verständnis der

Kunst betrifft, manchem von unsern alten, hochgepriesenen Meistern zuvortun, die viel Aberteuerliches von ihrem Malen faseln, ohne jemals der Sache auf den Grund zu kommen. Wahrhaftig! als Ihr von meinen Bildern spracht, war es, als würde ich mir selbst erst recht klar, und daß Ihr meinen Stil nicht nachahmt, daß Ihr nicht, wie manche andere, den schwarzen Farbentopf zur Hand nehmt, grelle Lichter aufsetzet, oder gar ein paar verkrüppelte Gestalten mit abscheulichen Gesichtern aus der kotigen Erde herausgucken laßt und dann meint, der Salvator sei fertig: eben darum schätze ich Euch gar hoch – Wie Ihr da seid, habt Ihr an mir den treusten Freund gefunden! – „Ich gebe mich Euch hin mit ganzer Seele!"

Antonio war außer sich vor Freude über das Wohlwollen, das ihm der Meister so mit aller Gemütlichkeit bezeugte. Salvator äußerte lebhaftes Verlangen, Antonios Bilder zu sehen. Antonio führte ihn zur Stelle in seine Werkstatt.

Nicht Geringes hatte Salvator von dem Jünglinge erwartet, der so verständig über die Kunst gesprochen, in dem ein besonderer Geist sich zu regen schien; und doch wurde der Meister durch Antonios reiche Bilder gar höchlich überrascht. Er fand überall kühne Gedanken, korrekte Zeichnung, und das frische Kolorit, der große Geschmack in dem breiten Faltenwurf, die ungemeine Zierlichkeit der Extremitäten, die hohe Anmut der Köpfe zeigte den würdigen Schüler des großen Reni, wiewohl das Bestreben Antonios, nicht, wie jenes Meisters, der das wohl zu tun pflegte, den Ausdruck der Schönheit zu opfern, oft zu sichtlich, hervortrat. Man sah, Antonio rang nach Annibals Stärke, ohne sie zur Zeit erreichen zu können.

In ernstem Schweigen hatte Salvator jedes von Antonios Gemälden lange Zeit hindurch betrachtet, dann sprach er: „Hört Antonio, es ist wohl nun nicht anders, Ihr seid recht eigentlich für die edle Malerkunst geboren. Denn nicht allein, daß die Natur Euch den schöpferischen Geist gegeben hat, der in unversiegbarem Reichtum die herrlichsten Gedanken entflammt, sie verlieh Euch auch das seltene Talent, das in kurzer Zeit die Schwierigkeiten der Praktik überwindet. – Ich würde lügenhaft schmeicheln, wenn ich Euch sagen sollte, daß Ihr jetzt schon Eure Meister, daß Ihr Guidos wunderbare Anmut, daß Ihr Annibals Stärke erreicht habt; aber gewiß ist es, daß Ihr unsere Meister, die sich hier in der Akademie San Luca so brüsten, den Tiarini, den Gessi, den Sementa und wie sie alle heißen, ja selbst den Lanfranco nicht ausgenommen, der nur auf Kalk zu malen versteht, weit übertrefft. – Und doch Antonio! und doch würde ich mich, wär ich an Eurer Stelle, besinnen, ob ich die Lanzette ganz und gar wegwerfen und den Pinsel allein zur Hand nehmen solle! – Das klingt sonderbar, aber hört mich an! – Es ist jetzt in der Kunst eine böse Zeit eingetreten, oder vielmehr, der Teufel scheint geschäftig zu sein unter unsern Meistern, und sie wacker zu hetzen! – Seid Ihr nicht darauf gefaßt, Kränkungen jeder Art zu erfahren, je höher Ihr in der Kunst steigt, desto mehr Hohn und Verachtung zu leiden, überall, sowie Euer Ruhm sich verbreitet, auf hämische Bösewichter zu stoßen, die mit freundlicher Miene sich an Euch drängen, um Euch desto sicherer zu verderben, seid Ihr, sage ich, auf alles das nicht gefaßt, so bleibt weg von der Malerei! – Denkt an das Schicksal Eures Lehrers, des großen Annibal, den ein schurkischer Haufe von Kunstgenossen in Neapel tückisch verfolgte, so daß er kein einziges großes Werk auszuführen bekam, sondern überall mit Verachtung abgewiesen wurde, was ihm denn den frühen Tod zuzog! – Denkt doch nur daran, wie es unserm Dominichino erging, als er die Kuppel in der Kapelle des heiligen Januars malte. Bestachen nicht die Bösewichter von Malern – ich will nun eben keinen nennen, auch nicht den Schurken Belisario und den Ribera! – bestachen die nicht Dominichinos Diener, daß er Asche unter den Kalk werfen solle? So konnte das Bewerfen der Mauer nicht binden und die Malerei keinen Bestand haben. – Denkt an das alles und prüft Euch wohl, ob Euer Gemüt stark genug ist, dergleichen zu ertragen, denn sonst wird Eure Kraft gebrochen, und mit dem festen Mut zu schaffen, geht auch die Fähigkeit dazu verloren!“

„Ach Salvator“, erwiderte Antonio, „es ist wohl kaum möglich, daß ich, habe ich mich dann ganz und gar zu den Malern geschlagen, mehr Hohn und Verachtung erdulden kann, als es jetzt schon geschehen ist, da ich noch Wundarzt bin. – Ihr habt Wohlgefallen gefunden an meinen Gemälden, ja Ihr habt es, und doch wohl aus innerer Überzeugung ausgesprochen, daß ich Tüchtigeres zu schaffen vermag, als manche von unsern Lucanern; und doch sind es eben diese, die über alles, was ich mit großem Fleiß hervorgebracht, die Nase rümpfen und verächtlich sprechen: ‚Seht doch, der Wundarzt will malen!‘ – Eben darum steht aber mein Entschluß fest, mich von einem Gewerbe ganz zu trennen, das mir mit jedem Tage verhaßter wird! – Auf Euch, mein würdiger Meister, habe ich aber nun meine ganze Hoffnung gestellt! – Euer Wort gilt viel, Ihr könnt, wollt Ihr für mich sprechen, mit einemmal meine neidischen Verfolger zu Boden schlagen, Ihr könnt mich hinstellen an den Platz, wo ich hingehöre!"

„Ihr habt", erwiderte Salvator, „Ihr habt viel Vertrauen zu mir; aber, nachdem wir uns so recht über unsere Kunst verständigt, nachdem ich Eure Werke gesehen, wüßte ich auch in der Tat nicht, für wen ich lieber mit aller meiner Kraft in den Kampf gehen sollte, als eben für Euch!"

Salvator betrachtete noch einmal Antonios Gemälde, und blieb vor einem stehen, das eine Magdalena zu des Heilands Füßen darstellte, und das er ganz besonders pries.

„Ihr seid", sprach er, „von der gewöhnlichen Art, wie man diese Magdalena darstellt, abgewichen. Eure Magdalena ist nicht die ernste Jungfrau, sondern mehr ein unbefangenes, liebliches Kind, aber ein so wunderbares, wie es Guido nur hätte schaffen können – Es liegt ein besonderer Zauber in der holden Gestalt; Ihr habt mit Begeisterung gemalt, und irr ich nicht, so lebt das Original dieser Magdalena und ist hier in Rom zu finden – Gesteht es Antonio! – Ihr seid in Liebe!" – Antonio schlug den Blick zu Boden und sprach leise und schüchtern: „Eurem Scharfblick entgeht nichts, mein lieber Meister, es mag wohl so sein, wie Ihr saget; aber tadelt mich nicht darum. – Jenes Bild halt ich am höchsten, und ich habe es wie ein heiliges Geheimnis zur Zeit verborgen gehalten vor jedermanns Auge."

„Was sagt Ihr", unterbrach Salvator den Jüngling, „niemand von den Malern hat Euer Bild geschaut?"

„So ist es", erwiderte Antonio.

„Nun", fuhr Salvator fort, indem ihm die Augen vor Freude blitzten, „nun Antonio, so seid gewiß, daß ich Eure neidischen, hochmütigen Verfolger zu Boden schlage, und Euch zu verdienten Ehren bringe. Vertraut mir Euer Bild an, schafft es zur Nachtzeit heimlich in meine Wohnung, und für das übrige laßt mich dann sorgen – Wollt Ihr das tun?"

„Mit tausend Freuden", erwiderte Antonio. „Ach ich möchte nun auch gleich von dem Ungemach meiner Liebe zu Euch reden; aber es ist mir so, als wenn ich das nun gerade heute, da in der Kunst unser Inneres sich gegenseitig erschlossen, nicht dürfe. Künftig flehe ich Euch wohl an, auch was meine Liebe betrifft, mir beizustehen mit Rat und Tat –"

„Mit beidem", sprach Salvator, „stehe ich Euch zu Diensten,

wo und wenn es not tut!" – Im Davonschreiten wandte sich Salvator noch einmal um und sprach lächelnd: „Hört Antonio, als Ihr mir entdecktet, daß Ihr ein Maler wäret, da fiel es mir schwer aufs Herz, daß ich von Eurer Ähnlichkeit mit dem Sanzio gesprochen. Ich glaubte schon, Ihr könntet so faselig tun, wie manche von unsern jungen Leuten, die, tragen sie eine flüchtige Ähnlichkeit mit diesem, jenem großen Meister im Gesicht, sich sogleich den Bart so stutzen oder die Haare, wie der es tat, und darin den Beruf finden, jenes Meisters Manier auch in der Kunst nachzuahmen, widerstrebt dem gleich ihre Natur! – Wir haben beide den Namen Raffael nicht genannt, aber glaubt mir, in Euern Bildern habe ich die deutliche Spur gefunden, wie der ganze Himmel der göttlichen Gedanken in den Werken des größten Malers der Zeit Euch aufgegangen! – Ihr versteht den Raffael, Ihr werdet mir nicht so antworten, wie der Velasquez, den ich neulich fragte, was er von dem Sanzio halte. Tizian, erwiderte er mir, sei der größte Maler, Raffael wisse nichts von der Karnation. – In diesem Spanier ist das Fleisch, aber nicht das Wort; und doch erheben sie ihn in San Luca bis in den Himmel, weil er einmal Kirschen gemalt, die die Spatzen angepickt!" – –

Es begab sich, daß nach einigen Tagen die Akademisten von San Luca sich in ihrer Kirche versammelten, um über die Werke der Maler, die sich zur Aufnahme gemeldet, zu urteilen: Dort hatte Salvator das schöne Bild Scacciatis aufstellen lassen. Unwillkürlich wurden die Maler von der Stärke und Anmut des Gemäldes hingerissen und von allen Lippen ertönte das ungemessenste Lob, als Salvator versicherte, daß er das Bild aus Neapel mitgebracht, als den Nachlaß eines jungen, früh verstorbenen Malers.

Wenige Zeit dauerte es, so strömte ganz Rom hin, das Gemälde des jungen unbekannt verstorbenen Malers zu bewundern; man war darüber einig, daß seit Guido Renis Zeiten ein solches Bild nicht geschaffen worden, ja man ging im gerechten Enthusiasmus so weit, die wunderliebliche Magdalena noch über Guidos Schöpfungen der Art zu stellen. – Unter der Menge von Menschen, die immer vor Scacciatis Gemälde versammelt, bemerkte Salvator eines Tages einen Mann, der bei seinem übrigens gar besonderen Ansehen sich wie närrisch gebärdete. Er war hoch in den Jahren, groß, dürr wie eine Spindel, bleichen Angesichts, mit langer spitzer Nase, mit ebenso langem Kinn, das überdies in einen kleinen Bart sich zuspitzte, und grauen, blitzenden Augen. Auf die dicke, hellblonde Perücke hatte er einen hohen Hut mit einer stattlichen Feder gesetzt, er trug ein kleines, dunkelrotes Mäntelchen mit vielen blanken Knöpfen, ein himmelblaues, spanisch geschlitztes Wams, große, mit silbernen Frangen besetzte Stülphandschuhe, einen langen Stoßdegen an der Seite, hellgraue Strümpfe über die spitzen Knie gezogen, und mit gelben Bändern gebunden, und ebensolche gelbe Bandschleifen auf den Schuhen.

Diese seltsame Figur stand nun wie entzückt vor dem Bilde, erhob sich auf den Zehen, duckte sich ganz klein nieder – hüpfte dann mit beiden Beinen zugleich auf – stöhnte – ächzte – kniff die Augen fest zu, daß die Tränen hervorperlten, riß sie dann wieder weit auf, schaute unverwandt hin nach der lieblichen Magdalena, seufzte, lispelte mit feiner, klagender Kastratenstimme: „*Ah carissima – benedettissima – ah Marianna – Mariannina – bellissima*“ etc. Salvator, auf solche Figuren besonders erpicht, drängte sich zu dem Alten, wollte sich mit ihm in ein Gespräch einlassen über Scacciatis Bild, das ihn so zu entzücken schien. Ohne sonderlich auf Salvator zu achten, verfluchte aber der Alte seine Armut, die ihm nicht erlaube, das Bild für eine Million zu erstehen, und zu verschließen, damit nur kein anderer seine satanischen Blicke darauf richte. Und dann hüpfte er wieder auf und nieder, und dankte der Jungfrau und allen Heiligen, daß der verruchte Maler tot sei, der das himmlische Bild gemalt, das ihn in Verzweiflung und Raserei stürze.

Salvator schloß, der Mann müsse wahnsinnig, oder ein ihm unbekannter Akademist von San Luca sein.

Ganz Rom war erfüllt von dem wunderbaren Gemälde Scacciatis; es war kaum von etwas anderm die Rede, und dies mußte wohl schon zur Gnüge die Vortrefflichkeit des Werkes beweisen. Als nun die Maler aufs neue in der Kirche des heiligen Lukas versammelt waren, um über die Aufnahme verschiedener, die sich dazu gemeldet, zu entscheiden, fragte Salvator Rosa plötzlich: ob nicht der Maler, dessen Werk die Magdalena zu des Heilands Füßen, würdig gewesen in die Akademie aufgenommen zu werden? Alle Maler, selbst den über die Gebühr kritischen Ritter Josepin nicht ausgenommen, versicherten einstimmig, daß solch ein hoher Meister eine Zierde der Akademie gewesen sein würde, und bedauerten in den ausgesuchtesten Redensarten seinen Tod, wiewohl sie ebensogut, als jener tolle Alte, im Herzen den Himmel dafür priesen. – Ja sie gingen in ihrem Enthusiasmus so weit, daß sie beschlossen, den vortrefflichen Jüngling, den der Tod zu früh der Kunst entrissen, noch im Grabe zum Akademiker zu ernennen, und zum Heil seiner Seele Messen lesen zu lassen in der Kirche des heiligen Lucas. Sie erbaten sich daher von dem Salvator den vollständigen Namen des Verstorbenen, sein Geburtsjahr, den Ort seiner Herkunft u. s. w.

Da erhob sich Salvator Rosa und sprach mit lauter Stimme: „Ei, ihr Herren, die Ehre, die ihr einem Toten im Grabe erweisen wollet, könnet ihr besser einem Lebendigen zuwenden, der unter euch wandelt. – Wißt, die Magdalena zu des Heilands Füßen, das Gemälde, das ihr mit Recht so hoch, so über alle Malereien stellt, die die neueste Zeit hervorgebracht hat, es ist nicht das Werk eines neapolitanischen Malers, der schon verstorben, wie ich vorgab, damit euer Urteil unbefangen sein möchte – jenes Gemälde, das Meisterwerk, welches ganz Rom bewundert, ist von der Hand Antonio Scacciatis des Wundarztes!"

Stumm und starr, wie von jähem Blitz getroffen, schauten die Maler den Salvator an. *Der* weidete sich einige Augenblicke an ihrer Verlegenheit und fuhr dann fort: „Nun ihr Herren, ihr habt den wackern Antonio nicht unter euch dulden wollen, weil er ein Wundarzt ist, nun mein ich aber, ein Wundarzt täte der erhabenen Akademie von San Luca eben recht not, um den verkrüppelten Figuren, wie sie aus der Werkstatt von manchen eurer Maler hervorgehen, die Glieder einzurenken! – Jetzt werdet ihr aber wohl nicht länger anstehen, zu tun, was ihr längst hättet tun sollen, nämlich den tüchtigen Maler Antonio Scacciati aufnehmen in die Akademie San Luca."

Die Akademiker verschluckten Salvators bittere Pille, stellten sich hocherfreut, daß Antonio sein Talent auf solch entscheidende Weise beurkundet, und ernannten ihn mit vielem Gepränge zum Mitgliede der Akademie.

Kaum ward es in Rom bekannt, daß Antonio das wunderbare Bild geschaffen, als ihm von allen Seiten Lobeserhebungen, ja Anerbieten, große Werke zu unternehmen, zuströmten. So wurde nun der Jüngling durch Salvators kluge, listige Handlungsweise auf einmal aus dem Dunkel hervorgezogen, und kam im Augenblick, als er seine eigentliche Künstlerlaufbahn beginnen wollte, zu hohen Ehren.

Antonio schwamm in Seligkeit und Wonne. Desto mehr nahm es den Salvator wunder, als, da einige Tage vergangen, der

Jüngling bei ihm sich einfand, bleich, entstellt, ganz Gram und Verzweiflung. „Ach Salvator“, sprach Antonio, „was hilft es mir nun, daß Ihr mich emporgebracht habt, wie ich es gar nicht ahnen konnte, daß ich überhäuft werde mit Lob und Ehre, daß die Aussicht des herrlichsten Künstlerlebens sich mir geöffnet, da ich doch grenzenlos elend bin, da eben das Bild, dem ich nächst Euch, mein lieber Meister, meinen Sieg verdanke, mein Unglück rettungslos entschieden hat!“

„Still“, erwiderte Salvator, „versündigt Euch nicht an der Kunst und an Euerm Bilde! An das entsetzliche Unglück, das Euch betroffen, glaube ich ganz und gar nicht. Ihr seid in Liebe, und da mag sich denn nicht gleich alles Euern Wünschen fügen wollen: das wird alles sein. Verliebte sind wie die Kinder, die gleich weinen und schreien, wenn man nur ihr Püppchen berührt. Laßt, ich bitt Euch, laßt das Lamentieren, ich kann es durchaus nicht leiden. Dort setzt Euch hin und erzählt mir ruhig, wie es sich verhält mit Eurer holden Magdalena, mit Eurer Liebesgeschichte überhaupt, und wo die Steine des Anstoßes liegen, die wir wegräumen müssen, denn ich sage Euch im voraus meine Hülfe zu. Je abenteuerlicher die Dinge sind, die wir unternehmen müssen, desto lieber ist es mir. – In der Tat, das Blut wallt wieder rasch in meinen Adern, und meine Diät will es, daß ich einige tolle Streiche unternehme. – Aber nun erzählt, Antonio! und wie gesagt fein ruhig ohne Oh – Ach und Weh!“ –

Antonio nahm Platz in dem Sessel, den ihm Salvator an die Staffelei, an der er arbeitete, hingeschoben, und begann in folgender Art:

„In der Straße Ripetta, in dem hohen Hause, dessen weit vorstehenden Balkon man gleich erblickt, wenn man durch die Porta del Popolo tritt, wohnt der närrischste Kauz, den es vielleicht in ganz Rom gibt. Ein alter Hagestolz, alle Gebrechen seines Standes in sich tragend, geizig, eitel, den Jüngling spielend, verliebt, geckenhaft! – Er ist groß, dürr wie eine Gerte, geht in buntscheckig spanischer Tracht, mit blonder Perücke, spitzem Hute, Stülphandschuhen, Stoßdegen an der Seite –“

„Halt, halt“, rief Salvator, den Jüngling unterbrechend, „erlaubt einige Augenblicke Antonio!“ – Und damit drehte er das Bild, an dem er eben malte, um, nahm die Kohle zur Hand, und zeichnete auf die Kehrseite mit einigen kecken Strichen den seltsamen alten Mann hin, der sich vor Antonios Gemälde so närrisch gebärdete.

„Bei allen Heiligen", schrie Antonio, indem er aufsprang vom Stuhl, und seiner Verzweiflung unbeschadet hell auflachte, „bei allen Heiligen, das ist er, das ist Signor Pasquale Capuzzi, von dem ich eben spreche, wie er leibt und lebt!"

„Nun seht Ihr wohl", sprach Salvator ruhig, „ich kenne schon den Patron, der höchstwahrscheinlich Euer arger Widersacher ist; doch fahrt nur fort."

„Signor Pasquale Capuzzi", sprach Antonio weiter, „ist steinreich, dabei, wie ich schon sagte, schmutziger Geizhals und ein ausgemachter Geck. Das Beste an ihm ist noch, daß er die Künste liebt, vorzüglich Musik und Malerei; aber es läuft dabei so viel Narrheit mit unter, daß auch in dieser Hinsicht mit ihm gar nicht auszukommen ist. Er hält sich für den größten Komponisten der Welt, und für einen Sänger, wie er in der päpstlichen Kapelle gar nicht zu finden. Deshalb sieht er unsern alten Frescobaldi nur über die Schultern an, und meint, wenn die Römer von dem wunderbaren Zauber sprechen, der in Ceccarellis Stimme liege, Ceccarelli verstehe vom Gesange so viel wie ein Reitstiefel, und er, Capuzzi, wisse wohl, wie man die Leute zu bezaubern vermöge. Weil aber der erste Sänger des Papstes den stolzen Namen Odoardo Ceccarelli di Merania führt, so hört es unser Capuzzi gern, wenn man ihn Signor Pasquale Capuzzi di Senigaglia heißt. Denn in Senegaglia, und zwar wie die Leute sagen, auf einem Fischerkahn, jäh erschreckt durch einen auftauchenden Seehund, gebar ihn seine Mutter, weshalb viel Seehündisches in seine Natur gekommen. In frühern Jahren brachte er eine Oper aufs Theater, die jämmerlich ausgepfiffen wurde, das hat ihn aber nicht geheilt von seiner Sucht, abscheuliche Musik zu machen; vielmehr schwur er, als er Francesco Cavallis Oper *Le Nozze di Teti e di Peleo* gehört, der Kapellmeister habe die sublimsten Gedanken aus seinen unsterblichen Werken entlehnt, worüber er beinahe Prügel oder gar Messerstiche bekommen. Noch ist er wie besessen darauf, Arien zu singen und dazu eine arme schwindsüchtige Chitarre abzumartern, daß sie zu seinem abscheulichen Gequarre stöhnen und ächzen muß. Sein treuer Pylades ist ein mißratener zwerghafter Kastrat, den die Römer Pitichinaccio nennen. Zu den beiden gesellt sich – denkt Euch wer! – Nun! kein andrer, als der Pyramiden-Doktor, der Töne von sich gibt, wie ein melancholischer Esel, und dennoch meint, er sänge einen vortrefflichen Baß, trotz dem Martinelli in der päpstlichen Kapelle. Die drei würdigen Leute kommen nun zusammen abends, und stellen sich hin auf den Balkon und singen die Motetten von Carissimi, daß alle Hunde und Katzen in der ganzen Nachbarschaft in ein lautes Jammergeschrei ausbrechen, und die Menschen das höllische Trio zu allen tausend Teufeln wünschen.

Bei diesem närrischen Signor Pasquale Capuzzi, den Ihr aus meiner Schilderung hinlänglich kennengelernt haben werdet, ging nun mein Vater aus und ein, weil er ihm Perücke und Bart zustutzte. Als mein Vater gestorben, übernahm ich das Geschäft, und Capuzzi war gar sehr mit mir zufrieden, einmal, weil er behauptete, ich verstehe, wie kein andrer, seinem Zwickelbart unter der Nase einen kühnen Schwung aufwärts zu geben, dann aber wohl, weil ich mit den elenden paar Quattrinos zufrieden war, die er mir für meine Mühe gab. Doch glaubte er mich überreich zu belohnen, weil er mir jedesmal, wenn ich ihm seinen Bart gestutzt, mit fest zugedrückten Augen eine Arie von seiner Komposition vorkrähte, die mir die Ohren zerriß, wiewohl mir die tollen Gebärden des Alten viel Spaß machten, weshalb ich auch immer wieder hinging. – Eines Tages steige ich ganz ruhig die Treppen herauf, klopfe an die Tür, öffne sie – da tritt mir ein Mädchen – ein Engel des Lichts entgegen! – Ihr kennt meine Magdalena! – sie war es! – Erstarrt, fest in den Boden gewurzelt, bleibe ich stehen. – Nein Salvator! – Ihr möget kein O und Ach! – Genug, sowie ich die wunderlieblichste der Jungfrauen schaute, ergriff mich die heißeste glühendste Liebe. Der Alte sagte mir schmunzelnd, das Mädchen sei die Tochter seines Bruders Pietro, der in Senigaglia gestorben, heiße Marianna, sei mutter- und geschwisterlos; als Onkel und Vormund habe er sie daher zu sich ins Haus genommen. Ihr könnt denken, daß von nun an Capuzzis Haus mein Paradies war. Ich mocht es anstellen, wie ich wollte, nie glückte es mir, mit Marianna auch nur einen Augenblick allein zu sein. Doch ihre Blicke, mancher verstohlne Seufzer, ja mancher Händedruck ließen mich mein Glück nicht bezweifeln. – Der Alte erriet mich, und das konnte ihm wohl nicht schwerfallen. Er meinte, mein Betragen gegen seine Nichte gefiele ihm ganz und gar nicht, und fragte, was ich denn eigentlich wolle? – Offen gestand ich ihm, daß ich Marianna mit voller Seele liebe, und kein höheres Glück auf Erden kenne, als mich mit ihr zu verbinden. Da maß mich Capuzzi von oben bis unten, brach dann in ein höhnisches Gelächter aus, und meinte, er habe gar nicht geglaubt, daß in dem Kopf eines armseligen Bartkratzers solche hohe Ideen spuken könnten. Der Zorn wollte in mir überwallen, ich sagte, er wisse wohl, daß ich kein armseliger Bartkratzer, vielmehr ein tüchtiger Wundarzt, und überdem, was die herrliche Malerkunst betreffe, ein treuer Schüler des großen Annibal Caracci, des unübertroffenen Guido Reni sei. Noch in ein stärkeres Gelächter brach nun der niederträchtige Capuzzi aus, und quiekte in seinem scheußlichen Falsett: ‚Ei mein süßer Signor Bartkratzer, mein vortrefflicher Signor Wundarzt, mein holdseliger Annibal Caracci, mein geliebtester Guido Reni, schert Euch zu allen Teufeln und laßt Euch hier nicht mehr sehen, wenn Ihr mit gesunden Beinen davonkommen wollt!' – Damit packte mich der alte wahnsinnige Knickebein, und hatte nichts Geringeres im Sinn, als mich zur Türe hinaus, die Treppe hinabzuwerfen. – Nein! das war nicht zu dulden! – Wütend faßte ich den Alten, stülpte ihn um, daß er laut aufkreischend die Beine in die Höhe streckte, rannte die Treppe hinab, zur Türe hinaus, die nun freilich für mich verschlossen blieb.

So standen die Sachen, als Ihr nach Rom kamt, und als der Himmel dem guten Pater Bonifacio es eingab, mich zu Euch zu führen. – Nun da durch Eure Geschicklichkeit das gelungen, wornach ich vergebens getrachtet hätte, als die Akademie von San Luca mich aufgenommen, als ganz Rom mir Lob und Ehre in überreichem Maß gespendet hatte, ging ich geradesweges zum Alten und stand plötzlich vor ihm in seinem Zimmer, wie ein bedrohliches Gespenst. – So mußte ich ihm nämlich vorkommen, denn er wurde leichenblaß, und zog sich zurück, an allen Gliedern zitternd, hinter einen großen Tisch. Mit ernstem, festen Ton hielt ich ihm nun vor, daß es jetzt keinen Bartkratzer und Wundarzt, wohl aber einen berühmten Maler und Akademiker von San Luca, Antonio Scacciati gebe, dem er die Hand seiner Nichte Marianna nicht verweigern werde. Da hättet Ihr die Wut sehen sollen, in die der Alte geriet. Er heulte, er schlug mit den Armen um sich wie vom Teufel besessen; er schrie: ich trachte, ein ruchloser Mörder, nach seinem Leben, ich habe ihm seine Marianna gestohlen, da ich sie in dem Gemälde abkonterfeit, das ihn in Raserei und Verzweiflung stürze, da nun alle Welt – alle Welt seine Marianna – sein Leben – seine Hoffnung – sein alles mit gierigen, lüsternen Blicken anschaue; – aber ich solle mich hüten, das Haus über den Kopf wolle er mir anzünden, damit ich verbrenne samt meinem Gemälde. – Und damit fing er so übermäßig an zu schreien: ‚Feuer

– Mörder – Diebe – Hülfe' – daß ich ganz bestürzt nur eilte, um aus dem Hause zu kommen.

Der alte, wahnsinnige Capuzzi ist bis über die Ohren verliebt in seine Nichte, er schließt sie ein, er wird, gelingt es ihm Dispensation zu bekommen, sie zu der abscheulichsten Verbindung zwingen. – Alle Hoffnung ist verloren."

„Warum nicht gar", sprach Salvator lachend, „ich meine vielmehr, daß Eure Sachen gar nicht besser stehen können! – Marianna liebt Euch, davon seid Ihr überzeugt, und es kommt nur darauf an, sie dem alten, tollen Signor Pasquale Capuzzi zu entreißen. Nun wüßt ich aber doch in der Tat nicht, warum ein Paar unternehmende rüstige Leute, wie wir, das nicht bewerkstelligen sollten! – Faßt Mut, Antonio! statt zu klagen, statt liebeskrank zu seufzen und zu ohnmächteln, ist es besser, emsig zu sinnen auf Mariannas Rettung. – Gebt acht, Antonio, wie wir den alten Geck bei der Nase herumführen wollen: das Tollste ist mir kaum toll genug bei derlei Unternehmungen! – Gleich auf der Stelle will ich sehen, wie ich mehr über den Alten und über seine ganze Lebensweise erfahre. Ihr dürft Euch dabei nicht blicken lassen, Antonio; geht nur fein nach Hause und kommt morgen in aller Frühe zu mir, damit wir den Plan zum ersten Angriff überlegen."

Damit schnickte Salvator den Pinsel aus, warf den Mantel um, und eilte nach dem Korso, während Antonio, getröstet, lebensfrische Hoffnung in der Brust, sich, wie ihm Salvator geheißen, in seine Wohnung begab.

Signor Pasquale Capuzzi erscheint in Salvator Rosas Wohnung. Was sich dabei begibt. Listiger Streich den Rosa und Scacciati ausführen und dessen Folgen.

Antonio verwunderte sich nicht wenig, als am andern Morgen Salvator ihm auf das genaueste Capuzzis ganze Lebensweise beschrieb, die er indessen erforscht. „Die arme Marianna", sprach Salvator, „wird von dem wahnsinnigen Alten auf höllische Weise gequält. Er seufzt und liebelt den ganzen Tag, und was das Ärgste, singt, um ihr Herz zu rühren, ihr alle mögliche verliebte Arien vor, die er jemals komponiert hat oder komponieren wollen. Dabei ist er so bis zur Tollheit eifersüchtig, daß er dem bedauernswerten Mädchen sogar nicht einmal die gewöhnliche weibliche Bedienung verstattet, aus Furcht vor Liebesintrigen, zu denen die Zofe vielleicht verleitet werden könnte. Statt dessen erscheint jeden Morgen und jeden Abend ein kleines scheußliches Gespenst mit hohlen Augen und bleichen, schlotternden Wangen, das Zofendienste bei der holden Marianna verrichtet. Und dies Gespenst ist niemand anders, als der winzige Däumling, der Pitichinaccio, der sich in Weiberkleider werfen muß. Ist Capuzzi abwesend, so verschließt und verriegelt er sorgfältig alle Türen, und außerdem hält ein verfluchter Kerl Wache, der ehemals ein Bravo, dann aber Sbirre war, und der unten in Capuzzis Hause wohnt. In seine Wohnung einzudringen scheint daher unmöglich, und doch verspreche ich Euch, Antonio, daß Ihr schon in künftiger Nacht bei Capuzzi im Zimmer sein und Eure Marianna schauen sollt, wiewohl für diesmal nur in Capuzzis Gegenwart –"

„Was sagt Ihr", rief Antonio ganz begeistert, „was sagt Ihr, Salvator, in künftiger Nacht sollte geschehen, was mir unmöglich dünkt?"

„Still", fuhr Salvator fort, „still Antonio, laßt uns ruhig überlegen, wie wir den Plan mit Sicherheit ausführen, den ich entworfen! – Fürs erste muß ich Euch sagen, daß ich mit dem Signor Pasquale Capuzzi in Verbindung stehe, ohne daß ich es wußte. Jenes erbärmliche Spinett, das dort im Winkel steht, gehört dem Alten, und ich soll ihm den ungeheuern Preis von zehn Dukaten dafür bezahlen. – Als ich gesund geworden, sehnte ich mich nach der Musik, die mir Trost und Labsal ist; ich bat meine Wirtin mir solch ein Instrument, wie das Spinett dort, zu besorgen. Frau Caterina mittelte gleich aus, daß in der Straße Ripetta ein alter Herr wohne, der ein schönes Spinett verkaufen wolle. Das Instrument wurde hergeschafft. Ich kümmerte mich weder um den Preis, noch um den Besitzer. Erst gestern Abend, erfuhr ich ganz zufällig, daß es der ehrliche Signor Capuzzi sei, der mich mit seinem alten, gebrechlichen Spinett zu prellen beschlossen. Frau Caterina hatte sich an eine Bekannte gewendet, die im Hause des Capuzzi, und noch dazu in demselben Stockwerk wohnt, und nun könnt Ihr Euch wohl denken, wo ich alle meine schöne Nachrichten her habe!"

„Ha!" rief Antonio, „so ist der Zugang gefunden, Eure Wirtin –"

„Ich weiß", fiel ihm Salvator ins Wort, „ich weiß Antonio, was Ihr sagen wollt; durch Frau Caterina meint Ihr den Weg zu finden zu Eurer Marianna. Damit ist es aber gar nichts; Frau Caterina ist viel zu geschwätzig, sie bewahrt nicht das kleinste Geheimnis und ist daher in unsern Angelegenheiten ganz und gar nicht zu brauchen. Hört mich nur ruhig an! – Jeden Abend in der Finsternis trägt Signor Pasquale, wird ihm das bei seiner Knickbeinigkeit auch blutsauer, seinen kleinen Kastraten, wenn sein Zofendienst beendigt ist, auf den Armen nach Hause. Nicht um die Welt würde der furchtsame Pitichinaccio um diese Zeit einen Fuß auf das Pflaster setzen. Nun also wenn –"

In diesem Augenblicke wurde an Salvators Tür geklopft, und zu nicht geringem Erstaunen beider trat Signor Pasquale Capuzzi herein in voller Pracht und Herrlichkeit. – Sowie er den Scacciati erblickte, blieb er, wie an allen Gliedern gelähmt, stehen, riß die Augen weit auf, und schnappte nach Luft, als wollte ihm der Atem vergehen. Doch Salvator sprang hastig auf ihn zu, faßte ihn bei beiden Händen und rief: „Mein bester Signor Pasquale, wie fühle ich mich beehrt durch Eure Gegenwart in meiner schlechten Wohnung! – Gewiß ist es die Liebe zur Kunst, die Euch zu mir führt – Ihr wollt sehen, was ich Neues geschaffen, vielleicht gar eine Arbeit auftragen – Sprecht, mein bester Signor Pasquale, worin kann ich Euch gefällig sein –"

„Ich habe", stammelte Capuzzi mühsam, „ich habe mit Euch zu reden, bester Signor Salvator! aber – allein – wenn Ihr allein seid. Erlaubt, daß ich mich jetzt entferne und zu gelegnerer Zeit wiederkomme –"

„Mitnichten", sprach Salvator, indem er den Alten festhielt, „mitnichten mein bester Signor! Ihr sollt nicht von der Stelle; Ihr konntet zu keiner gelegneren Stunde kommen, denn da Ihr ein großer Verehrer der edeln Malerkunst, der Freund aller tüchtigen Maler seid, so wird es Euch nicht wenig Freude machen, wenn ich Euch hier den Antonio Scacciati vorstelle, den ersten Maler unserer Zeit, dessen herrliches Gemälde, dessen wundervolle Magdalena zu des Heilands Füßen ganz Rom mit dem glühendsten Enthusiasmus bewundert. Gewiß seid auch *Ihr* ganz und gar von dem Bilde erfüllt, und habt wohl eifrig gewünscht, den wackern Meister selbst zu kennen!"

Den Alten überfiel ein heftiges Zittern, er schüttelte sich wie im Fieberfrost, während er glühende, wütende Blicke auf den armen Antonio schoß. Der trat aber auf den Alten zu, verbeugte sich mit freiem Anstande, versicherte, daß er sich glücklich schätze, den Signor Pasquale Capuzzi, dessen tiefe Kenntnisse in der Musik sowohl, als in der Malerei, nicht allein Rom, sondern ganz Italien bewundere, so unvermuteterweise anzutreffen, und empfahl sich seiner Protektion.

Daß Antonio so tat, als sähe er ihn zum erstenmal, daß er ihn mit so schmeichelhaften Worten anredete, das brachte den Alten auf einmal wieder zu sich selbst. Er zwang sich zum schmunzelnden Lächeln, strich sich, da nun Salvator seine Hände fahren lassen, zierlich den Zwickelbart in die Höhe, stotterte einige unverständliche Worte, und wandte sich dann zum Salvator, den er um die Zahlung der zehn Dukaten für das verkaufte Spinett anging.

„Wir wollen", erwiderte Salvator, „die lumpige Kleinigkeit nachher abmachen, bester Signor! Erst laß es Euch gefallen, die Skizze eines Gemäldes zu betrachten, die ich entworfen, und dabei ein Glas edeln Syrakuser-Weines zu trinken." Damit stellte Salvator seine Skizze auf die Staffelei, rückte dem Alten einen Stuhl hin und reichte ihm, als er sich niedergelassen, einen großen schönen Pokal, in dem der edle Syrakuser perlte.

Der Alte trank gar zu gern ein Glas guten Weins, wenn er kein Geld dafür ausgeben durfte; hatte er nun noch dazu die Hoffnung im Herzen, für ein abgelebtes morsches Spinett zehn Dukaten zu erhalten, und saß er vor einem herrlich und kühn entworfenen Gemälde, dessen wunderbare Schönheit er sehr gut zu schätzen verstand, so mußte ihm wohl ganz behaglich zumute werden. Diese Behaglichkeit äußerte er denn auch, indem er gar lieblich schmunzelte, die Äuglein halb zudrückte, sich fleißig Kinn und Zwickelbart strich, ein Mal über das andere lispelte: „Herrlich, köstlich!" ohne daß man wußte, was er meinte, das Gemälde oder den Wein! –

Sowie denn nun der Alte ganz fröhlich geworden, fing Salvator plötzlich an: „Sagt mir doch, mein bester Signor, Ihr sollt ja eine wunderschöne, wunderliebliche Nichte haben, Marianna geheißen? – Alle unsere jungen Herren rennen, vom verliebten Wahnsinn getrieben, unaufhörlich durch die Straße Ripetta, und renken sich, nach Eurem Balkon hinaufschauend, beinahe die Hälse aus, nur, um Eure holde Marianna zu sehen, um einen einzigen Blick ihrer Himmelsaugen zu erhaschen."

Fort war aus dem Gesichte des Alten plötzlich alles liebliche Schmunzeln, alle Fröhlichkeit, die der gute Wein entzündet. Finster vor sich hinblickend, sprach er barsch: „Da sieht man das tiefe Verderbnis unserer sündigen Jugend. Auf Kinder richten sie ihre satanischen Blicke, die abscheulichen Verführer! – Denn ich sage Euch, mein bester Signor, ein pures Kind ist meine Nichte Marianna, ein pures Kind, kaum der Amme entwachsen."

Salvator sprach von was anderm; der Alte erholte sich. Aber sowie er, neuen Sonnenschein im Antlitz, den vollgefüllten Pokal an die Lippen setzte, fing Salvator aufs neue an: „Sagt mir doch, mein bester Signor, hat Eure sechszehnjährige Nichte, die holde Marianna, wirklich solche wunderschöne kastanienbraune Haare und solche Augen voll Wonne und Seligkeit des Himmels, wie Antonios Magdalena? – Man will das allgemein behaupten!"

„Ich weiß das nicht", erwiderte der Alte in noch barscherem Ton als vorher, „ich weiß das nicht, doch laßt uns von meiner Nichte schweigen, wir können ja bedeutendere Worte wechseln über die edle Kunst, wozu mich Euer schönes Gemälde von selbst auffordert!"

Als nun aber Salvator jedesmal, wenn der Alte den Pokal ansetzte, und einen tüchtigen Schluck tun wollte, aufs neue von der schönen Marianna zu sprechen anfing, sprang der Alte endlich in voller Wut vom Stuhle auf, stieß den Pokal heftig auf den Tisch nieder, daß er beinahe zerbrochen wäre, schrie mit gellender Stimme: „Beim schwarzen höllischen Pluto, bei allen Furien, zu Gift, zu Gift macht Ihr mir den Wein! Aber ich merk es, Ihr und der saubere Signor Antonio mit Euch, Ihr wollt mich foppen! – Das soll Euch aber schlecht gelingen. Zahlt mir sogleich die zehn Dukaten, die Ihr mir schuldig seid, und dann überlasse ich Euch samt Eurem Kumpan, dem Bartkratzer Antonio, allen Teufeln!"

Salvator schrie, als übermanne ihn der wütendste Zorn: „Was? – Ihr untersteht Euch, mir hier in meiner Wohnung so zu begegnen? – Zehn Dukaten soll ich Euch zahlen für jenen morschen Kasten, aus dem die Holzwürmer schon längst alles Mark, allen Ton, weggezehrt haben? – Nicht zehn – nicht fünf – nicht drei – nicht einen Dukaten sollt Ihr für das Spinett erhalten, das kaum einen Quattrino wert ist; – fort mit dem lahmen Dinge!" – Und damit stieß Salvator das kleine Spinett mit dem Fuße um und um, daß die Saiten einen lauten Jammerton von sich gaben.

„Ha", kreischte Capuzzi, „noch gibt es Gesetze in Rom; – zur Haft – zur Haft laß ich Euch bringen, in den tiefesten Kerker werfen", und wollte brausend, wie eine Hagelwolke, zur Türe hinausstürmen. Salvator umfaßte ihn aber fest mit beiden Armen, drückte ihn in den Lehnsessel nieder, und lispelte ihm mit süßer Stimme in die Ohren: „Mein bester Signor Pasquale, merkt Ihr denn nicht, daß ich nur Scherz treibe? – Nicht zehn, *dreißig* bare blanke Dukaten sollt Ihr für Euer Spinett haben!" – Und so lange wiederholte er: „dreißig blanke bare Dukaten", bis Capuzzi mit matter, ohnmächtiger Stimme sprach: „Was sagt Ihr, bester Signor? – Dreißig Dukaten für das Spinett, ohne Reparatur?" Da ließ Salvator den Alten los, und versicherte, er setze seine Ehre zum Pfande, daß das Spinett binnen einer Stunde dreißig – vierzig Dukaten wert sein, und daß Signor Pasquale so viel dafür erhalten solle.

Der Alte mit einem tiefen Seufzer, neuen Atem schöpfend, murmelte: „– Dreißig – vierzig Dukaten?" Dann begann er: „Aber Ihr habt mich schwer geärgert, Signor Salvator!" – „Dreißig Dukaten", wiederholte Salvator. – Der Alte schmunzelte, aber dann wieder: „Ihr habt mir ins Herz gegriffen, Signor Salvator!" – „Dreißig Dukaten", fiel ihm Salvator ins Wort, und wiederholte immer: „Dreißig Dukaten, dreißig Dukaten", solange der Alte noch schmollen wollte, bis er endlich ganz fröhlich sprach: „Kann ich für mein Spinett dreißig – vierzig Dukaten erhalten, so sei alles vergeben und vergessen, bester Signor!"

„Doch", begann Salvator, „doch habe ich, ehe ich mein Versprechen erfülle, noch eine kleine Bedingung zu machen, die Ihr, mein würdigster Signor Pasquale Capuzzi di Senigaglia, sehr leicht erfüllen könnt. Ihr seid der erste Komponist in ganz Italien und dabei der vortrefflichste Sänger den es geben mag. Mit Entzücken habe ich die große Szene in der Oper *Le nozze di Teti e Peleo* gehört, die der verruchte Francesco Cavalli Euch diebischerweise entwandt hat, und für seine Arbeit ausgibt. – Wolltet Ihr, während ich hier das Spinett instand setze, mir diese Arie vorsingen, ich wüßte in der Tat nicht, was mir Angenehmeres erzeigt werden könnte."

Der Alte verzog den Mund zu dem süßesten Lächeln, blinzelte mit den grauen Äugelein und sprach: „Man merkt es, daß Ihr selbst ein tüchtiger Musiker seid, bester Signor; denn Ihr habt Geschmack und wißt würdige Leute besser zu schätzen, als die undankbaren Römer. – Hört! – Hört! die Arie aller Arien!"

Damit stand der Alte auf, erhob sich auf den Fußspitzen, breitete die Arme aus, drückte beide Augen zu, daß er ganz einem Hahn zu vergleichen, der sich zum Krähen rüstet, und fing sogleich an, dermaßen zu kreischen, daß die Wände klangen, und alsbald Frau Caterina mit ihren beiden Töchtern hereinstürzte, nicht anders meinend, als daß das entsetzliche

Jammergeschrei irgendein geschehenes Unheil verkünde. – Ganz erstaunt blieben sie in der Türe stehen, als sie den krähenden Alten erblickten und bildeten so das Publikum des unerhörten Virtuosen Capuzzi.

Währenddessen hatte aber Salvator das Spinett aufgerichtet, den Deckel zurückgeschlagen, die Palette zur Hand genommen, und mit kecker Faust in kräftigen Pinselstrichen auf eben dem Spinettdeckel die wunderbarste Malerei begonnen, die man nur sehen konnte. Der Hauptgedanke war eine Szene aus der Cavallischen Oper *Le nozze di Teti*, aber darunter mischten sich auf ganz fantastische Weise eine Menge anderer Personen. Unter ihnen Capuzzi, Antonio, Marianna treu nach Antonios Gemälde, Salvator, Frau Caterina und ihre beiden Töchter in kenntlichen Zügen, ja sogar der Pyramiden-Doktor fehlte nicht, und alles so verständig, sinnig, genial geordnet, daß Antonio sein Erstaunen über den Geist, über die Praktik des Meisters nicht bergen konnte.

Der Alte ließ es gar nicht bei der Szene bewenden, die Salvator hören wollte, sondern sang oder kreischte vielmehr, von dem musikalischen Wahnsinn fortgerissen, ohne Aufhören, indem er durch die greulichsten Rezitative sich von einer höllischen Arie zur andern durcharbeitete. Das mochte wohl beinahe zwei Stunden gedauert haben, da sank er, kirschbraun im Gesicht, atemlos in den Lehnsessel. In dem Augenblicke hatte aber auch Salvator seine Skizze so herausgearbeitet, daß alles lebendig geworden und in einiger Entfernung das Ganze einem vollendeten Gemälde glich.

„Ich habe Wort gehalten wegen des Spinetts, bester Signor Pasquale!" – so lispelte nun Salvator dem Alten in die Ohren. Der fuhr, wie aus tiefem Schlummer, in die Höhe. Sogleich fiel sein Blick auf das bemalte Spinett, das ihm geradeüber stand. Da riß er die Augen weit auf, als sähe er Wunder, stülpte den spitzen Hut auf die Perücke, nahm den Krückstock unter den Arm, sprang hin mit einem Satz ans Spinett, riß den Deckel aus den Scharnieren, hob ihn hoch über den Kopf und rannte so wie besessen zur Tür hinaus, die Treppe hinab, fort, fort aus dem Hause, indem Frau Caterina und ihre beiden Töchter laut hinter ihn her lachten.

„Der alte Geizhals weiß", sprach Salvator, „daß er den bemalten Deckel nur zum Grafen Colonna, oder zu meinem Freunde Rossi tragen darf, um vierzig Dukaten, und auch wohl noch mehr, dafür zu erhalten."

Beide, Salvator und Antonio, überlegten nun den Angriffsplan, der noch in kommender Nacht ausgeführt werden sollte. – Wir werden gleich sehen, was die beiden Abenteurer begannen, und wie ihnen der Anschlag glückte.

Als es Nacht geworden, trug Signor Pasquale, nachdem er seine Wohnung wohl verschlossen und verriegelt, wie gewöhnlich, das kleine Ungeheuer von Kastraten nach Hause. Den ganzen Weg über miaute und ächzte der Kleine, und klagte, daß, nicht genug, daß er sich an Capuzzis Arien die Schwindsucht an den Hals singen, und bei dem Makkaronikochen die Hände verbrennen müsse, er jetzt noch zu einem Dienst gebraucht werde, der ihm nichts einbringe, als tüchtige Ohrfeigen und derbe Fußtritte, die ihm Marianna, sowie er sich nur ihr nähere, in reichlichem Maß zuteile. Der Alte tröstete ihn, wie er nur konnte, versprach ihn besser mit Zuckerwerk zu versorgen, als es bisher geschehen, verpflichtete sich sogar, als der Kleine gar nicht aufhören wollte zu quäken und zu lamentieren, ihm aus einer alten schwarzen Plüschweste, die er, der Kleine, schon oft mit begehrlichen Blicken angeschaut, ein nettes Abbaten-Röcklein machen zu lassen. Der Kleine forderte noch eine Perücke und einen Degen. Darüber kapitulierend kamen sie in der Straße Bergognona an, denn ebenda wohnte Pitichinaccio und zwar nur vier Häuser von Salvators Wohnung.

Der Alte setzte den Kleinen behutsam nieder, öffnete die Haustür, und nun stiegen beide, der Kleine voran, der Alte hinterher, die schmale Treppe hinauf, die einer elenden Hühnerleiter zu vergleichen. Aber kaum hatten sie die Hälfte der Stiege erreicht, als oben auf dem Hausflur ein entsetzliches Gepolter entstand, und sich die rauhe Stimme eines wilden besoffenen Kerls vernehmen ließ, der alle Teufel der Hölle beschwor, ihm den Weg aus dem verwünschten Hause zu zeigen. Pitichinaccio drückte sich dicht an die Wand und bat den Capuzzi um aller Heiligen willen, vorauszugehen. Doch kaum hatte Capuzzi noch ein paar Stufen erstiegen, als der Kerl von oben die Treppe herunterstürzte, den Capuzzi wie ein Wirbelwind erfaßte, und sich mit ihm hinabschleuderte durch die offenstehende Haustüre bis mitten auf die Straße. Da blieben sie liegen; Capuzzi unten, der besoffene Kerl auf ihm wie ein schwerer Sack. – Capuzzi schrie erbärmlich um Hülfe, und alsbald fanden sich auch zwei Männer ein, die mit vieler Mühe den Signor Pasquale von seiner Last befreiten; der Kerl taumelte, als sie ihn aufgerichtet, fluchend fort.

„Jesus was ist Euch geschehen, Signor Pasquale – wie kommt Ihr zur Nachtzeit hieher – was habt Ihr für schlimme Händel gehabt in dem Hause?“ – So fragten Antonio und Salvator; denn niemand anders waren die beiden Männer.

„Das ist mein Ende“, ächzte Capuzzi; „alle meine Glieder hat mir der Höllenhund zerschellt, ich kann mich nicht rühren.“

„Laßt doch sehen“, sprach Antonio, betastete den Alten am ganzen Leibe und kniff ihm dabei plötzlich so heftig ins rechte Bein, daß Capuzzi laut aufschrie –

„Alle Heiligen!“ rief Antonio ganz erschrocken, „alle Heiligen! bester Signor Pasquale, Ihr habt das rechte Bein gebrochen an der gefährlichsten Stelle. Wird Euch nicht schleunige Hülfe geleistet, so seid Ihr binnen weniger Zeit des Todes, oder bleibt doch wenigstens auf immer lahm.“

Capuzzi stieß ein fürchterliches Geheul aus. „Beruhigt Euch nur, bester Signor“, fuhr Antonio fort; „unerachtet ich jetzt Maler bin, so habe ich doch den Wundarzt noch nicht vergessen. Wir tragen Euch nach Salvators Wohnung und ich verbinde Euch augenblicklich.“

„Mein bester Signor Antonio“, wimmerte Capuzzi, „Ihr seid mir feindlich gesinnt, ich weiß es –“ „Ach“, fiel Salvator ihm ins Wort, „hier ist von keiner Feindschaft weiter die Rede; Ihr seid in Gefahr, und das ist dem ehrlichen Antonio genug, alle seine Kunst aufzubieten zu Eurer Hülfe – Faßt an, Freund Antonio!“

Beide hoben nun den Alten, der über die unsäglichsten Schmerzen schrie, die der gebrochene Fuß verursache, sanft und behutsam auf, und trugen ihn nach Salvators Wohnung.

Frau Caterina versicherte, daß sie irgendein Unheil geahnt und deswegen sich nicht zur Ruhe begeben. Sowie sie den Alten ansichtig wurde und hörte, wie es ihm ergangen, brach sie in Vorwürfe aus über sein Tun und Treiben. „Ich weiß es wohl“, sprach sie, „ich weiß es wohl, Signor Pasquale, wen Ihr wieder nach Hause gebracht habt! – Ihr denkt, ist gleich Eure schöne Nichte Marianna bei Euch im Hause, der weiblichen Bedienung gar nicht zu bedürfen, und mißbraucht recht schändlich und gotteslästerlich den armen Pitichinaccio, den Ihr in den Weiberrock steckt. Aber seht Ihr wohl: *ogni carne ha il suo osso*, jedes Fleisch hat seinen Knochen! – Wollt Ihr ein Mädchen bei Euch haben, so bedürft Ihr auch der Weiber! *Fate il passo secondo la gamba*, streckt Euch nach der Decke, und verlangt nicht mehr und nicht weniger, als was recht ist, von Eurer Marianna. Sperrt sie nicht ein wie eine Gefangene, macht Euer Haus nicht zum Kerker, *asino punto convien che trotti*, wer auf der Reise ist, muß fort; Ihr habt eine schöne Nichte und müßt Euer Leben darnach einrichten, das heißt, nur lediglich tun, was die schöne Nichte will. Aber Ihr seid ein ungalanter hartherziger Mann, und wohl gar, wie ich nicht hoffen will, in Eurem hohen Alter noch verliebt und eifersüchtig – Verzeiht, daß ich das alles Euch gerade heraussage, aber: *chi ha nel petto fiele, non puo sputar miele*, wessen das Herz voll ist, geht der Mund über! – Nun, wenn Ihr nicht, wie bei Eurem hohen Alter zu vermuten steht, an Eurem Beinbruch sterbt, so wird Euch das wohl zur Warnung dienen, und Ihr werdet Eurer Nichte die Freiheit lassen, zu tun, was sie will und den hübschen jungen Menschen zu heiraten, den ich wohl schon kenne –“

So ging es in einem Strome fort, während Salvator und Antonio den Alten behutsam entkleideten und aufs Bette legten. Der Frau Caterina Worte waren lauter Dolchstiche, die ihm tief in die Brust fuhren; aber sowie er etwas dazwischenreden wollte, bedeutete ihm Antonio, daß alles Sprechen ihm Gefahr bringe, er mußte daher alle bittere Galle in sich schlucken. Salvator schickte endlich Frau Caterina fort, um, wie Antonio geboten, Eiswasser zu besorgen.

Salvator und Antonio überzeugten sich, daß der in Pitichinaccios Wohnung abgesendete Kerl seine Sachen vortrefflich gemacht. Außer einigen blauen Flecken hatte Capuzzi nicht die mindeste Beschädigung davongetragen, so fürchterlich der Sturz auch dem Anscheine nach gewesen. Antonio schiente und schnürte dem Alten den rechten Fuß zusammen, daß er sich nicht regen konnte. Und dabei umwickelten sie ihn mit in Eiswasser genetzten Tüchern, angeblich um der Entzündung zu wehren, daß der Alte wie im Fieberfrost sich schüttelte.

„Mein guter Signor Antonio“, ächzte er leise, „sagt mir, ist es um mich geschehn? – muß ich sterben?“

„Beruhigt Euch nur“, erwiderte Antonio, „beruhigt Euch nur, Signor Pasquale, da Ihr den ersten Verband mit so vieler Standhaftigkeit, und ohne in Ohnmacht zu sinken, ausgehalten, so scheint die Gefahr vorüber; doch ist die sorgsamste Pflege nötig: Ihr dürft fürs erste nicht aus den Augen des Wundarztes kommen.“

„Ach Antonio“, wimmerte der Alte, „Ihr wißt, wie ich Euch liebhabe! – wie ich Eure Talente schätze! – Verlaßt mich nicht! – reicht mir Eure liebe Hand! – so! – Nicht wahr, mein guter, lieber Sohn, Ihr verlaßt mich nicht?"

„Bin ich", sprach Antonio, „bin ich gleich nicht mehr Wundarzt, hab ich gleich das mir verhaßte Gewerbe ganz aufgegeben, so will ich doch bei Euch, Signor Pasquale, eine Ausnahme machen und mich Eurer Kur unterziehen, wofür ich nichts verlange, als daß Ihr mir wieder Eure Freundschaft, Euer Zutrauen schenkt – Ihr waret ein wenig barsch gegen mich –"

„Schweigt", lispelte der Alte, „schweigt davon bester Antonio!"

„Eure Nichte", sprach Antonio weiter, „wird sich, da Ihr nicht ins Haus zurückgekehrt seid, halbtot ängstigen! – Ihr seid für Euern Zustand munter und stark genug, wir wollen Euch daher, sowie der Tag anbricht in Eure Wohnung tragen. Dort sehe ich noch einmal nach dem Verbande, bereite Euch das Lager, wie es sein muß, und sage Eurer Nichte alles, was sie für Euch zu tun hat, damit Ihr recht bald geneset."

Der Alte seufzte recht tief auf, schloß die Augen und blieb einige Augenblicke stumm. Dann streckte er die Hand aus nach Antonio, zog ihn dicht an sich und sprach ganz leise: „Nicht wahr, bester Signor, das mit Marianna, das war nur Euer Scherz, solch ein lustiger Einfall, wie ihn junge Leute haben –"

„Denkt doch", erwiderte Antonio, „denkt doch jetzt nicht an so etwas, Signor Pasquale! Es ist wahr, Eure Nichte stach mir in die Augen; aber jetzt habe ich ganz andere Dinge im Kopfe, und bin – ich muß es Euch nur aufrichtig gestehen – recht sehr damit zufrieden, daß Ihr mich mit meinem törichten Antrage so kurz abgefertigt habt. Ich dachte in Eure Marianna verliebt zu sein, und erblickte in ihr doch nur ein schönes Modell zu meiner Magdalena. Daher mag es denn kommen, daß Marianna mir, nachdem ich das Gemälde vollendet, ganz gleichgültig geworden ist!"

„Antonio", rief der Alte laut, „Antonio, Gesegneter des Himmels! Du bist mein Trost – meine Hülfe, mein Labsal! Da du Marianna nicht liebst, ist mir aller Schmerz entnommen!"

„In der Tat", sprach Salvator, „in der Tat, Signor Pasquale, kennte man Euch nicht als einen ernsten, verständigen Mann, welcher wohl weiß, was seinen hohen Jahren ziemt, man sollte glauben, Ihr wäret wahnsinnigerweise selbst in Eure sechszehnjährige Nichte verliebt."

Der Alte schloß aufs neue die Augen und ächzte und lamentierte über die gräßlichen Schmerzen, die mit verdoppelter Wut wiederkehrten.

Das Morgenrot dämmerte auf und strahlte durch das Fenster. Antonio sagte dem Alten, es sei nun Zeit, ihn in die Straße Ripetta nach seiner Wohnung zu schaffen. Signor Pasquale antwortete mit einem tiefen kläglichen Seufzer. Salvator und Antonio hoben ihn aus dem Bette und wickelten ihn in einen weiten Mantel, den Frau Caterinas Eheherr getragen, und den sie dazu hergab. Der Alte bat um aller Heiligen willen, doch nur die schändlichen Eistücher, womit sein kahles Haupt umwickelt, wegzunehmen, und ihm Perücke und Federhut aufzusetzen. Auch sollte Antonio ihm wo möglich den Zwickelbart in Ordnung richten, damit Marianna sich nicht so sehr vor seinem Anblick entsetze.

Zwei Träger mit einer Bahre standen bereits vor dem Hause. Frau Caterina, immerfort den Alten ausscheltend und unzählige Sprüchwörter einmischend, trug Betten herab, in die der Alte wohl eingepackt, und so von Salvator und Antonio begleitet, in sein Haus geschafft wurde.

Sowie Marianna den Oheim in dem erbärmlichen Zustande erblickte, schrie sie laut auf; ein Tränenstrom stürzte ihr aus den Augen; ohne auf den Geliebten, der mitgekommen, zu achten, faßte sie des Alten Hände, drückte sie an die Lippen, jammerte über das entsetzliche Unglück, das ihn betroffen. – So tiefes Mitleiden hatte das fromme Kind mit dem Alten, der sie mit seinem verliebten Wahnsinn marterte und quälte. Aber in demselben Augenblick tat sich auch die ihr angeborne innerste Natur des Weibes kund; denn ein paar bedeutende Blicke Salvators reichten hin, sie über das Ganze vollkommen zu verständigen. Nun erst schaute sie den glücklichen Antonio verstohlen an, indem sie hoch errötete, und es war wunderlieblich anzuschauen, wie durch die Tränen ein schalkhaftes Lächeln siegend hervorbrach. Überhaupt hatte Salvator sich die Kleine doch nicht so gar anmutig, so wunderbar hübsch gedacht, der Magdalena unerachtet, als er sie nun wirklich fand, und indem er den Antonio um sein Glück beinahe hätte beneiden mögen, fühlte er doppelt die Notwendigkeit, die arme Marianna dem verdammten Capuzzi zu entreißen, koste es was es wolle. –

Signor Pasquale, von seiner schönen Nichte so zärtlich empfangen, wie er es gar nicht verdiente, vergaß sein Ungemach. Er schmunzelte, er spitzte die Lippen, daß der Zwickelbart wackelte, und ächzte und winselte nicht vor Schmerz, sondern vor lauter Verliebtheit.

Antonio bereitete kunstmäßig das Lager, schnürte, als man den Capuzzi hineingelegt, den Verband noch fester, und umwickelte auch das linke Bein so, daß der Alte regunglos daliegen mußte, wie eine Holzpuppe. Salvator begab sich fort und überließ die Liebenden ihrem Glücke.

Der Alte lag in Kissen begraben, zum Überfluß hatte ihm aber noch Antonio ein dickes, mit starkem Wasser benetztes Tuch um den Kopf gebunden, so daß er das Geflüster der Liebenden nicht vernehmen konnte, die nun zum erstenmal ihr ganzes Herz ausströmen ließen und sich unter Tränen und süßen Küssen ewige Treue schwuren. Nicht ahnen mochte der Alte, was vorging, da Marianna dazwischen sich unaufhörlich nach seinem Befinden erkundigte, und es sogar zuließ, daß er ihre kleine weiße Hand an seine Lippen drückte.

Als der Tag hoch heraufgekommen, eilte Antonio fort, um, wie er sagte, die nötigen Mittel für den Alten herbeizuschaffen, eigentlich aber um zu ersinnen, wie er wenigstens auf einige Stunden den Alten in noch hülfloseren Zustand versetzen solle, und mit Salvator zu überlegen, was dann weiter anzufangen sei.

Neuer Anschlag, den Salvator Rosa und Antonio Scacciati wider den Signor Pasquale Capuzzi und wider seine Gesellschaft ausführen, und was sich darauf weiter begibt.

Am andern Morgen kam Antonio zum Salvator, ganz Mißmut und Gram.

„Nun wie geht es", rief Salvator ihm entgegen, „warum hängt Ihr so den Kopf? – was ist Euch Überglücklichen, der Ihr nun jeden Tag Euer Liebchen schauen, küssen und herzen könnt, denn widerfahren?"

„Ach Salvator", rief Antonio, „mit meinem Glück ist es aus, rein aus; der Teufel hat sein Spiel mit mir! Gescheitert ist unsere List, und wir stehen nun mit dem verdammten Capuzzi in offner Fehde!"

„Desto besser", sprach Salvator, „desto besser! Aber sprecht Antonio, was hat sich denn begeben?"

„Stellt Euch vor", begann Antonio, „stellt Euch vor, Salvator, als ich gestern nach einer Abwesenheit von höchstens zwei Stunden mit allerlei Essenzen zurückkehre nach der Straße

Ripetta, erblicke ich den Alten ganz angekleidet in der Türe seiner Wohnung. – Hinter ihm steht der Pyramiden-Doktor und der verfluchte Sbirre, und zwischen ihren Beinen zappelt noch etwas Buntes. Das war, glaub ich, die kleine Mißgeburt, der Pitichinaccio. Sowie der Alte mich ansichtig wurde, drohte er mit der Faust, stieß die grimmigsten Flüche und Verwünschungen aus, und schwur, daß er mir alle Glieder zerbrechen lassen würde, sowie ich nur vor seiner Tür erschiene. ‚Schert Euch zu allen Teufeln, verruchter Bartkratzer' – kreischte er; ‚mit Lug und Trug gedenkt Ihr mich zu überlisten; wie der leidige Satan selbst stellt Ihr meiner armen frommen Marianna nach, und gedenkt sie in Eure höllischen Schlingen zu locken – aber wartet! – meine letzten Dukaten wende ich dran, Euch, ehe Ihr's Euch verseht, das Lebenslicht ausblasen zu lassen! – Und Euer sauberer Patron, der Signor Salvator, der Mörder, der Räuber, der dem Strange entflohen, der soll zur Hölle fahren zu seinem Hauptmann Mas'Aniello, den schaffe ich fort aus Rom, das ist mir leichte Mühe!'

So tobte der Alte, und da der verfluchte Sbirre, vom Pyramiden-Doktor angehetzt, Anstalt machte, auf mich loszugehen, da das neugierige Volk sich zu sammeln begann, was blieb mir übrig als in aller Schnelligkeit das Feld zu räumen? Ich mochte in meiner Verzweiflung gar nicht zu Euch gehen: denn ich weiß schon, Ihr hättet mich nur mit meinen trostlosen Klagen ausgelacht. Könnt Ihr doch jetzt kaum das Lachen unterdrücken!"

Sowie Antonio schwieg, lachte Salvator auch in der Tat hell auf.

„Jetzt", rief er, „jetzt wird die Sache erst recht ergötzlich! Nun will ich aber Euch, mein wackerer Antonio, auch umständlich sagen, wie sich alles begab in Capuzzis Hause, als Ihr fortgegangen. Kaum wart Ihr nämlich aus dem Hause, als Signor Splendiano Accoramboni, der – Gott weiß auf welche Weise – erfahren, daß sein Busenfreund Capuzzi in der Nacht das rechte Bein gebrochen, feierlichst mit einem Wundarzt heranrückte. Euer Verband, die ganze Art, wie Signor Pasquale behandelt worden, mußte Verdacht erregen. Der Wundarzt nahm die Schienen, die Bandagen ab, und man fand, was wir beide wissen, daß nämlich an dem rechten Fuß des würdigen Capuzzi auch nicht ein Knöchelchen verrenkt, viel weniger zerbrochen war! – Das übrige ließ sich nun ohne sonderlichen Scharfsinn erklären."

„Aber“, sprach Antonio voll Erstaunen, „aber mein bester Meister, aber sagt mir nur, wie Ihr das alles erfahren konntet, wie Ihr eindringt in Capuzzis Wohnung und alles wißt was sich dort begibt?“

„Ich habe Euch gesagt“, erwiderte Salvator, „daß in Capuzzis Hause, und zwar in demselben Stock, eine Bekannte der Frau Caterina wohnt. Diese Bekannte, die Witwe eines Weinhändlers, hat eine Tochter, zu der meine kleine Margarita öfters hingeht. Die Mädchen haben nun einen besondern Instinkt ihresgleichen aufzusuchen und zu finden, und so mittelten denn auch Rosa – so heißt die Tochter der Weinhändlerswitwe – und Margarita gar bald ein kleines Luftloch in der Speisekammer aus, das in eine finstere Kammer geht, die an Mariannas Gemach stößt. Mariannas Aufmerksamkeit entging keinesweges das Wispern und Flüstern der Mädchen, sowie das Luftloch, und so wurde dann bald der Weg gegenseitiger Mitteilung eröffnet und benutzt. Hält der Alte sein Mittagsschläfchen, so schwatzen sich die Mädchen recht nach Herzenslust aus. Ihr werdet bemerkt haben, daß die kleine Margarita, der Frau Caterina und mein Liebling, gar nicht so ernst und spröde, wie ihre ältere Schwester Anna, sondern ein drolliges, munteres, pfiffiges Ding ist. Ohne gerade von Eurer Liebschaft zu sprechen, habe ich sie unterrichtet, wie sie alles, was sich in Capuzzis Hause begibt, von Marianna sich erzählen lassen soll. Sie beweist sich dabei gar anstellig, und wenn ich vorhin über Euren Schmerz, über Eure Verzweiflung lachte, so geschah es, weil ich Euch zu trösten, Euch zu beweisen vermag, daß Eure Angelegenheiten jetzt erst in einen Gang kommen, der recht ersprießlich ist. – Ich habe einen ganzen Sack voll der trefflichsten Neuigkeiten für Euch –“

„Salvator“, rief Antonio, indem ihm die Augen vor Freude glänzten, „welche Hoffnungen gehen mir auf! – Gesegnet sei das Luftloch in der Speisekammer! – Ich schreibe an Marianna; – Margerita nimmt das Brieflein mit sich –“

„Nichts davon“, entgegnete Salvator, „nichts davon Antonio! Margerita soll uns nützlich werden, ohne gerade Eure Liebesbotin zu machen. Zudem könnte auch der Zufall, der oft sein wunderliches Spiel treibt, dem Alten Euer Liebesgeschwätz in die Hände bringen und der armen Marianna tausend neues Unheil bereiten, da sie in diesem Augenblick im Begriff steht, den alten verliebten Gecken ganz und gar unter ihr Samtpantöffelchen zu bringen. Denn hört nur an, wie sich ferner alles begeben. Die Art, wie Marianna den Alten, als wir ihn ins Haus brachten, empfing, hat ihn ganz und gar bekehrt. Er glaubt nichts Geringeres, als daß Marianna Euch nicht mehr liebt, sondern ihm wenigstens zur Hälfte ihr Herz geschenkt hat, so daß es nur darauf ankommt, noch die andere Hälfte zu erobern. Marianna ist, nachdem sie das Gift Eurer Küsse eingesogen, sogleich um drei Jahre klüger, schlauer, erfahrener geworden. Sie hat den Alten nicht allein überzeugt, daß sie gar keinen Anteil hatte an unserm Streich, sondern, daß sie unser Verfahren verabscheut, und mit tiefer Verachtung jede List, die Euch in ihre Nähe bringen könnte, zurückweisen wird. Der Alte hat im Übermaß des Entzückens sich übereilt und geschworen, daß wenn er seiner angebeteten Marianna eine Freude bereiten könne, es zur Stelle geschehen solle, sie möge nur irgendeinen Wunsch aussprechen. Da hat denn Marianna ganz bescheiden nichts weiter verlangt, als daß der *Zio carissimo* sie in das Theater vor der Porta del Popolo zum Signor Formica führen solle. Darüber ist der Alte etwas verdutzt worden; es hat Beratschlagungen gegeben mit dem Pyramiden-Doktor und dem Pitichinaccio; endlich haben beide, Signor Pasquale und Signor Splendiano, beschlossen, Marianna wirklich morgenden Tages in jenes Theater zu bringen. Pitichinaccio soll sie in Zofentracht begleiten, wozu er sich nur unter der Bedingung verstanden, daß Signor Pasquale außer der Plüschweste ihm noch eine Perücke schenken, in der Nacht ihn aber abwechselnd mit dem Pyramiden-Doktor nach Hause tragen solle. Darüber sind sie eins geworden und morgen wird sich das merkwürdige Kleeblatt mit der holden Marianna wirklich in das Theater vor der Porta del Popolo zum Signor Formica begeben." – Es ist nötig zu sagen, was für eine Bewandtnis es mit dem Theater vor der Porta del Popolo und mit dem Signor Formica hatte.

Nichts ist betrübter, als wenn zur Zeit des Karnevals in Rom die Impressarien in der Wahl ihrer Compositori unglücklich waren, wenn der Primo Tenore in der Argentina seine Stimme unterwegs gelassen, wenn der Primo Uomo da Donna in dem Teatro Valle am Schnupfen darniederliegt, kurz wenn das Hauptvergnügen, das die Römer zu finden glaubten, fehlschlägt, und der Giovedi grasso alle Hoffnungen, die sich vielleicht noch auftun könnten, mit einem Male abschneidet. Gerade nach einem solchen betrübten Karneval – kaum waren die Fasten vorüber – eröffnete ein gewisser Nicolo Musso vor der

Porta del Popolo ein Theater, auf dem er nichts darzustellen versprach, als kleine improvisierte Buffonaden. Die Ankündigung war in einem geistreichen, witzigen Stil abgefaßt, und dadurch bekamen die Römer ein günstiges Vorurteil für Mussos Unternehmen, hätten sie auch sonst nicht schon im ungestillten dramatischen Heißhunger begierig nach der geringsten Speise der Art gehascht. Die Einrichtung des Theaters, oder vielmehr der kleinen Bude, zeugte eben nicht von den glänzenden Umständen des Unternehmers. Es gab weder ein Orchester noch Logen. Statt derselben war im Hintergrunde eine Galerie angebracht, an der das Wappen des Hauses Colonna prangte, ein Zeichen, daß der Conte Colonna den Musso und sein Theater in besondern Schutz genommen. Eine mit Teppichen verkleidete Erhöhung, auf welcher rund umher einige bunte Tapeten gehängt waren, die nach dem Bedürfnisse des Stücks, Wald, Saal, Straße vorstellen mußten: das war die Bühne. Kam noch hinzu, daß die Zuschauer es sich gefallen lassen mußten, auf harten, unbequemen, hölzernen Bänken zu sitzen, so konnt es nicht fehlen, daß die Eintretenden ziemlich laut über Signor Musso murrten, der eine elende Bretterbude ein Theater nenne. Kaum hatten aber die beiden ersten Schauspieler, welche auftraten, einige Worte gesprochen, so wurden die Zuschauer aufmerksam; so wie das Stück fortging, stieg die Aufmerksamkeit zum Beifall, der Beifall zur Bewunderung, die Bewunderung zum höchsten Enthusiasmus, der sich durch das anhaltendste, wütendste Gelächter, Klatschen, Bravorufen Luft machte.

In der Tat konnte man auch nichts Vollkommneres sehen, als diese improvisierten Darstellungen des Nicolo Musso, die von Witz, Laune und Geist übersprudelten und die Torheiten des Tages mit scharfer Geißel züchtigten. Jeder Schauspieler gab seine Rolle mit unvergleichlicher Charakteristik, vorzüglich riß aber der Pasquarello, durch sein unnachahmliches Gebärdenspiel, durch das Talent in Stimme, Gang und Stellung bekannte Personen bis zur höchsten Täuschung nachzuahmen, durch seine unerschöpfliche Laune, durch das Schlagende seiner Einfälle, alle Zuschauer mit sich fort. Den Mann, der die Rolle des Pasquarello spielte, und der sich Signor Formica nannte, schien ein ganz besonderer, ungewöhnlicher Geist zu beseelen; oft war in Ton und Bewegung so etwas Seltsames, daß die Zuschauer, im tollsten Gelächter, sich von Schauern durchfröstelt fühlten. Ihm zur Seite stand würdig der Doktor Graziano mit einem Mienenspiel, mit einem Organ, mit einem Talent in dem anscheinend ungereimtesten Zeuge die ergötzlichsten Dinge zu sagen, dem nichts in der Welt zu vergleichen. Diesen Doktor Graziano spielte ein alter Bologneser Maria Agli mit Namen. Es konnte nicht fehlen, daß in kurzer Zeit die gebildete Welt von Rom unablässig hinströmte nach Nicolo Mussos kleinem Theater vor der Porta del Popolo, daß jeder den Namen Formica im Munde führte und auf der Straße wie im Theater in voller Begeistrung ausrief: „*Oh Formica! – Formica benedetto! – oh Formicissimo!*" – Man betrachtete den Formica als eine überirdische Erscheinung, und manche alte Frau, die im Theater sich vor Lachen ausgeschüttet, wurde, wagte ja einer nur das mindeste zu tadeln an Formicas Spiel, plötzlich ernsthaft und sprach feierlich: „*Scherza coi fanti e lascia star i santi!*" – Das kam daher, weil Signor Formica außer dem Theater ein unerforschliches Geheimnis blieb. Man sah ihn durchaus nirgends, und vergebens blieb alles Mühen ihm auf die Spur zu kommen. Nicolo Musso schwieg unerbittlich über Formicas Aufenthalt.

So war das Theater beschaffen, nach dem sich Marianna sehnte.

„Laßt uns", sprach Salvator, „unsern Feinden geradezu auf den Hals gehen: der Gang aus dem Theater nach der Stadt bietet uns die bequemste Gelegenheit dazu dar."

Er teilte jetzt dem Antonio einen Plan mit, der gar abenteuerlich und gewagt schien, den aber Antonio mit Freuden ergriff, weil er hoffte, dabei seine Marianna dem niederträchtigen Capuzzi zu entreißen. Auch war es ihm recht, daß Salvator es vorzüglich darauf angelegt, den Pyramiden-Doktor zu züchtigen.

Als es Nacht worden, nahmen beide, Salvator und Antonio, Chitarren, gingen nach der Straße Ripetta, und brachten, um den alten Capuzzi recht zu ärgern, der holden Marianna die schönste Serenata, die man nur hören konnte. Salvator spielte und sang nämlich meisterhaft und Antonio tat es, was einen schönen Tenor betrifft, beinahe dem Odoardo Ceccarelli gleich. Signor Pasquale erschien zwar auf dem Balkon, und wollte hinabschimpfend den Sängern Stillschweigen gebieten; die Nachbaren, die der schöne Gesang in die Fenster gelockt, riefen ihm aber zu: weil er mit seinen Gefährten so heule und schreie wie alle höllische Geister zusammen, wolle er wohl keine gute Musik in der Straße leiden? er möge sich hineinscheren und die Ohren verstopfen, wenn er den schönen Gesang nicht hören wolle. – So mußte Signor Pasquale zu seiner Marter dulden, daß Salvator und Antonio beinahe die ganze Nacht hindurch Lieder sangen, die bald die süßesten Liebesworte enthielten, bald die Torheit verliebter Alten verhöhnten. Sie gewahrten deutlich Marianna im Fenster, die Signor Pasquale vergebens mit den süßesten Worten und Beteurungen beschwor, sich doch nicht der bösen Nachtluft auszusetzen.

Am folgenden Abend wandelte dann die merkwürdigste Gesellschaft, die man jemals gesehen, durch die Straße Ripetta nach der Porta del Popolo. Sie zog aller Augen auf sich, und man fragte, ob denn der Karneval noch einen Rest toller Masken zurückgelassen. – Signor Pasquale Capuzzi in seinen bunten, spanischen, wohlgebürsteten Kleidern, mit einer neuen gelben Feder auf dem spitzen Hut prangend, geschniegelt und gebügelt, durch und durch Zierlichkeit und Grazie, in zu engen Schuhen wie auf Eiern dahertretend, führte am Arm die holde Marianna, deren schlanken Wuchs, viel weniger deren Antlitz man nicht erschauen konnte, weil sie auf ungewöhnliche Weise in Schleier verhüllt war. Auf der andern Seite schritt Signor Splendiano Accoramboni in seiner großen Perücke, die den ganzen Rücken bedeckte, so daß es von hinten anzusehen war, als wandle ein ungeheurer Kopf daher auf zwei kleinen Beinchen. Dicht hinter Marianna, sich beinahe an sie anklammernd, krebste das kleine Scheusal, der Pitichinaccio, nach, in feuerfarbnen Weiberkleidern, und den ganzen Kopf auf widerwärtige Art mit bunten Blumen besteckt.

Signor Formica übertraf sich den Abend selbst, und was noch nie geschehn, er mischte kleine Lieder ein, die er bald in dem Ton dieses, bald jenes bekannten Sängers vortrug. In dem alten Capuzzi erwachte alle Theaterlust, die früher in jungen Jahren beinahe ausartete in Wahnsinn. Er küßte in Entzücken der Marianna ein Mal über das andere die Hände und schwur, daß er keinen Abend versäumen werde, mit ihr Nicolo Mussos Theater zu besuchen. Er erhob den Signor Formica bis über die Sterne und stimmte mit aller Gewalt ein in den lärmenden Beifall der übrigen Zuschauer. Weniger zufrieden war der Signor Splendiano, der unablässig den Signor Capuzzi und die schöne Marianna ermahnte, nicht so übermäßig zu lachen. Er nannte in einem Atem etliche zwanzig Krankheiten, welche die zu große Erschütterung des Zwerchfells herbeiführen könne. Beide, Marianna und Capuzzi, kehrten sich aber daran ganz und gar nicht. Ganz unglücklich fühlte sich Pitichinaccio. Er hatte hinter dem Pyramiden-Doktor Platz nehmen müssen, der ihn mit seiner großen Perücke ganz und gar umschattete. Er sah auch nicht das mindeste von der Bühne und den spielenden Personen, und wurde überdem von zwei mutwilligen Weibern, die sich neben ihn gesetzt, unaufhörlich geängstigt und gequält. Sie nannten ihn eine artige liebe Signora, fragten, ob er, trotz seiner Jugend, schon verheiratet sei, und Kinderchen habe, die allerliebste Wesen sein müßten u.s.w. Dem armen Pitichinaccio standen die kalten Schweißtropfen auf der Stirne, er wimmerte und winselte, und verfluchte sein elendes Dasein.

Als die Vorstellung geendet, wartete Signor Pasquale, bis sich alle Zuschauer aus dem Hause entfernt hatten. Man löschte das letzte Licht aus, an dem Signor Splendiano noch eben ein Stückchen von einer Wachsfackel angezündet hatte, als Capuzzi mit seinen würdigen Freunden und der Marianna langsam und bedächtig den Rückweg antrat.

Pitichinaccio weinte und schrie; Capuzzi mußte ihn zu seiner Qual auf den linken Arm nehmen, mit dem rechten faßte er Marianna. Vorauf zog der Doktor Splendiano mit seinem Fackelstümpfchen, das mühsam und erbärmlich genug brannte, so daß sie bei dem matten Schein die dicke Finsternis der Nacht erst recht gewahr wurden.

Noch ziemlich weit entfernt waren sie von der Porta del Popolo, als sie sich urplötzlich von mehreren hohen, in Mäntel dicht verhüllten Gestalten umringt sahen. In dem Augenblick wurde dem Doktor die Fackel aus der Hand geschlagen, daß sie am Boden verlöschte. – Lautlos blieb Capuzzi, blieb der Doktor stehen. Da fiel, man wußte nicht woher er kam, ein blasser rötlicher Schimmer auf die Vermummten und vier bleiche Totengesichter starrten den Pyramiden-Doktor mit hohlen, gräßlichen Augen an. „Wehe – wehe – wehe dir Splendiano Accoramboni!" – So heulten die entsetzlichen Gespenster in tiefem, dumpfen Ton; dann wimmerte einer: „Kennst du mich, kennst du mich, Splendiano? – Ich bin Cordier, der französische Maler, der in voriger Woche begraben wurde, den du mit deiner Arznei unter die Erde brachtest!" Dann der zweite: „Kennst du mich, Splendiano? ich bin Küfner, der deutsche Maler, den du mit deinen höllischen Latwergen vergiftetest!" Dann der dritte: „Kennst du mich, Splendiano? Ich bin Liers, der Flamländer, den du mit deinen Pillen umbrachtest und seinen Bruder um die Gemälde betrogst." Dann der vierte: „Kennst du mich, Splendiano? Ich bin Ghigi, der neapolitanische

Maler, den du mit deinen Pulvern tötetest!" – Und nun alle vier zusammen: „Wehe, wehe – wehe dir, Splendiano Accoramboni, verfluchter Pyramiden-Doktor! – du mußt hinab – hinab zu uns unter die Erde – Fort – fort – fort mit dir! – Halloh – Halloh!" – und damit stürzten sie auf den unglücklichen Doktor, hoben ihn hoch in die Luft, und fuhren mit ihm ab wie der Sturmwind.

Sosehr das Entsetzen den Signor Pasquale übermannen wollte, so faßte er sich doch mit wunderbarem Mute, als er sah, daß es nur auf seinen Freund Accoramboni abgesehen war. Pitichinaccio hatte den Kopf samt dem Blumenbeet, das darauf befindlich, unter Capuzzis Mantel gesteckt, und sich so fest um seinen Hals geklammert, daß alle Mühe ihn abzuschütteln vergebens blieb.

„Erhole dich", sprach Capuzzi zu Marianna, als nichts mehr zu schauen war von den Gespenstern und dem Pyramiden-Doktor, „erhole dich, komm zu mir, mein süßes, liebes Täubchen! – Mein würdiger Freund Splendiano, der ist nun hin; Sankt Bernardus, der selbst ein tüchtiger Doktor war und vielen zur Seligkeit verholfen, möge ihm beistehen, wenn ihm die rachsüchtigen Maler, die er zu rasch nach seiner Pyramide befördert hat, den Hals umdrehen! – Wer wird nun zu meinen Kanzonen den Baß singen? – Und der Bengel, der Pitichinaccio, drückt mir dermaßen die Kehle zu, daß ich den Schreck, den mir Splendianos Transport verursacht, mit eingerechnet, vielleicht binnen sechs Wochen keinen reinen Ton werde hervorbringen können! – Sei nur nicht bange, meine Marianna! mein süßes Hoffen! – es ist alles vorüber!"

Marianna versicherte, daß sie den Schreck ganz überwunden, und bat, sie nur allein, ohne Hülfe gehen zu lassen, damit Capuzzi sich von seinem lästigen Schoßkinde befreien könne. Signor Pasquale faßte aber das Mädchen nur noch fester, und meinte, daß er um keinen Preis der Welt sie in dieser bedrohlichen Finsternis auch nur einen Schritt von sich lassen würde.

In demselben Augenblicke, als nun Signor Pasquale ganz wohlgemütlich weiter fort wollte, tauchten dicht vor ihm, wie aus tiefer Erde, vier gräßliche Teufelsgestalten auf, in kurzen rotgleißenden Mänteln, die ihn mit funkelnden Augen anblitzten und ein abscheuliches Gekrächze und Gepfeife erhoben. „Hui, hui! – Pasquale Capuzzi, verfluchter Narr! – Alter verliebter Teufel! – Wir sind deine Kumpane, wir sind Liebesteufel, wir kommen dich zu holen in die Hölle, in die glühende

Hölle, samt deinem Spießgesellen Pitichinaccio!" – So kreischten die Teufel und fielen über den Alten her. Capuzzi stürzte mit dem Pitichinaccio zu Boden, und beide erhoben ein gellendes, durchdringendes Jammergeschrei, wie eine ganze Herde geprügelter Esel.

Marianna hatte sich mit Gewalt vom Alten losgerissen, und war auf die Seite gesprungen. Da schloß sie einer von den Teufeln sanft in die Arme und sprach mit süßer lieblicher Stimme: „Ach Marianna! – meine Marianna! – endlich ist's gelungen! – Die Freunde tragen den Alten weit weit fort, während wir eine sichere Zuflucht finden!" – „Mein Antonio!" lispelte Marianna leise.

Aber plötzlich wurd es ringsumher hell von Fackeln, und Antonio fühlte einen Stich in das Schulterblatt. Mit Blitzesschnelle wandte er sich um, riß den Degen aus der Scheide und ging dem Kerl, der eben mit dem Stilett in der Hand den zweiten Stoß führen wollte, zu Leibe. Er gewahrte, wie seine drei Freunde sich gegen eine Überzahl von Sbirren verteidigten. Es gelang ihm, den Kerl, der ihn angegriffen, fortzutreiben, und sich zu den Freunden zu gesellen. So tapfer sie sich aber auch hielten, der Kampf war doch zu ungleich; die Sbirren mußten unfehlbar siegen, hätten sich nicht plötzlich mit lautem Geschrei zwei Männer in die Reihe der Jünglinge gestürzt, von denen der eine sogleich den Sbirren, der dem Antonio am härtesten zusetzte, niederstieß.

Der Kampf war nun in wenigen Augenblicken zum Nachteil der Sbirren entschieden. Wer von ihnen nicht hart verwundet auf dem Platze lag, floh mit lautem Geschrei der Porta del Popolo zu.

Salvator Rosa (niemand anders war der, der dem Antonio zu Hülfe eilte und den Sbirren niederstieß) wollte mit Antonio und den jungen Malern, die in den Teufelsmasken steckten, ohne weiteres hinter den Sbirren her, nach der Stadt.

Maria Agli, der mit ihm gekommen und, seines hohen Alters unerachtet, den Sbirren zugesetzt hatte, trotz jedem andern, meinte indessen, dies sei nicht ratsam, da die Wache bei der Porta del Popolo von dem Vorfall unterrichtet, sie alle unbezweifelt verhaften würde. Sie begaben sich nun alle zum Nicolo Musso, der sie in seinem kleinen, engen Hause, unfern des Theaters, mit Freuden aufnahm. Die Maler legten ihre Teufelslarven und ihre mit Phosphor bestrichenen Mäntel ab, und Antonio, der außer dem unbedeutenden Stich im Schulterblatt gar nicht verwundet war, machte den Wundarzt geltend, indem er den Salvator, den Agli und die Jünglinge, welche alle Wunden davongetragen, mit denen es aber nicht die mindeste Gefahr hatte, verband.

Der Streich, so toll und keck angelegt, wäre gelungen, hätten Salvator und Antonio nicht eine Person außer acht gelassen, die ihnen alles verdarb. Michele der gewesene Bravo und Sbirre, der unten in Capuzzis Hause wohnte, und in gewisser Art seinen Hausknecht machte, war, wie es Capuzzi gewollt, hinter ihm hergegangen nach dem Theater, wiewohl in einiger Entfernung, da der Alte sich des zerlumpten Tagediebes schämte. Ebenso hatte Michele den Alten zurückbegleitet. Als nun die Gespenster erschienen, merkte Michele, der ganz eigentlich weder Tod noch Teufel fürchtete, gleich Unrat, lief in finstrer Nacht spornstreichs nach der Porta del Popolo, machte Lärm und kam mit den Sbirren, die sich zusammengefunden, wie wir wissen, gerade in dem Augenblick an, als die Teufel über den Signor Pasquale herfielen und ihn entführen wollten, wie die Toten den Pyramiden-Doktor.

In dem hitzigsten Gefecht hatte doch einer von den jungen Malern sehr deutlich wahrgenommen, daß ein Kerl, die ohnmächtige Marianna auf den Armen, fortlief nach dem Tore, und daß ihm Signor Pasquale mit unglaublicher Hast, als sei Quecksilber in seine Beine gefahren, nachrannte. Dabei hatte etwas im Fackelschein hell Aufgleißendes an seinem Mantel gehangen und gewimmert; das mochte wohl der Pitichinaccio gewesen sein.

Am andern Morgen wurde bei der Pyramide des Cestius der Doktor Splendiano gefunden, ganz zusammengekugelt und in seine Perücke hineingedrückt, fest eingeschlafen, wie in einem warmen, weichen Nest. Als man ihn weckte, redete er irre, und war schwer zu überzeugen, daß er sich noch auf der Oberwelt, und zwar in Rom befinde, und als man ihn endlich nach Hause gebracht, dankte er der Jungfrau und allen Heiligen für seine Errettung, warf alle seine Tinkturen, Essenzen, Latwergen und Pulver zum Fenster hinaus, verbrannte seine Rezepte und gelobte künftig seine Patienten nicht anders zu heilen, als durch Bestreichen und Auflegen der Hände, wie es einmal ein berühmter Arzt, der zugleich ein Heiliger war, dessen Namen mir aber nicht beifallen will, vor ihm mit vielem Erfolg getan. Denn seine Patienten starben ebensogut, wie die Patienten der andern, und sahen schon vor dem Tode den Himmel offen und alles was der Heilige nur wollte.

„Ich weiß nicht", sprach Antonio andern Tages zum Salvator, „ich weiß nicht, welcher Grimm in mir entbrannt ist, seitdem mein Blut geflossen! – Tod und Verderben dem niederträchtigen Capuzzi! – Wißt Ihr Salvator, daß ich entschlossen bin, mit Gewalt einzudringen in Capuzzis Haus? – Ich stoße den Alten nieder, wenn er sich widersetzt, und entführe Marianna!"

„Herrlicher Anschlag", rief Salvator lachend, „herrlicher Anschlag! – Vortrefflich ausgedacht! – Ich zweifle gar nicht, daß du auch das Mittel gefunden haben wirst, deine Marianna durch die Luft nach dem spanischen Platz zu bringen, damit sie dich nicht, ehe du diese Freistatt erreicht hast, greifen und aufhängen! – Nein, mein lieber Antonio! – mit Gewalt ist hier gar nichts auszurichten, und Ihr könnt es Euch wohl denken, daß Signor Pasquale jetzt jedem öffentlichen Angriff auszuweichen wissen wird. Zudem hat unser Streich gar gewaltiges Aufsehen gemacht, und gerade das unmäßige Gelächter der Leute über die tolle Art, wie wir den Splendiano und den Capuzzi gehetzt haben, weckte die Polizei aus dem sanften Schlummer, die uns nun, soviel sie es mit ihren schwächlichen Mitteln vermag, nachstellen wird. – Nein Antonio, laßt uns zur List unsre Zuflucht nehmen. *Con arte e con inganno si vive mezzo l' anno, con inganno e con arte si vive l' altra parte.* (Es bringen Trug und Künste des Sommers uns Gewinste, und schlaue Kunst, betrügen, schafft Winters uns Vergnügen!) – So spricht Frau Caterina und sie hat recht. – Überdem muß ich lachen, daß wir recht wie junge unbedachtsame Leute gehandelt haben, welches mir vorzüglich zur Last fällt, da ich ein gut Teil älter bin als Ihr. Sagt Antonio, wäre uns der Streich wirklich gelungen, hättet Ihr Marianna dem Alten wirklich entrissen, sagt, wohin mit ihr fliehen, wo sie verborgen halten, wie es anfangen, so rasch die Verbindung durch den Priester herbeizuführen, daß der Alte sie nicht mehr zu hintertreiben vermochte? – Ihr sollt in wenigen Tagen Eure Marianna wirklich entführen. Ich habe den Nicolo Musso, den Formica, in alles eingeweiht und mit ihnen gemeinschaftlich einen Streich ersonnen, der kaum fehlschlagen kann. Tröstet Euch nur Antonio! – Signor Formica wird Euch helfen!"

„Signor Formica?" sprach Antonio mit gleichgültigem, beinahe verächtlichem Ton, „Signor Formica? – Was kann mir der Spaßmacher nützen."

„Hoho", rief Salvator, „habt Ehrfurcht vor dem Signor

Formica, das bitte ich mir aus! – Wißt Ihr denn nicht, daß Formica eine Art von Zaubrer ist, der ganz im Verborgnen über die wunderbarsten Künste gebietet? – Ich sage Euch, Signor Formica wird helfen! Auch der alte Maria Agli, der vortreffliche Doktor Graziano Bolognese, ist in unser Complot gezogen und wird dabei eine gar bedeutende Rolle spielen. Aus Mussos Theater, Antonio, sollt Ihr Eure Marianna entführen."

„Salvator", sprach Antonio, „Ihr schmeichelt mir mit trügerischen Hoffnungen! – Ihr sagtet selbst, daß Signor Pasquale jetzt sorglich jedem öffentlichen Angriff ausweichen wird. Wie ist es denn nun möglich, daß er sich entschließen könnte, nachdem ihm so Arges widerfahren, noch einmal Mussos Theater zu besuchen?"

„Den Alten dahin zu verlocken", erwiderte Salvator, „ist so schwer nicht, als Ihr denken möget. Viel schwerer wird es halten, zu bewirken, daß er ohne seine Kumpanen in das Theater steigt. – Doch dem sei, wie ihm wolle, jetzt ist es nötig, daß Ihr, Antonio, Euch vorbereitet mit Marianna, sowie der günstige Moment da ist, aus Rom entfliehen zu können. – Ihr sollt nach Florenz, Ihr seid dort schon durch Eure Kunst empfohlen, und daß es Euch nach Eurer Ankunft nicht an Bekanntschaft, nicht an würdiger Unterstützung und Hülfe mangeln soll, dafür laßt mich sorgen! – Einige Tage müssen wir ruhen, dann wollen wir sehen, was sich weiter begibt. – Noch einmal, Antonio! – faßt Hoffnung; Formica wird helfen!"

Neuer Unfall, der den Signor Pasquale Capuzzi betrifft. Antonio Scacciati führt einen Anschlag im Theater des Nicolo Musso glücklich aus und flüchtet nach Florenz.

Signor Pasquale wußte zu gut, wer ihm das Unheil, das ihn und den armen Pyramiden-Doktor vor der Porta del Popolo betroffen, bereitet hatte, und man kann denken, in welchem Grimm er entbrannt war gegen Antonio und gegen Salvator Rosa, den er mit Recht für den Anstifter von allem hielt. Er mühte sich ab, die arme Marianna zu trösten, die ganz erkrankt war vor Schreck, wie sie sagte; aber eigentlich vor Betrübnis, daß der verdammte Michele mit seinen Sbirren sie ihrem Antonio entrissen hatte. Margarita brachte ihr indessen fleißig Nachricht von dem Geliebten, und auf den unternehmenden Salvator setzte sie ihre ganze Hoffnung. – Mit Ungeduld wartete sie von einem Tage zum andern auf irgendein neues Ereignis und ließ diese Ungeduld aus an dem Alten durch tausend Quälereien, die ihn in seiner wahnsinnigen Verliebtheit kirre und kleinmütig genug machten, ohne indessen etwas über den Liebesteufel zu vermögen, der in seinem Innern spukte. Hatte Marianna alle üble Laune des eigensinnigsten Mädchens im reichlichsten Maße ausgegossen, und litt sie dann nur ein einziges Mal, daß der Alte seine welken Lippen auf ihre kleine Hand drückte, so schwur er im Übermaße des Entzückens, daß er nicht ablassen wolle vom Pantoffel des Papstes mit inbrünstigen Küssen, bis er die Dispensation zur Heirat mit seiner Nichte, dem Ausbunde aller Schönheit und Liebenswürdigkeit, erhalten. Marianna hütete sich, ihn in diesem Entzücken zu stören, denn eben in diesem Hoffnungsschimmer des Alten leuchtete auch ihre Hoffnung auf, ihm desto leichter zu entfliehen, je fester er sie mit unauflöslichen Banden verstrickt glaubte.

Einige Zeit war vergangen, als eines Tages zur Mittagsstunde Michele die Treppe heraufstampfte, und dem Signor Pasquale, der ihm nach vielem Klopfen die Tür öffnete, mit vieler Weitläuftigkeit meldete, daß ein Herr unten sei, der durchaus verlange, den Signor Pasquale Capuzzi, der wie er wisse in diesem Hause wohne, zu sprechen.

„O all ihr himmlischen Heerscharen“, schrie der Alte erbost, „ob der Schlingel nicht weiß, daß ich in meiner Wohnung durchaus keinen Fremden spreche!“

Der Herr, meinte Michele, sei aber von gar feinem Ansehen, etwas ältlich, führe eine hübsche Sprache und nenne sich Nicolo Musso!

„Nicolo Musso“, sprach Capuzzi nachdenklich in sich hinein, „Nicolo Musso, der das Theater vor der Porta del Popolo hat, was mag der nur von mir wollen?“ Damit verschloß und verriegelte er sorgfältig die Türe und stieg mit Michele die Treppe herab, um mit Nicolo unten vor dem Hause auf der Straße zu sprechen.

„Mein bester Signor Pasquale“, kam ihm Nicolo, sich mit freiem Anstande verneigend, entgegen, „wie hoch erfreut bin ich, daß Ihr mich Eurer Bekanntschaft würdigt! Wie vielen Dank bin ich Euch schuldig! – Seit die Römer Euch, den Mann von dem bewährtesten Geschmack, von der durchdringendsten Wissenschaft und Virtuosen in der Kunst, in meinem Theater gesehen haben, verdoppelte sich mein Ruf und meine Einnahme. Um so mehr schmerzt es mich tief, daß böse mutwillige Buben Euch und Eure Gesellschaft auf mörderische

Weise angefallen haben, als Ihr aus meinem Theater nachts nach der Stadt zurückkehrtet! – Um aller Heiligen willen, Signor Pasquale, werft dieses Streichs halber, der schwer geahndet werden wird, nicht einen Groll auf mich und mein Theater! – Entzieht mir nicht Euren Besuch!"

„Bester Signor Nicolo", erwiderte der Alte schmunzelnd, „seid versichert, daß ich noch nie mehr Vergnügen empfand, als in Eurem Theater. Euer Formica, Euer Agli, das sind Schauspieler, wie ihresgleichen nicht zu finden. Doch der Schreck, der meinem Freunde, dem Signor Splendiano Accoramboni, ja mir selbst beinahe den Tod gebracht hat, war zu groß; er hat mir nicht Euer Theater, wohl aber den Gang dahin auf immer verleidet. Schlagt Ihr Euer Theater auf dem Platze del Popolo oder in der Straße Babuina, in der Straße Ripetta auf, so fehle ich gewiß keinen Abend, aber vor das Tor del Popolo bringt mich zur Nachtzeit keine Macht der Erde."

Nicolo seufzte auf, wie von tiefem Kummer erfaßt. „Das trifft mich hart", sprach er dann, „härter, als Ihr vielleicht glaubt, Signor Pasquale! – Ach! – auf Euch hatte ich alle meine Hoffnung gesetzt! – Um Euern Beistand wollte ich flehen!"

„Um meinen Beistand", fragte der Alte verwundert, „um meinen Beistand, Signor Nicolo? Auf welche Weise hätte der Euch frommen können?"

„Mein bester Signor Pasquale", erwiderte Nicolo, indem er mit dem Schnupftuch über die Augen fuhr, als trockne er hervorquellende Tränen, „mein bester vortrefflichster Signor Pasquale, Ihr werdet bemerkt haben, daß meine Schauspieler hin und wieder Arien einmischten. Das gedachte ich denn so ganz unvermerkt weiter und weiter hinaufzutreiben, ein Orchester anzuschaffen, kurz, zuletzt alle Verbote umgehend, eine Oper einzurichten. Ihr, Signor Capuzzi, seid der erste Komponist in ganz Italien, und nur der unglaubliche Leichtsinn der Römer, der hämische Neid der Maestri ist schuld daran, daß man auf den Theatern etwas anders hört als Eure Kompositionen. Signor Pasquale, um Eure unsterblichen Werke wollte ich Euch fußfällig bitten, um sie, wie es nur in meinen Kräften stand, auf mein geringes Theater zu bringen!"

„Bester Signor Nicolo", sprach der Alte, den vollsten Sonnenschein im Antlitz, „was unterreden wir uns denn hier auf öffentlicher Straße! – Laßt es Euch gefallen, ein paar steile Treppen hinaufzusteigen! – Kommt mit mir in meine schlechte Wohnung!"

Kaum mit Nicolo im Zimmer angelangt, holte der Alte ein großes Pack bestäubter Noten hervor, schlug es auseinander, nahm die Chitarre zur Hand, und begann das entsetzliche, gellende Gekreisch, welches er Singen nannte.

Nicolo gebärdete sich wie ein Verzückter! – Er seufzte – er stöhnte – er schrie dazwischen: „*Bravo! – bravissimo! – benedettissimo Capuzzi!*“ – bis er endlich, wie im Übermaß der seligsten Begeisterung, dem Alten zu Füßen stürzte, und seine Knie umfaßte, die er aber so heftig drückte, daß der Alte in die Höhe fuhr, vor Schmerz aufjauchzte, laut aufschrie: „Alle Heiligen! – laßt ab von mir, Signor Nicolo, Ihr bringt mich um!“

„Nein“, rief Nicolo, „nein Signor Pasquale, nicht eher stehe ich auf, bis Ihr mir die göttlichen Arien versprecht, die Ihr soeben vorgetragen, damit sie übermorgen Formica in meinem Theater singen kann!“

„Ihr seid ein Mann von Geschmack“, ächzte Pasquale, „ein Mann von tiefer Einsicht! – Wem könnte ich besser meine Kompositionen anvertrauen als Euch! – Ihr sollt alle meine Arien mit Euch nehmen – laßt mich nur los! – Aber o Gott ich werde sie nicht hören, meine göttliche Meisterwerke! – laßt mich nur los, Signor Nicolo!“

„Nein“, rief Nicolo, noch immer auf den Knien und des Alten dürre Spindelbeine fest umklammernd, „nein Signor Pasquale, ich lasse Euch nicht, bis Ihr Euer Wort gebt, übermorgen in meinem Theater zu sein! – Besorgt doch nur nicht einen neuen Anfall! Glaubt Ihr denn nicht, daß die Römer, haben sie Eure Arien gehört, Euch im Triumph mit hundert Fackeln zu Hause bringen werden? – Aber sollte das auch nicht geschehen, ich selbst und meine getreuen Kameraden, wir bewaffnen uns, und geleiten Euch bis in Euer Haus!“

„Ihr selbst“, fragte Pasquale, „wollt mich begleiten mit Euern Kameraden! – Wieviel Leute sind das wohl?“

„Acht bis zehn Personen stehen Euch zu Befehl, Signor Pasquale! Entschließt Euch, erhört mein Flehen!“

„Formica“, lispelte Pasquale, „hat eine schöne Stimme! – Wie er nur meine Arien vortragen wird!“

„Entschließt Euch“, rief Nicolo noch einmal, indem er fester des Alten Beine packte! – „Ihr steht mir“, sprach der Alte, „Ihr steht mir dafür, daß ich unangefochten mein Haus erreiche?“

„Ehre und Leben zum Pfande“, rief Nicolo, indem er den Beinen einen schärfern Druck gab!

„Topp!“ – schrie der Alte, „ich bin übermorgen in Eurem Theater!“

Da sprang Nicolo auf und drückte den Alten an die Brust, daß er ganz außer Atem ächzte und keuchte.

In dem Augenblick trat Marianna herein. Signor Pasquale wollte sie zwar mit einem grimmigen Blick, den er ihr zuwarf, zurückscheuchen; sie kehrte sich aber gar nicht daran, sondern ging geradezu auf den Musso los, und sprach wie im Zorn: „Vergebens, Signor Nicolo, versucht Ihr, meinen lieben Oheim in Euer Theater zu locken! – Ihr vergeßt, daß der abscheuliche Streich, den ruchlose Verführer, die mir nachstellen, neulich uns spielten, meinem herzgeliebten Oheim, seinem würdigen Freunde Splendiano, ja mir selbst beinahe das Leben kostete! Nimmermehr werde ich zugeben, daß mein Oheim sich aufs neue solcher Gefahr aussetze! Steht nur ab von Euern Bitten Nicolo! – Nicht wahr mein geliebtester Oheim, Ihr bleibt fein im Hause, und wagt Euch nicht mehr vor die Porta del Popolo in der verräterischen Nacht, die niemands Freund ist?“

Signor Pasquale war wie vom Donner gerührt. Er starrte seine Nichte mit weit aufgerissenen Augen an. Darauf gab er ihr die süßesten Worte, und setzte weitläuftig auseinander, wie Signor Nicolo sich dazu verpflichtet, solche Maßregeln zu treffen, die jeder Gefahr beim Rückwege vorbeugen sollten.

„Und doch“, sprach Marianna, „bleibe ich bei meinem Wort, indem ich Euch, geliebtester Oheim auf das flehentlichste bitte, nicht in das Theater vor der Porta del Popolo zu gehen. – Verzeiht, Signor Nicolo, daß ich in Eurer Gegenwart geradezu heraussage, welche schwarze Ahnung in meiner Seele ist! – Ihr seid, ich weiß es, mit Salvator Rosa, und auch wohl mit dem Antonio Scacciati bekannt. – Wie, wenn Ihr mit unsern Feinden unter einer Decke stecktet, wie, wenn Ihr meinen Oheim, der, ich weiß es, ohne mich Euer Theater nicht besuchen wird, nur auf hämische Weise verlocken wolltet, damit desto sicherer ein neuer verruchter Anschlag ausgeführt werde?“

„Welcher Verdacht“, rief Nicolo ganz erschrocken, „welcher entsetzliche Verdacht Signora? – Kennt Ihr mich denn von solch einer schlimmen Seite? Hab ich solch einen bösen Ruf, daß Ihr mir den abscheulichsten Verrat zutraut? – Aber denkt Ihr einmal so schlecht von mir, setzt Ihr Mißtrauen in den Beistand, den ich Euch zugesagt, nun gut, so laßt Euch von Michele, der, wie ich weiß, Euch aus den Händen der Räuber gerettet hat, begleiten, und Michele soll eine gute Anzahl Sbirren mitnehmen, die Euch ja vor dem Theater erwarten können, da Ihr doch nicht verlangen werdet, daß ich meine Plätze mit Sbirren füllen soll."

Marianna sah dem Nicolo starr in die Augen, dann sprach sie ernst und feierlich: „Was sagt Ihr? – Michele und Sbirren sollen uns begleiten? – Nun sehe ich wohl, Signor Nicolo, daß Ihr es ehrlich meint, daß mein schlimmer Verdacht ungerecht ist! – Verzeiht mir nur meine unbesonnenen Reden! – Und doch kann ich die Angst, die Besorgnis für meinen geliebten Oheim nicht überwinden, und doch bitte ich ihn den bedrohlichen Gang nicht zu wagen!"

Signor Pasquale hatte das ganze Gespräch mit seltsamen Blicken, die deutlich von dem Kampf in seinem Innern zeugten, angehört. Jetzt konnte er sich nicht länger halten, er stürzte vor der schönen Nichte auf die Kniee, ergriff ihre Hände, küßte sie, benetzte sie mit Tränen, die ihm aus den Augen quollen, rief wie außer sich: „Himmlische angebetete Marianna, lichterloh schlagen die Flammen hervor, die in meinem Herzen brennen! – Ach diese Angst, diese Besorgnis, das ist ja das süßeste Geständnis, daß du mich liebst!" – Und nun flehte er sie an, doch nur keiner Furcht Raum zu geben und von dem Theater herab die schönste der Arien zu hören, die jemals der göttlichste Komponist erfunden.

Auch Nicolo ließ nicht nach mit den wehmütigsten Bitten, bis Marianna sich für überwunden erklärte und versprach, alle Furcht beiseite gesetzt, dem zärtlichen Oheim in das Theater vor der Porta del Popolo zu folgen. – Signor Pasquale war verzückt in den höchsten Himmel der Wonne. Er hatte die Überzeugung von Mariannas Liebe, die Hoffnung im Theater seine Musik zu hören und Lorbeern zu erhaschen, nach denen er so lange vergebens getrachtet; er stand daran, seine süßesten Träume erfüllt zu sehen! – Nun wollte er auch sein Licht recht hell leuchten lassen vor den treu verbundenen Freunden, er dachte daher gar nicht anders, als daß Signor Splendiano und der kleine Pitichinaccio ebenso mit ihm gehen sollten, wie das erstemal.

Außer den Gespenstern, die ihn entführten, waren dem Signor Splendiano in der Nacht, als er neben der Pyramide des Cestius in seiner Perücke schlief, allerlei böse Erscheinungen gekommen. Der ganze Totenacker war lebendig worden und hundert Leichen hatten die Knochenarme nach ihm ausgestreckt, laut jammernd über seine Essenzen und Latwergen, deren Qual sie noch im Grabe nicht verwinden konnten. Daher kam es, daß der Pyramiden-Doktor, konnte er gleich dem Signor Pasquale nicht ableugnen wie nur der ausgelassenste Mutwille verruchter Buben ihm den Streich spielte, doch trübsinnig blieb, und, sonst eben nicht zum abergläubischen Wesen geneigt, jetzt überall Gespenster sah und von Ahnungen und bösen Träumen hart geplagt wurde.

Pitichinaccio war nun durchaus nicht zu überzeugen, daß das nicht wirkliche Teufel aus der flammenden Hölle gewesen sein sollten, die über den Signor Pasquale und über ihn herfielen, und schrie laut auf, wenn man nur an jene verhängnisvolle Nacht dachte. Alle Beteurungen des Signor Pasquale, daß niemand anders, als Antonio Scacciati und Salvator Rosa hinter den Teufelsmasken gesteckt, schlugen nicht an, denn Pitichinaccio schwur unter vielen Tränen, daß seiner Angst, seines Entsetzens unerachtet, er an der Stimme und an dem ganzen Wesen den Teufel Fanfarell sehr gut erkannt habe, der ihm den Bauch braun und blau gezwickt.

Man kann denken, wie Signor Pasquale sich abmühen mußte, beide, den Pyramiden-Doktor und den Pitichinaccio zu überreden, noch einmal mit ihm zu wandern. Splendiano entschloß sich erst dazu, als es ihm gelungen, von einem Bernardiner-Mönch ein geweihtes Bisamsäckchen zu erhalten, dessen Geruch weder Tote noch Teufel ertragen können, und mit dem er sich wappnen wollte gegen alle Anfechtungen; Pitichinaccio vermochte dem Versprechen einer Büchse mit in Zucker eingemachten Trauben nicht zu widerstehen, außerdem mußte aber Signor Pasquale ausdrücklich nachgeben, daß er statt der Weiberkleider, die ihm wie er sagte den Teufel recht auf den Hals gelockt hätten, seine neue Abbatenkleidung anlegen dürfte.

Was Salvator gefürchtet, schien also wirklich eintreffen zu wollen, und doch hing, wie er versicherte, sein ganzer Plan davon ab, daß Signor Pasquale mit Marianna allein, ohne die getreuen Kumpane, im Theater des Nicolo sein müsse.

Beide, Antonio und Salvator, zerbrachen sich weidlich den Kopf, wie sie den Splendiano und den Pitichinaccio von dem Signor Pasquale abwendig machen sollten. Zur Ausführung jedes Streichs, der dies hätte bewirken können, reichte aber die Zeit nicht hin, da schon am Abende des folgenden Tages der Anschlag im Theater des Nicolo ausgeführt werden mußte. Der Himmel, der sich oft der sonderbarsten Werkzeuge bedient um die Narren zu züchtigen, schlug sich aber zugunsten des bedrängten Liebespaars ins Mittel und regierte den Michele, daß er seiner Tölpelei Raum gab und dadurch bewirkte, was Salvators und Antonios Kunst nicht zu erringen vermochte.

In selbiger Nacht entstand in der Straße Ripetta vor dem Hause des Signor Pasquale auf einmal ein solch entsetzliches Jammergeschrei, ein solch fürchterliches Fluchen, Toben und Schimpfen, daß alle Nachbaren auffuhren aus dem Schlafe, und die Sbirren, die eben einen Mörder verfolgt hatten, der sich nach dem spanischen Platz gerettet, neue Mordtat vermutend, schnell mit ihren Fackeln herbeieilten. Als diese nun, und mit ihnen eine Menge anderer Leute, die der Lärm herbeigelockt, ankamen auf den vermeinten Mordplatz, lag der arme kleine Pitichinaccio wie entseelt auf dem Boden, Michele aber schlug mit einem furchtbaren Knittel auf den Pyramiden-Doktor los, der in demselben Augenblick niederstürzte, als Signor Pasquale sich mühsam aufrappelte, den Stoßdegen zog, und wütend auf Michele eindrang. Rund umher lagen Stücke zersplitterter Chitarren. Mehrere Leute fielen dem Alten in den Arm, sonst hätte er den Michele unfehlbar durch und durch gerannt. Michele, der nun erst bei dem Schein der Fackeln gewahrte, wen er vor sich hatte, stand da zur Bildsäule erstarrt mit herausglotzenden Augen, ein gemalter Wütrich, parteilos zwischen Kraft und Willen, wie es irgendwo heißt. Dann stieß er ein entsetzliches Geheul aus, zerraufte sich die Haare, flehte um Gnade und Barmherzigkeit. – Keiner von beiden, weder der Pyramiden-Doktor noch der Kleine waren bedeutend beschädigt, aber so zerbleut, daß sie sich nicht rücken noch regen konnten und nach Hause getragen werden mußten.

Signor Pasquale hatte sich das Unglück selbst auf den Hals geladen.

Wir wissen, daß Salvator und Antonio der Marianna die schönste Nachtmusik brachten, die man nur hören konnte; ich habe aber vergessen zu sagen, daß sie dies zum entsetzlichsten Ingrimm des Alten in jeder der folgenden Nächte wiederholten. Signor Pasquale, dessen Wut die Nachbarn in Schranken hielten, war toll genug sich an die Obrigkeit zu wenden, die den beiden Malern das Singen in der Straße Ripetta verbieten sollte. Die Obrigkeit meinte aber, unerhört sei es in Rom, daß irgend jemanden verwehrt sein solle, zu singen, und Chitarre zu spielen wo es ihm beliebe, und es sei unsinnig, so etwas zu verlangen. Da beschloß Signor Pasquale selbst dem Dinge ein

Ende zu machen, und versprach dem Michele ein gut Stück Geld, wenn er bei der ersten Gelegenheit über die Sänger herfallen und sie tüchtig abprügeln werde. Michele schaffte sich auch sofort einen tüchtigen Knittel an, und lauerte jede Nacht hinter der Türe. Nun begab es sich aber, daß Salvator und Antonio es für ratsam hielten, die Nächte vor der Ausführung ihres Anschlages selbst die Nachtmusiken in der Straße Ripetta einzustellen, damit dem Alten auch kein Gedanke an seine Widersacher einkomme. Marianna äußerte ganz unschuldig, sosehr sie den Antonio, den Salvator hasse, so habe sie doch ihren Gesang gar gern gehört, da ihr Musik, die so zur Nachtzeit in den Lüften hinaufschwebe, über alles gehe.

Signor Pasquale schrieb sich das hinter die Ohren, und wollte als ein Ausbund von Galanterie sein Liebchen mit einer Serenata überraschen, die er selbst komponiert und mit seinen Getreuen sorglich eingeübt hatte. Gerade in der Nacht vor dem Tage, an dem er im Theater des Nicolo Musso seinen höchsten Triumph zu feiern gedachte, schlich er sich heimlich fort und holte seine Getreuen herbei, die schon darauf vorbereitet waren. Kaum schlugen sie aber die ersten Töne auf den Chitarren an, als Michele, dem Signor Pasquale unbedachtsamerweise nichts von seinem Vorhaben gesagt, in voller Freude, endlich das ihm versprochne Stück Geld verdienen zu können, aus der Haustür herausstürzte, auf die Musiker unbarmherzig losprügelte, und sich folglich das begab, was wir wissen. Daß nun weder Signor Splendiano, noch Pitichinaccio, die über und über bepflastert in den Betten lagen, den Signor Pasquale in Nicolos Theater begleiten konnten, war keine Frage. Doch vermochte Signor Pasquale nicht davonzubleiben, ohnerachtet ihm Schultern und Rücken von den erhaltenen Prügeln nicht wenig schmerzten; jeder Ton seiner Arie war ein Band, das ihn unwiderstehlich hinzog.

„Nun das Hindernis“, sprach Salvator zu Antonio, „das wir für unübersteiglich hielten, sich von selbst aus dem Wege geräumt hat, kommt es nur auf Eure Geschicklichkeit an, daß Ihr nicht den günstigen Moment versäumt, Eure Marianna aus dem Theater des Nicolo zu entführen. – Doch Ihr werdet nicht fehlen, und ich begrüße Euch schon als Bräutigam der holden Nichte Capuzzis, die in wenigen Tagen Eure Gattin sein wird. Ich wünsche Euch Glück, Antonio, wiewohl es mir durch Mark und Bein fröstelt, wenn ich an Eure Heirat denke!“

„Wie meint Ihr das, Salvator?“ fragte Antonio voll Erstaunen.

„Nennt es Grille“, erwiderte Salvator, „nennt es törichte Einbildung, oder wie Ihr sonst wollt, Antonio, genug ich liebe die Weiber; aber jede, selbst die, in die ich bis zum Wahnsinn vernarrt bin, für die ich sterben möchte, macht in meinem Innersten einen Argwohn rege, der mich in den unheimlichsten Schauern erbeben läßt, sobald ich an eine Verbindung mit ihr denke, wie sie die Ehe herbeiführt. Das Unerforschliche in der Natur der Weiber spottet jeder Waffe des Mannes. Die, von der wir glauben, daß sie sich uns mit ihrem ganzen Wesen hingab, daß ihr Inneres sich uns erschlossen, betrügt uns am ersten, und mit dem süßesten Kuß saugen wir das verderblichste Gift ein.“

„Und meine Marianna?“ rief Antonio bestürzt.

„Verzeiht Antonio“, fuhr Salvator fort, „eben Eure Marianna, die die Holdseligkeit und Anmut selbst ist, hat mir aufs neue bewiesen, wie bedrohlich uns die geheimnisvolle Natur des Weibes ist! – Bedenkt, wie das unschuldige, unerfahrne Kind sich benahm, als wir den Oheim ihr ins Haus trugen, wie sie auf einen Blick von mir, alles – alles erriet, und ihre Rolle, wie Ihr mir selbst sagtet, mit der größten Klugheit fortspielte. Doch nicht mag dies in Anschlag kommen gegen das, was sich bei Mussos Besuch bei dem Alten begab! – Die geübteste Gewandtheit, die undurchdringlichste Schlauheit, kurz alle ersinnliche Kunst des welterfahrensten Weibes vermag nicht mehr, als was die kleine Marianna tat, um den Alten mit voller Sicherheit hinters Licht zu führen. – Sie konnte gar nicht klüger handeln, um uns den Weg zu Unternehmungen jeder Art zu bahnen. Die Fehde gegen den alten wahnsinnigen Toren – jede List erscheint gerechtfertigt, aber – doch! – geliebter Antonio! – Laßt Euch durch meine träumerischen Grillen nicht irren, sondern seid glücklich mit Eurer Marianna, wie Ihr’s nur zu sein vermöget!“

Gesellte sich nur noch irgendein Mönch zum Signor Pasquale, als er mit seiner Nichte Marianna herauszog nach dem Theater des Nicolo Musso, alle Welt hätte glauben müssen, das seltsame Paar würde zum Richtplatz geführt. Denn vorauf ging der tapfere Michele barschen Ansehens, bis an die Zähne bewaffnet, und ihm folgten, den Signor Pasquale und Marianna einschließend, wohl an zwanzig Sbirren.

Nicolo empfing den Alten mit seiner Dame sehr feierlich an dem Eingange des Theaters, und führte sie auf die dicht vor der Bühne befindlichen Sitze, die für sie aufbewahrt waren.

Signor Pasquale fühlte sich durch diese Ehrenbezeugung sehr geschmeichelt, er blickte mit stolzen leuchtenden Blicken umher, und sein Vergnügen, seine Lust stieg um vieles höher, als er gewahrte, daß neben und hinter Marianna durchaus nur Frauen Platz genommen hatten. – Hinter den Tapeten der Bühne wurden ein paar Geigen und ein Baß eingestimmt; das Herz schlug dem Alten vor Erwartung, und wie ein elektrischer Schlag durchfuhr es ihm Mark und Bein, als urplötzlich das Ritornell seiner Arie begann.

Formica trat heraus als Pasquarello und sang – sang mit der Stimme, mit dem eigentümlichsten Gebärdenspiel Capuzzis die heilloseste aller Arien! – Das Theater dröhnte von dem schallenden, schmetternden Gelächter der Zuschauer. Man schrie, man raste: „*Ah Pasquale Capuzzi! – compositore, virtuoso celeberrimo bravo! – bravissimo!*“ – Der Alte, das verfängliche Lachen nicht beachtend, war ganz Wonne und Entzücken. Die Arie war beendigt, man rief zur Ruhe; denn Doktor Graziano, diesmal von Nicolo Musso selbst dargestellt, trat auf, sich die Ohren zuhaltend, schreiend, daß Pasquarello endlich einhalten sollte mit seinem tollen Gekrächze.

Der Doktor fragte nun den Pasquarello, seit wann er sich das verfluchte Singen angewöhnt, und wo er die abscheuliche Arie her habe?

Darauf Pasquarello: Er wisse nicht, was der Doktor wolle, es ginge ihm, so wie den Römern, die keinen Geschmack für wahrhafte Musik hätten und die größten Talente unbeachtet ließen. Die Arie sei von dem größten jetzt lebenden Komponisten und Virtuosen gesetzt, bei dem er das Glück habe, in Diensten zu stehen, und der ihn selbst in der Musik, im Gesang unterrichte!

Nun riet Graziano hin und her, nannte eine Menge bekannter Komponisten und Virtuosen; aber bei jedem berühmten Namen schüttelte Pasquarello verächtlich den Kopf.

Endlich Pasquarello: der Doktor zeige seine grobe Unwissenheit, da er nicht einmal den größten Komponisten der Zeit kenne. Das sei kein andrer als der Signor Pasquale Capuzzi, der ihm die Ehre erwiesen, ihn in seine Dienste zu nehmen. Ob er es nicht einsehe, daß Pasquarello Freund und Diener des Signor Pasquale sein müsse?

Da brach der Doktor Graziano in ein ungemessenes Gelächter aus und rief: Was? nachdem Pasquarello ihm, dem Doktor, aus dem Dienste gelaufen, wo ihm außer Lohn und Nahrung doch noch mancher Quattrino ins Maul geflogen, sei er hingegangen zu dem allergrößten, ausgemachtesten alten Gecken, der jemals sich mit Makkaroni gestopft, zu dem buntscheckigen Fastnachtsnarren, der einherstolziere wie ein satter Haushahn nach dem Regenwetter, zu dem knurrigen Geizhals, zu dem alten verliebten Hasenfuß, der mit dem widerlichen Bocksgeschrei, das er Singen nenne, die Luft in der Straße Ripetta verpeste u. s. w.

Darauf Pasquarello ganz erzürnt: Nur der Neid spreche aus dem Doktor, er rede mit dem Herzen in der Hand (*parla col cuore in mano*) der Doktor sei gar nicht der Mann, der den Signor Pasquale Capuzzi di Senigaglia zu beurteilen imstande sei – er rede mit dem Herzen in der Hand – der Doktor selbst habe einen starken Beischmack von dem allem, was er an dem vortrefflichen Signor Pasquale tadle – er rede mit dem Herzen in der Hand – er habe es selbst oft genug erfahren, daß über den Herrn Doktor Graziano an sechshundert Personen auf einmal aus voller Kehle gelacht u. s. w. Nun hielt Pasquarello eine lange Lobrede auf seinen neuen Herrn, den Signor Pasquale, in der er ihm alle nur mögliche Tugenden beilegte und mit der Beschreibung seiner Person schloß, die er als die Liebenswürdigkeit und Anmut selbst herausstrich.

„Gesegneter Formica“, lispelte Signor Capuzzi vor sich hin, „gesegneter Formica, ich merke, du hast es darauf abgesehen, meinen Triumph vollständig zu machen, da du den Römern allen Neid und Undank, mit dem sie mich verfolgen, gehörig in die Nase reibst, und ihnen sagst, *wer* ich bin!“

„Da kommt mein Herr selbst“, rief in dem Augenblick Pasquarello, und es trat herein – Signor Pasquale Capuzzi, wie er leibte und lebte, in Kleidung, Gesicht, Gebärde, Gang, Stellung, dem Signor Capuzzi unten so völlig gleich, daß dieser, ganz erschrocken, Marianna, die er so lange mit der einen Hand festgehalten, losließ, und sich selbst Nase und Perücke betastete, um zu erspüren, ob er nicht im Traum liege und sich doppelt sehe, ob er wirklich im Theater des Nicolo Musso sitze, und dem Wunder trauen dürfe.

Capuzzi auf dem Theater umarmte den Doktor Graziano mit vieler Freundlichkeit und fragte, wie es ihm ginge. Der Doktor erwiderte, sein Appetit sei gut, sein Schlaf ruhig, ihm zu dienen (*per servirlo*), was aber seinen Beutel betreffe, der leide an einer gänzlichen Auszehrung. Gestern hab er, seiner Liebe zu Ehren, den letzten Dukaten für ein paar rosmarinfarbne

Strümpfe ausgegeben, und eben wolle er zu dem und dem Bankier wandern, um zu sehen, ob er dreißig Dukaten geborgt erhalten könne!

„Wie könnt Ihr", sprach nun Capuzzi, „bei Eurem besten Freunde vorbeigehen! – Hier, mein bester Signor, sind funfzig Dukaten, nehmt sie hin!"

„Pasquale, was tust du!" rief der Capuzzi unten halblaut!

Der Doktor Graziano sprach nun von Schuldschein, von Zinsen; Signor Capuzzi erklärte aber, daß er beides nicht verlange von einem Freunde, wie der Doktor sei.

„Pasquale bist du von Sinnen", rief der Capuzzi unten noch lauter.

Doktor Graziano schied nach vielen dankbaren Umarmungen. Nun nahte sich Pasquarello, machte viele Bücklinge, erhob den Signor Capuzzi bis in den Himmel, meinte, daß sein Beutel an eben derselben Krankheit leide, wie der Beutel Grazianos, bat auch, ihm doch mit der vortrefflichen Arznei aufzuhelfen! – Capuzzi auf dem Theater lachte, freute sich, daß Pasquarello seine gute Laune zu nutzen verstehe, und warf ihm einige blanke Dukaten hin!

„Pasquale, du bist rasend – vom Teufel besessen", rief der Capuzzi unten überlaut. Man gebot ihm Stillschweigen.

Pasquarello stieg noch höher in Capuzzis Lob, und kam zuletzt auf die Arie, die er, Capuzzi komponiert habe, und womit er, Pasquarello, alle Welt zu bezaubern hoffe. Capuzzi auf dem Theater klopfte dem Pasquarello treuherzig auf die Schulter, und sprach: ihm, als seinem treuen Diener, könne er es wohl vertrauen, daß er von der Kunst der Musik eigentlich gar nichts verstehe und die Arie, von der er spreche, so wie alle Arien, die er jemals komponiert, aus Frescobaldis Kanzonen und Carissimis Motetten gestohlen habe.

„Das lügst du in deinen eignen Hals hinein, du Halunke!" schrie der Capuzzi unten, indem er sich von seinem Sitze erhob. Man gebot ihm aufs neue Stillschweigen, und die Frau, welche neben ihm saß, zog ihn auf die Bank nieder.

Es sei nun Zeit, fuhr der Capuzzi auf dem Theater fort, an andere wichtigere Dinge zu denken. Er wolle morgen einen großen Schmaus geben und Pasquarello müsse sich frisch daranhalten, alles Nötige herbeizuschaffen. Nun holte er ein Verzeichnis der köstlichsten, teuersten Speisen hervor, welches er ablas; bei jeder Speise mußte Pasquarello anmerken, wieviel sie kosten würde, und erhielt auf der Stelle das Geld.

„Pasquale! – Unsinniger! – Rasender! – Taugenichts! – Verschwender!“ – so rief der Capuzzi unten dazwischen und wurde immer zorniger und zorniger, je höher die Summe der Kosten stieg für das unsinnigste aller Mittagsmahle.

Pasquarello fragte, als endlich das Verzeichnis geschlossen, wodurch denn Signor Pasquale bewogen würde, solch ein glänzendes Fest zu geben?

„Es ist“, sprach der Capuzzi auf dem Theater, „morgen der glücklichste, freudenvollste Tag meines Lebens. Wisse, mein guter Pasquarello, daß ich morgen den segensreichen Hochzeitstag meiner lieben Nichte Marianna feiere. Ich gebe ihre Hand dem braven jungen Menschen, dem vortrefflichsten aller Künstler, dem Antonio Scacciati!“

Kaum hatte der Capuzzi oben das Wort ausgesprochen, als der Capuzzi unten ganz außer sich, ganz von Sinnen, alle Wut der Hölle im feuerroten Antlitz, aufsprang, beide Fäuste gegen sein Ebenbild ballte, und mit gellender Stimme aufkreischte: „Das tust du nicht, das tust du nicht, du schurkischer halunkischer Pasquale! – Willst du dich um deine Marianna betrügen, du Hund? – willst du sie dem verdammten Schuft an den Hals werfen – die süße Marianna, dein Leben – dein Hoffen – dein alles? – Ha sieh zu – sieh zu – betörter Narr! sieh zu, wie du bei dir ankommst! – Deine Fäuste sollen dich zerbleuen, daß du schon Mittagsmahl und Hochzeit vergessen wirst!“

Aber Capuzzi oben ballte ebenso wie der Capuzzi unten die Fäuste, und schrie ebenso in voller Wut, mit derselben gellenden Stimme: „Alle Teufel dir in den Leib, du verfluchter, unsinniger Pasquale, du verruchter Geizhals – alter verliebter Geck – bunt geputzter Esel mit der Schellenkappe um die Ohren – sieh dich vor, daß ich dir nicht das Lebenslicht ausblase, damit deine niederträchtigen Streiche, die du dem ehrlichen, guten, frommen Pasquale Capuzzi auf den Hals schieben willst, endlich einmal aufhören.“

Unter den gräßlichsten Flüchen und Verwünschungen des Capuzzi unten, erzählte nun der Capuzzi oben ein sauberes Stückchen von ihm nach dem andern.

„Versuche es einmal“, schrie endlich der Capuzzi oben, „versuche es einmal, Pasquale, du alter verliebter Affe, das Glück dieser beiden Leute, die der Himmel selbst füreinander bestimmt, zu stören!“

In dem Augenblicke erschienen im Hintergrunde des Theaters Antonio Scacciati und Marianna, sich mit den Armen umschlingend. So schwächlich der Alte sonst auf den Beinen war, die Wut gab ihm Behendigkeit und Kraft. Mit einem Satze war er auf der Bühne, riß den Stoßdegen aus der Scheide, und rannte auf den vermeintlichen Antonio los. Er fühlte sich indessen von hinten festgehalten. Ein Offizier von der päpstlichen Garde hatte ihn erfaßt, und sprach mit ernstem Ton: „Besinnt Euch, Signor Pasquale, Ihr seid auf dem Theater des Nicolo Musso! – Ohne es zu wollen, habt Ihr heute eine gar ergötzliche Rolle gespielt! – Weder Antonio noch Marianna werdet Ihr hier finden." – Die beiden Personen, die Capuzzi dafür gehalten, waren mit den übrigen Schauspielern näher getreten. Capuzzi schaute in lauter unbekannte Gesichter! – Der Degen fiel ihm aus der zitternden Hand, er holte tief Atem, wie aus einem schweren Traum erwachend, er faßte sich an die Stirne – riß die Augen weit auf. Die Ahnung dessen, was geschehen, ergriff ihn: er schrie mit fürchterlicher Stimme, daß die Wände dröhnten: „Marianna!"

Bis zu ihr konnte aber sein Ruf nicht mehr dringen. Antonio hatte nämlich den Zeitpunkt, als Pasquale alles um sich her, sich selbst vergessend, mit seinem Doppelgänger zankte, sehr gut wahrgenommen, sich an Marianna hinan, durch die Zuschauer fort, und zu einer Seitentüre hinauszuschleichen, wo der Vetturino mit dem Wagen bereit stand. Fort ging es im schnellsten Lauf, fort nach Florenz.

„Marianna", schrie der Alte nochmals, „Marianna! – Sie ist fort – sie ist entflohen – der Spitzbube Antonio hat sie mir gestohlen! – Auf – ihr nach! – Habt die Barmherzigkeit – Leute, nehmt Fackeln, sucht mir mein Täubchen – ha die Schlange!"

Damit wollte der Alte fort. Der Offizier hielt ihn aber fest, indem er sprach: „Meint Ihr das junge, holde Mädchen, das neben Euch saß, so ist es mir, als hätte ich sie längst, und zwar als Ihr den unnützen Zank mit dem Schauspieler, der eine Euch ähnliche Maske trug, anfinget, mit einem jungen Menschen, mich dünkt es war Antonio Scacciati, herausschlüpfen gesehen. Sorgt nicht dafür; es sollen sogleich alle nur mögliche Nachforschungen angestellt und Marianna soll Euch zurückgeliefert werden, sowie man sie findet. Was aber jetzt Euch selbst betrifft, Signor Pasquale, so muß ich Euch, Eures Betragens, Eures mordgierigen Anschlags auf das Leben jenes Schauspielers halber verhaften!"

Signor Pasquale, den bleichen Tod im Antlitz, keines Wortes, keines Lautes mächtig, wurde von denselben Sbirren abgeführt, die ihn schützen sollten wider verkappte Teufel und Gespenster, und so kam in derselben Nacht, in der er seinen Triumph zu feiern hoffte, tiefe Betrübnis über ihn, und alle wahnsinnige Verzweiflung alter, verliebter, betrogner Toren.

Salvator Rosa verläßt Rom und begibt sich nach Florenz. Beschluß der Geschichte.

Alles hienieden unter der Sonne ist stetem Wechsel unterworfen; doch nichts mag wankelmütiger genannt werden, als die Gesinnung der Menschen, die sich in ewigem Kreise fortdreht, wie das Rad der Glücksgöttin. Bittrer Tadel trifft morgen den, der heute großes Lob einerntete, mit Füßen tritt man heute den, der morgen hoch erhoben wird! –

Wer war in Rom, der nicht den alten Pasquale Capuzzi, mit seinem schmutzigen Geiz, mit seiner närrischen Verliebtheit, mit seiner wahnsinnigen Eifersucht, verspottete und verhöhnte, der nicht der armen, gequälten Marianna die Freiheit wünschte. Und nun Antonio die Geliebte glücklich entführt hatte, wandte sich aller Hohn, aller Spott plötzlich um in Mitleid für den alten Toren, den man mit zur Erde gesenktem Haupte ganz trostlos durch die Straßen von Rom schleichen sah. Ein Unglück kommt selten allein: so begab es sich denn auch, daß Signor Pasquale bald darauf, als ihm Marianna entführt worden, seine besten Busenfreunde verlor. Der kleine Pitichinaccio erstickte nämlich an einem Mandelkern, den er unvorsichtigerweise verschlucken wollte, als er eben in einer Kadenz begriffen; dem Leben des berühmten Pyramiden-Doktors Signor Splendiano Accoramboni setzte aber das plötzliche Ziel ein Schreibfehler, dessen er sich selbst schuldig machte. Micheles Prügel waren ihm so schlecht bekommen, daß er in ein Fieber verfiel. Er beschloß, sich selbst durch ein Mittel zu heilen, das er erfunden zu haben glaubte, verlangte Feder und Dinte, und schrieb ein Rezept auf, in welchem er durch ein unrichtiges Zeichen die Dosis einer stark wirkenden Substanz auf unbillige Weise erhöhte. Kaum hatte er indessen die Arzenei verschluckt, als er in die Bettkissen zurücksank und dahinschied, so aber die Wirkung der letzten Tinktur, die er verordnete, durch den eignen Tod auf würdige, herrliche Weise bewährte.

Wie gesagt, nun waren alle, die sonst am ärgsten gelacht und tausendmal dem wackern Antonio das Gelingen seines

Anschlags gewünscht hatten, ganz Mitleid für den Alten, und nicht sowohl den Antonio, als den Salvator Rosa, den sie freilich mit Recht für den Anstifter des ganzen Streichs hielten, traf der bitterste Tadel.

Salvators Feinde, deren es eine gute Anzahl gab, unterließen nicht das Feuer zu schüren, wie sie nur konnten. „Seht", sprachen sie, „das ist Mas'Aniellos saubrer Spießgeselle, der zu allen schlechten Streichen, zu allen räuberischen Unternehmungen willig die Hand bietet, dessen bedrohlichen Aufenthalt in Rom wir nächstens schwer fühlen werden!"

In der Tat gelang es der neidischen Rotte, die sich wider Salvator verschworen, den kecken Flug, den sonst sein Ruhm genommen, zu hemmen. Ein Gemälde nach dem andern kühn erfunden, herrlich ausgeführt, ging aus seiner Werkstatt hervor; aber immer zuckten die sogenannten Kenner die Achseln, fanden bald die Berge zu blau, die Bäume zu grün, die Figuren bald zu lang, bald zu breit, tadelten alles, was nicht zu tadeln war, und suchten Salvators wohlerworbnes Verdienst auf jede Weise zu schmälern. Vorzüglich verfolgten ihn die Akademiker von San Luca, die ihm den Wundarzt nicht vergessen konnten, und gingen weiter, als es ihres Berufs schien, da sie selbst die artigen Verse, die Salvator damals aufschrieb, herabsetzten, ja sogar zu verstehen gaben, daß Salvator die Früchte nicht auf eignem Boden pflücke, sondern fremdes Gebiet plündere. Daher kam es denn auch, daß es Salvator durchaus nicht gelingen wollte, sich mit dem Glanz zu umgeben, wie es wohl ehemals in Rom geschehen. Statt der großen Werkstatt, in der ihn sonst die vornehmsten Römer aufsuchten, blieb er bei der Frau Caterina, bei seinem grünen Feigenbaum, und gerade in dieser Beschränktheit mochte er manchmal Trost finden und Beruhigung.

Mehr, als billig, ging dem Salvator das hämische Betragen seiner Feinde zu Herzen, ja er fühlte, wie eine schleichende Krankheit, von Ärger und Mißmut erzeugt, an seinem besten Lebensmark zehrte. In dieser bösen Stimmung entwarf und führte er zwei große Gemälde aus, die ganz Rom in Aufruhr setzten. Das eine dieser Gemälde stellte die Vergänglichkeit aller irdischen Dinge dar, und man erkannte in der Hauptfigur, einer leichtsinnigen Weibsperson, die alle Zeichen des niederträchtigen Gewerbes an sich trug, die Geliebte eines Kardinals. Auf dem andern Gemälde war die Glücksgöttin abgebildet, die ihre reichen Gaben verspendet. Doch Kardinalshüte, Bischofsmützen, goldne Münzen, Ehrenzeichen, fielen herab auf blökende Schafe, schreiende Esel und andere verachtete Tiere, während schön gestaltete Menschen in zerrissenen Kleidern vergebens hinaufblickten nach der geringsten Gabe. Salvator hatte ganz Raum gegeben seiner verbitterten Laune, und jene Tierköpfe trugen die ähnlichsten Züge dieser, jener vornehmen Person. Man kann denken, wie der Haß gegen ihn stieg, wie er ärger verfolgt wurde als jemals.

Frau Caterina warnte ihn mit Tränen in den Augen. Sie hatte es wohl bemerkt, daß, sobald es Nacht geworden, verdächtiges Gesindel um das Haus schlich, das jeden Schritt Salvators zu belauschen schien. Salvator sah ein, daß es Zeit sei, Rom zu verlassen, und Frau Caterina mit ihren herzlieben Töchtern, waren die einzigen Personen, von denen er sich mit Schmerz trennte. Er begab sich, eingedenk der wiederholten Aufforderung des Herzogs von Toskana, nach Florenz. Hier war es nun, wo dem gekränkten Salvator aller Verdruß, der ihm in Rom zugefügt worden war, reichlich vergütigt, wo ihm alle Ehre, aller Ruhm, seinem Verdienst gemäß, in reichlichem Maß gespendet wurde. Die Geschenke des Herzogs, die hohen Preise, die er für seine Gemälde erhielt, setzten ihn bald in den Stand, ein großes Haus zu beziehen und auf das prächtigste einzurichten. Da versammelten sich um ihn her die berühmtesten Dichter und Gelehrten der Zeit; es ist genug, den Evangelista Toricelli, den Valerio Chimentelli, den Battista Ricciardi, den Andrea Cavalcanti, den Pietro Salvati, den Filippo Apolloni, den Volumnio Bandelli, den Francesco Rovai zu nennen, die sich darunter befanden. Man trieb Kunst und Wissenschaft im schönen Bunde vereinigt, und Salvator Rosa wußte den Zusammenkünften ein fantastisches Ansehen zu geben, das den Geist auf eigene Weise belebte und anfeuerte. So glich der Speisesaal einem schönen Lusthain mit duftenden Büschen und Blumen und plätschernden Springbrunnen, und selbst die Speisen, die von seltsam gekleideten Pagen aufgetragen wurden, sahen wunderbar aus, als kämen sie aus einem fernen Zauberlande. Diese Versammlungen der Dichter und Gelehrten in Salvator Rosas Hause nannte man damals die *Academia de' Percossi*.

Wandte nun auf diese Weise Salvator seinen Geist ganz zu der Kunst und Wissenschaft, so lebte sein innigstes Gemüt auf bei seinem Freunde Antonio Scacciati, der mit der holden Marianna ein anmutiges, sorgenfreies Künstlerleben führte. Sie gedachten des alten betrogenen Signor Pasquale, und wie sich alles im Theater des Nicolo Musso begeben. Antonio fragte den Salvator, wie er es denn angestellt, den Musso nicht allein, sondern auch den vortrefflichen Formica, den Agli, für seine, des Antonios, Sache zu beleben; Salvator meinte indessen, das sei ein leichtes gewesen, da eben Formica sein innigst verbundner Freund in Rom gewesen, so daß er alles mit Lust und Liebe auf dem Theater ausgeführt, was er, Salvator, ihm angegeben. Antonio versicherte dagegen, daß, sosehr er noch über jenen Auftritt lachen müsse, der sein Glück herbeigeführt, er doch von Herzen wünsche, den Alten zu versöhnen, wenn er übrigens auch nicht einen Quattrino von Mariannas Vermögen, das der Alte in Beschlag genommen, heraushaben wolle, da seine Kunst ihm Geld genug einbringe. Auch Marianna könne sich oft nicht der Tränen enthalten, wenn sie daran denke, daß der Bruder ihres Vaters ihr im Grabe den Streich nicht verzeihen werde, der ihm gespielt worden, und so werfe Pasquales Haß einen trüben Wolkenschatten in sein helles Leben. Salvator tröstete beide, Antonio und Marianna, damit, daß die Zeit noch viel ärgere Dinge ausgleichen, und daß der Zufall vielleicht auf weniger gefährliche Weise den Alten in ihre Nähe bringen werde, als es geschehen, wenn sie in Rom geblieben, oder jetzt nach Rom zurückkehren wollten.

Wir werden sehen, daß in dem Salvator ein weissagender Geist wohnte.

Mehrere Zeit war vergangen, als eines Tages Antonio atemlos, bleich wie der Tod in Salvators Werkstatt hereinstürzte. „Salvator", rief er, „Salvator, mein Freund! – mein Beschützer! – ich bin verloren, wenn Ihr nicht helft! – Pasquale Capuzzi ist hier; er hat gegen mich, als den Entführer seiner Nichte, einen Verhaftsbefehl ausgewirkt!"

„Aber", sprach Salvator, „was kann Signor Pasquale jetzt gegen Euch ausrichten? – Seid Ihr denn nicht durch die Kirche mit Eurer Marianna verbunden?"

„Ach", erwiderte Antonio, ganz in Verzweiflung, „selbst der Segen der Kirche schützt mich nicht vor dem Verderben! – Weiß der Himmel, welchen Weg der Alte gefunden hat, sich dem Nepoten des Papstes zu nähern. Genug, der Nepote ist's, der den Alten in seinen Schutz genommen, der ihm Hoffnung gemacht hat, daß der Heilige Vater das Bündnis mit Marianna für nichtig erklären, noch mehr, daß er ihm, dem Alten, Dispensation geben werde, seine Nichte zu heiraten!"

„Halt", rief Salvator, „nun verstehe ich alles! – Es ist der

Haß des Nepoten gegen mich, der Euch, Antonio, zu verderben droht! – Wißt, daß der Nepote, dieser stolze, rohe, bäurische Tölpel sich unter jenen Tieren auf meinem Gemälde befand, die die Glücksgöttin mit ihren Gaben überschüttet! – Daß ich es war, der Euch zu Eurer Marianna, wenn auch mittelbar verhalf, das weiß nicht allein der Nepote, das weiß jedermann in Rom; Grund genug, Euch zu verfolgen, da sie mir selbst eben nichts anhaben können! – Liebte ich Euch auch nicht als meinen besten innigsten Freund, Antonio! doch müßte ich schon darum, weil ich den Unstern auf Euch herabgezogen, alle meine Kräfte aufbieten, Euch beizustehen! – Aber bei allen Heiligen, ich weiß nicht, auf welche Weise ich Euern Gegnern das Spiel verderben soll!"

Damit legte Salvator, der so lange, ohne sich zu unterbrechen an einem Gemälde gearbeitet, Pinsel, Palette, Malstock weg, stand auf von der Staffelei und ging, die Arme übereinandergeschlagen, im Zimmer einigemal auf und ab, während Antonio ganz in sich versunken, starren Blicks den Boden betrachtete.

Endlich blieb Salvator vor Antonio stehen und rief lächelnd: „Hört Antonio, ich kann nichts ausrichten gegen Eure mächtige Feinde, aber einer ist noch, der Euch helfen kann und helfen wird, und das ist – Signor Formica!"

„Ach", sprach Antonio, „scherzt nicht mit einem Unglücklichen, für den es keine Rettung mehr gibt!"

„Wollt Ihr schon wieder verzweifeln?" rief Salvator, indem er, auf einmal in die heiterste Laune versetzt, laut auflachte; „ich sage Euch Antonio! – Freund Formica wird helfen in Florenz, wie er in Rom geholfen! – Geht fein nach Hause, tröstet Eure Marianna, und erwartet ruhig, wie sich alles fügen wird. Ich hoffe Ihr seid auf jeden Wink bereit das zu tun, was Signor Formica, der sich in der Tat eben hier befindet, von Euch verlangen wird!" Antonio versprach das mit vollem Herzen, indem aufs neue die Hoffnung in ihm aufdämmerte und das Vertrauen.

Signor Pasquale Capuzzi geriet nicht in geringes Erstaunen, als er eine feierliche Einladung von der *Academia de' Percossi* erhielt. „Ha", rief er aus, „hier in Florenz ist es also, wo man Verdienste zu schätzen weiß, wo man den mit den vortrefflichsten Gaben ausgestatteten Pasquale Capuzzi di Senigaglia kennt und würdigt!" – So überwand der Gedanke an seine Wissenschaft, an seine Kunst, an die Ehre, die ihm deshalb erzeigt wurde, den Widerwillen, den er sonst gegen eine Versammlung hegen mußte, an deren Spitze Salvator Rosa stand. Das spanische Ehrenkleid wurde sorglicher ausgebürstet als jemals, der spitze Hut mit einer neuen Feder geschmückt, die Schuhe wurden mit neuen Bandschleifen versehen, und so erschien Signor Pasquale, glänzend wie ein Goldkäfer, vollen Sonnenschein im Antlitz, in Salvators Hause. Die Pracht, von der er sich umgeben sah, selbst Salvator, der ihn in reichern Kleidern angetan empfing, flößte ihm Ehrfurcht ein, und wie es bei kleinen Seelen zu geschehen pflegt, die erst stolz und aufgeblasen, sich gleich im Staube winden, sobald sie irgendeine Übermacht fühlen, Pasquale war ganz Demut und Ergebung gegen denselben Salvator, dem er in Rom kecklich zu Leibe gehen wollen.

Man erwies von allen Seiten dem Signor Pasquale so viel Aufmerksamkeit, man berief sich so unbedingt auf sein Urteil, man sprach so viel von seinen Verdiensten um die Kunst, daß er sich wie neu belebt fühlte, ja daß ein besonderer Geist in ihm wach wurde und er über manches viel gescheuter sprach, als man es hätte denken sollen. Kam noch hinzu, daß er in seinem Leben nicht herrlicher bewirtet worden, daß er niemals begeisterndern Wein getrunken, so konnte es nicht fehlen, daß seine Lust höher und höher stieg, und er alle Unbill vergaß, die ihm in Rom widerfahren, und die böse Angelegenheit, weshalb er sich in Florenz befand. Die Akademiker pflegten oft nach der Mahlzeit zu ihrer Lust kleine theatralische Darstellungen aus dem Stegreife zu geben, und so forderte denn auch heute der berühmte Schauspieldichter Filippo Apolloni diejenigen, die gewöhnlich daran teilnahmen, auf, das Fest mit einer solchen Darstellung zu beschließen. Salvator entfernte sich sogleich, um die nötigen Vorkehrungen zu treffen.

Nicht lange dauerte es, so regten sich am Ende des Speisesaals die Büsche, schlugen die belaubten Zweige auseinander und ein kleines Theater mit einigen Sitzen für die Zuschauer wurde sichtbar.

„Alle Heiligen“, rief Pasquale Capuzzi erschrocken, „wo bin ich! – das ist das Theater des Nicolo Musso!“

Ohne auf seinen Ausruf zu achten, faßten ihn Evangelista Toricelli und Andrea Cavalcanti, beides ernste Männer von würdigem, ehrfurchtgebietenden Ansehen bei den Armen, führten ihn zu einem Sitz dicht vor dem Theater, und nahmen von beiden Seiten neben ihm Platz.

Kaum war dies geschehen, so erschien – Formica auf dem Theater als Pasquarello! –

„Verruchter Formica!" schrie Pasquale, indem er aufsprang und mit geballter Faust nach dem Theater hindrohte. Toricellis und Cavalcantis ernste, strafende Blicke geboten ihm Ruhe und Stillschweigen.

Pasquarello schluchzte, weinte, fluchte auf das Schicksal, das ihm lauter Jammer und Herzeleid bereitet, versicherte, er wisse gar nicht mehr, wie er es anstellen solle, um zu lachen, und schloß damit, daß er sich in heller Verzweiflung ganz gewiß den Hals abschneiden, wenn er ohne ohnmächtig zu werden, Blut sehen, oder in die Tiber stürzen würde, wenn er nur im Wasser das verfluchte Schwimmen lassen könne.

Nun trat Doktor Graziano ein und fragte den Pasquarello nach der Ursache seiner Betrübnis.

Darauf Pasquarello: ob er nicht wisse, was sich alles im Hause seines Herrn, des Signor Pasquale Capuzzi di Senigaglia begeben, ob er nicht wisse, daß ein verruchter Bösewicht die holde Marianna, seines Herrn Nichte entführt?

„Ha", murmelte Capuzzi, „ich merk es, Signor Formica, Ihr wollt Euch bei mir entschuldigen, Ihr wollt meine Verzeihung! – Nun wir wollen sehen!"

Doktor Graziano gab seine Teilnahme zu erkennen, und meinte, der Bösewicht müsse es sehr schlau angefangen hagen, um allen Nachforschungen Capuzzis zu entgehen.

Hoho, erwiderte Pasquarello, das möge der Doktor sich nicht einbilden, daß es dem Bösewicht Antonio Scacciati gelungen, dem schlauen, von mächtigen Freunden unterstützten Signor Pasquale Capuzzi zu entkommen; Antonio sei verhaftet, seine Ehe mit der entführten Marianna für nichtig erklärt worden und Marianna wieder in Capuzzis Gewalt gekommen!

„Hat er sie wieder?" schrie Capuzzi außer sich, „hat er sie wieder, der gute Pasquale? hat er sein Täubchen wieder, seine Marianna? – Ist der Schurke Antonio verhaftet? – O gesegneter Formica!"

„Ihr nehmt", sprach Cavalcanti sehr ernst, „Ihr nehmt zu lebhaften Anteil an dem Schauspiel, Signor Pasquale! – Laßt doch die Schauspieler reden, ohne sie auf störende Weise zu unterbrechen!"

Signor Pasquale ließ sich beschämt auf den Sitz nieder, von dem er sich erhoben.

Doktor Graziano fragte, was es denn weiter gegeben?

Hochzeit, fuhr Pasquarello fort, Hochzeit habe es gegeben. Marianna habe bereut, was sie getan, Signor Pasquale die gewünschte Dispensation von dem Heiligen Vater erhalten und seine Nichte geheiratet!

„Ja ja", murmelte Pasquale Capuzzi vor sich hin, indem ihm die Augen glänzten vor Entzücken, „ja ja mein geliebtester Formica, er heiratet die süße Marianna, der glückliche Pasquale! – Er wußte ja, daß das Täubchen ihn liebte immerdar, daß nur der Satan sie verführte."

So sei, sprach Doktor Graziano, ja alles in Ordnung und kein Grund zur Betrübnis vorhanden.

Da begann aber Pasquarello viel ärger zu schluchzen und zu weinen als vorher, und fiel endlich wie übermannt von dem entsetzlichen Schmerz in Ohnmacht.

Doktor Graziano lief ängstlich umher, bedauerte, kein Riechfläschchen bei sich zu tragen, suchte in allen Taschen, brachte endlich eine gebratene Kastanie hervor, und hielt sie dem ohnmächtigen Pasquarello unter die Nase. Dieser erholte sich sofort unter starkem Niesen, bat ihn, dies seinen schwachen Nerven zugute zu halten, und erzählte, wie Marianna gleich nach der Hochzeit in die tiefste Schwermut gefallen, beständig den Namen Antonio genannt und dem Alten mit Abscheu und Verachtung begegnet. Der Alte von Verliebtheit und Eifersucht ganz verblendet, habe aber nicht nachgelassen, sie mit seiner Tollheit auf die entsetzlichste Weise zu quälen. Nun führte Pasquarello eine Menge wahnsinniger Streiche an, die Pasquale begangen und die man sich in Rom wirklich von ihm erzählte. Signor Capuzzi rückte unruhig auf seinem Sitze hin und her, murmelte dazwischen: „Verfluchter Formica – du lügst – welcher Satan regiert dich!" – Nur Toricelli und Cavalcanti, die den Alten mit ernsten Blicken bewachten, hielten den wilden Ausbruch seines Zorns zurück.

Pasquarello schloß damit, daß die unglückliche Marianna endlich der ungestillten Liebessehnsucht, dem tiefen Gram, und den tausendfältigen Qualen, die ihr der fluchwürdige Alte bereitet, erlegen, und in der Blüte ihrer Jahre gestorben sei.

In dem Augenblicke vernahm man ein schauerliches *de profundis*, von dumpfen heiseren Kehlen angestimmt, und Männer in langen schwarzen Talaren erschienen auf der Bühne, die einen offnen Sarg trugen. In demselben erblickte man die Leiche der holden Marianna in weiße Totengewänder gehüllt. Signor Pasquale Capuzzi in der tiefsten Trauer wankte hinterher laut heulend, sich die Brust zerschlagend, in Verzweiflung rufend: „O Marianna, Marianna!"

Sowie der Capuzzi unten die Leiche seiner Nichte erblickte, brach er in ein lautes Jammern aus, und beide Capuzzis, der auf dem Theater und der unten, heulten und schrieen im herzzerschneidendsten Ton: „O Marianna – o Marianna! – O ich Unglückseliger! – Wehe mir! Wehe mir!"

Man denke sich den offnen Sarg mit der Leiche des holden Kindes, von den Trauermännern umgeben, ihr schauerliches krächzendes *de profundis*, dabei die närrischen Masken, den Pasquarello und den Doktor Graziano, die ihren Schmerz durch das lächerlichste Gebärdenspiel ausdrücken, und nun die beiden Capuzzis in Verzweiflung heulend und schreiend! – In der Tat alle, die das seltsamste Schauspiel ansahen, mußten selbst in dem tollsten Gelächter, in das sie über den wunderlichen Alten ausgebrochen, sich von tiefen, unheimlichen Schauern durchbebt fühlen.

Nun verfinsterte sich plötzlich das Theater mit Blitz und Donnerschlag, und aus der Tiefe stieg eine bleiche, gespenstische Gestalt hervor, welche die deutlichsten Züge von Capuzzis in Senigaglia verstorbenem Bruder, Pietro, dem Vater der Marianna trug.

„Verruchter Pasquale", heulte die Gestalt in hohlem, gräßlichen Tone, „wo hast du meine Tochter, wo hast du meine Tochter? – Verzweifle, verdammter Mörder meines Kindes! – In der Hölle findest du deinen Lohn!"

Der Capuzzi oben sank, wie vom Blitze getroffen, nieder, aber in demselben Augenblicke stürzte auch der Capuzzi unten bewußtlos von seinem Sitze herab. Das Gebüsch rauschte ineinander und verschwunden war die Bühne, und Marianna und Capuzzi und das gräßliche Gespenst Pietros. Signor Pasquale Capuzzi lag in solch schwerer Ohnmacht, daß es Mühe kostete, ihn wieder zu sich selbst zu bringen.

Endlich erwachte er mit einem tiefen Seufzer, streckte beide Hände vor sich hin, als wolle er das Entsetzen von sich abwehren, das ihn erfaßt, und rief mit dumpfer Stimme: „Laß ab von mir, Pietro!" – Dann stürzte ein Tränenstrom aus seinen Augen und er weinte und schluchzte: „Ach Marianna – mein holdes liebes Kind! – meine Marianna!"

„Besinnt Euch", sprach nun Cavalcanti, „besinnt Euch, Signor Pasquale, nur auf dem Theater habt Ihr ja Eure Nichte tot gesehen. Sie lebt, sie ist hier, um Verzeihung zu erflehen wegen des unbesonnenen Streichs, zu der sie Liebe und auch wohl Euer unüberlegtes Betragen trieb."

Nun stürzte Marianna, und hinter ihr Antonio Scacciati hervor aus dem Hintergrunde des Saals dem Alten, den man in einen Polsterstuhl gesetzt, zu Füßen. Marianna in hohem Liebreiz prangend, küßte seine Hände, benetzte sie mit heißen Tränen, und flehte ihr und ihrem Antonio, mit dem sie durch den Segen der Kirche verbunden, zu verzeihen.

In des Alten todbleichem Gesicht schlugen plötzlich Feuerflammen auf, Wut blitzte aus seinen Augen, er rief mit halberstickter Stimme: „Ha Verruchter! – giftige Schlange, die ich im Busen nährte zu meinem Verderben!" – Da trat aber der alte ernste Toricelli in voller Würde vor Capuzzi hin und sprach: er, Capuzzi, habe im Bilde das Schicksal gesehen, das ihn unbedingt, rettungslos erfassen würde, wenn er es wage, seinen heillosen Anschlag gegen Mariannas und Antonios Ruhe und Glück auszuführen. Er schilderte mit grellen Farben die Torheit, den Wahnsinn verliebter Alten, die das verderblichste Unheil, welches der Himmel über einen Menschen verhängen könne, auf sich herabzögen, da alle Liebe, die ihnen noch zuteil werden könne, verlorenginge, Haß und Verachtung aber von allen Seiten die todbringenden Pfeile auf sie richte.

Und dazwischen rief die holde Marianna mit tief ins Herz dringender Stimme: „O mein Oheim, ich will Euch ja ehren und lieben wie meinen Vater, Ihr gebt mir den bittern Tod, wenn Ihr mir meinen Antonio raubt!" Und alle Dichter, von denen der Alte umgeben, riefen einstimmig, es sei unmöglich, daß ein Mann, wie Signor Pasquale Capuzzi di Senigaglia, der Kunst hold, selbst der vortrefflichste Künstler, nicht verzeihen, daß er, der Vaterstelle bei der holdesten der Frauen vertrete, nicht mit Freuden einen solchen Künstler, wie den Antonio Scacciati, der von ganz Italien hochgeschätzt, mit Ruhm und Ehre überhäuft werde, zu seinem Eidam annehmen solle.

Man merkte deutlich, wie es in dem Innersten des Alten arbeitete und wühlte. Er seufzte, er ächzte, er hielt die Hände vors Gesicht, er schaute, während Toricelli mit den eindringlichsten Reden fortfuhr, während Marianna auf das rührendste flehte, während die übrigen den Antonio Scacciati herausstrichen, wie sie nur konnten, bald auf seine Nichte, bald auf den Antonio herab, dessen glänzende Kleider und reiche Gnadenketten das bewährten, was dem Alten über den von ihm erlangten Künstlerruhm gesagt wurde.

Verschwunden war alle Wut aus Capuzzis Antlitz, er sprang auf mit leuchtenden Blicken, er drückte Marianna an seine

Brust, er rief: „Ja ich verzeihe dir, mein geliebtes Kind; ich verzeihe Euch, Antonio! – Fern sei es von mir, Euer Glück zu stören. Ihr habt recht mein würdiger Signor Toricelli; im Bilde auf dem Theater, hat mir Formica alles Unheil, alles Verderben gezeigt, das mich getroffen, hätt ich meinen wahnsinnigen Anschlag ausgeführt. – Ich bin geheilt, ganz geheilt, von meiner Torheit! – Aber wo ist Signor Formica, wo ist mein würdiger Arzt, daß ich ihm tausendmal für meine Heilung danke, die nur er vollbracht. Das Entsetzen, das er über mich zu bringen wußte, hat mein ganzes Inneres umgewandelt!"

Pasquarello trat hervor. Antonio warf sich ihm an den Hals, indem er rief: „O Signor Formica, dem ich mein Leben, mein alles verdanke, werft sie ab, diese Euch entstellende Maske, daß ich Euer Gesicht schaue, daß nicht länger Formica für mich ein Geheimnis bleibe."

Pasquarello zog die Kappe und die künstliche Larve, die ein natürliches Gesicht schien, da sie dem Gebärdenspiel keinen Eintrag tat, herab, und dieser Formica, dieser Pasquarello war verwandelt in – Salvator Rosa! –

„Salvator!" riefen voll Erstaunen Marianna, Antonio, Capuzzi.

„Ja", sprach der wunderbare Mann, „Salvator Rosa ist es, den die Römer nicht anerkennen wollten, als Maler, als Dichter, und der sie, ohne daß sie es wußten, als Formica, auf dem kleinen erbärmlichen Theater des Nicolo Musso länger als ein Jahr beinahe jeden Abend zum lautesten, ungemessensten Beifall begeisterte, von dem sie jeden Spott, jede Verhöhnung des Schlechten, die sie in Salvators Gedichten und Gemälden nicht leiden wollten, willig hinnahmen! – Salvator Formica ist es, der dir, mein geliebter Antonio, geholfen!"

„Salvator", begann nun der alte Capuzzi, „Salvator Rosa, sosehr ich Euch für meinen schlimmsten Feind gehalten, so habe ich Eure Kunst doch immer hoch geehrt, aber jetzt liebe ich Euch als den würdigsten Freund, und darf Euch wohl bitten, Euch meiner anzunehmen!"

„Sprecht", erwiderte Salvator, „sprecht mein würdiger Signor Pasquale, welchen Dienst ich Euch erzeigen kann, und seid im voraus versichert, daß ich alle meine Kräfte aufbieten werde, das zu erfüllen, was Ihr von mir verlangt."

Nun dämmerte in Capuzzis Antlitz jenes süßliche Lächeln, das entschwunden, seitdem Marianna ihm entführt worden, wieder auf. Er nahm Salvators Hand und lispelte leise: „Mein bester Signor Salvator, Ihr vermöget alles über den wackern

Antonio; flehet ihn in meinem Namen an, er solle erlauben, daß ich den kurzen Rest meiner Tage bei ihm und meiner lieben Tochter Marianna verlebe, und die mütterliche Erbschaft, der ich einen guten Brautschatz hinzuzufügen gedenke, von mir annehmen! – Dann solle er aber auch nicht scheel sehen, wenn ich dem holden süßen Kinde zuweilen die kleine weiße Hand küsse und – mir wenigstens jeden Sonntag, wenn ich in die Messe wandle, meinen verwilderten Zwickelbart aufstutzen, welches niemand auf der ganzen Erde so versteht, als er!"

Salvator hatte Mühe, das Lachen über den wunderlichen Alten zu unterdrücken; ehe er aber etwas erwidern konnte, versicherten Antonio und Marianna, den Alten umarmend, daß sie erst dann an seine völlige Versöhnung glauben und recht glücklich sein würden, wenn er als geliebter Vater in ihr Haus trete, und es nie wieder verlasse. Antonio setzte noch hinzu, daß er nicht nur sonntags, sondern jeden Tag Capuzzis Zwickelbart auf das zierlichste aufstutzen werde, und nun war der Alte ganz Wonne und Seligkeit. Unterdessen hatte man ein köstliches Nachtmahl bereitet, zu dem sich nun alle in der fröhlichsten Stimmung hinsetzten.

Indem ich von dir, vielgeliebter Leser, scheide, wünsche ich recht von Herzen, daß die Freudigkeit, welche nun den Salvator und alle seine Freunde begeisterte, in deinem eignen Gemüt, während du die Geschichte von dem wunderbaren Signor Formica lasest, recht hell aufgegangen sein möge.

„Da" – nahm Lothar das Wort als Ottmar geendet hatte – „da unser Freund ehrlich und unbefangen genug gewesen ist, gleich von Haus aus die Schwächen seines Produkts das ‚Novelle' zu nennen, ihm beliebt hat, einzugestehen, so entwaffnet freilich dieser Anspruch an unsere Gutmütigkeit unsere Kritik, die wohlgerüstet ihm gegenüberstand. Er streckt die offne Brust der Partisane entgegen und eben darum dürfen wir, ein großmütiger Feind, nicht zustoßen, sondern müssen seiner schonen."

„Nicht", sprach Cyprian, „nicht allein das, sondern wir können, um ihn aufzurichten in seinem Schmerz, sogar mit Fug ihm einiges wiewohl spärliches Lob zuteil werden lassen. Ich für mein Teil finde manches ergötzlich und serapiontisch, wie z. B. Capuzzis eingebildeter Beinbruch mit seinen Folgen, Capuzzis verhängnisvolle Serenate –"

„Die", unterbrach Vinzenz den Freund, „vorzüglich deshalb einen echt spanischen oder auch italienischen Beischmack hat, weil sie sich mit gewaltigen Prügeln endet. Gehörige Prügel dürfen aber in keiner Novelle der Art fehlen und ich nehme dieselben gar sehr in Schutz als ein besonderes kräftiges Reizmittel, das die geistreichsten Dichter stets in Anspruch nahmen. Im Boccaccio geht es selten ohne Prügel ab; wo fallen aber mehr Schläge, Stöße, Püffe als in dem Roman aller Romane, im Don Quixote, so daß Cervantes es selbst für nötig fand, sich bei dem Leser deshalb zu entschuldigen! Aber jetzt mögen gebildete Damen, für die geistiger Tee, den sie genießen können, mit leiblichem ohne allen Nachteil für ihre Ruhe bereitet wird in Masse, derlei nicht mehr, und eine ehrliche Haut von beliebtem Dichter, will er sich erhalten in Tees und Taschenbüchern, darf höchstens mit Mühe ein paar Nasenstüber oder ein Ohrfeiglein einschwärzen. Wo dergleichen vorkommt, das ist dann gleich eine sogenannte komische Geschichte. – Aber was Tee – was gebildete Damen! – Sieh in mir, o mein Ottmar, deinen gewappneten Beschützer und prügle erklecklich in allen Novellen, die du noch etwa zu schreiben entschlossen, und der Prügel halber rühme ich dich!"

„Und ich", fuhr Theodor fort, „und ich des anmutigen Trios halber, das Capuzzi, der Pyramiden-Doktor und die etwas greuliche kastratische Mißgeburt bilden, sowie auch deshalb, weil die verwunderliche Art, wie Salvator Rosa, der nie als Held des Stücks, sondern nur als Vermittler eingreift, sehr mit dem Charakter übereinstimmt, wie er geschildert wird und wie er auch aus seinen Werken spricht."

„Ottmar", sagte Sylvester, „hat sich mehr an das Abenteuerliche gehalten, das in Salvators Charakter lag, und weniger die ernste finstre Seite herausgekehrt. Mir fällt bei dieser Gelegenheit das berühmte Sonett ein, in dem Salvator seinen Namen (*Salvator*) allegorisierend den tiefen Unmut ausspricht über seine Feinde und Verfolger, welche behaupteten, daß er in seinen Gedichten, denen man mit Recht Schroffheit und Mangel an innerem Zusammenhang vorwirft, Werke älterer Meister geplündert. Es heißt ungefähr:

Wohl darum nur, weil *Heiland* man mich nannte
  Hör: ‚Kreuzigt ihn!' das wilde Volk ich toben?
  Doch recht! – der Brut aus Haß und Neid gewoben,
  Verzoll mit Schmerz ich Ruhm, den sie nie kannte.

Es fragen dem Pilatus treu Verwandte,
Ob mir der Lieder Lorbeer sei erhoben?
Und manches Petrus' Treu seh ich zerstoben,
Judasse nahn sich mir, der Höll Gesandte.

Es schwört der Juden treulos finstre Rotte,
Daß aus dem Heiligtum geraubt ich hätte,
Den Glanz, die Herrlichkeit dem mächtgern Gotte.

Doch anders reiht sich Glied an Glied der Kette.
Die Schächer *sie*, nicht Heiland ich zum Spotte,
Was Pindus *mir*, ist *ihnen* Schädelstätte!"

„Ich erinnere mich", sprach Lothar, „dieses Sonetts in der Ursprache sehr wohl, und finde, daß unser Sylvester das Rauhe, das Harte des Originals nicht übel wiedergegeben hat. – Doch um noch einmal auf Ottmars sogenannte Novelle zurückzukommen, so halte ich meinesteils es für den größten Übelstand, daß Ottmar statt einer in allen Teilen zum Ganzen sich ründenden Erzählung, nur vielmehr eine Reihe Bilder geliefert hat, die indessen manchmal ergötzlich genug sind."

„Muß ich", rief Ottmar, „muß ich dir denn nicht recht geben, mein Lothar? Aber gestehen werdet ihr mir alle, daß ein gar geschickter Segler dazu gehört, um die Klippe zu umschiffen, an der ich gescheitert."

„Gefährlicher", sagte Sylvester, „möchte diese Klippe wohl noch dramatischen Dichtern sein. Nichts ist wenigstens für mich verdrießlicher, als z. B. statt eines Lustspiels in dem alles, was geschieht fest an den Faden gereiht sein, der sich durch das Ganze zieht, in dem alles als unbedingt zum Gebilde des Ganzen notwendig erscheinen soll, nur eine Reihe willkürlicher Begebenheiten oder gar einzelner Situationen zu schauen. Und auch zu dieser leichtsinnigen Behandlung des Lustspiels, hat der rüstigste Theaterschreiber der letztvergangenen Zeit das Signal gegeben. Enthalten z. B. die Pagenstreiche denn mehr als eine Reihe possenhafter Einfälle, die nach Willkür zusammengewürfelt scheinen? – In älterer Zeit, der man überhaupt, rücksichts der dramatischen Kunst, wohl den tiefern Ernst nicht wird absprechen können, mühte sich jeder Lustspieldichter um einen tüchtigen Plan, aus dem sich dann das Komische, Drollige oder auch nur Possenhafte von selbst ergab, weil dies unerläßlich schien. Bei Jünger, der nur oft gar zu flach erscheint, war dies gewiß der Fall, und auch dem nur zu prosaischen Bretzner fehlte es gar nicht an Talent, das Lustige aus dem dazu geschickt erfundenen Plane hervorströmen zu lassen. Auch haben seine Charaktere oft wahre, der regen Wirklichkeit entnommene Lebenskraft, wie z. B. der Eheprokurator. Nur möchten uns seine gescheut parlierenden Damen jetzt völlig ungenießbar sein. Darum schätze ich ihn dennoch sehr."

„Mit mir", nahm Theodor das Wort, „hat er es durch seine Opern ganz und gar verdorben, die als Muster gelten können, wie Opern nicht gedichtet werden müssen."

„Rührt", sprach Vinzenz, „rührt bloß davon her, weil der Wohlselige, wie Sylvester sehr richtig bemerkt hat, etwelche Poesie nicht sonderlich verspüren ließ, und in dem romantischen Gebiet der Oper nicht Steg und Weg zu finden wußte. – Weil ihr aber nun so über das Lustspiel sprecht, so könnte ich mit Nutzen beibringen, daß ihr die Zeit verderbt mit Räsonieren über ein Nonens und euch zurufen, wie Romeo dem Merkutio: ‚Still, o still, ihr guten Leut! – ihr sprecht von einem Nichts!' – Ich vermeine nämlich, daß wir allzumal gar kein eigentliches wahrhaftes deutsches Lustspiel repräsentieren sehen, aus dem einfachen Grunde, weil die verjährten nicht mehr verdaut werden können, der Schwäche unserer Magen halber, und neue nicht mehr geschrieben werden. Woher letzteres kommt, das werde ich ganz kürzlich in einer Abhandlung von höchstens vierzig Bogen dartun, euch aber vor der Hand mit einem Wortspiel abfertigen. Es fehlt, sage ich nämlich, uns am Lustspiel hauptsächlich deshalb, weil es uns an der Lust fehlt, die mit sich selbst spielt, und an dem Sinn dafür."

„*Dixi*", rief Sylvester lachend, „*dixi* und der Name: Vinzenz darunter, und gestempelt und gesiegelt! – Ich denke aber eben daran, daß in die unterste Klasse dramatischer oder vielmehr zur Darstellung auf der Bühne bestimmter Erzeugnisse, wohl die sogenannten Schubladen-Stückchen gehören möchten, in denen irgendein gewandter Pfiffikus einen ehrsamen Oheim – Theaterdirektor u.s.w. durch mancherlei zum Teil alberne Verkleidungen neckt und foppt. Und doch war vor gar nicht langer Zeit derlei nüchternes mageres Zeug beinahe das tägliche Brot jeder Bühne. Jetzt scheint es damit ein wenig nachzulassen."

„Aufhören", nahm Theodor das Wort, „aufhören wird es nie, solange es eitle Schauspieler gibt, denen ja in der Welt nichts gelegener sein kann, als an einem und demselben Abend, Gestalt und Farbe auf das verschiedenartigste wechselnd, sich als chamäleontische Wunder anstaunen zu lassen. Recht in das Innerste hinein habe ich jedesmal über die sich apotheosierende Selbstgenügsamkeit lachen müssen, mit der nach überstandener Seelenwanderung dann der letzten Puppe das Ich des Schauspielers als schöner Schmetterling entfliegt. Gewöhnlich ist es ein netter, geschniegelter Nachtfalter, schwarz gekleidet, in seidenen Strümpfen, den Dreieck unterm Arm, der es von dem Augenblick an nur mit dem in Erstaunen gesetzten Publikum zu tun hat, und sich nicht mehr um den kümmert, der ihm Frondienste geleistet. Kann, wie in Wilhelm Meisters Lehrjahren zu lesen, ein bestimmtes Fach einen Schauspieler dazu verbinden, alle diejenigen Rollen zu übernehmen, in denen es Prügel oder irgendeine andere Mißhandlung gibt, so könnte und müßte auch jede Bühne ein, jenem Alten im Meister ähnliches Subjekt besitzen, das jenes Frondienst ein für allemal zu verrichten, und die nötigen Theaterdirektoren u. s. w. zu spielen hätte. Zu tun gäb's immer, denn wenigstens jeder gastierende Schauspieler hat gewiß solch ein Stück in der Tasche als Eingangspaß und Kreditbrief."

„Mir fällt", sprach Lothar, „dabei ein gar absonderlicher Mann ein, den ich in einer kleinen süddeutschen Stadt, bei einer Schauspielertruppe fand, und in dem mir ganz und gar jener vortreffliche Pedant aus dem Wilhelm Meister auflebte. So unausstehlich er jetzt auf dem Theater war, wenn er seine kleinen Rollen in heilloser Monotonie herbetete, so sagte man doch, er sei sonst in jüngeren Jahren ein sehr guter Schauspieler gewesen, und habe z. B. jene schlauen spitzbübischen Gastwirte, wie sie in alter Zeit beinahe in jedem Lustspiel vorkamen, und über deren gänzliches Verschwinden von der Bühne schon der Wirt in Tiecks verkehrter Welt klagt, und sich mehr auf den Hofrat gelegt zu haben wünscht, ganz vortrefflich gespielt. Jetzt schien er mit dem Schicksal, das ihn freilich hart verfolgt hatte, gänzlich abgeschlossen zu haben, und in gänzlicher Apathie auf nichts in der Welt, am wenigstens aber auf sich selbst einigen Wert zu legen. Nichts durchdrang die Kruste, die der Anwurf der gemeinsten Erbärmlichkeit um sein besseres Ich gebildet, und er gefiel sich darin wohl. Und doch strahlte aus seinen tiefliegenden, geistreichen Augen, oft der Funke eines höheren Geistes und schnell zuckte dann der Ausdruck einer bittern Ironie über sein Gesicht hin, so daß das übertrieben unterwürfige Wesen, das er gegen alle, vorzüglich aber gegen seinen Direktor, einen jungen geckhaft eiteln Mann annahm, nur schalkische Verhöhnung schien. Sonntags pflegte er in einem reinlichen wohlgebürsteten Anzuge, dessen abenteuerliche Farbe und noch abenteuerlicherer Zuschnitt den Schauspieler aus verjährter Zeit verkündete, am untersten Ende der Wirtstafel des ersten Gasthofes in der Stadt zu sitzen, und ohne ein einziges Wort zu sprechen es sich wohlschmecken zu lassen, wiewohl er, vorzüglich was den Wein betraf, sehr mäßig war, und beinahe nur zur Hälfte die Flasche leerte, die man ihm hingestellt. Bei jedem Glase, das er sich einschenkte bückte er sich demütig gegen den Wirt, der ihm sonntags einen Freitisch gab, da er die Kinder im Schreiben und Rechnen unterrichtete. Es begab sich, daß ich an einem Sonntage die Wirtstafel besetzt, und nur noch einen Platz leer fand neben dem Alten. Flugs setzte ich mich hin, hoffend daß es mir gelingen werde, den bessern Geist, der in dem Mann verschlossen sein mußte, heraufzutagen. Es war schwer, beinahe unmöglich, dem Alten beizukommen, glaubte man ihn zu fassen, so duckte er schnell unter, und verkroch sich in lauter Demut und Unterwürfigkeit. Endlich, nachdem ich ihm mit großer Mühe ein paar Gläser kräftigen Weins eingenötigt, schien er etwas aufzutauen, und sprach mit sichtlicher Rührung von der alten guten Theaterzeit, die nun verschwunden sei und nie wiederkehre. Die Tafel wurde aufgehoben, ein paar Freunde fanden sich zu mir, der Schauspieler wollte fort. Ich hielt ihn fest, unerachtet er auf das wehmütigste protestierte: ein armer abgelebter Schauspieler sei keine Gesellschaft für solche würdige Herren, es schicke sich ja gar nicht für ihn zu bleiben, er gehöre ja gar nicht hieher, und könne nur geduldet werden des bißchen Essens halber u.s.w. Nicht sowohl meiner Überredungskraft, als der unwiderstehlichen Verlockung einer Tasse Kaffee, und einer Pfeife des feinsten Knasters, den ich bei mir führte, durfte ich es wohl zuschreiben, daß er blieb. Er sprach mit Lebhaftigkeit und Geist von der alten Theaterzeit, er hatte noch Eckhof gesehen, mit Schrödern gespielt – genug es offenbarte sich, daß seine ihn vernichtende Verstimmung wohl daher rührte, daß jene Zeit die abgeschlossene Welt war, in der er frei atmete, frei sich bewegte, und daß aus ihr herausgeworfen er durchaus keinen festen Standpunkt zu fassen vermochte. – Wie sehr überraschte uns aber der Mann, als er endlich, ganz heiter und treuherzig geworden, mit einer Kraft des Ausdrucks, die das Innerste durchdrang, die Rede des Geistes aus dem Hamlet nach der Schröderschen Bearbeitung (die Schlegelsche

Übersetzung kannte er gar nicht) hersagte. Bewundern mußten wir ihn aber auf das höchste, als er mehrere Stellen aus der Rolle des Oldenholm (den Namen Polonius wollte er nicht gelten lassen) auf eine Weise sprach, daß wir den kindisch gewordenen Höfling, dem es sonst gewiß nicht an Lebensweisheit fehlte, und der noch sichtliche Spuren davon blicken läßt, ganz vor Augen hatten, welches manchmal bei der wirklichen Erscheinung auf der Bühne nicht der Fall ist. – Das alles war aber nur das Vorspiel einer Szene, wie ich sie niemals sah, und die mir unvergeßlich bleiben wird! – Hier komme ich nun erst eigentlich darauf was mich jetzt bei unserm Gespräch an meinen alten Schauspieler erinnerte, und verzeihen möget ihr mir's, meine würdigen Serapions-Brüder, wenn die Einleitung etwas zu lang ausfiel. – Mein Mann mußte nun eben auch jene erbärmliche Hülfsrollen übernehmen, von denen ihr spracht und so sollte er auch einige Tage darauf den Schauspieldirektor in den Proberollen spielen, die sich der Theaterdirektor selbst, der darin zu glänzen glaubte, nach seiner Art und Weise zugerichtet hatte. Sei es nun, daß jener Nachmittag seinen innern bessern Sinn aufgeregt hatte oder daß er vielleicht selbigen Tages, wie es nachher verlauten wollte, seiner Gewohnheit ganz entgegen seine Geisteskraft gestählt hatte durch Wein, genug, schon bei seinem ersten Auftreten erschien er ein ganz anderer, als der er sonst gewesen. Seine Augen funkelten und die hohle schwankende Stimme des abgelebten Hypochonders war umgewandelt in einen hellen tönenden Baß wie ihn joviale Leute älteren Schlags z. B. reiche Onkel, die die poetische Gerechtigkeit handhabend die Narrheit züchtigen und die Tugend belohnen, zu sprechen pflegen. Der Eingang ließ sonst nichts Besonders ahnen. Doch wie erstaunte das Publikum, als sich, nachdem die erste Verkleidungsszene vorüber, der seltsame Mensch mit sarkastischem Lächeln zu ihm wandte und ungefähr also sprach: ‚Sollte ein hochverehrtes Publikum nicht ebensogut wie ich auf den ersten Blick unsern guten (er nannte den Namen des Direktors) erkannt haben? – Ist es möglich, die Kraft der Täuschung auf einen so und wieder anders zugeschnittenen Rock, auf eine mehr oder minder zerzauste Perücke zu basieren und dadurch ein dürftiges Talent, dem kein tüchtiger Geist Nahrung spendet, mühsam aufpäppeln zu wollen, wie ein von der nährenden Mutter verlassenes Kind? – Der junge Mensch, der auf solch ungeschickte Weise sich mir als ein vielseitiger Künstler, als ein chamäleontisches Genie darstellen will, hätte nun gleich nicht so übermäßig mit den Händen fechten, nicht bei jeder Rede wie ein Taschenmesser zusammenfallen, das R nicht so schnarren sollen, und ich glaube, ein hochverehrtes Publikum sowohl als ich, hätte unsern kleinen Direktor nicht stracks erkannt, wie es nun so geschehen ist, daß es zum Erbarmen! – Doch da das Stück noch eine halbe Stunde spielen muß, so will ich mich noch diese Zeit hindurch so stellen, als merkte ich nichts, unerachtet mir das Ding herzlich langweilig ist und zuwider!' – Genug! – nach jedem neuen Auftritt des Direktors ironierte der Alte sein Spiel auf die ergötzlichste Weise und man kann denken, daß dies unter dem schallenden Gelächter des Publikums geschah. Sehr lustig war es auch, daß der, mit dem beständigen Umkleiden beschäftigte Direktor, bis zur letzten Szene nichts von dem Streich merkte, der ihm auf dem Theater gespielt wurde. Es mochte sein, daß der Alte mit dem Theaterschneider sich im bösen Komplott befand, denn so viel war gewiß, daß die Garderobe des unglückseligen Direktors in die größte Unordnung geraten, so daß die Zwischenszenen, die der Alte ausfüllen mußte, viel länger dauerten als gewöhnlich, und er Zeit genug hatte, eine Fülle des bittersten Spotts über den armen Direktor ausströmen zu lassen, ja sogar ihm manches mit einer schalkischen Wahrheit nachzusprechen und nachzuspielen, die das Publikum außer sich selbst setzte. Das ganze Stück war auf den Kopf gestellt, so daß die lückenbüßerischen Zwischenszenen zur Hauptsache wurden. – Herrlich war es auch wohl, daß der Alte zuweilen dem Publikum schon vorhersagte, wie nun der Direktor erscheinen würde, Miene und Stellung nachahmend, und daß dieser das schallende Gelächter das ihn empfing, und das der treffenden Schilderung galt, die der Alte gegeben, zu seiner großen Zufriedenheit, lediglich seiner gelungenen Maske zuschrieb. – Zuletzt mußte denn nun wohl das Beginnen des Alten dem Direktor klar werden, und man kann denken, daß er auf ihn losfuhr wie ein gehetzter Eber, so daß der Alte sich kaum vor Mißhandlungen retten konnte, und die Bühne nicht mehr betreten durfte. Dagegen hatte den Alten aber das Publikum so liebgewonnen und nahm seine Partie so lebhaft, daß der Direktor noch dazu seit jenem Abend mit dem Fluch des Lächerlichen belastet, es geraten fand, sein kleines Theater zu schließen und weiterzuziehen. Mehrere ehrsame Bürger, an ihrer Spitze stand jener Gastwirt, traten aber zusammen, und verschafften dem Alten ein artiges Auskommen, so daß er der

Theaterhudelei auf immer entsagend ein ruhiges sorgenfreies Leben am Orte führen konnte. Doch wunderlich, ja unergründlich ist das Gemüt eines Schauspielers. Nicht ein Jahr war vergangen als der Alte plötzlich vom Orte verschwand, niemand wußte wohin! – Nach einiger Zeit wollte man ihn bei irgendeiner erbärmlichen herumziehenden Schauspielertruppe gesehen haben, ganz in demselben nichtswürdigen Verhältnis, dem er kaum entgangen."

„Mit", nahm Ottmar das Wort, „mit geringer angefügter Nutzanwendung gehört dieses Anekdoton von dem Alten in den Moralkodex für Schauspieler und für die, die es werden wollen."

– Cyprian war indessen schweigend aufgestanden, und hatte sich, nachdem er einigemal im Zimmer auf und ab geschritten, hinter die herabgelassenen Gardinen ins Fenster gestellt. In dem Augenblick als Ottmar schwieg stürmte es heulend und tobend hinein, die Lichter drohten zu verlöschen, Theodors ganzer Schreibtisch wurde lebendig, hundert Papierchen rauschten auf und trieben im Zimmer umher und die Saiten des offenstehenden Fortepianos ächzten laut auf.

„Hei – hei!" rief Theodor, als er seine literarischen Notizen, und wer weiß was sonst noch Geschriebenes, dem tobenden Herbststurm preisgegeben sah, „hei hei, Cyprianus, was machst du!" – Und alle Freunde mühten sich, die Lichter zu retten, und sich selbst vor dem hereintosenden Schneegestöber. –

„Es ist wahr", sprach Cyprian, indem er das geöffnete Fenster wieder zuwarf, „es ist wahr, das Wetter leidet es nicht, daß man hinausschaue wie es damit steht." „Sage", nahm Sylvester das Wort, indem er den ganz zerstreuten Cyprian bei beiden Händen faßte und ihn nötigte den verlassenen Platz wieder einzunehmen, „sage mir nur Cyprian, wo du weiltest, in welche fremde Region du dich verirrt hattest, denn ferne gar ferne von uns hatte dich dein unsteter Geist doch wieder fortgetragen."

„Nicht", erwiderte Cyprian, „nicht so fern von euch befand ich mich, als du wohl denken magst, und gewiß ist es, daß eben euer Gespräch mir das Tor öffnete zur Abfahrt. – Eben da ihr so viel von dem Lustspiel sprachet, und Vinzenz den richtigen Erfahrungssatz aufstellte, daß uns die Lust abhanden gekommen, die mit sich selbst spielt, so fiel mir ein, daß sich dagegen in neuerer und neuster Zeit doch in der Tragödie manches wackre Talent erhoben. Mit diesem Gedanken faßte mich aber die Erinnerung an einen Dichter, der mit wahrhafter hochstrebender Genialität begann, aber plötzlich, wie von einem verderblichen Strudel ergriffen unterging, so daß sein Name kaum mehr genannt wird." „Da", sprach Ottmar, „stößest du gerade an gegen Lothars Prinzip, welcher zu behaupten pflegt, daß das wahrhafte Genie niemals untergehe."

„Und", fuhr Cyprian fort, „und Lothar hat recht, wenn er meint, daß der wildeste Sturm des Lebens nicht vermag, die Flamme zu verlöschen die wahrhaft aus dem Innersten emporgelodert, daß die bittersten Widerwärtigkeiten, die bedrängtesten Verhältnisse vergebens ankämpfen, gegen die innere Göttermacht des Geistes, daß der Bogen sich nur spannt, um desto kräftiger loszuschnellen. Wie aber, wenn in dem ersten tiefsten Keim der Embryo des giftigen Wurms lag, der entwickelt mitgeboren mit der schönen Blüte an ihrem Leben nagt, so daß sie ihren Tod in sich selber trägt, und es keines Sturms bedarf sie zu vernichten?"

„So fehlte", rief Lothar, „es deinem Genius an dem ersten Bedingnis, das dem Tragödiendichter, der frei und kräftig ins Leben treten will, unerläßlich ist. Ich meine nämlich, daß solch eines Dichters Gemüt unbedingt vollkommen gesund, frei von jedem Kränkeln sein müsse, wie es wohl psychische Schwächlichkeit oder um mit dir zu reden, auch wohl irgendein mitgebornes Gift erzeugen mag. Wer konnte und kann sich solcher Gesundheit des Gemüts wohl mehr rühmen, als unser Altvater Goethe? – Mit solcher ungeschwächten Kraft, mit solcher innern Reinheit wurden Helden erzeugt wie Götz von Berlichingen – Egmont! – Und will man unserm Schiller vielleicht jene Heroenkraft nicht in dem Grade einräumen, so ist es wieder der reine Sonnenglanz des innigsten Gemüts, der seine Helden umstrahlt, in dem wir uns wohltätig erwärmt, ebenso kräftig und stark fühlen als es der Schöpfer im Innersten sein mußte. Doch vergessen muß man ja nicht den Räuber Moor, den Ludwig Tieck mit vollem Recht, das titanenartige Geschöpf einer jungen und kühnen Imagination nennt. – Wir kommen indessen ganz von deinem Tragödiendichter ab, Cyprianus, und ich wollte du rücktest nun ohne weiteres damit heraus wen du meinst, unerachtet ich es zu ahnen glaube."

„Beinahe", sprach Cyprian, „wäre ich, wie ich es heute schon einmal getan, aufs neue hineingefahren in euer Gespräch mit absonderlichen Worten, die ihr nicht zu deuten wußtet, da ihr die Bilder meines wachen Traums nicht geschaut. – Aber ich rufe nun dennoch: Nein! seit Shakespeares Zeiten ging solch ein Wesen nicht über die Bühne, wie dieser übermenschliche fürchterlich grauenhafte Greis! – Und damit ihr nicht einen Augenblick länger in Zweifel bleibt, so füge ich gleich hinzu, daß kein Dichter der neueren Zeit sich einer solch hochtragischen gewaltigen Schöpfung erfreuen kann als der Dichter der Söhne des Tales."

Die Freunde sahen sich verwundert an. Sie ließen in der Geschwindigkeit die vorzüglichsten Charaktere aus Zacharias Werners Dichtungen die Musterung passieren, und waren dann darin einig, daß doch überall dem wahrhaft Großen, dem wahrhaft Starken Tragischen, irgend etwas Seltsames, Abenteuerliches, ja oft Gemeines beigemischt, was davon zeuge, daß der Dichter zu keiner ganz reinen Anschauung seines Helden gekommen, und daß ihm wohl eben jene vollkommene Gesundheit des inneren Gemüts gemangelt, die Lothar bei jedem Tragödiendichter als unerläßlich voraussetze.

Nur Theodor hatte in sich hineingelächelt, als sei er anderer Meinung, und begann nun: „Halt halt! Ihr würdigen Serapions-Brüder – keine Übereilung! – Ich weiß es ja, ich allein von euch kann es wissen, daß Cyprian von einer Dichtung spricht, die der Dichter nicht vollendete, die mithin der Welt unbekannt geblieben, wiewohl Freunde, die in des Dichters Nähe lebten und denen er entworfene Hauptszenen mitteilte, Grund genug hatten überzeugt zu sein, daß diese Dichtung sich zu dem Größesten und Stärkesten erheben werde, nicht allein was der Dichter geliefert, sondern was überhaupt in neuerer Zeit geschrieben worden."

„Allerdings", nahm Cyprian das Wort, „allerdings spreche ich von dem zweiten Teil des Kreuzes an der Ostsee, in dem eben jenes furchtbar gigantische grauenhafte Wesen auftrat, nämlich der alte König der Preußen, Waidewuthis. Es möchte mir unmöglich sein euch ein deutliches Bild von diesem Charakter zu geben, den der Dichter, des gewaltigsten Zaubers mächtig, aus der schauervollen Tiefe des unterirdischen Reichs heraufbeschworen zu haben schien. Mag es euch gnügen wenn ich euch in dem innern Mechanismus die Spiralfeder erblicken lasse, die der Dichter hineingelegt um sein Werk in rege Tätigkeit zu setzen. – Geschichtlicher Tradition gemäß ging die erste Kultur der alten Preußen von ihrem König Waidewuthis aus. Er führte die Rechte des Eigentums ein, die Felder wurden umgrenzt, Ackerbau getrieben, und auch einen religiösen Kultus gab er dem Volk, indem er selbst drei Götzenbilder schnitzte, denen unter einer uralten Eiche, an die sie befestigt, Opfer dargebracht wurden. Aber eine grause Macht erfaßt den, der sich selbst allgewaltig, sich selbst Gott des Volkes glaubt, das er beherrscht. – Und jene einfältige starre Götzenbilder, die er mit eignen Händen schnitzte, damit des Volkes Kraft und Wille sich beuge der sinnlichen Gestaltung höherer Mächte, erwachen plötzlich zum Leben. Und was diese toten Gebilde zum Leben entflammt, es ist das Feuer, das der satanische Prometheus aus der Hölle selbst stahl. Abtrünnige Leibeigne ihres Herren, ihres Schöpfers strecken die Götzen nun die bedrohlichen Waffen, womit er sie ausgerüstet, ihm selbst entgegen, und so beginnt der ungeheure Kampf des Übermenschlichen im menschlichen Prinzip. – Ich weiß nicht, ob ich euch ganz deutlich geworden bin, ob es mir ganz gelang die kolossale Idee des Dichters euch darzustellen. Doch als Serapions-Brüder mute ich es euch zu, daß ihr ganz so wie ich selbst in den fürchterlichen Abgrund geblickt, den der Dichter erschlossen, und eben das Entsetzen, das Grausen empfunden habt, das mich überfällt, sowie ich nur an diesen Waidewuthis denke."

„In der Tat", nahm Theodor das Wort, „unser Cyprianus ist ganz bleich geworden, und das beweist allerdings wie die ganze große Skizze des wunderbaren Gemäldes, die der Dichter ihm entfaltet, von der er uns aber nur eine einzige Hauptgruppe blicken lassen, sein tiefstes Gemüt aufgeregt hat. Was aber den Waidewuthis betrifft, so würd es, denk ich, genügt haben zu sagen, daß der Dichter mit staunenswerter Kraft und Originalität den Dämon so groß, gewaltig, gigantisch erfaßt hatte, daß er des Kampfs vollkommen würdig erschien und der Sieg, die Glorie des Christentums, um desto herrlicher glänzender strahlen mußte. Wahr ist es, in manchen Zügen ist mir der alte König so erschienen, als sei er, um mit Dante zu reden, der *imperador del doloroso regno* selbst, der auf Erden wandle. Die Katastrophe seines Unterganges, jenen Sieg des Christentums, mithin den wahrhaftigen Schlußakkord nach dem alles hinstrebt im ganzen Werke, das mir wenigstens nach der Anlage des zweiten Teils einer andern Welt anzugehören schien, habe ich mir in der dramatischen Gestaltung niemals recht denken können. Wiewohl in ganz andern Anklängen fühlt ich erst die Möglichkeit eines Schlusses, der in grausenhafter Erhabenheit alles hinter sich läßt, was man vielleicht ahnen wollte, als ich Calderons großen Magus gelesen. – Übrigens hat der Dichter über die Art, wie er sein Werk schließen wolle, sich nicht ausgelassen. Wenigstens ist mir darüber nichts zu Ohren gekommen."

„Mich", sprach Vinzenz, „will es überhaupt bedünken, als wenn es dem Dichter mit seinem Werk so gegangen sei, wie dem alten König Waidewuthis mit seinen Götzenbildern. Es ist ihm über den Kopf gewachsen, und daß er der eignen Kraft nicht mächtig werden konnte, beweist eben die Verkränkelung des inneren Gemüts, die nicht zuläßt daß etwas Reines, Tüchtiges zutage gefördert werde. Überhaupt kann ich, sollte Cyprian auch wirklich recht haben, daß der Alte die glücklichsten Anlagen zu einem vortrefflichen gewaltigen Satan gehabt, mir doch nicht gut vorstellen, wie er wiederum mit dem Menschlichen so verknüpft werden konnte um wahrhaftes dramatisches Leben verspüren zu lassen, ohne das keine Anregung des Zuschauers oder Lesers denkbar ist. Der Satan mußte zugleich ein großer gewaltiger königlicher Heros sein."

„Und", erwiderte Cyprian, „das war er auch in der Tat. Um dir dies zu beweisen, müßt ich ganze Szenen, wie sie der Dichter uns mitteilte, noch auswendig wissen. Lebhaft erinnere ich mich noch eines Moments, der mir vortrefflich schien. König Waidewuthis weiß, daß keiner seiner Söhne die Krone erben wird, er erzieht daher einen Knaben – ich glaube er erscheint erst zwölf Jahre alt – zum künftigen Thronfolger. In der Nacht liegen beide, Waidewuthis und der Knabe, am Feuer und Waidewuthis bemüht sich des Knaben Gemüt für die Idee der Göttermacht eines Volksherrschers zu entzünden. – Diese Rede des Waidewuthis schien mir ganz meisterhaft, ganz vollendet. – Der Knabe, einen jungen zahmen Wolf, den er auferzogen, seinen treuen Spielkameraden im Arm, horcht der Rede des Alten aufmerksam zu, und als dieser zuletzt frägt, ob er um solcher Macht willen wohl seinen Wolf opfern könne, da sieht der Knabe ihn starr an, ergreift dann den Wolf, und wirft ihn ohne weiteres in die Flammen."

„Ich weiß", rief Theodor, als Vinzenz gar seltsam lächelte und Lothar wie von innerer Ungeduld getrieben losbrechen wollte, „ich weiß, was ihr sagen wollt, ich höre das harte absprechende Urteil womit ihr den Dichter von euch wegweiset, und ich will euch gestehen, daß ich noch vor wenigen Tagen in dies Urteil eingestimmt hätte, weniger aus Überzeugung, als aus Verdruß, daß der Dichter auf Bahnen geriet, die ihn mir auf immer entrücken mußten, so daß ein Wiederfinden kaum denkbar, und auch beinahe nicht wünschenswert scheint. Mit Recht muß der Welt des Dichters Beginnen als sein Ruhm sich erhoben, verworren, einem wahrhaftigen Geist fremd, unwürdig erscheinen, mit Recht mag sich der Verdacht regen, daß ein wetterwendisches Gemüt, der Lüge, sündhafter Heuchelei ergeben, geneigt sei die Schleier, die die Selbsttäuschung gewoben, andern überzuwerfen, daß aber die Tat diese Schleier mit roher Gewalt zerreiße, so daß man im Innern den bösen Geist krasser Selbstsucht an der gleißnerisch glänzenden Glorie arbeiten sehe zur eignen Beatifikation – Doch! – Nun! – Entwaffnet, ganz entwaffnet hat mich des Dichters Vorrede zu dem geistlichen Schauspiel: die Mutter der Makkabäer, die, wohl nur den wenigen Freunden, die sich dem Dichter in seiner schönsten Blütezeit fester angeschlossen hatten, ganz verständlich, das rührendste Selbstbekenntnis verschuldeter Schwäche, die wehmütigste Klage über unwiederbringlich verlornes Gut enthält. Willkürlos mag dies dem Dichter entschlüpft sein, und er selbst mochte die tiefere Bedeutung nicht ahnen, die den Freunden, die er verließ, in seinen Worten aufgehen mußte. Diese merkwürdige Vorrede lesend, war es mir, als säh ich durch ein trübes farbloses Wolkenmeer glänzende Strahlen dämmern eines hohen edlen über alle aberwitzige Faseleien unmündiger Verkehrtheit erhabenen Geistes, der sich selbst wenn auch nicht mehr zu erkennen, doch noch zu ahnen vermag. Der Dichter erschien mir, wie der vom fixen Wahn Verstörte, der im hellen Augenblick sich des Wahns bewußt wird, aber den trostlosen Gram dieses Bewußtseins beschwichtigend sich selbst mit erkünstelten Sophismen zu beweisen trachtet, in jenem Wahn rühre und rege sich sein eigentliches höhers Wesen, und dieses Bewußtsein sei nur der kränkelnde Zweifel des im Irdischen befangenen Menschen. – Eben vom zweiten Teil des Kreuzes an der Ostsee spricht der Dichter in jener Vorrede, und gesteht – schneide kein solch tolles Gesicht, Lothar – bleibe ruhig auf deinem Stuhle sitzen, Ottmar – trommle nicht den russischen Grenadiermarsch auf der Stuhllehne Vinzenz! – Ich dächte der Dichter der Söhne des Tales verdiene wohl, daß von ihm unter uns recht ordentlich gesprochen würde und ich muß euch nur sagen, daß mir das Herz nun eben recht voll ist und daß ich noch den brausenden Gischt wacker überlaufen lassen muß."

„Ha!" rief Vinzenz sehr laut und pathetisch, indem er aufsprang, „ha wie der Gischt – emporzischt! – Das kommt vor im Kreuz an der Ostsee und die heidnischen Priester singen es ab in sehr greulicher abscheulicher Weise. Und du magst nun schelten, schmähen, toben, mich verfluchen und verwünschen o mein teurer Serapions-Bruder Theodor! – ich muß! – ich muß dir in deinen tiefsinnigen Vortrag, ein kleines Anekdoton hineinschmeißen, das wenigstens einen minutenlangen Sonnenschein auf alle diese Leichenbittergesichter werfen wird. – Unser Dichter hatte einige Freunde geladen um ihnen das Kreuz an der Ostsee im Manuskript vorzulesen wovon sie bereits einige Bruchstücke kannten, die ihre Erwartung auf das höchste gespannt hatten. Wie gewöhnlich in der Mitte des Kreises an einem kleinen Tischchen, auf dem zwei helle Kerzen in hohe Leuchter gesteckt brannten, saß der Dichter, hatte das Manuskript aus dem Busen gezogen, die ungeheure Tabaksdose, das blaugewürfelte, geschickt an ostpreußisches Gewebe, wie es zu Unterröcken und andern nützlichen Dingen üblich, erinnernde Schnupftuch vor sich hingestellt und hingelegt. – Tiefe Stille ringsumher! – Kein Atemzug! – Der Dichter schneidet eins seiner absonderlichsten jeder Schilderung spottenden Gesichter, und beginnt! – Ihr erinnert euch doch, daß in der ersten Szene beim Aufgehen des Vorhangs die Preußen am Ufer der Ostsee zum Bernsteinfang versammelt sind und die Gottheit, die diesen Fang beschützt, anrufen? – Also – und beginnt:

‚Bankputtis! – Bankputtis! – Bankputtis!‘

– Kleine Pause! – Da erhebt sich aus der Ecke die sanfte Stimme eines Zuhörers: ‚Mein teuerster geliebtester Freund! – Mein allervortrefflichster Dichter! hast du dein ganzes liebes Poem in dieser verfluchten Sprache abgefaßt, so versteht keiner von uns den Teufel was davon und bitte, du wollest nur lieber gleich mit der Übersetzung anfangen!‘ “

Die Freunde lachten, nur Cyprian und Theodor blieben ernst und still, noch ehe dieser aber das Wort wiedergewinnen konnte, sprach Ottmar: „Nein es ist unmöglich, daß ich nicht hiebei an das wunderliche ja beinahe possierliche Zusammentreffen zweier, wenigstens rücksichts ihres Kunstgefühls, ihrer Kunstansichten ganz heterogener Naturen denken sollte. Unumstößlich gewiß mag es sein, daß der Dichter die Idee zum Kreuz an der Ostsee, früher, lange Zeit hindurch in sich herumtrug, soviel ich erfahren, gab aber den nächsten Anlaß zum wirklichen Aufschreiben des Stücks, eine Aufforderung Ifflands an den Dichter, ein Trauerspiel für die Berliner Bühne anzufertigen. Die Söhne des Tals machten gerade damals großes Aufsehen, und man mochte dem Theatermann wegen des neu zum Tageslicht aufgekeimten Talents hart zugesetzt oder er selbst mochte gar zu verspüren gemeint haben, der junge Mensch könne auf die gewöhnlichen beliebten Handgriffe einexerziert werden, und eine tüchtige Theaterfaust bekommen. – Genug er hatte Vertrauen gefaßt und nun denke man ihn sich mit dem erhaltenen Manuskript des Kreuzes an der Ostsee in der Hand! – Iffland, dem die Trauerspiele Schillers, die sich damals trotz alles Widerstrebens hauptsächlich durch den großen Fleck Bahn gebrochen hatten, eigentlich in tiefster Seele ein Greuel waren, Iffland, der, durfte er es auch nicht wagen, mit seiner innersten Meinung offen hervorzutreten, ohne befürchten zu müssen von jener scharfen Geißel, die er schon gefühlt, noch härter getroffen zu werden, doch irgendwo drucken ließ: Trauerspiele mit großen geschichtlichen Akten und einer großen Personenzahl wären das Verderbnis der Theater – des zu bedeutenden schwer zu erschwingenden Kostenaufwandes wegen, setzte er zwar hinzu, aber er dachte doch: *dixi et salvavi* – Iffland, der gar zu gern seinen Geheimenräten, seinen Sekretarien u.s.w. den nach seiner Art zugeschnittenen tragischen Kothurn angezogen hätte – Iffland liest das Kreuz an der Ostsee in dem Sinn, daß es ein für die Berliner Bühne ausdrücklich geschriebenes Trauerspiel sei, das er in Szenen setzen, und in dem er selbst nichts weniger spielen soll, als den Geist des von den heidnischen Preußen erschlagenen Bischofs Adalbert, der als Zitherspielmann sehr häufig über die Bühne zieht, mit vielen, zum Teil erbaulichen zum Teil mystischen Reden gar nicht karg ist, und über dessen Haupt so oft der Name Christus ausgesprochen wird, eine helle Flamme auflodert und wieder verschwindet! – Das Kreuz an der Ostsee, ein Stück dessen Romantik sich nur zu oft ins Abenteuerliche, in geschmacklose Bizarrerie verirrt, dessen szenische Einrichtung wirklich, wie es bei den gigantischen Schöpfungen Shakespeares oft nur den Schein hat, allen unbesiegbaren Bedingnissen der Bühnendarstellungen spottet. – Geradezu verwerfen, unartig absprechen, alles für tolles verwirrtes Zeug erklären, wie man es sonst wohl den *diis minorum gentium* geboten, das durfte man nicht. – Ehren – loben – ja bis an den Himmel erheben, und dann mit tiefster Betrübnis erklären, daß die schwachen Theaterbretter den Riesenbau nicht zu tragen vermöchten, darauf kam es an. – Der Brief den Iffland dem Dichter schrieb, und dessen Struktur nach jener bekannten Widerspruchsform der Italiener: – *ben parlato ma* – eingerichtet, soll ein klassisches

Meisterwerk der Theaterdiplomatik gewesen sein. Nicht aus dem Inneren des Stücks heraus hatte der Direktor die Unmöglichkeit der Bühnendarstellung demonstriert, sondern höflicherweise nur den Maschinisten angeklagt, dessen Zauberei solch enge Schranken gesetzt wären, daß er nicht einmal Christusflämmchen in der Luft aufleuchten lassen könne u.s.w. Doch kein Wort mehr! – Theodor soll nun die Irrwege seines Freundes entschuldigen, wie er mag und kann!"

„Entschuldigen?" erwiderte Theodor, „meinen Freund entschuldigen? das würde sehr ungeschickt, vielleicht gar albern und abgeschmackt herauskommen. Laßt mich statt dessen ein psychisches Problem aufstellen, das euch darauf hinbringen soll, wie besondere Umstände auf die Bildung des psychischen Organismus wirken können oder recht eigentlich um auf Cyprians Gleichnis zurückzukommen wie mit dem Keim der schönsten Blüte der Wurm mitgeboren werden kann, der sie zum Tode vergiftet. – Man sagt daß der Hysterismus der Mütter sich zwar nicht auf die Söhne vererbe in ihnen aber eine vorzüglich lebendige ja ganz exzentrische Fantasie erzeuge, und es ist einer unter uns, glaube ich, an dem sich die Richtigkeit dieses Satzes bewährt hat. Wie mag es nun mit der Wirkung des hellen Wahnsinns der Mutter auf die Söhne sein, die ihn auch, wenigstens der Regel nach, nicht erben? – Ich meine nicht jenen kindischen albernen Wahnsinn der Weiber, der bisweilen als Folge des gänzlich geschwächten Nervensystems eintritt, ich habe vielmehr jenen abnormen Seelenzustand im Sinn, in dem das psychische Prinzip durch das Glühfeuer überreizter Fantasie, zum Sublimat verflüchtigt, ein Gift worden, das die Lebensgeister angreift, so daß sie zum Tode erkranken und der Mensch in dem Delirium dieser Krankheit den Traum eines andern Seins für das wache Leben selbst nimmt. Ein Weib sonst hochbegabt mit Geist und Fantasie mag in diesem Zustande oft mehr eine göttliche Seherin als eine Wahnsinnige scheinen, und in dem Kitzel des Krampfs psychisch geiler Verzückung Dinge aussprechen, die gar viele geneigt sein werden für die unmittelbaren Eingebungen höherer Mächte zu halten. Denkt euch, daß der fixe Wahn einer auf diese Weise geisteskranken Mutter darin bestünde, daß sie sich für die Jungfrau Maria, den Knaben den sie gebar aber für Christus, den Sohn Gottes hält. Und dies verkündet sie täglich, stündlich dem Knaben, den man nicht von ihr trennt, so wie sein Fassungsvermögen mehr und mehr erwacht. Der Knabe ist überreich ausgestattet mit Geist und Gemüt, vorzüglich aber mit einer glühenden Fantasie. Verwandte, Lehrer, für die er Achtung und Vertrauen hegt, alle sagen ihm, daß seine arme Mutter wahnsinnig sei, und er sieht selbst den Aberwitz jener Einbildung der Mutter ein, die ihm nicht einmal neu sein kann, da sie sich in den mehrsten Irrenhäusern wiederholt. Aber die Worte der Mutter dringen tief in sein Herz, er glaubt Verkündigungen aus einer andern Welt zu hören, und fühlt lebhaft wie im Inneren sich der Glaube entzündet, der den richtenden Verstand zu Boden tritt. Vorzüglich erfaßt ihn das mit unwiderstehlicher Gewalt, was die mütterliche Seherin über das irdische Treiben der Welt, über die Verachtung, den Hohn, den die Gottgeweihten dulden müßten, sagt, und er findet alles bestätigt im Leben, und dünkt sich im jugendlich unreifen Unmut schon ein göttlicher Dulder, wenn die Bursche ihn, den etwas seltsam und abenteuerlich gekleideten Fuchs im Kollegio auslachen oder gar auspfeifen – Was weiter! – muß nicht in der Brust eines solchen Jünglings der Gedanke aufkeimen, daß jener sogenannte Wahnsinn der Mutter, die ihm hoch erhaben dünkt über die Erkenntnis, über das Urteil der gemeinen irdischen Welt, nichts anders sei als der in metaphorischen Worten prophetisch verkündete Aufschluß seines höhern im Innern verschlossenen Seins und seiner Bestimmung? – Ein Auserwählter der höhern Macht – Heiliger – Prophet. – Gibt es für einen in glühender Einbildungskraft entbrannten Jüngling einen stärkeren Anlaß zu mystischer Schwärmerei? – laßt mich ferner annehmen, daß dieser Jüngling physisch und psychisch reizbar bis zum verderblichsten Grade, hingerissen wird, von dem unwiderstehlichsten, rasendsten Trieb zur Sünde, zu aller bösen Lust der Welt! – Mit abgewandtem Gesicht will ich hier vorübereilen bei dem schauerlichen Abgrunde der menschlichen Natur aus dem der Keim jenes sündhaften Triebes emporwachsen und in die Brust des unglücklichen Jünglings hineinranken mochte, ohne daß er andere Schuld trug, als die seines zu heißen Bluts, das für das fortwuchernde Giftkraut ein nur zu üppiger Dünger war. – Ich darf nicht weiter gehen, ihr fühlt das Entsetzen des furchtbaren Widerspruchs, der das Innere des Jünglings zerspaltet. Himmel und Hölle stehen kämpfend gegeneinander auf und dieser Todeskampf ist es, der im Innern verschlossen auf der Oberfläche Erscheinungen erzeugt, die im grellen Abstich gegen alles, was sonst durch die menschliche Natur bedingt, keiner Deutung fähig sind. –

Wie, wenn nun des zum Manne gereiften Jünglings glühende Einbildungskraft, die in früher Kindheit aus dem Wahnsinn der Mutter den Keim jenes exzentrischen Gedankens des Heiligtums einsog, wie, wenn diese, da die Zeit gekommen, in der die Sünde all ihres Prunks beraubt in ekelhafter Nacktheit sich selbst des Höllentrugs anklagt, von der Angst trostloser Zerknirschung getrieben, in die Mystik eines Religions-Kultus hereinflüchtete, der ihr entgegenkommt mit Siegeshymnen und duftendem Rauchopfer? Wie, wenn hier aus der verborgensten Tiefe, die Stimme eines dunkeln Geistes vernommen würde, die also spricht: ‚Nur irdische Verblendung war es, die dich an einen Zwiespalt in deinem Innern glauben ließ. Die Schleier sind gefallen, und du erkennst, daß die Sünde das Stigma ist deiner göttlichen Natur, deines überirdischen Berufs, womit die ewige Macht den Auserwählten gezeichnet. Nur dann, wenn du dich unterfingst Widerstand zu leisten dem sündigen Trieb, zu widerstreben der ewigen Macht, mußte sie den Entarteten – Verblendeten verwerfen – das geläuterte Feuer der Hölle selbst strahlt in der Glorie des Heiligen!‘ – Und so gibt diese grauenvolle Hypermystik dem Verlornen den Trost der das morsche Gebäude in furchtbarer Zerrüttung vollends zertrümmert, so wie der Wahnsinnige dann unheilbar erscheint, wenn ihm der Wahnsinn Wohlsein und Gedeihen gewährt."

„O", rief Sylvester, „o ich bitte dich Theodor! nicht weiter, nicht weiter! – Mit abgewandtem Gesicht, eiltest du vorhin bei einem Abgrund vorüber, in den du nicht blicken wolltest, aber mir ist es überhaupt, als führtest du uns auf schmalem schlüpfrigem Wege, auf dessen beiden Seiten grauenvolle bedrohliche Abgründe uns entgegengähnten. Deine letzten Worte erinnerten mich an die furchtbare Mystik des Pater Molinos, an die abscheuliche Lehre vom Quietismus. Ich erbebte im Innersten als ich den Hauptsatz dieser Lehre las: *Il ne faut avoir nul égard aux tentations, ni leur opposer aucune résistance. Si la nature se meut, il faut la laisser agir; ce n'est que la nature!** Dies führt ja –"

* Toute opération active est absolument interdite par Molinos. C'est même offenser Dieu, que de ne pas tellement s'abandonner à lui, que l'on soit comme un corps inanimé. De la vient, suivant cet hérésiarque, que le voeu de faire quelque bonne oeuvre, est un obstacle à la perfection; parceque l'activité naturelle est ennemie de la grâce; c'est un obstacle aux opérations de Dieu et à la vraie perfection, parceque Dieu veut agir en nous sans nous. Il ne faut connoître, ni lumière, ni amour, ni résignation. Pour être parfait, il ne faut pas même connoître Dieu; il ne faut penser, ni au

„Uns“, fiel Lothar dem Freunde ins Wort, „viel zu weit und in die Region der bösesten Träume und überhaupt jenes überschwenglichen Wahnsinns von dem unter uns Serapions-Brüdern gar nicht die Rede sein sollte, da wir sonst unsern leichten und leuchtenden Sinn aufs Spiel setzen, und am Ende nicht vermögen, gleich blinkenden Goldfischlein im hellen Wasser lustig zu spielen und zu plätschern, sondern versinken in farblosen Morast! – Darum still, still von allem Sublimtollen, das religiöser Wahn erzeugen konnte.“

Ottmar und Vinzenz stimmten dem Freunde bei, indem sie noch hinzufügten, daß Theodor ganz gegen dic serapiontische Regel gehandelt da er so viel von einem den andern zum Teil fremden Gegenstande gesprochen, so sich augenblicklicher Anregung gänzlich hingebend und andere Mitteilungen hemmend.

Nur Cyprian nahm sich Theodors an, indem er behauptete, daß der Gegenstand worüber Theodor vorzüglich zuletzt gesprochen, wohl ein solches, freilich wie er zugeben müsse, unheimliches Interesse habe, daß selbst diejenigen, denen die Person von der alles ausgegangen, unbekannt geblieben, sich doch nicht wenig angeregt fühlen dürften.

Ottmar meinte, daß ihn, dächte er sich das alles was Theodor gesprochen, in einem Buche gedruckt, ein kleiner Schauer anwandle. Cyprian wandte aber dagegen ein, daß hier das: *Sapienti sat*, alles gutmachen dürfte.

Theodor hatte sich unterdessen in das Nebenzimmer entfernt, und kam jetzt mit einem verhüllten Bilde zurück, das cr auf einen Tisch gegen die Wand lehnte, und zwei Lichter

paradis, ni à l'enfer, ni à la mort, ni à l'éternité. On ne doit point désirer de sçavoir si on marche dans la volonté de Dieu, si on est assez résigné ou non. En un mot, il ne faut point que l'âme connoisse, ni son état, ni son néant; il faut qu'elle soit comme un corps inanimé. Toute réflexion est nuisible, même celle qu'on fait sur ses propres actions et sur ses défauts. Ainsi on [ne] doit point s'embarrasser du scandale que l'on peut causer, pourvu que l'on n'ait pas intention de scandaliser. Quand une fois on a donné son libre arbitre à Dieu, on ne doit avoir aucun désir de sa propre perfection, ni des vertus, ni de sa sanctification, ni de son salut; il faut même se défaire de l'espérance, parcequ'il faut abandonner à Dieu tout le soin de ce que nous regarde, même celui de faire en nous et sans nous sa divine volonté. Ainsi c'est une imperfection que de demander, c'est avoir une volonté et vouloir que celle de Dieu s'y conforme. Par la même raison, il ne faut lui rendre grâce d'aucune chose; c'est le remercier d'avoir fait notre volonté; et nous n'en devons point avoir.

Histoire du procès de la Cadière.
(Causes célèbres, par Richer Tom. II.)

seitwärts davorstellte. Aller Blicke waren dahin gerichtet und als nun Theodor das Tuch von dem Bilde schnell hinwegzog, entfloh den Lippen aller ein lautes: „Ah!“

Es war der Dichter der Söhne des Tales, Brustbild in Lebensgröße, auf das sprechendste getroffen, ja wie aus dem Spiegel gestohlen.

„Ist es möglich“, rief Ottmar ganz begeistert, „ist es möglich! – Ja unter diesen buschichten Augenbraunen glimmt aus den dunklen Augen das unheimliche Feuer jener unseligen Mystik hervor, die den Dichter ins Verderben reißt! – Aber diese Gemütlichkeit, die aus allen übrigen Zügen spricht, ja dieses schalkische Lächeln des wahren Humors, das um die Lippen spielt, und sich vergebens zu verbergen strebt im langgezogenen Kinn das die Hand behaglich streicht? – Wahrhaftig, ich fühle mich seltsam hingezogen zu dem Mystiker, der, je mehr ich ihn anschaue, desto menschlicher wird –“

„Geht es uns denn anders – geht es uns denn anders?“ so riefen Lothar und Vinzenz. „Ja“, fuhr Vinzenz dann fort, das Bild starr anblickend, „ja immer heller werden diese trüben Augen. – Du hast recht Ottmar, er wird menschlich – *et homo factus est* – Seht er blinkt mit den Augen, er lächelt – gleich wird er etwas sprechen, das uns erfreut – ein göttlicher Spaß – ein fulminantes Witzwort schwebt auf den Lippen – nur zu – nur zu, werter Zacharias – geniere dich nicht, wir lieben dich verschlossener Ironiker! – Ha! Freunde! – Serapions-Brüder! – Die Gläser zur Hand, wir wollen ihn aufnehmen zum Ehrenmitglied unsers Serapions-Klubs, auf die Brüderschaft anstoßen, und für keinen Frevel wird es der Humorist achten, wenn ich vor seinem Bildnis eine Libation vornehme, was weniges Punsch mit zierlicher Andacht auf meinen blank gewichsten Pariser Stiefel vergießend.“

Die Freunde ergriffen die gefüllten Gläser, um zu tun wie Vinzenz geheißen.

„Halt“, rief Theodor dazwischen, „halt! vergönnt mir zuvor noch einige Worte. Fürs erste bitte ich euch, das psychische Problem, das ich vorhin in vielleicht zu grellen Farben aufstellte, keineswegs geradehin auf meinen Dichter anzuwenden. Denkt vielmehr daran, daß es mir darum zu tun war, euch recht lebhaft, recht eindringend zu zeigen, wie gefährlich es ist über Erscheinungen in einem Menschen abzusprechen, deren tiefe psychische Motive man nicht kennt, ja wie herz- und gemütlos es scheint *den* mit aberwitzigem Hohn, mit kindischer

Verspottung zu verfolgen, der einer niederdrückenden Gewalt erlag, welcher man selbst vielleicht noch viel weniger widerstanden hätte. – Wer hebt den ersten Stein auf wider den, der wehrlos geworden, weil seine Kraft mit dem Herzblut fortströmte, das Wunden entquoll, die eigner Selbstverrat ihm geschlagen. – Nun! mein Zweck ist erreicht. Selbst euch, Lothar, Ottmar, Vinzenz, euch strengen unerbittlichen Richtern, ist es ganz anders zu Sinn geworden, als ihr meinen Dichter von Angesicht zu Angesicht erblicktet. – Sein Gesicht spricht wahr. In jener schönen Zeit als er mir noch befreundet näherstand, mußte ich, was seinen Umgang betrifft, ihn für den gemütlichsten liebenswürdigsten Menschen anerkennen, den es nur geben mag und all die seltsamen fantastischen Schnörkel seiner äußern Erscheinung, seines ganzen Wesens, die er selbst mit feiner Ironie, mehr recht ins Licht zu stellen, als zu verbergen suchte, trugen nur dazu bei, daß er in der verschiedensten Umgebung, unter den verschiedensten Bedingnissen auf höchst anziehende Weise ergötzlich blieb. Dabei beseelte ihn ein tiefer aus dem Innersten strömender Humor, in dem man den würdigen Landsmann Hamanns, Hippels, Scheffners, wiederfand. – Nein es ist nicht möglich, daß alle diese Blüten abgestorben sein sollten, angeweht von dem Gifthauch einer heillosen Betörung! – Nein! könnte sich jenes Bild beleben, säße der Dichter plötzlich hier unter uns, Geist und Leben ginge funkensprühend auf in seinem Gespräch wie sonst. – Mag ich die Dämmerung geschaut haben, die den aufglühenden Tag verkündigt! – Mögen die Strahlen wahrer Erkenntnis stärker und stärker hervorbrechen, mag wiedergewonnene Kraft, frischer Lebensmut ein Werk erzeugen das uns den Dichter in der reinen Glorie des wahrhaft begeisterten Sängers erblicken läßt, und sei dies auch erst am Spätabend seiner Tage. Und darauf, ihr Serapions-Brüder, laßt uns anstoßen in fröhlicher Hoffnung."

Die Freunde ließen die Gläser hell erklingen, indem sie einen Halbkreis um des Dichters Bild schlossen.

„Und", sprach Vinzenz, „und dann ist es ganz gleich, ob der Dichter Geheime-Sekretär oder Abbé, oder Hofrat, oder Kardinal, oder gar der Papst selbst ist, oder auch nur Bischof *in partibus infidelium*, z. B. von Paphos."

Es ging dem Vinzenz wie gewöhnlich, er hatte ohne es zu wollen, ohne eigentlich daran zu denken, der ernsthaften Sache ein Hasenschwänzchen angehängt. Die Freunde fühlten sich aber zu seltsam angeregt um darauf sonderlich zu achten, sondern setzten sich stillschweigend wieder an den Tisch, während Theodor das Bild des Dichters in das Nebenzimmer zurücktrug.

„Ich hatte vor", sprach nun Sylvester, „euch heute eine Erzählung vorzulesen, deren Entstehung ich einem besonderen Zufall oder vielmehr einer besonderen Erinnerung verdanke. Es ist indessen so spät geworden, daß ehe ich geendet, die Serapions-Stunde längst vorüber sein müßte."

„Eben", nahm Vinzenz das Wort, „eben so geht es mir mit dem längst versprochenen Märchen, das ich hier wie ein liebes Schoßkind an meinen Busen gedrückt trage in der Seitentasche meines Fracks, dem gewöhnlichen Schmollwinkel aller zarten Geistesprodukte. Der Bengel hat sich an der nährenden Muttermilch meiner Fantasie dick und fett gesogen und ist dabei so vorlaut geworden, daß er bis zum Anbruch des Tages fortquäken würde, ließe ich ihn einmal zu Worte kommen. Darum soll er warten bis zum nächsten Serapions-Klub. – Sprechen, ich meine konversieren, scheint heute gefährlich, denn ehe wir's uns versehen, sitzt wieder ein Heidenkönig, oder der Pater Molinos oder der Teufel oder sonst ein *mauvais sujet* unter uns und schwatzt allerlei verwirrtes und verwirrendes Zeug, und wer weiß ob es dann Hamanns Landsmann wieder gelingen würde, den Filou wegzulächeln. Ist daher jemand von uns etwa eines Manuskripts mächtig, das Ergötzliches enthält, und vor allen Dingen von der Art, daß es mit einer Achtelselle guten Buchbinderzwirns zusammengeheftet werden könnte, so rücke er getrost damit hervor und lese."

„Erscheint", sprach Cyprian, „das, was einer von uns jetzt noch vortragen wollte, eigentlich nur als Lückenbüßer oder als andere Melodien einleitendes Zwischenspiel, so darf ich Mut fassen euch eine Kleinigkeit mitzuteilen, die ich vor mehreren Jahren als ich verhängnisvolle, bedrohliche Tage überstanden, niederschrieb. Das Blatt das ich rein vergessen, fiel mir erst vor wenigen Tagen wieder in die Hände und jene Zeit ging mir wieder auf in der hellsten Erinnerung. Ich glaube, daß der nächste Anlaß der chimärischen Dichtung, bei weitem anziehender ist, als die Dichtung selbst, und ich werde euch, wenn ich geendet mehr darüber sagen."

Cyprian las:

Gedachte man der letzten Belagerung von Dresden, so wurde Anselmus noch blässer als er schon sonst war. Er faltete die Hände auf dem Schoß, er starrte vor sich hin ganz verloren in trübe Gedanken, er grollte und murmelte sich selbst an: „Herr des Himmels! fuhr ich zur rechten Zeit in die neuen Klappstiefel hinein mit beiden Beinen, rannte ich, brennendes Stroh und berstende Granaten nicht achtend, schnell hinaus über die Brücke nach der Neustadt, so bog sich gewiß dieser, jener große Mann aus dem Kutschenschlage, und rief, mir freundlich zuwinkend: ‚Steigen Sie nur getrost ein, mein Guter!' Aber so wurd ich eingesperrt in den verfluchten Hamsterbau von Wällen, Parapets, Sternschanzen, verdeckten Gängen und mußte Not und Elend ertragen wie einer. – Kam es denn nicht so weit: daß der müßige Magen, stieß er, zum Zeitvertreib in Roux' Diktionaire blätternd, auf das Wort: Essen, ganz verwundert ausrief: ‚Essen? was ist denn das?' – Leute, die sonst wohlbeleibt gewesen, knöpften ihr eignes Fell über als breiten Brustlatz und natürlichen Spenzer. – O Gott! wär nicht noch der Archivarius Lindhorst gewesen! – Popowicz wollte mich zwar totschlagen, aber der Delphin spritzte wunderbaren Lebensbalsam aus den silberblauen Nüstern. – Und Agafia!" – Bei diesem Namen pflegte Anselmus vom Stuhl aufzufahren, ein ganz klein wenig – zwei- – dreimal zu springen und sich dann wieder zu setzen. Es blieb ganz vergebens, den Anselmus zu fragen: was er eigentlich mit diesen verwunderlichen Redensarten und Grimassen meine, er sagte bloß: „Kann ich's denn erzählen, wie alles sich begab mit Popowicz und Agafia, ohne für närrisch gehalten zu werden?" Alle lächelten zweideutig, als wollten sie sagen: „Ei Lieber! das geschieht ja schon ohnedem." – An einem trüben neblichen Oktoberabend trat Anselmus, den man fern glaubte, ganz unvermutet bei seinem Freunde zur Stubentür hinein. Er schien im tiefsten Gemüt aufgeregt, er war freundlicher, weicher als sonst, beinahe wehmütig, sein zuzeiten vielleicht gar zu wild herumfahrender Humor beugte sich gezähmt und gezügelt dem mächtigen Geist, der sein Innerstes erfaßt. – Es war ganz finster worden, der Freund wollte Lichter herbeischaffen, da sprach Anselmus, indem er den Freund bei beiden Armen ergriff: „Willst du mir einmal ganz zu Willen sein, so steck keine Lichter an, laß es bewenden bei dem matten Schein deiner Astrallampe, der dort aus jenem

Cabinet zu uns herüberschimmert. Du kannst machen was du willst – Tee trinken, Tabak rauchen, aber zerschmeiße keine Tasse und wirf mir keinen brennenden Fidibus auf die neue Weste. Beides könnte mich nicht allein kränken, sondern auch unnützerweise hineinlärmen in den Zaubergarten, wo ich nun heute einmal hineingeraten bin und mich sattsam erlustiere. – Ich setze mich hier ins Sofa!" – Er tat das. Nach einer ziemlich langen Pause fing er an: „Morgen früh um acht Uhr sind es gerade zwei Jahre her, als der Graf von der Lobau mit zwölftausend Mann und vierundzwanzig Kanonen aus Dresden auszog, um sich nach den Meißner Bergen hin durchzuschlagen –" „Nun, das muß ich gestehen", rief der Freund laut lachend, „mit wahrer Andacht hab ich gewartet auf irgendeine himmlische Erscheinung, die deinem Zaubergarten entschweben würde und nun! – Was geht mich der Graf von der Lobau und sein Ausfall an? – und daß du es behalten hast, daß es gerade zwölftausend Mann und vierundzwanzig Kanonen waren! Seit wann kleben denn kriegerische Ereignisse fest in deinem Kopfe?" – „Ist dir denn", sprach Anselmus, „ist dir denn die so kurz vergangene verhängnisvolle Zeit schon so fremd geworden, daß du es nicht mehr weißt, wie das geharnischte Ungetüm uns alle erreichte und erfaßte? – Das: *Noli turbare* rettete uns nicht mehr vor eigner Gewaltanstrengung und wir *wollten* nicht gerettet sein, denn in *jedes* Brust schnitt der Dämon tiefe Wunden, und aufgereizt von wildem Schmerz ergriff jedes Faust die ungewohnte Waffe, nicht nur zum Schutz, nein, zum Trutz, damit die heillose Schmach gebüßt und gerächt werde im Tode. – Lebendig gestaltet in Fleisch und Blut tritt mich eben heute die Macht an, welche in jenen dunklen Tagen waltete und mich forttrieb von Kunst und Wissenschaft in das wilde blutige Getümmel. – War es mir denn möglich am Schreibtisch sitzen zu bleiben? – Ich trieb mich auf den Gassen umher, ich lief den ausziehenden Truppen nach, so weit ich durfte, nur um selbst zu schauen und aus dem was ich geschaut Hoffnung zu schöpfen, erbärmliche prahlhafte Anschlagszettel und Nachrichten nicht achtend. Als nun vollends jene Schlacht aller Schlachten geschlagen war, als ringsumher alles hoch aufjauchzte im entzückenden Gefühl wiedergewonnener Freiheit, und wir noch gefesselt in Sklavenketten lagen, da wollte mir die Brust zerspringen. Es war mir, als müsse ich durch irgendeine entsetzliche Tat, mir und allen, die mir gleich an die Stange gekettet, Luft und Freiheit verschaffen. – Es mag dir jetzt und so wie du mich überhaupt zu kennen glaubst, abenteuerlich, spaßhaft vorkommen, aber ich kann es dir sagen, daß ich mich mit dem wahnsinnigen Gedanken trug: irgendein Fort, das der Feind, wie ich wußte, mit starken Pulvervorräten versehen, anzuzünden, und in die Luft zu sprengen." – Der Freund mußte unwillkürlich ein wenig lächeln über den wilden Heroismus des friedfertigen Anselmus, *der* konnte das aber nicht bemerken, da es finster war, und fuhr nachdem er einige Augenblicke geschwiegen, in folgender Art fort: „Ihr habt es ja alle oft gesagt, daß ein eigner Stern, der über mir waltet, mir in wichtigen Momenten fabelhaftes Zeug dazwischenschiebt, woran niemand glaubt und das mir selbst oft wie aus meinem eignen innern Wesen hervorgegangen erscheint, unerachtet es sich dann auch wieder außer mir als mystisches Symbol des Wunderbaren, das uns im Leben überall entgegentritt, gestaltet. – So ging es mir heute vor zwei Jahren in Dresden. – Der ganze Tag verstrich in dumpfer ahnungsvoller Stille, vor den Toren blieb alles ruhig, kein Schuß fiel. Spät abends, es mochte beinahe zehn Uhr sein, schlich ich nach einem Kaffeehause auf dem Altmarkt, wo in einem entlegenen Hinterstübchen, das keiner der verhaßten Fremden betreten durfte, gleichgesinnte Freunde sich einander in Trost und Hoffnung ermutigten. Dort war es, wo, allen Lügen zum Trotz, die wahren Berichte der Schlachten an der Katzbach, bei Kulm etc. mitgeteilt wurden, wo unser R. schon zwei Tage nachher den Triumph bei Leipzig verkündete, den er, Gott weiß, auf welche geheimnisvolle Art erfahren. Mein Weg führte mich bei dem Brühlschen Palast, in welchem der Marschall wohnte, vorüber, und es fiel mir die ganz besonders helle Beleuchtung der Säle, sowie das rege Getümmel im Flur des Hauses auf. Eben sagte ich dies den Freunden mit der Bemerkung: daß gewiß etwas bei dem Feinde im Werke sein müsse, als R. ganz erhitzt und außer Atem schnell eintrat. ‚Hört das Neueste', fing er sogleich an: ‚soeben hielt man bei dem Marschall großen Kriegsrat. Der General Mouton (Graf von der Lobau) will sich mit zwölftausend Mann und vierundzwanzig Kanonen nach Meißen hin durchschlagen. Morgen früh geschieht der Ausfall.' Vieles wurde nun hin und her geredet und man pflichtete endlich R.s Meinung bei, daß dieser Anschlag, der bei der regen Wachsamkeit unserer Freunde draußen, sehr leicht dem Feinde verderblich werden könnte, vielleicht früher den Marschall zur Kapitulation zwingen und unser Elend enden würde. ‚Wie kann R. in demselben Augenblick des Beschlusses erfahren haben, was beschlossen worden', dachte ich, als ich um Mitternacht zurückkehren wollte in mein Haus, aber bald vernahm ich, wie es durch die Grabesstille der Nacht dumpf zu rasseln begann. Geschütz und Pulverwagen, reichlich mit Fourage bepackt, zogen langsam bei mir vorüber nach der Elbbrücke zu. ‚R. hat doch recht', so mußt ich mir selbst sagen. Ich folgte dem Zuge und kam bis auf die Mitte der Brücke an den damals gesprengten Bogen, der durch hölzerne Gerüste ersetzt war. Von beiden Seiten des Gerüsts, hüben und drüben, befand sich auf der Brücke eine starke Verschanzung von hohen Palisaden und Erdwällen. Hier vor der Verschanzung drückte ich mich dicht an das Geländer der Brücke, um nicht bemerkt zu werden. Da war es mir, als finge eine der hohen Palisaden an sich hin und her zu bewegen und sich herabzubeugen zu mir, dumpfe unverständliche Worte murmelnd. Die dicke Finsternis der neblichten Nacht ließ mich nichts deutlich erkennen, aber als nun das Geschütz vorüber und es totenstill auf der Brücke worden, als ich tiefe schwere Atemzüge, ein leises ahnungsvolles Gewimmer dicht neben mir vernahm, als sich der dunkle Holzblock höher und höher aufrichtete, da überlief mich eiskaltes Grauen und wie vom schweren Traum geängstet vermochte ich, in Bleiangeln festgefußt, mich nicht zu regen. Der Nachtwind erhob sich und trieb den Nebel über die Berge, der Mond warf bleiche Strahlen durch die zerrissenen Wolken. Da gewahrte ich, unfern von mir, die Gestalt eines hohen Greises mit silberweißem Haupthaar und langem Bart. Er hatte den knapp über die Hüften reichenden Mantel in vielen dicken Falten um Brust und Schultern geworfen, einen weißen langen Stab hielt er, den nackten Arm weit vorgestreckt, über den Strom hinaus. Er war es, der so wimmerte und murmelte. In dem Augenblick sah ich von der Stadt her Gewehre blinken und hörte Tritte. Ein französisches Bataillon marschierte in tiefem Schweigen über die Brücke. Da kauerte der Alte nieder und fing an mit kläglicher Stimme zu jammern, indem er den Vorüberziehenden eine Mütze hinhielt wie um Almosen bettelnd. Ein Offizier rief lachend: ‚*Voilà St. Pierre, qui veut pêcher!*' der ihm folgte, blieb stehen und sprach sehr ernst, indem er dem Alten Geld in die Mütze warf: ‚*Eh bien moi pêcheur, je lui aiderai à pêcher.*' – Mehrere Offiziere und Soldaten, aus den Gliedern heraustretend, warfen nun still und nur manchmal leise aufseufzend, wie in banger Todeserwartung, dem Alten Geld hin, der dann jedesmal mit dem Kopf seltsam hin und her nickte und dabei ein dumpfes Geheul ausstieß. Endlich sprengte ein Offizier (ich erkannte den General Mouton), so dicht heran an den Alten, daß mir bangte, das schäumende Roß werde ihn zertreten und fragte indem er mit schneller Wendung nach dem Adjutanten hin, sich den schwankenden Hut auf dem Kopfe festschlug, stark und wild: ‚*Qui est cet homme?*' – Die Reiter, die ihm folgten, blieben alle still, aber ein alter bärtiger Sappeur, der außer Glied und Reihe mit der Axt auf der Schulter so nebenher schlenderte, sprach ruhig und ernst: ‚*C'est un pauvre maniaque bien connu ici. On l'appelle St. Pierre pêcheur.*' Damit wogte der Zug nicht wie sonst wohl in faselndem Scherz und frechem Jubel, nein, in trüber Unlust die Brücke entlang vorüber. Sowie der letzte Ton verhallte, sowie der letzte Schein der Waffen in fernem Dunkel verblinkte, hob sich der Alte langsam in die Höhe und stand das Haupt aufgerichtet, den Stab emporgestreckt in grauenvoller Majestät da, als wolle er, ein wundertätiger Heiliger, den stürmenden Wellen gebieten. Mächtiger und mächtiger rauschten wie aus tiefstem Grunde bewegt die Wogen des Stroms. Es war mir als vernähm ich mitten im Rauschen eine dumpfe Stimme. ‚Michael Popowicz– Michael Popowicz – siehst du noch nicht den Feuermann?' – So tönte es von unten herauf in russischer Sprache. – Der Alte murmelte in sich hinein, er schien zu beten. Doch plötzlich schrie er laut auf: ‚Agafia!' und in demselben Augenblick erglänzte sein Antlitz wie in blutrotem Feuer, das aus der Elbe herauf ihn anstrahlte. Auf den Meißner Bergen loderten mächtige flackernde Flammen hoch in die Lüfte, ihr Widerschein strahlte in der Elbe, in dem Antlitz des Greises. Nun fing es an ganz nahe bei mir am Gerüst der Brücke zu plätschern und zu plätschern, immer stärker und stärker und ich gewahrte wie eine dunkle Gestalt mühsam heraufkletterte und sich mit wunderbarer Gewandtheit über das Geländer hinüberschwang. – ‚Agafia!' schrie der Alte noch einmal. – ‚Mädchen, um des Himmels willen! – Dorothee wie –' so fing ich an, aber in dem Augenblick fühlte ich mich umfaßt, und mit Gewalt fortgezogen. ‚O um Jesus! – Sei doch nur stille, lieber Anselmus, du bist ja sonst des Todes!' lispelte die Kleine, die nun vor mir stand, zitternd und bebend vor Frost. Die langen schwarzen Haare hingen triefend herab, die ganz durchnäßten Kleider schlossen eng an den schlanken Leib. Sie sank nieder vor Mattigkeit und klagte leise: ‚Ach, es ist drunten so kalt – sprich nur nichts mehr, lieber Anselmus, sonst müssen wir ja sterben!' – Der Feuerschein glühte in ihrem Gesicht, ja es war Dorothee, das hübsche Bauermädchen, die sich, da ihr Dorf geplündert, ihr Vater erschlagen, zu meinem Hauswirt geflüchtet, der sie in seine Dienste genommen. ‚Das Unglück hat sie ganz stupid gemacht, sonst wäre sie ein gutes Ding', pflegte mein Hauswirt zu sagen, und er hatte recht, denn außerdem, daß sie beinahe gar nicht und nur konfuses Zeug sprach, entstellte auch ein nichtssagendes unheimliches Lächeln das sonst wunderschöne Antlitz. Sie brachte mir jeden Morgen den Kaffee aufs Zimmer und da bemerkte ich denn freilich, daß ihr Wuchs, ihre Farbe, ihre Haut durchaus sich nicht zur Bäuerin reimen wollten. ‚Ei', pflegte mein Wirt dann weiter zu sagen, ‚ei Herr Anselmus, sie ist ja auch eines Pächters Tochter und noch dazu aus Sachsen!' – Als nun die Kleine triefend, bebend, halbentseelt vor mir mehr lag als kniete, da riß ich schnell meinen Mantel herab und hüllte sie ein, indem ich leise lispelte: ‚Erwärme dich doch nur, ach, erwärme dich doch nur, liebe Dorothee! Du mußt ja sonst umkommen. – Aber was machst du auch im kalten Strom!' – ‚Still doch nur', erwiderte die Kleine, indem sie den Kragen des Mantels, der ihr übers Gesicht gefallen, wegschlug und mit den Fingerchen die triefenden Haare zurückkämmte, ‚still doch nur! – Komm auf jene steinerne Bank! – Vater spricht jetzt mit dem heiligen Andreas und hört uns nicht.' – Wir schlichen leise hin. Ganz erfaßt von den wunderbarsten Gefühlen, ganz übermannt von Graus und Entzücken, schloß ich die Kleine in meine Arme, sie setzte sich ohne Umstände auf meinen Schoß, sie schlang ihren Arm um meinen Hals, ich fühlte wie das Wasser eiskalt aus ihren Haaren über meinen Nacken hinabrann, aber wie Tropfen in flammendes Feuer hineingespritzt die Glut nur vermehren, siedete stärker in mir Liebe und Verlangen. ‚Anselmus', lispelte die Kleine, ‚Anselmus, du bist doch wohl ein guter Mensch, du singst, daß es mir recht zu Herzen geht, und bist auch sonst manierlich. Du wirst mich nicht verraten. Wer sollte dir denn auch wohl Kaffee kochen? – Und höre! wenn ihr bald alle hungern werdet, wenn kein Mensch dich speisen wird, dann komm ich zu dir nachts ganz allein, daß es niemand weiß, und backe dir im Ofen recht schöne Piroggen – ich habe Mehl, feines Mehl versteckt in meinem Kämmerlein; – dann wollen wir Hochzeitskuchen essen, so weiß und schön!' – Die Kleine lachte, aber dann fing sie an zu schluchzen: ‚Ach, wie in Moskau! – O mein Alexei, mein Alexei, du schöner Delphin –

schwimme – schwimme auf den Fluten, harrt denn deiner nicht die treue Braut?' – Sie neigte das Köpfchen und leiser und leiser schluchzend, und auf und nieder atmend wie in sehnsuchtsvollen Seufzern schien sie einzuschlummern. Ich blickte nach dem Alten, der stand mit weit ausgespreizten Armen und sprach in tiefem hohlen Ton: ‚Er winkt euch! – Er winkt euch, seht wie mächtig er seines Flammenbarts feurige Locken schüttelt, wie er ungeduldig die Feuersäulen, auf denen er das Land durchwandelt, in den Boden stampft – hört ihr nicht seine stöhnenden Tritte, fühlt ihr nicht den belebenden Atem, der wie ein funkensprühender Heerrauch euch voraufzieht? – heran! – heran – ihr tüchtigen Brüder!' – Des Alten Worte waren anzuhören wie das dumpfe Brausen der heranziehenden Windsbraut, und indem er sprach, flackerte immer lebendiger und höher das Feuer auf den Meißner Bergen. ‚Hilf, heiliger Andreas, hilf!' stöhnte die Kleine im Schlaf, dann fuhr sie auf, wie plötzlich schreckhaft berührt, und indem sie mich fester mit dem linken Arm umschlang, raunte sie mir ins Ohr: ‚Anselmus, ich will dich doch lieber ermorden!' Ich sah in ihrer Rechten ein Messer blinken. – Entsetzt stieß ich sie zurück, indem ich laut aufschrie: ‚Rasende, was beginnst du?' – Da kreischte sie auf: ‚Ach ich kann es ja doch nicht tun – aber jetzt bist du verloren.' – In demselben Augenblick schrie der Alte: ‚Agafia! mit wem sprichst du?' und ehe ich mich besinnen konnte, stand er dicht vor mir und führte mit hochgeschwungenem Stabe einen entsetzlichen Schlag, der mein Haupt zerschmettert haben würde, hätte mich Agafia nicht von hinten erfaßt und schnell fortgerissen. Der Stab zersplitterte auf dem Steinpflaster in tausend Stücke, der Alte sank in die Knie! – ‚*Allons! – Allons!*' erscholl es von allen Seiten; ich mußte mich aufraffen und schnell auf die Seite springen um nicht von aufs neue heranziehenden Kanonen und Pulverwagen, gerädert zu werden. Andern Morgens trieben die Russen den übermütigen Heerführer mit Schmach herab von den Bergen und hinein in die Schanzen. – ‚Es ist eigen', sagte man, ‚daß die Freunde draußen von dem Vorhaben des Feindes wußten, denn das Signalfeuer auf den Meißner Bergen zog die Truppen zusammen, um mit voller Kraft da widerstehen und siegen zu können wo der Feind den unerwarteten Hauptstreich auszuführen gedachte.' – Dorothee brachte mir mehrere Tage hintereinander nicht den Kaffee. Ganz erblaßt vor Schrecken erzählte mir der Hauswirt, daß er Dorotheen und den wahnsinnigen

Bettler von der Elbbrücke mit starker Wache aus dem Hause des Marschalls nach der Neustadt führen gesehen." – „O Herr des Himmels! – sie wurden erkannt und hingerichtet!" rief hier der Freund aus; aber Anselmus lächelte seltsam und sprach: „Agafia wurde gerettet, aus ihren Händen empfing ich, als die Kapitulation geschlossen, ein schönes weißes Hochzeitsbrot, das sie selbst gebacken." –

Mehr war aus dem störrischen Anselmus von dieser wunderlichen Begebenheit nicht herauszubringen.

„Du hast", sprach Lothar als Cyprian geendet, „du hast uns auf den Anlaß deiner Dichtung verwiesen, der anziehender sein soll als diese, eben diesen Anlaß halte ich daher für einen integrierenden Teil der Dichtung selbst, ohne den sie nicht bestehen kann. Füge also dein Warum und Weswegen nur gleich als tüchtige Note hinzu."

„Findet ihr", nahm Cyprian das Wort, „findet ihr es denn nicht ebenso seltsam als merkwürdig, daß alles was ich euch vorlas bis auf den kleinen fantastischen Zusatz, buchstäblich wahr ist, und daß selbst dieser auch seinen Keim in der Wirklichkeit findet?"

„Wie, was sagst du", riefen die Freunde durcheinander.

„Fürs erste", sprach Cyprian weiter, „wißt ihr alle, daß mich wirklich das Schicksal traf, das ich den fabelhaften Anselmus als das seinige erzählen ließ. Eine Verspätung von zehn Minuten entschied mein Schicksal, ich wurde eingesperrt in das bald von allen Seiten hart belagerte Dresden. Wahr ist's, daß nach der Leipziger Schlacht, als mit jedem Tage unser Schicksal beängstigender, drückender wurde, Freunde oder vielmehr Bekannte, die ein gleiches Los, gleicher Sinn einander nähergebracht hatte, sich wie die Jünger zu Emmaus am späten Abend in dem Hinterstübchen eines Kaffeehauses versammelten. Der Wirt hieß Eichelkraut, war ein fester gerader Mann, verhehlte ganz und gar nicht seinen entschiedenen Franzosenhaß und wußte die fremden Gäste, die ihn besuchten, in Respekt, ja was noch mehr sagen will, sich ganz vom Leibe zu halten. In jenes Stübchen durfte nun vollends gar kein Franzmann eindringen, und gelang es zufällig einem hineinzuschlüpfen, so bekam er, er mochte bitten, fluchen wie er wollte, durchaus nichts an Speise und Trank. Und dabei herrschte eine tiefe Totenstille und alle bliesen mit angestrengter Kraft dicke Tabakswolken aus den Pfeifen, so daß bald ein erstickender Dampf das kleine Zimmer erfüllte, und der Franzose im eigentlichsten Sinn des Worts weggeräuchert wurde, wie eine Wespe, wirklich auch wie diese brummend und summend durch die Türe abfahrend. – Dann wurde der Qualm durch die Fenster gelassen und man kam wieder in Ruhe und Behaglichkeit. Ein sehr gemütlicher liebenswürdiger Dichter, der sonst mit seinen Kapitelchen die Lesewelt fütterte, wie mit würzhaften Bonbons, war die Seele dieses heimlichen und heimischen Klubs und mit Vergnügen erinnere ich mich noch der Augenblicke, wenn wir auf den obersten Boden des Hauses gestiegen durch das kleine Dachfenster hinausschauten in die Nacht und ringsumher die Wachtfeuer der Belagerer aufleuchten sahen; wenn wir dann uns selbst noch allerlei Wunderliches vorfabelten, das in dem rätselhaften Schimmer des Mondes und jener Feuer uns aufgehen wollte und dann den unten harrenden Freunden all die Wunderdinge erzählten, die wir geschaut. – Wahr ist's, daß in einer Nacht einer von uns (ein Advokat), der, mag der Himmel wissen aus welchen Quellen, immer die schnellsten und gewissesten Nachrichten hatte, zu uns hineintrat, und uns von dem eben im Kriegsrat beschlossenen Ausfall des Grafen von der Lobau gerade so erzählte, wie ich es euch vorlas. Wahr ist es, daß ich dann, als ich mitternachts nach Hause zurückkehrend auf der Straße mit Fourage bepacktem Geschütz begegnete; als die französischen Bataillone im dumpfen Schweigen sich sammelten (es wurde kein Generalmarsch geschlagen) als sie über die Brücke zu marschieren begannen, nicht länger an der Richtigkeit jener Nachricht zweifeln konnte. Wahr ist es endlich, daß auf der Brücke ein greiser Bettler lag, den ich mich nicht erinnern konnte vorher in Dresden gesehen zu haben, und die vorüberziehenden Franzosen anbettelte. – Wahr ist es endlich und zugleich das allerwunderbarste, daß als ich mit aufgeregtem Gemüt in meiner Wohnung angekommen, auf den obersten Boden kletterte und hinausschaute, ich auf den Meißner Bergen ein Feuer gewahrte, das ebensowenig ein brennendes Gebäude als ein Wachtfeuer sein konnte. Hoch auf loderte pyramidalisch eine Flamme, die nicht abnahm nicht zunahm, und ein Bekannter, der in demselben Hause wohnte und mit mir heraufgestiegen war, versicherte: die Flamme müsse ein Signalfeuer sein. Der Erfolg lehrte, daß die Russen durchaus von dem Ausfall, der am andern Morgen stattfinden sollte, schon in der Nacht unterrichtet sein mußten, denn gerade auf den Meißner Bergen hatten sie zum Teil sehr entfernt liegende Bataillone herangezogen, ihre Kraft auf diese Weise konzentriert, und es war vorzüglich russische Landwehr, die nach kurzem Kampf die französischen Bataillone von den Meißner Bergen hinabjagte, als wenn der Sturm über ein Stoppelfeld braust. Als der Überrest der Korps die Schanzen erreicht, zogen sich die Russen ruhig in ihre Stellung zurück. Also in demselben Augenblick als der Kriegsrat bei Gouvion St. Cyr gehalten wurde, erfuhren oder noch wahrscheinlicher, hörten den Beschluß selbst an, Leute, die keinesweges dazu berufen. Merkwürdig genug wußte der Advokat jedes Detail der gepflegten Beratung, sowie vorzüglich, daß Gouvion anfangs gegen den Ausfall gewesen und nur nachgegeben um nicht einer Mutlosigkeit beschuldigt zu werden da wo es einen kühnen Entschluß galt. Der Graf von der Lobau hatte sich übrigens durchschlagen und zur Armee des Kaisers stoßen wollen. Wie erfuhren aber die belagernden Truppen so schnell – in dem Zeitraum einer Stunde – den Anschlag? – Außerdem daß, da die eng verschanzte Brücke unbemerkt zu passieren unmöglich, der Strom durchschwommen, daß die Schanzen und Wälle durchschlichen werden mußten, war ganz Dresden in beträchtlicher Ausdehnung dicht verpalisadiert und mit Wachen umstellt. Wie war es irgendeinem Menschen möglich, in ganz kurzer Zeit alle diese Hindernisse zu überwinden und ins Freie zu kommen? – Man möchte an telegraphische Zeichen denken, die von irgendeinem hohen Hause, oder von einem Turm in Dresden mittelst angezündeter Lichter gegeben wurden. Aber wie schwürig ist auch dies und gefährlich obenein, da diese Zeichen so leicht bemerkt werden konnten. – Genug! – es bleibt unbegreiflich wie sich das begeben konnte was sich wirklich begab und das ist genug um eine lebhafte Einbildungskraft zu allerlei geheimnisvollen und genugsam abenteuerlichen Hypothesen zu entzünden."

„Ich beuge", sprach Lothar lächelnd, „ich beuge in tiefer Ehrfurcht meine Kniee vor dem heiligen Serapion und vor dem vortrefflichsten seiner Jünger und bin überzeugt, daß eine serapiontische Erzählung, der gewaltigen Kriegsbegebenheiten, die derselbe geschaut hat, nach seiner Weise, ungemein anziehend, dabei aber sehr lehrrreich für fantastische Militärs sein müßte. – Ich wette, die Sache mit dem Ausfall, könnte man ihr auf den Grund kommen, begab sich ganz einfach und natürlich. Doch deines Wirts Hausmädchen, die hübsche Dorethee mußte in den Strom als verfänglicher Nix?"

„Spotte nicht“, erwiderte Cyprian sehr feierlich, „spotte nicht, Lothar, noch steht mir das holde Mädchen – das lieblich furchtbare Geheimnis, ja anders kann ich nicht sagen was sie war, vor Augen! – Ich war es, der den Hochzeitskuchen empfing! – Strahlend im Schmuck blitzfunkelnder Diamanten – im reichen Zobelpelz –“

„Hört, hört“, rief Vinzenz, „da haben wir's! – Sächsisches Hausmädchen – russische Prinzessin – Moskau – Dresden! – hat Cyprian nicht immer von einer gewissen Zeit, die er unmittelbar nach dem ersten französischen Feldzuge verlebt, in gar geheimnisvollen Worten und Andeutungen gesprochen? – Nun kommt's heraus – rede – laß ausströmen dein volles Herz mein Cyprianischer Serapion und serapiontischer Cyprian! – rede, sprich – Du mußt reden, du mußt durchaus reden!“

„Und wenn“, erwiderte Cyprian plötzlich verdüstert und in sich gekehrt, „und wenn ich nun schwiege? – und wenn ich nun schweigen müßte? – und ich werde schweigen!“

Die letzten Worte sprach Cyprian mit seltsam erhobenem Ton, indem er nach seiner gewohnten Art, wenn er tief bewegt war, sich zurücklehnte in den Stuhl und die Decke anstarrte.

Die Freunde sahen sich schweigend an mit bedenklichen Mienen.

„Es ist“, begann Lothar endlich, „es ist nun heute einmal mit unserm Serapions-Klub ein verzwicktes Wesen und alles Bestreben zu irgendeiner gemütlichen Freudigkeit zu gelangen umsonst. – Musik wollen wir machen – erschrecklich singen irgend was Tolles!“

„Recht“, rief Theodor indem er das Pianoforte öffnete, „laßt uns singen und wenn es auch kein Kanon ist, der, wie Junker Tobias vorschlägt, einem Leinweber drei Seelen aus dem Leibe haspeln kann, so soll es doch toll genug sein, um dem Signor Capuzzi und seinen Kumpanen Ehre zu machen. – Laßt uns aus dem Steigreif ein italienisches *Terzetto buffo* aufführen. Ich nehme die Partie der Liebhaberin und fange an, Ottmar singt den Liebhaber, und dann mag Lothar als komischer Alter dreinfahren und in kurzen Noten toben und schmälen.“

„Aber, die Worte, die Worte“, sprach Ottmar. – „Singt was ihr wollt“, erwiderte Theodor: „*Oh dio! addio – lasciami mia vita* –“

„Nein, nein“, rief Vinzenz, „soll ich nicht mitsingen, unerachtet ich ein göttliches Talent in mir verspüre, dem bloß das

Organ der Catalani fehlt um sich mit drastischer Wirkung kundzutun, so laßt mich wenigstens euer Versifex, euer Hofpoet sein und empfangt hier das Opernbuch aus meinen Händen!"

Vinzenz hatte auf Theodors Schreibtisch den *Indice de' teatrali spettacoli* von 1791 gefunden, den er Theodorn überreichte.

Dieser *Indice*, so wie alle übrigen, die jahraus jahrein in Italien erscheinen, enthielt nichts, als die Namenverzeichnisse der gegebenen Opern, der Komponisten, Dekorateurs, Sänger und Sängerinnen. Man schlug das Theater von Mailand auf und kam darin überein, daß die Geliebte die Namen der Sänger mit untermischten *Oh dio's* und *ah cielo's*, der Liebhaber die Namen der Sängerinnen auf dieselbe Weise absingen, der komische Alte aber sehr erzürnt mit den Titeln der gegebenen Opern und Scheltworten dazwischen losbrechen sollte.

Theodor spielte ein Ritornell nach Zuschnitt, Form und Wesen, wie sie sich zu Hunderten in der *Opera buffa* der Italiener befinden, und begann dann in ungemein süßer zärtlicher Melodie: „*Lorenzo Coleoni*, *Caspare Rossari – oh dio – Giuseppo Marelli – Francesco Sedini etc.*" Darauf Ottmar: „*Giuditta Paracca*, *Teresa Ravini – Giovanna Velati – oh dio etc.*" Darauf aber Lothar in lauter Achtelnoten hintereinander weggestoßen: „*Le Gare generose del Maestro Paesiello – che vedo – la Donna di spirito del Maestro Mariella – briconaccio – Pirro Re di Epiro – maledetti – del Maestro Zingarelli etc.*"

Der Gesang, den Lothar und Ottmar mit gehöriger Gestikulation begleiteten, während Vinzenz der Rolle Theodors die allerpossierlichsten Gesten hinzufügte, die man nur sehen konnte, erhitzte die Freunde immer mehr. In einer Art von komischer Wut der Begeisterung faßte einer des andern Sinn und Gedanken; alle Gänge, Imitationen u. s. w. wie sie in derlei Kompositionen vorzukommen pflegen, wurden auf das genaueste ausgeführt, so daß jemand, den der Zufall herbeigeführt, wohl nicht leicht hätte ahnen können, er höre Musik aus dem Stegreife, mußte ihm auch das tolle Durcheinander der Namen gar befremdlich vorkommen.

Immer stärker und ausgelassener tobte alle italienische *Rabbia* bis, wie man denken kann, das Ganze sich mit einem unmäßigen Gelächter schloß, in das auch Cyprian einstimmte.

Die Freunde schieden diesmal mehr gewaltsam aufgeregt zu toller Lust, als im Innern wahrhaft gemütlich froh, wie es sonst wohl geschehen.

ACHTER ABSCHNITT

Die Serapions-Brüder hatten sich wiederum versammelt.

„Sehr irren“, sprach Lothar, „sehr irren müßt ich und überhaupt gar nicht der geübte, geniale Physiognomiker sein, der ich wirklich bin, wenn ich nicht aus jedem von unsern Gesichtern, das meinige, das ich soeben magisch schimmernd im Spiegel erblickt, nicht ausgenommen, mit Leichtigkeit herausbuchstabieren sollte, daß wir alle vieles im Sinn tragen und jeder nur auf das Kommandowort harret, um sogleich loszufeuern. Ich fürchte daß vielleicht auch heute dieser, jener in diesem, jenem verschlossene exzentrische Sprühteufel aufsteigen, knisternd und knallend umherfahren und dann erst zu spät sich durchs Fenster davonmachen könnte, wenn er uns alle bereits erklecklich angesengt; ich fürchte sogar einen Nachtrag zum neulichen Gespräch, den der heilige Serapion von uns abwenden möge! Damit wir aber keinesfalls sogleich in wilde stürmende Wogen hineingeraten, sondern unsere serapiontische Sitzung fein ruhigen Geistes beginnen mögen, schlage ich vor, daß Sylvester uns sogleich die Erzählung vorlese, zu deren Mitteilung neulich die Zeit nicht mehr hinreichen wollte.“

Die Freunde waren mit Lothars Vorschlag einverstanden.

„Mein Gespinst“, sprach Sylvester indem er einige Blätter hervorzog, „mein Gespinst besteht diesmal aus mancherlei Faden von gar verschiedener Farbe und es wird darauf ankommen, ob ihr dennoch dem Ganzen Ton und Haltung zugestehen wollt. Einem ursprünglich, wie ich zugestehen will, etwas magern Stoff glaubte ich dadurch mehr Fleisch und Blut zuzuwenden, daß ich aus einer großen verhängnisvollen Zeit Gebilde herbeiholte, deren Rahmen das nun eigentlich nur ist, was als sich in dem Augenblick begebend dargestellt wird.“

Sylvester las:

DER ZUSAMMENHANG DER DINGE

Im Weltsystem bedingter Fall über eine Baumwurzel. Mignon und der Zigeuner aus Lorca, nebst dem General Palafox. Erschlossenes Paradies bei dem Grafen Walther Puck.

„Nein", sprach Ludwig zu seinem Freunde Euchar, „nein, es gibt gar keinen solchen ungeschlachten tölpischen Begleiter der holden Glücksgöttin, der radschlagend die Tische umwirft, die Tintenflaschen zerbricht, dem Präsidenten in den Wagen hineinpolternd, Kopf und Arm verletzt, wie Herr Tieck, der mit Vornamen so wie ich Ludwig geheißen, ihn in dem Prolog zum zweiten Teil des Fortunat aufzustellen beliebt hat. Nein es gibt keinen Zufall. Ich bleibe dabei, das ganze Weltsystem mit allem, was sich darin begibt, der ganze Makrokosmus gleicht einem großen künstlich zusammengefügten Uhrwerk, das augenblicklich stocken müßte, sobald es irgendeinem fremden willkürlosen Prinzip vergönnt wäre, auch nur das kleinste Rädchen feindlich zu berühren." „Ich weiß nicht", erwiderte Euchar lächelnd, „ich weiß nicht, Freund Ludwig! wie du auf einmal zu dieser fatalen, längst veralteten mechanistischen Idee kommst, und *Goethes* schönen Gedanken vom roten Faden, der sich durch unser Leben zieht, und an dem wir, ihn in lichten Augenblicken gewahrend, den über uns, in uns waltenden höheren Geist erkennen, so entstellen darfst." „Das Gleichnis", sprach Ludwig weiter, „das Gleichnis ist mir anstößig, weil es von der englischen Marine entnommen. Durch das kleinste Tau ihrer Schiffe, ich weiß es ja eben aus Goethes Wahlverwandtschaften, zieht sich ein roter Faden, der es als Staatseigentum bezeichnet. Nein, nein, mein lieber Freund! Alles was sich begibt, ist von Ursprung an als notwendig bedingt, eben weil es sich begibt, und das ist der Zusammenhang der Dinge, auf dem das Prinzip alles Seins, des ganzen Lebens beruht! – Da man nämlich –" In dem Moment –

Doch es ist nötig dem geneigten Leser zuvörderst zu sagen, daß beide, Ludwig und Euchar also miteinander redend, durch einen Laubgang des schönen Parks vor W. lustwandelten. Es war Sonntag. Die Dämmerung begann einzubrechen, der Abendwind strich säuselnd durch die Büsche, die sich von der Glut des Tages erholend, aufatmeten in leisen Seufzern; durch den ganzen Wald ertönten lustig die frohen Stimmen geputzter Bürgersleute, die sich hinausgemacht, und bald ins blumichte Gras hingelagert ein mäßiges Abendbrot verzehrten, bald in dieses, in jenes der zahlreichen Wirtshäuser eingekehrt, sich nach den Kräften des Gewinns der Woche etwas mehr zugute taten.

In dem Moment also, da Ludwig weiterreden wollte, über die tiefsinnigen Lehren vom Zusammenhang der Dinge, stolperte er über eine dicke Baumwurzel, die er, brillbewaffnet, wie er war, doch übersehen, und fiel der Länge nach zur Erde nieder. „Das lag im Zusammenhang der Dinge; schlugst du nicht schmählich hin, so ging die Welt unter im nächsten Augenblick." So sprach Euchar ernsthaft und gelassen, hob Stock und Hut des Freundes auf, beides war ihm beim Fall entflogen, und reichte ihm die Hand zum Aufstehen. Ludwig fühlte aber das rechte Knie so verletzt, daß er zu hinken genötigt, und dabei blutete die Nase heftig genug. Dies bewog ihn dem Rate des Freundes zu folgen, und einzukehren in das nächste Wirtshaus, unerachtet er sonst dergleichen, vorzüglich an Sonntagen sorgfältig vermied, da ihm der Jubel der sonntäglichen Bürgerwelt eine seltsame innere Ängstlichkeit einflößte, als befinde er sich an einem Orte, der nicht recht geheuer, wenigstens für Leute seinesgleichen.

Auf dem mit Bäumen besetzten Rasen vor dem Hause hatten die Gäste einen dichten bunten Kreis geschlossen, aus dessen Mitte die Töne einer Chitarre und eines Tambourins erklangen. Das Schnupftuch vor dem Gesicht, vom Freunde geführt, hinkte Ludwig hinein in das Haus, und bat so kläglich um Wasser, und um ein geringes etwas von Weinessig, daß die erschrockene Wirtin ihn in den letzten Zügen glaubte. Während er mit dem Verlangten bedient wurde, schlich Euchar, auf den Chitarren- und Tambourin-Töne einen mächtigen unwiderstehlichen Zauber übten, man wird erfahren warum, hinaus, und suchte in den geschlossenen Kreis zu kommen. Euchar gehörte zu den wenigen hochbeglückten Lieblingen der Natur, denen ihr äußeres Ansehen, ihr ganzes Wesen überall freundliches Zuvorkommen verschafft, und so geschah es denn auch, daß einige Handwerksbursche, sonst eben nicht am Sonntage zu graziöser Höflichkeit aufgelegt, als er fragte, was sich in dem Kreise begebe, sogleich Platz machten, damit er nur auch das kleine närrische Ding schauen könne, das so hübsch und so künstlich spiele und tanze. Nun tat sich vor Euchar ein Schauspiel auf, das seltsam und anmutig zugleich, seinen ganzen Sinn gefangen nahm.

In der Mitte des Kreises tanzte ein Mädchen mit verbundenen

Augen zwischen neun Eiern, die zu drei und drei hintereinander auf dem Boden lagen, den Fandango, indem sie das Tambourin dazu schlug. Zur Seite stand ein kleiner verwachsener Mensch mit einem häßlichen Zigeunergesicht, und spielte die Chitarre. Die Tänzerin schien höchstens fünfzehn Jahre alt, sie ging fremdartig gekleidet, im roten goldstaffierten Mieder, und kurzem weißen mit bunten Bändern besetzten Rock. Ihr Wuchs, jede ihrer Bewegungen war die Zierlichkeit, die Anmut selbst. Sie wußte dem Tambourin, das sie bald hoch über dem Kopfe, bald mit in malerischer Stellung ausgestreckten Armen seitwärts, bald vor sich hin, bald hinter dem Rücken hielt, wunderbar mannigfaltige Töne zu entlocken. Zuweilen glaubte man den dumpfen Ton einer in weiter Ferne angeschlagenen Pauke, dann das klagende Girren der Turteltauben, dann wieder das Brausen des nahenden Sturmes zu vernehmen; dazu erklangen die wohlgestimmten hellen Glöckchen gar lieblich. Der kleine Chitarrist gab dem Mädchen in der Virtuosität des Spiels nichts nach, denn auch er wußte sein Instrument auf ganz eigene Weise zu behandeln, indem er die eigentümliche Melodie des Tanzes bald klar und kräftig hervortreten, bald, indem er nach spanischer Weise mit der ganzen Hand über die Saiten fuhr, verrauschen ließ, bald volle helle Akkorde anschlug. Immer stärker und mächtiger sauste und brauste das Tambourin, rauschten die Saiten der Chitarre, immer kühner wurden die Wendungen, die Sprünge des Mädchens; haardicht bei den Eiern setzte sie zuweilen fest und bestimmt den Fuß auf, so daß die Zuschauer oft sich eines lauten Schreies nicht erwehren konnten, meinend, nun sei eines von den zerbrechlichen Dingern zerstoßen. Des Mädchens schwarze Lokken hatten sich losgenestelt, und flogen im wilden Tanz um ihr Haupt, so daß sie beinahe einer Mänade glich. „Endige!" rief ihr der Kleine auf spanisch zu. Da berührte sie tanzend jedes der Eier, so daß sie in einen Haufen zusammenrollten; dann aber mit einem starken Schlag auf das Tambourin, mit einem mächtigen Akkord der Chitarre, blieb sie plötzlich stehen wie festgezaubert. Der Tanz war geendet.

Der Kleine trat hinzu und löste ihr das Tuch von den Augen, sie nestelte ihr Haar auf, nahm das Tambourin und ging mit niedergeschlagenen Augen im Kreise umher, um einzusammeln. Niemand hatte sich weggeschlichen, jeder legte mit vergnügter Miene ein Stück Geld auf das Tambourin. Bei Euchar ging sie vorüber, und als er sich hinzudrängte, um ihr auch etwas zu geben, lehnte sie es ab. „Warum willst du von mir nichts annehmen, Kleine?“ fragte Euchar. Das Mädchen schaute auf, und durch die Nacht schwarzer seidener Wimper blitzte der glühende Blick der schönsten Augen. „Der Alte“, sprach sie ernst, beinahe feierlich, mit tiefer Stimme und fremdem Akzent, „der Alte hat mir gesagt, daß Sie, mein Herr, erst dann kamen, als die beste Hälfte meines Tanzes vorüber, und da darf ich nichts nehmen.“ Damit machte sie dem Euchar eine zierliche Verbeugung, und wandte sich zu dem Kleinen, dem sie die Chitarre abnahm, und ihn an einen entfernten Tisch führtc. Als Euchar hinblickte, gewahrte er Ludwig, der nicht weit davon zwischen zwei ehrsamen Bürgersleuten saß, ein großes Glas Bier vor sich stehen hatte, und ihm ängstlich zuwinkte. Euchar ging hinan und rief lachend: „Nun Ludwig, seit wann ergibst du dich denn dem schnöden Biertrinken?“ Aber Ludwig winkte ihm zu, und sprach mit bedeutendem Ton: „Wie kannst du nur so etwas reden? das schöne Bier gehört zu den edelsten Getränken, und ich liebe es über alle Maßen, wenn es so vortrefflich gebraut wird als eben hier.“

Die Bürger standen auf, Ludwig begrüßte sie mit ungemeiner Höflichkeit, und zog ein süßsaures Gesicht, als sie ihm beim Weggehen, nochmals den gehabten Unfall bedaurend, treuherzig die Hände schüttelten. „Immer“, begann nun Ludwig, „immer bringst du mich mit deinem unbedachtsamen Wesen in unnütze Gefahr! Ließ ich mir nicht ein Glas Bier geben, würgte ich nicht das schnöde Getränk hinunter, konnten das nicht die handfesten Meister übelnehmen, grob werden, mich als einen Ungeweihten hinauswerfen? Und nun bringst du mich, nachdem ich so geschickt meine Rolle gespielt, doch in Verdacht!“ „Ei“, erwiderte Euchar lachend, „wärst du hinausgeworfen, oder gar was weniges abgeprügelt worden, hätte das nicht im Zusammenhang der Dinge gelegen? Doch höre welch hübsches Schauspiel mir dein im Makrokosmus bedingter Sturz über die Baumwurzel verschafft hat.“

Euchar erzählte von dem anmutigen Eiertanz des kleinen spanischen Mädchens – „Mignon!“ rief Ludwig begeistert, „himmlische, göttliche Mignon!“

Gar nicht weit von den Freunden saß der Chitarrist, und zählte emsig das eingenommene Geld, während das Mädchen vor dem Tische stand, und eine Apfelsine in ein Glas Wasser ausdrückte. Der Alte strich endlich das Geld zusammen, und nickte der Kleinen zu mit vor Freude funkelnden Blicken, *die* aber reichte dem Alten das bereitete Getränk hin, indem sie ihm die runzlichten Wangen streichelte. Ein widriges meckerndes Gelächter schlug der Alte auf, und schlürfte den Trank ein mit durstigen Zügen. Die Kleine setzte sich hin, und klimperte auf der Chitarre. – „O Mignon!" rief Ludwig von neuem, „göttliche, himmlische Mignon! – Ja ich rette sie, ein zweiter Wilhelm Meister, aus den Händen des heimtückischen Bösewichts, dem sie dienstbar!" – „Woher", sprach Euchar ruhig und gelassen, „woher weißt du, daß jener kleine Buckelmann ein heimtückischer Bösewicht ist?" – „Kalter Mensch", erwiderte Ludwig, „kalter Mensch, den nichts ergreift, der nichts auffaßt, der keinen Sinn hat für das Geniale, Fantastische. Siehst du, gewahrst du denn nicht, wie aller Hohn, aller Neid, alle Bosheit, der schmutzigste Geiz aus den kleinen grünen Katzenaugen der zigeunerischen Mißgeburt herausblitzt, sich aus den Runzeln des unheimlichen Antlitzes herausfältelt? – Ja ich rette es – ich rette es aus den satanischen Fäusten des braunen Unholds, das liebe Kind! – Könnt ich nur reden mit der kleinen Huldin!" „Nichts ist leichter ins Werk zu stellen als das", sprach Euchar, und winkte das Mädchen herbei.

Sofort legte die Kleine das Instrument auf den Tisch, näherte und verbeugte sich dann mit züchtig niedergesenktem Blick. „Mignon!" rief Ludwig wie außer sich selbst, „Mignon, holde süße Mignon!" „Sie nennen mich Emanuela", sprach das Mädchen. „Und der abscheuliche Kerl dort", sprach Ludwig weiter, „wo hat er dich Ärmste geraubt, wo hat er dich in seine verfluchten Schlingen verlockt?" „Ich verstehe", erwiderte die Kleine, indem sie die Augen aufschlug, und Ludwig mit ernstem Blick durchstrahlte, „ich verstehe Euch nicht, mein Herr, ich weiß nicht, was Ihr meint, warum Ihr mich so fragt." „Du bist Spanierin mein Kind", begann Euchar. „Ja wohl", erwiderte das Mädchen mit zitternder Stimme, „ja wohl bin ich das, Ihr seht, Ihr hört mir's wohl an, und da mag ich es nicht leugnen." „So", sprach Euchar weiter, „so spielst du auch Chitarre, und vermagst ein Lied zu singen?" Das Mädchen hielt die Hand vor die Augen, und lispelte kaum hörbar: „Ach ich möcht euch, meine lieben Herren, wohl eins vorspielen und vorsingen, aber meine Lieder sind glühend heiß, und hier ist es so kalt – so kalt!" „Kennst du", sprach nun Euchar auf spanisch mit erhöhter Stimme, „kennst du das Lied: *Laure l'immortal?*" Das Mädchen schlug die Hände zusammen, hob den Blick gen Himmel, Tränen perlten in ihren Augen, stürzte fort, riß die Chitarre vom Tisch, flog mehr, als sie ging, zu den Freunden zurück, stellte sich vor Euchar, und begann:

„Laure l'immortal al gran Palafox,
Gloria de España, de Francia terror!" etc.

In der Tat, unbeschreiblich zu nennen war der Ausdruck, mit dem die Kleine das Lied vortrug. Aus dem tiefsten Todesschmerz flammte glühende Begeisterung auf, jeder Ton schien ein Blitz, vor dem jede Eisdecke zerspringen mußte, die sich über die erkaltete Brust gelegt. Ludwig wollte vor lauter Entzücken, wie man zu sagen pflegt, aus der Haut fahren. Er unterbrach den Gesang des Mädchens durch überlaute Bravas, Bravissimas, und hundert ähnliche Ausrufungen des Beifalls. „Habe", sprach Euchar zu ihm, „habe die Gnade, mein Gönner, und halt jetzt ein wenig das Maul!" „Ich weiß es schon", erwiderte Ludwig mürrisch, „daß Musik dich unempfindlichen Menschen ganz und gar nicht zu rühren vermag", tat aber übrigens wie ihm Euchar geheißen.

Das Mädchen lehnte sich, als das Lied geendet, ermattet an einen nahe stehenden Baum, und indem sie die Akkorde fortsäuseln ließ, bis sie im Pianissimo verhauchten, fielen große Tränen auf das Instrument!

„Du bist", sprach Euchar mit dem Tone, der nur aus tief bewegter Brust zu kommen pflegt, „du bist bedürftig, mein armes holdes Kind, habe ich nicht deinen Tanz von Anfang an gesehen, so hast du das jetzt durch deinen Gesang überreichlich ersetzt, und darfst dich nun nicht mehr weigern, etwas von mir anzunehmen."

Euchar hatte ein kleines Beutelchen hervorgezogen, aus dem schöne Dukaten herausblinkten, das steckte er nun der Kleinen zu, als sie sich ihm genähert. Das Mädchen heftete den Blick auf Euchars Hand, faßte sie mit beiden Händen, bedeckte sie mit dem lauten Ausruf: „*Oh Dios!*" vor Euchar niederstürzend, mit tausend heißen Küssen. „Ja", rief Ludwig begeistert, „ja nur Gold, nichts als Gold dürfen die süßen Händchen empfangen", fragte aber dann, ob Euchar ihm nicht einen Taler wechseln könne, da er gerade kein kleines Geld bei sich führe.

Indessen war der Bucklichte hinangehinkt, hob die Chitarre auf, die Emanuela zu Boden fallen lassen, und verbeugte sich nun schmunzelnd ein Mal über das andere vor Euchar, der gewiß das Töchterlein reichlich beschenkt habe, da sie so gerührt danke.

„Bösewicht, Spitzbube“, grollte ihn Ludwig an. Erschrocken fuhr der Kleine zurück, und sprach weinerlich: „Ach Herr, warum seid Ihr denn so böse? Verdammt doch nicht den armen ehrlichen Biagio Cubas! kehrt Euch ja nicht an meine Farbe, an mein ich weiß es wohl, häßliches Gesicht! Ich bin in Lorca geboren, und ebensolch ein alter Christ, als Ihr es selbst nur irgend sein könnt.“ Das Mädchen sprang schnell auf, rief dem Alten auf spanisch zu: „O fort – nur schnell fort, Väterchen!“ und beide entfernten sich, indem Cubas noch allerlei wunderliche Bücklinge verführte, Emanuela aber dem Euchar den seelenvollsten Blick zuwarf, dessen die schönsten Augen mächtig.

Als der Wald schon das seltsame Paar verbarg, begann Euchar: „Siehst du wohl Ludwig, daß du dich mit deinem schlimmen Urteil, das du über den kleinen Kobold fälltest, übereilt hast? Es ist wahr, der Mensch hat etwas Zigeunerartiges, er ist, wie er selbst sagt, aus Lorca. Nun mußt du aber wissen, daß Lorca eine altmaurische Stadt ist, und daß die Lorcaner, sonst ganz hübsche Leute, die Spuren ihrer Abkunft nicht verleugnen können. Nichts nehmen sie jedoch übler auf, als wenn man ihnen das zu verstehen gibt, weshalb sie unaufhörlich versichern, daß sie alte Christen wären. So ging es dem Kleinen, in dessen Gesicht sich freilich der maurische Stamm in der Karikatur abspiegelt.“ „Nein“, rief Ludwig, „ich bleibe dabei, der Kerl ist ein verruchter Spitzbube, und ich werde alles daransetzen, meine holde süße Mignon aus seinen Klauen zu retten.“ „Hältst du“, sprach Euchar, „den Kleinen durchaus für einen Spitzbuben, so traue ich meinesteils, wieder nicht recht der holden süßen Mignon“ – „Was sagst du?“ fuhr Ludwig auf, „was sagst du Euchar? dem lieben Himmelskinde nicht trauen, aus deren Augen die unschuldsvollste Holdseligkeit hervorleuchtet? Aber daran erkennt man den eiskalten Prosaiker, der für dergleichen keinen Sinn hat, und der mißtrauisch ist gegen alles, was nicht hineinpaßt, in seinen gewöhnlichen alltäglichen Kram!“ „Nun“, erwiderte Euchar gelassen, „ereifere dich nur nicht so sehr, mein enthusiastischer Herzensfreund. Du wirst freilich sagen, daß das Mißtrauen gegen die süße Mignon keinen recht haltbaren Grund hat. Es entstand nur deshalb, weil ich eben jetzt gewahrte, daß die Kleine in eben dem Augenblick, als sie meine Hand faßte, mir den kleinen Ring mit dem seltenen Stein, den ich, wie du weißt, beständig trug, vom Finger gezogen. Ungern vermisse ich das teure Andenken aus einer verhängnisvollen Zeit." „Was um des Himmels willen", sprach Ludwig kleinlaut, „es ist wohl gar nicht möglich! Nein", fuhr er dann heftig fort, „nein, es ist nicht möglich! Nicht täuschen kann ein solches Antlitz, ein solches Auge, ein solcher Blick! Du hast den Ring fallen lassen – verloren." „Nun", sprach Euchar, „wir wollen sehen, uns aber, da es stark zu dunkeln beginnt, nach der Stadt zurückbegeben!"

Unterwegs hörte Ludwig nicht auf von Emanuela zu sprechen, die er mit den süßesten Namen nannte, und versicherte, wie er deutlich an einem gewissen unbeschreiblichen Blick, den sie scheidend ihm zugeworfen, bemerkt, daß er einen tiefen Eindruck auf sie gemacht habe, welches ihm wohl in dergleichen Fällen, wenn nämlich die Romantik ins Leben trete, arriviere. Euchar unterbrach den Freund nicht mit einem Wort. Der exaltierte sich selbst aber immer mehr und mehr, bis er gerade unter dem Tore, als eben der Tambour der Wache den abendlichen Trommelschlag begann, dem Freunde um den Hals fiel, und Tränen in den Augen mit kreischender Stimme, um den dröhnenden Wirbel des militärischen Virtuosen zu überbieten, ins Ohr schrie, er sei ganz und gar in Liebe zur süßen Mignon, und er wolle sein Leben daransetzen, sie wieder aufzufinden, und der alten Mißgeburt zu entreißen.

Vor dem Hause, in welchem Ludwig wohnte, stand ein Diener in reicher Livree, der näherte sich ihm mit einer Karte. Kaum hatte Ludwig gelesen und den Diener abgefertigt, als er den Freund ebenso heftig umhalste, als es schon unter dem Tore geschehen, dann aber rief: „Nenne mich, o mein Euchar! aller Sterblichen glücklichsten, beneidenswertesten! Erschließe deine Brust – fasse meine Seligkeit, habe Sinn für Himmelswonne, Guter! Mische deine Freudenzähren mit den meinigen!" „Aber", fragte Euchar, „was kann dir denn so Hochherrliches auf einer Karte verkündet werden?" „Erschrick nicht", fuhr Ludwig murmelnd fort, „erschrick nicht, wenn ich dir das zauberisch strahlende Paradies von tausend Wonnen auftue, das sich mir auftun wird, mittelst dieser Karte!" „So möcht ich doch nur wissen", sprach Euchar weiter, „welch ein hohes Glück dir beschieden!" „Wisse es", rief Ludwig, „erfahr es, vernimm es! Staune – zweifle – rufe – schreie – brülle. Ich bin auf morgen eingeladen zum Souper und Ball bei dem Grafen Walther Puck! Viktorine – Viktorine – holde süße Viktorine!" „Und die holde süße Mignon?" So fragte Euchar, doch

Ludwig ächzte gar weinerlich: „Viktorine, du mein Leben!" und stürzte hinein in das Haus.

Die Freunde Ludwig und Euchar. Böser Traum von dem Verlust eines schönen Paars Beine im Pikett. Leiden eines enthusiastischen Tänzers. Trost, Hoffnung und Monsieur Cochenille.

Es möchte nötig sein, dem geneigten Leser zuerst etwas mehr über die beiden Freunde zu sagen, damit derselbe von Haus aus wenigstens einigermaßen wisse, wie er mit ihnen daran ist, was er von jedem zu halten.

Beide hatten einen Stand, der eigentlich chimärisch zu nennen, da er keinem Sterblichen auf dieser Welt beschieden, sie waren *Freiherren*. Zusammen erzogen, in enger Freundschaft aufgewachsen, konnten sie sich auch dann nicht trennen, als mit dem Zunehmen der Jahre die ausgesprochenste Verschiedenheit der innern Gemütsart immer mehr und mehr hervortrat, die sich selbst im äußeren Wesen offenbarte. Euchar gehörte als Knabe zu den sogenannten artigen Kindern, die also genannt werden, weil sie in der Gesellschaft stundenlang auf einem Fleck stillsitzen, nichts fragen, begehren u. s. w. und dann sich herrlich ausbilden zu hölzernen Dummköpfen. Mit Euchar hatte es eine andere Bewandtnis. Wurde er, wenn er, ein artiges Kind mit niedergeschlagenen Augen, gebeugtem Haupt dasaß, angesprochen, so fuhr er erschrocken auf, stotterte, weinte manchmal gar, er schien aus tiefen Träumen zu erwachen. War er allein, so schien er ein ganz anderes Wesen. Man hatte ihn belauscht, als er heftig sprach, wie mit mehreren Personen, die zugegen, ja als er ganze Geschichten, die er gehört oder gelesen, wie ein Schauspiel aufführte, da mußten Tische, Schränke, Stühle, alles was sich eben im Zimmer vorfand, Städte, Wälder, Dörfer, Personen vorstellen. Eine besondere Begeisterung ergriff aber den Knaben, wenn es ihm vergönnt wurde, allein im Freien umherzustreifen. Dann sprang, jauchzte er durch den Wald, umarmte die Bäume, warf sich ins Gras, küßte die Blumen, u. s. w. In irgendein Spiel mit Knaben seines Alters ließ er sich ungern ein, und galt deshalb für furchtsam und träge, weil er irgendein gefährliches Unternehmen, einen gewaltigen Sprung, eine kühne Kletterei niemals mitmachen wollte. Aber auch hier war es besonders, daß, wenn es am Ende jedem an Mut gefehlt hatte, das Unternehmen wirklich zu wagen, Euchar still zurückblieb, und einsam mit Geschicklichkeit das vollbrachte, was die andern nur gewollt. Galt es z. B. einen hohen schlanken Baum zu erklettern, und hatte keiner hinauf gemocht, so saß Euchar gewiß im nächsten Augenblick, sowie er sich allein befand, oben auf der Spitze. Äußerlich kalt, teilnahmlos erscheinend, ergriff der Knabe alles mit ganzem Gemüt, mit einer Beharrlichkeit, wie sie nur starken Seelen eigen, und brach in manchen Momenten das im Inneren Empfundene hervor, so geschah es mit unwiderstehlich hinreißender Gewalt, so daß jeder Kundige über die Tiefe des Gefühls, das der Knabe in der verschlossenen Brust trug, erstaunen mußte. Mehrere grundgescheite Hofmeister konnten aus ihrem Zöglinge gar nicht klug werden, und nur ein einziger (der letzte) versicherte, der Knabe sei eine poetische Natur, worüber Euchars Papa gar sehr erschrak, indem er befürchten zu müssen glaubte, daß der Knabe am Ende das Naturell der Mutter haben werde, die bei den glänzendsten Couren Kopfschmerz und Ekel empfunden. Des Papas Intimus, ein hübscher glatter Kammerherr, versicherte jedoch, besagter Hofmeister täte ein Esel sein, in dem jungen Baron Euchar flösse echt adeliges Blut, mithin sei seine Natur freiherrlich, und nicht poetisch. Das beruhigte den Alten merklich. Man kann denken wie sich aus solchen Grundanlagen des Knaben der Jüngling entwickeln mußte. Auf Euchars Antlitz hatte die Natur die bedeutungsvolle Chiffer gedrückt, mit der sie ihre Lieblinge bezeichnet. Aber Lieblinge der Natur sind die, welche die unendliche Liebe der guten Mutter, ihr tiefstes Wesen ganz zu fassen vermögen, und diese Lieblinge werden nur von Lieblingen verstanden. So kam es denn auch, daß Euchar von der Menge *nicht* verstanden, für gleichgültig, kalt, keiner rechtschaffenen Ekstase über ein neues Trauerspiel fähig, und daher auch für prosaisch verschrien wurde. Vorzüglich konnten es ganze Zirkel der elegantesten scharfsinnigsten Damen, denen sonst dergleichen Kenntnis wohl zuzutrauen, durchaus nicht begreifen, wie es möglich sei, daß diese Apollo-Stirne, diese scharf gebogenen gebietenden Brauen, diese düstres Feuer sprühenden Augen, diese sanft aufgeworfenen Lippen, nur einem leblosen Bilde angehören sollten. Und doch schien es so, denn Euchar verstand durchaus nicht die Kunst, über nichts, nichts in nichtssagenden Worten mit schönen Weibern so zu reden, und so sich darzustellen, als sei er Rinaldo in Fesseln.

Ganz anders verhielt es sich mit Ludwig. Der gehörte zu den wilden, ausgelassenen Knaben, von denen man zu prophezeien pflegt, daß ihnen dereinst die Welt zu enge sein würde. Er war es, der immer den Gespielen die tollesten Streiche angab, man hätte denken sollen, daß der kühne Junge doch einmal Schaden leiden würde, er war es aber auch immer, der mit unverbrannter Nase davonkam, da er bei der Ausführung sich geschickt hintenanzustellen, oder ganz davonzumachen wußte. Er ergriff alles schnell mit großer Begeisterung, ließ es aber ebenso schnell wieder; so kam es, daß er vieles lernte, aber nicht viel. Zum Jüngling herangewachsen machte er ganz artige Verse, spielte passabel manches Instrument, malte ganz hübsch, sprach ziemlich fertig mehrere Sprachen, war daher ein wahrer Ausbund von Bildung. Über alles konnte er in die erstaunlichste Ekstase geraten, und diese in den mächtigsten Worten verkünden. Aber es war mit ihm, wie mit der Pauke, die angeschlagen desto stärker tönt, je größer der innere hohle Raum. Der Eindruck, den alles Schöne, Herrliche auf ihn machte, glich dem äußern Kitzel, der die Haut berührt, ohne die innern Fibern zu erfassen. Ludwig gehörte zu den Leuten, die man sehr oft sagen hört: „Ich wollte!" und die vor diesem wollenden Prinzip nie zum Handeln kommen. Da aber in dieser Welt diejenigen Menschen, welche sehr laut und breit verkündigen, was sie tun *wollen*, viel mehr gelten, als die, welche in aller Stille hingehen und es wirklich tun, so geschah es auch, daß man Ludwig jeder großen Handlung fähig hielt, und ihn deshalb höchlich bewunderte, ohne weiter darnach zu fragen, ob er denn wirklich das getan, was er so laut verkündet. Freilich gab es auch wohl Leute, die Ludwig durchschauten, und ihn festhaltend bei seinen Worten sich darnach emsig erkundigten, ob er dies oder jenes ausgeführt. Dies verdroß ihn aber um so mehr, als er in einsamen Stunden bisweilen selbst sich gestehen mußte, daß das ewige Wollen und Wollen ohne Tat miserabel sei. Da geriet er über ein verschollenes Buch, worin die mechanistische Lehre vom Zusammenhang der Dinge vorgetragen wurde. Begierig griff er diese Lehre auf, die sein Treiben, oder vielmehr sein Wollen, bei sich selbst und bei andern entschuldigte. Denn war nicht ausgeführt, was er versprochen, so trug nicht er die Schuld, sondern es hatte nur allein im Zusammenhang der Dinge gelegen, daß es nicht geschehen konnte.

Der geneigte Leser wird sich wenigstens von der großen Bequemlichkeit jener weisen Lehren überzeugen.

Da Ludwig übrigens ein ganz hübscher Jüngling mit roten blühenden Wangen war, so würde er, vermöge seiner Eigenschaften, der Abgott jedes eleganten Zirkels gewesen sein, hätte nicht sein kurzes Gesicht ihn manches seltsame Quidproquo begehen lassen, das ihm oft verdrießliche Folgen zuzog. Er tröstete sich jedoch mit dem unbeschreiblichen Eindruck, den er auf jedes weibliche Herz zu machen glaubte, und überdem galt die Gewohnheit, daß er, eben seines kurzen Gesichts halber, um nicht in der Person zu irren, mit der er sprach, welches ihm manchmal zu großem Ärger geschehen, selbst den Damen näher trat, als schicklich, für die unbefangne Dreistigkeit des genialen Menschen.

Tages darauf, als Ludwig auf dem Ball bei dem Grafen Walther Puck gewesen, in aller Frühe erhielt Euchar ein Billet von ihm, worin es hieß:

„Teurer! Geliebtester! Ich bin elend, geschlagen, verloren, herabgestürzt von dem blumichten Gipfel der schönsten Hoffnungen in den bodenlosen nächtlichen Abgrund der Verzweiflung. Das, was mein namenloses Glück bereiten sollte, ist mein Unglück! – Komme! eile, tröste mich, wenn du es vermagst!"

Euchar fand den Freund mit verbundenem Haupt auf dem Sofa ausgestreckt, blaß, übernächtig. „Kommst du", rief Ludwig ihm mit matter Stimme entgegen, indem er den Arm nach ihm ausstreckte, „kommst du mein edler Freund? Ja, du hast doch gewiß einigen Sinn für meinen Schmerz, für meine Leiden! Laß dir wenigstens erzählen, was mir begegnet, und sprich das Urteil, wenn du glaubst, daß ich verloren bin total!" „Gewiß", begann Euchar lächelnd, „gewiß ist es auf dem Ball nicht so gegangen, wie du gedachtest?" Ludwig seufzte tief auf. „Hat", sprach Euchar weiter, „hat die holde Viktorine scheel gesehen, dich nicht beachtet?" „Ich habe sie", erwiderte Ludwig mit tiefem Grabeston, „ich habe sie schwer, ich habe sie unversöhnlich beleidigt!" „Mein Gott", rief Euchar, „wie hat sich das nur begeben können?" Ludwig holte nochmals einen tiefen Seufzer, ächzte was weniges, und begann leise, aber mit gehörigem Pathos:

„Wie sich der Sonne Scheinbild in dem Dunstkreis
Malt, eh sie kommt; so schreiten auch den großen
Geschicken ihre Geister schon voran.
Und in dem Heute wandelt schon das Morgen!

Ja", fuhr er dann wehmütig fort, „ja, Euchar, wie das geheimnisvolle Schnurren des Räderwerks den Schlag der Uhr verkündet, so gehen warnende Ereignisse dem einbrechenden Malheur vorher. Schon in der Nacht vor dem Ball hatte ich einen schrecklichen, fürchterlichen Traum! Mir war es, als sei ich schon bei dem Grafen, und könne, eben im Begriff zu tanzen, plötzlich keinen Fuß von der Stelle rühren. Im Spiegel werde ich zu meinem Schrecken gewahr, daß ich statt des zierlichen Fußgestells, das mir die Natur verliehen, des alten Konsistorial-Präsidenten dick umwickelte podagristische Beine unter dem Leibe trage. Und während daß ich an den Boden festgebannt stehe, ländert der Konsistorial-Präsident, Viktorinen im Arm, leicht wie ein Vogel daher, lächelt mich hämisch an, und behauptet zuletzt, auf freche Weise, daß er mir meine Füße abgewonnen habe im Pikett. Ich erwachte, du kannst es denken, in Angstschweiß gebadet! Noch ganz tiefsinnig über das böse Nachtgesicht bringe ich die Tasse, in der glühende Schokolade dampft, an den Mund, und verbrenne mir dermaßen die Lippen, daß du trotz aller Pomade, die ich verbraucht, die Spuren davon noch sehen kannst. Nun ich weiß es ja, daß du nicht viel Anteil nimmst an fremden Leiden, ich übergehe daher alle die fatalen Ereignisse, womit mich das Schicksal den Tag über neckte, und sage dir nur, daß, als es endlich abends zum Anziehen kam, eine Masche des seidenen Strumpfs platzte, mir zwei Westenknöpfe sprangen, daß ich, im Begriff in den Wagen zu steigen, meinen Wellington in die Gosse warf, und endlich im Wagen selbst, als ich die Patentschnallen fester auf die Schuhe drücken wollte, zu meinem nicht geringen Entsetzen an der Fasson fühlte, daß der Esel von Kammerdiener mir ungleiche Schnallen aufgedrückt. Ich mußte umkehren, und verspätete mich wohl um eine gute halbe Stunde. Viktorine kam mir entgegen im vollsten Liebreiz – ich bat sie um den nächsten Tanz. Wir länderten – ich war im Himmel. Aber da fühlte ich plötzlich die Tücke des feindlichen Schicksals“ – „Zusammenhanges der Dinge“, fiel ihm Euchar ins Wort. „Nenne es“, fuhr Ludwig fort, „nenne es wie du willst, heute ist mir alles gleich. Genug, es war ein tückisches Verhängnis, das mich vorgestern über die fatale Baumwurzel hinstürzte. Tanzend fühlte ich meinen Schmerz im Knie sich erneuern, und immer stärker und heftiger werden. Aber in demselben Augenblick spricht Viktorine so laut, daß es die andern Tänzer hören: ‚Das geht ja zum Einschlafen!‘ Man winkt, man klatscht den Musikanten zu, und rascher und rascher wirbelt sich der Tanz! Mit Gewalt kämpfe ich die Höllenqual nieder, hüpfe zierlich, und mache ein freundliches Gesicht. Und doch raunt mir Viktorine ein Mal über das andere zu: ‚Warum so schwerfällig heute, lieber Baron? Sie sind gar nicht mehr derselbe Tänzer wie sonst!' Glühende Dolchstiche in mein Herz hinein." „Armer Freund", sprach Euchar lächelnd, „ich fasse deine Leiden im ganzen Umfange."

„Und doch", fuhr Ludwig fort, „war dies alles nur Vorspiel des unseligsten Ereignisses! Du weißt, wie lange ich mich mit den Touren einer Seize herumgetragen, du weißt, wie ich vieles Glas und Porzellan, das ich, hier in meinem Zimmer mich in jenen Touren, in den kühnsten Wendungen und Sprüngen versuchend, von den Tischen warf, nicht geachtet habe, bloß um die geträumte Vollkommenheit zu erringen. Eine dieser Touren ist das Herrlichste, das jemals der menschliche Geist in dieser Art ersonnen. Vier Paare stehen in malerischer Stellung, der Tänzer auf der rechten Fußspitze balancierend, umfaßt seine Tänzerin mit dem rechten Arm, während er den linken graziös gekrümmt über das Haupt erhebt, die andern machen Ronde. Vestris und Gardel haben an so etwas nicht gedacht. Auf diese Seize hatte ich den höchsten Moment der Seligkeit gebaut! Zum Namenstag des Grafen Walther Puck hatte ich sie bestimmt – Viktorinen im Arm bei jener überirdischen Tour, wollte ich flistern: ‚Göttliche – himmlische Komteß, ich liebe Sie unaussprechlich, ich bete Sie an! sein Sie mein, Engel des Lichts!' Daher, lieber Euchar, geriet ich in solch Entzücken, als ich nun wirklich zum Ball eingeladen wurde, woran ich beinahe zweifeln mußte, da Graf Puck kurz zuvor auf mich sehr erzürnt schien, als ich ihm die Lehre vom Zusammenhang der Dinge, vom Räderwerk des Makrokosmus, vortrug, die er seltsamerweise dahin verstand, als vergleiche ich ihn mit einem Perpendikel. Er nannte das eine maliziöse Anspielung, die er nur meiner Jugend verzeihe, und drehte mir den Rücken. Nun also! Der unglückliche Ländler war geendet, ich tanzte keinen Schritt mehr, entfernte mich in die Nebenzimmer, und wer mir auf dem Fuße folgte war der gute Cochenille, der mir sogleich Champagner kredenzte. Der Wein goß neue Lebenskraft mir in die Adern, ich fühlte keinen Schmerz mehr. Die Seize sollte beginnen, ich flog in den Saal zurück, stürzte hin zu Viktorinen, küßte ihr feurig die Hand, stellte mich in die Ronde. Jene Tour kommt, ich übertreffe mich selbst – ich schwebe – balanciere der Gott des Tanzes selbst – ich umschlinge meine Tänzerin, ich lispele: ‚Göttliche, himmlische Komteß', wie ich's mir vorgenommen. Das Geständnis der Liebe ist meinen Lippen entflohen, ich schaue der Tänzerin tief in die Augen – Herr des Himmels! es ist nicht Viktorine, mit der ich getanzt, es ist eine ganz andere, mir völlig unbekannte Dame, nur gewachsen, gekleidet wie Viktorine! Du kannst denken, daß mir war, als träfe mich der Blitz! Alles um mich her schwamm chaotisch zusammen, ich hörte keine Musik mehr, sprang wild durch die Reihen, bald hier bald dort hört ich Schmerzensrufe, bis ich mich mit starken Armen festgehalten fühlte und eine dröhnende Stimme mir ins Ohr donnerte: ‚Himmel tausend sapperment, ich glaube, Sie haben neun Teufel in den Beinen Baron!' Es war der verhängnisvolle Konsistorial-Präsident, den ich schon im Traum gesehen, der mich in einer ganz entfernten Ecke des Saals festhielt und also fortfuhr: ‚Kaum bin ich vom Spieltisch aufgestanden und in den Saal getreten, als Sie wie das böse Wetter, aus der Mitte herausfahren und wie besessen auf meinen Füßen herumspringen, daß ich vor Schmerz brüllen möchte, wie ein Stier, wär ich nicht ein Mann von feiner Konduite. Sehen Sie nur, welche Verwirrung Sie angerichtet haben.' In der Tat hatte die Musik aufgehört, die ganze Seize war auseinander und ich bemerkte, wie mehrere Tänzer umherhinkten, Damen sich zu den Sesseln führen ließen und mit Odeurs bedient wurden. – Ich hatte die Tour der Verzweiflung über die Füße der Tanzenden genommen, bis der baumstarke Präsident dem tollen Lauf ein Ziel setzte. – Viktorine nahte sich mir mit zornfunkelnden Augen. ‚In der Tat', sprach sie, ‚eine Artigkeit ohnegleichen, Herr Baron! Sie fordern mich zum Tanz auf, tanzen dann mit einer andern Dame und verwirren den ganzen Ball.' Du kannst dir meine Beteurungen denken. ‚Diese Mystifikationen', erwiderte Viktorine ganz außer sich, ‚sind Ihnen eigen, Herr Baron, ich kenne Sie, aber ich bitte, mich nicht weiter zum Gegenstande Ihrer tiefen schneidenden Ironie zu wählen.' – So ließ sie mich stehen. Nun kam meine Tänzerin, die Artigkeit, ja ich möchte sagen die Zutulichkeit selbst! – Das arme Kind hat Feuer gefaßt, ich kann es ihr nicht verdenken, aber bin ich denn schuld? – O Viktorine, Viktorine! O Unglücks-Seize! – Furientanz, der mich in den Orkus hinabreißt!"

Ludwig schloß die Augen, und seufzte und ächzte, der Freund war aber gutmütig genug, nicht auszubrechen in lautes Gelächter. Er wußte überdem wohl, daß Unfälle der Art, wie sie den armen Ludwig bei dem Ball des Grafen Walther Puck betroffen, selbst auf Menschen von geringerer Geckenhaftigkeit die Wirkung spanischer Fliegen äußern in psychischem Sinn.

Nachdem Ludwig ein paar Tassen Schokolade eingeschlürft, ohne sich, wie tages zuvor, die Lippen zu verbrennen, schien er mehr Fassung zu gewinnen, sein ungeheures Schicksal mit größerem Mute zu tragen. „Höre", begann er zu Euchar, der sich indessen in ein Buch vertieft, „höre Freund, du warst ja auch zum Ball eingeladen?" – „Allerdings", entgegnete Euchar gleichgültig, kaum von den Blättern aufblickend. – „Und kamst nicht, und hast mir nicht einmal von der Einladung etwas gesagt", sprach Ludwig weiter. – „Eine Angelegenheit", erwiderte Euchar, „hielt mich fest, die mir wichtiger war, als jeder Ball in der Welt, und hätt ihn der Kaiser von Japan gegeben." – „Gräfin Viktorine", fuhr Ludwig fort, „erkundigte sich sehr angelegentlich, weshalb du wohl ausbliebest. Sie war so unruhig, blickte so oft nach der Türe. In der Tat, ich hätte eifersüchtig werden, ich hätte glauben können, dir wär's zum erstenmal gelungen, ein weibliches Herz zu rühren, wenn sich nicht alles aufgeklärt hätte. – Kaum mag ich's dir wiedererzählen, auf welche schonungslose Art sich die holde Viktorine über dich äußerte. – Nichts Geringeres behauptete sie, als daß du ein kalter, herzloser Sonderling seist, dessen Gegenwart sie oft mitten in der Lust ängstige; weshalb sie denn gefürchtet hätte, du würdest auch an dem Abend ihr Freudenstörer sein. Nun sei sie aber recht froh, daß du nicht gekommen. – Aufrichtig gesprochen, seh ich doch gar nicht ein, warum du, lieber Euchar, dem der Himmel doch so viel körperliche und geistige Vorzüge verliehen, solch entschiedenes Unglück bei den Damen hast, warum ich dir überall den Rang ablaufe! – Kalter Mensch! Kalter Mensch, ich glaube, du hast keinen Sinn für das hohe Glück der Liebe, und darum wirst du nicht geliebt. Ich dagegen! – Glaube mir, selbst Viktorines aufglühender Zorn, erzeugte er sich nicht aus den Liebesflammen, die in ihrem Innern lodern, für mich den Glücklichen, den Seligen?"

Die Türe öffnete sich, und es trat ein seltsames Männlein in das Zimmer, im roten Rock mit großen Stahlknöpfen, schwarzseidenen Unterkleidern, stark gepuderter hoher Frisur mit kleinem runden Haarbeutel! „Bester Cochenille", rief ihm Ludwig entgegen, „bester Monsieur Cochenille, wie habe ich das seltne Vergnügen –"

Euchar versicherte, daß wichtige Angelegenheiten ihn

fortriefen, und ließ den Freund mit dem Kammerdiener des Grafen Walther Puck allein.

Cochenille versicherte süß lächelnd mit niedergeschlagenen Augen, wie hochgräfliche Gnaden überzeugt wären, daß der verehrteste Herr Baron während der Seize von einer seltsamen Krankheit befallen, deren Namen im Lateinischen beinahe so klinge, wie *Raptus*, und wie er, Monsieur Cochenille, gekommen, Nachfrage zu halten, nach des verehrtesten Herrn Barons gnädigem Wohlbefinden. „Was *Raptus*, o Cochenille, was *Raptus*", rief Ludwig, erzählte nun ausführlich, wie sich alles begeben und schloß damit, daß er den gewandten Kammerdiener des Grafen Walther Puck bat, die Sache möglichst ins Geleise zu bringen.

Ludwig erfuhr, daß seine Tänzerin eine Kusine der Gräfin Viktorine gewesen, die vom Lande hineingekommen, zum Namenfest des Grafen, daß sie und Gräfin Viktorine ein Herz und eine Seele wären, und sich, wie bei jungen Damen der Einklang der Gemüter wohl in Seide und Flor ans Licht zu treten pflege, öfters ganz gleich kleideten. Cochenille meinte ferner, daß es mit dem Zorn der Gräfin Viktorine doch nicht rechter Ernst sein müsse. Er habe ihr nämlich bei dem Schluß des Balls, gerade als sie mit der Kusine zusammengestanden, Gefrornes serviert, und dabei bemerkt, wie beide herzlich gekichert und gelacht, sowie gehört, wie sie beide mehrmals ganz deutlich den Namen des hochverehrtesten Herrn Barons genannt hätten. Freilich sei, wie er vernommen, die gräfliche Kusine ungemein verliebter Komplexion, und werde nun verlangen, daß der Herr Baron das fortsetze, was er begonnen, nämlich daß er der Kusine fortan erklecklich den Hof mache, und zuletzt Glacéhandschuhe anziehe, und sie zum Brautaltar führe, indessen wolle er das Seinige tun, daß sie davon abgebracht werde. Morgenden Tages wollte er hochgräfliche Gnaden, wenn er dieselbe zu frisieren die Ehre habe, gerade beim Lockenbau auf der linken Seite, die ganze Sache vortragen, und bitten, der Kusine unter eindringenden oheimlichen Ermahnungen vorzustellen, daß des Herrn Barons Liebeserklärung nichts anders gewesen sei, als was dergleichen Erklärungen gewöhnlich wären, nämlich ein angenehmer Tanzschnörkel der geraden Tour beigefügt, als liebenswürdiger Exzeß. Das werde helfen. Cochenille gab endlich dem Baron den Rat, Viktorinen sobald als nur möglich zu sehen, und dazu finde sich noch am heutigen Tage Gelegenheit. Die Konsistorial-

Präsidentin Veehs gäbe nämlich abends ästhetischen Tee, den sie, wie er von dem Kammerdiener des russischen Gesandten erfahren, durch die russische Gesandtschaft direkt von der chinesischen Grenze kommen lasse, und der einen ungemein süßen Geruch verbreite. Dort werde er Viktorine finden, und alles retablieren können.

Ludwig sah ein, daß nur unwürdige Zweifel den Glauben an sein Liebesglück verstört haben konnten, und beschloß beim ästhetischen Tee der Konsistorial-Präsidentin so bezaubernd liebenswürdig zu sein, daß es Viktorinen nicht einfallen werde, auch nur was weniges zu schmollen.

Der ästhetische Tee. Stickhusten eines tragischen Dichters. Die Geschichte nimmt einen ernsten Schwung, und spricht von blutigen Schlachten, Selbstmord u. dgl.

Der geneigte Leser muß es sich schon gefallen lassen, den beiden Freunden, Ludwig und Euchar, zu folgen in den ästhetischen Tee, der nun bei der Frau Konsistorial-Präsidentin Veehs wirklich angegangen. Ungefähr ein Dutzend hinlänglich geputzter Damen sitzen in einem Halbkreis. Eine lächelt gedankenlos, die andere ist vertieft in den Anblick ihrer Schuhspitzen, mit denen sie geschickt die neuesten Pas irgendeiner Françoise ganz in der Stille zu probieren weiß, die dritte scheint süß zu schlafen, noch süßer zu träumen, die vierte läßt den Feuerblick ihrer Augen umherstreifen, damit er nicht einen sondern wo möglich alle jungen Männer treffe, die im Saal versammelt, die fünfte lispelt: „Göttlich – herrlich – sublim" – diese Ausrufungen gelten aber dem jungen Dichter, der eben mit allem nur möglichen Pathos eine neue Schicksalstragödie vorliest, die langweilig und abgeschmackt genug ist, um sich ganz zu solcher Vorlesung zu eignen. Hübsch war es, daß man oft ein Brummen vernahm, fernem Donner zu vergleichen. Dies war aber die Stimme des Konsistorial-Präsidenten, der in einem entfernten Zimmer mit dem Grafen Walther Puck Pikett spielte, und sich auf jene Weise grollend, murrend vernehmen ließ. Der Dichter las mit dem süßesten Ton, dessen er mächtig:

„Nur noch einmal, nur noch einmal
Laß dich hören, holde Stimme,
Ja o Stimme, süße Stimme,
Stimme aus dem tiefen Grunde,
Stimme aus den Himmelslüften.
Horch, o horch –"

Da schlug aber der Donner los, der längst bedrohlich gemurmelt. „Himmel tausend Sapperment!" dröhnte des Konsistorial-Präsidenten Stimme durch das Zimmer, so daß alles erschrocken von den Sitzen aufsprang. Wieder war es hübsch, daß der Dichter sich gar nicht stören ließ, sondern fortfuhr:

„Ja es ist sein Liebesatem,
Ist sein Ton, den Honiglippen
Ist der süße Laut entflohen –"

Ein höheres Schicksal als das, was in des Dichters Tragödie waltete, litt es aber nicht, daß der Dichter seine Vorlesung ende. Gerade, als er bei einem gräßlichen Fluch, den der Held des Stücks ausspricht, seine Stimme erheben wollte zur höchsten tragischen Kraft, kam ihm, der Himmel weiß was, in den Hals, so daß er in einen fürchterlichen, nicht zu beschwichtigenden Husten ausbrach, und halb tot weggetragen wurde.

Der Präsidentin, der man längst Überdruß und Langweile angemerkt, schien die plötzliche Unterbrechung nicht ungelegen. Sobald die Ruhe der Gesellschaft wiederhergestellt, erinnerte sie, wie es nun an der Zeit sei, daß irgend etwas nicht vorgelesen sondern recht lebendig erzählt werde, und meinte, daß Euchar recht eigentlich der Gesellschaft dazu verpflichtet, da er sonst bei seiner hartnäckigen Schweigsamkeit wenig zur Unterhaltung beitrage.

Euchar erklärte bescheiden, daß er ein sehr schlechter Erzähler sei, und daß das, was er vielleicht zum besten geben könne, sehr ernsten, vielleicht gar graulichen Inhalts sein, so aber der Gesellschaft wenig Lust erregen werde. Da riefen aber vier blutjunge Fräuleins mit einer Stimme: „O graulich! nur recht graulich, o was ich mich gar zu gern graue!"

Euchar nahm den Rednerstuhl ein, und begann: „Wir haben eine Zeit gesehen, die wie ein wütender Orkan über die Erde dahinbrauste. Die menschliche Natur, in ihrer tiefsten Tiefe erschüttert, gebar das Ungeheure, wie das sturmbewegte Meer die entsetzlichen Wunder des Abgrunds emporschleudert auf den tosenden Wellen. Alles was Löwenmut, unbezwingbare Tapferkeit, Haß, Rache, Wut, Verzweiflung im mörderischen Todeskampf vollbringen können, geschah im spanischen Freiheitskriege. Es sei mir erlaubt von den Abenteuern meines Freundes – ich will ihn Edgar nennen – zu erzählen, der dort unter Wellingtons Fahnen mitfocht. Edgar hatte im tiefen schneidenden Gram über die Schmach seines deutschen Vaterlandes, seine Vaterstadt verlassen, und war nach Hamburg gezogen, wo er in einem kleinen Stübchen, das er in einer entlegenen Gegend gemietet, einsam lebte. Von dem Nachbar, mit dem er Wand an Wand wohnte, wußte er eben nichts weiter, als daß es ein alter kranker Mann sei, der niemals ausgehe. Er hörte ihn öfters stöhnen, und in sanfte rührende Klagen ausbrechen, ohne die Worte zu verstehen. Später ging der Nachbar fleißig in der Stube auf und ab, und ein Zeichen wiedergekehrter Genesung schien es, als er eines Tages eine Chitarre stimmte, und dann leise Lieder begann, die Edgar für spanische Romanzen erkannte.

Auf näheres Befragen vertraute ihm die Wirtin, daß der Alte ein krankheitshalber von dem Romanaschen Korps zurückgebliebener spanischer Offizier sei, der freilich nun insgeheim bewacht werde, und sich nicht viel hinauswagen dürfe.

Mitten in der Nacht hörte Edgar den Spanier die Chitarre stärker anschlagen als sonst. Er begann in mächtiger, seltsam wechselnder Melodie, die *Profecia del Pirineo* des Don Juan Bautista de Arriaza. Es kamen die Strophen:

‚Y oye que el gran rugido
Es ya trueno en los campos de Castilla,
En las Asturias bèlico alarido,
Voz de venganza en la imperial Sevilla,
Junto a Valencia es rayo,
Y terremoto horrisono en Moncàyo.

Mira en haces guerreras,
La España toda hiriviendo hasta sus fines,
Batir tambores, tremolar banderas,
Estallar bronçes, resonar clarines,
Y aun las antiguas lanzas,
Salir del polvo à renovar venganzas.‘“

„Möge“, unterbrach die Präsidentin den Redner, „möge es doch unserm Freunde, bevor er weitererzählt, gefallen, uns die mächtigen Verse deutsch zu wiederholen, da ich mit mehreren meiner lieben Gäste, die ästhetische Unart teile, kein Spanisch zu verstehen.“ „Der mächtige Klang“, erwiderte Euchar, „den jene Verse haben, geht in der Übersetzung verloren, doch wurden sie gut genug also verdeutscht*:

* Durch S. H. Friedländer.

Horch, wie des Leuen Töne,
Zum Donner in Kastiliens Regionen,
Zum Heulen werden für Asturias Söhne,
Rachschrei für die, die in Sevilla wohnen.
Valencia ist erschüttert,
Indes Moncayos Boden dröhnt und zittert.

Sieh bis an seine Grenzen
Das ganze Land in Kriegesglut sich röten,
Die Trommeln wirbeln und die Fahnen glänzen,
Die Erze krachen, schmettern die Trompeten,
Selbst die im Staube lagen,
Die Lanzen braucht man in den Rachetagen. –

Edgars Innerstes entzündete die Glut der Begeistrung, die aus dem Gesange des Alten strömte. Eine neue Welt ging ihm auf, er wußte nun, wie er sich aufraffen von seiner Siechheit, wie er ermannt zu kühner Tat, den Kampf, der seine Brust zerfleischte, auskämpfen konnte im regen Leben. ‚Ja, nach Spanien – nach Spanien!' so rief er überlaut, aber in demselben Augenblick verstummte Gesang und Spiel des Alten. Edgar konnte der Begierde nicht widerstehen, den zu kennen, der ihm neues Leben eingehaucht. Die Türe wich dem Druck seiner Hand. Doch in dem Moment, als er hineintrat in des Alten Zimmer, sprang dieser mit dem Schrei: ‚*Traidor!*' (Verräter) vom Bette auf, und stürzte mit gezogenem Dolch los auf Edgar.

Diesem gelang es indessen durch eine geschickte Wendung dem gutgezielten Stoß auszuweichen, dann aber den Alten fest zu packen und niederzudrücken auf das Bett.

Während er nun den kraftlosen Alten festhielt, beschwor er ihn in den rührendsten Ausdrücken sein stürmisches Einbrechen ihm zu verzeihen. Kein Verräter sei er, vielmehr habe das Lied des Alten allen Gram, allen trostlosen Schmerz, der seine Brust zerrisse, entflammt zu glühender Begeisterung, zu unerschütterlichem Kampfesmut. Er wolle hin nach Spanien, und freudig fechten für die Freiheit des Landes. Der Alte blickte ihn starr an, sprach leise: ‚Wär es möglich?' drückte Edgarn, der nicht nachließ auf das eindringendste zu beteuern, daß ihn nichts abhalten werde, seinen Entschluß auszuführen, heftig an die Brust, indem er den Dolch, den er noch in der Faust hielt, weit von sich schleuderte.

Edgar erfuhr nun, daß der Alte Baldassare de Luna geheißen, und aus einem der edelsten Geschlechter Spaniens entsprossen war. Hülflos, ohne Freunde, ohne die geringste Unterstützung bei der drückendsten Bedürftigkeit hatte er die trostlose Aussicht, fern von seinem Vaterlande ein elendes Leben zu verschmachten. Nicht gelingen wollt es Edgarn den bedaurenswürdigen Alten zu beschwichtigen, als er aber zuletzt auf das heiligste versprach, beider Flucht nach England möglich zu machen, da schien neues belebendes Feuer durch alle Glieder des Spaniers zu strömen. Er war nicht mehr der sieche Alte, nein, ein begeisterter Jüngling, der Hohn sprach der Ohnmacht seiner Unterdrücker.

Edgar hielt, was er versprochen. Es gelang ihm die Wachsamkeit der arglistigen Hüter zu täuschen, und mit Baldassare de Luna zu entfliehen nach England. Das Schicksal vergönnte aber nicht dem wackern, vom Unglück verfolgten Mann, daß er sein Vaterland wiedersehe. Aufs neue erkrankt, starb er in London in Edgars Armen. Ein prophetischer Geist ließ ihn die Glorie des geretteten Vaterlandes schauen. In den letzten Seufzern des Gebets, das sich den zum Tode erstarrten Lippen mühsam entrang, vernahm Edgar den Namen: Vittoria! und die Verklärung des Himmels leuchtete auf de Lunas lächelndem Antlitz.

Gerade in dem Zeitraum, als Suchets siegreiche Heere allen Widerstand niederzuschmettern, das schmachvolle fremde Joch auf ewige Zeit zu befestigen drohten, langte Edgar mit der Brigade des englischen Obristen Sterret vor Tarragona an. Es ist bekannt, daß der Obrist die Lage des Platzes zu bedenklich fand, um die Truppen auszuschiffen. Das vermochte der nach kühnen Waffentaten dürstende Jüngling nicht zu ertragen. Er verließ die Engländer und begab sich zu dem spanischen General Contreras, der mit achttausend der besten spanischen Truppen in der Festung lag. Man weiß, daß des heftigsten Widerstandes unerachtet, Suchets Truppen Tarragona mit Sturm nahmen, daß Contreras selbst durch einen Bajonettstich verwundet den Feinden in die Hände fiel.

Alles furchtbare Entsetzen der Hölle bieten die greuelvollen Szenen dar, die vor Edgars Augen sich auftaten. War es schändliche Verräterei, war es unbegreifliche Nachlässigkeit der Befehlshaber – genug, den zur Verteidigung des Hauptwalls aufgestellten Truppen fehlte es bald an Munition. Lange widerstanden sie mit dem Bajonett dem durch das erbrochne Tor einstürmenden Feinde, als sie aber endlich seinem wütenden Feuer weichen mußten, da ging es fort in wilder Verwirrung nach dem Tore gegenüber, in das, da es zu klein für die durchdringenden Massen, eingekeilt sie Stich halten mußten dem fürchterlichen Gemetzel. Doch gelang es etwa viertausend Spaniern, das Regiment Almeira war dabei und mit ihm Edgar, hinauszukommen. Mit der Wut der Verzweiflung durchbrachen sie die dort aufgestellten feindlichen Bataillone, und setzten ihre Flucht fort auf dem Wege nach Barcelona. Schon glaubten sie sich gerettet, als ein fürchterliches Feuer aus Feldstücken, die der Feind hinter einem tiefen Graben, der den Weg durchschnitt, aufgestellt hatte, unentrinnbaren Tod in ihre Reihen brachte. Edgar stürzte getroffen nieder.

Ein wütender Kopfschmerz war das Gefühl, indem er zur Besinnung erwachte. Es war tiefe Nacht, alle Schauer des Todes durchbebten ihn, als er das dumpfe Ächzen, den herzzerschneidenden Jammer vernahm. Es gelang ihm sich aufzuraffen, und fortzuschleichen. Als endlich die Morgendämmerung anbrach, befand er sich in der Nähe einer tiefen Schlucht. Eben im Begriff hinabzusteigen, kam ein Trupp feindlicher Reiter langsam hinauf. Nun der Gefangenschaft zu entgehen, schien unmöglich, doch wie ward ihm, als plötzlich aus dem dicksten Gebüsch Schüsse fielen, die einige der Reiter niederstreckten, und nun ein Trupp Guerillas auf die übriggebliebenen losstürzte. Laut rief er seinen Befreiern auf spanisch zu, die ihn freudig aufnahmen. Nur ein Streifschuß hatte ihn getroffen, von dem er bald genas, so daß er vermochte sich Don Joachim Blakes Truppen anzuschließen, und nach vielen Gefechten mit ihm einzuziehen in Valencia.

Wer weiß es nicht, daß die vom Guadalaviar durchströmte Ebene, in der das schöne Valencia mit seinen stolzen Türmen gelegen, das Paradies der Erde zu nennen ist. Alle Götterlust eines ewig heitern Himmels strahlt hinein in das Gemüt der Bewohner, denen das Leben ein ununterbrochener Festtag wird. Und dies Valencia war nun der Waffenplatz des mörderischen Krieges! Statt der süßen Liebesklänge, die sonst in der stillen Nacht hinaufgirrten zu den Gitterfenstern, hörte man nur das dumpfe Gerassel des Geschützes, der Pulverkarren, die wilden Rufe der Wachen, das unheimliche Murmeln der durch die Straßen ziehenden Truppen. Alle Freude war verstummt, die Ahnung des Entsetzlichen, was sich begeben werde, lag auf den bleichen von Gram und Wut verstörten Gesichtern, der fürchterlichste Ingrimm brach aus in tausend gräßlichen Verwünschungen des Feindes. Die Alameda (ein reizender Spaziergang in Valencia), sonst der Tummelplatz der schönen Welt, diente jetzt zur Musterung eines Teils der Truppen. Hier war es, wo Edgar, als er eines Tages einsam an einen Baum gelehnt stand, und nachsann über das dunkle feindliche Verhängnis, das über Spanien zu walten schien, einen hochbejahrten Mann von hohem stolzen Wuchs bemerkte, der langsam auf und ab schritt, und bei ihm vorübergehend jedesmal einen Augenblick stehenblieb und ihn scharf ins Auge faßte. Edgar trat endlich auf ihn zu, und fragte mit bescheidenem Ton, wodurch er des Mannes besondere Aufmerksamkeit auf sich gezogen. ‚So habe', sprach der Mann, indem ein düstres Feuer unter den buschichten schwarzen Brauen hervorblitzte, ‚so habe ich mich doch nicht getäuscht, Ihr seid kein Spanier, und doch muß ich, lügt nicht Euer Rock, Euch für einen unserer Mitkämpfer halten. Das kommt mir aber etwas wunderlich vor.' Edgar zwar ein wenig verletzt durch des Alten barsche Anrede, erzählte doch gelassen genug, was ihn nach Spanien gebracht.

Kaum hatte er indessen den Namen Baldassare de Luna genannt, als der Alte in voller Begeistrung laut rief: ‚Was sagt Ihr? – Baldassare de Luna – Baldassare de Luna? mein würdiger Vetter! ach mein innigster einziger Freund, der mir hienieden noch übriggeblieben!' Edgar wiederholte, wie sich alles begeben, und unterließ nicht zu erwähnen, mit welchen Himmelshoffnungen Baldassare de Luna gestorben.

Der Alte faltete die Hände, schlug die Augen voller Tränen auf zum Himmel, seine Lippen bebten, er schien mit dem dahingeschiedenen Freunde zu reden! ‚Verzeiht', wandte er sich dann zu Edgar, ‚verzeiht, wenn mich ein düstres Mißtrauen zu einem Betragen gegen Euch zwang, das mir sonst nicht eigen. Man wollte vor einiger Zeit ahnen, daß die verruchte Arglist des Feindes so weit gehe, fremde Offiziere sich in unsere Heere schleichen zu lassen, um verderblichen Verrat zu bereiten. Die Vorfälle in Tarragona haben diese Ahnung nur zu sehr bestätigt, und schon hat die Junta beschlossen alle fremde Offiziere zu entfernen. Don Joachim Blake hat indessen erklärt, daß vorzüglich fremde Ingenieure ihm unentbehrlich wären, dagegen aber feierlich versprochen, jeden Fremden, auf den der leiseste Verdacht des Verrats kommen werde, augenblicklich niederschießen zu lassen. Seid Ihr wirklich ein Freund meines Baldassare, so meint Ihr es gewiß tapfer und ehrlich – ich habe Euch indessen *alles* gesagt, und Ihr möget Euch darnach achten.' Damit ließ ihn der Alte stehen.

Alles Waffenglück schien von den Spaniern gewichen, der Todesmut der Verzweiflung vermochte nichts auszurichten gegen den immer näher andringenden Feind. Enger und enger wurde Valencia von allen Seiten umzingelt, so daß Blake, auf das äußerste gebracht, beschloß, sich mit zwölftausend Mann der auserlesensten Truppen durchzuschlagen. Es ist bekannt, daß nur wenige durchkamen, daß die übrigen zum Teil getötet, zum Teil zurückgedrängt wurden in die Stadt. Hier war es, wo Edgar an der Spitze des tapfern Jägerregiments Ovihuela noch dem Feinde einige Momente Trotz zu bieten vermochte, so daß die wilde Verwirrung der Flucht weniger verderblich wurde. Aber wie bei Tarragona streckte ihn in dem Moment des wütendsten Kampfes eine Gewehrkugel nieder. – Den Zustand von diesem Augenblick an bis zum klaren Bewußtsein beschrieb mir Edgar als unerklärlich seltsam. Oft war es ihm, als sei er in wilder Schlacht, er hörte den Donner des Geschützes, das wilde Geschrei der Kämpfenden, die Spanier rückten siegreich vor, aber als er von freudiger Kampfeslust entflammt, sein Bataillon ins Feuer führen wollte, war er plötzlich gelähmt, und versank in bewußtlose Betäubung; dann fühlte er wieder deutlich, daß er auf weichem Lager liege, daß man ihm kühles Getränk einflöße, er hörte sanfte Stimmen sprechen, und konnte sich doch nicht aufraffen aus den Träumen. Einmal, als er wieder in dem dicksten Getümmel der Schlacht zu sein wähnte, war es ihm, als packe man ihn fest bei der Schulter, während ein feindlicher Jäger sein Gewehr auf ihn abschoß, so daß die Kugel seine Brust traf, und sich auf unglaubliche Weise langsam einwühlte in das Fleisch unter den unsäglichsten Schmerzen, bis alles Gefühl unterging im tiefen Todesschlaf.

Aus diesem Todesschlaf erwachte Edgar plötzlich zu vollem Bewußtsein, doch in solcher seltsamer Umgebung, daß er durchaus nicht ahnen konnte, wo er sich befinde. Zu dem weichen und üppigen Lager mit seidenen Decken paßte nämlich gar schlecht das niedrige, kleine, gefängnisartige Gewölbe von rohen Steinen, in dem es stand. Eine düstere Lampe verbreitete nur ein sparsames Licht ringsumher, weder Türe noch Fenster war bemerkbar. Edgar richtete sich mühsam in die Höhe, da gewahrte er einen Franziskaner, der in einer Ecke des Gewölbes auf einem Lehnstuhl saß, und zu schlafen schien. ‚Wo bin ich?‹ rief Edgar mit aller Kraftanstrengung, deren er nur fähig.

Der Mönch fuhr auf aus dem Schlafe, schürte den Docht der Lampe, nahm sie, leuchtete Edgarn ins Gesicht, fühlte seinen Puls und murmelte etwas, das Edgar nicht verstand. Edgar war im Begriff den Mönch zu befragen um alles, was sich mit ihm begeben, als geräuschlos sich die Wand zu öffnen schien, und ein Mann hereintrat, den Edgar augenblicklich für den Alten von der Alameda her erkannte. Der Mönch rief ihm zu, daß die Krisis vorüber sei, und nun alles gut gehen werde. ›Gelobt sei Gott!‹ erwiderte der Alte, und näherte sich Edgars Lager.

Edgar wollte sprechen, der Alte bat ihn aber zu schweigen, weil die mindeste Anstrengung zur Zeit ihm noch gefährlich sei. Zu denken sei es, daß es ihm unerklärlich sein müsse, sich in solchen Umgebungen wiederzufinden, wenig Worte würden aber hinreichen, ihn nicht nur ganz zu beruhigen, sondern ihm auch die Notwendigkeit zu zeigen, daß man ihn in diesen traurigen Kerker lagern müssen.

Edgar erfuhr nun alles. Als er von einer Kugel in die Brust getroffen niedersank, hatten ihn die unerschrockenen Kampfesbrüder, des fürchterlichsten Feuers ungeachtet, aufgerafft, und in die Stadt hineingetragen. Es begab sich, daß hier im dicksten Getümmel Don Rafaele Marchez (so war der Alte geheißen) den verwundeten Edgar gewahrte, und ihn, statt nach dem Spital, sogleich in sein Haus tragen ließ, um dem Freunde seines Baldassare alle nur mögliche Hülfe und Pflege angedeihen zu lassen. Die Wunde war zwar gefährlich genug, was aber Edgars Zustand besonders bedenklich machte, war das hitzige Nervenfieber, dessen Spuren sich schon früher gezeigt, und das nun in voller Wut ausbrach. Man weiß daß Valencia drei Tage und drei Nächte hindurch mit dem gräßlichsten Erfolg beschossen wurde, daß alles Schrecken, alles Entsetzen der furchtbarsten Belagerung, sich in der von Menschen überfüllten Stadt verbreitete, daß derselbe Pöbel, der von der Junta zur Wut aufgereizt, unter den fürchterlichsten Drohungen verlangte, Blake solle sich aufs äußerste verteidigen, nun bewaffnet den General zur augenblicklichen Übergabe zwingen wollte; daß Blake mit der Fassung eines Helden den zusammengerotteten Haufen durch wallonische Garden auseinandertreiben ließ, dann aber mit Suchet ehrenvoll genug kapitulierte. Don Rafaele Marchez wollte nicht, daß der todkranke Edgar dem Feinde in die Hände fallen sollte. Sowie die Kapitulation geschlossen, und der Feind einrückte in Valencias Mauern, schaffte er Edgarn hinab in das entlegene, jedem Fremden unentdeckbare Gewölbe. ‚Freund meines verklärten Baldassare' (so schloß Don Rafaele Marchez seine Erzählung), ‚seid auch der meinige, Euer Blut ist geflossen für mein Vaterland, jeder Tropfen fiel siedend heiß in meine Brust, und vertilgte jede Spur des Mißtrauens, das in dieser verhängnisvollen Zeit sich nur zu leicht erzeugen muß. Dieselbe Glut, die den Spanier entflammt zum wütendsten Haß, lodert auch auf in seiner Freundschaft, und macht ihn jeder Tat, jedes Opfers fähig für den Verbundenen. In meinem Hause wirtschaften die Feinde, doch Ihr seid in Sicherheit, denn ich schwöre Euch, geschieht Entsetzliches, so lasse ich mich eher unter den Trümmern von Valencia begraben, als daß ich Euch verriete. Glaubt mir das!'

Zur Tageszeit herrschte rings um Edgars verborgenes Gemach die tiefste Grabesstille, nachts dagegen war es Edgar oft, als höre er aus der Ferne den Widerhall leiser Tritte, das dumpfe Murmeln mehrerer Stimmen durcheinander, das Öffnen und Schließen von Türen, das Geklirre von Waffen. Ein unterirdisches Treiben schien zum Leben erwacht in den Stunden des Schlafes. Edgar befragte darum den Franziskaner, der ihn sehr selten nur auf Augenblicke verließ, und ihn mit der unermüdlichsten Sorgfalt pflegte. Der meinte aber, sei er nur erst mehr genesen, so würde er wohl durch Don Rafaele Marchez erfahren, was in seiner Nachbarschaft sich begebe. Das geschah denn auch wirklich. Als nämlich Edgar so weit hergestellt, daß er sein Lager verlassen konnte, kam eines Nachts Don Rafaele mit einer angezündeten Fackel, und lud Edgar ein sich anzukleiden, und ihm nebst dem Pater Eusebio, so hieß der Franziskaner, der sein Arzt und Krankenwärter, zu folgen.

Don Rafaele führte ihn durch einen schmalen ziemlich langen Gang, bis sie an eine verschlossene Tür kamen, die auf Don Rafaeles Klopfen geöffnet wurde.

Wie erstaunte Edgar, als er in ein geräumiges, hell erleuchtetes Gewölbe trat, in dem sich eine zahlreiche Gesellschaft von Leuten befand, die größtenteils ein schmutziges, wildes, trotziges Ansehen hatten. Mitten stand ein Mann, der, wie der gemeinste Bauer gekleidet, mit verwildertem Haar, alle Spuren eines heimatlosen Nomadenlebens an sich tragend, doch in seinem ganzen Wesen etwas Kühnes, Ehrfurchtgebietendes hatte. Die Züge seines Gesichtes waren dabei edel, und aus seinen Augen blitzte jenes kriegerische Feuer, das den Helden verrät. Zu diesem Mann führte Don Rafaele seinen Freund hin, und kündigte ihn als den jungen tapferen Deutschen an, den er dem Feinde entrissen, und der bereit sei, den großen Kampf für die Freiheit von Spanien mitzukämpfen. Dann sprach Don Rafaele sich zu Edgar wendend: ‚Ihr seht hier im Herzen von Valencia von Feinden umlagert den Herd, auf dem ewig das Feuer geschürt wird, dessen unlöschbare Flammen immer mit verdoppelter Kraft auflodernd, den verruchten Feind vertilgen sollen, in der Zeit, wenn er, durch sein trügerisches Waffenglück kühn und sicher geworden, schwelgen wird in trotzigem Übermut. Ihr befindet Euch in den unterirdischen Gewölben des Franziskaner-Klosters. Auf hundert, jeder Arglist verborgenen Schleichwegen kommen hier die Häupter der Tapfern zusammen, und ziehen dann wie aus einem Brennpunkt schießende Strahlen hinaus nach allen Enden, um den verräterischen Fremdlingen, selbst nach durch Übermacht erzwungenen Siegen, Tod und Verderben zu bereiten. Wir betrachten Euch, Don Edgar, als der Unsrigen einen. Nehmt teil an der Glorie unserer Unternehmungen!‘

Empecinado – niemand anders als das berühmte Haupt der Guerillas war jener Mann in Bauerntracht, Empecinado, dessen unerschrockene Kühnheit bis zum märchenhaften Wunder stieg, der wie der unvernichtbare Geist der Rache selbst allen Anstrengungen der Feinde Trotz bot, und plötzlich, wenn er spurlos verschwunden schien, mit verdoppelter Stärke hervorbrach, der in dem Augenblick, als die Feinde die vollkommene Niederlage seiner Haufen verkündeten, vor den Toren von Madrid erschien, und den Afterkönig in Todesschrecken setzte – also Empecinado reichte Edgarn die Hand, und redete zu ihm mit begeisterten Worten.

Man führte jetzt einen Jüngling gebunden herbei. Auf seinem todbleichen Antlitz lagen alle Spuren trostloser Verzweiflung, er schien zu beben, nur mit Mühe sich aufrecht zu erhalten, als man ihn hinstellte vor Empecinado. *Der* durchbohrte ihn schweigend mit seinem Flammenblick, und begann endlich mit einer fürchterlichen, herzzermalmenden Ruhe: ‚Antonio! Ihr steht in Eintracht mit dem Feinde, Ihr wart mehrmals zu ungewöhnlichen Stunden bei Suchet, Ihr habt unsre Waffenplätze in der Provinz Cuenca verraten wollen!‘ ‚Es ist so‘, erwiderte Antonio mit einem schmerzlichen Seufzer, ohne das gesenkte Haupt emporzurichten. ‚Ist es möglich?‘ rief nun

Empecinado in wildem Zorn aufbrausend, ‚ist es möglich, daß du ein Spanier bist, daß das Blut deiner Vorfahren dir in den Adern rinnt? War deine Mutter nicht die Tugend selbst? wäre der leiseste Gedanke, daß sie die Ehre ihres Hauses hätte beflecken können, nicht verruchter Frevel; ich würde glauben du seist ein Bastard aus dem Samen des verworfensten Volks der Erde entsprossen! Du hast den Tod verdient. Mache dich gefaßt zu sterben!‘ Da stürzte Antonio ganz Jammer und Verzweiflung hin zu Empecidanos Füßen, indem er laut schrie: ‚Oheim – Oheim! glaubt Ihr denn nicht, daß alle Furien der Hölle meine Brust zerfleischen? Habt Barmherzigkeit, habt Mitleiden! Bedenkt, daß die Arglist des Teufels oft alles vermag! – Ja, Oheim, ich bin ein Spanier, laßt mich das beweisen! – Seid barmherzig, vergönnt, daß ich die Schande, die Schmach, die die verruchtesten Künste der Hölle über mich gebracht, tilge, daß ich Euch, daß ich den Brüdern gereinigt erscheinen möge! – Oheim, Ihr versteht mich, Ihr wißt, warum ich Euch anflehe!‘

Empecinado schien durch des Jünglings Flehen erweicht. Er hob ihn auf, und sprach sanft: ‚Du hast recht, die Arglist des Teufels vermag viel. Deine Reue ist wahr, muß wahr sein. Ich weiß, warum du flehst, ich verzeihe dir, Sohn der geliebten Schwester! komm an meine Brust.‘ Empecinado löste selbst die Bande des Jünglings, schloß ihn in seine Arme, und reichte ihm dann den Dolch, den er am Gürtel trug. ‚Habe Dank‘, schrie der Jüngling, küßte Empecinados Hände, benetzte sie mit Tränen, hob den Blick betend gen Himmel, stieß sich den Dolch tief in die Brust, und sank lautlos zusammen. Den kranken Edgar erschütterte der Auftritt dermaßen, daß er sich der Ohnmacht nahe fühlte. Pater Eusebio brachte ihn zurück in sein Gewölbe.

Als einige Wochen vergangen, glaubte Don Rafaele Marchez seinen Freund ohne Gefahr aus seinem Kerker, in dem er nicht genesen konnte, befreien zu dürfen. Er brachte ihn zur Nachtzeit herauf, in ein einsames Zimmer, dessen Fenster in eine ziemlich entlegene Straße hinausgingen, und warnte ihn, wenigstens den Tag über nicht aus der Tür zu treten, der Franzosen halber, die im Hause einquartiert seien.

Selbst wußte Edgar nicht, woher die Lust kam, die ihn eines Tages anwandelte, auf den Korridor hinauszugehen. In demselben Augenblick, als er aus dem Zimmer trat, öffnete sich aber die Tür gegenüber, und ein französischer Offizier trat ihm entgegen.

‚Freund Edgar, welches Geschick bringt Euch hieher? Seid tausendmal willkommen!' so rief der Franzose, stürzte auf ihn zu, umarmte ihn voller Freude. Edgar hatte augenblicklich den Obrist La Combe von der kaiserlichen Garde erkannt. Der Zufall hatte den Obristen gerade in der verhängnisvollsten Zeit der tiefen Erniedrigung des deutschen Vaterlandes in das Haus des Oheims geführt, bei dem Edgar, als er die Waffen ablegen müssen, sich aufhielt. La Combe war im südlichen Frankreich geboren. Durch seine unzweideutige Gutmütigkeit, durch die, seiner Nation sonst eben nicht eigene Zartheit, womit er die tief Verletzten zu behandeln wußte, gelang es ihm den Widerwillen, ja den unversöhnlichen Haß, der in Edgars Innerm gegen die übermütigen Feinde festgewurzelt, zu überwinden, und zuletzt durch einige Züge, die La Combes wahrhaft edlen Sinn außer Zweifel setzten, seine Freundschaft zu gewinnen. ‚Edgar, wie kommst du hieher nach Valencia?' rief der Obrist. Man kann denken wie sehr Edgar in Verlegenheit geriet; er vermochte nicht zu antworten. Der Obrist sah ihn starr an, und sprach dann ernst: ‚Ha! ich weiß, was dich hergebracht. Du hast deinem Haß Luft gemacht, du hast das Schwert der Rache gezückt für die vermeintliche Freiheit eines wahnsinnigen Volks – und – ich kann dir das nicht verdenken. Ich müßte deine Freundschaft nicht für echt halten, wenn du etwa glauben solltest, ich könnte dich verraten. Nein, mein Freund! nun ich dich gefunden, bist du erst in voller Sicherheit. Denn wisse, du sollst von nun an kein anderer sein, als der reisende Geschäftsführer eines deutschen Handelshauses in Marseille, den ich längst gekannt, und damit gut!' Sosehr es Edgarn peinigte, La Combe ruhte nicht, bis er seine Klause verließ, und mit ihm die bessern Zimmer bezog, die Don Rafaele Marchez ihm eingeräumt.

Edgar eilte den mißtrauischen Spanier von dem ganzen Hergang der Sache, von dem Verhältnis mit La Combe, zu unterrichten. Don Rafaele begnügte sich ernst und trocken zu erwidern: ‚In der Tat, das ist ein sonderbarer Zufall!'

Der Obrist fühlte Edgars Lage ganz; indessen konnte er doch den seiner Nation eigentümlichen Sinn, dem lebendiges Bewegen in Lust und zerstreuendem Vergnügen als die tiefste Herzenswunde heilend erscheint, nicht verleugnen. So kam es, daß der Obrist mit dem Marseiller Kaufmann Arm in Arm täglich in der Alameda spazierte, ihn fortriß in die lustigen Gelage der bis zum tollen Übermut leichtsinnigen Kameraden.

Edgar bemerkte wohl, wie ihn manche seltsame Gestalten mit mißtrauischen Blicken verfolgten, und es fiel ihm nicht wenig aufs Herz, als er, mit dem Obristen in eine Posada eintretend, ganz deutlich hinter sich zischeln hörte: ‚Aqui esta el traidor!' (da ist der Verräter).

Don Rafaele wurde immer kälter und einsilbiger gegen Edgar, bis er zuletzt sich gar nicht mehr sehen, und ihm sagen ließ, er könne von nun an, statt daß er sonst mit ihm allein gegessen, mit dem Obristen La Combe speisen.

Eines Tages, als der Dienst den Obristen abgerufen, und Edgar sich allein in dem Zimmer befand, klopfte es leise an der Tür, und Pater Eusebio trat herein. Eusebio fragte nach Edgars Gesundheit, und sprach dann von allerlei gleichgültigen Dingen, bis er plötzlich innehielt, und Edgarn tief ins Auge blickte, dann rief er tief bewegt: ‚Nein Don Edgar! Ihr seid kein Verräter! Es ist des Menschen Natur, daß er im wachen Traum, im betörenden Wahnsinn des Fiebers, wenn der Lebensgeist im harten Kampf begriffen mit der irdischen Hülle, wenn die stärker und stärker gespannten Fibern nicht mehr den fortbrausenden Gedanken zu hemmen vermögen – ja – daß er dann sein Innerstes zu erschließen gezwungen! Wie oft hab ich, Don Edgar, an Eurem Lager Nächte durchwacht, wie oft habt Ihr mich unbewußt in Eure tiefste Seele blicken lassen! Nein, Don Edgar, Ihr könnt kein Verräter sein. Aber seht Euch vor – seht Euch vor!' Edgar beschwor Eusebio ihm zu sagen, welcher Verdacht auf ihm laste, welche Gefahr ihm drohe. ‚Nicht verhehlen', sprach Eusebio, ‚nicht verhehlen will ich Euch, daß Euer Umgang mit dem Obristen La Combe und seinen Gefährten Euch verdächtig gemacht hat, daß man fürchtet, Ihr könntet, wenn auch nicht aus bösem Willen, doch im fröhlichen Übermut bei irgendeinem lustigen Gelage, wenn Ihr zu viel des starken spanischen Weins genossen, die Geheimnisse dieses Hauses verraten, in die Euch Don Rafaele eingeweiht. Ihr seid allerdings in einiger Gefahr! Doch', fuhr Eusebio, da Edgar nachdenklich schwieg, nach einer Weile mit niedergesenktem Blicke fort, ‚doch gibt es ein Mittel Euch aller Gefahr zu entreißen, Ihr dürft Euch nur dem Franzosen ganz in die Arme werfen, er wird Euch fortschaffen aus Valencia.' ‚Was sagt Ihr?' fuhr Edgar heftig auf, ‚Ihr vergeßt, daß ich ein Deutscher bin! Nein, lieber vorwurfsfrei sterben, als Rettung suchen in elender Schmach!' ‚Don Edgar!' rief der Mönch begeistert, ‚Don Edgar, Ihr seid kein Verräter!' Dann drückte er Edgarn an die Brust, und verließ mit Tränen in den Augen das Zimmer.

Noch in derselben Nacht, Edgar war einsam geblieben, der Obrist nicht zurückgekehrt, hörte Edgar Tritte sich nähern, und Don Rafaeles Stimme rief: ‚Macht auf, Don Edgar, macht auf!' Als Edgar öffnete, stand Don Rafaele vor ihm, mit einer Fackel in der Hand, neben ihm Pater Eusebio. Don Rafaele lud Edgarn ein ihm zu folgen, da er einer wichtigen Beratung im Gewölbe des Franziskaner-Klosters beiwohnen müsse. Schon waren sie im unterirdischen Gange, Don Rafaele schritt mit der Fackel voraus, als Eusebio Edgarn leise zuflisterte: ‚O Gott, Don Edgar, Ihr geht zum Tode, Ihr könnet nicht mehr entrinnen!'

Edgar hatte in manchem mörderischen Kampf sich fröhlichen Todesmut erhalten, doch hier mußte ihn wohl alle Bangigkeit, aller Schrecken des Meuchelmords, der auf ihn wartete, durchbeben, so daß ihn Eusebio mit Mühe aufrecht erhielt. Und doch gelang es ihm, da der Gang noch weit, nicht allein Fassung zu gewinnen, sondern auch zum festen Entschluß zu kommen, der ihn zum gefährlichen Spiel bestimmte. Als die Türen des Gewölbes sich öffneten, erblickte Edgar den furchtbaren Empecinado, aus dessen Augen Wut und Rache blitzten. Hinter ihm standen mehrere Guerillas und einige Franziskaner-Mönche. Nun ganz ermutigt, trat Edgar keck und fest dem Haupt der Guerillas entgegen, und sprach ernst und ruhig: ‚Es schickt sich sehr gut, daß ich Euch heute zu Gesicht bekomme, Don Empecinado, schon wollt ich Don Rafaele ein Gesuch vortragen, dessen Gewährung ich nun von Euch selbst einholen kann. Ich bin – Vater Eusebio, mein Arzt und treuer Pfleger wird es mir bezeugen – nun ganz genesen, ich fühle mich ganz erkräftigt, und vermag die langweilige Ruhe meines Aufenthalts unter verhaßten Feinden nicht länger zu ertragen. Ich bitte Euch, Don Empecinado, laßt mich auf den Euch bekannten Schleichwegen hinausbringen, damit ich zu Euern Haufen stoße, und Taten vollbringe, nach denen meine ganze Seele dürstet.' ‚Hm', erwiderte Empecinado, mit beinahe hämischem Ton, ‚haltet Ihr es denn noch mit dem wahnsinnigen Volke, das lieber in den Tod gehen, als der großen Nation huldigen will? haben Euch Eure Freunde nicht eines Bessern belehrt?' ‚Euch ist', sprach Edgar gefaßt, ‚Euch ist der deutsche Sinn fremd, Don Empecinado, Ihr wißt nicht, daß der deutsche Mut, der in heller reiner Naphthaflamme unauslöschbar fortbrennt, daß die deutsche felsenfeste Treue der undurchdringliche

Harnisch ist, von dem alle vergifteten Pfeile der Arglist und Bosheit wirkungslos abprallen. Ich bitte Euch nochmals, Don Empecinado, laßt mich hinaus ins Freie, damit ich die gute Meinung bewähre, die ich wohl schon verdient zu haben glaube', Empecinado blickte Edgarn verwundert an, während ein dumpfes Murmeln durch die Versammlung lief. Don Rafaele wollte mit Empecinado sprechen, er wies ihn zurück, näherte sich Edgarn, faßte seine Hand und sprach bewegt: ‚Ihr waret wohl heute zu etwas anderm berufen – doch – Don Edgar! denkt an Euer Vaterland! die Feinde, die es in Schmach versenkten, stehen auch hier vor Euch; denkt daran, daß zu dem Phönix, der mit leuchtendem Gefieder aus den Flammen emporsteigen wird, die hier gen Himmel lodern, auch Eure deutschen Brüder aufblicken werden, so daß dann die Verzweiflung glühende Sehnsucht werden muß, Todesmut und Todeskampf gebärend.' ‚Ich habe', erwiderte Edgar sanft, ‚ich habe das alles bedacht, ehe ich mein Vaterland verließ, um mein Blut für Eure Freiheit zu verspritzen, mein ganzes Wesen löste sich auf in Rachedurst, als Don Baldassare de Luna sterbend in meinen Armen lag.' ‚Ist es Euch', rief nun Empecinado wie plötzlich in Zorn auflodernd, ‚ist es Euch Ernst, so müßt Ihr noch in dieser Nacht fort – in diesem Augenblick – Ihr dürft nicht mehr zurück in Don Rafaeles Haus.' Edgar erklärte, daß dies eben sein Wunsch sei, und sogleich wurde er von einem Mann, der Isidor Mirr geheißen, später sich zu einem Haupt der Guerillas emporschwang, und dem Pater Eusebio fortgebracht.

Nicht herzlich genug konnte auf dem Wege der gute Eusebio Edgarn seine Teilnahme an seiner Rettung versichern. ‚Der Himmel', sprach er, ‚nahm sich Eurer Tugend an, und senkte den Mut in Eure Brust, der mir als ein göttliches Wunder erschien.' Viel näher vor Valencia, als geahnt worden, als der Feind wohl träumen mochte, fand Edgar den ersten Haufen Guerillas, dem er sich anschloß.

Ich schweige von Edgars kriegerischen Abenteuern, die manchmal einem ritterhaften Fabelbuch entlehnt scheinen möchten, und komme gleich zu dem Augenblick, als Edgar ganz unverhofft den Don Rafaele Marchez unter den Guerillas erblickte. ‚Man hat Euch wirklich Unrecht getan, Don Edgar', sprach Don Rafaele. Edgar drehte ihm den Rücken.

Sowie die Dämmerung einbrach, geriet Don Rafaele in eine Unruhe, die immer mehr und mehr stieg, bis zur qualvollsten Angst. Er lief hin und her, stöhnte, seufzte, hob die Hände gen

Himmel, betete. ‚Was ist dem Alten?‘ fragte Edgar. ‚Es ist ihm gelungen‘, erwiderte Isidor Mirr, ‚nachdem er selbst sich fortgeschlichen, seine besten Habseligkeiten aus Valencia zu retten, und auf Maultiere laden zu lassen, die erwartet er in dieser Nacht und mag wohl Böses fürchten.‘ Edgar wunderte sich über Don Rafaeles Geiz, der ihn alles übrige vergessen zu lassen schien. Es war Mitternacht, der Mond leuchtete hell durch das Gebirge, als man aus der Schlucht herauf ein starkes Schießen vernahm. Bald hinkten schwerverwundete Guerillas hinan, welche verkündeten, daß der Trupp, der Don Rafaeles Maultiere geführt, ganz unerwartet von französischen Jägern überfallen worden sei. Beinahe alle Kameraden wären niedergemacht, die Maultiere schon in des Feindes Gewalt. ‚Heiliger Gott, mein Kind, mein armes unglückliches Kind!‘ So kreischte Don Rafaele auf, und sank besinnungslos zu Boden.

‚Was ist da zu tun?‘ rief Edgar laut, ‚auf – auf – Brüder, hinab in die Schlucht – hinab, den Tod unserer Tapfern zu rächen, den Hunden die gute Beute aus den Zähnen zu reißen.‘ ‚Der brave Deutsche hat recht!‘ rief Isidor Mirr, ‚der brave Deutsche hat recht!‘ erscholl es ringsumher, und hinab in die Schlucht ging es wie brausender Gewittersturm!

Nur noch wenige Guerillas wehrten sich im Todesmut der Verzweiflung. Mit dem Schrei: ‚Valencia!‘ stürzte sich Edgar in den dicksten Haufen der Feinde, und mit dem todverkündenden Gebrüll blutdürstiger Tiger stürzten die Guerillas ihm nach, stießen den von jähem Todesschreck gelähmten Feinden ihre Dolche in die Brust, schlugen sie nieder mit den Büchsenkolben. Die schnell Entrinnenden trafen wohlgezielte Schüsse. Das waren die Valencier, die die Kürassiere des General Moncey auf dem Marsche einholten, ihnen in die Flanke sprangen, sie, ehe ihnen die Besinnung kam, mit Dolchstößen niedermachten, und Meister der Waffen und Pferde zurückkehrten in ihre Schlupfwinkel.

Schon war alles entschieden, als Edgar aus dem tiefsten Dickicht heraus ein durchdringendes Geschrei vernahm; schnell eilte er hin, und gewahrte, wie ein kleiner Mensch den Zügel des Maultiers, das hinter ihm stand, zwischen den Zähnen, mit einem Franzosen rang. In demselben Augenblick, ehe noch Edgar hervorgekommen, stieß der Franzose den Kleinen mit einem Dolch, den er ihm wahrscheinlich entwunden, nieder, und wollte nun das Maultier fortzerren, tiefer in den Wald hinein. Edgar schrie laut auf, der Franzose schoß, fehlte, Edgar rannte ihm sein Bajonett durch den Leib. Der Kleine winselte. Edgar hob ihn auf, machte mit Mühe den Zügel los, in den er krampfhaft gebissen, und wurde nun erst, als er ihn auf das Maultier legen wollte, gewahr, daß eine verhüllte Gestalt darauf saß, die niedergebeugt den Hals des Tieres umklammert hatte, und leise wimmerte. Hinter dem Mädchen, das war die Gestalt, der Stimme nach zu urteilen, legte nun Edgar den kleinen wunden Menschen, faßte die Zügel des Maultiers, und so ging's hinauf zu dem Waffenplatz, wo Isidor Mirr, da sich kein Feind mehr spüren lassen, mit den Kameraden schon angekommen.

Man hob den Kleinen, der ohnmächtig geworden vom Blutverlust, unerachtet die Wunde nicht tödlich schien, und dann das Mädchen hinab von dem Maultiere. Aber in dem Augenblick stürzte Don Rafaele ganz außer sich, laut schreiend: ‚Mein Kind – mein süßes Kind!' herbei. Er wollte die Kleine, kaum acht bis zehn Jahre schien das Mädchen alt zu sein, in seine Arme schließen, doch als nun der helle Fackelglanz Edgarn ins Gesicht leuchtete, fiel er plötzlich diesem zu Füßen, und rief: ‚O Don Edgar, Don Edgar, vor keinem Sterblichen hat sich dieses Knie gebeugt, aber Ihr seid kein Mensch, Ihr seid ein Engel des Lichts, gesandt mich zu retten vor tötendem Gram, trostloser Verzweiflung! O Don Edgar, hämisches Mißtrauen wurzelte in dieser unheilbrütenden Brust! O fluchwürdiges Unternehmen, Euch, den Edelsten der Menschen, Ehre und Mut im treuesten Herzen, stürzen zu wollen in schmachvollen Tod! Stoßt mich nieder, Don Edgar, nehmt blutige Rache an mir Elenden! Niemals könnt Ihr vergeben, was ich tat.'

Edgar im vollen Bewußtsein nichts mehr vollbracht zu haben, als was Pflicht und Ehre geboten, fühlte sich gepeinigt von Don Rafaeles Betragen. Er suchte ihn auf alle nur mögliche Weise zu beschwichtigen, welches ihm endlich mit Mühe gelang.

Don Rafaele erzählte, daß der Obrist La Combe ganz außer sich gewesen über Edgars Verschwinden, daß er geschehenes Unheil ahnend im Begriff gestanden, das ganze Haus durchwühlen, und ihn, den Don Rafaele, selbst zur Haft bringen zu lassen. Dies habe ihn genötigt zu fliehen, und nur den Bemühungen der Franziskaner sei es gelungen auch die Tochter, den Diener, und manches dessen er bedurfte herauszuschaffen aus Valencia.

Man hatte unterdessen den wunden Diener sowie auch Don Rafaeles Tochter weiter fortgeschafft; Don Rafaele zu alt, die kühnen Züge der Guerillas mitzumachen, sollte ihnen folgen. Beim wehmütigen Scheiden von Edgar händigte er ihm einen Talisman ein, der ihn aus mancher dringenden Gefahr rettete." – – So endigte Euchar seine Erzählung, die die Teilnahme der ganzen Gesellschaft erregt zu haben schien.

Der Dichter, der sich von seinem Stickhusten erholt hatte, und wieder hereingetreten war, meinte, daß in Edgars spanischen Abenteuern viel guter Tragödienstoff enthalten, nur wünsche er einen geziemlichen Zusatz von Liebe und einen tüchtigen Schluß, einen honetten Mord, hinlänglichen Wahnsinn, Schlagfluß oder sonst dergleichen. „Ach ja, Liebe!" sprach ein Fräulein, indem sie verschämt errötete; „ein hübsches Liebesabenteuer fehlte Ihrer sonst sehr artigen Erzählung, lieber Baron." „Habe ich", erwiderte Euchar lächelnd, „habe ich denn aber, meine Gnädige, einen Roman auftischen wollen? waren es nicht die Schicksale meines Freundes Edgar, von denen ich sprach, und dessen Leben in den wilden Gebirgen Spaniens war leider ganz arm an Abenteuern der Art." „Ich glaube", murmelte Viktorine dumpf vor sich hin, „ich glaube diesen Edgar zu kennen, der arm geblieben, weil er die reichste Gabe verschmähte."

Keiner war aber so in Enthusiasmus geraten, als Ludwig. Der rief überlaut: „Ja ich kenne sie, die verhängnisvolle *Profecia del Pirineo* des göttlichen Don Juan Bautista de Arriaza! Oh – sie goß Flammen in mein Inneres, ich wollte hin nach Spanien, wollte in den heißen Kampf treten, hätt es nur im Zusammenhange der Dinge gelegen. Ha! ich kann mich ganz in Edgars Lage versetzen, wie hätte ich in dem fatalen Augenblick im Franziskaner-Gewölbe zu dem furchtbaren Empecinado gesprochen!" Ludwig begann nun eine Rede, die so pathetisch war, daß alles in Erstaunen geriet, und nicht genug Ludwigs Mut, seine heroische Entschlossenheit bewundern konnte. „Aber es lag nicht im Zusammenhange der Dinge", unterbrach ihn die Präsidentin, „doch mag es in diesem Zusammenhange liegen, oder vielmehr sich wohl schicken, daß ich eben heute meinen lieben Gästen eine Unterhaltung zugedacht, die der Erzählung unsers Euchar einen ganz charakteristischen erheiternden Schluß gibt."

Die Türen öffneten sich, herein trat Emanuela, und hinter ihr der kleine verwachsene Biagio Cubas, mit der Chitarre in den Händen, sich auf seltsame Weise verbeugend. Doch mit jener unbeschreiblichen Anmut, die die Freunde Ludwig und Euchar schon im Park bewundert, trat Emanuela in den Kreis, verbeugte sich, und sprach mit holder süßer Stimme, daß sie gekommen, vor der Gesellschaft ein Talent zu zeigen, das vielleicht nur durch seine Fremdartigkeit ergötze.

Das Mädchen schien seit den wenigen Tagen, da die Freunde sie sahen, größer, reizender, vollendeter im Wuchs geworden zu sein, auch war sie sehr sauber, beinahe reich gekleidet. „Nun kannst du", zischelte Ludwig dem Freunde ins Ohr, während Cubas unter hundert sehr possierlichen Gebärden die Anstalten zum Fandango zwischen neun Eiern traf, „nun kannst du ja deinen Ring wiederfordern, Euchar!" „Hasenfuß", erwiderte dieser, „du siehst ihn ja an meinem Finger, ich hatte ihn mit dem Handschuh abgestreift, und fand ihn eben in dem Handschuh noch denselben Abend wieder." Emanuelas Tanz riß alles hin, denn niemand hatte Ähnliches jemals gesehen. Während Euchar den ernsten Blick unabgewandt auf die Tänzerin richtete, brach Ludwig los in laute Ausrufe des höchsten Entzückens. Da sprach Viktorine, neben der er saß, ihm ins Ohr: „Heuchler, Sie wagen es, mir von Liebe vorzureden, und sind verliebt in das kleine trotzige Ding, in die spanische Seiltänzerin? Wagen Sie es nicht mehr sie anzuschauen." Ludwig wurde nicht wenig verlegen über Viktorinens ungeheure Liebe zu ihm, die so ohne alle vernünftige Ursache aufflammen konnte in Eifersucht. „Ich bin sehr glücklich", lispelte er vor sich selbst hin, „aber es geniert."

Nachdem der Tanz geendigt, nahm Emanuela die Chitarre und begann spanische Romanzen heitern Inhalts. Ludwig bat, ob es ihr nicht gefallen wolle, jenes hübsche Lied zu wiederholen, das sie seinem Freunde Euchar vorgesungen; Emanuela begann sogleich:

„Laure l'immortal al gran Palafox" etc.

Immer glühender wurde ihre Begeisterung, immer mächtiger ihrer Stimme Klang, immer stärker rauschten die Akkorde. Endlich kam die Strophe, die des Vaterlandes Befreiung verkündet, da fiel ihr strahlender Blick auf Euchar, ein Tränenstrom stürzte ihr aus den Augen, sie sank nieder auf die Knie. Schnell sprang die Präsidentin hinzu, hob das Mädchen auf, sprach: „Nicht weiter, nicht weiter, mein süßes holdes Kind!" führte sie zum Sofa, küßte sie auf die Stirne, streichelte ihr die Wangen.

„Sie ist wahnsinnig, sie ist wahnsinnig!“ rief Viktorine Ludwigen ins Ohr; „du liebst keine Wahnsinnige – nein! – sag es mir, sag es mir gleich auf der Stelle, daß du keine Wahnsinnige zu lieben vermagst!“ „Ach Gott, nein nein!“ erwiderte Ludwig ganz erschrocken. Er konnte sich in den Ausbruch der heftigsten Liebe Viktorinens gar nicht recht finden.

Während die Präsidentin Emanuelen süßen Wein und Biskuit einnötigte, damit sie sich nur erhole, wurde auch der wackre Chitarrist Biagio Cubas, der in einer Ecke des Zimmers niedergesunken war, und sehr geschluchzt hatte, mit einem tüchtigen Glase echten Xeres bedient, das er mit einem fröhlichen: „*Doña, viva listed mil años!*“ bis auf den letzten Tropfen leerte.

Man kann denken, daß die Frauen nun herfielen über Emanuele, und sie mit Fragen bestürmten, nach ihrem Vaterlande, ihren Verhältnissen u. s. w. Die Präsidentin fühlte die peinliche Lage des Mädchens zu sehr, um sie nicht gleich daraus zu befreien, dadurch, daß sie den festgeschlossenen Kreis in mancherlei Wirbel aufzulösen wußte, in denen sich nun alle, selbst die Pikettspieler drehten. Der Konsistorial-Präsident meinte, die kleine Spanierin sei ein schmuckes allerliebstes Ding, nur ihr verwünschtes Tanzen sei ihm in die Beine gefahren, und ihm manchmal so schwindlig zumute geworden, als ländre mit ihm der leidige Satan. Das Singen sei dagegen ganz was Apartes gewesen, und habe ihn sehr ergötzt.

Graf Walther Puck war andrer Meinung. Er verachtete Emanuelens Gesang, da ihm das Trillo gemangelt, und rühmte dagegen höchlich ihren Tanz, den er, wie er sich ausdrückte, ganz *deliziös* gefunden. Er bezog sich darauf, daß er sich auf so etwas sehr gut verstehe, da er sonst es dem besten Ballettmeister gleichgetan. „Kannst du“, sprach Graf Walther Puck, „kannst du es dir vorstellen, Bruder Konsistorial-Präsident, daß ich, als ein juveniler Ausbund aller Geschwindigkeit und Stärke, den *Fiocco* sprang, und mit dem zartesten der Beine ein neun Fuß über meiner Nasenspitze aufgehängtes Tamburin hinabschlug? Und was den Fandango zwischen Eiern betrifft, so hab ich tanzend oft mehr Eier zerstampft, als sieben Hennen des Tages legen konnten.“ „Alle Teufel, das waren Kunststücke!“ schrie der Konsistorial-Präsident. „Und da“, fuhr der Graf fort, „der gute Cochenille sehr amön das Flageolet bläst, so tanze ich noch zuweilen ausgelassen nach seinem Pfeiflein, wiewohl nur in meinem Zimmer ganz insgeheim.“

„Das glaub ich", rief der Konsistorial-Präsident laut lachend, „das glaub ich, Bruder Graf!" Unterdessen war Emanuele mit ihrem Cubas verschwunden.

Als die Gesellschaft sich trennen wollte, sprach die Präsidentin: „Freund Euchar! ich wette, Sie wissen noch mehr Interessantes von Ihrem Freunde Edgar! Ihre Erzählung war ein Bruchstück, das uns alle so gespannt hat, daß wir eine schlaflose Nacht haben werden. Nicht länger als bis morgen abend gönne ich Ihnen Frist uns zu beruhigen. Wir müssen mehr erfahren von Don Rafaele, Empecinado, den Guerillas, und ist es möglich, daß Edgar sich verlieben kann, so halten Sie damit nicht zurück." „Das wäre herrlich!" rief es von allen Seiten, und Euchar mußte versprechen, sich am folgenden Abend mit dem zur Ergänzung seines Bruchstücks nötigen Material einzufinden.

Auf dem Heimwege konnte Ludwig nicht genug von Viktorinens bis an Wahnsinn grenzender Liebe zu ihm sprechen. „Aber", rief er, „sie hat mir durch ihre Eifersucht mein eignes Innres aufgeschlossen, ich habe einen tiefen Blick hineingetan, und gefunden, daß ich Emanuelen unaussprechlich liebe. Ich werde sie aufsuchen, ihr meine Liebe gestehen – sie an mein Herz drücken!" „Tue das, mein Kind", erwiderte Euchar gelassen.

Als am andern Abend die Gesellschaft bei der Präsidentin versammelt, verkündigte sie mit Bedauern, daß Baron Euchar ihr geschrieben, wie ihn ein unvorhergesehenes Ereignis genötigt plötzlich abzureisen, weshalb er die Ergänzung des Bruchstücks bis zu seiner Rückkunft verschieben müsse.

Euchars Rückkehr. Szenen einer durchaus glücklichen Ehe. Beschluß der Geschichte.

Zwei Jahre mochten vergangen sein, als vor dem Goldnen Engel, dem vornehmsten Wirtshause in W., ein stattlicher, schwerbepackter Reisewagen hielt, aus dem ein junger Mann, eine verschleierte Dame und ein alter Herr stiegen. Ludwig kam gerade des Weges und konnte nicht unterlassen, stehenzubleiben und die Ankömmlinge mit der Lorgnette zu betrachten. In dem Augenblick drehte sich der junge Mann um und stürzte mit dem Ausruf: „Ludwig, mein Ludwig, sei mir tausendmal gegrüßt", Ludwigen in die Arme. –

Der war aber nicht wenig verwundert, so ganz unerwartet

seinen Freund Euchar wiederzusehen. Denn niemand anders, war der junge Mann, der aus dem Reisewagen gestiegen. „Bester", sprach Ludwig, „wer ist denn die verschleierte Dame, wer der alte Herr, der mit dir gekommen? – Alles erscheint mir so seltsam und – da kommt ja noch ein Packwagen heran und auf ihm sitzt – hilf Himmel! – seh ich recht?" –

Euchar nahm Ludwigen unter den Arm, führte ihn einige Schritte über die Straße fort und sprach: „Du wirst alles zu seiner Zeit erfahren, geliebter Freund, aber für jetzt sage mir nur, was mit dir vorgegangen? – Du siehst leichenblaß aus, das Feuer deiner Augen ist erloschen, du bist, aufrichtig sag ich's dir, um zehn Jahre älter geworden. Hat dich eine schwere Krankheit heimgesucht? Drückt dich sonst ein böser Kummer?" „Ach nein", erwiderte Ludwig, „ich bin vielmehr der glücklichste Mensch unter der Sonne und führe ein wahres Schlaraffenleben in lauter Liebe und Lust. Denn wisse, seit länger als einem Jahr hat mir die himmlische Viktorine ihre zarte liebe Hand gereicht. Dort das schöne Haus mit den hellen Spiegelfenstern ist meine Residenz, und du könntest nichts Gescheiteres tun, als gleich mit mir kommen, und mich besuchen in meinem irdischen Paradiese. Wie wird sich mein gutes Weib freuen, dich wiederzusehen. Überraschen wir sie!" Euchar bat nur um Frist, die Kleider zu wechseln, und versprach dann zu kommen, und zu vernehmen, wie sich alles zu Ludwigs Glück gefügt.

Ludwig empfing den Freund unten an der Treppe, und bat so leise als möglich aufzutreten, da Viktorine häufig, und jetzt eben stärker, an nervösen Kopfschmerzen leide, die sie in solch reizbaren Zustand versetzten, daß sie die leisesten Tritte im Hause vernehme, unerachtet ihre Gemächer im entferntesten Teile des Flügels befindlich. Beide schlichen nun sachte sachte über die mit Decken belegten Stufen durch den Korridor, und in Ludwigs Zimmer hinein. Nach herzlichen Ergießungen der Freude, des Wiedersehens zog Ludwig an der Schelle, rief aber auch gleich: „Gott! – Gott! was hab ich getan – ich Unglücklicher!" und hielt beide Hände vors Gesicht. Es dauerte auch nicht lange, so stürzte ein schnippisches Ding von Kammermädchen hinein, und schrie Ludwigen mit gemeinem kreischenden Ton an: „Herr Baron, was fangen Sie an? wollen Sie die arme Frau Baronin töten, die schon in Krämpfen liegt?" „Ach Gott", lamentierte Ludwig, „bestes Nettchen, in der Freude hab ich nicht daran gedacht! Nun – hier der Herr Baron, mein bester Herzensfreund ist angekommen – seit Jahren haben wir uns nicht gesehen – ein alter intimer Freund deiner Frau – bitte sie, flehe sie an, daß sie vergönne ihn ihr vorzustellen. Tue das, bestes Nettchen!“ Ludwig drückte ihr Geld in die Hand, und sie verließ mit einem schnippischen: „Ich will sehen, was zu machen ist“, das Zimmer.

Euchar, der hier einen Auftritt sah, wie er sich nur zu oft im Leben begibt, und daher in hundert Romanen und Komödien aufgetischt wird, hatte seine besonderen Gedanken über des Freundes häusliches Glück. Er fühlte mit Ludwig die Pein des Moments, und begann sich nach gleichgültigen Dingen zu erkundigen. Ludwig ließ sich aber gar nicht darauf ein, sondern meinte, es sei ihm doch gar zu merkwürdig in der Zwischenzeit ergangen, und das müsse er erzählen.

„Du erinnerst“, begann er, „du erinnerst dich gewiß jenes Abends bei der Präsidentin Veehs, als du die Geschichte aus dem Leben deines Freundes Edgar erzähltest. Du erinnerst dich auch, wie dann, als Viktorine in Eifersucht erglühte, und ihr von Liebe zu mir entflammtes Herz ganz und gar erschloß. Und ich Tor, ich gestand dir's ja, ich Tor verliebte mich sehr in die kleine spanische Tänzerin, und las wohl in ihren Blicken, daß ich nicht hoffnungslos liebe. Du wirst bemerkt haben, daß, als sie beim Schluß des Fandango die Eier in eine Pyramide zusammenschob, die Spitze dieser Pyramide mir, der ich gerade in der Mitte des Kreises hinter dem Stuhle der Veehs stand, zugerichtet war. Nun, konnte sie besser ausdrücken, wie sehr ich sie interessiere? Ich wollte den andern Tag das liebe Ding aufsuchen, aber es lag nicht im Zusammenhang der Dinge, daß es geschah. Ich hatte die Kleine beinahe ganz vergessen, als der Zufall –“

„Der Zusammenhang der Dinge“, fiel ihm Euchar ins Wort.

„Nun ja wohl“, sprach Ludwig weiter, „genug, ich ging einige Tage darauf durch unsern Park, vor dem Wirtshause vorüber, wo wir damals unsere kleine Spanierin zum erstenmal sahen. Da sprang die Wirtin – du glaubst gar nicht, was die gute Frau, die mir damals Essig und Wasser für mein wundes Knie reichte, für ein Interesse für mich gefaßt hatte – ja die Wirtin sprang auf mich zu, und fragte sehr angelegentlich, wo denn die Tänzerin mit ihrem Begleiter geblieben sei, die ihr so vielen Besuch verschafft, sie ließe sich schon seit mehreren Wochen gar nicht sehen. Ich wollte mir andern Tages alle Mühe geben zu erforschen, ob sie noch im Orte oder nicht, es lag aber nicht im Zusammenhang der Dinge, daß es geschah. Mein Herz bereute auch jetzt gar sehr die Torheit, die ich begehen wollen, und wandte sich wieder ganz der himmlischen Viktorine zu. In ihr nur zu reizbares Gemüt war aber mein Attentat der Untreue so tief eingedrungen, daß sie mich gar nicht sehen, nichts von mir hören wollte. Der liebe Cochenille versicherte, daß sie in tiefe Melancholie verfallen, daß sie oft in Tränen ersticken wolle, daß sie ganz trostlos rufe: ‚Ich habe ihn verloren, ich habe ihn verloren!' Du kannst denken, welche Wirkung dies auf mich machte, wie ich ganz aufgelöst war in Schmerz über das unglückliche Mißverständnis. Cochenille bot mir seine Hülfe an, er wollte die Komtesse auf schlaue Weise von meiner wahren Gesinnung unterrichten, ihr meine Verzweiflung schildern, ihr sagen, daß ich nicht mehr derselbe sei, daß ich auf den Bällen höchstens viermal tanze, im Theater gedankenlos in die Kulissen hineinstarre, meinen Anzug vernachlässige u. s. f. Ich ließ ihm reichlich Goldstücke zufließen und er brachte mir dafür jeden Morgen eine neue Hoffnung. Endlich ließ sich Viktorine wieder sehen. Ach wie schön sie war! O Viktorine, mein holdes, liebes, süßes Weib die Anmut selbst und die Güte!" –

Nettchen trat herein und kündigte Ludwigen an, daß die Frau Baronin ganz erstaunt wären über die seltsamen Einfälle, die den Herrn Baron heute betörten. Erst klingelten Sie, als sei Feuer im Hause und dann verlangten Sie, daß die todkranke Frau Baronin von Besuchen belästigt werden solle. Sie könne heute niemanden sehen und ließe sich bei dem fremden Herrn entschuldigen. Nettchen sah Eucharn starr in die Augen, maß ihn von Kopf bis zu Fuß und verließ dann das Zimmer.

Ludwig sah schweigend vor sich nieder und fuhr dann etwas kleinlaut fort: „Du glaubst gar nicht, mit welcher beinahe verhöhnenden Kälte mir Viktorine begegnete. Hätten nicht die früheren Ausbrüche der glühendsten Liebe mich überzeugt, daß die Kälte erheuchelt um mich zu strafen, in der Tat, ich wäre in manche Zweifel geraten. Endlich wurde ihr die Verstellung zu schwer, ihr Betragen freundlicher und freundlicher, bis sie zuletzt auf einem Ball mir ihren Shawl anvertraute. Da war mein Triumph entschieden. Ich arrangierte jene verhängnisvolle Seize zum zweitenmal, tanzte göttlich mit ihr, mit ihr der Himmlischen, flüsterte ihr auf der rechten Fußspitze balancierend und die Holde umfangend zu: ‚Göttliche, himmlische Komteß, ich liebe Sie unaussprechlich, ich bete Sie an – Sein

Sie mein Engel des Lichts!' – Viktorine lachte mir ins Gesicht, das hielt mich aber nicht ab den andern Morgen zu schicklicher Zeit, das heißt um ein Uhr hinzugehen, mir durch meinen Freund Cochenille den Zutritt zu ihr zu verschaffen und sie anzuflehen um ihre Hand. Sie sah mir schweigend ins Gesicht, ich warf mich vor ihr nieder, faßte die Hand, die mein werden sollte, bedeckte sie mit glühenden Küssen. Sie ließ das geschehen, aber es wurde mir in der Tat seltsam zumute, als ihr ernster, starrer Blick mir wie ohne Sehkraft, als sei sie ein lebloses Bild, schien. Doch endlich traten ein paar große Tränen ihr in die Augen, sie drückte mir die Hand so heftig, daß ich, da ich gerade einen wunden Finger, hätte aufschreien mögen, stand auf, verließ, das Schnupftuch vor dem Gesicht, das Zimmer. – Mein Glück war mir nicht zweideutig, ich eilte zum Grafen und hielt um die Tochter an. ‚Schön, sehr schön, allerliebst bester Baron', sprach der Graf wohlgefällig lächelnd, ‚aber haben Sie der Gräfin schon etwas merken lassen, sind Sie geliebt? ich bin, als ein wahrer Tor, ungemein portiert für die Liebe!' Ich erzählte dem Grafen, wie es sich mit der Seize begeben. Seine Augen funkelten vor Freude. ‚Das ist deliziös, das ist ganz deliziös', rief er ein Mal über das andere. ‚Wie war die Tour, bester Baronetto?' fragte er mich dann. Ich tanzte die Tour und blieb stehen in der Stellung, wie ich sie erst beschrieben. ‚Scharmant, englischer Freund, in der Tat ganz scharmant', rief der Graf voll Entzücken, schellte, schrie laut zur Tür hinaus: ‚Cochenille, Cochenille!'

Als Cochenille gekommen, mußte ich ihm die Musik zu meiner Seize vorsingen, die ich selbst komponiert. ‚Nehmen Sie Ihr Flageolet zur Hand, Cochenille, und blasen Sie dasjenige, was der Herr Baron Ihnen vorgesungen.' So sprach der Graf. Cochenille führte gut genug aus, was ihm geboten, ich mußte mit dem Grafen tanzen, seine Dame vorstellen und, ich hätt es dem Alten nicht zugetraut, auf der rechten Fußspitze schwebend flüsterte er mir zu: ‚Auserwähltester der Barone, meine Tochter Viktorine ist die Ihrige!'

Die holde Viktorine zierte sich, wie das nun einmal Mädchen zu tun pflegen. Sie blieb stumm und starr, sagte nicht nein, nicht ja, und betrug sich überdem gegen mich so, daß aufs neue meine Hoffnungen sanken. Dazu kam, daß ich eben jetzt erfuhr, wie damals, als ich in der Seize die Kusine faßte statt Viktorinen, die Mädchen den heillosen Spaß verabredet hatten um mich auf entsetzliche Weise zu mystifizieren. In der

Tat, ich wurde ganz betrübt und wollte beinahe meinen, daß es im Zusammenhang der Dinge läge mich bei der Nase herumführen zu lassen. – Unnütze Zweifel – ehe ich mir's versah – ganz unerwartet, gerade als ich in das tiefste Leid versunken, bebte das himmlische Ja! von den süßesten Lippen! – Nun wurde ich recht gewahr, welchen Zwang sich Viktorine angetan, denn sie war nun so ausgelassen lustig und heiter, wie man sie niemals gesehen. Daß sie mir die unschuldigste Liebkosung versagte, daß ich kaum ihre Hand zu küssen wagen durfte – nun das war wohl übertriebene Sprödigkeit. Manche von meinen Freunden wollten mir zwar allerlei dummes Zeug in den Kopf setzen, der Tag vor meiner Vermählung war aber dazu bestimmt die letzten Zweifel aus meiner Seele zu vertilgen. – Am frühen Morgen eilte ich zu meiner Braut. Ich fand sie nicht in ihrem Zimmer. Auf ihrem Arbeitstisch liegen Papiere. – Ich werfe einen Blick darauf, es ist Viktorinens saubere, niedliche Handschrift – ich lese – es ist ein Tagebuch – o Himmel – o all ihr Götter! jeder Tag gibt mir einen neuen Beweis, wie glühend, wie unaussprechlich mich Viktorine von jeher liebte – der kleinste Vorfall ist aufgezeichnet und immer heißt es: Du verstehst dies Herz nicht – Unempfindlicher! soll ich, im Wahnsinn der Verzweiflung alle Scham verleugnend, dir zu Füßen sinken, dir sagen, daß ohne deine Liebe mir das frische Leben Grabesnacht dünkt? – Und in diesem Ton ging es weiter fort! – Eben an dem Abende, als ich in Liebe entbrannte zur kleinen Spanierin, lese ich: Alles ist verloren – er liebt sie, nichts ist gewisser. Wahnsinniger, weißt du nicht, daß der Blick des liebenden Weibes das Innerste zu durchschauen vermag? – Ich lese das laut; in dem Augenblicke tritt Viktorine hinein, mit dem Tagebuch in der Hand stürze ich vor ihr nieder, schreie: ‚Nein, nein, niemals liebte ich jenes seltsame Kind, du, du allein warst mein Abgott immerdar!' – Da starrt mich Viktorine an, ruft mit einer gellenden Stimme, die mir noch in die Ohren klingt: ‚Unglückseliger, dich habe ich nicht gemeint!' verläßt mich schnell, in das andre Zimmer eilend. – Vermagst du dir es zu denken, daß weibliche Ziererei so weit gehen kann!" –

Nettchen kam in diesem Moment und erkundigte sich im Namen der Frau Baronin, woran es denn liege, daß der Herr Baron ihr nicht den Fremden zuführe, sie warte schon eine halbe Stunde vergebens auf den ihr zugedachten Besuch. „Ein herrliches, treffliches Weib", sprach der Baron gerührt, „sie opfert sich für meine Wünsche." Euchar verwunderte sich nicht wenig, die Baronin völlig angekleidet, beinahe geputzt, anzutreffen.

„Hier bringe ich dir unsern teuern Euchar, wir haben ihn wieder!" so rief Ludwig; als aber Euchar sich der Baronin näherte, ihre Hand faßte, überfiel sie ein heftiges Zittern, und mit einem leisen: „O Gott!" sank sie ohnmächtig in den Lehnsessel.

Euchar, der die Pein des Augenblicks nicht zu ertragen vermochte, entfernte sich schnell. „Unglückseliger", sprach er zu sich selbst, „nein! du warst nicht gemeint!" Er übersah nun das grenzenlose Elend, in das Mißverständnisse der unbegreiflichen Eitelkeit den Freund gestürzt hatten, er wußte nun, wem Viktorinens Liebe gegolten, und fühlte sich auf seltsame Weise bewegt. Jetzt erst wurde ihm mancher Moment klar, den er in seiner unbefangenen Geradheit nicht beachtet, jetzt erst durchschaute er die leidenschaftliche Viktorine ganz und gar, und begriff selbst kaum, daß er ihre Liebe nicht geahnt. Jene Momente, in denen sich Viktorinens Liebe beinahe rücksichtslos offenbarte, gingen ihm hell in der Seele auf, und er empfand lebhaft, daß gerade dann ein seltsamer unerklärlicher Widerwille gegen das schöne holde Mädchen ihn in die unmutigste Stimmung versetzt hatte. Diesen bittern Unmut richtete er nun gegen sich selbst, indem ihn tiefes Mitleiden für die Arme, über die ein finstrer Geist gewaltet, durchdrang.

Gerade denselben Abend war die Gesellschaft bei der Präsidentin Veehs versammelt, der Euchar vor zwei Jahren von Edgars Abenteuern in Spanien erzählt hatte. Man empfing ihn mit dem fröhlichsten Jubel, doch wie ein elektrischer Schlag traf es ihn, als er Viktorinen erblickte, die er durchaus nicht vermutet. Keine Spur von Krankheit war an ihr zu bemerken, ihre Augen strahlten feurig wie sonst, und ein sorgfältig gewählter geschmackvoller Putz erhöhte ihre Schönheit und Anmut. Euchar, von ihrer Gegenwart gepeinigt, schien, wie es sonst gar nicht seine Art war, gedrückt, verlegen. Viktorine wußte geschickt sich ihm zu nähern, faßte plötzlich seine Hand, zog ihn beiseite, sprach ernst und ruhig: „Sie kennen meines Mannes System vom Zusammenhange der Dinge. Den wahren Zusammenhang unsers ganzen Seins bilden, denk ich, die Torheiten, die wir begehen, bereuen, und wieder begehen, so daß unser Leben ein toller Spuk scheint, der uns, unser eigenes Ich, rastlos verfolgt, bis er uns zu Tode neckt und hetzt! – Euchar! ich weiß alles, ich weiß, wen ich noch diesen Abend sehen werde – ich weiß, daß Sie erst heute mich verstanden haben. –

Nicht Sie, nein, ein böser Geist nur brachte bittern hoffnungslosen Schmerz über mich! – Der Dämon ist gewichen in dem Augenblick, als ich Sie wiedersah! – Frieden und Ruhe über uns, Euchar!" – „Ja", erwiderte Euchar gerührt, „ja Viktorine, Frieden und Ruhe über uns, die ewige Macht läßt kein mißverstandenes Leben ohne Hoffnung." – „Es ist nun alles vorüber und gut", sprach Viktorine, drückte eine Träne aus dem Auge und wandte sich zur Gesellschaft.

Die Präsidentin hatte das Paar beobachtet und flüsterte nun Eucharn zu: „Ich habe ihr alles gesagt, tat ich recht?" „Muß ich", erwiderte Euchar, „muß ich mich denn nicht allem unterwerfen?"

Die Gesellschaft nahm nun, wie es wohl zu geschehen pflegt, einen neuen Anlauf zur Freude und Verwunderung über Euchars unverhoffte Rückkunft, und bestürmte ihn mit Fragen, wo er gewesen, was sich mit ihm unter der Zeit begeben.

„Eigentlich", hob jetzt Euchar an, „bin ich nur gekommen, um das vor zwei Jahren gegebene Wort zu lösen, nämlich noch manches von meines Freundes Edgar Schicksalen zu erzählen, ja jene Erzählung ordentlich abzurunden und ihr einen Schlußstein zu geben, den der Herr Dichter dort damals vermißte. Darf ich nun noch versichern, daß keine finstere Gewölber, keine Mordtaten und dergleichen fürder vorkommen werden, ja daß dagegen nach dem Wunsche der Damen von hinlänglich romantischer Liebe die Rede sein wird, so kann ich wohl auf einigen gerechten Beifall hoffen." Alle applaudierten sehr und rückten schnell in einen engen Kreis zusammen. Euchar nahm den Rednerstuhl ein und begann ohne weiteres.

„Die seltsamen, zum Teil märchenhaften Kriegesabenteuer, welche Edgar bestand, während er mit den Guerillas focht, übergehe ich, und bemerke nur, daß der Talisman, den ihm Don Rafaele Marchez bei dem Abschiede einhändigte, ein kleiner Ring mit geheimnisvollen Chiffern war, der ihn als einen, in die geheimsten Bündnisse Eingeweihten, bezeichnete, eben daher ihm aber überall bei den Kundigen das unbedingteste Vertrauen erwarb, und ferner eine Gefahr, der ähnlich, der er in Valencia ausgesetzt gewesen, unmöglich machte. Später begab er sich zu den englischen Truppen und focht unter Wellington. Keine feindliche Kugel traf ihn mehr, frisch und gesund kehrte er nach dem beendigten Feldzuge in sein Vaterland zurück. Den Don Rafaele Marchez hatte er weder selbst wiedergesehen, noch von seinen Schicksalen weiter etwas vernommen.

Längst war Edgar in seiner Vaterstadt, als ihm eines Tages der kleine Ring des Don Rafaele, den er beständig am Finger trug, auf besondere Weise abhanden gekommen war. Den andern Morgen in aller Frühe trat ein kleiner seltsamer Mensch ins Zimmer, hielt ihm den verlornen Ring vor Augen, und fragte, ob es nicht der seinige sei. Sowie Edgar dies aber freundlich bejahte, rief der Mensch ganz außer sich auf spanisch: ‚O Don Edgar, Ihr seid es – Ihr seid es, es ist gar kein Zweifel mehr!' Nun kamen Edgar des kleinen Menschen Gesichtszüge, seine Gestalt ins Gedächtnis zurück, es war Don Rafaeles treuer Diener, der mit dem Löwenmut der Verzweiflung Don Rafaeles Kind zu retten trachtete. ‚Um aller Heiligen willen, Ihr seid der Diener des Don Rafaele Marchez! ich kenne Euch wieder – wo ist er? ha! eine seltsame Ahnung will sich bewähren!' So rief Edgar, doch der Kleine beschwor ihn nur gleich mit ihm zu gehen!

Der Kleine führte Edgarn in die entfernteste Vorstadt, stieg mit ihm herauf bis zur Bodenkammer eines elenden Hauses. Welch ein Anblick! Siech, abgezehrt, alle Spuren des tötenden Grams auf dem todbleichen Antlitz, lag Don Rafaele Marchez auf einem Strohlager, vor dem ein Mädchen – ein Kind des Himmels kniete! Sowie Edgar eintrat, stürzte das Mädchen auf ihn zu, riß ihn hin zu dem Alten, rief mit dem Ton des inbrünstigsten Entzückens: ‚Vater – Vater, er ist es, nicht wahr, er ist es?' ‚Ja', sprach der Alte, indem seine erloschenen Augen aufleuchteten, und er mühsam die gefalteten Hände zum Himmel erhob, ‚ja er ist es, unser Retter! – O Don Edgar, wer hätt es gedacht, daß die Flamme die in mir aufglühte für Vaterland und Freiheit, sich verderblich gegen mich selbst richten sollte!' –

Nach den ersten Ausbrüchen des höchsten Entzückens, des tiefsten Schmerzes erfuhr Edgar, daß es der ausgedachtesten Bosheit der Feinde Don Rafaeles gelungen war, ihn nach hergestellter Ruhe der Regierung verdächtig zu machen, die das Verbannungsurteil über ihn aussprach und sein Vermögen konfiszierte. Er geriet in das tiefste Elend. Die fromme Tochter, der treue Diener ernährten ihn durch Gesang und Spiel." „Das ist Emanuele, das ist Biagio Cubas", rief Ludwig laut, und alle riefen ihm durcheinander nach: „Ja ja, das ist Emanuele – das ist Cubas!"

Die Präsidentin gebot Ruhe, indem der Redner, wenn sich auch manches nach und nach aufzuklären scheine, doch nicht unterbrochen werden dürfe, vielmehr zum völligen Schluß der

Geschichte kommen müsse. Übrigens glaube sie zu erraten, daß Edgar, sowie er die holde Emanuele erblickt, in die glühendste Liebe gekommen. „So ist es", nahm Euchar das Wort, indem eine leichte Röte sein Gesicht überflog, „so ist es in der Tat. Schon früher, als er das wunderbare Kind schaute, durchbebten süße Ahnungen seine Brust, und das noch nie gekannte Gefühl der inbrünstigsten Liebe entzündete sein ganzes Wesen! – Edgar mußte, konnte helfen. Er brachte den Don Rafaele, Emanuelen, sowie den treuen Cubas (ich selbst half das vermitteln) auf das Gut seines Oheims. Don Rafaeles Glücksstern schien nun wieder aufgehen zu wollen, denn bald darauf erhielt er einen Brief von dem frommen Vater Eusebio, in dem es hieß, daß die Brüder, bekannt mit den verborgenen Winkeln seines Hauses, den nicht unbeträchtlichen Schatz an Gold und Juwelen, den er vor seiner Flucht eingemauert, in das Kloster geborgen hätten, und daß es nur darauf ankäme, ihn durch eine sichere Person abholen zu lassen. Edgar entschloß sich augenblicklich mit dem treuen Cubas hinzureisen nach Valencia. Er sah seinen frommen Pfleger, den Vater Eusebio wieder, Don Rafaeles Schatz wurde ihm ausgehändigt. Doch er wußte, daß wohl mehr als aller Reichtum, dem Rafaele Marchez seine Ehre galt. Es gelang ihm in Madrid der Regierung die völlige Unschuld Don Rafaeles darzutun, der Bann wurde aufgehoben."

Die Türen gingen auf, hinein trat eine prächtig gekleidete Dame, hinter ihr ein alter Mann, von hohem stolzen Ansehen. Die Präsidentin eilte ihnen entgegen, führte die Dame in den Kreis – alle waren von ihren Plätzen aufgestanden – und sprach: „Donna Emanuela Marchez, die Gemahlin unsers Euchar – Don Rafaele Marchez!"

„Ja", sprach Euchar, indem die Seligkeit des gewonnenen Glücks aus seinen Augen leuchtete, auf seinen Wangen schimmerte in glühendem Rot: „ja es blieb wirklich nur noch übrig zu sagen, daß der, den ich Edgar nannte, niemand anders ist als ich selbst." Viktorine schloß die in dem mächtigsten Liebreiz strahlende Emanuela in die Arme, drückte sie heftig an ihre Brust, beide schienen sich schon zu kennen, Ludwig sprach aber, indem er einen etwas trüben Blick auf die Gruppe warf: „Das alles lag im Zusammenhang der Dinge!"

Die Freunde waren mit Sylvesters Erzählung zufrieden und stimmten vorzüglich darin überein, daß Euchars Schicksale in

Spanien während des Befreiungskrieges, so episodisch sie eingeflochten schienen, doch der Kern des Ganzen wären und deshalb von guter Wirkung, weil alles darin auf wahrhaft historischer Basis beruhe.

„Es ist“, nahm Lothar das Wort, „es ist gar nicht zu bezweifeln, daß die Geschichte Eigentümliches darbietet, das der ohne Halt im Leeren schwebende Geist zu schaffen sich vergebens bemüht. Ebenso gibt das geschickte Benutzen der historisch wahren Gebräuche, Sitten, herkömmlichen Gewohnheiten irgendeines Volkes oder einer besondern Klasse desselben der Dichtung eine besondere Lebensfarbe, die sonst schwer zu erlangen. Doch sag ich ausdrücklich, das *geschickte* Benutzen, denn in der Tat, das Erfassen des geschichtlich Wahren, der Wirklichkeit in einer Dichtung deren Begebnisse ganz der Fantasie angehören, ist nicht so leicht als mancher wohl denken möchte und erfordert allerdings ein gewisses Geschick, das nicht jedem eigen und ohne welches statt einer frischen Lebendigkeit nur ein mattes schielendes Scheinleben zutage gefördert wird. So kenne ich Dichtungen, vorzüglich von schriftstellerischen Frauen, in denen man jeden Augenblick gewahrt, wie in jenen Farbentopf getunkt und doch am Ende nichts herausgebracht wurde, als ein wirres Gemengsel von bunten Strichen, da, wo es abgesehen war auf ein recht lebendiges Bild.“

„Ich gebe“, sprach Ottmar, „dir vollkommen recht und nachdem ich flüchtig an einen gewissen Roman einer sonst genugsam geistreichen Frau gedacht, dem es trotz aller Pinselei aus jenem Farbentopfe durchaus an aller Lebendigkeit, an aller poetischen Wahrheit mangelt, und ihn schnell wieder vergessen, will ich dir nur sagen, daß gerade das Geschick die Wirklichkeit, das geschichtlich Wahre aufzufassen die Werke eines Dichters auszeichnen mag, der seit nicht gar langer Zeit unter uns bekannt worden. Ich meine den engländischen Walter Scott. Zwar las ich erst seinen Astrologen aber – *ex ungue leonem.* – Gleich die Exposition in diesem Roman ist gegründet auf schottische Sitten, dem Lande eigentümliche Einrichtungen, aber ohne diese zu kennen wird man von der frischen Lebendigkeit aller Gebilde ergriffen auf wunderbare Weise und um so mehr ist diese Exposition durchaus meisterhaft zu nennen, als man, wie durch einen Zauberschlag versetzt wird – ich bediene mich, da keine Frauen zugegen, eines zweiten lateinischen Ausspruchs – *medias in res*. Dabei besitzt Scott eine seltene Kraft mit wenigen starken Strichen seine Figuren so hinzustellen, daß sie alsbald lebendig herausschreiten aus dem Rahmen des Gemäldes und sich bewegen in dem eigentümlichsten Charakter. Scott ist eine herrliche Erscheinung in der englischen Literatur, er ist ebenso lebendig als Smollet, wiewohl viel klassischer und edler, doch fehlt ihm nach meiner Meinung das Brillantfeuer des tiefen Humors der aus Sternes und Swifts Werken hervorblitzt."

„Mir", begann Vinzenz, „mir geht es zur Zeit ebenso wie dir, Ottmar! Nur den Astrologen allein habe ich von Scotts Werken gelesen, aber auch mich hat der originelle Roman gar sehr angesprochen, der, in seinem methodischen Fortschreiten einem Knäuel zu vergleichen der ruhig abgewickelt wird und dessen festgesponnener Faden niemals reißt. Was mir zu tadeln aber recht aus der englischen Lebensweise hervorzugehen scheint ist, daß, außer der in der Tat erhaben grauenhaften Zigeunerin, die jedoch nicht sowohl ein Weib als eine gespenstische Erscheinung zu nennen, die Weiber flach und blaß gehalten sind. Die beiden Mädchen im Astrologen gemahnen mich an die Frauenzimmer auf den englischen kolorierten Kupferstichen in punktierter Manier, die sich alle ähnlich, das heißt ebenso hübsch als ganz bedeutungslos sind, und denen man es ansieht, daß aus dem kleinen zugespitzten Mündchen nichts weiter hervorzukommen wagt, als das unschuldigste: Ja Ja und Nein Nein, da alles übrige vom Übel. Hogarths Milchverkäuferin ist der Prototypus aller dieser Geschöpflein. Es fehlt jenen beiden Mädchen der eigentliche Geist, der göttlich belebende Atem."

„Möchte man", sprach Theodor, „nicht dagegen den Weibern eines unserer geistreichsten Dichter, vorzüglich wie sie in ältern Werken vorkommen, etwas mehr Körper wünschen, da sie oft im Anschaun zerfließen zu Nebelgebilden? – Nun wir wollen dennoch beide, diesen heimischen Dichter so wie jenen fremden, deshalb recht hoch ehren und lieben, weil sie Wahres und Herrliches schaffen."

„Sehr merkwürdig", nahm Sylvester das Wort, „ist es doch, daß, irre ich nicht, mit Walter Scott beinahe zu gleicher Zeit ein engländischer Dichter auftrat, der in ganz anderer Tendenz das Große, Herrliche leistet. Es ist Lord Byron den ich meine, und der mir kräftiger und gediegener scheint als Thomas Moore. Seine Belagerung von Korinth ist ein Meisterwerk voll der lebendigsten Bilder, der genialsten Gedanken. Vorherrschend soll sein Hang zum Düstern, ja Grauenhaften und Entsetzlichen sein, und seinen Vampir hab ich gar nicht lesen mögen, da mir die bloße Idee eines Vampirs, habe ich sie richtig aufgefaßt, schon eiskalte Schauer erregt. Soviel ich weiß, ist ein Vampir nämlich nichts anders als ein lebendiger Toter der Lebendigen das Blut aussaugt."

„Hoho", rief Lothar lachend, „ein Dichter wie du mein teurer Freund Sylvester, muß wohl bewandert sein in allen möglichen Zauber- und Hexengeschichten und andern Teufeleien, ja sich selbst was weniges auf das Zaubern und Hexen verstehen, da solches zu manchem Dichten und Trachten nützlich. Was nun insonderheit den Vampirismus betrifft, so will ich dir, damit du meine ungemeine Belesenheit in derlei Dingen erkennen mögest, gleich ein anmutiges Werklein anführen, aus dem du dich auf das vollständigste über diese dunkle Materie belehren kannst. Der vollständige Titel dieses Werkleins heißt: ‚M. Michael Ranfts Diaconi zu Nebra, Traktat von dem Kauen und Schmatzen der Toten in Gräbern, worin die wahre Beschaffenheit derer Hungarischen Vampirs und Blutsauger gezeigt, auch alle von dieser Materie bisher zum Vorschein gekommene Schriften rezensiert werden.' – Schon dieser Titel wird dich von der Gründlichkeit des genannten Werks überzeugen, und du wirst daraus entnehmen, daß ein Vampir nichts anders ist, als ein verfluchter Kerl, der sich als Toter einscharren läßt, und demnächst aus dem Grabe aufsteigt und den Leuten im Schlafe das Blut aussaugt, die dann auch zu Vampirs werden, so daß nach den Berichten aus Ungarn, die der Magister beibringt, sich die Bewohner ganzer Dörfer umsetzten in schändliche Vampirs. Um einen solchen Vampir unschädlich zu machen, muß er ausgegraben, ihm ein Pfahl durchs Herz geschlagen, und der Körper zu Asche verbrannt werden. Diese scheußlichen Kreaturen erscheinen oft nicht in eigner Gestalt, sondern *en masque*. So heißt es, wie ich mich sehr lebhaft erinnere, in einem Briefe, den ein Offizier aus Belgrad an einen berühmten Doktor nach Leipzig schrieb, um sich nach der eigentlichen Natur des Vampirismus zu erkundigen, ungefähr: ‚In dem Dorfe, Kinklina genannt, hat es sich zugetragen, daß zwei Brüder von einem Vampir geplaget worden, weswegen einer um den andern gewachet, da es denn wie ein Hund die Türe geöffnet, auf Anschreien aber gleich wieder davongelaufen, bis endlich einmal beide eingeschlafen, da es denn dem einen in einem Augenblick einen roten Fleck unter dem rechten Ohr gesauget, worauf er denn in drei Tagen davon gestorben.' Zum Schluß sagt der Offizier: ,Weil man nun hier ein ungemeines Wunder daraus machet, als unterstehe mich Dero Partikular-Meinung mir gehorsamst auszubitten, ob solches sympathetischer, teuflischer oder astralischer Geister Wirkung sei, der ich mit vieler Hochachtung verharre etc.' Nimm dir ein Beispiel an diesem wißbegierigen Offizier. – Jetzt fällt mir sogar sein Name ein; es war der Fähndrich des Prinz Alexandrinischen Regiments, Sigismund Alexander Friedrich von Kottwitz. Überhaupt beschäftigte sich damals das Militär ganz ungemein mit dem Vampirismus. Eben in Magister Ranfts Werk befindet sich nämlich ein in gerichtlicher Form von Regimentsärzten in Gegenwart zweier Offiziere eben jenes Alexandrinischen Regiments aufgenommener Akt über die Auffindung und Vernichtung eines Vampirs. Unter andern heißt es in diesem Akt: ,Weil sie nun daraus ersehen, daß er ein wirklicher Vampir sei, so haben sie demselben einen Pfahl durchs Herz geschlagen, wobei er einen wohlvernehmlichen *Gächzer* getan und häufiges Geblüte von sich gelassen.' – Ist das nicht merkwürdig und lehrreich zugleich?" „Es mag", erwiderte Sylvester, „es mag sich das alles im Magister Ranft nur abenteuerlich oder vielmehr aberwitzig ausnehmen, indessen erscheint, hält man sich an die Sache selbst, ohne den Vortrag zu beachten, der Vampirismus als eine der furchtbar grauenhaftesten Ideen, ja das furchtbar Grauenhafte dieser Idee artet aus ins Entsetzliche, scheußlich Widerwärtige."

„Und", fiel Cyprian dem Freunde ins Wort, „und demunerachtet kann aus dieser Idee ein Stoff hervorgehen, der von einem fantasiereichen Dichter, dem poetischer Takt nicht fehlt, behandelt, die tiefen Schauer jenes geheimnisvollen Grauens erregt, das in unserer eigenen Brust wohnt, und berührt von den elektrischen Schlägen einer dunkeln Geisterwelt den Sinn erschüttert, ohne ihn zu verstören. Eben der richtige poetische Takt des Dichters wird es hindern, daß das Grauenhafte nicht ausarte ins Widerwärtige und Ekelhafte; das dann aber meistenteils zugleich aberwitzig genug erscheint, um auch die leiseste Wirkung auf unser Gemüt zu verfehlen. Warum sollte es dem Dichter nicht vergönnt sein, die Hebel der Furcht, des Grauens, des Entsetzens zu bewegen? Etwa weil hie und da ein schwaches Gemüt dergleichen nicht verträgt? Soll starke Kost gar nicht aufgetragen werden, weil einige am Tische sitzen, die schwächlicher Natur sind oder sich den Magen verdorben haben."

„Es bedarf", nahm Theodor das Wort, „es bedarf deiner Apologie des Grauenhaften gar nicht, mein lieber fantastischer Cyprianus! Wir wissen ja alle, wie wunderbar die größten Dichter vermöge jener Hebel das menschliche Gemüt in seinem tiefsten Innern zu bewegen wußten. Man darf ja nur an Shakespeare denken! – Und wer verstand sich auch darauf besser, als unser herrliche Tieck in mancher seiner Erzählungen. Ich will nur des Liebeszaubers erwähnen. Die Idee dieses Märchens muß in jeder Brust eiskalte Todesschauer, ja der Schluß das tiefste Entsetzen erregen, und doch sind die Farben so glücklich gemischt, daß trotz alles Grauens und Entsetzens uns doch der geheimnisvolle Zauberreiz des Tragischen befängt, dem wir uns willig und gern hingeben. Wie wahr ist das, was Tieck seinem Manfred in den Mund legt, um die Einwürfe der Frauen gegen das Schauerliche in der Poesie zu widerlegen. Ja wohl ist das Entsetzliche, was sich in der alltäglichen Welt begibt, eigentlich dasjenige, was die Brust mit unverwindlichen Qualen foltert, zerreißt. Ja wohl gebärt die Grausamkeit der Menschen das Elend, was große und kleine Tyrannen schonungslos mit dem teuflischen Hohn der Hölle schaffen, die echten Gespenstergeschichten. Und wie schön sagt nun der Dichter: ‚In dergleichen märchenhaften Erfindungen aber kann ja dieses Elend der Welt nur wie von muntern Farben gebrochen hineinspielen, und ich dächte, auch ein nicht starkes Auge müßte es auf diese Weise ertragen!'" – „Oft schon", sprach Lothar, „gedachten wir des tiefen genialen Dichters, dessen Anerkennung in seiner ganzen hohen Vortrefflichkeit der Nachwelt vorbehalten bleibt, während schnell aufflackernde Irrlichter, die mit erborgtem Glanz das Auge im Augenblick zu blenden vermochten, ebenso schnell wieder verlöschen. – Übrigens meine ich, daß die Fantasie durch sehr einfache Mittel aufgeregt werden könne, und daß das Grauenhafte oft mehr im Gedanken, als in der Erscheinung beruhe. Kleists Bettelweib von Locarno trägt für mich wenigstens das Entsetzlichste in sich, was es geben mag, und doch, wie einfach ist die Erfindung! – Ein Bettelweib das man mit Härte hinter den Ofen weiset, wie einen Hund, und das gestorben, nun jeden Tag über den Boden wegtappt, und sich hinter den Ofen ins Stroh legt, ohne daß man irgend etwas erblickt! – Doch ist es auch freilich die wunderbare Färbung des Ganzen, welche so kräftig wirkt. Kleist wußte in jenen Farbentopf nicht allein einzutunken, sondern auch die Farben mit der Kraft und Genialität des vollendeten Meisters auftragend ein lebendiges Bild zu schaffen wie keiner. Er durfte keinen Vampir aus dem Grabe steigen lassen, ihm genügte ein altes Bettelweib." – „Es ist", nahm Cyprian das Wort, „es ist mir bei dem Gespräch über den Vampirismus eine gräßliche Geschichte eingefallen, die ich vor langer Zeit entweder las oder hörte. Doch glaube ich beinahe das letztere, denn wie ich mich erinnere, setzte der Erzähler hinzu, daß die Geschichte sich wirklich zugetragen, und nannte die gräfliche Familie und das Stammhaus, wo sich alles begeben. Sollte die Geschichte dennoch gedruckt und euch bekannt sein, so fallt mir nur gleich in die Rede, denn es gibt nichts Langweiligeres, als sich längst bekannte Dinge auftischen zu lassen." – „Ich merke", sprach Ottmar, „daß du wieder etwas sehr Tolles und Greuliches zu Markte bringen wirst; denke wenigstens an den heiligen Serapion, sei so kurz als du nur vermagst, um unsern Vinzenz zu Worte kommen zu lassen, der, wie ich merke, schon ungeduldig darauf harrt, uns das längst versprochene Märchen mitzuteilen."

„Still, still", rief Vinzenz. „Nichts Besseres kann ich mir wünschen, als daß Cyprian einen rechten schwarzen Teppich als Hintergrund aufhänge, auf dem dann die mimisch-plastische Darstellung meiner bunten, und wie ich meine, genugsam bocksspringenden Figuren sich ganz hübsch ausnehmen muß. Darum beginne, o mein Cyprianus, und sei düster, schrecklich, ja entsetzlich, trotz dem vampirischen Lord Byron, den ich nicht gelesen."

„Graf Hyppolit", so begann Cyprian, „war zurückgekehrt von langen weiten Reisen, um das reiche Erbe seines Vaters, der unlängst gestorben, in Besitz zu nehmen. Das Stammschloß lag in der schönsten anmutigsten Gegend, und die Einkünfte der Güter reichten hin zu den kostspieligsten Verschönerungen. Alles was der Art dem Grafen auf seinen Reisen, vorzüglich in England, als reizend, geschmackvoll, prächtig aufgefallen, sollte nun vor seinen Augen noch einmal entstehen. Handwerker und Künstler, wie sie gerade nötig, fanden sich auf seinen Ruf bei ihm ein, und es begann alsbald der Umbau des Schlosses, die Anlage eines weitläuftigen Parks in dem größten Stil, so daß selbst Kirche, Totenacker und Pfarrhaus eingegrenzt wurden und als Partie des künstlichen Waldes erschienen. Alle Arbeiten leitete der Graf, der die dazu nötigen Kenntnisse besaß, selbst, er widmete sich diesen Beschäftigungen mit Leib und Seele, und so war ein Jahr vergangen, ohne daß es ihm eingefallen, dem Rat eines alten Oheims gemäß in der Residenz sein Licht leuchten zu lassen vor den Augen der Jungfrauen, damit ihm die schönste, beste, edelste zufalle als Gattin. Eben saß er eines Morgens am Zeichentisch, um den Grundriß eines neuen Gebäudes zu entwerfen, als eine alte Baronesse, weitläuftige Verwandte seines Vaters, sich anmelden ließ. Hyppolit erinnerte sich, als er den Namen der Baronesse hörte, sogleich, daß sein Vater von dieser Alten immer mit der tiefsten Indignation, ja mit Abscheu gesprochen, und manchmal Personen, die sich ihr nähern wollen, gewarnt, sich von ihr fernzuhalten, ohne jemals eine Ursache der Gefahr anzugeben. Befragte man den Grafen näher, so pflegte er zu sagen, es gäbe gewisse Dinge, über die es besser sei zu schweigen als zu reden. So viel war gewiß, daß in der Residenz dunkle Gerüchte von einem ganz seltsamen und unerhörten Kriminalprozeß gingen, in den die Baronesse befangen, der sie von ihrem Gemahl getrennt, aus ihrem entfernten Wohnort vertrieben, und dessen Unterdrückung sie nur der Gnade des Fürsten zu verdanken habe. Sehr unangenehm berührt fühlte sich Hyppolit durch die Annäherung einer Person, die sein Vater verabscheut, waren ihm auch die Gründe dieses Abscheus unbekannt geblieben. Das Recht der Gastfreundschaft, das vorzüglich auf dem Lande gelten mag, gebot ihm indessen, den lästigen Besuch anzunehmen. Niemals hatte eine Person, ohne im mindesten häßlich zu sein, in ihrer äußern Erscheinung solch einen widerwärtigen Eindruck auf den Grafen gemacht, als eben die Baronesse. Bei dem Eintritt durchbohrte sie den Grafen mit einem glühenden Blick, dann schlug sie die Augen nieder und entschuldigte ihren Besuch in beinahe demütigen Ausdrücken. Sie klagte, daß der Vater des Grafen von den seltsamsten Vorurteilen befangen, die ihm gegen sie feindlich Gesinnte auf hämische Weise beizubringen gewußt, sie bis in den Tod gehaßt, und ihr, unerachtet sie in der bittersten Armut beinahe verschmachtet, und sich ihres Standes schämen müssen, niemals auch nur die mindeste Unterstützung zufließen lassen. Endlich, ganz unerwartet in den Besitz einer kleinen Geldsumme gekommen, sei es ihr möglich geworden, die Residenz zu verlassen und in ein entferntes Landstädtchen zu fliehen. Auf dieser Reise habe sie dem Drange nicht widerstehen können, den Sohn eines Mannes zu sehen, den sie seines ungerechten unversöhnlichen Hasses unerachtet stets hochverehrt. – Es war der rührende Ton der Wahrheit, mit dem die Baronesse sprach, und der Graf fühlte sich um so mehr bewegt, als er weggewandt von dem widrigen Antlitz der Alten, versunken war in den Anblick des wunderbar lieblichen anmutigen Wesens, das mit der Baronesse gekommen. Die Baronesse schwieg; der Graf schien es nicht zu bemerken, er blieb stumm. Da bat die Baronesse, es ihrer Befangenheit an diesem Orte zu verzeihen, daß sie dem Grafen nicht gleich bei ihrem Eintritt ihre Tochter Aurelie vorgestellt. Nun erst gewann der Graf Worte, und beschwor, rot geworden bis an die Augen, in der Verwirrung des liebeentzückten Jünglings, die Baronesse, sie möge ihm vergönnen, das gutzumachen, was sein Vater nur aus Mißverstand verschulden können, und vor der Hand es sich auf seinem Schlosse gefallen lassen. Seinen besten Willen beteuernd faßte er die Hand der Baronesse, aber das Wort, der Atem stockte ihm, eiskalte Schauer durchbebten sein Innerstes. Er fühlte seine Hand von im Tode erstarrten Fingern umkrallt, und die große knochendürre Gestalt der Baronesse, die ihn anstarrte mit Augen ohne Sehkraft, schien ihm in den häßlich bunten Kleidern eine angeputzte Leiche. ‚O mein Gott, welch ein Ungemach gerade in diesem Augenblick!‘ So rief Aurelie und klagte dann mit sanfter herzdurchdringender Stimme, daß ihre arme Mutter zuweilen plötzlich vom Starrkrampf ergriffen werde, daß dieser Zustand aber gewöhnlich ohne Anwendung irgendeines Mittels in ganz kurzer Zeit vorüberzugehen pflege. Mit Mühe machte sich der Graf los von der Baronesse, und alles glühende Leben süßer Liebeslust kam ihm wieder, als er Aureliens Hand faßte und feurig an die Lippen drückte. Beinahe zum Mannesalter gereift, fühlte der Graf zum erstenmal die ganze Gewalt der Leidenschaft, um so weniger war es ihm möglich, seine Gefühle zu verbergen, und die Art, wie Aurelie dies aufnahm in hoher kindlicher Liebenswürdigkeit, entzündete in ihm die schönsten Hoffnungen. Wenige Minuten waren vergangen, als die Baronesse aus dem Starrkrampf erwachte, und sich des vorübergegangenen Zustandes völlig unbewußt, den Grafen versicherte, wie sie der Antrag, einige Zeit auf dem Schlosse zu verweilen, hoch ehre, und alles Unrecht, das ihr der Vater angetan, mit einemmal vergessen lasse. So hatte sich nun plötzlich der Hausstand des Grafen verändert, und er mußte glauben, daß ihm eine besondere Gunst des Schicksals die einzige auf dem ganzen Erdenrund zugeführt, die als heißgeliebte angebetete Gattin ihm das höchste Glück des irdischen Seins gewähren könne. Das Betragen der alten Baronesse blieb sich gleich, sie war still, ernst, ja in sich verschlossen, und zeigte, wenn es die Gelegenheit gab, eine milde Gesinnung, und ein jeder unschuldigen Lust erschlossenes Herz. Der Graf hatte sich an das in der Tat seltsam gefurchte totenbleiche Antlitz, an die gespenstische Gestalt der Alten gewöhnt, er schrieb alles ihrer Kränklichlichkeit zu, sowie dem Hange zu düstrer Schwärmerei, da sie, wie er von seinen Leuten erfahren, oft nächtliche Spaziergänge machte durch den Park nach dem Kirchhofe zu. Er schämte sich, daß das Vorurteil des Vaters ihn so habe befangen können, und die eindringlichsten Ermahnungen des alten Oheims, das Gefühl, das ihn ergriffen, zu besiegen, und ein Verhältnis aufzugeben, das ihn über kurz oder lang ganz unvermeidlich ins Verderben stürzen werde, verfehlten durchaus ihre Wirkung. Von Aureliens innigster Liebe auf das lebhafteste überzeugt, bat er um ihre Hand, und man kann denken, mit welcher Freude die Baronesse, die sich aus tiefer Dürftigkeit gerissen, im Schoße des Glücks sah, diesen Antrag aufnahm. Die Blässe und jener besondere Zug, der auf einen schweren innern unverwindlichen Gram deutet, war verschwunden aus Aureliens Antlitz, und die Seligkeit der Liebe strahlte aus ihren Augen, schimmerte rosicht auf ihren Wangen. Am Morgen des Hochzeitstages vereitelte ein erschütternder Zufall die Wünsche des Grafen. Man hatte die Baronesse im Park unfern des Kirchhofes leblos am Boden auf dem Gesicht liegend gefunden, und brachte sie nach dem Schlosse, eben als der Graf aufgestanden und im Wonnegefühl des errungenen Glücks hinausschaute. Er glaubte die Baronesse nur von ihrem gewöhnlichen Übel befallen; alle Mittel, sie wieder zurückzurufen ins Leben blieben aber vergeblich, sie war tot. Aurelie überließ sich weniger den Ausbrüchen eines heftigen Schmerzes, als daß sie verstummt, tränenlos durch den Schlag, der sie getroffen, in ihrem innersten Wesen gelähmt schien. Dem Grafen bangte für die Geliebte, und nur leise und behutsam wagte er es, sie an ihr Verhältnis als gänzlich verlassenes Kind zu erinnern, welches erfordere, das Schickliche aufzugeben, um das noch Schicklichere zu tun, nämlich des Todes der Mutter unerachtet den Hochzeitstag so viel nur möglich zu beschleunigen. Da fiel aber Aurelie dem Grafen in die Arme und rief, indem ihr ein Tränenstrom aus den Augen stürzte, mit schneidender, das Herz durchbohrender Stimme: ‚Ja – Ja! – um aller Heiligen, um meiner Seligkeit willen, ja!' – Der Graf schrieb diesen Ausbruch innerer Gemütsbewegung dem bittern Gedanken zu, daß sie verlassen, heimatslos nun nicht wisse wohin, und auf dem Schlosse zu bleiben doch der Anstand verbiete. Er sorgte dafür, daß Aurelie eine alte würdige Matrone zur Gesellschafterin erhielt, bis nach wenigen Wochen aufs neue der Hochzeitstag herankam, den weiter kein böser Zufall unterbrach, sondern der Hyppolits und Aureliens Glück krönte. Aurelie hatte sich indessen immerwährend in einem gespannten Zustande befunden. Nicht der Schmerz über den Verlust der Mutter, nein eine innere, namenlose, tötende Angst schien sie rastlos zu verfolgen. Mitten im süßesten Liebesgespräch fuhr sie plötzlich, wie von jähem Schreck erfaßt, zum Tode erbleicht auf, schloß den Grafen, indem ihr Tränen aus den Augen quollen, in ihre Arme, als wolle sie sich festhalten, damit eine unsichtbare feindliche Macht sie nicht fortreiße ins Verderben, und rief: ‚Nein – nimmer – nimmer!' – Erst jetzt, da sie verheiratet mit dem Grafen, schien der gespannte Zustand aufgehört, jene innere entsetzliche Angst sie verlassen zu haben. Es konnte nicht fehlen, daß der Graf irgendein böses Geheimnis vermutete, von dem Aureliens Inneres verstört, doch hielt er es mit Recht für unzart, Aurelien darnach zu fragen, solange ihre Spannung anhielt und sie selbst darüber schwieg. Jetzt wagte er es leise, darauf hinzudeuten, was wohl die Ursache ihrer seltsamen Gemütsstimmung gewesen sein möge. Da versicherte Aurelie, daß es ihr eine Wohltat sei, ihm, dem geliebten Gemahl, jetzt ihr ganzes Herz zu erschließen. Nicht wenig erstaunte der Graf, als er nun erfuhr, daß nur das heillose Treiben der Mutter allen sinnverstörenden Gram über Aurelien gebracht. ‚Gibt es', rief Aurelie, ‚etwas Entsetzlicheres, als die eigne Mutter hassen, verabscheuen zu müssen?' Also war der Vater, der Oheim von keinem falschen Vorurteil befangen, und die Baronesse hatte mit durchdachter Heuchelei den Grafen getäuscht. Für eine seiner Ruhe günstige Schickung mußte es nun der Graf halten, daß die böse Mutter an seinem Hochzeitstage gestorben. Er hatte dessen kein Hehl; Aurelie erklärte aber, daß gerade bei dem Tode der Mutter sie sich von düstern furchtbaren Ahnungen ergriffen gefühlt, daß sie die entsetzliche Angst nicht verwinden können, die Tote werde erstehn aus dem Grabe, und sie hinabreißen aus den Armen des Geliebten in den Abgrund. Aurelie erinnerte sich (so erzählte sie) ganz dunkel aus ihrer früheren Jugendzeit, daß eines Morgens, da sie eben aus dem Schlafe erwacht, ein furchtbarer Tumult im Hause entstand. Die Türen wurden auf- und zugeworfen, fremde Stimmen riefen durcheinander. Endlich als es stiller geworden, nahm die Wärterin Aurelien auf den Arm und trug sie in ein großes Zimmer, wo viele Menschen versammelt, in der Mitte auf einem langen Tisch ausgestreckt lag aber der Mann, der oft mit Aurelien gespielt, sie mit Zukkerwerk gefüttert, und den sie Papa genannt. Sie streckte die Händchen nach ihm aus und wollte ihn küssen. Die sonst warmen Lippen waren aber eiskalt, und Aurelie brach, selbst wußte sie nicht warum, aus in heftiges Weinen. Die Wärterin brachte sie in ein fremdes Haus, wo sie lange Zeit verweilte, bis endlich eine Frau erschien, und sie in einer Kutsche mitnahm. Das war nun ihre Mutter, die bald darauf mit Aurelien nach der Residenz reiste. Aurelie mochte ungefähr sechszehn Jahre alt sein, als ein Mann bei der Baronesse erschien, den sie mit Freude und Zutraulichkeit empfing, wie einen alten geliebten Bekannten. Er kam oft und öfter, und bald veränderte sich der Hausstand der Baronesse auf sehr merkliche Weise. Statt daß sie sonst in einem Dachstübchen gewohnt, und sich mit armseligen Kleidern und schlechter Kost beholfen, bezog sie jetzt ein hübsches Quartier in der schönsten Gegend der Stadt, schaffte sich prächtige Kleider an, aß und trank mit dem Fremden, der ihr täglicher Tischgast war, vortrefflich, und nahm teil an allen öffentlichen Lustbarkeiten, wie sie die Residenz darbot. Nur auf Aurelien hatte diese Verbesserung der Lage ihrer Mutter, die diese offenbar dem Fremden verdankte, gar keinen Einfluß. Sie blieb eingeschlossen in ihrem Zimmer zurück, wenn die Baronesse mit dem Fremden dem Vergnügen zueilte, und mußte so armselig einhergehen als sonst. Der Fremde hatte, unerachtet er wohl beinahe vierzig Jahre alt sein mochte, ein sehr frisches jugendliches Ansehen, war von hoher schöner Gestalt, und auch sein Antlitz mochte männlich schön genannt werden. Demunerachtet war er Aurelien widrig, weil oft sein Benehmen, schien er sich auch zu einem vornehmen Anstande zwingen zu wollen, linkisch, gemein, pöbelhaft wurde. Die Blicke, womit er aber Aurelien zu betrachten begann, erfüllten sie mit unheimlichem Grauen, ja mit einem Abscheu, dessen Ursache sie sich selbst nicht zu erklären wußte. Nie hatte bisher die Baronesse es der Mühe wert geachtet, Aurelien auch nur ein Wort über den Fremden zu sagen. Jetzt nannte sie Aurelien seinen Namen mit dem Zusatz, daß der Baron steinreich und ein entfernter Verwandter sei. Sie rühmte seine Gestalt, seine

Vorzüge, und schloß mit der Frage: wie er Aurelien gefalle? Aurelie verschwieg nicht den innern Abscheu, den sie gegen den Fremden hegte, da blitzte sie aber die Baronesse an mit einem Blick, der ihr tiefen Schreck einjagte, und schalt sie ein dummes einfältiges Ding. Bald darauf wurde die Baronesse freundlicher gegen Aurelien, als sie es jemals gewesen. Sie erhielt schöne Kleider, reichen modischen Putz jeder Art, man ließ sie teilnehmen an den öffentlichen Vergnügungen. Der Fremde bemühte sich nun um Aureliens Gunst auf eine Weise, die ihn nur immer widerwärtiger ihr erscheinen ließ. Tödlich wurde aber ihr zarter jungfräulicher Sinn berührt, als ein böser Zufall sie geheime Zeugin sein ließ, einer empörenden Abscheulichkeit des Fremden und der verderbten Mutter. Als nun einige Tage darauf der Fremde in halbtrunknem Mut sie auf eine Art in seine Arme schloß, daß die verruchte Absicht keinem Zweifel unterworfen, da gab ihr die Verzweiflung Manneskraft, sie stieß den Fremden zurück, daß er rücklings überstürzte, entfloh und schloß sich in ihr Zimmer ein. Die Baronesse erklärte Aurelien ganz kalt und bestimmt, daß, da der Fremde ihren ganzen Haushalt bestritte, und sie gar nicht Lust habe, zurückzukommen in die alte Dürftigkeit, hier jede alberne Ziererei verdrießlich und unnütz sein werde; Aurelie müsse sich dem Willen des Fremden hingeben, der sonst gedroht, sie zu verlassen. Statt auf Aureliens wehmütigstes Flehen, statt auf ihre heiße Tränen zu achten, begann die Alte in frechem Spott laut auflachend über ein Verhältnis, das ihr alle Lust des Lebens erschließen werde, auf eine Art zu sprechen, deren zügellose Abscheulichkeit jedem sittlichen Gefühl Hohn sprach, so daß Aurelie sich davor entsetzte. Sie sah sich verloren, und das einzige Rettungsmittel schien ihr schleunige Flucht. Aurelie hatte sich den Hausschlüssel zu verschaffen gewußt, die wenigen Habseligkeiten, die dringendste Notwendigkeit erforderte, zusammengepackt, und schlich nach Mitternacht, als sie die Mutter in tiefem Schlaf glaubte, über den matt erleuchteten Vorsaal. Schon wollte sie leise, leise hinaustreten, als die Haustüre rasselnd aufsprang und es die Treppe hinaufpolterte. Hinein in den Vorsaal, hin zu Aureliens Füßen stürzte die Baronesse, in einen schlechten schmutzigen Kittel gekleidet, Brust und Arme entblößt, das greise Haar aufgelöst, wild flatternd. Und dicht hinter ihr her der Fremde, der mit dem gellenden Ruf: ‚Warte verruchter Satan, höllische Hexe, ich werd dir dein Hochzeitmahl eintränken!' sie bei den Haaren mitten ins Zimmer schleifte, und mit dem dicken Knittel, den er bei sich trug, auf die grausamste Weise zu mißhandeln begann. Die Baronesse stieß ein fürchterliches Angstgeschrei aus, Aurelie ihrer Sinne kaum mächtig, rief laut durch das geöffnete Fenster nach Hülfe. Es traf sich, daß gerade eine Patrouille bewaffneter Polizei vorüberging. Diese drang sogleich ins Haus. ‚Faßt ihn', rief die Baronesse, sich vor Wut und Schmerz krümmend, den Polizeisoldaten entgegen, ‚faßt ihn – haltet ihn fest! – schaut seinen bloßen Rücken an! – es ist –' Sowie die Baronesse den Namen nannte, jauchzte der Polizeisergeant, der die Patrouille führte, laut auf: ‚Hoho – haben wir dich endlich, Urian!' Und damit packten sie den Fremden fest, und schleppten ihn, sosehr er sich sträuben mochte, fort. Dem allem was sich zugetragen unerachtet, hatte die Baronesse Aureliens Absicht doch sehr wohl bemerkt. Sie begnügte sich damit, Aurelien ziemlich unsanft beim Arm zu fassen, sie in ihr Zimmer zu werfen, und dieses dann abzuschließen, ohne weiter etwas zu sagen. Andern Morgens war die Baronesse ausgegangen, und kam erst am späten Abend wieder, während Aurelie in ihr Zimmer wie in ein Gefängnis eingeschlossen, niemanden sah und hörte, so daß sie den ganzen Tag zubringen mußte ohne Speise und Trank. Mehrere Tage hintereinander ging das so fort. Oft blickte die Baronesse sie mit zornfunkelnden Augen an, sie schien mit einem Entschluß zu ringen, bis sie an einem Abend Briefe fand, deren Inhalt ihr Freude zu machen schien. ‚Aberwitzige Kreatur, du bist an allem schuld, aber es ist nun gut, und ich wünsche selbst, daß die fürchterliche Strafe dich nicht treffen mag, die der böse Geist über dich verhängt hatte.' So sprach die Baronesse zu Aurelien, dann wurde sie wieder freundlicher, und Aurelie, die, da nun der abscheuliche Mensch von ihr gewichen, nicht mehr an die Flucht dachte, erhielt auch wieder mehr Freiheit. – Einige Zeit war vergangen, als eines Tages, da Aurelie gerade einsam in ihrem Zimmer saß, sich auf der Straße ein großes Geräusch erhob. Das Kammermädchen sprang hinein und berichtete, daß man eben den Sohn des Scharfrichters aus – vorbeibringe, der wegen Raubmord dort gebrandmarkt und nach dem Zuchthause gebracht, seinen Wächtern auf dem Transport aber entsprungen sei. Aurelie wankte, ergriffen von banger Ahnung, an das Fenster, sie hatte sich nicht betrogen, es war der Fremde, der umringt von zahlreichen Wachen, auf dem Leiterwagen fest angeschlossen vorübergefahren wurde. Man brachte ihn zurück zur Abbüßung seiner Strafe. Der

Ohnmacht nahe sank Aurelie zurück in den Lehnsessel, als der furchtbar wilde Blick des Kerls sie traf, als er mit drohender Gebärde die geballte Faust aufhob gegen das Fenster. – Immer noch war die Baronesse viel außer dem Hause, Aurelien ließ sie aber jedesmal zurück, und so führte sie von manchen Betrachtungen über ihr Schicksal, über das, was Bedrohliches, ganz unerwartet, plötzlich sie treffen könne, ein trübes trauriges Leben. Von dem Kammermädchen, das übrigens erst nach jenem nächtlichen Ereignis in das Haus gekommen, und der man nun erst wohl erzählt haben mochte, wie jener Spitzbube mit der Frau Baronesse in vertraulichem Verhältnis gelebt, erfuhr Aurelie, daß man in der Residenz die Frau Baronesse gar sehr bedaure, von einem solchen niederträchtigen Verbrecher auf solche verruchte Weise getäuscht worden zu sein. Aurelie wußte nur zu gut, wie ganz anders sich die Sache verhielt, und unmöglich schien es, daß wenigstens die Polizeisoldaten, welche damals den Menschen im Hause der Baronesse ergriffen, nicht, als diese ihn nannte und den gebrandmarkten Rücken angab, als gewisses Kennzeichen des Verbrechers, von der guten Bekanntschaft der Baronesse mit dem Scharfrichtersohn überzeugt worden sein sollten. Daher äußerte sich denn auch jenes Kammermädchen bisweilen auf zweideutige Weise darüber, was man so hin und her denke, und daß man auch wissen wolle, wie der Gerichtshof strenge Nachforschung gehalten, und sogar die gnädige Frau Baronesse mit Arrest bedroht haben solle, weil der verruchte Scharfrichtersohn gar Seltsames erzählt. – Aufs neue mußte die arme Aurelie der Mutter verworfene Gesinnung darin erkennen, daß es ihr möglich gewesen, nach jenem entsetzlichen Ereignis auch nur noch einen Augenblick in der Residenz zu verweilen. Endlich schien sie gezwungen, den Ort, wo sie sich von schmachvollem, nur zu gegründeten Verdacht verfolgt sah, zu verlassen und in eine entfernte Gegend zu fliehen. Auf dieser Reise kam sie nun in das Schloß des Grafen, und es geschah, was erzählt worden. Aurelie mußte sich überglücklich, aller böser Sorge entronnen, fühlen; wie tief entsetzte sie sich aber, als da sie in diesem seligen Gefühl von der gnadenreichen Schickung des Himmels zur Mutter sprach, diese, Höllenflammen in den Augen, mit gellender Stimme rief: ‚Du bist mein Unglück, verworfenes heilloses Geschöpf, aber mitten in deinem geträumten Glück trifft dich die Rache, wenn mich ein schneller Tod dahingerafft. In dem Starrkrampf, den deine Geburt mich kostet, hat die List des Satans –' hier stockte Aurelie, sie warf sich an des Grafen Brust und flehte, ihr es zu erlassen, das ganz zu wiederholen, was die Baronesse noch ausgesprochen in wahnsinniger Wut. Sie fühle sich im Innern zermalmt, gedenke sie der fürchterlichen, jede Ahnung des Entsetzlichsten überbietenden Drohung der von bösen Mächten erfaßten Mutter. Der Graf tröstete die Gattin so gut er es vermochte, unerachtet er selbst sich von kaltem Todesschauer durchbebt fühlte. Gestehen mußte er es sich, auch ruhiger geworden, daß die tiefe Abscheulichkeit der Baronesse doch, war sie auch gestorben, einen schwarzen Schatten in sein Leben warf, das ihm sonnenklar gedünkt.

Kurze Zeit war vergangen, als Aurelie sich gar merklich zu ändern begann. Während die Totenblässe des Antlitzes, das ermattete Auge auf Erkrankung zu deuten schien, ließ wieder Aureliens wirres, unstetes, ja scheues Wesen auf irgendein neues Geheimnis schließen, das sie verstörte. Sie floh selbst den Gemahl, schloß sich bald in ihr Zimmer ein, suchte bald die einsamsten Plätze des Parks, und ließ sie sich dann wieder blicken, so zeugten die verweinten Augen, die verzerrten Züge des Antlitzes von irgendeiner entsetzlichen Qual, die sie gelitten. Vergebens mühte sich der Graf, die Ursache von dem Zustande der Gattin zu erforschen, und aus der völligen Trostlosigkeit, in die er endlich verfiel, konnte ihn nur die Vermutung eines berühmten Arztes retten, daß bei der großen Reizbarkeit der Gräfin all die bedrohlichen Erscheinungen eines veränderten Zustandes nur auf eine frohe Hoffnung der beglückten Ehe deuten könnten. Derselbe Arzt erlaubte sich, als er einst mit dem Grafen und der Gräfin bei Tische saß, allerlei Anspielungen auf jenen vermuteten Zustand guter Hoffnung. Die Gräfin schien alles teilnahmlos zu überhören, doch plötzlich war sie ganz aufmerksam, als der Arzt von den seltsamen Gelüsten zu sprechen begann, die zuweilen Frauen in jenem Zustande fühlten, und denen sie ohne Nachteil ihrer Gesundheit, ja ohne die schädlichste Einwirkung auf das Kind, nicht widerstehen dürften. Die Gräfin überhäufte den Arzt mit Fragen, und dieser wurde nicht müde, aus seiner praktischen Erfahrung die ergötzlichsten drolligsten Fälle mitzuteilen. ‚Doch', sprach er, ‚hat man auch Beispiele von den abnormsten Gelüsten, durch die Frauen verleitet wurden zu der entsetzlichsten Tat. So hatte die Frau eines Schmieds ein solch unwiderstehliches Gelüste nach dem Fleisch ihres Mannes, daß sie nicht eher ruhte, als bis sie ihn einst, da er betrunken nach Hause kam, unvermutet mit einem großen Messer überfiel, und so grausam zerfleischte, daß er nach wenigen Stunden den Geist aufgab.'

Kaum hatte der Arzt diese Worte gesprochen, als die Gräfin ohnmächtig in den Sessel sank, und aus den Nervenzufällen, die dann eintraten, nur mit Mühe gerettet werden konnte. Der Arzt sah nun, daß er sehr unvorsichtig gehandelt, im Beisein der nervenschwachen Frau jener fürchterlichen Tat zu erwähnen.

Wohltätig schien indessen jene Krise auf den Zustand der Gräfin gewirkt zu haben, denn sie wurde ruhiger, wiewohl bald darauf ein ganz seltsames starres Wesen, ein düstres Feuer in den Augen, und die immer mehr zunehmende Totenfarbe den Grafen in neue gar quälende Zweifel über den Zustand der Gattin stürzte. Das Unerklärlichste dieses Zustandes der Gräfin lag aber darin, daß sie auch nicht das mindeste an Speise zu sich nahm, vielmehr gegen alles, vorzüglich aber gegen Fleisch, den unüberwindlichsten Abscheu bewies, so daß sie sich jedesmal mit den lebhaftesten Zeichen dieses Abscheues vom Tische entfernen mußte. Die Kunst des Arztes scheiterte, denn nicht das dringendste, liebevollste Flehen des Grafen, nichts in der Welt konnte die Gräfin vermögen, auch nur einen Tropfen Medizin zu nehmen. Da nun Wochen, Monate vergangen, ohne daß die Gräfin auch nur einen Bissen genossen, da es ein unergründliches Geheimnis, wie sie ihr Leben zu fristen vermochte, so meinte der Arzt, daß hier etwas im Spiele sei, was außer dem Bereich jeder getreu menschlichen Wissenschaft liege. Er verließ das Schloß unter irgendeinem Vorwande, der Graf konnte aber wohl merken, daß der Zustand der Gattin dem bewährten Arzt zu rätselhaft, ja zu unheimlich bedünkt, um länger zu harren und Zeuge einer unergründlichen Krankheit zu sein, ohne Macht zu helfen. Man kann es sich denken, in welche Stimmung dies alles den Grafen versetzen mußte; aber es war dem noch nicht genug. – Gerade um diese Zeit nahm ein alter treuer Diener die Gelegenheit wahr, dem Grafen, als er ihn gerade allein fand, zu entdecken, daß die Gräfin jede Nacht das Schloß verlasse, und erst beim Anbruch des Tages wiederkehre. Eiskalt erfaßte es den Grafen. Nun erst dachte er daran, wie ihn seit einiger Zeit jedesmal zur Mitternacht ein ganz unnatürlicher Schlaf überfallen, den er jetzt irgendeinem narkotischen Mittel zuschrieb, das die Gräfin ihm beibringe, um das Schlafzimmer, das sie vornehmer Sitte entgegen, mit dem Gemahl teilte, unbemerkt verlassen zu können. Die schwärzesten

Ahnungen kamen in seine Seele; er dachte an die teuflische Mutter, deren Sinn vielleicht erst jetzt in der Tochter erwacht, an irgendein abscheuliches ehebrecherisches Verhältnis, an den verruchten Scharfrichterknecht – Die nächste Nacht sollte ihm das entsetzliche Geheimnis erschließen, das allein die Ursache des unerklärlichen Zustandes der Gattin sein konnte. Die Gräfin pflegte jeden Abend selbst den Tee zu bereiten, den der Graf genoß, und sich dann zu entfernen. Heute nahm er keinen Tropfen, und als er seiner Gewohnheit nach im Bette las, fühlte er keineswegs um Mitternacht die Schlafsucht, die ihn sonst überfallen. Demunerachtet sank er zurück in die Kissen, und stellte sich bald, als sei er fest eingeschlafen. Leise, leise verließ nun die Gräfin ihr Lager, trat an das Bett des Grafen, leuchtete ihm ins Gesicht, und schlüpfte hinaus aus dem Schlafzimmer. Das Herz bebte dem Grafen, er stand auf, warf einen Mantel um, und schlich der Gattin nach. Es war eine ganz mondhelle Nacht, so daß der Graf Aureliens, in ein weißes Schlafgewand gehüllte Gestalt, unerachtet sie einen beträchtlichen Vorsprung gewonnen, auf das deutlichste wahrnehmen konnte. Durch den Park nach dem Kirchhofe zu, nahm die Gräfin ihren Weg, dort verchwand sie an der Mauer. Schnell rannte der Graf hinter ihr her, durch die Pforte der Kirchhofsmauer, die er offen fand. Da gewahrte er im hellsten Mondesschimmer dicht vor sich einen Kreis furchtbar gespenstischer Gestalten. Alte halbnackte Weiber mit fliegendem Haar hatten sich niedergekauert auf den Boden, und mitten in dem Kreise lag der Leichnam eines Menschen, an dem sie zehrten mit Wolfesgier. – Aurelie war unter ihnen! – Fort stürzte der Graf in wildem Grausen, und rannte besinnungslos, gehetzt von der Todesangst, von dem Entsetzen der Hölle, durch die Gänge des Parks, bis er sich am hellen Morgen im Schweiß gebadet, vor dem Tor des Schlosses wiederfand. Unwillkürlich, ohne einen deutlichen Gedanken fassen zu können, sprang er die Treppe herauf, stürzte durch die Zimmer, hinein in das Schlafgemach. Da lag die Gräfin, wie es schien, in sanftem, süßem Schlummer, und der Graf wollte sich überzeugen, daß nur ein abscheuliches Traumbild, oder, da er sich der nächtlichen Wanderung bewußt, für die auch der von dem Morgentau durchnäßte Mantel zeugte, vielmehr eine sinnetäuschende Erscheinung ihn zum Tode geängstigt. Ohne der Gräfin Erwachen abzuwarten, verließ er das Zimmer, kleidete sich an, und warf sich aufs Pferd. Der Spazierritt an dem schönen Morgen durch duftendes Gesträuch, aus dem heraus muntrer Gesang der erwachten Vögel ihn begrüßte, verscheuchte die furchtbaren Bilder der Nacht; getröstet und erheitert kehrte er zurück nach dem Schlosse. Als nun aber beide, der Graf und die Gräfin sich allein zu Tische gesetzt, und diese, da das gekochte Fleisch aufgetragen, mit den Zeichen des tiefsten Abscheus aus dem Zimmer wollte, da trat die Wahrheit dessen, was er in der Nacht geschaut, gräßlich vor die Seele des Grafen. In wildem Grimm sprang er auf, und rief mit fürchterlicher Stimme: ‚Verfluchte Ausgeburt der Hölle, ich kenne deinen Abscheu vor des Menschen Speise, aus den Gräbern zerrst du deine Ätzung, teuflisches Weib!‘ Doch sowie der Graf diese Worte ausstieß, stürzte die Gräfin laut heulend auf ihn zu, und biß ihn mit der Wut der Hyäne in die Brust. Der Graf schleuderte die Rasende von sich zur Erde nieder, und sie gab den Geist auf unter grauenhaften Verzuckungen. – Der Graf verfiel in Wahnsinn.“

„Ei“, sprach Lothar, nachdem es einige Augenblicke still gewesen unter den Freunden, „ei mein vortrefflicher Cyprianus, du hast vortrefflich Wort gehalten. Gegen deine Geschichte ist der Vampirismus ein wahrer Kinderspaß, ein drolliges Fastnachtsspiel zum Totlachen. Nein, alles darin ist scheußlich interessant, und mit *Asa foetida* so überreichlich gewürzt, daß ein überreizter Gaumen, dem alle gesunde natürliche Kost nicht mehr mundet, sich daran sehr erlustieren mag.“

„Und doch“, nahm Theodor das Wort, „hat unser Freund gar manches verschleiert, und ist über anderes so schnell hinweggeschlüpft, daß es nur eine vorübergehende schreckhaft schauerliche Ahnung erregt, wofür wir ihm dankbar sein wollen. Ich erinnere mich nun wirklich, die gräßlich gespenstische Geschichte in einem alten Buche gelesen zu haben. Alles darin war aber mit weitschweifiger Genauigkeit erzählt, und es wurden vorzüglich die Abscheulichkeiten der Alten recht *con amore* auseinandergesetzt, so daß das Ganze einen überaus widerwärtigen Eindruck zurückließ, den ich lange nicht verwinden konnte. – Ich war froh, als ich das garstige Zeug vergessen, und Cyprian hätte mich nicht wieder daran erinnern sollen, wiewohl ich gestehen muß, daß er so ziemlich an unsern Schutzpatron, den heiligen Serapion, gedacht, und uns tüchtige Schauer erregt hat, wenigstens beim Schluß. Wir wurden alle ein wenig blaß, am mehrsten aber der Erzähler selbst.“

„Nicht geschwind genug“, sprach Ottmar, „können wir hinwegkommen über das entsetzliche Bild, das, da es selbst nur zu grelle Figuren darstellt, nicht mehr, wie Vinzenz meinte, zum schwarzen Hintergrunde dienen kann. Laßt mich, um gleich einen tüchtigen Seitensprung zu tun, hinweg von dem Höllenbreughel, den uns Cyprianus vor Augen gebracht, während sich Vinzenz, wie ihr hört, recht ausräuspert, damit seine Rede fein glatt dem Munde entströme, euch zwei Worte über eine ästhetische Teegesellschaft sagen, an die mich ein kleines Blättchen erinnerte, das ich heute zufällig unter meinen Papieren vorfand. – Du erlaubst das auch, Freund Vinzenz?“

„Eigentlich“, erwiderte Vinzenz, „ist es aller serapiontischen Regel entgegen, daß ihr hin und her schwatzt – ja nicht allein das, sondern auch daß ohne sonderlichen Anlaß, ganz Unziemliches vorgebracht wird von graulichen Vampiren und andern höllischen Sachen, so daß ich schweigen muß, da ich schon den Mund geöffnet. – Doch rede, mein Ottmar! Die Stunden fliehen, und ich werde euch zum Trotz das letzte Wort behalten, wie eine zänkische Frau. Darum rede, mein Ottmar, rede.“

„Der Zufall“, begann Ottmar, „oder vielmehr eine gutgemeinte Empfehlung, führte mich in jenen ästhetischen Tee, und gewisse Verhältnisse geboten mir, sosehr mich darin auch Langeweile und Überdruß quälten, wenigstens eine Zeitlang nicht davonzubleiben. Ich ärgerte mich, daß, als einst ein wahrhaft geistreicher Mann eine Kleinigkeit vorlas, die voll echten ergötzlichen Witzes recht zu solcher Mitteilung sich eignete, alles gähnte und sich langweilte, daß dagegen die saft- und kraftlosen Machwerke eines jungen eitlen Dichters alles entzückten. Dieser Mensch war stark im Gemütlichen und Überschwenglichen, hielt aber dabei auch gar viel auf seine Epigramme. Da diesen nun immer nichts weiter fehlte, als die Spitze, so gab er jedesmal selbst das Zeichen zum Lachen durch das Gelächter, was er aufschlug, und in das nun alles einstimmte. – An einem Abend fragte ich ganz bescheiden an, ob es mir vielleicht vergönnt sein dürfte, ein paar kleine Gedichte mitzuteilen, die mir in einer Stunde der Begeistrung zu Sinn gekommen. Man tat mir die Ehre an, mich für genial zu halten, und so wurde mir mit Jubel verstattet, warum ich gebeten. Ich nahm mein Blättlein und las mit feierlichem Ton:

‚Italiens Wunder

Wenn ich mich nach Morgen wende,
Scheint die liebe Abendsonne
Mir gerade in den Rücken.
Dreh ich mich denn um nach Abend,
Fallen mir die goldnen Strahlen
Gradezu ins Angesicht –
Heilig Land, wo solche Wunder,
Andacht ganz und Lieb zu schauen
Die Natur den Menschen würdigt!'

‚O herrlich, göttlich, mein lieber Ottmar, und so tief gefühlt, so empfunden in der bewegten Brust!' So rief die Dame vom Hause und mehrere weiße Damen und schwarze Jünglinge (ich meine nur schwarzgekleidete mit vortrefflichen Herzen unterm Jabot) riefen nach: ‚Herrlich – Göttlich.' – Ein junges Fräulein seufzte aber tief auf und drückte eine Träne aus dem Auge. Auf Verlangen las ich weiter, indem ich meiner Stimme den Ausdruck eines tief bewegten Gemüts zu geben mich bemühte:

‚Lebenstiefe

Der kleine Junker Matz
Hatt einen bunten Spatz,
Den ließ er gestern fliegen,
Konnt ihn nicht wiederkriegen.
Jetzt hat der Junker Matz
Nicht mehr den bunten Spatz!'

Neuer Tumult des Beifalls, neue Lobeserhebungen! Man wollte mehr hören, ich versicherte dagegen bescheidnerweise, wie ich wohl einsehe, daß solche Strophen, die mit Allgewalt das ganze Leben in allen seinen Tendenzen erfaßten, auf die Länge das Gemüt zarter Frauen zu schmerzhaft ergriffen, ich würde es deshalb vorziehen, noch zwei Epigramme mitzuteilen, in denen man die eigentliche Bedeutung des Epigramms, die auf dem plötzlichen Hervorspringen der funkelnden Spitze beruhe, wohl nicht verkennen würde. Ich las:

‚Schlagender Witz

Der dicke Meister Schrein
Trank manches Gläschen Wein,

Bis ihn erfaßt die Todesnot.
Da sprach der Nachbar Grau,
Ein feiner Kunde, listig, schlau:
›Der dicke Meister Schrein,
Der trank manch Gläschen Wein,
Der ist nun wirklich tot!‹' –

Nachdem der funkelnde Witz dieses schelmischen Epigramms gehörig bewundert worden, gab ich noch folgendes Epigramm zum besten:

,*Beißende Replik*

›Von Hansens Buch macht man ja großes Wesen,
Hast du das Wunderding denn schon gelesen?‹
So Humm zu Hamm – doch Spötter Hamm der spricht:
›Nein, guter Humm, gelesen hab ich's nicht!‹' –

Alles lachte sehr, aber die Dame vom Hause rief mir, mit dem Finger drohend, zu: ,Spötter, schalkischer Spötter, muß denn der Witz so beißend, so durchbohrend sein?' – Der geistreiche Mann drückte mir, da sich nun alles erhoben, im Vorübergehen die Hand und sprach: ,Gut getroffen! – Ich danke Ihnen!' Der junge Dichter drehte mir verächtlich den Rücken. Dagegen nahte sich das junge Fräulein, das erst über Italiens Wunder Tränen vergossen, und versicherte, indem sie errötend die Augen niederschlug: die jungfräuliche Brust erschließe sich mehr dem Gefühl süßer Wehmut als dem Scherz, sie bäte mich daher um das erste Gedicht, das ich gelesen, es wär ihr dabei so seltsam wohlig, schaurig zumute geworden! Ich versprach das, indem ich dem artigen und dabei genugsam hübschen Fräulein mit dem höchsten Entzücken des von einem Mädchen gepriesenen Dichters die kleine Hand küßte, bloß um den Poeten noch mehr zu ärgern, der mir Blicke zuwarf, wie ein ergrimmter Basilisk."

„Merkwürdig", nahm Vinzenz das Wort, „merkwürdig genug scheint es, daß du, lieber Freund Ottmar, ohne es zu ahnen, soeben einen guten Goldschmieds-Prolog zu meinem Märlein gegeben hast. Du merkst, daß ich zierlich auf jenen Ausspruch Hamlets anspiele: ,Ist dies ein Prolog oder ein Denkspruch auf einem Ringe?' Ich meine nämlich, daß dein Prolog nur in den paar Worten besteht, die du über den ergrimmten Poeten gesagt hast. Denn irren müßte ich mich sehr, wenn solch ein überschwenglicher Poet nicht ein Hauptheld sein sollte in meinem Märchen, das ich nun ohne weiteres beginnen und nicht eher nachlassen will, bis das letzte Wort, das ebenso schwer zu schaffen als das erste, glücklich heraus ist." – Vinzenz las:

DIE KÖNIGSBRAUT

Ein nach der Natur entworfenes Märchen

Erstes Kapitel

in dem von verschiedenen Personen und ihren Verhältnissen Nachricht gegeben, und alles Erstaunliche und höchst Wunderbare, das die folgenden Kapitel enthalten sollen, vorbereitet wird auf angenehme Weise.

Es war ein gesegnetes Jahr. Auf den Feldern grünte und blühte gar herrlich Korn und Weizen und Gerste und Hafer, die Bauerjungen gingen in die Schoten, und das liebe Vieh in den Klee; die Bäume hingen so voller Kirschen, daß das ganze Heer der Sperlinge trotz dem besten Willen, alles kahl zu pikken, die Hälfte übriglassen mußte zu sonstiger Verspeisung. Alles schmauste sich satt tagtäglich an der großen offnen Gasttafel der Natur. – Vor allen Dingen stand aber in dem Küchengarten des Herrn Dapsul von Zabelthau das Gemüse so über die Maßen schön, daß es kein Wunder zu nennen, wenn Fräulein Ännchen vor Freude darüber ganz außer sich geriet. –

Nötig scheint es gleich zu sagen, wer beide waren, Herr Dapsul von Zabelthau und Fräulein Ännchen.

Es ist möglich, daß du, geliebter Leser, auf irgendeiner Reise begriffen, einmal in den schönen Grund kamst, den der freundliche Main durchströmt. Laue Morgenwinde hauchen ihren duftigen Atem hin über die Flur, die in dem Goldglanz schimmert der emporgestiegenen Sonne. Du vermagst es nicht auszuharren in dem engen Wagen, du steigst aus und wandelst durch das Wäldchen, hinter dem du erst, als du hinabfuhrst in das Tal, ein kleines Dorf erblicktest. Plötzlich kommt dir aber in diesem Wäldchen ein langer hagerer Mann entgegen, dessen seltsamer Aufzug dich festbannt. Er trägt einen kleinen grauen Filzhut, aufgestülpt auf eine pechschwarze Perücke, eine durchaus graue Kleidung, Rock, Weste und Hose, graue Strümpfe und Schuhe, ja selbst der sehr hohe Stock ist grau lackiert. So kommt der Mann mit weit ausgespreizten Schritten auf dich los, und indem er dich mit großen tiefliegenden Augen anstarrt, scheint er dich doch gar nicht zu bemerken. „Guten Morgen, mein Herr!" rufst du ihm entgegen, als er dich beinahe umrennt. Da fährt er zusammen, als würde er plötzlich geweckt aus tiefem Traum, rückt dann sein Mützchen und spricht mit hohler weinerlicher Stimme: „Guten Morgen? O mein Herr! wie froh können wir sein, daß wir einen guten Morgen haben – die armen Bewohner von Santa Cruz – soeben zwei Erdstöße, und nun gießt der Regen in Strömen herab!" – Du weißt, geliebter Leser, nicht recht, was du dem seltsamen Manne antworten sollst, aber indem du darüber sinnest, hat er schon mit einem: „Mit Verlaub, mein Herr!" deine Stirn sanft berührt und in deinen Handteller gekuckt. „Der Himmel segne Sie, mein Herr, Sie haben eine gute Konstellation", spricht er nun ebenso hohl und weinerlich als zuvor, und schreitet weiter fort. – Dieser absonderliche Mann war eben niemand anders als der Herr Dapsul von Zabelthau, dessen einziges ererbtes ärmliches Besitztum das kleine Dorf Dapsulheim ist, das in der anmutigsten lachendsten Gegend vor dir liegt und in das du soeben eintrittst. Du willst frühstücken, aber in der Schenke sieht es traurig aus. In der Kirchweih ist aller Vorrat aufgezehrt und da du dich nicht mit bloßer Milch begnügen willst, so weiset man dich nach dem Herrenhause, wo das gnädige Fräulein Anna dir gastfreundlich darbieten werde, was eben vorrätig. Du nimmst keinen Anstand, dich dorthin zu begeben. – Von diesem Herrenhause ist nun eben nichts mehr zu sagen, als daß es wirklich Fenster und Türen hat, wie weiland das Schloß des Herrn Baron von Tondertonktonk in Westfalen. Doch prangt über der Haustür das mit neuseeländischer Kunst in Holz geschnittene Wappen der Familie von Zabelthau. Ein seltsames Ansehn gewinnt aber dieses Haus dadurch, daß seine Nordseite sich an die Ringmauer einer alten verfallenen Burg lehnt, so daß die Hintertüre die ehemalige Burgpforte ist, durch die man unmittelbar in den Burghof tritt, in dessen Mitte der hohe runde Wachturm noch ganz unversehrt dasteht. Aus jener Haustür mit dem Familienwappen tritt dir ein junges rotwangichtes Mädchen entgegen, die mit ihren klaren blauen Augen und blondem Haar ganz hübsch zu nennen und deren Bau vielleicht nur ein wenig zu rundlich derb geraten. Die Freundlichkeit selbst, nötigt sie dich ins Haus, und bald, sowie sie nur dein Bedürfnis merkt, bewirtet sie dich mit der trefflichsten Milch, einem tüchtigen Butterbrot, und dann mit rohem Schinken, der dir in Bayonne bereitet scheint und einem Gläschen aus Runkelrüben gezogenen Branntweins. Dabei spricht das Mädchen, die nun eben keine andre ist als das Fräulein Anna von Zabelthau, ganz munter und frei von allem, was die Landwirtschaft betrifft und zeigt dabei gar keine unebene Kenntnisse. Doch plötzlich erschallt wie aus den Lüften eine starke, fürchterliche Stimme: „Anna – Anna! Anna!" – Du erschrickst, aber Fräulein Anna spricht ganz freundlich: „Papa ist zurückgekommen von seinem Spaziergange und ruft aus seiner Studierstube nach dem Frühstück." „Ruft – aus seiner Studierstube", frägst du erstaunt. „Ja", erwidert Fräulein Anna oder Fräulein Ännchen, wie sie die Leute nennen, „ja Papas Studierstube ist dort oben auf dem Turm, und er ruft durch das Rohr!" – Und du siehst, geliebter Leser! wie nun Ännchen des Turmes enge Pforte öffnet und mit demselben Gabelfrühstück, wie du es soeben genossen, nämlich mit einer tüchtigen Portion Schinken und Brot nebst dem Runkelrübengeist hinaufspringt. Ebenso schnell ist sie aber wieder bei dir, und dich durch den schönen Küchengarten geleitend, spricht sie so viel von bunter Plümage, Rapuntika, englischem Turneps, kleinem Grünkopf, Montrue, großem Mogul, gelbem Prinzenkopf, u. s. f., daß du in das größeste Erstaunen geraten mußt, zumal, wenn du nicht weißt, daß mit jenen vornehmen Namen nichts anders gemeint ist, als Kohl und Salat. –

Ich meine, daß der kurze Besuch, den du, geliebter Leser, in Dapsulheim abgestattet, hinreichen wird, dich die Verhältnisse des Hauses, von dem allerlei seltsames, kaum glaubliches Zeug ich dir zu erzählen im Begriff stehe, ganz erraten zu lassen. Der Herr Dapsul von Zabelthau war in seiner Jugend nicht viel aus dem Schlosse seiner Eltern gekommen, die ansehnliche Güter besaßen. Sein Hofmeister, ein alter wunderlicher Mann, nährte, nächstdem daß er ihn in fremden, vorzüglich orientalischen Sprachen unterrichtete, seinen Hang zur Mystik, oder vielmehr besser gesagt, zur Geheimniskrämerei. Der Hofmeister starb und hinterließ dem jungen Dapsul eine ganze Bibliothek der geheimen Wissenschaften, in die er sich vertiefte. Die Eltern starben auch, und nun begab sich der junge Dapsul auf weite Reisen, und zwar wie es der Hofmeister ihm in die Seele gelegt, nach Ägypten und Indien. Als er endlich nach vielen Jahren zurückkehrte, hatte ein Vetter unterdessen sein Vermögen mit so großem Eifer verwaltet, daß ihm nichts übriggeblieben als das kleine Dörfchen Dapsulheim. Herr Dapsul von

Zabelthau strebte zu sehr nach dem sonnegebornen Golde einer höhern Welt, als daß er sich hätte aus irdischem viel machen sollen, er dankte vielmehr dem Vetter mit gerührtem Herzen dafür, daß er ihm das freundliche Dapsulheim erhalten mit dem schönen hohen Wartturm, der zu astrologischen Operationen erbaut schien und in dessen höchster Höhe Herr Dapsul von Zabelthau auch sofort sein Studierzimmer einrichten ließ. Der sorgsame Vetter bewies nun auch, daß Herr Dapsul von Zabelthau heiraten müsse. Dapsul sah die Notwendigkeit ein und heiratete sofort das Fräulein, das der Vetter für ihn erwählt. Die Frau kam ebenso schnell ins Haus als sie es wieder verließ. Sie starb, nachdem sie ihm eine Tochter geboren. Der Vetter besorgte Hochzeit, Taufe und Begräbnis, so daß Dapsul auf seinem Turm von allen dem nicht sonderlich viel merkte, zumal die Zeit über gerade ein sehr merkwürdiger Schwanzstern am Himmel stand, in dessen Konstellation sich der melancholische, immer Unheil ahnende Dapsul verflochten glaubte. Das Töchterlein entwickelte unter der Zucht einer alten Großtante, zu deren großen Freude einen entschiedenen Hang zur Landwirtschaft. Fräulein Ännchen mußte, wie man zu sagen pflegt, von der Pike an dienen. Erst als Gänsemädchen, dann als Magd, Großmagd, Haushälterin, bis zur Hauswirtin herauf, so daß die Theorie erläutert und festgestellt wurde, durch eine wohltätige Praxis. Sie liebte Gänse und Enten, und Hühner und Tauben, Rindvieh und Schafe ganz ungemein, ja selbst die zarte Zucht wohlgestalteter Schweinlein war ihr keinesweges gleichgültig, wiewohl sie nicht wie einmal ein Fräulein in irgendeinem Lande ein kleines weißes Ferkelchen mit Band und Schelle versehen und erkieset hatte zum Schoßtierchen. Über alles und auch weit über den Obstbau ging ihr aber der Gemüsegarten. Durch der Großtante landwirtschaftliche Gelehrsamkeit hatte Fräulein Ännchen, wie der geneigte Leser in dem Gespräch mit ihr bemerkt haben wird, in der Tat ganz hübsche theoretische Kenntnisse vom Gemüsebau erhalten, beim Umgraben des Ackers, beim Einstreuen des Samens, Einlegung der Pflanzen stand Fräulein Ännchen nicht allein der ganzen Arbeit vor, sondern leistete auch selbst tätige Hülfe. Fräulein Ännchen führte einen tüchtigen Spaten, das mußte ihr der hämische Neid lassen. Während nun Herr Dapsul von Zabelthau sich in seine astrologischen Beobachtungen und in andere mystische Dinge vertiefte, führte Fräulein Ännchen, da die alte Großtante gestorben, die Wirtschaft auf das beste, so daß wenn

Dapsul dem Himmlischen nachtrachtete, Ännchen mit Fleiß und Geschick das Irdische besorgte.

Wie gesagt, kein Wunder war es zu nennen, wenn Ännchen vor Freude über den diesjährigen ganz vorzüglichen Flor des Küchengartens beinahe außer sich geriet. An üppiger Fülle des Wachstums übertraf aber alles andere ein Mohrrübenfeld, das eine ganz ungewöhnliche Ausbeute versprach.

„Ei, meine schönen lieben Mohrrüben!“ so rief Fräulein Ännchen ein Mal über das andere, klatschte in die Hände, sprang, tanzte umher, gebärdete sich wie ein zum heiligen Christ reich beschenktes Kind. Es war auch wirklich, als wenn die Möhrenkinder sich in der Erde über Ännchens Lust mitfreuten, denn das feine Gelächter, das sich vernehmen ließ, stieg offenbar aus dem Acker empor. Ännchen achtete nicht sonderlich darauf, sondern sprang dem Knecht entgegen, der, einen Brief hoch emporhaltend, ihr zurief: „An Sie, Fräulein Ännchen, Gottlieb hat ihn mitgebracht aus der Stadt.“ Ännchen erkannte gleich an der Aufschrift, daß der Brief von niemanden anders war als von dem jungen Herrn Amandus von Nebelstern, dem einzigen Sohn eines benachbarten Gutsbesitzers, der sich auf der Universität befand. Amandus hatte sich, als er noch auf dem Dorfe des Vaters hauste und täglich hinüberlief nach Dapsulheim, überzeugt, daß er in seinem ganzen Leben keine andere lieben könne als Fräulein Ännchen. Ebenso wußte Fräulein Ännchen ganz genau, daß es ihr ganz unmöglich sein werde, jemals einem andern, als dem braunlockichten Amandus auch nur was weniges gut zu sein. Beide, Ännchen und Amandus, waren daher übereingekommen, sich je eher, desto lieber zu heiraten und das glücklichste Ehepaar zu werden auf der ganzen weiten Erde. – Amandus war sonst ein heiterer unbefangner Jüngling, auf der Universität geriet er aber, Gott weiß wem in die Hände, der ihm nicht nur einbildete, er sei ein ungeheures poetisches Genie, sondern ihn auch verleitete, sich auf die Überschwenglichkeit zu legen. Das gelang ihm auch so gut, daß er sich in kurzer Zeit hinweggeschwungen hatte über alles, was schnöde Prosaiker Verstand und Vernunft nennen, und noch dazu irrigerweise behaupten, daß beides mit der regsten Fantasie sehr wohl bestehen könne. Also von dem jungen Herrn Amandus von Nebelstern war der Brief, den Fräulein Ännchen voller Freude öffnete und also las:

Himmlische Maid!

Siehest du – empfindest du – ahnest du deinen Amandus, wie er selbst Blum und Blüte vom Orangenblüthauch des duftigen Abends umflossen, im Grase auf dem Rücken liegt und hinaufschaut mit Augen voll frommer Liebe und sehnender Andacht! – Thymian und Lavendel, Rosen und Nelken, wie auch gelbäugichte Narzissen und schamhafte Veilchen flicht er zum Kranz. Und die Blumen sind Liebesgedanken, Gedanken an dich, o Anna! – Doch geziemt begeisterten Lippen die nüchterne Prose? – Hör, o höre, wie ich nur sonettisch zu lieben, von meiner Liebe zu sprechen vermag.

Flammt Liebe auf in tausend durstgen Sonnen,
Buhlt Lust um Lust im Herzen ach so gerne.
Hinab aus dunklem Himmel strahlen Sterne
Und spiegeln sich im Liebestränenbronnen.

Entzücken, ach! zermalmen starke Wonnen
Die süße Frucht entsprossen bittrem Kerne,
Und Sehnsucht winkt aus violetter Ferne,
In Liebesschmerz mein Wesen ist zerronnen.

In Feuerwellen tost die stürmsche Brandung,
Dem kühnen Schwimmer will es keck gemuten
Im jähen mächtgen Sturz hinabzupurzeln.

Es blüht die Hyazinth der nahen Landung;
Das treue Herz keimt auf, will es verbluten,
Und Herzensblut ist selbst die schönst der Wurzeln!

Möchte o Anna, dich, wenn du dieses Sonett aller Sonette liesest, all das himmlische Entzücken durchströmen, in das mein ganzes Wesen sich auflöste, als ich es niederschrieb und es nachher mit göttlicher Begeisterung vorlas, gleichgestimmten des Lebens Höchstes ahnenden Gemütern. Denke, o denke, süßeste Maid, an deinen getreuen, höchst entzückten Amandus von Nebelstern.

N. S. Vergiß nicht, o hohe Jungfrau, wenn du mir antwortest, einige Pfund von dem Virginischen Tabak beizupacken, den du selbst ziehest. Er brennt gut, und schmeckt besser als der Portoriko, den hier die Bursche dampfen, wenn sie kneipen gehn.

Fräulein Ännchen drückte den Brief an die Lippen und sprach dann: „Ach wie lieb, wie schön! – Und die allerliebsten Verschen, alles so hübsch gereimt. Ach wenn ich nur so klug wäre, alles zu verstehen, aber das kann wohl nur ein Student. – Was das nur zu bedeuten haben mag mit den Wurzeln. Ach gewiß meint er die langen roten englischen Karotten, oder am Ende gar die Rapuntika, der liebe Mensch!"

Noch denselben Tag ließ es sich Fräulein Ännchen angelegen sein, den Tabak einzupacken und dem Schulmeister zwölf der schönsten Gänsefedern einzuhändigen, damit er sie sorglich schneide. Fräulein Ännchen wollte sich noch heute hinsetzen, um die Antwort auf den köstlichen Brief zu beginnen. – Übrigens lachte es dem Fräulein Ännchen, als sie aus dem Küchengarten lief, wieder sehr vernehmlich nach, und wäre Ännchen nur was weniges achtsam gewesen, sie hätte durchaus das feine Stimmchen hören müssen, welches rief: „Zieh mich heraus, zieh mich heraus – ich bin reif – reif – reif!" Aber wie gesagt, sie achtete nicht darauf.

Zweites Kapitel

welches das erste wunderbare Ereignis und andere lesenswerte Dinge enthält, ohne die das versprochene Märchen nicht bestehen kann.

Der Herr Dapsul von Zabelthau stieg gewöhnlich mittags hinab von seinem astronomischen Turm, um mit der Tochter ein frugales Mahl einzunehmen, das sehr kurz zu dauern und wobei es sehr still herzugehen pflegte, da Dapsul das Sprechen gar nicht liebte. Ännchen fiel ihm auch gar nicht mit vielem Reden beschwerlich, und das um so weniger, da sie wohl wußte, daß, kam der Papa wirklich zum Sprechen, er allerlei seltsames unverständliches Zeug vorbrachte, wovon ihr der Kopf schwindelte. Heute war ihr ganzer Sinn aber so aufgeregt durch den Flor des Küchengartens und durch den Brief des geliebten Amandus, daß sie von beiden durcheinander sprach ohne Aufhören. Messer und Gabel ließ endlich Herr Dapsul von Zabelthau fallen, hielt sich beide Ohren zu und rief: „O des leeren, wüsten, verwirrten Geschwätzes!" Als nun aber Fräulein Ännchen ganz erschrocken schwieg, sprach er mit dem gedehnten weinerlichen Tone, der ihm eigen: „Was das Gemüse betrifft, meine liebe Tochter, so weiß ich längst, daß die diesjährige Zusammenwirkung der Gestirne solchen Früchten besonders günstig ist und der irdische Mensch wird Kohl und Radiese und Kopfsalat genießen, damit der Erdstoff sich mehre und er das Feuer des Weltgeistes aushalte wie ein gut gekneteter Topf. Das gnomische Prinzip wird widerstehen dem ankämpfenden Salamander, und ich freue mich darauf Pastinak zu essen, den du vorzüglich bereitest. Anlangend den jungen Herrn Amandus von Nebelstern, so habe ich nicht das mindeste dagegen, daß du ihn heiratest, sobald er von der Universität zurückgekehret. Laß es mir nur durch Gottlieb hinaufsagen, wenn du zur Trauung gehest mit deinem Bräutigam, damit ich euch geleite nach der Kirche." – Herr Dapsul schwieg einige Augenblicke und fuhr dann ohne Ännchen, deren Gesicht vor Freude glühte über und über, anzublicken, lächelnd und mit der Gabel an sein Glas schlagend – beides pflegte er stets zu verbinden, es kam aber gar selten vor – also fort: „Dein Amandus ist einer, der da soll und muß, ich meine ein Gerundium, und ich will es dir nur gestehen, mein liebes Ännchen! daß ich diesem Gerundio schon sehr früh das Horoskop gestellt habe. Die Konstellationen sind sonst alle ziemlich günstig. Er hat den Jupiter im aufsteigenden Knoten, den die Venus im Gesechstschein ansiehet. Nur schneidet die Bahn des Sirius durch und gerade auf dem Durchschneidungspunkt steht eine große Gefahr, aus der er seine Braut rettet. Die Gefahr selbst ist unergründlich, da ein fremdartiges Wesen dazwischentritt, das jeder astrologischen Wissenschaft Trotz zu bieten scheint. Gewiß ist es übrigens, daß nur der absonderliche psychische Zustand, den die Menschen Narrheit oder Verrücktheit zu nennen pflegen, dem Amandus jene Rettung möglich machen wird. O meine Tochter", (hier fiel Herr Dapsul wieder in seinen gewöhnlichen weinerlichen Ton) „o meine Tochter, daß doch keine unheimliche Macht, die sich hämisch verbirgt vor meinen Seheraugen, dir plötzlich in den Weg treten, daß der junge Herr Amandus von Nebelstern doch nicht nötig haben möge, dich aus einer andern Gefahr zu retten als aus der, eine alte Jungfer zu werden!" – Herr Dapsul seufzte einigemal hintereinander tief auf, dann fuhr er fort: „Plötzlich bricht aber nach dieser Gefahr die Bahn des Sirius ab und Venus und Jupiter, sonst getrennt, treten versöhnt wieder zusammen."

So viel als heute, sprach der Herr Dapsul von Zabelthau schon seit Jahren nicht. Ganz erschöpft stand er auf und bestieg wieder seinen Turm.

Ännchen wurde andern Tages ganz frühe mit der Antwort an den Herrn von Nebelstern fertig. Sie lautete also:

Mein herzlieber Amandus!

Du glaubst gar nicht, was dein Brief mir wieder Freude gemacht hat. Ich habe dem Papa davon gesagt und der hat mir versprochen, uns in die Kirche zur Trauung zu geleiten. Mache nur, daß du bald zurückkehrst von der Universität. Ach, wenn ich nur deine allerliebsten Verschen, die sich so hübsch reimen, ganz verstünde! – Wenn ich sie so mir selbst laut vorlese, dann klingt mir alles so wunderbar und ich glaube dabei, daß ich alles verstehe und dann ist alles wieder aus und verstoben und verflogen und mich dünkt's, als hätt ich bloß Worte gelesen, die gar nicht zusammengehörten. Der Schulmeister meint, das müsse so sein, das sei eben die neue vornehme Sprache, aber ich – ach! – ich bin ein dummes einfältiges Ding! – Schreibe mir doch, ob ich nicht vielleicht Student werden kann auf einige Zeit, ohne meine Wirtschaft zu vernachlässigen? Das wird wohl nicht gehen? Nun, sind wir nur erst Mann und Frau, da kriege ich wohl was ab von deiner Gelehrsamkeit und von der neuen vornehmen Sprache. Den virginischen Tabak schicke ich dir, mein herziges Amandchen. Ich habe meine Hutschachtel ganz vollgestopft, soviel hineingehen wollte und den neuen Strohhut derweile Karl dem Großen aufgesetzt, der in unserer Gaststube steht, wiewohl ohne Füße, denn es ist, wie du weißt, nur ein Brustbild. – Lache mich nicht aus, Amandchen, ich habe auch Verschen gemacht und sie reimen sich gut. Schreib mir doch, wie das kommt, daß man so gut weiß was sich reimt, ohne gelehrt zu sein. Nun höre einmal:

Ich lieb dich, bist du mir auch ferne
Und wäre gern recht bald deine Frau.
Der heitre Himmel ist ganz blau,
Und abends sind golden alle Sterne.
Drum mußt du mich stets lieben
Und mich auch niemals betrüben.
Ich schick dir den virginischen Tabak
Und wünsche, daß er dir recht wohl schmecken mag!

Nimm vorlieb mit dem guten Willen, wenn ich die vornehme Sprache verstehen werde, will ich's schon besser machen. – Der gelbe Steinkopf ist dieses Jahr über alle Maßen schön geraten und die Krupbohnen lassen sich herrlich an, aber mein

Dachshündchen, den kleinen Feldmann, hat gestern der große Gänsericht garstig ins Bein gebissen. Nun – es kann nicht alles vollkommen sein auf dieser Welt – hundert Küsse in Gedanken, mein liebster Amandus, deine treueste Braut, Anna von Zabelthau.

N. S. Ich habe in gar großer Eil geschrieben, deswegen sind die Buchstaben hin und wieder etwas krumm geraten.

N. S. Du mußt mir das aber beileibe nicht übelnehmen, ich bin dennoch, schreibe ich auch etwas krumm, geraden Sinnes und stets deine getreue Anna. –

N. S. Der Tausend, das hätte ich doch bald vergessen, ich vergeßliches Ding. Der Papa läßt dich schönstens grüßen und dir sagen, du seist einer, der da soll und muß, und würdest mich einst aus einer großen Gefahr retten. Nun darauf freue ich mich recht und bin nochmals deine dich liebendste, allergetreueste Anna von Zabelthau.

Dem Fräulein Ännchen war eine schwere Last entnommen, als sie diesen Brief fertig hatte, der ihr nicht wenig sauer geworden. Ganz leicht und froh wurde ihr aber zumute, als sie auch das Kuvert zustande gebracht, es gesiegelt ohne das Papier oder die Finger zu verbrennen und den Brief nebst der Tabaksschachtel, auf die sie ein ziemlich deutliches *A. v. N.* gepinselt, dem Gottlieb eingehändigt, um beides nach der Stadt auf die Post zu tragen. – Nachdem das Federvieh auf dem Hofe gehörig besorgt, lief Fräulein Ännchen geschwind nach ihrem Lieblingsplatz, dem Küchengarten. Als sie nach dem Mohrrübenacker kam, dachte sie daran, daß es nun offenbar an der Zeit sei, für die Leckermäuler in der Stadt zu sorgen und die ersten Mohrrüben auszuziehen. Die Magd wurde herbeigerufen, um bei der Arbeit zu helfen. Fräulein Ännchen schritt behutsam bis in die Mitte des Ackers, faßte einen stattlichen Krautbusch. Doch sowie sie zog, ließ sich ein seltsamer Ton vernehmen. – Man denke ja nicht an die Alraunwurzel und an das entsetzliche Gewinsel und Geheul, das, wenn man sie herauszieht aus der Erde, das menschliche Herz durchschneidet. Nein, der Ton, der aus der Erde zu kommen schien, glich einem feinen, freudigen Lachen. Doch aber ließ Fräulein Ännchen den Krautbusch wieder fahren und rief etwas erschreckt: „I! – wer lacht denn da mich aus?“ Als sich aber weiter nichts vernehmen ließ, faßte sie noch einmal den Krautbusch, der höher und stattlicher emporgeschossen schien als alle andere, und zog beherzt, das Gelächter, das sich wieder hören ließ, gar nicht achtend die schönste, die zarteste der Mohrrüben aus der Erde. Doch sowie Fräulein Ännchen die Mohrrübe betrachtete, schrie sie laut auf vor freudigem Schreck, so daß die Magd herbeisprang und ebenso wie Fräulein Ännchen laut aufschrie über das hübsche Wunder, das sie gewahrte. Fest der Mohrrübe aufgestreift, saß nämlich ein herrlicher goldner Ring mit einem feuerfunkelnden Topas. „Ei", rief die Magd, „der ist für Sie bestimmt. Fräulein Ännchen, das ist Ihr Hochzeitsring, den müssen Sie nur gleich anstecken!" „Was sprichst du für dummes Zeug", erwiderte Fräulein Ännchen, „den Trauring, den muß ich ja von dem Herrn Amandus von Nebelstern empfangen, aber nicht von einer Mohrrübe!" – Je länger Fräulein Ännchen den Ring betrachtete, desto mehr gefiel er ihr. Der Ring war aber auch wirklich von so feiner zierlicher Arbeit, daß er alles zu übertreffen schien, was jemals menschliche Kunst zustande gebracht. Den Reif bildeten hundert und hundert winzig kleine Figürchen in den mannigfaltigsten Gruppen verschlungen, die man auf den ersten Blick kaum mit dem bloßen Auge zu unterscheiden vermochte, die aber, sahe man den Ring länger und schärfer an, ordentlich zu wachsen, lebendig zu werden, in anmutigen Reihen zu tanzen schienen. Dann aber war das Feuer des Edelsteins von solch ganz besonderer Art, daß selbst unter den Topasen im grünen Gewölbe zu Dresden schwerlich ein solcher aufgefunden werden möchte. „Wer weiß", sprach die Magd, „wie lange der schöne Ring tief in der Erde gelegen haben mag, und da ist er denn heraufgespatelt worden und die Mohrrübe ist durchgewachsen." Fräulein Ännchen zog nun den Ring von der Mohrrübe ab und seltsam genug war es, daß diese ihr zwischen den Fingern durchglitschte und in dem Erdboden verschwand. Beide, die Magd und Fräulein Ännchen achteten aber nicht sonderlich darauf, sie waren zu sehr versunken in den Anblick des prächtigen Ringes, den Fräulein Ännchen nun ohne weiteres ansteckte an den kleinen Finger der rechten Hand. Sowie sie dies tat, empfand sie von der Grundwurzel des Fingers bis in die Spitze hinein einen stechenden Schmerz, der aber in demselben Augenblick wieder nachließ als sie ihn fühlte.

Natürlicherweise erzählte sie mittags dem Herrn Dapsul von Zabelthau, was ihr Seltsames auf dem Mohrrübenfelde begegnet, und zeigte ihm den schönen Ring, den die Mohrrübe aufgesteckt gehabt. Sie wollte den Ring, damit ihn der Papa besser betrachten könne, vom Finger herabziehn. Aber einen stechenden Schmerz empfand sie, wie damals, als sie den Ring aufsteckte, und dieser Schmerz hielt an, solange sie am Ringe zog, bis er zuletzt so unerträglich wurde, daß sie davon abstehen mußte. Herr Dapsul betrachtete den Ring an Ännchens Finger mit der gespanntesten Aufmerksamkeit, ließ Ännchen mit dem ausgestreckten Finger allerlei Kreise nach allen Weltgegenden beschreiben, versank dann in tiefes Nachdenken und bestieg, ohne nur ein einziges Wort weiter zu sprechen, den Turm. Fräulein Ännchen vernahm wie der Papa im Hinaufsteigen beträchtlich seufzte und stöhnte.

Andern Morgens, als Fräulein Ännchen sich gerade auf dem Hofe mit dem großen Hahn herumjagte, der allerlei Unfug trieb, und hauptsächlich mit den Täubern krakelte, weinte der Herr Dapsul von Zabelthau so erschrecklich durch das Sprachrohr herab, daß Ännchen ganz bewegt wurde und durch die hohle Hand hinaufrief: „Warum heulen Sie denn so unbarmherzig, bester Papa, das Federvieh wird ja ganz wild!" – Da schrie der Herr Dapsul durch das Sprachrohr herab: „Anna, meine Tochter Anna, steige sogleich zu mir herauf." Fräulein Ännchen verwunderte sich höchlich über dieses Gebot, denn noch nie hatte sie der Papa auf den Turm beschieden, vielmehr dessen Pforte sorgfältig verschlossen gehalten. Es überfiel sie ordentlich eine gewisse Bangigkeit, als sie die schmale Wendeltreppe hinaufstieg und die schwere Tür öffnete, die in das einzige Gemach des Turmes führte. Herr Dapsul von Zabelthau saß von allerlei wunderlichen Instrumenten und bestaubten Büchern umgeben, auf einem großen Lehnstuhl von seltsamer Form. Vor ihm stand ein Gestell, das ein in einem Rahmen gespanntes Papier trug, auf dem verschiedene Linien gezeichnet. Er hatte eine hohe, spitze, graue Mütze auf dem Kopfe, trug einen weiten Mantel von grauem Kalmank und hatte einen langen weißen Bart am Kinn, so daß er wirklich aussah wie ein Zauberer. Eben wegen des falschen Bartes kannte Fräulein Ännchen den Papa anfangs gar nicht und blickte ängstlich umher, ob er etwa in einer Ecke des Gemachs vorhanden; nachher, als sie aber gewahrte, daß der Mann mit dem Barte wirklich Papachen sei, lachte Fräulein Ännchen recht herzlich und fragte: ob's denn schon Weihnachten sei und ob Papachen den Knecht Ruprecht spielen wolle?

Ohne auf Ännchens Rede zu achten, nahm Herr Dapsul von Zabelthau ein kleines Eisen zur Hand, berührte damit Ännchens Stirne und bestrich dann einigemal ihren rechten Arm von der

Achsel bis in die Spitze des kleinen Ringefingers herab. Hierauf mußte sie sich auf den Lehnstuhl setzen, den Herr Dapsul verlassen und den kleinen beringten Finger auf das in den Rahmen gespannte Papier in der Art stellen, daß der Topas den Zentralpunkt, in den alle Linien zusammenliefen, berührte. Alsbald schossen aus dem Edelstein gelbe Strahlen ringsumher, bis das ganze Papier dunkelgelb gefärbt war. Nun knisterten die Linien auf und nieder, und es war, als sprängen die kleinen Männlein aus des Ringes Reif lustig umher auf dem ganzen Blatt. Der Herr Dapsul, den Blick von dem Papier nicht wegwendend, hatte indessen eine dünne Metallplatte ergriffen, hielt sie mit beiden Händen hoch in die Höhe und wollte sie niederdrücken auf das Papier, doch in demselben Augenblick glitschte er auf dem glatten Steinboden aus und fiel sehr unsanft auf den Hintern, während die Metallplatte, die er instinktmäßig losgelassen, um wo möglich den Fall zu brechen und das Steißbein zu konservieren, klirrend zur Erde fiel. Fräulein Ännchen erwachte mit einem leisen „Ach!“ aus dem seltsamen träumerischen Zustande, in den sie versunken. Herr Dapsul richtete sich mühsam in die Höhe, setzte den grauen Zuckerhut wieder auf, der ihm entfallen, brachte den falschen Bart in Ordnung und setzte sich dem Fräulein Ännchen gegenüber auf einige Folianten, die übereinandergetürmt. „Meine Tochter“, sprach er dann, „meine Tochter Anna, wie war dir soeben zumute? was dachtest, was empfandest du? welche Gestaltungen erblicktest du mit den Augen des Geistes in deinem Innern?“

„Ach“, erwiderte Fräulein Ännchen, „mir war so wohl zumute, so wohl, wie mir noch niemals gewesen. Dann dachte ich an den Herrn Amandus von Nebelstern. Ich sah ihn ordentlich vor Augen, aber er war noch viel hübscher als sonst und rauchte eine Pfeife von den virginischen Blättern, die ich ihm geschickt, welches ihm ungemein wohl stand. Dann bekam ich plötzlich einen ungemeinen Appetit nach jungen Mohrrüben und Bratwürstlein und war ganz entzückt, als das Gericht vor mir stand. Eben wollte ich zulangen, als ich wie mit einem jähen schmerzhaften Ruck aus dem Traum erwachte.“

„– Amandus von Nebelstern – Virginischer Kanaster – Mohrrüben – Bratwürste!“ – So sprach Herr Dapsul von Zabelthau sehr nachdenklich, und winkte der Tochter, die sich entfernen wollte, zu bleiben.

„Glückliches unbefangenes Kind“, begann er dann mit einem Ton, der noch viel weinerlicher war, als sonst jemals, „das du nicht eingeweiht bist in die tiefen Mysterien des Weltalls, die bedrohlichen Gefahren nicht kennst, die dich umgeben. Du weißt nichts von jener überirdischen Wissenschaft der heiligen Kabbala. Zwar wirst du auch deshalb niemals der himmlischen Lust der Weisen teilhaftig werden, die zur höchsten Stufe gelangt, weder essen noch trinken dürfen als nur zur Lust, und denen niemals Menschliches begegnet, du stehst aber auch dafür nicht die Angst des Ersteigens jener Stufe aus, wie dein unglücklicher Vater, den noch viel zu sehr menschlicher Schwindel anwandelt, und dem das, was er mühsam erforscht, nur Grauen und Entsetzen erregt und der noch immer aus purem irdischen Bedürfnis, essen und trinken und – überhaupt Menschliches tun muß. – Erfahre mein holdes mit Unwissenheit beglücktes Kind, daß die tiefe Erde, die Luft, das Wasser, das Feuer erfüllt ist mit geistigen Wesen höherer und doch wieder beschränkterer Natur als die Menschen. Es scheint unnötig, dir, mein Dümmchen, die besondere Natur der Gnomen, Salamander, Sylphen und Undinen zu erklären, du würdest es nicht fassen können. Um dir die Gefahr anzudeuten, in der du vielleicht schwebst, ist es genug, dir zu sagen, daß diese Geister nach der Verbindung mit den Menschen trachten, und da sie wohl wissen, daß die Menschen in der Regel solch eine Verbindung sehr scheuen, so bedienen sich die erwähnten Geister allerlei listiger Mittel, um den Menschen, dem sie ihre Gunst geschenkt, zu verlocken. Bald ist es ein Zweig, eine Blume, ein Glas Wasser, ein Feuerstahl oder sonst etwas ganz geringfügig Scheinendes, was sie zum Mittel brauchen, um ihren Zweck zu erreichen. Richtig ist es, daß eine solche Verbindung oft sehr ersprießlich ausschlägt, wie denn einst zwei Priester, von denen der Fürst von Mirandola erzählt, vierzig Jahre hindurch mit einem solchen Geist in der glücklichsten Ehe lebten. Richtig ist es ferner, daß die größten Weisen einer solchen Verbindung eines Menschen mit einem Elementargeist entsprossen. So war der große Zoroaster ein Sohn des Salamanders Oromasis, so waren der große Apollonius, der weise Merlin, der tapfre Graf von Cleve, der große Kabbalist Bensyra herrliche Früchte solcher Ehen, und auch die schöne Melusine war, nach dem Ausspruch des Paracelsus, nichts anders, als eine Sylphide. Doch demunerachtet ist die Gefahr einer solchen Verbindung nur zu groß, denn abgesehen davon, daß die Elementargeister von dem, dem sie ihre Gunst geschenkt, verlangen, daß ihm das hellste Licht der profundesten Weisheit aufgehe, so sind sie auch äußerst empfindlich, und rächen jede Beleidigung sehr schwer. So geschah es einmal, daß eine Sylphide, die mit einem Philosophen verbunden, als er mit seinen Freunden von einem schönen Frauenzimmer sprach, und sich vielleicht dabei zu sehr erhitzte, sofort in der Luft ihr schneeweißes schön geformtes Bein sehen ließ, gleichsam um die Freunde von ihrer Schönheit zu überzeugen, und dann den armen Philosophen auf der Stelle tötete. Doch ach – was spreche ich von anderen? warum spreche ich nicht von mir selbst? – Ich weiß, daß schon seit zwölf Jahren mich eine Sylphide liebt, aber ist sie scheu und schüchtern, so quält mich der Gedanke an die Gefahr, durch kabbalistische Mittel sie zu fesseln, da ich noch immer viel zu sehr an irdischen Bedürfnissen hänge, und daher der gehörigen Weisheit ermangle. Jeden Morgen nehme ich mir vor zu fasten, lasse auch das Frühstück glücklich vorübergehen, aber wenn dann der Mittag kommt – O Anna, meine Tochter Anna – Du weißt es ja – ich fresse erschrecklich!" – Diese letzten Worte sprach der Herr Dapsul von Zabelthau mit beinahe heulendem Ton, indem ihm die bittersten Tränen über die hagern eingefallenen Backen liefen; dann fuhr er beruhigter fort: „Doch bemühe ich mich gegen den mir gewogenen Elementargeist des feinsten Betragens, der ausgesuchtesten Galanterie. Niemals wage ich es eine Pfeife Tabak ohne die gehörigen kabbalistischen Vorsichtsmaßregeln zu rauchen, denn ich weiß ja nicht, ob mein zarter Luftgeist die Sorte liebet und nicht empfindlich werden könnte über die Verunreinigung seines Elements, weshalb denn auch alle diejenigen, die Jagdknaster rauchen, oder: Es blühe Sachsen, niemals weise und der Liebe einer Sylphide teilhaftig werden können. Ebenso verfahre ich, wenn ich mir einen Haselstock schneide, eine Blume pflücke, eine Frucht esse oder Feuer anschlage, da all mein Trachten dahin geht, es durchaus mit keinem Elementargeist zu verderben. Und doch – siehst du wohl jene Nußschale über die ich ausglitschte und rücklings umstülpend das ganze Experiment verdarb, das mir das Geheimnis des Ringes ganz erschlossen haben würde? Ich erinnere mich nicht, jemals in diesem nur der Wissenschaft geweihten Gemach (du weißt nun, weshalb ich auf der Treppe frühstücke) Nüsse genossen zu haben, und um so klarer ist es, daß in diesen Schalen ein kleiner Gnome versteckt war, vielleicht um bei mir zu hospitieren und meinen Experimenten zuzulauschen. Denn die Elementargeister lieben die menschlichen Wissenschaften, vorzüglich solche, die das uneingeweihte Volk wo nicht albern und aberwitzig, so doch die Kraft des menschlichen Geistes übersteigend, und eben deshalb gefährlich nennt. Deshalb finden sie sich auch häufig ein bei den göttlichen magnetischen Operationen. Vorzüglich sind es aber die Gnomen, die ihre Fopperei nicht lassen können, und dem Magnetiseur, der noch nicht zu der Stufe der Weisheit gelangt ist, die ich erst beschrieben, und zu sehr hängt an irdischem Bedürfnis, ein verliebtes Erdenkind unterschieben in dem Augenblick, da er glaubte in völlig reiner abgeklärter Lust eine Sylphide zu umarmen. – Als ich nun dem kleinen Studenten auf den Kopf trat, wurde er böse und warf mich um. Aber einen tiefern Grund hatte wohl der Gnome, mir die Entzifferung des Geheimnisses mit dem Ringe zu verderben. – Anna! – meine Tochter Anna! – vernimm es – herausgebracht hatte ich, daß ein Gnome dir seine Gunst zugewandt, der, nach der Beschaffenheit des Ringes zu urteilen, ein reicher, vornehmer, und dabei vorzüglich feingebildeter Mann sein muß. Aber, meine teure Anna, mein vielgeliebtes herziges Dümmchen, wie willst du es anfangen, dich ohne die entsetzlichste Gefahr mit einem solchen Elementargeist in irgendeine Verbindung einzulassen? Hättest du den Cassiodorus Remus gelesen, so könntest du mir zwar entgegnen, daß nach dessen wahrhaftigem Bericht die berühmte Magdalena de la Croix, Äbtissin eines Klosters zu Cordua in Spanien dreißig Jahre mit einem kleinen Gnomen in vergnügter Ehe lebte, daß ein gleiches sich mit einem Sylphen und der jungen Gertrud, die Nonne war im Kloster Nazareth bei Köln, zutrug, aber denke an die gelehrten Beschäftigungen jener geistlichen Damen und an die deinigen. Welch ein Unterschied! statt in weisen Büchern zu lesen, fütterst du sehr oft Hühner, Gänse, Enten und andere jeden Kabbalisten molestierende Tiere; statt den Himmel, den Lauf der Gestirne zu beobachten, gräbst du in der Erde; statt in künstlichen horoskopischen Entwürfen, die Spur der Zukunft zu verfolgen, stampfest du Milch zu Butter und machest Sauerkraut ein, zu schnödem winterlichen Bedürfnis, wiewohl ich selbst dergleichen Speisung ungern vermisse. Sage! kann das alles einem feinfühlenden philosophischen Elementargeist auf die Länge gefallen? – Denn, o Anna! durch dich blüht Dapsulheim, und diesem irdischem Beruf mag und kann dein Geist sich nimmer entziehen. Und doch empfandest du über den Ring, selbst da er dir jähen bösen Schmerz erregte, eine ausgelassene unbesonnene Freude! – Zu deinem Heil wollt ich durch jene Operation die Kraft des Ringes brechen, dich ganz von dem Gnomen befreien, der dir nachstellt. Sie mißlang durch die Tücke des kleinen Studenten in der Nußschale. Und doch! – mir kommt ein Mut, den Elementargeist zu bekämpfen, wie ich ihn noch nie gespürt! – Du bist mein Kind – das ich zwar nicht mit einer Sylphide, Salamandrin oder sonst einem Elementargeist erzeugt, sondern mit jenem armen Landfräulein aus der besten Familie, die die gottvergessenen Nachbarn mit dem Spottnamen: Ziegenfräulein, verhöhnten, ihrer idyllischen Natur halber, die sie vermochte, jeden Tages eine kleine Herde weißer schmucker Ziegen selbst zu weiden auf grünen Hügeln, wozu ich, damals ein verliebter Narr, auf meinem Turm die Schalmei blies. – Doch du bist und bleibst mein Kind, mein Blut! – Ich rette dich, hier diese mystische Feile soll dich befreien von dem verderblichen Ringe!"

Damit nahm Herr Dapsul von Zabelthau eine kleine Feile zur Hand, und begann an dem Ringe zu feilen. Kaum hatte er aber einigemal hin und her gestrichen, als Fräulein Ännchen vor Schmerz laut aufschrie: „Papa – Papa, Sie feilen mir ja den Finger ab!" So rief sie, und wirklich quoll dunkles dickes Blut unter dem Ringe hervor. Da ließ Herr Dapsul die Feile aus der Hand fallen, sank halb ohnmächtig in den Lehnstuhl und rief in aller Verzweiflung: „Oh! – oh! – oh! – es ist um mich geschehn! Vielleicht noch in dieser Stunde kommt der erzürnte Gnome und beißt mir die Kehle ab, wenn mich die Sylphide nicht rettet! – O Anna – Anna! – geh – flieh!"

Fräulein Ännchen, die sich bei des Papas wunderlichen Reden schon längst weit weg gewünscht hatte, sprang hinab mit der Schnelle des Windes.

Drittes Kapitel

Es wird von der Ankunft eines merkwürdigen Mannes in Dapsulheim berichtet und erzählt, was sich dann ferner begeben.

Der Herr Dapsul von Zabelthau hatte eben seine Tochter unter vielen Tränen umarmt und wollte den Turm besteigen, wo er jeden Augenblick den bedrohlichen Besuch des erzürnten Gnomen befürchtete. Da ließ sich heller lustiger Hörnerklang vernehmen, und hinein in den Hof sprengte ein kleiner Reiter von ziemlich sonderbarem possierlichen Ansehen. Das gelbe Pferd war gar nicht groß und von feinem zierlichen Bau, deshalb nahm sich auch der Kleine trotz seines unförmlich dicken

Kopfs gar nicht so zwergartig aus, sondern ragte hoch genug über den Kopf des Pferdes empor. Das war aber bloß dem langen Leibe zuzuschreiben, denn was an Beinen und Füßen über den Sattel hing, war so wenig, daß es kaum zu rechnen. Übrigens trug der Kleine einen sehr angenehmen Habit von goldgelbem Atlas, eine ebensolche hohe Mütze mit einem tüchtigen grasgrünen Federbusch und Reitstiefel von schön poliertem Mahagoniholz. Mit einem durchdringendem Prrrrrr! hielt der Reiter dicht vor dem Herrn von Zabelthau. Er schien absteigen zu wollen, plötzlich fuhr er aber mit der Schnelligkeit des Blitzes unter dem Bauch des Pferdes hinweg, schleuderte sich auf der andern Seite zwei-, dreimal hintereinander zwölf Ellen hoch in die Lüfte, so daß er sich auf jeder Elle sechsmal überschlug, bis er mit dem Kopf auf dem Sattelknopf zu stehen kam. So galoppierte er, indem die Füßchen in den Lüften Trochäen, Pyrrhichien, Daktylen u. s. w. spielten, vorwärts, rückwärts, seitwärts in allerlei wunderlichen Wendungen und Krümmungen. Als der zierliche Gymnastiker und Reitkünstler endlich stillstand und höflich grüßte, erblickte man auf dem Boden des Hofes die Worte: „Sein Sie mir schönstens gegrüßt samt Ihrem Fräulein Tochter, mein hochverehrtester Herr Dapsul von Zabelthau!" Er hatte diese Worte mit schönen römischen Unzial-Buchstaben in das Erdreich geritten. Hierauf sprang der Kleine vom Pferde, schlug dreimal Rad und sagte dann, daß er ein schönes Kompliment auszurichten habe an den Herrn Dapsul von Zabelthau, von seinem gnädigen Herrn, dem Herrn Baron Porphyrio von Ockerodastes, genannt Corduanspitz, und wenn es dem Herrn Dapsul von Zabelthau nicht unangenehm wäre, so wolle der Herr Baron auf einige Tage freundlich bei ihm einsprechen, da er künftig sein nächster Nachbar zu werden hoffe.

Herr Dapsul von Zabelthau glich mehr einem Toten als einem Lebendigen, so bleich und starr stand er da an seine Tochter gelehnt. Kaum war ein: „Wird – mir – sehr – erfreulich sein", mühsam seinen bebenden Lippen entflohen, als der kleine Reiter sich mit denselben Zeremonien wie er gekommen, blitzschnell entfernte.

„Ach meine Tochter", rief nun Herr Dapsul von Zabelthau heulend und schluchzend, „ach meine Tochter, meine arme unglückselige Tochter, es ist nur zu gewiß, es ist der Gnome, welcher kommt dich zu entführen und mir den Hals umzudrehen! – Doch wir wollen den letzten Mut aufbieten, den wir etwa noch besitzen möchten! Vielleicht ist es möglich, den erzürnten

Elementargeist zu versöhnen, wir müssen uns nur so schicklich gegen ihn benehmen als es irgend in unserer Macht steht. – Sogleich werde ich dir, mein teures Kind, einige Kapitel aus dem Laktanz oder aus dem Thomas Aquinas vorlesen über den Umgang mit Elementargeistern, damit du keinen garstigen Schnitzer machst –" Noch ehe aber der Herr Dapsul von Zabelthau den Laktanz, den Thomas Aquinas oder einen andern elementarischen Knigge herbeischaffen konnte, hörte man schon ganz in der Nähe eine Musik erschallen, die beinahe der zu vergleichen, die hinlänglich musikalische Kinder zum lieben Weihnachten aufzuführen pflegen. Ein schöner langer Zug kam die Straße herauf. Voran ritten wohl an sechszig, siebzig kleine Reiter auf kleinen gelben Pferden, sämtlich gekleidet wie der Abgesandte in gelben Habiten, spitzen Mützen und Stiefeln von poliertem Mahagoni. Ihnen folgte eine mit acht gelben Pferden bespannte Kutsche von dem reinsten Kristall, der noch ungefähr vierzig andere minder prächtige, teils mit sechs, teils mit vier Pferden bespannte Kutschen folgten. Noch eine Menge Pagen, Läufer und andere Diener schwärmten nebenher auf und nieder in glänzenden Kleidern angetan, so daß das Ganze einen ebenso lustigen als seltsamen Anblick gewährte. Herr Dapsul von Zabelthau blieb versunken in trübes Staunen. Fräulein Ännchen, die bisher nicht geahnt, daß es auf der ganzen Erde solch niedliche schmucke Dinger geben könne, als diese Pferdchen und Leutchen, geriet ganz außer sich und vergaß alles, sogar den Mund, den sie zum freudigen Ausruf weit genug geöffnet, wieder zuzumachen.

Die achtspännige Kutsche hielt dicht vor dem Herrn Dapsul von Zabelthau. Reiter sprangen von den Pferden, Pagen, Diener eilten herbei, der Kutschenschlag wurde geöffnet, und wer nun aus den Armen der Dienerschaft herausschwebte aus der Kutsche, war niemand anders, als der Herr Baron Porphyrio von Ockerodastes, genannt Corduanspitz. – Was seinen Wuchs betraf, so war der Herr Baron bei weitem nicht dem Apollo von Belvedere, ja nicht einmal dem sterbenden Fechter zu vergleichen. Denn außerdem, daß er keine volle drei Fuß maß, so bestand auch der dritte Teil dieses kleinen Körpers aus dem offenbar zu großen dicken Kopfe, dem übrigens eine tüchtige lang gebogene Nase, sowie ein Paar große kugelrund hervorquellende Augen keine üble Zierde waren. Da der Leib auch etwas lang, so blieben für die Füßchen nur etwa vier Zoll übrig. Dieser kleine Spielraum war aber gut genutzt, denn an und vor sich selbst waren die freiherrlichen Füßchen die zierlichsten, die man nur sehen konnte. Freilich schienen sie aber zu schwach, das würdige Haupt zu tragen; der Baron hatte einen schwankenden Gang, stülpte auch wohl manchmal um, stand aber gleich wieder wie ein Stehaufmännchen auf den Füßen, so daß jenes Umstülpen mehr der angenehme Schnörkel eines Tanzes schien. Der Baron trug einen enge anschließenden Habit von gleißendem Goldstoff und ein Mützchen, das beinahe einer Krone zu vergleichen mit einem ungeheuren Busch von vielen krautgrünen Federn. Sowie der Baron nun auf der Erde stand, stürzte er auf den Herrn Dapsul von Zabelthau los, faßte ihn bei beiden Händen, schwang sich empor bis an seinen Hals, hing sich an diesen, und rief mit einer Stimme, die viel stärker dröhnte als man es hätte der kleinen Statur zutrauen sollen: „O mein Dapsul von Zabelthau – mein teurer, innigstgeliebter Vater!" Darauf schwang der Baron sich ebenso behende und geschickt wieder herab von des Herrn von Dapsuls Halse, sprang oder schleuderte sich vielmehr auf Fräulein Ännchen los, faßte die Hand mit dem beringten Finger, bedeckte sie mit laut schmatzenden Küssen und rief ebenso dröhnend als zuvor: „O mein allerschönstes Fräulein Anna von Zabelthau, meine geliebteste Braut!" Darauf klatschte der Baron in die Händchen und alsbald ging die gellende lärmende Kindermusik los, und über hundert kleine Herrlein, die den Kutschen und den Pferden entstiegen, tanzten wie erst der Kurier zum Teil auf den Köpfen, dann wieder auf den Füßen, in den zierlichsten Trochäen, Spondäen, Jamben, Pyrrhichien, Anapästen, Tribrachen, Bachien, Antibachien, Choriamben und Daktylen, daß es eine Lust war. Während dieser Lust erholte sich aber Fräulein Ännchen von dem großen Schreck, den ihr des kleinen Barons Anrede verursacht und geriet in allerlei wohlgegründete ökonomische Bedenken. „Wie", dachte sie, „ist es möglich, daß das kleine Volk Platz hat in diesem kleinen Hause? – Wäre es auch mit der Not entschuldigt, wenn ich wenigstens die Dienerschaft in die große Scheune bettete, hätten sie auch da wohl Platz? Und was fange ich mit den Edelleuten an, die in den Kutschen gekommen und gewiß gewohnt sind, in schönen Zimmern sanft und weich gebettet zu schlafen? – Sollten auch die beiden Ackerpferde heraus aus dem Stall, ja wäre ich unbarmherzig genug, auch den alten lahmen Fuchs herauszujagen ins Gras, ist dennoch wohl Platz genug für alle diese kleinen Bestien von Pferden, die der häßliche Baron mitgebracht? Und ebenso geht es ja mit den einundvierzig Kutschen! – Aber nun noch das Ärgste! – Ach du lieber Gott, reicht denn der ganze Jahresvorrat wohl hin, all diese kleine Kreaturen auch nur zwei Tage hindurch zu sättigen?" Dies letzte Bedenken war nun wohl das allerschlimmste. Fräulein Ännchen sah schon alles aufgezehrt, alles neue Gemüse, die Hammelherde, das Federvieh, das eingesalzene Fleisch, ja selbst den Runkelrüben-Spiritus und das trieb ihr die hellen Tränen in die Augen. Es kam ihr vor, als schnitte ihr eben der Baron Corduanspitz ein rechtes freches, schadenfrohes Gesicht und das gab ihr den Mut, ihm, als seine Leute noch im besten Tanzen begriffen waren, in dürren Worten zu erklären, daß, so lieb dem Vater auch sein Besuch sein möge, an einen längern als zweistündigen Aufenthalt in Dapsulheim doch gar nicht zu denken, da es an Raum und an allen übrigen Dingen, die zur Aufnahme und zur standesmäßigen Bewirtung eines solchen vornehmen reichen Herrn nebst seiner zahlreichen Dienerschaft nötig, gänzlich mangle. Da sah aber der kleine Corduanspitz plötzlich so ungemein süß und zart aus wie ein Marzipanbrötchen und versicherte, indem er mit zugedrückten Augen Fräulein Ännchens etwas rauhe und nicht zu weiße Hand an die Lippen drückte, daß er weit entfernt sei, dem lieben Papa und der schönsten Tochter auch nur die mindeste Ungelegenheit zu verursachen. Er führe alles mit sich, was Küche und Keller zu leisten habe, was aber die Wohnung betreffe, so verlange er nichts als ein Stückchen Erde und den freien Himmel darüber, damit seine Leute den gewöhnlichen Reisepalast bauen könnten, in dem er mitsamt seiner ganzen Dienerschaft und was derselben noch an Vieh anhängig, hausen werde.

Über diese Worte des Baron Porphyrio von Ockerodastes wurde Fräulein Ännchen so vergnügt, daß sie, um zu zeigen, es käme ihr auch eben nicht darauf an, ihre Leckerbissen preiszugeben, im Begriff stand, dem Kleinen Krapfkuchen, den sie von der letzten Kirchweih aufgehoben und ein Gläschen Runkelrübengeist anzubieten, wenn er nicht doppelten Bitter vorziehe, den die Großmagd aus der Stadt mitgebracht und als magenstärkend empfohlen. Doch in dem Augenblick setzte Corduanspitz hinzu, daß er zum Aufbau des Palastes den Gemüsegarten erkoren, und hin war Ännchens Freude! – Während aber die Dienerschaft um des Herrn Ankunft auf Dapsulheim zu feiern, ihre olympischen Spiele fortsetzte, indem sie bald mit den dicken Köpfen sich in die spitzen Bäuche rannten und rückwärts überschlugen, bald sich in die Lüfte schleuderten, bald unter sich kegelten, selbst Kegel, Kugel und Kegler vorstellend u. s. w., vertiefte sich der kleine Baron Porphyrio von Ockerodastes mit dem Herrn Dapsul von Zabelthau in ein Gespräch, das immer wichtiger zu werden schien, bis beide Hand in Hand sich fortbegaben und den astronomischen Turm bestiegen.

Voller Angst und Schreck lief nun Fräulein Ännchen eiligst nach dem Gemüsegarten, um zu retten, was noch zu retten möglich. Die Großmagd stand schon auf dem Felde und starrte mit offnem Munde vor sich her, regungslos, als sei sie verwandelt in eine Salzsäule wie Lots Weib. Fräulein Ännchen neben ihr erstarrte gleichermaßen. Endlich schrien aber beide, daß es weit in den Lüften umherschallte: „Ach mein Herr Jemine, was ist denn das für ein Unglück!" – Den ganzen schönen Gemüsegarten fanden sie verwandelt in eine Wüstenei. Da grünte kein Kraut, blühte keine Staude; es schien ein ödes verwüstetes Feld. „Nein", schrie die Magd ganz erbost, „es ist nicht anders möglich, das haben die verfluchten kleinen Kreaturen getan, die soeben angekommen sind – in Kutschen sind sie gefahren? wollen wohl vornehme Leute vorstellen? – Ha ha! Kobolde sind es, glauben Sie mir, Fräulein Ännchen, nichts als unchristliche Hexenkerls, und hätt ich nur ein Stückchen Kreuzwurzel bei der Hand, so sollten Sie ihre Wunder sehen. – Doch sie sollen nur kommen, die kleinen Bestien, mit diesem Spaten schlage ich sie tot!" Damit schwang die Großmagd ihre bedrohliche Waffe hoch in den Lüften, indem Fräulein Ännchen laut weinte.

Es nahten sich indessen jetzt vier Herren aus Corduanspitzes Gefolge mit solchen angenehmen zierlichen Mienen und höflichen Verbeugungen, sahen auch dabei so höchst wunderbar aus, daß die Großmagd statt wie sie gewollt, gleich zuzuschlagen, den Spaten langsam sinken ließ, und Fräulein Ännchen einhielt mit Weinen.

Die Herren kündigten sich als die den Herrn Baron Porphyrio von Ockerodastes, genannt Corduanspitz, zunächst umgebende Freunde an, waren, wie es auch ihre Kleidung wenigstens symbolisch andeutete, von vier verschiedenen Nationen und nannten sich: Pan Kapustowicz aus Polen, Herr von Schwarzrettig aus Pommern, Signor di Broccoli aus Italien, Monsieur de Roccambolle aus Frankreich. Sie versicherten in sehr wohlklingenden Redensarten, daß sogleich die Bauleute kommen und dem allerschönsten Fräulein das hohe Vergnügen bereiten würden, in möglichster Schnelle einen hübschen Palast aus lauter Seide aufbauen zu sehen.

„Was kann mir der Palast aus Seide helfen", rief Fräulein Ännchen laut weinend im tiefsten Schmerz, „was geht mich überhaupt euer Baron Corduanspitz an, da ihr mich um alles schöne Gemüse gebracht habt, ihr schlechten Leute, und alle meine Freude dahin ist." Die höflichen Leute trösteten aber Fräulein Ännchen und versicherten, daß sie durchaus gar nicht schuld wären an der Verwüstung des Gemüsegartens, daß derselbe im Gegenteil bald wieder in einem solchen Flor grünen und blühen werde, wie ihn Fräulein Ännchen noch niemals und überhaupt noch keinen in der Welt gesehen.

Die kleinen Bauleute kamen auch wirklich und nun ging ein solches tolles wirres Durcheinandertreiben auf dem Acker los, daß Fräulein Ännchen sowohl als die Großmagd ganz erschrokken davonrannten bis an die Ecke eines Busches, wo sie stehenblieben und zuschauen wollten, wie sich dann alles begeben würde.

Ohne daß sie aber auch nur im mindesten begriffen, wie das mit rechten Dingen zugehen konnte, formte sich vor ihren Augen in wenigen Minuten ein hohes prächtiges Gezelt aus goldgelbem Stoff mit bunten Kränzen und Federn geschmückt, das den ganzen Raum des großen Gemüsegartens einnahm, so daß die Zeltschnüre über das Dorf weg bis in den nahgelegenen Wald gingen und dort an starken Bäumen befestigt waren.

Kaum war das Gezelt fertig, als der Baron Porphyrio von Ockerodastes mit dem Herrn Dapsul von Zabelthau hinabkam von dem astronomischen Turm, nach mehreren Umarmungen in die achtspännige Kutsche stieg, und nebst seinem Gefolge in derselben Ordnung wie er nach Dapsulheim gekommen, hineinzog in den seidenen Palast, der sich hinter dem letzten Mann zuschloß.

Nie hatte Fräulein Ännchen den Papa so gesehen. Auch die leiseste Spur der Betrübnis, von der er sonst stets heimgesucht, war weggetilgt von seinem Antlitz, es war beinahe als wenn er lächelte und dabei hatte sein Blick in der Tat etwas Verklärtes, das denn wohl auf ein großes Glück zu deuten pflegt, das jemanden ganz unvermutet über den Hals gekommen. – Schweigend nahm Herr Dapsul von Zabelthau Fräulein Ännchens Hand, führte sie hinein in das Haus, umarmte sie dreimal hintereinander und brach dann endlich los: „Glückliche Anna – überglückliches Kind! – glücklicher Vater! – O Tochter, alle

Besorgnis, aller Gram, alles Herzeleid ist nun vorüber! – Dich trifft ein Los, wie es nicht so leicht einer Sterblichen vergönnt ist! Wisse dieser Baron Porphyrio von Ockerodastes, genannt Corduanspitz, ist keinesweges ein feindseliger Gnome; wiewohl er von einem dieser Elementargeister abstammt, dem es aber gelang, seine höhere Natur durch den Unterricht des Salamanders Oromasis zu reinigen. Aus dem geläuterten Feuer ging aber die Liebe zu einer Sterblichen hervor, mit der er sich verband und Ahnherr der illüstersten Familie wurde, durch deren Namen jemals ein Pergament geziert wurde. – Ich glaube dir, geliebte Tochter Anna, schon gesagt zu haben, daß der Schüler des großen Salamanders Oromasis, der edle Gnome Tsilmenech – ein chaldäischer Name, der in echtem reinen Deutsch soviel heißt, als Grützkopf – sich in die berühmte Magdalena de la Croix, Äbtissin eines Klosters zu Cordua in Spanien, verliebte, und wohl an die dreißig Jahre mit ihr in einer glücklichen vergnügten Ehe lebte. Ein Sprößling der sublimen Familie höherer Naturen, die aus dieser Verbindung sich fortpflanzte, ist nun der liebe Baron Porphyrio von Ockerodastes, der den Zunamen Corduanspitz angenommen, zur Bezeichnung seiner Abstammung aus Cordua in Spanien, und um sich von einer mehr stolzen, im Grunde aber weniger würdigen Seitenlinie zu unterscheiden, die den Beinamen *Saffian* trägt. Daß dem Corduan ein Spitz zugesetzt worden, muß seine besonderen elementarisch-astrologischen Ursachen haben; ich dachte noch nicht darüber nach. Dem Beispiel seines großen Ahnherrn folgend, des Gnomen Tsilmenech, der die Magdalena de la Croix auch schon seit ihrem zwölften Jahre liebte, hat dir auch der vortreffliche Ockerodastes seine Liebe zugewandt, als du erst zwölf Jahre zähltest. Er war so glücklich von dir einen kleinen goldnen Fingerreif zu erhalten, und nun hast du auch seinen Ring angesteckt, so daß du unwiderruflich seine Braut geworden."
„Wie", rief Fräulein Ännchen voll Schreck und Bestürzung, „wie? – seine Braut? – den abscheulichen kleinen Kobold soll ich heiraten? Bin ich denn nicht längst die Braut des Herrn Amandus von Nebelstern? – Nein! – nimmermehr nehme ich den häßlichen Hexenmeister zum Mann, und mag er tausendmal aus Corduan sein oder aus Saffian!" „Da", erwiderte Herr Dapsul von Zabelthau ernster werdend, „da sehe ich denn zu meinem Leidwesen, wie wenig die himmlische Weisheit deinen verstockten irdischen Sinn zu durchdringen vermag! Häßlich, abscheulich nennst du den edlen elementarischen Porphyrio von

Ockerodastes, vielleicht weil er nur drei Fuß hoch ist, und außer dem Kopf an Leib, Arm und Bein und anderen Nebensachen nichts Erkleckliches mit sich trägt, statt daß ein solcher irdischer Geck, wie du ihn dir wohl denken magst, die Beine nicht lang genug haben kann, der Rockschöße wegen? O meine Tochter, in welchem heillosen Irrtum bist du befangen! – Alle Schönheit liegt in der Weisheit, alle Weisheit in dem Gedanken, und das physische Symbol des Gedankens ist der Kopf! – Je mehr Kopf, desto mehr Schönheit und Weisheit, und könnte der Mensch alle übrigen Glieder als schädliche Luxusartikel die vom Übel, wegwerfen, er stände da als höchstes Ideal! Woraus entsteht alle Beschwerde, alles Ungemach, alle Zwietracht, aller Hader, kurz alles Verderben des Irdischen, als aus der verdammten Üppigkeit der Glieder? – O welcher Friede, welche Ruhe, welche Seligkeit auf Erden, wenn die Menschheit existierte ohne Leib, Steiß, Arm und Bein! – wenn sie aus lauter Büsten bestünde! – Glücklich ist daher der Gedanke der Künstler, wenn sie große Staatsmänner oder große Gelehrte als Büste darstellen, um symbolisch die höhere Natur anzudeuten, die ihnen inwohnen muß vermöge ihrer Charge oder ihrer Bücher! – Also! meine Tochter Anna, nichts von Häßlichkeit, Abscheulichkeit oder sonstigem Tadel des edelsten der Geister, des herrlichen Porphyrio von Ockerodastes, dessen Braut du bist und bleibst! – Wisse, daß durch ihn auch dein Vater in kurzem die höchste Stufe des Glücks, dem er so lange vergebens nachgetrachtet, ersteigen wird. Porphyrio von Ockerodastes ist davon unterrichtet, daß mich die Sylphide Nehahilah (syrisch, soviel als Spitznase) liebt, und will mir mit allen Kräften beistehen, daß ich der Verbindung mit dieser höheren geistigen Natur ganz würdig werde. – Du wirst, mein liebes Kind, mit deiner künftigen Stiefmutter wohl zufrieden sein. – Möge ein günstiges Verhängnis es so fügen, daß unsere beiden Hochzeiten zu einer und derselben glücklichen Stunde gefeiert werden könnten!“ – Damit verließ der Herr Dapsul von Zabelthau, indem er der Tochter noch einen bedeutenden Blick zugeworfen, pathetisch das Zimmer.

Dem Fräulein Ännchen fiel es schwer aufs Herz, als sie sich erinnerte, daß ihr wirklich vor langer Zeit, da sie noch ein Kind, ein kleiner Goldreif vom Finger weg abhanden gekommen auf unbegreifliche Weise: Nun war es ihr gewiß, daß der kleine abscheuliche Hexenmeister sie wirklich in sein Garn verlockt, so daß sie kaum mehr entrinnen könne, und darüber geriet sie in die alleräußerste Betrübnis. Sie mußte ihrem gepreßten Herzen

Luft machen und das geschah mittelst eines Gänsekiels, den sie ergriff und flugs an den Herrn Amandus von Nebelstern schrieb in folgender Weise.

Mein herzliebster Amandus!

Es ist alles rein aus, ich bin die unglücklichste Person auf der ganzen Erde und schluchze und heule vor lauter Betrübnis so sehr, daß das liebe Vieh sogar Mitleid und Erbarmen mit mir hat, viel mehr wirst du davon gerührt werden; eigentlich geht das Unglück auch dich ebensogut an als mich, und du wirst dich ebenso betrüben müssen! Du weißt doch, daß wir uns so herzlich lieben als nur irgendein Liebespaar sich lieben kann und daß ich deine Braut bin und daß uns der Papa zur Kirche geleiten wollte? – Nun! da kommt plötzlich ein kleiner garstiger gelber Mensch in einer achtspännigen Kutsche, von vielen Herrn und Dienern begleitet, angezogen und behauptet, ich hätte mit ihm Ringe gewechselt und wir wären Braut und Bräutigam! – Und denke einmal wie schrecklich! der Papa sagt auch, daß ich den kleinen Unhold heiraten müsse, weil er aus einer sehr vornehmen Familie sei. Das mag sein, nach dem Gefolge zu urteilen und den glänzenden Kleidern die sie tragen, aber einen solchen greulichen Namen hat der Mensch, daß ich schon deshalb niemals seine Frau werden mag. Ich kann die unchristlichen Wörter, aus denen der Namen besteht, gar nicht einmal nachsprechen. Übrigens heißt er aber auch Corduanspitz und das ist eben der Familienname. Schreib mir doch, ob die Corduanspitze wirklich so erlaucht und vornehm sind, man wird das wohl in der Stadt wissen. Ich kann gar nicht begreifen, was dem Papa einfällt in seinen alten Tagen, er will auch noch heiraten und der häßliche Corduanspitz soll ihn verkuppeln an eine Frau die in den Lüften schwebt. – Gott schütze uns! – Die Großmagd zuckt die Achseln und meint, von solchen gnädigen Frauen, die in der Luft flögen und auf dem Wasser schwämmen, halte sie nicht viel, sie würde gleich aus dem Dienst gehen und wünsche meinetwegen, daß die Stiefmama wo möglich den Hals brechen möge bei dem ersten Lustritt zu St. Walpurgis. – Das sind schöne Dinge! – Aber auf dich steht meine ganze Hoffnung! – Ich weiß ja daß du derjenige bist, der da soll und muß, und mich retten wirst aus großer Gefahr. Die Gefahr ist da, komm, eile, rette

deine bis in den Tod betrübte aber getreueste Braut

Anna von Zabelthau.

N. S. Könntest du den kleinen gelben Corduanspitz nicht herausfordern? Du wirst gewiß gewinnen, denn er ist etwas schwach auf den Beinen.

N. S. Ich bitte dich nochmals, ziehe dich nur gleich an und eile zu deiner unglückseligsten, so wie oben aber getreuesten Braut, Anna von Zabelthau.

Viertes Kapitel

in welchem die Hofhaltung eines mächtigen Königs beschrieben, nächstdem aber von einem blutigen Zweikampf und andern seltsamen Vorfällen Nachricht gegeben wird.

Fräulein Ännchen fühlte sich vor lauter Betrübnis wie gelähmt an allen Gliedern. Am Fenster saß sie mit übereinandergeschlagenen Ärmen und starrte hinaus ohne des Gackerns, Krähens, Mauzens und Piepens des Federviehs zu achten, das, da es zu dämmern begann, wie gewöhnlich von ihr zur Ruhe gebracht werden wollte. Ja, sie ließ es mit der größten Gleichgültigkeit geschehen, daß die Magd dies Geschäft besorgte und dem Haushahn, der sich in die Ordnung der Dinge nicht fügen, ja sich gegen die Stellvertreterin auflehnen wollte, mit der Peitsche einen ziemlich derben Schlag versetzte. Der eigne Liebesschmerz, der ihre Brust zerriß, raubte ihr alles Gefühl für das Leid des liebsten Zöglings ihrer süßesten Stunden, die sie der Erziehung gewidmet ohne den Chesterfield oder den Knigge zu lesen, ja ohne die Frau von Genlis oder andere seelenkennerische Damen zu Rate zu ziehen, die auf ein Haar wissen, wie junge Gemüter in die rechte Form zu kneten. – Man hätte ihr das als Leichtsinn anrechnen können.

Den ganzen Tag hatte sich Corduanspitz nicht sehen lassen, sondern war bei dem Herrn Dapsul von Zabelthau auf dem Turm geblieben, wo sehr wahrscheinlich wichtige Operationen vorgenommen sein mußten. Jetzt aber bemerkte Fräulein Ännchen den Kleinen, wie er im glühenden Schein der Abendsonne über den Hof wankte. Er kam ihr in seinem hochgelben Habit garstiger vor als jemals und die possierliche Art, wie er hin und her hüpfte, jeden Augenblick umzustülpen schien, sich wieder emporschleuderte, worüber ein anderer sich krank gelacht haben würde, verursachte ihr nur noch mehr Gram. Ja sie hielt endlich beide Hände vors Gesicht, um den widerwärtigen Popanz nur nicht ferner zu schauen. Da fühlte sie plötzlich, daß jemand sie an der Schürze zupfe. „Kusch, Feldmann!" rief sie, meinend es sei der Hund, der sie zupfe. Es war aber nicht der Hund, vielmehr erblickte Fräulein Ännchen, als sie die Hände vom Gesicht nahm, den Herrn Baron Porphyrio von Ockerodastes, der sich mit einer beispiellosen Behendigkeit auf ihren Schoß schwang und sie mit beiden Armen umklammerte. Vor Schreck und Abscheu schrie Fräulein Ännchen laut auf und fuhr von dem Stuhl in die Höhe. Corduanspitz blieb aber an ihrem Halse hängen und wurde in dem Augenblick so fürchterlich schwer, daß er mit einem Gewicht von wenigstens zwanzig Zentnern das arme Ännchen pfeilschnell wieder herabzog auf den Stuhl, wo sie gesessen. Jetzt rutschte Corduanspitz aber auch sogleich herab von Ännchens Schoß, ließ sich so zierlich und manierlich, als es bei einigem Mangel an Gleichgewicht nur in seinen Kräften stand, nieder auf sein rechtes kleines Knie und sprach dann mit einem klaren etwas besonders aber nicht eben widerlich klingenden Ton: „Angebetetes Fräulein Anna von Zabelthau, vortrefflichste Dame, auserwählteste Braut, nur keinen Zorn, ich bitte, ich flehe! – nur keinen Zorn, keinen Zorn! – Ich weiß, Sie glauben, meine Leute hätten Ihren schönen Gemüsegarten verwüstet um meinen Palast zu bauen? O Mächte des Alls! – Könnten Sie doch nur hineinschauen in meinen geringen Leib und mein in lauter Liebe und Edelmut hüpfendes Herz erblicken! – Könnten Sie doch nur alle Kardinaltugenden entdecken, die unter diesem gelben Atlas in meiner Brust versammelt sind! – O wie weit bin ich von jener schmachvollen Grausamkeit entfernt, die Sie mir zutrauen! – Wie wär es möglich, daß ein milder Fürst seine eignen Unterta – doch halt! – halt! – Was sind Worte, Redensarten! – Schauen müssen Sie selbst o Braut! ja schauen selbst die Herrlichkeiten, die Ihrer warten! Sie müssen mit mir gehen, ja mit mir gehen auf der Stelle, ich führe Sie in meinen Palast, wo ein freudiges Volk lauert auf die angebetete Geliebte des Herrn!"

Man kann denken, wie Fräulein Ännchen sich vor Corduanspitzes Zumutung entsetzte, wie sie sich sträubte dem bedrohlichen Popanz auch nur einen Schritt zu folgen. Corduanspitz ließ aber nicht nach, ihr die außerordentliche Schönheit, den grenzenlosen Reichtum des Gemüsegartens, der eigentlich sein Palast sei, mit solchen eindringlichen Worten zu beschreiben, daß sie endlich sich entschloß, wenigstens etwas hineinzukucken in das Gezelt, welches ihr denn doch ganz und gar nicht schaden könne. – Der Kleine schlug vor lauter Freude und Entzücken wenigstens zwölfmal hintereinander Rad, faßte dann aber sehr zierlich Fräulein Ännchens Hand und führte sie durch den Garten nach dem seidnen Palast.

Mit einem lauten: „Ach!" blieb Fräulein Ännchen wie in den Boden gewurzelt stehen, als die Vorhänge des Einganges aufrollten und sich ihr die Aussicht eines unabsehbaren Gemüsegartens erschloß von solcher Herrlichkeit, wie sie auch in den schönsten Träumen von blühendem Kohl und Kraut, keinen jemals erblickt. Da grünte und blühte alles, was nur Kraut und Kohl und Rübe und Salat und Erbse und Bohne heißen mag, in funkelndem Schimmer und solcher Pracht, daß es gar nicht zu sagen. – Die Musik von Pfeifen und Trommeln und Zimbeln ertönte stärker und die vier artigen Herrn, die Fräulein Ännchen schon kennengelernt, nämlich der Herr von Schwarzrettig, der Monsieur de Roccambolle, der Signor di Broccoli und der Pan Kapustowicz, nahten sich unter vielen zeremoniösen Bücklingen.

„Meine Kammerherrn", sprach Porphyrio von Ockerodastes lächelnd, und führte, indem die genannten Kammerherrn voranschritten, Fräulein Ännchen durch die Doppeltreihe, welche die rote englische Karottengarde bildete bis in die Mitte des Feldes, wo sich ein hoher prächtiger Thron erhob. Um diesen Thron waren die Großen des Reichs versammelt, die Salatprinzen mit den Bohnenprinzessinnen, die Gurkenherzoge mit dem Melonenfürsten an ihrer Spitze, die Kopfkohlminister, die Zwiebel- und Rübengeneralität, die Federkohldamen etc. alle in den glänzendsten Kleidern ihres Ranges und Standes. Und dazwischen liefen wohl an hundert allerliebste Lavendel- und Fenchelpagen umher und verbreiteten süße Gerüche. Als Ockerodastes mit Fräulein Ännchen den Thron bestiegen, winkte der Oberhofmarschall Turneps mit seinem langen Stabe und sogleich schwieg die Musik und alles horchte in stiller Ehrfurcht. Da erhob Ockerodastes seine Stimme und sprach sehr feierlich: „Meine getreuen und sehr lieben Untertanen! Seht hier an meiner Seite das edle Fräulein Anna von Zabelthau, das ich zu meiner Gemahlin erkoren. Reich an Schönheit und Tugend, hat sie euch schon lange mit mütterlich-liebenden Augen betrachtet, ja euch weiche, fette Lager bereitet und gehegt und gepflegt. Sie wird euch stets eine treue würdige Landesmutter sein und bleiben. Bezeigt jetzt den ehrerbietigen Beifall, sowie ordnungsmäßigen Jubel über die Wohltat, die ich im Begriff stehe euch huldvoll zufließen zu lassen!" Auf ein zweites

Zeichen des Oberhofmarschalls Turneps ging nun ein tausendstimmiger Jubel los, die Bollenartillerie feuerte ihr Geschütz ab und die Musiker der Karottengarde spielten das bekannte Festlied: Salat-Salat und grüne Petersilie! – Es war ein großer erhabener Moment, der den Großen des Reichs, vorzüglich aber den Federkohldamen Tränen der Wonne entlockte. Fräulein Ännchen hätte beinahe auch alle Fassung verloren, als sie gewahrte, daß der Kleine eine von Diamanten funkelnde Krone auf dem Haupte, in der Hand aber ein goldnes Szepter trug. „Ei", sprach sie, indem sie voll Erstaunen die Hände zusammenschlug, „ei du mein Herr Jemine! Sie sind ja wohl viel mehr als Sie scheinen, mein lieber Herr von Corduanspitz?" – „Angebetete Anna", erwiderte Ockerodastes sehr sanft, „die Gestirne zwangen mich, bei Ihrem Herrn Vater unter einem erborgten Namen zu erscheinen. Erfahren Sie, bestes Kind, daß ich einer der mächtigsten Könige bin und ein Reich beherrsche, dessen Grenzen gar nicht zu entdecken sind, da sie auf der Karte zu illuminieren vergessen worden. Es ist der Gemüsekönig Daucus Carota der Erste, der Ihnen, o süßeste Anna, seine Hand und seine Krone darreicht. Alle Gemüsefürsten sind meine Vasallen und nur einen einzigen Tag im Jahre regiert, nach einem uralten Herkommen, der Bohnenkönig." „Also", rief Fräulein Ännchen freudig, „also eine Königin soll ich werden und diesen herrlichen prächtigen Gemüsegarten besitzen?" König Daucus Carota versicherte nochmals, daß dies allerdings der Fall sei und fügte hinzu, daß seiner und ihrer Herrschaft alles Gemüse unterworfen sein werde, das nur emporkeime aus der Erde. So was hatte nun Fräulein Ännchen wohl gar nicht erwartet und sie fand, daß der kleine Corduanspitz seit dem Augenblick, als er sich in den König Daucus Carota den Ersten umgesetzt, gar nicht mehr so häßlich war als vorher und daß ihm Krone und Szepter sowie der Königsmantel ganz ungemein artig standen. Rechnete noch Fräulein Ännchen sein artiges Benehmen und die Reichtümer hinzu, die ihr durch diese Verbindung zuteil wurden, so mußte sie wohl überzeugt sein, daß kein Landfräulein hienieden eine bessere Partie zu machen imstande als eben sie, die im Umsehn eine Königsbraut geworden. Fräulein Ännchen war deshalb auch über alle Maßen vergnügt und fragte den königlichen Bräutigam, ob sie nicht gleich in dem schönen Palast bleiben, und ob nicht morgenden Tages die Hochzeit gefeiert werden könne. König Daucus erwiderte indessen, daß, sosehr ihn die Sehnsucht der angebeteten Braut entzücke, er doch gewisser Konstellationen halber sein Glück noch verschieben müsse. Der Herr Dapsul von Zabelthau dürfe nämlich für jetzt den königlichen Stand seines Eidams durchaus nicht erfahren, da sonst die Operationen, die die gewünschte Verbindung mit der Sylphide Nehahilah bewirken sollten, gestört werden könnten. Überdem habe er auch dem Herrn Dapsul von Zabelthau versprochen, daß beide Vermählungen an einem Tage gefeiert werden sollten. Fräulein Ännchen mußte feierlich geloben, dem Herrn Dapsul von Zabelthau auch nicht eine Silbe davon zu verraten, was sich mit ihr begeben, sie verließ dann den seidnen Palast unter dem lauten lärmenden Jubel des durch ihre Schönheit, durch ihr leutseliges herablassendes Betragen ganz in Wonne berauschten Volks.

Im Traume sah sie das Reich des allerliebsten Königs Daucus Carota noch einmal und schwamm in lauter Seligkeit. –

Der Brief, den sie dem Herrn Amandus von Nebelstern gesendet, hatte auf den armen Jüngling eine fürchterliche Wirkung gemacht. Nicht lange dauerte es, so erhielt Fräulein Ännchen folgende Antwort:

Abgott meines Herzens, himmlische Anna!

Dolche, spitze, glühende, giftige, tötende Dolche waren mir die Worte deines Briefes, die meine Brust durchbohrten. O Anna! du sollst mir entrissen werden? Welch ein Gedanke! Ich kann es noch gar nicht begreifen, daß ich nicht auf der Stelle unsinnig geworden bin und irgendeinen fürchterlichen grausamen Spektakel gemacht habe! – Doch floh ich ergrimmt über mein todbringendes Verhängnis die Menschen, und lief gleich nach Tische ohne wie sonst Billard zu spielen, hinaus in den Wald, wo ich die Hände rang und tausendmal deinen Namen rief! – Es fing gewaltig an zu regnen und ich hatte gerade eine ganz neue Mütze von rotem Samt mit einer prächtigen goldnen Troddel aufgesetzt. Die Leute sagen, daß noch keine Mütze so mir zu Gesicht gestanden, als diese. – Der Regen konnte das Prachtstück des Geschmacks verderben, doch was frägt die Verzweiflung der Liebe nach Mützen, nach Samt und Gold! – So lange lief ich umher, bis ich ganz durchnäßt und durchkältet war und ein entsetzliches Bauchgrimmen fühlte. Das trieb mich in das nahgelegene Wirtshaus, wo ich mir exzellenten Glühwein machen ließ und dazu eine Pfeife deines himmlischen Virginiers rauchte. – Bald fühlte ich mich von einer göttlichen Begeisterung erhoben, ich riß meine Brieftasche hervor, warf in aller Schnelle ein Dutzend herrliche Gedichte hin und, o wunderbare Gabe der Dichtkunst! – beides war verschwunden, Liebesverzweiflung und Bauchgrimmen. – Nur das letzte dieser Gedichte will ich dir mitteilen und auch dich, o Zierde der Jungfrauen, wird, wie mich, freudige Hoffnung erfüllen!

Winde mich in Schmerzen,
Ausgelöscht im Herzen,
Sind die Liebeskerzen,
Mag nie wieder scherzen!
Doch der Geist, er neigt sich,
Wort und Reim erzeugt sich,
Schreibe Verslein nieder.
Froh bin ich gleich wieder,
Tröstend in dem Herzen,
Flammen Liebeskerzen,
Weg sind alle Schmerzen,
Mag auch freundlich scherzen.

Ja, meine süße Anna! – bald eile ich, ein schützender Ritter herbei, und entreiße dich dem Bösewicht, der dich mir rauben will! – Damit du indessen bis dahin nicht verzweifelst, schreibe ich dir einige göttliche trostreiche Kernsprüche aus meines herrlichen Meisters Schatzkästlein her; du magst dich daran erlaben.

Die Brust wird weit, dem Geiste wachsen Flügel?
Sei Herz, Gemüt, doch lustger Eulenspiegel!

Liebe kann die Liebe hassen,
Zeit auch wohl die Zeit verpassen.

Die Lieb ist Blumenduft, ein Sein ohn Unterlaß,
O Jüngling, wasch den Pelz, doch mach ihn ja nicht naß!

Sagst du, im Winter weht frostiger Wind?
Warm sind doch Mäntel, wie Mäntel nun sind!

Welche göttliche, erhabene, überschwengliche Maximen! – Und wie einfach, wie anspruchslos, wie körnicht ausgedrückt! – Nochmals also, meine süßeste Maid! Sei getrost, trage mich im Herzen wie sonst. Es kommt, es rettet dich, es drückt dich an seine im Liebessturm wogende Brust

dein getreuester
Amandus von Nebelstern.

N. S. Herausfordern kann ich den Herrn von Corduanspitz auf keinen Fall. Denn, o Anna! jeder Tropfen Bluts, der deinem Amandus entquillen könnte bei dem feindlichen Angriff eines verwogenen Gegners, ist herrliches Dichterblut, der Ichor der Götter, der nicht verspritzt werden darf. Die Welt hat den gerechten Anspruch, daß ein Geist wie ich sich für sie schone, auf alle mögliche Weise konserviere. – Des Dichters Schwert ist das Wort, der Gesang. Ich will meinen Nebenbuhlern auf den Leib fahren mit tyrtäischen Schlachtliedern, ihn niederstoßen mit spitzen Epigrammen, ihn niederhauen mit Dithyramben voll Liebeswut – das sind die Waffen des echten wahren Dichters, die immerdar siegreich ihn sicherstellen gegen jeden Angriff, und so gewaffnet und gewappnet werde ich erscheinen und mir deine Hand erkämpfen o Anna!

Lebe wohl, nochmals drücke ich dich an meine Brust! – Hoffe alles von meiner Liebe und vorzüglich von meinem Heldenmut, der keine Gefahr scheuen wird, dich zu befreien aus den schändlichen Netzen, in die dich allem Anschein nach ein dämonischer Unhold verlockt hat! –

Fräulein Ännchen erhielt diesen Brief, als sie gerade mit dem bräutigamlichen König Daucus Carota dem Ersten auf der Wiese hinter dem Garten Haschemännchen spielte und große Freude hatte, wenn sie sich in vollem Lauf schnell niederduckte und der kleine König über sie wegschoß. Aber nicht wie sonst steckte sie das Schreiben des Geliebten ohne es zu lesen in die Tasche und wir werden gleich sehen, daß es zu spät gekommen.

Gar nicht begreifen konnte Herr Dapsul von Zabelthau, wie Fräulein Ännchen ihren Sinn so plötzlich geändert und den Herrn Porphyrio von Ockerodastes, den sie erst so abscheulich gefunden, liebgewonnen hatte. Er befragte darüber die Gestirne, da diese ihm aber auch keine befriedigende Antwort gaben, so mußte er dafürhalten, daß des Menschen Sinn unerforschlicher sei als alle Geheimnisse des Weltalls und sich durch keine Konstellation erfassen lasse. – Daß nämlich bloß die höhere Natur des Bräutigams auf Ännchen zur Liebe gewirkt haben solle, konnte er, da es dem Kleinen an Leibesschönheit gänzlich mangelte, nicht annehmen. War, wie der geneigte Leser schon vernommen, der Begriff von Schönheit, wie ihn Herr Dapsul von Zabelthau statuierte, auch himmelweit von dem Begriff verschieden, wie ihn junge Mädchen in sich tragen, so hatte er doch wenigstens so viel irdische Erfahrung, um zu wissen, daß besagte Mädchen meinen, Verstand, Witz, Geist, Gemüt, seien gute Mietsleute in einem schönen Hause, und daß ein Mann, dem ein modischer Frack nicht zum besten steht, und sollte er sonst ein Shakespeare, ein Goethe, ein Tieck, ein Friedrich Richter sein, Gefahr läuft, von jedem hinlänglich angenehm gebauten Husarenleutnant in der Staatsuniform gänzlich aus dem Felde geschlagen zu werden, sobald es ihm einfällt, einem jungen Mädchen entgegenzurücken. – Bei Fräulein Ännchen hatte sich nun zwar das ganz anders zugetragen und es handelte sich weder um Schönheit noch um Verstand, indessen trifft es sich wohl selten, daß ein armes Landfräulein plötzlich Königin werden soll und konnte daher von dem Herrn Dapsul von Zabelthau nicht wohl vermutet werden, zumal ihn auch hier die Gestirne im Stich ließen.

Man kann denken, daß die drei Leute, Herr Porphyrio von Ockerodastes, Herr Dapsul von Zabelthau und Fräulein Ännchen ein Herz und eine Seele waren. Es ging so weit, daß Herr Dapsul von Zabelthau öfter als sonst jemals geschehn, den Turm verließ, um mit dem geschätzten Eidam über allerlei vergnügliche Dinge zu plaudern und vorzüglich pflegte er nun sein Frühstück jedesmal unten im Hause einzunehmen. Um diese Zeit kam denn auch Herr Porphyrio von Ockerodastes aus seinem seidenen Palast hervor, und ließ sich von Fräulein Ännchen mit Butterbrot füttern: „Ach ach", kickerte Fräulein Ännchen ihm oft ins Ohr, „ach ach, wenn Papa wüßte, daß Sie eigentlich ein König sind, bester Corduanspitz." – „Halt dich Herz", erwiderte Daucus Carota der Erste, „halt dich, Herz, und vergeh nicht in Wonne. – Nah, nah ist dein Freudentag!" –

Es begab sich, daß der Schulmeister dem Fräulein Ännchen einige Bund der herrlichsten Radiese aus seinem Garten verehrt hatte. Dem Fräulein Ännchen war das über alle Maßen lieb, da Herr Dapsul von Zabelthau sehr gern Radiese aß, Ännchen aber aus dem Gemüsegarten, über den der Palast erbaut war, nichts entnehmen konnte. Überdem fiel ihr aber auch jetzt erst ein, daß sie unter den mannigfaltigsten Kräutern und Wurzeln im Palast, nur allein Radiese nicht gewahrt hatte.

Fräulein Ännchen putzte die geschenkten Radiese schnell ab, und trug sie dem Vater auf zum Frühstück. Schon hatte Herr Dapsul von Zabelthau mehreren unbarmherzig die Blätterkrone weggeschnitten, sie ins Salzfaß gestippt und vergnüglich verzehrt, als Corduanspitz hereintrat. „O mein Ockerodastes, genießen Sie Radiese!" so rief ihm Herr Dapsul von Zabelthau entgegen. Es lag noch ein großer, vorzüglich schöner Radies auf dem Teller. Kaum erblickte Corduanspitz aber diesen, als seine Augen grimmig zu funkeln begannen und er mit fürchterlich dröhnender Stimme rief: „Was, unwürdiger Herzog, Ihr wagt es noch, vor meinen Augen zu erscheinen, ja Euch mit verruchter Unverschämtheit einzudrängen in ein Haus, das beschirmt ist von meiner Macht? Habe ich Euch, der mir den rechtmäßigen Thron streitig machen wollte, nicht verbannt auf ewige Zeiten? – Fort, fort mit Euch, verräterischer Vasall!" Dem Radies waren plötzlich zwei Beinchen unter dem dicken Kopf gewachsen, mit denen er schnell aus dem Teller hinabsprang, dann stellte er sich dicht hin vor Corduanspitz und ließ sich also vernehmen: „Grausamer Daucus Carota der Erste, der du vergebens trachtest, meinen Stamm zu vernichten! Hat je einer deines Geschlechts einen solchen großen Kopf gehabt als ich und meine Verwandten? – Verstand, Weisheit, Scharfsinn, Courtoisie, mit allem dem sind wir begabt, und während ihr euch herumtreibt in Küchen und in Ställen und nur in hoher Jugend etwas geltet, so daß recht eigentlich der *diable de la jeunesse* nur euer schnell vorüberfliehendes Glück macht, so genießen wir des Umgangs hoher Personen und mit Jubel werden wir begrüßt, sowie wir nur unsere grünen Häupter erheben! – Aber ich trotze dir, o Daucus Carota, bist du auch gleich ein ungeschlachter Schlingel wie alle deinesgleichen! – Laß sehen, wer hier der Stärkste ist!" – Damit schwang der Radiesherzog eine lange Peitsche und ging ohne weiteres dem König Daucus Carota dem Ersten zu Leibe. Dieser zog aber schnell seinen kleinen Degen und verteidigte sich auf die tapferste Weise. In den seltsamsten tollsten Sprüngen balgten sich nun die beiden Kleinen im Zimmer umher, bis Daucus Carota den Radiesherzog so in die Enge trieb, daß er genötigt wurde, mit einem kühnen Sprung durchs offne Fenster das Weite zu suchen. König Daucus Carota, dessen ganz ungemeine Behendigkeit dem geneigten Leser schon bekannt ist, schwang sich aber nach und verfolgte den Radiesherzog über den Acker. – Herr Dapsul von Zabelthau hatte dem schrecklichen Zweikampf zugeschaut in dumpfer lautloser Erstarrung. Nun brach er aber heulend und schreiend los: „O Tochter Anna! – o meine arme unglückselige Tochter Anna! – verloren – ich – du – beide sind wir verloren, verloren." – Und damit lief er aus der Stube und bestieg so schnell als er es nur vermochte den astronomischen Turm. –

Fräulein Ännchen konnte gar nicht begreifen, gar nicht vermuten, was in aller Welt den Vater auf einmal in solch grenzenlose Betrübnis versetzt. Ihr hatte der ganze Auftritt ungemeines Vergnügen verursacht und sie war noch in ihrem Herzen froh, bemerkt zu haben, daß der Bräutigam nicht allein Stand und Reichtum sondern auch Tapferkeit besaß, wie es denn wohl nicht leicht ein Mädchen auf Erden geben mag, die einen Feigling zu lieben imstande. Nun sie eben von der Tapferkeit des Königs Daucus Carota des Ersten überzeugt worden, fiel es ihr erst recht empfindlich auf, daß Herr Amandus von Nebelstern sich nicht mit ihm schlagen wollen.

Hätte sie noch geschwankt den Herrn Amandus dem Könige Daucus dem Ersten aufzuopfern, sie würde sich jetzt dazu entschlossen haben, da ihr die ganze Herrlichkeit ihres neuen Brautstandes einleuchtete. Sie setzte sich flugs hin und schrieb folgenden Brief:

Mein lieber Amandus

„Alles in der Welt kann sich ändern, alles ist vergänglich", sagt der Herr Schulmeister und er hat vollkommen recht. Auch du, mein lieber Amandus bist ein viel zu weiser und gelehrter Student, als daß du dem Herrn Schulmeister nicht beipflichten und dich nur im mindesten verwundern solltest, wenn ich dir sage, daß auch in meinem Sinn und Herzen sich eine kleine Veränderung zugetragen hat – du kannst es mir glauben, ich bin dir noch recht sehr gut und kann es mir recht vorstellen, wie hübsch du aussehen mußt in der roten Samtmütze mit Gold, aber was das Heiraten betrifft – sieh lieber Amandus, so gescheut du auch bist und so hübsche Verslein du auch zu machen verstehst, König wirst du doch nun und nimmermehr werden, und – erschrick nicht, Liebster – der kleine Herr von Corduanspitz ist nicht der Herr von Corduanspitz, sondern ein mächtiger König, namens Daucus Carota der Erste, der da herrscht über das ganze große Gemüsreich und mich erkoren hat zu seiner Königin! – Seit der Zeit, daß mein lieber kleiner König das Inkognito abgeworfen, ist er auch viel hübscher geworden und ich sehe jetzt erst recht ein, daß der Papa recht hatte, wenn er behauptete, daß der Kopf die Zierde des Mannes sei und daher nicht groß genug sein könne. Dabei hat aber Daucus Carota der Erste – du siehst, wie gut ich den schönen Namen behalten und nachschreiben kann, da er mir ganz bekannt vorkommt – ja, ich wollte sagen, dabei hat mein kleiner königlicher Bräutigam ein so angenehmes allerliebstes Betragen daß es gar nicht auszusprechen. Und welch einen Mut, welche Tapferkeit besitzt der Mann! Vor meinen Augen hat er den Radiesherzog, der ein unartiger, aufsässiger Mensch zu sein scheint, in die Flucht geschlagen und hei! wie er ihm nachsprang durchs Fenster! du hättest das nur sehen sollen! – Ich glaube auch nicht, daß mein Daucus Carota sich aus deinen Waffen etwas machen wird, er scheint ein fester Mann, dem Verse, sind sie auch noch so fein und spitzig, nicht viel anhaben können. – Nun also, lieber Amandus, füge dich in dein Schicksal wie ein frommer Mensch und nimm es nicht übel, daß ich nicht deine Frau, sondern vielmehr Königin werde. Sei aber getrost, ich werde immer deine wohlaffektionierte Freundin bleiben und willst du künftig bei der Karottengarde, oder da du nicht sowohl die Waffen als die Wissenschaften liebst, bei der Pastinakakademie oder bei dem Kürbisministerium angestellt sein, so kostet dich's nur ein Wort und dein Glück ist gemacht. Lebe wohl und sei nicht böse auf deine

sonstige Braut jetzt aber wohlmeinende
Freundin und künftige Königin
Anna von Zabelthau
(bald aber nicht mehr von Zabelthau,
sondern bloß Anna.)

N. S. Auch mit den schönsten virginischen Blättern sollst du gehörig versorgt werden, du kannst dich darauf festiglich verlassen. So wie ich beinahe vermuten muß, wird zwar an meinem Hofe gar nicht geraucht werden, deshalb sollen aber doch sogleich nicht weit vom Thron unter meiner besondern Aufsicht einige Beete mit virginischem Tabak angepflanzt werden. Das erfordert die Kultur und die Moral und mein Daucuschen soll darüber ein besonderes Gesetz schreiben lassen.

Fünftes Kapitel

in welchem von einer fürchterlichen Katastrophe Nachricht gegeben und mit dem weitern Verlauf der Dinge fortgefahren wird.

Fräulein Ännchen hatte gerade ihr Schreiben an den Herrn Amandus von Nebelstern fortgesendet, als Herr Dapsul von Zabelthau hereintrat und mit dem weinerlichsten Ton des tiefsten Schmerzes begann: „O meine Tochter Anna! auf welche schändliche Weise sind wir beide betrogen! Dieser Verruchte, der dich in seine Schlingen verlockte, der mir weismachte, er sei der Baron Porphyrio Ockerodastes, genannt Corduanspitz, Sprößling jenes illüstren Stammes, den der überherrliche Gnome Tsilmenech im Bündnis schuf mit der edlen corduanischen Äbtissin, dieser Verruchte – erfahr es und sinke ohnmächtig nieder! – er ist selbst ein Gnome aber jenes niedrigsten Geschlechts, das die Gemüse bereitet! – Jener Gnome Tsilmenech war von dem edelsten Geschlecht, nämlich von dem, dem die Pflege der Diamanten anvertraut ist. Dann kommt das Geschlecht derer, die im Reich des Metallkönigs die Metalle bereiten, dann folgen die Blumisten, die deshalb nicht so vornehm sind, weil sie von den Sylphen abhängen. Die schlechtesten und unedelsten sind aber die Gemüsegnomen, und nicht allein daß der betrügerische Corduanspitz ein solcher Gnome ist, nein er ist König dieses Geschlechts und heißt Daucus Carota!" –

Fräulein Ännchen sank keinesweges in Ohnmacht, erschrak auch nicht im allermindesten, sondern lächelte den lamentierenden Papa ganz freundlich an; der geneigte Leser weiß schon warum! – Als nun aber der Herr Dapsul von Zabelthau sich darüber höchlich verwunderte und immer mehr in Fräulein Ännchen drang, doch nur um des Himmels willen ihr fürchterliches Geschick einzusehn und sich zu grämen, da glaubte Fräulein Ännchen nicht länger das ihr anvertraute Geheimnis bewahren zu dürfen. Sie erzählte dem Herrn Dapsul von Zabelthau, wie der sogenannte Herr Baron von Corduanspitz ihr längst selbst seinen eigentlichen Stand entdeckt und seit der Zeit ihr so liebenswürdig vorgekommen sei, daß sie durchaus gar keinen andern Gemahl wünsche. Sie beschrieb dann ferner all die wunderbaren Schönheiten des Gemüsreichs, in das sie König Daucus Carota der Erste eingeführt, und vergaß nicht die seltsame Anmut der mannigfachen Bewohner dieses großen Reichs gehörig zu rühmen.

Herr Dapsul von Zabelthau schlug ein Mal über das andere die Hände zusammen und weinte sehr über die tückische Bosheit des Gnomenkönigs, der die künstlichsten ja für ihn selbst gefährlichsten Mittel angewandt, die unglückselige Anna hinabzuziehen in sein finstres dämonisches Reich.

So herrlich, erklärte jetzt Herr Dapsul von Zabelthau der aufhorchenden Tochter, so herrlich, so ersprießlich die Verbindung irgendeines Elementargeistes mit einem menschlichen Prinzip sein könne, sosehr die Ehe des Gnomen Tsilmenech mit der Magdalena de la Croix davon ein Beispiel gebe, weshalb denn auch der verräterische Daucus Carota ein Sprößling dieses Stammes zu sein behauptet, so ganz anders verhalte es sich doch mit den Königen und Fürsten dieser Geistervölkerschaften. Wären die Salamanderkönige bloß zornig, die Sylphenkönige bloß hoffärtig, die Undinenköniginnen bloß sehr verliebt und eifersüchtig, so wären dagegen die Gnomenkönige tückisch, boshaft und grausam; bloß um sich an den Erdenkindern zu rächen, die ihnen Vasallen entführt, trachteten sie darnach irgendeines zu verlocken, das dann die menschliche Natur ganz ablege und ebenso mißgestaltet wie die Gnomen selbst, hinunter müsse in die Erde und nie wieder zum Vorschein komme.

Fräulein Ännchen schien all das Nachteilige, dessen Herr Dapsul von Zabelthau ihren lieben Daucus beschuldigte, gar nicht recht glauben zu wollen, vielmehr begann sie noch einmal von den Wundern des schönen Gemüsreichs zu sprechen, über das sie nun bald zu herrschen gedenke.

„Verblendetes", rief aber nun Herr Dapsul von Zabelthau voller Zorn, „verblendetes törichtes Kind! – Trauest du deinem Vater nicht so viel kabbalistische Weisheit zu, daß er nicht wissen sollte, wie alles, was der verruchte Daucus Carota dir vorgegaukelt hat, nichts ist, als Lug und Trug? – Doch du glaubst mir nicht, um dich mein einziges Kind zu retten, muß ich dich überzeugen, diese Überzeugung verschaffe ich dir aber durch die verzweifeltsten Mittel. – Komm mit mir!"

Zum zweitenmal mußte nun Fräulein Ännchen mit dem Papa den astronomischen Turm besteigen. Aus einer großen Schachtel holte Herr Dapsul von Zabelthau eine Menge gelbes, rotes, weißes und grünes Band hervor, und umwickelte damit unter seltsamen Zeremonien Fräulein Ännchen von Kopf bis zu Fuß. Mit sich selbst tat er ein gleiches und nun nahten beide, Fräulein Ännchen und der Herr Dapsul von Zabelthau sich behutsam dem seidnen Palast des Königs Daucus Carota des Ersten. Fräulein Ännchen mußte auf Geheiß des Papas mit der mitgebrachten feinen Schere eine Naht auftrennen und durch die Öffnung hineinkucken.

Hilf Himmel! was erblickte sie statt des schönen Gemüsegartens, statt der Karottengarde, der Plümagedamen, der Lavendelpagen, der Salatprinzen und alles dessen was ihr so wunderbar herrlich erschienen war? – In einen tiefen Pfuhl sah sie hinab, der mit einem farblosen ekelhaften Schlamm gefüllt schien. Und in diesem Schlamm regte und bewegte sich allerlei häßliches Volk aus dem Schoß der Erde. Dicke Regenwürmer ringelten sich langsam durcheinander, während käferartige Tiere ihre kurzen Beine ausstreckend schwerfällig fortkrochen. Auf ihrem Rücken trugen sie große Zwiebeln, die hatten aber häßliche menschliche Gesichter und grinsten und schielten sich an mit trüben gelben Augen und suchten sich mit den kleinen Krallen, die ihnen dicht an die Ohren gewachsen waren, bei den langen krummen Nasen zu packen und hinunterzuziehen in den Schlamm, während lange nackte Schnecken in ekelhafter Trägheit sich durcheinanderwälzten und ihre langen Hörner emporstreckten aus der Tiefe. – Fräulein Ännchen wäre bei dem scheußlichen Anblick vor Grauen bald in Ohnmacht gesunken. Sie hielt beide Hände vors Gesicht und rannte schnell davon.

„Siehst du nun wohl", sprach darauf der Herr Dapsul von Zabelthau zu ihr, „siehst du nun wohl, wie schändlich dich der abscheuliche Daucus Carota betrogen hat, da er dir eine Herrlichkeit zeigte, die nur ganz kurze Zeit dauert? – Oh! Festkleider ließ er seine Vasallen anziehen und Staatsuniformen seine Garden um dich zu verlocken mit blendender Pracht! Aber nun hast du das Reich im Negligé geschaut, das du beherrschen wirst und bist du nun einmal die Gemahlin des entsetzlichen Daucus Carota, so mußt du in dem unterirdischen Reiche bleiben und kommst nie mehr auf die Oberfläche der Erde! – Und wenn – ach – ach! was muß ich erblicken, ich unglückseligster der Väter!"

Der Herr Dapsul von Zabelthau geriet nun plötzlich so außer sich, daß Fräulein Ännchen wohl erraten konnte, es müsse noch ein neues Unglück im Augenblick hereingebrochen sein. Sie fragte ängstlich, worüber denn der Papa so entsetzlich lamentiere; der konnte aber vor lauter Schluchzen nichts als stammeln: „– O – o – To – ch – ter – wie – si – ehst – d – u – a – u – s!" Fräulein Ännchen rannte ins Zimmer, sah in den Spiegel und fuhr zurück von jähem Todesschreck erfaßt –

Sie hatte Ursache dazu, die Sache war diese: eben als Herr Dapsul von Zabelthau der Braut des Königs Daucus Carota die Augen öffnen wollte über die Gefahr, in der sie schwebe, nach und nach ihr Ansehen, ihre Gestalt zu verlieren und sich allmählich umzuwandeln in das wahrhafte Bild einer Gnomenkönigin, da gewahrte er, was schon Entsetzliches geschehen. Viel dicker war Ännchens Kopf geworden und safrangelb ihre Haut, so daß sie jetzt schon hinlänglich garstig erschien. War nun auch Fräulein Ännchen nicht gar besonders eitel, so fühlte sie sich doch Mädchen genug, um einzusehen, daß Häßlichwerden das allergrößeste entsetzlichste Unglück sei, das einen hienieden treffen könne. Wie oft hatte sie an die Herrlichkeit gedacht, wenn sie künftig als Königin mit der Krone auf dem Haupt in atlassenen Kleidern, mit diamantnen und goldnen Ketten und Ringen geschmückt in der achtspännigen Karosse an der Seite des königlichen Gemahls sonntags nach der Kirche fahren und alle Weiber, des Schulmeisters Frau nicht ausgenommen, in Erstaunen setzen, ja auch wohl der stolzen Gutsherrschaft des Dorfs, zu dessen Kirchsprengel Dapsulheim gehörte, Respekt einflößen werde; ja! – wie oft hatte sie sich in solchen und andern exzentrischen Träumen gewiegt! – Fräulein Ännchen zerfloß in Tränen!

„Anna – meine Tochter Anna, komme sogleich zu mir herauf!" So rief Herr Dapsul von Zabelthau durch das Sprachrohr herab.

Fräulein Ännchen fand den Papa angetan in einer Art von Bergmannstracht. Er sprach mit Fassung: „Gerade wenn die Not am größten, ist die Hülfe oft am nächsten. Daucus Carota wird, wie ich soeben ermittelt, heute, ja wohl bis morgen mittag nicht seinen Palast verlassen. Er hat die Prinzen des Hauses, die Minister und andere Große des Reichs versammelt, um Rat zu halten über den künftigen Winterkohl. Die Sitzung ist wichtig und wird vielleicht so lange dauern, daß wir dieses Jahr gar keinen Winterkohl bekommen werden. Diese Zeit, wenn Daucus Carota in seine Regierungsarbeit vertieft auf mich und meine Arbeit nicht zu merken vermag, will ich benutzen, um eine Waffe zu bereiten, mit der ich vielleicht den schändlichen Gnomen bekämpfe und besiege, so daß er entweichen und dir die Freiheit lassen muß. Blicke, während ich hier arbeite, unverwandt durch jenen Tubus nach dem Gezelt und meld es mir ungesäumt, wenn du bemerkst, daß jemand hinausschaut oder gar hinausschreitet." – Fräulein Ännchen tat wie ihr geboten, das Gezelt blieb aber verschlossen; nur vernahm sie, unerachtet Herr Dapsul von Zabelthau wenige Schritte hinter ihr stark auf Metallplatten hämmerte, oft ein wildes verwirrtes Geschrei, das aus dem Gezelt zu kommen schien und dann helle klatschende Töne, gerade als würden Ohrfeigen ausgeteilt. Sie sagte das dem Herrn Dapsul von Zabelthau, der war damit sehr zufrieden und meinte, je toller sie sich dort drinnen untereinander zankten, desto weniger könnten sie bemerken was draußen geschmiedet würde zu ihrem Verderben.

Nicht wenig verwunderte sich Fräulein Ännchen, als sie gewahrte, daß der Herr Dapsul von Zabelthau ein paar ganz allerliebste Kochtöpfe und ebensolche Schmorpfannen aus Kupfer gehämmert hatte. Als Kennerin überzeugte sie sich, daß die Verzinnung außerordentlich gut geraten, daß der Papa daher die den Kupferschmieden durch die Gesetze auferlegte Pflicht gehörig beobachtet habe und fragte, ob sie das feine Geschirr nicht mitnehmen könne zum Gebrauch in der Küche? Da lächelte aber Herr Dapsul von Zabelthau geheimnisvoll und erwiderte weiter nichts, als: „Zur Zeit, zur Zeit, meine Tochter Anna, gehe jetzt herab, mein geliebtes Kind! und erwarte ruhig, was sich morgen weiteres in unserm Hause begeben wird.“ –

Herr Dapsul von Zabelthau hatte gelächelt und *das* war es, was dem unglückseligen Ännchen Hoffnung einflößte und Vertrauen.

Andern Tages, als die Mittagszeit nahte, kam Herr Dapsul von Zabelthau herab mit seinen Kochtöpfen und Schmorpfannen, begab sich in die Küche und gebot dem Fräulein Ännchen nebst der Magd hinauszugehen, da er allein heute das Mittagsmahl bereiten wolle. Dem Fräulein Ännchen legte er es besonders ans Herz, gegen den Corduanspitz, der sich wohl bald einstellen werde, so artig und liebevoll zu sein als nur möglich.

Corduanspitz oder vielmehr König Daucus Carota der Erste kam auch wirklich bald und hatte er sonst schon verliebt genug getan, so schien er heute ganz Entzücken und Wonne. Zu ihrem Entsetzen bemerkte Fräulein Ännchen, wie sie schon so klein geworden, daß Daucus sich ohne große Mühe auf ihren Schoß schwingen und sie herzen und küssen konnte, welches die Unglückliche dulden mußte trotz ihres tiefen Abscheus gegen den kleinen abscheulichen Unhold.

Endlich trat Herr Dapsul von Zabelthau ins Zimmer und sprach: „O mein vortrefflichster Porphyrio von Ockerodastes, möchten Sie sich nicht mit mir und meiner Tochter in die Küche begeben um zu beobachten, wie schön und wirtlich Ihre künftige Gemahlin alles darin eingerichtet hat?“

Noch niemals hatte Fräulein Ännchen in des Papas Antlitz den hämischen schadenfrohen Blick bemerkt, mit dem er den kleinen Daucus beim Arm faßte und beinahe mit Gewalt hinauszog aus der Stube in die Küche. Fräulein Ännchen folgte auf den Wink des Vaters.

Das Herz kochte dem Fräulein Ännchen im Leibe, als sie das herrlich knisternde Feuer, die glühenden Kohlen, die schmukken kupfernen Kochtöpfe und Schmorpfannen auf dem Herde bemerkte. Sowie der Herr Dapsul von Zabelthau den Corduanspitz dicht heranführte an den Herd, da begann es stärker und stärker in den Töpfen und Pfannen zu zischen und zu brodeln und das Zischen und Brodeln wurde zu ängstlichem Winseln und Stöhnen. Und aus einem Kochtopfe heulte es heraus: „O Daucus Carota! o mein König, rette deine getreuen Vasallen, rette uns arme Mohrrüben! – Zerschnitten, in schnödes Wasser geworfen, mit Butter und Salz gefüttert zu unserer Qual schmachten wir in unnennbarem Leid, das edle Petersilienjünglinge mit uns teilen!" Und aus der Schmorpfanne klagte es: „O Daucus Carota! o mein König! rette deine getreuen Vasallen, rette uns arme Mohrrüben! – in der Hölle braten wir und so wenig Wasser gab man uns, daß der fürchterliche Durst uns zwingt unser eignes Herzblut zu trinken." Und aus einem andern Kochtopf wimmerte es wieder: „O Daucus Carota! o mein König! rette deine getreuen Vasallen, rette uns arme Mohrrüben! – Ausgehöhlt hat uns ein grausamer Koch, unser Innerstes zerhackt und es mit allerlei fremdartigem Zeug von Eiern, Sahne und Butter wieder hineingestopft, so daß alle unsere Gesinnungen und sonstige Verstandeskräfte in Konfusion geraten und wir selbst nicht mehr wissen, was wir denken!" Und nun heulte und schrie es aus allen Kochtöpfen und Schmorpfannen durcheinander: „O Daucus Carota, mächtiger König, rette o rette deine getreue Vasallen, rette uns arme Mohrrüben!" Da kreischte Corduanspitz laut auf: „Verfluchtes dummes Narrenspiel!" schwang sich mit seiner gewöhnlichen Behendigkeit auf den Herd, schaute in einen der Kochtöpfe und plumpte plötzlich hinein. Rasch sprang Herr Dapsul von Zabelthau hinzu und wollte den Dekkel des Topfs schließen, indem er aufjauchzte: „Gefangen!" Doch mit der Schnellkraft einer Spiralfeder fuhr Corduanspitz aus dem Topfe in die Höhe und gab dem Herrn Dapsul von Zabelthau ein paar Maulschellen daß es krachte, indem er rief: „Einfältiger naseweiser Kabbalist, dafür sollst du büßen! – Heraus, heraus ihr Jungen allzumal!"

Und da brauste es aus allen Töpfen, Tiegeln und Pfannen heraus wie das wilde Heer und hundert und hundert kleine fingerlange garstige Kerlchen hakten sich fest an dem ganzen Leibe des Herrn Dapsul von Zabelthau und warfen ihn rücklings nieder in eine große Schüssel und richteten ihn an, indem sie aus allen Geschirren die Brühen über ihn ausgossen und ihn mit mit gehackten Eiern, Muskatenblüten und geriebener

Semmel bestreuten. Dann schwang sich Daucus Carota zum Fenster hinaus und seine Vasallen taten ein gleiches.

Entsetzt sank Fräulein Ännchen bei der Schüssel nieder auf der der arme Papa angerichtet lag; sie hielt ihn für tot, da er durchaus nicht das mindeste Lebenszeichen von sich gab. Sie begann zu klagen: „Ach mein armer Papa – ach nun bist du tot, und nichts rettet mich mehr vom höllischen Daucus!" Da schlug aber Herr Dapsul von Zabelthau die Augen auf, sprang mit verjüngter Kraft aus der Schüssel und schrie mit einer entsetzlichen Stimme, wie sie Fräulein Ännchen noch niemals von ihm vernommen: „Ha verruchter Daucus Carota, noch sind meine Kräfte nicht erschöpft! – Bald sollst du fühlen, was der einfältige naseweise Kabbalist vermag!" – Schnell mußte Fräulein Ännchen ihm mit dem Küchenbesen die gehackten Eier, die Muskatenblüten, die geriebene Semmel abkehren, dann ergriff er einen kupfernen Kochtopf, stülpte ihn wie einen Helm auf den Kopf, nahm eine Schmorpfanne in die linke, in die rechte Hand aber einen großen eisernen Küchenlöffel und sprang so gewaffnet und gewappnet hinaus ins Freie. Fräulein Ännchen gewahrte, wie Herr Dapsul von Zabelthau im gestrecktesten Lauf nach Corduanspitzes Gezelt rannte und doch nicht von der Stelle kam. Darüber vergingen ihr die Sinne.

Als sie sich erholte, war Herr Dapsul von Zabelthau verschwunden und sie geriet in entsetzliche Angst als er den Abend, die Nacht, ja den andern Morgen nicht wiederkehrte. Sie mußte den noch schlimmern Ausgang eines neuen Unternehmens vermuten.

Sechstes Kapitel

welches das letzte und zugleich das erbaulichste ist von allen.

In tiefes Leid versenkt saß Fräulein Ännchen einsam in ihrem Zimmer als die Türe aufging und niemand anders hineintrat, als der Herr Amandus von Nebelstern. Ganz Reue und Scham vergoß Fräulein Ännchen einen Tränenstrom und bat in den kläglichsten Tönen: „O mein herzlieber Amandus, verzeihe doch nur, was ich dir in meiner Verblendung geschrieben! Aber ich war ja verhext und bin es wohl noch. Rette mich, rette mich mein Amandus! – Gelb seh ich aus und garstig, das ist Gott zu klagen, aber mein treues Herz habe ich bewahrt und will keine Königsbraut sein!"

„Ich weiß nicht", erwiderte Amandus von Nebelstern, „ich weiß nicht, worüber Sie so klagen, mein bestes Fräulein, da Ihnen das schönste, herrlichste Los beschieden." – „O spotte nicht", rief Fräulein Ännchen, „ich bin für meinen einfältigen Stolz, eine Königin werden zu wollen, hart genug bestraft!"

„In der Tat", sprach Herr Amandus von Nebelstern weiter, „ich verstehe Sie nicht, mein teures Fräulein. – Soll ich aufrichtig sein, so muß ich bekennen, daß ich über Ihren letzten Brief in Wut geriet und Verzweiflung. Ich prügelte den Burschen, dann den Pudel, zerschmiß einige Gläser – und Sie wissen, mit einem racheschnaubenden Studenten treibt man keinen Spaß! Nachdem ich mich aber ausgetobt, beschloß ich hierherzueilen, und mit eignen Augen zu sehen wie, warum und an wen ich die geliebte Braut verloren. – Die Liebe kennt nicht Stand nicht Rang, ich wollte selbst den König Daucus Carota zur Rede stellen und ihn fragen, ob das Tusch sein solle oder nicht, wenn er meine Braut heirate. – Alles gestaltete sich hier indessen anders. Als ich nämlich bei dem schönen Gezelt vorüberging das draußen aufgeschlagen, trat König Daucus Carota aus demselben heraus und bald gewahrte ich, daß ich den liebenswürdigsten Fürsten vor mir hatte, den es geben mag, wiewohl mir bis jetzt noch eben keiner vorgekommen: denn denken Sie sich, mein Fräulein, er spürte gleich in mir den sublimen Poeten, rühmte meine Gedichte, die er noch nicht gelesen, über alle Maßen und machte mir den Antrag als Hofpoet in seine Dienste zu gehen. Ein solches Unterkommen war seit langer Zeit meiner feurigsten Wünsche schönes Ziel, mit tausend Freuden nahm ich daher den Vorschlag an. O mein teures Fräulein! mit welcher Begeisterung werde ich Sie besingen! Ein Dichter kann verliebt sein in Königinnen und Fürstinnen, oder vielmehr es gehört zu seinen Pflichten, eine solche hohe Person zur Dame seines Herzens zu erkiesen und verfällt er darüber in einigen Aberwitz, so ergibt sich eben daraus das göttliche Delirium, ohne das keine Poesie bestehen mag und niemand darf sich über die vielleicht etwas seltsamen Gebärden des Dichters wundern, sondern vielmehr an den großen Tasso denken, der auch etwas am gemeinen Menschenverstande gelitten haben soll, da er sich verliebt hatte in die Prinzessin Leonore d'Este. – Ja mein teures Fräulein, sind Sie auch bald eine Königin, so sollen Sie doch die Dame meines Herzens bleiben, die ich bis zu den hohen Sternen erheben werde in den sublimsten göttlichsten Versen!"

„Wie, du hast ihn gesehen, den hämischen Kobold und er hat –“ so brach Fräulein Ännchen los im tiefsten Erstaunen, doch in dem Augenblick trat er selbst, der kleine gnomische König hinein und sprach mit dem zärtlichsten Ton: „O meine süße liebe Braut, Abgott meines Herzens, fürchten Sie ja nicht, daß ich der kleinen Unschicklichkeit halber, die Herr Dapsul von Zabelthau begangen, zürne. Nein! – schon deshalb nicht, weil eben dadurch mein Glück befördert worden, so daß, wie ich gar nicht gehofft, schon morgen meine feierliche Vermählung mit Ihnen, Holdeste! erfolgen wird. Gern werden Sie es sehen, daß ich den Herrn Amandus von Nebelstern zu unserm Hofpoeten erkoren und ich wünsche, daß er gleich eine Probe seines Talents ablegen und uns eins vorsingen möge. Wir wollen aber in die Laube gehen, denn ich liebe die freie Natur, ich werde mich auf Ihren Schoß setzen und Sie können mich, geliebteste Braut, während des Gesanges, etwas im Kopfe krauen, welches ich gern habe bei solcher Gelegenheit!“

Fräulein Ännchen ließ erstarrt vor Angst und Entsetzen, alles geschehen. Daucus Carota setzte sich draußen in der Laube auf ihren Schoß, sie kratzte ihn im Kopfe und Herr Amandus von Nebelstern begann, sich auf der Gitarre begleitend, das erste der zwölf Dutzend Lieder, die er sämtlich selbst gedichtet und komponiert und in ein dickes Buch zusammengeschrieben hatte.

Schade ist es, daß in der Chronik von Dapsulheim, aus der diese ganze Geschichte geschöpft, diese Lieder nicht aufgeschrieben, sondern nur bemerkt worden, daß vorübergehende Bauern stehengeblieben und neugierig gefragt, was für ein Mensch denn in der Laube des Herrn Dapsul von Zabelthau solche Qualen litte, daß er solch entsetzliche Schmerzeslaute von sich geben müsse.

Daucus Carota wand und krümmte sich auf Fräulein Ännchens Schoß und stöhnte und winselte immer jämmerlicher als litte er an fürchterlichem Bauchgrimmen. Auch glaubte Fräulein Ännchen zu ihrem nicht geringen Erstaunen zu bemerken, daß Corduanspitz während des Gesanges immer kleiner und kleiner wurde. Endlich sang Herr Amandus von Nebelstern (das einzige Lied steht wirklich in der Chronik) folgende sublime Verse:

„Ha! wie singt der Sänger froh!
Blütendüfte, blanke Träume,
Ziehn durch rosge Himmelsräume,

Selig, himmlisch Irgendwo!
Ja du goldnes Irgendwo,
Schwebst im holden Regenbogen,
Hausest dort auf Blumenwogen,
Bist ein kindliches so so!
Hell Gemüt, ein Herz so so,
Mag nur lieben, mag nur glauben,
Tändeln, girren mit den Tauben,
Und das singt der Sänger froh.
Seelgem fernem Irgendwo
Zieht er nach durch goldne Räume,
Ihn umschweben süße Träume
Und er wird ein ewges So!
Geht ihm auf der Sehnsucht Wo,
Lodern bald die Liebesflammen,
Gruß und Kuß, ein traut Zusammen
Und die Blüten, Düfte, Träume
Lebens, Liebens, Hoffens Keime
Und –"

Laut kreischte Daucus Carota auf, schlüpfte zum kleinen, kleinen Mohrrübchen geworden, herab von Ännchens Schoß und in die Erde hinein, so daß er in einem Moment spurlos verschwunden. Da stieg auch der graue Pilz, der dicht neben der Rasenbank in der Nacht gewachsen schien, in die Höhe, der Pilz war aber nichts anders als die graue Filzmütze des Herrn Dapsul von Zabelthau und er selbst steckte darunter und fiel dem Herrn Amandus von Nebelstern stürmisch an die Brust und rief in der höchsten Ekstase: „O mein teuerster, bester, geliebtester Herr Amandus von Nebelstern! Sie haben mit Ihrem kräftigen Beschwörungsgedicht meine ganze kabbalistische Weisheit zu Boden geschlagen. Was die tiefste magische Kunst, was der kühnste Mut des verzweifelnden Philosophen nicht vermochte, das gelang Ihren Versen, die wie das stärkste Gift dem verräterischen Daucus Carota in den Leib fuhren, so daß er trotz seiner gnomischen Natur vor Bauchgrimmen elendiglich umkommen müssen, wenn er sich nicht schnell gerettet hätte in sein Reich! Befreit ist meine Tochter Anna, befreit bin ich von dem schrecklichen Zauber der mich hier gebannt hielt, so daß ich ein schnöder Pilz scheinen und Gefahr laufen mußte, von den Händen meiner eignen Tochter geschlachtet zu werden! – Denn die Gute vertilgt schonungslos mit scharfem

Spaten alle Pilze in Garten und Feld, wenn sie nicht gleich ihren edlen Charakter an den Tag legen wie die Champignons. Dank, meinen innigsten heißesten Dank und – nicht wahr mein verehrtester Herr Amandus von Nebelstern, es bleibt alles beim alten rücksichts meiner Tochter? – Zwar ist sie, dem Himmel sei es geklagt, um ihr hübsches Ansehn durch die Schelmerei des feindseligen Gnomen betrogen worden, Sie sind indessen viel zu sehr Philosoph um –" „O Papa, mein bester Papa", jauchzte Fräulein Ännchen, „schauen Sie doch nur hin, schauen Sie doch nur hin, der seidne Palast ist ja verschwunden. Er ist fort, der häßliche Unhold mitsamt seinem Gefolge von Salatprinzen und Kürbisministern und was weiß ich sonst alles!" – Und damit sprang Fräulein Ännchen fort nach dem Gemüsegarten. Herr Dapsul von Zabelthau lief der Tochter nach so schnell es gehen wollte und Herr Amandus von Nebelstern folgte, indem er für sich in den Bart hineinbrummte: „Ich weiß gar nicht was ich von dem allem denken soll, aber so viel will ich fest behaupten, daß der kleine garstige Mohrrübenkerl ein unverschämter prosaischer Schlingel ist, aber kein dichterischer König, denn sonst würde er bei meinem sublimsten Liede nicht Bauchgrimmen bekommen und sich in die Erde verkrochen haben."

Fräulein Ännchen fühlte, als sie in dem Gemüsegarten stand wo keine Spur eines grünenden Hälmchens zu finden, einen entsetzlichen Schmerz in dem Finger, der den verhängnisvollen Ring trug. Zu gleicher Zeit ließ sich ein herzzerschneidender Klagelaut aus der Tiefe vernehmen und es kuckte die Spitze einer Mohrrübe hervor. Schnell streifte Fräulein Ännchen, von ihrer Ahnung richtig geleitet, den Ring, den sie sonst nicht vom Finger bringen können, mit Leichtigkeit ab, steckte ihn der Mohrrübe an, diese verschwand und der Klagelaut schwieg. Aber o Wunder! sogleich war auch Fräulein Ännchen hübsch wie vorher, wohlproportioniert und so weiß, als man es nur von einem wirtlichen Landfräulein verlangen kann. Beide, Fräulein Ännchen und Herr Dapsul von Zabelthau jauchzten sehr, während Herr Amandus von Nebelstern ganz verdutzt dastand, und immer noch nicht wußte, was er von allem denken sollte. –

Fräulein Ännchen nahm der herbeigelaufenen Großmagd den Spaten aus der Hand und schwang ihn mit dem jauchzenden Ausruf: „Nun laß uns arbeiten!" in den Lüften, aber so unglücklich, daß sie den Herrn Amandus von Nebelstern hart vor den Kopf (gerade da, wo das *Sensorium commune* sitzen soll) traf, so daß er wie tot niederfiel. Fräulein Ännchen schleuderte das Mordinstrument weit weg, warf sich neben dem Geliebten nieder und brach aus in verzweifelnden Schmerzeslauten, während die Großmagd eine ganze Gießkanne voll Wasser über ihn ausgoß und Herr Dapsul von Zabelthau schnell den astronomischen Turm bestieg, um in aller Eil die Gestirne zu befragen, ob Herr Amandus von Nebelstern wirklich tot sei. Nicht lange dauerte es indessen, als Herr Amandus von Nebelstern die Augen wieder aufschlug, aufsprang, so durchnäßt wie er war, Fräulein Ännchen in seine Arme schloß und mit allem Entzücken der Liebe rief: „O mein bestes teuerstes Ännchen! nun haben wir uns ja wieder!“ –

Die sehr merkwürdige, kaum glaubliche Wirkung dieses Vorfalls auf das Liebespaar, zeigte sich sehr bald. Beider Sinn war auf eine seltsame Weise geändert.

Fräulein Ännchen hatte einen Abscheu gegen das Handhaben des Spatens bekommen und herrschte wirklich wie eine echte Königin über das Gemüsreich, da sie dafür mit Liebe sorgte, daß ihre Vasallen gehörig gehegt und gepflegt wurden, ohne dabei selbst Hand anzulegen, welches sie treuen Mägden überließ. Dem Herrn Amandus von Nebelstern kam dagegen alles, was er gedichtet, sein ganzes poetisches Streben, höchst albern und aberwitzig vor, und vertiefte er sich in die Werke der großen, wahren Dichter der ältern und neuern Zeit, so erfüllte wohltuende Begeisterung so sein Inneres ganz und gar, daß kein Platz übrigblieb für einen Gedanken an sein eignes Ich. Er gelangte zu der Überzeugung, daß ein Gedicht etwas anderes sein müsse, als der verwirrte Wortkram, den ein nüchternes Delirium zutage fördert, und wurde, nachdem er alle Dichtereien, mit denen er sonst sich selbst belächelnd und verehrend, vornehm getan, ins Feuer geworfen, wieder ein besonnener in Herz und Gemüt klarer Jüngling, wie er es vorher gewesen. –

Eines Morgens stieg Herr Dapsul von Zabelthau wirklich von seinem astronomischen Turm herab, um Fräulein Ännchen und Herrn Amandus von Nebelstern nach der Kirche zur Trauung zu geleiten.

Sie führten nächstdem eine glückliche vergnügte Ehe, ob aber später aus Herrn Dapsuls ehelicher Verbindung mit der Sylphide Nehahilah noch wirklich etwas geworden, darüber schweigt die Chronik von Dapsulheim.

Die Freunde hatten, während Vinzenz las, mehrmals hell aufgelacht und waren nun darin einig, daß, wenn die Erfindung des Märchens auch nicht eben besonders zu rühmen, doch das Ganze sich nicht sowohl im wahrhaft Humoristischen als im Drolligen rein erhalte ohne fremdartige Beimischung und eben daher ergötzlich zu nennen sei.

„Was die Erfindung betrifft", sprach Vinzenz, „so hat es damit eine besondere Bewandtnis. Eigentlich ist der Stoff mir gegeben, und ich darf euch nicht verschweigen, wie sich das begab. Nicht gar zu lange ist es her, als ich mich an der Tafel einer geistreichen fürstlichen Frau befand. Es war eine Dame zugegen, die einen goldnen Ring mit einem schönen Topas am Finger trug, dessen ganz seltsame altväterische Form und Arbeit Aufmerksamkeit erregte. Man glaubte, es sei ein altes ihr wertes Erbstück und erstaunte nicht wenig, als die Dame versicherte, daß man vor ein paar Jahren auf ihrem Gute eine Mohrrübe ausgegraben, an der jener Ring gesessen. Tief in der Erde hatte also wahrscheinlich der Ring gelegen, war bei dem Umgraben des Ackers heraufgekommen ohne gefunden zu werden und so die Mohrrübe durchgewachsen. Die Fürstin meinte, das müsse ja einen herrlichen Stoff geben zu einem Märchen und ich möge nur gleich eins ersinnen, das eben auf den Mohrrübenring basiert sei. Ihr seht, daß mir nun der Gemüskönig mit seinen Vasallen, dessen Erfindung ich mir zuschreibe, da ihr im ganzen Gavalis oder sonst in einem andern Buche der Art, keine Spur von ihm finden werdet, ganz nahe lag."

„Nun", nahm Lothar das Wort, „an keinem Serapions-Abend ist wohl unsre Unterhaltung krauser und bunter gewesen, als eben heute. Gut ist es aber, daß wir aus dem graulichen Dunkel in das wir, selbst weiß ich nicht wie hineingerieten, uns wieder hinausgerettet haben in den klaren heitern Tag, wiewohl uns ein etwas zu ernster, zu vorsichtiger Mann mit Recht den Vorwurf machen würde, daß all das von uns hintereinander fortgearbeitete fantastische Zeug den Sinn verwirren, ja wohl gar Kopfschmerz und Fieberanfälle erregen könne."

„Mag", sprach Ottmar, „mag jeder tragen was er kann, jedoch nur nicht das Maß *seiner* Kraft für die Norm dessen halten, was dem menschlichen Geist überhaupt geboten werden darf. Es gibt aber sonst ganz wackre Leute, die so schwerfälliger Natur sind, daß sie den raschen Flug der erregten Einbildungskraft irgendeinem krankhaften Seelenzustande zuschreiben zu müssen glauben und daher kommt es, daß man von diesem, von jenem Dichter bald sagt, er schriebe nie anders, als berauschende Getränke genießend, bald seine fantastische Werke auf Rechnung überreizter Nerven und daher entstandenen Fiebers setzt. Wer weiß es denn aber nicht, daß jeder auf diese jene Weise erregter Seelenzustand zwar einen glücklichen genialen Gedanken, nie aber ein in sich gehaltenes geründetes Werk erzeugen kann, das eben die größte Besonnenheit erfordert."

Theodor hatte die Freunde mit einem sehr edlen Wein bewirtet, den ihm ein Freund vom Rhein her gesendet. Er schenkte den Rest ein in die Gläser und sprach dann: „Ich weiß in der Tat nicht, wie mir die wehmütige Ahnung kommt, daß wir uns auf lange Zeit trennen, vielleicht niemals wiedersehen werden, doch wird wohl das Andenken an diese Serapions-Abende in unserer Seele fortleben. Frei überließen wir uns dem Spiel unsrer Laune, den Eingebungen unserer Fantasie. Jeder sprach wie es ihm im Innersten recht aufgegangen war, ohne seine Gedanken für etwas ganz Besonderes und Außerordentliches zu halten oder dafür ausgeben zu wollen, wohl wissend, daß das erste Bedingnis alles Dichtens und Trachtens eben jene gemütliche Anspruchslosigkeit ist, die allein das Herz zu erwärmen, den Geist wohltuend anzuregen vermag. Sollte das Geschick uns nun wirklich trennen, so laßt uns auch geschieden die Regel des heiligen Serapion treu bewahren und dies einander gelobend, das letzte Glas leeren." – Es geschah wie Theodor geboten. –

Ende des vierten und letzten Bandes

ANHANG

NACHWORT

Die geistigen Bewegungen der Neuzeit sind bei uns zumeist an bestimmte Städte gebunden. Die Geschichte unserer Kultur seit dem Ausgang des Mittelalters ist in hohem Maße Stadtkultur. Nürnberg wahrt seine weitreichende Bedeutung in der Reformation wie im Barock. Wittenberg, Halle oder Münster sind Stätten der religiösen Erneuerung. Aber der Ort der deutschen Aufklärung ist vor anderen Städten Berlin. „Ich will meine Hauptstadt zum Tempel großer Männer machen", hatte Friedrich der Große einst an Voltaire geschrieben. Er mußte indessen erfahren, daß es damit nicht so rasch voranging, wie es gedacht und beschlossen war. Erst durch Lessing recht eigentlich wurde die preußische Hauptstadt zur Hauptstadt der neuen Bewegung. Vornehmlich seiner Wirksamkeit ist es zuzuschreiben, wenn sich seitdem ein literarisches Leben entwickeln konnte, das ohne eine großstädtische Kultur nicht zu denken ist. Aber von hier aus hat am Ende des Jahrhunderts auch die deutsche Romantik ihren Ausgang genommen. In einem Schriftsteller wie Ludwig Tieck treffen alte Aufklärung und junge Romantik unmittelbar aufeinander. „Und also werden wir uns bei einer Würdigung Ludwig Tiecks darüber verwundern", schreibt Emil Staiger gelegentlich, „daß die deutsche Romantik nicht zu Bacherach am Rhein, nicht auf Schloß Lubowitz und nicht in mondbeglänzten Städten begründet wurde, sondern auf dem Berliner Pflaster, in einer Stadt, die damals – etwa 1795 – schon nahezu zweihunderttausend Einwohner zählte."

Damals – wenige Jahre später – hatte es auch E. T. A. Hoffmann zum erstenmal nach Berlin verschlagen. Als Referendar ließ er sich 1798 dorthin versetzen. Ein Jahrzehnt später, um 1808, kehrte er nach bewegten Wanderjahren und nach Aufenthalten in Posen, Königsberg, Płock und Warschau erneut in die preußische Hauptstadt zurück. Seine dritte Einkehr im Jahre 1814 sollte den Charakter des Endgültigen erhalten. Die Künstlerlaufbahn hatte ihn enttäuscht, und die Tätigkeit als Kapellmeister in Bamberg war alles andere als ein Himmel auf Erden gewesen. So lag es nahe, sich mit dem Alltäglichen zu arrangieren. Der Wiedereintritt in den Staatsdienst bot sich an. Hoffmann hat ihn in Berlin vollzogen; und er hat seine letzte Station auf eine Art mit dieser Stadt verknüpft, die man wohl als schicksalhaft bezeichnen darf. Krankheit und politische Verfolgung haben hier sein Lebensende verdüstert. Aber sie haben nicht verhindert, daß die reifsten Dichtungen von der Phantastik der *Prinzessin Brambilla* über den Humor des *Kater Murr* bis zum Vermächtnis des *Meister Floh* noch entstehen konnten. So fehlt es denn auch nicht an Spiegelungen des Lokalen im dichterischen Werk. In Berlin nicht zufällig erfolgt die seltsame „Wiederkehr" des Ritters Gluck. In der nüchternen Alltäglichkeit dieser Stadt wird das Phantastische Ereignis: „Der Spätherbst in Berlin hat gewöhnlich noch einige schöne Tage. Die Sonne tritt freundlich aus dem Gewölk hervor, und schnell verdampft die Nässe in der lauen Luft, welche durch die Straßen weht. Dann sieht man eine lange Reihe, buntgemischt – Elegants, Bürger mit der Hausfrau und den lieben Kleinen in Sonntagskleidern, Geistliche, Jüdinnen, Referendare, Freudenmädchen, Professoren, Putzmacherinnen, Tänzer, Offiziere u.s.w. durch die Linden, nach dem Tiergarten ziehen ..." In der Erzählung *Die Brautwahl*, aus der Zeit des dritten Berliner Aufenthalts, wird die Stadt der Aufklärung zum dichterischen Motiv, zum Sinnbild der Nüchternheit, der Pedanterie und der Langeweile, der in überlegenem Humor das Berlin von einst entgegengehalten wird, als wäre die alte Zeit immer auch die gute Zeit: „Überhaupt muß ich bekennen, daß damals unser Berlin bei weitem lustiger und bunter sich ausnahm, als jetzt, wo alles auf einerlei Weise ausgeprägt wird, und man in der Langeweile selbst die Lust sucht und findet, sich zu langweilen ..."

Die Erwähnung Berlins als einer Stadt, in der man bezüglich der Langeweile auf seine Kosten kommt, steht im dritten Band des Erzählzyklus, der im Werk E. T. A. Hoffmanns der letzte und umfangreichste geworden ist. Wir sprechen von den Erzählungen der *Serapions-Brüder*, die der vorliegende Band enthält. Die *Fantasiestücke* und die *Nachtstücke* waren unmittelbar vorausgegangen – so unmittelbar, daß es abwegig erscheint, über die schriftstellerische Entwicklung dieses Dichters zu meditieren. Schon der *Ritter Gluck* ist vollendete Dichtung, und im späteren Werk ist unterhaltende Prosa mittleren Ranges nicht selten. Die ersten Zyklen sind noch nicht abgeschlossen, da neue Erzählungen entstehen. Im Jahre 1815 geht der letzte Band der *Fantasiestücke* in den Druck. Zwei Jahre später werden die *Nachtstücke* verabschiedet, und 1818 bereits wird über

Titel und Inhalt des vorliegenden Bandes verhandelt. Die Erscheinungsjahre dieser Bücher folgen rasch aufeinander. Da bleibt für Entwicklungen des „Weltbildes“ wenig Zeit – es sei denn, daß der rasche Leser, der Hoffmann war, auf neue „Erscheinungen“ aufmerksam wird, die sich als Motive seiner Dichtungen anbieten. Aber von einer sich entwickelnden Weltanschauung E. T. A. Hoffmanns spricht man lieber nicht. Dennoch spürt man den *Serapions-Brüdern* als einem der spätesten Werke das gleichsam Spätzeitliche an: die schriftstellerische Erfahrung, die sich vertieft hat ungeachtet der wenig anspruchsvollen Stücke, die es hier und da gibt. Die Themen und Motive sind zumeist dieselben geblieben. Aber die Art, wie sie miteinander verknüpft werden, ist kunstvoller gestaltet als vordem. Erst in der Überschau des Ganzen wird die künstlerische Leistung in ihrem vollen Umfang sichtbar, obgleich es jederzeit möglich ist, einzelne Stücke als „Meistererzählungen“ herauszulösen, die dann isoliert in unserer Literatur ihr Leben führen. Solchen berechtigten oder unberechtigten Auswahlen gegenüber wollen wir die Geschlossenheit des Zyklus betonen, und darin vor allem sehen wir die Aufgabe dieses Nachwortes, daß wir das Einzelne würdigen in der Art, in der es auf das Ganze verweist. Die *Serapions-Brüder* E. T. A. Hoffmanns sind kein Sammelsurium, kein „Berliner Allerlei“ und nichts dergleichen. Die hier vereinten Gespräche, Reflexionen und Überleitungen, die sehr unterschiedlichen Geschichten, Märchen und Novellen stellen etwas in sich Zusammenhängendes dar. Und Zusammenhang, wo immer er sich bestätigt, ist in jedem Fall ein künstlerisches Prinzip. Doch versteht sich das künstlerisch Gefügte nicht von selbst. Den Sinn des Zusammenhangs kann man bestreiten, und man hat ihn bestritten. Denn es scheint sich um bloße Zufälle zu handeln, die sich in der Entstehungsgeschichte der *Serapions-Brüder* verstecken.

Daß in der Vorstellung des Dichters womöglich von Anfang an ein sinnvoller Zusammenhang vorhanden gewesen sei, ist in der Tat mit gewichtigen Argumenten einzuschränken. Gegen eine solche Vorstellung spricht die Vielzahl der separaten Veröffentlichungen. In diversen Almanachen, Kalendern, Frauentaschenbüchern und Unterhaltungsblättern für Gebildete und für andere Leser hatte E. T. A. Hoffmann seine Geschichten publiziert. Aber der willkommene Beleg, den man benötigt, um die Zufälligkeit des Ganzen zu erhärten, ist der Brief des Dichters an seinen Verleger vom 17. Februar 1818. Hoffmann fragt an, ob es geraten sei, die Geschichten unter dem simplen Titel „Erzählungen“ hinausgehen zu lassen oder ob es sich empfiehlt, eine Einkleidung zu wählen – „nach Art des Tieckschen Phantasus“. Überdem wird der Anteil des Verlegers auch im ersten Satz des Vorwortes betont: „Die Aufforderung des Herrn Verlegers, daß der Herausgeber seine in Journalen und Taschenbüchern verstreuten Erzählungen und Märchen sammeln und Neues hinzufügen möge ... veranlaßten dies Buch, und die Form in der es erscheint.“ Das serapiontische Prinzip der *Serapions-Brüder*, von dem man öfters spricht, ist also, bei Lichte besehen, nicht viel mehr als eine Mache des Verlegers. Man sieht sich gewarnt, zu viel an künstlerischem Sinn hineinzuinterpretieren. Und abermals scheint es sich nur um eine Zufälligkeit, um etwas bloß Nachträgliches zu handeln, wenn eines Tages die Änderung im Titel zwischen Dichter und Verleger vereinbart wird. Mit dieser Änderung hat es die folgende Bewandtnis. Sehr bald nach Hoffmanns Übersiedlung in die preußische Hauptstadt bildete sich dort ein Freundeskreis, der sich regelmäßig, zumeist in Weinlokalen, traf. Julius Eduard Hitzig, der Jurist und Verleger, Carl Wilhelm Salice-Contessa, ein Geschichtenerzähler Hoffmannscher Provenienz, und der Arzt Johann Ferdinand Koreff, der sich auch schriftstellerisch betätigte, nahmen an diesen Zusammenkünften teil. Sie wurden bald als Seraphinenabende bezeichnet. Unter dem Titel *Die Seraphinenbrüder* war der neue Erzählband auch schon im Ostermeßkatalog angekündigt worden. Die in Frage stehende Titeländerung ist späteren Datums. Sie ist abermals mit nachträglichen Ereignissen verknüpft, mit der Erneuerung des Freundesbundes im November 1818, als Chamisso von einer Weltreise zurückkehrte. Es war am vierzehnten dieses Monats, daß der Dichter des *Peter Schlemihl* als Gast im geselligen Kreis der Seraphinenbrüder weilte, und der vierzehnte November war zugleich der Tag des Serapion, dem der neue Erzählband seinen neuen Titel verdankt. Er wurde in Überleitungen und eingefügten Erzählskizzen leitmotivisch variiert, aber doch zumeist so, daß sich die Umbenennung als etwas Nachträgliches leicht bewerkstelligen ließ. Der innere Sinn des Ganzen, wenn es ihn gibt, ist daher mit Bestimmtheit nicht an der Oberfläche zu suchen. Mit dem serapiontischen Prinzip des Dichters E. T. A. Hoffmann steht es nicht zum besten. Ein geistreicher Einfall – gewiß. Aber war es mehr? Wir wollen erläutern, was Hoffmann unter dem serapiontischen Prinzip verstand. Dabei wird sich zeigen, daß es sich nicht um einen bloßen Einfall handelt, sondern um ein künstlerisches Prinzip in der Tat, das ein Licht auch auf den künstlerischen Sinn des Ganzen wirft.

Auf recht kunstvolle Art wird sogleich die Entstehung des Titels mitgeteilt. Unter den Teilnehmern des Rahmengesprächs ist es Cyprian, der die Unterhaltung über den Sinn solcher Zusammenkünfte mit einem Einfall unterbricht: „Mir fallen dabei jene Philosophen ein", sagt er, „– doch, das muß ich fein ordentlich erzählen!" Erzählt wird die anekdotenhaft hingeworfene Geschichte zweier Kantianer, die auf offener Straße einen philosophischen Streit vom Zaune brechen. Sie werden durch einen Zufall auseinandergerissen und setzen nach zwanzig Jahren den Disput an derselben Stelle fort, als sei in der Zwischenzeit nichts geschehen. Diese Geschichte hat für den, der sie erzählt, etwas Schauerliches. In unserem Fall erweist sich solche Schauerlichkeit als eine Erscheinungsform des Philiströsen, als entsetzliche Diskrepanz von Innen und Außen, sofern der philosophische Gedanke im Innern der Kantianer ohne jede Rücksicht auf äußere Umstände automatenhaft weiterläuft. Aber derselbe Cyprian erzählt im Fortgang der Gespräche eine in anderer Weise schauerliche Geschichte. Er erzählt seine Begegnungen mit einem Grafen, der sich in die Einsamkeit begeben hat und im Wahne lebt, der Mönch Serapion zu sein, der vor Jahrhunderten lebte. Der Erzähler gibt dem von seiner fixen Idee Besessenen das Wort, und der Leser beginnt zu ahnen, daß sich im Zustand fixer Ideen eine eigene Poesie verbirgt, ein Glück eigener Art, sofern der im Wahn Befangene mit seiner Umwelt um so besser auskommt, als er sie nicht mehr zur Kenntnis nimmt: „Bin ich aber nicht wahnsinnig", sagt er, „und wirklich der Märtyrer Serapion, so ist es wieder ein törichtes Unternehmen mir das ausreden ... zu wollen ... Sie sagen daß der Märtyrer Serapion vor vielen hundert Jahren lebte und daß ich folglich nicht jener Märtyrer sein könne ... Fürs erste ist die Zeit ein ebenso relativer Begriff wie die Zahl und ich könnte Ihnen sagen, daß, wie ich den Begriff der Zeit in mir trage, es kaum drei Stunden oder wie Sie sonst den Lauf der Zeit bezeichnen wollen, her sind, als mich der Kaiser Decius hinrichten ließ ..." Diesen sonderbaren Heiligen ficht die Prosa des Lebens nichts an. Er erträumt sich in phantastischen Vorstellungen seine eigene Welt, die der irdischen Wirklichkeit spottet. Raum und Zeit, die wichtigsten Fixpunkte im Kategoriensystem der Kantischen Philosophie, werden von ihm leichten

Sinnes überspielt, indem er sich über sie erhebt. Und Erhebung, muß man zugeben, ist stets ein Merkmal echter Poesie. Eine Verwandtschaft von Wahnsinn und Dichtung zeichnet sich ab. Sie wird im Fortgang der Gespräche mehrfach berührt. Lothar spricht es aus, ohne damit schon letzte Weisheiten zu verraten: „Dein Einsiedler, mein Cyprianus, war ein wahrhafter Dichter, er hatte das wirklich geschaut was er verkündete, und deshalb ergriff seine Rede Herz und Gemüt." Daß gleichwohl ein feindlicher Stern über dem vermeintlichen Märtyrer waltet, wird nicht verschwiegen. Sein Wahnsinn, so heißt es, bestand darin, daß ihm die Erkenntnis der Duplizität geraubt war, die unser irdisches Dasein bedingt.

Die Ambivalenz des Unheimlichen in beiden Geschichten ist offenkundig. Hier wie dort werden Raum und Zeit negiert, und wenn sich darin ein poetisches Prinzip bezeugt, so nimmt es in der Nachbarschaft des Unheimlichen bald die Richtung zum Philiströsen und bald zum Wahnsinn an. Exzentrische Serapiontiker sind sie allesamt: jene Kantianer sowohl wie dieser Graf. Ihr Gleichgewicht ist gestört. Die Schwerpunkte haben sich verlagert. Nicht gleichermaßen exzentrisch ist dagegen der wahre Serapion, zu dem man sich als zum Schutzpatron aller geselligen Zusammenkünfte bekennt. „Der Einsiedler Serapion sei unser Schutzpatron, er lasse seine Sehergabe über uns walten, seiner Regel wollen wir folgen, als getreue Serapions-Brüder!" – so kommt man überein. Und die Regel, die dabei gelten soll, schreibt vor, daß jeder prüfen möge, „ob er auch wirklich das geschaut, was er zu verkünden unternommen, ehe er es wagt laut damit zu werden". Das „wahrhaft Serapiontische" betrifft demzufolge eine Erzählart, die in der formelhaften Verkürzung belanglos anmutet. In Wirklichkeit sind damit Grundwahrheiten des künstlerischen Denkens zutreffend umschrieben. Die formelhaft anmutende Verkürzung öffnet sich einem Dualismus von Innen und Außen, von Seele und Körper, von belebender Kraft und Maschinerie. Die Kunst steht in Frage, die Kunst im Geheimnis ihres Inneren. Aber die Unheimlichkeit nicht minder, wenn die Verlagerung der Akzente auf Kosten der Außenwelt erfolgt – wie im Falle des Grafen, in dem sich das Künstlerische mit dem Grauenhaften trifft. Denn die Einschränkungen diesem Serapion gegenüber, der in Wahrheit nicht der wahre ist, sind unüberhörbar, wir deuteten es an: „Aber du, o mein Einsiedler! statuiertest keine Außenwelt, du sahst den versteckten Hebel nicht, die auf dein Inneres einwirkende Kraft; und wenn du mit grauenhaftem Scharfsinn behauptetest, daß es nur der Geist sei, der sehe, höre, fühle ... so vergaßest du, daß die Außenwelt den in den Körper gebannten Geist zu jenen Funktionen der Wahrnehmung zwingt nach Willkür. Dein Leben, lieber Anachoret, war ein steter Traum, aus dem du in dem Jenseits gewiß nicht schmerzlich erwachtest...“

Um die angemessene „Übersetzung“ eines Inneren ins Äußere, eines Geistigen ins Wirkliche und eines seelenhaften Seins in die körperliche Welt geht es im serapiontischen Prinzip. In einem tieferen Sinne steht damit nun doch ein wahrhaft Lebendiges in aller Kunst in Frage. Hier wird im leicht plauderhaften Ton das Geheimnis einer Mitte umkreist, nicht des eigenen Ichs, das sich selbst Mitte ist, nicht als experimentum suae medietatis, sondern als Kunst, die von dem nicht zu lösen ist, der sie übt oder vernimmt. Das serapiontische Prinzip erfragt das Geheimnis einer Kunst, die keine maschinelle, sondern eine menschliche ist. Es ist das zugleich eine solche, die es nicht ein für allemal gibt, so daß man sie mühelos benutzen und nachahmen kann. Eine Kunst dieser Art ist immer nur in Wandlungen lebendig. Daher hat es das serapiontische Prinzip auch mit dem Verfahren der Mimesis, der Nachahmung, zu tun. Aber die Nachahmung hat nicht mehr den Sinn wie ehedem. Sie versteht sich im Umkreis der Serapionsbrüder nicht mehr als Nachahmung der Natur, sondern als Nachahmung des in der Kunst schon einmal Gewesenen. Sie wird, wenn falsch gehandhabt, zur bloßen Nachäfferei, weil der Nachahmende das Vorbild nicht wirklich erschaut. Daß die Dichter erzählen, was schon erzählt worden ist, wird ihnen nicht verwehrt. Auf Vorlagen aller Art dürfen sie zurückgreifen, um etwas Eigenes daraus zu machen. Nur muß es etwas wirklich Eigenes sein, im Sinne der Serapiontik, daß nur das gilt, was sich der Erzähler in der Übernahme seiner Vorlagen wahrhaft angeeignet hat. „Nur dann“, läßt Hoffmann seinen Goldschmied in der Erzählung *Die Brautwahl* sagen, „wird sich aus dem Innersten heraus der Funke entzünden, und die wahre Begeisterung Werke schaffen, die ohne blinde Nachahmerei eines besseren Zeitalters würdig sind. Aber jetzt meinen die jungen Leute, wenn sie irgendein biblisches Bild mit klapperdürren Figuren, ellenlangen Gesichtern, steifen eckichten Gewändern und falscher Perspektive zusammenstoppeln, sie hätten gemalt in der Manier der alten deutschen hohen Meister. Solche geistestote Nachähmler mögen dem Bauernjungen zu vergleichen sein, der in der Kirche bei dem Vaterunser den Hut vor die Nase hielt, ohne es auswendig beten zu können, angebend, wisse er auch das Gebet nicht, so kenne er doch die Melodie davon . . ." Das ist eine genaue Umschreibung der Serapiontik nach der negativen Seite hin. Und nicht im geselligen Gespräche der Freunde, nicht in der Rahmenhandlung der *Serapions-Brüder* wird es gesagt, sondern von einer Figur innerhalb einer Erzählung, die man als „Meistererzählung" aus dem Ganzen herauslösen mag und damit doch zugleich um die sinnvolle Umgebung bringt, in die sie gehört.

Das Serapiontische in einem also vertieften Sinn ist nicht nur in der Rahmenerzählung als geistreiche Theorie entwickelt, in die es nachträglich ohne Mühe hineingearbeitet werden konnte. Es durchwirkt nicht wenige der Erzählungen selbst. Wenn es sich aber so verhält, dann ist die Nachträglichkeit nicht mehr der Gesichtspunkt, der ausschließlich gilt. Ein Mißverhältnis von Innen und Außen liegt auch im *Rat Krespel* vor, gleichviel, ob die Erzählung vor der Fixierung der Rahmenhandlung entstanden ist oder nicht. Das Nachträgliche wird mißverstanden, wenn man es als etwas bloß Additives versteht. Im Grunde handelt es sich weit mehr um ein Auffinden dessen, was immer schon vorhanden war. Die Serapiontik Hoffmanns ist eine Umschreibung seines Dichtertums: seiner Auffassung von der Kunst und seiner dichterischen Darstellung dieser Auffassung. Er hat im serapiontischen Prinzip ein wahrhaft künstlerisches Prinzip zum Ausdruck gebracht. Er hat seine künstlerische Welt wie in einer Formel zu erfassen gesucht, die nur zu bezeichnen, aber nicht zu erfinden war. In diesem Prinzip liegt die Mitte, um die sich das Ganze gruppiert – und schon gruppiert hat, ehe der Verleger den Plan einer bestimmten Zusammenstellung unterbreitete. Von dieser Mitte aus blickt man ins Ganze hinein: in das Unheimliche und Märchenhafte, in Wahnsinn und Philistertum, in lebendige Schönheit und automatenhafte Maschinerie. Die Gespräche über Magnetismus und Vampirismus, über die Natur und die Nachtseiten der Natur haben von hier aus ebenso ihren Sinn wie die kunsttheoretischen Erörterungen verschiedenster Art. Fabulierfreudigkeit, die sich selbst zu genügen scheint (wie im Nußknackermärchen), steht in demselben Werk, das literarhistorische Bemerkungen über Walter Scott oder Zacharias Werner enthält. Zu den Gespenstergeschichten, die der bloßen Unterhaltung zu dienen scheinen, gesellen sich ergreifende Künstlergeschichten, als hätte das eine nicht das mindeste mit dem anderen zu tun. Aber alles ist mit allem verknüpft, und wir verstehen, daß eine der letzten Erzählungen vom *Zusammenhang der Dinge* handelt. Der Sinn liegt in der Einheit – nicht in der nachträglichen Zusammenstellung. Er liegt in der Einheit der Hoffmannschen Kunst, die in solcher Zusammenstellung das Einheitliche nur nachträglich sichtbar macht. Darum sind die *Serapions-Brüder* eine in sich sinnvolle Ganzheit, ein Erzählzyklus von beträchtlichem Format, den man vorab als diesen Zyklus zu würdigen hat, auch hinsichtlich Hoffmanns Beitrag zur Geschichte der deutschen Novelle.

Sehr hoch pflegt man diesen Beitrag nicht einzuschätzen. Hoffmanns Leistung sucht man eher im Inhaltlichen seiner Themen und Motive. Schon der Stilzug der Ironie – weil es eine „bloß" romantische Ironie ist! – wird ihm in einer Geschichte der deutschen Novelle (von Josef Kunz) verdacht. Von der Rahmenhandlung hält der Verfasser dieser Historie nicht eben viel, und was es mit der eigenen Leistung Hoffmanns auf sich hat, wird unmißverständlich gesagt: „An Gewichtigkeit der Darstellung und im Umfang des Gesamtwerkes überragt E. T. A. Hoffmann seine Vorgänger um ein Beträchtliches. Würde man indessen sein Werk auf die Originalität hin prüfen, so erschiene seine Bedeutung geringer; denn Hoffmann ist ohne die vorangegangene romantische Novellendichtung nicht zu denken. Indem er diese Anregungen zusammenfaßt, übernimmt er Thematik, Motivwahl, Erzählungsstil wie auch die zyklische Darstellung von anderen." Ob Schiller wohl ohne Lessing, Grillparzer ohne Schiller und Büchner ohne Lenz zu denken wären? Es ist ein weites Feld. Wir wollen es gar nicht erst betreten, weil es als ausgemacht gilt, daß jemand noch immer ein großer Dichter sein kann, wenn er ohne einen anderen nicht zu denken ist. Worin läge denn der Sinn jeder Tradition? Daß ein solcher Vorwurf dem Dichter der *Serapions-Brüder* gemacht wird, berührt um so befremdlicher, als der Sinn der Tradition, das lebendig Angeschaute und Angeeignete, im serapiontischen Prinzip zum Leitmotiv erhoben ist, das wir erläutert haben. Und wie sehr für die zyklische Form der *Phantasus* Ludwig Tiecks das Vorbild war, hat Hoffmann nicht verschwiegen. Daß aber unbeschadet solcher Vorbilder eine eigene Einheit daraus entstanden ist, muß man eingesehen haben, ehe man die Erzählform der *Serapions-Brüder* als Konvention auf sich beruhen läßt. Die Einheit liegt in der Verknüpfung des Disparaten, und das serapiontische Prinzip ist das Mittel solcher

Verknüpfungen. Man wird den Novellen Hoffmanns nicht gerecht, wenn man die Rahmenform als etwas nur Übernommenes bagatellisiert oder wenn man die einzelnen Stücke als „Meistererzählungen" lediglich isoliert.

Deutlicher als zuvor hat E. T. A. Hoffmann mit den *Serapions-Brüdern* eine Erzählform entwickelt, die er als sein Eigentum getrost beanspruchen darf. Als dieses Eigentum ist sie zu erkennen und zu beschreiben. Andernfalls könnte es sein, daß sich die Meinung befestigt, man hätte es mit einem Erzähler ohne jedes Formgefühl zu tun, dem es nur darum ging, daraufloszuerzählen. Aber für literarische Formen und für Formen überhaupt besaß Hoffmann einen ausgeprägten Sinn. Auch der Kunstform der Novelle war er sich bewußt, und wie sie vor anderen Formen abzugrenzen sei, hat ihn beschäftigt. Doch hat er mit deutlicher Schärfe solche Abgrenzungen nicht geübt, weil ihn vor allem interessierte, wie sich das eine im anderen verliert: die Künstlernovelle in der Gespenstergeschichte, das Märchen im erzählten Krankheitsfall, die Kriminalgeschichte in einer historischen Erzählung und so fort. Es war nicht Mangel an Formgefühl, wenn er die Grenzen der Erzählgattungen, woran ihm lag, verwischte; und etwas Unheimliches, vielleicht auch Humorvolles, liegt immer wieder darin, wie die unvorhergesehenen Übergänge in der verwirrend anmutenden Heterogenität sichtbar gemacht werden. Im Rahmengespräch des dritten Bandes und im Anschluß an die Erzählung vom Fräulein von Scuderi findet sich eine vorzügliche Bemerkung zur allgemeinen Poetik, die den mit Zuversicht erfüllt, der sich für sein System der Dichtung möglichst strenge Scheidungen erhofft. Es geht um die Verwandtschaft von Drama und Novelle und um den davon abzugrenzenden Begriff der Erzählung obendrein: „‚Sind', sprach Lothar, ‚sind die Bedingnisse des Dramas und der Erzählung aber nicht in ihren Grundelementen so voneinander verschieden, daß selbst der Versuch, den Stoff einer Erzählung zu einem Drama zu verarbeiten, oft mißlingt und mißlingen muß? – Ihr versteht mich, daß ich von der eigentlichen Erzählung spreche und alles Novellenartige ausschließe, das oft den Keim in sich trägt, aus dem das wahre Drama hervorsprießt wie ein schöner herrlicher Baum.'" Das sind ganz vorzügliche Beobachtungen, die neuere Einsichten über die Verwandtschaft von Drama und Novelle vorwegnehmen. Aber mit Auffassungen Hoffmanns hat man es dabei nicht unbedingt zu tun. Er identifiziert sich nicht mit bestimmten Meinungen seiner erzählten Figuren; nicht selten auch ironisiert er ihre Weisheiten und Einsichten, die man daher nicht unbesehen als bare Münze nehmen darf. Hoffmann als Erzähler deutet an und läßt das Gesagte in der Schwebe; und wenn wir soeben gehofft hatten, brauchbare Abgrenzungen aus solchen Gesprächen nach Hause zu tragen, so sehen wir uns enttäuscht. Vinzenz, ein anderer Gesprächspartner dieser Unterhaltungen, fährt unvermutet und unvermittelt fort: „Was haltet ihr ... von der angenehmen Idee, aus einem Schauspiel eine Erzählung zu machen? – Vor mehreren Jahren las ich Ifflands Jäger als Erzählung bearbeitet –“ und damit ist das seriöse Geschäft der Poetologie bereits im Humor verschwunden. Das hängt nicht mit dem mangelnden Sinn Hoffmanns für Poetik und Theorie zusammen, sondern damit, daß er das eine auf unheimliche Weise ins andere übergehen sieht. Am Ende steht dann der Humor gegenüber jenen, die es allzu genau nehmen mit der Rubrik: „Nebenher ist mir aber auch die wissenschaftliche Tendenz dieses Dramas [von Iffland] aufgegangen und ich kann es nicht tadeln, daß in jener Bibliothek unter der Rubrik: Forstwissenschaft, sich auch Ifflands Jäger befanden.“

Solche Übergänge vom Vertrauten ins Unvertraute und vom Heimatlichen ins Unheimliche finden auch im Umkreis des Märchens statt. Daß sich seit den Anfängen der deutschen Romantik und besonders seit Tieck eine Verwandtschaft von Novelle und Märchen entwickelt hat, betrifft einen Übergang eigener Art, in der Form, die wir Märchennovelle nennen. Aber Hoffmann übernimmt nicht einfach die Märchennovelle aus dieser Zeit. Er übernimmt schon gar nicht das Märchenhafte im Sinne der frühen Romantik; und was dem Heinrich von Ofterdingen widerfährt, ist in der Erzählung *Der Kampf der Sänger* dargestellt. Uns begegnet ein zerrissener Ofterdingen – nicht der, den wir von Novalis her kennen. Das Romantische in einem solchen, von jeder Wirklichkeit befreiten Sinn erkennt Hoffmann am Ende dieser Epoche nicht mehr an. Daß er so verfährt, zeichnet ihn aus. Seine Märchen sind zumeist nicht das, was wir uns darunter vorstellen, wenn von der Märchendichtung der Romantik die Rede ist. Noch die gewisse Grausamkeit mancher Märchen in der Sammlung der Brüder Grimm fügt sich am Ende in das vertraute Bild romantischer Märchendichtung ein – einer Märchendichtung, die Hoffmann hinter sich läßt. Ein Märchen aus der Sphäre reinster Romantik schien das den ersten Band beschließende Stück zu sein: das Märchen

Nußknacker und Mausekönig. In seiner Unbeschwertheit und in seiner Gelöstheit von allem irdischen Beiwerk stellt es sich dar als Märchendichtung schlechthin. Hoffmann schrieb es 1816 und las es den Kindern seines Freundes Hitzig an einem Weihnachtsabend vor. Noch in demselben Jahr wurde es mit Beiträgen von Contessa und Fouqué einem Band eingefügt. Den Übermut der Fabulierfreude hat Hoffmann selbst im Rahmengespräch betont. Aber ob es unbedingt ein Kindermärchen sei, gibt einer der Gesprächspartner zu bedenken. Er befürchtet, daß man von Kindern nicht erwarten könne, daß sie die feinen Fäden, die sich durch das Ganze ziehen, auch wirklich erkennen. Sie werden sich, meint er, höchstens an Einzelnes halten – wie viele Leser Hoffmanns auch, möchte man ergänzen. Diese Auffassung bleibt nicht unwidersprochen; und indem auf das hervorragende Verständnis aufmerksam gemacht wird, das gerade Kinder oft bezeugen, sind jene bereits ironisiert, die nur das Einzelne sehen, aber das Ganze aus dem Auge verlieren. Märchen sind dichterische, von Raum und Zeit losgelöste Gebilde. Der innere Sinn hat die Neigung, sich zu verselbständigen, und wo es geschieht, ist das serapiontische Prinzip zugunsten des einseitig Inneren gestört. Wir fühlen uns an den Wahnsinn des Grafen erinnert, der sich für den Mönch Serapion hält. Zumindest deutet sich vom Märchen her eine Möglichkeit des Krankseins an, und die Krankheit in vielfältigen Formen, vor allem die Krankheit des Geistes und der Seele, ist eines der Leitmotive im Zyklus des Ganzen. Im erzählten Märchen ist der Krankheit des Mädchens nicht zufällig ein eigenes Kapitel vorbehalten. Daß aber das Gegenprinzip in einer Märchenwelt zu seinem Recht kommt – in einer Welt, die sich zu verselbständigen droht und an Wahnsinn grenzt –, hängt mit der Darbietungsform zusammen, mit der Umgebung, in der das Märchen erscheint. Als isoliert dargebotenes Reclamheft ist die Nußknackergeschichte reinste Märchendichtung wie eh und je. Aber schon in dem Augenblick, in dem man sich, wie hier, darüber unterhält, entstehen vielfältige Distanzformen, die Hoffmann wichtig sind. Es ist so wie mit Heines Lyrik. Die isolierten Gedichte aus dem *Buch der Lieder* berühren uns oft genug sentimental. Erst im Zyklus erhalten sie einen davon freien Sinn. Nach unseren Vorstellungen sind Märchen Gebilde, die einer eigenen Welt zugehören, in der auch eigene Gesetze gelten. Bei Hoffmann gehen die Märchen fortwährend in die Wirklichkeit über, wie die Wirklichkeit sich unversehens ins Märchen oder ins Unheimliche verwandelt. Nicht selten liegt auch im unerwarteten Übergang das Schockierende und Befremdliche dieser Erzählkunst. Der Kanzleisekretär der *Brautwahl* ist eine Person, wie sie das wirkliche Leben kennt: pünktlich, pedantisch und von jeder märchenhaften Romantik weit entfernt. Doch ist ihm eines Tages widerfahren, was er noch jetzt voller Aufregung erzählt: „Aber da kommt eine niederträchtige Menschenseele die Königsstraße herab, reißt mir im Vorbeigehen beide Beine unterm Leibe weg, und rennt damit laut lachend spornstreichs fort. Ich armer Geheimer Kanzleisekretär plumpe nieder in den schnöden Gassenkot, ich schreie: ‚Nachtwächter – hochlöbliche Polizei – verehrbare Patrouille – – lauft herbei – lauft herbei – haltet den Dieb, haltet den Dieb! er hat mir meine Beine gestohlen!' Aber oben im Rathause ist plötzlich alles still und finster geworden und meine Stimme verhallt unvernommen in den Lüften! – Schon will ich verzweifeln, als der Mensch zurückkehrt, und wie rasend vorbeilaufend mir meine Beine ins Gesicht wirft ..." Man wundert sich immer wieder, daß Kafka diesen Dichter nirgends erwähnt.

Es sind die veränderten Wirklichkeitsverhältnisse, die dem Märchen wie bisher im Wege stehen. Die Erzählung *Das fremde Kind* am Ende des zweiten Bandes wird ausdrücklich ein Märchen genannt. Es wird versichert – aber das ist bereits Ironie –, daß es frömmer und kindlicher ausfallen werde, als das Nußknackermärchen ausgefallen war. Und wie im wirklichen Märchen läßt es sich an: „Es war einmal ein Edelmann der hieß Herr Thaddäus von Brakel ..." Die Zeitangabe ist uns in solcher Formelhaftigkeit vertraut. Sie deutet auf längst Vergangenes hin, auf eine märchenhafte Ferne, die zur Zeitlosigkeit tendiert. Aber die nähere Beschreibung im ersten Satz läßt vermuten, daß uns das Märchen nicht ins Zeitlose entrückt. Dieser Herr von Brakel wohnte in dem kleinen Dörfchen Brakelheim, „das er von seinem verstorbenen Vater ... geerbt hatte, und das mithin sein Eigentum war". Mitteilungen über die Eigentumsverhältnisse im ersten Abschnitt eines Märchens sind nicht die Regel. Sie sind eher geeignet, die Märchenwelt zu stören, wie es hier in der Tat geschieht. Die Gesellschaftspuppe des Vetters, des Herrn Cyprianus von Brakel, ist der Störenfried, dem es in erster Linie um solche Verhältnisse geht. Mit den Früchten seiner automatenhaften Erziehung, mit Sohn und Tochter, bricht er in die idyllische Welt von Brakelheim ein, und nicht eigentlich das Märchen wird erzählt, sondern die Geschichte des nicht mehr möglichen Märchens – es sei denn, daß es in der Phantasie noch einmal gelingt, das Gewesene sich zu erschaffen. Doch wird es nicht gelingen ohne das Bewußtsein, daß es sich nur um Erschaffenes handelt. Das fremde Kind wird auf solche Weise zum Symbol, zur Allegorie eines mit dem Sündenfall gegebenen Zustandes. Und es sind nicht zuletzt die gesellschaftlichen Verhältnisse, die Geldfragen und Eigentumssorgen, die den in die Gegenwart übertragenen Sündenfall symbolisieren. Wieder ist es Kafka, an dessen in einen Käfer verwandelten Menschen man sich erinnert fühlt, wenn eine Beschreibung wie die folgende in einem Märchen gegeben wird. Von dem Magister Tinte ist die Rede, an dem Hoffmann, wie oft, seine Darstellungskunst des Grotesken übt: „Der Mann mochte kaum mehr als einen halben Kopf höher sein als Felix, dabei war er aber untersetzt; nur stachen gegen den sehr starken breiten Leib die kleinen ganz dünnen Spinnenbeinchen seltsam ab. Der unförmliche Kopf war beinahe viereckig zu nennen, und das Gesicht fast gar zu häßlich, denn außerdem, daß zu den dicken braunroten Backen und dem breiten Maule die viel zu lange spitze Nase gar nicht passen wollte, so glänzten auch die kleinen hervorstehenden Glasaugen so graulich, daß man ihn gar nicht ansehen mochte.“ Vom Märchen her sind uns Bösewichter aller Art vertraut. Wir erwarten, daß sie am Ende ihre Strafe verdienen, und werden in dieser Erwartung nicht enttäuscht. Aber an Deformationen des Menschlichen, wie die des Magisters Tinte, sind wir nicht ohne weiteres gewöhnt; und dann um so weniger, wenn derartige Erscheinungen des Grotesken womöglich die Oberhand behalten, so daß sich das Märchen ins Antimärchen verkehrt. In allen Erzählgattungen Hoffmanns tauchen Gestalten dieser Art auf. Es sind seine unheimlichen Gäste, die jede epische Behaglichkeit stören; und nur erzählend wissen sich die Gesprächspartner der Serapionsrunde des Unheimlichen zu erwehren. Zur bloßen Unterhaltung werden diese Spukgeschichten nicht erzählt. Dagegen spricht allein der Anteil der Gesellschaftskritik, auf die in diesem Zusammenhang aufmerksam zu machen ist. Sie ist im Werk Hoffmanns kein unwichtiger Beitrag zur Geschichte der deutschen Novelle.

Denn man hat sich bei uns angewöhnt, in einer Art von der Novelle zu sprechen, die vermuten läßt, daß sie vorzüglich aus ihrer Theorie besteht, samt den dazugehörenden Requisiten. Die Neigung, sie aus dem gesellschaftlichen Raum zu entfernen, aus dem sie stammt, ist verbreitet; und die eigentliche

Novelle versteht man gern als das, was man als Charakternovelle oder als Schicksalsnovelle bezeichnet. So oder so wird sie zum metaphysischen Gebilde kat' exochen. Aber selbst Kleists Erzählungen, auf den man sich gewohntermaßen gern beruft, entziehen sich solchen Kategorien. Das „Charakterliche" oder das Schicksalhafte ist nicht das A und O seiner Novellenkunst; und beachtenswert ist gerade in seinem Fall die Schärfe der Gesellschaftskritik, die man übersieht, wenn man nur Metaphysisches sieht. Wenn die Droste im Motto zur *Judenbuche* die Verderblichkeit der Vorurteile betont, so sieht man sich gewarnt, ihre erschütternde Geschichte nach einer Novellentheorie zu beurteilen, die ihr nicht in gleicher Weise wichtig war wie Paul Heyse. Von Grillparzer ist ein Satz über seine Erzählung *Der arme Spielmann* überliefert, der recht nachdenklich stimmt: „Da von deutscher Einheit, deutscher Flotte und deutscher Weltmacht nichts darin vorkommt und der darin vorkommende Landsmann von jener Tatkraft gar nichts hat, die der Nation auf einmal über Nacht angeflogen ist, so erwarte ich einen nur sehr geringen Beifall." Man sollte meinen, daß dem Dichter dieser Novelle noch anderes wichtig war als Psychologie, individuelles Künstlertum und Metaphysik. Die Novelle ist ihrer Geschichte nach gesellschaftsbezogen wie wenig andere Gattungen sonst. Sie ist es noch weithin im 19. Jahrhundert, in dem sie zu einer der bevorzugten Gattungen aufsteigt. Im übrigen beginnt die Geschichte dieser Gattung bei uns mit Goethe in dem Augenblick, in dem er sich mit dem „unerhörten Ereignis" der Französischen Revolution auseinanderzusetzen beginnt. Es ist daher nicht nebensächlich, an solche Stilmerkmale zu erinnern, wenn man von Hoffmanns Novellenkunst spricht. Gibt es doch schlechterdings keine Erzählung auf den tausend Seiten dieser Ausgabe, die nicht etwas mit Geld, Geschäft oder Besitz zu tun hätte. Der Artushof ist ein überaus poetisches Wort. Aber nicht der poetische Artushof ist mit der gleichnamigen Erzählung gemeint, sondern derjenige in der „merkwürdigen Handelsstadt Danzig", der uns rücksichtslos mit Börsenstunden, Avisobriefen und Handelsherren konfrontiert. Die gesellschaftskritischen Motive setzen im Roman wie in der Novelle eigene Darstellungsmittel voraus, die eine vielschichtigere Betrachtung nahelegen, als sie bei uns gang und gäbe ist. Bei Kleist, Arnim oder Grillparzer, um nur diese zu nennen, haben sich die gewohnten Betrachtungen immer wieder und vorwiegend an der Einzelnovelle orientiert, am individuellen Schicksal einer Person. Schon deshalb scheinen Rahmenhandlung und Erzählzyklus an Bedeutung zu verlieren. Hoffmanns Novellenkunst erhält gerade vom Zyklischen her einen vertieften Sinn. Er liegt nicht nur im Rahmen oder in den Gesprächen dieses Rahmens beschlossen. Nicht wenig auch hängt von der Art ab, in der die eine Novelle auf die andere verweist. Serapiontisch aber ist die Gesellschaftskritik in diesen Erzählungen vor allem dann, wenn ein Inneres, wie die Kunst, zu einem Äußeren, wie der Gesellschaft, im Mißverhältnis steht, das die Formen der Karikatur, der Satire und der Groteske fordert.

Natürlich ist eine so hinreißend erzählte Geschichte wie *Das Fräulein von Scuderi* – die erste Kriminalgeschichte von Rang in unserer Literatur –, natürlich ist sie auch herausgelöst zu lesen und zu verstehen. Aber schon das Ineinander von Mordgeschichte und Künstlertum verweist auf einen „Zusammenhang der Dinge“, der nicht ausschließlich von der Einzelnovelle her zu erfassen ist. Die Kunst steht dabei durchaus im Mittelpunkt des Ganzen. Aber sie erscheint hier und im Erzählzyklus sonst in einer, recht besehen, gefährlichen Ambivalenz. Ihre Verkörperung nach der Seite des Gesellschaftlichen hin findet sie in dem schon betagten Fräulein, das sich am Hofe des Sonnenkönigs eines hohen Ansehens erfreut. Gesellschaftsbezogen ist diese Kunst, wie es der Zeit entspricht, in die uns die historische Erzählung versetzt. Die der gesellschaftlichen Galanterie verpflichtete Sprache ist nicht zu überhören. Von den Liebhabern wird da gesprochen, die ihr Leben daransetzen müssen, wenn ihnen die Verehrung der Geliebten ein reiches Geschenk zu bringen gebietet. Mit ritterlichem Kampf habe aber der Überfall der heimtückischen Mörder nichts zu tun. Ludwig, der „leuchtende Polarstern aller Liebe und Galanterie“ wird deshalb um Abhilfe gebeten – mit Worten, die das Geschraubte und Unwahre der in Frage stehenden Kultur zutreffend zum Ausdruck bringen: „Der göttliche Held, der seine Feinde niedergeschmettert, werde nun auch sein siegreich funkelndes Schwert zücken, und wie Herkules die Lernäische Schlange, wie Theseus den Minotaur, das bedrohliche Ungeheuer bekämpfen, das alle Liebeslust wegzehre, und alle Freude verdüstre in tiefes Leid, in trostlose Trauer.“ Die Sprache dieser Gesellschaft ist auch die Sprache des Fräuleins von Scuderi, obwohl sie sich mit den Wünschen der gefährdeten Liebhaber nicht solidarisch erklärt. Vielmehr ist sie bestrebt, deren Galanterie womöglich noch zu überbieten. Sie tut es mit dem Mittel, das ihr zu Gebote steht, mit ihrer Dichtkunst, die sie übt. Das Fräulein von Scuderi erklärt, daß derjenige Liebhaber, der die Diebe fürchte, der Liebe überhaupt nicht würdig sei. Das bloß Gesellschaftliche ihres Gebarens, des echten Lebens ermangelnd, wird in der Redeweise des Erzählers angedeutet, wenn es heißt: „Die Scuderi stand ehrerbietig auf von ihrem Lehnsessel, ein flüchtiges Rot überflog wie Abendpurpur die blassen Wangen der alten würdigen Dame, sie sprach, sich leise verneigend, mit niedergeschlagenen Augen . . ." Der König aber ist entzückt über den „ritterlichen Geist dieser wenigen Worte", obgleich sich doch im Umgang mit heimtückischen Mördern jede Form von Ritterlichkeit von selbst ad absurdum führt. Der König ist erstaunt über die wenigen Worte der Scuderi, von denen gesagt wird, daß sie das ganze Gedicht der Liebhaber „mit seinen ellenlangen Tiraden zu Boden schlugen . . ." In einer Umgebung wie dieser nimmt sich die Poesie nicht eben friedlich aus. Man kann sie benutzen, um andere damit zu Boden zu schlagen, im übertragenen Sinne, versteht sich. Aber gerade die übertragene Redeweise verdeutlicht das auffällig Scheinhafte, Selbstbezogene und eigentlich Unmenschliche, das sich dahinter verbirgt. Es ist eine im Grunde unmenschliche Dichtung, die am Hofe dieses Königs herrscht. Das Fräulein von Scuderi hat sich ihr nicht entzogen. Auch auf ihre Dichtung sind die Sätze zu beziehen, die das Mißverhältnis von Kunst und Menschlichkeit beleuchten, um das es dabei geht: „Kaum hatte la Chapelle die Szene des Trauerspiels geendet und schlau versichert, daß er nun wohl Racine zu schlagen gedenke, als dieser selbst eintrat und ihn mit irgendeines Königs pathetischer Rede zu Boden schlug, bis Boileau seine Leuchtkugeln in den schwarzen tragischen Himmel steigen ließ . . ."

Einer so verstandenen Dichtung kann es widerfahren, daß sie in die gefährliche Nähe derer gerät, die des Nachts heimtückischerweise morden. Immerhin haben die entsetzlichen Verbrechen mit ebendieser Poesie die Stadt gemeinsam, in der sich derart Unerhörtes ereignet. Es ist Paris. Von der hohlen Phrase zum Unmenschlichen und vom Unmenschlichen zum Verbrechen sind es aber jeweils nur Schritte. Ihren Versen hat es jedenfalls die Scuderi zuzuschreiben, wenn die gesuchten Mörder in ihr eine Fürsprecherin ihres frevelhaften Treibens vermuten. Und daß hier in der Tat ein schrecklicher Zusammenhang von „Kunstgeschichte" und Mordgeschichte waltet, verdeutlicht

René Cardillac. Er in seiner Person vereinigt den Mörder mit dem Künstler. Er ist es, der die schönsten Geschmeide anfertigt und die Besitzer der selbstgefertigten Juwelen von hinten anfällt und tötet – wie es scheint, nur deshalb, weil ihn die eigene Kunst zum Besessenen dieser Kunst gemacht hat. Jedermann hält ihn für einen angesehenen Bürger, der er tagsüber ist. Sein nächtliches Geschäft aber bleibt lange Zeit verborgen. In diesem Goldschmied ist E. T. A. Hoffmann eine Gestalt gelungen, die man nicht wieder vergißt: eine unheimliche Gestalt von bestürzender Modernität. Modernes Doppelleben jener Mörder, die für Kunst empfänglich sind, oder modernes Doppelleben jener Künstler, die sich dem Mord nicht versagen, ist auf schlechthin faszinierende Art gestaltet. Aber zum Besessenen seiner Kunst, zu einem Künstler, wie ihn Nietzsche allenfalls gedacht haben könnte, darf man Cardillac nicht machen. Er ist der reine Künstler nicht, den man in ihm hat sehen wollen. Noch weniger ist er ein Märtyrer seiner Kunst. Über dem Leben des Goldschmieds waltet ein Verhängnis. Er steht im Banne eines Fluchs, der ihm als Erbschuld zugefallen zu sein scheint, ohne daß er selbst davon wüßte. Es ist letztlich der Fluch des Goldes und der Besitzgier, der gegen die Reinheit seiner Goldschmiedekunst spricht: denn Reichtum und Besitz sind Cardillac nicht nebensächliche Dinge. Er weigert sich, seine Tochter dem Gehilfen zur Frau zu geben, den diese liebt. Und er sagt es diesem Gehilfen unumwunden ins Gesicht: „Für dich armen Schlucker hängt die süße Frucht zu hoch ...“ Dieser Goldschmied ist sich selbst das Maß, und die eigene Kunst gebraucht er als Mittel seiner selbstischen Zwecke. Mit dem *l'art pour l'art* René Cardillacs ist es nichts. Eine solche Modernität hat Hoffmann offenkundig nicht gemeint.

Was es mit seiner Kunst und seinem Doppelleben auf sich hat, kann im Fortgang der Erzählung nicht mehr zweifelhaft sein, wenn sich die Hintergründe des Geschehens immer deutlicher enthüllen. Die Geschichte setzt ein, wie Kriminalgeschichten erzählt werden: mit Geheimnissen und Unheimlichkeiten zu nächtlicher Stunde. Das Geschenk, das der Dichterin um Mitternacht gebracht wird, bleibt ihr rätselhaft, wie es dem Leser zunächst rätselhaft bleibt. Düster, unheimlich und unaufgehellt ist die Atmosphäre des Ganzen, und in ihr liegen Kunst und Verbrechen gefährlich nahe beieinander. Daher bedeutet die Enthüllung des unheimlichen und geheimnisvollen

Geschehens zugleich eine Enthüllung des Geheimnisses, das aller Kunst innewohnt. Es geht um eine Erkenntnis im doppelten Sinn. Die Detektivgeschichte geht in die Künstlergeschichte über: in die Frage nach dem Geheimnis der Kunst, die uns bedrängt, wenn geschehen kann, was hier geschieht. Ein Prozeß der allmählichen Erkenntnis wird erzählt, wie er nur teilweise zum Schema der Kriminalgeschichte gehört; denn die tiefere Erkenntnis hat nicht mehr die Aufklärung der Verbrechen zum Ziel. Die Erzählung selbst ist mit dem Tod René Cardillacs noch gar nicht an ihr Ziel gelangt. Nicht er steht im Mittelpunkt, sondern die Dichterin, die an sich die Erkenntnis vollzieht, die der Goldschmied nicht vollzogen hat. Sie wird die Erkennende. Ihr selbst wird die Kunst verdächtig, die sie geübt hat. Sie löst sich von ihr auf Grund der sie aufwühlenden Erfahrungen. Der Rettung Brussons, des Gehilfen, von dessen Unschuld sie überzeugt ist, ordnet sie alles unter. Sie entwickelt dabei einen Opfermut, der sich mit ihrer früheren Kunstgesinnung kaum vertragen hätte. Ihre neue Kunst aber stellt sie in den Dienst der guten Sache. Sie verwendet sich beim König für den unschuldig Angeklagten, und der Versuch, den Herrscher zu überreden, hat einen tief menschlichen Sinn. Kunst und Menschlichkeit, die in der Person Cardillacs so verhängnisvoll auseinandergefallen waren, bringt sie in solchem Tun wieder zusammen. Und einzig sie ist es, der solches gelingt. In der Vereinigung des Zusammengehörigen stellt sie die Wahrheit der Dinge wieder her.

Serapiontisch ist die Erzählung aus dem Frankreich Ludwigs XIV., weil sie einer alten Chronik entnommen ist. Aber die aus der Chronik entnommene Vorlage wird nicht blindlings übernommen. Hier wird im Gegenteil das wahrhaft verkündet, was wirklich geschaut worden ist, wie es das serapiontische Prinzip vorschreibt. Serapiontisch ist aber auch die in der Erzählung dargestellte Kunst, diejenige nämlich des Fräuleins von Scuderi, zu der sie sich durch ihr Tun schließlich bekennt. Es ist eine zutiefst verbindliche Kunst, die, wie hier, den Einsatz des ganzen Menschen erfordert. Die Unverbindlichkeit der bloßen Galanterie stellt den denkbar größten Gegensatz dar. Und erst im Hinauslesen über die Erzählung treten die gegenseitig sich erhellenden Motive und Figuren deutlicher hervor. Ein Verwandter Cardillacs im Zusammentreffen von Unmenschlichkeit und Kunst ist natürlich nicht der Goldschmied in der Erzählung *Die Brautwahl*, wohl aber die Marionettenfigur des

Doktor Splendiano in *Signor Formica*, der den Mord nicht scheut, um seine Bildersammlung zu bereichern. Und daß die Erzählung die Form einer Kriminalgeschichte erhalten konnte, hängt auch mit der Verdichtung des Erkenntnisprozesses zusammen, den Hoffmann erzählt, indem er nach dem Geheimnis der Kunst fragt und nach den Zusammenhängen, in denen sie steht. Das ist auf ähnliche Art auch im *Rat Krespel* dargestellt, den man unbesehen zu den Meistererzählungen Hoffmanns zählen darf, wie es ja zumeist auch geschieht. Von der Novellenform erschließt sich aber auch diese Erzählung nur schwer; und an ihr, besser als an anderen Geschichten, läßt sich dartun, wieviel im Ungeklärten bleibt, wenn man sich nur für die Deutung der isolierten Erzählung interessiert. Sie scheint danach zumeist, wenn nicht ausschließlich, die Geschichte eines Sonderlings zu sein, ein psychologischer Fall womöglich; und ein Sonderling ist der Rat Krespel in der Tat. Vor den Toren der Stadt läßt er sich ein Haus bauen, dessen Äußeres zum Innern in seltsamer Diskrepanz steht. Aber die Mißverhältnisse reichen darüber noch hinaus. Sie beziehen sich auf die Person Krespels selbst: „Was bei uns Gedanke bleibt, wird dem Krespel alles zur Tat . . . und so steht es mit seinem innern Bewußtsein recht gut . . . unerachtet der scheinbaren nach außen herausspringenden Tollheit." Als eine Eigenart des Sonderlings mag man denn auch die unglückliche Liebe zur Kunst ansehen, seine an Besessenheit grenzende Leidenschaft für Violinen, deren innere Struktur er herausfinden möchte. Das hat zur Folge, daß er immer neue Geigen kauft und baut und beiseite legt, wenn sie einmal gespielt worden sind. Aber nach dem Tod der Tochter, der auf geheimnisvolle Weise mit dem Geheimnis der Kunst verknüpft zu sein scheint, ist es mit dieser Leidenschaft ein für allemal vorbei. Womit hängt das zusammen? Erklärt es sich aus dem Charakter Krespels im Sinne eben einer Charakternovelle, die es ist oder sein soll? Erfüllt sich an ihm und mit dem Tode der Tochter ein unwandelbares Schicksal, so daß wir es vielleicht eher mit einer Schicksalsnovelle zu tun hätten? Oder hat die Geschichte einen völlig anderen Sinn? Hat sie womöglich überhaupt nicht in ihm, sondern in der Tochter ihr eigentliches Zentrum? Die Erzählung ist hintergründig, und um so mehr, wenn man die Vorgeschichte nicht einfach hinausinterpretiert. Vorgeschichten sind bei Hoffmann niemals als bloßes Beiwerk zu betrachten. Was also ist geschehen, ehe Antonie, die Tochter Krespels, geboren wurde?

Krespel war nicht nur ein reisender Kunstenthusiast. Er war selbst ein Künstler, als er in Italien die Sängerin kennenlernte, die Antonies Mutter werden sollte. Aber das Verhältnis Krespels zu dieser Künstlerin ist höchst unglücklich verlaufen, und daß daran die Sängerin selbst ein gut Teil Schuld trägt, kann nicht zweifelhaft sein. Krespel hat sie eines Tages auf recht herzhafte Art zum Fenster hinausgeworfen. Diese Tat scheint seinen Charakter nicht weiter zu belasten, obwohl es doch vielleicht nicht ganz nebensächlich zu verstehen ist, wenn wir hören, daß er sich um die werdende Mutter seines Kindes nicht weiter gekümmert hat. Als er später vom Tode der Sängerin erfährt, ist es ihm, „als sei ein störendes Prinzip aus seinem Leben gewichen". Wird das alles erzählt, damit wir seiner Unschuld versichert sein sollen? Die Auffassung gibt zu denken, daß die erzählte Vorgeschichte mit einer abzubüßenden Schuld Krespels überhaupt nichts zu tun habe. Die Fatalität, für die sich Hoffmann im Zeitalter der Schicksalstragödie stets interessierte, ist nicht völlig aus dieser Erzählung verbannt. Und zur Thematik Cardillacs führen manche Verbindungslinien hin. Die Kunst, wo immer sie geübt wird, ist nicht von vornherein heilig. Im *Rat Krespel* erscheint ihre Reinheit in der Person der Sängerin getrübt. Diese Frau ist keine zärtlich Liebende, sondern eine Frau, die es versteht, „die Zärtliche zu spielen". Bisweilen gar entpuppt sie sich als Furie. Aber auch Krespels Kunst ist nicht makellos. „Sein Enthusiasmus galt nicht der Kunst allein, sondern auch wohl ihrer Engelsschönheit", wird gesagt; schwerer wiegt, was über das sich entwickelnde Verhältnis der Liebenden mitgeteilt wird: „Der Rat suchte Angelas Bekanntschaft, und trotz aller seiner Schroffheit gelang es ihm, vorzüglich durch sein keckes und dabei höchst ausdrucksvolles Violinspiel sie ganz für sich zu gewinnen." Die Ausdrucksweise des Erzählers spricht für sich selbst: Schroffheit – keckes Spiel – für sich gewinnen. Es ist kein Zweifel, daß hier Kunst von jemand benutzt wurde, der damit etwas für sich selbst gewollt hat. Der Sündenfall liegt hinter uns, und die Kunst wird davon überschattet. Sie wird überschattet von menschlicher Schuld, vom Selbstischen des Menschen. Wenn es etwas Reines und Makelloses gleichwohl gibt, dann ist es Antonie, die Unschuldige aus einer schuldhaften Verbindung. Daher ist sie es auch, die Unschuldige, die in dieser schuldvollen Welt nicht leben kann. Denn entweder sie entsagt der Kunst, dann entsagt sie, weil ihr die Kunst alles ist, auch dem Leben. Oder sie widmet sich dem Gesang, und dann ist erst recht der Tod die Folge. So gesehen, ist Krespels Tochter keine lebendige, keine lebensfähige Person. Sie ist, wie oft bei Hoffmann, eine Art von Allegorie. Die Reinheit der Kunst als höchste Idee ist in ihr verkörpert. Krespel möchte die Tochter für sich haben, die sich nicht haben und besitzen läßt. Er will damit etwas Unmögliches, wie seine Fürsorge zuletzt vergeblich ist, da die Bewahrung vor dem Tod durch das Verbot des Gesangs schon den Tod bedeutet.

Es stimmt daher bedenklich, in der blassen Figur der Tochter die bestimmende Mitte der Erzählung zu sehen. Auch der Charakter Krespels ist diese Mitte nicht, um die sich alles gruppiert. Wieder ist die Erkenntnis das Ziel, und das Wesen der Kunst ist ihr Gegenstand. Krespel hat sie falsch betrieben. Er hat sich im Aufbrechen der Geigen einer blinden Leidenschaft überlassen, als wäre ihnen auf solche Weise das Geheimnis der Kunst zu entreißen. Da aber im Gang der Erzählung die Geigen immer deutlicher mit dem Gesang der Tochter eins werden, hat sein Eindringen in das Innere der Instrumente zugleich den Sinn, daß er in fremdes Menschentum einzudringen begehrt. Es ist dann nur folgerichtig, wenn Krespel aus eigener Erfahrung den Icherzähler warnt: „Wie magst du dich aber unterfangen, in ein Leben eindringen zu wollen, seine geheimsten Fäden erfassend, das dir fremd blieb und bleiben muß?“ Hier schon spricht der Wissende, der sich hütet, das Innere anderer Menschen zu erforschen. Aber auf die Erkenntnis des eigenen Selbst, auf Selbsterkenntnis ist er hinfort gerichtet. Krespel hat sie vollzogen, so daß der Tod der Tochter, obwohl er ihn aufs schmerzlichste trifft, zugleich Befreiung bedeutet: „Krespel sagte, unbegreiflich sei der Zustand gewesen, in dem er sich befunden, denn eine entsetzliche Angst habe sich gepaart mit nie gefühlter Wonne ...“ Erkenntnis des eigenen Selbst fällt mit Kunsterkenntnis zusammen. Das ist eines der großen Themen, das in vielen Erzählungen Hoffmanns wiederkehrt. Es ist zumal im Zyklus der *Serapions-Brüder* zum beherrschenden Leitmotiv geworden.

Auf die mannigfachen Bewußtseinsformen in der Erzählkunst E. T. A. Hoffmanns sieht man sich erneut verwiesen. Schon im *Ritter Gluck* bestimmen sie die Erzählweise in der Art, in der sich der innere Vorgang auf das Erkennen dieser phantastisch anmutenden Gestalt konzentriert. Erkennen des Menschen und Erkennen der Kunst sind aufeinander bezogen. Der letzte

Erzählzyklus Hoffmanns variiert nur die schon in den *Fantasiestücken* sichtbar gewordene Grundthematik. Doch treten im Umkreis solcher Bewußtseinsformen bestimmte Motive nunmehr noch deutlicher hervor. In den *Serapions-Brüdern* geht es dabei vor allem um das Bewußtsein der Zeit mit Beziehung auf die Kunst im Geheimnis ihres Lebens, ihrer Lebendigkeit, wie es dem serapiontischen Prinzip entspricht. Was aus früheren Zeiten und aus alten Chroniken an Vorlagen aufgegriffen wird, rechtfertigt sich nur dann, wenn es von innen her belebt und wirklich geschaut worden ist. Die neue und jeweils „moderne" Kunst wird dabei nicht von vornherein gefeiert; und die alte wird nicht unbedingt im Geiste des *Franz Sternbald* verklärt. Auch die Romantik wird zur überlieferten Vorlage, die nicht mehr unverändert übernommen werden kann. Als souveräner Erzähler siedelt sich Hoffmann zwischen den Zeiten an. Er bringt sie in die Schwebe, und er spielt die eine gegen die andere aus: die Aufklärung gegen die Romantik und die Romantik gegen die Aufklärung. Auf solche Weise immer wieder entstehen die Formen der Distanz, die untrennbar zur Erzählform der *Serapions-Brüder* gehören. Humor und Ironie ordnen sich einer derart erstrebten Distanz unter. Auch das zyklische Prinzip dient diesem Verfahren. Schon im Sprechen über das Erzählte wird Abstand hergestellt, und die Vielzahl der „Erzählerpersönlichkeiten" im Rahmengespräch tut ein übriges, um die Dinge zu relativieren, wo immer sie absolut genommen werden könnten. Aber unverbindlich ist nicht das Relativierte, sondern alles Einseitige im Anspruch seiner Absolutheit. Das eine steht auf solche Weise gegen das andere. Eine Dialektik von Geist und Leben zeichnet sich ab, und gerade in ihr als einer denkbaren Harmonie der Standpunkte, die keine Festlegung duldet, beruht das eigentlich Verbindliche des serapiontischen Prinzips. Diejenige Erzählerpersönlichkeit aber steht Hoffmann als Erzähler am nächsten, die in ihrer Person eine solche Vielzahl der Standpunkte vertritt. Das alles ist in der Erzählung *Die Brautwahl* sehr eindrucksvoll gestaltet. In ihr werden noch einmal alle seit dem *Ritter Gluck* geläufigen Motive miteinander kombiniert in einer Erzählform, die abermals offenläßt, wie man sie ihrer Gattung nach bezeichnen soll.

Der Übermut des Erzählers feiert hier wahrhaft Triumphe. Zwar sieht es auf den ersten Blick so aus, als sei alles nur erborgt: die Figuren, die Motive und die Zitate. Die Erzählung Hoffmanns, so scheint es, erweist sich als Literatur – bis in den

Titel hinein, mit dem sich das Motiv der Kästchenwahl verbindet. Man kennt es aus Shakespeares *Kaufmann von Venedig*. Hoffmann macht gar nicht erst den Versuch, solche Entlehnungen zu verheimlichen oder zu verdecken. Es kennzeichnet im Gegenteil den erzählerischen Übermut, der seinerseits auf Distanz bedacht ist, daß hier jemand so unbekümmert mit Literatur auf eine fast leichtfertig anmutende Weise umgeht. Die Sorglosigkeit, mit der das geschieht, wird zum Zeichen des Humors. Andere Motive in dieser Erzählung sind der Chronik entlehnt, die auch Kleist für seinen *Michael Kohlhaas* benutzt hat. Die obligate Reise des Künstlers nach Italien ist weit entfernt, ein prägnantes oder gar originelles Motiv zu sein. Sie ist eine Wiederholung dessen, was man seit dem *Franz Sternbald* Ludwig Tiecks kennt. Das Wiederkehrende in jeder Form ist die bestimmende Form. Die Revenants behaupten das Feld. Sie haben freies Spiel. Nichts eigentlich ist originell, wenn man sich ausschließlich auf die Inhalte richtet. Aber alle Entlehnungen werden erst dadurch interessant, daß sich der Erzähler von ihnen distanziert. Eines seiner Mittel ist das Verfahren der dialektischen Relativierung, wie es der Goldschmied übt, der die Fäden in der Hand behält wie Minna von Barnhelm in Lessings Lustspiel. Dem Pedanten von der Art des Kanzleirats erteilt er seine Lektionen. Den Falschmünzern wird das Handwerk gelegt, und es kennzeichnet wiederum die überall wahrnehmbaren Übergänge – von Kunst in Spuk und von Spuk in Kunst –, wenn beide Revenants, der alte Münzjude Manasse und der Goldschmied Leonhard Turnhäuser, den Beruf und den Gegenstand ihres Berufes gemeinsam haben und sich dennoch wie Tag und Nacht voneinander unterscheiden. Denn das Trachten des einen geht auf Geld und auf nichts sonst, wobei er vor Fälschungen nicht zurückschreckt, während der andere die Kunst im Sinne hat – die wirkliche Kunst im Gegensatz zu René Cardillac. Nicht mit dem zauberkundigen Leonhard unserer Erzählung, sondern eher mit dem Münzjuden ist Cardillac, was den Hang zum Golde betrifft, verwandt. Wäre es anders, wären die Goldschmiede Cardillac und Leonhard Brüder im Geist, so könnte nicht geschehen, was hier geschieht und geschildert wird: „Aber sowie er [Manasse] mit geballter Faust auf eine Rettichscheibe schlug, sprang klappernd ein schön ausgeprägtes flimmerndes Goldstück hervor, das er faßte, und dem Goldschmied zuwarf. Doch, sowie dieser das Goldstück auffing, zerstäubte es in tausend knisternde Funken..." Mit dem

Goldschmied im *Fräulein von Scuderi* verbindet den Goldschmied der *Brautwahl* der rege Sinn für die Dinge der Kunst. Aber beide unterscheiden sich durch die Grade der Distanz; denn Cardillac kreist in sich selbst und ist ein Gefangener seiner Triebe und Begierden. Er ist ein Mensch, der aller Distanz ermangelt. Leonhard Turnhäuser hat Abstand zu sich und zur Welt – auch zum Gold, das dieser Goldschmied paradoxerweise in tausend knisternde Funken zerstäubt. Er ist als die beherrschende Gestalt der Erzählung anders als andere Figuren in Hoffmanns dichterischer Welt, und zumal in seiner Andersartigkeit ist er die überlegene Figur schlechthin, wie sie das Lustspiel kennt. Auf die Form des Lustspiels scheint die märchenhafte Erzählung auch in anderer Hinsicht bezogen zu sein, die dennoch das glückliche Ende des Märchens nicht mehr ausspricht, sondern offenläßt. In der Freiheit, mit welcher dieser allmächtige Zaubermeister ausgestattet ist, erinnert er an den Übermut des Märchenerzählers, aber auch an eine Gestalt wie den Archivarius Lindthorst im *Goldnen Topf*. Über alle Fesseln des Raumes und der Zeit setzen sie sich hinweg, wie der Erzähler eines Märchens auch. Etwas von der überlegenen Figur des Lustspiels, vom unbeschwerten Märchenerzähler und vom totalen Humoristen nicht zuletzt hat der aus alter Zeit zurückgekehrte Leonhard Turnhäuser an sich. Wo es gilt, den Pedanten aus der philisterhaften Mittelmäßigkeit aufzuschrecken, ist er zur Stelle. Dem schwärmerischen Künstler verhilft er zur unerläßlichen Kunstreise und heilt ihn von der Schwärmerei obendrein. Vollends dem Vater der Geliebten, der auf eine recht bedenkliche Art die Kunst mit dem Wohlstand verwechselt, kommt er zu Hilfe, indem er ihn überlistet. Dem hilflosen Kommissionsrat bleibt zuletzt kein anderer Ausweg offen, als sich der Regiekunst des allmächtigen Zauberkünstlers anzuvertrauen, der zugleich ein Allwissender ist. Und zumal in solchen Eigenschaften mutet der zum Erzählen stets bereite Goldschmied wie eine Verkörperung des allwissenden Erzählers selbst an, der seinen Abstand von den Dingen genießt, indem er das eine Prinzip gegen das andere setzt und so das eine am anderen relativiert. Im scheinbar Leichten und Leichtfertigen einer Unterhaltungsliteratur, um die es sich zu handeln scheint, gewahrt man eine Kunst des dialektischen Spiels, die ihren eigenen Tiefsinn hat. Der Wirklich Geheime Rat Tusmann, der abends um elf Uhr mit dem letzten Glockenschlage in seine geräumigen Pantoffel fährt, sich die Nachtmütze über die Ohren zieht und seine Kenntnisse in der Ars amandi einem veralteten Paragraphenbuch entnimmt, ist auf seine Art ebenso linkisch und tölpelhaft wie der an den Studenten Anselmus erinnernde Maler. Beflissen und hilfsbereit bückt sich Eduard und will den Handschuh aufheben, den die Geliebte fallen ließ. Sie tut es auch, und ihre Köpfe fahren unversehens gegeneinander – so sehr, „daß es knackt und kracht! – ‚Herr Gott im Himmel', ruft Albertine vor Schmerz sich den Kopf haltend ..." Linkisch ist der eine, weil er sich in seiner Bücherwelt verlaufen hat, die sich in einer veralteten Aufklärung erschöpft; und linkisch ist der andere, der als Künstler erst lernen soll, seine Schwärmerei an der Wirklichkeit zu korrigieren. Das bedeutet zugleich, daß er seine Romantik an der nüchternen Wirklichkeit mißt, die ihn umgibt. So auch ist der Spruch zu verstehen, den er im Kästchen zu seiner Beherzigung vorfindet:

„Ja du trafst es, lies dein Glück
In der Schönsten Liebesblick.
Was da war, kommt nie zurück,
So will's irdisches Geschick.
Was dein Traum dir schaffen muß
Lehrt dich der Geliebten Kuß."

Aufklärung und Romantik stehen gegeneinander. Sie bleiben beide im Unrecht, wo sich die eine oder die andere absolut versteht; denn beide Epochen sind gewesen. Aufklärung wie Romantik sind vergangene Dinge. Wo aber eine Sache einseitig genommen wird, endet sie ebenso im Gespenstischen und Grotesken, wie alles Veraltete und Abgelebte dort endet. Und wo solches geschieht, ist der allmächtige, allwissende und zugleich humorvolle Erzähler zur Stelle, der sich in der Gestalt dieses Goldschmieds verbirgt. Die Sprache der Erzählung ist weithin seine Sprache, eine solche der dialektischen und humorvollen Desillusion, wo immer sich Einseitiges vordrängt. Und da sich nahezu alle Personen in ihren Einseitigkeiten verrennen, ist der spottend-desillusionierende Ton der durchgängige Ton – die erzählten Liebesszenen nicht ausgenommen. Zwar steht der allwissende Erzähler in der Person des Goldschmieds dem romantischen Künstler, der Eduard ist, näher als dem Kanzleirat, der seine Weisheit bezeichnenderweise dem Buch des Herrn Thomasii verdankt. Aber am Abstand auch zur romantischen Kunst fehlt es ihm nicht. Der wiedergekehrte Goldschmied Leonhard Turnhäuser bewahrt sich seine Reserven nach allen Seiten hin. Er geht nicht auf in einer Zeit, die war. Er legt sich nicht fest, und er läßt es offen, wofür man ihn zu halten hat: „Geben mich nun solche Leute, die man Romantiker oder Fantasten zu nennen pflegt, für jenen Turnhäuser, mithin für einen gespenstischen Mann aus, so kannst du dir denken, welchen Verdruß ich von den soliden, aufgeklärten Leuten, die als tüchtige Bürger und Geschäftsmänner den Teufel was nach Romantik und Poesie fragen, auszustehen habe..." Der Standort dieser bald hier, bald dort auftauchenden Gestalt ist kein Standort im eigentlichen Sinn. Dieser Leonhard Turnhäuser, der aus alten Chroniken im nüchternen Berlin wiederaufgetaucht ist, steht über den Zeiten. Er liebt die Atmosphäre des Freien, Ungebundenen und Schwebenden – aber nicht in Übereinstimmung mit romantischer Ironie, weil das Romantische selbst der Gegenstand seiner Ironie ist. Der Schöpfer solcher Gestalten steht am Ende Thomas Mann näher als Friedrich Schlegel, mit dem solche Geisteshaltungen literaturfähig geworden sind. Mit dem in romantischer Schwärmerei schwebenden Eduard ist jedenfalls Leonhards Künstlertum nicht zu verwechseln, weil es an der Wirklichkeit orientiert ist, die jener in seine Phantasiewelt hineinzunehmen erst lernen muß. Gegenüber dem romantisch verträumten Maler hat der Goldschmied das Wissen voraus, daß weder die eine Epoche allein gilt noch die andere. Aufklärung und Romantik vereinigen sich in Spiel und Gegenspiel zu einem Höheren in der neuen Wirklichkeitskunst, die im serapiontischen Prinzip sinnfällig geworden ist: im Ausgleich der Gegensätze und Dualismen, die es erforderlich machen, „das Märchenhafte in die Gegenwart, in das wirkliche Leben zu versetzen". Kein Zufall abermals, daß Berlin der Schauplatz solcher Spiele und Gegenspiele ist – dieselbe Stadt, von der die Aufklärung wie die Romantik ihren Ausgang nahmen, ehe E. T. A. Hoffmann ihre Vereinigung dichtete. Altes und Neues treffen aufeinander und behaupten ihr Recht, aber Neues doch vor allem. Im rechten Ausgleich der Erzählung, die nicht zufällig mit der Nacht des Herbst-Äquinoktiums einsetzt, bezeugt sich die Wahrheit des serapiontischen Prinzips, wie es der Goldschmied verkündet: „Nur dann wird sich aus dem Innersten heraus der Funke entzünden, und die wahre Begeisterung Werke schaffen, die ohne blinde Nachahmerei eines besseren Zeitalters würdig sind." Wo sich die Gewichte verlagern und das Gleichgewicht stören, kann sich das Unheimliche entwickeln. Die zahlreichen Spuk- und Gespenstergeschichten E. T. A. Hoffmanns haben hier ihren Ort. Sie alle bezeugen bestimmte Deformationen des Menschlichen, die der Verfasser der *Serapions-Brüder* auf seine Art darzustellen weiß. Alles Unlebendige und Veraltete wird von ihm deformiert. Es wird als etwas letztlich Unmenschliches entlarvt – und dort vor allem, wo man allzu sicher in der Sicherheit des Althergebrachten lebt, wie der Kommissionsrat der *Brautwahl* in seiner Humanitätsgesellschaft, die er gelegentlich besucht. Schon die Bezeichnung verdeutlicht den Abstand, um den es dabei geht. Aber Spott, Ironie und Desillusion sind niemals die letzten Aussagen eines wirklichen Dichters. Sie sind es auch bei Hoffmann nicht. Hinter der ironischen Bezeichnung der Humanitätsgesellschaft steht die Frage nach einer Wahrheit, die serapiontisch in dem Maße ist, als das Humane in ihr nicht Nachahmung, sondern lebendige Wirklichkeit ist. Wahrheit nicht von gestern und ehedem, sondern von heute.

Walter Müller-Seidel

ZEITTAFEL

1776 Am 24. Januar wird Ernst Theodor Wilhelm Hoffmann in Königsberg i. Pr. geboren. Aus Verehrung für Mozart wandelte er später den Vornamen Wilhelm in Amadeus um.

1778 Scheidung der Eltern.

1781 oder 82 Beginn des Schulbesuchs. Hoffmann erhält Musikunterricht und Unterricht im Zeichnen und Malen.

1786 Bekanntschaft mit Theodor Gottlieb von Hippel, dem Neffen des bekannten Humoristen, die zu einem Freundschaftsbund fürs Leben werden sollte.

1792 Beginn des Studiums der Rechte an der Universität Königsberg.

1794 Hoffmann lernt Dora Hatt kennen (von Hoffmann Cora genannt), der er Musikunterricht erteilt und für die er in glühender Leidenschaft entbrennt (eine Situation, die im *Majorat* ihren Niederschlag gefunden hat).

1795 Erfolgreicher Abschluß des Studiums und Beginn der Amtstätigkeit.

1796 Hoffmann verläßt Königsberg und siedelt zu seinem Onkel Johann Ludwig Doerffer nach Glogau über.

1798 Nach Abklingen des Liebesverhältnisses zu Dora Hatt verlobt sich Hoffmann mit Minna Doerffer, einer Tochter seines Onkels. Er besteht sein Referendarexamen und beantragt, da sein Onkel als Obertribunalsrat nach Berlin versetzt wird, ebenfalls Versetzung nach Berlin. Während seines Berliner Aufenthalts nimmt er Musikunterricht bei Johann Friedrich Reichardt.

1800 Im März erfolgt die dritte juristische Prüfung und Ernennung zum Assessor am Obergericht in Posen.

1801 Reise nach Königsberg. Begegnung mit Hippel in Danzig und Elbing (vergleiche die dichterische Verarbeitung dieser Eindrücke im *Artushof* und in den *Automaten*), Aufführung des Singspiels *Scherz, List und Rache* (nach Goethe).

1802 Hoffmann löst das Verlöbnis mit Minna Doerffer, da er

seine künstlerische Veranlagung mit dem bürgerlichen Lebensideal der Familie seiner Braut nicht vereinen zu können glaubt. Von Hoffmann stammende Karikaturen auf einflußreiche Mitglieder der Posener Gesellschaft haben eine Strafversetzung nach Płock zur Folge. Am 26. Juli heiratet Hoffmann Maria Thekla Michalina Rorer. Ernennung zum Regierungsrat.

1803 *Schreiben eines Klostergeistlichen an seinen Freund in der Hauptstadt* erscheint im *Freimütigen* als erste gedruckte Schrift Hoffmanns.

1804 Versetzung nach Warschau. Bekanntschaft mit Zacharias Werner und Julius Eduard Itzig (später Hitzig), der ihn auf die Romantiker aufmerksam machte.

1805 Aufführung des Singspiels *Die lustigen Musikanten* (nach dem Text von Clemens Brentano). *Messe in d-Moll.* Gründung der „Musikalischen Gesellschaft" und Aufführung der *Es-Dur-Symphonie.*

1806 Einzug der Franzosen in Warschau. Hoffmann verliert seine Stellung.

1807/1808 Zweiter Berliner Aufenthalt.

1808 Hoffmann nimmt die ihm von Graf Soden angebotene Kapellmeisterstelle in Bamberg an. Er sieht sich indes gezwungen, seine Dirigententätigkeit bald wieder aufzugeben, und bleibt vorerst Theaterkomponist.

1809 Hoffmann gibt seine Tätigkeit am Theater ganz auf und erteilt Musikstunden. Beginn der Mitarbeit an der *Allgemeinen Musikalischen Zeitung.* Dort erscheint am 15. Februar *Ritter Gluck.*

1810 Franz von Holbein, der nun die Leitung des Bamberger Theaters übernimmt, ernennt Hoffmann zum Direktionsgehilfen; als solcher ist er sowohl als Theaterkomponist wie auch als Theatermaler und -architekt tätig. Besprechung von Beethovens 5. Sinfonie.

1811 Hoffmann faßt eine leidenschaftliche Zuneigung zu seiner Gesangsschülerin Julia Mark (nach Verehelichung mit ihrem Vetter: Marc); diese Liebe war auf sein späteres dichterisches Schaffen von entscheidendem Einfluß und fand ihren unmittelbaren Niederschlag in der *Nachricht von den neuesten Schicksalen des Hundes Berganza.* Besuch bei Jean Paul in Bayreuth.

1812 Holbein legt die Direktion des Bamberger Theaters nieder, Hoffmann verliert seine Stellung.

1813 Hoffmann nimmt das Angebot des Dresdner Theaterdirektors Seconda an: er wird Kapellmeister in Dresden. Vertragsabschluß mit dem Bamberger Verleger C. F. Kunz über die *Fantasiestücke in Callots Manier*.

1813/1814 Wechselnder Aufenthalt als Kapellmeister in Dresden und Leipzig. Komposition der *Undine* (Text von Fouqué), Entstehung des *Goldnen Topfes* und des 1. Bandes der *Elixiere des Teufels*.

1814 Bruch mit Seconda. Hoffmann wird entlassen. Zu Ostern erscheinen Band 1 und Band 2, im Herbst Band 3 der *Fantasiestücke in Callots Manier*. Wiedereintritt in den Staatsdienst: Tätigkeit beim Kammergericht in Berlin. Zu Hoffmanns Freundes- und Bekanntenkreis zählen u. a. Fouqué, Chamisso, Bernhardi und Tieck.

1815 Beginn der Freundschaft mit dem genialen Schauspieler Ludwig Devrient.
Fantasiestücke in Callots Manier (Band 4)
Die Elixiere des Teufels (Band 1)

1816 Ernennung zum Kammergerichtsrat. Beginn der Seraphinenabende (seit November 1818 Serapionsabende) in Hoffmanns Wohnung, an denen außer Hoffmann vor allem Julius Eduard Hitzig, der Dichter Carl Wilhelm Contessa und der Arzt David Ferdinand Koreff teilnahmen. Von diesen Zusammenkünften, die in erster Linie einen heiter-geselligen Gedankenaustausch zum Ziel hatten, geben die *Serapions-Brüder* ein getreues Bild. Uraufführung der *Undine*.
Die Elixiere des Teufels (Band 2)
Nachtstücke (Teil 1)

1817 *Nachtstücke* (Teil 2)

1818 Entstehung der *Seltsamen Leiden eines Theater-Direktors* und des *Klein Zaches*.

1819 Hoffmann erkrankt schwer. Nach der Genesung Ernennung zum Mitglied der „Immediatkommission zur Ermittelung hochverräterischer Verbindungen und anderer gefährlicher Umtriebe“ (satirischer Niederschlag im *Kater Murr* und in der Knarrpanti-Episode im *Meister Floh*).
Seltsame Leiden eines Theater-Direktors

Klein Zaches genannt Zinnober
Fantasiestücke in Callots Manier, zweite durchgesehene Auflage
Die Serapions-Brüder (Band 1 und 2)

1820 *Die Serapions-Brüder* (Band 3)
Prinzessin Brambilla
Lebens-Ansichten des Katers Murr (Band 1)

1821 Hoffmann rückt in den Oberappellationssenat des Kammergerichts auf.
Die Serapions-Brüder (Band 4)
Lebens-Ansichten des Katers Murr (Band 2)

1822 Anfang des Jahres tödliche Erkrankung. Beschlagnahme des Manuskripts zum *Meister Floh* durch die preußische Regierung, Disziplinarverfahren gegen Hoffmann wegen der Knarrpanti-Episode.
Meister Floh (ohne die Knarrpanti-Episode)
Am 25. Juni stirbt Hoffmann.

ANMERKUNGEN

Die folgenden Anmerkungen sind auch dort, wo das nicht ausdrücklich vermerkt ist, und selbst, wo neue Einsichten gegeben werden konnten, der Forschung gründlich und dankbar verpflichtet. Die Anmerkungen Georg Ellingers zu seiner Hoffmann-Ausgabe (T. 15, S. 104ff.) wurden ebenso genutzt wie diejenigen Hans von Müllers in seinen zahlreichen Publikationen und die Forschungsergebnisse Carl Georg von Maassens, die in die unvollendet gebliebene historisch-kritische Ausgabe der Werke Hoffmanns Eingang gefunden haben. Band 6, 7 und 8 dieser Ausgabe bringen den zweiten, dritten und vierten Band der *Serapions-Brüder* und ausführliche Anmerkungen dazu, während der 5. Band nicht mehr erschienen ist. Er sollte eine umfangreiche Gesamteinleitung in die *Serapions-Brüder*, den Text des ersten Bandes dieser Sammlung und Anmerkungen dazu enthalten. Der Nachlaß dieses Hoffmann-Forschers befindet sich in der Universitätsbibliothek München; die Vorarbeiten Maassens zum 5. Band der historisch-kritischen Ausgabe (die umfangreicher sind, als gemeinhin angenommen wird) nutzbar zu machen, ist nicht Aufgabe unserer Anmerkungen; dieser Nachlaß muß erst kritisch gesichtet und wissenschaftlich diskutiert werden.

Es sei darauf hingewiesen, daß in vielen Fällen die folgenden Anmerkungen ergänzt werden durch die Anmerkungen und das Namenregister, die Friedrich Schnapp dem Band *Schriften zur Musik/Nachlese* (S. 425–576) unserer Ausgabe beigegeben hat. – Die von Hoffmann benutzte Literatur wird in einem abkürzenden Verfahren zitiert; eine bibliographische Zusammenstellung („Hoffmanns Quellen") findet sich im Anhang zu unserer Bibliographie (S. 1128ff.). – Bei der Zeilenzählung werden Überschriften und Leerzeilen nicht mitgezählt.

Die erste Ausgabe der *Serapions-Brüder* erschien in vier Bänden im Verlag des Buchhändlers Georg Reimer in Berlin; Band 1 und 2 im Februar 1819, Band 3 im Oktober 1820 und Band 4 zu Ostern 1821 mit dem durchgehenden Untertitel *Gesammelte Erzählungen und Mährchen. Herausgegeben von E.T.A. Hoffmann.*
Zur Entstehungsgeschichte und zum Plan der Sammlung vgl. Hoffmanns *Vorwort* (S. 7) und seinen Brief an Reimer vom 17. Februar 1818: „Sehr gern gehe ich auf Ihren gütigen Vorschlag wegen des Abdrucks meiner Erzählungen ein und wäre schon jezt Vorrath zu einem artigen Bändchen da. nehmlich

1) Der Dichter und der Musiker
(fünf Jahre alter Aufsatz aus der Mus: Zeitung)
2) Die Fermate (T. für Frauen)
3) Der Artushof (Urania)
4) Fragment aus dem Leben dreier Freunde (Wintergarten).

Zu diesen Erzählungen würde ich zwey *neue* hinzufügen um das halbe Dutzend voll zu machen. Erlauben Sie indessen eine Frage deren Entscheidung ich Ihnen gänzlich überlasse so wie Sie glauben, daß das Buch besser geht. Ist es gerathener die Sachen unter dem simplen Titel: Erzählungen gehn zu lassen oder eine Einkleidung zu wählen nach Art des Tieckschen Phantasus?" Wohl mündlich vereinbarte man die genaue Anordnung des Bandes. Den Titel „Die Seraphinenbrüder" (so wurde das Buch im Ostermeßkatalog angekündigt), benannt nach den Seraphinen-Abenden, zu denen sich Hoffmanns Freunde in der ersten Berliner Zeit (1814–1816) zusammengefunden hatten, setzte Hoffmann am 24. Februar fest. Die Änderung des Titels geht darauf zurück, daß der Freundesbund sich unter neuem Namen am 14. November 1818 erneuerte, nachdem Chamisso von seiner Weltreise zurückgekehrt war. Dieser 14. November aber ist der Serapionstag, dem der Freundesbund und der Erzählungsband seinen Namen verdankt.
Dem Untertitel und Vorwort entsprechend waren die meisten Erzählungen schon vorher in Zeitschriften oder Almanachen – mitunter in anderer Form – erschienen. Diese Erstdrucke werden im folgenden genannt; die eingeklammerten Titel weisen darauf hin, daß die entsprechenden Erzählungen in den *Serapions-Brüdern* keinen eigenen oder nicht den gleichen Titel erhielten. Die vorangesetzten Seitenzahlen beziehen sich auf unsere Ausgabe.

S. 17–28. – *(Bruchstück aus den Serapionsbrüdern. Der Einsiedler Serapion.)* Der Freimüthige für Deutschland. Zeitblatt der Belehrung und Aufheiterung. Hrsgg. von K. Müchler und J. D. Symanski. Jg. 1, 5., 8. u. 11. Jan. 1819, Nr. 4, 6 u. 8; [anonym.]

S. 31–51. – *(Ein Brief von Hoffmann an Herrn Baron de la Motte Fouqué.)* Frauentaschenbuch für das Jahr 1818 von de la Motte Fouqué. Nürnberg: Johann Leonhard Schrag, S. 220–263. [Der Brief umrahmte die Erzählung *Rath Krespel*, vgl. die Anm. zu S. 31.]

S. 57–74. – *Die Fermate.* Frauentaschenbuch für das Jahr 1816 von de la Motte Fouqué. Nürnberg: Johann Leonhard Schrag, S. 347–379; [gez.:] Erzählung von E. T. A. Hoffmann.

S. 76–96. – *Der Dichter und der Komponist.* Allgemeine Musikalische Zeitung, Jg. 15, 8. u. 15. Dez. 1813, Nr. 49 u. 50, Sp. 793–806 u. 809–817; [anonym.]

S. 105–144. – *Ein Fragment aus dem Leben dreier Freunde.* Der Wintergarten. Hrsgg. von St. Schütze. Zweiter Band, Frankfurt/M.: Gebr. Wilmans 1818, S. 55–156; [gez.:] von E. T. Hoffmann, Verfasser der Phantasiestücke.

S. 145–169. – *Der Artushof.* Urania. Taschenbuch für Damen auf das Jahr

1817. Leipzig u. Altenberg: F. A. Brockhaus, S. 179–226; [gez.:] Von C. T. A. Hoffmann, Verf. der Phantasiestücke in Callot's Manier.

S. 171–197. – *Die Bergwerke zu Falun.* [Erstdruck in den *Serapions-Brüdern.*]

S. 198–252. – *Nußknacker und Mausekönig.* Kinder-Mährchen. Von E. W. Contessa, Friedrich Baron de la Motte Fouqué und E. T. A. Hoffmann. Erstes Bändchen. Berlin: Realschulbuchhandlung 1816, S. 115–271; [gez.:] Von E. T. A. Hoffmann.

S. 274–316. – *Der Kampf der Sänger.* Urania. Taschenbuch auf das Jahr 1819. Neue Folge, Jg. 1. Leipzig: F. A. Brockhaus, S. 81–159; [gez.:] Einer alten Chronik nacherzählt von C. T. A. Hoffmann.

S. 321–326. – *(Bruchstück aus dem Zweiten Bande der Serapions-Brüder.)* Der Freimüthige oder Unterhaltungsblatt für gebildete, unbefangene Leser. Hrsgg. von Dr. August Kuhn. Jg. 16, 3. u. 5. April 1819, Nr. 67 u. 68, S. 265–271. – [Oft als „Eine Spukgeschichte" bezeichnet.]

S. 328–354. – *Die Automate.* Allgemeine Musikalische Zeitung, Jg. 16, 9. Febr. 1814, Nr. 6, Sp. 93–102 [Bearbeiteter Auszug]; [anonym.] Zeitung für die elegante Welt, Jg. 14, Nr. 68–75, 7.–16. April 1814, Sp. 537–540, 548–551, 556–560, 565–568, 572–575, 581–584, 588–591, 597–599; [gez.:] Hff.

S. 355–399. – *Doge und Dogaresse.* Taschenbuch für das Jahr 1819. Der Liebe und Freundschaft gewidmet. Hrsgg. von Dr. St. Schütze. Frankfurt am Mayn: Gebr. Wilmans 1819, S. 219–309; [gez.:] Eine Erzählung von E. T. Hoffmann, Verf. der Fantasiestücke.

S. 406–415. – *(Alte und neue Kirchenmusik.)* Allgemeine Musikalische Zeitung, Jg. 16, 31. Aug., 7. u. 14. Sept. 1814, Nr. 35, 36 u. 37, Sp. 577–584, 593–603, 611–619; [anonym.] – [Dieser Text ist nicht identisch mit dem in den *Serapions-Brüdern.* H. zog vielmehr noch seine Rezension der C-dur-Messe Beethovens hinzu:] Allgemeine Musikalische Zeitung, Jg. 15, 16. u. 23. Juni 1813, Nr. 24 u. 25, Sp. 389–397 u. 409–414. – [Vgl. den Band *Schriften zur Musik/Nachlese* unserer Ausgabe, S. 209ff. und 154ff. sowie die Anmerkungen dazu.]

S. 416–471. – *Meister Martin der Küfner und seine Gesellen.* Taschenbuch zum geselligen Vergnügen auf das Jahr 1819, Jg. 29. Leipzig: Johann Friedrich Gleditsch, S. 9–110; [gez.:] E. T. A. Hoffmann.

S. 472–510. – *Das fremde Kind.* Kinder-Mährchen. Von E. W. Contessa, Friedrich Baron de la Motte Fouqué und E. T. A. Hoffmann. Zweites Bändchen. Berlin: Realschulbuchhandlung 1817, S. 1–110; [gez.:] Von E. T. A. Hoffmann.

S. 520–525. – *(Aus dem Leben eines bekannten Mannes. Nach einer alten märkischen Chronik.)* Der Freimüthige oder Unterhaltungsblatt für gebildete, unbefangene Leser. Hrsgg. von Dr. August Kuhn. Jg. 19, 25. u. 27. Mai 1819, Nr. 104 u. 105, S. 413–414 u. 417–418; [gez.:] E. T. A. Hoffmann.

S. 532–598. – *Die Brautwahl.* Berlinischer Taschenkalender auf das Schalt-Jahr 1820. Hrsgg. von der Kön. Preuß. Kalender-Deputation. S. 1–128;

[mit dem Untertitel:] *eine berlinische Geschichte, in der mehrere ganz unwahrscheinliche Abentheuer vorkommen.* [Gez.:] C. T. A. Hoffmann. [Es ist zu beachten, daß die Taschenbücher und Almanache in der Regel bereits im Herbst vor dem Jahre, für das sie bestimmt waren, erschienen.]

S. 600–639. – *Der unheimliche Gast.* Der Erzähler. Eine Unterhaltungsschrift für Gebildete. Hrsgg. von Hartwig von Hundt-Radowsky. Zweiter Band. Berlin: G. Hayn 1819, S. 26–140; [gez.:] E. T. A. Hoffmann.

S. 648–709. – *Das Fräulein von Scuderi. Erzählung aus dem Zeitalter Ludwig des Vierzehnten.* Taschenbuch für das Jahr 1820. Der Liebe und Freundschaft gewidmet. Hrsgg. von Dr. St. Schütze. Frankfurt a. M.: Gebr. Wilmans 1820, S. 1–122; [gez.:] Von E. T. Hoffmann, Verfasser der Phantasiestücke.

S. 712–737. – *Spielerglück.* Urania. Taschenbuch auf das Jahr 1820. Neue Folge, Jg. 2. Leipzig: F. A. Brockhaus 1820, S. 383–421; [gez.:] Von E.T. A. Hoffmann. [Originaltitel: *Spieler-Glück.*]

S. 743–753. – *(Der Baron von B.)* Allgemeine Musikalische Zeitung, Jg. 21, 10. März 1819, Nr. 10, Sp. 152–162; [anonym.]

S. 766–840. – *Signor Formica. Eine Novelle.* Taschenbuch zum geselligen Vergnügen auf das Jahr 1820. Jg. 30. Leipzig: Johann Friedrich Gleditsch; Wien: Carl Gerold 1820, S. 145–284; [gez.:] C. T. A. Hoffmann.

S. 863–870. – *Erscheinungen.* Gaben der Milde. Zweites Bändchen. ... Für die Bücher-Verloosung „Zum Vortheil hilfloser Krieger" hrsgg. von F. W. Gubitz, Berlin 1817, S. 115–133. [Originaltitel: *Erscheinungen!* Gez.:] Von Hoffmann. (Verfasser der Phantasiestücke in Callots Manier.)

S. 876–923. – *Der Zusammenhang der Dinge.* Wiener Zeitschrift für Kunst, Litteratur, Theater und Mode. Wien 1820, Jg. 5, 12. Febr. – 2. März 1820, Nr. 19–27, S. 153–158, 161–164, 169–173, 177–182, 185–189, 193–197, 199–205 u. 209–216; [gez.:] Von E. T. A. Hoffmann, Verfasser der Phantasiestücke in Callots Manier. (Mit dem ersten Preise betheilet.)

S. 943–944. – *(An die Herausgeber des Freimüthigen für Deutschland.)* [Die Gedichte erschienen in anderer Reihenfolge und mit verändertem Kommentar – vgl. die Anm. zu S. 943 – in:] Der Freimüthige für Deutschland. Zeitblatt der Belehrung und Aufklärung. Hrsgg. von K. Müchler und J. D. Symanski. Jg. 1, 13. März 1819, Nr. 52. [Der einleitende Brief ist gezeichnet:] Hffmann.

S. 945–995. – *Die Königsbraut. Ein nach der Natur entworfenes Märchen.* [Erstdruck in den *Serapions-Brüdern.*]

ERSTER BAND

Vorwort

S. 7, Z. 5–6: *wirklich an einem Serapions-Tage.* – Schon Hitzig hat die Zusammenkünfte Hoffmanns mit seinen Freunden in *Aus Hoffmann's Leben und Nachlaß* (2. Th., Berlin 1823, S. 107f., 115ff.) geschildert. Sein Bericht wird von der Forschung mit berechtigtem Mißtrauen betrachtet. Faßt man alle Quellenberichte zusammen (wie das zuletzt Friedrich Schnapp mit seinem Aufsatz *Der Seraphinenorden und die Serapionsbrüder E. T. A. Hoffmanns* getan hat), so ergibt sich folgender biographischer Sachverhalt: In Berlin fanden sich H.s Freunde (Theodor Gottlieb von Hippel, Friedrich Baron de la Motte Fouqué, Carl Wilhelm Salice Contessa, Ludwig Robert, Julius Eduard Hitzig, Adalbert von Chamisso, David Ferdinand Koreff und mitunter andere Gäste) zwischen 1814 und 1816 zu mehr oder weniger regelmäßigen literarischen Abenden zusammen; der Freundesbund gab sich den Namen *Seraphinenorden*, nach dem Seraphinentag, an dem er zuerst zusammentrat. Nach einer längeren Pause wurden die Abende fortgesetzt am 14. November 1818. Dieser Tag ist der Serapionstag (vgl. S. 28, Z. 6–7 u. S. 52, Z. 35–36). Die genannte Arbeit von Friedrich Schnapp versucht, die acht Abschnitte, in die die *Serapions-Brüder* aufgeteilt sind, historisch zu fixieren.

S. 7, Z. 8: *Ludwig Tiecks Phantasus.* – Ludwig Tieck gehört zu den von Hoffmann am höchsten geschätzten Dichtern. In den Gesprächen der *Serapions-Brüder* wird er immer wieder zitiert oder erwähnt. Ohne Bedenken wird er neben Shakespeare (S. 928, Z. 7) und Goethe (S. 978, Z. 4) gestellt. Sein *Phantasus. Eine Sammlung von Mährchen, Erzählungen, Schauspielen und Novellen* erschien in drei Bänden 1811–1817. Zitiert wird im folgenden nach der Ausgabe der *Schriften* (1828–1854).

S. 7, Z. 19–20: *die Bedingnisse eines solchen heitern unbefangenen Gesprächs.* – Das musisch-gesellige Gespräch ist für H. eine notwendige Bedingung schöpferischer Betätigung gewesen. *Kreislers poetisch-musikalischer Klub* in den *Kreisleriana* ist dafür ein ebenso aufschlußreiches autobiographisches Zeugnis wie die Klage über den Mangel an „gemütlicher Mitteilung“ in *Die Jesuiterkirche in G.* Die Briefe des Dichters sind oft Versuche, die verlorengegangene Gesprächssituation wieder herbeizuführen. Und H.s Erzählungen erwachsen denn auch immer wieder aus solchen Gesprächssituationen (*Das öde Haus, Das Sanctus, Die Fermate, Doge und Dogaresse, Fragment aus dem Leben dreier Freunde* u. a.), wie das Gespräch auch innerhalb der Erzählungen eine wesentliche Rolle spielt; nicht zuletzt verbindet es in den vier Bänden der *Serapions-Brüder* die gesammelten Erzählungen Hoffmanns. Das Verbindende des Rahmens wird mehr und mehr erkannt. An eine Auflösung der *Serapions-Brüder*, wie sie früher von bedeutenden Hoffmann-Forschern erwogen wurde, denkt heute niemand mehr, dem die Zusammenhänge in dieser Dichtung aufgegangen sind. Gerade die Episoden am Rande werfen oft ein humoristisch-geselliges Licht auf die Erzählungen selbst, so daß sie nur noch um so kunstvoll-vieldeutiger erscheinen. Schließlich sei daran erinnert, daß Hoffmann mehrere seiner Erzählungen vor der Übernahme in diese Sammlung einer gründlichen Redaktion unterzogen hat, die ihrerseits als eine künstlerische Leistung anzusehen ist, um deren Erkenntnis man sich nicht bringen sollte.

S. 9, Z. 16: *Lothar.* – Immer wieder einmal ist in der Forschung versucht worden, den Gesprächspartnern lebendige Vorbilder aus H.s Leben zu unterlegen. Lothar soll nach solchen Vermutungen Fouqué repräsentieren. Doch das beruht auf reiner Spekulation. Ebenso steht es mit Cyprian, der keineswegs Chamisso vertritt. Anders steht es mit Ottmar, Sylvester und Vinzenz. In diesen Figuren scheinen sich in der Tat mitunter Hitzig, Contessa und Koreff zu spiegeln. Doch gibt es auch da Widersprüche (auf die in den Anmerkungen jeweils aufmerksam gemacht werden soll), und man sollte sich vor Identifikationen hüten.

S. 10, Z. 13: *Tiecks Zerbino.* – Tiecks *Zerbino oder Die Reise nach dem guten Geschmack, gewissermaßen eine Fortsetzung des gestiefelten Katers. Ein Spiel in 6 Aufzügen*, erschien 1799.

S. 12, Z. 15: *P**** – Es ist mißlich, alle Andeutungen H.s erklären zu wollen. Ob hier Posen oder Płock gemeint ist, ist letzten Endes unerheblich.

S. 15, Z. 26: *Kamaldulenser Mönchen.* – Der Orden der Kamaldulenser wurde 1012 gegründet, vgl. Anm. zu S. 18, Z. 30.

S. 16, Z. 5: *Universität zu K–.* – Königsberg. H. hat auf dieser Universität studiert, sich freilich um die Philosophie Kants nicht gekümmert. Vgl. das ironische Kant-Zitat, das *Kater Murr* in den Mund gelegt wird (Bd. 2 unserer Ausgabe, S. 400, Z. 19–20).

S. 17, Z. 42: *Ihr wißt, . . .* – Hier beginnt die Titelerzählung des Buches, die die Rahmenkonstruktion thematisch motiviert. H. schrieb die Erzählung *(Der Einsiedler Serapion)* wahrscheinlich im Nov./Dez. 1818. Sie erschien bereits im Jan. 1819 im *Freimüthigen.*

S. 18, Z. 1: *B**** ist hier wohl deutlich genug als Bamberg zu erkennen.

S. 18, Z. 17: *Salvator Rosa.* – Der italienische Maler und Satirendichter (1615–1673) wird in der Novelle *Signor Formica* selbst zum Helden, vgl. S. 765 ff. Er taucht auch in *Die Jesuiterkirche in G.* und in *Die Brautwahl* (S. 578) auf: H. fühlte sich dem Salvator Rosa offenbar wesensverwandt, der die gleichen drei Künste ausübte wie er selbst. Vgl. S. 768 u. Anm. dazu.

S. 18, Z. 30: *Ambrosius von Kamaldoli.* – Der Kamaldulensergeneral Ambrosius Traversari (1386–1439) war ein Mitglied des Florentiner Humanistenkreises und bedeutender Kenner der griechischen Väterschriften. Er ist Mitverfasser der Unionsurkunde von Ferrara-Florenz. Der Einsiedlerorden der Kamaldulenser ist ein Zweig der Benediktiner, er wurde vom hl. Romuald (952–1027) in Camaldoli (bei Arezzo) gegründet und besteht noch heute in zwei Kongregationen mit 270 Mitgliedern.

S. 18, Z. 40–41: *der sich Priester Serapion nennt.* – Auf S. 20, Z. 34 ist von „acht" Serapions die Rede, die ich nicht alle namhaft machen konnte. Vgl. die Anm. zu S. 21, Z. 25–26.

S. 19, Z. 7: *Doktor S** erklärte mir alles.* – Ein Freund H.s war Dr. Friedrich Speyer, Landgerichtsphysikus und Arzt in Bamberg (1782–1839).

S. 19, Z. 32–33: *Man brachte ihn nach B*** in die Irrenanstalt.* – H. kannte den Gründer und Leiter der Irrenanstalt St. Getreu bei Bamberg persönlich; es war der berühmte Mediziner Dr. Adalbert Friedrich Marcus (1753–1816).

S. 20, Z. 13: *Kaiser Decius.* – 249–251 römischer Kaiser, unter dessen Herrschaft die erste systematische Christenverfolgung stattfand.

S. 20, Z. 27: *Ich las den Pinel – den Reil – alle mögliche Bücher über den Wahnsinn.* – H. ist, wie stets, sehr gründlich bei der Bezeichnung und Diskussion seiner Quellen. Philippe Pinel (1745–1826), ein französischer Irrenarzt, schrieb ein Buch über die Manie; Johann Christian Reil (1759–1813) arbeitete vor allem über die Heilmethoden der Geisteskrankheiten. Vgl. die bibliographische Zusammenstellung „Hoffmanns Quellen" (S. 1128 ff.).

S. 21, Z. 25–26: *den gelehrten Bischof Serapion, dessen Hieronymus in seinem Buche de viris illustribus gedenkt.* – Hieronymus seinerseits verdankt seine Kenntnisse (Kap. 41) Eusebius, der den Bischof Serapion von Antiochien in seiner *historia ecclesiae* (VI, 14, 4) erwähnt. Von dem Serapion, der vor 362 Bischof von Thumis war und den Ellinger für den hier Gemeinten hält, ist zu wenig bekannt, als daß man ihn als „gelehrt" bezeichnen dürfte. Serapion von Antiochien dagegen ist als Kirchenschriftsteller bekannt geworden. Er lebte um die Wende des 2. Jahrhunderts.

S. 21, Z. 27–28: *wie Heraklides in seinem Paradiese erzählt.* – Heraklides Eremita (Alexandrinus) lebte am Anfang des 5. Jahrhunderts. Die von H. erwähnte Stelle des „Paradieses" *(Paradisus)* steht im 24. Kapitel (Vgl. Migne, Patrologia Latina (MPL), Bd. 74, Paris 1879, S. 308; Nachweis Ellingers).

S. 22, Z. 21–22: *des Abts Molanus.* – Über diesen Fall berichtet der Schweizer Arzt und Philosoph Johann Georg Ritter von Zimmermann in seinem Buch *Über die Einsamkeit,* Leipzig 1784/85, Bd. 2, S. 76 f. Die ähnliche Wortwahl läßt auf unmittelbaren Einfluß schließen. (Nachweis Čzernys.)

S. 23, Z. 23 ff.: *Bin ich nun wirklich wahnsinnig* ... – Diese geistvolle Argumentation ähnelt der des geisteskranken Pater Sgambari in Reils *Rhapsodieen* ..., S. 316: „Entweder halten Sie mich für einen Narren oder nicht ... Im erstern Falle halte ich Sie mit Ihrer Erlaubniß für einen größeren Narren als mich selbst, weil Sie sich vorstellen, einen Narren durch bloßes Zureden von seinem Wahn überzeugen zu können." (Nachweis Ellingers.)

S. 26, Z. 2: *Kirchenlehrer Evagrius.* – Ellinger vermutet in Evagrius den 536 geborenen späteren Verfasser der Fortsetzung der Kirchengeschichte des Eusebius von Cäsarea. Da H. aber von der Poesie spricht, über die sich Serapion mit Evagrius unterhalten habe und da sich dieses Gespräch in der fiktiven Wüste abspielt, wäre auch an den Evagrius Ponticus (346–ca. 400) zu denken, der als Mönch in die nitrische Wüste ging. Zu ihm paßt auch besser die Bezeichnung als „Kirchenlehrer", da er die Acht-Laster-Theorie aufstellte und die Anschauungen der ägyptischen Mönche origenistischer Richtung als erster literarisch vertrat. Schließlich fügt er sich mit seinen Lebensdaten schlecht genug, aber immer noch besser als Evagrius Scholasticus in den Rahmen der Erzählung ein.

S. 27, Z. 4: *Bruder Hilarion.* – Hilarion von Gaza (291–ca. 361), südpalästinischer Einsiedler, von Hieronymus (Vita S. Hilarionis, MPL 23, 29 ff.) idealisierend als Begründer des Mönchtums in Palästina geschildert.

S. 27, Z. 23: ‚*O welch ein edler Geist ist hier zerstört! ...*‘. – Shakespeare, Hamlet, Aufz. 3, Sz. 1.

S. 28, Z. 7: *gerade der vierzehnte.* – Im Vorwort (S. 7, Z. 5–6) nennt Hoffmann nicht das Datum des Serapionstages, hier nicht die namentliche Bezeichnung des Datums, um – der Technik der Retardation entsprechend – nach einer erneuten Andeutung (S. 52, Z. 36) die Spannung auf S. 53, Z. 30ff. mit dem Satz „Heute ist Serapions-Tag“ auf den Höhepunkt zu führen.

S. 28, Z. 27: *Legenden der Heiligen.* – Diese Teile aus Heiligenlegenden berichtet Hieronymus, Kap. 12 u. 13. H.s Quelle war jedoch wieder Zimmermanns *Über die Einsamkeit*, S. 69 u. 190. (Nachweis Ellingers, der auch Beispiele bringt: T. 15, S. 205.)

S. 28, Z. 32–33: *ein seltsames Buch.* – Gemeint sind *Die Elixiere des Teufels.* Dies ist eine der Stellen, die beweist, daß H. sich nicht nur in Theodor porträtiert hat. Andererseits ist die von allen Gesprächspartnern gemeinsam erarbeitete These vom „serapiontischen Prinzip“ durchaus H.s eigene Leistung.

S. 29, Z. 36–37: *wie der französische Arzt Pinel häufige Fälle anführt.* – Pinel (vgl. Anm. zu S. 20, Z. 27), S. 66ff., 72ff., 142.

S. 30, Z. 42: *Bedlam.* – Der englische Volksmund spricht vom Irrenhaus überhaupt, wenn er diesen Namen einer Londoner Heilanstalt verwendet, die offiziell *Bethlehem hospital* heißt. Bereits 1247 als Kloster gegründet, wurde das Gebäude 1547 seinem heutigen Zweck zugeführt.

(Rat Krespel)

Der Rat Krespel ist eine historische Figur. Goethe erwähnt den Rat und Archivar Johann Bernhard Crespel (1747–1813) im 6. Buch des zweiten Teiles von *Dichtung und Wahrheit.* Goethes Mutter schrieb ihrem Sohn 1796 über die Eigenheiten des damals schon gesetzten Herrn Krespel: „Crespel ist ein Bauer geworden, hat in Laubach Güter gekauft das heißt etliche Baumstücke – baut auf dieselbe ein Hauß nach eigner Invenstion hat aber in dem kickelsort weder Mauerer noch Zimmerleute, weder Schreiner – noch Glaßer – das ist er nun alles selbst – es wird ein Hauß werden – wie seine Hoßen, die er auch selbst Fabricirt –“. Ob Hoffmann darüber von Brentano erfuhr, ist nicht sicher, aber aufgrund sehr genauer Übereinstimmung zwischen der Darstellung im Brief der Frau Rat und der vorliegenden Novelle wahrscheinlich. (Nachweis Ellingers.) – Die Erzählung hatte H. dem *Frauentaschenbuch für das Jahr 1817* zugedacht, doch wurde sie zu spät, nämlich erst im September 1816 fertig. Am 22. Sept. 1816 schrieb H. an Fouqué: „Ich wollte, liebster Baron! Sie filzten mich recht wacker aus wegen meiner leichtsinnigen Versprechungen und wegen meiner Faulheit ... Nun ists viel zu spät etwas ins Frauen-Taschenbuch nachrücken zu lassen, damit Sie Sich, bester Baron, aber gütigst überzeugen, daß es mir ernst ist etwas zu liefern schicke ich Ihnen anliegend den für jenes Taschenbuch bestimmten Aufsatz den ich ganz zu Ihrer Disposition stelle. Ist es dieses Jahr zu spät so könte er da er völlig zeitunabhängig ist für künftges Jahr dienen, in diesem Fall würde ich aber nach Schrags langweiliger Manier das schmale Honorar erst zu Neujahr 1818 erhalten und nöthigenfalls meinen Erben substituiren müssen, weil mir in dieser Unzeit allerley menschliches begegnen kan. – Alles überlasse ich Ihnen ... Nochmahls Ihrer gütigen Disposition überlasse ich den Rath Krespel nebst werther Familie! – ...“

Neben diesem Entschuldigungsbrief hat H. einen zweiten Entschuldigungsbrief an Fouqué geschrieben, in den er die Erzählung eingefügt hat. Dieser Brief lautet:

„Da Sie, geliebtester Herr Baron! Le Sage's hinkenden Teufel gelesen haben, so werden Sie Sich gütigst erinnern, mit welcher tiefen Verwunderung der berühmte Student Don Cleofas Leandro Perez Zambullo jenen langen hagren Mann erblickte, der, als Nachtmantel, Negligée, Prunk Schlafrock, bloß ein kurzes Hemde tragend, in seinem, durch eine schlechte Lampe matt erleuchteten, Stübchen mit starken Schritten auf- und abging. Bald richtete er den Blick starr in die Höhe, bald sah er zum Boden nieder, dann schlug er mit flacher Hand sich an die Stirn, dann focht er mit geballten Fäusten in der Luft – dann stieß er einige unverständliche Laute aus, dann rannte er an den Schreibtisch und prallte wieder zurück. – Hatte Don Cleofas Leandro Perez Zambullo nur ein Quentlein mehr Menschenkenntniß, so bedurfte es keines Teufels, ihm zu erklären, daß jener Mann ein Dichter war, der einen merklichen Mangel an eigentlicher Schaffungskraft verspürend denn doch nun durchaus schreiben wollte oder sollte. Sahen Sie, Baron! gestern Abend Ihren gehorsamsten Freund und Diener jenem Manne gleich (obwohl bei weitem besser gekleidet) mit Ihrem sehr werthen Schreiben in der Hand sein Zimmer nach der Länge und Breite durchmessen; in der That, es wäre Ihnen klar geworden, daß in schriftstellerischer Hinsicht nun eben auch mit ihm nichts anzufangen ist. – Ich soll dieses Jahr etwas für das Frauentaschenbuch schreiben. – Der Aufforderung des gütigen Freundes ist nicht zu widersprechen, das sehe ich wohl ein, aber eben so gut auch, daß, bin ich nicht anmuthig, geistreich, fantastisch, romantisch, witzig, empfindsam, humoristisch, heiter, tief – ja bin ich nicht das alles, ich mich großer Gefahr aussetze. Mein Beitrag wird als schnöder Lückenbüßer nur unnützer Weise einige Blätter füllen, die jede, um den guten Geschmack (in Kunst und Litteratur nämlich) einigermaßen besorgte Frau mit feiner Nadel zusammenheftet, um nicht als ein umgekehrter Nestor (man sehe: Zerbino) wider Willen aus dem Garten der Poesie in die Wildniß seichter Prosa zu gerathen. – Gott, wie quält mich das! – Muß man denn nicht, um in zierlicher, geschmückter Gesellschaft zu erscheinen, ein hochzeitlich oder doch sonntäglich Kleid anziehen, und wie ist es dann, wenn man solches Kleid eben im Begriff es anzulegen, mit allerlei Werkeltagsstaub beschmuzt oder entfärbt findet? – Mag es auch sein, daß schon ein einziger Knopf unter dem Kragen, den die, wer weiß weshalb sich plötzlich erweiternde Brust wegsprengte, wider das Dekorum anstößt, und auf dieses halten wir was, Baron! – Jener Dichter, der den Hymnus auf die Freiheit nirgends anders schreiben wollte, als in der Bastille, gestaltete sich in dem Augenblick, als er das äußerte, zum poetischen Fanfaron. (Fanfaronnek heißt es in Warschau, wo es viele gibt, aber nicht poetische.) Das Leben stellt seine vier Bastille-Mauern um uns her, und aus ihnen entwickelt sich ja wohl jener bösartige Stoff, der wie giftiger Mehlthau auf die Flügel einer Psyche fällt, und sie zerfrißt bis zum kraftlosen Einsinken. – Der dem Kerker entschlüpfte Vogel kehrt zurück, um Atzung zu finden, die er verwöhnt und hülflos geworden draußen nicht zu finden wußte; auch sprachen die Sänger des Hains zu ihm: Lieber Kleiner! obschon Sie unsere Uniform, bunte Klappen und Feder-Epauletts, zu tragen belieben, so zeigt doch ihr miserabler Gesang, daß sie längst auf Pension gesetzt, nicht mehr zu uns gehören. Sie merken, theuerster Baron! daß alle diese rhapsodisch vorgetragenen Gedanken und Meinungen auf nichts anders als auf die kahle Entschuldigung hindeuten, daß, seit der Zeit, da ich wieder in dem Triebrad des Staats lustig zutrete, es mit meiner poetischen Gabe höchst miserabel aussieht, und ich wohl fühle, daß ich gar nicht im Stande bin, Ihnen dieses Mahl etwas Würdiges für Ihr den Frauen zunächst gewidmetes Taschenbuch zu liefern. – Mit den Lauretten und Teresinen ist es nicht allemahl gethan, und solcher Erfahrungen im Leben und solcher Zufälle, daß man eben diese Erfahrungen in heitern Farben gemalt wieder findet, gibt es auch überhaupt wenig. –

Eben habe ich, wie Rameau's famoser Neffe, an die Stirne geklopft, und zwar in heller Verzweiflung, jedoch ganz leise bittend und sehr artig gefragt: Ist denn niemand, niemand zu Hause? – Aber keine Antwort! – Sie sind sämmtlich ausgegangen Herrn und Diener, ob jemahls einer von ihnen zurückkehrt oder ob sonst gute Leute einziehen, das weiß der Himmel! –

Entschuldigen Sie mich diesmahl, verehrtester Baron! mit meiner eignen Imbezillität, deren ich mich selbst anklage, andern Leuten entgegen, die niemahls etwas anders vermissen wollen, als höchstens das Gedächtniß. Vielleicht kommt mir künftiges Jahr nicht wieder ein Bild vor Augen, das ich in die Gesellschaft der Frauen hineintragen kann.

Ganz und gar

Ihr ergebenster
E. T. A. Hoffmann.

Postscriptum. Geschah es Ihnen, Baron! nicht auch schon recht oft, daß aus grauen düstern Wolkenschatten, die tief in Ihr Leben hineinhingen, plötzlich in farbigem Feuer allerlei freundliche Himmelsgestalten hervorblitzten, und daß nach solchem Leuchten nur schwärzere Nacht Sie umfing? – Aber dann ging in weiter weiter Ferne ein blasser Schimmer auf, und in Ihrer Brust sprach es, ach das ist ja das geliebte Bild, aber seine hochherrlichen himmlischen Züge erkennt nur der Schmerz! Als nun der Schimmer feuriger und feuriger strahlend sich zu gestalten begann, da gewahrten Sie wohl, daß das, was Ihnen als schimmerndes, strahlendes Bild erschien, nur der Reflex der heißen unaussprechlichen Sehnsucht war, die in Ihrem eigenen Innern aufgegangen! – Glauben Sie wohl, Baron! daß ich, nachdem ich mich heute vergebens recht abgequält, nachdem ich in der miserabelsten philistermäßigsten Stimmung Ihnen brieflich den gewünschten Beitrag abgesagt hatte, glauben Sie wohl, daß ich dann an Lauretta und Teresina denkend, Ihr Taschenbuch von 1816 zur Hand nahm, um die Fermate zu durchblättern? Es gelang mir nicht, auch nur ein Wort zu lesen, denn indem ich voll trüben Unmuths hineinstarrte, da blitzten, wie ich es oben beschrieben, allerlei Gestalten um mich her und verschwanden plötzlich, wenn ich sie zu erfassen gedachte. Es war tiefe Abenddämmerung geworden, und mochte es sein, daß der durch das Fenster hineinströmende Abendwind über den offenstehenden Flügel hineingestreift, oder daß ein flatternder Sommervogel die Saiten berührt hatte – genug, ein klarer Ton, wie aus weiblicher Brust hervorgehaucht, ging lang und leise verhallend durch das Zimmer. Ich hielt den Athem an, um das Verschweben des wunderbaren Lautes recht deutlich zu vernehmen, und da war es mir, als sei es die Stimme einer mir wohlbekannten Sängerin, die zu meinem Geist spräche, und doch wußt' ich nicht, hatt' ich sie einst wirklich oder nur im Traum gehört. „Ist das Lauretta oder Teresina – oder – So hörte ich ganz vernehmliche Worte, und ich wußte wohl, daß ein gewisses neckendes, hohnlächelndes Teufelchen, das oft, dem sokratischen Genius sehr unähnlich, neben mir sitzt, sie gesprochen mir zum offenbaren Tort, ich ließ ihn daher nicht ausreden, sondern als er bei dem „oder" ein ganz klein wenig stockte, seufzte ich aus tiefer Brust: Antonie! Das Teufelchen ging nun in sonderbarer Gestalt zur Stubenthüre heraus, nämlich als ein nicht zu großer, aber sehr hagrer Mann in einem grauen Kleide so zugeschnitten, wie ihn jetzt unsere Jünglinge tragen, und die Tracht deutsch nennen, jedoch mit vielen Schnüren besetzt. Dazu war der Mann nach der Militär-Mode der siebzehnhundertsechziger siebziger Jahre frisirt, nämlich ein Coeur-Toupée (einer aufgeworfenen Schanze nicht unähnlich), Pistolenhalfterförmige Locken und ein langer imposanter Zopf mit angehefteter Kokarde. Sein Gesicht war sehr bleich, aber auf den spitzen hervorstehenden Backenknochen ein rother Fleck, unter überhängenden Augenbraunen blitzten ein Paar große graue Augen hervor, die Nase war gebogen – scharf gezeichnet, der Mund heraufgezogen zum ironischen Lächeln, das Kinn lang und hervorragend. – Wie sollte ich denn nicht gleich auf den ersten Blick den Rath Krespel erkannt haben?

[Hier beginnt, mit den Worten „Dieser Rat Krespel" (Vgl. S. 31, Z. 3) die Erzählung im Erstdruck; dieser schließt, nach den Worten „Sie war aber tot" (Vgl. S. 51, Z. 11–12) mit einem]

Postscripti Postscriptum. Glauben Sie, werthgeschätzter Baron! daß sich aus dem Inhalt vorstehenden etwas langen *Proscripti* eine Art Erzählung für das Frauentaschenbuch anfertigen ließe, oder meinen Sie vielleicht gar, es sei schon zu drucken möglich in der jetzigen Gestalt? Schreiben Sie mir dies gütigst.

Nochmahls Ihr treu ergebenster
E. T. A. Hoffmann."

S. 34, Z. 41: *Geige von Amati.* – Amati ist eine berühmte Geigenbauerfamilie aus Cremona. Andrea A. (Ende des 16. Jahrhunderts) schuf den endgültigen Violintyp, an dessen Verbesserung seine Söhne Antonio und Girolamo arbeiteten. Nicola A. (1596–1684), der Sohn Girolamos, war Lehrer der Geigenbauer Guarneri und Stradivari.

S. 37, Z. 4: *Doktor Bartolo im Barbier von Sevilien.* – „Il Barbiere di Siviglia" (1782) ist eine Oper von Giovanni Paisiello (1740–1816), die bereits in den *Kreisleriana* erwähnt wird.

S. 37, Z. 27–28: *ein zweiter Astolfo in Krespels Haus wie in Alzinens Zauberburg.* – Die gleiche Anspielung auf Ariosts *Rasenden Roland* (Gesang 6, Strophe 61–67) verwendet H. bereits im *Ritter Gluck.*

S. 37, Z. 42: *aus Tartinis Zeiten.* – Giuseppe Tartini (1692–1770), Violinist, war ein einflußreicher Musiklehrer und Komponist.

S. 38, Z. 31: *der selige Stamitz.* – Karl Stamitz (1746–1801), Komponist und Violinist.

S. 39, Z. 27: *eine alte Cremoneser Geige.* – Cremona in der Lombardei ist die Heimat der Geigenbauerfamilien Amati, Guarneri und Stradivari (vgl. Anm. zu S. 34, Z. 41).

S. 40, Z. 2–3: *einer Arie von Pucitta oder Portogallo.* – Vincenzo Pucitta (1778 bis 1861), ital. Opernkomponist, schrieb u. a. eine gefühlvolle Oper nach Goethes Werther *(Werter e Carlotta).* H. schätzte ihn gar nicht. Marcus Antonio Portogallo (= Portugal, 1762–1830) war ein portugiesischer Opern- und Kirchenmusikkomponist.

S. 40, Z. 4: *Schiavo d'un primo uomo.* – Sklave des ersten Sängers, d. h. Kapellmeister, der sich von den Solisten tyrannisieren läßt.

S. 40, Z. 8: *Leonardo Leo.* – Lionardo Ortensio Salvatore di Leo (1694–1744), bedeutender ital. Komponist, Organist und Kapellmeister. Er war schon zu H.s Zeiten weithin vergessen; seine Wiederentdeckung fällt eigentlich in die Zeit nach H. Im Erstdruck der Erzählung ist an dieser Stelle der „Abbate Stefani" erwähnt (s. Anm. zu S. 62, Z. 28). Bei der Redaktion für die *Serapions-Brüder* wurde Leo vermutlich vorgezogen, um zweimalige Erwähnungen zu vermeiden.

S. 44, Z. 39: *Teatro di S. Benedetto.* – Das Operntheater in Venedig. Vgl. G. Pavan, *Teatri musicali veneziani. Il teatro San Benedetto. Catalogo cronologico degli spettacoli (1755–1900)*, Venecia 1917.

S. 47, Z. 40: *Padre Martini.* – Giovanni Battista Martini (1706–1784), gelehrter Musikwissenschaftler und Komponist. Er war Franziskanerpriester, daher „Padre".

S. 51, Z. 24: „*Nein, das ist nicht auszuhalten*". – Ähnlich wird das Gespräch in Tiecks *Phantasus* nach Verlesung der Novelle *Liebeszauber* fortgeführt: „Nein! rief sie aus und erhob sich, es ist nicht auszuhalten! Diese Geschichten gehn zu schneidend durch Mark und Bein, und ich weiß mich vor Schauder in keinen meiner Gedanken mehr zu retten..." (Schriften, Bd. 4, S. 283).

S. 52, Z. 13: *eine fingierte nach der Kunst geformte Erzählung.* – Hier beginnen die poetologischen Erwägungen, die fortan die *Serapions-Brüder* durchziehen und die wichtiger sind, als H. selbst es im *Vorwort* wahrhaben will.

S. 53, Z. 33–34: *Heute ist Serapions-Tag!* – Vgl. die Anm. zu S. 28, Z. 7. Im 2. Teil von Hitzigs Erinnerungen *Aus Hoffmann's Leben und Nachlass* (Berlin 1823) wird diese Szene so geschildert: „Am Abende eines Tages, der nach dem von Hoffmanns Gattin herbeigebrachten polnischen Kalender den Namen des heiligen Serapion führte, wurde die Gesellschaft eingegeweih't, nach jenem Heiligen benannt und gedieh fröhlich ..." (S. 132).

S. 54, Z. 13: *daß der Dichter nicht das wirklich schaute wovon er spricht.* – Diese Grundthese, das „serapiontische Prinzip", das schon S. 52, Z. 17 („von einer Begebenheit, die ich wirklich erlebt") anklang, wird dem Leser in der Folge geradezu eingehämmert: S. 54, Z. 26: „er hatte das wirklich geschaut was er verkündete", S. 55, Z. 33–34: „Jeder prüfe wohl, ob er auch wirklich das geschaut, was er zu verkünden unternommen" und sehr viel öfter. Der Nachdruck, mit dem H. das Wort „wirklich" oder „recht" bis zum Ende des vierten Bandes setzt, verdient Beachtung. Die „Wirklichkeit" einer Begebenheit ist keine biographisch nachprüfbare Größe, sondern sie ver„wirklicht" sich in der Kunst.

Die Fermate

Diese Erzählung erschien zwei Jahre vor dem *Rat Krespel* im Frauentaschenbuch Fouqués, worauf H. in seinem *Brief an Herrn de la Motte Fouqué* (Vgl. diesen in der Anm. zum *Rat Krespel*) anspielt, wenn er die Namen Laurettas und Teresinas in Erinnerung bringt. Sie war ursprünglich nicht diesem Taschenbuch, sondern Brockhaus' *Urania* zugedacht gewesen. H. schrieb die Erzählung im Januar 1815 und schloß sie am 3. Februar ab. Am 13. Februar speiste H. mit Fouqué und ließ sich bei dieser Gelegenheit offenbar dazu umstimmen, die Erzählung dem Frauentaschenbuch zur Verfügung zu stellen. Infolgedessen geriet er in Terminnot, als es galt, auch Brockhaus das Versprochene zukommen zu lassen (vgl. Anm. zu *Der Artushof*, S. 145). Eigene Jugenderinnerungen und -träume finden in dieser Erzählung ihre poetische Verwirklichung. Das verbindet sie mit dem *Artushof*, zumal in beiden das Thema der künstlerischen Gebundenheit und Freiheit aufgenommen wird.

S. 57, Z. 22: *Hummels heitres lebenskräftiges Bild.* – Johann Erdmann Hummel (1769–1852) war seit 1809 Professor an der Berliner Kunstakademie. Nicht nur H.s eigene genaue Angaben lassen darauf schließen, daß er das Bild, dessen Szenerie er an den Anfang stellt, wirklich gesehen hat; es gibt darüber hinaus ein weiteres literarisches Zeugnis dafür. Im 8. Kapitel von Eichendorffs Novelle *Aus dem Leben eines Taugenichts* (erstmals 1826 gedruckt) findet sich folgende fast wörtliche Bezugnahme auf Hoffmanns Erzählung: „Sobald wir hineintraten, winkten uns alle zu, uns still zu verhalten, und zeigten auf die andere Seite des Gartens hin. Dort saßen in einer großen Laube zwei schöne Frauen an einem Tisch einander gegenüber.

Die eine sang, die andere spielte Gitarre dazu. Zwischen beiden hinter dem Tische stand ein freundlicher Mann, der mit einem kleinen Stäbchen zuweilen den Takt schlug. Dabei funkelte die Abendsonne durch das Weinlaub, bald über die Weinflaschen und Früchte, womit der Tisch in der Laube besetzt war, bald über die vollen, runden, blendend weißen Achseln der Frau mit der Gitarre ... [Nach einer Unterbrechung dieser in Handlung übersetzten Bildbeschreibung:] ,Barbar!' rief ihm einer von dem runden Tische zu, ,du rennst da mitten in das sinnreiche Tableau von der schönen Beschreibung hinein, welche der selige Hoffmann Seite 347 des *Frauentaschenbuches für 1816* von dem schönsten Hummelschen Bilde gibt, das im Herbst 1814 auf der Berliner Kunstausstellung zu sehen war!' "

S. 58, Z. 32: *Stübchen bei Sala Tarone.* – Eine Wein- und Italienerwarenhandlung Unter den Linden Nr. 32, Ecke Charlottenstraße. (Nachweis Ellingers.)

S. 59, Z. 42: *Flügelkonzerte von Wolf.* – Ernst Wilhelm Wolf (1732–1792) schrieb 18 Klavierkonzerte, von denen 6 gedruckt sind. W. war Kapellmeister und auch Musikschriftsteller in Weimar (vgl. Joh. Brockt, E. W. W., Diss. Breslau 1927). H. erwähnt ihn schon im Kreislerianum *Der Musikfeind.*

S. 60, Z. 1: *Stamitz.* – Vgl. die Anm. zu S. 38, Z. 31.

S. 60, Z. 8: *Lottchen am Hofe* ist ein Singspiel von Johann Adam Hiller [Hüller] (1728–1804), einem vielseitigen Komponisten, der auch als Musikschriftsteller und -lehrer tätig war. Er begründete die älteste Musikzeitung (*Wöchentliche Nachrichten und Anmerkungen die Musik betreffend,* 1766–1769). Das genannte dreiaktige Singspiel wurde am 24. April 1767 in Leipzig uraufgeführt und 1769 von Breitkopf & Härtel gedruckt. Der Text stammt von Christian Felix Weiße (1726–1804).

S. 62, Z. 12: *ein Scävola an stoischem Gleichmut.* – Gaius Mucius soll der Legende nach während der Belagerung Roms durch den Etrusker Porsenna (508 v. Chr.) wegen Mordverdachts aufgegriffen worden sein und seine rechte Hand im Altarfeuer verbrannt haben. Dieser Beweis seiner Furchtlosigkeit und die Behauptung des Mucius, er sei nur einer von weiteren 300 gleichgesinnten Verschwörern, sollen Porsenna veranlaßt haben, die Belagerung Roms sofort abzubrechen. Mucius erhielt daraufhin den Beinamen Scävola (Linkshand).

S. 62, Z. 20: *,Sento l'amica speme'*: Ich empfinde die freundliche Zuversicht.

S. 62, Z. 28: *Duetten vom Abbate Steffani.* – Der ital. Komponist Agostino Steffani (1654–1728) wurde 1680 zum Priester geweiht und 1682 Abt. 85 seiner Kammerduette sind handschriftlich erhalten.

S. 64, Z. 30: *smorfiosa:* launisch.

S. 64, Z. 38: *,senza di te ben mio, vivere non poss'io'.* – H. hat diese Verse selbst übersetzt: „Ferne von dir mein Leben / Kann ich nicht länger atmen." 1807/08 übersetzte H. drei ital. Texte, die er drei *Canzonettes* unterlegte. Vgl. *Schriften zur Musik/Nachlese*, S. 687 und Anm. dazu.

S. 67, Z. 9: *Roulade*: Läufer, virtuose Gesangspassage.

S. 67, Z. 10: *Mordent*: Kurzer Wechsel vom Hauptton auf die untere diatonische Sekunde.

S. 67, Z. 15–16: *eine lange Szene von Anfossi*. – Pasquale Anfossi (1727–1797), ital. Opernkomponist, ist hier besonders passend, weil er das Finale gegenüber seinen Vorbildern (Piccinni) eigenwillig weitergebildet hat. H. erwähnt ihn auch in *Das Steinerne Herz*.

S. 67, Z. 19: *Solfeggio*: eine Gesangsübung zur Ausbildung des Gehörs, der Treffsicherheit und des musikalischen Lesens. Die Elementarübungen werden auf die Namen *do re mi fa so la ti* gesungen (Vokalisation).

S. 68, Z. 25: *Portamento di voce*: Verschleifen der Stimme beim Übergang von einem Ton zum andern, ohne Sprung oder Stufe.

S. 69, Z. 16: *Sinn für deutschen Ernst*. – Wie in *Prinzessin Brambilla* ist das von H., der selbst nie in Italien war, durchaus kritisch gemeint. Vgl. Z. 38–39 das *Steife und Ungelenke, das den Deutschen eigen*.

S. 70, Z. 25: *Eleatiko*, ein Wein aus der Gegend von Elea, einer Stadt am Südrand des Alento-Tales in Kampanien.

Der Dichter und der Komponist

Am 16. Januar 1814, in einem Brief an seinen Verleger Kunz, plante H. noch, im dritten Band der *Fantasiestücke in Callots Manier* „Szenen aus dem Leben zweyer Freunde, in 3 bis 4 Abtheilungen" zu bringen. Er dachte dabei offenbar daran, seinem Aufsatz *Der Componist und der Dichter*, den er in einer „Einkleidung, welche die Spur der Zeitverhältnisse trägt" (Brief an Breitkopf & Härtel vom 14. November 1813), im September und Oktober 1813 geschrieben hatte, weitere dialogartige Erzählungen an die Seite zu stellen. Von den „3 bis 4 Abtheilungen" kann nur die *Automate* in einen noch engeren Zusammenhang zu dem früheren Aufsatz gerückt werden als den, der durch die Erinnerung Theodors an ein „Gespräch über die Oper" (S. 354) ohnehin gegeben ist. *Der Dichter und der Komponist* entstand während der Kriegsereignisse in und um Dresden: „mit Glük angefangen" heißt es am 19. September 1813 im Tagebuch, am 4. Oktober wird vom Fortschreiten der Arbeit berichtet und am 9. Oktober heißt es: „den Aufsatz „Der Dichter und der Komponist" vollendet."

S. 77, Z. 37: *Vauban*. – Sébastian le Prèste de Vauban (1633–1707), französischer Militärexperte, Baumeister und Volkswirtschaftler.

S. 84, Z. 37: *Gozzi*. – Carlo Graf Gozzi (1720–1806), ital. Lustspieldichter, wurde von H. besonders geschätzt.

S. 85, Z. 4–5: *der Rabe*. – *Il corvo*, das Märchenspiel von Gozzi von 1761, wurde erst 1877 ins Deutsche übersetzt.

S. 89, Z. 22–23: *Spontini*. – *Gasparo Luigi Pacificio Spontini* (1774–1851), ital. Opernkomponist. H. erwähnt ihn sehr oft und rezensierte auch mehrere Werke von ihm.

S. 89, Z. 27: *Piccinis Dido.* – Niccolò Piccinni (1728–1800), ital. Opernkomponist, Schüler Leos und Durantes, wirkte vor allem in Neapel und Paris. Seine Oper *La Didone* (1783) entstammt seiner sog. „französischen Epoche". Der erwähnte *Chor der Priester*: Aufz. 3, Szene 10.

S. 91, Z. 25: *das weinerliche Schauspiel* ist der Versuch, der *comédie larmoyante*, einem Rührstück zwischen klassischer Tragödie und bürgerlichem Trauerspiel, ein deutsches Gegenstück zu geben.

S. 91, Z. 26–27: *Waisenhäuser, Augenärzte u. s. w.* – H. spottet über neueste Opern, wozu er um so mehr Recht hatte, als er beide sehr genau kannte. *Das Waisenhaus* ist eine Oper von Joseph Weigl (1766–1846), die im Dezember 1809 in Bamberg aufgeführt wurde. Darüber hinaus schrieb H. eine Rezension für die *Allgemeine Musikalische Zeitung*, die am 19. September 1810 erschien. Der Text, den H. besonders tadelt, stammt von Friedrich Treitschke. – *Der Augenarzt*, eine Oper von Adalbert Gyrowetz (1763–1850), wurde 1811 in Wien uraufgeführt. Hoffmann rezensierte auch sie für die AMZ, wo die Besprechung am 30. Dezember 1812 erschien. – Beide Rezensionen sind im Zusammenhang mit *Der Dichter und der Komponist* von Interesse. Vgl. Text und Kommentar im Band *Schriften zur Musik/Nachlese* unserer Ausgabe.

S. 91, Z. 29–30: *Dittersdorf.* – Carl Ditters von Dittersdorf (1739–1799) war ein äußerst fruchtbarer und erfolgreicher Opernkomponist, der entscheidenden Anteil an der Begründung der deutschen komischen Oper hat. Sein großes Talent hielt seiner Arbeitsintensität nicht stand.

S. 91, Z. 30–31: *das Sonntagskind und die Schwestern von Prag.* – Komponist dieser beiden Opern ist Wenzel Müller (1759–1835), H. erwähnt beide Opern bereits im *Goldnen Topf.*

S. 92, Z. 17: *das Ungeheuer und der bezauberte Wald.* – Der genaue Titel des 1798 geschriebenen, 1800 erstmals erschienenen Märchenspieles in vier Aufzügen von Ludwig Tieck ist *Das Ungeheuer und der verzauberte Wald.*

S. 93, Z. 13: *Metastasio.* – Pietro Metastasio (eigentlich Trapassi), Opern- und Oratorientextdichter (1698–1782) in Wien, der auch Dramen verfaßte. In der Form der Gleichnisarie trug M. wesentlich dazu bei, das Typenreservoir der Oper zu erweitern. H. erwähnt ihn bereits in den *Kreisleriana.*

S. 94, Z. 20ff. – Die Verse entstammen überraschenderweise einem Werk Metastasios. Sie stehen in der Oper *La clemenza di Tito*, Aufz. 2, Szene 5. (Nachweis Ellingers.) Die Übersetzung lautet etwa: „Wenn denn schon ich selbst dem, was mir lieb ist, nicht folgen kann, so sollen statt dessen wenigstens meine Herzensregungen ihm folgen."

S. 97, Z. 7–8: *Nachtgesang aus der Genoveva des Maler Müller.* – Friedrich Müller (1749–1825), genannt Maler Müller oder Teufelsmüller; seine *Pfalzgräfin Genoveva* erschien vollständig zuerst im Rahmen der von Tieck herausgegebenen Werkausgabe (Heidelberg 1811). Tiecks Trauerspiel *Leben und Tod der heiligen Genoveva* (1799) mag H. auf dessen Vorlage aufmerksam gemacht haben.

S. 97, Z. 15: *Alessandro Scarlatti* (1660–1725) war Gründer und Repräsentant der neapolitanischen Schule.

S. 97, Z. 15–16: *Benedetto Marcello* (1686–1739) wurde schon zu Lebzeiten „principe della musica" genannt. Er war Komponist und Dichter zugleich. H. denkt wohl vor allem an seine Psalmenvertonungen.

S. 102, Z. 28: *Meros der zum Tyrannen schleicht, den Dolch im Busen!* – H. erinnert sich an die frühe Fassung von Schillers *Bürgschaft*, wie sie im *Musenalmanach für das Jahr 1799*, S. 176 abgedruckt war: „Zu Dionys, dem Tyrannen, schlich/Möros, den Dolch im Gewande." Später ersetzte Schiller den Namen durch *Damon*.

S. 103, Z. 19–20: *beschlossen vier Freunde zu denen ich auch gehörte, einen Roman zu schreiben.* – Am 13. Januar 1815 hatte H. seine Freunde Adalbert von Chamisso, Julius Eduard Hitzig und Karl Wilhelm Contessa bei sich zu Gast, um ihnen die gerade fertig gewordenen *Abenteuer der Sylvester-Nacht* vorzulesen. Bei dieser Gelegenheit wurde von den vieren der „Entschluß des Romans en quatre" (H.s Tagebuch) gefaßt. In einem Brief an Fouqué vom 14. Mai 1815 schreibt der wieder im Justizdienst stehende Hoffmann: „Mit Hitzig habe ich verabredet, nach Potsdam zu gehen, wenn Sie, Herr Baron! da sind! – ... Wahrscheinlich kommt Chamisso und Contessa mit nach Potsdam und wir können Ihnen, Herr Baron, einige Capitel des Romans von Herrn Freiherrn von Vieren vortragen, in denen es ganz erschrecklich hergeht – Chamisso hat einen alten Mann mit sieben Stichen ermordet, und ich habe just den verteufelten Criminalprozeß am Halse!..." Der begonnene Roman wurde indes nicht fertig: „Das Ganze blieb nun liegen" (Z. 40), als Chamisso seine Weltreise am 15. Juli antrat. H. hat 1821 die Requisiten, die er aus der Geschichte des vierten Partners erwähnt, nämlich die wahnsinnige Hexe und den weissagenden Raben, in seiner Erzählung *Die Doppeltgänger* verwendet.

S. 104, Z. 3–4 u. Anm.: *Ich meine Carls Versuche und Hindernisse.* – Der in der vorigen Anm. genannte Plan hatte eben diesen Roman, *Die Versuche und Hindernisse Karl's. Eine deutsche Geschichte aus unserer Zeit*, zum Vorbild. Er erschien als „Erster Theil" (ein zweiter kam nie hinzu) anonym; die Verfasser waren Karl August Varnhagen von Ense, Wilhelm Neumann, Fouqué und Bernhardi.

S. 104, Z. 7: *Johannes Müller* (1752–1809), geadelt, war als Historiker und Publizist („Thukydides der Deutschen") ein bedeutender Anreger der Romantik. Er erscheint in dem erwähnten Roman unter dem Namen Striezelmeier. (Nachweis Ellingers).

S. 104, Z. 15–16: ‚*Die Erdbeeren müssen recht süß sein* ...'. – a.a.O., S. 185; „aber nicht Jean Paul tut dort diese Äußerung, sondern Friedrich, eine der Gestalten des Romans, redet Jean Paul mit den angeführten Worten an." (Anmerkung Ellingers).

H. schrieb das Prosastück im Herbst 1816. Die Fassung für die *Serapions-Brüder* weicht von der ersten Fassung in vielen Punkten ab. Hans von Müller hat versuchsweise beide Fassungen miteinander kombiniert, vgl. *Zwölf Berlinische Geschichten aus den Jahren 1551–1816. Erzählt von E. T. A. Hoffmann. Nach der Folge der Handlung zusammengestellt und erläutert von Hans von Müller*, München 1921, S. 349 ff. Müller datiert die Begebenheit auf den 18. September 1816, nach der Erwähnung von Müllners Stück *Die Schuld.* An diesem Tag hätten Hoffmann (Ottmar) und Contessa (Severin, der später unter dem Namen Sylvester auftauche) die Beobachtung selbst gemacht, von der in der Erzählung die Rede ist. Müller zitiert zum Beweis einen Abschnitt aus einem zehnteiligen Beitrag Contessas zum „Rheinischen Taschenbuch für das Jahr 1820“, der in der Form eines offenen Briefes an H. abgefaßt ist: „Sagen Sie mir um's Himmels willen, werter Freund, wie können Sie aus einem so einfachen Faktum eine ganze Historie herausspinnen, an der nicht ein einziges oder vielmehr nur ein einziges wahres Wort ist, und doch die Sache durch allerlei Finten und Kunstgriffe so glaubwürdig machen, daß man denkt, man liest eine wahre Geschichte? Wie können Sie dies wagen, da Sie wohl wissen müssen, daß ein Zeuge dieses Faktums vorhanden, der nun alle Augenblicke auftreten und Sie vor der ganzen Welt zu Schanden machen kann? Oder haben Sie es etwa vergessen, daß ich im Tiergarten neben Ihnen saß, als das hübsche Mädchen von einem jungen Mann heimlich ein Briefchen erhielt und in den Busen schob, und als sie hernach beim verstohlenen Lesen so rot wurde und ihr die großen Tränen in den schönen Augen perlten? Haben Sie es vergessen, daß wir uns beide hernach in Vermutungen erschöpften, was das zu bedeuten haben möchte? Haben Sie es vergessen, daß ich einige Zeit darauf Ihnen vertraute, wie ich den Vater des Mädchens und die ganze Familie kennen gelernt und sogar bei ihm auf seinem alten Schlosse vierzehn Tage zum Besuch gewesen sei? ... Ich fühle mich in meinem Gewissen verbunden, der Welt die Wahrheit zu offenbaren, da ich den Zusammenhang der ganzen Geschichte aufs allergenaueste erfahren habe, und sende Ihnen hiermit eine aufrichtige und wahrhafte Erzählung derselben zu, auf daß Sie, wenn Sie, wie ich hoffe, Ihr leichtsinniges Verfahren bereuen, dem Herausgeber einer Zeitschrift oder eines Taschenbuchs – ich habe keine Bekanntschaft unter diesen Leuten – dieselbe zusenden und ein solcher sie abdrucken lassen kann, zur Steuer der Wahrheit und zum Beweis, daß er an solchen Erdichtungen und Verfälschungen keinen Anteil hat.“ – Diesem offenen Brief Contessas folgt sodann (bei Müller ebenfalls z. T. abgedruckt) die Erzählung *Die Schatzgräber*, die die Begebenheit ihrerseits wahrheitsgemäß darzustellen behauptet, aber eben doch ganz anders und fantastisch genug verläuft. Müller indes interessieren nur die Parallelen, nicht die Andersartigkeiten, die er als „Scherz“ beiseite tut. Vielleicht ist aber Contessas ganze Erzählung ein scherzhaftes Spiel und gründet sich nicht auf der Wirklichkeit, sondern auf der Lektüre von Hs. Erzählung.

S. 105, Z. 31: *wie das Bettelweib von Locarno.* – H. bewunderte Kleists Erzählkunst und vor allem diese Novelle aufs höchste. Davon zeugt u. a. die begeisterte Würdigung Kleists, die er seinem Serapionsbruder Lothar in den Mund gelegt hat, vgl. S. 928, Z. 33 ff. H. hat sich gelegentlich die Intensität der Kleistschen Novellenkunst durch Anlehnungen nutzbar gemacht, so im *Ignaz Denner*, im *Majorat* u. ö. Der Verf. bereitet eine zusammenfassende Darstellung von H.s Kleistverständnis vor.

S. 105, Z. 37: *Mastix-Opfer.* – Mastix ist ein wohlriechendes Harz der Pistacia lentiscus aus Chios.

S. 105, Z. 39–40: *eine Art Merlin.* – Merlin ist der Zauberer des Artuskreises. Geoffrey of Monmouth nennt ihn zuerst in seiner *Historia Regum Brintanniae* (1136). Ob auch die *Vita Merlini* (1148) Geoffrey zuzuschreiben ist, wird noch diskutiert. In Deutschland machte Dorothea Schlegel die Gestalt wieder bekannt in der *Sammlung romantischer Dichtungen des Mittelalters* (1804).

S. 106, Z. 16: *Arndts wahres Christentum.* – Johann Arnd[t] (1555–1621), evangelischer Theologe. Seine lutherische Erbauungsschrift *Vier* [später 6] *Bücher vom wahren Christentum* (1. Buch 1606, 4 Bücher 1610) fand weite Verbreitung und förderte den Pietismus.

S. 108, Z. 34: *wie Gurli*: Gurli ist das naive Naturkind in Kotzebues Lustspiel *Die Indianer in England* (1789). H. erwähnt die Figur auch in den *Seltsamen Leiden eines Theater-Direktors.*

S. 109, Z. 1 ff.: ‚*Ich bin nicht mehr das, was ich war . . .*‘. S. Shakespeare, *Romeo und Julia*, Aufz. 3, Szene 2.

S. 111, Z. 23: ‚*Da ich gedenke einen langen Schlaf zu tun . . .*‘. S. Schiller, *Wallensteins Tod*, Aufz. 5, Szene 5.

S. 111, Z. 36: *Aber mit dem letzten Schlage . . .* – Im folgenden eine Anlehnung an Kleist, vgl. Anm. zu S. 105, Z. 31.

S. 113, Z. 30: *Kreuzes-Erfindungs-Tag.* – Die katholische Kirche feiert am 3. Mai diesen Tag zum Gedenken an die Auffindung des Kreuzes Jesu Christi in Jerusalem.

S. 114, Z. 41–42: *membra disjecta.* – S. Horaz, Satiren, 1. Buch, 4, V. 62: „invenias etiam disiecti membra poetae“.

S. 118, Z. 8: *Wagners Gespensterbuch.* – Samuel Christoph Wagener (1763–?), ein aufklärerischer Theologe, suchte mit seinem Buch *Die Gespenster. Kurze Erzählungen aus dem Reiche der Wahrheit* (4 Bde. 1797–1800) den Gespensterglauben zu bekämpfen. 1801/02 erschien die Fortsetzung seiner Beispielsammlung unter dem Titel *Neue Gespenstererzählungen* (2 Bde.).

S. 118, Z. 42: *dem Hofjäger nahe.* – „Die Wohnung des königlichen Hofjägers mit sehr besuchter Wirtschaft lag da, wo sich heute die Friedrich-Wilhelm-Straße befindet.“ (Ellinger.)

S. 122, Z. 18: „*Eilende Wolken, Segler der Lüfte!*“. – Zitat aus Schillers *Maria Stuart*, Aufz. 3, Szene 1.

S. 122, Z. 39: *an den Pulverhäusern.* – „Von Friedrich Wilhelm I. an der Spree angelegte Pulverfabrik, die aus acht Häusern bestand." (Ellinger.)

S. 125, Z. 18: *wie Falstaff vom Friedensrichter Schaal.* – S. Shakespeare, *Heinrich IV.*, 2. Teil, Aufz. 3, Szene 2.

S. 135, Z. 29: *König von Amboina.* – Amboina oder Ambon ist eine Molukkeninsel bei Ceram in Indonesien.

S. 141, Z. 37: *Bouché.* – „Die Gebrüder Boucher hatten eine Blumenhandlung und Gewächshäuser in der Blumenstraße (früher Lehmgasse) Nr. 11." (Ellinger).

Der Artushof

Der Name geht auf die in den Rittergeschichten geschilderten festlichen Versammlungen zurück und übertrug sich später auf die Versammlungsorte auch bürgerlicher Kreise (Artusbrüderschaften). Der Artushof in Danzig wurde zuletzt, auch schon zu H.s Zeit, als Börse benutzt. – H. schrieb die Erzählung als Ersatz für das bereits vergebene Werk *Die Fermate* (vgl. Anm. dazu) für das Taschenbuch *Urania* von Brockhaus. Zwischen dem 17. Februar und 3. März 1815, an dem er daran noch „fleißig gearbeitet" hat (Tagebuch), wurde die Erzählung niedergeschrieben. Mit diesem Eintrag endet übrigens sein Tagebuch. Am 6. März wird die Erzählung abgeschickt, und H. bemerkt dazu: „dringende Dienstgeschäfte hielten mich ab das Manuskript früher fortzuschicken, indessen glaube ich wohl, daß, da die Zögerung nur wenige Tage beträgt, ich nichts versäumt haben werde ..." Die „dringenden Dienstgeschäfte" sind eine Notlüge, denn *Die Fermate* war ja fertig gewesen. Die Erzählung kam wirklich zu spät und erschien deshalb erst 1817. – Ähnlich wie in der *Fermate* wirken hier Jugenderinnerungen H.s nach. Die Problematik von Bürgertum und Künstlertum wird ähnlich wie in Tiecks *Franz Sternbalds Wanderungen* behandelt.

S. 145, Z. 22: *das marmorne Königsbild in der Mitte.* – Dieses Gemälde von Anton Möller (ca. 1563–1611) mit dem Titel „Jüngstes Gericht" (1601) war das letzte, das der „Maler von Danzig" zum Artushof beigesteuert hat. Vorher (1598) hatte er bereits 5 Gerichtsszenen dargestellt. – Bilder als Vorlagen und Motive kommen in H.s Erzählungen immer wieder vor. Vgl. in diesem Band: S. 57 f. *(Die Fermate)*, S. 112 f. *(Ein Fragment aus dem Leben dreier Freunde)*, S. 145, 148, 156 *(Artushof)*, S. 337 *(Die Automate)*, S. 400 f. (nach *Doge und Dogaresse*), S. 417, 458, 470 f. *(Meister Martin der Küfner und seine Gesellen)*, S. 564, 634 *(Die Brautwahl)*, S. 741, 766–841 *(Signor Formica)*, S. 859–861 *(Zacharias Werner)* und öfter.

S. 148, Z. 30–31: *Wohl könnte ich dir, günstiger Leser! ...* – H. paßt sich sprachlich ganz seinem Gegenstand an, wenn er dem Leser durch Einschübe dieser Art „bildlich" etwas vorführen will.

S. 152, Z. 19–20: *des Fafners unheilbringender Hort.* – Fafnir ist in der nordischen Sage mit seinem Vater Hreidmar und seinem Bruder Regin der Besitzer des Goldhortes, den er nach seinem Vatermord in Drachengestalt hütet. So schildert es auch Fouqué in *Held des Nordens*, einer dramatischen Trilogie (1810), die H. wohl gekannt hat.

S. 155, Z. 18: *ein altes Bild de Anno 1400.* – Ellinger konnte es bereits nicht mehr nachweisen.

S. 161, Z. 18: *Mantel des Mephistopheles.* – Vgl. *Faust I.* Studierzimmer, Schlußworte des Mephisto.

S. 163, Z. 15–16: *Voluptas ... Luxuries ... Ira.* – Allegorische Figuren auf dem Bild von Anton Möller: Begierde, Verschwendung, Zorn. Vgl. die Anm. zu S. 145, Z. 22.

S. 164, Z. 28: *Matuszewski.* – Ein Klassenkamerad H.s, der später Maler wurde, hieß Daniel Thomas Matuszewski.

S. 168, Z. 1–2: *nach Conrads Hammer.* – Conradshammer liegt östlich vom bereits erwähnten Karlsberg, zwischen Oliva und Gletkau.

S. 168, Z. 38: *durchs Olivaer Tor.* – „Jetzt niedergelegtes Tor, von dem aus man nach Langfuhr und Oliva gelangte." (Ellinger.)

S. 169, Z. 10: *nun erst habe ich dich erkannt.* – Nicht zufällig steht am Schluß dieser Künstlernovelle, wie schon im *Majorat*, die Erkenntnisfrage. Diese Frage kehrt auch in den Gesprächen der Serapionsbrüder und in den Erzählungen selbst immer wieder. Vgl. nur S. 176, Z. 23 u. 35, S. 263, Z. 4, 20 u. 23, S. 405, Z. 2–4, S. 858, Z. 13 und sehr viel öfter.

S. 169, Z. 36–37: *Ironie, aus der sich der tiefste ergötzlichste Humor erzeugt.* – Eine für H. sehr aufschlußreiche Definition der Ironie und des Humors. Ironie ist ihm eine bedrückende, aber notwendige Vorstufe des Humors. Sie reißt die Widersprüche des Lebens auf, die der Humor nur dann wieder zu schließen vermag, wenn er dem Leben selbst zugewandt ist. Vgl. die Bemerkungen zur Ironie S. 114, Z. 27, S. 352, Z. 16, S. 759, Z. 36 u. S. 860 f.

S. 170, Z. 39: *ein sehr bekanntes und schon bearbeitetes Thema.* – Diesmal nennt H. seine Quellen nur zum Teil beim Namen; es sind Schuberts *Ansichten* und Ernst Moritz Arndts *Reise durch Schweden im Jahre 1804.* Das geht aus der Übernahme mancher Namen (Pehrson, Dahlsjö, Elis Fröbom), vieler Sachbezeichnungen und Einzeldarstellungen hervor. Es erübrigt sich, im folgenden alle Parallelstellen nachzuweisen, zumal auf Ellinger (T. 15, S. 210 ff.) und auf die Spezialliteratur verwiesen werden kann. S. Bibliographie und „Hoffmanns Quellen".

Die Bergwerke zu Falun

Aus einem Brief H.s an seinen Leihbuchhändler Kralowsky vom 15. Dezember 1818 sind wir über die Entstehungszeit und die Quellen der Erzählung unterrichtet: „Ganz außerordentlich würden Sie mich, Verehrtester Herr und Freund, verbinden, wenn Sie die Gefälligkeit hätten mir, Behufs einer litterarischen Arbeit, aus Ihrem reichen Vorrath eine Reise durch Schweden zu senden. Den Hausmann (Reise durch Skandinavien) habe ich bereits von GR Klügel erhalten. Dies Buch begreift bergwerkliche Gegenstände in sich. Außerdem wär' mir aber daran gelegen, über die speziellen Sitten – Lebensweise, Tracht, Gebraüche der Bewohner des nördlichsten Schwedens (Faluhn) etwas zu lesen. –" Der späte Entstehungstermin (um die Jahreswende wird die Erzählung fertig gewesen sein) ließ einen Vorabdruck in einem der Almanache oder Taschenbücher nicht mehr zu. Über Hausmann s. „Hoffmanns Quellen".

S. 171: *Falun* ist eine Verwaltungsbezirkshauptstadt in der Landschaft Dalarna, in der Nähe des Runn-Sees, bekannt durch Kupferbergwerke, Blei und Zinkerz.

S. 171, Z. 5: *Götaborg.* – In der Urkunde, die Göteborg zur Stadt erhebt (ca. 1712), wird der deutsche Name *Gothenburg* ausdrücklich bestimmt.

S. 171, Z. 11–12: *Kanonen von Masthuggetorg.* – Befestigter Platz in einem Randstadtteil von Göteborg. Der ehemalige Festungsgraben bildet jetzt den Kanal- und Teichgürtel der Stadt. „masthuggetorg" ist ursprünglich ein Platz, auf dem Schiffsmasten gezimmert werden.

S. 171, Z. 25: *Hönsning* ist eine im Schwedischen nicht mehr gebräuchliche Bezeichnung für das Einstandsfest, zu dem ein Seemann anläßlich seiner ersten Äquatorüberfahrt oder ähnlicher Erstereignisse Getränke und Speisen für seine Kameraden ausgeben mußte. „Bei solcher Gelegenheit ist große Freude, ... Die ganze Besatzung zieht mit klingendem Spiel, mit Trommeln und Geigen und wehenden Wimpeln über die Werfte und durch die Gassen der Vorstädte ..." (Arndt, S. 25 f.). Auch der Name bei Arndt.

S. 171, Z. 36–37: *Gästgifvaregard.* – gästgivargård ist nicht eigentlich ein Gasthaus, sondern ein größerer Hof, in dem nebenher Möglichkeiten zur Übernachtung und Verpflegung geboten werden. H. macht sich später, S. 197, Z. 30 ff., selbst ein wenig lustig über seine eifrige Verwendung fremder Wörter.

S. 172, Z. 1: *Öl* = Bier; das heute übliche Wort ist *pilsener*; *bumper* = Humpen.

S. 172, Z. 21: *der Seeteufel Näcken.* – H. las bei Arndt (S. 52) den Akkusativ von Näck und hielt diese Form für den Namen des Seeteufels. (Nachweis Ellingers.) Gemeint ist der Näck, in Deutschland unter seinem dänisch-norwegischen Namen Nöck bekannt als Wassergeist, der seine Zuhörer in die Tiefe lockt. Vgl. Karl Löwes gleichnamige Ballade mit dem Text von Kopisch.

S. 172, Z. 31–32: *du bist ein Neriker von Geburt.* – Ein Bewohner von Närke, der Landschaft in Mittelschweden zwischen Hjälmar-, Wäner- und Vättersee.

S. 176, Z. 13: *Bergmannshemman.* – hemman = Kleinbauernbesitz.

S. 177, Z. 8: *Pyrosmalith ... Almandin.* – Der Pyrosmalith ist ein Mineral: ein chlorhaltiges Eisenmangansilikat; der Almandin ist eine Abart des Granats mit roter Farbe; sein Vorkommen weist auf die Völkerwanderungszeit.

S. 178, Z. 19: „*Hinab – hinab zu euch*". – Das Thema von Hinauf und Hinab nimmt H. über die ganze Erzählung hin in zahlreichen Wortwiederholungen und -bezugnahmen wörtlich; das Hinauf weist auf die Erhebung und Erhabenheit der Kunst hin, das Hinab auf den Abgrund, dem der Künstler immer nahe ist.

S. 180, Z. 8: *Gefle*, jetzt Gävle, ist die Hafenstadt von Gävleborg an der Mündung der Gävleå in die Ostsee, nordöstlich von Uppsala.

S. 180, Z. 30 bis S. 181, Z. 17. – Für diese ganze Passage ist, wie H. selbst angibt, Hausmanns *Reise* ... wichtig gewesen. Daneben wurde Arndt, a.a.O., S. 208 ff. benutzt.

S. 182, Z. 29: *den echten Dalkarl*. – So auch bei Arndt, S. 242. Die Dalekarlier sind die Bewohner der schwedischen Landschaft Dalarna, einer gebirgigen, waldreichen Gegend um den Siljansee. Sie gelten in Schweden als etwas eingebildete Lokalpatrioten, deren Genügsamkeit und Fleiß allerdings anerkannt wird.

S. 182, Z. 34: *Masmeister* (schwedisch *masmästare*) ist ein Vorarbeiter, heute der einer Hochofenbelegschaft. *Altermann* ist der Vorsteher. Das Wort *Masmeister* hat eine ironische Nebenbedeutung: da ein Dalekarlier scherzhaft-spöttisch auch „dalmas" und „mas" genannt wird, kann es auch so viel wie „dalekarlischer Meister" heißen. (Freundliche Mitteilung von Herrn Elger.)

S. 182, Z. 35: *Stora-Kopparberg*. – „Stora" bedeutet „groß". Der Ort liegt in Mittelschweden.

S. 187, Z. 15: *Puchhammer* ist ein mörserähnliches Handwerkszeug.

S. 187, Z. 32 u. 33: *Trappgang* und *Trum*. – H. erklärt die Wörter S. 189, Z. 26 ff.

S. 187, Z. 36: *Garkönig* ist ein Fachbegriff für gereinigtes Kupfer.

S. 188, Z. 25–26: *der alte Torbern*. – Der Name kommt bei Hausmann, S. 9, vor. (Nachweis Ellingers.)

S. 190, Z. 34: *Salbänder Streichen und Fallen*. – Das Salband ist eine seitliche Stollenwand; die Streichen und Fallen geben die waagerechte bzw. senkrechte Gesteinsrichtung an.

S. 193, Z. 18–19: *er fühlte sich in zwei Hälften geteilt*. – Der Zweifel wird hier verwirklicht, er führt andernorts zum Doppelgängermotiv.

S. 196, Z. 26: *Ornäs* ist ein Ort im südöstlichen Dalekarlien mit (1953) 504 Einwohnern.

S. 197, Z. 14–15: *Die einfache Beschreibung in Schuberts Ansichten*. – Dort S. 215 f.

Nußknacker und Mausekönig

H. schrieb das Märchen im Herbst 1816. Die Namen der Kinder, Fritz und Marie, stimmen mit den Namen zweier Kinder von Julius Eduard Hitzig, H.s Freund, überein; mit diesen Kindern ist H. oft zusammengekommen, hat ihnen Spielzeuge gebastelt und Märchen erzählt. Hitzigs ältestes Kind, Eugenie, wird nicht namentlich genannt, sondern tritt als Luise nur am Rande auf. Mit ihrem Namen nennt sie Lothar im anschließenden Gespräch wenigstens als aufmerksame Zuhörerin (S. 253, Z. 20). In der Figur des Paten Droßelmeier hat sich H. selbst porträtiert. Für die Erstpublikation in den *Kinder-Mährchen* fertigte er sechs Zeichnungen an und schickte sie zusammen mit dem Märchen am 16. November 1816 an Reimer. In dem Märchenbuch sind zusammen mit H.s Arbeit Contessas *Gastmahl* und Fouqués *Die kleinen Leute* abgedruckt. Am 8. März 1818 schreibt H. an Kunz: „Daß Sie über meinen Nußknacker und Mausekönig gelacht haben, freut mich sehr. Gneisenau sagte mir, daß in mir ein Feldherrntalent stecke, da ich die gewaltige Schlacht so gut geordnet und Nußknackers Verlieren vorzüglich von der Eroberung der auf Mamas Fußbank schlecht postirten Batterie abhängig gemacht ..."

S. 211, Z. 10: *drei Skaramuzze, ein Pantalon.* – Der Skaramuz ist der Typ des Angebers in der ital. und franz. Komödie der Zeit; der Pantalon der mißtrauische, dennoch genasführte Alte in der ital. Stegreifkomödie.

S. 215, Z. 24: *„Ein Pferd – ein Pferd – ein Königreich für ein Pferd!"* Shakespeare, *König Richard III.*, Aufz. 5, Szene 4.

S. 217, Z. 14–15: *Geschichte vom Prinzen Fakardin.* – Ein Märchen von Anthony von Hamilton (1646–1720) in *Contes de féerie* (3 Bde. 1815). H. schätzte es sehr und erwähnt es schon am 24. Januar 1796 in einem Brief an Hippel und im Fantasiestück *Der Magnetiseur.*

S. 222, Z. 17–18: *dem Hofuhrmacher und Arkanisten.* – Ein Arkanist ist soviel wie ein Geheimnisträger.

S. 227, Z. 15: *Peterwardein* ist der Name einer serbischen Stadt. In ihrer Nähe schlug Prinz Eugen 1716 die Türken.

S. 234, Z. 16 ff.: *Weder Marie noch irgend jemand wußte, was Droßelmeier mit diesen Worten sagen wollte ...* – Der unverstandene Droßelmeier wird auf humoristische Weise in die Nähe des autobiographischen Kreisler gerückt; denn das *schöne blanke Reich*, von dem er spricht, ist das Reich der Poesie, das den meisten verschlossen bleibt. Als Herr Brakel (in *Das fremde Kind*) so viel Verständnis für das Reich der Kindheit (das für H. ebenfalls ein Reich der Poesie ist) aufbringt, wird beinahe die gleiche Formulierung verwendet. Vgl. S. 484, Z. 20 ff.

S. 235, Z. 41: *Pachter Feldkümmel* ist die Titelfigur in Kotzebues Posse *Pachter Feldkümmel von Tippelskirchen* (1811).

S. 245, Z. 37–38: *der große Zug aus dem unterbrochenen Opferfeste.* – *Das unterbrochene Opferfest* (1796) ist eine Oper von Peter (von) Winter (1754–1825). H. hat am 23. September 1815 eine Aufführung dieser Oper rezensiert im *Dramaturgischen Wochenblatt*. Vgl. *Schriften zur Musik/Nachlese*, S. 290ff.

S. 249, Z. 27: *Die sieben Kronen des Mausekönigs.* – Diese Kronen sind das für H.s Erzählkunst kennzeichnende unauflösliche Requisit, das selbst dann noch übrig bleibt, wenn er seine wunderreichen Erzählungen „entzaubert" hat. Vgl. dazu das „rote Buch“ S. 289, Z. 9 u. ö. Auch diese Technik meint und verteidigt Theodor, wenn er im Anschluß an *Die Automate* sagt: „Nichts ist mir mehr zuwider als wenn in einer Erzählung, in einem Roman der Boden, auf dem sich die fantastische Welt bewegt hat, zuletzt mit dem historischen Besen so rein gekehrt wird, daß auch kein Körnchen, kein Stäubchen bleibt ...“

S. 253, Z. 20: *Eugenie.* – Vgl. die Anm. zu *Nußknacker und Mausekönig.*

S. 254, Z. 17–18: *Archivarien und Studenten.* – Eine Anspielung auf die Erzählung *Der goldne Topf*, die dann, S. 255, Z. 4–5, auch ausdrücklich erwähnt wird. H. selbst schätzte sie sehr hoch ein. Am 30. August 1816 – also kurz vor der Niederschrift dieses Märchens – schrieb er an Hippel: „Ich schreibe keinen goldnen Topf mehr! – So was muß man nur recht lebhaft fühlen und sich selbst keine Illusion machen!“ und im Brief an Helmina von Chézy vom 16./17. Oktober 1818 glaubt H., er habe „bis jezt, das Mährchen vom goldnen Topf vielleicht ausgenommen, nichts von eigentlicher Bedeutung geliefert.“ Nicht zufällig verwendet er in den *Erscheinungen* (vgl. S. 863) Namen aus dieser seiner liebsten Erzählung.

S. 254, Z. 34–35: *einzelne geistreiche und belehrende Bemerkungen.* – In Tiecks *Phantasus* (1812), Bd. 1, S. 138.

ZWEITER BAND

S. 261, Z. 5: *seit Mesmers Zeit.* – Über H.s Beschäftigung mit dem Magnetismus vgl. Text und Anmerkungen zum *Magnetiseur* im Band *Fantasie- und Nachtstücke* unserer Ausgabe. Zur von H. benutzten Literatur s. „Hoffmanns Quellen“. Franz Anton Mesmer (1734–1815) ist der Begründer der Lehre vom animalischen Magnetismus.

S. 264, Z. 29–30: *die Lehre der Barbarinischen Schule der Spiritualisten.* – Auch die Barbarinische Schule erwähnt H. bereits im *Magnetiseur.* Barbarin ist der Begründer der nach C. A. F. Kluge (*Versuch einer Darstellung des animalischen Magnetismus als Heilmittel*, Berlin 1811, S. 63) sogenannten „zweiten magnetischen Schule“. (Nachweis Ellingers.)

S. 264, Z. 35: *Magnetisieren am Baquet.* – Kluge beschreibt a.a.O., S. 500 ff., wie die Therapie an der magnetisierten Wanne vor sich ging. (Nachweis Maassens.)

S. 265, Z. 1: *Bartels in seiner Physiologie und Physik des Magnetismus.* – Gemeint sind die *Grundzüge einer Physiologie und Physik des Magnetismus* (Frankfurt/M., 1812) des Professors der Medizin und Physiologie an der Universität Breslau Ernst Daniel August Bartels (1774–1838). H.s Referat bezieht sich auf S. 173 des Buches. Für die kritische Umsicht H.s in der Fachliteratur spricht es, daß er Bartels bereits im *Öden Haus* erwähnt.

S. 265, Z. 28–30: *Kluges bekannten Versuch einer Darstellung* ... – S. Anm. zu S. 264, Z. 29–30. Das von H. sehr intensiv benutzte und oft genannte Buch war in seiner wissenschaftlichen Brauchbarkeit allerdings umstritten, und

H. gibt im folgenden die Bedenken wieder, die in Fachkreisen gegen die Publikation laut geworden waren. Die Kenntnis dieser Bedenken verdankt H. wohl seinem ärztlichen Freund Koreff.

S. 266, Z. 41: *in einem roten Maroquin-Futteral.* – Das berichtet Kluge, a.a.O., S. 135. (Nachweis Ellingers.)

S. 267, Z. 13: *Sie nieste wenn er Tabak nahm.* – Auch das berichtet Kluge, a.a.O., S. 201. (Nachweis Ellingers.)

S. 267, Z. 24–25: *in den fünften Grad.* – „Der fünfte Grad nun heißt darum Grad der Selbstbeschauung, weil in ihm sich das magnetische Schlafwachen zu einer, den eigenen Körper durchschauenden Klarheit erhebt ...", schreibt Bartels, a.a.O., S. 45. (Nachweis Maassens.)

S. 268, Z. 5–6: *Etwa in Novalis' Fragmenten oder in Schellings Weltseele.* – Novalis' *Fragmente vermischten Inhalts* erschienen im zweiten Teil der von Friedrich Schlegel und Ludwig Tieck herausgegebenen *Schriften* (Berlin 1802), S. 247 ff. – Schellings *Von der Weltseele. Eine Hypothese der höhern Physik zur Erklärung des allgemeinen Organismus* (Hamburg 1798) las H. im Sommer 1813, wie aus einem Brief an Kunz vom 26. Juli 1813 hervorgeht. Im Tagebuch heißt es aber bereits am 17. April 1812: „im Novalis gelesen und sehr erbaut worden (Studium der Naturphilosophie – Schelling)". In das gleiche Jahr gehört auch der Scherz *Die Folgen eines Sauschwanzes* (vgl. *Schriften zur Musik/Nachlese*, S. 918), in dem *Schellings Weltseele* ebenfalls erwähnt wird.

S. 268, Z. 31–32: *von den vom Teufel besessenen Ursulinerinnen.* – „Auf Veranlassung ihres Beichtvaters gaben sich einige der Nonnen unter Zuckungen und Windungen für Besessene aus ... Eine ganze Literatur berichtet über diesen Fall, ... H. lernte die Geschichte wohl entweder aus Pitavals *Causes célèbres*, Bd. 2, S. 247 ff. (La Haye 1735) oder aus Balthasar Bekkers *Bezauberter Welt*, Buch 4, S. 91 ff. (Amsterdam 1693) kennen." (Anmerkung Ellingers.) – Maassen weist mit Recht auf die deutsche Ausgabe der *Causes célèbres* ... hin, unter dem Titel *Merkwürdige Rechtsfälle* eingel. von Fr. Schiller (Jena 1792ff.); die betreffende Passage: Th. 2, S. 1–213.

S. 268, Z. 32–33: *von jenen miauenden Nonnen.* – Vgl. Zimmermann, *Über die Einsamkeit*, Th. 2 (Leipzig 1784), S. 77: „Ich habe in einem guten medicinischen Buche gelesen, es sey in einem sehr zahlreich besetzten Nonnenkloster in Frankreich einer Nonne eingefallen, nach Katzenart zu mauen; eine kurze Weile nachher mauten andere Nonnen auch. Endlich mauten alle Nonnen jeden Tag auf eine bestimmte Zeit, verschiedene Stunden nacheinander, gemeinschaftlich." Ähnlich bei Reil, *Rhapsodieen*, S. 296. (Nachweis Maassens.)

S. 268, Z. 34: *bis auf jenes Weib im Würzburger Hospital.* – Vgl. Reil, *Rhapsodieen*, S. 358: „Ins Julius-Spital zu Würzburg ... kam eine Weibsperson ... Wahrscheinlich hatte dieses Weib sich durch die Aderlaßwunde das Glas und die Nadeln unter die Haut gesteckt, und die Schmerzen nicht geachtet, um nur die hämische Freude zu haben, Aufsehen zu erregen und andere Menschen unglücklich zu machen." (Nachweis Ellingers, zitiert nach Maassen.)

S. 268, Z. 38: *die berüchtigte Manson.* – Der Prozeß gegen Clarissa Manson (1795–1825) beschäftigte seinerzeit die Phantasie der Öffentlichkeit. Sie war des Mordes an dem Präsidenten Fualdez angeklagt und gab widerspruchsvolle Erklärungen ab, die zu ihrer Verurteilung führten. Ihre Memoiren erschienen 1818 in französischer Sprache und in deutscher Übersetzung; sie wurden ein großer Bucherfolg.

S. 270, Z. 17–23: *Meine Bestimmung führte mich nach B. – ... ein würdiger berühmter Arzt ... Direktor des dortigen herrlich eingerichteten Krankenhauses.* – In Bamberg wurde H. mit Adalbert Friedrich Marcus (s. Anm. zu S. 19, Z. 32–33) bekannt, dem leitenden Arzt des 1789 errichteten dortigen Krankenhauses, dem später eine Nervenheilanstalt angegliedert wurde. Marcus machte sich durch zahlreiche Verbesserungen in der Hygiene und durch eine Medizinalverfassung einen Namen in Deutschland. In Bamberg gehörte er zu den entscheidenden Förderern des kulturellen Lebens. Sein Grab vor den Mauern der Altenburg wurde 1939 von SA-Männern zerstört und erst kürzlich wieder instand gesetzt.

S. 272, Z. 39: *wie Kluge sagt.* – A.a.O., S. 227: „Die Verbindung mit dem Magnetiseur ist ... so innig, daß der Clairvoyant es nicht blos augenblicklich weiß, wenn die Gedanken des Magnetiseurs zerstreut und nicht auf des Clairvoyants Zustand gerichtet sind, sondern daß er auch in der Seele des Magnetiseurs ... dessen Vorstellungen und Gedanken auf das deutlichste zu erkennen vermag."

S. 273, Z. 9–10: *Das Kind sprach ... den reinen gebildeten Dialekt ihres Magnetiseurs.* – Das berichtet Schubert in seinen *Ansichten* ..., S. 333 und Kluge, a.a.O., S. 178. (Nachweise Maassens und Ellingers.)

S. 274, Z. 23–24: *eine serapiontische Erzählung ..., zu der mich Wagenseils Nürnberger Chronik entzündet.* – H. nennt abermals, „treu und ehrlich", wie es S. 710, Z. 29 heißt, seine Quelle. Es ist das 1697 erschienene Buch *De sacri Romani imperii libera civitate Noribergensi commentatio* ... von dem Altdorfer Professor und Bibliothekar Johann Christoph Wagenseil (1633 bis 1705), dem als Anhang der Bericht *De Germaniae Phonascorum Von der Meister-Singer Origine, Praestantia, Utilitate* ... beigegeben ist. Hoffmann nennt das Buch noch des öfteren und führt seinen Verfasser sogar als lebendige Figur in seine Erzählung ein. Maassen gibt im Band 6 seiner Ausgabe, S. 334–344 den Bericht Wagenseils über seine Quellen und die von Hoffmann benutzten Stellen im Wortlaut wieder. Vgl. auch die folgende Anm.

Der Kampf der Sänger

Für die 1817 geschriebene Erzählung benutzte H. außer dem in der vorigen Anm. genannten Buch wahrscheinlich die Beschreibung *Schloß Wartburg. Ein Beytrag zur Kunde der Vorzeit* von J. C. S. Thon, das 1815 in dritter Auflage erschienen war. Einflüsse aus dem Roman *Heinrich von Ofterdingen* von Novalis, den H. auf S. 316, Z. 35 ausdrücklich nennt, sind direkt nicht nachzuweisen; H. kannte auch das um 1260 entstandene mhd. strophische Gedicht über den Wartburgkrieg sehr wahrscheinlich nicht. Dagegen sind die Anlehnungen an den Anhang von Wagenseils Buch (dort S. 509 ff.) recht deutlich. Im folgenden kann nur darauf verwiesen werden.

S. 276, Z. 16–17: *einen ernsten stattlichen Mann.* – H. zeichnet den Professor Wagenseil nach einem Stich von Sandrart (1680), der als Frontispiz der Quelle H.s beigegeben war. Maassen bringt im Bd. 6 seiner Ausgabe (neben S. 24) eine Nachbildung dieses Stiches.

S. 276, Z. 24: *Landgraf Hermann von Thüringen.* – Hermann I., Pfalzgraf von Sachsen und Landgraf von Thüringen, regierte von 1190–1217. Er soll den Sängerwettstreit auf der Wartburg veranstaltet haben. Die Wartburgsage hat möglicherweise einen historischen Kern.

S. 276, Z. 26: *Cuno von Falkenstein.* – Die Gräfin Mathilde und der Graf Cuno von Falkenstein sind wohl von H. erfundene Gestalten. Jedenfalls treten sie in der Hauptquelle H.s nicht auf, und auch die Nachweise Maassens zu dieser Stelle (Bd. 6, S. 345) führen nicht weiter.

S. 277, Z. 4: *Walther von der Vogelweid.* – Die Namen der Dichter entnahm H. dem genannten Werk Wagenseils. Von daher rührt auch die heute eigenartig wirkende Schreibweise. Walther von der Vogelweide (um 1170 bis 1230) bedarf wohl keiner weiteren Erläuterung.

S. 277, Z. 7: *Reinhard von Zwekhstein.* – Gemeint ist hier Reinmar von Zweter (um 1200 bis um 1260), der den Meistersingern als einer der zwölf alten Meister galt.

S. 277, Z. 11: *Professor Heinrich Schreiber.* – Ein „tugendhafter Schreiber" namens Heinrich wird am Hofe des Landgrafen als Verfasser mehrerer Minnelieder angenommen. Er erscheint in thüringischen Urkunden zwischen 1208 und 1228. Der Professor ist eine Hinzufügung H.s gegenüber seiner Quelle.

S. 277, Z. 15: *Johannes Bitterolff.* – Biterolf ist ein nur dem Namen nach bekannter mhd. Epiker des 13. Jahrhunderts aus dem Umkreis des thüringischen Hofes, der, nach dem Zeugnis Rudolfs von Ems, ein Alexanderepos verfaßt haben soll, das jedoch nicht überliefert ist. Den Vornamen entnahm H. Wagenseil; er ist nicht gesichert.

S. 277, Z. 25: *Heinrich von Ofterdingen.* – Historisch nicht gesicherter Minnesänger der Zeit um 1200, der im mhd. Gedicht vom Wartburgkrieg genannt wird. Novalis erkor ihn zur Titelfigur seines bekannten Romans.

S. 277, Z. 33–34: *Wolfframb von Eschinbach.* – Wolfram von Eschenbach weilte mehrfach am Hofe des Landgrafen Hermann.

S. 279, Z. 13: *wohl ums Jahr eintausendzweihundertundacht.* – Die Datierung nach Wagenseil; sollte das Ereignis historisch sein, so ist dieses Datum jedenfalls zu früh angesetzt.

S. 279, Z. 19. u. 20: *alle ritterlichen Ordens, und Heinrich von Ofterdingen, Bürger zu Eisenach.* – Auch diese Angaben sind unbezeugt. H. verdankt sie Wagenseil (S. 510).

S. 280, Z. 21–37: *Von Kindesbeinen an* usw. – Diesen Lebenslauf entnahm

H. seiner Quelle, wo es heißt: „Wolfframb von Eschenbach war aus dem Schweitzerlande und von Jugend auff ein Liebhaber der Singekunst deren er auch durch viele Lande nachgezogen und hat sonderlich einen Meister gehabt der Friedebrand geheißen der ihn in dieser Kunst treulich unterwiesen und auch viel Meister-Gedichte in Schrifften mitgetheilet und zu Siegebrunnen in Schottlande etliche Bücher geliehen und eine Zeitlang folgen lassen daraus er hernach viel Teutsche Lieder gemacht sonderlich von Gamurret und dessen Sohn Parcifall item von Marggraf Wilhelm von Narben und dem starken Rennewart welches Gedicht hernach ein ander Meister-Singer Ulrich von Türckheimd auf fürnehmer Leute Bitte in gemeine Teutsche Reime gebracht und ein gross Buch davon gemacht." (zitiert nach Maassen, Bd. 6, S. 335/36.) – *Friedebrand* ist eine historisch nicht bezeugte Gestalt aus Wolframs Epen *Parzival* und *Titurel*. *Gamurret* und dessen Sohn *Parcivall* treten gleich zu Beginn des *Parzival* auf. *Wilhelm von Narben* ist der Aquetanier, dessen Kampf gegen die Sarazenen (793) Wolframs *Willehalm* zum Inhalt hat. *Rennewart*, ein Heide, kommt ihm zur Hilfe. *Ulrich von Türkheimb* (richtig: Türkheim) (1195 bis um 1250), der nach 1243 eine Fortsetzung von Wolframs *Willehalm* in 36 500 Versen schrieb, die den Titel *Rennewart* trägt.

S. 288, Z. 10: *Klingsohr geheißen*. – Klingsor ist der Zauberer in Wolframs *Parzival*, eine legendäre Figur, die am Wartburgkrieg der Sänger teilgenommen haben soll. Immer wieder regte Klingsor Dichter zur Gestaltung an. Das mhd. Wort *klingsaere* meint den Spielmann ganz allgemein.

S. 289, Z. 9: *das rote Buch*. – s. Anm. zu S. 249, Z. 27.

S. 298: *Meister Klingsohr kommt nach Eisenach*. – Dieses ganze Kapitel ist wieder sehr eng an Wagenseil orientiert (dort S. 511 ff.). Von dort auch die Namen und Fachausdrücke. Vgl. Maassen, Bd. 6, S. 336 ff.

S. 301, Z. 14: *Meister der sieben freien Künste*. – Die sieben freien Künste, die an den mittelalterlichen Universitäten gelehrt wurden, waren, der humanistischen Tradition entsprechend: Grammatik, Dialektik, Rhetorik, Arithmetik, Geometrie, Musik und Astronomie.

S. 302, Z. 2: *ein herrliches Lied im güldnen Ton*. – Die Meistertöne mußten voneinander verschieden sein und bekamen zur Kennzeichnung sprechende Namen. Hier handelt es sich um einen Meisterton mit 13 Reimen; oben, S. 299, Z. 34, wurden bereits Verse „im schwarzen Ton" erwähnt, der nach Wagenseil (S. 535) Klingsor zugeschrieben wurde.

S. 306, Z. 11: *Traum des Scipio*. – Anspielung auf Ciceros Schrift *Somnium Scipionis* aus *De re publica*, in der (im 5. Kapitel) von ähnlichen Naturlauten die Rede ist.

S. 306, Z. 34–35: *von den überschwenglichen Freuden des Venusberges*. – In Tiecks *Der getreue Eckart und der Tannenhäuser* (*Phantasus* Bd. 1) heißt es über den Venusberg: „Alle Freuden, die die Erde beut, genoß und schmeckte ich hier in ihrer vollsten Blüthe, unersättlich war mein Busen und unendlich der Genuß." (*Schriften* Bd. 4, S. 210.)

S. 306, Z. 40 – S. 307, Z. 4: Auch diese Schilderung der Musik ist von Tieck beeinflußt. In der *Liebesgeschichte der schönen Magelone und des Grafen Peter von Provence* (*Phantasus* Bd. 1) heißt es: „Die Musik floß wie ein murmelnder Bach durch den stillen Garten ... Die Musik war jezt die einzige Bewegung, das einzige Leben in der Natur, und alle Töne schlüpften so süß über die Grasspitzen und durch die Baumgipfel hin ...“ (*Schriften*, Bd. 4, S. 304.) (Nachweis Ellingers.)

S. 308, Z. 34–35: *Graf Meinhard zu Mühlberg und der Schenk Walther von Vargel:* Die Namen entnahm H. wahrscheinlich Johann Heinrich von Falkensteins *Thüringischer Chronicka* (Des zweyten Buches Anderer Theil, Erfurth 1738), S. 882 u. S. 1364. (Nachweis Maassens.)

S. 309, Z. 5–6: *dem Könige von Ungarn, Andreas dem Zweiten.* – Andreas II. war 1205–1235 König von Ungarn; Elisabeth wurde 1207 oder 1208 geboren.

S. 309, Z. 8–9: *Papst Gregor dem Neunten.* – Ugolino, Graf von Segni, war Papst von 1227–1241.

S. 309, Z. 9: *die heilige Elisabeth.* – Elisabeth, Landgräfin von Thüringen, vermählte sich 1221 mit Ludwig, dem späteren Landgrafen von Thüringen. Sie wurde schon 1235 von Papst Gregor IX. heiliggesprochen.

S. 309, Z. 10: *Ludwigs, des Sohnes Eures Herrn Landgrafen.* – Ludwig IV. (1200 bis 1227).

S. 316, Z. 20: *Leopolds des Siebenten.* – Dies ist der bereits oben (S. 296, Z. 23) genannte „Herzog von Österreich“; historisch allerdings kommt nur Leopold VI. (1176–1230) in Frage, den Walther von der Vogelweide pries.

S. 316, Z. 35: *Novalis.* – Vgl. die Anm. zu S. 274.

S. 317, Z. 17 ff.: *Tobias von Rülp.* – H. zitiert aus Shakespeares *Was ihr wollt*, Aufz. 3, Szene 4, die Formel Tobias', mit der er sich an Malvolio wendet, wörtlich nach Schlegels Übersetzung.

S. 317, Z. 30: *Wagenseil.* – S. Anm. zu S. 274, Z. 24.

S. 317, Z. 37: *gereicht dir zum großen Lob.* – Lothar behauptet später, S. 519, Z. 6–7, er habe die Erzählung Cyprians nur „mit allerlei Scheingründen“ geschützt.

S. 317, Z. 38 ff.: *Verslein in einer Erzählung.* – Auch von H. selbst gibt es ja dergleichen, so daß er hier in uneitler Selbstironie seine eigenen Versuche kritisiert. Vgl. seine Ansichten zum Sonett in der *Nachricht von den neuesten Schicksalen des Hundes Berganza* im Band *Fantasie- und Nachtstücke* unserer Ausgabe, S. 79 ff. Läßt sich auch nicht gerade ein „sonettischer Wahnsinn“ (S. 318, Z. 13) bei H. diagnostizieren, so kennen wir doch einzelne Sonette von ihm, die nicht mehr als tüchtig gereimt sind.

S. 318, Z. 18 ff.: *Folge den Gesetzen des Landes* ... usw. – Ein ungenaues Zitat aus dem *Allgemeinen Landrecht für die Preußischen Staaten* (Th. 1, Titel 1, §§ 17–18) (Nachweis Ellingers.) – H. benutzte es bereits für die Erzählung *Das öde Haus.*

S. 318, Z. 31: *Die Freunde kamen im Gespräch* ... – Mit diesen Worten begann der offenbar an den Aushängebogen orientierte Erstdruck der sogenannten „Spukgeschichte". Der Herausgeber des *Freimüthigen* ..., Dr. August Kuhn, bemerkte in einer Fußnote zu diesem Erstdruck: „Der erste Band dieses höchst geistreichen Werkes ist bereits erschienen; der zweite wird uns zu Michaelis zu Theil werden. (Kuhn.)".

S. 318, Z. 34–35: *Jean Paul über den Magnetismus.* – In Jean Pauls *Museum* (Stuttgart und Tübingen 1814) stehen die *Muthmaßungen über einige Wunder des organischen Magnetismus* auf S. 1–87.

S. 319, Z. 30 ff.: *Vor geraumer Zeit* ... usw. – Die folgende Erzählung soll nach Hitzig (Bd. 2, S. 133) eine tatsächliche Begebenheit zur Grundlage haben: „Der Herausgeber erinnert unter anderen Herrn General von Pfuel in Coblenz an den Abend, wo die Versuche gemacht wurden, einen Ring durch die Willenskraft in Bewegung zu versetzen." Vgl. das Motiv in Goethes *Wahlverwandtschaften*, Teil 2, Kap. 11.

S. 320, Z. 7–8: *Nikodemus, der wie ein Nachtwandler hineinschleicht.* – Vgl. Johannesevangelium, Kap. 3, Vers 2.

S. 320, Z. 41: *den wahren spiritum familiarem, den Sokratischen Genius.* – Der *spiritus familiaris* ist ein Hausgeist, der keine öffentliche Anerkennung genießt; der Genius des Sokrates ist der von seinen Anklägern gemutmaßte fremde Gott, an den er geglaubt habe. Im 2. Kap., § 2 des ersten Teiles von Johann Beaumonts *Tractat von Geistern* (Halle 1721) ist im Zusammenhang mit den Geniis oder Spiritualibus Familiaribus auch von „des Socratis Genio" die Rede. (Nachweis Maassens.)

S. 321, Z. 38: *‚Ah che fatalità! – ah carino – poverino!'.* – „O welch ein Unglück! – O mein Lieber – Ärmster!".

S. 324, Z. 38–39: *In einer Nacht stellte man sämtliche Uhren im Schlosse.* – Das Motiv taucht schon in Schillers *Geisterseher* (1788) auf. Zu den übrigen von H. referierten Experimenten vgl. die ausführlichen Anmerkungen Maassens im Bd. 6 seiner Ausgabe, S. 352 ff.

S. 326, Z. 9–10: *Schlacht bei W.* – Die Schlacht bei Waterloo fand am 18. Juni 1815 statt.

S. 326, Z. 14: *mit unserm wackern R–.* – Vielleicht denkt H. an Johann Christian Reil, der allerdings bereits 1813 gestorben war. Vgl. die Anm. zu S. 20, Z. 27.

S. 327, Z. 4: *das Ganze so ungesucht, so einfach.* – Das Lob wiederholt Lothar später (S. 928 f.) im Blick auf Kleists Erzählkunst: „Übrigens meine ich, daß die Fantasie durch sehr einfache Mittel aufgeregt werden könne ... Kleists Bettelweib von Locarno trägt für mich wenigstens das Entsetzlichste in sich, was es geben mag, und doch, wie einfach ist die Erfindung! Vgl. auch Z. 13–14. Die vorangegangene Spukgeschichte weist deutliche Spuren kleistscher Erzählkunst auf.

S. 327, Z. 39–40: *Doch jetzt kein Wort mehr von allem gespenstischen Unwesen.* –

Mit diesem Satz schließt der Erstdruck der „Spukgeschichte". Vgl. die Anm. zu S. 318, Z. 31.

S. 328, Z. 3: *vor langer Zeit.* – Im Januar 1814, vgl. die folgende Anm.

Die Automate

Die Erzählung entstand im Januar 1814. Am 5. Januar schreibt H. in sein Tagebuch: „‚Die Automate' für die ‚MZ' angefangen", und am 16. Januar heißt es bereits: „Abends die ‚Aut' geendigt". Am 16. Januar bot er die Erzählung Rochlitz zum Abdruck in der *Allgemeinen Musikalischen Zeitung* an: „Ew. WohlGebohren übersende ich in der Anlage eine Erzählung die ich unter dem Titel: Die Automate für die M.Z. geschrieben, mit der gehorsamsten Bitte für die Einrückung gütigst zu sorgen. – . . . so wenig auch Anfangs die Automate der M.Z. zu entsprechen scheinen, so glaube ich doch, daß sie für diese Zeitschrift passen, weil ich Gelegenheit gefunden, mich über alles, was Automat heißt auszusprechen, und allso auch musikalische Kunstwerke der Art ganz vorzüglich beachte, nebenher auch den musikalischen Ludwig manches über die neuesten Bemühungen der Mechaniker – über die Natur-Musik – über den vollkommensten Ton – Harmonika – Harmonichord pp sagen lasse, welches keinen schicklicheren Platz finden kan als eben in der M.Z. – Die Länge des Aufsatzes würde wohl dem Einrücken nicht entgegen stehen, da er ja in mehrere Stücke vertheilt werden kan, doch überlasse ich alles Ew. WohlGebohren Ermessen, und bitte nur, falls wider Vermuthen die Erzählung nicht eingerückt werden könte, um baldige gütige Rücksendung des Manuskripts. – Nur meine so beschränkte Zeit ist daran schuld, daß ich keine Reinschrift besorgt, doch sind wohl selbst die corrigirten Stellen deutlich genug, um den Druck nicht zu hindern. Mit ausgezeichneter Hochachtung Ew. WohlGebohren ganz ergebenster Hoffmann.

N. S. Die Erscheinung am Kurischen Haffe so wie manches andere in dem Aufsatze ist Reminiszens aus meinem früheren Leben in Ostpreußen."

Am gleichen Tage noch bot H. die Erzählung seinem Verleger Kunz für den geplanten dritten Band der *Fantasiestücke* an (vgl. die Anm. zu S. 76 (*Der Dichter und der Komponist*)). – Als die *Allgemeine Musikalische Zeitung* nur einen Teil der Erzählung brachte – etwa ein Drittel – ließ H. ihm eine Notiz voranfügen (16. Jg. 1814, Sp. 93), aus der die Nähe der Erzählung zu *Der Dichter und der Komponist* deutlich wird: „Die Leser der musikalischen Zeitung werden sich noch aus dem unlängst eingerückten Aufsatze, *der Dichter und der Componist*, der beyden Freunde, Ferdinand und Ludwig, erinnern, die nach langer Trennung der Krieg zusammenbrachte. In jener glücklichen, ruhigen Zeit, als sie ein gleicher poetischer Sinn und gleiches, echtes Kunststreben auf der Universität J. innigst verband, trug sich die wunderbare Begebenheit zu, von welcher das folgende Bruchstück dasjenige aushebt, was, von musikalischen Kunstwerken und von Erweiterungen im Gebiete der Tonkunst überhaupt handelnd, und so das musikalische Publicum interessirend, sich für diese Zeitschrift eignet." – Nach dem Abdruck in der *Allgemeinen Musikalischen Zeitung* sah sich H.

nach der Möglichkeit um, die Erzählung vollständig erscheinen zu lassen, und schrieb am 7. März 1814 an die *Elegante Zeitung*, woraufhin er am 16. März eine zustimmende Antwort erhielt. Der Abdruck erfolgte im April 1814. Im gleichen Jahre kühlte sich das Verhältnis H.s zu seinem Verleger merklich ab, so daß es nicht mehr zur Ausführung der Sammlung von Erzählungen „in Callot's kühnster Manier" kam. H. wechselte zu Duncker und Humblot über, der im folgenden Jahr die *Elixiere des Teufels* herausbrachte.
Wie aus dem oben zitierten Brief an Rochlitz hervorgeht, versteht H. unter „die Automate" den Plural. Am 10. Oktober 1813 hatte H. in Dresden die mechanischen Automaten der Techniker J. G. Kaufmann (1752 bis 1818) und Friedrich Kaufmann (1785–1866) gesehen, die diese aufgrund von Arbeiten Mälzels hergestellt hatten. Darunter befand sich ein automatischer Trompete-Bläser und eine klavierspielende Figur. Carl Maria von Weber hatte schon 1812 in der *Allgemeinen Musikalischen Zeitung* (Jg. 14, Nr. 41, Sp. 663 ff.) über diese Automaten berichtet. (Nachweis Ellingers.)

S. 328, Z. 9: *Der redende Türke.* – Zu den Vorbildern, die H. zur Beschreibung angeregt haben könnten, vgl. die ausführliche Kommentierung bei Maassen (Bd. 6, S. 353ff.)

S. 293, Z. 12: *der berühmte Zwerg Augusts, der aus der Pastete kroch.* – Worauf H. hier anspielt, ist ungeklärt. In Tiecks *Phantasus*, 2. Bd., wird diese groteske Figur ebenfalls erwähnt.

S. 330, Z. 40–41: ‚*Was starrst du mich an mit Augen ohne Sehkraft?*' – Shakespeare, *Macbeth*, Aufz. 3, Szene 4; H. zitiert hier ausnahmsweise nach Eschenburgs Shakespeare-Übersetzung (1775–1777).

S. 331, Z. 23: *der Enslersche Voltigeur.* – J. C. Enslen (ca. 1782–1866) fertigte als Professor der Berliner Akademie der Künste automatische Figuren an, die er in der Französischen Straße in Berlin ausstellte. H. erwähnt den Professor bereits in den *Abenteuern der Silvester-Nacht.*

S. 334, Z. 19 ff.: *etwas aus meinem früheren Leben* ... usw. – In der Tat spricht vieles – nicht zuletzt H.s Vorbemerkung in der *Allgemeinen Musikalischen Zeitung* – dafür, daß diese Stelle autobiographisch zu verstehen ist. *B.* wäre dann Berlin, *K.* Königsberg, *M.* Marienwerder und *D.* Danzig. Im Spätherbst 1801 traf H. mit Hippel in Elbing und Danzig zusammen. Hippel erinnert sich später an eine „ungewöhnliche Lustigkeit" H.s, die sich in den „lustigen Partien" (Z. 37–38) spiegeln mag.

S. 335, Z. 22 ff.: ‚*Mio ben ricordati* ...' – Die Arie stammt (nach Ellinger) aus Pietro Metastasios Oper *Allessandro nell'Indie*, was insofern mißverständlich ist, als M. Textdichter war. Vgl. Anm. zu S. 93, Z. 17. Die Übersetzung lautet etwa: „Erinnere dich meiner, / wenn ich sterben muß, / wie sehr diese Seele / dich in Treue liebt. / Sollte noch lieben / die kalte Asche: / sogar in der Urne / würde ich dich anbeten!"

S. 339, Z. 9: *einen überaus zierlichen künstlichen Nußknacker.* – Eine der aufschlußreichen Verweisungen auf andere Erzählungen innerhalb der *Se-*

rapions-Brüder. Vgl. die Anm. zu S. 198 *(Nußknacker und Mausekönig)*. Während dort Lothar der Erzähler war, ist es hier Theodor – ein weiterer Hinweis darauf, daß hinter den nur oberflächlich charakterisierten Gesprächsteilnehmern ein gemeinsames autobiographisches Ich steht.

S. 339, Z. 20: *Automaten im Danziger Arsenal*. – „Gemeint ist das alte Zeughaus zwischen der Wollweber- und Schirrmachergasse" (Ellinger); H. sah die Automaten während seines Besuches im Jahre 1801.

S. 341, Z. 14: *Hofrat B–*. – Gedacht ist vielleicht an Gottfried Christoph Beireis (1730–1809), den Professor für Physik und Medizin in Helmstedt, den Goethe in seinen *Tag- und Jahresheften* erwähnt. Vgl. auch Achim von Arnims *Gräfin Dolores* und *Die Kronenwächter*. Auch der mitunter erwähnte Professor X. trägt Züge des Hofrats Beireis, der der Dichtung seiner Zeit mehrfach zum Modell gedient hat.

S. 346, Z. 20: *die Lehrlinge zu Sais*. – H. spielt auf eines seiner Lieblingsbücher an. Vgl. dazu den *Magnetiseur*.

S. 346, Z. 23: *Vaucansonsche Maschine*. – Es handelt sich um einen Automaten des französischen Mechanikers Jacques de Vaucanson (1709–1782), der in den Besitz Gottfried Christoph Beireis' übergegangen war.

S. 346, Z. 40: *so daß der lebendige Tänzer die tote hölzerne Tänzerin faßte*. – Dieses Motiv hat H. später im *Sandmann* breiter ausgestaltet. *Der Sandmann* wurde nach der Erzählung *Die Automate* geschrieben.

S. 348, Z. 8–9: *Harfenuhr*. – Eine Uhr, die mit einem Harfenspiel kombiniert war, das sie zur vollen Stunde zum Klingen brachte, erfanden die oben erwähnten Kaufmanns. Vgl. die Anm. zu S. 328 *(Die Automate)*.

S. 348, Z. 35–36: *neue Instrumente ... unter seltsamen oder prunkenden Namen*. Ellinger und Maassen nennen folgende Instrumente: das Xylostrion und Xylharmonicon (von Andreas Uthe), das Triphon, auch Xylorganon und Xyloharmonicon genannt (von Weidner), das Melodion (von Dietz), das Uranion (von J. Buschmann), das Panmelodicon (von Leppich), das Panharmonicon (von Mälzel), das Chordaulodion (von Kaufmann), das Terpodion (von J. Buschmann). Die *Allgemeine Musikalische Zeitung* widmete allen diesen Instrumenten ihre Aufmerksamkeit.

S. 348, Z. 42–S. 349, Z. 2: *ich halte aber den musikalischen Ton für desto vollkommner, je näher er den geheimnisvollen Lauten der Natur verwandt ist* ... – Dieser auch für H.s Poetik wichtige Satz lautet in der Fassung des Erstdruckes: „Ich halte aber den musikalischen Ton für desto vollkommener, je stärker und inniger er mit unserm innern geistigen Prinzip in Beziehung steht, das scheint aber wieder desto mehr der Fall zu sein, je näher er den geheimnisvollen Lauten ..." usw.

S. 349, Z. 10: *(Schubert in den Ansichten ...)*. – Schubert, a.a.O., S. 65. Auch andere Passagen der Erzählung erinnern an Schuberts Buch.

S. 349, Z. 21: *Scipios Traum*. – S. Anm. zu S. 306, Z. 11.

S. 349, Z. 24 ff.: *Aber noch sind jene vernehmlichen Laute der Natur ... nicht von der Erde gewichen*. – Die Anlehnung an Schubert ist hier wieder besonders deutlich wahrnehmbar. H. stellt übrigens diese theoretischen Erörterungen in *Der unheimliche Gast* (S. 603) als reale Phänomene in die Erlebniswelt seiner Figuren. Vgl. dort auch die Wiederholung des Wortes *Luftmusik*.

S. 349, Z. 32: *Ja ich habe selbst* ... – Vgl. die Anm. zu S. 334, Z. 19 ff.

S. 350, Z. 7: *Harmonika.* – Ein Instrument, das mit der heutigen Harmonika nicht zu vergleichen ist: es wurde durch Bestreichen von Glasstäbchen oder -glocken bedient und brachte gedehnte, in der Lautstärke sehr variable Töne hervor.

S. 350, Z. 16: *Harmonichord.* – Vgl. die Anm. zu S. 348, Z. 35–36. Das von Friedrich und Johann Gottfried Kaufmann erfundene Instrument war ein Mittelding zwischen Harmonika und Bogenklavier. (Nach Ellinger.)

S. 350, Z. 40: *die Äolsharfe.* – Dieses beliebte und in der Dichtung der Zeit vielgenannte Instrument wurde nicht von menschlicher Hand bedient, sondern der Wind, der über die gespannten Darmsaiten ging, brachte die Akkorde hervor. Die sehr viel größere *Wetterharfe* (s. S. 351, Z. 6) beschreibt H. in einer Anmerkung zum *Kater Murr*. Vgl. Bd. 2 unserer Ausgabe, S. 438.

S. 354, Z. 25: *erinnere dich doch nur an das Gespräch über die Oper.* – Über den Zusammenhang zwischen der Erzählung *Die Automate* und dem Gespräch *Der Dichter und der Komponist*, auf den Theodor hier anspielt, vgl. die Anmerkungen zu S. 76 und 328.

S. 355, Z. 4: *mit dem historischen Besen.* – Hier spricht ganz H. selbst. Er verteidigt seine künstlerische Position denen gegenüber, die ihn auf eine gesicherte und nachprüfbare Wirklichkeit festlegen wollen. Die Wirklichkeit in H.s Erzählungen ist in Wahrheit mehrdeutig und sie gehört mehreren Ebenen zu. Der Leser wird absichtlich in die Unsicherheit miteinbezogen, in der sich die Figuren befinden.

S. 355, Z. 11–12: *mit Goethes nußbraunem Mädchen!* – Vgl. *Wilhelm Meisters Wanderjahre*, Buch 1, Kap. 11. H. kannte die entsprechenden Teile des erst 1821 erschienenen Romans aus Cottas *Taschenbuch für Damen auf das Jahr 1816*.

S. 355, Z. 12–14: *das Goethesche Fragment* ... – Auch Goethes *Neue Melusine* aus dem 3. Buch der *Wanderjahre* kannte H. aus dem gleichen Taschenbuch auf das Jahr 1817 bzw. 1818.

Doge und Dogaresse

Die Quelle zu dieser 1817 niedergeschriebenen Erzählung nennt H. selbst (S. 400, Z. 8). Er hat sich in den historischen Einzelheiten sehr eng an Le Brets *Staatsgeschichte der Republik Venedig* (Riga 1773) gehalten. Ausführliche Nachweise bringt Maassen im Bd. 6 seiner Ausgabe, S. 367 ff. Den äußeren Anlaß zur Niederschrift gab das in den ersten Zeilen der Erzählung erwähnte Bild von Karl Wilhelm Kolbe (1781–1853). Es trug, wie Maassen nachgewiesen hat (Bd. 6, S. XLVI), wirklich den Titel *Doge und Dogaresse* und ist neben S. 120 bei Maassen reproduziert. Kolbe, ein Schüler Chodowieckis, war seit 1795 Mitglied der Akademie der Künste zu Berlin. Später ergab sich zwischen H. und Kolbe, wohl aufgrund dieser Erzählung, auch eine persönliche Bekanntschaft.

S. 355, Z. 23: *C. Kolbe.* – Vgl. die vorige Anm.

S. 356, Z. 30: *Flagge mit dem geflügelten Löwen.* – Sie ist auf Kolbes Bild zu sehen.

S. 356, Z. 32–33: *Turandots Rätsel von dem adriatischen Löwen.* – Das Rätsel stammt aus Gozzis *Turandot.* Schiller nahm es in seine Bearbeitung des Stückes nicht auf, sondern ersetzte es durch das Rätsel vom Pfluge. Ellinger und Maassen zitieren das ganze Rätsel in den Anmerkungen zu ihren Ausgaben.

S. 357, Z. 23 ff.: *so war's im Monat August des Jahres eintausendreihundertundvierundfünfzig.* – Hier beginnen die Anlehnungen an Le Bret. Vgl. Maassen, Bd. 6, S. 367.

S. 357, Z. 26–27: *Parenzo* ist eine Hafenstadt in Istrien.

S. 357, Z. 33: *San Nicolo* ist ein Hafen südlich von Venedig.

S. 358, Z. 5: *Andrea Dandulo* wird auch bei Le Bret genannt (Bd. 2, S. 4). Er war von 1342–1354 Doge in Venedig.

S. 358, Z. 35: *dem Papste Innozenz.* – Gemeint ist Stephan Aubert, Papst Innozenz VI. (1352–1362).

S. 359, Z. 2: *Proveditor.* – Einer der zwei Zeilen später genannten *Prokuratoren von San Marco,* der höchsten Staatsbeamten Venedigs.

S. 359, Z. 23: *Morbassan* hieß der Feldherr des Emirs von Ionien.

S. 359, Z. 28: *Nicolo Pisani.* – Diesen wie die folgenden Namen verdankt H. ebenfalls Le Bret, a.a.O., Bd. 2, S. 35 ff.

S. 360, Z. 4: *St. Clemens* ist eine Insel, südlich von Venedig.

S. 360, Z. 4: *Bucentoro* nannte man die prachtvoll ausgestattete Barkasse, auf der am Himmelfahrtstage die symbolische Vermählung des Dogen mit dem Meer vollzogen wurde.

S. 360, Z. 42: *Antonio.* – Hier hat H. nicht nur den Namen, sondern eine ganze Figur von Le Bret übernommen, der a.a.O., Bd. 2, S. 41 f. von einem „Antonius Dalebinder, einem Deutschen" spricht, den H. zu einem „Anton Dalbirger" macht (S. 396, Z. 26).

S. 361, Z. 3: *Dogana* [del mare]: Seezollamt.

S. 361, Z. 17–18: *das seltsame Bettelweib.* – Die Amme des Anton ist H.s eigene Erfindung; Kleists berühmte Novelle klingt an.

S. 361, Z. 33: *Zecca:* Platz bei der Piazetta an der Lagune, auf dem früher der Fischmarkt abgehalten wurde.

S. 362, Z. 13–14: *das Kaufhaus der Deutschen, in den sogenannten Fontego.* – Dieses Kaufhaus (Fondaco dei Tedeschi) bestand seit dem 13. Jahrhundert am Canale grande.

S. 364, Z. 13–14: *durch die zwei Säulen.* – Le Bret schreibt a.a.O., Bd. 2,

S. 39 darüber: „In dem Gedränge und der Düsternheit der Luft nahm er nicht wahr, daß er zwischen den zwoen Säulen durchgieng, welche auf dem so genannten kleinen Platze stehen, und wo gemeiniglich Missethäter hingerichtet zu werden pflegen." (Zitiert nach Maassen.) Die Granitsäulen waren 1180 aus dem Orient nach Venedig gekommen.

S. 365, Z. 15: *im versammelten großen Rat.* – Der große Rat übte die Regierungsgewalt in Venedig aus; er war aus dem „Rat der Weisen" um 1300 hervorgegangen.

S. 365, Z. 18: *den ungarischen Ludwig.* – Ludwig I. (1342–1382) erhob nach Le Bret „Ansprüche auf Dalmatien, vornehmlich auf Zara und die anderen Seestädte, . . . und Venedig in dem Weigerungsfalle, mit einem öffentlichen Kriege bedrohete." Seit 1381 mußten ihm die Venezianer Tributgelder zahlen, nachdem sie dreimal (1347, 1356, 1378) mit ihm im Kriege gelegen hatten.

S. 365, Z. 31: *den goldnen Ring vom Bucentoro.* – Vgl. die Anm. zu S. 360, Z. 4. Le Brets Schilderung a.a.O., Bd. 1, S. 371.

S. 366, Z. 39–40: *als ich Podesta von Treviso war.* – Inhaber der höchsten Gewalt in den italienischen Stadtrepubliken des Mittelalters.

S. 370, Z. 7: *Ich erinnere mich . . .* – Schilderungen des eigenen Lebens in der Form der Erinnerung sind in H.s Werk sehr zahlreich und sie haben – auch wenn sie den Figuren der Erzählungen in den Mund gelegt werden – immer eine gewisse Nähe zum autobiographischen Ich. Die Selbsterkenntnis und die Welterkenntnis spielt in ihnen eine bedeutende Rolle. Vgl. auch S. 372–373, wo die Fragen des Zusammenhangs und des Bewußtseins vom vergangenen Leben erzählerisch verwirklicht werden. Autobiographisches, Erinnerungen und Lebensläufe finden sich in den *Serapions-Brüdern* auf den Seiten 52, 57, 59, 144, 149, 198 ff., 270, 280, 334, 336, 370, 372, 528, 531, 545 f., 584, 672, 685, 706, 738, 762, 768, 849, 853 ff., 863 ff., 995 und öfter.

S. 371, Z. 11: *figliuolo:* Knabe, Söhnchen.

S. 372, Z. 16–17: *San Giorgio Maggiore.* – Das Kloster liegt auf der gleichnamigen Insel, nicht, wie H. angibt, auf der *Giudecca.*

S. 373, Z. 18: *jenes unbekannte Eden.* – Für die Kindheit, aber auch für das „Reich der Musik" verwendet H. oft das Bild vom blühenden Garten oder vom Paradies; es ist ein Symbol für den Zustand unschuldiger Erkenntnis.

S. 373, Z. 38: *aus dem Blut entsprießen Rosen.* – Eine auffallende Parallelität zu einem Motiv der *Elixiere des Teufels.*

S. 376, Z. 22: *Ciarlatani:* Scharlatan, Quacksalber, „Wunderarzt".

S. 378, Z. 25: *Stelle eines Rats der Vierzig.* – Der Rat der Vierzig, die Quarantie, vertrat das Appelationsgericht in Venedig in bürgerlichen Rechtsfällen. Die vom Rat den Zehn (vgl. die Anm. zu S. 388, Z. 22) abgewiesenen Fälle konnten hier zur erneuten Verhandlung kommen.

S. 379, Z. 6–7: *einen Liebeshandel mit Annunziatas vertrautestem Kammermädchen.* – Maassen nennt die folgende Passage (bis S. 388, Absatz) „die interessanteste Partie der Hoffmannschen Quelle"; sie findet sich bei Le Bret, a.a.O., Bd. 2, S. 41 f.

S. 381, Z. 9ff.: *eine uralte Gewohnheit.* – Die folgende Darstellung lehnt sich sehr eng an Le Bret an, wo es a.a.O., S. 41 heißt: „Es wird ihm [dem Dogen] von einem Manne aus dem Pöbel, der aus dem Meere an befestigten Seilen bis auf den S. Marcusthurm in einer Maschine, die einem kleinen Schiffe gleicht, fährt, und von hier wieder wie ein Pfeil hinab bis zu dem Orte schießt, wo der Doge sitzt, ein Blumenstrauß überreichet." (Zitiert nach Maassen.)

S. 385, Z. 14: *Der Giovedo grasso,* der „fette Donnerstag" vor der Fastenzeit, schon S. 380, Z. 32 erwähnt, wurde als großes Schlachtfest gefeiert, dem eine allegorische Bedeutung zugrunde lag.

S. 387, Z. 20 ff.: *Il Dose Falier della bella muier* usw. – Die Verse zitiert H. nach Le Bret, der allerdings a.a.O., Bd. 2, S. 42 folgende Übersetzung gibt „Doge Falier, der die schöne Frau hat. / Andere genießen sie, und er unterhält sie." Die geistreiche Veränderung vom „unterhalten" zum „halten" ist also H.s Leistung.

S. 388, Z. 8–9: *Michaele Steno gestand ganz freimütig die Tat . . .* – Fast wörtlich heißt es bei Le Bret, a.a.O., Bd. 2, S. 42: „Michael Steno gestund es aufrichtig, daß er der Thäter sey, schob aber die Schuld auf den Doge selbst, der ihn bey einer so feyerlichen Gelegenheit empfindlich beleidiget hätte." (Zitiert nach Maassen.)

S. 388, Z. 19: *vecchio Pantalone.* – Der Pantalon ist eine Typenfigur der italienischen Stegreifkomödie: der verliebte törichte Alte, der vom jugendlichen Liebhaber zum Ergötzen des Publikums hintergangen wird.

S. 388, Z. 22: *dem Rate der Zehen.* – Vgl. die Anm. zu S. 378, Z. 25. Der oberste venezianische Gerichtshof setzte sich aus dem Dogen, sechs Räten und aus jenen zehn Senatoren zusammen, nach denen er benannt wurde.

S. 388, Z. 23: *Quarantie.* – S. die Anm. zu S. 378, Z. 25.

S. 393, Z. 15–16: *Peter Urseolus des Zweiten.* – Er war von 991–1009 Doge von Venedig und führte die Stadt durch seine Eroberungen zur Weltmacht.

S. 393, Z. 33–34: *Ein junger Mensch in Schifferkleidung stieß in ein muschelartig gewundenes Horn.* – Deutlich ist zu erkennen, daß H. hier Kolbes Bild *Doge und Dogaresse* beschreibt. Vgl. die Abbildung bei Maassen, Bd. 6, neben S. 120.

S. 396, Z. 11–12: *Fontegaro* hieß der Hausmeister des Fondaco, vgl. die Anm. zu S. 362, Z. 14.

S. 396, Z. 26: *Anton Dalbirger.* – S. die Anm. zu S. 360, Z. 42.

S. 396, Z. 36 ff.: *Man wollte . . . die Nachricht ausbreiten.* – Hier und in der vorangegangenen Passage lehnt sich H. wieder eng an Le Bret an. Dort heißt es a.a.O., Bd. 2, S. 43: „. . . die Nachricht ausbreiten, die genuesische Flotte sey den Lagunen nahe. In der Nacht sollten sie die Hauptglocke auf dem Thurme des heil. Marcus anziehen, und die Stadt zur erdichteten

Vertheidigung aufrufen. Auf dieses gegebene Zeichen sollten die Verschworenen sich versammeln, den S. Marcusplatz besetzen, und sodann von den Hauptplätzen der Stadt Besitz nehmen, die angesehensten Edlen ermorden, und den Doge als Souverain von Venedig ausrufen." (Zitiert nach Maassen.)

S. 397, Z. 9 ff.: *Da rührte einen der Verschwornen . . . das Gewissen.* – Die folgenden Namen und Vorgänge verdankt H. Le Bret, a.a.O., Bd. 2, S. 44 f.

S. 398, Z. 10: *Riesentreppe des Palastes.* – Die „scala dei giganti" wurde allerdings erst gegen Ende des 15. Jahrhunderts gebaut. Aber H. richtet sich nach Le Bret.

S. 400, Z. 6–7: *das hübsche Bild unseres wackern Kolbe.* – Vgl. die Anmerkungen zu S. 355 *(Doge und Dagaresse)* und zu S. 416 *(Meister Martin der Küfner und seine Gesellen)*. Am 17. Februar und im Juni 1819 forderte H. Stephan Schütze, den Herausgeber des Almanachs *Der Wintergarten*, auf, den Erzählungen *Signor Formica* und *Datura fastuosa* Illustrationen von Kolbe beifügen zu lassen. Doch wurden für die letztere die allseits beliebten Arbeiten Rambergs vorgezogen, während Kolbe einen Kupferstich zum *Signor Formica* beisteuerte, den Maassen im Bd. 8 seiner Ausgabe neben S. 90 wiedergibt.

S. 400, Z. 8: *Le Brets Geschichte von Venedig.* – Das von uns vielzitierte Werk. (Vgl. „Hoffmanns Quellen".)

S. 401, Z. 22–24: *Ich kann mir wie der Professor Titel einbilden, römischer Kaiser, oder wie der Pater Sgambari, Kardinal zu sein.* – Diese Fälle einer fixen Idee fand H. in Reils *Rhapsodieen* . . . (Halle 1803), S. 312 f. (Nachweis Ellingers.)

S. 401, Z. 24–25: *wie jene Frau des Trallianus.* – Auch diesen Fall erwähnt Reil: „Der Art war der Wahn einer Frau, deren Trallianus gedenkt (*De arte medica* Lib. I, cap. 16), die den Mittelfinger nicht krumm machte, weil sie glaubte, die Welt stütze sich auf denselben." (Zitiert nach Maassen.)

S. 401, Z. 26: *meine Nase sei von Glas.* – Reil spricht davon auf S. 342.

S. 401, Z. 28: *der kleine Schotte Donald Monro* wird in J. D. Maucharts *Allmeinem Repertorium für empirische Philosophie* (1792 ff.), Bd. V, S. 33 erwähnt. (Nachweis Ellingers.)

S. 401, Z. 31: *dem Chevalier D'Epernay* begegnet man in der *Gallerie wunderbarer Menschen und menschlicher Schicksale* usw. von S. C. Wagener; doch ist zweifelhaft, ob dieses 1810 erschienene Werk H.s Quelle ist.

S. 402, Z. 1–3: *Methode des Börhave, des Merkurialis, des Antius von Amyda, des Friedrich Kraft, des Herrn Richter, welche sämtlich sattsames Prügeln anraten.* – Herman Boerhaave (1668–1738) war ein niederländischer Mediziner, Theologe und Philosoph; Aetius aus Amida (6. Jahrhundert) schrieb ein pathologisches Werk; Geronimo Mercuriali (1530–1606) tat sich als Herausgeber älterer medizinischer Schriften hervor; Friedrich Kraft und Herr Richter wurden bisher nicht nachgewiesen. Dafür haben Ellinger und Maassen noch einige Hinweise auf weitere Vertreter der Prügeltherapie in ihren Anmerkungen gegeben.

S. 402, Z. 12: *Rhases und Valuscus.* – Maassen verweist schon zu der vorigen Anmerkung und an dieser Stelle auf Kristian Franz Paullini, der die meisten der genannten Namen im Text oder in den Anmerkungen seiner Schrift *Flagellum Salutis. Das ist: Curieuse Erzählung Wie mit Schlägen Allerhand schwere, langweilige, und fast unheylbare Kranckheiten offt, bald und wohl curiret werden* usw. (Frankfurt 1698) anführt. Doch ist keineswegs sicher, daß H. ausgerechnet dieses Buch benutzt hat. – Abu Bekr Muhammed Ben Zakarijja El Razi (850–?) gilt als der bedeutendste arabische Arzt, dessen Schrift *El-Hawi fi'l Tibbo* 1486 in lateinischer Übersetzung *(Continens)* erschien; Valescus de Taranta (Balscon de Tarante) ist ein aus Portugal stammender Mediziner des 14. Jahrhunderts, der um 1380 in Montpellier gelehrt hat.

S. 402, Z. 19–20: *jenen venusinischen Prinzen . . ., dessen Campanella erwähnt.* – Auch davon ist in Paullinis Werk die Rede. Thomas Campanella (1568–1639), ein vielseitiger italienischer Gelehrter, schreibt in seinem Buch *Medicinalium iuxta propria Principia libri VII* (Lyon 1635): „Princeps Venusiae musica clarissimus nostro tempore cacare non poterat, nisi verberatus a servo ad id adscito." (S. 111; nach Maassen.)

S. 403, Z. 2: *Philadelphia oder Svedenborg.* – Jacob Philadelphia (1735–?) war ein berühmter Zauberkünstler seiner Zeit; Emanuel von Swedenborg (1688–1772), den schwedischen Theosophen, erwähnt H. bereits im *Magnetiseur.*

S. 403, Z. 6: *ein sehr hübsches Bild unseres wackern Karl Kolbe.* – S. die Anm. zu S. 400, Z. 6–7. Das hier erwähnte Bild war als Stich dem Erstdruck des *Meister Martin der Küfner und seine Gesellen* im *Taschenbuch zum geselligen Vergnügen auf das Jahr 1819* beigefügt. Das Original ist verschollen.

S. 403, Z. 26: *in der buntesten Welt.* – Daß dies durchaus die Meinung H.s ist, läßt das Vorwort zu den *Elixieren des Teufels* vermuten, wo es heißt: „Entschließest du dich aber, mit dem Medardus . . . durch die bunte – bunteste Welt zu ziehen . . ." Diese bunteste Welt genau zu kennen, ist nach H.s Auffassung durchaus die Pflicht eines Dichters.

S. 403, Z. 29–33: *Jaques im Shakespeare . . .* – In *Wie es euch gefällt*, Aufz. 2, Szene 7.

S. 404, Z. 11: *Olivarius Textdreher.* – Ebenfalls nach Shakespeares *Wie es euch gefällt.* Zugleich ist Vinzenz damit wirklich charakterisiert, der mit seinen sprachlichen Späßen das Gespräch belebt. Aber auch eine von H.s eigenen künstlerischen Möglichkeiten ist damit angedeutet, wie denn die folgenden Äußerungen Lothars höchst aufschlußreiche Sätze für H.s Poetik und Auffassung vom Dichterberuf sind.

S. 404, Z. 28: *Kapelle* nannte man früher einen Schmelztiegel, in dem Metalle gereinigt wurden.

S. 405, Z. 14: *Beethovens Messe.* – Die C-dur-Messe, op. 86, die H. im Juli

1813 in der *Allgemeinen Musikalischen Zeitung* besprochen hatte. Aus dieser Rezension und aus dem Aufsatz *Alte und neue Kirchenmusik*, den die gleiche Zeitung im Juli 1814 veröffentlichte, sind die folgenden Gesprächsbeiträge zusammengestellt. Die ursprünglichen Texte sowie ausführliche Anmerkungen, auch zur Entstehungsgeschichte, bietet unsere Ausgabe im Band *Schriften zur Musik / Nachlese* auf den Seiten 154–169, 209 bis 235 (Texte) und 455–457, 468–478 (Anmerkungen).

S. 405, Z. 35: *Benedictus qui venit in nomine domini.* – Gesegnet sei, wer im Namen des Herrn kommt.

S. 406, Z. 15: „*Das Gebet, die Andacht* . . . – Mit diesen Worten beginnt der Auszug aus der Rezension der Messe Beethovens.

S. 406, Z. 41–42: *in den Messen aus C dur und D Moll von Joseph Haydn.* – Haydn schrieb vier Messen in C-dur, von denen drei zu H.s Zeit im Druck erschienen waren; die d-moll-Messe ist unter dem Namen *Nelson-Messe* bekannt geworden.

S. 407, Z. 12–13: *Kirchenkompositionen Michael und Joseph Haydns, Hasses, Naumanns u. a.* – Michael Haydn (1732–1809) war der jüngere Bruder Josephs; Johann Adolf Hasse (1699–1783) war Komponist (opera seria), Opernsänger und Kapellmeister; Johann Gottlieb Naumann (1741–1801), ein Schüler Hasses, schrieb 27 Messen.

S. 407, Z. 14–15: *(Leo, Durante, Benevoli, Perti u. a.)* – Im Erstdruck steht statt *Leo Feo*; vermutlich die richtige Lesart. Francesco Feo (1685?–1761), namhafter Vertreter der neapolitanischen Schule; zu *Leo* s. die Anm. zu S. 40, Z. 8; Francesco Durante (1684–1755), Komponist der neapolitanischen Schule; Orazio Benevoli (1602–1672) stand in der Tradition Palestrinas; Giacomo Antonio Perti (1661–1756), Komponist in Bologna.

S. 407, Z. 34: *Das gewagte Gleichnis.* – Das Gleichnis stammt von H. selbst. Er verwendet es in den *Höchst zerstreuten Gedanken* (Nr. 5 der *Kreisleriana* im 1. Bd. der *Fantasiestücke*).

S. 408, Z. 29–30: *Mozart . . . in seinen beiden bekannteren Messen aus C Dur.* – Gemeint sind vermutlich die beiden letzten Messen Mozarts, die „Krönungsmesse" (KV 317) und die *Missa solemnis* (KV 337). „Mozarts Messen", heißt es jedoch in *Alte und neue Kirchenmusik*, „sind beinahe seine schwächsten Werke."

S. 408, Z. 39: *den alten Joseph.* – Nämlich Haydn.

S. 409, Z. 12: *ganz des genialen Meisters würdig.* – Mit diesen Worten schließt die Rezension der C-dur-Messe Beethovens.

S. 409, Z. 18: *Keine Kunst . . . geht so ganz und gar* usw. – Hier beginnt der Auszug aus *Alte und neue Kirchenmusik*.

S. 410, Z. 29–34: *Mag es daher sein daß Ambrosius* usw. – Ambrosius (333 bis 397), Bischof von Mailand, führte die Antiphonie in der römischen Kirche ein. – Papst Gregor I. ließ ältere Kirchenlieder sammeln und in einem Antiphonar nach dem Zyklus des Jahres zusammenstellen. Diese Antiphoniensammlung hieß *canto fermo*. Antiphonien sind die liturgischen

Wechselgesänge zwischen Priester und Chor (Gemeinde) im frühchristlichen Gottesdienst.

S. 411, Z. 2: *Guido von Arezzo.* – Der Kamaldulenserprior Aretinus (um 995–1050) gilt als Schöpfer unserer Notenschrift und ist der berühmteste Musikwissenschaftler des Mittelalters.

S. 411, Z. 19 ff.: *Ausgesöhnt mit der Kunst wurde der Papst* usw. – Marcello Cervini, Papst vom 9. April bis 1. Mai 1555, hatte am Tridentiner Konzil teilgenommen, auf dem Fragen der Kirchenmusik erörtert wurden. Pierluigi da Palestrina (um 1525 bis 1594) widmete ihm seine dritte (sechsstimmige) Messe, die *Missa Papae Marcelli*; das soll der Legende nach Marcellus für die künstlerische Kirchenmusik eingenommen haben, mit der sich die Kirche auf dem Konzil von Trient (1562) abermals befaßte und aussöhnte.

S. 412, Z. 35–41: *Pietro von Cortona . . . Albrecht Dürer . . . Caldara, Bernabeï, Scarlatti, Marcello, Lotti, Porpora, Bernardo, Leo, Valotti* usw. – Pietro Berettini (1596–1669) wurde unter dem von H. erwähnten Namen als Maler und Architekt bekannt. Albrecht Dürer (1471–1528) bedarf keiner weiteren Erläuterung. Von den italienischen Komponisten, von denen H. manche noch andernorts nennt, sollen hier nur die Lebensdaten festgehalten sein: Antonio Caldara (um 1670–1736); Ercole Bernabeï (um 1620–1687); Alessandro Scarlatti (1660–1725); Benedetto Marcello (1686–1739); Antonio Lotti (um 1667–1740); Nicola Porpora (1686–1768); *Bernardo* ist wahrscheinlich als *Leonardo* zu lesen und würde dann auf Leonardo Leo (Lionardo di Leo) (1694–1744) deuten; Francesco Antonio Vallotti (1697 bis 1780).

S. 413, Z. 26: *Fasch.* – Carl Friedrich Christian Fasch (1736–1800) ist der Begründer der Berliner Singakademie und ein Neuerwecker des geistlichen Chorgesangs.

S. 413, Z. 29: *Herausgabe seiner sechszehnstimmigen Messe.* – Sie wurde erst 1834 im Rahmen von Faschs Sämtlichen Werken gedruckt.

S. 414, Z. 6–21: *immer weiter fort und fort . . . in die unruhvolle Brust des Menschen hinabstrahlt !“* – Mit diesem Absatz schließt auch der Aufsatz *Alte und neue Kirchenmusik.*

S. 415, Z. 4: *den Text zum Messias.* – Dies ist wieder ein Selbstzitat aus der Rezension der C-dur-Messe Beethovens.

S. 415, Z. 10 ff.: *Tief im Staub anbeten wir* usw. Auch dieses Beispiel bringt H. bereits in der Rezension.

S. 415, Z. 24: *Ave maris stella.* – Auch H. komponierte ein *Ave maris stella*, dessen Klavierauszug Hans von Müller seinem *Kreislerbuch* (Leipzig 1903) beigegeben hat.

Meister Martin der Küfner und seine Gesellen

Die äußere Anregung zur Niederschrift dieser Erzählung erhielt H. auch in diesem Fall durch ein Gemälde Karl Wilhelm Kolbes (vgl. *Doge und Dogaresse*) mit dem Titel *Die Böttcherwerkstatt.* Ein Stich dieses Bildes, das verloren ist, schmückte das *Taschenbuch zum geselligen Vergnügen auf das Jahr 1819*, in dem die Erzählung zuerst abgedruckt wurde. Maassen hat es daraus für den 6. Band seiner Ausgabe (neben S. 241) übernommen. Wie für die Erzählung *Der Kampf der Sänger* benutzte H. Wagenseils materialreiche Chronik (vgl. die entsprechende Anm.). Außerdem scheint er sich – wie die detaillierte Beschreibung der handwerklichen Tätigkeiten eines Böttchers beweist – im vierten Band des Buches *Schauplatz der Künste und Handwerke, oder vollständige Beschreibung derselben, verfertiget oder gebilliget von denen Herren der Academie der Wissenschaften zu Paris, Leipzig, Königsberg und Mitau*, 1765, in der zweiten Abteilung den Abschnitt „Böttgerkunst" genau angesehen zu haben. Die Erzählung wurde um die Jahreswende 1817/18 niedergeschrieben. Daß H. das genannte Werk gekannt hat, beweist im übrigen ein Brief an Chamisso vom 27. Januar 1819, in dem er seinen Freund darum bittet, ihm den Band aus dem Werk zu beschaffen, „in dem das Zimmermanns Handwerk abgehandelt wird", wohl um es für den *Meister Johannes Wacht* abermals einzusehen.

S. 416, Z. 30: *die weltberühmte Stadt Nürnberg.* – H. hat Nürnberg selbst im März 1812 kennengelernt.

S. 416, Z. 31: *Bau des Brunnens am Markte.* – Der Brunnen wurde 1385 bis 1396 erbaut.

S. 416, Z. 32: *das Grabmal in St. Sebald.* – Ein Werk Peter Vischers und seiner Söhne, die es 1508–1519 errichteten.

S. 416, Z. 32–33: *das Sakramenthäuslein in St. Laurenz.* – Diese Steinpyramide von Adam Krafft entstand 1493–1496.

S. 416, Z. 33–34: *auf dem Rathause Albrecht Dürers tiefsinnige Meisterwerke.* – Sie stammten nicht von Albrecht Dürer selbst, sondern wurden nach seinen Entwürfen gefertigt.

S. 416, Z. 36 ff.: *Verse des Paters Rosenblüth* ... – Hans Rosenplüt, gen. Der Schnepperer (um 1400–um 1470) schrieb neben Fastnachtsspielen epische Gedichte, darunter *Vom Krieg zu Nürnberg.* Die Lobverse auf Nürnberg entnahm H. Wagenseil, a.a.O., S. 9.

S. 417, Z. 9–10: *in Meister Martins Hause.* – Bei Wagenseil, a.a.O., S. 555 fand H. den Namen Tobias Martin.

S. 417, Z. 16: *Gewerksversammlung* hieß die Vollsitzung der Zunftangehörigen.

S. 417, Z. 17: *Kerzenmeister* hieß der Vorsitzende dieser Versammlung.

S. 417, Z. 25–26: *Jacobus Paumgartner.* – Den Namen fand H. bei Wagenseil, a.a.O., S. 181.

S. 417, Z. 26: *Handwerksherr.* – Es handelt sich nicht um einen Zunftangehörigen, sondern um den Vertreter des Rates bei den Zunftversammlungen.

S. 420, Z. 16 ff.: *Wer tretten wil die Stiegen* usw. – Die Verse und die folgende Beschreibung sind Wagenseil zu danken (a.a.O., S. 61).

S. 421, Z. 7–8: *der deutsche Maler Cornelius.* – Peter von Cornelius (1783 bis

1867) illustrierte um 1810 Goethes *Faust* mit 12 Zeichnungen, die früher sehr gerühmt wurden.

S. 421, Z. 8–9: *„Bin weder Fräulein noch schön!"* – *Faust*, Aufz. 1, „Straße".

S. 421, Z. 29: *Allerwiese.* – Die nach der einstigen Besitzerin Margarete Haller so genannte Hallerwiese, eine Erholungsstätte vor Nürnberg, nennt Wagenseil das „nürnbergische Tempe" (a.a.O., S. 16; Nachweis Ellingers.).

S. 422, Z. 14–15: *Junker Heinrich von Spangenberg.* – Den Namen Cyriakus Spangenberg nennt Wagenseil als Quelle für seine Nachrichten über den Minnesang.

S. 424, Z. 25: *Endstuhl.* – Ein Gerät, das das Faß zusammenhält, solange der Boden noch nicht angefertigt ist. Die Fachbegriffe entnahm H. dem obenerwähnten *Schauplatz* ... (S. Anm. zu *Meister Martin der Küfner und seine Gesellen.*) Sie werden hier nicht alle nachgewiesen. Vgl. die ausführlichen Anmerkungen Maassens (Bd. 6, S. 394 ff.).

S. 424, Z. 25–26: *Klöbeisen und ... Lenkbeil:* Handwerksgeräte des Böttchers; das Klöbeisen ist ein Spezialmesser, und das Lenkbeil dient dazu, das Bodenholz zu glätten.

S. 426, Z. 17–18: *Kaisers Maximilian tüchtige Weinordnung.* – Diese Weinordnung gibt Wagenseil a.a.O., S. 118 ff. wieder; sie stammt aus dem Jahr 1498.

S. 428, Z. 37–39: *in der hohen fröhlichen Lobeweis Herrn Hans Berchlers, Gastgebers zum Geist in Straßburg.* – Zur Bezeichnung der Meistersinger-Töne s. Anm. zu S. 302, Z. 2. Alle diesbezüglichen Informationen verdankt H. Wagenseil. „In der hohen fröhlichen Lobe Weiß, Herrn Hanß Berchlers, Gastgebers zum Geist in Straßburg" gibt Wagenseil a.a.O., S. 506 einen Meistersang wieder, an den sich H. in dem folgenden Lied der Großmutter (S. 429) nur ganz vage hält.

S. 431, Z. 8–11: *Schlägel, Kimmkeule ... Bandhake ... Fügbank ... Degsels ... Krummesser.* – Alle diese Geräte werden im *Schauplatz* ... erläutert.

S. 432, Z. 1 ff.: *„Schau ich dich wieder, ...* usw. – Auch dieses Lied ist nur sehr entfernt einem bei Wagenseil zitierten Ton verwandt, a.a.O., S. 508.

S. 432, Z. 37–38: *nach der zarten Buchstabenweis Martin Häschers.* – Bei Wagenseil, a.a.O., S. 505: „In der zarten Buchstaben-Weiß Martin Häschers, Schriftgießers in Straßburg".

S. 434, Z. 22: *wie Peter Vischer.* – H. schrieb nach Wagenseil „Fischer", was berichtigt wurde. Gemeint ist der bekannte Erzgießer (1455–1529). Vgl. die Anm. zu S. 416, Z. 32.

S. 434, Z. 23: *Benvenuto Cellini* (1500–1571), der italienische Bildhauer und Goldschmied, dessen Autobiographie Goethe übersetzt hat (1803). H. kannte das Werk. Cellini wird auch in den *Elixieren des Teufels* genannt.

S. 434, Z. 24: *Johannes Holzschuer.* – Den Namen entnahm H. Wagenseil. Vgl. Dürers Bildnis des Hieronymus Holzschuer.

S. 434, Z. 27: *Tobias Martin.* – S. Anm. zu S. 417, Z. 9–10.

S. 438, Z. 11: *ohne Flammen.* – Das heißt soviel wie: unregelmäßige Maserung, Adern.

S. 439, Z. 10: *an Fuggers Hause zu Augsburg.* – Das Fuggerhaus, von Jakob Fugger (1459–1525) 1515 erbaut, zeigte früher an der Fassade Fresken von Hans Burgkmair (1473–1531).

S. 441, Z. 24: *in der güldnen Tonweis Hanns Vogelgesangs.* – Ein Meisterton mit 30 Reimen, wie ihn H. bei Wagenseil, a.a.O., S. 539 vorfand. Dort, S. 434 ff., ist auch ein Verzeichnis der Töne zusammengestellt, das H. benutzt hat.

S. 441, Z. 28: *der süße Ton.* – Ein Meisterton mit 23 Reimen von Hanns Vogel.

S. 441, Z. 28: *die Krummzinkenweis.* – Ein Meisterton mit 23 Reimen von M. Ambrosius Metzger.

S. 441, Z. 28–29: *die geblümte Paradiesweis.* – Ein Meisterton mit 26 Reimen von Josef Schmirer.

S. 441, Z. 29: *die frisch Pomeranzenweis.* – Ein Meisterton mit 28 Reimen.

S. 441, Z. 39 ff.: „*Wo steht das Brünnelein ...* usw. – Reinholds Lied ist einem bei Wagenseil, a.a.O., S. 508 mitgeteilten Ton nachgebildet.

S. 442, Z. 22: *von der stumpfen Schoßweis Hans Müllers.* – Hans Müller war Schlosser und Meistersinger in Straßburg.

S. 445, Z. 20–21: *Gargelkamm ... Kröse.* – Der Gargelkamm dient zur Herstellung der Kröse, einer Rinne am Boden des Fasses.

S. 446, Z. 22–23: *in der Stieglitzweis Adam Puschmanns.* – Ein Meisterton mit 15 Reimen von Adam Puschmann (ca. 1532–1600), dem Meistersinger und Geschichtsschreiber des Meistersangs.

S. 448, Z. 3–5: *Beim Freisingen machte ich bald falsche Anhänge, bald Klebsilben, bald ein falsch Gebänd, bald falsche Blumen, oder verfiel ganz und gar in falsche Melodei.* – Wagenseil, an den H. wieder eng anschließt, unterscheidet a.a.O., S. 543 das *Freysingen* vom *Hauptsingen.* Während sich beim Freisingen hören lassen kann, wer Lust dazu hat, und sich den Themenkreis aussuchen kann, werden zum Hauptsingen nur die Berufssänger zugelassen, wobei das Thema ihnen gestellt wird. – In der *Vollständigen Tabulatur der Meistersinger* (S. 518 ff.) berichtet Wagenseil von den 23 Fehlern, die den Sängern unterlaufen können. Danach ist ein *Anhang* die Hinzufügung einer Silbe, wodurch das vorgegebene Schema des Metrums, der Silbenzahl oder des Reims erreicht werden soll. Wagenseils Beispiel: „Es ist ein frommer Mane; für: Es ist ein frommer Mann." – *Klebsilben* sind gewaltsam zusammengezogene Wörter, wobei ein Silbe ausgespart wird. Wagenseils Beispiel: „Gsprochen, für, Gesprochen." – Über das *falsch Gebänd* sagt Wagenseil: „Ein Falsch-Gebänd, ist ein Fehler, wann die Vers anderst gebunden werden, weder sie von ihren Meistern sind gereimet oder gebunden worden; oder wann sich Körner in einem Gesetz binden oder reimen, wohin sie nicht gehören." (Es sei bemerkt, daß in den *Serapions-Brüdern* die Lesart *Gebäude* steht, die auch Ellinger übernimmt; wir folgen mit Maassen dem Erstdruck, der auf die zitierte Stelle bei Wagenseil zurückgeht. Auf Grund der dort angedeuteten etymologischen Ableitung wird man kaum einen Druckfehler der Quelle annehmen dürfen; wahrscheinlicher ist, daß der Setzer der *Serapions-Brüder* falsch gelesen hat.) – *falsche Blumen* schließlich, die auch Coloraturen genannt werden, sind regelwidrige Veränderungen, zumeist virtuose Hinzufügungen zur *Melodie*, die ihrerseits natürlich genau getroffen werden muß. Für jeden dieser Fehler erhält der Sänger Fehlerpunkte.

S. 448, Z. 9: *in der St. Katharinenkirche.* – Vgl. Wagenseil, a.a.O., S. 543: „Die Versammlung der Zuhörer in der Catharina-Kirch, geschiehet nach den Mittägigen Gottesdienst, oder eine Stund vor Vesper, wie man zu Nürnberg redet, das ist umb Eins der gemeinen und kleinen Uhr."

S. 448, Z. 11: *Hauptsingen.* – S. die Anm. zu S. 448, Z. 3–5.

S. 448, Z. 22: *bestieg den Singestuhl.* – Vgl. Wagenseil, a.a.O., S. 543: „Wer nun singen will, setzet sich fein züchtig auf den Sing-Stul, ziehet seinen Hut oder Baret ab, und nachdem er eine Weile pausieret, fähet er an zu singen, und fähret damit fort biss zum Ende."

S. 448, Z. 31: *im zarten Ton Heinrich Frauenlobs.* – Ein Meisterton mit 21 Reimen von Heinrich von Meißen (um 1250–1318), der wegen seines Preisliedes auf Maria *Frauenlob* genannt wurde.

S. 449, Z. 4 ff. *in ... ritterlichen Spielen.* – Vgl. die bei Wagenseil a.a.O., S. 16 zitierten Sätze aus Conrad Celtis Buch über Nürnberg, wo es heißt: „Iuvenes in palaestra, lucta, saltu, saxorum, stipitum, phalangae et hastarum jaculatione, aliisque exercitiis et ludis contendunt."

S. 457, Z. 27 ff.: *Wo bist du hin* ... usw. – Wieder eine sehr freie Nachbildung H.s.

S. 471, Z. 30–33: *du hättest mit deinem Conrad jene wunderlichen Personen ironieren wollen, die ... in manchen ... neuen Romanen Hauptrollen spielen.* – Ellinger vermutet eine Anspielung auf Fouqué, weil der *Meister Martin* ... in einer Rezension in die Nähe Fouqués gerückt worden war. Doch waren H. mehr als nur die Fouquéschen Ritterromane bekannt, und gewiß wird nicht zufällig *Veit Weber* selbst drei Zeilen später genannt, der als Begründer des schauerlichen Ritterromans in Deutschland gilt. Georg Philipp Ludwig Leonhard Wächter, wie sein bürgerlicher Name lautet, lebte von 1762–1837.

Das fremde Kind

Das Märchen entstand, wie *Nußknacker und Mausekönig*, an das es auch motivisch mitunter anknüpft, aus H.s Umgang mit den Kindern seines Freundes Hitzig (1817). Vgl. die Anm. zu S. 198 *(Nußknacker und Mausekönig)*. Es weist einige Anklänge an Tiecks Märchen *Die Elfen* (im 1. Band des *Phantasus*) auf und ist auch als Parodie auf Contessas *Das Gastmahl* angesehen worden, das zusammen mit H.s erstem Märchen der *Serapions-Brüder* erschienen war. In der gleichen Aufmachung erschien das Märchen zusammen mit Contessas *Das Schwerdt und die Schlangen* und Fouqués *Kuckkasten* 1817. Am 27. September 1817 schickte H. den Anfang des Märchens an Reimer und versprach auch die Zeichnungen zu den Vignetten;

Maassen hat H.s Zeichnung und Schlußvignette im Bd. 6 seiner Ausgabe, neben S. 299 wiedergegeben. Am 15. Dezember 1817 konnte H. das fertige Buch seinem Freund Hippel zuschicken, und am 8. März 1818 schrieb er an Kunz: „Doch empfehle ich Ihnen mehr mein diesjähriges Mährchen: das fremde Kind. Es ist reiner, kindlicher und eben deßhalb für Kinder, fassen sie auch nicht die tiefere Idee des Ganzen, brauchbarer."

S. 475, Z. 1: *nicht Vollrads Peter.* – Den Namen Vollrad verwendet H. auch in *Meister Martin der Küfner und seine Gesellen,* S. 441, Z. 21 u. ö.

S. 478, Z. 25–26: *Da war von vielen Städten . . . die Rede.* – H. kritisiert hier sehr deutlich eine bestimmte Bildungsauffassung, die sich später als „H.-Forschung" auch eines eigenen Werkes bemächtigen sollte. Eine Stelle, die nahelegt, darüber nachzudenken, was „Anmerkungen" wert sind.

S. 484, Z. 20–22: *Weder die Frau . . .* usw. Vgl. den ähnlichen Wortlaut in *Nußknacker und Mausekönig,* S. 234, Z. 16 ff., und die Anm. dazu.

S. 492, Z. 2–3: *warum fragt ihr nach meiner Heimat?* – Das Thema der Heimat, die es gegenüber dem Unheimlichen zu bewahren gilt, ist durchaus allegorisch und auch autobiographisch zu verstehen. H. läßt es von nun an nicht mehr los, und das Märchen schließt denn auch mit diesem Thema.

DRITTER BAND

S. 515, Z. 7–8: *Theodor, den ein lange bekämpftes Übel doch zuletzt auf das Lager gebracht.* – Vgl. auch S. 516, Z. 28 u. öfter. H. selbst kam im März und April 1819 „beinahe sechs Wochen hindurch eines nervösen Fiebers halber nicht aus dem Zimmer" (Brief an Enoch Richter vom 16. April 1819). Die Krankheit erwähnt H. auch in seinem Brief an Stephan Schütze im Juni 1819. Später hat H. selbst erkannt, daß er – wie schon auf frühere niederdrückende Ereignisse – produktiv auf die Krankheit reagiert hat. Vgl. den für H.s poetische Konfession wichtigen Brief an Speyer vom 1. Mai 1820: „Diese Krankheit hatte aber die angenehme Folge, daß es mir vergönnt war vorigen Sommer von Julius an bis in den September hinein mich cum uxore in dem herrlichen schlesischen Gebürge (Warmbrunn, Flinsberg, Landek) aufzuhalten und auch eine PuffFahrt nach Prag herüber zu machen. – Seit dieser Reise bin ich auf eine beinahe unanständige Weise gesund! –" Von der Reise und von den vorausgegangenen Fieberphantasien (vgl. S. 518, Z. 6–7) erzählt H. in den auf jener Reise konzipierten „Briefen aus den Bergen", die unsere Ausgabe im Band *Schriften zur Musik/Nachlese,* S. 649–673 bringt. Vgl. dazu auch die Anmerkungen Friedrich Schnapps, S. 952–963.

S. 516, Z. 6: *ekel, schal und oberflächlich!* – Hamlet, Aufz. 1, Szene 2.

S. 518, Z. 18–20: *Die schönsten reichsten Fundgruben für Erzählungen . . . sind alte Chroniken.* – H. hat immer wieder und gern – wie diese Anmerkungen zeigen – Chroniken und alte Bücher als Stoffzubringer benutzt, was übrigens eine nur am Stoff orientierte Interpretation in ihre Schranken verweist. H.

selbst kritisiert eine solche Literaturbetrachtung: „als ob die Gestaltung des Stoffes nicht eben den wahrhaften Dichter bewähren müsse!" (S. 531, Z. 18–20).

S. 519, Z. 6–7: *die ich damals ... mit allerlei Scheingründen schützte.* – S. S. 317, Z. 37 u. Anm. dazu.

S. 519, Z. 16: *Aide de Camp.* – Generaladjutant.

S. 519, Z. 22: *Jokusstab*: Narrenstab, ein Berufszeichen.

S. 519, Z. 36: *Hafftitii Microchronicon berolinense.* – S. „Hoffmanns Quellen". Zu H.s Lebzeiten war aus der Chronik noch nichts gedruckt. Sie erschien zuerst im *Codex diplomaticus Brandenburgensis* (Berlin 1862), IV. Hauptteil, 1. Band, S. 46–167. Wie Hans von Müller nachgewiesen hat, benutzte H. das *Microchronicon* in einer Abschrift aus den „Manuscripta borussica" der Kgl. Bibliothek zu Berlin, Folio Nr. 23. – Peter Hafftiz (um 1525– nach 1601) schrieb seine Chronik 1595 nach einer nicht mehr erhaltenen Schrift von Engelbert Wusterwitz (gest. 1433) und nach dem 1593 gedruckten *Brevarium* von Andreas Engel (1561–1598), ging jedoch über seine Quellen entschieden hinaus. Die folgenden Zitate richten sich nach Hans von Müllers Anmerkungen in *Zwölf Berlinische Geschichten* ... (s. Bibliographie).

S. 519, Z. 38 ff.: *In diesem Jahr wandelte auch der Deuvel* usw. – Im Druck von 1862 steht diese (gekürzte) Stelle auf S. 112. Berlin wird dort nicht genannt. H. zitiert die Stelle in der ersten Fassung der Erzählung noch wörtlicher.

S. 520, Z. 11–12: *Nachricht aus dem Leben eines bekannten Mannes.* – Unter Weglassung des Wortes „Nachricht" erschien die Erzählung, die H. im Frühjahr 1819 schrieb, im *Freimüthigen.*

S. 523, Z. 30–34: *Das Ding war ganz kastanienbraun* usw. – Im Druck von 1862 lautet die Stelle: „Dis Jahr ist bey Witstock zu Tannenwalde ein Kind Jung worden, das gantz und gar Castanien braun geweßen, hat 2 hörner, dicke große augen, eine krumme Nase, weites Maul, weiße verkerte Zunge und keinen halß gehabt, der Kopf ist Ihme an Schultern gestanden, der Leib gar reudig, runtzlich vnd geschwollen gewesen, Die Arme haben an Lenden gehangen, hat dünne Schenckel gehabt ..." (a.a.O., S. 112).

S. 524, Z. 20: *ein grausames Wetter und ungestümer Wind.* – Hier klingt wieder die Quelle besonders deutlich an. Das gilt überhaupt auch für den Schluß der Erzählung, den H. nur ausgemalt hat. Vgl. im Abdruck von 1862 S. 115–116.

S. 524, Z. 35 – S. 525, Z. 28: Diesen Schluß hat H. aus zwei Stellen seiner Quelle kontrahiert. Vgl. im Abdruck von 1862 S. 115–116.

S. 528, Z. 4: *Liebeszauber.* – Die von H. öfter genannte Novelle (z. B. S. 928, Z. 8ff.) aus dem 1. Bd. von Tiecks *Phantasus.* Im gleichen Zusammenhang nennt sie H. am Schluß des *Sandmanns.*

S. 528, Z. 14–15: *besuchte ich das reizende Lustschloß L., von dem es irgendwo ... heißt* usw. – H. zitiert ironisch sich selbst. Denn die Quelle für dieses Zitat war seinen Zeitgenossen unzugänglich. Es handelt sich offenbar um ein

Briefkonzept (oder um die Erinnerung an eine wohlgelungene Formulierung) zu einem Brief aus Warschau an Hippel vom 14. Mai 1804, in dem es heißt: „ich war in Lazęki! – Ja wohl ein jungfraülicher Schwan schwimt der freundliche Pallast auf dem spiegelhellen See! –".

S. 530, Z. 26: *Das Galgenmännlein.* – *Eine Geschichte vom Galgenmännlein* erschien zuerst 1810 im Bd. 1 des *Pantheon*, S. 198–240.

S. 531, Z. 6–7: *daß Fouqué den Stoff ... irgendeinem alten Buch ... entnommen.* – Fouqués Quelle war vielleicht Grimmelshausens *Simplicissimi Galgen-Mannlin* (1673), was Maassen allerdings bestreitet.

S. 531, Z. 27–29: *Heinrich Kleist in seiner vortrefflichen ... Erzählung.* – Der *Michael Kohlhaas* erschien zuerst in *Erzählungen* (Berlin 1810). Vgl. die häufigen Würdigungen Kleists, z. B. S. 105, Z. 31; S. 928, Z. 33ff. und öfter.

Die Brautwahl

Die Geschichte entstand im Herbst 1818. Auch für sie benutzte H. die bereits genannte Chronik des Peter Hafftiz (vgl. die Anm. zu S. 519, Z. 36). Hans von Müller hat in seiner Ausgabe der *Zwölf Berlinischen Geschichten* (s. Bibliographie) *Die Brautwahl* mit gründlichen Anmerkungen kommentiert, denen die folgenden Hinweise verpflichtet sind. Von Müller vermutet Einflüsse aus Kotzebues Lustspiel *Die deutschen Kleinstädter* und verweist auf die Figur des „ewigen Juden", die die Zeichnung Leonhards und Manasses beeinflußt haben dürfte. H. benutzte außerdem für die historische Darstellung Anton Balthasar Königs *Versuch einer Schilderung der Hauptveränderungen der Religion, Sitten, Gewohnheiten ... der Residenzstadt Berlin ...* (Berlin 1792–1799; s. Bibliographie). H. strich aus dem Erstdruck der Geschichte zum Wiederabdruck in den *Serapions-Brüdern* mehrere Partien, die ihm allzusehr auf das Lokalkolorit zugeschnitten zu sein schienen. In den Anmerkungen finden sich zu den wichtigeren Passagen entsprechende Hinweise. Vgl. übrigens die Lesarten, die Maassen dem Bd. 7 seiner Ausgabe beigegeben hat.

S. 532, Z. 2: *Kanzleisekretär Tusmann.* – Das Vorbild zu dieser Figur ist, wie Friedrich Holtze zuerst gesehen hat (*Schriften des Vereins für die Geschichte Berlins*, 43. Heft, 1910), der Schriftsteller Friedrich Gubitz, der in seinen Erinnerungen (Berlin 1868, S. 81 ff.) berichtet, er sei im März 1819 von dem Schauspieler Nagel zu Lutter und Wegner gezerrt worden, wo Hoffmann und der Schauspieler Devrient zechend beieinander gesessen hätten: „Den Ärger bekämpfend mit der Gewalt des Übermuts unterwarf ich mich dem Schicksal, und da ich in jener Zeit eben viele der Schriften des Paters Abraham a Santa Clara gelesen hatte, so machte ich mir den Spaß, meinerseits mit seiner Art die Unterhaltung zu mengen, was selbst bei Übergängen zur Strafpredigt der allgemeinen, unzweifelhaft etwas tollen Stimmung behagte. Nach meiner Wohnung kam ich jedoch erst morgens vier Uhr, und aus jenem Eckzimmer habe ich mir den unvergänglichen Widerwillen gegen Champagner geholt, was gewiß kein Unglück ist.“ – Hans von Müller hat die Vermutung Holtzes gestützt, während ihr Carl Georg von Maassen kritisch gegenübersteht.

S. 532, Z. 7: *Marien- und Nikolai-Kirchen.* – Die beiden ältesten Kirchen Berlins.

S. 532, Z. 19: *Reverberen:* Straßenlaternen.

S. 532, Z. 21: *Warnatz.* – In der Tat befand sich der Laden des Eisenhändlers Warnatz im Uhrturm des alten Berliner Rathauses an der Ecke der Spandauer- und Königsstraße. Abbildungen gaben Pniower im Archiv der *Brandenburgia* und Hans von Müller in seiner Ausgabe der *Zwölf Berlinischen Geschichten.*

S. 535, Z. 36: *der im Keller vorhanden.* – Im Erstdruck der *Brautwahl* folgte auf diesen Satz die bissige Passage: „Dem Geheimen KanzleiSekretär Tusmann wurde bey der Bestellung des Fremden angst und bange. Er fand sich überzeugt, daß wenn zwey Personen sich an eine Flasche Wein machen, nach der richtigsten Berechnung jeder von ihnen die Hälfte davon trinken müsse, in seinem ganzen Leben hatte er aber noch nicht eine halbe Flasche Wein auf einmal, am wenigsten von solch starker Sorte getrunken.“

S. 535, Z. 38: *deprizierend:* abbittend.

S. 536, Z. 29–30: *Wovon das Herz voll ist, davon geht der Mund über!* – Matth. 12, V. 34: „Wes das Herz voll ist, des geht der Mund über.“

S. 537, Z. 37 ff.: *Kurzer Entwurff der politischen Klugheit* . . . usw. – Das zunächst in lateinischer Sprache unter dem Titel *Primae lineae jureconsultorum prudentia consultatiora* . . . gedruckte Buch von Christian Thomasius (1655–1728), dem Philosophen und Juristen, erschien in deutscher Sprache unter dem gründlichen Titel, mit dem es H. parodistisch zitiert. Seine weiteren Zitate sind, wie Maassen geprüft hat, sehr genau.

S. 540, Z. 12 ff.: *Ich will nur daran denken* usw. – Die folgende Schilderung schli eßt sich eng an Hafftiz' Chronik an. Einen philologischen Vergleich hat Hans von Müller, a.a.O., S. XXVIII u. XXX gezogen. Vgl. auch Maassen in Bd. 7 seiner Ausgabe, S. 325 ff. – Der Chronik verdankt H. auch die folgenden Namen (Z. 20).

S. 540, Z. 13: *zu Okuli.* – Name des 3. Sonntages der Fastenzeit.

S. 540, Z. 37: *Hofsänger Bernhard Pasquino Grosso aus Mantua.* – Den Namen verdankt H. dem in der Anm. zu S. 532 *(Die Brautwahl)* genannten A. B. König.

S. 542, Z. 3: *Geschichte vom Münzjuden Lippold.* – Lippold war der Münzmeister Joachims II., Kurfürst von Brandenburg (1505–1571). Er war verantwortlich für die gewagte Finanzpolitik Joachims II., nach dessen Tod er gefangen genommen wurde, unter der Folter gestand, seinen Herren verzaubert zu haben, und hingerichtet wurde. H. vereinfacht diesen historischen Tatbestand aus erzähltechnischen Gründen.

S. 542, Z. 14: *wie man damals sich auszudrücken pflegte.* – Diese Ausdrücke übernahm H. aus Hafftiz' Chronik, sie bedeuten: „Einfluß haben auf das Tun und Lassen des Herrn“ und „aktiv bestechen“.

S. 544, Z. 33: *Maler Edmund Lehsen.* – Der Name *Lehsen* ist, wie ebenfalls Holtze (s. o. Anm. zu S. 532, Z. 2) nachgewiesen hat, ein Anagramm für *Hensel.* Wilhelm Hensel (1794–1861) war Schriftsteller und Maler, der besonders durch seine Radierungen zu Tiecks Dichtungen hervortrat. Wichtig sind auch seine Porträtzeichnungen namhafter Zeitgenossen.

S. 545, Z. 38 – S. 546, Z. 13: Dieser groteske Bericht einer Geburt hat eine auffallende Parallele im *Kater Murr.* Vgl. den entsprechenden Band unserer Ausgabe, S. 370, Z. 29 ff.

S. 546, Z. 10–11: *‚Bei Männern, welche Liebe fühlen' etc.* – Das Duett aus Mozarts *Zauberflöte*, Aufz. 1, Szene 14.

S. 547, Z. 7: *Rattenfänger von Hameln.* – Die bekannte Legende hat Z. Werner zu einem Opernlibretto benutzt (1808).

S. 547, Z. 7–8: *der Alte Überall und Nirgends, oder das Petermännchen.* – Der Schauerroman *Der Alte Überall und Nirgends* erschien in 2 Teilen 1792, *Das Petermännchen*, ebenfalls in 2 Teilen, 1793. Beide Romane verfaßte Christian Heinrich Spieß (1755–1799), beide heißen im Untertitel *Geistergeschichte.* Die Oper *Der alte Überall und Nirgends* von Wenzel Müller (1767–1835) kannte H. aus seiner Leipziger Zeit.

S. 547, Z. 28: *Sie –.* – An dieser Stelle folgte im Erstdruck eine ausführliche Charakterisierung Lehsens, in die manche Einzelheit aus dem Leben Wilhelm Hensels (s. Anm. zu S. 544, Z. 33) eingegangen ist. So etwa die Worte zum Skandal, den ein allegorisches Gemälde Hensels auf der Berliner Kunstausstellung 1816 auslöste. (Vgl. die Anm. zu S. 779, Z. 14 ff.) – Aus dieser gestrichenen Passage zitieren wir einen Abschnitt, der für die Poetik H.s von Wichtigkeit ist: „jeder Maler, sey er Landschafter oder Historikus, muß zugleich ein Dichter seyn, denn Gemälde sind Gedichte mit dem Pinsel ausgeführt; aber nennen Sie das Dichten, wenn Baüme mit ihrem Laube, Stamm und ihren Wurzeln zugleich aussehen sollen, wie Menschen, Thiergestalten, ja wenn selbst Figuren zusammengestellt sind, nicht nur eine bestimmte Handlung, sondern nur eine außerhalb des Bildes liegende fantastische Idee auszudrücken? Da kommen wir in die Allegorie hinein, den ärmlichsten unkünstlerischten Theil der Malerey. Hüten Sie sich vor den Nebeln und Schwebeln! – Sie verfertigen bisweilen miserable Sonette, und gefallen sich darin, seltsame Arabesken und Grotesken zusammenzustoppeln, und schwatzen von Ahnung und Sehnsucht, und Lebenstiefe, die in den abgeschmackten Zerrbildern liegen soll." – Zu dem Wort „Lebenstiefe" vgl. S. 553, Z. 19 und die Anm. zu S. 943.

S. 548. Z. 4: *jetzt meinen die jungen Leute* usw. – Diese Äußerung ist nicht als Äußerung H.s mißzuverstehen, der der „nazarenischen Schule" durchaus nicht fernstand. Im übrigen erinnert diese Passage an Tiecks *Franz Sternbalds Wanderungen*, einen Roman, den H. überaus schätzte; vgl. die direkte Bezugnahme darauf S. 555, Z. 19 ff.

S. 548, Z. 9: *dem Bauerjungen zu vergleichen* ... – Ellinger bringt zu dieser Stelle eine Parallele aus dem Buch *Der junge Antihypochondriakus oder Etwas zur Erschütterung des Zwerchfells und zur Beförderung der Verdauung, drittes*

Porziönchen (Lindenstadt 1798), wo es auf S. 4 heißt: „Zu einem äußerst unwissenden Bauer war ein Prediger gerufen, um, wie man zu sagen pflegt, mit ihm zu beten. Der Prediger, der bald die grobe Unwissenheit seines Patienten merkte, sagte zu ihm, er möchte doch nur das Vaterunser beten. ‚Das kann ich nicht', rief der Bauer, ‚sondern nur die Weise davon.' Da der Prediger wissen wollte, was er damit meinte, schrie der Bauer: ‚Frau, gib mir einmal meinen Hut von der Wand!' Als er diesen hatte, richtete er sich im Bette auf, hielt den Hut einige Minuten vor das Gesichte und stöhnte etlichemal recht kräftig dazu. ‚Das ist', fuhr er fort, ‚die Weise vom Vaterunser.'"

S. 548, Z. 32: *jenen Schweizer Leonhard Turnhäuser.* – H. tritt hier der Charakterisierung Leonhard Thurneyssers zum Thurm (1530–1595) durch Hafftiz entgegen, wie Hans von Müller (a.a.O., S. XXXI) durch den Nachdruck von H.s Quelle gezeigt hat.

S. 550, Z. 18: *die Puristen,* die Sprachreiniger, verspottet H. auch in einer im Zweitdruck weggefallenen Stelle, wobei er noch warnend hinzufügt, daß, wer sich fremdländischer Wörter bediene, Gefahr laufe, „von irgendeinem Professor der Turnkunst stracks zu Boden geturnt zu werden", womit der Turnvater Jahn, der, wie der Maler Hensel, Mitglied der „Gesellschaft für deutsche Sprache" war, noch einen Seitenhieb abbekommt.

S. 550, Z. 40–41: *in der vorjährigen Kunstausstellung.* – S. Anm. zu S. 547, Z. 28.

S. 552, Z. 28–30: *in dem Stobwasserschen Laden unter den Linden ... bei Sala Tarone.* – Im Hause der Sala Tarone (die H. schon in der *Fermate* erwähnt, vgl. S. 58, Z. 32) befand sich eine Filiale der Blechwaren- und Lackierfabrik von H. C. Stobwasser. (Nachweis Ellingers.)

S. 553, Z. 2–3: *in der Zelterschen Akademie.* – Karl Friedrich Zelter (1758 bis 1832) übernahm die Leitung der von Carl Friedrich Christian Fasch (1736 bis 1800) – den H. in dem Gespräch über alte und neue Kirchenmusik (S. 413, Z. 26) erwähnt – im Jahre 1790 gegründeten Akademie nach dessen Tod.

S. 553, Z. 3: *Herrn Lauska.* – Der Pianist Franz Seraphinus Lauska (1764 bis 1825) war der Lehrer Meyerbeers.

S. 553, Z. 19: *Lebenstiefe.* – Über dieses nichtssagende Wort hat H. ein Gedicht verfaßt; vgl. S. 943 und Anm. zu S. 547, Z. 28.

S. 553, Z. 25 ff.: *„Ein Flüstern, Rauschen Klingen, ..."* – Es handelt sich um die 1. u. 3. Strophe aus Fouqués Gedicht *Waldessprache.*

S. 554, Z. 25 ff.: *Nach Rosalindens Ausspruch* ... – Shakespeare, *Wie es euch gefällt*, Aufz. 3, Szene 2.

S. 555, Z. 19 und 22–23: *der junge Sternbald ... Tiecks Sternbald war Edmunds Lieblingsbuch.* – Tiecks *Franz Sternbalds Wanderungen* war auch eines der Lieblingsbücher H.s, der am 26. September 1805 an Hippel schreibt: „Hast Du schon Sternbalds Wanderungen von Tiek gelesen? – in casu quod non – lies so bald als möglich dies wahre Künstlerbuch." Im 5. Kap. des 2. Buches steht Sternbald vor einem verlockenden Angebot: er soll sich in die bürgerliche Gesellschaft einordnen, mit allen Vergünstigungen und jeder Förderung seiner Kunst, nur unter Preisgabe seiner Ungebundenheit.

S. 556, Z. 26–28: *das merkwürdige Buch: Cicero, als großer Windbeutel und Rabulist dargestellt in zehn Reden, aus dem Jahre 1720.* – Das Buch, verfaßt von Johann Ernst Philippi (1701 bis um 1750), trägt den genauen Titel *Cicero, ein großer Wind-Beutel, Rabulist und Charletan; Zur Probe aus Dessen übersetzter Schutz-Rede, Die er Vor dem Quintius gegen den Nervius gehalten hat, klar erwiesen; Samt Einem doppelten Anhange, 1. Der gleichen Brüder gleiche Kappen. 2. Von acht Vertheidigungs-Schriften gegen ebenso viel Charteqen* und erschien 1735 zu Halle. H. kann das Buch nicht selbst vorgelegen haben, weil er es seiner Gewohnheit nach sonst genau zitiert hätte, schon um des parodistischen Effektes willen. (Nachweis Maassens.)

S. 558, Z. 33–34: *Nudows Theorie des Schlafes.* – Heinrich Nudow (1752–?) veröffentlichte seinen *Versuch einer Theorie des Schlafs* 1791 in Königsberg.

S. 558, Z. 36: *Schlafen, vielleicht auch träumen.* – Hamlets allbekannter Monolog, Aufz. 3, Szene 1.

S. 558, Z. 38: *Somnium Scipionis.* – S. Anm. zu S. 306, Z. 11.

S. 558, Z. 39: *Artemidori berühmtes Werk von Träumen.* – Der Epheser Artemidoros (2. Jahrhundert n. Chr.), genannt der Daldianer, verfaßte ein Buch über Traumdeutung: *Oneirokritiká* (Traumdeutungen), von dem seit 1666 verschiedene deutsche Übersetzungen erschienen.

S. 558, Z. 39–40: *das Frankfurter Traumbüchlein.* – In Schuberts *Symbolik des Traums* (s. „Hoffmanns Quellen“) wird auf S. 7 auf das *Frankfurter Traumbüchlein* hingewiesen. H. wird diesem Hinweis nachgegangen sein und auf das Buch *Verbessertes und vermehrtes Traumbuch, darin man allerlei Träume mit ihrer Bedeutung nach alphabetischer Ordnung finden kann* (Frankfurt und Leipzig o. J.) gestoßen sein. (Nachweis Ellingers.)

S. 559, Z. 15: *mit der Janitscharen-, oder richtiger gesprochen, Jenjitscherik-Trommel.* – Schon in *Nußknacker und Mausekönig* (S. 240, Z. 37) wurde die Janitscharenmusik erwähnt. Sie wird erzeugt von einem Instrument, das seinen Namen einer im Mittelalter aufgestellten „neuen Truppe“ verdankt.

S. 562, Z. 17: *ein zweiter Leander, ein zweiter Troilus.* – Vgl. Shakespeares *Troilus und Cressida*; *Hero und Leander* heißt eine Ballade Schillers (1801), in der das klassische Liebespaar der Antike auftritt.

S. 567, Z. 36–37: *in der Humanitäts-Gesellschaft.* – 1796 wurde in Berlin die „Gesellschaft der Freunde der Humanität“ begründet, die jeweils nur 70 Mitglieder zählte. Man trug bei den regelmäßigen Zusammenkünften seine Gedanken zu Moral und Kunst vor, bewegte sich aber bewußt außerhalb der Fakultätswissenschaften. H. dürfte dieser Form der Geselligkeit ähnlich wie den „ästhetischen Thees“ ferngestanden haben. Sie waren eher ein Zielpunkt seiner Ironie.

S. 568, Z. 37–38: *mit der politischen Klugheit.* – S. die Anm. zu S. 537, Z. 36 ff.

S. 570, Z. 36: *nach Thomasii politisch klugem Rat.* – S. ebenfalls die Anm. zu S. 537, Z. 37 ff.

S. 574, Z. 17: *verflucht sollst du sein* usw. – Den Fluch hat H. sich, wie Maassen nachgewiesen hat, aus einer Stelle in Schuberts *Symbolik* ... (S. 18 ff.) selbst zusammengesetzt.

S. 575, Z. 8: *(so erzählt ein Talmudist).* – Ellinger vermutet, die folgende talmudische Sage sei H. von Hitzig mitgeteilt worden.

S. 576, Z. 28: *nach dem Ort, wo der Pfeffer wächst.* – H. spielt mit der Doppeldeutigkeit dieser Redensart; gemeint ist Cayenne, der berüchtigte Verbannungsort in Frz. Guayana.

S. 577, Z. 1: *ich fliehe den Dolch im Herzen fort nach Rom!* – Ein weiterer Anklang an *Franz Sternbalds Wanderungen*, wie H. selbst noch wenige Zeilen später (Z. 9–10) betont.

S. 578, Z. 16: *Celia in Wie es euch gefällt.* – Dort Aufz. 3, Szene 2.

S. 578, Z. 23 ff.: *Thomasius ... Ehestand ... ein Politikus, der keine Frau haben ...* – In dem erwähnten Werk des Thomasius, Kap. VII, § 5.

S. 578, Z. 30–31: *nach der Lehre des Cleobolus.* – Cleobolus gilt als einer der 7 griechischen Weisen, er lebte im 6. Jahrhundert v. Chr. als Tyrann von Lindos. Thomasius erwähnt ihn in Kap. VII, §§ 23 u. 24.

S. 578, Z. 38: *Salvator Rosa.* – Der von H. vielfach erwähnte italienische Maler (1615–1673). Vgl. vor allem *Signor Formica* (S. 766 ff.).

S. 578, Z. 41: *Herrn Streccius.* – „J. Streccius war Farbenfabrikant und wohnte Kommandantenstraße 9 oder 10.“ (Ellinger.)

S. 580, Z. 8–9: *Hufelands Kunst das Leben zu verlängern.* – Der Mediziner Christoph Wilhelm Hufeland (1762–1836) schrieb eine *Mikrobiotik oder Die Kunst das menschliche Leben zu verlängern* (Jena 1797).

S. 583, Z. 5–6: *Schlemihls berühmte Siebenmeilenstiefel.* – *Peter Schlemihls wundersame Reise* von Adalbert von Chamisso, dem Freunde H.s, erschien 1814.

S. 584, Z. 24: *Bilderhändler am Bankgebäude in der Jägerstraße.* – Gemeint ist nach Ellinger wohl der Kunsthändler A. Philipsou, Jägerstraße 42. Die Bank befand sich im Haus Nr. 34. – H. spricht, was die schnelle Verbreitung einer Karikatur betrifft, aus hinlänglich gründlicher Erfahrung; war es ihm doch mit seinen Karikaturen in Posen (1802) bitter genug ergangen.

S. 587, Z. 9: *Kaufmann von Venedig,* die bekannte Komödie von Shakespeare.

S. 587, Z. 11: *Herr Devrient.* – Ludwig Devrient (1784–1832), der bekannte Schauspieler, war eng mit H. befreundet. H. hat sein Spiel in den *Seltsamen Leiden eines Theater-Direktors* gewürdigt.

S. 587, Z. 17: *Fräulein Porzia* und Z. 40: *die Prinzen von Marokko und Aragon.* – Weitere Bezugnahmen auf Shakespeares *Der Kaufmann von Venedig.*

S. 590, Z. 9–10: *wie sie nur können.* – Hierauf folgen im Erstdruck der Erzählung Anspielungen auf einen „Ästhetiker im schwarzen Rock“, der den Goldschmied und alle Gespenstergläubigen verfolgt, Schillers *Geisterseher* für nicht geschrieben erklärt und Shakespeare auf der Bühne nur noch geduldet haben will, wenn sich die Zuschauer bei gespenstischen Ereignissen jeweils selbst davon überzeugen könnten, daß in Wirklichkeit doch alles mit rechten Dingen zugehe. – Auf wen diese Anspielungen gemünzt sind, ist bisher nicht geklärt worden.

S. 590, Z. 22: *Wieglebs natürliche Magie.* – Der Chemiker Johann Christian Wiegleb (1732–1800) bearbeitete Johann Nikolaus Martius' *Unterricht in der natürlichen Magie oder zu allerhand belustigenden und nützlichen Kunststücken* zur zweiten Auflage, die 1782 in Berlin und Stettin erschien. H. kannte das Buch, wie Hitzig bezeugt, seit seiner Jugend.

S. 590, Z. 25: *kein Philidor, kein Philadelphia, kein Cagliostro.* – Jacob Philadelphia, den Zauberkünstler, erwähnt H. auch zu Anfang des vierten Abschnittes der *Serapions-Brüder* (s. S. 403, Z. 2 u. Anm. dazu); Philidor nannte sich ein Taschenspieler des 18. Jahrhunderts, und Cagliostro wird bereits im *Magnetiseur* erwähnt. Er ist wohl das Vorbild zu Goethes *Groß-Cophta.*

S. 590, Z. 28–31: *da es zur Vollendung der Berlinischen Geschichte ... unumgänglich nötig ist.* – Der Goldschmied nimmt hier in humoristischer Weise die Position des Erzählers ein, dem allein ja die Vollendung der Geschichte zusteht – eine der geistreichen Demonstrationen Hoffmannscher Erzähltechnik und zugleich eine Bestimmung der Funktion des Erzählers.

S. 591, Z. 22: *jene Antwort Shylocks* in Shakespeares *Kaufmann von Venedig,* Aufz. 1, Szene 3.

S. 594, Z. 1–2: *Johannes Beers musikalischen Krieg* ... – H. zitiert abermals parodistisch übertreibend. Das *Bellum Musicum oder Musikalischer Krieg* (1701) des herzoglichen Konzertmeisters zu Weißenfels, Johann Beer (1655–1700), erschien auch im Anhang zu dessen *Musikalischen Discursen, durch die Principia der Philosophie deducirt* postum 1719. Nach dieser Ausgabe hat H., Ellinger zufolge, zitiert.

S. 596, Z. 24: Die Situation ist Shakespeares *Kaufmann von Venedig* nachgezeichnet, wo es Aufz. 3, Szene 2 heißt: „Müßt Ihr Eurer Liebsten nahn,/ Und sprecht mit holdem Kuß sie an!"

S. 598, Z. 8: *abwarten, was geschieht.* – Der Erstdruck schloß folgendermaßen (nach den zitierten Worten): „Der alte räthselhafte Goldschmidt soll noch in Berlin umherwandeln. Herr Wolf hat ihn in den Küpferchen, die dieser Geschichte einverleibt sind, so überaus gut getroffen, daß du, geliebter Leser, den seltsamen Mann, solltest du ihm irgendwo begegnen, auf der Stelle erkennen wirst. Bestätigen kann er, o mein Leser, dann von Mund zu Mund dir alles, was in der Geschichte von der Brautwahl dir hin und wieder ganz unwahrscheinlich, ganz unglaublich vorgekommen seyn sollte, und so würde der Erzähler von dem Vorwurf frei werden, den man ihm schon öfters gemacht, nehmlich daß ihm manchmal allerley närrisches fantastisches Zeug wie ein spukhafter Traum in den Sinn käme, was er denn so aufzutischen wisse, als habe es sich in der That begeben."

S. 598, Z. 24–25: *Es ist gut, daß deine Erzählung nicht gedruckt wird.* – Vgl. H.s eigene Anmerkung und die Anm. zu S. 532 *(Die Brautwahl)*, außerdem die Umarbeitung, die die Erzählung zum Druck in den *Serapions-Brüdern* erfahren hat.

S. 599, Z. 26–29: *daß die Basis der Himmelsleiter ... befestigt sein müsse im Leben ...* – Dieses konzentrierte Bild kann als H.s Poetik des Märchens gelten. Er hat sie in seinem „Märchen aus der neueren Zeit", dem *Goldnen Topf* in die dichterische Wirklichkeit übersetzt. Diese Basis ist auch gemeint, wenn Theodor (S. 640, Z. 19–22) den *Magnetiseur* und den *Unheimlichen Gast* nebeneinanderstellt.

S. 600, Z. 21: *in Cyprians Manier.* – „Manier" ist hier wie in den *Fantasiestücken in Callot's Manier* die „Art". – Cyprian hat bisher die Geschichten *(Der Einsiedler Serapion), Der Artushof, Der Kampf der Sänger* und *(Eine Spukgeschichte)* erzählt. „Cyprians Manier" geht aus den Beurteilungen der Geschichten durch die Freunde hervor: „ich tadle ... deinen närrischen Hang zur Narrheit, deine wahnsinnige Lust am Wahnsinn", sagt Ottmar (S. 29). Cyprian erzählt die schaurigsten Geschichten der *Serapions-Brüder.* Wichtig ist, daß Cyprian nicht anwesend ist, sondern selbst wie der Geist in seinen Geschichten im richtigen Augenblick erscheint (S. 611).

Der unheimliche Gast

Die 1818 entstandene Erzählung schließt, wie H. selbst durch den Mund Theodors (S. 640, Z. 21) bemerkt, an den *Magnetiseur* und an *Die Automate* an. Sie enthält, wie jene, zahlreiche Anlehnungen an Schuberts *Ansichten von der Nachtseite der Naturwissenschaften* und an Kluges *Versuch einer Darstellung des animalischen Magnetismus ....* Der biographische Hintergrund, der nach den Worten Cyprians (S. 640, Z. 33 ff.) anzunehmen ist, läßt sich kaum mehr bis ins einzelne rekonstruieren.

S. 602, Z. 35 ff.: *Ich meine, daß* usw. – Die folgenden Ansichten sind dezidierte und immer wieder nachdrücklich geäußerte Meinungen aus Schuberts *Ansichten ....*

S. 603, Z. 2–3: *Die Luftmusik oder sogenannte Teufelsstimme auf Ceylon.* – Sie wurde schon in *Die Automate* erwähnt; vergleiche S. 349, Z. 24 ff u. die Anm. dazu.

S. 603, Z. 19–20: *unter Wellington.* – Sir Arthur Wellesley, Herzog von Wellington (1769–1852), schlug im spanischen Unabhängigkeitskrieg 1808 bis 1813 mehrere Schlachten gegen die Franzosen. Die erwähnte *Schlacht bei Viktoria* (Z. 21–22) am 21. Juni 1813 brachte ihm den entscheidenden Sieg. Die Szenerie wiederholte H. im *Zusammenhang der Dinge.*

S. 606, Z. 6: *regno di pianto.* – Das „Reich der Klage" erwähnt H. bereits im *Don Juan.* Nach Ellinger setzt sich dieser Begriff aus zwei Stellen in Dantes *Göttlicher Komödie* (Inferno IX, 44: „la regina dell' eterno pianto" und XXXIV, 28: „doloroso regno") zusammen.

S. 610, Z. 40–42: *Dann war es, als raffe sich jemand ächzend und stöhnend mühsam vom Boden empor.* – Ein deutlicher Anklang an Kleists *Bettelweib von Locarno*; eine ähnliche Nachbildung schon im *Majorat.*

S. 611, Z. 6–7: *In dem Augenblick sprang die Türe des Saals auf mit dröhnendem Gerassel.* – H. bildet hier eine ganz ähnliche Situation aus Tiecks *Phantasus* nach.

S. 617, Z. 20: *ich nannte den Grafen einen neuen Kalaf.* – In Gozzis *Turandot*, Aufz. 1, Szene 3, zeigt sich Calaf vom Bildnis Turandots begeistert, das Ismaels Prinzen den Tod gebracht hatte.

S. 619, Z. 15 ff.: „*Es war mir ... als durchwandle ich einen sehr anmutigen Garten ...*" – Kluge erwähnt in seinem *Versuch ...*, S. 505 f. einen magnetisierten Baum, an den H. hier offenbar denkt. (Nachweis Ellingers.)

S. 638, Z. 30–32: *gehörte zu jener unsichtbaren Schule, die ... aus der alten P-schen Schule entstanden sein soll.* – Die Puysegurische Schule vertrat die heilmagnetischen Methoden Mesmers (1734–1815) und Barbarins. Im *Magnetiseur* (*Fantasie- und Nachtstücke* dieser Ausgabe, S. 155 f.) diskutiert H. die Lehren vom Magnetismus. Vgl. die Anm. zu jenen Passagen und das Gespräch über den Magnetismus zu Beginn des 2. Bandes der *Serapions-Brüder*, S. 261–265, sowie die Anmerkungen dazu. Dort erwähnt H. auch ausdrücklich Kluge, dessen *Versuch einer Darstellung* ... (s. „Hoffmanns Quellen") er sich verpflichtet weiß.

S. 640, Z. 10–11: *Radamanthen.* – Radamanthys ist einer der drei Richter der Unterwelt in der spätgriechischen Sage.

S. 641, Z. 21: *ein Theaterdichter, der nicht mehr auf der Erde wandelt.* – August von Kotzebue (geb. 1761) wurde am 23. März 1819 von dem Jenaer Theologiestudenten und Burschenschafter Karl Ludwig Sand erstochen. H. schreibt am 20. Juni 1820 an Hippel: „Dir darf ich nicht erst versichern, daß ich eben so wie jeder rechtliche vom wahren Patriotismus beseelte Mann überzeugt war und bin, daß dem hirngespenstischen Treiben einiger jungen Strudelköpfe Schranken gesetzt werden mußten, um so mehr, als jenes Treiben auf die entsetzlichste Weise ins Leben zu treten begann. Aus dem Gießner Verein der Schwarzen ging die Verbreitung des aufrührerischen sogenannten Frag- und AntwortBüchleins hervor, aber noch mehr, Sand's verabscheuungswürdige meuchelmörderische That gebahr der Fanatismus, den die Grundsätze der sogenannten „Unbedingten" („der Zweck heiligt die Mittel" pp), die aus dem Bunde der Schwarzen hervorgingen, entzündeten. – Jenes Büchlein hatte die Unruhen im Odenwalde zur Folge! – Hier war es an der Zeit, auf gesetzlichem Wege mit aller Strenge zu strafen und zu steuern. Aber statt dessen traten Maßregeln ein, die nicht nur gegen die That, sondern gegen Gesinnungen gerichtet waren ..." – Wir haben diese Stelle zitiert, um darzutun, mit welcher Ausgewogenheit des Urteils der Jurist Hoffmann die Ereignisse seiner Zeit verfolgte und zu ihnen Stellung nahm. Als Jurist wurde H. in die Commission zur Untersuchung demagogischer Umtriebe berufen.

S. 641, Z. 27–28: *irgendeinen Kanevas.* – Dieser Begriff aus der italienischen Stegreifkomödie bezeichnet die Verteilung des Stoffes auf die Akte und Szenen, innerhalb derer die Schauspieler dann frei improvisieren konnten.

S. 641, Z. 36: *die im Technischen vielgeübte Hand des Webers.* – Gemeint ist der Berliner Komponist und Kapellmeister Bernhard Anselm Weber (1766 bis 1821), dessen Werk H. gut kannte. Eine Aufführung des lyrischen Duodramas *Sulmalle* hat H. am 14. Oktober 1815 im *Dramatischen Wochenblatt* besprochen. H. wünscht darin: „Möchte unser würdiger Meister bald in einer großen ernsten Oper seinem kraftbeschwingten Genius freien Raum zum kühnen Fluge geben!" Offenbar hat Weber nicht gehalten, was sein Talent versprach. Die Musik zu Kotzebues Schauspiel *Deodata* schrieb Weber 1810. Hierüber äußert sich H. in einer Rezension des *Opern-Almanachs*, den Kotzebue 1815 herausgegeben hatte, in der *Allgemeinen Musikalischen Zeitung* am 26. Oktober und 2. November 1814. Er schreibt zur Vorrede, die Kotzebue dem Singspiel *Das Gespenst* (später *Deodata*) mitgegeben hatte: „In dieser Vorrede sagt nämlich Hr. v. K., daß er sich bemüht habe, das Unnatürliche des Singens auf dem Theater zu verbannen, und den Gesang allemal auf diese oder jene Weise gehörig zu motivieren; wodurch es denn nun wohl ganz klar wird, daß Hr. von K. von dem eigentlichen Wesen der Oper gar keine Ahnung hat . . ." (Vgl. den Text dieser höchst wichtigen Besprechung im Band *Schriften zur Musik/Nachlese* unserer Ausgabe, S. 258–268.) – Auch H. hat das Schauspiel *Deodata* für eine Bamberger Aufführung (am 9. April 1809) in Musik gesetzt. Die Aufführung war ein Mißerfolg und wurde abgesetzt, H.s Komposition ist verlorengegangen.

S. 641, Z. 42: *das sogenannte romantische Schauspiel Deodata.* – Vgl. die vorige Anm. – Kotzebue nannte sein Schauspiel unter dem ersten Titel *Das Gespenst. Ein romantisches Schauspiel* und nach der Umbenennung *Deodata. Ein heroisches Schauspiel.*

S. 642, Z. 6 ff.: *weil es unnatürlich sei, daß die Leute auf dem Theater sängen.* – Vgl. die Anm. zu S. 641, Z. 36.

S. 642, Z. 10: „*Laß ruhn, laß ruhn die Toten*". – Zitat eines Refrains aus Gottfried August Bürgers Ballade *Lenore* (1774) in den Strophen 20, 24 und 27. *Die Toten* sind Kotzebue und Weber.

S. 642, Z. 14: *einige Ohrfeigen zuzuteilen.* – Kotzebue pflegte sich auf seine Art gegen kritische Äußerungen zur Wehr zu setzen und soll seine Hand nicht nur zur schriftlichen Gegenäußerung benutzt haben wie in dem *Fragment über den Rezensentenunfug* (1797).

S. 643, Z. 4: *ein kleines Theaterstück.* – Wenn mit Sylvester Contessa gemeint ist, wie allgemein angenommen wird, so kommen an dieser Stelle zwei seiner einaktigen Lustspiele in Frage. Am 13. Juni 1817 wurde *Der Schatz* und am 24. April 1819 *Ich bin mein Bruder* in Berlin uraufgeführt. Das Gespräch der Serapions-Brüder über Sylvesters Stück ist so allgemein gehalten, daß eine endgültige Entscheidung, welches dieser beiden Stücke gemeint sein könnte, nicht gefällt werden kann. Sollte H. die zeitliche Aufeinanderfolge der Ereignisse beachtet haben, was nicht immer der Fall ist, so wäre der Tod Kotzebues im März 1819 ein Hinweis auf das zweite Stück Carl Wilhelm Salice-Contessas (1777–1825).

S. 645, Z. 1: *Irgendein Theaterdichter.* – Ellinger vermutet, hier sei Adolf Müllner (1774–1829) gemeint, doch passen die von ihm beigebrachten Belege nicht recht zum Inhalt der hier zitierten Äußerungen des Theaterdichters.

S. 645, Z. 5 ff.: *Schiller ... als er den Wallenstein darstellen sah ... Der den Wallenstein darstellte, war aber Fleck.* – Schiller reiste im Mai 1804 nach Berlin und sah eine Aufführung des *Wallenstein.* Der genannte Darsteller des Wallenstein, Ferdinand Fleck (1757–1801), den H. öfter erwähnt, war damals allerdings bereits tot.

S. 646, Z. 19–20: *Honig von Hybla.* – Megara Hyblaea ist eine 728 v. Chr. gegründete griechische Siedlung an der Ostküste Siziliens, zwischen Catania und Syrakus am Marcellino, benannt nach dem Sikelerkönig Hyblon. Auch Gela und andere Städte Siziliens trugen den Beinamen Hyblaea.

S. 647, Z. 11–12: *die Oper, die er vor ein paar Jahren auf das Theater brachte.* – H.s Oper *Undine* wurde am 3. August 1816 im Kgl. Schauspielhaus am Gendarmenplatz unter dem Dirigenten Bernhard Romberg uraufgeführt.

S. 647, Z. 41: *Zaire.* – Unter dem Titel *Zayre* erschien das Stück zuerst in Voltaires *Sämmtlichen Schauspielen nebst den dazu gehörigen Schriften* (Nürnberg 1766–1771), T. 1.

S. 648, Z. 25: *Siècle de Louis XIV.* – Das Werk erschien 1751, s. auch die folgende Anm.

Das Fräulein von Scuderi

Im März 1818 begann H. mit der Arbeit an dieser Erzählung. Ein Brief an seinen Leihbibliothekar Kralowsky vom 28. März 1818 gibt Aufschluß über einiges Material, das H. benutzte. Es heißt darin: „Mit dem verbindlichsten Danke sende ich Ihnen, Verehrtester Freund! die Meierschen Briefe und „Paris wie es war“ pp zurück, aus denen ich einige Notizen entnommen. Sollten Sie nicht die Uebersetzung von Voltair's Siecle de Louis XIV besitzen, so giebt es ein Paar Romane von der Frau von Genlis die im Zeit-Alter Ludwig des Vierzehnten spielen, der eine ist ni fallor, die Geschichte der La Valiere pp. Außerordentlich würden Sie mich verbinden, wenn Sie mich mit einem solchen Werklein aus der Verlegenheit ziehen könten.“ – Zu diesem Brief ist folgendes zu bemerken (dankbar wurden die Hinweise Hans von Müllers in seiner Briefausgabe benutzt): Die *Meierschen Briefe* sind die *Briefe aus der Hauptstadt und dem Innern Frankreichs unter der Consular-Regierung* von Friedrich Johann Lorenz Meyer, die in zwei Bänden 1802 bei Cotta in Stuttgart erschienen (2. Aufl. 1803). – Für *Paris wie es war* kommen zwei Bücher in Frage: *Paris wie es war und wie es ist ... in Briefen eines reisenden Engländers* (3 Bde., Leipzig 1805 f.) und *Paris wie es war, oder Gemälde dieser Hauptstadt und ihrer Umgebungen in den Jahren 1806 und 1807* (Chemnitz 1810). – Voltaires *Siècle de Louis XIV.* erschien in deutscher Übersetzung 1778 in drei Teilen (Dresden). Diese Ausgabe zitieren die Serapionsbrüder in ihrem Gespräch vor der Vorlesung der Erzählung (s. vorige Anm.). Frau von Genlis ist Stéphanie-Félicité Ducrest de Saint-Aubin, Marquis de Sillery (1746–1830), die seit 1777

Erzieherin der Töchter der Herzogin von Chartres war und deren Theaterstücke, Erzählungen und Romane die pädagogische Absicht über den literarischen Anspruch stellten. Der von H. erwähnte Roman *Duchesse de la Vallière* erschien 1804. Die Vallière taucht gegen Ende der Erzählung auf. – Vor der Benutzung der genannten Bücher fand H., wie er selbst S. 710, Z. 29 ff. angibt, in Wagenseils vielgenannter Chronik (s. „Hoffmanns Quellen" und die Anm. zu S. 274, Z. 24), und zwar in dem Anhang, eine Anekdote, in der von einer gereimten Bittschrift an Ludwig XIV. die Rede ist (dort S. 561 ff.), die den König ersucht, „im Namen aller Verliebten", die Liebhaber vor den „nächtlichen Beutel-Schneidern" in Schutz zu nehmen, die nächtens ihren Tribut von den zu ihren Geliebten eilenden Adligen forderten. Kurz darauf, so berichtet die Anekdote weiter, habe den König eine zweite gereimte Schrift erreicht, als deren Verfasserin Mme de Scudéry vermutet wurde. Diese Schrift habe mit den Worten geschlossen „Un amant qui craint les voleurs, / n'est point digne d'amour", also mit jenen Versen, die H. auf S. 661 zitiert. Zum Dank übergab, der Anekdote zufolge, ein Anonymus der Kammerdienerin der Scudéry ein Armband, eine goldene Uhr und 12 Pistolen. – In der gleichen Chronik Wagenseils (S. 452 ff.) ist ein Gespräch zwischen der Mme de Scudéry und Wagenseil selbst aufgezeichnet, das H. benutzt hat. Schließlich zog H. die berühmte Sammlung sonderbarer Rechtsfälle des Gayot de Pitaval, *Causes célèbres et intéressantes*, in der deutschen Übersetzung hinzu, um Material über die Geschichte der Giftmörderin Marquise de Brinvilliers zu erhalten. Trotz dieser Nachweise scheint eine lückenlose Quellenerforschung bisher noch nicht gelungen zu sein.

Die Erzählung wurde ein großer Erfolg und ihr Verfasser einer der umworbensten Dichter der Zeit. Der folgende Brief der Gebrüder Wilmans, die Verleger des Taschenbuchs waren, in dem die Erzählung zuerst erschien, beweist die Hochschätzung am besten. Der Brief begleitete eine Kiste mit 50 Flaschen „Rüdesheimer Hinterhaus" des großen Weinjahrgangs 1811, den H. oft genug als Kenner gerühmt hat. Der Brief vom 11. Februar 1820 hat folgenden Wortlaut: „Wohlgebohrner Hochgeehrtester Herr! Wenn man die Verehrung und die Dankbarkeit so gern an den Tag legt, wie wir es gegen Sie Verehrtester wagen – so ist die Hofnung einer gütigen freundlichen Aufnahme schon ein süßer Lohn, möge diese für uns so schmeichelhafte Hofnung doch durch die gütige Aufnahme des Inhalts beifolgender Kiste von Ihnen erfüllt werden. Dieß ist unser herzlichster Wunsch.

Die ohne alle Schmeichelei dürfen wir es sagen, äußerst interessanten Erzählungen und unter diesen vorzüglich Fräulein Scudery, womit Sie die Güte hatten, seit einigen Jahren unser Taschenbuch: der Liebe und Freundschaft zu beschenken, verschafte denselben ein größeres Interesse und vermehrte den Absatz, wofür wir Ihnen noch besonders unsere innigste Dankbarkeit bezeigen, und nur noch den Wunsch hinzufügen, daß Sie auch Ihre fernere Wohlgewogenheit uns erhalten und unser Taschenbuch auch in Zukunft so reich wie bisher beschenken möchten. . . ."

H.s Freude war groß. An Speyer schreibt er noch am 1. Mai 1820: „Aus reiner Dankbarkeit dafür, daß das Taschenbuch für Lieb und Fr der Scudery halber sehr gut gegangen ist, schickten mir die Gebrüder Willmanns aus Frankfurth, nachdem sie die Erzälung gar reichlich honorirt, eine Kiste mit 50 Bout Hinterhaüser Eilfer der ganz köstlich ist . . . Die Kiste wurde mir an einem guten Morgen vors Haus gefahren und mit vieler Mühe war dem Knecht ein Trinkgeld aufzudringen. – Ich schlug an mein Herz und sprach: Solch einen Glauben hab' ich in Israel nicht funden! . . ." Noch auf der letzten Seite der *Serapions-Brüder* (S. 995) gedenkt H. dieses überraschenden und aufmunternden Geschenkes.

S. 648, Z. 29: *In der Straße St. Honoré.* – Im alten Stadtteil rechts der Seine.

S. 648, Z. 30: *Magdaleine von Scuderi.* – Madeleine de Scudéry (1607–1701) war Verfasserin umfangreicher Gesellschaftsromane. Ihr Bruder, der Schriftsteller Georges de Scudéry (1601–1667), Mitglied der Académie Française, dürfte einen gewissen Anteil an ihrem Schaffen haben. Nach Mme de Rambouillet bildete sie den Mittelpunkt des führenden Salons der „Preziösen" in Paris. Der historische Roman *Clélie* erschien in 10 Bänden 1654–1660 und in deutscher Übersetzung 1664.

S. 648, Z. 31: *Maintenon.* – Françoise d'Aubigne, Marquise von Maintenon (1636–1719), heiratete 1652 15jährig den Dichter Paul Scarron (1610–1660), wurde später die Mätresse und 1685 die Gemahlin Ludwigs XIV.

S. 650, Z. 3–4: *das Manuskript ihres Romans, Clelia geheißen.* – S. die Anm. zu S. 648, Z. 30. – Historisch also nicht richtig.

S. 651, Z. 21: *auf dem Greveplatz.* – Der *Place de l'Hôtel de Ville*, nahe der Seine, diente seinerzeit als Hinrichtungsstätte.

S. 651, Z. 29: *Die Marechaussee.* – Die berittene Polizei zur Zeit Ludwigs XIV.

S. 653, Z. 8 ff.: *Baptistes Besorgnisse* usw. – Von hier ab über mehrere Seiten ist Voltaire H.s Quelle.

S. 653, Z. 12: *Glaser, ein teutscher Apotheker.* – Christoph Glaser aus Basel war als Hofapotheker zu Paris in den Giftmordprozeß der Brinvilliers verwickelt. Ebenso der Italiener *Exili* (Z. 16) und der *Hauptmann Godin de Sainte Croix* (Z. 28). Diese und die folgenden Namen und Zusammenhänge gestaltet H. nach Pitaval (s. Anm. zu S. 648 und „Hoffmanns Quellen").

S. 654, Z. 25–26: *poudre de succession.* – „Erbschaftspulver". Die Mörderin Cathérine Voisin, die 1680 verbrannt wurde, wandte es mehrfach an. Vgl. S. 655, Z. 41.

S. 655, Z. 35–36: *die sogenannte Chambre ardente.* – Die „brennende Kammer" war der Gerichtshof für Schwerverbrecher. Ihr Name leitet sich von den Fackeln her, die den schwarzen Sitzungssaal während der Verhandlung beleuchteten.

S. 655, Z. 41: *la Voisin.* – S. Anm. zu S. 654, Z. 25–26.

S. 660, Z. 3: *In den Zimmern der Maintenon.* – Die Tatsache, daß der König mit seinen Ministern hier zu arbeiten pflegte, berichtet Voltaire, a.a.O., Bd. 3, S. 75.

S. 661, Z. 14–15: *Un amant qui craint les voleurs* ... – „Ein Liebhaber, der die Diebe fürchtet, ist der Liebe nicht würdig.“ Vgl. die Anm. zu S. 648 (*Das Fräulein von Scuderi*).

S. 662, Z. 19–20: *die eitle Montespan.* – Françoise Athénais, Marquise de Montespan (1641–1707), war vor der S. 668, Z. 24 genannten Marquise de Fontange die Geliebte des Königs.

S. 664, Z. 25: *René Cardillac.* – Auch dieser Name stammt, wie die meisten anderen aus Voltaires Werk (s. „Hoffmanns Quellen“), Bd. 3, S. 71.

S. 666, Z. 37–38: *den Racine von ihr erhalten sollte.* – Jean Baptiste Racine (1639–1699) wurde von Mme Maintenon stets protegiert. Seine Tragödie *Athalie* schrieb er für das von seiner Gönnerin geleitete Mädchenpensionat Saint-Cyr (1691). Vgl. Voltaire, a.a.O., Bd. 3, S. 77.

S. 668, Z. 24: *Marquise de Fontange.* – Maria Angélique de Scoraille (1661 bis 1681), Herzogin von Fontange, war die Geliebte des Königs vor der Marquise de Maintenon.

S. 670, Z. 20: *Boileau Despréaux.* – Nicolas Boileau-Despréaux (1636–1711), ein Freund Racines, war ein Satiriker von hohem Rang und scharfer Kritik, der vom Hof geschätzt wurde.

S. 670, Z. 24–25: *Herzogin von Montansier.* – Julie Lucine d'Angennes (1607–1671) war die Erzieherin der königlichen Prinzen und Prinzessinnen seit 1661.

S. 672, Z. 2: *la Chapelle.* – Jean de la Chapelle (1626–1686), eigentlich Claude Emmanuel l'Huillier, französischer Dramatiker.

S. 672, Z. 9: *Perrault.* – Der Architekt und Arzt Claude Perrault (1613–1688) entwarf die Fassade des Louvre. Boileau war ihm feindlich gesonnen, wie Voltaire, Bd. 3, S. 130 u. 165 zu berichten weiß.

S. 672, Z. 25: *Nicaise.* – Eine Straße an der Kirche St. Nicaise auf dem rechten Seineufer, heute nicht mehr vorhanden.

S. 677, Z. 33: *Claude Padru.* – Den Namen fand H. bei Voltaire, Bd. 3, S. 186.

S. 691, Z. 33: *Weise Männer sprechen viel* usw. – H. fand in der von ihm eifrig studierten medizinischen und psychologischen Literatur derartige Ansichten oft genug vor. (Ellinger).

S. 691, Z. 39: *Trianon.* – Das Schloß Trianon im Park zu Versailles ließ Ludwig XIV. der Marquise de Maintenon erbauen. H. kümmerte sich nicht um die historische Genauigkeit.

S. 692, Z. 24ff.: *Aber die Schrecken jenes fürchterlichen Augenblicks.* – Hier klingt das Thema der Erbsünde aus den *Elixieren des Teufels* wieder an.

S. 695, Z. 27: *Henriette von England.* – Henriette Anna von England (1644 bis 1670), Herzogin von Orléans, Tochter Karls I., Schwägerin Ludwigs XIV. soll am Gift gestorben sein, das ihr Gemahl ihr beigebracht haben soll.

S. 700, Z. 6–7: *Pierre Arnaud d'Andilly.* – Dem Namen begegnete H. bei Voltaire, Bd. 1, S. 52.

S. 700, Z. 15: „*La vrai peut quelque fois n'être pas vraisemblable.*" – „Das Wahre muß nicht immer das Wahrscheinliche sein." Nach Boileau, *L'art poétique*, Bd. 3, S. 48.

S. 705, Z. 15 *Louvois.* – François Michel le Tellier, Marquis de Louvois (1641 bis 1691), war seit 1666 der Kriegsminister Ludwigs XIV.

S. 706, Z. 6: *la Valliere.* – Louise Françoise de la Vallière (1644–1710). Geliebte Ludwigs XIV., die 1775 ins Kloster ging. Vgl. die folgende Anm.

S. 706, Z. 25: *Soeur Louise de la miséricorde.* – „Schwester Louise von der Barmherzigkeit", so auch bei Voltaire, Bd. 3, S. 42.

S. 709, Z. 22: *Kirche zu St. Eustache* im Osten von Paris, rechts der Seine.

S. 709, Z. 30: *Bureau d'Esprit*: „Salon der Geistigkeit".

S. 710, Z. 36–37: *in Wagenseils Chronik von Nürnberg.* – Vgl. die Anm. zu S. 648 (*Das Fräulein von Scuderi*).

S. 711, Z. 24–25: *Ifflands Jäger als Erzählung.* – *Die Jäger. Ein ländliches Sittengemälde in fünf Aufzügen* (1785) von A. W. Iffland. Die Erzählung ist bisher nicht bekannt geworden.

S. 712, Z. 2: *eine wirkliche Begebenheit.* – Vgl. S. 737 ff. und die Anmerkungen dazu.

Spielerglück

Den Anfang der wohl um die Jahreswende 1818/19 entstandenen Erzählung sandte H. am 25. Januar 1819 an Brockhaus zum Abdruck in dessen *Urania*, nachdem er gemahnt worden war. Maassen erinnert im Bd. 7 seiner Ausgabe an zwei Stammgäste bei Lutter und Wegner, deren Spielleidenschaft allgemein bekannt war: Lüttwitz und d'Elpons. Nimmt man die anschließenden Erinnerungen Theodors im Gespräch der Serapions-Brüder (S. 737 ff.) für bare Münze, so hätten Jugenderinnerungen H.s anregend auf die Gestaltung der Erzählung gewirkt. Vgl. die entsprechenden Anmerkungen zu S. 738 ff. Es ist bisher noch nicht bemerkt worden, mit welchem sprachlichen Raffinement H. das Thema von Spiel und Glück hier behandelt. Die zeitgenössische Kritik lobte die moralische Tendenz der Erzählung, und noch Ellinger sah hinter „rein menschlichem Interesse" die künstlerische Leistung zurückstehen.

S. 712, Z. 9: *Farobank.* – Faro: Glücksspiel mit Karten.

S. 714, Z. 7: *das seltene Schauspiel eines Ponteurs.* – H. schrieb „Ponteur" für „Pointeur", den setzenden Spieler.

S. 714, Z. 31: *Taille.* – Das Aufdecken der Spielkarten, das über Gewinn oder Verlust entscheidet.

S. 715, Z. 1–2: „*Mein Herr, ich muß Sie bitten* . . ." usw. – Vgl. Schillers *Geisterseher*, Buch 1: „Der Venezianer sagte dem Prinzen mit beleidigendem Ton – er störe das Glück, und er solle den Tisch verlassen."

S. 731, Z. 39–40: *perd – gagne.* – „verliert – gewinnt".

S. 738, Z. 1–2: *ein merkwürdiges Erlebnis aus meinem eignen Leben.* – Denen, die die Worte Theodors allzu buchstäblich auf Hoffmanns Leben übertragen wollen, mag die Szene in den *Elixieren des Teufels* eine Warnung sein, in der Medardus – unmittelbar vor einem Farospiel – einer alten Dame, die nach seinem Leben fragt, ein tolles Lügenmärchen auftischt (unsere Ausgabe, S. 128). Die Beziehungen zwischen Leben und Dichtung sind diffizilerer Art und führen zum „Spiel des Lebens" selbst. In den Karten sieht Medardus sodann „Aureliens Züge" (S. 129), aber die gleiche Szene fand H. bereits in Karl Grosses Roman *De Genius* gestaltet vor. Nicht umsonst ist in dieser Erzählung vom „Spiel seiner Phantasie", vom „Glück, womit Sie spielen" und vom „Spiel selbst als Spiel" die Rede. Die Parallele zwischen der Leidenschaft zum Spiel und der Leidenschaft zur Kunst (die insofern Spiel ist) muß gesehen werden, bevor man von „Selbstzeugnissen" in H.s Dichtungen spricht. „Es wäre alles gut, wenn nicht alles sich bei mir zur Leidenschaft umwandelte", schrieb H. aus Glogau, von wo er am 17. August 1798 mit einem Bekannten seines Onkels die Reise nach Sachsen unternahm. In Warmbrunn beteiligte er sich vermutlich an einem Glücksspiel, bei dem er eine erkleckliche Summe Geld gewonnen haben soll. Wichtiger als das war ihm aber im Brief an Hippel vom 26. August 1798: „daß mich die Nacht von Correggio in den Himmel gehoben – daß mich die Magdalena von Battoni entzückt hat, und daß ich mit tiefer Ehrfurcht vor der Madonna von Raphael gestanden habe –"

S. 741, Z. 15: *jene Reise nach Dresden, Prag und Wien.* – Die Reise, die H. vom 17. bis zum 25. August 1798 unternahm, führte ihn lediglich nach Dresden, nicht nach Prag und Wien.

S. 743, Z. 3–4: *Baron Grotthus.* – Der Baron Friedrich Wilhelm Carl Ludwig von Grotthus (1747–1801) aus Hannover wollte den in seiner Familie erblichen Wahnsinn mit Gewaltfußmärschen bekämpfen, die ihrerseits manisch waren. Reil erwähnt ihn in seinen *Rhapsodieen*, S. 363. (Nach Ellinger.)

(Der Baron von B.)

Unter diesem Titel erschien die folgende Erzählung in der *Allgemeinen Musikalischen Zeitung*. Am 12. Januar 1819 schickte sie H. an Härtel mit folgendem Bemerken: „In der Anlage erhalten Sie eine Kleinigkeit die meines Bedünkens indessen doch Interesse genug hat um aufgenommen zu werden. Der berühmte Violinspieler von dem die Rede ist, ist der Conzertmeister Möser, der Baron aber der bekante Baron von Bagge, dessen Namen ich deshalb nicht ausschrieb weil ich etwas mehr in die Geschichte hineingetragen als sich historisch verantworten lassen möchte. Die Hauptsache ist buchstäblich wahr. –" – Daten über den preußischen Kammerherrn Baron Ernst von Bagge konnte H. dem Gerberschen *Lexicon der Tonkünstler* (s. „Hoffmanns Quellen") und einem ausführlichen Aufsatz in der *Allgemeinen Musikalischen Zeitung* vom 16. September 1801 entnehmen, Diesen Aufsatz gibt Maassen im Bd. 7 seiner Ausgabe, S. XLIX ff. wieder.

– Der im Brief erwähnte Conzertmeister und Violinvirtuose Karl Möser (1774–1851) war seit 1792 kgl. Kammermusicus. Die Redaktion der *Allgemeinen Musikalischen Zeitung* lüftete seine Anonymität in H.s Beitrag (vielleicht absichtlich) dadurch, daß sie unmittelbar auf die Erzählung H.s einen Aufsatz über ein Violinkonzert Mösers brachte.

S. 743, Z. 37: *Konzertmeister Haak.* – Karl Haak (1751–1819) war Violinvirtuose und (1796–1811) Konzertmeister bei der kgl. Kapelle in Berlin.

S. 744, Z. 2–3: *mit dem jüngern Duport, mit Ritter und anderen.* – Jean Louis Duport (1749–1819), ein französischer Cellist, war 1789–1806 Mitglied der kgl. Kapelle in Berlin; der Fagottist Georg Wenzel Ritter (1748–1808) gehörte der gleichen Kapelle an.

S. 746, Z. 1: *Karl Stamitz.* – Der bereits im *Rat Krespel* (S. 38, Z. 31) und in der *Fermate* (S. 60, Z. 1) erwähnte Komponist und Virtuose, der vor allem die Bratsche und Viola d'amore spielte.

S. 746, Z. 25–26: *Antonio Stradivari.* – Die Geige ist, wie gewöhnlich, nach ihrem Erbauer (1644–1737) aus Cremona benannt. Vgl. die Anm. zu S. 39, Z. 27.

S. 746, Z. 38: *Granuelo.* – Italienischer Geigenbauer aus der 1. Hälfte des 17. Jahrhunderts.

S. 746, Z. 39: *Tartini.* – Der ebenfalls bereits im *Rat Krespel* (S. 37, Z. 42) genannte Giuseppe Tartini (1692–1770).

S. 747, Z. 19: *Nardini.* – Pietro Nardini (1722–1793) war ein italienischer Komponist und Violinspieler.

S. 747, Z. 28: *mit solch hoher Vollkommenheit.* – Das Können des Möserschen Quartetts wurde oft gerühmt, so in der *Allgemeinen Musikalischen Zeitung*. H. kannte Möser bereits seit 1806, als er ihn in Warschau gehört hatte. Am 6. November 1819 und am 30. März 1820 schrieb H. in der *Vossischen Zeitung* die Beiträge *An den Herrn Konzertmeister Möser* und *Noch einige Worte über das Konzert des Herrn Konzertmeister Möser*, zwei sehr lobende Besprechungen über Konzerte, die Möser in Berlin gegeben hatte. Vgl. den Text der Rezensionen im Band *Schriften zur Musik/Nachlese* unserer Ausgabe, S. 332–335.

S. 748, Z. 29: *Corelli.* – Arcangelo Corelli (1653–1713), berühmter italienischer Komponist, den H. bereits in den *Kreisleriana* erwähnt. Seine Violinsonaten sind musikgeschichtlich von Bedeutung.

S. 748, Z. 32: *Pugnani.* – Gaetano Pugnani (1731–1798), Virtuose und Komponist.

S. 748, Z. 34: *Appoggiamento.* – Singbarer Ton; eigentlich: Verbinden zweier Töne durch Herüberziehen und Aneinanderschmelzen.

S. 748, Z. 34–35: *Geminiani.* – Francesco Geminiani (1667–1762), Virtuose und Violinlehrer, sowie Komponist, der 1749–1755 in Paris lebte.

S. 748, Z. 38: *tempo rubato:* „geraubtes Tempo", um des Effektes willen gesteigertes oder retardiertes Tempo.

S. 749, Z. 3: *Giardini.* – Felice Giardini (1716–1796), italienischer Virtuose, der wegen eigenwilliger Verzierungen von dem im folgenden (Z. 11–12) erwähnten italienischen Opernkomponisten Niccolò Jommelli (1714 bis 1774) tatsächlich geohrfeigt worden sein soll.

S. 749, Z. 16: *Lolli.* – Antonio Lolli (um 1730–1802), technisch brillanter Violinvirtuose von jedoch geringem musikalischen Einfühlungsvermögen. Der Baron von B. gibt die Ansicht seiner Zeit wieder.

S. 749, Z. 20: *Viotti.* – Giovanni Battista Viotti (1755–1824), Komponist und Virtuose, der das neuere Violinspiel begründet haben soll. H. erwähnt ihn auch in *Klein Zaches genannt Zinnober.* Der obengenannte Möser (S. 747, Z. 28) spielte in dem von H. rezensierten Konzert ein Violinkonzert Viottis.

S. 749, Z. 24: *Kreuzer.* – Rodolphe Kreutzer (1766–1831), hochberühmter Violinvirtuose, dem Beethoven seine bekannte Sonate (op. 47) widmete, ist auch als Komponist hervorgetreten. H. übersetzte seine mit Rode und Baillot gemeinsam verfaßte Violinschule ins Deutsche.

S. 749, Z. 28–29: *Giarnovichi.* – Giovanni Mane Giarnovichi (1745–1804), italienischer Violinvirtuose, Schüler Antonio Lollis.

S. 749, Z. 33: *Rhode.* – Pierre Rhode (1774–1830), hochberühmter Violinvirtuose, der 1811 ein Konzert in Bamberg gab; vgl. *Kreisleriana.*

S. 750, Z. 29: *Durand.* – August Friedrich Durand, eigentlich Duromowski (um 1770–?), polnischer Violinist, trat seit 1794 in Deutschland mit Konzerten auf.

S. 750, Z. 41: *Antonio Amati* (um 1559–nach 1640), der bekannte Geigenbauer aus Cremona; vgl. die Anm. zu S. 34, Z. 41.

S. 753, Z. 42: *wie in Fouqués Undine.* – H. kannte den zuerst 1811 in den *Jahreszeiten* erschienenen Text nur zu gut, orientierte sich doch an ihm seine Komposition der Oper *Undine.*

VIERTER BAND

S. 758, Z. 6: *ich kenne einen jungen Mann.* – In der Fiktion der Rahmenerzählung gibt sich Cyprian als derjenige aus, von dem hier die Rede ist. Vgl. Z. 17: „er spricht von mir". Aber es ist ganz ungewiß, ob H. einen bestimmten seiner Freunde meint. Wie unsicher die Zuordnungen der Gesprächspartner zu lebenden Vorbildern sind, geht allein daraus hervor, daß Hans von Müller meint, H. porträtiere sich selbst hier als Mystiker, während Maassen der Ansicht ist, mit Cyprian sei hier Koreff gemeint.

S. 758, Z. 34–35: *einen andern jungen Mann.* – Auch hier dürfte es sich eher um eine erzählerische Replik handeln als um eine Selbstdarstellung H.s, wie Maassen meint. Theodor trägt zwar viele Züge von H., aber er ist nicht mit ihm identisch.

S. 759, Z. 22: *Calembours* sind Wortwitze, Kalauer.

S. 760, Z. 8: *als Sarastro auftreten.* – Sarastro erscheint gegen Ende des 1. Aufz. in Mozarts *Zauberflöte* in einem Wagen, den sechs Sklaven ziehen.

S. 760, Z. 26: *und unser ehrliche D.* – Wohl eine Anspielung auf Devrient, H.s Freund und Zechgenossen der Berliner Zeit.

S. 761, Z. 21: *Pagliasso* ist ein Spaßmacher, ein Hanswurst.

S. 761, Z. 31–32: *in Rabeners Traum von abgeschiedenen Seelen.* – Gottlieb Wilhelm Rabener (1714–1771) war ein redlicher Satiriker. Die Stelle, auf die H. hier anspielt, steht im 2. Band der vierbändigen *Sammlung satyrischer Schriften* (1751–55), S. 47. (Nachweis Ellingers.)

S. 762, Z. 2–3: *von meinem alten humoristischen Onkel.* – Der im *Majorat* auftretende Onkel hat sein Vorbild in H.s Onkel Christoph Ernst Voeteri, einem Justizrat und Bruder beider Großmütter H.s, der 1795 starb. Maassen ist der Ansicht, dieser Onkel werde zu derb humoristisch gezeichnet, als daß Voeteri auch hier gemeint sein könnte.

S. 764, Z. 4–5: *im nächsten Lustspiel Gebrauch machen.* – Vgl. die Anmerkung zu S. 643, Z. 4, wo ebenfalls Sylvester als Theaterdichter vorgestellt wird.

S. 764, Z. 7: *in Katzenbergers Badereise.* – Vgl. in Jean Pauls *D. Katzenbergers Badereise* die 2. Abteilung, 38. Summula: *Wie Katzenberger seinen Gevatter und andere traktirt.* Ellinger hat sich allen Ernstes auf die Suche nach einem Vorbild gemacht, weil er den Scherz Z. 12–14: *Den vortrefflichen Katzenberger . . . habe ich übrigens persönlich gekannt* nicht als Scherz verstand.

S. 765, Z. 12: *den Bürgermeister in jenem Lustspiel.* – Gemeint ist Kotzebues *Die deutschen Kleinstädter* (1803), Aufz. 3, Szene 7: „Bürgermeister. Wiederum auf besagten Hammel zu kommen –“.

S. 765, Z. 42–S. 766, Z. 1: *Salvator Rosa.* – Der bereits auf den ersten Seiten der *Serapions-Brüder* (und auch in der *Jesuiterkirche in G.*) erwähnte italienische schriftstellernde Satiriker und Maler (vgl. S. 18 und die Anm. zu S. 18, Z. 17) wird zum Helden der nun folgenden Novelle. S. die Anm. zu S. 766 *(Signor Formica)*.

S. 766, Z. 10: *den eigentlichen Novellenton.* – *Signor Formica* ist das einzige Prosastück in dieser Sammlung, das H. ausdrücklich als „Novelle“ bezeichnet hat, worauf das Gespräch dann (S. 840) Bezug nimmt.

S. 766, Z. 17: *Captatio benevolentiae.* – Bitten um Wohlwollen.

S. 766, Z. 23: *Ottmar begann.* – Maassen hält fest, daß Ottmar die „italienischen Geschichten“ erzähle: *Doge und Dogaresse* im 2. Band (S. 355 ff.) und jetzt *Signor Formica.* Das charakterisiere ihn, Ottmar, und also auch Hitzig. Diese Argumentation findet ihren Widerpart in der Tatsache, daß Ottmar ja auch *Ein Fragment aus dem Leben dreier Freunde* und *Der unheimliche Gast* erzählt, ganz „unitalienische“ Geschichten, deren erstere Hans von Müller sogar als *Berlinische Geschichte* versteht. Es ist also durchwegs vor Typisierungen der Erzähler zu warnen.

Die Novelle entstand Anfang 1819 und wurde Ende März fertig. Am 27. Januar 1819 bat H. Adalbert von Chamisso, ihm bei der Beschaffung von Literatur behilflich zu sein. Er schrieb: „Ich merke schon, daß aus meinem Besuch der Bibliothek nichts werden wird, da meine Arbeit, die sich immer mehr häuft, mich jeden Vormittag festhält. Sie, Verehrtester Freund, gehen aber wohl gewiß einmal in eignen Angelegenheiten herauf, und dann bitte ich Sie, meiner als eines armen hülfsbedürftigen Schriftstellers in Gnaden zu gedenken!

Ich wünsche auf das dringenste zu haben:

1) ... [Vgl. die Anm. zu *Meister Martin der Küfner und seine Gesellen*.]

2) irgend ein Werk, aus dem ich mich näher über Salvator Rosa's Leben unterrichten kan, z. B. Jagemanns Magazin der ital: Litteratur oder *Tiraboschi vita degli pittori* oder den Sandrart, oder etwas anderes, Spicker und Wilken werden gewiß nähere Auskunft geben können.

Haben Sie die Güte, obige Bücher auf Ihren Nahmen für mich zu leihen und mir durch den Boten der Bibliothek, den ich dafür königlich belohnen werde, in meine Wohnung (Taubenstraße No 31) zu senden und verhelfen Sie auf diese Weise der Welt zu neuen ergötzlichen Produkten Ihres ergebenen Dieners und Stellschrifters

Hff."

Von der genannten Literatur kam H. nur Jagemanns *Magazin der Italienischen Litteratur und Künste* (Weimar 1780–1785) zustatten, in dessen 4. Band, S. 1–17 sich eine Biographie Rosas findet (Vgl. „Hoffmanns Quellen"). Die beiden andern von H. genannten Werke brachten nichts ein. Giralomo Tiraboschi schrieb nie eine *vita degli pittori* und Joachim von Sandrarts *Teutsche Academie der Bau-, Bildhauer- und Malerkunst* (Nürnberg 1675 u. ö.) wiederholt lediglich, was H. bereits aus anderen Quellen zugänglich war. Allerdings finden sich in diesem Werk die Kopien der Radierungen Rosas, die H. kaum anderswo gesehen haben dürfte. Außerdem ist H. wahrscheinlich dem hier gebotenen bibliographischen Hinweis auf das Werk Dezalliers d'Argensville, *Leben der berühmtesten Maler* (Leipzig 1767–68) in vier Bänden, nachgegangen. Dort, im 2. Teil, S. 368–383, wird über Salvator Rosa gesprochen. *Spicker* und *Wilken* sind die Namen zweier Bibliothekare. Weiter benutzte H. folgende Bücher: 1. Johann Domenicus Fiorello, *La Pittora, Satira di Salvator Rosa* ... Göttingen 1785; 2. Johann Rudolf Füßli (d. Jüngere), *Allgemeines Künstlerlexikon*, das 1763 in 1. Aufl. in Zürich erschien, 1799 eine wesentlich vermehrte Fassung erhielt und von Johann Heinrich Füßli (1745–1832), seinem Sohn, vollendet wurde als *Allgemeines Künstlerlexikon: Zweyter Theil, welcher die Fortsetzung und Ergänzung des ersten enthält*, Zürich 1806–1821, nebst Zusätzen von 1824. Im 6. Abschnitt dieses Lexikons fand H. 6½ Foliospalten über Salvator Rosa, aus denen er manche Anregung empfing; 3. *Reisen eines Deutschen in Italien in den Jahren 1786–1788. In Briefen von Karl Philipp Moritz* (Berlin 1792/93) in drei Teilen.

Am 5. Februar wandte sich H. wegen weiterer Literatur an den Leihbibliothekar Kralowsky: „Vielleicht können Sie, Verehrter Freund! der Sie mir schon so oft aus der DichterNoth halfen, auch dieses Mal beistehen.
Es ist mir einer Erzählung halber, die ich so eben unter der Feder, sehr wünschenswerth mich in den Straßen und Plätzen Roms ganz zu orientieren. Haben Sie vielleicht Fernows Gemählde von Rom oder eine andere Reise nach Italien, in der Rom genau geschildert wird, bey der Hand, so würden Sie mich ganz außerordentlich verbinden, wenn Sie die Güte hätten mir dergleichen Hülfsmittel auf ein paar Tage darzuleihen. –"
Karl Ludwig Fernow (1763–1808) verfaßte die *Gemälde der merkwürdigsten Hauptstädte von Europa*, die 1802 und 1803 als Taschenbücher bei Perthes in Gotha erschienen. Der Jahrgang 1803 trägt den Untertitel *Sitten- und Culturgemälde von Rom*.
Schließlich, am 27. März, war die Erzählung fertig und konnte an Enoch Richter abgeschickt werden. Im Begleitbrief schrieb H.: „Ew. WohlGebohren erhalten in der Anlage die versprochene Erzälung mit der gehorsamsten Bitte es entschuldigen zu wollen, daß sie etwas zu lang gerathen, ich hoffe indessen daß sie nicht langweilig ausgefallen seyn wird. Gönnen Sie mir diesmal ein größeres Plätzchen, künftig werd' ich mich bescheiden zu beschränken wissen. . . .
Meine hiesigen Freunde haben sehr günstig über meine Arbeit geurtheilt und so wird sich wohl Signor Formica doch nicht ohne Noth so breit gemacht haben."

S. 766, Z. 26: *Salvator Rosa*. – Vgl. die Anm. zu S. 18, Z. 17 und S. 765, Z. 42.

S. 767, Z. 6: *selve selvagge*. – wilde Wälder. In Dantes *Göttlicher Komödie*, Inferno I, 5 heißt es: „Questa selva selvaggia ed aspera e forte."

S. 767, Z. 10: *der berüchtigte Mas'Aniello*. – Tomaso Angelo Maya (1623 bis 1647), ein neapolitanischer Fischer, war der Anführer des Aufstandes in Neapel gegen den spanischen Vizekönig; er riß die Herrschaft an sich, geriet jedoch wenige Tage darauf in Wahnsinn und wurde ermordet. H. verteidigt im übrigen Rosa nur mit dem Recht des Dichters; die Geschichte und sogar Hoffmanns Quelle (Jagemann) weiß es anders.

S. 767, Z. 13: *Aniello Falcone*. – Angelo Falcone (1600–1665) war Schüler des Malers Ribera und schuf wilde Schlachtengemälde, daher sein Beiname „Oracolo delle batagglie", den H. bei Jagemann fand, nach dem auch die folgende Passage geschrieben wurde (a.a.O., S. 6).

S. 767, Z. 34: *Taillasson*. – Jean Joseph Taillasson (1746–1809), der französische Maler, schrieb 1807 die *Observations sur quelques grands peintres* . . ., eine von H.s Quellen. Was H. in diesem Absatz zusammenfaßt, steht bei Taillasson auf S. 21–22. (Nach Maassen.)

S. 768, Z. 6: *mag Taillasson sogar recht haben*. – Nicht Taillasson sagt das, sondern H. fand diese Bemerkung in Taillassons Buch als ein Zitat aus Füßlis Lexikon. (Nach Maassen.)

S. 768, Z. 10–11: *unrecht bliebe es doch, von den Werken auf den Meister selbst zu schließen*. – Ein Grundsatz, der der H.-Forschung, hätte sie ihn befolgt, gut getan hätte. Ottmar spricht hier deutlich für H., besonders wenn er Z. 30 Rosa einen ebenso guten *Dichter und Tonkünstler, als Maler* nennt. Maassen geht in den „Vorbemerkungen" zu Bd. 8 seiner Ausgabe auf die Ähnlichkeiten im Wesen und Charakter beider Künstler näher ein (S. VIII ff.). H.s Quelle, Füßlis Künstlerlexikon, betont ebenfalls die Unmöglichkeit eines zu engen Biographismus.

S. 769, Z. 14: *die Straße Bergognona.* – H. schreibt *Bergognona,* obwohl die Straße damals Borgognona hieß. Diese Schreibweise deutet auf Karl Philipp Moritz als Quelle (s. „Hoffmanns Quellen"), dem er auch die Schilderung von dem „nur zwei Fenster breiten Hause" verdankt. (Nachweis Maassens.)

S. 770, Z. 1: *nozze e magistrati sano da Dio destinati!* – „Hochzeiten und Ämter sind von Gott vorherbestimmt." Dieses und die folgenden Sprichwörter entnahm H. ebenfalls den *Reisen eines Deutschen* von Moritz. (Nachweis Maassens.)

S. 770, Z. 8–9: *Chi va piano, va sano, chi va presto, more lesto.* – Wörtlich: „Wer langsam geht, geht sicher, wer schnell geht, stirbt rasch."

S. 771, Z. 27: *Marionetten-Pulcinell.* – Figur des Narren in der Posse und Commedia dell'arte.

S. 775, Z. 12–13: *nach der Pyramide des Cestius.* – Dort, am Fuße des Aventin, wurden die Nichtrömer bestattet.

S. 776, Z. 5: *Antonio Scacciati.* – Diese Figur ist angeregt von Jagemann, a.a.O., S. 1 f., der davon berichtet, Salvator Rosa habe einem Wundarzt Aufnahme in die Akademie S. Luca verschafft.

S. 776, Z. 27: *ich meine den Sanzio!* – Raffael.

S. 777, Z. 36–37: *der große Annibal.* – Annibale Caracci (1560–1609) aus der berühmten Malerfamilie schuf die Fresken des Palazzo Farnese. Historisch ist die von H. berichtete Adoption nicht möglich.

S. 777, Z. 38: *Guido Reni* (1575–1642) war ein bedeutender Maler der Bologneser Schule, dessen spätere Werke künstlerisch schwächer sind.

S. 778, Z. 27 ff.: *Das historische Bild setzt Euch Grenzen* usw. – Diese Charakterisierungen verdankt H. seinen Quellen, vor allem Füßlis *Künstlerlexikon,* S. 1342. Auch die folgenden Passagen gehen darauf zurück.

S. 779, Z. 14 ff. Vgl. zu dieser Auseinandersetzung zwischen der Landschafts- und der Historienmalerei die gestrichene Stelle aus der *Brautwahl,* die in der Anm. zu S. 547, Z. 28 zitiert wird.

S. 779, Z. 33: *Preti.* – Mattio Preti (1613–1699), ein Schüler Giovanni Lanfrancos (s. Anm. zu S. 780, Z. 42), wurde „il Cavaliere Calabrese" genannt, weil er zu Streitigkeiten neigte und sich nirgends lange halten konnte.

S. 780, Z. 41–42: *Tiarini . . . Gessi . . . Sementa . . . Lanfranco.* – Allessandro Tiarini (1577–1668), ein Schüler Carraccis, war bedeutender als der Bologneser Francesco Gessi (1588–1649) und sein Mitschüler Giovanni Giacomo

Sementi (1580–um 1630). Giovanni Lanfranco (1580–1647) malte die Kuppel zu St. Andrea della Valle in Rom aus; auch er war ein Schüler Carraccis.

S. 781, Z. 19: *unseren Dominichino.* – Dominico Zampieri, genannt Dominichino (1581–1641), Maler der Bologneser Schule, war in Rom sehr rege tätig. Für diese Begebenheit diente H. wohl d'Argensville Bd. 2, S. 180 f. zur Vorlage. (Nachweis Maassens.)

S. 781, Z. 22: *den Schurken Belisario und den Ribera!* – Belisario Corencino (1558–1643), ein spanischer Maler, der viel in Neapel arbeitete; Giuseppe Ribera (1588–1656) war ebenfalls ein in Neapel lebender Spanier. Aufgrund seiner gesellschaftlichen Position übte er eine Art Monopol aus.

S. 783, Z. 16: *Velasquez.* – *Diego Velasquez* (1599–1660) hielt sich 1646–1651 zum zweiten Male in Rom auf; die Begegnung zwischen ihm und Salvator Rosa fand H. bei d'Argensville, a.a.O., T. 2, S. 332 geschildert.

S. 783, Z. 22: *Es begab sich* usw. – Diese Begebenheit schildert H. nach Jagemann, a.a.O., S. 7 f. (Nachweis Maassens.)

S. 784, Z. 38: *Ritter Josepin.* – Giuseppe Cesari (1570–um 1640), genannt Josephino, Cavalliere d'Arpino, ein römischer Maler.

S. 787, Z. 3–4: *Signor Pasquale Capuzzi.* – Keine historische, sondern eine von H. erfundene Figur.

S. 787, Z. 16: *Frescobaldi.* – Girolamo Frescobaldi (1583–1643 oder 1644), ein Instrumental- und Vokalkomponist, der 1608–1628 und 1633–1643 Organist am Petersdom war.

S. 787, Z. 18: *Ceccarelli.* – Odoardo Ceccarelli da Mevania war Tenorsänger im Vatikan, dessen Orchester er später leitete. Auch als Musikwissenschaftler ist er von Bedeutung. *Merania* (Z. 21) ist ein Schreibfehler H.s.

S. 787, Z. 23: *Senegaglia* ist eine italienische Hafenstadt in Ancona an der Misa.

S. 787, Z. 30: *Francesco Cavallis Oper Le Nozze di Teti e di Peleo.* – Francesco Cavalli (um 1600–1676?), eigentlich Caletti-Bruni, dessen Oper *(Die Hochzeit von Thetis und Peleus)* 1639 uraufgeführt wurde.

S. 787, Z. 41: *Martinelli* läßt sich in den Quellen H.s nicht nachweisen.

S. 788, Z. 2: *die Motetten von Carissimi.* – Giacomo Carissimi (1604–1674), seit 1628 als Kapellmeister in Rom, komponierte geistliche Musik und gilt als Neuerer in der Motettenkomposition.

S. 791, Z. 8: *ein Bravo, dann aber Sbirre.* – Ein gedungener Mörder, dann aber Polizeidiener (namentlich im Vatikan).

S. 796, Z. 5ff. : *Währenddessen hatte aber Salvator* usw. – Bei d'Argensville, a.a.O., T. 2, S. 376 lautet die Anekdote in aller Kürze: „Als er einmal ein elendes Klavier spielte, sagte er: ich will bald machen, daß es hundert Thaler werth seyn soll; und bemalte es so schön, daß es auf der Stelle dafür verkauft wurde.“ Doch wird die Begebenheit auch in anderen Büchern berichtet, die H. kannte.

S. 796, Z. 40: *zum Grafen Colonna.* – Der Graf wird von d'Argensville, a.a.O., T. 2, S. 377 als Gönner Salvator Rosas erwähnt.

S. 796, Z. 41: *Rossi.* – S. Anm. zu S. 830, Z. 41.

S. 798, Z. 41–42: *Fate il passo secondo la gamba.* – Diese Sprichwörter zitiert H., wie in der Anm. zu S. 770, Z. 1 gesagt, nach Moritz' *Reisen eines Deutschen.* Die Übersetzung des Sprichwortes Z. 39 ist wörtlich; hier müßte sie lauten: „Tu den Schritt dem Bein entsprechend", also: „geh wie die Beine es erlauben"; doch liegt der Witz dieser redensartlichen Zitate gerade in ihrer originellen Übersetzung.

S. 799, Z. 3: *asino punto convien che trotti.* – „Ein geprügelter Esel muß gehen."

S. 799, Z. 9–10: *chi ha nel petto fiele, non puo sputar miele.* – „Wer Galle in der Brust hat, kann keinen Honig ausspucken."

S. 805, Z. 17: *Zio carissimo.* – liebster Onkel.

S. 805, Z. 35: *in der Argentina.* – Das Theater an der Via Torre Argentina.

S. 805, Z. 36: *Primo Uomo da Donna.* – Der Erste Liebhaber.

S. 805, Z. 39: *Giovedi grasso.* – Der fette Donnerstag (vor der Fastenzeit), vgl. die Anm. zu S. 385, Z. 14.

S. 806, Z. 32: *Pasquarello.* – Die Maske eines alten Narren aus Neapel. In der italienischen Stegreifkomödie vertraten die Masken Städte und Landschaften, die verhöhnt werden sollten. Vgl. *Prinzessin Brambilla.*

S. 806, Z. 37: *der sich Signor Formica nannte.* – „formica" heißt: Ameise. Weshalb Salvator sich so nannte, ist unbekannt.

S. 806, Z. 41: *der Doktor Graziano.* – Ohne den „Dottore" war die italienische Komödie undenkbar. Er stellte den plumpen Pedanten dar, der mehr sagt, als er zu sagen hat. Natürlich wird er an der Nase herumgeführt.

S. 807, Z. 13: *Scherza coi fanti e lascia star i santi!* : „Spiele mit den Kindern und laß die Heiligen in Ruhe!"

S. 807, Z. 34: *Odoardo Ceccarelli.* – S. Anm. zu S. 787, Z. 18.

S. 809, Z. 34 ff.: *Cordier . . . Küfner . . . . Liers . . . Ghigi . . .* – Die Bemühungen Ellingers und Maassens, diese Namen historischen Personen zuzuordnen, blieben ohne Erfolg. Man muß annehmen, daß H. die Namen willkürlich gewählt hat.

S. 810, Z. 19: *Sankt Bernardus.* – Gemeint ist natürlich Bernhard von Clairvaux (1091–1153), über den es Heilungslegenden gibt.

S. 813, Z. 22–23: *Con arte e con inganno si vive mezzo l'anno, con inganno e con arte si vive l' altra parte.* – Die wörtliche Übersetzung lautet: „Mit Geschick und List lebt man das erste halbe Jahr, mit List und Geschick das zweite."

S. 820, Z. 18: *den Teufel Fanfarell.* – Farfarell heißt der Teufel in Gozzis *Die Liebe zu den drei Pomeranzen.* (Nachweis Maassens.)

S. 821, Z. 24: *wie es irgendwo heißt.* – Nämlich in Shakespeares *Hamlet,* Aufz. 2, Szene 2. Das gleiche Zitat in *Des Vetters Eckfenster.*

S. 823, Z. 6–7: *sobald ich an eine Verbindung mit ihr denke.* – Dies ist ein Seitenmotiv des Themas von der „Liebe des Künstlers", das H. in vielen Variationen gestaltet hat. Ähnlich wie hier taucht es in der *Fermate*, im *Artushof* und in der *Jesuiterkirche in G.* auf.

S. 824, Z. 21 ff.: *Der Doktor fragte nun den Pasquarello* usw. – Maassen weist im Bd. 8 seiner Ausgabe (S. 368) nach, daß die folgende Inhaltsangabe des Spiels dem Gerippe zu einer Komödie gleicht, wie es die Stegreifkomödianten auszufüllen hatten: „Hoffmann gibt in seiner Schilderung eine Kopie von Gozzis Szenarien, z. T. mit wörtlichen Anklängen."

S. 826, Z. 30–31: *Frescobaldis Kanzonen und Carissimis Motetten.* – S. die Anm. zu S. 787, Z. 16 und 788, Z. 2.

S. 828, Z. 23: *der Vetturino* ist in der deutschen Italienliteratur eine bekannte Figur. Es ist der Droschkenkutscher.

S. 830, Z. 11 ff.: *In der Tat gelang es der neidischen Rotte* usw. – Das Folgende berichtet H. nach Jagemann, a.a.O., S. 14 ff. (Nachweis Maassens.)

S. 830, Z. 37: *Das eine dieser Gemälde* . . . – H. lehnt sich sehr frei an eine Beschreibung bei Jagemann, a.a.O., S. 8 an. (Nachweis Maassens.)

S. 830, Z. 41: *Auf dem andern Gemälde* usw. – Ebenfalls nach Jagemann, a.a.O., S. 9. Jagemann erwähnt an dieser Stelle, daß Carl de Rossi das Bild erworben habe.

S. 831, Z. 23 ff.: *die berühmtesten Dichter und Gelehrten der Zeit.* – Statt eigener Erklärungen soll hier die Textstelle stehen, auf die sich H. offenbar bezogen hat: „Er fand zu Florenz Fürsten, die in die Beförderung der Künste und Wissenschaften ihren größten Ruhm setzten, einen Adel, der in der Wohltätigkeit gegen gute Künstler mit den Fürsten wetteiferte, und eine Menge gelehrter Männer und Künstler, die ihn mit Sehnsucht in ihre Freundschaft aufnahmen. Unter diesen waren der berühmte Mathematiker *Evangelist Torricelli*, *Valerio Chimentelli*, Lehrer der schönen Wissenschaften auf der Universität zu Pisa, desselben Kollege *Johann Baptist Rocciardi*, ein vortrefflicher Dichter, der gelehrte *Andreas Cavalcanti*, der Doktor Berni, Paolo Vendramini, ein großer Politiker, *Johann Philipp Apolloni*, ein Aretinischer Schauspieldichter, *Volunnio Bandelli*, nachmaliger Kardinal, *Pietro Salvetti*, ein guter Dichter, Paolo Minucci, der den gelehrten Kommentar über des Lippi Malmantile riacquisato verfertigt hat, und der durch seine kleine Gedichte berühmte *Franz Rovai*." H. hat also die deutschen Namen wieder „italisiert".

S. 831, Z. 37: *Academia de' Percossi.* – „Akademie der Geschlagenen".

S. 834, Z. 25–26: *der berühmte Schauspieldichter Filippo Apolloni.* – Von diesem bereits in obiger Anm. erwähnten Dichter sagt Maassen bündig: „Die Berühmtheit dichtete ihm Hoffmann an, die Literaturgeschichte hat ihn vergessen."

S. 840, Z. 31–32: *Er streckt die offne Brust der Partisane entgegen.* – Ungenaues Zitat nach *Wallensteins Tod*, Aufz. 3, Szene 15.

S. 841, Z. 9–10: *sich bei dem Leser deshalb zu entschuldigen!* – Im 3. Kapitel des 4. Teiles entschuldigt sich Don Quixote mit der „Wahrheit der Geschichte", die er zu respektieren habe.

S. 841, Z. 38 ff.: *Wohl darum nur, weil Heiland man mich nannte* usw. – Das Gedicht fand H. in italienischer Sprache bei Jagemann, a.a.O., S. 14 f. Die Übersetzung stammt sehr wahrscheinlich von H. selbst.

S. 842, Z. 32: *die Pagenstreiche.* – Eine Posse von Kotzebue (Leipzig 1804).

S. 842, Z. 39: *Bei Jünger.* – Johann Friedrich Jünger (1759–1797) war ein sehr fruchtbarer Romancier und Theaterdichter, der zeitweise mit Schiller bekannt war. Seine *Lustspiele* erschienen in 5 Bänden 1785–1789, sein *Comisches Theater* 1792–1795 bei Göschen. Am bekanntesten wurde wohl *Die Badekur.*

S. 842, Z. 40 – S. 843, Z. 1: *Bretzner.* – Christoph Friedrich Bretzner (1748 bis 1807), ein bekannter Lustspieldichter seiner Zeit, der u. a. Lavaters Physiognomik verspottet hat *(Karl und Sophie oder die Physiognomie).*

S. 843, Z. 4: *der Eheprokurator.* – Ein fünfaktiges Lustspiel Bretzners, *Liebe nach der Mode oder Der Eheprokurator,* erschien 1781.

S. 843, Z. 7–8: *hat er es durch seine Opern ganz und gar verdorben.* – Bretzners *Operetten* (Leipzig 1799) setzte Kaffka in Musik. Bekannt wurden Bretzners Texte zu Mozarts *Entführung aus dem Serail* und *Cosi fan tutte.*

S. 843, Z. 17–18: *Still, o still, ihr guten Leut!* usw. – Nach Shakespeares *Romeo und Julia,* Aufz. 1, Szene 4.

S. 843, Z. 32: *die sogenannten Schubladen-Stückchen.* – Verkleidungsstücke, die die Virtuosität eines Schauspielers herausstellen sollten. Vgl. *Seltsame Leiden eines Theater-Direktors.*

S. 844, Z. 10–11: *wie in Wilhelm Meisters Lehrjahren.* – Anspielung auf das 1. Kapitel des 3. Buches, wo es heißt: „Dieser Mensch, den wir schon aus dem vorigen Buche als Philinens Liebling kennen, pflegte gewöhnlich Pedanten, Magister und Poeten zu spielen und meistens die Rolle zu übernehmen, wenn jemand Schläge kriegen oder begossen werden sollte."

S. 844, Z. 20: *ein gar absonderlicher Mann.* – Es wurde bisher nicht ermittelt, auf wen H. hier anspielt.

S. 844, Z. 30: *in Tiecks verkehrter Welt.* – *Die verkehrte Welt,* Aufz. 2, Szene 4, im 2. Bd. des *Phantasus.*

S. 845, Z. 42: *nach der Schröderschen Bearbeitung.* – Friedrich Ludwig Schröders Hamlet-Übersetzung erschien im Rahmen des *Hamburgischen Theaters* 1778, während Schlegels Übersetzung in *Shakespeares Dramatischen Werken* 1798 erschien. Die bezeichnete Szene ist bei Schröder II, 7 und bei Schlegel I, 5.

S. 846, Z. 3–4: *Oldenholm (den Namen Polonius wollte er nicht gelten lassen).* – Eben weil er auf der Schröderschen Übersetzung fußt, wo Polonius Oldenholm heißt.

S. 846, Z. 27–29: *die die poetische Gerechtigkeit handhabend die Narrheit züchtigen und die Tugend belohnen.* – So verhält es sich in Kotzebues *Pagenstreichen.*

S. 848, Z. 18–19: *hundert Papierchen rauschten auf.* – Diese Passage wird ganz allgemein in der H.-Forschung als ein „Blick in Hoffmanns Werkstatt" gewertet: Man könne H.s Arbeitsweise daraus rekonstruieren.

S. 849, Z. 33–34: *den Räuber Moor, den Ludwig Tieck ...* – Im *Phantasus*, 3. Band.

S. 850, Z. 6–7: *der Dichter der Söhne des Tales.* – Zacharias Werners erstes dramatisches Werk erschien mit dem Untertitel *Ein dramatisches Gedicht* 1803 anonym.

S. 850, Z. 30–32: *von dem zweiten Teil des Kreuzes an der Ostsee ...* – Vgl. die sonstigen oft aufschlußreichen Äußerungen H.s (auch in Briefen) über Zacharias Werner, den Verfasser dieses Dramas, zu dem H. die Musik schrieb. *Das Kreuz an der Ostsee. Ein Trauerspiel vom Verfasser der Söhne des Tales. Erster Teil: Die Brautnacht* erschien 1806, der zweite Teil erschien nie; H. kannte aber wohl Entwürfe zu ihm aus Werners Vorlesung in Warschau. Dort erst lernte H. Werner 1804 durch Hitzig näher kennen, obwohl beide im gleichen Hause zu Königsberg geboren wurden und Werners Vater H.s Taufpate war.

S. 851, Z. 33: *imperador del doloroso regno.* – „Der Beherrscher des schmerzvollen Reiches", nach Dantes *Göttlicher Komödie*, Inferno XXXIV, V. 28.

S. 851, Z. 42: *Calderons großen Magus.* – Calderons *Der wunderthätige Magus* kannte H. in der Übersetzung durch Johann Diederich Gries, der Calderons Schauspiele in 7 Bänden übersetzt hat (1815–1842). Der zweite Band (1816) enthielt das Stück.

S. 852, Z. 41–42: *daß der Dichter auf Bahnen geriet, die ihn mir auf immer entrücken mußten.* – Über H.s Verhältnis zu Zacharias Werner handelt ausführlich Maassen im 8. Band seiner Ausgabe, S. XLIX ff.

S. 853, Z. 11–12: *des Dichters Vorrede zu dem geistlichen Schauspiel: die Mutter der Makkabäer.* – Diese Tragödie in fünf Akten erschien 1820. In der 18-seitigen Vorrede nimmt Werner Stellung gegen die Vorwürfe, die in jeder Form, von der Anekdote bis zur üblen Nachrede, über ihn kursierten. Es heißt da u. a. (S. XVI): „dieser mein fester Glaube an teutsche Würde tröstet mich auch in solchen Fällen, wo mein Selbstgefühl durch das Verkennen sogar Derer, deren Erkennen mein Theuerstes war, schmerzlichst verwundet wird, durch das Verkennen mancher der Vortrefflichsten unseres vortrefflichen teutschen Volkes nehmlich, die mich verkennen *müssen*, weil ich weder Zeit noch Raum habe, mich ihnen – wie ich sonst wohl könnte – befriedigend zu entwickeln, ihnen, die ich besser kenne und wohl viel mehr liebe als die meisten von Denen, die aus einem verworrenen Gesichtspuncte sie zu loben, oder aus einem niedrigen Standpuncte sie zu tadeln sich erfrechen." (Zitiert nach Maassen.)

S. 853, Z. 31: *vom zweiten Teil des Kreuzes an der Ostsee.* – Es heißt bei Werner, a.a.O., S. XVII (unmittelbar anschließend an die eben zitierte Stelle): „So schrieb ich bereits im Jahre 1805, im zweiten noch unvollendeten Theile meines Kreuzes an der Ostsee. Dieser zweite Theil ward einst von einigen der edelsten Teutschen, denen ich ihn, wenn gleich nur Bruchstück, mittheilte, für mein Gelungenstes anerkannt."

S. 853, Z. 41: *ha, wie der Gischt – emporzischt!* – Ein Zitat aus *Das Kreuz an der Ostsee*, T. 1, S. 14. (Nachweis Maassens.)

S. 854, Z. 7 ff.: In dieser Situation hat H. Werner gezeichnet. Vgl. die Wiedergabe der Zeichnung nach einer Radierung J. B. Sonderlands bei Maassen, Bd. 8, neben S. 130.

S. 854, Z. 23: ,*Bankputtis! – Bankputtis! – Bankputtis!*'– Das Stück beginnt in der Tat mit diesen Worten, einem Anruf an den wellenschäumenden Gott, der den Bernstein an den Strand spült.

S. 854, Z. 24–25: *die sanfte Stimme eines Zuhörers.* – Nach einer Anekdote, die Fouqué berichtet, soll H. selbst der Zwischenrufer gewesen sein. Vgl. Hitzig (a.a.O., Bd. 3, S. 219 ff.).

S. 854, Z. 39–40: *eine Aufforderung Ifflands an den Dichter.* – Werner hatte am 4. August 1804 seine *Söhne des Tals* an Iffland geschickt und ihm zugleich das neue im Entstehen begriffene Werk angekündigt. Iffland antwortete am 25. September 1804 und bat um Zusendung des Stückes *Die Eroberung Preußens* (gemeint ist: *Das Kreuz an der Ostsee*). Am 10. März 1805 meldete Werner Iffland die Fertigstellung des Stückes in einem ausführlichen Brief, in dem er auch H.s Musik zu dem Stück würdigt. Iffland lehnte eine Aufführung jedoch ab. (Nach dem Briefwechsel zwischen Werner und Iffland in: *Ifflands Briefwechsel mit Schiller, Goethe, Tieck und anderen Dramatikern*, hrsgg. von C. Müller, Leipzig o. J.).

S. 854, Z. 41–42: *Die Söhne des Tals machten damals gerade großes Aufsehen.* – Nichta uf der Bühne, sondern als 1803 erschienenes Buch.

S. 855, Z. 7–10: *Iffland, dem die Trauerspiele Schillers . . . ein Greuel waren.* – Die Literaturgeschichte ist über Ifflands Schiller-Verständnis zu anderen Ergebnissen gekommen.

S. 855, Z. 8: *den großen Fleck.* – Johann Friedrich Ferdinand Fleck (1757 bis 1801) war Schauspieler und Regisseur, als solcher seit 1783 in Berlin. H. beurteilt ihn in einem Aufsatz im *Freimüthigen* . . . (2. März 1818) ganz anders: „Schick, Bethmann, Fleck, Iffland u. a. sind für große Talente doch nicht zu achten". Vgl. dagegen Ottmars Lob im sechsten Abschnitt der *Serapions-Brüder*, S. 645, Z. 9–10. Auch in den *Seltsamen Leiden eines Theater Direktors* wird er lobend erwähnt.

S. 855, Z. 13: *doch irgendwo drucken ließ.* – Möglicherweise denkt H. hier an Ifflands Aufsatz *Verhältnisse der gegenwärtigen Theaterdirectionen, in Vergleich mit denen, Worin die Directionen der Theater sich vormals befunden haben* in dem *Almanach fürs Theater von A. W. Iffland*, Berlin 1811, S. 44 ff. (Nachweis Ellingers.)

S. 855, Z. 23–24: *den Geist des von den heidnischen Preußen erschlagenen Bischofs Adalbert.* – Vgl. dazu einen Brief H.s an Hippel vom 26. September 1805, der über H.s Stellung zu Werner reichen Aufschluß gibt: „In dem Vordergrunde des Rittersaals ist ein Zitterspielmann, der die Deutschen Ritter nach Plozko geleitete, beschäftigt, Malgona, die Tochter Conrads von der Masow, welche den gefangenen Sohn Waidewuths, Samo, geheyrathet hat, in einen Pilgersmann einzukleiden und sie vor den Feinden zu retten, während Agafia, Conrads Gemahlin, die Belagerten aufmuntert u.s.w. (Jener Zitterspielmann ist der Geist des ermordeten Bischof Adalbert ... Diese ganze Szene mußte in Musik gesezt werden ... Werner ist unerträglich ängstlich, lag mir immer auf dem Halse und quälte mich, daß ich Tag und Nacht arbeiten mußte um zu einem bestimmten Termin fertig zu werden. Als die Partitur denn nun zum Absenden fertig lag, schrieb Iffland einen langen langen Brief an W, dessen kurzer Inhalt war: Das Stück sey für jede Aufführung zu Kolossal. ... Der erste Akt ist unerträglich ... ich habe es nur (ein wenig zu oft) von Werner vorlesen gehört, welcher unsinnig schreit und sich abmartert um nur alle Assonanzen, Alliterationen, alle Terzinen, Sonettformen u.s.w. hören zu lassen, welches eben nicht angenehm ist. Ueberhaupt wirst Du finden, daß Werners Kreuz einen wirklich mit allen nur möglichen Formen der neuen Schule kreuzigt! – ... Aus allem diesen wirst Du sehen, daß ich mit W nicht ganz zufrieden bin, und aufrichtig gesagt, W ist mir ein trauriger Beweis, wie die herrlichsten Anlagen durch eine alberne Erziehung ertödtet werden können, und wie die regste Fantasie kriechen lernen muß, wenn sie von niedrigen Umgebungen heruntergezogen wird. ...“ – Der heilige Adalbert wurde 997 bei Tenkitten erschlagen.

S. 855, Z. 27–28: *über dessen Haupt so oft der Name Christus ausgesprochen wird, eine helle Flamme auflodert.* – In der Regiebemerkung zum 2. Aufz., 1. Szene heißt es: „Bei Nennung des letzten Namens entzündet sich über dem Haupte des Spielmanns ein Flämmchen, welches sogleich wieder erlischt.“

S. 855, Z. 40: *Der Brief den Iffland dem Dichter schrieb.* – Vgl. die Anm. zu Z. 23–24. H. hat diesen Brief selbst gelesen, was aus seiner genauen Kenntnis desselben hervorgeht. Werners Antwort auf diesen Brief ist in einem peinlichen Grade devot. (S. O. Floeck, *Briefe des Dichters F. L. Z. Werner*, I, S. 371–392, München 1914.)

S. 856, Z. 17 ff.: *der Hysterismus der Mütter* usw. – Hippel sagt in seinen *Erinnerungen* von H.s Mutter: „Die Mutter vegetierte nur in krankhaftem Zustande. Schon ihr Aeußeres war ein Bild der Schwäche und des Gemüthskummers, der sie tief zu beugen schien. Hoffmann sprach nicht gern von ihr ...“ (Briefwechsel I, S. 5.)

S. 856, Z. 38–40: *daß sie sich für die Jungfrau Maria, den Knaben den sie gebar aber für Christus, den Sohn Gottes hält.* – Hitzig behauptet in seiner Werner-Monographie (1823, S. 109 ff.), H. sei der einzige Zeuge für den religiösen Wahn von Werners Mutter, auf den H. schon am Schluß der *Nachricht von den neuesten Schicksalen des Hundes Berganza* angespielt hatte. Das ist nicht richtig. Hippel z. B. erinnert sich: „Nicht seltenen Stoff zur Unterhaltung gab den Freunden die unglückliche Mutter Z. Werners, die in dem Wahnsinne starb, den Heiland der Welt gebohren zu haben ...“ (Briefwechsel I

S. 16). Werner selbst wußte vom Wahn seiner Mutter, wie Maassen nachgewiesen hat.

S. 857, Z. 29: *Trieb zur Sünde.* – Diese übertreibende Darstellung von Werners lasziver Lebensweise führt Maassen im Bd. 8 seiner Ausgabe, S. LXIV f. auf die richtigen Proportionen zurück.

S. 858, Z. 31: *die furchtbare Mystik des Pater Molinos.* – Der spanische Mystiker Miguel de Molinos (1640–1696) veröffentlichte 1675 seinen *Guida spirituale*, den Papst Innozenz XI. indizierte. Molinos starb in einem römischen Dominikanerkloster.

S. 858 Z. 33 ff.: *Il ne faut* usw. – „Man muß auf die Versuchungen nicht achten und ihnen keinen Widerstand entgegensetzen. Wenn die Natur sich regt, muß man sie wirken lassen; es ist eben die Natur!"

S. 858 und 859, Anmerkung: Das von H. zitierte Werk erschien 1772–1788 in Amsterdam. *Die Geschichte des Prozesses der Cadière gegen Girard* nimmt den 2. Band der *Berühmten Rechtsfälle* des Gayot de Pitaval ein. Die von H. gebotene Stelle lautet in deutscher Übersetzung: „Jede tätige Einwirkung wird von Molinos durchaus untersagt. Es heißt sogar Gott beleidigen, wenn man sich ihm nicht so überläßt, daß man wie ein lebloser Körper erscheint. Daher kommt es, diesem Häretiker zufolge, daß das Gelübde, ein gutes Werk zu tun, auf dem Wege zur Vollkommenheit nur hinderlich ist, weil das natürliche Verhalten ein Feind der Gnade ist. Es ist hinderlich gegenüber dem Wirken Gottes und der wahren Vollkommenheit, weil Gott in uns ohne unser Zutun wirksam sein will. Weder Erleuchtung noch Liebe oder Ergebenheit darf man kennen. Um ganz vollkommen zu sein, darf man sogar Gott nicht kennen. Weder an das Paradies noch an die Hölle, weder an den Tod noch an die Ewigkeit darf man denken. Man soll nicht wissen wollen, ob man in Gottes Willen geht, ob man demütig genug ist oder nicht. Mit einem Wort: die Seele soll weder ihr Vorhandensein noch ihr Nichtvorhandensein erkennen; sie muß ein lebloser Körper sein. Alles Nachdenken ist schädlich, auch das über die eigenen Taten und die eigenen Fehler. Man soll sich auch keine Gedanken machen über das Ärgernis, das man möglicherweise erregt; nur soll man nicht absichtlich Ärgernis erregen. Wenn man erst Gott seinen freien Willen aufgeopfert hat, so wird man keinen Wunsch mehr nach dem Heil der Seele empfinden; sogar die Hoffnung muß man aufgeben, weil man alle Sorge Gott überlassen soll in Dingen, die uns angehen, selbst die Sorge darum, daß er seinen göttlichen Willen in uns wirken lassen muß ohne unser Zutun. So ist es auch eine Unvollkommenheit, wenn man eine Bitte äußert, denn das heißt, seinen Willen äußern und fordern, daß Gottes Wille sich unserm Willen unterordnet. Aus dem gleichen Grund darf man ihm auch für nichts danken, denn das heißt: Dank sagen dafür, daß er unsern Willen getan hat; und einen eigenen Willen dürfen wir doch nicht haben."

S. 861, Z. 19–20: *Humor, in dem man den würdigen Landsmann Hamanns, Hippels, Scheffners, wiederfand.* – H. erkennt mit Recht den Humor bei Hamann, den er übrigens öfter (so im *Kater Murr*) nennt. Auch Hippel nennt die Dichter in seinen *Erinnerungen* in der gleichen Reihenfolge (Briefwechsel I, S. 22). Von Theodor Gottlieb Hippel (1741–1796), dem Onkel seines Freundes, wird H. die *Lebensläufe in aufsteigender Linie* (1778–1781) gelesen haben. Johann Georg Scheffner (1736–1820), der satirische und erotische Schriftsteller, war mit Hippel befreundet. Beide kannte H. auch persönlich. Ob er Hamann auch gekannt hat, ist unsicher.

S. 861, Z. 39: *z. B. von Paphos.* – Die Geburtsstätte der Aphrodite wurde gelegentlich als fiktiver Verlagsort für erotische Literatur des 18. Jahrhunderts gewählt.

S. 862, Z. 5–6: *eine Erzählung.* – Sie wird verschoben zugunsten der *Erscheinungen*. Vgl. S. 876–923: *Der Zusammenhang der Dinge.*

S. 862, Z. 11: *längst versprochenen Märchen.* – Gemeint ist *Die Königsbraut* (S. 945–993), die H. ursprünglich – der analogen Komposition der vier Bände zuliebe – an das Ende des 3. Bandes setzen wollte; vgl. seinen Brief an Reimer vom 11. September 1820: „in diesem Augenblick arbeite ich fleißig und Sie können, verehrtester Freund! sicher darauf rechnen, daß in dieser Woche der dritte Theil [der *Serapions-Brüder*] beendigt wird. So sehr läßt sich denn doch nicht die Sache übers Knie brechen, da ich um Alles in der Welt nicht wollte daß Tom. III den ersten nachstünde." Sein Verleger hatte jedoch keine Geduld mehr. Übrigens ist dieser Brief ein Beweis dafür, wie ernst H. die Arbeit der sammelnden Redaktion der *Serapions-Brüder* genommen hat, so daß es ungerechtfertigt erscheint, das Gesammelte wieder aufzulösen, wie es geschieht.

Erscheinungen

In seinem Brief an Kunz vom 16. Januar 1814 (vgl. Anm. zu S. 76) stellte H. für den dritten Band der *Fantasiestücke*, die damals noch geplant waren, *Erinnerungen aus Dresden im Herbst 1813* in Aussicht. Die *Erscheinungen* sind wahrscheinlich nicht mit diesen Erinnerungen identisch, wie Hans von Müller noch angenommen hat, sondern sie stellen allenfalls eine überarbeitete Fassung, sehr wahrscheinlich aber eine völlige Neuschöpfung dar. Zwar weisen manche Einzelheiten auf eine Entstehungszeit, die dem *Goldnen Topf* naheliegt, doch hat H. erstens immer wieder gern auf diese seine – wie ihm schien – beste Erzählung zurückgegriffen, und zweitens benötigte H. nach einem Briefzeugnis am 24. Juni 1817 noch einige Zeit, um die Erzählung fertigzustellen, was unwahrscheinlich wäre, wenn er sie nur einer Redaktion zu unterziehen gehabt hätte. H. schrieb die kurze Erzählung für Professor Friedrich Wilhelm Gubitz' Almanach *Gaben der Milde*, dessen Erlös hilfsbedürftigen Soldaten der Feldzüge 1813 und 1815 und deren Familien zugedacht war. Er schrieb in dem erwähnten Brief an den Herausgeber: „Unter dem Titel: Das Traumbild, werde ich zu dem bewußten Zweck so bald als möglich eine Kleinigkeit liefern . . ."

S. 863, Z. 1: *Belagerung von Dresden.* – H. befand sich während der Belagerung Dresdens (vom 29. Oktober bis zum 11. November 1813) in der Stadt.

S. 863, Z. 2: *Anselmus.* – Der Student Anselmus und der Archivarius Lindhorst (Z. 19) stammen aus dem Märchen *Der goldne Topf.* Über H.s Wertschätzung seiner eigenen Novelle s. Anm. zu S. 254, Z. 17–18.

S. 863, Z. 12: *Parapets.* – Brustwehren.

S. 863, Z. 14–15: *in Roux' Diktionaire blätternd.* – Philibert Joseph le Roux: *Dictionaire comique, satyrique, critique, burlesque, libre et proverbial.* Lion 1735 und in vielen neuen Auflagen.

S. 863, Z. 18: *Spenzer* nannte man zu Anfang des 19. Jahrhunderts den modischen geschlossenen und kurzen Frack.

S. 863, Z. 21: *Agafia* ist die Gemahlin des Herzogs Conrad von der Masau in Zacharias Werners *Das Kreuz an der Ostsee.* Dort mit ‚ph' geschrieben.

S. 863, Z. 40: *Astrallampe.* – Diese Öllampe erfand Bordier-Marcel 1809 in Paris.

S. 864, Z. 8 ff.: *„Morgen früh um acht Uhr sind es gerade zwei Jahre her . . ."* usw. – Von dieser Begebenheit berichtet H. seinem Freund Hitzig im Brief vom 1. Dezember 1813, der für die Dresdner Ereignisse überhaupt von Wichtigkeit ist.

S. 864, Z. 36: *jene Schlacht aller Schlachten.* – Die Schlacht bei Leipzig fand am 18. Oktober 1813 statt. H. hatte bereits am 21. Oktober von ihr Kenntnis. Vgl. hierzu H.s Tagebuchaufzeichnungen der Zeit, seinen Bericht *Drei verhängnisvolle Monate* (den Hans von Müller in der Ausgabe von H.s Tagebüchern, Bd. I, S. 291 ff. wiedergegeben hat; in unserer Ausgabe: *Schriften zur Musik/Nachlese*, S. 873) und H.s Briefe aus der Zeit. Aus all dem geht hervor, wie intensiv sich H. mit den Ereignissen seiner Zeit auseinandergesetzt hat.

S. 865, Z. 23–24: *Schlachten an der Katzbach, bei Kulm.* – Sie hatten am 26. bzw. 29. August stattgefunden.

S. 865, Z. 24–25: *unser R.* – Am 10. November 1813 schrieb H. in sein Tagebuch: „Conradino brachte die frohe Nachricht von einer geschlossenen Capitulation, vermöge der Dresden übergeben wird" (Tageb. I, S. 234). Conradino ist wohl „unser R." und der S. 871, Z. 17 genannte Advokat.

S. 865, Z. 34: *dem Marschall.* – Es ist der S. 872, Z. 7 f. genannte Kommandant von Dresden, Laurent Gouvion, Marquis de Saint-Cyr (1764–1830).

S. 865, Z. 34–35: *Der General Mouton (Graf von der Lobau).* – Der französische Marschall Georges Mouton (1770–1838) wurde von Napoleon zum Grafen Lobau ernannt.

S. 866, Z. 37: *‚Voilà St. Pierre, qui veut pêcher !'.* – „Hier ist St. Peter, der will fischen."

S. 866, Z. 39: *‚Eh bien moi pêcheur, je lui aiderai à pêcher.'* – „Nun gut, ich bin Fischer, ich werde ihm fischen helfen."

S. 868, Z. 23–24: *dem heiligen Andreas.* – Der Legende nach soll der Bruder Petri Apostel von Konstantinopel gewesen sein und damit zum ersten Apostel der Russen geworden sein. (Nach Maassen.)

S. 868, Z. 38: *Piroggen.* – Russische Pasteten.

S. 870, Z. 5–6: *als die Kapitulation geschlossen.* – Am 11. November wurde – nach fünftägiger Verhandlung – in Herzogswalde die Kapitulation zwischen dem Grafen Gouvion Saint-Cyr und dem österreichischen General Graf von Klenau unterzeichnet.

S. 870, Z. 17–18: *bis auf den kleinen fantastischen Zusatz, buchstäblich wahr.* – – Die kleinen Unstimmigkeiten hat Maassen im Bd. 8 seiner Ausgabe (Vorbemerkungen S. LXVI ff.) nachzuweisen versucht. „Buchstäblich wahr" ist dagegen der autobiographische Erlebnishintergrund der Geschichte. Unter dem „fantastischen Zusatz" sind ohne Zweifel – wie im *Goldnen Topf* – die Erlebnisse des Anselmus zu verstehen.

S. 870, Z. 23–24: *Eine Verspätung von zehn Minuten entschied mein Schicksal.* – Davon ist in H.s sonstigen Zeugnissen nicht die Rede.

S. 870, Z. 30–31: *Der Wirt hieß Eichelkraut.* – Es dürfte der Wirt des S. 865, Z. 19 erwähnten Kaffeehauses gewesen sein. H. verkehrte seit dem 6. September 1813 dort und notiert seinen Besuch in seinem Tagebuch für folgende Tage: 6., 13., 14., 21. September, 4., 7., 8., 9., 12., 15., 18., 25., 26., 28., 29. Oktober, 8., 11., 17., 22., 29. November. Am 8. September schreibt er an Kunz: „Abends gehe ich zu Eichelkraut auf dem AltMarkt, wo ich den jovialen Sekretair Schulz (Fridrich Laun), Winklern (Theodor Hell) und den Kind finde – Schade nur, daß die wahrhaft großen Ereignisse des Tages jedes andere Gespräch ertödten." – Über den Erstgenannten vgl. folgende Anm. – Theodor Hell (1775–1856) war der spätere Herausgeber der *Abendzeitung*; Johann Friedrich Kind (1768–1843) schrieb die Texte zum *Freischütz* und zu Kreutzers *Nachtlager von Granada* (1834).

S. 871, Z. 5–6: *Ein sehr gemütlicher liebenswürdiger Dichter.* – Es ist der in der vorigen Anm. erwähnte „Schulz", der, eigentlich Friedrich August Schulze (1770–1849) mit Namen, sich Friedrich Laun oder Christian Heinrich Spieß nannte. In seinem Tagebuch erwähnt ihn H. öfter. Er schrieb Unterhaltungsliteratur und erreichte mit ihr weite Kreise, auch Lustspiele und Gedichte. Seine *Gesammelten Schriften* gab Ludwig Tieck 1842 heraus. Zeitgeschichtlich von Interesse sind seine *Memoiren* (3 Bde., Bunzlau 1837), in deren 2. Band, S. 249 f. er eine Schilderung H.s aus der Dresdener Zeit gibt: „In einem der Zimmer, und an einem Tische, wo ich gewöhnlich mehre meiner Bekannten antraf, fiel mir unter den, mit an ihm sitzenden Fremden ein kleiner, in der Regel die eine Ecke einnehmender Mann auf. Ihm war fast immer ein anderer, größerer zur Seite, mit dem er sich, meistentheils leise, unterhielt. Nicht selten saß er dann wieder in tiefen Gedanken und sprang oft ohne allen äußern Anlaß plötzlich vom Stuhle empor, um, beide Hände in die Taschen seines braunen Fraks so tief wie möglich hinabgedrückt, hastig im Zimmer auf- und abzugehen. Von Zeit zu Zeit blieb er drauf hier und da, wo gesprochen wurde, so stehen, als ob er davon etwas zu vernehmen wünsche. Bei näherer Betrachtung aber schien er mehr mit den eigenen Gedanken beschäftigt, als auf fremde Rede neugierig zu sein. Und wie sein innerer Strom aufwogte, so verwandelte sich seine Physiognomie alle Augenblicke. Das feine, kluge Gesicht war fast immer ein anderes. Die dunkeln, stechenden Augen zeugten von einem gewaltigen Leben, und um die Lippen zuckten ihm offenbar Sarkasmen, die es bedauern ließen, daß das schweigsame Männchen sie nicht in lauten Worten von sich gab. Zuweilen setzte er sich auch wohl auf einen, so weit als möglich von der Gesellschaft entfernten, einsamen Stuhl, um unbemerkt, wie er vermuthlich glaubte, seinem Mienenspiele alle mögliche Zügellosigkeit verstatten zu können. Auf meine wiederholte Frage nach dem seltsamen Manne vernahm ich, es sei der Musikdirektor der Joseph Sekondaschen Schauspielergesellschaft, welche auf dem Theater am Linkischen Bade zu spielen pflegte. Geist und Originalität sprachen sich in dem Drolligen deutlich aus. Sein gewöhnlicher Gefährte war der Schauspieler namens Keller, mit ihm verwandt, wie ich hörte. Die Freundlichkeit und Bildung, welche dieser Künstler darlegte, erleichterte mir das Anknüpfen eines Gesprächs mit ihm, wodurch ich zugleich die mir unvergeßliche Bekanntschaft E.T.W. Hoffmanns (denn der kleine Mann war kein Anderer als dieser ausgezeichnete Humorist), um die es mir zu thun war, mit gewann. An Hoffmann selbst fand ich bei vielgewandtem Geiste eine ungemeine Feinheit. Er galt für einen vorzüglichen Musikdirektor und genialen Compositeur. Auch wurde ihm ein besonderes Talent im Zeichnen, hauptsächlich von Karrikaturen, nachgerühmt."

S. 871, Z. 9–10: *auf den obersten Boden des Hauses gestiegen.* – Am 17. Oktober 1813 schreibt H. in sein Tagebuch: „ich sah vom Bodenfenster des Baumannschen Hauses, das die Russen gänzlich zurückgeschlagen und aus ihren Positionen verdrängt wurden." (Tageb. I, S. 228 f.) – Vgl. auch Z. 32 bis 33.

S. 871, Z. 17: *(ein Advokat).* – S. Anm. zu S. 865, Z. 24–25.

S. 873, Z. 30–32: *wie Junker Tobias vorschlägt* usw. – Junker Tobias sagt in Shakespeares *Was ihr wollt*, Aufz. 2, Szene 3: „Sollen wir die Nachteule mit einem Kanon aufstören, der einem Leinweber drei Seelen aus dem Leibe haspeln könnte?" (Nach Schlegels Übersetzung.)

S. 874, Z. 1: *Organ der Catalani.* – Angelica Catalani (1780–1849) wurde höchste Bewunderung wegen ihrer Stimme und der Singtechnik entgegengebracht, die noch gesteigert wurde auf Grund ihres reizenden Äußeren. Koreff, sagt man, sei unmusikalisch gewesen.

S. 874, Z. 4–5: *den Indice de' teatrali spettacoli.* – Der Inhalt des Buches wird von H. hinreichend geschildert; die folgenden Namen (Z. 18–24) bedürfen hier selbstverständlich keiner Erläuterung, da ihre Nennung ganz zufällig ist.

Der Zusammenhang der Dinge

Die Anfang 1819 entstandene Erzählung sandte H. auf ein am 25. März 1819 angekündigtes Preisausschreiben der *Wiener Zeitschrift für Kunst,*

Litteratur, Theater und Mode ein, wo sie im Februar und März 1820 erschien. Die Erzählung wurde mit dem ersten Preis ausgezeichnet. Den 2. Preis erhielt Karl Gottlieb Prätzel (1785–1861) für seine Erzählung *Der Bruderzwist*. Maassen macht in seinen „Vorbemerkungen" zum 8.Bd.seiner Ausgabe auf gewisse Anklänge an Contessa aufmerksam, die H. aus spielerisch-parodistischen Gründen in diese Erzählung hat einfließen lassen.

S. 876, Z. 2 ff.: *Begleiter der holden Glücksgöttin, der radschlagend die Tische umwirft* usw. – Die Glücksgöttin Fortuna und ihr Diener, der Zufall, erscheinen in Tiecks *Fortunat* (im 3. Bd. des *Phantasus*) vor Gericht, wobei das geschieht, wovon Ludwig in H.s Erzählung berichtet.

S. 876, Z. 16: *Goethes schönen Gedanken vom roten Faden.* – In den *Wahlverwandtschaften* vor Beginn von Ottiliens Tagebuch: „Wir hören von einer besonderen Einrichtung bei der englischen Marine ..."

S. 877, Z. 42–S. 878, Z. 1: *tanzte ein Mädchen mit verbundenen Augen zwischen neun Eiern.* – Auch dies ist offenbar eine Reminiszenz aus H. s Lektüre der Werke Goethes. Denn das Mädchen ist eine Nachbildung Mignons, vgl. S. 879, Z. 36–37. In *Wilhelm Meisters Lehrjahren*, Buch 2, Kap. 8 wird auch der Eiertanz beschrieben.

S. 878, Z. 2: *Fandango.* – Dieser und andere spanische Tänze (Bolero, Sequidilla) waren seinerzeit sehr populär. Vgl. den Anfang von *Das Sanctus* (in unserer Ausgabe: *Fantasie- und Nachtstücke*, S. 439 u. Anm. dazu).

S. 878, Z. 23–24: *mächtiger sauste und brauste das Tambourin.* – In Clemens Brentanos Singspiel *Die lustigen Musikanten* (1803), das H. vertont hat und das am 6. April 1805 in Warschau aufgeführt wurde, heißt es auf S. 33: „Von unsern Pfeifen lust'ge Lieder/ Wie Blitze durch das Dunkel fliehn. –/ Es brauset und sauset/Das Tamburin ...". An Hippel schreibt H. über die Aufführung: „der Text mißfiel – es war Kaviar für das Volk wie Hamlet sagt, von der Musik urteilen sie günstiger, sie nannten sie feurig und durchdacht, nur zu kritisch und zu wild ..." (26. September 1805).

S. 880, Z. 40: *das Lied: Laure l'immortal?* – Dieses spanische Volkslied feiert Josef Palafox y Melzi (1760–1847), den spanischen General, der Saragossa in den Jahren 1808 und 1809 gegen Napoleon verteidigte. Die S. 881, Z. 3–4 zitierten Verse lauten in deutscher Übersetzung: „Unsterblicher Lorbeer dem großen Palafox, dem Ruhm Spaniens, Frankreichs Schrecken!" (Nach Ellinger und Maassen.)

S. 882, Z. 5: *Lorca* ist die Hauptstadt der Provinz Murcia.

S. 885, Z. 40: *Rinaldo in Fesseln.* – Rinaldo ist der melancholische Held des Räuberromans *Rinaldo Rinaldini* von Goethes Schwager (seit 1806) Christian August Vulpius (1762–1817), der 1797–1800 in 3 Bänden erschien und eine unvorstellbare Verbreitung fand. Noch 1959 wurde er neu gedruckt.

S. 887, Z. 2–3: *Quidproquo.* – unangehmes Mißverständnis.

S. 887, Z. 36–39: *Wie sich der Sonne Scheinbild in dem Dunstkreis* ... usw. Die Verse entstammen *Wallensteins Tod*, Aufz. 2, Szene 3.

S. 889, Z. 9: *Touren einer Seize.* – Die Seize ist ein Contretanz zu acht Paaren.

S. 889, Z. 19: *Vestris und Gardel.* – Tänzer an der Pariser Oper. Gaetano Apolline Baltasare Vestris (1729–1808), der „Gott der Tanzkunst", kann ebenso gemeint sein wie sein Sohn Auguste Vestris-Allard (1759–1835). Über sie und Pierre *Gardel* (1756–1841) konnte H. in dem Buch *Paris wie es war und ist* (S. Anm. zu S. 648 *(Das Fräulein von Scuderi)* und „Hoffmanns Quellen") nachlesen. (Nachweis Maassens.)

S. 892, Z. 42–S. 893, Z. 1: *Die Konsistorial-Präsidentin Veehs.* – Friedrich Holtze hat in seinem Aufsatz ‚*Das Sanctus*' *und* ‚*Die Brautwahl*' *von E. T. A. Hoffmann* (s. Bibliographie) in diesem Namen ein Anagramm für „Scheve" erkannt. Daß H. mit Anagrammen arbeitete, ist mehrfach herausgestellt worden (vgl. den „Maler Edmund Lehsen" in der *Brautwahl*, S. 544, Z. 33 und die Anm. dazu). Frau Wilhelmine von Scheve war die Gattin des Konsistorialpräsidenten und späteren Präsidenten des Pupillenkollegs zu Berlin. Die beiden waren, schreibt Holtze, „durch ihre große Wohltätigkeit berühmt, aber die steife Geselligkeit, die sie in ihrem Hause Friedrichstraße 38 pflegten, galt als ebenso feierlich wie langweilig." (A.a.O., S. 18.)

S. 894, Z. 37–38: *im spanischen Freiheitskriege.* – Also in den Jahren 1808 bis 1815.

S. 894, Z. 40: *unter Wellingtons Fahnen.* – S. die Anm. zu S. 603, Z. 19–20.

S. 895, Z. 13: *von dem Romanaschen Korps.* – Der Marquis de la Romana (1761–1811) war Befehlshaber eines spanischen Korps, das Karl IV. Napoleon im Krieg gegen die Preußen und Russen zur Verfügung gestellt hatte. Als Romana hörte, daß Spanien sich gegen Napoleon erhoben hatte, kehrte er in seine Heimat zurück.

S. 895, Z. 18–19: *Profecia del Pirineo des Don Juan Bautista de Arriaza.* – „Die Prophezeiung des Pyrenäus". Der spanische Dichter Don Juan Bautista de Arriaza y Superviela (1770–1837) veröffentlichte das Gedicht in seinen *Poesias patrioticas* (1810). H. benutzte die zweisprachige Ausgabe *Profecia del Pirineo de Dn Juan Bautista de Arriaza. Die Prophezeihung des Pyrenäus, gedichtet bey dem Einbruche der Franzosen in Spanien. Aus dem Spanischen des Don Juan Baptist de Arriaza, übersetzt von S. H. Friedländer* (Berlin 1814).

S. 897, Z. 21: *Vittoria!* – S. die Anm. zu S. 603, Z. 19–20.

S. 897, Z. 24: *als Suchets siegreiche Heere.* – Louis Gabriel Suchet, Herzog von Albufera (1770–1826), eroberte 1811 Tarragona und 1812 Valencia.

S. 897, Z. 32: *General Contreras.* – Juan Senen Contreras (1760–1826), spanischer General.

S. 898, Z. 27–28: *Don Joachim Blakes Truppen.* – Joaquino Blake (1759 bis 1827) verteidigte 1812 vergeblich Valencia und geriet in französische Gefangenschaft.

S. 899, Z. 37: *hat die Junta beschlossen.* – Diese von den Aufständischen einberufene Versammlung hatte legislative Beschlüsse zu fassen.

S. 903, Z. 21: *Empecinado.* – Der Name bedeutet „der mit Pech Verhüllte" und war der Spitzname Don Juan Diaz' (1775–1825), des berühmtesten Guerillaführers, der später – allerdings von seinen eigenen Freunden – hingerichtet wurde.

S. 906, Z. 3: *Posada.* – Ein kleineres Gasthaus.

S. 909, Z. 29–30: *die Kürassiere des General Moncey.* – Der französische General Baron Adrien Jeannot Moncey, Herzog von Conegliano (1754–1842) mußte sich 1808 nach längerer Belagerung Valencias von der Stadt zurückziehen.

S. 913, Z. 12: „*Doña, viva listed mil a˜os !*". – „Gnädige Frau, mögen Sie tausend Jahre leben!"

S. 913, Z. 34 *Fiocco.* – Ein Tanzsprung, bei dem die Quastenschnüre der Schuhe berührt werden.

S. 924, Z. 26–27: *einen gewissen Roman einer sonst genugsam geistreichen Frau.* – Man denkt hier vielfach an Mme de Staëls *Corinne ou l'Italie* (1807) – eigentlich ohne rechten Anlaß.

S. 924, Z. 33–34: *Ich meine den engländischen Walter Scott. Zwar las ich erst seinen Astrologen.* – H. wurde auf Scotts Roman, dessen Originaltitel *Guy Mannering* ist, durch einen Hinweis Hitzigs aufmerksam, der ihm die Lektüre am 7. Januar 1821 (nachdem er gerade die *Prinzessin Brambilla* gelesen hatte) anempfahl. H. antwortete am 8. Januar: „Gestern Abend war Koreff bey mir und hatte die Güte, mir auf mein Bitten noch ganz spät den ‚Astrolog' zu schicken, den ich nächstens lesen werde, da ich ihn in diesem Augenblick – verschlinge! Ein ganz treffliches, treffliches Buch: in der größten Einfachheit reges, lebendiges Leben und kräftige Wahrheit! – Aber! – fern von mir liegt dieser Geist, und ich würde sehr übel thun, eine Ruhe erkünsteln zu wollen, die mir wenigstens zur Zeit noch durchaus gar nicht gegeben ist. Was ich jezt bin und seyn kan, wird pro primo der Kater, dann aber, wills Gott, auf andere Weise noch der Jacobus Schnellpfeffer (der vielleicht erst Ostern 1822 erscheinen dürfte) zeigen." *Der Astrolog. Eine caledonische Sage von Walter Scott bearbeitet von W. A. Lindau* erschien 1817 in drei Bänden in Leipzig; das englische Original war zwei Jahre zuvor erschienen. *Die beiden Mädchen*, die in diesem Roman vorkommen und die H. S. 925, Z. 19 erwähnt, heißen Julie und Mathilde.

S. 924, Z. 34–35: *ex ungue leonem.* – „An der Pranke erkennt man den Löwen."

S. 925, Z. 5: *Smollet.* – Von dem schottischen Romancier Tobias George Smollet (1721–1785) kannte H. sicher, wie aus der Verteidigungsschrift des *Meister Floh* vom 23. Februar 1822 hervorgeht, *The Adventures of Peregrine Pickle* (4 Bde. 1751, deutsch 1785) in einer Übersetzung von W. C. S. Mylius von 1789. Maassen vermutet, daß H. außerdem *The Adventures of Roderick Random* (2 Bde. 1748, deutsch 1790) und *The Expedition of Humphrey Clinker* (3 Bde. 1771, deutsch 1771) gekannt hat.

S. 925, Z. 7–8: *aus Sternes und Swifts Werken.* – Laurence Sterne (1713–1768) lernte H. schon früh kennen. Den *Tristram Shandy* (1760–1767) und *The Sermons of Mr. Yorick* (1760–1769) erwähnt er in seinen Briefen, aber auch die

Sentimental Journey . . . (1768) war ihm bekannt. – Jonathan Swift (1667–1747) kannte H., abgesehen von *Gullivers Reisen*, wohl weniger gut.

S. 925, Z. 25–26: *Hogarths Milchverkäuferin.* – William Hogarth (1697–1764) war ein englischer Kupferstecher, dessen Blatt *The enraged musician* H. wohl im Sinn hat, wenn er am 14. Mai 1804 den Stich scherzhaft in einem Brief an Hippel erwähnt, als er von dem Geschwätz vor seinem Fenster beim Schreiben gestört wurde.

S. 925, Z. 29–31: *Möchte man . . . nicht . . . den Weibern eines unserer geistreichsten Dichter . . . etwas mehr Körper wünschen.* – H. schließt sich hier einem Vorwurf Tiecks gegen Jean Paul an. Im 2. Bd. des *Phantasus* läßt Tieck nämlich Manfred sagen: „die höhern [Weiber] erbaut er freilich statt aus Fleisch und Gebein fast nur aus Schwermuth und Nebel . . ."

S. 925, Z. 39 und 41: *Lord Byron . . . Seine Belagerung von Korinth.* – George Gordon Noël Byron (1788–1824) veröffentlichte *The Siege of Corinth* 1816.

S. 925, Z. 40: *Thomas Moore* (1779–1852) war Byrons Biograph (1830). H. kannte von ihm wahrscheinlich das Versepos *Lalla Rookh* (1817).

S. 926, Z. 2: *seinen Vampir hab ich gar nicht lesen mögen.* – *Der Vampyr. Eine Erzählung aus dem Englischen des Lord Byron. Nebst einer Schilderung seines Aufenthaltes auf der Insel Mitylene* (deutsch 1819) wurde fälschlicherweise als Arbeit Byrons ausgegeben. Sie stammt in Wirklichkeit von Byrons Arzt William Polidori. (Nachweis Ellingers.)

S. 926, Z. 11: *Dichten und Trachten.* – Die gleiche biblische Wendung (1. Mos., Kap. 6, V. 5) kehrt S. 995, Z. 19–20 wieder.

S. 926, Z. 17 ff.: ‚*M. Michael Ranfts Diaconi zu Nebra, Traktat* . . .' – Der genaue Titel lautet: *M. Michael Rannfts, Diaconi zu Nebra, Tractat von dem Kauen und Schmatzen der Todten in Gräbern, worinnen die wahre Beschaffenheit der Hungarischen Vampyrs und Blutsauger gezeiget, auch alle von dieser Materie bishero zum Vorschein gekommene [Schriften] recensiret werden. Leiptzig in J. Mich. Teubners Verlag 1734.* H. zitiert daraus im folgenden S. 17 f. Die Schrift ist aus Rannfts Dissertation hervorgegangen. Der Schriftsteller Rannft lebte 1700–1774. (Nachweise Maassens.)

S. 928, Z. 7–8: *Ich will nur des Liebeszaubers erwähnen.* – Im 1. Band des *Phantasus.*

S. 928, Z. 33: *Kleists Bettelweib von Locarno.* – Wie schon an anderer Stelle bemerkt, galten Kleists Dichtungen H. als Vorbild höchster Erzählkunst. Vgl. die Anm. zu S. 105, Z. 31.

S. 929, nach Zeile 26: Hier beginnt die Erzählung, die meist *Vampirismus* genannt wird. Die Quelle zu ihr ist immer noch unbekannt, denn die von Maassen in Bd. 8 seiner Ausgabe genannte *Geschichte Sidi Numan's und seiner Stute* aus *Tausendundeiner Nacht* kann allenfalls als Anregung, nicht als Quelle angesehen werden. Daß eine solche Quelle besteht, scheinen die Äußerungen Cyprians S. 929, Z. 9–12 und S. 941, Z. 29 ff. zu beweisen. Die Erzählung entstand Anfang 1821.

S. 938, Z. 39 ff.: *Beispiele von den abnormsten Gelüsten* usw. – Beispiele wie die folgenden erzählt der von H. oft verwendete Reil in seinen *Rhapsodieen*, S. 394 f.

S. 941, Z. 22: *Asa foetida*: „Stinkender Asant“ (Teufelsdreck), eine scharfe Wurzel, aus der in Indien Arzneien und Gewürze hergestellt werden.

S. 942, Z. 5–6: *hinweg von dem Höllenbreughel.* – Pieter Brueghel d. J. (1564 bis 1637) wird wegen seiner wilden Szenerien so genannt.

S. 943: *Italiens Wunder* usw. – Diese vier Gedichte wurden vor Abdruck in den *Serapions-Brüdern* bereits in Form einer Zuschrift *An die Herausgeber des Freimüthigen für Deutschland* in anderer Reihenfolge und mit verändertem Kommentar im März 1819 veröffentlicht. Diese Fassung ist im Band *Schriften zur Musik/Nachlese* unserer Ausgabe, S. 647–648 abgedruckt, so daß sich eine Wiedergabe erübrigt. Dort, S. 951–952, findet sich auch ein Kommentar von Friedrich Schnapp. Im *Freimüthigen* erschien unter No. 1 *Schlagender Witz*, unter No. 2 *Beißende Replik*, unter No. 3 *Italiens Wunder* und unter No. 4 *Lebenstiefe*. Den nichtssagenden Begriff der „Lebenstiefe“ hat H. in der *Brautwahl* (vgl. S. 553, Z. 19) bereits verspottet.

S. 944, Z. 35–36: *‚Ist dies ein Prolog oder ein Denkspruch auf einem Ringe?‘* – Zitat aus *Hamlet*, Aufz. 3, Szene 2 (nach Schlegel).

Die Königsbraut

Das Märchen hatte H. zunächst für den 3. Band der *Serapions-Brüder* vorgesehen (s. Anm. zu S. 862, Z. 11), doch verspätete er sich bei der Ablieferung. Zu dem in der genannten Anm. zitierten Brief kommt noch eine Nachricht vom 5. September 1820 an Reimer: „den dritten Band schließe ich in diesen Tagen auch mit einem funkelnagelneuen Mährlein, so daß er wohl auch 38 Bogen stark ausfallen wird.“ Doch ließ Reimer beide Briefe unberücksichtigt, so daß der analoge Aufbau der vier Bände gestört wurde. Mit den beiden anderen Märchen der Sammlung ist *Die Königsbraut* weder motivisch noch anlagemäßig verwandt. Die Suche nach den Quellen zu diesem Anfang 1821 geschriebenen Märchen hat bisher nicht viel eingebracht, und manche Einzelheit ist noch ungeklärt. Einzig das Werk von Gabalis *über die verborgenen Wissenschaften* (s. „Hoffmanns Quellen“) steht als Quelle fest. Doch ist das Märchen so angelegt, daß die Phantasie und die Ironie die fehlenden Einzelheiten furios überspielen.

S. 946, Z. 28: *Baron von Tondertonktonk in Westfalen.* – In Voltaires *Candide, ou l'optimisme* (1759) heißt es zu Beginn des 1. Kapitels: „Der Herr Baron, Hans, Jost, Kurt von Donderstrunkshausen war einer von den Matadoren in Westphalen . . .“ (nach der Übersetzung von Mylius, 1778). Im französischen Original lautet der Name „Thunder-ten-tronckh“. H. kannte und schätzte Voltaire.

S. 951, Z. 16–17: *„Zieh mich heraus, zieh mich heraus – ich bin reif – reif – reif!“* – Ellinger nimmt eine Anlehnung an das Märchen *Frau Holle* an.

S. 956, Z. 31: *Mantel von grauem Kalmank.* – Ein atlasartiger Kammgarnstoff.

S. 958, Z. 3–4: *Wissenschaft der heiligen Kabbala.* – Diese jüdische Geheimlehre war seit dem 13. Jahrhundert in Italien und später auch in Deutschland eine verbreitete religionsphilosophische Richtung.

S. 958, Z. 14 ff.: *daß die tiefe Erde, die Luft, das Wasser, das Feuer erfüllt ist mit geistigen Wesen* usw. – Was H. über die Elementargeister sagt, entnahm er dem Gabalis in deutscher Übersetzung, a.a.O., S. 23 ff.

S. 958, Z. 29–30: *der Fürst von Mirandola.* – Auch diesen Namen fand H. bei Gabalis, a.a.O., S. 43. – „Giovanni Pico, Fürst von Mirandola und Concordia (1463–1494), war ein italienischer Humanist und Philosoph, dessen Bemühungen dahin gingen, die Platonische Philosophie mit der Aristotelischen zu verschmelzen und unter Hinzuziehung kabbalistischer Lehren die Philosophie mit der Religion auszusöhnen." (Anmerkung Maassens.)

S. 958, Z. 33 ff.: *So war der große Zoroaster ein Sohn des Salamanders Oromasis ...* – All dies findet sich auch bei Gabalis, a.a.O., S. 78 und 91 ff.

S. 959, Z. 5: *ihr schneeweißes schön geformtes Bein sehen ließ.* – Davon ist bei Gabalis, a.a.O., S. 83 die Rede.

S. 959, Z. 27 u. 28: *Jagdknaster ... Es blühe Sachsen.* – Zwei Tabaksorten.

S. 960, Z. 20–26: *Hättest du den Cassiodorus Remus gelesen, ... die berühmte Magdalena de la Croix ... und der jungen Gertrud ...* – Gabalis berichtet a.a.O., S. 84 f.: „Ein kleiner Gnome war der Geliebte der berühmten Magdalena del Croce, Äbtissin eines Klosters zu Cordova ... Cassiodorus Rennuns lehrte die Nachwelt das Wunder ... Ich müßte mich sehr irren, wenn er nicht kühnlich behauptet hätte, der Sylphe, der sich bei der jungen Gertrude, einer Nonne aus dem Kloster Nazareth im Cölnischen Sprengel, unsterblich machte, sey ein Teufel ..."

S. 962, Z. 9–18: *Er schien absteigen zu wollen, plötzlich* usw. – Die folgende Episode hat H. nach *Gargantua und Pantagruel* gestaltet, wobei er, wie Maassen nachgewiesen hat, eine Bearbeitung von Dr. Eckstein benutzt hat, die, an Rabelais und Fischart orientiert, 1785 in Hamburg erschienen war.

S. 962, Z. 15–16: *Trochäen, Pyrrhichien, Daktylen u.s.w.* – Alle diese Versmaße werden in der Anm. zu S. 964, Z. 27 ff. erläutert.

S. 962, Z. 22: *Unzial-Buchstaben.* – Als Unziale bezeichnet man eine griechische und eine römische Buchschrift, die sich, dem Material entsprechend, durch abgerundete Formen von der Kapitalis unterscheidet. Wie diese ist sie eine Majuskelschrift (Großbuchstaben), wobei allerdings einzelne Zeichen über die Ober- bzw. Unterlinie hinausragen.

S. 962, Z. 26–27: *Porphyrio von Ockerodastes.* – Die Namen hat H. offenbar erfunden oder an einer Stelle entlehnt, die heute nur noch durch Zufall wiederentdeckt werden kann.

S. 963, Z. 3–4: *einige Kapitel aus dem Laktanz oder aus dem Thomas Aquinas.* – Lucius Cae(ci)lius Firmianus Lactantius trat um 305 zum Christentum über und schrieb die *Divinae Institutiones*, eine Verteidigung des Christentums.

Im 2. Bd. dieser siebenbändigen Schrift spricht er vom Wunderglauben. Diese Stelle hat Gabalis, a.a.O., S. 78 im Auge. Dort und öfter wird auch Thomas von Aquin genannt.

S. 963, Z. 7–8: *oder einen andern elementarischen Knigge.* – H. spielt natürlich auf *Über den Umgang mit Menschen* von Adolph von Knigge (1752–1796) an, über den er auch im *Kater Murr* (1. Bd., 1. Abschnitt) scherzt.

S. 964, Z. 27–29: *Trochäen, Spondäen, Jamben* usw. – H. stellt Versfüße zusammen, die man nach kurzen (k) und langen (l) Silben bemißt. Demnach haben die Versfüße folgende Gestalt: Trochäus: l–k; Spondäus: l–l; Jambus: k–l; Pyrrhichius: k–k; Anapäst: k–k–l; Tribrachys: k–k–k; Bacchius: k–l–l; Antibacchius: l–l–k; Choriambus: l–k–k; Daktylus: l–k–k.

S. 966, Z. 38–40: *Pan Kapustowicz aus Polen ... Signor di Broccoli aus Italien, Monsieur de Roccambolle aus Frankreich.* – Die Namen, übersetzt, lauten: Herr Kohlsohn, Herr von Rosenkohl und Herr von Knoblauch.

S. 968, Z. 12: *der edle Gnome Tsilmenech.* – Woher der Name stammt, ist ungeklärt. Er hängt wahrscheinlich mit „Talisman" zusammen. Im 7. Abenteuer des *Meister Floh* kehrt er in abgewandelter Form wieder. Hier bildet er – zufällig? – das Anagramm für „Teilmensch". Vgl. die Verteidigungsrede des Herrn von Zabelthau: „welche Seligkeit auf Erden, wenn die Menschheit existierte ohne Leib ..." (S. 969, Z. 14–16). Die Übersetzung H.s ist natürlich scherzhaft gemeint. S. auch folgende Anm.

S. 969, Z. 26–27: *die Sylphide Nehahilah ...* – Den Namen hat H. ganz nach Vorschrift des Gabalis gebildet, der a.a.O., S. 108 sagt: „so bald ein Sylphe von uns gelernt hat, den mächtigen Namen Nehmahmihah cabalistisch auszusprechen ..."

S. 971, Z. 19–20: *den Chesterfield oder den Knigge zu lesen, ja ohne die Frau von Genlis.* – „Der" Chesterfield sind die *Letters to his Son* (1774) des Philip Dormer Stanhope, Earl of Chesterfield (1694–1773), in denen er guten Ton und Weltgewandtheit zu vermitteln sucht. – Knigges *Über den Umgang mit Menschen* erschien zuerst 1788 in zwei Bänden. – Stéphanie Félicité Ducrest de Saint Aubin (1746–1830), die auch praktische Erzieherin war (bei den Kindern des Herzogs von Chartres), schrieb pädagogische Werke in großer Zahl.

S. 973, Z. 31: *Turneps.* – Englisch „turnip" heißt „Kohlrübe".

S. 974, Z. 19: *Daucus Carota.* – Das ist nach Linné die Fachbezeichnung für die Mohrrübe.

S. 974, Z. 21–22: *einen einzigen Tag im Jahre regiert ... der Bohnenkönig.* – „Das aus Frankreich stammende ... Bohnenfest fand ... am Dreikönigsfest (5. oder 6. Januar) statt. In den für diesen Tag bestimmten „Königskuchen" wurde eine Bohne eingebacken; wer sie fand, wurde Bohnenkönig." (Ellinger.)

S. 976, Z. 23 ff.: *Die Brust wird weit, dem Geiste wachsen Flügel?* – Maassen vermutet, daß diese Verse ursprünglich dem Kater Murr zugedacht gewesen seien („wasch den Pelz, doch mach ihn ja nicht naß!").

S. 978, Z. 4–5: *Friedrich Richter.* – H. schreibt einmal Jean Paul, das andere Mal Friedrich Richter.

S. 979, Z. 19–20: *diable de la jeunesse.* – „Teufel der Jugend".

S. 995, Z. 9: *ein Freund vom Rhein.* – H. stattet hier dem Verleger Wilmans einen literarischen Dank ab, der ihm anläßlich des großen Erfolges der Erzählung *Das Fräulein von Scuderi* in seinem Taschenbuch eine Kiste Wein des Jahrgangs 1811 übersandt hatte. H. bedankte sich brieflich für das Geschenk am 10. März 1820. Den Text des Briefes s. in der Anm. zu S. 648 *(Das Fräulein von Scuderi)*.

S. 995, Z. 19–20: *alles Dichtens und Trachtens.* – S. die Anm. zu S. 926, Z. 11.

Wulf Segebrecht

BIBLIOGRAPHIE

Auf die Bibliographien in den Bänden *Fantasie- und Nachtstücke* (S. 812–818) und *Die Elixiere des Teufels / Lebens-Ansichten des Katers Murr* (S. 716–720) unserer Ausgabe, die Wolfgang Kron zusammengestellt hat, sei verwiesen. Die dort genannten Gesamtdarstellungen von Leben und Schaffen H.s, die Allgemeinen Deutungen zu seinem Werk, die Angaben zu H.s Sprache und Stil sowie zu den Stoffen und Motiven werden hier nicht eigens wiederholt. Im Anhang zum Band *Märchen / Letzte Erzählungen* soll diese Bibliographie auf den neuesten Stand gebracht werden.

Bibliographien und Forschungsberichte

(Rosenbaum, Alfred): Ernst Theodor Wilhelm H. In: Goedecke, Karl: Grundriß zur Geschichte der deutschen Dichtung. 2. Aufl. Bd. 8, Dresden 1905. S. 468–506, 713–714. – Nachträge: Bd. 11/I, 1951, S. 503, 612. – Bd. 14, 1955–1960, S. 352–490, 1008–1014. (Von Wolfgang Kron und Klaus Kanzog.)

Salomon, Gerhard: E. T. A. H.-Bibliographie [1803–1871]. Weimar 1924. 80 S. – 2. verb. u. verm. Aufl. Mit Abb. Berlin-Leipzig 1927. 118 S. (Paetels Handbücher. 1.)

Eppelsheimer, Hanns W. (ab Bd. 2 bearb. v. Clemens Köttelwesch): Bibliographie der deutschen Literaturwissenschaft. Bd. 1–4: 1945 – 1953, 1954 – 1956, 1957 – 1958, 1959 – 1960. Frankfurt a. M. (1957, 1958, 1960, 1961). S. 272–273, 210–211, 135–136, 175–176.

Kanzog, Klaus: Grundzüge der E. T. A.-Hoffmann-Forschung seit 1945. Mit einer Bibliographie. Mitteilungen der E. T. A. H.-Gesellschaft H. 9, 1962, S. 1–30.

Historisch-kritische Textausgaben

E. T. A. H.s Sämtliche Werke. Hist.-krit. Ausg. m. Einleitgn., Anm. u. Lesarten von Carl Georg von Maassen. Bd. 1–4, 6–10. [Mehr nicht erschienen] München u. Leipzig (Bd. 9/10: München): G. Müller (Bd. 8: u. Berlin: Propyläen-Verl.) 1908–1928. – Bd. 1–4: 2. unveränd. Aufl. 1912.

1: Fantasiestücke. – 2: Die Elixiere des Teufels. – 3: Nachtstücke. – 4: Seltsame Leiden eines Theater-Direktors. Klein Zaches. – 6, 7, 8: Die Serapions-Brüder Bd. 2, 3, 4. – 9/10: Lebens-Ansichten des Katers Murr. Text.

E. T. A. H.s Werke. In 15 Teilen. Auf Grund der Hempelschen Ausg. neu hrsgg. mit Einleitgn. u. Anm. vers. von Georg Ellinger. Berlin-Leipzig-Wien-Stuttgart: Bong u. Co. [1912]. 5 Bde; auch in 7 Bdn. (Gold. Klassiker-Bibl.) – [2. verb. u. verm. Aufl.] Berlin-Leipzig: Bong u. Co. [1927] 8 Bde. (Bongs Gold. Klassiker-Bibl.)

Dokumente

E. T. A. H.s Tagebücher und literarische Entwürfe. Mit Erl. u. ausführl. Verzeichnissen hrsgg. von Hans von Müller. Bd. 1, enthaltend die Texte der Tagebücher u. ein Verzeichn. der darin genannten Werke H.s [Mehr nicht ersch.] Berlin: Gebr. Paetel 1915. CVII, 352 S.

E. T. A. H. im persönlichen und brieflichen Verkehr. Sein Briefwechsel u. die Erinnerungen seiner Bekannten. Gesammelt u. erl. von Hans von Müller. Bd. 1–2. Berlin: Gebr. Paetel 1912.

[Hitzig, Julius Eduard]: Aus H.s Leben und Nachlaß. Hrsgg. von d. Verf. d. Lebens-Abrißes Friedrich Ludwig Zacharias Werners. Th. 1–2. Berlin 1823. – 3. verm. u. verb. Aufl. in: E. T. A. H.s Erzählungen aus seinen letzten Lebensjahren, sein Leben und sein Nachlaß. In 5 Bdn. Hrsgg. von Micheline Hoffmann, geb. Rorer. Mit Kupfern u. Facsimile. Stuttgart: F. Brodhag 1839. Bd. 3–5. (Auch u. d. T.: E. T. A. H.s ausgew. Schriften. Bd. 13–15.)

[Kunz, Carl Friedrich]: Aus dem Leben zweier Dichter: Ernst Theodor Wilhelm Hoffmann's und Friedrich Gottlob Wetzel's. Von Z. Funck. Leipzig 1836. VIII, 315 S. (Erinnerungen aus meinem Leben in biograph. Denksteinen u. anderen Mittheilungen. Bd. 1.) S. 1–172: I. Ernst Theodor Wilhelm H.

Hoffmann als Dichter von Märchen und Erzählungen

Todsen, Hermann: Über die Entwicklung des romantischen Kunstmärchens. (Mit bes. Berücksichtigung von Tieck u. E. T. A. H.) Phil. Diss. München 1905. Berlin 1906. S. 67–105.

Reimann, Olga: Das Märchen bei E. T. A. H. Phil. Diss. München 1925. München 1926, 87 S.

Benz, Richard: Märchen-Dichtung der Romantiker. 2. Ausg. Jena 1926. S. 142–148.

Jehle, Mimi Ida: Das deutsche Kunstmärchen von der Romantik bis zum Naturalismus. University of Illinois Bulletins Vol. 22, No. 44, 2. July 1935.

Hallamore, Gertrude J.: Das Problem des Zwiespalts in den Künstlernovellen E. T. A. H.s und Thomas Manns. Monatshefte f. d. dt. Unterricht Vol. 36, 1944, S. 82–94.

Bergengruen, Werner: Nachwort. In: E. T. A. H.: Märchen. (Die Ausgabe besorgte W. B.) Ill. v. Alfred Kubin. Vaduz: Liechtenstein-Verl. (1947). S. 421–432. – Dass. (Lizenzausg. f. Österreich.) Wien: Berglandverl. [1948].

Zoerb, Ulrike: Clemens Brentano und E. T. A. H. in ihren Märchen. Phil. Diss. Bonn 1948. 96 S. 4⁰ [Masch.]

Thalmann, Marianne: E. T. A. H.s Wirklichkeitsmärchen. The Journal of English and Germanic Philology Vol. 51, 1952, S. 473–491.
Korff, Hermann August: Geist der Goethezeit. Bd. 4. Leipzig: Koehler & Amelang 1953. S. 604–639.
Arx, Bernhard von: Novellistisches Dasein. Spielraum einer Gattung in der Goethezeit. Zürich [1953]. (Zürcher Beiträge z. dt. Lit.- u. Geistesgesch. 5.) S. 150–170.
Lämmert, Eberhard: Bauformen des Erzählens. Stuttgart: Metzler 1955. S. 57 ff. und 102 ff.
Martini, Fritz: Die Märchendichtungen E. T. A. H.s. Der Deutschunterricht 7, 1955, H. 2, S. 56–78.
Klein, Johannes: Geschichte der deutschen Novelle von Goethe bis zur Gegenwart. 4. verb. u. erw. Aufl. Wiesbaden 1960. S. 99–137.
Lockemann, Fritz: Gestalt und Wandlungen der deutschen Novelle. Gesch. einer lit. Gattung im 19. u. 20. Jahrh. München 1957, S. 78–94.
Rockenbach, Nikolaus: Bauformen romantischer Kunstmärchen. Eine Studie zur epischen Integration des Wunderbaren bei E. T. A. H. Phil. Diss. Bonn 1957. 272 S. [Masch.]
Kunz, Josef: Geschichte der deutschen Novelle vom 18. Jahrhundert bis auf die Gegenwart. In: Deutsche Philologie im Aufriß. Bd. 2. 2. überarb. Aufl. (Berlin 1960), Sp. 1817–1825.
Strohschneider-Kohrs, Ingrid: Die romantische Ironie in Theorie und Gestaltung. Tübingen 1960. (Hermaea N. F. 6.) S. 337–424.
Bennett, Edwin Keppel: The History of the German Novelle. Rev. and cont. by H. M. Waidson. Cambridge 1961. S. 58–67.
Thalmann, Marianne: Das Märchen und die Moderne. Zum Begriff der Surrealität im Märchen der Romantik. Stuttgart 1961. (Urban-Bücher 53.) S. 78–103.
Werner, Hans-Georg: Zur Entwicklung der Märchendichtung E. T. A. H.s. Wissenschaftl. Zeitschrift der Martin-Luther-Universität, Gesellschafts- u. sprachwiss. Reihe 10, 1961, H. 4, S. 981–987.
Mühlher, Robert: Die Einheit der Künste und das Orphische bei E. T. A. H. In: Stoffe, Formen, Strukturen. Studien z. dt. Lit. Hrsgg. v. Albert Fuchs u. Helmut Motekat. H. H. Borcherdt zum 75. Geb. München 1962. S. 345–360.

Zu den Serapions-Brüdern

Die Literatur ist nach der Folge der Erzählungen geordnet. Auf die Einleitungen Georg Ellingers und Carl Georg von Maassens sei hier summarisch verwiesen; ebenso auf die Gesamtdarstellung von Hoffmanns Werk, die in den Bibliographien der Bände *Fantasie- und Nachtstücke* und *Die Elixiere des Teufels/Lebens-Ansichten des Katers Murr* unserer Ausgabe verzeichnet sind.

Rezensionen

Heidelbergische Jahrbücher der Litteratur 1819, Nr. 76, S. 1201; 1821, Nr. 5 u. 6, S. 78–80; 1821, Nr. 75, S. 1184–1188.

Morgenblatt für gebildete Stände, Literatur-Blatt, Freitag 2. Juni 1820, Nr. 43, S. 169–171.

Jenaische Allgemeine Literatur-Zeitung, Erg.-Bl., 1820, Nr. 57, Sp. 70 bis 72; 1821, Nr. 32, Sp. 254–255.

Börne, Ludwig: Die Serapionsbrüder, gesammelte Erzählungen und Märchen, hrsgg. von E. T. A. Hoffmann. Erster u. zweiter Band. Berlin 1819. In: L. B., Gesammelte Schriften. Neue vollständige Ausgabe. Hamburg u. Frankfurt a. M. 1862, Bd. 6, S. 97–107. [Vorher in: Die Wage. Frankfurt 1820, H. 8.]

Zum Rahmen

Goldstein, Moritz: Zur Technik der zyklischen Rahmenerzählungen Deutschlands. Von Goethe bis Hoffmann. Phil. Diss. Berlin 1906.

Lockemann, Fritz: Die Bedeutung des Rahmens in der deutschen Novellendichtung. Wirkendes Wort 6, 1955/56, H. 4, S. 208–217.

Schnapp, Friedrich: Der Seraphinenorden und die Serapionsbrüder E. T. A. H.s. In: Literaturwissenschaftliches Jahrbuch. Im Auftrage d. Görres-Gesellschaft, hrsgg. von Hermann Kunisch. N. F. 3. Bd. 1962 [im Druck].

(Rat Krespel)

Seibt, W.: Rat Crespel und die Novelle in den „Serapionsbrüdern“. In: Frankfurter Zeitung 1893, Nr. 317.

Konrad, K.: Das Urbild des „Rat Krespel“. In: Königsberger Hartungsche Zeitung 1909, Nr. 511.

Hertz, Wilhelm: Bernhard Crespel. Goethes Jugendfreund. Nach ungedr. Briefen aus d. Frankf. Goethekreise. München u. Leipzig 1914, S. 1–12, 119 f. u. 255 f.

Wiese, Benno von: Ernst Theodor Amadeus Hoffmann. Rat Krespel. In: B. v. W., Die deutsche Novelle von Goethe bis Kafka. Interpretationen II. Düsseldorf 1962. S. 87–103.

Die Fermate

Maassen, Carl Georg von: H.s Erzählung „Die Fermate“ und Hummels Gemälde „Die Gesellschaft in einer italienischen Lokanda“. In: Der grundgescheute Antiquarius, Jg. 2, H. 2/3, Jan. 1923, S. 68–71. (Mit Abb.)

Ein Fragment aus dem Leben dreier Freunde

Rez. Jenaische Allgemeine Literatur-Zeitung, Erg. Bl., 1818, Nr. 1, Sp. 456.

Müller, Hans von: [Anmerkungen zu *Ein Fragment aus dem Leben dreier*

Freunde.] In: Zwölf Berlinische Geschichten aus den Jahren 1551–1816. Erzählt von E. T. A. H. Nach der Folge der Handlung zsgst. u. erl. von H. v. M. Mit 10 Bildbeigaben. München: G. Müller 1921, S. 366–380.

Der Artushof

Rez. Jenaische Allgemeine Literatur-Zeitung, Erg. Bl., 1817, Nr. 64, Sp. 506.
Federau, Wolfgang: E. T. A. H. und der Artushof. Ostdeutsche Monatshefte für Kunst und Geistesleben 7, Nr. 7, Okt. 1926. S. 690–94.

Die Bergwerke zu Falun

Friedmann, Georg: Die Bearbeitungen der Geschichte von dem Bergmann von Fahlun. Berlin 1887, S. 33–39.
Reuschel, Karl: Über Bearbeitungen der Geschichte des Bergwerks von Falun. Kochs Studien zur vergleichenden Literaturgeschichte. Bd. 3, 1903, H. 1. S. 8–12 u. 19 ff.
Lorenz, Emil Franz: Die Geschichte des Bergmann von Falun. Imago 3, 1914, H. 3. S. 255–288.
Pfeiffer, Johannes: Die Geschichte von dem Bergmann zu Fahlun, verglichen mit Hoffmanns Erzählung. In: J. P., Wege der Erzählkunst. Hamburg 1953. S. 46–52.
Beck, Carl: E. T. A. H.s Erzählung „Die Bergwerke von Falun". Eine liter. Studie. Freiberger Forschungshefte, Kultur und Technik D 11, 1955. S. 264–272.
Scherer, Michael: Die Bergwerke von Falun. Eine Studie zu E. T. A. H. und J. P. Hebel. Blätter für den Deutschlehrer 2, 1958, H. 1, S. 9–16.

Nußknacker und Mausekönig

Rez. Morgenblatt für gebildete Stände, Literatur-Blatt, März 1817, Nr. 11, S. 43–44.
Rez. Jenaische Allgemeine Literatur-Zeitung, Erg.-Bl., April 1817, Nr. 65, Sp. 46–48.
Müller, Hans von: [Anmerkungen zu *Nußknacker und Mausekönig.*] In: Die Märchen der Serapionsbrüder. Hrsgg. u. mit einem Nachw. vers. von H. v. M. Mit 2 handkol. Bild. nach H. u. 3 Bild. nach Th. Hosemann. Zweite Aufl. Berlin (1920). S. 312–331.
Müller, Hans von: [Anmerkungen zu Nußknacker und Mausekönig.] In: Zwölf Berlinische Geschichten aus den Jahren 1551–1816. Erzählt von E. T. A. H. Nach der Folge der Handlung zsgst. u. erl. von H. v. M. Mit 10 Bildbeigaben. München: G. Müller 1921. S. 395–403.

Der Kampf der Sänger

Rez. Zeitung für die elegante Welt, 29. Okt. 1818, Nr. 212, Sp. 1711.
Rez. Jenaische Allgemeine Literatur-Zeitung, Erg.-Bl., Jan. 1819, Nr. 4, Sp. 29.

Reisenfeld, Paul: Heinrich von Ofterdingen in der deutschen Literatur. Berlin 1912. S. 161–185.

Loepp, Frida: Über E. T. A. H.s „Kampf der Sänger". Phil. Diss. Marburg 1925. [Masch.] II, 77 S.

Hewett-Thayer, Harvey W[aterman]: A Source of H.s „Kampf der Sänger". Modern Language Notes 63, 1948. S. 526–527.

Tecchi, Bonaventura: Una Fiaba di E. T. A. H. Istituto Universitario Orientale. Annali, Sezione Germanica 1, Napoli 1958. S. 13–26.

Die Automate

Heilborn, Ernst: E. T. A. H. und das Automat. In: Literatur 28, H. 2, Nov. 1926, S. 72–75.

Chapius, Alfred: Les automates dans les oeuvres d'imagination. Neuchâtel 1947. (Les idées et les lettres 4.) S. 64–80.

Kreplin, Dietrich: Das Automaten-Motiv bei E. T. A. H. Phil. Diss. Bonn 1957. [Masch.] III, 126 S.

Tauber, Serge: Die Bedeutung der künstlichen Menschenfigur im Werke E. T. A. H.s. Phil. Diss. Innsbruck 1960. [Masch.] 143 S.

Doge und Dogaresse

Rez. Zeitung für die elegante Welt, 16. Nov. 1818, Nr. 225, Sp. 1818.

Rez. Morgenblatt für gebildete Stände, Literatur-Blatt, 1819, Nr. 7, S. 27.

Meister Martin der Küfner und seine Gesellen

Rez. Zeitung für die elegante Welt, 3. Nov. 1818, Nr. 216, Sp. 1741–42.

Rez. Morgenblatt für gebildete Stände, Literatur-Blatt, 1819, Nr. 7, S. 25.

Kolb, Peter: E. T. A. H.s „Meister Martin" im deutschen Unterricht. Ein Beitr. zur Behandlung erzählender Prosa. Zeitschrift für Deutschkunde 38, 1924, H. 1. S. 25–35.

Sommer, Paul: Erläuterungen zu E. T. W. H.s „Meister Martin der Küfer und seine Gesellen". Leipzig 1930. (Königs Erläuterungen zu den Klassikern 229.) 39 S.

Lüdecke, Heinz: E. T. A. H. und Albrecht Dürer. Bildende Kunst (Dresden) 1955, H. 1. S. 49–55. – [Vorher als Nachwort zu:] E. T. A. Hoffmann: Meister Martin der Küfner und seine Gesellen. Berlin 1956. (Künstlergeschichten 1.)

Das fremde Kind

Rez. Morgenblatt für gebildete Stände, Literatur-Blatt, 1817, Nr. 11, S. 43 f.

Rez. Jenaische Allgemeine Literatur-Zeitung, Erg.-Bl., 1817, Nr. 65, Sp. 46–48.

Müller, Hans von: [Anmerkungen zu *Das fremde Kind.*] In: Die Märchen der Serapionsbrüder. Hrsgg. u. mit einem Nachw. vers. von H. v. M. Mit 2 handkol. Bild. nach H. u. 3 Bild. nach Th. Hosemann. Zweite Aufl. Berlin (1920). S. 332–345.

Planta, Urs Orland von: E. T. A. H.s Märchen „Das fremde Kind“. Bern 1958. 125 S. (= Phil. Diss. Zürich 1958.)

(Nachricht aus dem Leben eines bekannten Mannes)

Pniower, Otto: E. T. A. H.s Erzählung „Aus dem Leben eines bekannten Mannes“. Euphorion 14, 1907, S. 714–717.

Müller, Hans von: [Anmerkungen zu *Aus dem Leben eines bekannten Mannes.*] In: Zwölf Berlinische Geschichten aus den Jahren 1551–1816. Erzählt von E. T. A. H. Nach der Folge der Handlung zsgst. u. erl. von H. v. M. Mit 10 Bildbeigaben. München: G. Müller 1921. S. 334–341.

Die Brautwahl

Holtze, Friedrich: E. T. A. H. und die Schwestern Marcuse. In: Hoffmann: „Das Sanctus“ und „Die Brautwahl“. Einleitungen von F. H., Texte von Hans v. Müller. Mit 5 Abb. Berlin 1910. (Schriften d. Vereins für die Geschichte Berlins, H. 43.) S. 3–19.

Müller, Hans von: Nachwort zu H.s „Brautwahl“. Mit dem Faks. einer Aufzeichnung H.s. Als Neujahrsgruß für 1911. Leipzig 1911. XLVII S.

Hasselberg, Felix: Der „Ästhetiker im schwarzen Rock“. Zur Erklärung einer dunkelen Stelle in H.s „Brautwahl“. Berlinische Blätter für Geschichte und Heimatkunde 3, 1936, H. 1.

Der unheimliche Gast

Rez. Literarisches Wochenblatt, 41. Bd., Nr. 18, Sept. 1819, S. 140 f.

Das Fräulein von Scuderi

Rez. Morgenblatt für gebildete Stände, Literatur-Blatt, 1819, Nr. 48, S. 192.

Rez. Jenaische Allgemeine Literatur-Zeitung, Erg.-Bl., Dez. 1820, Nr. 184, Sp. 43–44 und Mai 1822, Nr. 57, Sp. 154–155.

Rez. Hermes 1820, St. 2, S. 202 ff.

Varnhagen von Ense, Rahel: Mlle de Scudéry von Hoffmann. In: Rahel. Ein Buch des Andenkens für ihre Freunde, hrsgg. von Karl August von Ense. Berlin 1834, T. 3, S. 13–15.

Thalmann, Marianne: E. T. A. H.s „Fräulein von Scuderi“. Monatshefte für den deutschen Unterricht 41, 1949, S. 107–116.

Rosebrock, Theo: Erläuterungen zu E. T. A. H.s Das Fräulein von Scuderi. Hollfeld/Obfr., 1958, 46 S.

Himmel, Helmuth: Schuld und Sühne der Scuderi. Zu H.s Novelle. Mitteilungen der E. T. A. H.-Gesellschaft 7, 1960, S. 1–15.

Spielerglück

Rez. Zeitung für die elegante Welt, 2. Nov. 1819, Nr. 216, Sp. 1723.

Rez. Abendzeitung (Dresden), 20. Nov. 1819, Wegweiser.

(Der Baron von B.)

Müller, Hans von: [Anmerkungen zu *Der Baron von B.*] In: Zwölf Berlinische Geschichten aus den Jahren 1551–1816. Erzählt von E. T. A. H. Nach der Folge der Handlung zsgst. u. erl. von H. v. M. Mit 10 Bildbeigaben. München: G. Müller 1921. S. 342–343.

Signor Formica

Rez. Wiener Zeitschrift für Kunst, Litteratur, Theater und Mode, 3. Quartal 1819, S. 932.
Rez. Zeitung für die elegante Welt, 25. Sept. 1819, Nr. 189, Sp. 1507–1508.
Rez. Abendzeitung (Dresden), 16. Okt. 1819, Wegweiser.
Rez. Literarisches Wochenblatt, Bd. 4, Dez. 1819, Nr. 52, S. 410.
Rez. Jenaische Allgemeine Literatur-Zeitung, Erg.-Bl., Dez. 1819, Nr. 138, Sp. 1098–1099.

(Zacharias Werner)

Hankamer, Paul: Zacharias Werner. Bonn 1920.
Forstreuter, Kurt: Zacharias Werner und seine Mutter. Mitteilungen des Vereins für die Gesch. Ost- und Westpreußens 3, 1928, S. 12 ff.
Jenisch, Ernst: Zacharias Werners Mutter. Euphorion 31, 1930, S. 95–119.

(Vampirismus)

Hock, Stefan: Die Vampyrsagen und ihre Verwertung in der deutschen Literatur. Berlin 1900. (= Forschungen zur neueren Literaturgesch. 17.)

Die Königsbraut

Müller, Hans von: [Anmerkungen zu *Die Königsbraut.*] In: Die Märchen der Serapionsbrüder. Hrsgg. u. mit einem Nachw. vers. von H. v. M. Mit 2 handkol. Bild. nach H. u. 3 Bild. nach Th. Hosemann. Zweite Aufl. Berlin (1920). S. 345–360.

Anhang: Hoffmanns Quellen

Argensville, Anton Joseph Dezallier d': Leben der berühmtesten Maler, nebst einigen Anmerkungen über ihren Charakter, der Anzeige ihrer vornehmsten Werke ... Aus dem Französischen übersetzt und mit Anmerkungen erläutert [von J. J. Volkmann]. Zweyter Theil: Von den Lombardischen, Neapolitanischen, Spanischen und Genuesischen Malern. Leipzig 1767. – (Für *Signor Formica.*)
Arndt, Ernst Moritz: Reise durch Schweden im Jahre 1804. 2 Bde., Berlin 1806. – (Für *Die Bergwerke zu Falun.*)

Bartels, Ernst Daniel August: Grundzüge einer Physiologie und Physik des Magnetismus. Frankfurt a. M. 1812. – (Für die Gespräche der Serapionsbrüder.)

Bekker, Balthasar: Bezauberte Welt. 4 Bde., Amsterdam 1693. – (Für den Anfang des zweiten Bandes.)

[Fernow, Carl Ludwig:] Sitten und Culturgemälde von Rom. Mit dem Bildnisse des Cardinals Ruffo und neun anderen Kupfern. Gotha 1802. [Als erster Band der „Gemälde der merkwürdigen Hauptstädte von Europa".] – (Für *Signor Formica.*)

Füßli, Johann Rudolf [und Hans Heinrich F.]: Allgemeines Künstlerlexikon oder Kurze Nachricht von dem Leben und den Werken der Maler, Bildhauer ... Zweyter Theil. Zürich 1812. – (Für *Signor Formica.*)

Graf von Gabalis oder Über die verborgenen Wissenschaften. Aus dem Französischen. Berlin 1782. – (Für *Die Königsbraut.*)

[Gerber, Ernst Ludwig:] Neues historisch-biographisches Lexikon der Ton-Künstler ... von E. L. G., ... 4 Theile, Leipzig 1812–14. – (Für *(Rat Krespel)*, *Die Automate*, *(Baron von B.)* und öfter.)

Hafftiz, Peter: Microchronicon. [H. benutzte die Handschrift aus den *Manuscripta borussica* der Kgl. Bibliothek zu Berlin, Folio-Handschrift Nr. 23. Das Microchronicon wurde nach einer anderen Vorlage gedruckt in:] Riedel: Codex diplomaticus Brandenburgensis, IV. Hauptteil, Bd. 1, Berlin 1862. – (Für *Die Brautwahl.*)

Hausmann, Johann Friedrich Ludwig: Reise durch Skandinavien in den Jahren 1806 und 1807. 5 Bde., Göttingen 1811–18. – (Für *Die Bergwerke zu Falun.*)

Jagemann, Christian Joseph: Magazin der Italienischen Litteratur und Künste hrsgg. v. C. J. J. 4 Bde., Weimar 1780–1785. – (Bd. 4 für *Signor Formica.*)

Kluge, Carl Alexander Ferdinand: Versuch einer Darstellung des animalischen Magnetismus, als Heilmittel. Berlin 1811. – (Für die Gespräche der Serapionsbrüder und *Der unheimliche Gast.*)

König, Anton Balthasar: Versuch einer Schilderung der Hauptveränderungen der Religion, Sitten, Gewohnheiten ... der Residenzstadt Berlin. Berlin 1792–1799. – (Für *die Brautwahl.*)

Le Bret, Johann Friedrich: Staatsgeschichte der Republik Venedig, von ihrem Ursprunge bis auf unsere Zeiten ..., Th. I, II (1 u. 2), III. Leipzig und Riga 1769–1777. – (Für *Doge und Dogaresse.*)

Mesmer, Friedrich Anton: Mesmerismus. Oder System der Wechselwirkungen, Theorie und Anwendung des thierischen Magnetismus als die allgemeine Heilkunde zur Erhaltung des Menschen. Hrsgg. von Karl Christian Wolfart. Berlin 1814. – (Für die Gespräche der Serapionsbrüder.)

Meyer, Friedrich Johann Lorenz: Briefe aus der Hauptstadt und dem Innern Frankreichs unter der Consular-Regierung. Stuttgart 1803. – (Für *Das Fräulein von Scuderi.*)

Moritz, Karl Philipp: Reisen eines Deutschen in Italien in den Jahren 1786–1788. In Briefen von K. Ph. M. 3 Bde., Berlin 1792. – (Für *Signor Formica.*)

Nudow, Heinrich: Versuch einer Theorie des Schlafs. Königsberg 1791. – (Für *Die Brautwahl* und die Gespräche der Serapionsbrüder.)

Passieri, Giambattista: Leben der Maler, Bildhauer und Baumeister, welche in Rom gearbeitet haben und zwischen den Jahren 1641–1673 gestorben sind. Von J. B. P., Maler und Dichter. Aus dem Italienischen übersetzt. Dresden und Leipzig 1786. – (Für *Signor Formica.*)

Paullini, Kristian Franz: Flagellum salutis, das ist: Curieuse Erzählung, Wie mit Schlägen Allerhand schwere, langweilige, und fast unheylbare Kranckheyten offt, bald und wohl curiret werden ... Frankfurt a. M. 1698. – (Für das Gespräch der Serapionsbrüder.)

Pinel, Philippe: Traité medico-philosophique sur l'aliénation mentale ou la manie. Paris 1801. – (Für die einleitende Erzählung.)

Pitaval, Gayot de: Causes célèbres et intéressantes ... Le Haye 1735. [Deutsche Ausgabe:] Merkwürdige Rechtsfälle. Eingel. von Friedrich Schiller. Jena 1792–94.

Ranfft, Michael: Tractat von dem Kauen und Schmatzen der Todten in Gräbern, worinnen die wahre Beschaffenheit der Hungarischen Vampyrs und Blutsauger gezeiget, auch alle von dieser Materie bishero zum Vorschein gekommene [Schriften] recensiret werden. Leipzig 1734. – (Für *Vampirismus.*)

Reil, Johann Christian: Über die Erkenntnis und Cur der Fieber. 4. Bd., Halle 1802. – (Für die Gespräche der Serapionsbrüder.)

ders.: Rhapsodieen über die Anwendung der psychischen Curmethode auf Geisteszerrüttungen. Halle 1803. – (Für die Gespräche.)

ders.: Beiträge zur Beförderung einer Curmethode auf psychischem Wege. Halle 1808–1812.

Sandrart: Teutsche Academie der Bau-, Bildhauer- und Malerkunst. Verbessert von J. J. Volkmann. 8 Bde., Nürnberg 1768–75. – (Für *Signor Formica.*)

Schauplatz der Künste oder vollständige Beschreibung derselben, verfertiget oder gebilliget von denen Herren der Academie der Wissenschaften zu Paris. Bd. IV (Abth. 1:) Die Böttgerkunst von Herrn Fougeroux von Bandaroy. Aus dem Französischen von J. H. G. von Justi. Leipzig, Königsberg und Mitau 1765. – (Für *Meister Martin der Küfner und seine Gesellen.*)

Schubert, Gotthilf Heinrich: Ansichten von der Nachtseite der Naturwissenschaft. Dresden 1808. – (Für die Gespräche.)

ders.: Die Symbolik des Traumes. Bamberg 1814. – (Für die Gespräche.)

Thon, J. C. S.: Schloß Wartburg. Ein Beytrag zur Kunde der Vorzeit. 3. Aufl. 1815. – (Für *Der Kampf der Sänger.*)

Voltaire, François-Marie: Le siéle de Louis XIV., 4 Bde., Paris 1751.

Wagener, Samuel Christoph: Die Gespenster. Kurze Erzählungen aus dem Reiche der Wahrheit. 4 Bde., Berlin 1797 ff. – Neue Gespenster-Erzählungen. 2 Bde., Berlin 1801 und 1802. – (Für die Gespräche.)

Wagenseil, Johann Christoph: De sacri Romani imperii libera civitate Noribergensi commentatio. Accedit: De Germaniae Phonascorum Origine, Praestantia, Utilitate ... das ist Von der Meistersinger holdseliger Kunst ... Altdorfi Noricorum 1697. – (Für *Der Kampf der Sänger*, *Meister Martin der Küfner und seine Gesellen* und *Das Fräulein von Scuderi*.)

Wiegleb, Johann Christian: Die natürliche Magie. 20 Bde., Berlin und Stettin 1782 ff. – (Für die Gespräche.)

Zimmermann, Johann Georg Ritter von: Über die Einsamkeit. 2 Bde., Leipzig 1784/85. – (Für die Gespräche der Serapionsbrüder.)

Wulf Segebrecht

ZUM TEXT DER AUSGABE

Unserer Neuausgabe der *Serapions-Brüder* wurde die Erstausgabe von 1819–1821 – die einzige zu Hoffmanns Lebzeiten erschienene Ausgabe – zugrunde gelegt. Wie bei den anderen Bänden beschränkt sich unsere Bearbeitung auch hier auf die Modernisierung der Orthographie und Typographie, während Lautstand, Formenbestand und Interpunktion unangetastet bleiben. Über die Prinzipien dieser Bearbeitung vergleiche man die Rechenschaftsberichte „Zum Text der Ausgabe" in den Bänden *Fantasie- und Nachtstücke* und vor allem *Elixiere / Kater Murr* (wo auf einzelne, für die Textgestaltung grundlegende Probleme näher eingegangen wird).

Selbstverständlich waren die Druckfehler der Originalausgabe zu berichtigen. Soweit es sich um offensichtliche Versehen des Setzers handelte, wurden sie stillschweigend verbessert. Da hier aber nicht vorsichtig genug verfahren werden kann, wurden alle Stellen, an denen auch nur der geringste Zweifel auftauchte, ob es sich wirklich um einen Druckfehler handle, in das Verzeichnis der Abweichungen vom Text der Originalausgabe aufgenommen. In vielen Fällen konnte der Text nach den in Taschenbüchern und Almanachen erschienenen Erstdrucken verbessert werden, die sämtlich zur Textgestaltung herangezogen wurden. Wir haben uns hierbei jedoch auf die Ausmerzung wirklicher „Fehler" beschränkt; unser Ziel konnte es nicht sein – wie z. B. Hans von Müller dies in verschiedenen Separateditionen getan hat –, aus beiden Fassungen einen idealen Text herzustellen. So interessant dieser Versuch auch sein mag, er wird kaum den Anspruch auf Authentizität erheben dürfen, da auf diese Weise ein Text entsteht, der niemals vom Autor geschaffen wurde.

Es kommt auch gar nicht darauf an, sich im einzelnen Fall für diese oder jene Lesart zu entscheiden, als vielmehr, den Text in einer Form vorzulegen, die Grundlage für eine wissenschaftliche Beschäftigung sein kann. Wo mehrere Fassungen bestehen, sollten die Abweichungen nach Möglichkeit in einem Lesarten-Apparat zusammengefaßt werden. Der wissenschaftlich interessierte Leser sei daher ausdrücklich auf den kritischen Anhang der Ausgabe Carl Georg von Maassens verwiesen. Leider hat Maassen den ersten Band der *Serapions-Brüder* (den fünften Band seiner Ausgabe) nicht mehr herausbringen können. Wir haben diese Lücke durch Darbietung der fehlenden Lesarten zu schließen versucht.

Wir bringen im folgenden zunächst die Lesarten zum ersten Band der *Serapions-Brüder*, danach das Verzeichnis der von uns vorgenommenen Änderungen am Text der Ausgabe von 1819–1821. Es sei noch darauf hingewiesen, daß das Verzeichnis der Textänderungen insofern eine Ergänzung zum Lesartenapparat darstellt, als es Auskunft über die Stellen gibt, an denen wir dem Erstdruck gefolgt sind, die mithin vom Text der Ausgabe von 1819–1821 abweichen. Doch handelt es sich fast ausschließlich um geringfügige Abweichungen, bei denen in der Mehrzahl der Fälle ein Druckfehler anzunehmen ist.

Lesarten zum ersten Band der Serapions-Brüder

Der Einfachheit halber werden die Erstdrucke durchgängig mit E bezeichnet; um welche Almanache und Taschenbücher es sich im einzelnen handelt, mag der Leser aus den genauen bibliographischen Angaben auf Seite 1032 ff. ersehen. Die links vor der Kolumne stehenden Zahlen geben die Seite, die jeweils vor der Lesart stehenden Zahlen die Zeile der entsprechenden Textstelle an. Überschriften und Leerzeilen werden nicht mitgezählt. Abweichungen der Interpunktion bleiben – wie bei Maassen – unberücksichtigt.

(Der Einsiedler Serapion)

17 42 nach *wißt,* folgt in E *sprach Cyprian zu den versammelten Freunden,*

18 2 *Teutschlands* : *Deutschlands* E · 8 *Gebürge* : *Gebirge* E · 40 *der würdige Mann* : *ein würdiger Mann,* E

19 23 *Tirolergebürge* : *Tyrolergebirge* E

20 41 *seinem* : *Serapions* E

21 16 *Schemmel* : *Schemel* E

22 41 *finsterm durchbohrenden* : *finsterm, durchbohrendem* E

24 4 *beispiellos* : fehlt in E

26 5 *heitrem* : *heiterm* E · 11 *spitzfündigsten* : *spitzfindigsten* E

(Rat Krespel*)

31 3 *nämlich* : fehlt in E · 5 *H–* : *E.* E; auch in der Folge immer · 14 *Erfolg* : *Erfolge* E · 33 *fragte* : *frug* E · 36 *anderen* : *andern* E

32 32 *Arbeiten* : *Arbeitern* E

33 10 *Tür* : *Thüre* E · 30 *den . . . besetzten Tisch* : *die . . . besetzte Servante* E 32 *einen Blumentopf* : *eine Blumenvase* E

34 19 *nur* : fehlt in E · 20 nach *das* folgt in E *nun* · 21 *wurde* : *war* E · 25 *Büchschen* : *Büchsen* E · 27 *fragte* : *frug* E · 28 nach *schnitt* folgt in E *mir* · 34 *singenden* : *singendem* E · 41 *Amati* : *Amatik* E (Df.)

35 5 *hinaussprang* : *heraussprang* E · 10 *Antonien* : *Antonie* E · 25 nach *sie* folgt in E *aber* · 36 *hieher* : *hierher* E

36 1 *belästigen* : *belustigen* E (wohl Df.) · 12 *feurigen* : *feurigem* E · 33 *hinausstürzte* : *herausstürzte* E · 41 *sein müsse* : *sei* E

* Der Brief Hoffmanns an Fouqué, der die folgende Erzählung einrahmt und der im *Frauentaschenbuch für das Jahr 1818* erschien, ist in unseren Anmerkungen (S. 1039 ff.) abgedruckt.

37 4 *von* : fehlt in E (Df.) · 11 *aufregenden* : *aufregender* E · 14 *Quinkelieren* : *Geniekeliren* E (Df.) · 16 *Ihr wißt* : *da Sie, theuerster Baron, es ja wissen* E 17 *und könnt* : *so können Sie* E · *wie* : *daß* E · 21 nach *und* folgt in E *sie* · 25 *hätte ich es selbst* : *hätt' ich selbst es* E · 42 *Zeiten* : *Zeit* E

38 15 nach *Die* folgt in E *besten* (wohl Df. für *letzten*) · 27 *Tür* : *Thüre* E · 28 f. *Tür hinausgeworfen* : *Thüre herausgeworfen* E · 31 *Stamitz* : *Stanitz* E

39 4 f. *gewöhnlichem Geleise* : *gewöhnlicher Haltung* E · 10 *sehr* : *höchst* E · 18 *singenden* : *singendem* E · 22 *mir* : *mit* E (Df.) · 25 *dieses* : gesperrt E · 30 f. *Violinenspielens* : *Violinspielens* E

40 2 *sie* : *er* E · 4 *Schiavo* : *Schiaro* E (Df.) · *übernehmen* : *übernimmt* E · 8 *Leonardo Leo* : *Abbate Steffani* E · 12 nach *Tenor* folgt in E *(Gott weiß es, Baron! ich glaube fast es war das eingestrichene As; greifen Sie es doch nur gleich gefälligst auf Ihrem kleinen zarten Piano, in dem Tone wird Ihnen Krespel's grauliches Wesen recht aufgehen; eigentlich heißt er auch, der Ton nämlich, nicht As sondern Gis.) – Ja! Krespel schrie im kreischenden Tenor* · 30 *Ihr gesteht,* : *Sie gestehen, Baron!* E · 31 *hätte* : fehlt in E · 34 *verliebten* : *intriguirenden* E · 41 *B**** : *E.* E (Df.)

41 9 *einen geistlichen Choral* : *das Lied: Jesus meine Zuversicht* E · 13 nach *dem* folgt in E *evangelischen* · 16 nach *zuzuschütten* folgt in E *eben* · 27 *gewohnten* : *bekannten* · 28 nach *so* folgt in E *vielleicht* · 30 *u. s. w.* : *u. s.* E

42 8 *hing* : fehlt in E · 9 *Jammer* : *Donner* E (Df.) · 23 *wollte* : *wolle* E · 27 *Totenengel* : *Todtenvogel* E · 32 *meinst* : *weinst* E (Df.?)

43 6 *geworden* : *worden* E · 9 *andern* : *andere* E · 13 *bittern* : *bittren* E · 16 *Hasensprüngen* : *Hosensprüngen* E (Df.?)

44 2 *den* : *die* E · 3 *fragte* : *frug* E · 13 *erwidern* : *reden* E · 25 *dir* : *aber* E · 30 *hinaus* : *heraus* E · 39 *Teatro* : *Tearo* E (Df.) · 40 ff. *die Signora Angela freilich auf die herrlichste Weise übte, sondern auch wohl ihrer Engelsschönheit* : *sondern auch dem bildschönen Wesen, die sie freilich auf die herrlichste Weise übte* E

45 35 *getan;* : *getan, und* E · 40 *gegeben* : *gab* E

46 5 *amato* : *amulo* E (Df.) · 19 f. *sonst jedes Tages, Sängerinnen durch die Fenster fliegen würden* : *man sonst Gefahr liefe, daß jedes Tages, wenn man durch die Straßen ginge, einem Sängerinnen auf den Kopf geworfen würden.* E · 30 nach *dem* folgt in E *linken* · *und –* : *und* E · 37 nach *sie* folgt in E *damahls* · 40 *indessen* : *unterdessen* E

47 6 nach *öfters* folgt in E *wie* · 7 *seine* : *das Wiedersehen seiner* E · 10 *Ihr werdet,* : *Sie werden, geschätztester Baron!* E · 12 *kanntet ihr* : *kannten sie* E (für *Sie*) · 13 *daß er,* : fehlt in E (Df.) · 14 *die* : *der* E · 17 *vor* : *bei* E · 30 *Ihr könnt nicht glauben,* : *Sie können nicht glauben, theuerster Baron,* E · 33 *der* : *von* E · 42 *nie* : gesperrt E

48 1 nach *selbst* folgt in E *von* · *so* : gesperrt E · 26 *Schwertern* : *Schwerdter* E · 27 f. *Baum die wunderherrlichen Blüten* : *wunderherrlicher Blüthenbaum* E

49 6 *kam . . . nach H-* : *traf . . . in E. ein* E · 14 *roten* : *rothe* E · 21 *faßte* :

erfaßte E · 38 *lautes, trostloses* : *lauten, trostlosen* E (offensichtlich sollte in E *Jammer* folgen, es steht hier jedoch bereits *Jammern*) · 41 *diese auch* : *auch Antonie* E

50 15 *welche* : *welch* E · 19 *Eigenes* : *eignes* E · 40 *unbegreiflich* : *unbeschreiblich* E · *gewesen* : fehlt in E

Die Fermate

58 14 *höhern* : *höheren* E · 29 *Tür* : *Thüre* E · 32 *Tarone* : *Taroni* E

59 17 *Tarone* : *Taroni* E

60 3 *ausblies* : *auslöschte* E · 10 *Kunstwerk* : *Kunstzweck* E · 12 nach *und* folgt in E *der* · 17 *fünfundfunfzigjährige* : *fünf und fünfzigjährige* E · 35 *Tabak* : *Toback* E · 36 *quäkende* : *quickende* E

61 10 *Gasthause* : *Gasthaus* E · 35 nach *sie* folgt in E *recht*

62 37 *heute* : gesperrt E

63 12 *bestellt. Stolz* : *bestellt, stolz* E · 19 *hinaus* : *heraus* E · 36 *fragte* : *frug* E · 39 f. *mir zur Seite an den Flügel* : *neben mich* E · 42 *besser. In* : *besser, in* E

64 4 *hinüberberufen* : *hinberufen* E · 8 f. *gaben. Die Bewunderung . . . ging über in eine Art Wahnsinn* : *gaben und die Bewunderung . . . in eine Art Wahnsinn überging.* · 18 *sie* : gesperrt E · 21 *meine* : gesperrt E · 23 *gesetzt* : *gesagt* E · 27 *hinterrücks* : *hinterwärts* E

65 3 *schwärzesten* : *schwarzen* E · 4 *wo* : *daß* E · 15 *mich. Mit* : *mich, mit* E 31 *besondern* : *besonderen* E · 36 *Ich . . . er* : gesperrt E · 40 *laut* : fehlt in E · 41 *Das* : gesperrt E

66 7 *Das* : *das* E · 18 ff. *heraus. Sie band mein Pferd los, setzte sich quer über den Sattel und trabte und kurbettierte vor uns her. Gestehen mußte ich,* : *heraus und saß zu unserm Erstaunen auf dem Pferde queer über den Sattel. Sie trabte und kourbettirte vor uns her und ich mußte gestehen,* E · 21 *eigene* : *eigne* E · 24 *volle* : *die vollen* E · 25 *seidenes* : *seidnes* E · 33 f. *ins Wagengehäuse hinein.* : *in's Gefängniß.* – E · 36 *möglichen* : *möglicher* E

68 5 *rief* : *ruft* E · *ich* : – *Ich* E · 6 nach *ich* folgt in E *unendlich* (Df. für *unmöglich* ?) · 7 *nicht* : fehlt in E · 20 *weh* : *wehe* E · 28 *so* : gesperrt E · 32 *Kanzonetten* : *Canzonette* E · 35 *geahnt* : *geahnet* E · 36 *so* : gesperrt E

69 2 f. *daneben war ihr Taktgefühl* : *ihr Taktgefühl war* E · 36 *Kind* : *Rind* E (Df.)

70 8 *Stimme* : *Stimm'* E · *mich* : *meine Composition* E · 11 *Tür* : *Thüre* E · 12 f. *war die Post gelegen* : *stand die Post* E · 21 f. *gallbittern* : *gallbittren* E

72 13 f. nach *hier* folgt in E *sprach Lauretta zum Abbate : Seht hier* (irrtümlich wiederholte Zeile) · 16 *unsers* : *unseres* E · 20 *Impresario* : *Impressatore* E · 22 *der* : gesperrt E · 23 *einer* : gesperrt E · 27 *diese*: gesperrt E 28 *sie* : gesperrt E · 29 *die* : gesperrt E

73 29 *dem* : gesperrt E

74 5 *eines* : gesperrt E · 6 *das* : gesperrt E · 11 *der* : gesperrt E · 12 *sie* :

gesperrt E · 16 *Der* : *der* E · 19 *der* : gesperrt E · 26 f. *sie* : immer gesperrt E · 27 *anders* : *anderes* E · 28 *äußern* : *äußeren* E · 29 nach *spiegelte* folgt in E *und sich selbst erkannte*

Der Dichter und der Komponist

77 28 nach *sich* folgt in E *wie*

79 8 nach *dem* folgt in E *reichen diamantnen* · *den Ferdinand auf der Brust trug* : *der an Ferdinands Halse hing* E · 10 *sein Herz* : *seine Brust* E · 40 *dieser* : *Ludwig* E

81 9 *ringen* : *suchen* E · 12 *im unfruchtbaren* : *in unfruchtbarem* E · 20 nach *dem* folgt in E *neuen* · 39 *angenommen* : fehlt in E · 40 nach *wissen,* folgt in E *angenommen,*

82 31 *der* : *des* E · 38 *höhern* : *höheren* E

83 29 *Kann* : *kann* E

84 20 *da sind* : *geschehen* E · 27 *Musik, Gesang* : *Musik-Gesang* E (kein Gedankenstrich)

85 2 *ausgehst* : *ausgehest* E · 6 nach *Walde* folgt in E *auf einem Eichbaume* · 7 *Pfeil. Der* : *Pfeil; der* E · 14 *wütenden* : *wüthendem* E · 22 f. *rot, wie des Raben Blut,* : *blutroth sind die Lippen, und* E · 23 *Federn sind* : *Federn,* E · 24 *Augenbraunen* : *Augenbrauen* E · 26 nach *gelandet. –* folgt in E *Hier fängt das Stück an! –*

86 24 *Da* : *Doch* E

87 32 *so* : kursiv E (der Erstdruck ist in Antiqua gesetzt, die Hervorhebungen kursiv) · 36 *die* : *den* E

88 37 *mehrsten* : *mehresten* E

89 13 *eigene* : *eigne* E · 16 *entklingen* : *erklingen* E (wohl Df.) · 17 f. *eigenen* : *eignen* E · 21 *eigenen* : *eignen* E · *Neueren* : *Neuern* E · 29 *unsers* : *unseres* E · 36 *der* : kursiv E

90 4 *grade* : *gerade* E · 7 *wahr* : kursiv E · 12 *zimtfarbenen* : *zimtfarbnen* E

91 2 *seufzt* : *seufzet* · 15 *Künstler* : *Componisten* E

92 8 *eigenes* : *eignes* E · 10 *der* : kursiv E · 42 *geschehen* : kursiv E

93 11 *besondern* : *besonderen* E · 14 *der* : kursiv E · 20 *vor.* : fehlt in E · 34 f. nach *Zügen* folgt in E *uns* · 41 *da* : kursiv E

94 31 *poetischsten* : *poetischten* E · 38 *schien* : *schwieg* E

95 3 *goldene* : *goldne* E

Ein Fragment aus dem Leben dreier Freunde

105 15 nach *Feldzug* folgt in E *als Freiwillige* · 26 *gespenstisches* : *gespenstiges* E 38 *Tabaksqualm* : *Tobacksqualm* E

106 11 *grandiosen* : *grandiösen* E · 19 nach *vor* folgt in E *wenigstens* · 23 *eigne* : *eigene* E · 26 *bejahrten* : gesperrt E · 31 *Hochzeittag* : *Hochzeitstag* E · 41 *Gebackenes* : *Gebacknes* E

107 2 nach *still* folgt in E *und* · 7 *mochte* : *möchte* E · 10 *schnödem* : *schnöden* E · 14 *übereinandergeschränkten* : *über einander beschränkten* E · 22 *sie* : *die* E · 30 *es ist besser, daß Freund Alexander* : *ich wollte, daß Freund Alexander doch lieber* E · 33 *daß er* : fehlt in E

108 11 *leere* : *leeren* · 30 das zweite *um* fehlt in E · 36 *sechszehn* : *sechzehn* E

109 9 *Testamentsvollziehers* : *Testamentvollziehers* E · 13 *Naivität* : *Naivetät* E 14 *der* : gesperrt E · 24 *goldenen* : *g'ldnen* E · 38 *Geliebte* : gesperrt E 42 *befrein* : *befreien* E

110 3 *leide* : *laboriere* E · 12 f. *anders* : *anderes* E · 20 *du* : gesperrt E · 25 *begegnet* : *geschehen* E · 26 *lähmende* : *kämpfende* E (Df.) · 31 *müht* : *mühte* E · 33 *euch* : gesperrt E

111 7 *hinaus* : *heraus* E · 19 *Armen* : *Aermen* E · 22 *Tür* : *Thüre* E · 27 *mannigfaltigen* : *mannigfachen* E · 28 *begannen* : *begangen* E (Df.) · 32 *quäkte* : *quäckte* E · 35 *zwölf* : *zwölfe* E · 42 *Tür* : *Thüre* E

112 3 *seine* : gesperrt E · 5 *offenen* : *offnen* E · 11 *Stirn* : *Stirne* E · *mein* : *das* E · 14 *in den hüpfenden Pulsen* : *durch die hüpfenden Pulse* E · *inneren* : *innern* E · 15 *äußern* : *äußere* E · 15 f. *erstarrten* : *erstarrte* E · 30 *langer tiefer* : *langer, leiser* E

113 6 *Tapetentür* : *Tapetentüre* E · 20 *fragte* : *frug* E

114 19 *äußeren* : *äußere* E · 29 *entzogenen* : *entflogenen* E · 40 nach *dann* folgt in E *wieder* · 42 *disjecta* : *disserta* E (Df.)

115 1 *erblaßte* : *verblaßte* E · 27 f. *grinsenden* : *grinsendem* E · 32 *aufschloß* : *erschloß* E · 39 *Tür* : *Thüre* E · 41 *Augenblicke* : *Augenblick* E

116 6 *fragte* : *frug* E · 7 f. *freundlichen* : *freundlichem* E · 12 *ich* : *es* E · 37 *daran* : *dran* E

117 16 *Abspiegelung* : *Abspieglung* E · 36 f. *einem Male* : *einemmal* E

118 26 *nachdenkend* : *nachdenklich* E · 32 *eigene* : *eigne* E

119 19 *weitläufig* : *weitläuftig* E · 21 *die Zögerung* : *den Aufenthalt* E · 39 *hob und senkte* : *auf und nieder hob* E

120 2 *das* : *Das* E · 7 *karikiert ironisches* : *karrikirt-ironisches* E · 8 *possierliche Mienen* : *ein solch possierliches Gesicht* E · 10 *Kind, das* : *Kind, die* E · 16 *gestalteten* : *gestaltenden* E

121 5 *sonst* : fehlt in E · 17 f. *heute – heute* : gesperrt E

122 2 f. *Severin", sprach Marzell, „schweige* : *sprach Marzell, ich bitte dich, Severin, höre auf* E · 3 *unsere* : *unsre* E · 38 *den* : *der* E

123 8 *wundern* : *verwundern* E

124 3 *frühern* : *früheren* E · 6 *Sinne* : *Sinn* E · 17 *wandelte* : *wandle* E · 36 *eigene* : *eigne* E

125 1 *Arzeneigesicht* : *Arzneigesicht* E · 2 *einen* : *ein* E · 15 *goldenen* : *goldnen* E

126 42 *der heftigsten innern Erregung* : *eines auf das heftigste erregten Menschen* E 42 f. *sichtlichen Anstrengens* : *sichtlicher Anstrengung* E

127 1 *fragte* : *frug* E · 8 *ich* : gesperrt E · 19 *anmutige* : *liebliche* E · 23 *ihrem* : gesperrt E · 27 *schrieen* : *schrien* E · 29 nach *deine* folgt in E *theure* · 35 *bitte* : *bitt* E

128 4 *verbotene* : *verbotne* E · 9 *Wiedersehns* : *Wiedersehens* E · 24 *fragte* : *frug* E · 25 *wiederzusehn* : *wieder zu sehen* E

129 8 *sie* : gesperrt E · 11 *mir* : *mich* E · 15 *Da* : *da* E · 20 *zu besorgen* : *abzugeben* E · 31 nach *gewiß*, folgt in E *daß das Blut mir in den Adern stockte*, · 34 nach *rief* folgt in E *hier* · 42 *fragte* : *frug* E

130 16 *einiger* : *längerer* · 29 *Hinterhalten von* : *Hinterhalten aus* E · 41 *schmerzhafte* : *schmerzliche*

131 5 *fragte* : *frug* E · 16 *Wiedersehns* : *Wiedersehens* E · 17 *Sie* : gesperrt E 21 *Sie* : gesperrt E · *gesehen* : *gesehn* E · 41 *zurückkehrte* : *zurückführte* E (Df.)

132 7 *eigener* : *eigner* E · 22 *Kampfe* : *Kampf* E · 38 *selbst* : fehlt in E · 40 *müßte* : *mußte* E

133 3 *ihr* : gesperrt E · *mußte* : *müßte* E · 23 *allen* : *Allem* E · 25 *herauf* : *heraus* E (Df.)

134 3 *fragte* : *frug* E · 7 *sprach* : *frug* E · 24 *Bramigkschen* : *Bramingschen* E · 25 *Bramigk* : *Braming* E

135 15 *müsse* : *müßte* E · 18 *der Behörde . . . bewirkte* : *den Behörden . . . bewirkten* E · 35 *beruhigte* : *beruhigten* E · 42 *die* : fehlt in E

136 1 *fortwollte* : diese offensichtlich falsche Lesart in den *Serapions-Brüdern* ist versehentlich in unserm Text stehengeblieben. Sie ist durch die Lesart des Erstdrucks *fortrollte* zu ersetzen. 4 *schüttelnd. Mit* : *schüttelnd, und mit* E · 8 *fragte* : *frug* E · 25 *du* : gesperrt E · 26 *fragte* : *frug* E

137 2 *leiblichen* : *lieblichen* E (Df.) · 10 *meine* : gesperrt E · 11 *ich* : gesperrt E 15 *heut* : *heute* E · 17 *leiblicherweise* : *lieblicher Weise* E (Df.)

138 2 f. *psychischen* : *physischen* E (Df.) · 4 *nun* : *nur* E (Df.) · *den* : gesperrt E · 13 *sie* : gesperrt E · *Traumesahnen* : *Traumsahnen* E · *psychische* : *physische* E · 15 *eigenen* : *eignen* E · 16 *geruht* : *geruhet* E · *das* : gesperrt E · 19 *unsers* : *unseres* E · 24 *die Brust stecken* : *der Brust tragen* E · *tolles* : *volles* E (Df.)

139 11 *Arzenei* : *Arznei* E · 24 *fragten* : *frugen* E · 30 *Hin- und Hertappen* : *hin- und hertapfen* E

140 1 *gefangen* : *befangen* E · 11 *Hochzeittages* : *Hochzeitstages* E · 15 *fragte* : *frug* E · 17 *Hochzeittag* : *Hochzeitstag* E · 26 nach *schmückest*, folgt in E *der Bräutigam kommt*, · 40 *sagen – wie* : *sagen. – Wie* E

141 33 *hätt* : *hatt'* E

142 6 *denn* : *dann* E · 10 nach *vertreiben*, folgt in E *und* · 12 *habe* : gesperrt E 16 *längere* : *länger* · 22 *fragte* : *frug* E · 24 *er* : gesperrt E · 32 *den* : fehlt in E · 42 das erste *der* in E gesperrt

143 6 *gehn* : *gehen* E · 9 *Hochzeittag* : *Hochzeitstag* E · 10 *sich dann und wann* : *dann und wann sich* E · 19 *Baume* : *Baum* E · 33 *uns* : *sie* E · 40 *den* : gesperrt E

144 7 *war* : fehlt in E

Der Artushof

145 5f. *eigenen* : *eignen* E · 7 *Artushof* : gesperrt E · 11 *Handelsherren* : *Handelsherrn* E · 15 *Nun* : *Mir* E (Df.)

146 21 *wundersamer* : *wunderschöner* E · 31 *Schulter* : *Achsel* E

147 4 *noch* : fehlt in E · 6 *Herren* : *Herrn* E · 17 *Herren* : *Herrn* E · 22 *Herren* : *Herrn* E · 34 *Sonnenschein* : *Sonnenscheine* E

148 9 *eigener* : *eigner* E · 11 *zusammengefaltet* : *gefältelt* E · 22 *Blick* : *Blikke* E · 27 *Christine* : *Christina* E · 31 *sitzen* : *saßen* E

149 12 *Handel . . . Geschäfte* : gesperrt E · 36 *sein* : gesperrt E

150 13 *die* : gesperrt E · 18 *die* : gesperrt E · 35 *der* : gesperrt E

151 3 *Sie* : gesperrt E · 24 das erste *der* in E gesperrt · 25 das zweite *die* in E gesperrt · *den* gesperrt E · 33 *der* gesperrt E

152 8 *goldenen* : *goldnen* E · 25 *dunkeln* : *dunklen* E · 33 *der* : gesperrt E · 41 *frühern* : *früheren* E

153 16 *höhern* : *höheren* E · 17 *unsre* : *unsere* E · 32 *innern* : *inneren* E

154 24 *Sie* : *Ihnen* E

155 35 *Schulter* : *Schultern* E

156 36 *verlorene* : *verlorne* E · 41 *machen* : *malen* E · 42 *sein* : *sagen* E (Df.?)

157 19 das erste *das* in E gesperrt · 20 *ich* : gesperrt E · 24 das erste *ich* in E gesperrt · 40 *ihn . . . mich* : gesperrt E

158 9 *Vorzimmer* : *Vorderzimmer* E · 41 *so* : gesperrt E

159 27 das zweite *ich* in E gesperrt · *er* : gesperrt E · 30 *ihm nicht* : *nicht ihm* E

160 18 nach *er* folgt in E *noch* · 33 *mich* : *mich, Du frevlicher Bösewicht? – Fort mit Dir* E · 39 *andere* : *andre* E

161 28 *Der* : gesperrt E · 40 f. *gehe hinein* : *tröste den Bräutigam* E (Df.)

162 8 *Verzweifelung* : *Verzweiflung* E · 15 *Hela* : *Gela* E (Df.) · 23 *Hochzeittag* : *Hochzeitstag* E

163 10 *Ihr* : *Nach – ihr* E · 30 *Blicke* : *Blick* E · 35 *Keineswegen* : *Keineswegs* E · 36 *geworden* : *worden* · 40 *so* : gesperrt E

164 7 *andere* : *andre* E

165 12 *sich schnell erst* : *erst schnell sich* E · 34 *Kenntnisse* : *Kenntniß* E · 40 f. *seine Werkstätte* : *sein Attelier* E

166 18 *Der* : gesperrt E

167 4 *die* : gesperrt E · 22 *wen* : gesperrt E · 27 *Wo* : gesperrt E · 30 *andere* : *andre* E · 38 *Blicke* : *Blick* E

168 2 *Der* : gesperrt E · 9 *sehn* : *sehen* E · 15 *schwur* : *schwor* E · 35 *Glückstern* : *Glücksstern* E · 38 *Olivaer* : *Olitaer* E (Df.)

169 10 *du* : gesperrt E · 13 *der* : gesperrt E

Nußknacker und Mausekönig

199 1 *nur* : *nun* E · 13 *spitzigen* : *spitzen* E · 16 *gleich* : fehlt in E

200 16 *Heilige* : *heilge* E · 21 *Heilige* : *heilge* E

202 6 *der* : fehlt in E · 42 *fragte* : *frug* E

203 1 *gedehnten* : *gedehntem* E

204 28 *Der* : gesperrt E

205 26 *sieh* : *schau* E · 35 *Partie. Der* : *Parthie, der* E

206 13 *fragte* : *frug* E · 14 *solch einem* : *einem solchen* E · 18 *denn* : *Dich* E (wohl Df.)

207 3 *aufgestellt* : *aufstellte* E · 29 nach *doch* steht in E *noch*

208 7 *sehr* : fehlt in E

209 19 *ihm* : *ihr* E

210 17 *geschmückten* : *geschmückte* E · 31 *still* : *stille* E

211 12 *Ja* : *Nein* E · 39 *ungebärdig* : *ungebehrlich* E

213 15 f. *Kanoniern* : *Kanonieren* E

214 6 *ihren roten Wämsern* : *ihre rothen Wämser* E · 22 f. *Feldherrn* : *Feldherr* E · 30 *chinesischer* : *Chinesischen* E · 31 *plain* : fehlt in E

217 25 *wären* : fehlt in E · 30 *fragte* : *frug* E

218 18 *machen. „Der* : *machen; der* E · 40 *ihn* : *ihm* E

219 32 *dem* : *den* E

220 30 f. *damastene* : *damastne* E

221 13 f. nach *immerhin* folgt in E *etwas*

223 12 *fragte* : *frug* E

224 13 *Engelsköpfchens* : *Engelsköpfchen* E · 15 *azurblauen* : *azurblaue* E · 40 *nicht* : *und* E

225 11 f. *fanden ... nichts geraten, als* : *konnten ... nicht gerathen,* E · 29 *hätte* : *hatte* E · 40 *des* : fehlt in E

226 4 *diamantenen* : *diamantnen* E · 6 *geben* : fehlt in E (Df.?)

227 22 *fragte* : *frug E*

229 11 *vorzügliche* : *schöne* E · 27 *verlorene* : *verlorne* E

231 41 f. *welcher* : *der* E

232 4 *Prinzen* : *Prinz* E · 14 *hochverehrtesten* : *hochverehrten* E · 15 *Zufall* : *Unfall* E · 16 *es* : *das* E · 24 nach *Dingen* folgt in E *aber*

233 35 *jetzt* : *nunmehr* E

234 1 *der* : *von Vater,* E · *Luisens* : *Luise* E · 8 *darunterfahren* : *drunter fahren* E · 25 *der* : *einer* E

236 1 *stand ein rotbäckiges Kindlein, Mariens Liebling,* : fehlt in E (Df.) · 3 nach *wendend,* folgt in E *ach,*

239 24 *Eures* : *Euers* E · 25 *den* : *dem* E

240 14 *daß* : *bis* E · 29 *gesprenkeltem* : *gesprenkelten* E

241 2 *goldene* : *goldne* E · 6 *Hochzeitsgästen* : *Hochzeitgästen* E · 19 *goldenen* : *goldnen* E

243 26 nach *umflossen,* folgt in E *so*

244 12 *holdes* : *solches* E (wohl Df.)

245 2 *an* : *um* E · 9 *fragte* : *frug* E · 11 *Besonderes* : *Besonders* E

246 14 *fragte* : *frug* E

248 37 *geehrtes* : *verehrliches* E

249 3 *Bett* : *Bette* E · 20 *beinahe* : *beinah* E · 42 *Tür* : *Thüre* E

250 21 f. *Obergerichtsrats* : *Obergerichtsrathes* E · 28 f. *Selbst – sehr geehrter Leser oder Zuhörer Fritz –* : *Selbst, sehr geehrter Leser oder Zuhörer, Fritz,* E

251 21 *Obergerichtsrats* : *Obergerichtsrathes* E · 26 nach *einen* folgt in E *sehr*

252 28 *darnach Augen* : *Augen darnach* E

Verzeichnis der Textänderungen

Im folgenden werden die Änderungen verzeichnet, die am *Wortlaut* der Originalausgabe der *Serapions-Brüder* vorgenommen wurden. Die orthographische Erneuerung bleibt mithin unberücksichtigt. Soweit nichts anderes vermerkt, gibt das kursiv gedruckte Stichwort vor dem Doppelpunkt unsere Lesart, das nach dem Doppelpunkt die Lesart der Originalausgabe (S) wieder. Wo eine Verbesserung nach dem Text des jeweiligen Erstdrucks (E) vorgenommen wurde, findet sich ein entsprechender Hinweis: nach E. In den Fällen, wo E und S übereinstimmen und dennoch eine Korrektur notwendig schien, folgt nach der Lesart der Originaldrucke der Hinweis: E, S. Die Lesarten Maassens und Ellingers werden nur an besonders wichtigen Stellen angeführt.

16/31 *herzlich,* : *herzlich*
16/37 *Treuherzigkeit* : *Treuherzig-* (Zeilenende)
20/ 9 *niedliche,* : *niedliche*; nach E
20/12 *Idee,* : *Idee*; nach E
21/ 7 *wurde,* : *wurde*; nach E
21/25 *Hieronymus* : *Hyronimus*; E hat *Hyeronimus*
21/35 *Herr,* : *Herr*; nach E
22/27 *Tolleres,* : *tolleres*; nach E
24/ 8 *Wüste,* : *Wüste*; nach E
24/16 *Ihnen* : *Ihnen,*; nach E
25/ 4 *nicht;* : *nicht*; nach E
25/23 *Gliedern,* : *Gliedern*; nach E
25/26 *Ruhe,* : *Ruhe*; nach E
25/37 *entfernen,* : *entfernen*; nach E
26/ 2 *Evagrius* : *Evagrus* E, S
26/14 *hört,* : *hört*; nach E
27/24 *Auge,* : *Auge*; nach E
30/14 *selbst* : *selbst,*
31/12 *hatte,* : *hatte*; nach E
31/34 *wenig,* : *wenig*; nach E
31/40 *sage,* : *sage*; nach E
32/20 *geschah,* : *geschah*; nach E
32/28 *H-,* : *H-*; nach E
33/ 1 *u. s. w., dessen* : *u. s. w. Dessen*; nach E
34/28 *Antonie,* : *Antonie*; nach E
34/36 *Saite* : *Seite*; nach E
35/25 *nur ein* : *nur*; nach E
38/ 4 *aus,* : *aus*; nach E
39/11 *Antonie,* : *Antonie*; nach E
39/31 *Der* : *Der,*; nach E
39/39 *hingeschütteter* : *hingeschütteten*; nach E
43/ 4 *froh,* : *froh*; nach E

45/ 6 *bezeichnete,* : *bezeichnete*; nach E
45/26 *sich,* : *sich*; nach E
48/13 *R** ;* : *R***; nach E
52/40 *zutraten,* : *zutraten*
55/13 *Wesen* : *Wesen,*
59/42 *Wolf* : *Wolff* E, S
61/35 *groß,* : *groß*; nach E
62/17 *Lauretta*: *Laurette*; nach E
64/40 *auf,* : *auf* E, S
65/29 *Möpse* : *Mopse*; nach E
66/12 *zusammengepackt* : *zusammengepackt.*; nach E
67/21 *Lauretta* : *Laurette*; nach E
73/20 *Lauretta* : *Laurette* E, S
82/ 7 *stolz,* : *stolz*; nach E
83/ 6 *einer* : nach E gesperrt
83/14f. *wahrhafte* : *wahrhaft*; nach E
87/12 *eine*: nach E gesperrt
90/11 *zugestehen :* : *zugestehen,*; nach E
92/ 8 *versichert,* : *versichert*; nach E
96/28 *Musik* : *Musik,*
96/37 *bestreitet,* : *bestreitet*
97/ 6 *abweichende* : *abweichenden*
104/37 *im* : *in*
105/39 *verhext,* : *verhext*; nach E
107/37 *rief,* : *rief:*; nach E
109/ 9 *ihm* : *ihn*; nach E
110/ 2 *verspüren,* : *verspüren*; nach E
110/26 *körperlichem* : *körperliche*; nach E
110/34 *wollte.* : *wollte,*; nach E
111/13 *solch* : *solche*; nach E
112/15 *Todeskrampf* : *Todeskampf*; nach E
115/32 *stand,* : *stand*; nach E
119/24 *Freunde* : *Freunde,*; nach E
119/27 *In* : *Ja*; nach E
120/10f. *irgendeinen* : *irgend eine*; nach E
120/28 *erlustigen* : *erlustigen,*; nach E
122/ 3 *schweige,* : *schweige*; nach E
126/ 2 *Kellner,* : *Kellner*; nach E
126/15 *Narrheit,* : *Narrheit*; nach E
126/41 *aller* : *alle*; nach E
127/ 8 *worden.* : *worden,*; nach E
127/32 *rechten,* : *rechten*; nach E
127/33 *Chrysopras* : *Chrysopas* E, S
127/40 *Alräunchen* : *Alräunchen !*; nach E
129/18 *Deutz* : *Deuz*; nach E
130/20 *mir,* : *mir*; nach E

131/ 1 *einem* : *einen*; nach E
131/11 *weiter,* : *weiter!*; nach E
133/ 4 *einem* : *einen*; nach E
133/ 6f. *Adoration* : *Aderation*; nach E
134/30 *wissen,* : *wissen*; nach E
141/27 *geradezu von Liebe zu* : *gerade zu*; nach E
141/40 *erzählte* : *zählte*; nach E
142/23 *erzählte* : *erzählte,*; nach E
143/26 *verstörtem* : *zerstörtem*; nach E
143/35 *meine* : *meiner*; nach E
145/ 5 *Zeit* : *Zeit,*; nach E
149/28 *gerade* : *geradezu*; nach E
150/41 *haben.* : *haben,*; nach E
155/18 *1400* : *1400.*; nach E
157/35f. *Zustand* : *Zustande*; nach E
161/18 *Mephistopheles* : *Mephistophiles*; nach E
161/22 *vorbei* : *vorbei,*; nach E
162/19 *zu glauben an dem* : so auch E
164/28 *Matuszewski* : *Matuszewki*; nach E
164/32 *ihn* : *ihm*; nach E
165/18 *Fransenvorhang* : *Franzenvorhang*; nach E
166/12 *ihm* : *ihn*; nach E
167/21 *Mäkler* : *Makler*; nach E
168/ 6 *dem* : *den*; nach E
168/36 *Mathesius –* : *Mathesius*; nach E
184/26 *erzählte,* : *erzählte*
187/33 *Trum* : *Trumm*
190/23 *ich* : *ich,*
190/41 *paradiesischen* : *paradiesische*
193/21 *Königin* : *Königen*
196/16 *ließ,* : *ließ*
198/ 4 *veränderten,* : *veränderten*
198/ 5 *rastlos verfolgt,* : *rastlos, verfolgt*
198/32 *nicht längst* : so auch E
200/19 *erinnerte* : *erinnerten* E, S
200/21 *Luise,* : *Luise* E, S
202/22 *den* : *dem*; nach E
204/31 *dem* : *den*; nach E
205/32 *wickelte* : *wickelt*; nach E
206/19f. *Stiefelchen* : *Stiefelschen*; nach E
207/36 *brennten*: so auch E
209/36 *lichtere* : so auch E
212/34 *nieder,* : *nieder* E, S
215/ 8 *Skaramuz,* : *Skaramuz* E, S
219/26 *kräuselten.* : *kräuselten,*; nach E
226/14 *aber* : *aber,*; nach E

226/27 *nennen,* : *nennen* E, S
234/37 *Marzipan* : *Marzepan*; nach E
235/23 *vorvorigen* : *vorigen*; nach E
239/14 *Sie* : *Se*; nach E
243/22 *Nußknackern,* : *Nußknackern* E, S
246/16 *der* : in S gesperrt; nach E
246/17 *was* : in S gesperrt; nach E
252/24 *geschmückten* : *geschmückte* E, S
253/ 3 *richtig,* : *richtig*
253/12 *hin,* : *hin*
263/25 *sind,* : *sind*
265/37 *den* : *dem*
268/33 *von* : *vor*
269/12 *meinem* : *meinen*
271/13 *exaltierte* : *exaltirten*
273/ 4 *Magnetiseurs,* : *Magnetiseurs*
273/19 *bedingte* : *bedüngte*
276/34 *ist.* : *ist*; nach E
276/36 *Hörnern,* : *Hörnern*; nach E
277/15 *ihn* : *ihm* E, S
277/42 *den* : *dem*; nach E
279/18 *Zwekhstein* : *Zweckhstein*; nach E
279/35 *Walthers* : *Walters*; nach E
279/37 *Reinhard* : *Reinhardt*; nach E
280/19 *Wolfframb* : *Walfframb*; nach E
280/24 *geheißen.* : *geheißen,*; nach E
283/ 9 *Tod* : *Tode*; nach E
286/16 *Gesell,* : *Gesell*; nach E
289/27 *frommem* : *frommen*; nach E
296/23 *Österreich* : *Osterreich* E, S
296/25 *Klingsohr* : *Klingsohr,*; nach E
303/ 6 *mühte,* : *mühte*; nach E
306/21 *Spange* : so E, S, Ellinger; Maassen hat *Spanne*
307/37 *gib* : *giebt*; nach E
308/25 *Wolfframb* : *Wölfframb*; nach E
310/32 *dem* : *den*; unvollständige Korrektur, E hat *den Streit entscheiden*
311/30 *weiten* : *weitem*; nach E
312/21 *entwickelte,* : *entwickelte*; nach E
314/ 5 *dem* : *den*; nach E
315/41 *hieltst* : *hielst*; nach E
317/29 *Vorzeichnung* : *Vorzeichung*
319/ 4 *gesprochen:* : *gesprochen;*; nach E
319/ 5 *entgehen* : *mitgehen*; nach E
320/20 *hineinströmte,* : *hineinströmte*; nach E
320/35 *geschehen,* : *geschehen*; nach E
321/ 5 *wirklich,* : *wirklich*; nach E

321/22 *sich,* : *sich*; nach E
322/ 8 *das* : die Sperrung in S wurde nach E aufgehoben.
326/39 *ein,* : *ein*; nach E
327/ 7 *Einbildung* : *Einbildung,* E, S
327/42 *erlösen!* : *erlösen?*
328/38 *den* : *dem*; nach E
331/15 *mir* : *nur*; nach E
337/29 *Größe* : *Größe,*; nach E
338/36 *Verhängnisses* : *Verhältnisses*; nach E
344/15 *tun* : die Sperrung in S wurde nach E aufgehoben
344/22 *s'avvien ch'io* : *s'avvienech'io* E, S
344/28 *welches* : *welche*; unvollständige Korrektur, E hat: *Barriere, welche*
345/ 4 *denn* : *dann* E, S
345/32 *dem* : *den*; nach E
347/24 *dem* : *den*; nach E
347/35 *nachzuahmen* : *nachahmen*; nach E
353/ 5 *Professors* : *Professor*; nach E
353/36 *Lüge,* : *Lüge*; nach E
354/18 *voraus gesagt* : *vorausgesagt*
354/29 *Lebens,* : *Lebens*
356/35 *einfiel:* : *einfiel.*; nach E
357/ 7 *stellt* : *stellte*; nach E
359/ 5 *belehnen* : *belehren*; nach E
359/42 *Podesta* : *Podesta,* E, S
361/11 *umkommen –* : *umkommen*; nach E
362/33 *meinem* : *meinen*; nach E
362/39 *Sprüngen* : *Springen* E, S
363/34 *er* : so auch E
369/30 *mir* : *mit*; nach E
371/11 *figliuolo* : *figliulo*; E hat *figlinolo* (Df.)
373/ 4 *in dem* : *indem* E, S
374/28 *noch* : *noch noch* E, S
375/25 *mich,* : *mich*; nach E
378/41 *der* : *den*; nach E
379/ 4 *eben,* : *eben*; nach E
379/ 7 *Kammermädchen anzuspinnen* : *Kammermädchen, anzsupinen*; in E andere Lesart: *einen Liebeshandel zu beginnen*
379/11 *mußte* : *mußten* E, S
380/14 *freundlich,* : *freundlich*; nach E
380/14 *nun* : *nur*; nach E
395/18 *den* : *denn* E, S
397/ 7 *Falieris Hause* : *Falieris*; nach E
401/ 4 *versprecht* : *verspricht*
401/23 *Titel* : *Titel,*
402/ 1 *Börhave, . . . Merkurialis,* : *Börhave . . . Merkurialis*
402/ 9 *gelesen hatte,* : *gelesen, hatte*

403/20 *Stadt* : *Stadt,*
405/30 *worin* : *woher*
407/15 *Perti* : *Perli*; nach E
407/18 *an den ... Kirchenstil ... festhalten* : festhalten mit Akkusativ veraltet, auch in den *Elixieren*; E hat *dem*
408/ 5 *Mozarts,* : *Mozarts*; nach E
411/23 *Palestrina* : *Palestrina*; E hat *Meister, Palestrina,*
412/32 *hereinbrechenden Akkorde* : *hereinbrechenden, Akkorde,*; E hat *hereinbrechenden Accorde,*
412/37 *Bernabeï* : *Barnabei*; nach E
412/37 *Porpora* : *Parpora*; nach E
413/ 6 *Hasse,* : *Hasse*; fehlt in E
414/41 *verschaffen,* : *verschaffen*
423/ 6 *den* : *dem*; nach E
423/33 *Räuspern* : *Rauspern*; nach E
429/14 *getrag'n,* : *getrag'n*; nach E
429/16 *frag'n,* : *frag'n* E, S
432/13 *Bot,* : *Bot* E, S
436/19 *her,* : *her*; nach E
437/ 5 *behandelnder* : *behaltender*; nach E
440/31 *siedend* : *siegend*; nach E
441/28 *ist:* : *ist,* E, S
441/28 *Ton,* : *Ton:*; nach E
442/37 *Lobeserhebungen* : *Loberhebungen*; nach E
443/35 *bemerken,* : *bemerken*; nach E
448/ 4 *Gebänd* : *Gebäude*; nach E (vgl. die entsprechende Anm.)
449/ 6 *wieder, der* : *wieder der,*; nach E
449/28 *Wiese* : *Weise*; nach E
452/16 *von* : *vom*; nach E
452/19 *würde,* : *würde*; nach E
453/15 *Früchte* : *Früchten*; nach E
454/40 *sich umschaute* : *umschaute*; nach E
455/24 *dem* : *den*; nach E
455/31 *und aus* : so in S; E hat *und stürzte aus*
456/36 *tönte* : *tönten* E, S
457/ 9 *und zu* : *und und*; nach E
460/ 7 *schauen* : *schaute* E, S; Maassen hat ebenfalls *schaute*, Ellinger *schauen*
461/ 2 *ihm* : *ihn*; nach E
464/12 *dem* : *den*; nach E
464/17 *Vischers* : *Fischers* E, S; Maassen hat ebenfalls *Fischers*
465/ 5 *wenigstens* : *wenigstes*; nach E
465/13 f. *hineingerochen* : *hineingekrochen*; nach E
465/30 *funkelten* : *funkelnden*; nach E
466/18 *mögliche Art* : *mögliche*; nach E
466/22 *Paumgartner* : *Paumgartner an* E, S; wohl unvollständige Korrektur aus: *fing ... an*

466/36 *dem* : *den*; nach E
467/ 2 *der*, : *der*; nach E
468/37 *Festkleidern* : *Festkleiden*; nach E
469/35 *Gesprächs* : *Ge-* (Zeilenende); nach E
471/11 *saßen*, : *saßen*; nach E
471/37 *Berserkerwut* : *Bersecker Wuth*; offenbar ein Versehen des Setzers, dem das Wort unbekannt war. Nach Kluge, *Etymologisches Wörterbuch*, gibt es *Berserkerwut* nicht vor 1824 (Eichendorff, *Krieg den Philistern*); um so weniger bekannt dürfte das Wort bei Erscheinen des 2. Bandes der *Serapions-Brüder* (1819) gewesen sein.
472/34 *ihn* : *ihm*; nach E
472/36 *seiner Frau und seinen* : *einer Frau und seinem*; nach E
473/ 9 *hohes* : *hohe*; nach E
473/11 *von dem* : *von den*; nach E
473/11 *auf dem* : *auf den*; nach E
473/21 *Herrn* : *Herr*; nach E
474/23 *hinein*, : *hinein*; nach E
474/40 *Bauernkindern* : *Bauerkindern*; nach E
475/ 7 *ich?* : *ich:* E, S
475/40 *einen* : *einem*; nach E
475/42 *Feder*, : *Feder*; nach E
476/11 *faßte* : *faßt*; nach E
477/22 *jedem* : *jeden* E, S
477/30 *den* : *die*; nach E
478/ 1 *dem* : *den*; nach E
478/ 6 *Munde*, : *Munde* E, S
478/ 8 *mit*, : *mit*; nach E
478/15 *könnte* : *könnten*; nach E
478/31 *sie sie* : *sie*; nach E
480/27 *allen* : *allein* E, S
480/32 *Männchen* : Maassen fügt vor *Männchen* nach E *komische* ein (fehlt in seinem Lesarten-Verzeichnis).
481/ 6 *machte* : *machte es*; nach E
492/39 *einem* : *einen*; nach E
493/ 3 *goldnen* : *goldnem*; nach E
494/17 *den* : *dem*; nach E
494/27 *schönen* : *schönem*; nach E
497/ Überschrift *fürchteten* : *fürchten*; nach E
498/24 *über den Kopf* : so in S; E hat *über dem Kopf*, ebenso Maassen und Ellinger; vgl. aber 503/15
498/35 *dem* : *den*; nach E
499/15 *hinterher* : *hinten her*; nach E
500/37 *dem* : *den* E, S
501/30 *rannte* : so auch E
502/ 4 *einem* : *einen*; nach E
503/15 *über den Kopf* : so auch E, Maassen und Ellinger

503/19 *Felix* : Maassen fügt hinter *Felix* nach E *sprach er endlich, Felix* ein (fehlt in seinem Lesarten-Verzeichnis).
504/38 *Christlieb,* : *Christlieb* E, S
505/19 *dem* : *den* E, S
506/ 6 *unterducken* : *unten ducken*; nach E
506/17 *es* : Maassen fügt hinter *es* nach E *recht* ein (fehlt in seinem Lesarten-Verzeichnis).
506/42 *wie* : *wieder*; nach E
507/14 *wehmütiger und wehmütiger* : *wehmüthiger*; nach E
508/26f. *unter* : *und*; nach E
509/13 *den* : *dem*; nach E
509/37 *keiner, keiner* : *keiner*; nach E
518/ 8 *jenes* : *jenes,*
518/31 *Hexenautodafés* : *Hexen Auto da Fe's*; Maassen hat *Hexen, Autodafés*, Ellinger wie hier
519/16 *bereitem* : *bereiter*
520/25 *Lothar* : *Ottmar*
528/12 *recht* : *recht recht*
530/39 *es,* : *es;*
535/16 *Adlersnase –* : *Adlers-Nase*; nach E
539/ 8f. *zu Erweckung Freund- oder Feindschaft vermögen* : so auch E, Maassen und Ellinger
539/18 *zur* : *und* E, S, Ellinger; Maassen hat *zur*
540/21 *Adel aufzogen* : *Adel*; nach E
542/31 *Flammen* : *Flamme*; nach E
544/23 *sich –* : *sich*; nach E
549/18 *Genug,* : *Genug*; nach E
553/15 *der* : *die*; nach E
553/22 *im dichten dunkelm* : so S; E hat *im dichten dunklem*
556/30 *ihm* : *ihn*; nach E
563/ 7 *quäkte* : *quäckte*; nach E
570/ 1 *Ihre* : *Ihr*; nach E
571/26 *fiel ihr* : *fiel*; nach E
572/42 *Se.* : *Sr.*; nach E
573/ 1 *Se.* : *Sr.*; nach E
575/ 2 *Fluch, mehr* : *Fluch mehr*, E, S
582/33 *jetzt,* : *jetzt* E, S
584/ 5 *dem* : *den*; nach E
588/ 1 *dazu* : *dazu,*; nach E
599/10 *die* : *der*
599/21 *Dschehezerade* : so S, Maassen; Ellinger hat *Dscheherezade*
601/27 *hineinwirft.* : *hineinwirft :* E, S
601/34 *Obristin* : *Obristen* E, S
602/25 *Obristin* : *Obristen* E, S
602/29 *sich uns* : *uns* E, S
603/40 *herzzerschneidenden* : *herzschneidenden*; nach E

604/33 *ihn* : so E, S, Ellinger; Maassen hat *ihm*
607/22 *wichtiges* : so E, S, Ellinger; Maassen hat *nächtiges*
611/39 *mußte* : *müßte*
612/24 *seinen : seinem*
613/ 2 *dem* : *den* E, S
614/ 6 *worden.* : *worden :* E, S
614/40 *Worten, zumal* : *Worten zumal*, E, S
616/23 *Obristen* : *Obristin* E, S
616/41 *den* : so E, S, Ellinger; Maassen hat *dem*
617/17 *herrlicheres* : *herrliches* E, S
618/19 *romanesker* : so E, S, Ellinger; Maassen hat *romanesken*
620/ 4 *R.* : *P.* E, S
620/39 *zuredete.* : *zuredete :* E, S
623/ 3 *voller* : *toller*; nach E
623/34 *den* : *dem*; nach E
629/10f. *erscheinen,* : *erscheinen* E, S
629/22 *Sehkraft.* : *Sehkraft,* E, S
631/40 *sanften* : *sanftem*; nach E
637/31 *sterben* : *streben*; nach E
640/32 *Cyprian* : *Theodor*
642/ 5 *Vorwort* : *Vorwort,*
645/ 8 *sein* : *kein*; bereits im 3. Band von S als Druckfehler angegeben
645/15 *aufgegangen* : *ausgegangen*
647/41 *Zaire – gegeben werden sollte,* : *Zaire –* ; bereits im 4. Band von S als Druckfehler angegeben
658/15 *Louvres* : so E, S, Maassen; Ellinger hat *Louvre*
660/17 *zücken* : *zucken*; nach E
664/36 *hätte* : *hätten* E, S
665/ 2 *war er* : *er war*; nach E
666/37 *Emblemen* : *Enblemen*; nach E
669/28 *Kiek-in-die-Welt* : *Kick in die Welt*; E hat *Kick in der Welt*
670/20 *Despréaux* : *Despreux* E, S
683/14 *den* : *dem* E, S
683/21 *kniee* : *knie* E, S
687/33 *wiewohl* : so E, S, Ellinger; Maassen hat *mir wohl*
694/37 *den* : *dem* E, S
697/23 *sollt* : *soll'* E, S
698/27 *würde* : *wurde*; nach E
700/ 2 *sollen*: so E, S, Ellinger; Maassen hat *sollten*
708/ 6 *Parlamentsadvokat* : in unserer Ausgabe versehentlich modernisiert. Man lese mit E, S *Parlementsadvokat*. In den Drucken existieren beide Formen nebeneinander, vgl. 709/7f. und 709/20
711/ 1 *lächelnd* : *lachelnd*; Ellinger hat *lachend*
713/38 *er, um* : *er nun* E, S
719/14 *Chevaliers* : *Barons* E, S
732/ 7 *abgehärtetsten* : *abgehärtesten*; nach E

732/22 *Angela,* : *Angela* E, S
732/23 *erfaßt,* : *erfaßt* E, S
733/16 *Türe* : *Thüren* E, S
735/20 *Bettler!* : *Bettler?* E, S
736/16 *hohnlachend* : *hohnlachelnd*; nach E
738/37 *welchen* : *welchem*
748/34 f. *Geminiani* : *Gemianini*; nach E
750/11 *über* : *auf*; nach E
752/ 1 *bewegt* : so E, S, Ellinger; Maassen hat *beengt*
759/32 *Aufziehen* : *Aufziehen,*
762/27 *konnte.* : *konnte:*
764/38 *in dem* : *indem*
779/10 *möcht* : *mocht'*; nach E
780/25 *Antonios,* : *Antonios* E, S
782/39 *unser* : *unseres*; nach E
782/40 *Künftig* : *künftig*; E hat *Aber künftig*
784/ 5 *Frangen* : so E, S; von franz. *frange* = Franse
784/36 *Magdalena* : *Magdelena*; nach E
787/12 *mit unter* : *mitunter* E, S
787/30 *Oper* : *Oper*, E, S
791/15 *Salvator,* : *Salvator*; nach E
791/19 *entworfen!* : *entworfen;*; nach E
792/11 *Augen* : *Auge*; nach E
795/ 1 *bare blanke* : *bare*; nach E
795/ 5 *Salvator* : *Salvater*; nach E
795/27 *seine* : *sein*; nach E
796/20 *Aufhören,* : *Aufhören*; nach E
796/29 *Alten* : *Alte*; nach E
797/ 3 *sehen,* : *sehen*; nach E
797/ 5 *Pasquale,* : *Pasquale*; nach E
802/19 *einige* : *einigen*; nach E
803/ 5 *wurde,* : *wurde*; nach E
803/31 *sagen,* : *sagen*; nach E
803/38 *Schienen* : *Scheinen*; nach E
804/41 *alten* : *alter*; nach E
805/30 *sagen,* : *sagen*; nach E
807/13 *star i* : *star* E, S
807/19 *beschaffen,* : *beschaffen*; nach E
808/19 *Accoramboni* : *Accaramboni*; nach E
808/19 *seiner* : *seinen*; nach E
808/22 f. *anklammernd* : *anklammend*; nach E
814/30 *den* : *dem*; nach E
815/ 4 *seinem* : *seinen*; nach E
816/19 *Pasquale!* : *Pasquale:*; nach E
816/39 *im* : *in*; nach E
817/32 *umklammernd* : *umklammend*; nach E

817/34 *Flehen!* : *Flehen?*; nach E
818/31 *Feinden* : *Feinden,* ; nach E
819/14 *seinem* : *seinen*; nach E
819/21 *flehte* : *fleht*; nach E
820/10 *flammenden* : *flammende*; nach E
820/23 *Bernardiner-Mönch* : so auch E
822/18 *feiern* : *feieren*; nach E
824/19 *schreiend* : *schriend*; nach E
825/10 *Doktor,* : *Doctor*; nach E
825/19 *Pasquale,* : *Pasquale*; nach E
825/31 *dieser,* : *dieser* E, S
825/33 *Perücke* : *Perücke,* E, S
828/15 *ihn*: *hin*; nach E
828/21 *hinan,* : *hinan*; nach E
828/41 *den* : *dem*; nach E
829/ Überschrift *Beschluß* : *Beschuß*; nach E
830/14 *Werkstatt* : *Werkstatte*; nach E
831/10 *geworden,* : *geworden*; nach E
831/13 *verlassen,* : *verlassen* E, S
831/14 *einzigen* : *einzige*; nach E
831/24 *Toricelli* : *Coricelli* E, S
833/ 1 *Nepoten* : *Nopoten*; nach E
833/29 *ruhig,* : *ruhig*; nach E
834/ 6 *Pracht,* : *Pracht*; nach E
834/ 7 *Salvator,* : *Salvator*; nach E
834/25 *Stegreife* : *Steggreife* E, S
835/35 *Anteil* : *Antheil,*; nach E
837/25 *sank,* : *sank*; nach E
837/34 *Laß* : *Laßt*; nach E
838/18 *ihnen* : *ihm* E, S
838/34 *schaute,* : *schaute*; nach E
840/29 *Novelle* : *Novelle,*
840/29 *einzugestehen, so* : *einzugestehen so,*
845/34 *gesehen,* : *gesehen*
846/ 1 *mußten* : *müßten*
846/40 *wie* : *wir*
848/25 *Schneegestöber.* : *Schneegestöber?*
851/ 1 *dem* : *den*
851/35 *Christentums,* : *Christenthums*
851/36 *wenigstens* : *wenigsten*
853/ 2 *Dichters* : *Dichter*
853/ 4 *erscheinen* : *erschienen*
854/10 *hatten* : *hatte*
858/16 *leisten* : *leisten,*
859/33 *celle* : *celle,*
861/ 3 *hätte* : *hatte*

861/ 6 *mein* : *meine*
862/35 *Tagen* : *Tage*
866/ 3 *Grabesstille* : *Grabsstille*; nach E
866/40 *Gliedern* : *Gliederen*; nach E
870/29 *Emmaus* : *Emaus*
871/29 *erinnern* : *erinneren*
872/19 *durchschwommen,* : *durchschwommen*
877/23 *einer* : *eine*; nach E
878/34 *Tambourin,* : *Tambourin* E, S
879/ 3 *Wimper* : so E, S, Maassen; Ellinger hat *Wimpern*
880/13 *Hohn,* : *Hohn*; nach E
882/11 *zuwarf,* : *zuwarf*; nach E
885/18 *jedoch,* : *jedoch*; nach E
885/42 *Knaben,* : *Knaben*; nach E
887/ 9 *schicklich,* : *schicklich* E, S
887/24 *Schmerz,* : *Schmerz*; nach E
888/32 *Schicksals*" – : *Schicksals*"; nach E
889/15 *Paare* : *Paar*; nach E
890/34 *möchte* : *mochte*; nach E
892/ 3 *niedergeschlagenen* : *niederschlagenen*; nach E
892/28 *begonnen,* : *begonnen*; nach E
894/ 2 *Sapperment* : *Saperment*; nach E
894/30 *Rednerstuhl* : *Rederstuhl*, nach E
895/19 *Bautista* : *Baptista*; nach E
895/21 *Castilla,* : *Castilla* E, S
895/23 *Sevilla,* : *Sevilla* E, S
895/24 *rayo,* : *rayo.*; nach E
895/25 *Moncàyo* : *Monsàyo* E, S
825/26 *haces* : *hares* E, S
895/27 *hirviendo* : *hieriendo*; nach E
895/37 f. *wurden* : *würden* E, S
896/33 *zerrisse,* : *zerrisse*; nach E
897/33 *weiß,* : *weiß*; nach E
898/14 *indem* : so auch E
899/30 *reden!* : *reden;*; nach E
902/34 *Rafaeles* : *Raffaels*; nach E
906/ 4 *Aqui* : *acqui* E, S
907/ 5 *Rafaeles* : *Raffaels*; nach E
911/26 *Arriaza* : *Ariaza* E, S
912/39 *hinzu,* : *hinzu*; nach E
917/ 9 *verloren,* : *verloren* E, S
917/12 *Komtesse* : *Baronesse* E, S
918/19 *dem* : *den*; nach E
921/22 *Gewölber* : so auch E, Maassen
921/37 *machte* : *machten* E, S
924/ 1 *Befreiungskrieges,* : *Befreiungskrieges, die*

924/41 *mich, : mich*
929/25 *dem : den*
930/28 *Grafen : Baron*
930/29 *Grafen : Baron*
930/33 *ihm : ihm,*
930/33 *Gesinnte : Gesinnte,*
931/17 *von : vom*
933/24 *Gemütsstimmung : Gemuthsstimmung*
936/13 *sträuben : strauben*
937/19 *von : nicht von*
939/19 *denn nicht : denn*
941/22 *Asa : Assa*
947/10 *Frühstück. : Frühstück :*
950/20 *Brandung, : Brandung*
952/32 *dir : der*
957/ 1 *Ringefingers : Zingefingers*
957/ 8 *sprängen : sprangen*
960/26 *Köln : Cölln*
962/15 *Lüften : Lüften,*
965/ 9 *ihr : ihn*
965/33 *Kleinen : Kleinen,*
966/24 *Sie : sie*
968/26 *Ahnherrn folgend : Ahnherrn*
968/41 *Sinn : Sein*
969/ 4 *Geck, : Geck*
970/18 *er : es*
971/ 5 *oben : oben,*
975/10 *begeben, : begeben*
981/35 *Schmerzes : Scherzes*
983/ 8 *grausam ; : grausam,*
984/36 *schwebe, : schwebe*
990/14 *gehen, : gehen*
991/ 4 *Blumenwogen, : Blumenwogen*
991/14 *Wo, : wo*
993/23 *ganzes : ganz*

INHALT

ERSTER BAND

ZWEITER BAND

DRITTER BAND

VIERTER BAND

ANHANG

WINKLER WELTLITERATUR
DÜNNDRUCKBIBLIOTHEK

Alexander Afanasjew: Russische Volksmärchen. Aus dem Russischen von S. Geier. Nachwort von L. Röhrich. 964 S.

Hans Christian Andersen: Sämtliche Märchen. 2 Bde. Aus dem Dänischen von T. Dohrenburg. Nachwort und Anmerkungen von E. Nielsen, 529 Ill. 1538 S.

Lucius Apuleius: Der goldene Esel. Aus dem Lateinischen von E. Fischer. 16 Ill. der Pariser Ausgabe von 1787. 274 S.

Honoré de Balzac: Die Frau von dreißig Jahren / Modeste Mignon / Der Ehevertrag / Oberst Chabert. Aus dem Französischen von I. Täubert u. a. Nachwort von H. Hinterhäuser. 752 S.

– Glanz und Elend der Kurtisanen. Aus dem Französischen und mit Nachwort von E. W. Junker. 632 S.

– Tante Lisbeth. Aus dem Französischen von W. Widmer. 572 S.

– Tolldrastische Geschichten. Aus dem Französischen von W. Widmer. 425 Ill. von G. Doré, Nachwort von F.-R. Hausmann. 928 S.

– Verlorene Illusionen. Aus dem Französischen von U. Wolf. 738 S.

Charles Baudelaire: Die Blumen des Bösen. Aus dem Französischen von C. Fischer. Nachwort und Anmerkungen von E. Leube. 776 S.

Ludwig Bechstein: Sämtliche Märchen. Nachwort und Anmerkungen von W. Scherf, 187 Ill. von L. Richter. 874 S.

Giovanni Boccaccio: Das Dekameron. Aus dem Italienischen von K. Witte. Nachwort und Zeittafel von W. Wehle, 10 farbige Miniaturen. 888 S.

George Gordon Lord Byron: Sämtliche Werke in drei Bänden.

– Bd. I: Childe Harolds Pilgerfahrt und andere Verserzählungen. Aus dem Englischen von O. Gildemeister und A. Neidhart. Anmerkungen von S. Schmitz. 648 S.

– Bd. II: Don Juan / Gedichte. Aus dem Englischen von O. Gildemeister, A. Neidhart u. A. Seubert. Anmerkungen von S. Schmitz. 934 S.

– Bd. III: Dramen. Aus dem Englischen von A. Seubert. Anmerkungen und Nachwort zur Gesamtausgabe von S. Schmitz. 736 S.

Miguel de Cervantes Saavedra: Don Quijote. Aus dem Spanischen und mit Anmerkungen von L. Braunfels. Nachwort von F. Martini, Ill. von Grandville. 1172 S.

Matthias Claudius: Sämtliche Werke. Mit 10 Bildtafeln von Chodowiecki und 22 Ill. der Erstausgabe. Nachwort von R. Siebke, Anmerkungen von H. Platschek. 1099 S.

Charles de Coster: Ulenspiegel und Lamme Goedzak. Aus dem Französischen von W. Widmer. Mit 150 Holzschnitten von F. Masereel und Nachwort von R. Rolland. 716 S.

Dante Alighieri: Die Göttliche Komödie. Aus dem Italienischen von W. G. Hertz. Mit 12 Farbminiaturen des Codex Urbinate Latino. Nachwort von H. Rheinfelder und Anmerkungen von P. Amelung. 563 S.

Daniel Defoe: Robinson Crusoe. Aus dem Englischen von F. Riederer. Nachwort von E. G. Jacob, 14 Ill. 672 S.

Charles Dickens: Aufzeichnungen aus Amerika / Bilder aus Italien. Aus dem Englischen von E. M. Moriarty und J. Seybt. Nachwort von S. Schmitz. 528 S.

– Barnaby Rudge: Aus dem Englischen von M. v. Schweinitz. Mit 76 Ill. 942 S.

– Bleakhaus. Aus dem Englischen von C. Kolb. Mit 39 Ill. 1022 S.

– David Copperfield. Aus dem Englischen von J. Thanner. Mit 32 Ill. und Nachwort von H. E. Friedrich. 1028 S.

– Dombey und Sohn. Aus dem Englischen von M. v. Schweinitz. Mit 39 Ill. 1038 S.

– Große Erwartungen. Aus dem Englischen von J. Thanner. Nachwort und Zeittafel von S. Schmitz, 21 Ill. 618 S.

– Klein Dorrit. Aus dem Englischen von M. Busch. Mit 39 Ill. 998 S.

– Martin Chuzzlewit. Aus dem Englischen von C. Kolb. Mit 39 Ill. 988 S.

– Master Humphreys Wanduhr und andere Erzählungen. Aus dem Englischen von M. Walz und H. Raykowski. Nachwort von H. Viebrock und Anmerkungen von V. Pagin. 664 S.

– Oliver Twist. Aus dem Englischen von C. Kolb. Mit 23 Ill. 520 S.

– Weihnachtserzählungen. Aus dem Englischen von C. Kolb und J. Seybt. Nachwort von S. Schmitz, 49 Ill. 592 S.

Denis Diderot: Sämtliche Romane und Erzählungen in zwei Bänden. Aus dem Französischen von H. Hinterhäuser, J. Ihwe, G. Meister und R. Rütten.

– Bd. I: Die indiskreten Kleinode / Die Nonne. Anmerkungen von H. Hinterhäuser. 504 S.

– Bd. II: Rameaus Neffe / Jacques der Fatalist und sein Herr / Die beiden Freunde von Bourbonne / Unterredung eines Vaters mit seinen Kindern / Dies ist keine Erzählung / Madame de la Carlière. Zeittafel von H. Hinterhäuser. 562 S.

Fjodor M. Dostojewski: Der Idiot. Aus dem Russischen von A. Luther. Nachwort von L. Müller, Zeittafel von B. Conrad. 844 S.

– Die Brüder Karamasow. Aus dem Russischen von H. Ruoff und R. Hoffmann. Nachwort und Zeittafel von H.-J. Gerigk. 1063 S.

– Die Dämonen. Aus dem Russischen von M. Kegel. Nachwort und Zeittafel von H.-J. Gerigk. 844 S.

– Schuld und Sühne. Aus dem Russischen von R. Hoffmann. Nachwort, Anmerkungen und Zeittafel von B. Conrad. 752 S.

Annette von Droste-Hülshoff: Sämtliche Werke in zwei Bänden.

– Bd. I: Gedichte / Epen / Prosa. Nachwort und Zeittafel von G. Weydt, Anmerkungen von W. Woesler. 912 S.

– Bd. II: Gedichte / Versepik / Prosa / Dramen aus dem Nachlaß. Anmerkungen von A. Marquardt, B. Kortländer und W. Huge. 904 S.

Marie von Ebner-Eschenbach: Werke in 3 Bänden. Mit Nachwort von J. Klein.
– Bd. I: Das Gemeindekind / Novellen / Aphorismen. 996 S.
– Bd. II: Kleine Romane. 962 S.
– Bd. III: Erzählungen / Autobiographische Schriften. 934 S.
Joseph von Eichendorff: Werke in 5 Bänden.
– Bd. I: Gedichte / Versepen / Dramen / Autobiographisches. Anmerkungen und Zeittafel von A. Hillach. 1064 S.
– Bd. II: Romane / Erzählungen. Anmerkungen von A. Hillach. 1000 S.
– Bd. III: Schriften zur Literatur. Anmerkungen von K.-D. Krabiel. 1064 S.
– Bd. IV: Nachlese der Gedichte (1810–1857) / Erzählerische und dramatische Fragmente / Tagebücher 1798–1815. Anmerkungen von K.-D. Krabiel. 868 S.
– Bd. V: Politische und historische Schriften / Streitschriften. Anmerkungen, Register und Zeittafel von K.-D. Krabiel. Nachwort von P. H. Neumann. 630 S.
Henry Fielding: Tom Jones. Aus dem Englischen von S. Lang. 968 S.
Gustave Flaubert: Lehrjahre des Herzens. Aus dem Französischen von W. Widmer. 554 S.
– Madame Bovary. Aus dem Französischen von W. Widmer. Nachwort von K. M. Michel. 448 S.
Theodor Fontane: Romane. Nachwort und Zeittafel von F. Martini, Anmerkungen von H. Platschek. 1121 S.
– Vor dem Sturm. 790 S.
Friedrich de la Motte-Fouqué: Der Zauberring. Anmerkungen, Nachwort und Zeittafel von G. Schulz. 496 S.
Johann Wolfgang von Goethe: Werke in sechs Bänden. Mit einem Essay zu jedem Band von D. Borchmeyer. 45 Farbtafeln.
– Bd. I: Gedichte / West-östlicher Divan / Reineke Fuchs / Hermann und Dorothea / Achilleis. Anmerkungen von E.-M. Lenz und P. Huber. 800 S.
– Bd. II: Dramen. Anmerkungen von I.-M. Barth und P. Huber. 1080 S.
– Bd. III: Die Leiden des jungen Werther / Unterhaltungen deutscher Ausgewanderten / Wahlverwandtschaften / Novelle / Maximen u. Reflexionen. Anmerkungen von A. Viviani und P. Huber. 700 S.
– Bd. IV: Wilhelm Meisters Lehrjahre / Wilhelm Meisters Wanderjahre. Anmerkungen von A. Viviani und P. Huber. 1050 S.
– Bd. V: Dichtung und Wahrheit. Anmerkungen von S. Scheibe. 880 S.
– Bd. VI: Reisen. Anmerkungen von E.-M. Lenz, A. Viviani und P. Huber. 900 S.
Nikolai Gogol: Die toten Seelen. Aus dem Russischen von F. Ottow. Nachwort, Anmerkungen und Zeittafel von B. Conrad. 524 S.
– Sämtliche Dramen. Aus dem Russischen von G. Schwarz. Nachwort von J. Holthusen. 560 S.

– Sämtliche Erzählungen. Aus dem Russischen, mit Nachwort und Anmerkungen von J. Hahn. 882 S.

CARLO GOLDONI: Komödien. Aus dem Italienischen und mit Nachwort von H. Riedt. 728 S.

IWAN A. GONTSCHAROW: Oblomow. Aus dem Russischen und mit Nachwort von J. Hahn. 728 S.

MAXIM GORKI: Der Vagabund und andere Erzählungen. Aus dem Russischen von I. Müller, G. Schwarz, E. Tittelbach und B. Brecht. Nachwort und Anmerkungen von H. Imendörffer. 728 S.

– Meine Kindheit / Unter fremden Menschen / Meine Universitäten. Aus dem Russischen von G. Schwarz. Nachwort und Anmerkungen von H. Imendörffer. 759 S.

JEREMIAS GOTTHELF: Erzählungen. Hg. von H. Helmerking. 812 S.

BRÜDER GRIMM: Kinder- und Hausmärchen. Nachwort von H. Klepl, 184 Ill. 847 S.

H. J. CHRISTOFFEL GRIMMELSHAUSEN: Der abenteuerliche Simplicissimus. Nachwort von A. Kelletat, 22 Ill. der Originalausgabe. 724 S.

WILHELM HAUFF: Märchen / Novellen. Anmerkungen von S. v. Steinsdorff. 778 S.

– Phantasien im Bremer Ratskeller / Phantasien und Skizzen / Kleine Schriften / Gedichte. Nachwort und Zeittafel von H. Koopmann, Anmerkungen von S. v. Steinsdorff. 518 S.

HEINRICH HEINE: Sämtliche Werke in vier Bänden.

– Bd. I: Gedichte. Anmerkungen, Einführung und Zeittafel von E. Weidl. 968 S.

– Bd. II: Dichterische Prosa / Dramatisches. Anmerkungen von U. Schweikert. 974 S.

– Bd. III: Schriften zu Literatur und Politik. Anmerkungen von U. Schweikert. 876 S.

– Bd. IV: Schriften zu Literatur und Politik / Vermischtes. Anmerkungen von U. Schweikert. 896 S.

FRIEDRICH HÖLDERLIN: Werke / Briefe / Dokumente. Nachwort von P. Bertaux, Anmerkungen von Chr. Prignitz. 928 S.

E. T. A. HOFFMANN: Fantasie- und Nachtstücke. Nachwort von W. Müller-Seidel, Anmerkungen von W. Kron, 4 Bildtafeln. 824 S.

– Die Elixiere des Teufels / Lebens-Ansichten des Katers Murr. Nachwort von W. Müller-Seidel, Anmerkungen von W. Kron, 4 Bildtafeln von Th. Hosemann. 736 S.

– Die Serapionsbrüder. Nachwort von W. Müller-Seidel, Anmerkungen von W. Segebrecht, 8 Bildtafeln von Th. Hosemann. 1160 S.

– Späte Werke. Nachwort von W. Müller-Seidel, Anmerkungen von W. Segebrecht, Ill. von Th. Hosemann. 946 S.

– Nachlese. Nachwort und Anmerkungen von F. Schnapp, Zeichnungen von E. T. A. Hoffmann. 536 S.

HOMER: Ilias / Odyssee. Übertragen von J. H. Voß. Nachwort von W.-H. Friedrich. 836 S.

HENRIK IBSEN: Dramen. Aus dem Norwegischen von Chr. Morgenstern, E. Klingenfeld, M. v. Borch u. a. Nachwort von O. Oberholzer und C. Raspels. 724 S.

Im Reiche des Eros: Sämtliche Liebes- und Abenteuerromane der Antike in zwei Bänden. Herausgegeben von B. Kytzler.

– Bd. I: Mit 15 Ill. 696 S.

– Bd. II: Mit 16 Ill. 788 S.

Das Kabinett der Feen: Französische Märchen des 17. und 18. Jahrhunderts. Herausgegeben von N. Miller und F. Apel. Mit 8 Kupferstichen von C. Marillier. 756 S.

Gottfried Keller: Werke in drei Bänden.

– Bd. I: Der grüne Heinrich. Nachwort und Anmerkungen von H. Nürnberger. 844 S.

– Bd. II: Erzählungen. Nachwort und Anmerkungen von H. Nürnberger. 1140 S.

– Bd. III: Die Leute von Seldwyla / Gesammelte Gedichte. Nachwort, Anmerkungen und Zeittafel von H. Nürnberger. 1074 S.

Heinrich von Kleist: Sämtliche Werke. Nachwort und Anmerkungen von C. Grützmacher. 1092 S.

Jean de LaFontaine: Sämtliche Fabeln. Aus dem Französischen von E. Dohm und G. Fabricius. Mit Ill. von Grandville, Nachwort, Anmerkungen und Zeittafel von H. Lindner. 1132 S.

– Sämtliche Novellen in Versen. Aus dem Französischen von G. Fabricius. Nachwort, Anmerkungen, Zeittafel von H. Lindner. 924 S.

Else Lasker-Schüler: Werke. Herausgegeben, mit Nachwort, Anmerkungen und Zeittafel von S. Bauschinger. 526 S.

Die Geschichte vom Leben des Lazarillo von Tormes, von ihm selbst erzählt. Aus dem Spanischen und mit Nachwort von W. Widmer, 73 Ill. von L. Bramer. 270 S.

Alain René Lesage: Gil Blas. Aus dem Französischen von G. Fink. Nachwort von O. v. Taube, 592 Ill. von J. Gigoux. 1084 S.

Nikolai Leskow: Mitternachtsgespräche und andere Erzählungen. Aus dem Russischen von G. Dalitz, C. Kossuth, W. Plackmeyer und G. Schwarz. Nachwort und Anmerkungen von B. Zelinsky. 838 S.

– Der Toupetkünstler und andere Erzählungen. Aus dem Russischen von G. Dalitz, H. Herboth, W. Plackmeyer, D. Pommerenke und H. v. Schulz. Nachwort und Anmerkungen von B. Zelinsky. 896 S.

Gotthold Ephraim Lessing: Werke in drei Bänden. Einführung, Zeittafel und Anmerkungen von O. Mann.

– Bd. I: Dichtungen. 1092 S.

– Bd. II: Kritische und philosophische Schriften. 1288 S.

– Bd. III: Vermischte Schriften. 936 S.

Heinrich Mann: Professor Unrat / Die kleine Stadt. Nachwort, Anmerkungen und Zeittafel von H. Scheuer. 620 S.

Alessandro Manzoni: Die Verlobten. Aus dem Italienischen von E. W. Junker, Essay von Umberto Eco, 447 Ill. 955 S.

Margarete von Navarra: Das Heptameron. Aus dem Französischen von W. Widmer. Nachwort von P. Amelung, 220 Ill. 790 S.

Guy de Maupassant: Novellen. Aus dem Französischen von H. Bartuschek und K. Friese. 628 S.
– Romane. Ein Leben / Bel Ami / Pierre und Jean. Aus dem Französischen von J. Halperin. 838 S.
Herman Melville: Moby Dick oder Der Wal. Aus dem Amerikanischen, mit Nachwort und Anmerkungen von R. Mummendey. 716 S.
Prosper Mérimée: Sämtliche Novellen. Aus dem Französischen von W. Widmer, L. Ronte, H. Bartuschek, J. Zeitler und H. H. Reykers. Anmerkungen, Zeittafel und Nachwort von W. Hirdt. 804 S.
Conrad Ferdinand Meyer: Sämtliche Werke in zwei Bänden.
– Bd. I: Novellen. 984 S.
– Bd. II: Gedichte / Verserzählungen / Fragmente / Vermischte Schriften. Nachwort von H. Koopmann und Anmerkungen von K. Pörnbacher. 792 S.
Eduard Mörike: Sämtliche Werke in zwei Bänden. Nachwort von B. v. Wiese, Zeittafel und Anmerkungen von H. Unger.
– Bd. I: Maler Nolten (Erstfassung) / Erzählungen / Gedichte / Idylle vom Bodensee / Wispeliaden / Dramatisches. 1134 S.
– Bd. II: Maler Nolten (Neufassung) / Nachlese der Gedichte / Vermischte Schriften / Übersetzungen. 1022 S.
Molière: Komödien. Aus dem Französischen von G. Fabricius und W. Widmer. Nachwort von V. Klemperer, 12 Bildtafeln. 1072 S.
Gérard de Nerval: Werke in drei Bänden.
– Bd. I: Reise in den Orient. Aus dem Französischen von A. Aigner-Dünnwald. Nachwort, Anmerkungen und Zeittafel von Ch. Kunze, 14 Ill. 940 S.
– Bd. II: Oktobernächte / Lorelei / Die Illuminaten. Aus dem Französischen von A. Aigner-Dünnwald. Anmerkungen und Zeittafel von B. Dieterle und N. Miller, Nachwort von N. Miller. 644 S.
– Bd. III: Die Töchter der Flamme / Erzählungen und Gedichte. Aus dem Französischen von A. Aigner-Dünnwald und F. Kemp. Zeittafel und Anmerkungen von N. Miller. 672 S.
August von Platen: Lyrik. Herausgegeben von J. Link. 1006 S.
Edgar Allan Poe: Erzählungen. Aus dem Amerikanischen von A. v. Bosse, M. Bretschneider, J. v. d. Goltz, H. Kauders und W. Widmer. Nachwort von J. O. McCormick. 752 S.
Alexander S. Puschkin: Die Erzählungen. Aus dem Russischen von F. Ottow. Nachwort von J. R. Döring-Smirnov. 464 S.
François Rabelais: Gargantua und Pantagruel. 2 Bde. Aus dem Französischen von W. Widmer und K. A. Horst. Nachwort von K. A. Horst, 682 Ill. von G. Doré. 1582 S.
Jean-Jacques Rousseau: Werke in vier Bänden.
– Bd. I: Julie oder Die neue Héloïse. Aus dem Französischen von J. G. Gellius. Anmerkungen und Nachwort von R. Wolff, Zeittafel von D. Leube, 12 Kupferstiche. 912 S.
– Bd. II: Die Bekenntnisse / Die Träumereien des einsamen Spaziergängers. Aus dem Französischen von A. Semerau und D. Leube. Einfüh-

rung von J. Starobinski, Nachwort und Anmerkungen von Chr. Kunze. 920 S.
- Bd. III: Emile oder Von der Erziehung / Emile und Sophie oder Die Einsamen. Aus dem Französischen von A. und D. Leube. Zeittafel und Anmerkungen von O. Dudle, Nachwort von R. Spaemann, 5 Kupferstiche. 822 S.
- Bd. IV: Sozialphilosophische und Politische Schriften. Aus dem Französischen von E. Koch, D. Leube, M. Walz und H. Zischler. Nachwort von J. Fetcher, Zeittafel und Anmerkungen von E. Koch. 948 S.

FRIEDRICH SCHILLER: Sämtliche Werke in fünf Bänden. Einführung von B. v. Wiese, Anmerkungen und Zeittafel von H. Koopmann.
- Bd. I: Dramen I. 952 S.
- Bd. II: Dramen II / Dramenfragmente. 858 S.
- Bd. III: Gedichte / Erzählungen / Übersetzungen. 1264 S.
- Bd. IV: Historische Schriften. 1018 S.
- Bd. V: Philosophische Schriften / Vermischte Schriften. 948 S.

WILLIAM SHAKESPEARE: Sämtliche Dramen in drei Bänden.
- Bd. I: Komödien. Aus dem Englischen von A. W. v. Schlegel, D. Tieck, W. Graf Baudissin. Vorwort von W. Clemen, Anmerkungen von D. Mehl, W. Habicht, B. Moritz-Siebeck. 1132 S.
- Bd. II: Historien. Aus dem Englischen von A. W. v. Schlegel, W. Graf Baudissin. Anmerkungen von W. Weiß und D. Mehl. 924 S.
- Bd. III: Tragödien. Aus dem Englischen von A. W. v. Schlegel, D. Tieck, W. Graf Baudissin, N. Delius. Anmerkungen von D. Mehl, W. Riehle, W. Habicht. 1225 S.

TOBIAS GEORGE SMOLLET: Die Abenteuer des Peregrine Pickle. Aus dem Englischen, mit Nachwort und Anmerkungen von H. Matter. Mit 12 Kupferstichen. 864 S.

STENDHAL: Die Kartause von Parma. Aus dem Französischen von W. Widmer. Mit Nachwort, Anmerkungen und Zeittafel von R. Warning. 648 S.
- Rot und Schwarz. Aus dem Französischen von W. Widmer. Mit Nachwort, Anmerkungen und Zeittafel von R. Warning. 664 S.

LAURENCE STERNE: Das Leben und die Meinungen des Tristram Shandy. Aus dem Englischen von S. Schmitz. Nachwort von K. Thiele-Dohrmann, Anmerkungen und Zeittafel von M. Reif-Hülser, 14 Kupferstiche von W. Hogarth. 716 S.
- Eine empfindsame Reise durch Frankreich und Italien. Aus dem Englischen und mit Nachwort von S. Schmitz. Mit 12 Ill. 168 S.

ADALBERT STIFTER: Sämtliche Werke in fünf Bänden.
- Bd. I: Bunte Steine und Erzählungen. Nachwort und Bibliographie von U. Japp, Anmerkungen und Zeittafel von K. Pörnbacher. 808 S.
- Bd. II: Die Mappe meines Urgroßvaters / Schilderungen / Briefe. Nachwort von F. Krökel, Anmerkungen von K. Pörnbacher. 976 S.
- Bd. III: Der Nachsommer. Nachwort von U. Japp, Zeittafel und Anmerkungen von K. Pörnbacher. 780 S.

– Bd. IV: Studien. Nachwort von F. Krökel, Anmerkungen von Karl Pörnbacher. 1234 S.
– Bd. V: Witiko. Nachwort von F. Krökel, Zeittafel und Anmerkungen von K . Pörnbacher. 936 S.
JONATHAN SWIFT: Gullivers Reisen. Aus dem Englischen von K. H. Hansen. Nachwort von F. Wölcken, 450 Ill. von Grandville. 514 S.
LUDWIG TIECK: Werke in vier Bänden. Hg. von M. Thalmann.
– Bd. I: Frühe Erzählungen und Romane. 1044 S.
– Bd. II: Die Märchen aus Phantasus / Dramen. 928 S.
– Bd. III: Novellen. 1110 S.
– Bd. IV: Romane. 855 S.
LEO N. TOLSTOI: Anna Karenina. Aus dem Russischen von F. Ottow. Nachwort von J. R. Döring-Smirnov. 976 S.
– Auferstehung. Aus dem Russischen von W. Tronin / Frapan. 588 S.
– Krieg und Frieden. Aus dem Russischen von M. Kegel. Nachwort, Anmerkungen und Zeittafel von B. Conrad.
– Tagebücher 1847–1910. Aus dem Russischen von G. Dalitz. Herausgegeben von E. Dieckmann, Nachwort von B. Zelinsky. 1332 S.
ANTON TSCHECHOW: Das Glück der Frauen und andere Erzählungen. Aus dem Russischen von G. Dick, W. Düwel, A. Knipper und G. Schwarz. 852 S.
– Die Dame mit dem Hündchen und andere Erzählungen. Aus dem Russischen von G. Dick, A. Knipper und H. v. Schulz. Nachwort und Zeittafel von K. Hielscher. 810 S.
– Die Steppe und andere Erzählungen. Aus dem Russischen von G. Dick, A. Knipper, H. v. Schulz und G. Schwarz. Nachwort und Zeittafel von J. R. Döring-Smirnov. 816 S.
– Die Insel Sachalin. Aus dem Russischen von G. Dick. 416 S.
IWAN S. TURGENJEW: Romane. Aus dem Russischen von J. Hahn und M. v. d. Ropp. Nachwort von P. Thiergen. 693 S.
– Aufzeichnungen eines Jägers / Erzählungen 1844–1855. Aus dem Russischen von M. v. d. Ropp und M. Gras-Racić. 952 S.
– Erzählungen 1857–1883 / Gedichte in Prosa. Aus dem Russischen von E. v. Baer und M. Gras-Racić. 940 S.
VOLTAIRE: Sämtliche Romane und Erzählungen. Aus dem Französischen von L. Ronte und W. Widmer. Nachwort von F. Schalk. 800 S.
– Kritische und Satirische Schriften. Aus dem Französischen von K. A. Horst, J. Timm, L. Ronte. Nachwort von F. Schalk. 798 S.
FRANK WEDEKIND: Werke in zwei Bänden. Mit Nachwort in Band I und II, Anmerkungen und Zeittafel von E. Weidl. 1664 S.
OSCAR WILDE: Das Bildnis des Dorian Gray / Märchen / Erzählungen / Essays. Aus dem Englischen von S. Schmitz, J. Thanner, Chr. Hoeppener und P. Wertheimer. Herausgegeben von F. Apel. 736 S.
– Sämtliche Theaterstücke. Aus dem Englischen und mit Nachwort von S. Schmitz. 526 S.
EMILE ZOLA: Nana. Aus dem Französischen von W. Widmer. Nachwort von R. Schrober. 582 S.